Alexander Proelß (Hrsg.)
Internationales Umweltrecht
De Gruyter Studium

Internationales Umweltrecht

Herausgegeben von Alexander Proelß

Bearbeitet von
Kristin Bartenstein
Felix Beck
Wolfgang Durner
Astrid Epiney
Johannes Jürging
Hagen Krüger
Till Markus
Nele Matz-Lück
Alexander Proelß
Götz Reichert
Kirsten Schmalenbach
Peter-Tobias Stoll
Silja Vöneky

DE GRUYTER

Zitiervorschlag: zB *Epiney* in Proelß (Hrsg), Int. Umweltrecht, 1. Abschn Rn 4

ISBN 978-3-11-024828-9
e-ISBN (PDF) 978-3-11-024829-6
e-ISBN (EPUB) 978-3-11-038506-9

Library of Congress Cataloging-in-Publication Data
A CIP catalog record for this book has been applied for at the Library of Congress.

Bibliografische Information der Deutschen Nationalbibliothek
Die Deutsche Nationalbibliothek verzeichnet diese Publikation in der Deutschen Nationalbibliografie; detaillierte bibliografische Daten sind im Internet über http://dnb.dnb.de abrufbar.

Cover: Klemmer/Getty Images
Datenkonvertierung: jürgen ullrich typosatz, 86720 Nördlingen
Druck und Bindung: CPI books GmbH, Leck
♾ Gedruckt auf säurefreiem Papier
Printed in Germany

www.degruyter.com

Vorwort

Mit vorliegendem Lehrbuch wird erstmals nach mehr als 15 Jahren wieder eine umfassende Darstellung des Umweltvölkerrechts, einschließlich seiner unionsrechtlichen Bezüge, in deutscher Sprache vorgelegt. Es richtet sich an Referendare und Studierende, vor allem solche des universitären Schwerpunktbereichs „Völker- und Europarecht", nicht zuletzt aber auch an Praktiker, insbesondere die Angehörigen der mit Umweltfragen befassten staatlichen Institutionen, an Anwälte und Nichtregierungsorganisationen. Am Bedarf nach einer aktuellen und detaillierten Bearbeitung des internationalen Umweltrechts, die mehr ist als eine Einführung oder ein Kurzlehrbuch, dürfte in Anbetracht der immer deutlicher zutage tretenden Relevanz der Materie, bedingt unter anderem durch den Klimawandel, die Umstellung der nationalen Energieversorgung auf erneuerbare Energien und die drohende Zerstörung großer Teile der weltweiten Ökosysteme, kein Zweifel bestehen.

Das Lehrbuch, dessen Titel der englischen Begrifflichkeit „International Environmental Law" folgt und damit der fortschreitenden Verselbständigung der Materie im Verhältnis zum allgemeinen Völkerrecht Rechnung trägt, orientiert sich in Aufbau, Umfang, Erscheinungsbild und Darstellung an dem eingeführten, 2016 bereits in 7. Auflage erschienenen Völkerrechtslehrbuch (herausgegeben von *Wolfgang Graf Vitzthum* und *Alexander Proelß*) sowie an dem von *Christian Tietje* herausgegeben Lehrbuch zum internationalen Wirtschaftsrecht (2. Auflage 2015). Damit ergänzt und rundet es die beim Verlag Walter de Gruyter verlegte Großlehrbuchserie zum internationalen Recht ab.

In den Abschnitten des allgemeinen Teils des Lehrbuchs werden zunächst bereichsübergreifend relevante Fragestellungen behandelt, die nicht zuletzt die – im Einzelnen durchaus umstrittenen – Bezüge zum allgemeinen Völkerrecht herstellen sollen. Die Kapitel des besonderen Teils sind sodann dem Schutz und der nachhaltigen Nutzung der einzelnen Umweltmedien bzw. den von der internationalen Gemeinschaft vereinbarten Strategien zum Umgang mit Umweltrisiken, -gefahren und -schäden gewidmet (Klima, Biodiversität, Luft, Weltraum, Meer, Binnengewässer, Antarktis und Arktis, Umgang mit Gefahrstoffen und Abfällen). Die unionsrechtlichen Bezüge werden nicht in separaten Abschnitten dargestellt, sondern im jeweils einschlägigen thematischen Zusammenhang berücksichtigt, um den bestehenden Wechselwirkungen zwischen den beiden Teilrechtsordnungen des Völker- und Unionsrechts Rechnung zu tragen. Im Schwerpunkt bleibt das Lehrbuch aber eine völkerrechtliche Darstellung; im Lichte seines Umfangs und seiner Ausdifferenziertheit muss eine detaillierte Analyse des europäischen Umweltrechts speziell einschlägigen Werken vorbehalten bleiben. Insgesamt gewährleisten Aufbau und Systematik des Bands eine umfassende Darstellung des internationalen Umweltrechts, die durch ihren Detailreichtum, ihre Querbezüge, ihre systematisierende Funktion und ihren wissenschaftlichen Anspruch gekennzeichnet ist. Sämtliche Abschnitte des Lehrbuchs befinden sich auf dem Stand 1.3.2017. Zu diesem Zeitpunkt waren auch sämtliche in Bezug genommene Internetseiten verfügbar.

Wie der „Vitzthum/Proelß" ist das vorliegende Lehrbuch ein Gemeinschaftswerk. Das Autorenteam vereint führende Expertinnen und Experten auf dem Gebiet des internationalen Umweltrechts. Alle Beteiligten sind durch einschlägige Veröffentlichungen und Forschungsprojekte bestens ausgewiesen. Die Autorinnen und Autoren, denen ich für die überaus kollegiale und zielführende Zusammenarbeit, zugleich aber auch für die Geduld hinsichtlich der Vollendung des Werks herzlich dankbar bin, verbindet nicht nur das ausgeprägte Interesse an der Materie, sondern auch die Einsicht, dass es sich bei einer umfassenden Darstellung des internationalen Umweltrechts um ein Desiderat handelt.

Für mannigfaltige Unterstützung der herausgeberischen Arbeiten am Institut für Umwelt- und Technikrecht der Universität Trier (IUTR) sowie an meinem Lehrstuhl danke ich herzlich meinen ehemaligen und aktiven wissenschaftlichen Mitarbeiterinnen und Mitarbeitern *Alina*

Berger, *Dorota Englender* und *Tobias Hofmann* sowie den studentischen Hilfskräften *Julian Burhenne*, *Sabine Klein*, *Gloria Müller*, *Léandre Sangwa* und *Damian Urban*. Für die stets vorzügliche Zusammenarbeit möchte ich ferner den für das Projekt zuständigen Mitarbeiterinnen und Mitarbeitern des Verlags Walter de Gruyter, namentlich *Lili Hammler*, aufrichtig Dank sagen.

Trier, im April 2017 *Alexander Proelß*

Verwendungshinweise

Jedem Lehrbuchabschnitt sind Register der in ihm ausgewerteten völkerrechtlichen Verträge und Entscheidungen internationaler und europäischer Streitbeilegungsorgane vorangestellt. Das jeweilige Literaturverzeichnis enthält hingegen nur die wichtigsten der thematisch einschlägigen Veröffentlichungen, listet das im jeweiligen Abschnitt verwendete Schrifttum also nicht erschöpfend auf.

In den Fußnoten der Lehrbuchabschnitte wird auf Verträge, Entscheidungen und Veröffentlichungen häufig mittels eines Kurztitels Bezug genommen (zB „*Nicaragua*, § 123" für die Entscheidung des IGH in *Military and Paramilitary Activities* [Nicaragua v USA], Merits, Urteil v 27.6.1986, ICJ Rep 1986, 30 [§ 123] oder „*Sands/Peel*, Principles" für *Philippe Sands/Jacqueline Peel*, Principles of International Environmental Law, 3. Aufl 2012). In diesen Fällen (bei Verträgen und Entscheidungen: ausnahmslos) sind die genauen Fundstellen nur in den den einzelnen Abschnitten vorangestellten Registern angegeben. Der in den Fußnoten verwendete Kurztitel wird in den Verzeichnissen jeweils mittels Angabe in eckigen Klammern hinter dem jeweiligen Eintrag definiert.

Querverweise zwischen den einzelnen Lehrbuchabschnitten sind dadurch separat hervorgehoben, dass die Namen der jeweiligen Autorinnen und Autoren nicht nur kursiv gesetzt, sondern zusätzlich unterstrichen wurden (zB *Matz-Lück*, 12. Abschn Rn 45 ff).

Im Sachregister am Ende des Buchs sind die ausgewerteten Verträge und Entscheidungen nicht nochmals separat aufgenommen. Der Zugang zu dem einschlägigen Material erfolgt somit ausschließlich über die den Abschnitten vorangestellten Verzeichnisse. Die für den jeweiligen Themenkomplex maßgeblichen Stichworte sind selbstverständlich im Sachregister enthalten.

Sämtliche in Bezug genommene Webseiten waren am 1.3.2017 abrufbar.

Autoren- und Inhaltsübersicht

Dr. Astrid Epiney
Professorin an der Université de Fribourg
Gegenstand, Entwicklung, Quellen und Akteure des internationalen Umweltrechts — 1

Dr. Kristin Bartenstein
Professorin an der Université Laval
Zwischenstaatliche Umweltgerechtigkeit — 37

Dr. Alexander Proelß
Professor an der Universität Trier
Prinzipien des internationalen Umweltrechts — 69

Dr. Astrid Epiney
Professorin an der Université de Fribourg
Umweltschutz durch Verfahren — 105

Dr. Silja Vöneky
Professorin an der Universität Freiburg
Felix Beck
Wissenschaftlicher Mitarbeiter an der Universität Freiburg
Umweltschutz und Menschenrechte — 133

Dr. Peter-Tobias Stoll
Professor an der Universität Göttingen
Johannes Jürging
Wissenschaftlicher Mitarbeiter an der Universität Göttingen
Umweltschutz und Handel — 183

Dr. Kirsten Schmalenbach
Professorin an der Universität Salzburg
Verantwortlichkeit und Haftung — 211

Dr. Kirsten Schmalenbach
Professorin an der Universität Salzburg
Friedliche Streitbeilegung — 243

Dr. Peter-Tobias Stoll
Professor an der Universität Göttingen
Hagen Krüger
Rechtsreferendar am Kammergericht, Berlin
Klimawandel — 283

Dr. Till Markus
Wissenschaftlicher Mitarbeiter an der Universität Bremen
Erhaltung und nachhaltige Nutzung der Biodiversität — 321

Dr. Alexander Proelß
Professor an der Universität Trier
Schutz der Luft und des Weltraums — 367

Dr. Nele Matz-Lück
Professorin an der Universität Kiel
Meeresschutz — 393

Dr. Götz Reichert
Fachbereichsleiter am Centrum für Europäische Politik, Freiburg
Schutz der Binnengewässer — 455

Dr. Silja Vöneky
Professorin an der Universität Freiburg
Felix Beck
Wissenschaftlicher Mitarbeiter an der Universität Freiburg
Schutz der antarktischen und arktischen Umwelt — 531

Dr. Dr. Wolfgang Durner
Professor an der Universität Bonn
Abfall- und Gefahrstoffrecht — 567

Sachverzeichnis — **603**

Inhaltsverzeichnis

Erster Abschnitt
Gegenstand, Entwicklung, Quellen und Akteure des internationalen Umweltrechts

Zweiter Abschnitt
Zwischenstaatliche Umweltgerechtigkeit

Dritter Abschnitt
Prinzipien des internationalen Umweltrechts

Vierter Abschnitt
Umweltschutz durch Verfahren

Fünfter Abschnitt
Umweltschutz und Menschenrechte

Sechster Abschnitt
Umweltschutz und Handel

Siebenter Abschnitt
Verantwortlichkeit und Haftung

Achter Abschnitt
Friedliche Streitbeilegung

Zehnter Abschnitt
Erhaltung und nachhaltige Nutzung der Biodiversität

Elfter Abschnitt
Schutz der Luft und des Weltraums

Dreizehnter Abschnitt
Schutz der Binnengewässer

Fünfzehnter Abschnitt
Abfall- und Gefahrstoffrecht

Abkürzungsverzeichnis

AAC	Arctic Athabaskan Council
abgedr	abgedruckt
ABl	Amtsblatt
ABl EG	Amtsblatt der Europäischen Gemeinschaft
ABl EU	Amtsblatt der Europäischen Union
Abs	Absatz
Abschn	Abschnitt
ACAP	Arctic Contaminants Action Program
ACCOBAMS	Agreement on the Conservation of Cetaceans in the Black Sea Mediterranean Sea and Contigous Atlantic Area
ACHR	Amerikanische Menschenrechtskonvention
ACtHPR	African Court on Human and Peoples' Rights
ADP	Ad-hoc Working Group on the Durban Platform for Enhanced Action
AEMR	Allgemeine Erklärung der Menschenrechte
AEPS	Arctic Environmental Protection Strategy
AEUV	Vertrag über die Arbeitsweise der Europäischen Union
AFDI	Annuaire français de droit international
Afr J Int'l & Comp L	African Journal of International and Comparative Law
AHRLJ	African Human Rights Law Journal
AIA	Advanced Informed Agreement / Aleut International Association
AILR	American Indian Law Review
AJICL	African Journal of International and Comparative Law
AJIL	American Journal of International Law
AKP-Staaten	afrikanische, karibische und pazifische Staaten
allg	allgemein
AMAP	Arctic Monitoring and Assessment Programme
Änd	Änderung
Anh	Anhang
Anm	Anmerkung
APA	Ad Hoc Working Group on the Paris Agreement
APPEAL	Appeal Review of Current Law & Law Reform
Aquat Conserv	Aquatic Conservation
arab	arabisch(e/en/er/es)
ARIBTL	Asper Review of International Business and Trade Law
Art	Artikel
ASCOBANS	Agreement on the Conservation of Small Cetaceans of the Baltic and North Seas
ASIL Proc	American Society of International Law Proceedings
ASMA	Antarctic Specially Managed Area
ASPA	Antarctic Specially Protected Area
ASR	Artikel zur Staatenverantwortlichkeit
ATCM	Antarctic Treaty Consultative Meeting
ATS	Antarctic Treaty Secretariat
Aufl	Auflage(n)
AUILR	American University International Law Review
ausf	ausführlich
AV	Antarktisvertrag
AVR	Archiv des Völkerrechts
AWI	Alfred-Wegener-Institut
AWZ	ausschließliche Wirtschaftszone

BASIC	Brasilien, Südafrika, Indien und China
BAT(s)	Best Available Technique(s)
BayGVBl	Gesetz- und Verordnungsblatt für den Freistaat Bayern
Bd/Bde	Band/Bände
Bek	Bekanntmachung
BEP	Best Environmental Practice
ber	berichtigt
BerDGVR	Berichte der Deutschen Gesellschaft für Völkerrecht
bes	besonders
betr	betreffend
BGBl	Bundesgesetzblatt
BGE	Entscheidungen des schweizerischen Bundesgerichts
Bio	Billion(en)
BISD	Basic Instruments and Selected Documents
BIT	Bilateraler Investitionsvertrag
Boston College ICLRev	Boston College International and Comparative Law Review
BR	Bundesrepublik
BRIC	Brasilien, Russland, Indien und China
BRICS	Brasilien, Russland, Indien, China und Südafrika
BSH	Bundesamt für Seeschifffahrt und Hydrographie
BSP	Bruttosozialprodukt
bspw	beispielsweise
BVerfG(E)	Bundesverfassungsgericht (Entscheidungen des Bundesverfassungsgerichts)
BYBIL	British Year Book of International Law
bzw	beziehungsweise
ca	circa
CAFF	Conservation of Arctic Flora and Fauna
Cambridge LJ	Cambridge Law Journal
CAO	Compliance Advisor Ombudsman
CBD	Convention on Biological Diversity
CBLR	Columbia Business Law Review
CCAMLR	Convention on the Conservation of Antarctic Marine Living Resources
CEC	Commission on Environmental Cooperation
CEE	Comprehensive Environmental Evaluation
CEMP	Ecosystem Monitoring Program
CEP	Committee for Environmental Protection
CETA	Comprehensive Economic and Trade Agreement
CETS	Council of European Treaty Series
chap	chapter, chapitre
CHM	Clearing-House Mechanism
CHRLR	Columbia Human Rights Law Review
CITES	Convention on International Trade in Endangered Species (Washingtoner Artenschutzabkommen)
CJIELP	Colorado Journal of International Environmental Law and Policy
CJPR	Canadian Journal of Policy Research
CLRTAP	Convention on Long-range Transboundary Air Pollution
CMA	Meeting of the Parties to the Paris Agreement
CO_2	Kohlendioxid
Columbia JEnvL	Columbia Journal of Environmental Law
COP(s)	Conference(s) of the Parties
Cornell ILJ	Cornell International Law Journal
CP	Cartagena Protokoll
CMS	Convention on the Conservation of Migratory Species of Wild Animals

CoCoSL	Cologne Commentary on Space Law
CRAMRA	Convention on the Regulation of Antarctic Mineral Resource Activities
CSD	Commission on Sustainable Development
CTS	Consolidated Treaty Series
CWRLR	Case Western Reserve Law Review
CYELS	Cambridge Yearbook of European Legal Studies
CYIL	Canadian Yearbook of International Law
DAPTH	Draft Articles on the Prevention of Transboundary Harm from Hazardous Activities
DARIO	Draft Articles on the Responsibility of International Organizations
DDT	Dichlordiphenyltrichlorethan (Insektizid)
ders/dies	derselbe/dieselbe
DetCLRev	Detroit College of Law Review
dh	das heißt
Diss Op	Dissenting Opinion
DJCIL	Duke Journal of Comparative and International Law
DJILP	Denver Journal of International Law & Policy
DM	Deutsche Mark
DOALOS	Division of Ocean Affairs and the Law of the Sea
Doc	document (Dokument)
DPAL	Draft Principles on the Allocation of Loss in the Case of Transboundary Harm Arising out of Hazardous Activities
DPRP	Danube Pollution Reduction Programme
DSB	Dispute Settlement Body
DSU	Dispute Settlement Understanding
dt	deutsch(e/en/er/es)
DVBl	Deutsches Verwaltungsblatt
EA	Europa-Archiv
ebd	ebenda
e-CDS	Catch Documentation Scheme
ECHR	European Court of Human Rights
ECLI	European Case Law Identifier
ECOLEX	Information Service on Environmental Law
Ecology LQ	Ecology Law Quarterly
ECOSOC	Economic and Social Council
EEDI	Energy Efficiency Design Index
EEELR	European Energy and Environmental Law Review
EEnvLR	European Environmental Law Review
EG	Europäische Gemeinschaft
EGMR	Europäischer Gerichtshof für Menschenrechte
EGMR-E	Europäischer Gerichtshof für Menschenrechte, deutschsprachige Sammlung
EHRLR	European Human Rights Law Review
EIA	Environmental Impact Assessment
EJIL	European Journal of International Law
EKMR	Europäische Kommission für Menschenrechte
EL	Environmental Law
Elni Review	Journal of the Environmental Law Network International
ELPR	William and Mary Environmental Law and Policy Review
ELQ	Ecological Law Quarterly
Emory ILRev	Emory International Law Review
EMRK	Europäische Menschenrechtskonvention
engl	englisch(e/en/er/es)
ENMOD	Convention on the Prohibition of Military or Any Other Hostile Use of Environmental Modification Techniques

EnvLR	Environmental Law Review
EPDRB	Environmental Program Danube River Basin
EPPR	Emergency Prevention, Preparedness and Response
ESC	Europäische Sozialcharta
etc	et cetera (usw)
EUDUR	Handbuch zum europäischen und deutschen Umweltrecht (hrsgg von Rengeling)
EuG	Gericht der Europäischen Union
EuGH	Europäischer Gerichtshof
EuGRZ	Europäische Grundrechte-Zeitschrift
EurUP	Zeitschrift für Europäisches Umwelt- und Planungsrecht
EuZW	Europäische Zeitschrift für Wirtschaftsrecht
EWG	Europäische Wirtschaftsgemeinschaft (jetzt EG)
FAO	Food and Agriculture Organization of the United Nations
f/ff	folgende/fortfolgende
FFH-RL	Fauna-Flora-Habitat-Richtlinie
FLEGT	Forest Law Enforcement, Governance and Trade
Fn	Fußnote
Fordham ELR	Fordham Environmental Law Review
franz	französisch(e/en/er/es)
FS	Festschrift
FYIL	Finnish Yearbook of International Law
GA (Res)	General Assembly (Resolutions)
GAO/RCED	U.S. Government Accountability Office/Report to the Congress Edition
GAOR	Official Records of the General Assembly
GATS	General Agreement on Trade in Services
GATT	General Agreement on Traffics and Trade
geänd	geändert
GEF	Global Environment Facility
GEnPOL	Global Environmental Politics
Geo LJ	Georgetown Law Journal
GESAMP	Inter-Agency Group of Experts on the Scientific Aspects of Marine Pollution
GFCM	General Fisheries Commission for the Mediterranean
GFK	Genfer Flüchtlingskonvention
ggf	gegebenenfalls
GHS	Globally Harmonised System
GIELR	Georgetown International Environmental Law Review
GIS	Geographische Informationssysteme
GLJ	German Law Journal
GMO	genetically modified organism
GOFsoc	gain-of-function studies of concern
GOJIL	Goettingen Journal of International Law
GS	Gedächtnisschrift
GV	Generalversammlung
GYIL	German Yearbook of International Law
Halbs	Halbsatz
Hastings ICLR	Hastings International and Comparative Law Review
Harvard ELR	Harvard Environmental Law Review
Harvard ILJ	Harvard International Law Journal
HELCOM	Helsiniki-Kommission
Hervorh	Hervorhebung(en)
HLPF	High-Level Political Forum on Sustainable Development
hM	herrschende Meinung

HRLJ	Human Rights Law Journal
Hrsg	Herausgeber
IAEA	International Atomic Energy Agency
IBRD	International Bank for Recontruction and Development
ICC	Inuit Circumpolar Conference (ICC),
ICEAC	International Court of Environmental Arbitration and Conciliation
ICJ Rep	International Court of Justice Reports
ICLQ	International and Comparative Law Quarterly
ICSID	International Centre for Settlement of Investment Disputes
ICSU	International Council for Science
ICTSD	International Centre for Trade and Sustainable Development
ICWE	International Conference on Water and the Environment
IDA	International Development Association
idF	in der Fassung
IDI	Institut de droit international
idR	in der Regel
idS	in diesem Sinne
iE	im Ergebnis
IEE	Initial Environmental Evaluation
IELMT	International Environmental Legal Materials and Treaties
ieS	im engeren (eigentlichen) Sinne
IFC	International Finance Corporation
IGH	Internationaler Gerichtshof
IHRR	Iran Human Rights Review
IISL-Proc	Proceedings of the International Institute for Space Law
IJ	International Justice
IJC	International Joint Commission
IJIL	Indian Journal of International Law
IJLI	International Journal of Legal Information
IJMCL	International Journal of Marine and Coastal Law
IJRL	International Journal of Refugee Law
IJWRD	International Journal of Water Resources Development
IKSD	Internationale Kommission zum Schutz der Donau
IKSM	Internationale Kommission zur Schutz der Maas
IKSR	Internationale Kommission zum Schutz des Rheins
ILA	International Law Association
ILM	International Legal Materials
ILO	International Labour Organization
IMBB	Internationale Meeresbodenbehörde
IMO	International Maritime Organization/Internationale Seeschifffahrtsorganisation
INFCIRC	Information Circulars
INDC	Intended Nationally Determined Contributions
Indiana JGLS	Indiana Journal of Global Legal Studies
inkl	inklusive
insbes	insbesondere
Int Affairs	International Affairs
I. O.	Internationale Organisation(en)
IOC	Intergovernmental Oceanographic Commission
IOLR	International Organizations Law Review
IPbpR	Internationaler Pakt über bürgerliche und politische Rechte
IPCC	Intergovernmental Panel on Climate Change
IPE	International Protection of the Environment
IPwskR	Internationaler Pakt über wirtschaftliche, soziale und kulturelle Rechte
IRBDs	International River Basin Districts

iSd	im Sinne der/des
iSe	im Sinne einer/eines
ISGH	Internationaler Seegerichtshof
iSv	im Sinne von
ITBLR	International Trade and Business Law Review
ITLOS	International Tribunal for the Law of the Sea
ITPGR/ITPGRFA	International Treaty on Plant Genetic Resources for Food and Agriculture
ITTA	International Tropical Timber Agreement
ITTO	International Tropical Timber Organization
ItYIL	Italian Yearbook of International Law
IÜRW	Internationales Übereinkommen zur Regelung des Walfangs
IUCN	International Union for Conservation of Nature
IUCTR	Iran-United States Claims Tribunal Reports
IUU fisheries	illegal, unreported and unregulated fisheries
iVm	in Verbindung mit
IWC	International Whaling Commission
IWRM	Integriertes Wasserressourcenmanagement
iwS	im weiteren Sinne
JböeUR	Jahrbuch des österreichischen und europäischen Umweltrechts
JbUTR	Jahrbuch des Umwelt- und Technikrechts
JED	Journal of Electronic Defense
JEEPL	Journal for European Environmental and Planning Law
JEL	Journal of Eurasian Law
JELP	Journal of Environmental Law and Policy
JEnvL	Journal of Environmental Law
Jh	Jahrhundert
JICLT	Journal of International Commercial Law and Technology
JIEL	Journal of International Environmental Law
JIWLP	Journal of International Wildlife Law & Policy
JMLC	Journal of Maritime Law and Commerce
JSDLP	Journal of Sustainable Development Law and Policy
JWLP	Journal of International Wildlife Law & Policy
JWT	Journal of World Trade
JZ	Juristenzeitung
Kap	Kapitel
KI	Künstliche Intelligenz
KJ	Kritische Justiz (Zeitschrift)
krit	kritisch
LBP	Land-based Pollution
LEAD	Law, Environment and Development Journal
Leiden JIL	Leiden Journal of International Law
lit	littera (Buchstabe)
Lit	Literatur
LMOs	Living Modified Organisms
LNTS	League of Nations Treaty Series
MARPOL	International Convention on the Prevention of Pollution from Ships
Martens	Recueil des traités et conventions, conclus par Russie avec les états étrangèrs (hrsgg von Martens)
maW	mit anderen Worten
McGill LJ	McGill Law Journal
MDGs	Millennium Development Goals

MEA	Multilateral Environmental Agreement
MedR	Medizinrecht (Zeitschrift)
Melb JIL	Melbourne Journal of International Law
Michigan JIL	Michigan Journal of International Law
Michigan State ILR	Michigan State International Law Review
MIGA	Multilateral Investment Guarantee Agency
Mio	Millionen
mwN	mit weiteren Nachweisen
MOP	Meeting of the Parties
MPA	Marine Protected Area
MPEPIL	Max Planck Encyclopedia of Public International Law (hrsgg von Wolfrum)
MPYUNL	Max Planck Yearbook of United Nations Law
MRC	Mekong River Commission
Mrd	Milliarden
MTA	Material Transfer Agreement
Nachw	Nachweis(e)
NAFTA	North American Free Trade Agreement
NATO	North Atlantic Treaty Organization
NDC(s)	Nationally Determined Contribution(s)
NF	Neue Folge
NGO(s)	Non-Governmental Organisation(s)
NILR	Netherlands International Law Review
NJW	Neue Juristische Wochenschrift
No/no	Number
NP	Nagoya Protokoll
NQHR	Netherlands Quarterly of Human Rights
Nr	Nummer
NRJ	Natural Resources Journal
NSAIL	Non-State Actors and International Law
NuR	Natur und Recht (Zeitschrift)
NVwZ	Neue Zeitschrift für Verwaltungsrecht
NYUEnvL	New York University Environmental Law Journal
NZYEL	New Zealand Yearbook of Environmental Law
o	oben
o ä	oder ähnliches
OCLJ	Ocean and Coastal Law Journal
OCW	Oxford Constitutions of the World
OECD	Organization for European Cooperation and Development
ÖJZ	Österreichische Juristen-Zeitung
OIF	Organisation internationale de la francophonie
OILPOL	International Convention for the Prevention of Pollution of the Sea by Oil
Osgoode Hall LJ	Osgoode Hall Law Journal
Otago LR	Otago Law Review
OzL.Pro.	Ozone Layer Protocol
PA	Übereinkommen von Paris
Pace ELR	Pace Environmental Law Review
Pace ILR	Pace International Law Review
PAME	Protection of the Arctic Marine Environment
para(s)	paragraph(s) (Absatz/Absätze)
PCA	Permanent Court of Arbitration
PCIJ	Permanent Court of International Justice
PfSchG	Pflanzenschutzgesetz

PLR	Public Law Review
POP(s)	Persistent Organic Pollutant(s)
PPM(s)	Processes and Production Method(s)
Prot	Protokoll
PRTR	Pollutant Release and Transfer Register
RAIPON	Russian Association of Indigenous Peoples of the North
RBD(s)	River Basin District(s)
RBMP	River Basin Management Planning
rd	rund
RdC	Recueil des Cours de l'Académie de Droit International
RDS	Revue de Droit Suisse
RdU	Recht der Umwelt (Zeitschrift)
REACH	Registration, Evaluation, Authorisation and Restriction of Chemicals (EU-Chemikalienverordnung)
RECIEL	Review of European Community and International Environmental Law
REDE	Revue juridique de l'environnement
RELPR	Renewable Energy Law and Policy Review
Rep	Report(s)
Res	Resolution(en)
RGBl	Reichsgesetzblatt
RIAA	Reoprt of International Arbitral Awards
RJE	RAND Journal of Economics
RL	Richtlinie
Rn	Randnummer(n)
Rspr	Rechtsprechung
RTDH	Revue trimestrielle des droits de l'homme
RÜ	Ramsar Übereinkommen
s	siehe
s a	siehe auch
SADC	Southern African Development Community
SADCC	Southern African Development Coordination Conference
SAICM	Strategic Approach to International Chemicals Management
SAYIL	South African Yearbook of International Law
SBSTTA	Subsidiary Body on Scientific, Technical and Technological Advice
SC	Saami Council
SCalRev	Southern California Law Review
SCAR	Scientific Committee on Antarctic Research
SDGs	Sustainable Development Goals
SDLP	Sustainable Development Law & Policy (Zeitschrift)
SDWG	Sustainable Development Working Group
sec	section (Paragraph)
SEEMP	Ship Energy Efficiency Management Plan
sep op	Separate Opinion
Ser	Series
S+F	Sicherheit und Frieden (Zeitschrift)
Singapore JICL	Singapore Journal of International and Comparative Law
Singapore YBIL	Singapore Yearbook of International Law
SIULJ	Southern Illinois University Law Journal
SJCIL	Syracuse Journal of International Law and Commerce
Slg	Sammlung
sm	Seemeile(n) (1 sm = 1,852 km)
sog	sogenannt(e/er/es)

SR	Sicherheitsrat (der Vereinten Nationen)
SRFC	Sub-Regional Fisheries Commission
SRÜ	Seerechtsübereinkommen (der Vereinten Nationen)
st	ständig(e/er/es)
Stanford JIL	Stanford Journal of International Law
Stat	Statut
StoffR	Stoffrecht
str	streitig
s u	siehe unten
t	Tonne(n)
Teilbd	Teilband
TEL	Transnational Environmental Law
Texas ILJ	Texas International Law Journal
TNC	Transnationale(s) Unternehmen
TPTC	Tripartite Permanent Technical Committee
TRIPS	Agreement on Trade-Related Aspects of Intellectual Property Rights
TTIP	Transatlantic Trade and Investment Partnership
u a	unter anderem/und andere
u a m	und andere(s) mehr
UCD JILP	UC Davis Journal of International Law and Policy
UK	United Kingdom
ULR	Utrecht Law Review
UN	United Nations (Vereinte Nationen)
UNCC	United Nations Compensation Commission
UNCCD	United Nations Convention to Combat Desertification
UNCED	United Nations Conference on Environment and Development
UNCHE	United Nations Conference on the Human Environment
UNCLOS	United Nations Convention on the Law of the Sea
UNCOPUOS	United Nations Committee on the Peaceful Uses of Outer Space
UNCSD	United Nations Conference on Sustainable Development
UNCTAD	United Nations Conference on Trade and Development
UNDP	United Nations Development Programme
UNECE	United Nations Economic Commission for Europe
UNEP	United Nations Environment Programme
UNESCO	United Nations Educational, Scientific and Cultural Organization
UNFCCC	United Nations Framework Convention on Climate Change
UNFSA	United Nations Fish Stocks Agreement
UN-GA	United Nations General Assembly
UN-GV	Generalversammlung der Vereinten Nationen
UNMIK	United Nations Mission in Kosovo
UNMIS	United Nations Mission in Sudan
UNPROFOR	United Nations Protection Force
UNRWA	United Nations Relief and Works Agency
unstr	unstreitig
UNTS	United Nations Treaty Series
UNWC	United Nations Watercourses Convention
UNYB	Yearbook of the United Nations
UPR	Umwelt- und Planungsrecht
USP	Umweltschutzprotokoll
UTR	Jahrbuch des Umwelt- und Technikrechts
uU	unter Umständen
UVP	Umweltverträglichkeitsprüfung
UWSF-Z	Zeitschrift für Umweltwissenschaften und Schadstoffforschung

v	von/vom/versus
VBlBW	Verwaltungsblätter Baden-Württemberg
VCLT	Vienna Convention on the Law of Treaties
Verf	Verfasser/-in
VGH	Verwaltungsgerichtshof
VME	Vulnerable Marine Ecosystem
VN	Vereinte Nationen (Zeitschrift)
VO	Verordnung
Vol	Volume
Washington LLR	Washington & Lee Law Review
WBGU	Wissenschaftlicher Beirat der Bundesregierung Globale Umweltveränderungen
WCD	World Commission on Dams
WCED	World Commission on Environment and Development
WGRI	Working Group on Review of Implementation of the Convention
WJILDR	Willamette Journal of International Law and Dispute Resolution
WRRL	EU-Wasserrahmenrichtlinie
WRV	Weltraumvertrag
WSSD	World Summit for Sustainable Development
WTO	World Trade Organization
WTR	World Trade Review
WUJLP	Washington University Journal of Law and Policy
WVK	Wiener Vertragsrechtskonvention
WVKIO	Wiener Übereinkommen über das Recht der Verträge zwischen Staaten und internationalen Organisationen oder zwischen internationalen Organisationen
WWF	World Wide Fund for Nature
Yale JIL	Yale Journal of International Law
YbILC	Yearbook of the International Law Commission
YEEL	Yearbook of European Environmental Law
YIEL	Yearbook of International Environmental Law
YPL	Yearbook of Polar Law
ZACPLAN	Agreement on the Action Plan for the Environmentally Sound Management of the Common Zambezi River System
ZAMCOM	Agreement on the Establishment of the Zambezi Watercourse Commission
ZaöRV	Zeitschrift für ausländisches öffentliches Recht und Völkerrecht
zB	zum Beispiel
ZLW	Zeitschrift für Luft- und Weltraumrecht
ZSR	Zeitschrift für Schweizerisches Recht
zT	zum Teil
ZUR	Zeitschrift für Umweltrecht

Erster Abschnitt

Astrid Epiney*

Gegenstand, Entwicklung, Quellen und Akteure des internationalen Umweltrechts

Gliederung

Literatur

Bartholomäi, Reinhard, Sustainable Development und Völkerrecht: Nachhaltige Entwicklung und intergenerative Gerechtigkeit in der Staatenpraxis, 1998 [*Bartholomäi*, Sustainable Development und Völkerrecht]

Beyerlin, Ulrich, Umweltvölkerrecht, 2000

Beyerlin, Ulrich/Marauhn, Thilo, Rechtsetzung und Rechtsdurchsetzung im Umweltvölkerrecht nach der Rio-Konferenz 1992, 1997 [*Beyerlin/Marauhn*, Rechtsdurchsetzung]

Beyerlin, Ulrich/Marauhn, Thilo, International Environmental Law, 2012 [*Beyerlin/Marauhn*, International Environmental Law]

Birnie, Patricia/Boyle, Alan E./Redgwell, Catherine, International Law and the Environment, 3. Aufl 2009 [*Birnie/Boyle/Redgwell*, Environment]

Bodansky, Daniel/Brunnée, Jutta/Hey, Ellen (Hrsg), Oxford Handbook of International Environmental Law, 2007 [Oxford Handbook]

Bugge, Hans Christian/Voigt, Christina (Hrsg), Sustainable Development in International and National Law, 2008 [*Bugge/Voigt*, Sustainable Development]

---

* Die folgenden Ausführungen beruhen teilweise auf bereits früher durchgeführten Untersuchungen. S insbes *Epiney/Scheyli*, Umweltvölkerrecht 1. und 2. Kap. Frau *Lena Hehemann*, wissenschaftliche Mitarbeiterin am Institut für Europarecht der Universität Fribourg, sei herzlich für die Unterstützung bei der Erstellung des Beitrags gedankt.

DOI 10.1515/9783110248296-001

Boyle, Alan/Freestone, David (Hrsg), International Law and Sustainable Development, Past Achievements and Future Challenges, 1999 [*Boyle/Freestone*, International Law and Sustainable Development]
Epiney, Astrid, Umweltrecht der Europäischen Union, 3. Aufl 2013 [*Epiney*, Umweltrecht der EU]
Epiney, Astrid/Felder, Andreas, Überprüfung internationaler wasserwirtschaftlicher Übereinkommen im Hinblick auf die Implementierung der Wasserrahmenrichtlinie, 2002
Epiney, Astrid/Scheyli, Martin, Strukturprinzipien des Umweltvölkerrechts, 1998 [*Epiney/Scheyli*, Strukturprinzipien]
Epiney, Astrid/Scheyli, Martin, Umweltvölkerrecht, 2000
Giegerich, Thomas/Proelß, Alexander (Hrsg), Bewahrung des ökologischen Gleichgewichts durch Völker- und Europarecht, 2010 [Bewahrung]
Gödel, Sophia, Das Umweltprogramm der Vereinten Nationen (UNEP) und seine Rolle im System der International Environmental Governance, 2006 [*Gödel*, UNEP]
Hohmann, Harald, Präventive Rechtspflichten und -prinzipien des modernen Umweltvölkerrechts, 1992
Hunter, David/Salzman, James/Zaelke, Durwood, International Environmental Law and Policy, 1998
Johnson, Stanley, The Earth Summit: The United Nations Conference on Environment and Development, 1993
Kilian, Michael, Umweltschutz durch Internationale Organisationen: Die Antwort des Völkerrechts auf die Krise der Umwelt, 1987 [*Kilian*, Umweltschutz durch Internationale Organisationen]
Kornicker, Eva, Ius cogens und Umweltvölkerrecht: Kriterien, Quellen und Rechtsfolgen zwingender Völkerrechtsnormen und deren Anwendung auf das Umweltvölkerrecht, 1997 [*Kornicker*, Ius cogens]
Kiss, Alexandre/Shelton, Dinah, International Environmental Law, 3. Aufl 2004
Lang, Winfried (Hrsg), Sustainable Development and International Law, 1995 [Sustainable Development and International Law]
Morrison, Fred L./Wolfrum, Rüdiger (Hrsg), International, Regional and National Environmental Law, 2000
Oberthür, Sebastian/Buck, Matthias/Müller, Sebastian/Pfahl, Stephanie/Tarasofsky, Richard G./Werksmann, Jacob/Palmer, Alice, Participation of Non-Governmental Organisations in International Environmental Co-operation: Legal Basis and Practical Experience, 2002 [*Oberthür et al*, Participation of Non-Governmental Organisations]
Odendahl, Kerstin, Die Umweltpflichtigkeit der Souveränität, Reichweite und Schranken territorialer Souveränitätsrechte, 1998 [*Odendahl*, Umweltpflichtigkeit]
Rengeling, Hans-Werner (Hrsg), Handbuch zum europäischen und deutschen Umweltrecht, 2. Aufl 2003, Bd 1 [EUDUR]
Sands, Philippe/Peel, Jacqueline, Principles of International Environmental Law, 3. Aufl 2012 [*Sands/Peel*, Principles]
Sands, Philippe, Greening International Law, 1993 [Greening International Law]
Scheyli, Martin, Konstitutionelle Gemeinwohlorientierung im Völkerrecht: Grundlagen völkerrechtlicher Konstitutionalisierung am Beispiel des Schutzes der globalen Umwelt, 2008 [*Scheyli*, Gemeinwohlorientierung]
Schroeder, Marcus, Die Koordinierung der internationalen Bemühungen zum Schutz der Umwelt, 2005 [*Schroeder*, Koordinierung]
Selmer, Peter/von Münch, Ingo (Hrsg), Gedächtnisschrift für Wolfgang Martens, 1987 [GS Martens]
Société française de droit international (Hrsg), Le droit international face aux enjeux environnementaux, 2010 [Droit international]
Graf Vitzthum, Wolfgang/Proelß, Alexander (Hrsg), Völkerrecht, 7. Aufl 2016 [Vitzhum/Proelß, Völkerrecht]
Wolfrum, Rüdiger (Hrsg), Enforcing Environmental Standards: Economic Mechanisms as Viable Means?, 1996 [Wolfrum, Enforcing Environmental Standards]
Wolfrum, Rüdiger (Hrsg), Max Planck Encyclopedia of Public International Law, 10 Bde, 2012 [MPEPIL]

Verträge

Freundschafts-, Handels- und Schifffahrtsvertrag zwischen Großbritannien und den Vereinigten Staaten von Amerika v 19.11.1794 (52 CTS 243) [Jay-Vertrag] — 16
Charta der Vereinten Nationen v 26.6.1945 (BGBl 1973 II, 431), zuletzt geänd durch Bek v 28.8.1980 (BGBl 1980 II, 1252) [UN-Charta] — 47
Statut des Internationalen Gerichtshofs v 26.6.1945 (BGBl 1973 II, 505) [IGH-Statut] — 49
Vertrag zur Gründung der Europäischen Gemeinschaft v 25.3.1957 (BGBl 1957 II, 766), nach Inkrafttreten des Vertrags von Lissabon v 13.12.2007 (BGBl 2008 II, 1038) nunmehr gültig als Vertrag über die Arbeitsweise der Europäischen Union (konsolidierte Fassung: ABl EU 2010, Nr C 83/47) [AEUV] — 14

Wiener Übereinkommen über das Recht der Verträge v 23.5.1969 (BGBl 1985 II, 927) [WVK] — 52
Übereinkommen über den internationalen Handel mit gefährdeten Arten freilebender Tiere und Pflanzen v 3.3.1973 (BGBl 1975 II, 773) [CITES] — 104
Genfer Übereinkommen über weiträumige grenzüberschreitende Luftverunreinigung v 13.11.1979 (BGBl 1982 II, 373) [CLRTAP] — 55, 93
Seerechtsübereinkommen der Vereinten Nationen v 10.12.1982 (BGBl 1994 II, 1799) [SRÜ] — 19, 63
Wiener Übereinkommen zum Schutz der Ozonschicht v 22.3.1985 (BGBl 1988 II, 901) [Ozonschicht-Übereinkommen] — 55
Wiener Übereinkommen über das Recht der Verträge zwischen Staaten und internationalen Organisationen und zwischen internationalen Organisationen v 21.3.1986 (BGBl 1990 II, 1415) [WVKIO] — 52
Montrealer Protokoll über Stoffe, die zu einem Abbau der Ozonschicht führen v 16.9.1987 (BGBl 1988 II, 1014; letzte Änd in BGBl 1999 II, 2183) [Montrealer Protokoll] — 102
Übereinkommen über die Umweltverträglichkeitsprüfung im grenzüberschreitenden Zusammenhang v 25.2.1991 (BGBl 2002 II, 1406) [Espoo Konvention] — 93
Übereinkommen über Schutz und zur Nutzung grenzüberschreitender Wasserläufe und internationaler Seen v 17.3.1992 (BGBl 1994 II, 2333) [UNECE-Gewässerübereinkommen] — 93
Rahmenübereinkommen der Vereinten Nationen über Klimaänderungen v 9.5.1992 (BGBl 1993 II, 1783) [UNFCCC] — 29, 55
Übereinkommen über die biologische Vielfalt v 5.6.1992 (BGBl 1993 II, 1742) [CBD] — 29
Übereinkommen der Vereinten Nationen zur Bekämpfung der Wüstenbildung in den von Dürre und/oder Wüstenbildung schwer betroffenen Ländern, insbesondere in Afrika v 16.6.1994 (BGBl 1997 II, 1471) [Wüstenkonvention] — 38
Protokoll zur Londoner Dumping-Konvention v 7.11.1996 (ILM 36 [1997] 4) — 38
Kyoto Protokoll zum Rahmenübereinkommen der Vereinten Nationen über Klimaänderungen v 10.12.1997 (2303 UNTS 148) [Kyoto Protokoll] — 29, 38, 102
Übereinkommen über den Zugang zu Informationen, die Öffentlichkeitsbeteiligung an Entscheidungsverfahren und den Zugang zu Gerichten in Umweltangelegenheiten v 25.6.1998 (ILM 38 [1999] 517) [Aarhus Konvention] — 38, 93
Rotterdamer Übereinkommen über das Verfahren der vorherigen Zustimmung nach Inkenntnissetzung für bestimmte gefährliche Chemikalien sowie Pflanzenschutz- und Schädlingsbekämpfungsmittel im internationalen Handel v 11.9.1998 (ILM 38 [1999] 1) [PIC-Übereinkommen] — 38
Stockholmer Übereinkommen über persistente organische Schadstoffe v 23.5.2001 (BGBl 2002 II, 804) [POPs-Konvention] — 38
Übereinkommen von Paris v 12.12.2015 (BGBl 2016 II, 1082) — 38, 38a, 63

Judikatur

Island of Palmas Arbitration (Netherlands v USA), Schiedsspruch v 4.4.1928, RIAA II, 829 *[Palmas]* — 17
Trail Smelter Arbitration (USA v Canada), Schiedssprüche v 16.4.1938 bzw 11.3.1941, RIAA III, 1905, 1938 *[Trail Smelter]* — 18
Lac Lanoux Arbitration (Spain v France), Schiedsspruch v 16.11.1957, RIAA XII, 281 *[Lac Lanoux]* — 18
North Sea Continental Shelf (Germany v Denmark; Germany v Netherlands), Urteil v 20.2.1969, ICJ Rep 1969, 3 *[Nordsee-Festlandsockel]* — 58
Military and Paramilitary Activities in and against Nicaragua (Nicaragua v USA), Urteil v 27.6.1986, ICJ Rep 1986, 14 *[Nicaragua]* — 58
Gabcíkovo-Nagymaros Project (Hungary v Slovakia), Urteil v 25.9.1997, ICJ Rep 1997, 92 *[Gabcíkovo-Nagymaros]* — 41
Pulp Mills on the River Uruguay (Argentina v Uruguay), Urteil v 20.4.2010, ICJ Rep 2010, 14 *[Pulp Mills]* — 41

I. Gegenstand und Entwicklung des internationalen Umweltrechts

1. Zur Herausforderung des internationalen Umweltrechts

1 Die Problematik der Erhaltung der natürlichen Lebensgrundlagen ist insbes in den letzten vier Jahrzehnten in das öffentliche Bewusstsein gelangt, wobei neben der kontinuierlichen Degradation der globalen Umweltqualität auch eine Reihe spektakulärer Unfälle (Stichworte sind hier „Seveso", „Erika", „Tschernobyl" oder „Fukushima") zur erhöhten Wahrnehmung der Problematik beitrug und beiträgt. Parallel zur wachsenden *Präsenz der Umweltproblematik* in Politik und Gesellschaft entwickelte sich die Erforschung von Ausmaß, Ursachen und Wirkungen von Umweltbelastungen bzw -zerstörungen recht schnell. Auch wenn aus naturwissenschaftlicher Sicht in zahlreichen Gebieten noch nicht alle Fragen abschließend und mit letzter Sicherheit geklärt sind, dürfte der (insbes naturwissenschaftliche) Kenntnisstand in dieser Beziehung inzwischen insgesamt relativ gut sein.[1] Dabei ist von zentraler Bedeutung, dass die Erhaltung der natürlichen Lebensgrundlagen nicht mehr notwendigerweise garantiert ist und *irreversible Schädigungen* möglich sind, deren Ausmaß kaum abzusehen ist; hinzu kommt, dass zahlreiche besonders bedrohliche Umweltprobleme einen globalen Charakter aufweisen.[2] Die bedeutendsten Bedrohungen für die (globale) natürliche Umwelt gehen von der durch die sog Treibhausgase verursachten Klimaveränderung, der Zerstörung der Ozonschicht, der Übersäuerung der Ökosysteme, der Erosion oder sonstiger Landverschlechterung durch Entwaldung und Verwüstung und ganz allg von der Verschmutzung der Umweltmedien Luft, Wasser und Boden sowie dem Schwund der Artenvielfalt aus.[3]

2 Relativ schnell setzte sich auch die Erkenntnis durch, dass zahlreiche Umweltprobleme und insbes diejenigen globalen Ausmaßes letztlich effektiv nur über eine Kooperation der verschiedenen Staaten einer Lösung näher gebracht werden können. Vor diesem Hintergrund entwickelte sich denn auch das Umweltvölkerrecht bzw das internationale Umweltrecht,[4] das in weiten Teilen[5] ein typisches Bsp für die Entwicklung eines *Kooperationsvölkerrechts* – im Gegensatz zu einem reinen *Koexistenzrecht*, das bis zum Zweiten Weltkrieg noch vorherrschend war[6] – darstellt.

3 Allerdings hat auch die Entwicklung des internationalen Umweltrechts nicht dazu geführt, dass die großen Umweltprobleme heute gelöst wären; vielmehr harrt eine Reihe bedeutender Umweltbelastungen bzw Umweltzerstörungen nach wie vor einer dauerhaften Lösung. Stichworte in diesem Zusammenhang sind der Klimawandel, die Zerstörung der (tropischen) Regenwälder, der Rückgang der Artenvielfalt und die Übernutzung der Weltmeere. Die Ursachen dafür, dass in zahlreichen Gebieten nach wie vor keine oder unzureichend griffige internationale Instrumente zur Bekämpfung der jeweiligen Umweltbelastung existieren (dies trotz der Vielzahl

---

1 S schon den sehr aufschlussreichen Überblick bei *Hunter/Salzman/Zaelke*, International Environmental Law and Policy, 1ff; s ferner *Sands/Peel*, Principles, 20 mwN.

2 Stichworte sind hier der Klimawandel, die Meeresverschmutzung oder der Verlust an Biodiversität, vgl nur *Koch/Mielke*, Globalisierung des Umweltrechts, ZUR 20 (2009) 403ff mwN.

3 *Doos*, Environmental Issues Requiring International Action, in Lang/Neuhold/Zemanek (Hrsg), Environmental Protection and International Law, 1991, 1 (3); *Hunter/Salzman/Zaelke*, International Environmental Law and Policy, 1ff. Zu den Ursachen der Umweltproblematik etwa *Kornicker*, Ius Cogens, 133f mwN.

4 Zu seiner Entwicklung u Rn 15ff. Die Begriffe „Internationales Umweltrecht" und „Umweltvölkerrecht" werden in diesem Abschn synonym verwandt.

5 Allerdings abgesehen von gewissen nachbarrechtlichen Verpflichtungen. Hierzu die Ausführungen von *Proelß*, 3. Abschn Rn 8ff.

6 Vgl zu diesem Wandel des Charakters der internationalen Beziehungen und des Völkerrechts etwa *Tomuschat*, Die internationale Gemeinschaft, AVR 33 (1995), 1ff; *Simma*, From Bilateralism to Community Interest in International Law, RdC 250 (1994-VI) 221ff.

völkerrechtlicher Abkommen),[7] sind zweifellos vielfältig; im Vordergrund stehen dürfte jedoch die Neigung der Staaten, gewisse kurzfristige nationale Interessen stärker zu gewichten als das „Allgemeininteresse" Schutz der (globalen) Umwelt, sodass sich ihre Bereitschaft, effektive völkerrechtliche Verpflichtungen (die dann eben auch mit einem Verlust an Handlungsfreiheit einhergehen) einzugehen, mitunter in engen Grenzen hält.

4 Damit werden aber auch die hauptsächlichen *Herausforderungen des Umweltvölkerrechts* und gleichzeitig seine Dilemmata deutlich: Eine Reihe von Problemen ist letztlich nur über eine effektive Kooperation der Staaten zu erreichen. Diese impliziert jedoch auch das Eingehen von Verpflichtungen, die möglicherweise kurzfristigen nationalen Interessen und der einzelstaatlichen Souveränität entgegenlaufen; das Völkerrecht – auch das Umweltvölkerrecht – wird eben letztlich maßgebend von den Staaten geprägt. Die Effektivität des internationalen Umweltschutzes hängt damit maßgeblich gerade davon ab, ob und inwieweit die Staaten hier bereit sind, einmal die notwendigen Verpflichtungen einzugehen und sie sodann auch tatsächlich zu beachten und umzusetzen. Nicht zu verkennen ist darüber hinaus, dass eine gewisse und stärkere Institutionalisierung des völkerrechtlichen Umweltschutzes – ähnlich dem Vorgehen im Zusammenhang mit dem Welthandel – der Entwicklung dieses Rechtsgebiets natürlich förderlich ist bzw wäre.[8]

5 Im Übrigen ist – trotz der nach wie vor bestehenden Defizite des Umweltvölkerrechts – nicht nur festzuhalten, dass die Situation ohne seine Entwicklung (so wie sie stattgefunden hat) noch um einiges schlechter wäre, sondern auch, dass in gewissen Bereichen auch durchaus große und nachhaltige *Erfolge* verzeichnet werden konnten, so etwa beim Verbot gewisser, die Ozonschicht schädigender Stoffe. Auch sind in gewissen Regionen – etwa in Europa – bedeutende Fortschritte zu verzeichnen. Weiter dürfte sich insgesamt die Erkenntnis durchsetzen, dass es in vielen Fällen zumindest mittel- und langfristig auch ökonomisch effizienter ist bzw sein kann, Umweltbelastungen zu verhindern oder frühzeitig zu bekämpfen, als lediglich ihre Auswirkungen abzumildern. Insofern ist nicht nur zu erwarten, dass dem Umweltvölkerrecht auch weiterhin eine gewisse Bedeutung zukommt, sondern auch, dass es sich weiterentwickeln wird.

2. Begriff und Gegenstand

6 Das internationale Umweltrecht oder „*Umweltvölkerrecht*" ist – wie schon der Begriff nahelegt – einerseits Teil des „Umweltrechts", andererseits Teil des „Völkerrechts" bzw des internationalen Rechts (wobei hier das Internationale Privatrecht, das in der Regel ebenfalls als Teil des internationalen Rechts angesehen wird, auch wenn es in Bezug auf die Rechtsquelle grundsätzlich nationales Recht darstellt, nicht einbezogen wird).

7 Das *Völkerrecht* umfasst all diejenigen Normen, die zwischen Völkerrechtssubjekten gelten, dies im Gegensatz zu den Rechtsnormen, die der inneren Rechtsordnung eines Völkerrechtssubjekts zuzuordnen sind.[9] Die Staaten sind die klassischen Völkerrechtssubjekte; allerdings gibt es auch eine Reihe anderer Völkerrechtssubjekte, von denen insbes die I. O. zunehmend an Bedeutung gewinnen.[10] Völkerrecht entsteht grundsätzlich durch das *Zusammenwirken* der Völkerrechtssubjekte, sodass eine völkerrechtliche Regel nur in Ausnahmefällen auch auf diejenigen

---

7 Vgl etwa die Liste bei *Sands/Peel*, Principles, XXXVII ff.

8 Vgl hierzu auch noch u Rn 91, im Zusammenhang mit den Akteuren des Umweltvölkerrechts.

9 Vgl ansonsten zum Begriff des Völkerrechts, auf den hier nicht weiter eingegangen werden soll, nur *Graf Vitzthum*, Begriff, Geschichte und Quellen des Völkerrechts, in Graf Vitzthum/Proelß, Völkerrecht, 1. Abschn Rn 2 ff.

10 Vgl zur Rolle der I. O. im Umweltvölkerrecht noch u Rn 82 ff.

Rechtssubjekte Anwendung findet, die sich seiner Geltung widersetzt haben.[11] Eine Sonderstellung nimmt das europäische Unionsrecht ein.[12]

8 Der Begriff des *Umweltrechts* nimmt Bezug auf den Regelungsgegenstand: Erfasst werden diejenigen völkerrechtlichen Normen, die den Schutz der Umwelt betreffen bzw bezwecken. Das Völkerrecht definiert allerdings den Begriff der Umwelt nicht in verbindlicher Weise. Gleichwohl erlaubt die völkerrechtliche Praxis[13] hier eine Annäherung.

9 Ausgangspunkt ist die *Umwelt* als *Schutzgegenstand*. Hiermit ist nicht nur die für den Menschen unmittelbar „nützliche" Umwelt, sondern die *Gesamtheit der natürlichen Lebensgrundlagen* gemeint. Der Schutzgegenstand ist damit aber auch soweit eingeschränkt, als es um den Schutz der *natürlichen* Lebensgrundlagen geht, sodass etwa das soziale oder wirtschaftliche Wohlergehen der Bevölkerung nicht erfasst wird, während aber die vom Menschen gestaltete „natürliche künstliche Umwelt" und die „physische Umwelt" einzubeziehen sind, dies allerdings nur insoweit, als es um den Schutz vor Gefährdungen geht, die von der Beeinträchtigung der natürlichen Lebensgrundlagen ausgehen.[14] MaW umfasst das Schutzgut „Umwelt" im Völkerrecht die Gesamtheit der Lebensgrundlagen der Menschen, die in welcher Form auch immer Teil der physischen „Um-Welt" des Menschen sind.[15]

10 In diesem Rahmen ist der *Schutzgegenstand* des internationalen Umweltschutzes *weit* zu verstehen: Erfasst wird neben dem Schutz des Bestehenden auch die Verbesserung des augenblicklichen Zustands sowie die Vermeidung neuer Umweltverschmutzungen. Zu dem Schutz der natürlichen Lebensgrundlagen zählt auch die Erhaltung der natürlichen Ressourcen. *Räumlich* wird die Gesamtheit der vom Menschen beeinflussbaren Räume (Geosphäre, Hydrosphäre, Biosphäre und Atmosphäre) erfasst.[16] In den Worten von Grundsatz 2 der Stockholm Deklaration[17] geht es damit beim Umweltschutz um den Schutz von Luft, Wasser, Land, Flora und Fauna sowie Ökosystemen, wobei gerade der zuletzt genannte Aspekt die Weite des Begriffs verdeutlicht.[18]

11 Internationaler Umweltschutz ist im Übrigen gerade nicht auf *grenzüberschreitende Verschmutzung* beschränkt. Vielmehr können grundsätzlich auch (vordergründig) *innerstaatliche Sachverhalte* bzw Probleme erfasst werden, was schon vor dem Hintergrund ebenso sinnvoll wie notwendig ist, als der (fehlende) Schutz „nationaler" Umwelt aufgrund der hier bestehenden Interdependenzen auch grenzüberschreitende Auswirkungen entfaltet. Zudem stellt auch der Schutz der Umwelt in Gebieten außerhalb staatlicher Hoheit (wie der größte Teil der Meere und die Antarktis) eine wichtige Zielsetzung dar.

12 In diesem Sinn dürfte denn auch die umfassende *Definition der Umweltverschmutzung* – die ja durch das Umweltvölkerrecht gerade bekämpft werden soll – durch die International Law Association (ILA) aus dem Jahr 1982 zu verstehen sein: „'Pollution' means any introduction by man, directly or indirectly, of substances or energy into the environment resulting in deleterious effects of such a nature as to endanger human health, harm living resources, ecosystems and material property and impair amenities or interfere with other legitimate uses of environment."[19]

---

11 Zu den Rechtsquellen im Einzelnen noch u Rn 46ff.

12 Hierzu *Epiney*, Umweltrecht der EU.

13 Vgl die Ausführungen in den nachfolgenden Abschn dieses Bands. S im Übrigen den Überblick über einige relevante Dokumente im Zusammenhang mit der Frage nach dem Begriff der Umwelt bei *Birnie/Boyle/Redgwell*, Environment, 4ff.

14 Zur Problematik *Epiney*, Umweltrecht der EU, 2. Kap Rn 5ff mwN.

15 S ähnlich *Sands/Peel*, Principles, 13ff.

16 *Proelß*, Raum und Umwelt im Völkerrecht, in Vitzthum/Proelß, Völkerrecht, 5. Abschn Rn 88.

17 Zu dieser noch u Rn 22.

18 S ansonsten zu einigen Definitionen der Umwelt bzw des Umweltschutzes in völkerrechtlichen Verträgen, die in eine ähnliche Richtung gehen, *Sands/Peel*, Principles, 14f.

19 ILA Reports 60 (1982) 159. S auch die ähnlich lautende Definition der OECD aus dem Jahr 1977, ILM 16 (1977) 977.

13 Dies bedeutet allerdings nicht, dass das Umweltvölkerrecht notwendigerweise eine *ökozentrische* Sichtweise zugrunde legt.[20] Vielmehr dürfte auch eine *„geläuterte" anthropozentrische* Auffassung – die allein den Interdependenzen und der Komplexität der Ökosysteme Rechnung tragen dürfte – davon ausgehen, dass die natürlichen Lebensgrundlagen als solche zu schützen sind. Denn auch nicht den Menschen unmittelbar betreffende Einwirkungen können das ökologische Gleichgewicht verändern und auf diese Weise wieder in der einen oder anderen Form auf den Menschen zurückwirken. Zudem bildet die Natur in ihrer Gesamtheit ein ausgewogenes Ganzes, sodass es häufig schwierig bis unmöglich sein dürfte, die Konsequenzen eines bestimmten Umwelteingriffs für das ökologische Gleichgewicht vorherzusehen und von vornherein zu begrenzen. Will man also die menschlichen Interessen sinnvoll definieren, müssen sie zuallererst umfassend bestimmt werden. Da dies nicht in abstrakter Weise und langfristig abschließend möglich ist, muss die natürliche Umwelt eben grundsätzlich auch auf der Grundlage einer anthropozentrischen Sicht um ihrer selbst geschützt werden. Auf der Grundlage dieser Sicht verliert denn auch der Streit um die Frage, ob der Begriff der Umwelt anthropozentrisch oder ökozentrisch zu verstehen ist, viel von seiner Bedeutung.

14 Schließlich ist darauf hinzuweisen (wie sich auch aus den bisherigen Ausführungen ergeben dürfte), dass Umweltschutz – nicht nur internationaler Umweltschutz – insofern eine *Querschnittsmaterie* darstellt, als die Politikgestaltung in zahlreichen anderen Politikbereichen – Stichworte sind hier Verkehr, Energie oder Landwirtschaft – Implikationen für die Umweltqualität entfaltet, sodass ohne einen effektiven Einbezug umweltpolitischer Anliegen in die inhaltliche Gestaltung dieser Politikbereiche jede Umweltpolitik zumindest teilweise zum Scheitern verurteilt ist. Vor diesem Hintergrund verlangt denn auch die sog *Querschnittsklausel* im EU-Recht (Art 11 AEUV) den Einbezug umweltpolitischer Belange in andere Politiken.[21] Im Völkerrecht kommen noch spezifische Querverbindungen – wie etwa diejenigen zum Recht der bewaffneten Konflikte oder zum Kulturgüterschutz – hinzu. Insofern implizierte die Erörterung des Umweltvölkerrechts letztlich eine Behandlung des gesamten Völkerrechts, was in diesem Band nicht geleistet werden kann. Vielmehr erfolgt – neben der Behandlung allgemeiner Grundsätze des Umweltvölkerrechts – eine Beschränkung auf die unmittelbar bzw primär den Umweltschutz betreffenden völkerrechtlichen Vorgaben sowie einige zentrale Querschnittsbereiche (Welthandel, Menschenrechte). Eng mit dem Charakter des Umweltvölkerrechts als Querschnittsmaterie verbunden ist ein allg Problem des Völkerrechts, das allerdings im Umweltvölkerrecht besonders ausgeprägt ist, nämlich dasjenige des *Verhältnisses verschiedener völkerrechtlicher Regelungen* zueinander, die sich möglicherweise (teilweise) widersprechen. So kann dieselbe Materie – zB der Warenhandel – von verschiedenen völkerrechtlichen Verträgen geregelt sein, die einerseits primär den Umweltschutz, andererseits primär ein anderes Ziel (etwa den Freihandel) im Auge haben und sich zumindest potentiell widersprechen. Die Herausforderung besteht hier darin, Wege zu finden, sich zumindest teilweise widersprechende Anliegen und Vorgaben miteinander in Einklang zu bringen.

3. Zur Entwicklung des Umweltvölkerrechts

15 Das völkerrechtliche Umweltrecht stellt – im Vergleich zu vielen sonstigen Gebieten des Völkerrechts – ein relativ *junges Rechtsgebiet* dar. Es hat sich im Wesentlichen in den letzten 40–45 Jahren herausgebildet. Seine eigentliche „Geburtsstunde" kann wohl in der sog *Stockholmer Konferenz 1972* erblickt werden, an die sich dann verschiedene weitere Konferenzen anschlos-

20 Umfassend zum Problemkreis *Heinz*, Eigenrechte der Natur: Lichtblick oder Irrlicht für einen verstärkten rechtlichen Schutz der Natur?, Der Staat 27 (1990) 415 ff.

21 Zu dieser Querschnittsklausel *Epiney*, Umweltrecht der EU, 5. Kap Rn 36 ff mwN.

sen, wobei jeweils gleichzeitig auch Entwicklungen im materiellen Umweltvölkerrecht, insbes soweit Verträge betroffen sind, einhergingen.[22] Nicht zu verkennen ist aber auch, dass sich das Völkerrecht auch schon vor 1972 mit Fragestellungen befasste, die heute dem Umweltvölkerrecht zuzuordnen sind, wenn hier auch andere Akzente und inhaltliche Ausrichtungen festzustellen sind.

a) Von den Anfängen bis zur Stockholmer Konferenz (1972)

16 Erste Ansätze völkerrechtlicher Regelungen, die (zumindest aus heutiger Sicht) den Schutz der Umwelt zum Gegenstand hatten, stammen aus dem 18. Jh. Von besonderer Bedeutung waren dabei *gewässerschutzrechtliche Regelungen*, die sich auf grenzüberschreitende Gewässer bezogen.[23] Ab Ende des 19. Jh waren – neben weiterhin grenzüberschreitende Ressourcen betreffenden Verträgen (wie zB solche über Fischbestände) – erste zaghafte Versuche der tatsächlichen Verfolgung von Belangen des Umweltschutzes, die über grenzüberschreitende Belange hinausgingen, zu beobachten. Zentral waren dabei verschiedene Abkommen über den Artenschutz, wobei hier letztlich häufig Anliegen des Ressourcenschutzes (Erhaltung gewisser Arten im Hinblick auf ihre Nutzung durch den Menschen) im Vordergrund standen.[24] Allerdings sind diese frühen Ausprägungen des Umweltvölkerrechts kaum mit seinen modernen Formen vergleichbar. Im Mittelpunkt dieser Bestimmungen stand nämlich gerade nicht das Bemühen um den Schutz von Belangen der Umwelt, sondern diese waren (nur) Mittel zum Zweck; Letzterer lag dann im Wesentlichen in der ökonomischen Nutzbarmachung der natürlichen Ressourcen, etwa von Fischbeständen. Insofern kam dem Umweltschutz eher eine sekundäre und letztlich *instrumentalisierte Bedeutung* zu.

17 Im Übrigen ging es nach wie vor häufig um die Lösung nachbarschaftlicher Konflikte, die im Zuge der Auswirkungen von Tätigkeiten auf dem eigenen Territorium auf das Territorium anderer Staaten entstehen. Grundlegend hierfür waren und sind die Konzepte und Begriffe der *territorialen Souveränität* einerseits und der *territorialen Integrität* andererseits.[25] Beide beruhen letztlich auf dem im Völkerrecht nach wie vor geltenden Grundsatz, dass das Staatsgebiet der Hoheitsgewalt der jeweiligen Staatsgewalt unterliegt und Einwirkungen von außen grundsätzlich ausgeschlossen sind.[26] Die erwähnten Grundsätze führen dieses Prinzip nun in zweifacher Hinsicht fort: Aus der *territorialen Souveränität* folgt, dass die Staaten auf ihrem Gebiet ihre Hoheitsgewalt ausüben können bzw dürfen, und zwar in der Weise, die ihnen sachdienlich erscheint, dies unter der Voraussetzung, dass dem keine völkerrechtliche Regel entgegensteht. Die *territoriale Integrität* schützt vor Einwirkungen, die von dem Staatsgebiet anderer Staaten ausgehen oder diesen gar zuzurechnen sind. Die noch Ende des 19. Jh von den USA vertretene *Harmon-Doktrin*, wonach ein Staat kraft seiner territorialen Souveränität über die sich auf seinem Gebiet befindlichen Ressourcen „grenzenlos" verfügen dürfe, trägt damit den diesbezüglichen völkerrechtlichen Grundsätzen

22 Vgl zur Entwicklung des Umweltvölkerrechts (die älteren Beiträge jeweils etwas ausführlicher zu den früheren Entwicklungen) etwa *Sand*, The Evolution of International Environmental Law, in Oxford Handbook, 29 ff; *Beyerlin*, Rio-Konferenz 1992: Beginn einer neuen globalen Umweltrechtsordnung?, ZaöRV 54 (1994) 124 (125 ff); *Kiss/Shelton*, International Environmental Law, 39 ff; *Kornicker*, Ius Cogens, 132 ff; *Beyerlin/Marauhn*, International Environmental Law, 3 ff; *Heintschel von Heinegg*, Umweltvölkerrecht, in EUDUR, § 23 Rn 1 ff; *Birnie/Boyle/Redgwell*, Environment, 48 ff; *Sands/Peel*, Principles, 22 ff; speziell zur Entwicklung des völkerrechtlichen Vertragsrechts *Brunnée*, Environmental Multilateral Agreements, in MPEPIL, Rn 13 ff.

23 Vgl zB den sog Jay-Vertrag.

24 S die Aufzählung einiger Abkommen bei *Beyerlin*, Umweltvölkerrecht, Rn 9; *Proelß*, Raum und Umwelt im Völkerrecht, in Vitzthum/Proelß, Völkerrecht, 5. Abschn Rn 94.

25 Vgl im Einzelnen hierzu auch noch in diesem Band *Proelß*, 3. Abschn Rn 8 f.

26 Vgl im Übrigen zur Begründung und Reichweite territorialer Souveränitätsrechte über die Umwelt *Odendahl*, Umweltpflichtigkeit, 26 ff.

nicht Rechnung, impliziert sie doch letztlich eine Missachtung der territorialen Integrität der anderen betroffenen Staaten. Allerdings stellen beide Grundsätze (territoriale Souveränität und territoriale Integrität) gerade keinen Gegensatz dar, sondern sind in ihrem Zusammenhang und ihrem Grundgedanken als Ausfluss der Souveränität der Staaten zu sehen: Wenn Souveränität die Befugnis der Staaten beinhaltet, über ihr Staatsgebiet „zu verfügen" und damit zu bestimmen, was dort geschehen soll, dann stellt der Schutz der territorialen Integrität kein der territorialen Souveränität zuwiderlaufendes Prinzip dar, sondern bildet gerade einen *integralen Bestandteil* desselben. Daher können die sich aus der Souveränität ergebenden Rechte von vornherein nur so weit reichen, wie die Souveränität anderer Staaten nicht berührt wird. Die Verpflichtung zur Achtung der territorialen Integrität bildet insofern einen Bestandteil des Konzepts der Souveränität, sodass die Aktionsfreiheit im eigenen Territorium grundsätzlich nur so weit gehen kann, wie Territorien anderer Staaten nicht beeinträchtigt werden, fängt dort doch deren Souveränität an.[27] Insofern beruht die gleichwohl festzustellende Akzeptanz bestimmter „nicht erheblicher" Umweltbeeinträchtigungen nicht auf einem „Recht" auf Schädigung der Territorien anderer Staaten, sondern auf einer gewohnheitsrechtlich anerkannten Ausnahme von dem grundsätzlichen (absoluten) Verbot der Beeinträchtigung der territorialen Integrität anderer Staaten.[28]

18 Vor diesem Hintergrund ist die Entwicklung zweier *gewohnheitsrechtlicher Grundsätze* zu sehen, die zwar in der völkerrechtlichen Praxis insgesamt eine untergeordnete Rolle spielen, jedoch für eine Reihe von Grundprinzipien des Umweltvölkerrechts prägend sind und immer wieder anerkannt wurden: der besonders deutlich im sog *Trail Smelter*-Schiedsspruch aus dem Jahr 1938[29] zum Ausdruck kommende, aber wohl bereits lange vorher geltende Grundsatz des Verbots erheblicher grenzüberschreitender Umweltbeeinträchtigungen sowie das Gebot der angemessenen Nutzung gemeinsamer (grenzüberschreitender) Ressourcen, wobei der zuletzt genannte Grundsatz in erster Linie im Gewässerschutz relevant wurde (wie etwa der hier wegweisende Schiedsspruch im Fall *Lac Lanoux*[30] illustriert), jedoch auch allg gilt.[31] Auf beide Grundsätze wird in diesem Band noch einzugehen sein.[32]

19 Was die Entwicklung des *Vertragsrechts* anbelangt, wurde spätestens ab den 1950er Jahren – insbes auch angesichts der fortschreitenden technologischen Entwicklung mit ihren Ge-

---

27 IdS ist wohl auch die Aussage von *Max Huber* im Palmas-Fall zu verstehen, der darauf hinwies, die territoriale Souveränität korreliere mit der Verpflichtung der Achtung der territorialen Integrität anderer Staaten. Aus der Lit iE ebenso *Bryde*, Völker- und Europarecht als Alibi für Umweltschutzdefizite?, GS Martens, 769 (778 ff); *Beyerlin*, Grenzüberschreitender Umweltschutz und allgemeines Völkerrecht, FS Doehring, 1989, 37 (39 ff); iE wohl auch *Kunig*, Nachbarrechtliche Staatenverpflichtungen bei Gefährdungen und Schädigungen der Umwelt, BerDGVR 32 (1992) 9 (16 f); s auch schon *Epiney*, Das „Verbot erheblicher grenzüberschreitender Umweltbeeinträchtigungen": Relikt oder konkretisierungsfähige Grundnorm?, AVR 33 (1995) 309 (316 ff).

28 Diesen Grundsätzen trägt eine Gleichstellung der Prinzipien der territorialen Souveränität und der territorialen Integrität und die Annahme ihrer Gegenläufigkeit nicht Rechnung. Die territoriale Souveränität der Staaten wird nämlich teilweise auch so verstanden, dass sie den Staaten ein grundsätzliches Recht einräume, auf ihrem Territorium die Aktivitäten auszuüben, die sie für nützlich halten, es sei denn, das Völkerrecht setze dem Grenzen entgegen. Eine solche werde auch und gerade durch die Verpflichtung zur Achtung der territorialen Integrität der (anderen) Staaten gezogen. Daraus wird dann – implizit oder explizit – gefolgert, dass beide genannten Prinzipien gleichberechtigt nebeneinander stünden und zum Ausgleich gebracht werden müssten, vgl etwa *Wolfrum*, Purposes and Principles of International Environmental Law, GYIL 33 (1990) 308 (310 f); *Hach*, Völkerrechtliche Pflichten, 38 ff. Zurückgegriffen wird dabei etwa auf einen Grundsatz des „schonendsten (Souveränitäts-)Ausgleichs" (etwa *Kloepfer*, Grenzüberschreitende Umweltbelastungen als Rechtsproblem, DVBl 1984, 245 [254]; *Wolfrum*, Die grenzüberschreitende Luftverschmutzung im Schnittpunkt von nationalem Recht und Völkerrecht, DVBl 1984, 493 [495]) und auf das Verhältnismäßigkeitsprinzip (so *Hach*, Völkerrechtliche Pflichten, 38 ff).

29 *Trail Smelter*, 1938 und insbes 1965.

30 *Lac Lanoux*, 281.

31 Hierzu im Einzelnen *Epiney*, Zum Anwendungsbereich des Grundsatzes der angemessenen Nutzung gemeinsamer natürlicher Ressourcen, FS Fleiner, 2003, 705 ff.

32 Vgl *Proelß*, 3. Abschn Rn 8 ff; *Reichert*, 13. Abschn Rn 28 ff.

fahrenpotentialen, etwa bei der Nutzung der Kernenergie – die Notwendigkeit genuin völkerrechtlicher Regelungen im Bereich des Umweltschutzes deutlich.[33] Dies führte zum Abschluss einer Reihe (durchaus bedeutender) völkerrechtlicher Verträge.[34] Regelungsgegenstände waren in erster Linie das (Hoch-) Seerecht (wobei es hier aber nur um ausgewählte Probleme, wie etwa Ölverschmutzung, ging, während ein umfassendes Regelwerk erst mit dem UN-Seerechtsübereinkommen v 1982 [SRÜ] geschaffen wurde), der Binnengewässerschutz und der Artenschutz.[35]

20 Bis zu Beginn der 1970er Jahre beschränkten sich die dem Umweltvölkerrecht zuzurechnenden Übereinkommen jedoch im Wesentlichen auf die Regelung *sektorieller Bereiche*, ohne die vielfältigen Interdependenzen natürlicher Lebenskreisläufe und die Zusammenhänge der Umweltproblematik mit der wirtschaftlichen und sozialen Entwicklung zu berücksichtigen. Zudem war eine *Konzentration auf nachbarrechtliche Gesichtspunkte* zu verzeichnen, insbes im Bereich der Nutzung grenzüberschreitender Ressourcen. Weiter war eine Reihe dringender Umweltprobleme noch weit von einer völkervertraglichen Regelung entfernt, sodass das damals geltende Umweltvölkerrecht bedeutende Lücken aufwies (zB im Abfallrecht oder in der Luftreinhaltung). Im Übrigen war das Umweltvölkerrecht in dieser Zeit von den industrialisierten Staaten dominiert, und der Zusammenhang zwischen Umwelt und Entwicklung war noch nicht erkannt bzw hat sich zumindest nicht in den Vertragswerken niedergeschlagen. Damit erwies sich das geltende Umweltvölkerrecht Ende der 1960er und Anfang der 1970er Jahre als nicht hinreichend tragfähig: Es reichte angesichts der wachsenden Probleme offensichtlich nicht mehr aus und konnte dem Anspruch eines effektiven völkerrechtlichen Umweltschutzes nicht genügen.

b) Von der Stockholmer Konferenz (1972) bis zur Rio-Konferenz (1992)

21 Vor diesem Hintergrund – und wohl auch unter dem Eindruck einer Häufung von Umweltkatastrophen in dieser Zeit und der damit einhergehenden wachsenden Bedeutung, die der Umweltproblematik in Politik und Öffentlichkeit beigemessen wurde – ist denn auch die *Stockholmer Konferenz* v 1972[36] zu sehen, die den ersten Meilenstein auf dem Weg zu einem *universellen* und *umfassenden Umweltvölkerrecht* bildet. Ihr lag die Einsicht zugrunde, dass nur eine gesamthafte Betrachtung der Umweltprobleme und eine Einbeziehung entwicklungspolitischer Aspekte zu der dringend notwendigen (Weiter-)Entwicklung des Umweltvölkerrechts führen konnten (bzw können).

22 Wichtigstes unmittelbares Ergebnis der Stockholmer Konferenz[37] ist eine *Deklaration*, die 26 Prinzipien zum Umweltschutz auf völkerrechtlicher Ebene formulierte (sog *Stockholmer Deklaration*). Inhaltlich griffen die Grundsätze teilweise Völkergewohnheitsrecht auf, so insbes Prinzip 21, das das Verbot erheblicher grenzüberschreitender Umweltbeeinträchtigungen stipuliert. Die Deklaration setzte aber auch schon – bemerkenswerterweise – Anliegen des Umweltschutzes mit Belangen der wirtschaftlichen und sozialen Entwicklung in Beziehung. Im Übrigen sind der Deklaration einige Grundsätze und Handlungsprinzipien – wie etwa das Kooperationsprinzip oder der Gedanke der Vorsorge, aber auch die Notwendigkeit der Planung von Vorhaben – zu entnehmen.[38]

---

33 Hierzu etwa *Wolfrum* (Fn 28 [Purposes]).

34 Vgl die Aufstellung bei *Birnie/Boyle/Redgwell*, Environment, XXVII f. S auch die Ausführungen bei *Beyerlin*, Umweltvölkerrecht, Rn 12 ff.

35 Ausf zur Entwicklung des Vertragsrechts im Internationalen Umweltrecht *Brunnée*, Environmental Multilateral Agreements, in MPEPIL, Rn 13 ff.

36 United Nations Conference on the Human Environment (UNCHE).

37 Vgl zu den Ergebnissen dieser Konferenz *Beyerlin* (Fn 22) 127 ff; *Böhme*, Der Beitrag der Vereinten Nationen zum maritimen Umweltschutz (zur Stockholmer Konferenz v 5. bis 12.6.1972), VN 1972, 72 ff; *Freestone*, The Road from Rio: International Environmental Law after the Earth Summit, JIEL 6 (1994) 193 (196 ff).

38 Neben der Deklaration wurde an der Konferenz auch ein Aktionsplan beschlossen, der in der Form von Empfehlungen die zum effektiven Schutz der Umwelt notwendigen Maßnahmen nennt.

Auf institutioneller Ebene wurde im Gefolge der Stockholmer Konferenz das Umweltprogramm der Vereinten Nationen (*United Nations Environment Program* – UNEP) geschaffen; dieses Organ der UN-Generalversammlung – dem keine Rechtspersönlichkeit zukommt – hatte in der Folge einen wichtigen Anteil an der weiteren Entwicklung des Umweltvölkerrechts. Ihm obliegt seit seiner Gründung die Koordination der Umweltaktivitäten im System der Vereinten Nationen, und es trägt maßgeblich zur Entwicklung des Umweltvölkerrechts bei.[39] **23**

Die Stockholmer Konferenz dürfte den eigentlichen Ausgangspunkt für die Entwicklung des modernen Umweltvölkerrechts darstellen, wobei auch bemerkenswert ist, dass sich die Entwicklung des Umweltvölkerrechts seitdem zumindest weitgehend in der Abhaltung *großer internationaler Konferenzen* artikuliert: Die Stockholmer Deklaration und weitere, in den Folgejahren an diese anknüpfende Dokumente – wie etwa die von der UN-Generalversammlung angenommene *Weltcharta für die Natur* v 1982[40] – bildeten die Grundlage für die Weiterentwicklung umweltvölkerrechtlicher Regelungen. In der Folgezeit der Stockholmer Konferenz sind denn auch eine Reihe umweltrechtlicher Übereinkommen – die in erster Linie den Schutz bestimmter Umweltmedien zum Gegenstand hatten bzw haben und häufig unter der Ägide internationaler Gremien (UNEP, UNECE, OECD) erarbeitet wurden – entstanden, die auch heute noch von großer Bedeutung sind.[41] **24**

Allerdings zeigte sich Ende der 1980er Jahre in zunehmendem Maße, dass auch die im Gefolge der Stockholmer Konferenz eingesetzte Entwicklung und die so entstandene universelle Umweltvölkerrechtsordnung immer noch *unzureichend* waren und der Zustand der Umwelt sich im Wesentlichen weiterhin verschlechterte. Zurückzuführen ist dies in erster Linie auf *vier Faktoren*:[42] **25**

- Erstens waren die von den Staaten übernommenen völkerrechtlichen Pflichten häufig von eher *geringer materieller Substanz*; es drängt sich gar der Eindruck auf, dass die Staaten umweltvölkerrechtliche Verträge nur unter der Voraussetzung eingingen, dass sie keine zu großen zusätzlichen Anstrengungen zu ihrer Erfüllung unternehmen mussten.
- Zudem mangelte es teilweise an der *tatsächlichen Beachtung* der eingegangenen Verpflichtungen.
- Sodann war noch nicht ersichtlich, auf welche Weise den Interessen der sog Dritten Welt und dem (zumindest zunächst bestehenden) *Spannungsverhältnis* zwischen Umweltschutz und *wirtschaftlicher Entwicklung* insbes der ärmeren Staaten Rechnung getragen werden konnte.
- Schließlich entwickelten sich aber auch das Bewusstsein und die Kenntnisse über eine *„zweite Generation" ökologischer Probleme*: Diese zeichnen sich dadurch aus, dass nicht mehr nur einzelne Umweltmedien wie Luft oder Wasser bedroht sind („erste Generation");[43] vielmehr sind zunehmend medienübergreifende Probleme mit häufig globalen Auswirkun-

---

39 Zu den Akteuren im Umweltvölkerrecht noch Rn 74 ff, zum UNEP Rn 88 f.

40 GV-Res 37/7 v 28.10.1982; zu Inhalt und Bedeutung der Weltcharta für die Natur *Sands/Peel*, Principles, 36 ff; *Beyerlin*, Umweltvölkerrecht, Rn 23 ff, die auch auf weitere rechtlich unverbindliche Dokumente aus dieser Zeit (insbes die UNEP Draft Principles of Conduct in the Field of the Environment for the Guidance of States in the Conservation and Harmonious Utilization of Natural Resources aus dem Jahr 1978, das sog Montevideo-Programm [Programme for the Development and Periodic Review of Environmental Law v 1982, das inzwischen mehrere Male weiterentwickelt wurde, hierzu *Sands/Peels*, Principles, 48 f] sowie die World Conservation Strategy v 1980) eingehen.

41 Vgl die Zusammenstellung bei *Epiney/Scheyli*, Strukturprinzipien, 189 ff; *Beyerlin/Marauhn*, International Environmental Law, 10 f; *Beyerlin*, Umweltvölkerrecht, Rn 21; *Sands/Peel*, Principles, 34 ff.

42 Vgl auch die kurze Bewertung der Entwicklung des Umweltvölkerrechts zwischen 1972 und 1992 bei *Beyerlin* (Fn 22) 130 f.

43 Zur Unterscheidung zwischen Umweltproblemen „erster" und „zweiter" Generation etwa *Malanczuk*, Die Konferenz der Vereinten Nationen über Umwelt und Entwicklung (UNCED) und das internationale Umweltrecht, FS Bernhardt, 1995, 985 (990).

gen zu beobachten,[44] denen der nach der Stockholmer Konferenz dominierende Ansatz des in erster Linie medienbezogenen Schutzes nicht gerecht werden konnte.

26 Vor diesem Hintergrund wurde insbes deutlich, dass „*Nachweltinteressen*" (nämlich die Interessen der in Zukunft lebenden Generationen) im Rahmen des Umweltvölkerrechts zu wenig Beachtung geschenkt wurde und eine Weiterentwicklung idS im Hinblick auf einen effektiven Umweltschutz unabdinglich war. Dies wurde namentlich auch im Bericht „Our Common Future" (sog *Brundtland-Bericht*) der World Commission on Environment and Development (WCED) betont:[45] In diesem Bericht wurde denn auch dem *Konzept der nachhaltigen Entwicklung*[46] – das die Perspektive künftiger Generationen betont – eine große Bedeutung beigemessen und auf die Notwendigkeit der Entwicklung völkerrechtlicher Instrumente im Hinblick auf ihre effektive Berücksichtigung hingewiesen.

c) Von der Rio-Konferenz (1992) bis zur Johannesburg-Konferenz (2002)

27 So beschloss denn auch die UN-Generalversammlung im Dezember 1989 die Einberufung eines *Umweltgipfeltreffens in Rio de Janeiro* für das Jahr 1992.[47] Ziel der Konferenz sollte insbes die *Weiterentwicklung* des internationalen Umweltschutzrechts sein, „taking into account the Declaration of the United Nations Conference on the Human Environment, as well as the special needs and concerns of the developing countries, and to examine in this context the feasibility of elaborating general rights and obligations of States, as appropriate, in the field of the environment, and taking into account relevant existing international legal instruments".[48]

28 Die Rio-Konferenz selbst – und im Übrigen auch schon die Vorarbeiten – waren weitgehend von dem *Interessengegensatz* zwischen den Anliegen der Staaten des Nordens und denjenigen des Südens geprägt: Während Erstere den Akzent der Konferenz auf die Weiterentwicklung des Umweltvölkerrechts bzw einen effektiven Umweltschutz auf völkerrechtlicher Ebene unter Einbindung der Entwicklungsländer legen wollten (ihrerseits jedoch allenfalls beschränkt zu einer Senkung ihres hohen Produktions- und Konsumniveaus bereit waren), strebten Letztere die Verknüpfung umweltpolitischer Fortschritte und Zugeständnisse mit einer *angemessenen wirtschaftlichen Entwicklung* und entsprechender Hilfe seitens des Nordens an (dies vor dem Hintergrund der Befürchtung, durch verbindliche umweltvölkerrechtliche Verpflichtungen in ihrer wirtschaftlichen Entwicklung behindert zu werden).[49] Die Ergebnisse der Rio-Konferenz spiegeln diese Differenzen wider und weisen daher einen gewissen Kompromisscharakter auf.

---

44 Stichworte in diesem Zusammenhang sind etwa Phänomene wie der weltweite Klimawandel, die Vernichtung der Wälder (insbes der Tropenwälder), aber auch das Problem des Giftmülls und die Bedrohung der biologischen Vielfalt.

45 Der Bericht wurde durch die GV-Res 42/187 (IPE [2] I/C/19-12-83-a) angenommen. Zum Brundtland-Bericht *Freestone* (Fn 37) 199; *Sands/Peel*, Principles, 39; *Bartholomäi*, Sustainable Development, 56 ff; s mit etwas zeitlichem Abstand auch die instruktiven Überlegungen bei *Bugge*, 1987–2007: "Our Common Future" Revisited, in Bugge/Voigt, Sustainable Development, 3 ff; *Winter*, A Fundament and Two Pillars: The Concept of Sustainable Development 20 Years after the Brundtland Report, in ebd, 25 ff.

46 Dazu vgl *Proelß*, 3. Abschn Rn 50 ff.

47 GV-Res 44/228 (IPE [2] I/C/22-12-89-d), 44/229 (IPE [2] I/C/22-12-89-c).

48 GV-Res 44/228, para 15.

49 Zu diesem Interessengegensatz zwischen Nord und Süd im Vorfeld der Rio-Konferenz etwa *Sand*, International Environmental Law after Rio, EJIL 4 (1993) 377 (388 f); *Malanczuk* (Fn 43) 987; *Rest*, Die rechtliche Umsetzung der Rio-Vorgaben in der Staatenpraxis, AVR 34 (1996) 145 ff; *Mensah*, The Role of the Developing Countries, in Campiglio/Pineschi/Siniscalco/Treves (Hrsg), The Environment After Rio: International Law and Economics, 1994, 33 ff; s aus heutiger Sicht zum „Nord-Süd-Dauerkonflikt" *Beyerlin*, Wege zur Verbesserung der Nord-Süd-Kooperation in globalen Umweltfragen, in Bewahrung, 213 ff. Zum Ganzen eingehend auch *Bartenstein*, 2. Abschn.

29 Im Einzelnen wurden an der Rio-Konferenz *fünf Dokumente* verabschiedet:[50]

- *Rio Deklaration über Umwelt und Entwicklung*: Diese Erklärung stellt im Wesentlichen eine Aktualisierung der Stockholmer Deklaration dar. In insgesamt 27 Prinzipien werden allg umwelt- und entwicklungspolitische Richtlinien aufgestellt, die im Vergleich zur Stockholmer Deklaration eine stärkere Betonung der Verknüpfung von Umweltproblemen und Entwicklungsfragen erkennen lassen.[51] Zudem wird auf das Konzept der *nachhaltigen Entwicklung*[52] Bezug genommen, ohne dass dieses allerdings definiert wird, wobei dieses Leitbild jedoch das gesamte Dokument durchzieht.[53] Die Rio Deklaration ist völkerrechtlich als solche unverbindlich; allerdings greift sie – wie schon die Stockholmer Deklaration – teilweise Völkergewohnheitsrecht auf.[54] Im Übrigen kommt ihr für die Weiterentwicklung und die weitere Herausbildung des Umweltvölkerrechts eine gewisse Bedeutung zu.[55]
- *Agenda 21*: Dieser Aktionsplan ergänzt die Grundsätze der Rio Deklaration und soll die politische Umsetzung ihrer Zielsetzungen leiten. In insgesamt vierzig Kapiteln werden umfangreiche Maßnahmen in unterschiedlichen Bereichen gefordert; hier wird insbes auch versucht, dem Spannungsverhältnis zwischen der Verwirklichung umweltpolitischer Ziele und wirtschaftlicher Entwicklung Rechnung zu tragen. Darüber hinaus sind auch institutionelle Strukturen vorgesehen, wobei der *Commission on Sustainable Development* (CSD) besondere Bedeutung zukommt.[56] Auch die Agenda 21 ist rechtlich unverbindlich, und ihre völkerrechtliche Bedeutung dürfte aufgrund ihres Charakters als rein politisches Aktionsprogramm – während die Rio Deklaration doch immerhin Grundsätze des Umweltvölkerrechts festschreiben will – noch hinter derjenigen der Rio Deklaration zurückbleiben.
- *Wald-Erklärung*: Diese Deklaration soll den Konsens der Staaten über die Problematik des Schutzes und der Erhaltung der Wälder zum Ausdruck bringen. Aufgrund der tiefen Meinungsverschiedenheiten der Staaten des Nordens und des Südens vermochten die letztlich gefundenen (Kompromiss-)Formulierungen die fortbestehenden Divergenzen allerdings kaum zu überdecken.[57]
- *Klimarahmenkonvention (UNFCCC)*: Diese Konvention setzt sich den Schutz des Klimas zum Ziel und strebt in diesem Sinn in erster Linie die Stabilisierung der Treibhausgase in der Erdatmosphäre an. Das Abkommen ist eine Rahmenkonvention und bedarf daher weiterer Konkretisierungen durch die Vertragsparteien, die insbes durch das sog Kyoto Protokoll und jüngst durch das Pariser Übereinkommen erfolgt sind.[58]

---

50 Zu den Ergebnissen der Rio-Konferenz *Boisson de Chazournes*, The United Nations Framework Convention on Climate Change: On the Road Towards Sustainable Development, in Wolfrum, Enforcing Environmental Standards, 285 ff; *Malanczuk* (Fn 43) 996 ff; *Beyerlin* (Fn 22) 132 ff; *Wolfrum*, The Convention on Biological Diversity: Using State Jurisdiction as a Means of Compliance, in ders, Enforcing Environmental Standards, 373 ff; *Kiss/Doumbe-Bille*, La Conférence des Nations Unies sur l'environnement et le développement, AFDI 38 (1992) 823 ff.

51 *Freestone* (Fn 37) 200; *Kiss*, Le droit international à Rio de Janeiro et à côté de Rio de Janeiro, RJE 18 (1993) 45 (65); zu den einzelnen Prinzipien s *Vinuales*, The Rio Declaration on Environment and Development : A Commentary, 2015.

52 Zu diesem noch *Proelß*, 3. Abschn Rn 50 ff.

53 Zu den wichtigsten Prinzipien der Rio-Deklaration noch *Proelß*, 3. Abschn Rn 1 ff.

54 So insbes Prinzip 2, der Grundsatz 21 der Stockholmer Deklaration aufnimmt und das Verbot erheblicher grenzüberschreitender Umweltbeeinträchtigungen festschreibt.

55 Zu den Rechtsquellen noch u Rn 49 ff

56 Zu dieser noch u Rn 90 f.

57 Vgl hierzu etwa *Johnson*, The Earth Summit: The United Nations Conference on Environment and Development, 1993, 5 f; *Sand*, International Environmental Law after Rio, EJIL 4 (1993) 377 (383); *Sands/Peel*, Principles, 497 ff, die auch auf die Weiterentwicklungen in diesem Gebiet durch die Erarbeitung neuer (unverbindlicher) Erklärungen, die allerdings klarer formuliert sind, hinweisen.

58 Dazu *Stoll/Krüger*, 9. Abschn Rn 54 ff.

- *Biodiversitäts-Konvention (CBD)*: Dieses Abkommen hat zum Ziel, die biologische Vielfalt der Erde zu bewahren. Es ist ebenfalls sehr allg gehalten und bedarf im Hinblick auf die effektive Anwendung noch der Präzisierung durch entsprechende Protokolle.[59]

30 Im Hinblick auf die Gewährleistung einer effektiven Verwirklichung des Rio-Prozesses und in Anknüpfung an die Agenda 21[60] hat der Wirtschafts- und Sozialrat der Vereinten Nationen (ECOSOC) 1993 die CSD geschaffen.[61] Die Kommission – die aus 53 Staatenvertretern besteht – soll die Umsetzung der Rio-Dokumente überwachen und Vorschläge zur Fortentwicklung ausarbeiten.[62] Im Übrigen war die Rio-Konferenz die erste große Umweltkonferenz, an der NGOs in großem Stil (sowohl in Bezug auf Quantität als auch Qualität) einbezogen wurden.

31 Versucht man, die Ergebnisse der Rio-Konferenz einer *Bewertung* zu unterziehen,[63] so ist zunächst von Bedeutung, dass mit der allg Anerkennung des Konzepts der nachhaltigen Entwicklung insofern eine Verschiebung der Akzente erreicht wurde, als es nunmehr gerade nicht mehr nur um den Schutz des jetzt Vorhandenen geht, sondern mit den Interessen künftiger Generationen langfristigen Entwicklungen eine maßgebliche Rolle eingeräumt wird. Damit gerät das „klassische" Souveränitätsdenken – das noch die Zeit nach der Stockholmer Konferenz bestimmt haben dürfte – ins Hintertreffen, dies zugunsten der Anerkennung eines *allg Interesses* an der Erhaltung der Umwelt. MaW dürfte die Rio-Konferenz deutlich gemacht haben, dass es beim internationalen Umweltschutz gerade nicht mehr nur – in Anknüpfung an den Schutz der territorialen Souveränität und das traditionelle Nachbarrecht – um den Schutz der territorialen Integrität der Staaten, sondern darüber hinaus um den langfristig ausgerichteten Schutz übergeordneter Interessen der gesamten Staatengemeinschaft und der Menschheit geht; diese aber knüpfen nicht notwendigerweise an grenzüberschreitende Sachverhalte an. Insofern ist es also durchaus berechtigt – trotz aller Unklarheiten und Divergenzen hinsichtlich des Begriffs der nachhaltigen Entwicklung[64] –, von einem „*Paradigmenwechsel*" im Umweltvölkerrecht zu sprechen. Nicht zu verkennen ist aber auf der anderen Seite auch, dass die Ergebnisse der Rio-Konferenz selbst nicht den teilweise erhofften Schulterschluss aller Staaten im Hinblick auf ein entschlossenes und solidarisches Handeln der Staatengemeinschaft zur Verbesserung der globalen Umwelt brachten. So bildet denn „Rio" weder den Anfang noch das Ende der Anstrengungen, Umweltbelastungen auf völkerrechtlicher Ebene zu begegnen. Entscheidend sind vielmehr die Umsetzung der dort beschlossenen Maßnahmen und damit die weitere Entwicklung des Umweltvölkerrechts.

32 Die *Hoffnungen*, die mit der Rio-Konferenz und ihren Ergebnissen verbunden waren, wurden aber zumindest zu einem großen Teil in den 1990er Jahren *enttäuscht*. Dies spiegelte sich auch im sog Rio-Folgeprozess wider. So wurde im Juni 1997 im Rahmen einer Sondergeneralversammlung der Vereinten Nationen in New York die Umsetzung der Beschlüsse von Rio (ausgehend von Vorarbeiten der CSD) einer ersten Bewertung unterzogen und hervorgehoben, dass sich der Zustand der Umwelt insgesamt verschlechtert habe und sich die Umweltprobleme (und damit der Handlungsbedarf) in etlichen Gebieten verschärft hätten; die Bereiche mit dringendem Handlungsbedarf wurden im Einzelnen erörtert, und es wurde (einmal mehr) auf die Notwendigkeit einer besseren Koordinierung umweltpolitischer Maßnahmen im UN-System hinge-

---

59 Zum Biodiversitätsschutz *Markus*, 10. Abschn Rn 21ff.

60 Vgl den entsprechenden Auftrag in Kap 38 der Agenda 21.

61 UN Doc E/1993/INF/2, 21f.

62 Zur CSD *Beyerlin* (Fn 22) 143ff; *Timoshenko*, From Stockholm to Rio: The Institutionalization of Sustainable Development, in Sustainable Development and International Law, 143 (156ff). S auch noch u Rn 92f.

63 Vgl aus der Lit einerseits die eher negative Bewertung bei *Pallemaerts*, International Environmental Law from Stockholm to Rio: Back to the Future, in Greening International Law, 1 (13ff), andererseits die eher positiven Erwartungen von *Hohmann*, Ergebnisse des Erdgipfels von Rio, NVwZ 12 (1993) 311 (314, 319).

64 Vgl hierzu *Proelß*, 3. Abschn Rn 50ff.

wiesen.[65] Allerdings besteht das völkerrechtlich unverbindliche Abschlussdokument (*Programme for the Further Implementation of Agenda 21*)[66] in erster Linie aus relativ wenig konkreten politischen Absichtserklärungen; im Vergleich zu den Ergebnissen der Rio-Konferenz dürften von diesem Dokument daher kaum neue Impulse ausgehen.

33 In der sog *UN-Milleniums-Deklaration* v 2000 wurde – im Anschluss an die Sondersitzung der Generalversammlung 1997 – (nochmals) zur Ratifikation und Umsetzung nicht nur der Rio-Dokumente, sondern auch diverser weiterer völkerrechtlicher Abkommen aufgerufen.[67] Auch die sog *Millenniums-Entwicklungsziele* (MDGs) – ebenfalls in der UN-Milleniums-Deklaration verankert – trugen den Ergebnissen der Rio Deklaration in gewissen Teilen Rechnung, wobei in erster Linie auf Ziel 7 (die Sicherstellung ökologischer Nachhaltigkeit) hinzuweisen ist.

d) Von der Johannesburg-Konferenz (2002) bis zur „Rio+20“-Konferenz (2012)

34 Zehn Jahre nach dem Rio-Gipfel fand erneut eine große Konferenz (*World Summit on Sustainable Development*) statt, diesmal in Johannesburg, die den Rio-Prozess einer (vorläufigen) Bewertung unterziehen und dem Gesamtprozess eine gewisse neue Dynamik geben sollte, wozu auch eine Schärfung des „Allerweltbegriffs“ der nachhaltigen Entwicklung gehören sollte.[68]

35 Die Ergebnisse der Konferenz schlugen sich in erster Linie in *zwei* (rechtlich unverbindlichen) *Dokumenten* nieder:[69]

- Die sog *Johannesburg Declaration* enthält im Wesentlichen ein inhaltlich offen gehaltenes Bekenntnis zur nachhaltigen Entwicklung (ohne dass dieses Konzept auch nur annähernd einer weiteren Konkretisierung zugeführt würde) und betont die Solidarität zwischen den Staaten. Die Erklärung enthält keine weiteren konkreten Maßnahmen oder Grundsätze.
- Der sog *Plan of Implementation* soll die Umsetzung der Erklärung konkretisieren und enthält eine ganze Palette von als notwendig angesehenen Maßnahmen bzw Anstrengungen in verschiedenen Bereichen. Allerdings ist die inhaltliche Präzision des Plans nicht sehr hoch; im Wesentlichen beschränkt sich der Text auf eher allg formulierte Zielsetzungen und Vorhaben.

36 Die vorerst letzte große Umweltkonferenz fand anlässlich des 20-jährigen „Jubiläums“ der Rio-Konferenz wiederum in Rio de Janeiro statt („Rio+20“-Konferenz bzw *UN Conference on Sustainable Development – UNCSD*). Auch aus dieser Konferenz ging eine unverbindliche Erklärung (*„The Future We Want“*) hervor,[70] die jedoch kaum – im Vergleich zu den bereits bestehenden Dokumenten – weiterführende bzw eigentlich neue Erkenntnisse enthält (allenfalls abgesehen vom Meeresschutz, wo etwas konkretere Zielsetzungen formuliert werden als bislang). Auch auf dieser Konferenz konnten im Übrigen keine wirklichen Fortschritte in Bezug auf die Einbindung wichtiger Schwellenländer (insbes China, Südafrika, Russland, Brasilien und Indien) in die Klimaschutzmaßnahmen erzielt werden, dies verbunden mit einer Regelung, die den hier bestehenden Interessengegensätzen Rechnung trägt.[71]

---

65 Zu den Ergebnissen dieser GV *Beyerlin/Ehrmann*, Fünf Jahre nach dem Erdgipfel von Rio – eine kritische Bestandsaufnahme der Sondergeneralversammlung vom Juni 1997, UPR 17 (1997) 356 ff; *Breier*, Die Sondergeneralversammlung der Vereinten Nationen in New York, NuR 1998, 410 ff.

66 UN Doc A/RES/J-19/2 v 19.9.1997.

67 Vgl die Deklaration in UN Doc A/RES/55/2 v 8.9.2000.

68 Zu den Zielsetzungen UN Doc A/RES/55/199 v 10.12.2000.

69 UN Doc A/CONF.199/20, Report of the World Summit on Sustainable Development.

70 UN Doc A/RES/66/288 v 11.9.2012. S ansonsten zu den Ergebnissen dieser Konferenz *Maier*, UN-Konferenz über nachhaltige Entwicklung (Rio+20), VN 2012, 171 ff; in einem weiteren Zusammenhang auch *de Andrade Correa*, The Rio+20 Conference and International Law: Towards a Multi-Layered Multilaterlism?, AVR 50 (2012) 500 ff.

71 Spezifisch zum Klimaschutz auch noch *Stoll/Krüger*, 9. Abschn.

37 In *institutioneller Sicht* konnte keine Einigung über eine wie auch immer geartete institutionelle Aufwertung des UNEP erzielt werden. Hingegen wurde beschlossen, die CSD aufzulösen und sukzessive durch ein Nachfolgeorgan – das sog *High-Level Political Forum on Sustainable Development (HLPF)* – zu ersetzen, dessen Konturen jedoch noch nicht umfassend geklärt sind, ist doch nur von einem „universal, intergovernmental High-Level Political Forum" die Rede.[72]

e) Fazit und Perspektiven

38 Die *Bilanz des Rio-Prozesses* dürfte bis jetzt insgesamt eher bescheiden sein: Zwar findet sich mittlerweile in fast allen völkerrechtlichen Dokumenten eine Bezugnahme auf den Grundsatz der nachhaltigen Entwicklung.[73] Die Ausarbeitung zusätzlicher globaler Abkommen von Gewicht, die dann auch in Kraft getreten sind, war allerdings in den letzten 20 Jahren insgesamt eher beschränkt;[74] auf universeller Ebene sind hier im Wesentlichen die Wüstenkonvention, die sog POPs-Konvention, das Protokoll zur Londoner Dumping-Konvention sowie das sog PIC-Übereinkommen zu erwähnen (andere durchaus grundsätzlich bedeutende Abkommen, wie zB die Konvention über den Schutz von Binnengewässern, wurden zwar erarbeitet, sind aber nicht in Kraft getreten). Hinzu kommt allerdings – neben diversen unverbindlichen Deklarationen – eine Reihe regionaler Abkommen, wobei insbes die unter der Ägide der Wirtschaftskommission der Vereinten Nationen für Europa (UNECE)[75] erarbeiteten Konventionen von Bedeutung sind, so zB die sog Aarhus Konvention. Die Rio-Folgekonferenzen entwickelten zwar gewisse Ansätze weiter; jedoch blieb der „große Durchbruch" bislang aus. Insbes konnte auch das Leitbild der nachhaltigen Entwicklung nicht wirklich in normativ hinreichend dichter Weise konkretisiert werden, und die Interessengegensätze zwischen den industrialisierten Staaten und den Schwellen- und Entwicklungsländern konnten noch keiner eigentlichen „Lösung" zugeführt werden. Auch der Post-2015-Prozess, der nach Ablauf des gesetzten Zeitrahmens der MDGs durch die UN vorangetrieben und mit Erarbeitung der „Nachhaltigen Entwicklungsziele" (*Sustainable Development Goals* – SDGs) – hier liegt nun der Fokus sowohl auf Schutz und Erhaltung der natürlichen Lebensgrundlage als auch auf der Verbesserung der Lebensqualität – den Umweltschutz stärken soll, hat hieran (noch) nicht wirklich etwas geändert, sind doch auch diese Ziele nicht bindend. Auch im Bereich des Klimaschutzes wurden auf zahlreichen Konferenzen zwar nach der Überwindung diverser Schwierigkeiten gewisse normative Ergebnisse erzielt, wobei im Wesentlichen das sog *Kyoto Protokoll* aus dem Jahr 1997 sowie das jüngst angenommene *Übereinkommen von Paris* zu erwähnen sind. Fraglich ist allerdings, ob damit dem globalen Klimawandel tatsächlich effektiv begegnet werden kann. Bis zum Ende der Laufzeit der Verpflichtungsperiode des Kyoto Protokolls (31.12.2012) konnten sich die Staaten nicht auf einen „Nachfolgevertrag" einigen, sodass auf der Klimakonferenz von Doha (2012) beschlossen wurde, die Laufzeit des Kyoto Protokolls bis 2020 zu verlängern, womit freilich die grundlegenden Proble-

---

72 Das HLPF soll dergestalt zur Überwachung und Umsetzung der Implementierung der nachhaltigen Entwicklungsziele beitragen, als zum einen die Staatsoberhäupter in einem Vier-Jahres-Zyklus zusammenkommen und neue Entwicklungen und Problematiken diskutieren; zum anderen tritt das Forum zu einer jährlichen Sitzung unter der Schirmherrschaft des ECOSOC zusammen, um zur internationalen Koordination der nationalen Nachhaltigkeitspolitiken beizutragen – auch unter Einbeziehung der Öffentlichkeit, NGOs und anderen nicht-staatlichen Akteuren (vgl UN Doc A/Res/67/290). Die tatsächliche Einflussnahme und Effektivität des HLPF bleibt abzuwarten, grundsätzlich stehen dem Forum jedoch keinerlei Mechanismen zur Durchsetzung seiner Empfehlungen gegenüber der Parteien zur Verfügung. Erstmalig kam das HLPF in dieser Form im Juni 2014 zusammen (s Bericht des ersten Meetings E/HLPF72014/2).

73 Vgl schon die Nachweise bei *Epiney/Scheyli*, Strukturprinzipien, 38 ff.

74 S aber auch die etwas positivere Akzentsetzung bei *Sands/Peel*, Principles, 45 ff.

75 Zu diesen noch u Rn 93.

me nicht gelöst wurden, zumal die Staaten auch diese Änderung des Kyoto Protokolls akzeptieren mussten, was von vornherein nicht bei allen Staaten als gesichert gelten konnte.

38a Ende 2015 gelang es den Staaten mit dem Übereinkommen von Paris doch noch, ein verbindliches Klimaschutzabkommen auszuhandeln.[76] Darin legen die Staaten erstmals konkrete Zielmarken zur Bekämpfung des Klimawandels fest. Die globale Erderwärmung soll demnach auf max 2°C, wenn möglich auf 1,5°C, im Vergleich zum vorindustriellen Niveau begrenzt werden (Art 2 Abs 1 lit a). Zudem soll der Scheitelpunkt des Treibhausgasausstoßes schnellstmöglich überschritten und dieser im Anschluss drastisch reduziert werden, um in der zweiten Hälfte des 21. Jh eine weitgehende „Treibhausgas-Neutralität" zu erreichen (Art 4 Abs 1). Zu diesem Zweck verankert das Pariser Übereinkommen – im Gegensatz zum Kyoto Protokoll – einen sog *bottom-up*-Ansatz, nach dem die einzelnen Staaten national zu erreichende Klimaschutzziele (*Nationally Determined Contributions – NDCs*) erarbeiten und implementieren (Art 4 Abs 2 Satz 2). Auf diese Weise sollen nicht zuletzt Entwicklungsländer ermutigt werden, innerhalb ihrer Kapazitäten stärkere Anstrengungen zur Erreichung des Klimaschutzzieles zu unternehmen.[77] Die NDCs sind nicht Bestandteil des Pariser Übereinkommens, sondern es handelt sich um nationale Pläne und Ziele. Als völkerrechtlich verbindliche Pflicht verankert das Abkommen neben wenigen prozeduralen Anforderungen nur (aber immerhin) ein „Progressionsprinzip", nach dem die Staaten im Vergleich zu ihren früheren Klimaschutzbemühungen eine inhaltliche Steigerung in ihren nationalen Plänen vorsehen müssen. Der anfänglich positive Eindruck eines quantifizierbaren Klimaschutzziels wird getrübt, indem dessen Erreichung – wie so häufig im (Umwelt-) Völkerrecht – wesentlich von der Handlungsbereitschaft der Vertragsstaaten abhängt. Inwiefern das Pariser Übereinkommen tatsächlich zur Reduktion der Treibhausgasproduktion sowie der Begrenzung der Klimaerwärmung beitragen wird, bleibt also abzuwarten. Zu großer Optimismus dürfte angesichts der bisherigen Bereitschaft der einzelnen Staaten, Zugeständnisse zu machen, jedoch nicht angezeigt sein.

39 Insgesamt lassen die großen Schritte im Umweltvölkerrecht also nach wie vor auf sich warten; insbes die Ausarbeitung verbindlicher Vertragswerke mit konkreten rechtlichen Vorgaben ist in den letzten Jahren kaum wesentlich vorangekommen. Die Zeit drängt aber immer mehr: Soll das Konzept der nachhaltigen Entwicklung – soweit es um einen wirksamen Umweltschutz im Hinblick auf die effektive Berücksichtigung der Belange zukünftiger Generationen geht – seiner Verwirklichung näher gebracht werden, dürfte es kaum Alternativen zu umfassenden internationalen Verhandlungen geben, bei denen die einzelnen Staaten auch (ggf schmerzhafte) Zugeständnisse machen.

40 Diese eher skeptischen Bemerkungen sollen jedoch auf der anderen Seite auch nicht darüber hinwegtäuschen, dass das Umweltvölkerrecht durchaus auch zur Lösung oder doch zumindest zur Verminderung einiger Umweltprobleme – teilweise sogar entscheidend – beigetragen hat (Stichworte in diesem Zusammenhang sind zB der Schutz der Ozonschicht oder die zahlreichen regionalen Abkommen im Bereich des Gewässerschutzes). Die erwähnten Schwierigkeiten sind letztlich dem Völkerrecht als solches inhärent, ist seine Entwicklung doch maßgeblich auf den Willen der Staaten angewiesen, womit es im Umweltvölkerrecht letztlich auch um einen Interessenausgleich sowie ein Zurückstecken (kurzfristiger) individueller Interessen zugunsten längerfristiger Allgemeinwohlinteressen geht.

41 Bemerkenswert ist schließlich auf einer anderen Ebene, dass in den bislang rund 20 Jahren seit der Rio-Konferenz die *Rechtsprechung internationaler Gremien* (Gerichte, Schiedsgerichte,

---

76 Das Abkommen trat am 4.11.2016 in Kraft. S dazu ausf *Böhringer*, Das neue Pariser Klimaübereinkommen, ZaöRV 76 (2016) 753 ff; *Morgenstern/Dehnen*, Eine neue Ära für den internationalen Klimaschutz: Das Übereinkommen von Paris, ZUR 2016, 161 ff; *Proelß*, Klimaschutz im Völkerrecht nach dem Paris Agreement: Durchbruch oder Stillstand?, ZfU 2016, 58 ff.

77 Die NDCs werden in einem vom Sekretariat geführten öffentlichen Register erfasst (Art 4 Abs 12). S dazu *Böhringer* (Fn 76) 753 ff.

Streitbeilegungsorgane in besonderen Vertragswerken) in beachtlichem Ausmaß zugenommen hat. Dies gilt sowohl für den Internationalen Gerichtshof (IGH; Stichworte in diesem Zusammenhang sind die Urteile *Gabcikovo-Nagymaros* und *Pulp Mills*), die WTO-Streitbeilegungsorgane, den Europäischen Gerichtshof für Menschenrechte (EGMR) und den Amerikanischen Gerichtshof für Menschenrechte sowie diverse Schiedsgerichte und den Internationalen Seegerichtshof (ISGH).[78] Darüber hinaus wurden die *Compliance-Mechanismen* völkerrechtlicher Abkommen in den letzten 20 Jahren maßgeblich weiterentwickelt und effektiver gestaltet, was schon deshalb ebenso sinnvoll wie notwendig ist, weil nur unter der Voraussetzung der tatsächlichen Anwendung der eingegangenen Verpflichtungen die Zielsetzungen der jeweiligen Abkommen erreicht werden können.[79] Es ist denn auch zu erwarten, dass sich die Akzente im internationalen Umweltrecht eher hin zu institutionellen Fragestellungen verschieben werden (Stichworte sind hier Verfahren iwS, unter Einschluss von Umweltinformation, gerichtlicher Zugang etc),[80] und dass auch auf der internationalen Ebene die *governance* eine wachsende Rolle spielen wird. Hier wird insbes im Einzelnen zu beobachten sein, wie das Nachfolgeorgan der CSD ausgestaltet sein wird.

4. Umweltvölkerrecht als „Rechtsgebiet"?

42 Der kurze Überblick konnte zeigen, dass das den Umweltschutz betreffende Völkerrecht im Laufe der Jahre eine beachtliche Entwicklung durchlaufen hat; dem Umweltvölkerrecht kommt *zunehmende Bedeutung* zu, sowohl in qualitativer als auch in quantitativer Hinsicht, woran auch die aufgezeigten Defizite nichts zu ändern vermögen. So gehört das internationale Umweltrecht nicht nur (wie etwa auch das Welthandelsrecht und die Menschenrechte) zu denjenigen Rechtsgebieten, die sich nicht nur als solche seit dem Zweiten Weltkrieg in relativ kurzer Zeit entwickelt haben, sondern es hat auch eine gewisse Bandbreite und Differenzierung erreicht, die bis vor gar nicht allzu langer Zeit kaum vorstellbar gewesen wäre. Insofern stellt die Entwicklung des Umweltvölkerrechts auch eine bemerkenswerte Leistung des Völkerrechts dar.[81]

43 Allerdings stellt die Gesamtheit der solchermaßen den Schutz der natürlichen Lebensgrundlagen bezweckenden völkerrechtlichen Normen – wenn sie auch als „Umweltvölkerrecht" oder „Internationales Umweltrecht" bezeichnet wird – keine in sich geschlossene, systematisch geordnete und gemeinsamen Prinzipien gehorchende Materie dar. Vielmehr handelt es sich letztlich um eine relativ disparate Materie, die zudem auch noch zahlreiche andere Bereiche berührt, weist doch der Umweltschutz *Querschnittscharakter* auf.[82] So besteht denn auch kein allg und umfassendes verbindliches Übereinkommen über den Umweltschutz, dies im Gegensatz etwa zum internationalen Handel mit Gütern und Dienstleistungen. Mit dem Begriff Umweltvölkerrecht wird daher letztlich auf die Vielzahl von multi- und bilateralen Abkommen sowie die (wenigen) völkergewohnheitsrechtlichen Grundsätze in diesem Bereich Bezug genommen, deren Gemeinsamkeit in erster Linie in ihrem Regelungsgegenstand und -ziel – Schutz der natürlichen Lebensgrundlagen – zu sehen ist. Nicht zu verkennen ist auch, dass dieses Umweltvölkerrecht zahlreiche Inkonsistenzen und Lücken aufweist, und die einzelnen Regelungswerke eben gerade nicht zwingend aufeinander abgestimmt sind.[83]

---

78 Vgl insoweit auch *Sands/Peel*, Principles, 47 mwN. Eingehend zur gerichtlichen Streitbeilegung *Schmalenbach*, 8. Abschn Rn 30 ff.
79 Zu den Compliance-Mechanismen *Schmalenbach*, 8. Abschn Rn 7 ff.
80 Eingehend hierzu *Epiney*, 4. Abschn Rn 4 ff, 19 ff, 42 ff.
81 Zu diesem Aspekt auch etwa *Birnie/Boyle/Redgwell*, Environment, 1.
82 S schon Rn 14.
83 Vgl in diesem Zusammenhang auch die Hinweise auf die Querverbindungen bei *Birnie/Boyle/Redgwell*, Environment, 3 f.

Gleichwohl ist seit der Rio-Konferenz v 1992[84] eine gewisse Tendenz zur *Herausbildung einer konsistenteren Umweltvölkerrechtsordnung* zu erkennen. Dieser Prozess zeigt sich insbes an vier Entwicklungslinien: **44**

- Erstens gehen die Regelungsbereiche des Umweltvölkerrechts mittlerweile klar über den ursprünglichen nachbarrechtlichen Ansatz hinaus.
- Zweitens ist die (allmähliche) Herausbildung einer Reihe von Grundsätzen zu beobachten, die insofern bereichsübergreifend sind, als sie unabhängig von einem bestimmten Schutzgut bzw Umweltmedium zu beachten sind und damit das gesamte Umweltvölkerrecht prägen.[85] Im Übrigen können zumindest einige dieser Grundsätze – mit iE überzeugender Begründung werden das Konzept der nachhaltigen Ressourcennutzung, das Vorsorgeprinzip, das Verursacherprinzip, das Prinzip der gemeinsamen, aber unterschiedlichen Verantwortung sowie das Prinzip gerechter Nutzung gemeinsamer Ressourcen angeführt – als Elemente einer Gemeinwohlorientierung im Umweltvölkerrecht und (auch) seiner Konstitutionalisierung verstanden werden.[86]
- Drittens weist das Umweltvölkerrecht in Bezug auf die Rechtsquellen insofern eine Besonderheit auf, als dem sog *soft law* – im Vergleich zum „sonstigen" Völkerrecht – eine ungleich „prominentere" Rolle zukommt, und sich vor diesem Hintergrund die Mechanismen der Herausbildung des Umweltvölkerrechts durch gewisse Eigenarten auszeichnen.[87]
- Schließlich haben sich Durchsetzungsmechanismen (*compliance mechanisms*) herausgebildet, die sich im Vergleich zu sonstigen Bereichen des Völkerrechts durch eine Reihe von Besonderheiten auszeichnen und gleichzeitig verschiedene gemeinsame Charakteristika aufweisen.

Diese Entwicklung ist jedoch keineswegs abgeschlossen, und sie vermag insbes nicht das erwähnte Fehlen eines allg verbindlichen Abkommens im Bereich des internationalen Umweltschutzes zu verdecken. Vor diesem Hintergrund kann es bei der Behandlung des Umweltvölkerrechts letztlich nur darum gehen, neben den allg bereichsübergreifenden Grundsätzen die relativ disparate Materie in ihren sachlichen Zusammenhang zu stellen und unter Berücksichtigung des fehlenden systematisch geordneten Gebiets „Umweltvölkerrecht" den Aussagegehalt der verschiedenen wichtigsten Regelungswerke zu eruieren. **45**

II. Rechtsquellen und Akteure

Das Umweltvölkerrecht ist als Teil des Völkerrechts maßgeblich auch von dessen Charakteristika geprägt. Besonderheiten treten aber teilweise aufgrund des spezifischen Regelungsgegenstands auf, dies insbes im Hinblick auf die Bedeutung der verschiedenen Rechtsquellen und in Bezug auf einzelne Akteure. Ansonsten kommen umweltvölkerrechtliche Regeln grundsätzlich ebenso zustande wie andere völkerrechtliche Normen, werden nach denselben Prinzipien angewandt und durchgesetzt und gehorchen den gleichen Auslegungsgrundsätzen. Vor diesem Hintergrund besteht das Ziel der folgenden Ausführungen (nur) darin, die wichtigsten Aspekte in den Bereichen Rechtsquellen und Akteure[88] in Erinnerung zu rufen und auf einige Besonderheiten des Umweltvölkerrechts hinzuweisen. **46**

---

84 Hierzu o Rn 27ff.
85 Zu diesen Grundsätzen eingehend Proelß, 3. Abschn Rn 1ff.
86 Vgl die Überlegungen bei *Scheyli*, Der Schutz des Klimas als Prüfstein völkerrechtlicher Konstitutionalisierung?, AVR 40 (2002) 373ff; s auch *Scheyli*, Gemeinwohlorientierung. Ihm folgend offenbar *Koch/Mielke* (Fn 2) 407.
87 S insoweit noch u Rn 46ff.
88 Die Streitbeilegung (unter Einschluss der Rechtsdurchsetzung) könnte in diesem Zusammenhang auch noch genannt werden; sie ist aber wegen ihrer besonderen Bedeutung Gegenstand eines eigenen Abschn, vgl Schmalenbach, 8. Abschn Rn 22ff.

47 Ausgangspunkt ist jedenfalls der *Kooperationscharakter* des Völkerrechts: Es basiert auf dem Grundsatz des gleichberechtigten Nebeneinander der Völkerrechtssubjekte, insbes der Staaten. Dieses Charakteristikum des Völkerrechts als Kooperationsrecht entfaltet auf verschiedenen Ebenen – die in diesem Abschnitt dann wieder aufgegriffen werden – *Konsequenzen*:

- Die Entstehung der Rechtsnormen beruht in der einen oder anderen Weise grundsätzlich auf dem *Konsens* der Staaten. Es fehlt also an einer Art „Zentralinstanz", die für alle verbindliches Recht setzen könnte.
- Damit einher geht die grundsätzliche *Relativität* des Völkerrechts: Seine Regeln gelten immer nur für die bei der Entstehung in der einen oder anderen Form involvierten Völkerrechtssubjekte. Eine gewichtige Ausnahme von diesem Grundsatz stellt allerdings das sog *ius cogens* dar, dessen Regeln gegenüber allen Völkerrechtssubjekten gelten und damit auch von allen geltend gemacht werden können.[89]
- Ausgehend von der grundsätzlichen rechtlichen Gleichstellung der Völkerrechtssubjekte (insbes der Staaten, gemäß dem Grundsatz der souveränen Gleichheit der Staaten, vgl Art 2 Ziff 1 UN-Charta) gibt es im Völkerrecht weder eine allg obligatorische *Gerichtsbarkeit* noch eine irgendwie geartete Instanz, die zur Rechtsdurchsetzung befugt wäre.[90] Eine große Rolle spielen daher Mechanismen, die es den Staaten ermöglichen, selbst die Beachtung der völkerrechtlichen Verpflichtungen durch andere Staaten zu erwirken.

48 Immerhin sei darauf hingewiesen, dass dieser Kooperationscharakter des Völkerrechts in den Bereichen, in denen die Zusammenarbeit der Staaten sich in stärker institutionalisierten Bahnen bewegt, etwas relativiert wird, dies insbes durch die in gewissem Rahmen bestehende Möglichkeit, auch gegen den Willen einzelner Staaten Verpflichtungen zu erzeugen, und die Schaffung bestimmter Verfahren zu ihrer Durchsetzung, unter Einschluss von Streitbeilegungsverfahren. Illustriert wird dies etwa am Bsp der WTO.

1. Rechtsquellen

49 Die wichtigsten Rechtsquellen des Völkerrechts[91] sind in Art 38 Abs 1 IGH-Statut erwähnt:[92] Es handelt sich um völkerrechtliche Verträge (a), Völkergewohnheitsrecht (b) und allgemeine Rechtsgrundsätze (c). Hinzu kommen Beschlüsse I. O. (d) und sog *soft law* (e).[93]

50 Auch umweltvölkerrechtlichen Pflichten – unabhängig von der Rechtsquelle, auf der sie beruhen – kann grundsätzlich der Charakter von *ius cogens* zukommen.[94] Allerdings ist hierzu der Nachweis notwendig, dass die entsprechenden Pflichten tatsächlich die Charakteristika von *ius cogens* aufweisen. Dies dürfte beim augenblicklichen Stand des Völkerrechts allenfalls für schwere Verstöße gegen zentrale umweltvölkerrechtliche Verpflichtungen in Betracht kommen, wobei jedoch angesichts des Umstands, dass Art 19 Abs 3 lit d des ILC-Entwurfs zur Staatenver-

---

89 Hierzu, unter Berücksichtigung des Umweltvölkerrechts, *Kornicker*, Ius Cogens. S auch noch u Rn 50.

90 Allerdings abgesehen von den Befugnissen des UN-Sicherheitsrats nach Art 39 ff UN-Charta.

91 Ausf hierzu etwa *Graf Vitzthum*, Begriff, Geschichte und Quellen des Völkerrechts, in Vitzthum/Proelß, Völkerrecht, 1. Abschn Rn 50 ff.

92 Zwar geht es in dieser Bestimmung an und für sich nur um die Quellen des Völkerrechts, die der IGH im Rahmen seiner streitentscheidenden Tätigkeit anzuwenden hat; diese Bestimmung gibt jedoch Völkergewohnheitsrecht wieder. Im Übrigen ist Art 38 IGH-Statut nicht abschließend.

93 Zu den Rechtsquellen, unter besonderer Berücksichtigung des Umweltvölkerrechts, etwa *Sands/Peel*, Principles, 94 ff; *Birnie/Boyle/Redgwell*, Environment, 14 ff.

94 Ausf hierzu *Kornicker*, Ius Cogens.

antwortlichkeit in der Fassung v 1980 in den Entwurf aus dem Jahr 2001 nicht aufgenommen wurde, hier eine gewisse Zurückhaltung geboten ist.[95]

51 Häufig werden umweltvölkerrechtliche Vorgaben aber einen *erga omnes*-Charakter aufweisen, entweder (bei Völkergewohnheitsrecht) gegenüber allen Staaten oder (bei Verträgen) allen Vertragsparteien, dies mit der Folge, dass die Betroffenen ihre Einhaltung geltend machen können (vgl insoweit auch Art 48 ILC-Entwurf über die Staatenverantwortlichkeit). Denn bei vielen umweltvölkerrechtlichen Verpflichtungen dürften alle anderen durch sie verpflichteten Staaten bzw Völkerrechtssubjekte ein rechtliches Interesse an ihrer Einhaltung haben. Insoweit kann wohl häufig davon ausgegangen werden, dass die in Frage stehende Verpflichtung zum Schutz eines gemeinschaftlichen Interesses bzw gar gegenüber der gesamten internationalen Gemeinschaft (vgl insoweit Art 48 Abs 1 ILC-Entwurf über die Staatenverantwortlichkeit) besteht. Bsp hierfür sind etwa der Klimaschutz oder der Schutz der Ozonschicht, aber wohl auch zahlreiche artenschutzrechtliche Vorgaben. Im Einzelfall kann die Frage des *erga omnes*-Charakters einer umweltvölkerrechtlichen Verpflichtung aber schwierig zu beantworten sein,[96] ganz abgesehen davon, dass in Bezug auf Voraussetzungen, „Kategorien" und Rechtsfolgen solcher Verpflichtungen auch allg noch einige Fragen nicht abschließend geklärt sind.[97]

a) Völkerrechtliche Verträge

52 Völkerrechtliche Verträge kommen durch übereinstimmende Willenserklärungen der beteiligten Völkerrechtssubjekte zustande; diese bekunden damit ihre Einigung über bestimmte völkerrechtliche Rechtsfolgen. Das für völkerrechtliche Verträge geltende Recht ist in erster Linie in der Wiener Vertragsrechtskonvention (WVK) kodifiziert worden.[98] Das Völkervertragsrecht dürfte heute die *bedeutendste Quelle des Umweltvölkerrechts* darstellen,[99] sowohl in Bezug auf die Zahl der abgeschlossenen Abkommen als auch im Hinblick auf ihre Bedeutung.[100]

53 Häufig werden umweltvölkerrechtliche Abkommen dabei so strukturiert, dass es neben einem *Hauptabkommen* diverse *Annexe* gibt, in denen die Verpflichtungen des Hauptabkommens spezifiziert werden, wobei diese Annexe jedoch *integraler Teil* der Abkommen sind, sodass es hier (zunächst) letztlich um eine besondere Gesetzgebungstechnik geht, wobei aber im Hinblick auf die Modifikation solcher Anhänge mitunter Besonderheiten zu verzeichnen sind (etwa indem sie durch die Vertragsstaatenkonferenz modifiziert werden können).[101]

54 Eine weitere, jedoch grundsätzlich anders gestaltete Technik, der im Umweltvölkerrecht eine besondere Bedeutung zukommt, ist diejenige des sog *Rahmenabkommens*, die vor dem Hintergrund zu sehen ist, dass die Vereinbarung quantifizierbarer Vorgaben für umweltbezogene Verhaltensweisen in der Staatengemeinschaft häufig (zumindest zunächst) auf Schwierigkeiten stößt.[102]

---

95 Insgesamt skeptisch *Beyerlin/Marauhn*, Rechtsdurchsetzung, 7; *Beyerlin/Marauhn*, International Environmental Law, 286 f; weitergehender jedoch *Kornicker*, State Community Interests, Jus Cogens and Protection of the Global Environment, Developing Criteria for Peremptory Norms, GJIL 101 (1998) 11 ff.

96 Zur Problematik im Einzelnen *Scheyli*, Gemeinwohlorientierung, 468 ff, insbes 474 ff.

97 Hierzu etwa *Graf Vitzthum*, Begriff, Geschichte und Quellen des Völkerrechts, in Vitzthum/Proelß, Völkerrecht, 1. Abschn Rn 120, 126 mwN.

98 Zu erwähnen ist aber auch die WVKIO, die (auch) besondere Fragen im Falle der Beteiligung einer I. O. regelt.

99 Zu völkerrechtlichen Verträgen als Rechtsquelle im Zusammenhang mit dem Umweltvölkerrecht *Gehring*, Treaty Making and Treaty Evolution, in Oxford Handbook, 449 ff.

100 Völkervertragsbestimmungen können im Übrigen auch Kodifizierungen von Völkergewohnheitsrecht darstellen; zum Völkergewohnheitsrecht noch u Rn 58 ff.

101 Vgl zu dieser Technik im Zusammenhang mit dem Umweltvölkerrecht *Beyerlin/Marauhn*, International Environmental Law, 272 f.

102 Zu Rahmenabkommen im Umweltvölkerrecht etwa *Dominicé*, Observations sur le recours à la convention-cadre en matière environnementale, FS Schmidlin, 1998, 249 ff; *Beyerlin/Marauhn*, Rechtsdurchsetzung, 30 ff; *Beyerlin/Marauhn*, International Environmental Law, 270 ff.

Rahmenabkommen zeichnen sich dadurch aus, dass sie eher allg Grundsätze und ggf Zielvorgaben für das weitere Vorgehen sowie Verfahrensvorschriften und institutionelle Bestimmungen enthalten, sodass ein Rahmen für das weitere Vorgehen definiert wird, der dann auch eine gewisse Kontinuität sicherzustellen vermag. Der normative Gehalt der Rahmenkonventionen selbst ist jedoch im Allgemeinen nicht sehr hoch; über Kooperationspflichten und allg gehaltene Grundsätze hinaus lassen sich idR keine konkreten Verpflichtungen der Vertragsstaaten ableiten. Die Formulierung präziserer Verpflichtungen und Vorgaben bleibt denn auch späteren Dokumenten – häufig *Protokolle* genannt – vorbehalten. Diese werden dann idR im Rahmen von Vertragsstaatenkonferenzen beschlossen, wobei diese Protokolle aber häufig noch dem „normalen" Vertragsschlussverfahren unterliegen, also insbes einer Ratifikation der Staaten bedürfen, um völkerrechtlich verbindlich zu werden.

55 Bei dem Rückgriff auf Rahmenkonventionen wird also in (mindestens) *zwei Schritten* vorgegangen: die Formulierung allg Grundsätze und Verfahrensregeln in der Rahmenkonvention in einer ersten Etappe, worauf in einer zweiten Etappe die Festlegung genauerer Verpflichtungen der Vertragsparteien folgt. Beide Schritte sind aus völkerrechtlicher Sicht als (selbständige) völkerrechtliche Verträge zu qualifizieren, wenn auch ggf bei den Verhandlungen der Protokolle gewisse Besonderheiten zu verzeichnen sind. Insbes die völkerrechtlichen Voraussetzungen für ihr Inkrafttreten müssen damit jeweils separat erfüllt sein. Als Beispiele kann hier auf die UNFCCC, das Ozonschicht-Übereinkommen oder die CLRTAP hingewiesen werden.

56 Wenn dieser Rückgriff auf Rahmenkonventionen auch zunächst einen gewissen Konsens sicherzustellen vermag und damit die Einbindung einer größeren Zahl von Staaten ermöglicht, sind doch die mit diesem Vorgehen verbundenen *Risiken* nicht zu übersehen: Die Effektivität des Rahmenabkommens hängt nämlich notwendigerweise von dem Abschluss und der Ratifikation der Zusatzprotokolle ab. Zudem kann das Abseitsstehen einiger Staaten bei den Zusatzprotokollen eine gewisse Rechtszersplitterung nach sich ziehen. Andererseits ermöglicht gerade auch die anfängliche Einbindung vieler Staaten Weiterentwicklungen des Umweltvölkerrechts in dem jeweiligen Bereich, die in dieser Form womöglich zunächst nicht realistisch erschienen. Als positiv kann es sich weiter erweisen, dass es möglich ist, in einem völkerrechtlichen Vertrag ein erleichtertes Verfahren zur Änderung des Vertrages oder einzelner Bestimmungen vorzusehen. Auf diese Weise kann insbes auch dem Bedürfnis der Anpassung an den Stand von Forschung und Technik Rechnung getragen werden.[103]

57 Mit der steigenden Zahl völkerrechtlicher Abkommen im Allgemeinen und umweltvölkerrechtlicher Verträge im Besonderen steigt die Relevanz eines auch im allg Völkerrecht bekannten zentralen Problems, nämlich desjenigen des *Verhältnisses* verschiedener völkerrechtlicher Verträge, das sich sowohl im Verhältnis zwischen umweltvölkerrechtlichen Abkommen einerseits und (schwerpunktmäßig) andere Bereiche betreffenden Abkommen andererseits als auch mitunter zwischen umweltvölkerrechtlichen Abkommen selbst stellt. Probleme treten dabei in erster Linie dann auf, wenn sich verschiedene Abkommen widersprechen oder doch zumindest miteinander in Konflikt geraten könnten. Da es bei der Antwort auf die Frage, welche völkerrechtlichen Pflichten nun für wen gelten, maßgeblich auf die Umstände des Einzelfalls (Kreis der Vertragsparteien, Inhalt der Verpflichtungen, Möglichkeit der Auslegung der verschiedenen Abkommen u a m) ankommt, sind hier grundsätzlich keine verallgemeinerungsfähigen Aussagen möglich, sieht man einmal von gewissen Kernaussagen des Art 30 WVK ab.[104]

---

103 Vgl hierzu im Zusammenhang mit dem Umweltvölkerrecht *Kiss/Shelton*, International Environmental Law, 78 f.

104 Zur Problematik mit Bezug auf umweltvölkerrechtliche Abkommen *Sands/Peel*, Principles, 105 ff; *Beyerlin/Marauhn*, International Environmental Law, 277 ff; *Ekardt*, WTO und Umweltvölkerrechtsverträge: Komplementäre oder sich blockierende Wirkung? Am Beispiel von Verstößen gegen das Kyoto-Protokoll, UTR 115 (2008) 225 ff.

b) Völkergewohnheitsrecht

Völkergewohnheitsrecht zeichnet sich durch zwei Elemente aus: (1) die (allg) *Übung* („objektives Element") und (2) die von einer *Rechtsüberzeugung* (*opinio iuris*) getragen ist („subjektives Element"). Im Einzelnen sind allerdings die theoretische Fundierung und die an die beiden Elemente zu stellenden Anforderungen str,[105] was nichts an der Existenz des Völkergewohnheitsrechts als „echte" und damit selbständige Völkerrechtsquelle ändert.[106] **58**

Festzuhalten ist in Bezug auf das *objektive Element*, dass jedes staatliche Verhalten eine derartige Übung begründen kann, wobei diese aber von einer gewissen Allgemeinheit (iSe Repräsentativität), Dauer und Einheitlichkeit sein muss. Ob eine derartige Übung dann auch von einer *Rechtsüberzeugung* getragen ist, ist eine Frage des Zusammenhangs und der Auslegung der relevanten Staatenpraxis. Deutlich wird damit auch, dass hier im Einzelnen letztlich erst eine genaue Betrachtung der verschiedenen Regeln oder Grundsätze, denen möglicherweise ein völkergewohnheitsrechtlicher Charakter zukommt, für ihre rechtliche Qualifizierung ausschlaggebend sein kann. **59**

Die Annahme, die notwendige Praxis bzw Übung könne schon auf der Grundlage entsprechender Stellungnahmen der Staaten gegeben sein,[107] dürfte nicht dem geltenden Völkerrecht entsprechen; sie läuft letztlich auf die Verneinung der Notwendigkeit des objektiven Elements hinaus, wofür in der völkerrechtlichen Praxis keine Anhaltspunkte ersichtlich sind. Im Übrigen impliziert dieser Ansatz, dass den Staaten letztlich der Rückgriff auf das flexible Instrument des *soft law* verweigert wäre, was wohl – angesichts der zahlreichen Funktionen dieser „völkerrechtlichen Quelle"[108] – im Ergebnis keinen Gewinn für das Umweltvölkerrecht darstellte. Umgekehrt kann zwar häufig aus einer allg Übung, die sich durch eine gewisse Dauer, Einheitlichkeit und Verbreitung auszeichnet, auf eine Rechtsüberzeugung geschlossen werden. Diese muss jedoch gleichwohl als selbständiges Element immer nachgewiesen sein; jede andere Sicht implizierte einen Verzicht auf das subjektive Element, was ebenfalls nicht dem geltenden Völkerrecht entspricht. **60**

Völkergewohnheitsrecht kann grundsätzlich auch Staaten binden, die nicht ausdrücklich mit der entsprechenden völkerrechtlichen Norm einverstanden sind. Abgesehen von der – im Übrigen str – Figur des *persistent objector* sind alle Staaten an die universell geltenden Normen des Völkergewohnheitsrechts gebunden. Insofern beruht das Völkerrecht denn auch nicht ausschließlich auf Normen, die vom (ausdrücklichen) Willen seiner Subjekte abhängen. Im Übrigen ist es zumindest im Falle der Betroffenheit gemeinschaftlicher Umweltgüter[109] widersinnig, das Konzept des *persistent objector* heranzuziehen, sodass die Entstehung völkerrechtlicher Verpflichtungen auch gegen den Willen einzelner (!) Staaten möglich ist.[110] **61**

Im modernen Umweltvölkerrecht spielt das Gewohnheitsrecht im Vergleich zum völkerrechtlichen Vertragsrecht nur eine sekundäre Rolle. Dies dürfte in erster Linie damit zusammenhängen, dass ein effektiver Umweltschutz häufig (auch) auf die Formulierung genauer, quantifizierbarer Verpflichtungen – letztlich geht es ja etwa um die Verpflichtung zur Einhaltung konkreter Grenzwerte oder zur Unterlassung bestimmter Tätigkeiten – angewiesen ist. Dies aber **62**

---

105 Aus der Rechtspr zu diesen Elementen etwa IGH in *Nordsee-Festlandsockel* und *Nicaragua*. Aus der Lit *Graf Vitzthum*, Begriff, Geschichte und Quellen des Völkerrechts, in Vitzthum/Proelß, Völkerrecht, 1. Abschn Rn 131ff, mwN.

106 Zum Völkergewohnheitsrecht als Völkerrechtsquelle im Zusammenhang mit dem Umweltvölkerrecht *Dupuy*, Formation of Customary International Law and General Principles, in Oxford Handbook, 449ff.

107 So *Hohmann*, Präventive Rechtspflichten und -prinzipien des modernen Umweltvölkerrechts, 1992, 219ff.

108 Hierzu noch u Rn 69ff.

109 Vgl zur Erfüllungsstruktur völkerrechtlicher Verpflichtungen schon o Rn 51; s a noch *Schmalenbach*, 8. Abschn Rn 7ff.

110 Vgl ausf hierzu *Tomuschat*, Obligations Arising for States Without or Against their Will, RdC 241 (1993-IV) 199 (284ff, insbes 308).

kann realistischer Weise kaum vom Völkergewohnheitsrecht erwartet werden, ist es doch allenfalls in Ausnahmefällen zu erwarten, dass sich eine ständige Übung und eine entsprechende Rechtsüberzeugung auf in irgendeiner Form quantifizierbare Vorgaben beziehen.

63 Hingegen dürfte der zeitliche Faktor – die Entstehung von Völkergewohnheitsrecht nimmt aufgrund der erforderlichen Übung, die zwar nicht notwendigerweise sehr lang sein muss, aber auch nicht „spontan" entstehen kann, eine gewisse Zeit in Anspruch – nicht ausschlaggebend sein: Denn die Ausarbeitung völkerrechtlicher Verträge kann ggf schon bis zur Unterzeichnung einen relativ langen Zeitraum in Anspruch nehmen, zu dem dann noch die Zeitspanne bis zur Ratifikation und dem Inkrafttreten hinzukommt. Beispielhaft kann auf das UN-Seerechtsübereinkommen und das jüngst in Kraft getretene Pariser Übereinkommen hingewiesen werden. Dieses Verfahren geht nicht unbedingt schneller als die Herausbildung gewohnheitsrechtlicher Normen.

64 Trotz dieser kaum zu bestreitenden *Dominanz des Völkervertragsrechts* wäre es jedoch verfehlt, dem Völkergewohnheitsrecht von vornherein jegliche Bedeutung abzusprechen: Denn zum einen beteiligt sich idR nur eine begrenzte Zahl von Staaten an völkerrechtlichen Verträgen, und zum anderen sind deren Schutzziele häufig insofern begrenzt, als sie eben bestimmte Medien oder Güter schützen oder bestimmten Gefahrensituationen Rechnung tragen wollen. Damit aber kann kein umfassender Ansatz in dem Sinn, dass mehrere Umweltmedien oder die Umwelt bedrohende Situationen erfasst werden, verwirklicht werden, was im Hinblick auf das Umweltschutzniveau gewisse Defizite implizieren könnte.[111] Vor diesem Hintergrund dürfte sich auch in Zukunft ein *Rückgriff auf völkergewohnheitsrechtliche Grundsätze* im Hinblick auf einen möglichst effektiven Umweltschutz als ebenso sinnvoll wie notwendig erweisen. Bedeutung dürfte er in erster Linie im Bereich des allg Umweltrechts – bei dem es zumindest teilweise nicht nur um genau umrissene, quantifizierbare Verpflichtungen geht – entfalten, so bei den allg Grundsätzen und zumindest gewissen Verfahrenspflichten.[112]

65 Im Hinblick auf den *materiellen Gehalt* völkergewohnheitsrechtlicher Normen stellt sich gerade im Umweltvölkerrecht aber das Problem des hinreichenden normativen Gehalts: Rechtscharakter kann nur solchen Verpflichtungen zukommen, die eine minimale *normative Dichte* aufweisen; diese ist nur dann gegeben, wenn sich aus dem entsprechenden (Rechts-) Satz tatsächlich eine Verpflichtung der Staaten zu einem bestimmten oder bestimmbaren Verhalten ergibt. Je allg und je abstrakter Prinzipien oder Grundsätze ausfallen, desto weniger eignen sie sich daher dazu, die Grundlage für rechtlich verbindliche Regelungen zu bilden. Anhaltspunkte für die normative Dichte von Grundsätzen bzw Regeln sind in erster Linie die Formulierung eines bestimmten präzisierbaren Ziels und gewisser präzisierbarer Verhaltensanforderungen an die Staaten.[113]

66 Allerdings ist auch nicht zu verkennen, dass der normative Gehalt völker(gewohnheits-)rechtlicher Normen unterschiedlich ausfallen kann: So gibt es Normen mit hohem und solche mit nur schwachem normativem Gehalt. Letztere können auch als „Prinzipien" bezeichnet werden, die im Gegensatz zu den „Regeln" zu sehen sind: Während *Regeln* die Rechtsunterworfenen zu einem bestimmten Verhalten verpflichten und ein Verstoß relativ leicht durch die Anwendung der Regel festgestellt werden kann, räumen *Prinzipien* einen mehr oder weniger weiten Gestaltungsspielraum ein, der durch eine entsprechende Rechtsanwendung oder auch Rechtsetzung noch ausgefüllt werden muss. Die Erfüllung derartiger Vorgaben kann denn auch idR durch eine ganze Bandbreite von Verhaltensweisen sichergestellt werden. Zudem sind solche Prinzipien bei der Auslegung anderer Normen heranzuziehen. Völkerrechtliche Prinzipien unterscheiden sich damit von völkerrechtlichen Regeln dadurch, dass sie als solche nur begrenzt

---

111 Vgl hierzu schon *Epiney* (Fn 27) 314.
112 Zu diesen noch *Proelß*, 3. Abschn Rn 18 ff; *Epiney*, 4. Abschn Rn 4 ff, 19 ff, 42 ff.
113 Vgl hierzu auch *Beyerlin/Marauhn*, Rechtsdurchsetzung, 21 ff.

operationell handhabbar sind, sie aber gleichwohl Ausgangspunkt für rechtliche Überlegungen und die Formulierung verbindlicher Rechte und Pflichten sein können.[114] Beide Kategorien differieren also hinsichtlich ihres Aussagegehalts, nicht jedoch in Bezug auf ihren Charakter als verbindliche Normen. Auch Prinzipien müssen im Übrigen ein Mindestmaß an normativer Dichte aufweisen, ist doch ein „Grundsatz" ohne jeden normativen Gehalt gar nicht geeignet, zu Völkergewohnheitsrecht zu erstarken.

c) Allgemeine Rechtsgrundsätze

67 Unter *allgemeinen Rechtsgrundsätzen* sind solche Regelungen zu verstehen, die in den innerstaatlichen Rechtsordnungen anerkannt sind – was letztlich nur über einen entsprechenden *Rechtsvergleich* ermittelt werden kann –, und auf die internationalen Beziehungen übertragbar sind. Bedeutung entfalten sie insbes immer dann, wenn bestimmte Grundsätze (noch) nicht zu Völkergewohnheitsrecht erstarkt sind.[115] Im Umweltvölkerrecht spielt diese Rechtsquelle angesichts der Dominanz des Vertragsrechts und der fehlenden Übereinstimmung der nationalen Rechtsordnungen in zahlreichen umweltpolitischen Fragen allenfalls eine *untergeordnete Rolle*.

d) Beschlüsse Internationaler Organisationen

68 Beschlüsse I. O. stellen immer dann eine eigenständige Quelle des (allg) Völkerrechts dar, wenn sie (auch) andere Völkerrechtssubjekte binden, was insbes bei einer *Beschränkung der Bindungswirkung* auf den internen Organisationsbereich ausgeschlossen ist. Zudem beschränken sich die Rechtswirkungen der Beschlüsse I. O. grundsätzlich auf deren Mitglieder; Nichtmitglieder können nicht gebunden werden. Schließlich ist es eher selten, dass I. O. in bedeutendem Maß die Befugnis eingeräumt wird, in sachlich umrissenen Bereichen verbindliche Beschlüsse anzunehmen; eine Ausnahme stellt hier die Europäische Union (EU) dar, die aber als supranationale Organisation keine „klassische" I. O., sondern vielmehr eine Organisation *sui generis* (also ein Gebilde eigener Art) darstellt. Vor diesem Hintergrund sind Beschlüsse I. O. im Umweltvölkerrecht weniger als „echte" Rechtsquelle, sondern eher als *soft law*[116] von Bedeutung.

e) Soft Law

69 Mit dem Begriff *soft law*[117] wird der Teil der völkerrechtlichen Praxis bezeichnet, der zwar gewisse Verhaltensvorgaben oder Absichtserklärungen enthält, welche die Völkerrechtssubjekte auch zu einem bestimmten Verhalten auffordern können; allerdings können diese Regeln nicht einer bestimmten Völkerrechtsquelle zugeordnet werden, sodass sie grundsätzlich *völkerrechtlich unverbindlich* sind. Gleichwohl bringen es die Eigenarten des Völkerrechts mit sich, dass derartige Willenskundgebungen doch *gewisse rechtliche Wirkungen* zeitigen können, insbes im Hinblick auf die Eruierung der Existenz einer *opinio iuris* im Rahmen des Völkergewohnheitsrechts, bei der Auslegung (sonstiger) völkerrechtlicher Normen, im Rahmen der Anwendung des Vertrauensprinzips, aber auch bei der Einleitung neuer völkerrechtlicher Entwicklungen.

---

114 Vgl hierzu etwa *Sands*, International Law in the Field of Sustainable Development, in Sustainable Development and International Law, 53 (54ff); *Kamto*, Les nouveaux principes du droit international de l'environnement, RJE 18 (1993) 11 (12ff). S aber auch die grundsätzlich skeptische Sicht auf Prinzipien im Umweltvölkerrecht bei *Beyerlin*, „Prinzipien" im Umweltvölkerrecht – ein pathologisches Phänomen?, FS Steinberger, 2002, 31ff.

115 Vgl zu dieser Rechtsquelle *Graf Vitzthum*, Begriff, Geschichte und Quellen des Völkerrechts, in Vitzthum/Proelß, Völkerrecht, 1. Abschn Rn 142ff.

116 Sogleich Rn 69ff.

117 Vgl hierzu allg nur *Graf Vitzthum*, Begriff, Geschichte und Quellen des Völkerrechts, in Vitzthum/Proelß, Völkerrecht, 1. Abschn Rn 68 mwN.

70 Die genauen (Rechts-)*Wirkungen* derartiger *soft law*-Quellen variieren je nach ihrer Erscheinungsform, ihrem Inhalt und den beteiligten Staaten sowie sonstigen Umständen. Im Übrigen ist daran zu erinnern, dass in *a priori* reinen *soft law*-Dokumenten (wie Resolutionen o ä) auch geltendes Völker-(gewohnheits-)recht formuliert sein kann, sodass diese Dokumente dann als eine Art faktische Kodifizierung von Völkergewohnheitsrecht bezeichnet werden können (was nichts daran ändert, dass die Voraussetzungen für das Vorliegen von Völkergewohnheitsrecht über diese Kodifizierung hinaus vorliegen müssen, wenn solche *soft law*-Dokumente auch einen Anhaltspunkt für die *opinio iuris* darstellen können). Gewisse in der Stockholmer oder der Rio-Deklaration formulierte Prinzipien fallen unter diese Kategorie von *soft law*-Grundsätzen, die aber gleichwohl – als Völkergewohnheitsrecht – *hard law* darstellen.

71 Die *Erscheinungsformen* von *soft law*[118] sind sehr vielfältig: Sie erfassen völkerrechtliche Akte verschiedener Art und Bezeichnung, wie zB Deklarationen und Resolutionen (unter Einschluss derjenigen I. O.), Empfehlungen oder Absichtserklärungen. Besondere Bedeutung kommt solchen Formen bzw Erklärungen zu, die von einer großen und/oder repräsentativen Mehrheit der Staaten getragen werden, wie dies zB bei Resolutionen der UN-Generalversammlung häufig der Fall ist.

72 Im Umweltvölkerrecht spielt das *soft law* eine *herausragende Rolle*.[119] Dies hängt sicherlich in erster Linie damit zusammen, dass in diesem Rechtsgebiet – noch stärker als in manch anderen Bereichen des Völkerrechts – eine Einigung auf „echte" verbindliche Formen, wie insbes Verträge, häufig zunächst aufgrund der stark ausgeprägten Interessengegensätze der Staaten und sonstiger Meinungsdifferenzen sehr schwer fällt. Außerrechtliche Vereinbarungen können dann eine gewisse Übereinstimmung in Grundsatzfragen ausdrücken, ohne dass damit gleich eine rechtliche Verpflichtung einhergeht; der Einigung kommt also in gewisser Weise ein *provisorischer Charakter* zu. Dies erlaubt es zudem, den gefundenen Konsens in der Praxis einem „Test" zu unterziehen, bevor die Stufe zu einer verbindlichen Rechtsquelle (Vertrag oder Gewohnheitsrecht) überschritten wird. Deutlich wird damit auch, dass *soft law* gerade im Umweltvölkerrecht eine entscheidende Rolle bei der *Weiterentwicklung* des Rechts spielt; neue Weichenstellungen werden hier regelmäßig zunächst über *soft law* eingeleitet. Der Rio-Prozess dürfte hierfür ein deutliches Bsp darstellen. *Soft law* kommt somit unabhängig von seiner genauen rechtlichen Kategorisierung gerade im Umweltvölkerrecht eine große praktische Bedeutung für die Rechtswirklichkeit und die Rechtsentwicklung zu.

73 Vor diesem Hintergrund dürfte es der Eigenart des Völkerrechts nicht entsprechen, dem *soft law* die Existenzberechtigung abzusprechen: Zwar ist es aus rechtsdogmatischer Sicht zutreffend, dass *soft law* eben „Nicht-Recht" ist, sodass der Begriff des *soft law* möglicherweise nicht sehr glücklich ist; allerdings sind die Entstehungs- und Entwicklungsformen des Völkerrechts vielfältig, wobei insbes auch dem zwischenstaatlichen Konsens eine gewichtige Rolle zukommt. Dieser Konsens kann sich aber auch gerade auf den „Härtegrad" der normativen Verbindlichkeit beziehen. Warum derartigen Formen staatlichen Verhaltens nun aber von vornherein jede Existenzberechtigung oder Rechtswirkung – wobei diese sich natürlich von denjenigen der „echten" Rechtsquellen unterscheidet – abgesprochen werden soll, ist nicht ersichtlich.

---

118 Vgl hierzu zusammenfassend *Thürer*, „Soft Law" – eine neue Form von Völkerrecht?, ZSR 1 (1985) 429 (434 ff); s ausf *Heusel*, „Weiches" Völkerrecht, 1991, 42 ff.

119 S zur Bedeutung des *soft law* im Bereich des Umweltvölkerrechts schon die instruktive Analyse bei *Dupuy*, Soft Law and the International Law of the Environment, Michigan JIL 12 (1991) 420 ff; s ansonsten zur Bedeutung von *soft law* im Umweltvölkerrecht *Birnie/Boyle/Redgwell*, Environment, 34 ff; *Shelton*, Comments on the Normative Challenge of Environmental "Soft Law", in Droit international, 111 ff; *Beyerlin/Marauhn*, International Environmental Law, 289 ff (mit zahlreichen Bsp).

2. Akteure

Bei der Entstehung und Anwendung des Umweltvölkerrechts spielen verschiedene Akteure eine Rolle.[120] Insgesamt bestehen hier in struktureller Hinsicht zahlreiche *Parallelen* zu den übrigen Bereichen des Völkerrechts, womit (auch) in diesem Gebiet der Charakter des Umweltvölkerrechts als „Völkerrecht" zum Ausdruck kommt. Allerdings gibt es (natürlich) bei den I.O. und den Vertragsorganen insofern einige Besonderheiten zu verzeichnen, als im Umweltvölkerrecht (auch) spezifische Einrichtungen tätig werden. **74**

Wie auch in anderen Bereichen des Völkerrechts spielen die *Völkerrechtssubjekte* bei der Entwicklung des Umweltvölkerrechts eine zentrale Rolle, wobei die Staaten (a) sicherlich im Mittelpunkt stehen; im Laufe der Zeit haben aber auch die I.O. bzw in ihrem Rahmen tätige Kommissionen und Gremien (b) wachsende Bedeutung erlangt. Hinzu kommen Organe multilateraler Umweltabkommen (c) und NGOs (d). Schließlich entfaltet die grundsätzliche Anerkennung der Einzelnen als (Teil-)Völkerrechtssubjekte auch im Umweltvölkerrecht Auswirkungen (e).[121] **75**

a) Staaten

Die *Staaten* spielen für die Entwicklung und Effektivität des Umweltvölkerrechts zweifellos eine *zentrale Rolle*, die sich insbes durch drei eng miteinander zusammenhängende *Faktoren* näher erschließt: Erstens kann den Ursachen der Umweltbelastung letztlich nur durch staatliches Verhalten begegnet werden, sind doch die Staaten selbst idR – unmittelbar oder mittelbar – an deren Entstehung beteiligt. Zweitens kann sich das Umweltvölkerrecht nicht ohne einen entsprechenden Willen der Staaten weiterentwickeln; letztlich beruht die Entstehung von Völkerrecht in der einen oder anderen Form auf dem übereinstimmenden Willen der maßgeblich beteiligten Völkerrechtssubjekte.[122] Schließlich spielen gerade im Umweltvölkerrecht grenzüberschreitende Aspekte und globale Auswirkungen bestimmter Tätigkeiten eine wichtige Rolle, sodass nur über ein Zusammenwirken der Staatengemeinschaft die Entstehung effektiv wirksamen Umweltvölkerrechts möglich ist. **76**

Staaten spielen somit mindestens auf drei Ebenen im Umweltvölkerrecht eine zentrale Rolle:[123] Sie tragen zur Entstehung von Umweltvölkerrecht bei, sie sind Adressaten des Umweltvölkerrechts und sie haben entscheidenden Anteil an seiner effektiven Anwendung. **77**

Angesichts der Art der sich heute stellenden Umweltprobleme[124] dürfte die *Universalität* der beteiligten Staaten bei den jeweiligen zentralen umweltvölkerrechtlichen Regelwerken eine der größten *Herausforderungen* darstellen: Nur wenn (nahezu) die gesamte Staatengemeinschaft beteiligt ist, erscheint eine effektive Antwort auf die drängendsten Umweltprobleme möglich. Im **78**

---

120 Zu den Akteuren im Umweltvölkerrecht zB *Beyerlin/Marauhn*, International Environmental Law, 245 ff; *Röben*, Institutions of International Environmental Law, in Morrison/Wolfrum, International, Regional and National Environmental Law, 71 ff; *Sands/Peel*, Principles, 50 ff; *Birnie/Boyle/Redgwell*, Environment, 43 ff; ausf auch *Schroeder*, Koordinierung, 38 ff sowie verschiedene Beiträge in Oxford Handbook, 727 ff.

121 Nicht eigens erörtert werden die auch zu den Akteuren zählenden Streitbeilegungsorgane, wobei internationalen Gerichten bzw Gerichtshöfen (IGH, ISGH, EuGH, EGMR etc), internationalen Schiedsgerichten und obersten nationalen Gerichtshöfen eine besondere Bedeutung zukommt. Deren Rspr ist für die Auslegung auch umweltvölkerrechtlicher Vorgaben von großer Bedeutung, wobei jedoch im Verhältnis zum allg Völkerrecht keine eigentlichen Besonderheiten zu verzeichnen sind. Vgl spezifisch zur Rspr des ISGH mit Bezug zum Umweltvölkerrecht *Handl*, Responsibilities and Obligations of States Sponsoring Persons and Entities with Respect to Activities in the Area: The International Tribunal of the Law of the Sea's Recent Contribution to International Environmental Law, RECIEL 20 (2011) 208 ff. Zum Ganzen *Schmalenbach*, 8. Abschn Rn 30 ff.

122 S schon o Rn 47.

123 Vgl *Beyerlin/Marauhn*, International Environmental Law, 247 ff.

124 Vgl schon o Rn 1 ff.

Übrigen ist auch eine Mitwirkung der bei den jeweiligen Belangen jeweils am meisten implizierten Staaten notwendig, so etwa bei der Frage des Klimawandels der wichtigsten (derzeitigen und potentiellen) Emittentenstaaten von Treibhausgasen.

79 Deutlich wird damit denn auch eines der wohl schwierigsten *Probleme* auf dem Weg zu der Herausbildung eines effektiven Umweltvölkerrechts: Die Staaten haben häufig kein oder nur ein *minimales kurzfristiges Interesse* an einem effektiven Umweltvölkerrecht und insbes an dem Eingehen entsprechender eigener völkerrechtlicher Verpflichtungen. Denn dies impliziert doch häufig *Restriktionen*, die zunächst einmal schmerzhaft ausfallen können, auch aufgrund kurzfristiger negativer wirtschaftlicher Auswirkungen.[125] Hinzu kommen allenfalls noch bestehende Widerstände der Bevölkerung insgesamt, wenn es etwa (auch) um die Änderung individueller Verhaltensweisen geht. Dieses *mangelnde Eigeninteresse* an einem effektiven völkerrechtlichen Umweltschutz hängt häufig auch mit einer fehlenden Kongruenz von Ursprung und Auswirkung von Umweltbelastungen zusammen: Zahlreiche besonders dringende Probleme – erwähnt sei hier etwa der Schutz des Klimas oder der Wälder – finden ihre Ursachen in Staaten, die ihrerseits nicht die volle Last der Auswirkungen selbst zu tragen haben; diese trifft vielmehr die Staatengemeinschaft insgesamt und allenfalls gar andere Staaten stärker.

80 Schließlich ist noch auf die zentrale Schwierigkeit bei der Entwicklung eines universellen Umweltvölkerrechts hinzuweisen bzw zu erinnern: den (*Interessen-*)*Gegensatz* zwischen Staaten des *Nordens* und denjenigen des *Südens*.[126] Während „der Norden"[127] vor dem Hintergrund seiner industriellen Entwicklung in erster Linie tatsächlich an einer gewissen Eindämmung der Umweltbelastung interessiert ist, machen die Länder „des Südens"[128] geltend, Umweltschutz könne letztlich nur einen nachgeordneten Faktor der wirtschaftlichen Entwicklung darstellen, sodass zunächst einmal die *Entwicklungspolitik* im Vordergrund stehen müsse, dies mit dem Ziel der Beseitigung der schlechten Lebensbedingungen eines Großteils der Weltbevölkerung. Zudem spielen auch Befürchtungen einer Art „*Umwelt-Kolonialismus*" eine Rolle, wonach die Wettbewerbsposition der Staaten des Südens durch strenge Umweltauflagen unverhältnismäßig beeinträchtigt werde. Diese Interessengegensätze zwischen Norden und Süden ziehen sich wie ein roter Faden durch alle bedeutenden Verhandlungen in Umweltangelegenheiten auf internationaler Ebene und zwingen häufig zu verschiedenen Kompromisslösungen.

81 Versucht man eine Annäherung an die Problematik, so kann weder den Anliegen der Staaten des Südens noch denjenigen der Staaten des Nordens die Berechtigung abgesprochen werden. Die wirkliche Frage dürfte denn auch weniger dahin gehen, welches Anliegen nun „wichtiger" ist, denn dahin, auf welche Weise beiden Belangen Rechnung getragen werden kann – eine Frage, die sich auch vor dem Hintergrund der Interdependenz beider Gruppen von Anliegen[129] aufdrängt. Wenig sinnvoll erscheint es jedenfalls, dieses Spannungsfeld dadurch auflösen zu wollen, dass die Verwirklichung eines effektiven Umweltschutzes mit der Zielsetzung einer gewissen wirtschaftlichen Entwicklung in einem Konzept verschmolzen wird. Denn damit würde jedenfalls den Belangen des Umweltschutzes jeglicher eigenständiger Charakter genommen, sodass eine solche Vorgehensweise letztlich die Erhaltung der natürlichen Lebensgrundlagen gefährdete.[130] Auf der

125 Vgl in diesem Zusammenhang auch die Überlegungen bei *Petit*, Le droit international de l'environnement à la croisée des chemins: Globalisation versus souveraineté nationale, RJE 36 (2011) 31 ff.

126 Hierzu im Zusammenhang mit der Rio-Konferenz schon o Rn 28. S ansonsten ausf *Bartenstein*, 2. Abschn Rn 4 ff.

127 Hinzuweisen ist aber jedenfalls auf den Umstand, dass „der Norden" kein homogener „Block" ist, sondern durchaus auch unterschiedliche Interessen vertritt.

128 Auch hier ist der „Block" natürlich nur bedingt homogen.

129 So ist etwa nicht zu verkennen, dass ein wirksamer Umweltschutz ein Mindestmaß an (wirtschaftlichem) Wohlstand voraussetzt.

130 Vgl zu diesem Problemkreis im Zusammenhang mit dem Konzept der nachhaltigen Entwicklung *Epiney/Scheyli*, Umweltvölkerrecht, 77 ff, die vor diesem Hintergrund für ein restriktives Verständnis dieses Prinzips plädieren.

anderen Seite aber ist nicht zu verkennen, dass die Staaten des Nordens eine ungleich größere Verantwortung für die Entstehung zahlreicher der derzeitigen Umweltprobleme trifft, sodass sich gewisse *Ausgleichsmechanismen* aufdrängen – wobei insbes die Finanzierung umweltpolitischer Maßnahmen in den Staaten des Südens sowie ein Technologietransfer im Vordergrund stehen.[131] Darüber hinaus erscheint auch die Änderung der umweltrelevanten Verhaltensweisen in den Staaten des Nordens unabdinglich.

b) Internationale Organisationen

Zahl und Bedeutung I.O. nahmen nach dem Ersten Weltkrieg beträchtlich zu. In der Völkerrechtslehre und -praxis setzte sich im Zuge dieser Entwicklung die Ansicht durch, dass es nunmehr nicht mehr nur die originären Völkerrechtssubjekte der Staaten, sondern darüber hinaus auch die sog abgeleiteten Völkerrechtssubjekte der I.O. gibt.[132] Eine I.O. zeichnet sich dadurch aus, dass sie auf völkerrechtlichem Vertrag beruht und aufgrund ihrer organisatorischen Struktur einen von den Gründerstaaten unabhängigen Willen zu bilden in der Lage ist.[133] **82**

Die Bildung I.O. ist gewissermaßen Ausdruck einer *institutionalisierten internationalen Zusammenarbeit*. Diese findet naturgemäß vor allem in jenen Bereichen statt, in denen Probleme auftreten, deren Lösung einer internationalen Kooperation bedarf, ein Aspekt, der im Umweltschutz eine immer größere Rolle spielt. Vor diesem Hintergrund erklärt sich auch die wichtige Rolle, die I.O. für die Entwicklung des Umweltvölkerrechts spielen.[134] Im Einzelnen nimmt die institutionalisierte Zusammenarbeit der Staaten im Bereich des Umweltrechts verschiedene Formen an; neben I.O. im skizzierten engeren Sinn werden vielfach auch Unterorganisationen oder Unterorgane mit speziellen Zuständigkeiten gebildet. **83**

Darüber hinaus ist darauf hinzuweisen, dass zahlreiche multilaterale Umweltübereinkommen institutionelle Bestimmungen enthalten, die (auch) spezifische *Vertragsorgane* einsetzen. Meist sind drei verschiedene organisatorische Einheiten vorgesehen: eine Vertragsstaatenkonferenz, ein Sekretariat und ein wissenschaftliches Komitee.[135] Allerdings stellen diese Gremien idR selbst keine I.O. dar, da es an einem entsprechenden Willen der Vertragsparteien fehlt und sie nicht in der Lage sind, einen von den Vertragsparteien unabhängigen Willen zu bilden. Dies ändert aber nichts an ihrer Bedeutung für die Entwicklung und Durchsetzung des Umweltvölkerrechts.[136] **84**

(1) Die Familie der Vereinten Nationen

Den *Vereinten Nationen* dürfte auch im Rahmen des Umweltschutzes eine Schlüsselrolle zukommen: Erinnert sei an dieser Stelle daran, dass die Konferenzen von Stockholm (1972), Rio de Janeiro (1992 und 2012) und Johannesburg (2002) letztlich durch die Vereinten Nationen initiiert wurden,[137] und dass zahlreiche *soft law*-Dokumente – so etwa die Weltcharta für die **85**

---

131 Vgl zum Prinzip der gemeinsamen, aber unterschiedlichen Verantwortung noch *Bartenstein*, 2. Abschn Rn 43ff.

132 Vgl zur Entwicklung nur *Klein/Schmahl*, Die Internationalen und Supranationalen Organisationen, in Vitzthum/Proelß, Völkerrecht, 4. Abschn Rn 1ff.

133 Vgl nur *Heintschel von Heinegg*, EG im Verhältnis zu internationalen Organisationen und Einrichtungen, in EUDUR, § 22 Rn 1ff; *Klein/Schmahl*, Die Internationalen und Supranationalen Organisationen, in Vitzthum/Proelß, Völkerrecht, 4. Abschn Rn 32ff, jeweils mwN.

134 Grundlegend hierzu *Kilian*, Umweltschutz durch Internationale Organisationen, 1987.

135 Vgl zB Art 7 Abs 2 UNFCCC. Vgl zu diesen Strukturen, den jeweiligen Kompetenzen und ihrer Funktionsweise etwa *Kiss/Shelton*, International Environmental Law, 125ff.

136 S zu diesen „Organen" multilateraler Umweltabkommen noch u Rn 101f.

137 Vgl o Rn 21ff.

Natur[138] – von der UN-Generalversammlung stammen.[139] Darüber hinaus sind aber auch eine Reihe von Sonder- und Unterorganisationen im Rahmen der UN auf dem Gebiet der internationalen Umweltpolitik und des Umweltvölkerrechts tätig.

86 Zu erwähnen sind insbes folgende Sonderorganisationen, die sich auch mit Fragen des internationalen Umweltschutzes befassen: Ernährungs- und Landwirtschaftsorganisation (*Food and Agricultural Organization* – FAO), Weltgesundheitsorganisation (*World Health Organization* – WHO), Organisation für Erziehung, Wissenschaft und Kultur (*United Nations Educational Scientific and Cultural Organization* – UNESCO), Internationale Seeschifffahrtsorganisation (*International Maritime Organization* – IMO), Internationale Arbeitsorganisation (*International Labour Organization* – ILO) und Internationale Atomenergieagentur (*International Atomic Energy Agency* – IAEA).[140]

87 Im Übrigen ist auch auf die Rolle der Völkerrechtskommission (*International Law Commission* – ILC) hinzuweisen: Ebenso wie in anderen Gebieten des Völkerrechts kommt ihren Konventionsentwürfen und den diesbezüglichen Vorarbeiten sowie Kommentaren eine große Bedeutung für die Entwicklung des Umweltvölkerrechts zu.[141]

88 Als einziges Gremium der UN speziell mit Fragen des völkerrechtlichen Umweltschutzes befasst ist das *Umweltprogramm der Vereinten Nationen* (UNEP) mit Sitz in Nairobi. Das UNEP stellt formell ein Unterorgan der UN-Generalversammlung – also keine selbständige Sonderorganisation – dar und ist mit der Koordinierung internationaler Aktivitäten im Bereich des Umweltschutzes betraut.[142] Organisatorisch wird das UNEP von einem *Verwaltungsrat* – zusammengesetzt aus Vertretern aus 58 Staaten, die von der Generalversammlung für jeweils drei Jahre nach einem bestimmten Schlüssel auf Kontinente verteilt gewählt werden – geleitet. Die laufenden Aufgaben werden vom *Sekretariat* erledigt, dem ein von der Generalversammlung auf jeweils vier Jahre gewählter Exekutivdirektor vorsteht. Der Umweltfonds – gespeist aus freiwilligen Beiträgen der Staaten – ermöglicht die Finanzierung von Projekten im Umweltbereich.[143]

89 Das UNEP hat wesentlichen Anteil an der Fortentwicklung des Umweltvölkerrechts: Besonders hervorzuheben sind die Übernahme von Sekretariatsaufgaben bei verschiedenen Umweltabkommen, die Rolle des UNEP bei der Vorbereitung einer Reihe regionaler und globaler Abkommen und die Formulierung dem *soft law* zuzurechnender *internationaler Umweltrichtlinien*, die häufig in Resolutionen der UN-Generalversammlung münden.[144]

---

138 GV-Res 37/7 v 28.10.1982, dt Fassung in VN 1983, 29 ff.

139 Zur Rolle der UN für das Umweltvölkerrecht instruktiv und umfassend *Beyerlin/Reichard*, German Participation in United Nations Environmental Activities: From Stockholm to Johannesburg, GYIL 46 (2003) 123 ff. Spezifisch zur Rolle der UN-Generalversammlung im Bereich des Umweltvölkerrechts *Sands/Peel*, Principles, 58 ff.

140 Für einen Überblick über die Sonderorganisationen der UNO im Zusammenhang mit dem Umweltvölkerrecht *Sands/Peel*, Principles, 70 ff; *Birnie/Boyle/Redgwell*, Environment, 71 ff. Darüber hinaus gibt es auch eine Reihe weiterer I. O., die für das Umweltvölkerrecht von Bedeutung sind, vgl den Überblick bei *Schroeder*, Koordinierung, 87 ff.

141 Vgl spezifisch zur Rolle der ILC für das Umweltvölkerrecht mit zahlreichen Bsp *Boyle*, Codification of International Environmental Law and the International Law Commission: Injurious Consequences Revisited, in ders/ Freestone (Hrsg), International Law and Sustainable Development, 1999, 61 ff; *Hafner/Buffard*, Les travaux de la Commission du droit international: De la responsabilité à la prévention des dommages, in Droit international, 145 ff; *Birnie/Boyle/Redgwell*, Environment, 29 ff.

142 Zu Struktur, Aufgaben und Arbeitsweise des UNEP *Beyerlin/Marauhn*, Rechtsdurchsetzung, 55 ff; *Gödel*, UNEP, 55 ff; *Birnie/Boyle/Redgwell*, Environment, 65 ff; *Hunter/Salzman/Zaelke*, International Environmental Law and Policy, 391 ff; *Sands/Peel*, Principles, 60 ff; *Schroeder*, Koordinierung, 51 ff; s auch *Steiner*, Zukunftsaufgabe globaler Umweltschutz: Das UNEP vor neuen Herausforderungen, VN 2006, 232 ff.

143 Geschaffen durch UN-GA Res 2997 (XXVII) v 15.12.1972. Das UNEP geht auf die Stockholmer Konferenz zurück, vgl zu dieser o Rn 21 ff.

144 Zur Rolle des UNEP instruktiv *Hohmann* (Fn 107) 68 ff; *Sands/Peel*, Principles, 60 ff; ausf auch *Gödel*, UNEP, 95 ff; zu verschiedenen Deklarationen des UNEP *Beyerlin/Marauhn*, International Environmental Law, 250 f.

90 Auf der Grundlage einer in der Agenda 21[145] enthaltenen Empfehlung hat der ECOSOC die *CSD* geschaffen.[146] Sie soll die Durchführung des Programms der Agenda 21 beobachten und überprüfen sowie der Generalversammlung und dem Wirtschafts- und Sozialrat auf dieser Grundlage (Handlungs-)Empfehlungen unterbreiten.[147] Auch die CSD ist aber als vom ECOSOC eingesetzte Kommission keine eigenständige Organisation. Sie besteht aus Vertretern von insgesamt 53 Staaten, die nach einem geographischen Verteilungsschlüssel[148] aus dem Kreis der Mitgliedstaaten und Sonderorganisationen der Vereinten Nationen für jeweils drei Jahre gewählt werden. Auf dem Rio+20-Gipfel (2012) wurde beschlossen, die CSD sukzessive durch ein neues Gremium abzulösen. Das Nachfolgegremium, das *High-Level Political Forum on Sustainable Development* (HLPF), nahm im September 2013 seine Arbeit offiziell auf.[149] In den folgenden Jahren widmete es sich der Beobachtung und Evaluierung der Fortschritte in Bezug auf die *Sustainable Development Goals*.

91 Trotz der unterschiedlichen Anbindung (UN-Generalversammlung einerseits, ECOSOC andererseits) sowie der unterschiedlichen inhaltlichen Akzentsetzung (UNEP für Umweltschutz, CSD breiter für nachhaltige Entwicklung) überschneiden sich die Tätigkeitsfelder beider Gremien; Doppelspurigkeiten, Reibungsverluste und ggf gar entgegengesetzte Aktivitäten sollten aber jedenfalls vermieden werden. Da eine Verschmelzung von UNEP und CSD (bzw ihres Nachfolgegremiums) kaum in Betracht kommen dürfte, drängt(e) sich in erster Linie eine *Abstimmung* ihrer Tätigkeiten auf,[150] Überlegungen, die auch in Bezug auf das Nachfolgegremium der CSD zu beachten sind bzw wären. Auch darüber hinaus dürfte die institutionelle Verankerung des Umweltschutzes im UN-System bzw die globale *environmental governance* derzeit nicht sicherstellen, dass einerseits dem Umweltschutz ein genügendes Gewicht zukommt und andererseits die Aktivitäten in den verschiedenen Gremien koordiniert werden. Insgesamt dürfte daher nur die Schaffung einer eigentlichen internationalen Umweltorganisation die damit notwendige Aufwertung und Koordinierung von Anliegen des Umweltschutzes auf der internationalen Ebene zu gewährleisten vermögen.[151] Hingegen ist nicht ersichtlich, welchen wirklichen Mehrwert die auf dem Rio+20-Gipfel beschlossene Ablösung der CSD durch ein neues, in seinen Strukturen und Aufgaben noch recht undefiniertes Gremium[152] mit sich bringen soll.

92 Zur UN-Familie gehört auch eine Reihe von Institutionen, die die Zusammenarbeit der Staaten in *finanzieller Hinsicht* sicherstellen bzw erleichtern sollen. So vergibt insbes die Weltbank[153] auch Mittel für Ressourcenschutz, Ressourcenentwicklung und Umweltschutzmaßnahmen iwS, wobei sie die Vergabe dieser Mittel häufig von der Einhaltung gewisser Umweltstandards abhängig macht. Von besonderer Bedeutung ist das 1991 im Rahmen der Weltbank angelaufene – nun aber weitgehend verselbständigte – Programm der *Globalen Umweltfazilität* (*Global Environment Facility*):[154] Dieses bewilligt Staaten des Südens zur Unterstützung von Projekten für

145 Vgl hierzu o Rn 29.
146 Res 1993/207, UN Doc Doc E/1993/INF/2, 21 f.
147 Zur CSD *Beyerlin/Marauhn*, Rechtsdurchsetzung, 60 ff; *Sands/Peel*, Principles, 63 ff.
148 Hierzu ECOSOC-Res 1993/207.
149 Hierzu o Rn 34 ff. Die Ergebnisse des ersten Treffens des HLPF sind zusammengefasst in UN Doc A/68/588.
150 Vgl hierzu die Überlegungen von *Beyerlin/Marauhn*, Rechtsdurchsetzung, 65 ff.
151 Vgl hierzu die Überlegungen bei *WBGU*, Neue Strukturen globaler Umweltpolitik, 2001, insbes 181 ff; *ders*, Armutsbekämpfung durch Umweltpolitik, 2004, 248 f; *Koch/Mielke* (Fn 2) 407 f; *Kokott*, Sind wir auf dem Wege zu einer Internationalen Umweltorganisation?, FS Eitel, 2003, 381 ff. Skeptisch aber zB *Birnie/Boyle/Redgwell*, Environment, 69 ff. Im Einzelnen zur Diskussion *Schroeder*, Koordinierung, 273 ff; *Gödel*, UNEP, 245 ff; mit Akzent auf dem Klimaschutz auch *Winter*, Zur Architektur globaler Governance des Klimaschutzes, ZaöRV 72 (2012) 103 ff.
152 Hierzu o Rn 37.
153 Zur Weltbank als Akteur des internationalen Umweltrechts etwa *Kiss/Shelton*, International Environmental Law, 153 ff.
154 Zu dieser *Ehrmann*, Die Globale Umweltfazilität, ZaöRV 57 (1997) 565 ff; *Dolzer/Kreuter-Kirchhof*, Das Umweltvölkerrecht als Wegweiser neuer Entwicklungen des allgemeinen Völkerrechts?, in Bewahrung, 91 (111 ff); *Sand*,

den globalen Umweltschutz Kredite oder Gelder, was letztlich einen Transfer von finanziellen Ressourcen von den Staaten des Nordens zu den Staaten des Südens impliziert.

93 Für Europa ist im Weiteren die regionale *UN-Wirtschaftskommission für Europa (ECE)* von Bedeutung.[155] Eine gemeinsame Umweltpolitik ist hier inzwischen zu einer der Hauptaufgaben der Kommission geworden. So ist sie denn auch an der Erarbeitung verschiedener Konventionen beteiligt bzw wurde eine Reihe umweltrechtlicher Abkommen in ihrem Rahmen erarbeitet.[156]

(2) Regionale Organisationen in Europa

94 Im Bereich der nicht universellen Organisationen ist in Europa[157] – neben der hier ausgesparten EU[158] – insbes die *Organisation für wirtschaftliche Zusammenarbeit und Entwicklung (OECD)* zu erwähnen.[159] Sie behandelt auch die gemeinsamen Umweltprobleme der entwickelten Industriegesellschaft. Ihre Aktivitäten erstrecken sich insbes auf die Formulierung von Empfehlungen – die für die Entwicklung der Umweltpolitik eine wichtige Rolle spielen dürften – und die Aufbereitung von Informationen über die Situation in den Vertragsstaaten.[160]

95 Aber auch der *Europarat* beschäftigt sich mit Belangen des Umweltschutzes, wenn auch der Schwerpunkt der Aktivitäten dieser Organisation im Bereich der Menschenrechte und der Sicherung der Rechtsstaatlichkeit liegt.[161]

96 Darüber hinaus sind noch verschiedene Zusammenarbeitsformen in Grenzgebieten zu erwähnen: Ständige Institutionen der Zusammenarbeit zwischen Staaten sollen die Lösung von Problemen in bestimmten Grenzregionen erleichtern. Derartige Kommissionen sollen insbes die gegenseitige Information und Konsultation bei umweltrelevanten Vorhaben sicherstellen. Beispielhaft sei hier auf die Flusskommissionen (etwa die Internationale Kommission zum Schutz des Rheins) hingewiesen.[162]

(3) Zur Bedeutung der Internationalen Organisationen

97 Diese verschiedenen Organisationen und Zusammenschlüsse können alleine nicht die Entstehung und effektive Anwendung (neuer) umweltvölkerrechtlicher Normen bewirken. Ihnen kommen aber bei der Genese derartiger Normen und dem *follow up* schon bestehender Normen *bedeutende Funktionen* zu. Zunächst tragen ihre Resolutionen als *soft law* zur *Entwicklung des Umweltvölkerrechts* (sowohl von Vertrags- als auch von Gewohnheitsrecht) sowie zu dessen Auslegung bei. Darüber hinaus bilden sie häufig den Rahmen, der die Erarbeitung *völkerrechtlicher Verträge* ermöglicht. Sodann spielen sie eine maßgebliche Rolle bei der *Ausarbeitung völkerrechtlicher Verträge*: Sie sammeln Informationen, bereiten sie auf, analysieren Probleme und beschaffen damit die für die Formulierung völkerrechtlicher Verträge unabdingbaren sachlichen

---

Carrots without Sticks? New Financial Mechanisms for Global Environmental Agreements, MPYUNL 2 (1999) 363ff, der auch auf andere Finanzierungsmechanismen eingeht.

155 Zur Rolle der ECE in diesem Zusammenhang *Kiss/Shelton*, International Environmental Law, 115f.

156 Zu nennen sind hier zB die CLRTAP, die Espoo Konvention, das UNECE-Gewässerübereinkommen sowie die Aarhus Konvention. Im Übrigen hat die ECE insbes Empfehlungen zur Kontrolle und Vermeidung der Wasserverschmutzung sowie zur Abfallverwertung verabschiedet.

157 Zu den regionalen Organisationen in anderen Erdteilen vgl den Überblick bei *Sands/Peel*, Principles, 81ff.

158 Zum EU-Umweltrecht *Epiney*, Umweltrecht der EU.

159 Hier werden lediglich die für Europa bedeutenden Organisationen erwähnt. Vgl ansonsten den Überblick über die weiteren regionalen Organisationen bei *Kiss/Shelton*, International Environmental Law, 126ff.

160 Vgl im Einzelnen zu den Aktivitäten der OECD *Hohmann* (Fn 107) 190ff; zur Rolle der OECD im Zusammenhang mit der Entwicklung des Umweltvölkerrechts auch *Kiss/Shelton*, International Environmental Law, 129f.

161 Zur Rolle des Europarats in diesem Zusammenhang *Kiss/Shelton*, International Environmental Law, 127ff.

162 Zu einigen solcher Flussgebietskommissionen *Epiney/Felder*, Überprüfung internationaler wasserwirtschaftlicher Übereinkommen im Hinblick auf die Implementierung der Wasserrahmenrichtlinie, 2002, 69ff.

Grundlagen. Und schließlich werden sie häufig mit der *Überwachung* der Einhaltung einmal eingegangener völkerrechtlicher Verpflichtungen betraut.[163]

98 Eine I.O., der eine umfassende Zuständigkeit im Bereich des Umweltschutzes zukäme (etwa nach dem Vorbild der WTO im Bereich des Welthandels), gibt es allerdings bis heute nicht. Insofern ist der „institutionelle Unterbau" des völkerrechtlichen Umweltschutzes eher schwach ausgestaltet; vorherrschend ist eine Vielzahl von Organisationen, die in der einen oder anderen Form (auch) mit Umweltbelangen befasst sind, und deren Aktivitäten untereinander nicht immer optimal koordiniert sind. Dieser Umstand hängt in erster Linie wohl mit dem Querschnittscharakter der Aufgabe Umweltschutz[164] zusammen, führt aber notwendigerweise auch zu einer Schwächung des Anliegens Umweltschutz, erfolgt dessen Wahrnehmung doch eher fragmentiert. Zudem wird eine Gesamtsicht von Belangen des Umweltschutzes erschwert.

99 Vor diesem Hintergrund sind denn auch Forderungen nach der Schaffung einer *Internationalen Umweltorganisation*, die die vielfältigen Aktivitäten der verschiedenen mit Umweltbelangen befassten Organisationen zusammenfasst, bündelt und damit effektiven Einfluss auf die umweltvölkerrechtlichen Entwicklungen nehmen könnte, zu sehen.[165] Angesichts der derzeitigen politischen Kräfteverhältnisse dürfte die Schaffung einer solchen Organisation aber in absehbarer Zeit eher unwahrscheinlich sein.

100 Darüber hinaus muss auch für den Bereich des Umweltvölkerrechts die Frage nach der *Legitimität* der getroffenen Entscheidungen gestellt werden: Sollen internationale Problemstellungen auch tatsächlich auf internationaler Ebene gelöst werden, so dürfte eine effektive Vorgehensweise neben einer mit substantiellen Befugnissen ausgestatteten Organisation auch die Sicherstellung einer gewissen Legitimität der getroffenen Entscheidungen gerade durch Mechanismen auf internationaler Ebene implizieren.[166]

c) Organe multilateraler Umweltabkommen

101 Zahlreiche multilaterale Umweltabkommen kennen ihrerseits eigene Organe, idR jedenfalls Sekretariate und Konferenzen der Vertragsparteien (*Conferences of Parties* – COPs). Hinzu kommen in einigen Abkommen spezifische Einrichtungen, die besondere Aufgaben – etwa solche wissenschaftlicher oder technischer Art – haben. Besonders prominentes Bsp ist hier das *Intergovernmental Panel on Climate Change (IPCC)*.[167]

102 Die genaue Rolle dieser Organe – denen in der Regel keine Völkerrechtssubjektivität zukommt – differiert je nach den im Einzelnen eingeräumten Kompetenzen. Von besonderer Bedeutung sind hier jedoch die Konferenzen der Vertragsparteien, bei denen es sich idR um ständige Einrichtungen handelt, die in regelmäßigen zeitlichen Abständen zusammentreten, was eine gewisse Kontinuität der Arbeiten ermöglicht. Sie spielen aufgrund entsprechender vertraglicher Vorschriften eine bedeutende Rolle bei der Weiterentwicklung des Vertragsregimes, etwa indem Protokolle oder Modifikationen ausgearbeitet werden. Im Einzelnen differieren die Kompetenzen der COPs jedoch von Vertrag zu Vertrag, können aber recht weitgehen. Zudem gewinnen auch Beschlüsse (*Decisions*) und Empfehlungen (*Recommendations*) der Vertragsstaaten-

163 Vgl zur Durchsetzung noch Schmalenbach, 8. Abschn 7 ff.
164 Hierzu schon o Rn 14.
165 Vgl etwa auch die Initiative einiger Staaten im Rahmen der Sondergeneralversammlung der Vereinten Nationen v Juni 1997; hierzu *Breier* (Fn 65) 414. S zu entsprechenden Vorschlägen im Schrifttum *Beyerlin/Marauhn*, Rechtsdurchsetzung, 49 ff mwN. S auch schon Rn 91.
166 Vgl die diesbezüglichen Überlegungen bei *Bodansky*, The Legitimacy of International Governance: A Coming Challenge for Internationale Environmental Law, AJIL 93 (1999) 596 ff.
167 Vgl zu solchen Einrichtungen *Sands/Peel*, Principles, 83 ff mit einer Auflistung der wichtigsten Abkommen und der durch sie eingerichteten Organe. S auch *Birnie/Boyle/Redgwell*, Environment, 84 ff Spezifisch zu den COPs etwa *Sand*, Le role des conferences des parties aux conventions environnementales, in Droit international, 101 ff.

konferenzen zunehmend an Bedeutung in Bezug auf die Weiterentwicklung von Verträgen. Während Empfehlungen dabei traditionell ein unverbindlicher Charakter zuzuschreiben sein dürfte, können Beschlüsse, je nach Vertragsgestaltung, einerseits als *hard law* verabschiedet werden;[168] andererseits kann es sich – und das stellt wohl die Regel dar – um (unverbindliches) *soft law* handeln. Grundsätzlich sind auch rechtlich unverbindliche Entscheide der COPs richtungsweisend für das Abkommen und tragen maßgeblich zu seiner Weiterentwicklung bei.[169] Die International Law Commission (ILC) setzt sich in diesem Zusammenhang unter dem Titel „Treaties over Time"[170] – seit 2013 „Subsequent Agreements and Subsequent Practice in Relation to Interpretation of Treaties"[171] – mit der Frage auseinander, welche Relevanz (unverbindlichen) Entscheidungen der Vertragsstaatenkonferenzen in Bezug auf die Auslegung, Anwendung und Weiterentwicklung von Verträgen beizumessen ist.[172]

d) Nichtregierungsorganisationen (NGOs)

103 Die NGOs sind keine I. O. und damit auch keine Völkerrechtssubjekte. Ihnen fehlt insbes das Merkmal des völkerrechtlichen Vertrags als Grundlage. Sie beruhen vielmehr auf dem Zusammenschluss von natürlichen oder juristischen Privatpersonen. Auf dem Gebiet des Umweltschutzes sind etwa die *International Union for the Conservation of Nature and Natural Resources (IUCN)*, der *Worldwide Fund for Nature (WWF)*[173] und *Greenpeace* von Bedeutung. Darüber hinaus existiert aber eine Vielzahl weiterer NGOs im Umweltbereich, für die das UNEP zu einer zentralen Anlauf- und Koordinationsstelle geworden ist, wobei es jedoch neben den Umweltorganisationen noch eine Reihe weiterer nicht staatlicher Akteure gibt, die für das Umweltvölkerrecht von Bedeutung sind.[174]

104 Die *Rolle der NGOs*[175] reicht von Arbeiten programmatischer Art, der Sammlung von Informationen und ihrer Weitergabe, Öffentlichkeitsarbeit über die Teilnahme an internationalen

---

168 Art 2 Abs 9 des Montrealer Protokolls über Stoffe, die zu einem Abbau der Ozonschicht führen, ermächtigt die Vertragsparteien zum Erlass von Beschlüssen, die für alle Vertragsparteien bindet sind. Das Kyoto Protokoll impliziert ebenfalls eine solche Ermächtigung in Art 17, wonach die COP befugt ist, „Regeln" im Zusammenhang mit dem Emissionshandel zu erlassen. Der Wortlaut lässt vermuten, dass es sich dabei um eine verbindliche Regelung handeln soll. Vgl dazu *Schiele*, Evolution of International Environmental Regimes, 2014, 39, 195 f; *Ulfstein*, Treaty Bodies, in Oxford Handbook, 878 (881 f); *Brunnée*, COPing with Consent: Law Making Under Multilateral Environmental Agreements, IJIL 15 (2002) 1 (21 ff).

169 S exemplarisch zur CBD *de Sadeleer/Born*, Droit international et communautaire de la biodiversité, 2004, 126; *Ulfstein*, Treaty Bodies, in Oxford Handbook, 878 (881 f); *Schiele* (Fn 168) 195 f; *Ulfstein*, Treaty Bodies and Regimes, in Hollis (Hrsg), The Oxford Guide to Treaties, 2012, 438 f.

170 UN Doc A/63/10; dazu ausf Nolte (Hrsg), Treaties and Subsequent Practice, 2013.

171 UN Doc A/68/10; s dazu *Moloo*, When Actions Speak Louder Than Words: The Relevance of Subsequent Party Conduct to Treaty Interpretation, BJIL 31 (2013) 39 ff; *Murphy*, The Relevance of Subsequent Agreement and Subsequent Practice for the Interpretation of Treaties, in Nolte (Fn 170) 82 (104 ff); *Nolte*, Subsequent Agreements and Subsequent Practice of States Outside of Judicial or Quasi-judicial Proceedings, in ders (Fn 170) 307 (364 ff).

172 S zum aktuellen Stand der Diskussionen UN Doc A/71/10, Report of the International Law Commission on the Work of its 68th Session.

173 Vgl zu diesen beiden Organisationen und ihrer Rolle für das Umweltvölkerrecht *Kiss/Shelton*, International Environmental Law, 168 ff.

174 Vgl den Überblick bei *Sands/Peel*, Principles, 86 ff; *Tava*, The Role of Non-governmental Organisations, Peoples and Courts in Implementing International Environmental Laws, in Alam *et al* (Hrsg), Routledge Handbook of International Environmental Law, 2015, 123 ff.

175 Zur Rolle der NGOs im internationalen Umweltrecht *Hunter/Salzman/Zaelke*, International Environmental Law and Policy, 422 ff; *Schroeder*, Koordinierung, 139 ff; *Birnie/Boyle/Redgwell*, Environment, 100 ff; *Fuentes Véliz*, L'évolution du rôle des organisations non gouvernementales dans le droit de l'environnement, REDE 11 (2007) 401 ff; *Fuchs*, Environment, Role of Non-Governmental Organizations, in MPEPIL; ausf *Riedinger*, Die Rolle nichtstaatlicher Organisationen bei der Entwicklung und Durchsetzung internationalen Umweltrechts, 2001; *Brühl*, Nichtregierungsorganisationen als Akteure internationaler Umweltvereinbarungen, 2003; *Oberthür et al*, Participation of Non-Governmental Organisations.

Konferenzen – womit die Entstehung völkerrechtlicher Regeln beeinflusst wird – und der Einbindung in die Durchsetzung umweltvölkerrechtlicher Verpflichtungen bis hin zur Übernahme von Sekretariatsarbeiten für bestimmte Abkommen.[176] NGOs sind aber auch an der Ausarbeitung privater Normen – insbes im Rahmen der internationalen Normungsorganisationen – beteiligt. Diese Normen ergänzen häufig rechtlich verbindliche Regeln; sie können aber auch durch eine entsprechende Rezeption nachträglich selbst verrechtlicht werden.[177]

105 Zwar nehmen die NGOs damit also keinen unmittelbar gestaltenden Einfluss auf die Entstehung völkerrechtlicher Normen. Ihre *mittelbare Rolle* ist aber nicht zu unterschätzen. Dies gilt insbes auch für ihre *Öffentlichkeitsarbeit*: Durch ihre (aktive) Teilnahme und die Bewertungen der Arbeiten der Staatenvertreter tragen sie zur Transparenz und damit zu einer gewissen Kontrollierbarkeit der Haltung und Rolle der Staatenvertreter bei. Diese Rolle der Nichtregierungsorganisationen ist in den vergangenen rd 20 Jahren immer bedeutender geworden. Hinzu kommen die ihnen in zahlreichen Abkommen zugedachten Funktionen bei der Überwachung und Durchsetzung völkerrechtlicher Verpflichtungen, die neben die in diesem Zusammenhang auch wichtige „inoffizielle“ Einbindung der NGOs durch die Sammlung von Informationen und die Veröffentlichung einschlägiger Berichte tritt.

106 Darüber hinaus arbeiten manche NGOs auch Entwürfe für völkerrechtlich verbindliche Verträge aus und tragen so zur Weiterentwicklung des Völkerrechts bei. Hinzuweisen ist hier zB auf die IUCN; diese Organisation hat erstmals 1995 den seither weiterentwickelten *IUCN Draft Covenant on Environment and Development* ausgearbeitet, der die bestehenden völkerrechtlichen Regeln im allg Umweltvölkerrecht und in Bezug auf dessen Verbindungen zur (wirtschaftlichen) Entwicklung festschreibt und einige Weiterentwicklungen vorsieht.

e) Einzelne

107 Die im klassischen Völkerrecht noch umfassende Mediatisierung des Einzelnen hat sich insbes im Gefolge des internationalen Menschenrechtsschutzes, aber auch der internationalen strafrechtlichen Verantwortlichkeit relativiert: Zusammengefasst geht das Völkerrecht heute davon aus, dass auch Einzelne durch völkerrechtliche Normen direkt berechtigt und verpflichtet werden können und damit *partielle Völkerrechtssubjekte* sind.[178] Im Umweltvölkerrecht spielt diese Entwicklung jedoch eine vergleichsweise geringe Rolle. Allenfalls zu erwähnen ist aber die Bedeutung umweltrelevanter Aspekte im Rahmen der Menschenrechte.[179]

108 Dem steht jedoch nicht entgegen, dass Einzelnen im Gefolge der Beachtung völkerrechtlicher Verträge eine große Bedeutung zukommen kann. So verpflichten einige völkerrechtliche Verträge die Staaten dazu, Einzelnen bestimmte Rechte einzuräumen, die sich bislang in erster Linie auf verschiedene *prozedurale Aspekte* beziehen (wie etwa der Zugang zu Informationen oder Klagerechte).[180] Hier geht es allerdings nicht um die unmittelbare Verpflichtung der Einzelnen kraft Völkerrecht und damit deren (partielle) Völkerrechtssubjektivität, sondern (nur, aber immerhin) um eine Verpflichtung der Staaten, den Einzelnen entsprechende Rechte zu gewähren. Deren Wahrnehmung wiederum kann aber einen recht großen Einfluss insbes auf die effektive Durchsetzung (auch) völkerrechtlicher Regelungen entfalten.

---

176 So hat etwa die IUCN die Sekretariatsarbeiten für das Washingtoner Artenschutzabkommen (CITES) übernommen.

177 Zur Rolle solcher privater Normen im Umweltvölkerrecht *Beyerlin/Marauhn*, International Environmental Law, 302ff; *Roht-Arriaza/Morrison*, Private and Quasi-Private Standard Setting, in Oxford Handbook, 498ff; *Friedrich*, Environment, Private Standard-Setting, in MPEPIL.

178 Zur Rechtsstellung des Einzelnen im Völkerrecht vgl den Überblick bei *Kau*, Der Staat und der Einzelne als Völkerrechtssubjekte, in Vitzthum/Proelß, Völkerrecht, 3. Abschn Rn 7ff.

179 S Vöneky/Beck, 5. Abschn Rn 4ff.

180 Hierzu noch Epiney, 4. Abschn Rn 42ff.

Zweiter Abschnitt

Kristin Bartenstein

Zwischenstaatliche Umweltgerechtigkeit

Gliederung

Literaturauswahl

Atapattu, Sumudu Anopama, Emerging Principles of International Environmental Law, 2006 [*Atapattu*, Emerging Principles]

Bartenstein, Kristin, De Stockholm à Copenhague: Genèse et évolution des responsabilités communes mais différenciées dans le droit international de l'environnement, McGill LJ 56 (2010) 177 [*Bartenstein*, De Stockholm à Copenhague]

Beyerlin, Ulrich, Bridging the North-South Divide in International Environmental Law, ZaöRV 66 (2006) 259 [*Beyerlin*, North-South Divide]

Bodansky, Daniel/Brunnée, Jutta/Hey, Ellen (Hrsg), The Oxford Handbook of International Environmental Law, 2007 [Oxford Handbook]

Cullet, Philippe, Differential Treatment in International Environmental Law, 2003 [*Cullet*, Differential Treatment]

French, Duncan, Developing States and International Environmental Law: The Importance of Differentiated Responsibilities, ICLQ 49 (2000) 35 [*French*, Differentiated Responsibilities]

Giegerich, Thomas/Proelß, Alexander (Hrsg), Bewahrung des ökologischen Gleichgewichts durch Völker- und Europarecht, 2010 [Bewahrung]

Glass, Christian, Die gemeinsame, aber unterschiedliche Verantwortlichkeit als Bestandteil eines umweltvölkerrechtlichen Prinzipiengefüges: Konkretisierungsvorschläge für künftige Übereinkommen zum Schutz globaler Umweltgüter, 2008 [*Glass*, Verantwortlichkeit]

Gonzalez, Carmen G., Environmental Justice and International Environmental Law, in Alan, Shawhat/Bhniyan, Gahid Hossain/Chowdhury, Tareq/Techera, Erika (Hrsg), Routledge Handbook of International Environmental Law, 2012, 77 ff [*Gonzalez*, Environmental Justice]

DOI 10.1515/9783110248296-002

Halvorssen, Anita Margrethe, Equality among Unequals in International Environmental Law: Differential Treatment for Developing Countries, 1999 [*Halvorssen*, Equality]
Hurrell, Andrew/Sengupta, Sandeep, Emerging Powers, North-South Relations and Global Climate Politics, Int Affairs 88 (2012) 463 [*Hurrell/Sengupta*, Emerging Powers]
Jessen, Henning, WTO-Recht und „Entwicklungsländer": „Special and Differential Treatment for Developing Countries" im multidimensionalen Wandel des Wirtschaftsvölkerrechts, 2010 [*Jessen*, WTO-Recht]
Kellersmann, Bettina, Die gemeinsame, aber differenzierte Verantwortlichkeit von Industriestaaten und Entwicklungsländern für den Schutz der globalen Umwelt, 2000 [*Kellersmann*, Verantwortlichkeit]
Magraw, Daniel, Legal Treatment of Developing Countries: Differential, Contextual and Absolute Norms, CJIELP 1 (1990) 69 [*Magraw*, Norms]
Maljean-Dubois, Sandrine, The Paris Agreement: A New Step in the Gradual Evolution of Differential Treatment in the Climate Regime?, RECIEL 25 (2016) 151 [*Maljean-Dubois*, Paris Agreement]
Mickelson, Karin, South, North, International Environmental Law, and International Environmental Lawyers, YIEL 11 (2000) 52 [*Mickelson*, South]
Rajamani, Lavanya, Differential Treatment in International Environmental Law, 2006 [*Rajamani*, Differential Treatment]
dies, The Durban Platform for Enhanced Action and the Future of the Climate Regime, ICLQ 61 (2012) 501 [*Rajamani*, Durban Platform]
dies, The Changing Fortunes of Differential Treatment in the Evolution of International Environmental Law, Int Affairs 88 (2012) 605 [*Rajamani*, Changing Fortunes]
Graf Vitzthum, Wolfgang (Hrsg), Handbuch des Seerechts, 2006 [Graf Vitzthum, Seerecht]
Wolfrum, Rüdiger (Hrsg), Max Planck Encyclopedia of Public International Law, 10 Bde, 2012 [MPEPIL]

Verträge

Fisheries Convention between France and Great Britain v 11.11.1867 (21 IPE 1) [Fisheries Convention] — 1
Agreement between Great Britain and the United States of America for a Modus Vivendi in Relation to the Fur Seal Fisheries in the Bering Sea v 15.6.1891 (8 IPE 3655) [Fur Seals Fisheries Convention] — 1
Convention concernant l'exploitation et la conservation des pêcheries dans la partie-frontière du Danube v 15.1.1902 (190 CTS 344) [Danube Convention] — 1
Convention for the Protection of Birds Useful to Agriculture v 19.3.1902 (30 Martens [2nd Ser] 686) [1902 Birds Convention] — 1
United States-Mexico Convention Concerning the Equitable Distribution of the Waters of the Rio Grande for Irrigation Purposes v 21.5.1906 (34 Stat 2953) [United States-Mexico Convention] — 1
Convention between Great Britain and the United States of America Relating to Boundary Waters and Boundary Questions between the USA and Canada v 11.1.1909 (36 Stat 244) [Boundary Waters and Boundary Questions Convention] — 1
Convention for the Protection of Migratory Birds in the United States and Canada v 16.8.1916 (39 Stat 1702) [1916 Birds Convention] — 1
Charta der Vereinten Nationen v 26.6.1945 (BGBl 1973 II, 431) zuletzt geänd durch Bek v 28.8.1980 (BGBl 1980 II, 1252) [UN-Charta] — 4, 29
Allgemeines Zoll- und Handelsabkommen v 30.10.1947 (BGBl 1951 II, 173) [GATT] — 12, 14
Protokoll zur Änderung des Allgemeinen Zoll-und Handelsabkommens durch Einfügung eines Teils IV über Handel und Entwicklung v 8.2.1965 (BGBl 1967 II, 2005) — 12
Wiener Übereinkommen über das Recht der Verträge v 23.5.1969 (BGBl 1985 II, 927) [WVK] — 46
Übereinkommen über die Verhütung der Meeresverschmutzung durch das Einbringen von Abfällen und anderen Stoffen v 29.12.1972 (BGBl 1977 II, 180) [Londoner Dumping-Konvention] — 23, 46
Übereinkommen über den internationalen Handel mit gefährdeten Arten freilebender Tiere und Pflanzen v 3.3.1973 (BGBl 1975 II, 777) [Washingtoner Artenschutzabkommen] — 44
Abkommen zwischen der Gruppe der afrikanischen, karibischen und pazifischen Staaten und der Europäischen Wirtschaftsgemeinschaft von Lome v 28.2.1975 (BGBl 1975 II, 2318) [AKP-EWG-Abkommen von Lome] — 8
Convention for the Protection of the Mediterranean Sea against Pollution v 16.2.1976 (1102 UNTS 45) — 23
Zweites Abkommen zwischen der Gruppe der afrikanischen, karibischen und pazifischen Staaten und der Europäischen Wirtschaftsgemeinschaft von Lome v 31.10.1979 (BGBl 1980 II, 966) [Zweites AKP-EWG-Abkommen von Lome] — 8

Seerechtsübereinkommen der Vereinten Nationen v 10.12.1982 (BGBl 1994 II, 1799) [SRÜ] — 14, 23, 46
Drittes Abkommen zwischen der Gruppe der afrikanischen, karibischen und pazifischen Staaten und der Europäischen Wirtschaftsgemeinschaft von Lome v 8.12.1984 (BGBl 1987 II, 19) [Drittes AKP-EWG-Abkommen von Lome] — 8
Wiener Übereinkommen zum Schutz der Ozonschicht v 22.3.1985 (BGBl 1988 II, 901) [Ozonschichtübereinkommen] — 23, 46
Montrealer Protokoll über Stoffe, die zu einem Abbau der Ozonschicht führen v 16.9.1987 (BGBl 1988 II, 1014; letzte Änd in BGBl 2010 II, 995) [Montrealer Protokoll] — 23, 44, 45, 48, 52, 54
Viertes Abkommen zwischen der Gruppe der afrikanischen, karibischen und pazifischen Staaten und der Europäischen Wirtschaftsgemeinschaft von Lome v 15.12.1989 (BGBl 1991 II, 3) [Viertes AKP-EWG-Abkommen von Lome] — 8
Rahmenübereinkommen der Vereinten Nationen über Klimaänderungen v 9.5.1992 (BGBl 1993 II, 1783) [Klimarahmenkonvention] — 23, 28, 29, 38, 45, 46, 48, 49, 51, 52, 54, 55, 56, 58, 59, 60
Übereinkommen über die biologische Vielfalt v 5.6.1992 (BGBl 1993 II, 1742) [CBD] — 23, 28, 46, 54, 55
Übereinkommen zur Durchführung des Teiles XI des Seerechtsübereinkommens der Vereinten Nationen v 28.7.1994 (BGBl 1994 II, 2566) — 14
Übereinkommen der Vereinten Nationen zur Bekämpfung der Wüstenbildung in den von Dürre und/oder Wüstenbildung schwer betroffenen Ländern, insbes in Afrika v 14.10.1994 (BGBl 1997 II, 1471) [Übereinkommen zur Desertifikationsbekämpfung] — 23, 28, 55
Übereinkommen zur Durchführung der Bestimmungen des Seerechtsübereinkommens der Vereinten Nationen v 10.12.1982 über die Erhaltung und Bewirtschaftung von gebietsübergreifenden Fischbeständen und weit wandernden Fischbeständen v 4.12.1995 (BGBl 2000 II, 1023) [Straddling Stocks Agreement] — 23, 46
Kyoto Protokoll zum Rahmenübereinkommen der Vereinten Nationen über Klimaänderungen v 11.12.1997 (BGBl 2002 II, 967) [Kyoto Protokoll] — 23, 28, 49, 51, 61, 66, 70
Rotterdamer Übereinkommen über das Verfahren der vorherigen Zustimmung nach Inkenntnissetzung für bestimmte gefährliche Chemikalien sowie Pflanzenschutz- und Schädlingsbekämpfungsmittel im internationalen Handel v 10.9.1998 (BGBl 2000 II, 1058) [Rotterdamer Übereinkommen] — 23, 55
Protokoll von Cartagena über die biologische Sicherheit zum Übereinkommen über die biologische Vielfalt v 29.1.2000 (BGBl 2003 II, 1503) [Cartagena Protokoll] — 23, 28
Partnerschaftsabkommen zwischen den Mitgliedern der Gruppe der Staaten in Afrika, im Karibischen Raum und im Pazifischen Ozean einerseits und der Europäischen Gemeinschaft und ihren Mitgliedstaaten andererseits v 23.6.2000 (BGBl 2002 II, 325) [Cotonou-Abkommen] — 8
Stockholmer Übereinkommen über persistente organische Schadstoffe v 22.5.2001 (BGBl 2002 II, 803) [Stockholmer Übereinkommen] — 23, 54, 55, 67
Übereinkommen von Paris v 12.12.2015 (BGBl 2016 II, 1082) — 45, 46, 47, 49, 52, 70

Judikatur

South West Africa (Ethiopia v South Africa; Liberia v South Africa), Urteil v 18.7.1966, ICJ Rep 1966, 6 *[South West Africa]* — 24
North Sea Continental Shelf (Federal Republic of Germany v Denmark; Federal Republic of Germany v Netherlands), Urteil v 20.2.1969, ICJ Rep 1969, 3 *[Nordsee-Festlandssockel]* — 24, 59, 61
Jurisdictional Immunities of the State (Germany v Italy), Urteil v 3.2.2012, ICJ Rep 2012, 99 *[Staatenimmunität]* — 4

Vorbemerkung

1 *Erste Bemühungen*, umweltschädigenden Handlungen im zwischenstaatlichen Bereich mit Rechtsvorschriften zu begegnen, sind zwar schon seit dem letzten Drittel des 19. Jh zu verzeichnen, allerdings sind diese ersten vertraglichen Artikulationen des internationalen Umweltrechts weitgehend räumlich und inhaltlich beschränkt. Zum Abschluss von zumeist bilateralen Abkommen führte insbes der Niedergang einzelner Ressourcen, die von unkontrolliertem Umgang

oder Raubbau betroffen waren.[1] Ein weiterer Grund waren Nutzungskonflikte.[2] Die *globale Dimension der Umweltprobleme* drang erstmals in den 1960er Jahren in das Bewusstsein einer breiteren Öffentlichkeit vor und beeinflusst seitdem die Entwicklung des internationalen Umweltrechts. Seit der ersten internationalen Umweltkonferenz der Vereinten Nationen, die 1972 im schwedischen Stockholm abgehalten wurde,[3] zeigt sich dies insbes an der zunehmenden Anzahl multilateraler Umweltschutzabkommen. Es hat sich die Erkenntnis durchgesetzt, dass internationale Kooperation – auf möglichst breiter Basis und mit einem möglichst ganzheitlichen Ansatz – unumgänglich ist.

2 Zur globalen Dimension der Umweltprobleme kommt noch ein weiterer, wesentlicher Aspekt hinzu. Der *Schutz der Umwelt* durch internationale Rechtsnormen steht von Anfang an im *Spannungsverhältnis* zu dem Interesse und Bedürfnis der Staaten an *wirtschaftlicher Entwicklung*. Die Stockholmer Konferenz sowie das gesamte Umweltvölkerrecht, das sich seitdem entwickelt hat, sind von diesen gegensätzlichen und schwer miteinander zu vereinbarenden Anliegen entscheidend geprägt.[4] Dabei sind jedoch signifikante Wahrnehmungsunterschiede festzustellen. Je nach historisch-juristischer Sozialisation und daraus resultierendem Blickwinkel variiert die Konzeptualisierung dieses Spannungsverhältnisses. Insbes unterscheidet sich die Sicht der Industriestaaten deutlich von der Sicht der Entwicklungsländer. Soweit möglich wird in Folgendem auf beide Betrachtungsweisen eingegangen werden.

3 Das Spannungsverhältnis zwischen Umweltschutz und Entwicklungsbedürfnissen wurde 1992 in Rio de Janeiro anlässlich der zweiten internationalen Umweltkonferenz der Vereinten Nationen[5] formalisiert und wird heute im Rahmen des *Prinzips der gemeinsamen, aber differenzierten Verantwortlichkeit* der Staaten diskutiert.[6] Als Bestandteil des Prinzipiengefüges der nachhaltigen Entwicklung spiegelt Letzteres den Grundgedanken der Umweltgerechtigkeit wider (Rn 37–39).

I. Zwischenstaatliche Umweltgerechtigkeit: Grundprinzip der nachhaltigen Entwicklung

1. Entstehungszusammenhang

a) Formelle souveräne Gleichheit und materielle Ungleichheit der Staaten

4 Die moderne internationale Rechtsordnung basiert auf der Grundlage der *Souveränität der Staaten*. Prämisse und zugleich Konsequenz der staatlichen Souveränität ist das Prinzip der *souveränen Gleichheit* der Staaten, das in Art 2 Nr 1 UN-Charta verankert ist. Dass die souveräne Gleichheit, wie auch ihr prominenter Platz in der UN-Charta zeigt, einen der wichtigsten Grundsätze des Völkerrechts darstellt, hat der IGH erst kürzlich bekräftigt.[7] Aus dieser Rechtsgleichheit folgt, dass in der Regel alle Staaten gleich zu behandeln sind, auch wenn diese formell gleiche Rechtsposition Ungleichbehandlungen nicht prinzipiell ausschließt.[8] Die souveräne Gleichheit

1 Fisheries Convention; Fur Seal Fisheries Convention; 1902 Birds Convention; 1916 Birds Convention; Danube Convention.
2 United States-Mexico Convention; Boundary Waters and Boundary Questions Convention.
3 Zur UNCHE s Rep of the UNCHE, Stockholm v 16.6.1972, UN Doc A/CONF.48/14/Rev.1.
4 *Kellersmann*, Verantwortlichkeit, 27.
5 Zur UNCED s Rep of the UNCED v 12.8.1992, UN Doc A/CONF.151/26 (Vol I).
6 S ebd, Anlage I, Prinzip 7 der Rio Declaration on Environment and Development.
7 *Staatenimmunität*, § 57.
8 Ungleichbehandlung ist dann unproblematisch, wenn sie sich auf Rechte bezieht, die sich nicht unmittelbar aus der staatlichen Souveränität ergeben. Nichts hindert die Staaten im Übrigen einer Ungleichbehandlung zu ihren

prägt das gesamte Völkerrecht solchermaßen, dass auch in *vertraglich ausgestalteten multilateralen Rechtsregimen*, die nicht zwingend dem Gleichheitsgebot unterworfen sind, die Vertragsparteien in der Regel gleiche Rechte und Pflichte haben.

5 Trotz des Stellenwerts der souveränen Gleichheit – und seiner strukturierenden Wirkung für das Völkerrecht – vermag die hierauf abstellende formelle Betrachtungsweise der zwischenstaatlichen Beziehungen keineswegs über die *wirtschaftliche Ungleichheit der Staaten* hinwegzutäuschen. Zwar rechtfertigt sich eine strikt formelle Betrachtung und die daraus erwachsende Außerachtlassung der ungleichen wirtschaftlichen Voraussetzungen der Staaten durch den Erhalt der staatlichen Souveränität und somit der internationalen Rechtsordnung.[9] Sie greift jedoch insoweit zu kurz, als sie auch die Abhängigkeiten außer Acht lässt, die mit einer erheblichen materiellen Ungleichheit der Staaten einhergehen. Da diese Abhängigkeiten jedoch die Machtstrukturen innerhalb der Staatengemeinschaft zu einem wichtigen Teil mitbedingen, wirken sie sich letztlich oft auch auf die zwischenstaatlichen Rechtsnormen aus und dies zuweilen in einem Ausmaß, das selbst die formelle souveräne Gleichheit der Staaten in Frage stellt.

6 Der *Dekolonisationsprozess* hat in den 1960er Jahren eine große Anzahl neuer Staaten hervorgebracht. Die Auswirkungen auf die Staatengemeinschaft als Ganzes waren beträchtlich und gehen über den rein zahlenmäßigen Mitgliederzuwachs weit hinaus. Insbes die Heterogenität der Staaten hat zugenommen und sich intensiviert. Obwohl sich schon die Staaten der Nachkriegszeit in geschichtlicher, politischer und kultureller Hinsicht unterschieden, sind die Kontraste zwischen den Staaten seit Ende der Dekolonisation ungleich ausgeprägter. Als entscheidend stellte sich das Wirtschaftsgefälle zwischen den alten und den neuen Staaten heraus. Letzteren war eine zT äußerst prekäre wirtschaftliche Situation gemein, die sich über alle sonstigen Unterschiede hinweg als starkes politisches Bindeglied erwies.

b) Staatenkategorien

7 Mehr oder weniger strukturierte *Staatenzusammenschlüsse* spiegeln die wirtschaftlichen und politischen Gemeinsamkeiten mancher Staaten in der heterogenen Staatenwelt wider. In diesem Zusammenhang wurde zunächst der *politisch konnotierte Begriff* der *„Dritten Welt“*[10] für die aus dem Dekolonisationsprozess entstandenen Staaten geprägt. Er steht für den blockfreien, bevölkerungsstarken, aber politisch relativ schwachen Gegenpol zu den marktwirtschaftlichen Staaten einerseits und den planwirtschaftlichen Staaten andererseits. Von den so bezeichneten Staaten wurde der Begriff anlässlich der Konferenz von Bandung 1955 dann selbst übernommen.[11] Durch die fortschreitende Dekolonisierung und die immer heterogener werdende Gruppe der „Dritte-Welt-Staaten“ geriet der Begriff unter den Eindruck einer starken wirtschaftlichen Konnotation. Er mutierte zunächst zum *Synonym* der entwicklungsbedürftigen Länder, bevor er dann aus der juristischen Fachsprache fast gänzlich verschwand.[12] Mit Blick auf die heute *gängi-*

Gunsten oder Ungunsten zuzustimmen, wobei aufgrund dieser Zustimmungsvoraussetzung die souveräne Gleichheit der Staaten trotz der Ungleichbehandlung unangetastet bleibt. Zum Grundsatz der souveränen Gleichheit s a *Kau*, Der Staat und der Einzelne als Völkerrechtssubjekte, in Graf Vitzthum/Proelß (Hrsg), Völkerrecht, 7. Aufl 2016, Rn 87 ff.

9 *Cassese*, International Law in a Divided World, 1986, 351 stellt fest, dass „[t]raditional law was geared to States' freedom and formal equality and no attention whatsoever was paid to factual inequalities“.

10 Der Begriff der „Dritten Welt“ (oder franz *tiers monde*) wurde vom Sozial- und Wirtschaftswissenschaftler *Alfred Sauvy* geprägt, der ihn in Anlehnung an den „Dritten Stand“ (*tiers état*) des vorrevolutionären Frankreichs den zwei anderen (privilegierten) Welten, der kapitalistischen und der kommunistischen, gegenüberstellt und ihn als Synonym für die sog unterentwickelten Staaten verwendet: *Sauvy*, Trois mondes, une planète, L'Observateur, 14.8.1952, Nr 118, 14.

11 *Bennouna*, Bandung Conference (1955), in MPEPIL mwN. S a *Tan*, Bandung Revisited; The Legacy of the 1955 Asian-African Conference for International Order, 2008.

12 Der Begriff war in der (politikwissenschaftlichen und juristischen) Lit bis in die neunziger Jahre noch regelmäßig anzutreffen. Gegen die Weiterverwendung des Begriffs wird u a das Ende des Kalten Krieges und damit der Weg-

ge Terminologie lässt sich feststellen, dass sich für das prägnante engl Begriffspaar *developing states/countries – developed states/countries* das holprigere dt Begriffspaar *Entwicklungsländer – Industriestaaten/entwickelte Staaten* durchgesetzt hat. Parallel dazu sind die Bezeichnungen „*Norden*“ und „*Süden*“ in den Sprachgebrauch eingegangen. Obwohl die *Nord-Süd-Dichotomie* weder die Heterogenität der Entwicklungsstaaten widerspiegelt noch gänzlich im Einklang mit der geographischen Realität ist, besticht sie doch ob ihrer Griffigkeit.[13]

8 *Wirtschaftspolitische Affinitäten* sowie die Tatsache, dass die internationale Rechtsordnung aus Sicht der Entwicklungsländer vor allem den Industriestaaten zum Vorteil gereichte, haben ab den 1960er Jahren zu gewissen *institutionellen Entwicklungen* beigetragen. So etablierte sich seit der ersten UNCTAD-Konferenz von 1964 die *Gruppe der 77* (auch G77) als Interessenvertreter der Entwicklungsländer.[14] 134 Entwicklungsländer kooperieren heute in diesem relativ losen institutionellen Rahmen mit dem Ziel, ihren wirtschaftlichen und politischen Bedürfnissen geschlossen Ausdruck zu verleihen, um so ihre Durchschlagskraft zu verstärken. Die G77 ist nach wie vor eines der wichtigsten Sprachrohre in den internationalen Diskussionen zur Umweltgerechtigkeit. Andere relevante Zusammenschlüsse von Entwicklungsländern, wie etwa die der kleinen Inselstaaten (Small Island Developing States, SIDS), der OPEC-Staaten oder der AKP-Staaten, haben zumeist einen spezifischeren, handelspolitischen und/oder historischen Hintergrund.[15]

9 Zwar ist in den int Beziehungen seit etwa 50 Jahren die Unterscheidung von Entwicklungsländern und entwickelten Staaten oder Industriestaaten gängig. Dennoch gibt es bis heute *keine klare, allg verbindliche Abgrenzung*. Die *Heterogenität* selbst der Staaten, die gewisse gemeinsame, wirtschaftliche Merkmale aufweisen, macht eine griffige, allgemeingültige Kategorisierung unmöglich und hat in den unterschiedlichen Gremien und Organisationen zur Ausarbeitung von Listen geführt, deren Kriterien sich je nach Finalität der Kategorisierung unterscheiden. Das Pro-Kopf-Einkommen ist das entscheidende Kriterium für die Festlegung der Darlehensempfänger der Weltbank[16] und für die Ermittlung der Entwicklungshilfeempfänger der OECD,[17] während der Internationale Währungsfonds die Staaten aufgrund von diversen Kriterien in *advanced* bzw *emerging and developing economies* einteilt.[18] Die Vereinten Nationen erstellen eine Liste der am wenigsten entwickelten Länder unter Rückgriff auf wirtschaftliche, soziale, demographische und ähnliche Kriterien.[19]

10 Die *Unschärfe* der Begriffe „Entwicklungsland“ und „Industriestaat“ steht ihrer allg Gebräuchlichkeit nicht entgegen, entpuppt sich aber dann als problematisch, wenn es um die Zuordnung von *Grenzfällen* geht. Zu den problemträchtigsten Grenzfällen gehört die relativ neue

---

fall der „Zweiten Welt“ sowie die Neuordnung des internationalen Wirtschaftsraums bedingt durch die Globalisierung angeführt. Für eine krit Betrachtung und weitere Nachweise s *Williams*, The Third World and Global Environmental Negotiations: Interests, Institutions and Ideas, Global Environmental Politics 5:3 (2005) 48.

13 So *Beyerlin*, Wege zur Verbesserung der Nord-Süd-Kooperation in globalen Umweltfragen, in Bewahrung, 214 f.

14 Zum Hintergrund der G77 s *Khan*, Group of 77 (G77), in MPEPIL mwN. S a <www.g77.org>.

15 Für eine detaillierte Darstellung s *Kellersmann*, Verantwortlichkeit, 15. Die ursprünglich in erster Linie entwicklungspolitisch motivierte Zusammenarbeit zwischen der EU und den AKP-Staaten (s AKP-EWG-Abkommen von Lome) ist spätestens seit dem zweiten Lome-Abkommen um die umweltpolitische Dimension bereichert worden (s Zweites AKP-EWG-Abkommen von Lome; Drittes AKP-EWG-Abkommen von Lome; Viertes AKP-EWG-Abkommen von Lome v 15.12.1998), bevor dann das Konzept der nachhaltigen Entwicklung im Cotonou-Abkommen bekräftigt wurde; s hierzu auch *Beyerlin*, Wege zur Verbesserung der Nord-Süd-Kooperation in globalen Umweltfragen, in Bewahrung, 219.

16 Abrufbar unter <http://data.worldbank.org/about/country-classifications/country-and-lending-groups#High_income>.

17 Nachweise zur DAC-Liste unter <www.oecd.org/dataoecd/13/58/49483614.pdf>.

18 Abrufbar unter <www.imf.org/external/pubs/ft/weo/2012/01/weodata/groups.htm>.

19 Von den derzeit 48 *less developed countries*, also den „weniger entwickelten Staaten“ unter den Entwicklungsländern, wird manchmal noch die Untergruppe der zurzeit 31 *least developed countries*, dh der „am wenigsten entwickelten Staaten“, unterschieden; Nachweise unter <www.unohrlls.org/en/home/>.

Kategorie von *Schwellenländern* (*newly industrialised countries* oder *emerging economies*), deren Kernvertreter im Wirtschafts- und Handelsbereich die BRIC[20] (für Brasilien, Russland, Indien und China) oder BRICS (nach Hinzufügung Südafrikas) sind und im Umweltbereich die BASIC (für Brasilien, Südafrika, Indien und China). Schwellenländer unterscheiden sich von den klassischen Entwicklungsländern u a durch eine oft rasante Industrialisierung sowie hohe wirtschaftliche Wachstumsraten. Sie stellen die internationale Gemeinschaft derzeit vor ungelöste Probleme. Obwohl sie historisch gesehen zu den Entwicklungsländern gehören und mit vielen für diese Staaten typischen strukturellen Problemen zu kämpfen haben, werden sie wegen ihrer charakteristischen wirtschaftlichen Merkmale oft als eine eigene Kategorie wahrgenommen. Dies wird jedoch in den Vertragstexten allg zumeist ignoriert bzw nur am Rande beachtet, was insbes im Klimarecht zu politisch schwer überwindlichen Blockaden geführt hat (s u Rn 66f, 69f).

c) Ausgleichende Ungleichbehandlung im Welthandelsrecht

11 Trotz der Blockbildung im Kalten Krieg erweist sich das wirtschaftliche Gefälle zwischen den Staaten der „Ersten" und der „Zweiten Welt" bzw den Staaten der „Dritten Welt" als so grundlegend, dass sich mit Beginn der 1960er Jahre die *Grobeinteilung* der Staaten in *Entwicklungsländer* bzw *Industriestaaten* etabliert. Dies geschieht zunächst mit Blick auf die wirtschaftliche Dimension der internationalen Beziehungen unter maßgeblichem Einfluss des argentinischen Ökonomen *Raùl Prebisch*, einem Vertreter der Dependenztheorie,[21] dessen Arbeiten zunächst die Forderungen Lateinamerikas prägen,[22] bevor sie dann auch die GV der Vereinten Nationen erreichen.

12 Durch ihre Zusammensetzung und Arbeitsweise war die *GV der Vereinten Nationen von den Entwicklungsländern dominiert* und konnte so zu deren Alternativtribüne in Handels- und Entwicklungsangelegenheiten mutieren. Diese Entwicklung konkretisiert sich erstmals 1964 in Genf mit der ersten *UNCTAD-Konferenz*. *Prebisch*, erster UNCTAD-Generalsekretär, hatte im Vorfeld der Konferenz einen krit Bericht verfasst,[23] der nicht nur für die Konferenz, sondern auch für die späteren Forderungen der Entwicklungsländer richtungsweisend war (Rn 13). Im Zentrum der Kritik stand das durch das GATT etablierte *Welthandelssystem*, das auf die *formelle Gleichheit* der Staaten gestützt für alle Mitglieder ohne Rücksicht auf ihre wirtschaftliche Situation die gleichen Rechte und Pflichten vorsah.[24] Mithin war die Forderung nach einer *ausgleichenden Sonderbehandlung* der Entwicklungsländer Teil der Reformvorschläge. In der Folge konnten die Entwicklungsländer zwei konkrete rechtliche Errungenschaften verzeichnen. So wurde 1966 der Teil IV in das GATT eingefügt.[25] Obwohl dieser keine Verpflichtungen der Industriestaaten gegenüber

20 Der Begriff geht auf den Ökonomen und Chefvolkswirt bei Goldman Sachs *Terence James O'Neill* zurück: *O'Neill*, Building Better Global Economic BRICs, Global Economics Paper No 66, 2001.

21 Die Dependenztheorie hält die Entwicklungsmöglichkeiten der Entwicklungsländer (Peripherie) durch ihre Abhängigkeit von den Industriestaaten (Metropolen) im liberalen Welthandelssystem für strukturell begrenzt. Für ein Kurzportät der Ideen *Prebischs*, s *Kay*, Raul Prebisch, in Simon (Hrsg), Fifty Key Thinkers on Development, 2006, 199 (201).

22 *Prebisch* war Vorstandssekretär der UN Economic Commission for Latin America (ECOSOC Res 106[VI] v 25.2.1948, UN Doc E/712/Rev.1), heute Economic Commission for Latin America and the Caribbean (ECOSOC Res 1984/67 v 27.7.1984, UN Doc E/1984/84/Add.1 19).

23 *Prebisch*, Towards a New Trade Policy for Development, 1964; für einen geschichtlichen Überblick s a *Gonzalez*, Environmental Justice.

24 Zum GATT-System einschließlich seiner Entwicklung sowie heutiger Ausformung und Einbettung in das WTO-System s *Herrmann/Weiß/Ohler*, Welthandelsrecht, 2. Aufl 2007, Rn 44 ff mwN.

25 Protokoll zur Änderung des Allgemeinen Zoll- und Handelsabkommens durch Einfügung eines Teils IV über Handel und Entwicklung v 8.2.1965; Declaration on the De Facto Implementation of the Provisions of the Protocol Amending the General Agreement on Tariffs and Trade to Introduce a Part IV on Trade and Development v 11.2.1965, GATT Doc L/2356.

den Entwicklungsländern enthält, ist er insoweit bedeutsam, als er die Freistellung der Entwicklungsländer vom Grundsatz der Reziprozität in den Verhandlungen vorsieht.[26] Die franz Schule ist sogar so weit gegangen, die Einfügung von Teil IV als Geburtsstunde des *internationalen Entwicklungsrechts* zu werten,[27] und obwohl dies krit gesehen werden muss, hat die Aufnahme dieser Ausnahmeregelung ins GATT der Normendualität im Welthandelsrecht den Weg geebnet.[28] 1971 wurde dann das *Allgemeine Präferenzsystem* zugunsten der Entwicklungsländer provisorisch eingeführt,[29] bevor es 1979 mittels der sog *Ermächtigungsklausel* dauerhaft im GATT verankert wurde.[30] Es erlaubt den Industriestaaten, Produkten der Entwicklungsländer tarifäre und nicht-tarifäre Vergünstigungen einzuräumen und ermöglicht somit innerhalb des GATT-Systems eine nach wirtschaftlichen Kriterien unterscheidende Normendualität, die klar in Abkehr zum ansonsten dominierenden Meistbegünstigungsgrundsatz steht.[31]

13 Begünstigt wurden diese Änderungen im Welthandelsrecht ab den 1960er Jahren durch die Rezeption der Forderungen der Entwicklungsländer in der GV der Vereinten Nationen, die sich u a in der Ausrufung von Entwicklungsdekaden ab 1961 manifestiert.[32] Vor dem Hintergrund dieser Rezeptivität wird Anfang der 1970er Jahre die Forderung nach einer *neuen Weltwirtschaftsordnung* laut.[33] Diese Forderung erwächst aus der Kritik der Entwicklungsländer an der vorherrschenden Wirtschaftsordnung, die dem Machterhalt und der Bereicherung der privilegierten Staaten diene und einen Paradigmenwechsel notwendig mache, um das Völkerrecht zu einem Instrument der *ausgleichenden Macht- und Reichtumsumverteilung* zu machen.[34] In der GV der Vereinten Nationen erreicht die Forderung 1974 nach einer Reihe von Resolutionen[35] mit der Annahme der rechtlich unverbindlichen, aber politisch gewichtigen, wenn auch umstrittenen und von den Industriestaaten nicht mitgetragenen *Charta der wirtschaftlichen Rechte und Pflichten der Staaten* den Höhepunkt ihrer Anerkennung.[36] Einer der Leitgedanken der Charta, die sich eben nicht mit der formellen souveränen Gleichheit der Staaten zufrieden gibt, ist die ausgleichende Gerechtigkeit.

14 Der konkrete Wandel blieb letztlich trotz des geschärften Bewusstseins der Staatengemeinschaft aus. Obwohl das WTO-System die Errungenschaften der Entwicklungsländer im GATT-System bekräftigt, leidet deren Effektivität.[37] Auch außerhalb des Welthandelsrechts ist es den

---

26 Vgl Art XXXVI Abs 8 GATT.

27 S insbes *Feuer/Cassan*, Droit international du développement, 2. Aufl 1991.

28 Der Begriff der Normendualität dürfte von der franz „dualité des normes" übernommen worden sein. S a *Cullet*, Differential Treatment, 35. Die These vom internationalen Entwicklungsrecht muss nicht zuletzt deshalb krit gesehen werden, weil seine Eigenständigkeit im Verhältnis zum internationalen Wirtschaftsrecht zweifelhaft erscheint. Für eine detaillierte krit Analyse der Entwicklungsrechtsthese s *Côté*, De Genève à Doha: Genèse et évolution du traitement spécial et différencié des pays en développement dans le droit de l'OMC, McGill LJ 56 (2010) 115 ff sowie *Schütz*, Solidarität im Wirtschaftsvölkerrecht: Eine Bestandsaufnahme zentraler entwicklungsspezifischer Solidarrechte und Solidarpflichten im Völkerrecht, 1994. S a *Dolzer/Kreuter-Kirchhof*, Wirtschaft und Kultur im Völkerrecht, in Graf Vitzthum/Proelß (Fn 8) Rn 30 ff; *Gonzalez*, Environmental Justice, 24 ff. S außerdem *Jessen*, WTO-Recht.

29 Waiver Decision on the Generalized System of Preferences v 25.6.1971, BISD 18S/24, GATT Doc L/3545.

30 Decision on Differential and More Favourable Treatment, Reciprocity, and Fuller Participation of Developing Countries v 28.11.1979, BISD 26S/203 (1980), GATT Doc L/4903.

31 Für weiterführende kritische Analysen s a *Schütz* (Fn 28) sowie *Jessen*, WTO-Recht.

32 Insgesamt vier Entwicklungsdekaden wurden von der UN-GV ausgerufen; Vgl UN Doc A/RES/1710 (XVI) v 19.12.1961; UN Doc A/RES/2626 (XXV) v 24.10.1970; UN Doc A/RES/35/56 v 5.12.1980; UN Doc A/RES/45/199 v 21.12.1990; s a Milleniumsdeklaration, UN Doc A/Res/55/2 v 18.9.2000.

33 Genaueres hierzu s *Sacerdoti*, New International Economic Order (NIEO), in MPEPIL mwN.

34 *Herrmann/Weiß/Ohler* (Fn 24) Rn 985–988, insbes Rn 986.

35 Declaration on the Establishment of a New International Economic Order v 1.5.1974, UN Doc A/Res/3201(S-VI); Programme of Action on the Establishment of a New Economic Order v 1.5.1974, UN Doc A/Res/3202(S-VI).

36 Charter of Economic Rights and Duties of States v 12.12.1974, UN Doc A/Res/3281(XXIX), UNYB 28 (1974) 402 ff.

37 Zu nennen ist etwa das Problem, dass tarifäre Vergünstigungen mit der allg Zollabsenkung an Wirksamkeit verlieren. S *Côté* (Fn 28) 146 ff mit zusätzlichen Gründen der mangelnden Effektivität und wN.

Entwicklungsländern nicht gelungen, tatsächlich wirksame Rechtsregeln zu ihren Gunsten durchzusetzen. So wurde etwa der von den Entwicklungsländern geforderte Technologietransfer trotz relativ konkreten ersten Verhandlungserfolgen nie Gegenstand eines verbindlichen Vertrags.[38] Des Weiteren fanden die Forderungen der Entwicklungsländer nach ausgleichender Gerechtigkeit bei der Ressourcenverteilung zwar Niederschlag im SRÜ,[39] jedoch konnten die ausgehandelten Bestimmungen die Erwartungen der Entwicklungsländer in der Praxis bisher nicht erfüllen.[40]

15 Diese für die Entwicklungsländer enttäuschende Bilanz im Welthandelsrecht und anderen wirtschaftlich geprägten Bereichen des Völkerrechts lässt sich sicherlich maßgeblich durch die *Bittstellerposition* der Entwicklungsländer erklären.[41] Die Industriestaaten waren nur sehr bedingt bereit, einseitige Verpflichtungen einzugehen, um fremden Entwicklungsbedürfnissen zu entsprechen, ohne dass ihnen daraus ihrerseits Vorteile erwuchsen.[42] Generell lief auch der allg herrschende *Wirtschaftsliberalismus* einer interventionistischen Politik zuwider, die die Umsetzung der Forderungen jedoch erfordert hätte.[43] Hinzu kommt der Widerspruch zum *Diskriminierungsverbot*, einem der zentralen Grundsätze des Welthandelsrechts.

2. Prinzip der gemeinsamen, aber differenzierten Verantwortlichkeit

a) Von Stockholm bis Rio

16 Vor dem Hintergrund der Forderungen, die das Welthandelsrecht bereits seit den 1960er Jahren beschäftigten, verwundert es nicht, dass der Ruf nach ausgleichender Gerechtigkeit auch im Rahmen der UN-Konferenz in Stockholm über die Umwelt des Menschen laut wurde.[44] Diese Konferenz war auf *Betreiben der Industriestaaten* als Antwort der Politik auf die eindringlichen Warnrufe der Wissenschaft einberufen worden. Das Bewusstsein einer globalen Bedrohung hatte zumindest in den Industriestaaten eine breite Öffentlichkeit erreicht, nicht zuletzt durch Rachel Carsons „*Silent Spring*" v 1962.[45] Einen weiteren Impuls bekam die Debatte durch die vom *Club of Rome* in Auftrag gegebene Studie „*The Limits to Growth*"[46] v 1972, die eine breite Diskussion zum Nullwachstum lostrat und bezeichnend ist für die ganz neuen konzeptionellen Schwierigkeiten, die der Umweltschutz aufwarf.

17 Während Einigkeit herrschte, dass der Umweltzerstörung entgegengesteuert werden müsse, gab es jedoch *Meinungsverschiedenheiten* darüber, wie den Umweltproblemen beizukommen sei. Insbes die Frage nach den *Verantwortlichkeiten* sowohl für die Probleme als auch für deren Lö-

---

38 Der unter der Schirmherrschaft der UNCTAD ausgearbeitete Text wurde nicht einmal als Entwurfstext angenommen, geschweige denn ratifiziert: UNCTAD, Draft International Code of Conduct on the Transfer of Technology, UNCTAD Doc TD/CODE TOT/47 (1985) v 20.6.1985.

39 Eine Reihe von Bestimmungen des SRÜ lassen den Einfluss der Forderungen nach Gerechtigkeit erkennen; s insbes Art 61 und 62 bzgl Fischereifragen, Art 82 bzgl der Ausbeutung des Festlandssockels, Art 150 ff, Anlagen III und IV (modifiziert durch das Übereinkommen zur Durchführung des Teiles XI des SRÜ v 29.7.1994) bzgl des Tiefseebodens sowie Teil XIV zur Entwicklung und Weitergabe von Meerestechnologie.

40 S *Rothwell/Stephens*, The International Law of the Sea, 2. Aufl 2016, 127 ff (Ressourcen des Tiefseebodens) und 308 ff (Fischerei in der ausschließlichen Wirtschaftszone) mwN; zu den Ressourcen des Tiefseebodens s a *Wolfrum*, Hohe See und Tiefseeboden (Gebiet), in Graf Vitzthum, Seerecht, Rn 133–182.

41 Vgl *Bartenstein*, De Stockholm à Copenhague, 206 ff.

42 *Scholtz*, Different Countries, One Environment: A Critical Southern Discourse on the Common but Differentiated Responsibilities Principle, SAYIL 33 (2008) 113 (117).

43 *Rajamani*, Differential Treatment, 19.

44 *Indira Gandhis* Satz „Environment cannot be improved in conditions of poverty" (zitiert bei *Anand*, Development and Environment: The Case of the Developing Countries, IJIL 1 [1980] 1 [10]) brachte die Position der Entwicklungsländer auf den Punkt.

45 *Carson*, Silent Spring, 1962.

46 Meadows (Hrsg), The Limits to Growth, 1972.

sung wurde – und wird – nicht einheitlich beantwortet. Die Herausforderung der Stockholmer Konferenz bestand also darin, Wege zu finden, den Umweltschutz einerseits und die wirtschaftliche Entwicklung andererseits in Einklang zu bringen. Für die Entwicklungsländer hatten die wirtschaftliche Entwicklung und die Verbesserung des Lebensstandards der Bevölkerung absolute Priorität, wobei es ein Irrtum ist, daraus zu schließen, dass sie nicht auch am Umweltschutz an sich interessiert waren. Allerdings wurden internationale Verpflichtungen zum Schutz der Umwelt verständlicherweise mit Hemmnissen für die wirtschaftliche Entwicklung in Verbindung gebracht. Trotz ihrer anfänglichen Befürchtung, dass ihre Anwesenheit als Billigung der Umweltethik des „Nordens" interpretiert und hierdurch eine Beschneidung ihrer Entwicklungschancen zugunsten des Umweltschutzes gerechtfertigt würde, stellten die Entwicklungsländer letztlich zwei Drittel der 113 Konferenzteilnehmer. Ihre akuten Sorgen konnten zerstreut werden, da bereits im Vorfeld der Konferenz die Notwendigkeit eines Ausgleichs zwischen den konkurrierenden Bedürfnissen des Umweltschutzes und der wirtschaftlichen Entwicklung erkannt und betont worden war.[47] Das Armutsproblem der Entwicklungsländer stand also von Anfang an im Mittelpunkt der Aufmerksamkeit und ist seither nicht von den Tagesordnungen der internationalen Verhandlungen zum Umweltschutz verschwunden. Die Spannung zwischen Entwicklung und Umweltschutz kann daher in der Tat als das zentrale konzeptionelle Grundproblem des Umweltrechts gesehen werden.[48]

18 In der *Stockholmer Erklärung*,[49] die als Geburtsurkunde des Umweltvölkerrechts gewertet werden kann, finden sich erste *Leitgedanken zum Ausgleich* zwischen Umweltschutz und Entwicklung. Sie zeichnet die weitere Entwicklung des internationalen Umweltrechts zum Spannungsfeld Entwicklung-Umweltschutz vor. So betont etwa Prinzip 9, dass Entwicklungshilfe die aus der Unterentwicklung entstehenden Umweltprobleme am besten lösen helfe. Prinzip 11 fordert, das Erreichen besserer Lebensbedingungen durch Umweltpolitik nicht zu bremsen, sondern zu fördern und hierfür die wirtschaftlichen Konsequenzen der Umweltpolitik abzufedern. Laut Prinzip 12 müsse den Bedürfnissen der Entwicklungsländer bei der Bereitstellung von Mitteln zum Umweltschutz Rechnung getragen werden, insbes durch zusätzliche internationale technische und finanzielle Hilfe. Prinzip 23 ermahnt, die Standards dem Wertesystem der jeweiligen Staaten anzupassen, insbes um ungewollte soziale Kosten in den Entwicklungsländern zu vermeiden.

19 In der Folge war es den Entwicklungsländern gelungen, ihre Sicht der Dinge noch viel deutlicher zum Ausdruck zu bringen, wobei die Artikulation der Forderung nach einer neuen Weltwirtschaftsordnung und die relative Rezeptivität der – von den Entwicklungsländern zahlenmäßig dominierten – Staatengemeinschaft mit ursächlich gewesen sein dürfte (s Rn 13). Diese Synergie kulminiert in der Annahme der *Cocoyoc-Erklärung* im Rahmen eines gemeinsamen Symposiums des UNEP sowie der UNCTAD.[50] Trotz dieser scheinbaren Konvergenz ist es bis heute nicht gelungen das *Misstrauen*, mit dem sich Industriestaaten und Entwicklungsländer in den internationalen Verhandlungen zum Umweltschutz begegnen, gänzlich zu beseitigen.[51] Es

---

47 Hierzu hat vor allem der sog *Founex*-Bericht beigetragen, der die Entwicklungsproblematik und die Umweltproblematik als „two sides of the same coin" sah (Development and Environment, Report and Working Papers of a Panel of Experts Convened by the Secretary-General of the UNCHE, 1972); auch die UN-GV hat anerkannt, dass beide Aspekte untrennbar verbunden sind und zusammen bewältigt werden müssen; s UN Doc A/RES/2657(XXV) v 7.12. 1970; UN Doc A/RES/2849 (XXVI) v 20.12.1971, Development and Environment.

48 Vgl *Mickelson*, South, 53, der jedoch der Ansicht ist, dass den Entwicklungsanliegen der „Dritten Welt" bisher letztlich nur oberflächlich Rechnung getragen wurde und sie nicht, wie eigentlich notwendig, als integraler Bestandteil des Umweltrechts betrachtet werden (54, 60).

49 Declaration of the UNCHE, s Rep of the UNCHE (Fn 3).

50 Cocoyoc Declaration v 12.10.1974 (abgedr in I. O. 29 [1974] 893–901).

51 *Beyerlin*, Wege zur Verbesserung der Nord-Süd-Kooperation in globalen Umweltfragen, in Bewahrung, 222f zeigt auf, dass dieses Misstrauen nicht unberechtigt ist.

scheint im Gegenteil in den Klimaverhandlungen eine Neuauflage erfahren zu haben (s Rn 35). Zu diesem Misstrauen beigetragen hat sicherlich die Dominanz der Industriestaaten bei der Konzeptualisierung der Umweltprobleme und der notwendigen Antworten. Folglich wurden und werden die Entwicklungsländer oft nicht als uneingeschränkt gleichwertige Partner mit eigenen Interpretationen der Umweltprobleme und eigenen Lösungsinteressen angesehen, sondern eher als widerstrebende Teilnehmer an den internationalen Bemühungen zum Schutz der Umwelt.[52] Hieraus leiten wiederum manche Industriestaaten die Legitimität ihrer eigenen Zurückhaltung ab (vgl Rn 35).

20 Ein weiterer Meilenstein in der Formalisierung des Prinzips zum Spannungsverhältnis zwischen Umweltschutz und Entwicklung ist der *Brundtland-Bericht* der *WCED* v 1987. Dieser Bericht ist klar vom Streben nach einem *Ausgleich* zwischen beiden Erfordernissen gekennzeichnet, wobei ein besonderes Augenmerk auf der Armutsbekämpfung liegt.[53] Er fußt auf der Erkenntnis, dass der Erhalt der Umwelt zwar von universellem Interesse ist, dieses Ziel aber unter höchst unterschiedlichen Bedingungen verfolgt wird.[54] Außerdem begreift er Umweltschutz und Entwicklung als direkt miteinander verflochtene Probleme. Das Konzept der *nachhaltigen Entwicklung*, zu dessen Herausbildung der Bericht ganz wesentlich beigetragen hat, setzt daher auf einen integrativen Ansatz mit dem Ziel, den komplexen Wechselbeziehungen zwischen Umweltschutz und Entwicklung gerecht zu werden. Dieser Ansatz wurde dann 1992 in Rio anlässlich der UN-Konferenz über Umwelt und Entwicklung im Prinzip der gemeinsamen, aber differenzierten Verantwortlichkeit formalisiert (Rn 21ff). Dieses ist noch immer aktuell, denn aller jüngsten Uneinigkeiten zum Trotz hat sich die Staatengemeinschaft hierzu 2012 anlässlich der UN-Konferenz Rio+20 für nachhaltige Entwicklung erneut bekannt.[55]

b) Prinzip 7 der Rio Deklaration

21 Der Begriff der *nachhaltigen Entwicklung* ist zum Zeitpunkt der Rio-Konferenz von 1992 im politischen Vokabular angekommen, und über seine Bedeutung herrschte unter den 170 Teilnehmerstaaten ein gewisser Grundkonsens. Die Ausarbeitung der Rio Deklaration mit ihren 27 Prinzipien zur nachhaltigen Entwicklung war dennoch eine Herausforderung. Dies gilt insbes für Prinzip 7, das erstmals ausdrücklich das *Konzept der gemeinsamen, aber differenzierten Verantwortlichkeit* formuliert und im Umweltvölkerrecht als Synonym für den Normendualismus im Namen der ausgleichenden Gerechtigkeit steht.

22 Prinzip 7 ist jedoch eingebettet in den Zusammenhang weiterer Prinzipien zum *Spannungsverhältnis zwischen Umwelt und Entwicklung*. So führen Prinzipien 3, 4 und 5 die Grundbedingungen für eine nachhaltige Entwicklung an: gerechter Ausgleich zwischen Entwicklungs- und Umweltbedürfnissen, Integration des Umweltschutzes in den Entwicklungsprozess und Beseitigung der Armut. Prinzip 8 appelliert insbes an die Industriestaaten, zur nachhaltigen Entwicklung durch einen Wandel in Produktions- und Konsummustern beizutragen, während Prinzip 9 Zusammenarbeit für den Kapazitätsaufbau anmahnt. Prinzip 6 unterstreicht die besonderen Bedürfnisse der Entwicklungsländer und ruft zur Berücksichtigung der Interessen und Bedürfnisse aller Länder auf. Im Hinblick insbes auf die Entwicklungsländer stellt Prinzip 11 klar, dass unterschiedliche Situationen verschiedengeartete Antworten rechtfertigen. *Prinzip 7* selbst erklärt Folgendes: „States shall cooperate in a spirit of global partnership to conserve, protect and restore the health and integrity of the Earth's ecosystem. In view of the different contributions to

---

52 Dazu *Mickelson*, South, 60ff.
53 UN Doc A/43/427 v 4.8.1987, Report of the WCED, Annex. Der Bericht erschien auch in Buchform: World Commission on Environment and Development (Hrsg), Our Common Future, 1987. Für eine dt Übersetzung s Hauff (Hrsg), Unsere gemeinsame Zukunft: Der Brundtland-Bericht der Weltkommission für Umwelt und Entwicklung, 1987.
54 Hierfür bezeichnend der Satz „The earth is one but the world is not", ebd 39, Rn 1.
55 UN Doc A/CONF.216/L.1 v 22.6.2012, The Future We Want, § 15; s a Rn 68.

global environmental degradation, States have common but differentiated responsibilities. The developed countries acknowledge the responsibility that they bear in the international pursuit to sustainable development in view of the pressures their societies place on the global environment and of the technologies and financial resources they command."[56]

23 Die grundsätzliche Bedeutung des Prinzips der gemeinsamen, aber differenzierten Verantwortlichkeit der Staaten für das Umweltrecht erklärt seine *weitreichende vertragliche Rezeption.* So ist das Prinzip sowohl in den drei Rio-Verträgen sowie den zugehörigen Protokollen[57] als auch in den in der Folgezeit ausgearbeiteten multilateralen Umweltverträgen zu finden.[58] Allerdings gab es bereits vor 1992 vereinzelte Vertragsregeln, die als Umsetzung der dem Prinzip zugrundeliegenden Idee gewertet werden können. Insbes im Bereich des Schutzes der Ozonschicht hat diese Umsetzung einen Reifegrad erreicht, hinter den spätere Vertragswerke zurückfallen.[59] Die Allgegenwärtigkeit des Prinzips kann in der Tat nicht über die Unterschiede in seiner Ausformung und Tragweite hinwegtäuschen (Rn 43–55).

c) Ethische und pragmatische Motivationen der Differenzierung

24 Das Prinzip der gemeinsamen, aber differenzierten Verantwortlichkeit lässt sich in verschiedener Weise rechtfertigen. Es hat sicherlich eine *philosophisch-moralische Verankerung.* Insbes Gerechtigkeitsüberlegungen spielen hierbei eine Rolle. *Gerechtigkeit* hat verschiedene Facetten. So stellt die Austauschgerechtigkeit (*iustitia commutativa*) auf die Gleichheit von Leistung und Gegenleistung ab, wohingegen Verteilungsgerechtigkeit (*iustitia distributiva*) sich aus der Gleichheit durch proportionale Zuteilung ergibt.[60] Dem klassischen synallagmatischen Völkervertragsrecht liegt die Austauschgerechtigkeit mit seinem Prinzip der formellen Gleichheit zugrunde. Schon *Platon* und *Aristoteles* haben jedoch in ihren Überlegungen zur Gerechtigkeit darauf hingewiesen, dass formelle Gleichheit dann zu Ungerechtigkeit führt, wenn sie in Situationen materieller Ungleichheit angewandt wird.[61] Ungleiche Situationen erfordern also differenzierte Antworten, dh den Rückgriff auf Verteilungsgerechtigkeit, wie auch der Richter *Tanaka* in seiner abweichenden Meinung im *South West Africa*-Fall feststellt.[62] Obwohl sich der IGH die

56 Die vom dt Übersetzungsdienst der Vereinten Nationen vorgeschlagene Übersetzung (abrufbar unter <www.un.org/Depts/german/uebereinkommen/fs_uebereinkommen.html>) lautet folgendermaßen: „Die Staaten werden in einem Geist der weltweiten Partnerschaft zusammenarbeiten, um die Gesundheit und die Unversehrtheit des Ökosystems der Erde zu erhalten, zu schützen und wiederherzustellen. Angesichts der unterschiedlichen Beiträge zur globalen Umweltverschlechterung tragen die Staaten gemeinsame, wenngleich unterschiedliche Verantwortlichkeiten. Die entwickelten Staaten erkennen die Verantwortung an, die sie in Anbetracht des Drucks, den ihre Gesellschaften auf die globale Umwelt ausüben, sowie in Anbetracht der ihnen zur Verfügung stehenden Technologien und Finanzmittel bei dem weltweiten Streben nach nachhaltiger Entwicklung tragen."

57 Vgl Klimarahmenkonvention; Kyoto Protokoll; CBD; Cartagena Protokoll; Übereinkommen zur Desertifikationsbekämpfung.

58 Ohne Anspruch auf Vollständigkeit vgl insbes Straddling Stocks Agreement; Rotterdamer Übereinkommen; Stockholmer Übereinkommen.

59 Vgl insbes Londoner Dumping-Konvention; Convention for the Protection of the Mediterranean Sea against Pollution; SRÜ; Ozonschichtübereinkommen; Montrealer Protokoll.

60 Zur allg Rolle der Gerechtigkeit und zur besonderen Rolle der Verteilungsgerechtigkeit im Umweltvölkerrecht s a *Czarnecki*, Verteilungsgerechtigkeit im Umweltvölkerrecht: Dogmatik und Umsetzung, 2008 mwN.

61 *Platon*, Nomoi, in Grassi (Hrsg), Platon. Sämtliche Werke, Bd 6, 1968; *Aristoteles*, Nikomachische Ethik, in Rolfes (Hrsg), Aristoteles Nikomachische Ethik, 2. Aufl 1911. Prägnant formulierte *Nietzsche*: „Den Gleichen Gleiches, den Ungleichen Ungleiches – das wäre die wahre Rede der Gerechtigkeit. Und, was daraus folgt, Ungleiches niemals gleich machen." *Nietzsche*, Götzen-Dämmerung, 1889, in Friedrich Nietzsche: Gesammelte Werke, Musarion Verlag, Bd 17, 1926, 149.

62 *South West Africa*, Diss Op *Tanaka*, 250. Der Richter *Tanaka* deutet sogar eine Verpflichtung zur Ungleichbehandlung an (306): „To treat unequal matters differently according to their inequality is not only permitted but required."

von *Tanaka* vertretene Konzeption der Verteilungsgerechtigkeit nie zu eigen machte,[63] ist das Umweltvölkerrecht spätestens seit der Entwicklung des Nachhaltigkeitsgedankens von der Einsicht geprägt, dass in Fällen von ungleichen Ausgangspositionen die formelle Gleichheit der Verteilungsgerechtigkeit weichen muss, um so zwischenstaatliche Umweltgerechtigkeit zu gewährleisten.[64]

25 So ist konzeptionell die differenzierte, *asymmetrische Behandlung* der Entwicklungsländer und Industriestaaten an die Stelle der im allg Völkerrecht vorherrschenden Gleichbehandlung der Staaten getreten (vgl Rn 43ff).[65] Die *besondere Bedeutung* der Differenzierung im Umweltvölkerrecht hat seine Ursache in den oft ungleich angesiedelten, aber fast ausnahmslos begrenzten und somit zu verteilenden Ressourcen sowie in den zumeist kostenintensiven Strategien zur Problembewältigung.[66]

26 Um den unterschiedlichen Situationen der Staaten tatsächlich Rechnung zu tragen, muss jede Verzerrung durch jene Unterschiede vermieden werden. Diese Erkenntnis hat in der praktischen Umsetzung zur Unterscheidung zwischen *prozeduraler* und *materieller Gerechtigkeit* geführt. Erstere bezieht sich auf den Entscheidungsfindungsprozess, Letztere betrifft die Nutzen-Lasten-Verteilung oder Verteilungsgerechtigkeit der gefällten Entscheidungen.[67] Beide sind letztlich eng miteinander verbunden. Insbes dürfte es schwierig sein, materiell gerechte Entscheidungen zu treffen, wenn die prozeduralen Voraussetzungen nicht gegeben sind. Weil die materielle Dimension sich in den multilateralen Verträgen niederschlägt, hat sich das Schrifttum ihr bereits ausf gewidmet. Aber auch die prozedurale Dimension rückt zunehmend ins Zentrum der Aufmerksamkeit, wie sich bspw an den Arbeiten zur Besetzung und Arbeitsweise der Entscheidungsgremien von internationalen Fonds zur Finanzierung von Umweltschutzmaßnahmen beobachten lässt (Rn 54).[68]

27 Str ist, inwieweit das Prinzip der gemeinsamen, aber differenzierten Verantwortlichkeit seine Wurzeln auch in der *positiven Diskriminierung* findet.[69] Diese hängt eng mit der Wiedergutmachung historischer Ungerechtigkeit zusammen; insbes in den USA ist der Zusammenhang in den *affirmative actions* allgegenwärtig. Da die Industriestaaten jedoch ihre historische Verantwortung konstant zurückweisen (s Rn 33ff), dürfte jedenfalls aus deren Sicht der positiven Diskriminierung als Rechtfertigung die Grundlage entzogen sein.[70]

28 Eine weitere Rolle spielen *pragmatische Erwägungen*, die der Differenzierung ihre „instrumentale“[71] Note verleihen. Zumindest aus Sicht der Industriestaaten war Sinn und Zweck der

---

63 Dessen ungeachtet greift der IGH insbes auf der Suche nach gerechten Lösungen für Seegrenzen regelmäßig auf das Prinzip der Billigkeit zurück. Dies ist deswegen interessant, weil beide Begriffe – Billigkeit und Gerechtigkeit – im Engl durch das Wort *equity* ausgedrückt werden. Allerdings hat der IGH klargemacht, dass die Abgrenzung von Seegebieten nicht der gerechten Verteilung von Territorien oder Ressourcen iSe Verteilungsgerechtigkeit dient, sondern der nach billigen Kriterien vorzunehmenden räumlichen Zuordnung der Gebiete zu den jeweiligen Staaten. So erstmals in *Nordsee-Festlandssockel*, §§ 88ff. Zur Lockerung dieser restriktiven Interpretation s a *Lagoni*, Festlandsockel, in Graf Vitzthum (Hrsg), Seerecht, Rn 282, 294ff. Zum Begriff *equity* s *Czarnecki* (Fn 60) 122ff.

64 Zum Begriff der Umweltgerechtigkeit im Umweltvölkerrecht s *Gonzalez*, Environmental Justice; s a *Anand*, International Environmental Justice: A North-South Dimension, 2004. Zum Nachhaltigkeitsprinzip *Proelß*, 3. Abschn Rn 50ff.

65 *Kellersmann*, Verantwortlichkeit, 39.

66 *Shelton*, Equity, in Oxford Handbook, 639 (652); *Kellersmann*, Verantwortlichkeit, 35ff.

67 *Shelton*, Equity, in Oxford Handbook, 639 (640ff); für den prozeduralen Aspekt s *Beyerlin*, North-South Divide, 281f.

68 *Smyth*, A Practical Guide to Creating a Collective Financing Effort to Save the World: The Global Environment Facility Experience, GIELR 22 (2009) 29; s a *Dolzer*, Global Environment Facility (GEF), in MPEPIL mwN.

69 *Rajamani*, Differential Treatment, 152f; das Ergebnis der Differenzierung ist jedoch tatsächlich eine Art positive Diskrimination, s *Beyerlin*, North-South Divide, 278.

70 *Rajamani*, Differential Treatment, 152.

71 *Lavallée*, Le principe des responsabilités communes mais différenciées à Rio, Kyoto et Copenhague: Essai sur la responsabilité de protéger le climat, Études internationales 41 (2010) 51 (60).

Differenzierung nicht zuletzt sicherzustellen, dass die Bemühungen zur Lösung der globalen Umweltprobleme möglichst universellen Charakter haben und so größtmögliche Wirkung entfalten.[72] Tatsächlich ist eine möglichst breite Beteiligung an den Bemühungen zum Umweltschutz notwendig, da der einzelne Staat den globalen Problemen wenig Wirksames entgegenzusetzen hat.[73] Des Weiteren lässt sich so die Zahl der Trittbrettfahrer verringern, dh jener Staaten, die ohne zusätzliche Lasten von den Bemühungen anderer profitieren, sowie die Anzahl der Staaten, die als *„pollution heaven"* umweltschädliche Industrien anziehen könnten.[74] Die Entwicklungsstaaten dürfen außerdem schon allein aus demographischen Gründen nicht ignoriert werden.[75] Die asymmetrischen Verpflichtungen waren allem Anschein nach der Zustimmung der Entwicklungsländer zu ihrer vertraglichen Einbindung zuträglich[76] und haben somit damit dazu beigetragen, dem Ziel der Universalität sehr nahe zu kommen.[77]

d) Ausdrückliche Rechtfertigung des Prinzips

29 Obwohl der *Wortlaut von Prinzip 7* einen expliziten Bezug weder zu ethischen noch zu pragmatischen Rechtfertigungsgründen herstellt, lassen sich aus ihm dennoch die Gründe der Differenzierung zwischen den Staaten im Umweltvölkerrecht ablesen. So wird zunächst die Zusammenarbeit im Geiste einer weltweiten Partnerschaft betont. Dies zeugt von einer gewissen Affinität zwischen Prinzip 7 und dem Konzept des *common concern of humankind*, das globale Umweltprobleme erfasst, die nur durch das Zusammenwirken der Staaten gelöst werden können.[78] Außerdem ist aus der Bezugnahme auf die *weltweite Partnerschaft* eine konzeptionelle Nähe zwischen Prinzip 7 und dem – alles andere als neuen[79] – Solidaritätsgedanken erkennbar. Letzterer ist in der Satzung der Vereinten Nationen verankert[80] und war nicht zuletzt ein Grundstein der Forderung nach einer neuen Weltwirtschaftsordnung.[81] Der Begriff der Solidarität hat jedoch –

---

72 Tatsächlich kann der Wille der Industriestaaten, die Einbindung der Entwicklungsländer in Umweltverträge durch Entgegenkommen bei den Verpflichtungen zu ermöglichen, auch durch eine positiv ausfallende Kosten-Nutzen-Analyse erklärt werden. Denn selbst, wenn die Industriestaaten den Großteil der Verantwortung für den Schutz des jeweiligen Umweltguts übernehmen, ziehen sie dennoch einen Nutzen aus dem Vertrag, der die Kosten überwiegt. S hierzu auch: *Halvorssen*, Equality, 67 ff.

73 So schon *Brown Weiss*, International Environmental Law: Contemporary Issues and the Emergence of a New World Order, Geo LJ 81 (1993) 672 (706).

74 *Halvorssen*, Equality, 67 ff.

75 Der Druck der Entwicklungsländer auf die Umwelt wird voraussichtlich beträchtlich zunehmen. Allein die afrikanischen und asiatischen Staaten zusammengenommen stellen bereits heute 75% der Weltbevölkerung, wobei die große Mehrheit dieser Staaten Entwicklungsländer sind, die den Entwicklungsstand der Industriestaaten anstreben. Vorhersagen zufolge werden der afrikanische Kontinent sowie – in geringerem Maße – der asiatische Kontinent außerdem in den kommenden Dekaden ein beträchtliches Bevölkerungswachstum zu verzeichnen habe. Für detaillierte Statistiken zur Entwicklung der Weltbevölkerung s UN, World Population Prospects (2010 Revision), abrufbar unter <http://esa.un.org/unpd/wpp/index.htm>.

76 So *French*, Differentiated Responsibilities, 57 mit Verweis auf *Jordan*, The International Organisational Machinery for Sustainable Development, 1993, 7. Zu diesem Schluss kommt bzgl des Ozonrechts auch *DeSombre*, The Experience of the Montreal Protocol. Particularly Remarkable, and Remarkably Particular, JELP 19 (2000) 49.

77 Die Zahlen der Vertragsparteien der Rio-Konventionen sprechen für sich: Klimarahmenkonvention: 197; Kyoto Protokoll: 192; CBD: 196; Cartagena Protokoll: 170; Übereinkommen zur Desertifikationsbekämpfung: 196.

78 *Brunnée*, Common Areas, Common Heritage and Common Concerns, in Oxford Handbook, 550, 552 f und 564 ff; s u a Klimarahmenkonvention, Präambel Abs 1.

79 Bereits von *Pufendorf, Wolff* und *de Vattel* setzten sich mit der zwischenstaatlichen Solidarität auseinander, s *Frauenkron*, Das Solidaritätsprinzip im Umweltvölkerrecht, 2008 mwN; für moderne Analysen s *Macdonald*, The Principle of Solidarity in Public International Law. Etudes de droit international en l'honneur de Pierre Lalive, 1993; s a *Simma*, From Bilateralism to Community Interest in International Law, RdC 250 (1994-VI) 217.

80 Art 56 UN-Charta.

81 Charta der wirtschaftlichen Rechte und Pflichten der Staaten (Fn 36), auch wenn diese den Solidaritätsgedanken nicht ausdrücklich formuliert; s a *Kimminich*, Das Völkerrecht und die neue Weltwirtschaftsordnung, AVR 20 (1982) 2 (13).

das legt die Wortwahl „weltweite Partnerschaft“ nahe – einen gewissen Bedeutungswandel erfahren. Ursächlich hierfür ist die Anerkenntnis der wechselseitigen Abhängigkeiten, die die globale Umweltproblematik charakterisieren. Während das Solidaritätsverständnis zu Zeiten des Rufs nach einer neuen Weltwirtschaftsordnung letztlich für die recht einseitige Forderung der Entwicklungsländer nach Unterstützung durch die Industriestaaten steht (Rn 11 ff),[82] beruht der Solidaritätsgedanke im Rahmen des Konzepts der nachhaltigen Entwicklung vielmehr auf einem Gebot zur gegenseitigen Unterstützung für das Erreichen eines gemeinsamen Ziels.[83] Bei diesem Gebot handelt es sich jedoch nicht um ein Rechtsprinzip, sondern vielmehr um eine außerrechtliche Maxime, die gleichwohl die Grundlage für internationale Zusammenarbeit bieten kann.[84]

30 Der Partnerschaftsgedanke im Umweltvölkerrecht basiert auf einer zweifachen Erkenntnis, die auch in den Worten der *gemeinsamen, aber differenzierten Verantwortlichkeit* des zweiten Satzes von Prinzip 7 zum Ausdruck kommt. So haben die Staaten einerseits eine *gemeinsame Verantwortlichkeit* für den *Erhalt der Umwelt*, der für den Fortbestand der Staaten unerlässlich und nur gemeinsam zu gewährleisten ist. Hierin spiegelt sich die Auffassung des Völkerrechts als Kooperationsgefüge wider.[85] Andererseits jedoch gibt es aufgrund der sehr ungleichen sozioökonomischen Rahmenbedingungen größte Unterschiede zwischen den Staaten. Damit das gemeinsame Streben auch tatsächlich zu dem gemeinsamen Ziel führen kann, muss diesen Unterschieden Rechnung getragen werden. Dies geschieht durch die Übernahme von *unterschiedlichen, asymmetrischen Pflichten*. Die *Normendualität*, ursprünglich im Welthandelsrecht entwickelt (Rn 12), erhält somit Einzug ins Umweltvölkerrecht.

31 Aus dem zweiten Satz von Prinzip 7 ergeben sich zwei Motive für die Differenzierung zwischen den Staaten. Zum einen gründet sie sich auf den ungleichen Beitrag der Staaten zur Umweltzerstörung und insbes auf den *Druck der Industriestaaten*, den diese, wie sie anerkennen, auf die globale Umwelt ausüben.[86] Zum anderen rechtfertigt sie sich durch die *überlegenen technologischen und finanziellen Mittel* der Industriestaaten. Beide Faktoren, der Druck auf die Umwelt und die Mittelüberlegenheit, sind in den Industriestaaten angelegt. Ein weiteres in den Entwicklungsländern angelegtes Motiv dürfte im Hinweis von Prinzip 6 auf die *besonderen Bedürfnisse* jener Staaten zu finden sein. In diesem – im Zusammenhang mit asymmetrischen Vertragspflichten recht häufigen – Hinweis schwingt noch die Forderung nach einer neuen Weltwirtschaftsordnung mit.[87]

32 Die Formulierung des Prinzips 7 trägt eindeutig die Handschrift der Industriestaaten. Der Vorschlag der G77 und Chinas, der das Hauptproblem in *den nicht nachhaltigen Produktions- und Konsummustern* vor allem der Industriestaaten sah und die gegenwärtige sowie historische Verantwortung der Industriestaaten für die globale Umweltzerstörung unterstrich,[88] konnte sich nicht durchsetzen. Weder nicht nachhaltige Produktions- und Konsummuster noch die historische Verantwortlichkeit finden Erwähnung im Wortlaut von Prinzip 7. Die Tatsache, dass Prinzip 8 generell auf den Abbau und die Beseitigung der nicht nachhaltigen Produktions- und Konsummuster dringt, verstärkt den Eindruck, dass diese nicht nachhaltigen Modelle jedenfalls nicht im Rahmen der gemeinsamen, aber differenzierten Verantwortlichkeit von Belang sind.

---

82 Krit zum einseitigen Solidaritätsbegriff *Macdonald*, Solidarity in the Practice and Discourse of Public International Law, Pace ILR 8 (1996) 259 (265).

83 *Cullet*, Differential Treatment, 173.

84 S a *French*, Differentiated Responsibilities, 56 und *Beyerlin*, North-South Divide, 270.

85 Hierzu ein moderner Klassiker: *Friedmann*, The Changing Structure of International Law, 1964.

86 Dies wurde u a in der Präambel der Res zur Einberufung der Rio-Konferenz anerkannt, UNCED v 22.12.1989, UN Doc A/44/228.

87 S a *French*, Differentiated Responsibilities, 52.

88 Vgl Prinzip 7 Abs 2 und 3 China and Pakistan: Draft Decision v 19.3.1992, UN Doc A/CONF.151/PCWGIII/L.20/Rev.1.

33 Eine *historische Verantwortung* mit entsprechender Kompensationspflicht[89] wird von den Industriestaaten strikt abgelehnt. Die alleinige Erwähnung des Drucks der Industriestaaten auf die Umwelt und ihrer Mittelüberlegenheit rechtfertigt die Ansicht der Industriestaaten, nach der sie lediglich eine *gegenwärtige und zukunftsorientierte Verantwortlichkeit* zu übernehmen haben.[90] Dies verdeutlichten die USA zudem in einem Auslegungsvermerk zu Prinzip 7, aus dem unmissverständlich hervorgeht, dass die USA jegliche internationale rechtliche Verpflichtung oder Verantwortlichkeit zurückweisen.[91] Die historische Verantwortlichkeit kann also zumindest aus Sicht vieler Industriestaaten nicht als Begründung für das Prinzip der gemeinsamen, aber differenzierten Verantwortlichkeit herangezogen werden und damit auch nicht bei seiner Umsetzung berücksichtigt werden.[92] Diese Betrachtungsweise muss sich den Vorwurf gefallen lassen, ahistorisch zu sein, dh blind für die historische Entwicklung der Umweltprobleme und des Kapazitätsgefälles zwischen den armen und den reichen Staaten.[93] Da die heutige Kapazitätsüberlegenheit der Industriestaaten das Ergebnis vergangener, weitgehend ungebremster Ausbeutung der Umwelt ist, dürfte ihre historische Verantwortung im Prinzip 7 jedoch zumindest indirekt zum Tragen kommen.[94] In der Tat übernehmen die Industriestaaten in den Bemühungen zum Erhalt der Umwelt eine *Vorreiterrolle aufgrund ihrer Mittelüberlegenheit*.[95] Es hängt jedoch wohl letztlich von der Auslegung und der konkreten Umsetzung des Prinzips ab, ob der vergangene Beitrag zur Umweltzerstörung im Kalkül der Mittelüberlegenheit komplett aufgeht.

34 Die Unterscheidung zwischen historischer Verantwortlichkeit und gegenwärtiger, zukunftsorientierter Verantwortlichkeit ist auch für die durch die Wortwahl in Prinzip 7 nahe gelegte Frage relevant, ob das Prinzip der gemeinsamen, aber differenzierten Verantwortlichkeit Anspruchsgrundlage für eine rechtliche Haftung für Umweltschäden sein könnte. Bezüglich vergangener Beiträge zur Umweltzerstörung dürfte es allerdings sehr schwierig, wenn nicht unmöglich sein, die Industriestaaten allein aufgrund von Prinzip 7 haftbar zu machen, da die Industriestaaten mangels anderer Anspruchsgrundlagen hierzu ihre historische Verantwortlichkeit anerkennen müssten.[96] Ein wenig anders ist die Lage mit Blick auf die gegenwärtige Verantwortlichkeit, die die Industriestaaten in Anbetracht des Drucks, den ihre Gesellschaften auf die globale Umwelt ausüben, anerkennen. Auch diesbezüglich dürfte es aber unwahrscheinlich sein, dass auf Prinzip 7 gestützt eine Haftung iSd Staatenverantwortlichkeit begründet werden kann. Die Verwendung des scheinbar inadäquaten Begriffs der Verantwortlichkeit im Zusammenhang mit der Umweltgerechtigkeit dürfte also der rechtlichen Unschärfe, die er hier mit sich bringt, geschuldet sein sowie dem Spielraum, den diese Unschärfe bei der Festlegung der asymmetrischen Pflichten eröffnet.[97]

35 Die *Auslegung* des Prinzips 7 variiert in Abhängigkeit des zugrunde gelegten Rechtfertigungsgrunds. Je nach Standpunkt werden der Druck auf die Umwelt, die Mittelüberlegenheit, die Bedürfnisse oder die historische Perspektive bemüht. Von ihrer Wahl dürfte die Konsensfä-

---

89 Zu entsprechenden Ansatzpunkten s *Cullet*, Differential Treatment, 38 ff.

90 S insbes *French*, Differentiated Responsibilities, 37 sowie *Atapattu*, Emerging Principles, 481 und *Bartenstein*, De Stockholm à Copenhague, 188 f.

91 Kap 4 Nr 16 des Report of the UNCED v 28.9.1992, UN Doc A/CONF.151/26 (Vol IV). Der Auslegungsvermerk geht soweit, auch jedwede Einschränkung der Verantwortung der Entwicklungsländer abzulehnen, was insofern problematisch ist, als damit die Differenzierung der Verpflichtungen in Frage gestellt scheint.

92 IdS auch *Rajamani*, Differential Treatment, 138 ff, vor allem 144.

93 *Mickelson*, South, 69 ff.

94 Dies rechtfertigt letztlich, das Prinzip der gemeinsamen, aber differenzierten Verantwortlichkeit auch mit Hinweis auf die vergangenen Schädigungen zu begründen; so *Hey*, Common but Differentiated Responsibilities, in MPEPIL, Rn 5.

95 IdS auch *Scholtz* (Fn 42) 129 f.

96 *French*, Differentiated Responsibilities, 37 f; *Rajamani*, Differential Treatment, 142; *Stone*, Common but Differentiated Responsibilities in International Law, AJIL 98 (2004) 276 (291).

97 *Beyerlin*, Types of Norms in International Environmental Law, in Oxford Handbook, 425 (442); *Bartenstein*, De Stockholm à Copenhague, 193 ff.

higkeit der jeweiligen Verhandlungsposition abhängen.[98] Es muss wahrscheinlich mit einer geringeren Bereitschaft der Industriestaaten gerechnet werden, tatsächlich eine Vorreiterrolle im Umweltvölkerrecht zu übernehmen, wenn die Betonung auf ihrer historischen Verantwortung liegt, während die Entwicklungsstaaten nur zögerlich allein aufgrund ihres aktuellen Drucks auf die Umweltverpflichtungen eingehen. Dies wurde insbes in den Klimaverhandlungen deutlich. So erklärte sich die ursprünglich allg ablehnende Haltung der Entwicklungsländer, Verpflichtungen zur Reduzierung des Treibhausgasausstoßes einzugehen, aus einer historisch-ethischen Perspektive, die den Gesamtbeitrag der Industriestaaten zur Klimaerwärmung seit Beginn der Industrialisierung betont, während manche Industriestaaten, allen voran die USA und Kanada, aber auch die EU,[99] den Anteil der Schwellenländer am aktuellen Treibhausgasausstoß und deren wachsenden Wohlstand zunehmend unterstreichen.[100]

3. Zwischenstaatliche Umweltgerechtigkeit im Zusammenhang der Nachhaltigkeitsprinzipien

36 Das Konzept der nachhaltigen Entwicklung wird von Prinzipien artikuliert, die in Leit- und Umsetzungsprinzipien unterteilt werden können. Während Erstere die Grundsätze der nachhaltigen Entwicklung formulieren, leiten Letztere konkrete nachhaltige Maßnahmen an. Zu den Leitprinzipien gehören das Integrationsprinzip, die Prinzipien der intra- und der intergenerativen Gerechtigkeit, dh der Gerechtigkeit innerhalb und zwischen Generationen, sowie des nachhaltigen Umgangs mit Ressourcen, während das Präventions-, das Vorsorge- und das Verursacherprinzip wie auch das Prinzip der gemeinsamen, aber differenzierten Verantwortlichkeit als Umsetzungsprinzipien einzuordnen sind.[101]

a) Verhältnis zu den Leitprinzipien der nachhaltigen Entwicklung

37 Ziel des Prinzips der gemeinsamen, aber differenzierten Verantwortlichkeit ist, die Umwelt unter Berücksichtigung der zwischenstaatlichen *intragenerativen Gerechtigkeit*, also eventuell in Abkehr von der formalen souveränen Gleichheit der Staaten, zu bewahren.[102] Die gemeinsame Sorge für die Umwelt ist unter Berücksichtigung der unterschiedlichen wirtschaftlichen Voraussetzungen der Staaten zu organisieren, was bedeutet, dass insbes Entwicklungsländer keine Verpflichtungen einzugehen haben, die ihre Entwicklungschancen unverhältnismäßig mindern. Diese Art von zwischenstaatlicher intragenerativer Umweltgerechtigkeit soll, wenn schon nicht zu einem Paradigmenwechsel, wie von den Befürwortern einer neuen Weltwirtschaftsordnung gefordert (Rn 13), so doch zu einer Umverteilung iSe gerechten Ausgleichs zwischen ungleichen Staaten führen.

38 Eine solche *Umweltgerechtigkeit* mag zwar abstrakt plausibel klingen, kann jedoch größte *Umsetzungsschwierigkeiten* bereiten, wie die Klimaverhandlungen jüngst gezeigt haben. So ist weder klar, wie die Variablen (Schädigungsbeiträge, Entwicklungsbedürfnisse und Mittelüberlegenheit) zu ermitteln und ins Kalkül einzubeziehen sind, noch macht das Kriterium der Verhältnismäßigkeit bzgl der Entwicklungschancen eine klare Berechnungsvorgabe. Außerdem sind die Nutznießer der Differenzierung zumeist nur unscharf durch die Bezeichnung als Ent-

98 S dazu auch *French*, Differentiated Responsibilities, 53f; *Biniaz*, Common but Differentiated Responsibility. Remarks, ASIL Proc 96 (2002) 359 (363).
99 Dass auch europäische Staaten von dieser Rhetorik nicht gefeit sind, zeigt sich zB an der Eingabe Frankreichs im Namen der EU und ihrer Mitgliedstaaten v 14.8.2008, UN Doc FCCC/AWGLCA/2008/MISC.2 (§§ 7–15).
100 *Rajamani*, Changing Fortunes, 616.
101 Vgl *Sands*, International Law in the Field of Sustainable Development, BYBIL 65 (1994) 303 (338). Zu den Umweltprinzipien näher *Proelß*, 3. Abschn Rn 7ff.
102 *Hey*, Common but Differentiated Responsibilities, in MPEPIL, Rn 12.

wicklungsländer bestimmt. Selbst in der Klimarahmenkonvention, in der sie sich im Umkehrschluss aus dem Vertragsrecht ergeben,[103] wird die Einordnung durch die neue Kategorie von Schwellenländern berechtigterweise in Frage gestellt.

39 Das Gerechtigkeitsstreben des Prinzips der gemeinsamen, aber differenzierten Verantwortlichkeit ist auch in seiner *intergenerativen Ausprägung* relevant. Hierbei stellt sich einmal mehr die Frage der Verantwortlichkeit der heutigen Generation für Schädigungshandlungen vergangener Generationen (Rn 33f). Von besonderer, weil strukturierender Bedeutung ist jedoch die *zukunftsgerichtete Dimension* der intergenerativen Gerechtigkeit, dh diejenige, die die Rücksichtnahme auf die Bedürfnisse künftiger Generationen sicherstellen soll.[104] Diese Dimension der Umweltgerechtigkeit ist untrennbar mit dem Nachhaltigkeitsgedanken verbunden, denn nur dann, wenn auch die langfristigen Folgen angemessen berücksichtigt werden, kann eine Entwicklung nachhaltig sein.[105] Dies wirft allerdings die schwierige Frage auf, ob und inwieweit heute mit Blick auf künftige Generationen Abstriche bei der intragenerativen Gerechtigkeit gemacht werden müssen bzw dürfen.

40 Außerdem ist die gemeinsame, aber differenzierte Verantwortlichkeit auch im Lichte des Leitprinzips des *nachhaltigen Umgangs mit Ressourcen* zu betrachten. So müssen Bewirtschaftung und Ausbeutung der Ressourcen nachhaltig betrieben werden und generell die Tragfähigkeitsgrenzen der Ökosysteme eingehalten werden. Die zukunftsgerichtete Perspektive dieses Leitprinzips ist ebenfalls konfliktträchtig, da ein angemessener Ausgleich zwischen wirtschaftlicher Entwicklung der Entwicklungsländer im Sinne der Verteilungsgerechtigkeit und Rücksicht auf den Erhalt der Ökosysteme schwierig zu finden sein dürfte. Die Notwendigkeit eines solchen Ausgleichs ergibt sich jedoch aus der Gleichrangigkeit der Leitprinzipien. Da also keines auf Kosten des anderen verwirklicht werden darf, muss innerhalb der Tragfähigkeit des globalen Ökosystems Rücksicht auf die Bedürfnisse der Entwicklungsländer genommen werden, was den Industriestaaten in der Umsetzung größte Zugeständnisse abfordert.

b) Verhältnis zu anderen Umsetzungsprinzipien der nachhaltigen Entwicklung

41 Das *Präventionsprinzip*, das wohl am besten etablierte Umsetzungsprinzip, fordert angesichts vorhersehbarer Gefahren vorbeugendes Handeln zugunsten des Schutzes des globalen Ökosystems.[106] Eine korrelative Interpretation des Prinzips der gemeinsamen, aber differenzierten Verantwortlichkeit drängt daher ebenfalls den Schluss auf, dass die Differenzierung zugunsten der Entwicklungsländer nicht zu vorhersehbaren Schäden führen darf.[107] Ähnliches gilt im Hinblick auf das *Vorsorgeprinzip*, das mit dem gleichen Schutzzweck wie das Präventionsprinzip Vorsorge auch dann fordert, wenn die potentiell gravierende Gefahr nicht mit wissenschaftlich fundierter Sicherheit vorhergesagt werden kann.[108]

42 Interessant ist das Verhältnis des Prinzips der gemeinsamen, aber differenzierten Verantwortlichkeit mit dem *Verursacherprinzip*. Letzteres besagt, dass der Verursacher die Kosten des

---

103 So sind in der Anlage I der Klimarahmenkonvention die Industriestaaten, die den Großteil der vertraglichen Verpflichtungen schultern, namentlich aufgeführt (hierzu auch Erklärungen in Rn 48; 49).

104 *Atapattu*, Emerging Principles, 422f verweist auf den Gerechtigkeitsgedanken, der beiden Prinzipien zugrunde liegt.

105 Zur intergenerativen Umweltgerechtigkeit grundlegend *Brown Weiss*, In Fairness to Future Generations: International Law, Common Patrimony, and Intergenerational Equity, 1989.

106 *Atapattu*, Emerging Principles, 2ff.

107 Hieran knüpft u a die Kritik der Ausgestaltung des Prinzips der gemeinsamen, aber differenzierten Verantwortlichkeit im Klimarecht an. S hierzu *Weisslitz*, Rethinking the Equitable Principles of Common but Differentiated Responsibility: Differential versus Absolute Norms of Compliance and Contribution in the Global Climate Change Context, CJIELP 13 (2002) 473.

108 Prinzip 15 der Rio Deklaration (Fn 6).

Umweltschadens zu übernehmen hat,[109] manchmal auch lange nachdem der Schaden verursacht wurde. Der Begriff „Verursacher" wird gemeinhin wörtlich verstanden und betrifft somit zumeist Industrie- oder Agrarbetriebe. Daher findet das Verursacherprinzip also in erster Linie innerstaatliche Anwendung. Zwar sind die heutigen globalen Umweltprobleme größtenteils in den Industriestaaten verursacht worden, da die Industriestaaten aber jede staatliche Verantwortung für vergangene Schädigungen zurückweisen und stattdessen nur zukunftsgerichtete Verantwortlichkeit übernehmen (Rn 29), kann davon ausgegangen werden, dass die Logik des Verursacherprinzips im zwischenstaatlichen Verhältnis jedenfalls aus Sicht der Industriestaaten unanwendbar ist.[110] Vielmehr wird sie von der Logik des Prinzips der gemeinsamen, aber differenzierten Verantwortlichkeit ersetzt.[111] Letzteres rechtfertigt sich freilich u a durch die Mittelüberlegenheit der Industriestaaten, die oft auf Kosten der Umwelt erreicht wurde. Trotz dieser unübersehbaren Verbindung im Prinzip der gemeinsamen, aber differenzierten Verantwortlichkeit zwischen der Verursachung der Umweltprobleme und der von den Industriestaaten übernommenen Vorreiterrolle kommt die Verursachung nur indirekt zum Tragen, denn nicht die Verursachung, sondern die Mittelüberlegenheit führt zur Übernahme von Kosten.[112] Daher gibt es bzgl der Industriestaaten keinen Automatismus zwischen Schädigung und Kostenübernahme; die Entwicklungsstaaten können uU gänzlich von solchen Kosten freigestellt werden. Eine Wesensverwandtschaft zwischen beiden Prinzipien, wie sie manche sehen,[113] muss daher verneint werden.[114]

II. Gemeinsame, aber differenzierte Verantwortlichkeit im Umweltvölkerrecht

1. Vertragsrechtliche Ausformungen

a) Abgrenzungen

43 Während im Welthandelsrecht das Augenmerk auf den Ausnahmeregelungen zugunsten der Entwicklungsländer liegt bzw lag, findet im Umweltvölkerrecht neben den Vorzugsregelungen als solchen auch die Art und Weise Beachtung, wie die Differenzierung der staatlichen Verpflichtungen gehandhabt wird.[115] Dies lässt sich sicherlich unter anderem mit der *polymorphen und dynamischen Natur des Umweltvölkerrechts* erklären. Im Gegensatz zum Welthandelsrecht – das vereinfachend gesagt ein Regelungswerk aus einem Guss mit einer bestandswahrenden Organstruktur ist – zeichnet sich das Umweltvölkerrecht durch eine starke inhaltliche Segmentierung der Verträge und nur vereinzelte, schwach ausgebildete Organe aus. Vor diesem Hintergrund erscheinen die Differenzierung und die daraus resultierende Normendualität innerhalb der verschiedenen Verträge vielmehr als eines der gemeinsamen Wesensmerkmale der verschiedenen Vertragswerke.[116]

---

109 Prinzip 16 der Rio Deklaration (Fn 6).
110 Zur Verbindung zwischen dem Verursacherprinzip und der Staatenverantwortlichkeit s *Birnie/Boyle/Redgwell*, International Law and the Environment, 3. Aufl 2009, 316.
111 *Bartenstein*, De Stockholm à Copenhague, 203.
112 Anders *Atapattu*, Emerging Principles, 481, nach deren Ansicht das Prinzip der gemeinsamen, aber differenzierten Verantwortlichkeit das Verursacherprinzip implizit unterstützt.
113 *Dernbach*, Sustainable Development as a Framework for National Governance, CWRLR 49 (1998) 1 (60); *Rajamani*, The Principle of Common but Differentiated Responsibility and the Balance of Commitments under Climate Regime, RECIEL 9 (2000) 120 (122).
114 So auch *Kellersmann*, Verantwortlichkeit, 42 ff und 45 ff.
115 Für eine Übersicht zur Ausgestaltung s *Glass*, Verantwortlichkeit, 55.
116 S auch *Bartenstein*, De Stockholm à Copenhague, 213.

44 Abgesehen von den u behandelten Formen der Differenzierung der staatlichen Verpflichtungen gibt es noch *weitere Formen*, die jedoch dem Prinzip der gemeinsamen, aber differenzierten Verantwortlichkeit schon allein deshalb nicht zuzuordnen sind, weil sie in ihrer Wirkung dessen Zweck zuwiderlaufen. So kann sich *Asymmetrie aus Sanktionen* ergeben, die die Wirksamkeit eines Vertrags sicherstellen sollen. Dazu zählen Handelsnachteile als Folge von Verstößen gegen Vertragspflichten[117] oder als Maßnahme gegen als Trittbrettfahrer empfundene Nichtvertragsparteien.[118] Die Androhung dieser Art von Ungleichbehandlung ist besonders mit Blick auf Entwicklungsländer wirkungsvoll, da diese aufgrund ihrer wirtschaftlichen Schwäche solche Sanktionen möglichst meiden müssen. Mithin erklärt sich ihre Wirksamkeit also durch die Ausnutzung von bestehenden Ungleichheiten. Nur am Rande erwähnt sei hier die dem Zweck des Prinzips der gemeinsamen, aber differenzierten Verantwortlichkeit entsprechende finanzielle, personelle, logistische oder inhaltliche Unterstützung bei internationalen Verhandlungen, die für ein ausgewogenes und als gerecht empfundenes Verhandlungsergebnis entscheidend sein kann.[119]

b) Differenzierungsmethoden

45 Die eindeutigste Methode der vertraglichen Umsetzung der gemeinsamen, aber differenzierten Verantwortlichkeit ist die *formelle Differenzierung* von Vertragspflichten. Innerhalb eines Vertrages sind also explizit – je nach gewünschtem Differenzierungsgrad – zwei oder mehr Normenkomplexe vorgesehen. Welcher Normenkomplex konkret einschlägig ist, bestimmt sich nach der Zugehörigkeit der jeweiligen Vertragspartei zu einer der vertraglichen Staatenkategorien. Ein Vorteil dieser sog *differential norms*[120] oder *explicit norms of differential treatment*[121] ist ihre Unmissverständlichkeit, die nicht nur die Anwendung erleichtert, sondern auch ein klares politisches Bekenntnis zur Umweltgerechtigkeit signalisiert. Ob sich daraus ableiten lässt, dass diese Methode der Differenzierung am geeignetsten ist, die Entwicklungsländer zum Beitritt zu internationalen Umweltschutzverträgen zu bewegen,[122] kann insoweit dahinstehen, als sie eindeutig eine Ausnahmeform – mit überdies unsicherer Zukunft – darstellt. Tatsächlich ist sie nur im Recht zum Schutz der Ozonschicht[123] und in der Klimarahmenkonvention sowie im Kyoto Protokoll[124] zu finden. Das Übereinkommen von Paris stellt eine Abkehr von dieser Form der Differenzierung dar.[125]

46 Von der formellen Differenzierung zu unterscheiden ist die *informelle Differenzierung*. Hier gibt es innerhalb eines Vertragswerks, das zumindest im Prinzip für alle Staaten gleiche Rechte und Pflichten vorsieht, Vertragspflichten abmildernde Klauseln – sog *contextual norms*[126] oder

---

117 Ein Bsp hierfür liefert das Washingtoner Artenschutzabkommen. Ein Staat, der seinen Verpflichtungen im Rahmen dieses Abkommens nicht nachkommt, kann vom Handel mit den geschützten Arten ausgeschlossen werden; für Genaueres zur Frage von Handelssanktionen als Folge von Pflichtverstößen s *Reeve*, Wildlife Trade, Sanctions and Compliance, Int Affairs 82 (2006) 881. Ein ähnlicher Mechanismus basiert auf Art 8 des Montrealer Protokoll; s a *Halvorssen*, Equality, 104 f.

118 Eine solche Maßnahme findet sich in Art 4 des Montrealer Protokolls. Indem der Handel mit den vom Montrealer Protokoll betroffenen Substanzen mit Nichtvertragsparteien verboten ist, wird ein Anreiz geschaffen, Vertragspartei zu werden; s a *Halvorssen*, Equality, 104 und *Proelß*, 11. Abschn Rn 29.

119 *Halvorssen*, Equality, 86 f. So ist es zB ein erklärtes Ziel der Internationalen Organisation der Frankophonie (Organisation internationale de la Francophonie – OIF), insbes Entwicklungsländer dabei zu unterstützen, ihre Interessen bei internationalen Verhandlungen im Bereich von Handel und Umwelt angemessen zu verteidigen.

120 *Magraw*, Norms, 73.

121 *Rajamani*, Differential Treatment, 90.

122 IdS *Halvorssen*, Equality, 70.

123 Zur zweigleisigen Struktur des Ozonschutzrechts s Art 5 Montrealer Protokoll; s a Rn 48.

124 Zur dreigleisigen Struktur des Klimarechts s Art 4 Klimarahmenkonvention; s a Rn 51.

125 Übereinkommen von Paris; dazu s u Rn 70. Eingehend auch *Stoll/Krüger*, 9. Abschn Rn 74 ff.

126 *Magraw*, Norms, 74.

implicit normes of differential treatment.[127] Die Mehrheit solcher Klauseln sind *allgemeingültig* formuliert, indem sie den Grad der Verpflichtung –oder genauer gesagt den Grad der Umsetzung der Verpflichtung – bspw von der Kapazität der Staaten oder den ihnen zur Verfügung stehenden Mitteln und Möglichkeiten abhängig machen[128] oder schlicht ausdrücklich auf die gemeinsame, aber differenzierte Verantwortlichkeit verweisen.[129] Ihrer Formulierung nach können sie daher im Prinzip von jedem Staat geltend gemacht werden, vorausgesetzt es gelingt, die anderen Vertragsparteien von den mangelnden Kapazitäten zu überzeugen. Daher dürften diese Klauseln in der Praxis letztlich trotz ihrer allg Fassung vor allem den Entwicklungsländern zugutekommen. Manchmal sind solche Klauseln nur schwer von relativ verbreiteten Vertragsformulierungen zu unterscheiden, die die Staaten zu bestmöglicher Erfüllung mahnen und als sog *absolute norms*, ohne direkt auf Kapazitäten abzustellen, dennoch einen gewissen Spielraum für wirtschaftliche Erwägungen eröffnen.[130] *Spezifisch zum Vorteil der Entwicklungsländer* konzipiert ist die implizite Differenzierung, wenn sie zur Berücksichtigung der Kapazitäten ebendieser Staaten ermahnt.[131] In jedem Fall bleibt die Regel *pacta sunt servanda* insoweit unverletzt, als die unvollständige oder verspätete Umsetzung vertraglich erlaubt ist.[132] Interessanterweise stellt die implizite Differenzierung in den Umweltvölkerrechtsverträgen die Standardmethode dar, sicherlich zumindest auch deshalb, weil sie leichter zu verhandeln ist als zwei oder mehr parallele, detailliert ausgearbeitete Normenkomplexe.

c) Staatenkategorien und Einordnung der Staaten

47 Die Differenzierung setzt die Bildung von Staatenkategorien voraus, was eine praktische Herausforderung darstellt, da es keine allg gültige Einteilung der Staaten gibt (Rn 9). Eine *abstrakte Kategorienbildung* liegt dann vor, wenn der Vertrag schlicht auf die Kapazitäten verweist oder an den unbestimmten Rechtsbegriff der Entwicklungsländer anknüpft (Rn 6ff). Die konkrete Zuordnung eines Staates zu einer der vertraglichen Kategorien wird damit erst bei der Vertragserfüllung vorgenommen. Die Anwendung solcher Klauseln beruht auf dem Prinzip der Selbstwahl, dh die Staaten nehmen, indem sie sich auf die erleichternden Klauseln berufen, zunächst eine zumindest implizite Selbstbeurteilung vor, die dann von den Vertragspartnern zumindest stillschweigend gebilligt werden muss. Diese Art der Kategorienbildung ist mit der impliziten Differenzierung verbunden und damit in den meisten Umweltschutzverträgen anzutreffen. Der Übergang zu dieser Art von Kategorienbildung im Übereinkommen von Paris hat Ende 2015 zum Durchbruch in den festgefahrenen Klimaverhandlungen beigetragen.

48 Die *konkrete Kategorienbildung* dagegen stellt sich dem Problem der Zuordnung bereits bei der Vertragsverhandlung, anstatt es der Anwendungspraxis zu überlassen. Dieser Weg wurde mit der *konkreten kriterienbasierten Kategorienbildung* im Ozonschutz eingeschlagen. Hier kommen die abgemilderten Pflichten den Entwicklungsländern zugute, die sich gemäß den vertraglich festgelegten Kriterien als solche qualifizieren.[133] Die Klimarahmenkonvention nimmt dage-

---

127 *Rajamani*, Differential Treatment, 90.
128 Solche Klauseln finden sich bspw in folgenden Bestimmungen: Art 194 SRÜ, Art 2 Abs 2 Ozonschichtübereinkommen, Art 8 bis 10 CBD, Art 2 Londoner Dumping-Konvention und Art 3 und 4 Übereinkommen von Paris.
129 Obwohl das ursprüngliche, bis 2020 geltende Klimarecht vor allem für seine formelle Differenzierungsmethode bekannt ist, hat es auch Elemente der informellen Differenzierung, und zwar auch in den operativen Bestimmungen, s insbes Art 3 und 4 Abs 1 Klimarahmenkonvention. Für eine detaillierte Analyse s *Rajamani*, Differential Treatment, 194ff.
130 S auch *Magraw*, Norms, 76.
131 Art 2 Abs 3 Straddling Stocks Agreement.
132 Art 61 WVK.
133 Im Ozonrecht wird dazu auf Produktion und Verbrauch der reglementierten Stoffe abgestellt, s Art 5 Abs 1 Montrealer Protokoll. Dazu *Proelß*, 11. Abschn Rn 25ff.

gen eine *konkrete namentliche Kategorienbildung* vor. So gelten bestimmte Vertragspflichten, wie die zur Treibhausgasreduzierung, nur für die in Anlage I aufgeführten Staaten, während andere Verpflichtungen, etwa die zur finanziellen Unterstützung der Entwicklungsländer, nur für die in Anlage II aufgeführten Staaten gelten.[134]

49 Die Methode der Kategorienbildung hat nicht nur Einfluss auf die Verhandlungsdynamik und damit letztlich auf die Chancen, zu einem Vertragsschluss zu kommen, sondern sie ist auch für die *Anpassungsfähigkeit des Vertrags* von Bedeutung. Dieser muss auch angesichts veränderter Situationen seine Relevanz behalten, ansonsten droht er hinfällig zu werden. So wird im Rahmen der abstrakten Kategorienbildung die zuweilen schwierige, weil politisch sensible, Frage der Zuordnung eines Staats zu einer der Kategorien bei den Vertragsverhandlungen umgangen und stattdessen in den Bereich der Vertragserfüllung verlagert. Die mangelnde Rechtssicherheit wird dadurch wettgemacht, dass bei dieser Methode die Entscheidung, ob ein Staat in den Genuss der Pflichtenerleichterung kommt, stets auf der Basis der tatsächlichen, aktuellen wirtschaftlichen Lage des Staats im Verhältnis zur allg Wirtschafts- und Umweltsituation getroffen wird. Änderungen sowohl auf der Fakten- als auch auf der Wahrnehmungsebene können so innerhalb eines gleichbleibenden Rechtsrahmens in die Umsetzung einfließen. Auch die konkrete kriterienbasierte Kategorienbildung ermöglicht ggf die Neueinordnung der betroffenen Staaten, die jedoch dank der objektiven, im Vorfeld definierten Kriterien in einem präziseren rechtlichen Rahmen vorgenommen wird und somit eindeutig mehr Rechtssicherheit bietet. Wenn das Umweltproblem monokausal ist – wie die Zerstörung der Ozonschicht durch bestimmte chemische Stoffe –, dann dürfte es relativ einfach sein, konsensfähige Kriterien zu erarbeiten. Anders verhält es sich, wenn das zu lösende Umweltproblem nicht nur sehr vielfältige Ursachen hat, sondern auch zu sehr unterschiedlichen Konsequenzen für die Staaten führt – so wie dies bei der Klimaerwärmung und dem Artenverlust der Fall ist. Die im Klimarecht ursprünglich gewählte konkrete namentliche Kategorienbildung hat sich in der Folge als nachteilig herausgestellt, nicht zuletzt weil sie ohne funktionierenden Mechanismus zur Neueinordnung der Staaten auskommen muss. Zwar können die Anlagen der Klimarahmenkonvention, die die stärker verpflichteten Staaten aufführen, theoretisch geändert werden,[135] allerdings haben die festgefahrenen Klimaverhandlungen gezeigt, wie schwierig dies in der Praxis ist. Die namentliche Einordnung der Staaten mittels der Anlagen I und II hat sich in der Wahrnehmung so verfestigt,[136] dass sie unter dem Einfluss mächtiger Industriestaaten – mehr als 20 Jahre nach Vertragsschluss und unter veränderten wirtschaftlichen Bedingungen – dem gesamten Pflichtengefüge die Legitimität zu entziehen drohte.[137] Die Lähmung der Klimaverhandlungen angesichts der wirtschaftlichen Entwicklung der Schwellenländer war umso paradoxer, als diese Entwicklung erklärtes Ziel der vertraglichen Differenzierung ist und sich zudem schon aus dem Wort „Entwicklungsland" ergibt.[138] Der Übergang zu einer abstrakten Kategorienbildung im Übereinkommen von Paris ist daher eine logische Entwicklung.

d) Formen der asymmetrischen Behandlung

50 Die *Asymmetrie der staatlichen Verpflichtungen* ist meist eng verbunden mit der Differenzierungsmethodik und der Kategorienbildung. Obwohl hier vier verschiedene Formen unterschie-

134 S insbes Art 4 Abs 2 und 3 Klimarahmenkonvention.

135 S Art 4 Abs 2 lit f sowie Art 15 iVm Art 16 Klimarahmenkonvention.

136 S auch *Beyerlin*, North-South Divide, 278, der bezweifelt, dass „asymmetric treaty obligation schemes as rigid as that under the Kyoto Protocol" sich langfristig als kluge Umweltpolitik erweisen.

137 Auf diese vorgeblich mangelnde Legitimität stützt zB Kanada seinem Rücktritt vom Kyoto Protokoll (<http://unfccc.int/files/kyoto_protocol/background/application/pdf/canada.pdf.pdf>), s *Kennedy*, Canada pulling out of Kyoto accord, National Post, 12.12.2011 (<http://news.nationalpost.com/2011/12/12/canada-formally-withdrawig-from-kyoto-protocol/>).

138 S auch *Bartenstein*, De Stockholm à Copenhague, 215 f.

den werden, ist vorauszuschicken, dass diese Formen sich nicht gegenseitig ausschließen. So greifen die Staaten in ein- und demselben Vertragswerk oft je nach Bedarf auf mehrere Formen zurück.

51 Zum einen gibt es die Möglichkeit, innerhalb eines Vertragswerks eine *materielle Differenzierung* vorzunehmen, dh *unterschiedliche materielle Pflichten* festzulegen. Die Klimarahmenkonvention, zusammen mit dem Kyoto Protokoll, sind bis heute das einzige Regelwerk, das eine solche materielle Differenzierung vornimmt. Nur die Industriestaaten der Anlage I sind zur Reduzierung ihres Treibhausgasausstoßes verpflichtet, und nur die Reichsten unter ihnen, aufgeführt in Anlage II, müssen die Entwicklungsländer finanziell bei der Erfüllung ihrer Verpflichtungen unterstützen.[139] Eine solche Asymmetrie in den materiellen Pflichten schreibt die Mehrgleisigkeit im Prinzip auf Dauer fest, es sei denn die Entwicklungsländer entwickeln sich tatsächlich und es besteht ein Mechanismus, der dieser Entwicklung durch Neueinordnung der betroffenen Staaten Rechnung trägt. Das ursprüngliche Klimarecht wurde in dieser Hinsicht den vertraglichen Erwartungen allerdings nicht gerecht,[140] zu schwierig gestaltete sich die Konsensfindung, als dass eine regelmäßige Neueinordung der Staaten realistisch gewesen wäre. Die Befristung – wie etwa der fünfjährige Verpflichtungszeitraum des Kyoto Protokolls[141] – schafft zwar eine Zäsur, die Neueinschätzungen erlauben und so der Mehrgleisigkeit ihren unflexiblen Charakter nehmen könnte. In der Praxis jedoch ist eine solche Neueinschätzung höchst kompliziert, wie die Blockade der Klimaverhandlungen zeigte. Nachdem die materielle Differenzierung das Klimarecht in den 1990er Jahren möglich machte, stand sie paradoxerweise dem Konsens zu einem Post-Kyoto-Abkommen entgegen (s auch Rn 69ff). Da sie materielle Pflichten betrifft – zumal wenn sie nicht über einen (funktionierenden) Mechanismus zur interkategoriellen Mobilität verfügt –, ist diese Differenzierungsform hinsichtlich des Leitprinzips des nachhaltigen Umgangs mit Ressourcen insofern problematisch, als sie Entwicklungserwägungen höher bewertet als Umweltschutzerwägungen (s auch Rn 40).

52 Eine andere Form der Vorzugsbehandlung basiert auf einer *prozeduralen Differenzierung* und besteht in einer *Aufschubgewährung* hinsichtlich des Umsetzungszeitpunkts. Auf diese Weise wird den Entwicklungsländern eine längere Periode für die Erfüllung von zuweilen einschneidenden Pflichten eingeräumt bzw ihnen erlaubt, zeitlich begrenzt Entwicklungserwägungen in den Vordergrund zu stellen. Eine solche Vorzugsbehandlung ist etwa im Ozonrecht vorgesehen, wo die Entwicklungsländer die Umsetzung ihrer Reduzierungsverpflichtungen zehn Jahre lang aufschieben können.[142] Sie ist aber auch im Klimarecht zu finden.[143] Eine Aufschubgewährung bewirkt, dass alle Staaten letzten Endes den gleichen Pflichten unterliegen, anders als bei differenzierten materiellen Pflichten. Diese Form der Vorzugsbehandlung signalisiert, dass die Differenzierung der Vertragspflichten selbst in Anbetracht einer fortdauernden prekären Wirtschaftslage immer nur eine Übergangslösung darstellt. Daher ist die Aufschubgewährung wohl leichter mit den Leitprinzipien des nachhaltigen Umgangs mit Ressourcen und der intergenerativen Gerechtigkeit in Einklang zu bringen (Rn 40).

53 Eine weitere, subtile Form der Differenzierung besteht in der vertraglichen Zusage seitens der Industriestaaten, zum *Kapazitätsaufbau* in den Entwicklungsländern beizutragen. Durch ihre schwierige sozio-ökonomische Situation sind die Entwicklungsländer oft schlecht oder nicht in der Lage, lokalen, regionalen und globalen Umweltproblemen wirksam zu begegnen. Oft sind ihre Prioritäten notgedrungen anderweitig gesetzt, oder aber es fehlen schlicht die nötigen finanziellen, personellen oder technischen Mittel. Zweck des Kapazitätsaufbaus ist es, die

---

139 S Art 4, insbes Abs 2 und 3 Klimarahmenkonvention.
140 Zur Möglichkeit der Neueinordnung: S Art 15 iVm Art 16 Klimarahmenkonvention.
141 S Art 3 Abs 1 Kyoto Protokoll.
142 Art 5 Abs 1 Montrealer Protokoll.
143 Art 12 Abs 5 Klimarahmenkonvention sowie Art 3 und 4 Abs 1 Übereinkommen von Paris.

fehlenden Kapazitäten zu schaffen, damit die Entwicklungsländer selbständig tätig werden können. Bestimmungen hierzu sind in fast jedem multilateralen Vertrag zum Umweltschutz jüngeren Datums zu finden. Meistens ergänzen sie zentralere, differenzierende Vertragsbestimmungen. Zu den zum Kapazitätsaufbau zählenden Mitteln gehören insbes Finanz- und Technologietransfers, die die Entwicklungsstaaten bei ihrer Vertragserfüllung unterstützen sollen. Aufgrund dieser vertraglichen Zweckbindung stellen solche Verpflichtungen zum Kapazitätsaufbau *Verpflichtungen zur Erfüllungshilfe* dar.[144]

54 *Finanztransfers* sollen die Mehrkosten abdecken, die für die Entwicklungsländer durch die Vertragserfüllung anfallen. Die Wendung, nach der „neue und zusätzliche finanzielle Mittel" bereitgestellt werden,[145] soll sicherstellen, dass die transferierten Summen nicht mit der gewöhnlichen Entwicklungshilfe verrechnet werden.[146] Mehrere Abkommen stellen darüber hinaus fest, dass die Vertragserfüllung durch die Entwicklungsländer von der Erfüllung der Finanzhilfepflichten durch die Industriestaaten abhängt,[147] wobei fraglich ist, ob die Vertragserfüllung durch die Entwicklungsländer hiermit einer aufschiebenden Bedingung unterliegt.[148] Ein Großteil solcher Finanztransfers wird durch die Global Environment Facility (GEF) abgewickelt, ein *sektorenübergreifender Mechanismus* zur Finanzierung von Projekten in den Kernbereichen des Umweltschutzes.[149] Es gibt aber auch *spezifische Finanzierungsmechanismen* wie den *Multilateral Fund*,[150] der im Rahmen des Montrealer Protokolls eingerichtet wurde. Obwohl sich institutionelle Gestaltung und Entscheidungsstrukturen dieser Finanzierungsmechanismen bereits von denen des Bretton-Woods-Systems unterscheiden, indem sie den Entwicklungsländern größeres Gewicht in der Entscheidungsfindung zugestehen, gehen die Forderungen dieser Staaten bzgl der institutionellen Struktur des neuen *Green Climate Fund*, insbes der Gewichtung der verschiedenen Staatenkategorien, noch weiter.[151] Generell hat die Bereitstellung solcher Finanzmittel durch die Industriestaaten eine nicht zu unterschätzende Wirkung auf die Bereitschaft der Entwicklungsländer, Vertragsparteien zu werden.[152] Neue Qualitäten hat die Freigebigkeit der Industriestaaten – zumindest den politischen Versprechen nach – in den Klimaverhandlungen ab 2009 mit der zugesagten Bereitstellung von 100 Mrd US Dollar pro Jahr bis 2020 bzw 2025 erreicht.[153]

55 Weitaus zögerlicher sind die Industriestaaten, wenn es um *Technologietransfer* geht.[154] Dieser kann sowohl güterbezogen als auch personenbezogen sein, also den Transfer von Technologieprodukten genauso betreffen wie die Aus- und Weiterbildung von Fachkräften. Der Transfer von „grünen", besonders umweltverträglichen, Technologien wird mit einer simultanen Ver-

---

144 Umfassend hierzu *Kellersmann*, Verantwortlichkeit, 289 ff.

145 So etwa in Art 4 Abs 3 Klimarahmenkonvention, in Art 20 Abs 2 CBD und in Art 13 Abs 4 Stockholmer Übereinkommen.

146 Hierzu *Kellersmann*, Verantwortlichkeit, 296.

147 S Art 5 Abs 5 Montrealer Protokoll, Art 20 Abs 4 CBD, Art 4 Abs 7 Klimarahmenkonvention.

148 In diesem Sinne *Rajamani*, Differential Treatment, 115. Hiergegen spricht, dass eine aufschiebende Bedingung dem Zweck des Umweltschutzes abträglich wäre, wenn die Industriestaaten ihren Verpflichtungen nicht nachkämen.

149 Global Environment Facility, abrufbar unter <www.thegef.org/gef/>.

150 Multilateral Fund, abrufbar unter <www.multilateralfund.org/default.aspx>.

151 Krit zu den existierenden Mechanismen *Beyerlin*, North-South Divide, 287 f. S a *Stewart/Kingsbury/Rudyk*, Climate Finance for Limiting Emissions and Promoting Green Development. Mechanisms, Regulation, and Governance, in Stewart/Kingsbury/Rudyk (Hrsg), Climate Finance: Regulatory and Funding Strategies for Climate Change and Global Development, 2009. Bzgl des Green Climate Fund s Decision 1/CP.16 v 15.3.2011, UN Doc FCCC/CP/2010/7/Add.1 (§§ 100 ff).

152 Dies legt zumindest das Bsp des Multilateral Fund nahe, s *DeSombre* (Fn 76) 71.

153 S UN Doc FCCC/CP/2009/11/Add.1 (für den Zeitrahmen bis 2020), Decision 2/CP.15 v 18.12.2009, Copenhagen Accord, § 8; zuletzt bekräftigt im Dezember 2015 in Paris (für den Zeitrahmen bis 2025), s UN Doc FCCC/CP/2015/10/Add.1, Decision 1/CP.21 v 29.1.2016, Adoption of the Paris Agreement, § 53.

154 S zu diesem Themenkomplex *Kellersmann*, Verantwortlichkeit, 290 ff.

wirklichung der drei Ziele der nachhaltigen Entwicklung (soziale Entfaltung, wirtschaftlicher Wohlstand, Umweltschutz) in Verbindung gebracht.[155] Obwohl Umweltschutz und umweltverträgliche Technologie sowie Entwicklung und Zugang zu Technologie sicherlich in engem Zusammenhang stehen, darf nicht vergessen werden, dass Technologie, die in den Industriestaaten entwickelt und angewendet wird, längst nicht immer den Bedürfnissen und Nutzungskapazitäten der Entwicklungsländer entspricht. Abgesehen davon wirft der Technologietransfer aber auch juristische Probleme auf, die sich in den wenig verbindlichen Formulierungen der Bestimmungen zum Technologietransfer widerspiegeln. Statt eindeutigen Verpflichtungen enthalten diese Bestimmungen oft nur Absichtserklärungen, wonach der Technologietransfer, der Zugang zu Technologie sowie technischer Beistand gefördert, erleichtert bzw finanziert werden.[156] Grund für diese Zurückhaltung ist die Schwierigkeit, Verpflichtungen zum Technologietransfer mit dem *Schutz des geistigen Eigentums* zu vereinbaren. Staaten sind selten selbst Inhaber der geistigen Eigentumsrechte und können den Transfer von geschützten Technologien nicht verfügen, ohne den Schutz des geistigen Eigentums zu schmälern.[157] Daher tritt an die Stelle eines Technologietransfers häufig schlicht die Finanzierung von Technologieerwerb und Personalweiterbildung.

2. Rechtsnatur

a) Vertragliche Geltung

56 Für die Diskussion der *Rechtsnatur* des Prinzips der gemeinsamen, aber differenzierten Verantwortlichkeit im vertraglichen Zusammenhang muss danach unterschieden werden, ob das Prinzip explizit oder nur implizit verankert ist. Die Beachtung des Prinzips kann, wie etwa in der Klimarahmenkonvention, *explizit* zur *Vertragspflicht* erhoben werden.[158] Allerdings wirft dies die Frage auf, ob eine solche Gebotsnorm eine eigenständige Verhaltenspflicht enthält, die über die im Vertrag festgelegte Differenzierung hinausgeht. Wahrscheinlicher ist es, dass sich ein solcher expliziter Verweis bei genauerer Betrachtung eher als Bestimmung zum Vertragszweck oder zu den vertraglichen Grundsätzen entpuppt und keine eigene Rechtsregel darstellt.[159] Die mangelnde Präzision solcher Verweise könnte ihrer Qualifikation als klassische Rechtsnorm im Wege stehen (zur ähnlich gelagerten Problematik hinsichtlich der gewohnheitsrechtlichen Geltung s Rn 58–62).

57 Die weitaus häufigere Verwendung des Prinzips der gemeinsamen, aber differenzierten Verantwortlichkeit ist jedoch *impliziter Art*. Die Vertragsparteien übernehmen asymmetrische Verpflichtungen bzgl der Umweltschutz- und Erfüllungshilfemaßnahmen. Diese differenzierten Verpflichtungen sind natürlich kraft Vertrag verbindlich. Davon abgesehen leitet sich aus den differenzierten Vertragspflichten ab, dass das Prinzip der gemeinsamen, aber differenzierten Verantwortlichkeit strukturierenden Einfluss auf die Vertragsgestaltung hatte. Dass die vertrag-

---

155 *Bosselmann*, Poverty Alleviation and Environmental Sustainability through Improved Regimes of Technology Transfer, LEAD 2 (2006) 19 (22).

156 S Art 16 Abs 2 CBD; Art 6 lit e Übereinkommen zur Desertifikationsbekämpfung; Art 4 Abs 5 Klimarahmenkonvention; Art 11 und 12 Stockholmer Übereinkommen; Art 6 und 16 Rotterdamer Übereinkommen.

157 Über die Zweckmäßigkeit des Schutzes des geistigen Eigentums sind die Meinungen geteilt. Die Befürworer verweisen auf den wirtschaftlichen Nutzen der Schutzmechanismen, die sicherstellen, dass sich Investitionen in die Entwicklung von Technologien auszahlen und so die Entwicklungstätigkeit unterstützen. Dagegen betonen die Gegner den Vorteil eines breiteren Zugangs zu (umweltfreundlichen) Technologien. S a *Halvorssen*, Equality, 101f.

158 Art 3 Nr 1 Klimarahmenkonvention.

159 So begreift etwa Art 3 Klimarahmenkonvention das Prinzip der gemeinsamen, aber differenzierten Verantwortlichkeit als einen Grundsatz zur Vertragsumsetzung.

liche Differenzierung über die expliziten Pflichten hinaus eine Verhaltensnorm beinhaltet, ist zu bezweifeln. Eher handelt es sich um eine Methode zur vertraglichen Berücksichtigung der sozioökonomischen Unterschiede der Staaten ohne eigenen normativen Wert.

b) Gewohnheitsrechtliche Geltung

58 Die Frage nach der Rechtsnatur wird idR mit Bezug auf *Prinzip 7* und seine *gewohnheitsrechtliche Geltung* gestellt. Trotz der Bezeichnung als „Prinzip", die die Qualifizierung als Rechtsprinzip nahelegt, kann nach hM nicht auf gewohnheitsrechtliche Geltung geschlossen werden.[160] Trotz aller Nuancen herrscht Einigkeit darüber, dass es momentan unmöglich sein dürfte, die *objektiven und subjektiven Voraussetzungen* der gewohnheitsrechtlichen Geltung festzustellen.[161]

59 Zunächst ist jedoch auf die Diskussion hinzuweisen, die sich mit der Frage auseinandersetzt, ob das Prinzip der gemeinsamen, aber differenzierten Verantwortlichkeit überhaupt *normbildenden Charakter* hat.[162] Diese Debatte kann auf die *Nordsee Festlandssockel*-Fälle zurückgeführt werden, in denen sich der IGH mit dem normbildenden Charakter potentiell gewohnheitsrechtlicher Regeln auseinandersetzt, deren Ausgangspunkt Vertragsregeln sind.[163] Demnach erübrigt sich die Frage nach der Übung und Rechtsüberzeugung der Staaten, wenn dieser Wesenszug nicht vorliegt, da dann die Herausbildung eines Rechtsprinzips von vornherein ausgeschlossen ist. Ungeachtet der Diskussion zum Nutzen dieses vorgeschalteten Prüfungsschritts für die Feststellung einer gewohnheitsrechtlichen Norm[164] ist zunächst darauf hinzuweisen, dass unterschieden werden muss zwischen der *Differenzierungstechnik* einerseits, die tatsächlich keine Norm darstellt, sondern allenfalls die Methode zur Umsetzung einer solchen, und dem *Gebot* andererseits, globalen Umweltproblemen gemeinschaftlich aber mit asymmetrischen Pflichten zu begegnen. Letzteres Gebot dürfte sehr wohl normativen Charakter annehmen können, zumal wenn es im Laufe der Zeit inhaltlich präzisiert wird. Das setzt natürlich voraus, dass man sich darauf einigen kann, dass es ein solches Gebot gibt.[165] Wenn man auf den Wortlaut von Prinzip 7 abstellt, ist zu bedenken, dass dieser lediglich eine gemeinsame, aber differenzierte Verantwortlichkeit feststellt, ohne daraus explizit ein konkretes Handlungsgebot abzuleiten. Daraus könnte sich also ergeben, dass Prinzip 7 letztlich nur Ausdruck der Grundsatzidee der ausgleichenden Gerechtigkeit in der gemeinschaftlichen Bemühung um den Erhalt der Umwelt ist. Es ist jedoch wohl richtig, dass sich auf dieser Grundlage eine Gebotsnorm artikulieren kann, die sich zwar durch eine geringe inhaltliche Konkretheit auszeichnet, aber dennoch normativen Charakter hat. Auch ohne detailliert festzulegen, wann und wie es anzuwenden ist, hält das Gebot die Staaten zu einem gemeinschaftlichen aber differenzierten Bemühen um den Schutz der globalen Umwelt an.[166] Die relative Abstraktheit dieser Verhaltensvorschrift, die ge-

---

160 *Cullet*, Differential Treatment in International Law: Towards a New Paradigm of Inter-state Relations, EJIL 10 (1999) 549 (579); *Kellersmann*, Verantwortlichkeit, 326f; *Rajamani*, Differential Treatment, 160; *Birnie/Boyle/Redgwell* (Fn 110) 135; *Stone* (Fn 96) 281; *Glass*, Verantwortlichkeit, 54; *Lavallée* (Fn 71) 61f.

161 Für Diskussionen der nuancierten Ansichten im Schrifttum s *Rajamani*, Differential Treatment, 158f; *Kellersmann*, Verantwortlichkeit, 326f und *Glass*, Verantwortlichkeit, 54.

162 *Rajamani*, Differential Treatment, 159f und *Atapattu*, Emerging Principles, 424ff werfen die Frage auf, ohne sie zu beantworten.

163 *Nordsee-Festlandssockel*, § 72.

164 Man kann argumentieren, dass wenn Übung und Rechtsüberzeugung beweisbar sind, die Frage nach dem normbildenden Charakter implizit beantwortet ist und wenn im Gegenteil diese beiden Voraussetzungen nicht gegeben sind, sich auch die Frage nach dem Wesenszug erübrigt; s a *Lowe*, Sustainable Development and Unsustainable Arguments, in Boyle/Freestone (Hrsg), Law and Sustainable Development: Past Achievements and Future Challenges, 1999, 19 (24); dieser lässt solche Zweifel anklingen, stimmt dem IGH aber letztlich zu.

165 Ebd, 24f.

166 So *Kellersmann*, Verantwortlichkeit, 54f.

nerellen Rechtsprinzipien – im Gegensatz zu Rechtsregeln – innewohnt, dürfte ihrem Normencharakter nicht abträglich sein.[167]

Zur Feststellung der gewohnheitsrechtlichen Geltung des Prinzips der gemeinsamen, aber differenzierten Verantwortlichkeit muss zunächst die objektive Voraussetzung der *Übung* vorliegen. Das Prinzip wird in zahlreichen Instrumenten genannt und vor allem durch die Differenzierung vertraglicher Pflichten zum Umweltschutz umgesetzt.[168] Diese Vertragspraxis kann als Beleg für eine *regelmäßige Staatenpraxis* gewertet werden. Angesichts der sehr unterschiedlichen vertraglichen Ausformungen des Prinzips dürfte die Feststellung einer *einheitlichen Übung* jedoch schwer fallen,[169] es sei denn man stellt auf die augenscheinlichsten Gemeinsamkeiten ab, insbes den multilateralen oder gar universellen Charakter der Verträge und die Asymmetrie der Verpflichtungen. **60**

Des Weiteren müsste die Staatenpraxis von der *Rechtsüberzeugung* der Staaten getragen sein, zu diesem Verhalten von Völkerrechts wegen verpflichtet zu sein. Die öffentlichen Stellungnahmen der Industriestaaten anlässlich einschlägiger Vertragsverhandlungen weisen jedoch eher darauf hin, dass die Differenzierung als politisch-moralisches Entgegenkommen zu werten ist, um das Ziel der Universalität zu erreichen. Die breite vertragliche Rezeption des Prinzips allein lässt vor diesem rein instrumentalen Hintergrund der Differenzierung (Rn 28) also keinen Rückschluss auf die Rechtsüberzeugung zu. Des Weiteren kann zwar aus *Vertragsrecht* anerkanntermaßen Gewohnheitsrecht werden,[170] allerdings nur unter der Voraussetzung, dass die vertraglichen Klauseln über die Vertragsparteien hinaus in die Staatenpraxis eingegangen sind und als rechtsverbindlich angesehen werden. Es ist sehr zweifelhaft, dass diese Voraussetzung gegeben ist, insbes was die Rechtsüberzeugung betrifft. Im Klimarecht kann Letztere durch die Stellungnahmen der wenigen Nichtvertragsstaaten – allen voran den USA – schlicht ausgeschlossen werden. Spätestens seit ihrer Erklärung, das Kyoto Protokoll wegen seiner ungerechten Lastenverteilung – durch die Ausnahme der Entwicklungsländer von den Pflichten zur Treibhausgasreduzierung – nicht zu ratifizieren, haben die USA die Besserstellung der Entwicklungsländer konstant kritisiert.[171] Obwohl also entsprechend der hM eine allg gewohnheitsrechtliche Pflicht zur Differenzierung ausgeschlossen werden muss, gibt es einige Anzeichen dafür, dass zumindest eine gewohnheitsrechtliche Pflicht zu Erfüllungshilfe im Entstehen sein könnte.[172] **61**

Trotz der momentanen Verneinung der allg gewohnheitsrechtlichen Geltung des Prinzips der gemeinsamen, aber differenzierten Verantwortlichkeit heißt das nicht, dass seine *normative Wirkung* auf bestehende vertragliche Differenzierungen beschränkt ist. Es hat unbestreitbar trotz seiner relativen Unschärfe eine strukturierende Wirkung entfaltet, die die Verpflichtungen in den multilateralen Umweltschutzverträgen maßgeblich beeinflusst hat.[173] Insofern hat es eine **62**

---

167 S die Unterscheidung *Dworkins* zwischen Rechtsregeln und Rechtsprinzipien, die beide als normativer Teil des Rechtssystems interpretiert werden: *Dworkin*, Taking Rights Seriously, 1977, 22ff. Dazu auch *Proelß*, 3. Abschn Rn 2, 35ff.

168 Neben den Umweltschutzverträgen und der Rio Deklaration sind bspw Entscheidungen der Vertragsparteien der Klimarahmenkonvention oder auch der Johannesburg Plan of Implementation of the World Summit on Sustainable Development (abgedr in: Report of the World Summit on Sustainable Development, Res 2 v 4.9.2002, UN Doc A/CONF.199/20) zu nennen.

169 *Kellersmann*, Verantwortlichkeit, 326 verneint die gewohnheitsrechtliche Geltung des Prinzips aus diesem Grund.

170 *Nordsee-Festlandssockel*, § 71.

171 S Byrd Hagel Res v 25.7.1997, 105th Cong (1997) und Pressekonferenz des damaligen Press Secretary Ari Fleischer v 28.3.2001; abrufbar unter <www.presidency.ucsb.edu/ws/index.php?pid=47500#axzz1xrs3YNRv>.

172 So auch *Kellersmann*, Verantwortlichkeit, 329. Finanzierungsversprechen im Rahmen des Green Climate Fund (Rn 54) sind diesbezüglich jüngste Anzeichen.

173 *Halvorssen* nennt es „cornerstone of burden-sharing structures adopted in international environmental treaties": Common but Differentiated Commitments in the Future Climate Change Regime: Amending the Kyoto Protocol to include Annex C and the Annex C Mitigation Fund, CJIELP 18 (2007) 247 (254).

indirekte normative Wirkung, die sich in seiner Lenkungsfunktion manifestiert.[174] Das neuerliche Bekenntnis der Staatengemeinschaft zu dem Prinzip der gemeinsamen, aber differenzierten Verantwortlichkeit in der Rio+20-Deklaration[175] hatte sicherlich eine gewisse Impulswirkung. Sein Fortbestand im Klimarecht, wenn auch in veränderter Form, könnte als Signal gewertet werden, dass die Normativität des Prinzips zumindest nicht geschwächt wurde.

III. Bewertung der zwischenstaatlichen Umweltgerechtigkeit

1. Bilanz

63 Die Herausforderungen, vor die das Prinzip der gemeinsamen, aber differenzierten Verantwortlichkeit insbes das Klimarecht gestellt hat, und die zuweilen die Frage seiner weiteren Relevanz aufgeworfen haben, dürfen nicht über seine *Allgegenwärtigkeit* im Umweltvertragsrecht hinwegtäuschen. Alle wichtigen multilateralen Verträge artikulieren in der einen oder anderen Form die Vertragspflichten der Staaten unter Berücksichtigung des Prinzips (Rn 23). Es ist also im vertraglichen Umweltvölkerrecht *strukturell verankert* und hat die *zwischenstaatliche Umweltgerechtigkeit zu einem der Wesensmerkmale des Umweltvölkerrechts* gemacht.

64 Außerdem hat das Prinzip insgesamt eine *Wirksamkeit* entfaltet, die sich vorteilhaft mit der Wirksamkeit der Differenzierung im Welthandelsrecht vergleicht. So haben selbst die schwächsten Ausprägungen der gemeinsamen, aber differenzierten Verantwortlichkeit, welche lediglich eine implizite Differenzierung der Verpflichtungen vornehmen oder sich auf eine Asymmetrie in Bezug auf den Umsetzungszeitpunkt beschränken, noch eine *tatsächliche Erleichterung zu Gunsten der Entwicklungsländer* zur Folge. Es ist anzunehmen, dass die Vorzugsbehandlung der Entwicklungsländer ihrem Beitritt zu Umweltschutzverträgen und somit der Universalität der multilateralen Verträge förderlich ist (Rn 28). Bei einheitlichen Vertragspflichten hätte der gleiche Grad an Universalität wahrscheinlich nur mit Abstrichen – im besten Falle – bei der Umsetzung durch die Entwicklungsländer oder – im schlechtesten Falle – bei den Verpflichtungen selbst erreicht werden können.[176]

65 Dieser positive Befund bezüglich der tatsächlichen Wirksamkeit der Differenzierung im Vergleich mit den Erfahrungen im Welthandelsrecht (Rn 14 f) dürfte relativ leicht mit einer anders gearteten *Verhandlungsdynamik* zu erklären sein. Im Umweltvölkerrecht lag die Initiative für neue Verträge zumindest bisher idR bei den Industriestaaten.[177] Auch und vor allem die prosperierenden Industriestaaten hatten Interesse an einer maximalen Wirksamkeit der Umweltschutzverträge mit zugleich kontrollierten Auswirkungen auf die Wettbewerbsbedingungen, was nur durch eine möglichst universelle Beteiligung an den Umweltschutzabkommen erreicht werden konnte. Aus Sicht der Industriestaaten waren die Zugeständnisse bei den Verpflichtungen der Entwicklungsländer in den Bemühungen, den globalen Umweltproblemen zu begegnen, u a einem pragmatischen Lösungsansatz geschuldet, der Rücksicht auf die prekäre wirtschaftliche

---

174 S a *Beyerlin/Marauhn*, International Environmental Law, 2011, 69 f. Eine solche abgemilderte Normativität, die sich in der Interpretation anderer Rechtsnormen manifestiert, wird auch dem Prinzip der nachhaltigen Entwicklung zugeschrieben, obwohl es weitaus diffuser ist und seine Normativität noch viel schwächer sein dürfte. S *Lowe* (Fn 164) 31 f. S a *Beyerlin*, Types of Norms in International Environmental Law, in Oxford Handbook, 425 (442). *De Sadeleer* (Environmental Principles: From Political Slogans to Legal Rules, 2002, 250) spricht mit Blick auf die Lenkungsfunktion von *directing principles*. S a *Bosselmann*, The Principle of Sustainability. Transforming Law and Governance, 2008, 46 ff. Zum Ganzen *Proelß*, 3. Abschn Rn 50 ff.

175 Rio+20-Deklaration (Fn 55) § 15.

176 In diesem Sinne auch *French*, Differentiated Responsibilities, 58.

177 S a *Bartenstein*, De Stockholm à Copenhague, 206 f.

Situation der Entwicklungsländer gebot. Im Bereich des globalen Umweltschutzes befinden sich die Staaten also in einem *Verhältnis der gegenseitigen Abhängigkeit*, das partnerschaftliches Verhalten erfordert (Rn 29 f).[178] Diese Wechselseitigkeit der Anliegen im Umweltvölkerrecht steht im Kontrast zur einseitigen Bittstellerposition der Entwicklungsländer im Welthandelsrecht.[179] Die im Welthandelsrecht umworbenen Industriestaaten sind im Umweltvölkerrecht zumindest teilweise Werber, was eine durchaus bemerkenswerte *Neuverteilung der Rollen* bedingt.[180] Nicht zuletzt, weil ihre Einbeziehung in das Umweltvertragsrecht aufgrund ihres demographischen Gewichts und ihrer ökologischen Bedeutung mitentscheidend für den Erhalt der Umwelt ist, haben die Entwicklungsländer eine vorteilhafte Verhandlungsposition.[181]

66 In letzter Zeit drängte sich jedoch der Eindruck auf, dass das Prinzip der gemeinsamen, aber differenzierten Verantwortlichkeit bzw die daraus resultierenden vertraglichen Asymmetrien insbes unter dem Druck einer zunehmenden Zahl von Industriestaaten einer gewissen *Erosion* ausgesetzt waren. So wurde die Notwendigkeit der Differenzierung, zu der sich die Staatengemeinschaft in der Rio Deklaration v 1992 erstmals explizit bekannte, die 1997 zur Aushandlung der weitreichenden Asymmetrien des Kyoto Protokolls führte und auch 2001 noch den Abschluss des Stockholmer Übereinkommens mitrug, immer stärker hinterfragt. Vereinzelte, aber dennoch aufsehenerregende Anzeichen dafür, dass der internationale Konsens Risse bekommen hatte, traten bereits während der Ratifizierung des Kyoto Protokolls (Rn 61) zu Tage. Spätestens seit dem Johannesburger Gipfel sind eindeutige Veränderungen im politischen Diskurs – und in der Rechtspraxis des Klimarechts – festzustellen. Sie kristallisieren sich u a vor dem zweifachen Hintergrund des wirtschaftlichen Aufstiegs der Schwellenländer, allen voran Chinas und Indiens, und der Tatsache, dass umweltpolitische Fragen, insbes wirtschaftlich gewichtige Klimafragen, in Zeiten globaler Wirtschaftskrisen heute ganz oben auf den verschiedenen internationalen Tagesordnungen stehen. Beides führte zu Forderungen nach einer größeren Symmetrie der Verpflichtungen der Industriestaaten und der neuen Kategorie der Schwellenländer.[182]

67 Die Infragestellung der bisherigen Ordnung zugunsten einer größeren Symmetrie machte sich besonders in den *Klimaverhandlungen* bemerkbar. Sie kulminierte in der Forderung insbes der USA, die aktuellen Treibhausgasemissionen der Schwellenländer stärker zu berücksichtigen. Dies sei nicht nur aus Klimaschutzgründen wegen der enorm gestiegenen Emissionen dieser Staaten geboten, sondern auch mit Blick auf ihre wirtschaftliche Entwicklung gerechtfertigt. Der fehlende explizite Bezug auf das Ideal der Gerechtigkeit und auf das Prinzip der gemeinsamen, aber differenzierten Verantwortlichkeit in der Durban Plattform[183] und den Folgeentscheidungen von Doha[184] und Warschau,[185] eine Premiere in der mehr als 20-jährigen Geschichte des Klimarechts, wurde denn auch als möglicher Hinweis auf eine Neuausrichtung des Verhandlungsrahmens gewertet.[186] Obwohl der Verweis auf das Prinzip der gemeinsamen, aber differenzierten Verantwortlichkeit 2014 wieder Eingang in die Entscheidungen von Lima gefunden hat,[187] zeichnete sich im Klimarecht eine historische Wende ab. Die Bereitschaft der Schwellenländer, gewis-

178 *Frauenkron* (Fn 79) 89 ff.
179 IdS auch *Cullet*, Differential Treatment, 172.
180 *Handl*, Environmental Security and Global Change: The Challenge to International Law, YIEL 1 (1990) 3 (30) spricht von einem *turning point*.
181 So auch *French*, Differentiated Responsibilities, 57.
182 *Rajamani*, Changing Fortunes, 614; ausf mit Hintergrunderläuterungen *Hurrell/Sengupta*, Emerging Powers.
183 Establishment of an Ad Hoc Working Group on the Durban Platform for Enhanced Action, Decision 1/CP.17 v 11.12.2011, UN Doc FCCC/CP/2011/9/Add.1.
184 Advancing the Durban Platform, Decision 2/CP.18 v 8.12.2012, UN Doc FCCC/CP/2012/8/Add.1.
185 Further Advancing the Durban Platform, Decision 1/CP.19 v 23.11.2013. UN Doc FCCC/CP/2013/10/Add.1.
186 *Rajamani*, Durban Platform, 507 et seq.
187 Lima Call for Climate Action, Decision -/CP.20 v 14.12.2014, advance unedited version (abrufbar unter <http://unfccc.int/files/meetings/lima_dec_2014/application/pdf/auv_cop20_lima_call_for_climate_action.pdf>), § 3.

se Verpflichtungen zur Reduzierung von Treibhausgasemissionen einzugehen, entsprang der Erkenntnis, dass sie ebenfalls in der Pflicht stehen, schon aus Gründen der Solidarität mit denjenigen Entwicklungsländern, die am meisten unter den Folgen der Klimaerwärmung leiden. Darüber hinaus sollte aber auch sichergestellt werden, dass die klassischen Industriestaaten ihrerseits Verbindlichkeiten eingehen.[188] Das Entgegenkommen der Schwellenländer ist umso bemerkenswerter, als sich die G77-Staaten und China aus Sorge um ihre Schlagkraft als einheitlicher Block ebenso wie aus Gründen ihres Selbstverständnisses lange vehement gegen eine Unterscheidung zwischen klassischen Entwicklungsländern und Schwellenländern stellten.[189]

2. Ausblick

68 Das Prinzip der gemeinsamen, aber differenzierten Verantwortlichkeit ist heute *untrennbarer Bestandteil* des Umweltvölkerrechts und verankert die zwischenstaatliche Umweltgerechtigkeit somit strukturell in den multilateralen Umweltschutzverträgen. Letztere kann also aus dem Umweltvölkerrecht nicht weggedacht werden, ohne dass dieses insgesamt aus dem Gleichgewicht geriete und möglicherweise sogar in seinem Fortbestand bedroht würde.[190] Die Entwicklung im Klimarecht zeigt, dass auch hartnäckige und potentiel weitreichende Infragestellungen der zwischenstaatlichen Umweltgerechtigkeit letztlich nicht zu einer Aufgabe des Prinzips führen. Vor dem Hintergrund erscheint es unwahrscheinlich, dass der in den 1970er Jahren eingeschlagene Weg der asymmetrischen Verpflichtungen nicht weiterverfolgt wird. Das lässt sich auch aus der Rio+20-Deklaration schließen, in der die Staatengemeinschaft alle Rio-Prinzipien bestätigt, aber einzig das Prinzip der gemeinsamen, aber differenzierten Verantwortlichkeit ausdrücklich nennt.[191]

69 Trotz der Zweifel Mancher an der Relevanz des Prinzips für heutige Vertragsabschlüsse bezog sich auch die Diskussion im Rahmen der jüngsten *Klimaverhandlungen* in erster Linie auf die *Umsetzung des Prinzips mit Blick auf die Schwellenländer* und insbes auf die Differenzierung der materiellen Verpflichtungen zur Reduzierung der Treibhausgasemissionen. Selbst seine schärfsten Kritiker, darunter die USA und Kanada, stellten die Asymmetrie der Vertragspflichten nicht insgesamt und für alle Entwicklungsländer in Frage. Die zunehmend konziliante Haltung der Schwellenländer war allerdings zunächst nicht ausreichend, um die ablehnende Haltung der USA bezüglich einer Neuauflage des Kyoto Protokolls zu überwinden und, wie der Ausgang der Doha-Konferenz Ende 2012 gezeigt hat, war sie nicht einmal ausreichend, um alle ursprünglichen Anlage I-Vertragsparteien des Kyoto Protokolls zu einer Verlängerung ihrer Verpflichtungen zu bewegen.[192] Erst die Ankündigung Chinas und der USA vom November 2014,[193] gemeinsam auf ein internationales Klimaabkommen hinzuarbeiten, ließ die Hoffnung zu, dass die Klimaverhandlungen tatsächlich zu einem Abschluss geführt werden könnten.

---

188 S *Hurrell/Sengupta*, Emerging Powers, insbes 473.
189 S die „scharfe Zurückweisung" der Vorschläge zur Differenzierung zwischen den nicht in Anlage I aufgeführten Staaten (dh den Entwicklungsländern): Eingabe der Philippinen im Namen der G77 und Chinas v 6.12.2008, UN Doc FCCC/AWGLCA/2008/MISC.5/Add.2 (Part II), 48.
190 So sehr pessimistisch *Rajamani*, Changing Fortunes, 622 ff.
191 Rio+20-Deklaration (Fn 55) § 15.
192 Vier ursprüngliche Vertragsparteien sind abgesprungen. So hat Kanada das Kyoto Protokoll bereits vor Ablauf der ersten Phase gekündigt, während Japan, die Russische Föderation und Neuseeland keine neuen Verpflichtungen für die zweite Phase übernehmen; vgl Doha Amendment to the Kyoto Protocol, Anlage I der Decision 1/CMP.8 v 8.12.2012, UN Doc FCCC/KP/CMP/2012/13/Add.1. Zum Ganzen vgl a *Stoll/Krüger*, 9. Abschn Rn 44 ff.
193 S U.S.-China Joint Announcement on Climate Change v 11.12.2014, abrufbar unter <https://obamawhitehouse.archives.gov/the-press-office/2014/11/11/us-china-joint-announcement-climate-change>.

70 Das Ende 2015 abgeschlossene *Übereinkommen von Paris* beruht auf einer *Neuauslegung* des Prinzips der gemeinsamen, aber differenzierten Verantwortlichkeit. Das neue Klimarecht gibt die bipolare Weltsicht auf, und zwar zugunsten einer Auslegung des Grundsatzes „der Gerechtigkeit und der gemeinsamen, aber differenzierten Verantwortlichkeiten und jeweiligen Fähigkeiten angesichts der unterschiedlichen nationalen Umstände",[194] die eine verstärkte Rücksichtnahme auf individuelle Situationen ermöglicht. Diese Lösung wurde 2009 durch das Kopenhagener Konzept der individuellen Reduktionsverpflichtungen eingeläutet.[195] Seit der Warschauer Verhandlungsrunde kristallisierte sich dann das Konzept der national festgelegten Beiträge heraus.[196] So sind zwar alle Vertragsparteien gleichermaßen verpflichtet, Ziele zur Emissionsreduktion zu bestimmen und umzusetzen.[197] Die Vertragspflicht ist allerdings nur abstrakt gleichförmig; faktisch eröffnet sie jedem einzelnen Vertragsstaat erheblichen, wenn auch nicht unbegrenzten Spielraum.[198] Die Industriestaaten müssen etwa den Scheitelpunkt der Emissionen eher erreichen als die Entwicklungsländer[199] und sollen auch weiterhin die Führung in der Emissionsreduktion übernehmen.[200] Anders als unter den gemeinschaftlich ausgehandelten und vertraglich verankerten Reduktionszielen des Kyoto Protokolls entscheidet allerdings letztlich jeder Staat für sich, wie weit er mit der Reduktion gehen kann und will. Ein Vorteil dieser Formel ist, dass sie höchstindividuelle Verpflichtungen ermöglicht, obwohl zumindest abstrakt alle Vertragsparteien gleichermaßen in die Pflicht genommen werden. Dies dürfte der Zustimmung zum Übereinkommen von Paris förderlich sein.[201] Ein Nachteil ist, dass diese Formel nicht garantieren kann, dass die Summe der Beiträge ausreicht, um die globale Erwärmung auf deutlich unter 2°C zu beschränken.[202] Ob auf einer solchen Basis eine schlüssige und rationelle Weiterentwicklung des Klimarechts möglich ist, bleibt abzuwarten. Außerdem abzuwarten bleibt, ob eine Neuinterpretation der zwischenstaatlichen Umweltgerechtigkeit im Klimarecht auch Auswirkungen auf andere Bereiche des Umweltrechts haben wird. Plausibel wäre dies durchaus. Natürlich sind die Staatenkategorien im urspünglichen Klimarecht mit einer besonders tief greifenden und starren Differenzierung der Staatenpflichten verbunden, was sicherlich ihre besonders deutliche Infragestellung erklärt. Aber nicht nur im Klimarecht gehen die groben Kategorien der Industrie- und der Entwicklungsstaaten an der Komplexität der Wirklichkeit vorbei. Sie könnten also auch in anderen Bereichen als nicht mehr zeitgemäß erachtet werden. Was das für künftige Umweltverträge hinsichtlich ihrer Wirksamkeit einerseits und der Lastenverteilung andererseits bedeuten könnte, ist momentan nur schwer vorherzusehen.

---

194 Präambel des Übereinkommens von Paris (Übersetzung von „equity and common but differentiated responsibilities and respective capabilities, in light of different national circumstances"). Diese Formulierung geht auf den Lima Call for Climate Action (Fn 187) zurück.
195 S Copenhagen Accord (Fn 153), §§ 4 und 5.
196 Further Advancing the Durban Platform (Fn 185), § 2 lit b und Lima Call for Climate Action (Fn 187), § 9. In beiden Dokumenten ist noch von „intended nationally determined contributions" bzw INDC („beabsichtigten national festgelegten Beiträgen") die Rede.
197 Art 3 Übereinkommen von Paris.
198 S a *Maljean-Dubois*, Paris Agreement, insbes 154 ff. Dazu vgl *Stoll*, 9. Abschn Rn 76, 78.
199 Art 4 Abs 1 Übereinkommen von Paris (*e contrario*).
200 Art 4 Abs 4 Übereinkommen von Paris.
201 Nur gut elf Monate nach Vertragsabschluss konnte das Übereinkommen von Paris am 4.11.2016 in Kraft treten. Im Februar 2017 zählte es bereits 129 Vertragsstaaten, darunter die Schwellenländer China, Indien, Brasilien, Südafrika, aber auch die USA, Kanada, Deutschland und Japan. Am 1.6.2017 kündigten die USA jedoch an, von dem Übereinkommen zurücktreten zu wollen.
202 Dies ist das Vertragsziel: Art 2 Abs 1 lit a Übereinkommen von Paris.

Dritter Abschnitt

Alexander Proelß

Prinzipien des internationalen Umweltrechts

Gliederung

Literatur

Beaucamp, Guy, Das Konzept der zukunftsfähigen Entwicklung im Recht, 2002 [*Beaucamp*, Zukunftsfähige Entwicklung]

Beyerlin, Ulrich, „Prinzipien" im Umweltvölkerrecht – ein pathologisches Phänomen, in Hans-Joachim Cremer/Thomas Giegerich/Dagmar Richter/Andreas Zimmermann (Hrsg), Tradition und Weltoffenheit des Rechts: Festschrift für Helmut Steinberger, 2002, 31 ff [*Beyerlin*, Prinzipien]

Beyerlin, Ulrich/Marauhn, Thilo, International Environmental Law, 2012 [*Beyerlin/Marauhn*, International Environmental Law]

Birnie, Patricia/Boyle, Alan/Redgwell, Catherine, International Law and the Environment, 3. Aufl 2009 [*Birnie/Boyle/Redgwell*, International Law and the Environment]

Bodansky, Daniel/Brunnée, Jutta/Hey, Ellen (Hrsg), Oxford Handbook of International Environmental Law, 2007 [Oxford Handbook]

Epiney, Astrid/Scheyli, Martin, Strukturprinzipien des Umweltvölkerrechts, 1998 [*Epiney/Scheyli*, Strukturprinzipien]

Erben, Cosima, Das Vorsorgegebot im Völkerrecht, 2005 [*Erben*, Vorsorgegebot]

Güssow, Kerstin, Sekundärer maritimer Klimaschutz: Das Beispiel der Ozeandüngung, 2012 [*Güssow*, Sekundärer Maritimer Klimaschutz]

Maurmann, Dorothee, Rechtsgrundsätze im Völkerrecht am Beispiel des Vorsorgeprinzips, 2008 [*Maurmann*, Rechtsgrundsätze]

Odendahl, Kerstin, Die Umweltpflichtigkeit der Souveränität, 1998 [*Odendahl*, Umweltpflichtigkeit]

Proelß, Alexander, Das Umweltvölkerrecht vor den Herausforderungen des Klimawandels: Ansätze zu einer bereichsübergreifenden Operationalisierung des Vorsorgeprinzips, JZ 2011, 495 ff [*Proelß*, Operationalisierung]

ders, Das Urteil des Internationalen Gerichtshofs im Pulp Mills-Fall und seine Bedeutung für die Entwicklung des Umweltvölkerrechts, in Matthias Ruffert (Hrsg), Dynamik und Nachhaltigkeit des öffentlichen Rechts, Festschrift für Meinhard Schröder, 2012, 611 ff [*Proelß*, Pulp Mills]

Sands, Philippe/Peel, Jacqueline, Principles of International Environmental Law, 3. Aufl 2012 [*Sands/Peel*, Principles]

Scheyli, Martin, Konstitutionelle Gemeinwohlorientierung im Völkerrecht, 2008 [*Scheyli*, Gemeinwohlorientierung]

Schröter, Jessica, Strukturprinzipien des Umweltvölkerrechts und ihr Beitrag zur Eindämmung des Klimawandels, 2015 [*Schröter*, Strukturprinzipien]

Scotford, Eloise, Environmental Principles and the Evolution of Environmental Law, 2017

Sunstein, Cass, Laws of Fear – Beyond the Precautionary Principle, 2005 [*Sunstein*, Beyond the Precautionary Principle]

Verschuuren, Jonathan, Principles of Environmental Law, 2003 [*Verschuuren*, Principles]

Wolfrum, Rüdiger (Hrsg), Max Planck Encyclopedia of Public International Law, 10 Bde, 2012 [MPEPIL]

DOI 10.1515/9783110248296-003

Verträge

Charta der Vereinten Nationen v 26.6.1945 (BGBl 1973 II, 431), zuletzt geänd durch Bek v 28.8.1980 (BGBl 1980 II, 1252) [UN-Charta] — 6

Statut des Internationalen Gerichtshofs v 26.6.1945 (BGBl 1973 II, 505) [IGH-Statut] — 4–6, 39

Vertrag zur Gründung der Europäischen Gemeinschaft v 25.3.1957 (BGBl 1957 II, 766), nach Inkrafttreten des Vertrags von Lissabon v 13.12.2007 (BGBl 2008 II, 1038) nunmehr gültig als Vertrag über die Arbeitsweise der Europäischen Union (konsolidierte Fassung: ABl EU 2016, Nr C 202/47) [AEUV] — 4, 15, 26, 48, 51, 55

Wiener Übereinkommen über das Recht der Verträge v 23.5.1969 (BGBl 1985 II, 927) [WVK] — 6, 38

Übereinkommen über die Verhütung der Meeresverschmutzung durch das Einbringen von Abfällen und anderen Stoffen v 9.12.1972 mit Änd v 12.10.1978 (BGBl 1977 II, 180 und BGBl 1987 II, 118) [Londoner Dumping Konvention] — 32, 43

Statute of the River Uruguay v 26.2.1975 (1295 UNTS 340) — 11, 18, 19, 21

Seerechtsübereinkommen der Vereinten Nationen v 10.12.1982 (BGBl 1994 II, 1799) [SRÜ] — 10, 24

Vertrag über die Europäische Union v 7.2.1992 (BGBl 1992 II, 1253) nach der Änd durch den Vertrag von Lissabon v 13.12.2007 (konsolidierte Fassung: ABl EU 2016, Nr C 202/13) [EUV] — 51

Übereinkommen zum Schutz und zur Nutzung grenzüberschreitender Wasserläufe und internationaler Seen v 17.3.1992 (BGBl 1994 II, 2334) [UNECE-Gewässerschutzübereinkommen] — 24, 49

Rahmenübereinkommen der Vereinten Nationen über Klimaänderungen v 9.5.1992 (BGBl 1993 II, 1784) [UNFCCC] — 4, 24, 35

Übereinkommen über die biologische Vielfalt v 22.6.1992 (BGBl 1993 II, 1742) [CBD] — 24, 43

Übereinkommen zum Schutz der Meeresumwelt des Nordostatlantiks v 22.11.1992 (BGBl 1994 II, 1360) [OSPAR] — 16, 24, 26–28, 49

Übereinkommen zur Durchführung der Bestimmungen des Seerechtsübereinkommens der Vereinten Nationen v 10.12.1982 über die Erhaltung und Bewirtschaftung von gebietsübergreifenden Fischbeständen und Beständen weit wandernder Fische v 4.8.1995 (BGBl 2000 II, 1022) [UNFSA] — 33

Protokoll zur Londoner Dumping-Konvention v 7.11.1996 (ILM 36 [1997] 4) [Londoner Protokoll] — 26, 43

Judikatur

Internationaler Gerichtshof

Corfu Channel (United Kingdom v Albania), Urteil v 9.4.1949, ICJ Rep 1949, 4 *[Corfu Channel]* — 9

North Sea Continental Shelf (Germany v Denmark; Germany v Netherlands), Urteil v 20.2.1969, ICJ Rep 1969, 3 *[North Sea Continental Shelf]* — 56

Delimitation of the Maritime Boundary in the Gulf of Maine (Canada v USA), Urteil v 12.10.1984, ICJ Rep 1984, 246 *[Gulf of Maine]* — 35

Request for Examination of the Situation in Accordance with Paragraph 63 of the Court's Judgment of 20 December 1974 in the Nuclear Tests (New Zealand v. France) Case, Beschluss v 22.9.1995, ICJ Rep 1995, 288 *[Request for Examination]* — 28

Legality of the Threat or Use of Nuclear Weapons, Gutachten v 8.7.1996, ICJ Rep 1996, 226 *[Nuclear Weapons]* — 10, 17

Gabcíkovo-Nagymaros Project (Hungary v Slovakia), Urteil v 25.9.1997, ICJ Rep 1997, 92 *[Gabcíkovo-Nagymaros]* — 9, 10, 29, 53–55

Aerial Herbicide Spraying (Ecuador v Colombia), Memorial of Ecuador, Vol I v 28.4.2009 *[Aerial Herbicide Spraying]* — 23

Pulp Mills on the River Uruguay (Argentina v Uruguay), Urteil v 20.4.2010, ICJ Rep 2010, 14 *[Pulp Mills]* — 5, 6, 9, 10–22, 28, 29, 31, 52

Construction of a Road in Costa Rica along the San Juan River (Nicaragua v Costa Rica), Urteil v 16.12.2015, <http://www.icj-cij.org/docket/files/152/18848.pdf> *[Construction of a Road]* — 16, 20–22

Internationaler Seegerichtshof

Land Reclamation by Singapore in and around the Straits of Johor (Malaysia v Singapore), Beschluss v 8.10.2003, ITLOS Rep 2003, 10 *[Land Reclamation]* — 40

Responsibilities and Obligations of States Sponsoring Persons and Entities with Respect to Activities in the Area, Gutachten der Kammer für Meeresbodenstreitigkeiten v 1.2.2011, ITLOS Rep 2011, 10 *[Responsibilities and Obligations]* — 10, 16, 20, 31

Request for an Advisory Opinion Submitted by the Sub-Regional Fisheries Commission (SRFC), Gutachten v 2.4.2015, <https://www.itlos.org/en/cases/list-of-cases/case-no-21/> *[SRFC]* — 10

Ständiger Schiedshof

Rhine Chlorides Arbitration Concerning the Auditing of Accounts (Netherlands v France), Schiedsspruch v 12.3.2004, <www.pcacases.com/web/sendAttach/78> *[Rhine Chlorides]* — 49

Iron Rhine Arbitration (Belgium v Netherlands), Schiedsspruch v 24.5.2005, RIAA XXVII, 35 *[Iron Rhine]* — 10, 35, 37, 52

Indus Waters Kishenganga Arbitration (Pakistan v India), Schiedsspruch v 20.12.2013, <https://pcacases.com/web/sendAttach/48> *[Indus Waters]* — 47

Internationale Schiedsgerichte

Trail Smelter Arbitration (USA v Canada), Schiedssprüche v 16.4.1938 bzw 11.3.1941, RIAA III, 1905 bzw 1938 *[Trail Smelter]* — 9, 10, 13, 14

Lac Lanoux Arbitration (Spain v France), Schiedsspruch v 16.11.1957, RIAA XII, 281 *[Lac Lanoux]* — 9

Streitbeilegungsmechanismus der WTO

EC – Measures Concerning Meat and Meat Products (Hormones), 6.1.1998, WT/DS26/AB/R, WT/DS48/AB/R *[Beef Hormones]* — 29

United States – Import Prohibition of Certain Shrimp and Shrimp Products, 12.10.1998, WT/DS58/AB/R *[Shrimp/Turtle]* — 52

EC – Measures Affecting the Approval and Marketing of Biotech Products, 29.9.2006, WT/DS291/R, WT/DS292/R, WT/DS293/R *[Biotech]* — 29

Gerichtshof der Europäischen Union

Gutachten 1/91 v 14.12.1991, Slg 1991, I-6079 — 4

Urteil v 7. November 2000, Rs. C-371/98, Secretary of State for the Environment, Transport and the Regions, ex parte First Corporate Shipping Ltd, Slg 2000, I-9235 *[First Corporate Shipping]* — 55

Urteil v 11.9.2002, Rs T-13/99, Pfizer Animal Health SA, Slg 2002, II-3305 *[Pfizer]* — 26, 44, 45, 47

Urteil v 9.9.2003, Rs C-236/01, Monsanto Agricoltura Italia, Slg 2003, I-8105 *[Monsanto]* — 26

Urteil v 11.7.2007, Rs T-229/04, Schweden v Kommission, Slg 2007, II-2437 *[Schweden/Kommission]* — 26

Urteil v 19.6.2008, Rs C-219/07, Nationale Raad van Dierenkwekers, Slg 2008, I-4475 *[Nationale Raad]* — 26

Urteil v 16.7.2009, Rs C-254/08, Futura Immobiliare, Slg 2009, I-6995 *[Futura Immobiliare]* — 48

Urteil v 9.3.2010, Rs C-378/08, Raffinerie Méditerranée, Slg 2010, I-1919 *[Raffinerie Méditerranée]* — 48

Urteil v 8.7.2010, Rs C-343/09, Afton Chemical Limited, Slg 2010, I-7027 *[Afton Chemical]* — 26, 44

Urteil v 22.12.2010, Rs C-77/09, Gowan, Slg 2010, I-13533 *[Gowan]* — 44

Urteil v 10.4.2014, Rs C-269/13 P, Acino AG, ECLI:EU:C:2014:255 *[Acino]* — 26

I. Einordnung, Normstruktur und Rechtsgeltung

1 Als „Prinzipien des internationalen Umweltrechts" werden Kernvorschriften der den Gegenstand des vorliegenden Lehrbuchs bildenden Teilrechtsordnung des Völkerrechts bezeichnet, deren Rechtsnatur, Reichweite und Bindungswirkung häufig str sind. Als Ausgangspunkt bietet es sich an, auf die „Prinzipienkataloge" abzustellen, die mit den – rechtlich für sich betrachtet unverbindlichen – Erklärungen von Stockholm (1972)[1] und Rio (1992)[2] verabschiedet wurden.[3] Insbes die zweitgenannte Deklaration kann in ihrer rechtspolitischen Bedeutung kaum überschätzt werden; zu Recht ist sie als „the most significant universally endorsed statement of general

1 Declaration of the UN Conference on the Human Environment (ILM 11 [1972] 1416).
2 Declaration on Environment and Development v 13.6.1992 (ILM 31 [1992] 876).
3 Zur Entstehungsgeschiche *Epiney*, 1. Abschn Rn 16 ff.

rights and obligations of states affecting the environment“[4] bezeichnet worden. Ihre 27 Prinzipien für den Umgang mit der Umwelt dienen der Ausgestaltung des Leitbilds der nachhaltigen Entwicklung, dem auf dem Rio-Erdgipfel für die weitere Entwicklung des internationalen Umweltrechts zentrale Bedeutung zugewiesen wurde. Die Rio Erklärung umfasst so unterschiedliche Aspekte wie das Recht auf Entwicklung (Prinzip 1), die Berücksichtigung der Bedürfnisse künftiger Generationen (Prinzip 3), das Gebot, Umweltschutz als integralen Bestandteil des Entwicklungsprozesses zu verstehen (Prinzip 4), den Zugang der Öffentlichkeit zu umweltrelevanten Informationen und die Beteiligung der Bürger an einschlägigen Verwaltungs- und Gerichtsverfahren (Prinzip 10), das Vorsorge-, das Verursacherprinzip und die Umweltverträglichkeitsprüfung (Prinzipien 15–17), sowie den Grundsatz der gemeinsamen, aber unterschiedlichen Verantwortlichkeiten (Prinzip 7).[5]

2 Die in der Rio Deklaration enthaltenen Prinzipien bzw Grundsätze – die Begriffe werden vorliegend synonym verwendet – zeichnen sich ebenso wie neuere und zT noch ungefestigte Konzeptionen wie der Grundsatz des gemeinsamen Menschheitserbes (*common heritage of mankind*)[6] und der Grundsatz vom *common concern of mankind*[7] durch ihre *besondere Normstruktur* aus, nach der sie vergleichsweise allg Zielvorgaben statuieren, aber der weiteren Konkretisierung auf globaler, regionaler und nationaler Ebene bedürfen.[8] Sie sind selbst nicht vollzugsfähig (*self-executing*) und erst recht nicht von Einzelnen einklagbar, dh unmittelbar anwendbar. Trotz ihrer tatbestandlichen Offenheit und Konkretisierungsbedürftigkeit gebieten sie indes häufig (aber nicht immer) die möglichst weitgehende Verwirklichung eines bestimmten „idealen Sollens“.[9] In der Diktion der von *John Rawls* und *Robert Alexy* begründeten Prinzipientheorie handelt es sich bei den Prinzipien des internationalen Umweltrechts dann um *Optimierungsgebote*, die rechtstheoretisch als *Regeln* (und gerade nicht als Prinzipien ieS) einzuordnen sind.[10] Denn nach der Prinzipientheorie ordnen Prinzipien, anders als Regeln, keine definitive Rechtsfolge an, sondern drücken Werte aus, die je nach den gegebenen tatsächlichen und rechtlichen Möglichkeiten in unterschiedlichem Grade, nämlich durch optimierende Abwägung mit kollidierenden Prinzipien am Maßstab des Verhältnismäßigkeitsgrundsatzes, zu verwirklichen sind.[11] Wie noch gezeigt wird, bringt aber etwa das Vorsorgeprinzip selbst keinen Wert zum Ausdruck – dieser läge vielmehr zB in der Integrität der Meeresumwelt – und ist auch selbst nicht abwägungsfähig, sondern *gebietet*, dass die Staaten bereits dann Maßnahmen zum Schutz der Umwelt treffen sollen, wenn noch wissenschaftliche Unsicherheit über die potentiell umweltschädlichen Auswirkungen eines bestimmten menschlichen Verhaltens besteht.[12]

---

4 *Birnie/Boyle/Redgwell*, International Law and the Environment, 112.

5 Zu den Bestimmungen im Einzelnen Viñuales (Hrsg), The Rio Declaration on Environment and Development – A Commentary, 2015.

6 Dazu *Wolfrum*, The Principle of the Common Heritage of Mankind, ZaöRV 43 (1983) 312 ff; vgl auch die detaillierte Analyse von *Vöneky/Höfelmeier*, in Proelss (Hrsg), United Nations Convention on the Law of the Sea – A Commentary, 2017, Art 136 Rn 14 ff.

7 Abgrenzung der beiden Konzepte bei *Proelß/Haake*, Gemeinschaftsräume in der Entwicklung: Von der *res communis omnium* zum *common heritage of mankind*, in von Arnauld (Hrsg), Völkerrechtsgeschichte(n), 2016, 171 (187 ff). In der Klimarahmenkonvention v 1992 und im Kyoto Protokoll v 1997 ist der Schutz der Erdatmosphäre als „gemeinsames Anliegen der Menschheit“ (*common concern of mankind*) Sorge und Aufgabe aller Staaten. Näher *Brunnée*, Common Areas, Common Heritage, and Common Concern, in Oxford Handbook, 550 (564 ff).

8 Zum Nutzen normtheoretischer Kategorienbildung auch *Scheyli*, Gemeinwohlorientierung, 286 ff.

9 *Alexy*, Recht, Vernunft, Diskurs, 1995, 177 ff; vgl auch *Beyerlin*, Different Types of Norms in International Environmental Law, in Oxford Handbook, 425 (433 ff); *Sands/Peel*, Principles, 189.

10 Zutreffend *Schröter*, Strukturprinzipien, 250 ff; *Beyerlin*, Different Types of Norms in International Environmental Law, in Oxford Handbook, 425 (339 f, 447); undeutlich noch *Proelß*, Operationalisierung, 495 (498).

11 *Alexy*, Theorie der Grundrechte, 5. Aufl. 2006, 88 ff. Deshalb sind etwa die umweltbezogenen Menschenrechte Prinzipien. Dazu *Vöneky/Beck*, 4. Abschn Rn 4 ff.

12 S u Rn 35 ff, ebd noch näher zur Frage nach der Übertragbarkeit der Prinzipientheorie auf das Völkerrecht.

3 Ungeachtet der Erklärungen von Stockholm und Rio existiert *kein geschlossener und abschließender Prinzipienkanon*. Der vorliegende Lehrbuchabschn kann denn auch keine erschöpfende Bestandsaufnahme leisten, sondern konzentriert sich auf vier zentrale – manchmal als Strukturprinzipien bezeichnete[13] – Grundsätze des internationalen Umweltrechts, namentlich den Präventionsgrundsatz, das Vorsorgeprinzip, das Verursacherprinzip und das Prinzip der nachhaltigen Entwicklung. Andere nicht minder bedeutsame Grundsätze des internationalen Umweltrechts werden im sachspezifischen Kontext anderer Lehrbuchkapitel detailliert erörtert.[14]

4 Mit der Bezeichnung als Prinzipien oder Grundsätze ist bei alledem noch nichts über die *völkerrechtliche Verbindlichkeit* der von dem Begriff erfassten Normen gesagt. Ob und ggf inwieweit ein Umweltprinzip rechtsverbindlich ist, hängt maßgeblich davon ab, ob es einer anerkannten Rechtsquelle des Völkerrechts, deren wichtigste (Vertrag; Völkergewohnheitsrecht; allg Rechtsgrundsätze) deklaratorisch in Art 38 IGH-Statut aufgelistet sind, zugeordnet werden kann. Im Rahmen des europäischen Unionsrechts steht die Verbindlichkeit der wichtigsten Prinzipien des Umweltrechts vor dem Hintergrund ihrer Kodifizierung in Art 191 Abs 2 Satz 2 AEUV zwar außer Streit. Bei genauerer Betrachtung liegt freilich auch insoweit keine Ausnahme vom Erfordernis der Zuordenbarkeit zu einer anerkannten Rechtsquelle vor, handelt es sich beim AEU-Vertrag doch zumindest dem Grunde nach unzweifelhaft um einen völkerrechtlichen Vertrag zwischen den EU-Mitgliedstaaten.[15] MaW: Ist ein Umweltprinzip in einem völkerrechtlichen Vertrag enthalten (was zumindest in jüngeren multilateralen Umweltschutzübereinkommen idR der Fall ist), sind die Vertragsparteien – vorbehaltlich seiner vertragsrechtlichen Ausgestaltung als unverbindlicher Programmsatz, was sich u a am Wortlaut der betreffenden Norm festmachen lässt[16] – daran gebunden.

5 Gegen dieses positivistische Verständnis ist unter Bezugnahme auf einen angeblichen fundamentalen verfassungsähnlichen Charakter der Umweltprinzipien geltend gemacht worden, dass diese stets als allg Rechtsgrundsätze iSv Art 38 Abs 1 lit c IGH-Statut einzuordnen seien und als solche völkerrechtlich gelten würden.[17] IdS führte der brasilianische Richter *Cançado Trindade* in seinem Sondervotum zum Urteil des IGH im *Pulp Mills*-Fall aus, dass die allg Rechtsgrundsätze, zu denen er ausdrücklich das Präventionsprinzip, das Vorsorgeprinzip, das Prinzip der nachhaltigen Entwicklung und das der intergenerationellen Gerechtigkeit zählte,[18] Ausdruck des Ideals objektiver Gerechtigkeit seien und damit Fundamente des internationalen Rechtssystems, den Schutz der Umwelt betr, bildeten.[19] Gegenüber den klassischen Rechtsquellen des Völkerrechts genössen sie stets Vorrang.[20] Damit wandte er sich ausdrücklich[21] gegen

---

13 Vgl etwa *Epiney/Scheyli*, Strukturprinzipien.

14 Vgl *Bartenstein*, 2. Abschn Rn 16 ff (zum Prinzip der gemeinsamen, aber unterschiedlichen Verantwortlichkeiten); *Stoll/Krüger*, 9. Absch Rn 16 ff (zu den Grundprinzipien des Klimaschutzrechts); *Markus*, 10. Abschn Rn 8 (zu den Prinzipien des gemeinsamen Menschheitserbes und des gemeinsamen Interesses der Menschheit); *Reichert*, 13. Abschn Rn 26 ff (zum Gebot ausgewogener und angemessener Mitnutzung grenzüberschreitender Gewässer); *Vöneky/Beck*, 5. Abschn Rn 4 ff (zu den Menschenrechten).

15 Das sieht auch der EuGH nicht anders. Vgl nur EuGH, Gutachten 1/91, Slg 1991, I-6079 Rn 21: „Dagegen stellt der EWG-Vertrag, *obwohl er in der Form einer völkerrechtlichen Übereinkunft geschlossen wurde*, nichtsdestoweniger die Verfassungsurkunde einer Rechtsgemeinschaft dar. [...]" (Hervorhebung hinzugefügt).

16 Normativ „schwach" formuliert ist etwa Art 3 Abs 3 UNFCCC: „The Parties *should* take precautionary measures to anticipate, prevent or minimize the causes of climate change and mitigate its adverse effects. [...]" (Hervorhebung hinzugefügt).

17 Für das Vorsorgeprinzip etwa *Maurmann*, Rechtsgrundsätze, 33 ff.

18 *Pulp Mills*, Sep Op *Cançado Trindade*, §§ 52 ff.

19 Ebd, § 39: „Principles of international law are guiding principles of general content, and, in that, they differ from the norms or rules of positive international law, and transcend them. As basic pillars of the international legal system (as of any legal system), those principles give expression to the *idée de droit*, and furthermore to the *idée de justice*, reflecting the conscience of the international community" (Hervorheb im Original, Fn weggelassen). S a ebd, §§ 197 ff.

20 Ebd, § 39.

21 Ebd, §§ 34, 41 f, 207 ff.

das bis heute vorherrschende Verständnis, wonach es sich bei den allg Rechtsgrundsätzen um Rechtsgrundsätze handelt, die zwecks Lückenfüllung durch Induktion aus dem *innerstaatlichen* Recht gewonnen werden.[22]

6 Diesem Verständnis ist bis auf weiteres indes nicht zu folgen. Von dem Einwand, dass es Normgenese (die Anerkennung einer Norm als Recht) und Normstruktur (die Art ihrer Wirkungsweise, dh die Frage nach den Rechtsfolgen) miteinander vermengt,[23] abgesehen, begegnet es der zentralen Kritik, das völlig unklar bleibt, welche völkerrechtlichen Prinzipien den allg Rechtsgrundsätzen iSv Art 38 Abs 1 lit c IGH-Statut – und warum – zugeordnet werden müssen. Gewiss streiten das Gerechtigkeitspostulat und damit moralische Kernanliegen dafür, auch jenseits des (seinerseits an seiner Unbestimmtheit leidenden) Konzepts des *jus cogens*[24] grundlegende Werte der internationalen Gemeinschaft als rechtsverbindlich anzuerkennen. Es darf jedoch nicht verkannt werden, dass Individuen, Gruppen und Völker durchaus zu unterschiedlichen Ergebnissen hinsichtlich der Frage gelangen können, was „gerecht" ist und was nicht. Es ist lediglich eine Behauptung, dass das Bewusstsein um die Verletzlichkeit der Umwelt und um die zentrale Bedeutung ihres Schutzes so tief in der menschlichen Denkweise verwurzelt sei, dass die Umweltprinzipien denklogisch als allg Rechtsgrundsätze qualifiziert werden müssten.[25] In verfassten Gemeinschaften ist es schon aus Gründen der Nachweisbarkeit[26] allenfalls in Extremsituationen vorstellbar, dass Recht bereits aus einer moralischen Notwendigkeit heraus automatisch zu Recht wird. Recht wird vielmehr Recht, wenn und soweit der Gesetzgeber Recht setzen will. Im Völkerrecht setzt dies auch heute noch einen zwischenstaatlichen Konsens voraus, wie er sich zwischenzeitlich u a im Hinblick auf die Zuordnung bestimmter Kernnormen zum *jus cogens* entwickelt hat. Liegt ein solcher Konsens, verkörpert in einem völkerrechtlichen Vertrag oder in der für die Entstehung von Völkergewohnheitsrecht konstitutiven Rechtsüberzeugung, hinsichtlich der Umweltprinzipien vor, gelten sie völkerrechtlich; andernfalls gelten sie nicht.[27] Die Bezeichnung als „Prinzip" bzw „Grundsatz" determiniert somit nicht die Zuordnung zu einer der Rechtsquellen des Völkerrechts, sondern ist lediglich eine normsystematische, zumal – auf Grundlage der Prinzipientheorie – ungenaue Beschreibung.[28]

---

22 Eingehend *Weiß*, Allgemeine Rechtsgrundsätze des Völkerrechts, AVR 39 (2001), 394 ff. Häufig zit Bsp sind der Grundsatz von Treu und Glauben, das Verhältnismäßigkeitsprinzip und das Verbot der ungerechtfertigten Bereicherung. S nur *Graf Vitzthum*, Begriff, Geschichte und Quellen des Völkerrechts, in ders/Proelß (Hrsg), Völkerrecht, 7. Aufl 2016, 1. Abschn Rn 143.

23 Überzeugend *Schröter*, Strukturprinzipien, 92 f.

24 Vgl Art 53 der Wiener Vertragsrechtskonvention (WVK): „Ein Vertrag ist nichtig, wenn er im Zeitpunkt seines Abschlusses im Widerspruch zu einer zwingenden Norm des allgemeinen Völkerrechts steht. Im Sinne dieses Übereinkommens ist eine zwingende Norm des allgemeinen Völkerrechts eine Norm, die von der internationalen Staatengemeinschaft in ihrer Gesamtheit angenommen und anerkannt wird als eine Norm, von der nicht abgewichen werden darf und die nur durch eine spätere Norm des allgemeinen Völkerrechts derselben Rechtsnatur geändert werden kann."

25 S aber *Pulp Mills*, Sep Op *Cançado Trindade*, § 210, 217, 220.

26 Pointiert *Güssow*, Sekundärer maritimer Klimaschutz, 257.

27 Damit ist nicht gesagt, dass die Umweltprinzipien nicht auch unabhängig von der Frage nach ihrer Rechtsgeltung bedeutende rechtspolitische Wirkungen zeitigen können. Zur Relevanz des *soft law* im Umweltvölkerrecht s *Epiney*, 1. Abschn Rn 69 ff.

28 Zudem: Wer sollte entscheiden, ob einem Umweltprinzip aus moralischen Gründen die Qualifizierung als allg Rechtsgrundsatz zuzuweisen ist? *Cançado Trindade* nimmt insoweit den IGH in den Blick; vgl ebd, § 220: „The Hague Court, also known as the World Court, is not simply the International Court of Law, it is the International Court of *Justice*, and, as such, it cannot overlook *principles*" (Hervorheb im Original). Damit würde der IGH freilich zum Rechtsetzungsorgan befördert, was mit seinen ihm von Art 92 UN-Charta iVm dem IGH-Statut übertragenen Aufgaben evident nicht zu vereinbaren ist.

II. Die Prinzipien des internationalen Umweltrechts im Einzelnen

7 Nachfolgend werden vier bereits einleitend hervorgehobene Prinzipien des internationalen Umweltrechts (Präventionsprinzip; Vorsorgeprinzip; Verursacherprinzip; Prinzip der nachhaltigen Entwicklung), die unzweifelhaft zu den wichtigsten bzw – allein schon wegen ihrer Behandlung durch die internationale Gerichtsbarkeit – normativ wirkmächtigsten Grundsätzen zählen, einer detaillierten Analyse unterzogen. Im Vordergrund der Untersuchung stehen ihre Anwendungsbereiche, ihre Normstrukturen, ihre Geltung im Völkervertrags- und Völkergewohnheitsrecht und Ansätze zu ihrer effektiveren Operationalisierung, jeweils unter besonderer Berücksichtigung der internationalen Spruchpraxis sowie der einschlägigen Dokumente I. O. und anderer Akteure. Die Entscheidung, ihre Darstellung in einem separaten Lehrbuchabschn gleichsam vor die Klammer zu ziehen, findet ihre Legitimation in der grundlegenden und die Völkerrechtsentwicklung vorantreibenden Bedeutung, vor allem aber in der *übergreifenden Relevanz* der ausgewählten Prinzipien. Dies näher zu substantiieren, ist Aufgabe und Ziel der folgenden Ausführungen.

1. Präventionsprinzip

8 Das Präventionsprinzip bzw der Grundsatz der Vorbeugung ist hinsichtlich seiner Entwicklung untrennbar mit dem *Verbot erheblicher grenzüberschreitender Umweltbelastungen* verbunden. Dieses Verbot ist das Resultat frühzeitiger Bemühungen um Lösung nachbarschaftlicher Interessenkonflikte um das Verhältnis von territorialer Souveränität des „Ursprungsstaats", von dessen Staatsgebiet eine Umweltbeeinträchtigung ausgeht, einerseits und territorialer Integrität des von der Beeinträchtigung betroffenen Staats („Opferstaat") andererseits.[29] Die von US Attorney General *Harmon* ausgangs des 19. Jh vertretene Auffassung, die Souveränität verleihe einem Staat das Recht, sein Staatsgebiet nach Belieben zu nutzen (sog *Harmon-Doktrin*),[30] ist heute in ihrer Absolutheit nicht mehr vertretbar; die USA rückten denn auch bald wieder von ihr ab.[31] Im Gegensatz dazu handelt es sich bei dem soeben genannten Verbot insoweit um einen Kompromiss zwischen den beiden Extrempositionen, als nur grenzüberschreitende Umweltbelastungen gegen das Völkerrecht verstoßen sollen, die *erheblich* sind.

9 Wegweisend für seine internationale Anerkennung waren die bekannten *Trail Smelter*-Schiedssprüche v 1938 und 1941. Schadstoffemissionen einer im kanadischen Ort Trail ansässigen Zinnschmelze hatten im benachbarten US-Bundesstaat Washington Schäden verursacht. Das Schiedsgericht befand, dass nach Völkerrecht kein Staat das Recht habe, „to use or permit the use of its territory in such a manner as to cause injury by fumes in or to the territory of another [...], when the case is of serious consequence [...]."[32] Zur Begründung stützte es sich u a auf die Judikatur des US Supreme Court und Gerechtigkeitserwägungen.[33] Im *Corfu Channel*-Fall entschied der IGH wenig später, ein Staat sei allg (d h nicht nur im umweltspezifischen Kontext) verpflichtet, „not to allow knowingly its territory to be used for acts contrary to the rights of other States".[34] Als Kehrseite dieses Schädigungsverbots entwickelte sich im internationa-

29 Terminologie nach *Beyerlin*, Umweltvölkerrecht, 2000, Rn 116. Zum Ganzen s a *Reichert*, 13. Abschn Rn 10 ff.
30 Official Opinions of the Attorney-General of the United States, Bd XXI, 1898, 281.
31 *McCaffrey*, The Harmon Doctrine One Hundred Years Later, NRJ 36 (1996) 965 (997).
32 *Trail Smelter*, 1965, gestützt u a auf *Eagleton*, Responsibility of States in International Law, 1928, 80: „A State owes at all times the duty to protect other States against injurious acts by individuals from within its jurisdiction" (ebd, 1963).
33 S ebd, 1920, 1963, 1964 f.
34 *Corfu Channel*, 22.

len Wasserrecht parallel der *Grundsatz ausgewogener Mitnutzung grenzübergreifender Ressourcen.*[35] So billigte das Schiedsgericht im *Lac Lanoux*-Fall – freilich ohne das Verbot grenzüberschreitender Umweltbelastungen explizit zu erwähnen – das Vorhaben Frankreichs, Wasser des Flusses Font-Vive, der den französischen Pyrenäensee Lanoux mit dem französisch-spanischen Grenzfluss Carol verbindet, zur Elektrizitätsgewinnung umzuleiten. Nicht nur werde das zunächst entzogene Wasser später wieder dem Grenzfluss zugeführt; es gehe vielmehr auch nicht um eine *erhebliche* Veränderung der Wassereigenschaften.[36]

a) Obligation of Result *versus* Obligation of Conduct

10 In der Lit wird heute meist ohne weiteres von der völkergewohnheitsrechtlichen Geltung des Verbots erheblicher grenzüberschreitender Umweltbelastungen ausgegangen.[37] Das ist indes zumindest ungenau. Einigkeit herrscht zwar insoweit, als *unwesentliche* Einwirkungen hinzunehmen sind, dem Gewohnheitsrecht also kein absolutes Verbot grenzüberschreitender Umweltbelastungen bekannt ist.[38] Seit jeher hat es aber Schwierigkeiten bereitet, festzustellen, wann im Einzelfall vom Vorliegen einer erheblichen bzw wesentlichen grenzüberschreitenden Umweltschädigung auszugehen ist,[39] von Problemen bei der Bestimmung der Rechtsfolgen eines Verstoßes ganz zu schweigen. Vor diesem Hintergrund hat sich die Völkerrechtsentwicklung in den vergangenen drei Jahrzehnten vom (repressiven) Verbot auf ein (präventives) Gebot, grenzüberschreitende Umweltbeeinträchtigungen so weit wie möglich zu vermeiden, verlagert. IdS lautet Prinzip 2 der Rio Deklaration, dass „States have [...] the responsibility to ensure that activities within their jurisdiction or control do not cause damage to the environment of other States or of areas beyond the limits of national jurisdiction." Auch der IGH ging bereits im *Nuclear Weapons*-Gutachten von einer „general obligation of States to ensure that activities within their jurisdiction and control respect the environment of other States or of areas beyond the national control".[40] Eine solche – verhaltensbezogene – Gewährleistungspflicht (*obligation to ensure*), deren gewohnheitsrechtliche Geltung als *Präventionsprinzip* bzw Grundsatz der Vorbeugung mittlerweile in der Tat nahezu unstr sein dürfte,[41] ist etwas völlig

---

35 Hierzu im Detail Reichert, 13. Abschn Rn 26ff. Aus der Rechtspr des IGH vgl *Gabčíkovo-Nagymaros*, § 85; *Pulp Mills*, § 177.

36 *Lac Lanoux*, 303.

37 Etwa *Wolfrum*, Purposes and Principles of International Environmental Law, GYIL 33 (1990) 308 (309 ff); *Epiney*, Das „Verbot erheblicher grenzüberschreitender Umweltbeeinträchtigungen", AVR 33 (1995) 309 (318); *Odendahl*, Umweltpflichtigkeit 114 ff; vgl auch *Hinds*, Das Prinzip „sic utere tu out alienum non laedas" und seine Bedeutung im internationalen Umweltrecht, AVR 30 (1992) 298 (301 ff). Auf die allenfalls fragmentarische Staatenpraxis weisen *Sands/Peel*, Principles, 196 hin.

38 *Sachariew*, The Definition of Thresholds of Tolerance for Transboundary Environmental Injury under International Law, NILR 37 (1990) 193 ff.

39 Vgl dazu die Definition des Begriffs „Umweltverschmutzung", die 1974 von der OECD verabschiedet worden ist (OECD, Recommendation C(74)224 of the Council on Principles Concerning Transfrontier Pollution v 14.11.1974, Teil A): „the introduction by man [...] of substances or energy into the environment resulting in deleterious effects of such a nature as to endanger human health, harm living resources and ecosystems, and impair or interfere with amenities and other legitimate uses of the environment." Für einen weiten Schadensbegriff Reichert, 13. Abschn Rn 32 mwN.

40 *Nuclear Weapons*, § 29.

41 Ebd; *Gabčíkovo-Nagymaros*, § 53; *Pulp Mills*, § 101; *Responsibilities and Obligations*, § 110 (für Art 139 Abs 1 SRÜ); *SRFC*, §§ 129 ff. S a den Schiedsspruch im *Iron Rhine*-Fall, § 59, den Kommentar der ILC zu Art 3 der Draft Articles on Prevention of Transboundary Harm from Hazardous Activities (YbILC 2001/II-2, 148 [153 ff]) sowie ILA, The Washington Conference (2014), Legal Principles Relating to Climate Change, <http://www.ila-hq.org/en/committees/index.cfm/cid/1029>, Kommentar zu Draft Art 7, para 4. Zweifelnd hingegen *Heintschel von Heinegg*, Gewohnheitsrechtliche Grundsätze und Regeln des Umweltvölkerrechts, in Ipsen (Hrsg), Völkerrecht, 6. Aufl 2014, § 50 Rn 21.

anderes als ein – erfolgsbezogenes – Verbot. Dies bestätigt eine nähere Analyse des IGH-Urteils im *Pulp Mills*-Fall.[42]

11 Gegenstand der Entscheidung war ein seit Jahren andauernder Streit zwischen Argentinien und Uruguay um den Bau und Betrieb von zwei Zellstofffabriken („pulp mills") am Río Uruguay. Der Río Uruguay markiert die Grenze der Staatsgebiete von Argentinien und Uruguay. Argentinien machte geltend, der von Uruguay genehmigte Bau und Betrieb der beiden Fabriken werde zu einer Verschmutzung der Umwelt des Flusses führen; er sei daher nicht mit den umweltschutzbezogenen Vorgaben des Statute of the River Uruguay vereinbar. Darüber hinaus habe Uruguay gegen die aus diesem bilateralen Vertrag folgenden Pflichten zur Information, Benachrichtigung – sowohl gegenüber Argentinien als auch gegenüber der mit dem Statut errichteten Comisión Administradora del Río Uruguay (CARU)[43] – und Konsultation verstoßen. Der IGH leitete aus dem in Art 41 des Vertrags normierten, dem allg Präventionsprinzip entsprechenden Gebot, Maßnahmen zur Verhinderung der Verschmutzung sowie zur Erhaltung der Flussumwelt zu treffen,[44] die Pflicht ab, „to act with due diligence in respect of all activities which take place under the jurisdiction and control of each party." Dies beinhalte, dass ein Staat „all appropriate measures to enforce its relevant regulations on a public or private operator under its jurisdiction" zu treffen habe.[45]

12 Wie der Gerichtshof bereits im Rahmen seiner Feststellungen zu den prozeduralen Pflichten dargelegt hatte, findet der Präventionsgrundsatz seinen Ursprung somit „in the due diligence that is required of a State in its territory."[46] Im Unterschied zu einem Verbot ieS, das insoweit eine Erfolgsverpflichtung (*obligation of result*) verkörperte, als jedwede erhebliche Beeinträchtigung der Umwelt eines oder mehrerer Staaten oder der Umwelt der Gebiete jenseits staatlicher Hoheitsgewalt (Hohe See, Tiefseeboden, Weltraum) als völkerrechtswidrig zu qualifizieren wäre und damit die Verantwortlichkeit des betreffenden Staates auslöste,[47] handelt es sich bei der Pflicht, unter Berücksichtigung der gebührenden Sorgfalt zu handeln, um eine Verhaltenspflicht (*obligation of conduct*), nach welcher der Staat verpflichtet ist, zur Vermeidung wahrscheinlicher grenzüberschreitender Umweltschäden alle ihm möglichen und zumutbaren Maßnahmen zu treffen. Dies hat auch die ILC in ihrem Artikelentwurf zu *Prevention of Transboundary Harm from Hazardous Activities* bekräftigt: „The obligation of the State of origin to take preventive or minimization measures is one of due diligence. It is the conduct of the State of origin that will determine whether the State has complied with its obligation under the present articles. The duty of due diligence involved, however, is not intended to guarantee that significant harm be totally prevented, if it is not possible to do so. In that eventuality, the State of origin is required, as noted above, to exert its best possible efforts to minimize the risk. In this sense, it does not guarantee that the harm would not occur."[48] All dies lässt sich nur dahingehend verstehen, dass erhebliche grenzübergreifende Schädigungen nicht (mehr) *per se* verboten sind, sondern von einem Völkerrechtsverstoß nur dann ausgegangen werden kann, wenn und soweit ein Staat die

42 Nachfolgende Ausführungen beruhen zT auf *Proelß*, Pulp Mills, 611 (620 ff).
43 Dabei handelt es sich um eine Gewässerschutz- und -verwaltungskommission, die die bilaterale Kommunikation und Konsultation zwischen den Flussanliegern bzgl aller Angelegenheiten, die die Nutzung und den Schutz des Flusses betreffen, kanalisieren soll.
44 *Pulp Mills*, §§ 190 ff.
45 Ebd, § 197.
46 Ebd, § 101.
47 S a *Birnie/Boyle/Redgwell*, International Law and the Environment, 150 f.
48 Commentary to Art 3 of the ILC Draft Articles on Prevention of Transboundary Harm from Hazardous Activities (Fn 41) para 7. Deutlich auch ILC Special Rapporteur *Rosenstock* bzgl Art 7 der ILC Draft Articles on Transboundary Watercourses v 1994 (YbILC 1994 II/2, 89 ff), wonach das Schädigungsverbot nicht garantieren solle, dass die Nutzung eines grenzübergreifenden Binnengewässers iE keinen erheblichen Schaden verursache: „It is an obligation of conduct, not an obligation of result" (ebd, 103, para 4).

nach Treu und Glauben einzuhaltenden Sorgfalts- bzw Gewährleistungspflichten verletzt.[49] Wann dies der Fall ist, kann nicht allg beantwortet werden, sondern richtet sich nach den konkreten Umständen des Einzelfalls.[50] Es ist eine Konsequenz der Rechtsnatur des Präventionsprinzips als Optimierungsgebot, dass für unterschiedliche Staaten angesichts divergierender faktischer und rechtlicher Möglichkeiten verschiedene Sorgfaltsanforderungen gelten können.[51] Relevante Faktoren sind in diesem Zusammenhang u a die Einhaltung technischer Standards wie der „besten verfügbaren Technologien" oder der „besten Umweltpraxis" sowie der allg Stand der Wissenschaft.[52] Die Kammer für Meeresbodenstreitigkeiten des ISGH formulierte, dass die im Präventionsgrundsatz zum Ausdruck kommende Gewährleistungspflicht gebiete, „to deploy adequate means, to exercise best possible efforts, to do the utmost, to obtain this result."[53] Deutlichere Konturen kann der *due diligence*-Standard durch spezialvertragliche Regelungen oder im Rahmen von I. O. verabschiedeter Verhaltenskodizes gewinnen.[54]

13 Im Unterschied zu diesem Verständnis, wonach das ältere Verbot erheblicher grenzüberschreitender Umweltbeeinträchtigungen vom neueren Präventionsgrundsatz *abgelöst* worden ist, wird in der Lit vertreten, dass der Präventionsgrundsatz jenes Verbot lediglich um eine präventive Perspektive *ergänzt* habe, dieses also parallel weitergelte. Es existierten mithin zwei Dimensionen eines allg Nichtschädigungsgebots (*no harm rule*): „In its prohibitive function, it forbids any state from causing significant transboundary environmental harm. In its preventive function, 'no harm' obliges every state of origin 'to take adequate measures to control and regulate in advance sources of potential significant transboundary harm'."[55] Die „Verbotsfunktion" der *no harm rule* spiegelte hiernach die *Trail Smelter*-Entscheidung wider, demgegenüber die „Präventionsfunktion" im Präventionsprinzip verankert wäre.

14 Diese Auffassung trägt indes dem Umstand, dass die internationalen Dokumente und Entscheidungen der vergangenen drei Jahrzehnten nur vom Präventionsprinzip, nicht aber der repressiven Dimension einer allg *no harm rule* sprechen, nicht hinreichend Rechnung. Besonders deutlich wird dies in den Arbeiten der ILC, die in ihren *Draft Articles on Prevention of Transboundary Harm from Hazardous Activities*, ebenso wie der IGH im *Pulp Mills*-Fall, mit keinem Wort auf das Verbot der erheblichen grenzüberschreitenden Umweltbeeinträchtigungen einging. Vielmehr ordnete die Kommission auch die *Trail Smelter*-Entscheidung ausdrücklich der präventiven Ausprägung des Nichtschädigungsgebots zu,[56] die lediglich eine *obligation of conduct* ver-

---

49 So für das Gewässerschutzrecht auch *Reichert*, 13. Abschn Rn 35.

50 Ein solches Verständnis trägt im Übrigen dem Charakter des Präventionsprinzips als Optimierungsgebot (s o Rn 3) angemessen Rechnung.

51 *Birnie/Boyle/Redgwell*, International Law and the Environment, 149. Krit insoweit *Plakokefalos*, Prevention Obligations in International Environmental Law, YIEL 23 (2012) 3 (33 ff).

52 Vgl nur den Wortlaut des ausdrücklich auf Gefahrenabwehr (Prävention, Vorbeugung bzw Verhütung) abstellenden Art 2 Abs 3 OSPAR. S a den Kommentar der ILC zu Art 3 der Draft Articles on Prevention of Transboundary Harm from Hazardous Activities (Fn 41) para 11 sowie *Birnie/Boyle/Redgwell*, International Law and the Environment, 148 f; *Handl*, Transboundary Impacts, in Oxford Handbook, 531 (538).

53 *Responsibilities and Obligations*, § 110. S a die Kriterien des Draft Art 7A Abs 3 der ILA, The Washington Conference (2014), Legal Principles Relating to Climate Change, <http://www.ila-hq.org/en/committees/index.cfm/cid/1029>.

54 Bsp bei *Birnie/Boyle/Redgwell*, International Law and the Environment, 149 f.

55 *Beyerlin/Marauhn*, International Environmental Law, 40 f (Fußnote weggelassen); s a *Scovazzi*, State Responsibility for Environmental Harm, YIEL 2001, 43 (47 f).

56 General Commentary to the ILC Draft Articles on Prevention of Transboundary Harm from Hazardous Activities (YbILC 2001/II-2, 148) para 4: „It must be further noted that the well-established principle of prevention was highlighted in the arbitral award in the *Trail Smelter* case and was reiterated not only in principle 21 of the Declaration of the United Nations Conference on the Human Environment (Stockholm Declaration) and principle 2 of the Rio Declaration, but also in General Assembly resolution 2995 (XXVII) of 15 December 1972 on cooperation between States in the field of the environment" (Fußnoten weggelassen). Aus der Lit wie hier *de Sadeleer*, The Principles of Prevention and Precaution in International Law: Two Heads of the Same Coin?, in Fitzmaurice/Ong/Merkouris (Hrsg),

körpere. Die Annahme einer parallelen Geltung von Sorgfalts- und Erfolgspflicht führt überdies zu der Anschlussfrage, ob ein Staat vor dem Hintergrund der Fortgeltung eines – repressiven – Verbots erheblicher grenzüberschreitender Umweltbelastungen auch dann für eingetretene Umweltschäden zur Verantwortung gezogen werden kann, wenn er zuvor im Lichte des Maßstabs der gebotenen Sorgfalt alle Maßnahmen getroffen hat, um jene Schäden zu verhindern. Eine solche Verantwortlichkeit zu begründen, trifft auf erhebliche methodische Schwierigkeiten. Entweder müsste davon ausgegangen werden, dass ein eigentlich erlaubtes (weil am Maßstab der *due diligence* pflichtgemäßes) Verhalten im Lichte eines eingetretenen erheblichen Schadens *ex post* als völkerrechtswidrig zu qualifizieren wäre – eine Konstruktion, die dem Völkerrecht schon deshalb unbekannt ist, weil sie mit erheblichen Unsicherheiten hinsichtlich der für die Verantwortlichkeit eines Staats obligatorischen Voraussetzung der Verletzung einer völkerrechtlichen Pflicht[57] verbunden wäre. Oder man qualifizierte das Verbot der erheblichen grenzüberschreitenden Umweltbelastungen als ausschließlich rechtsfolgenbezogene (und damit unabhängig vom Vorliegen einer Pflichtverletzung anwendbare) Ausprägung einer reinen Erfolgshaftung. Indes bietet das Völkergewohnheitsrecht für eine Erfolgshaftung keine Grundlage.[58] Schließlich könnte erwogen werden, die Völkerrechtsverletzung in den schädigenden Folgen des an sich erlaubten Verhaltens zu erblicken. Freilich ist auch eine solche Vermengung von Pflichtverletzung und Rechtsfolgen dem geltenden Recht der Staatenverantwortlichkeit unbekannt.[59] Aus diesen Gründen ist daran festzuhalten, dass das Verbot erheblicher grenzüberschreitender Umweltbelastungen heute grundsätzlich nur noch in Form des Präventionsgrundsatzes gilt. Von etwas anderem könnte allenfalls in Fällen ausgegangen werden, in denen ein Staat eine *in höchstem Maße risikogeneigte Technologie* zugelassen hat,[60] wobei auch insoweit die Staatenpraxis nicht eindeutig ist. Neben der Umgehung des Problems, wann eine Umweltbeeinträchtigung erheblich ist, liegt ein weiterer Vorteil der Annahme präventiv zur Anwendung gelangender Gewährleistungspflichten bei alledem darin, dass auf diese Weise Probleme hinsichtlich der Zurechenbarkeit privaten Verhaltens zumindest teilweise vermieden werden können.[61]

b) Anwendungsbereich und Reichweite

15 Hinsichtlich seines Anwendungsbereichs handelt es sich beim Präventionsprinzip – *erstens* – um einen *Grundsatz der Gefahrenabwehr*. Es erfasst ausschließlich Situationen, in denen der Eintritt einer Umweltgefährdung nicht nur möglich, sondern wahrscheinlich ist.[62] In völkerrechtlichen Dokumenten kommt dies etwa in der Formulierung „likely to be affected" zum Ausdruck.[63] Die Draft Articles on Prevention of Transboundary Harm from Hazardous Activities der ILC scheinen zwar vordergründig vom gegenteiligen Verständnis auszugehen, wenn Art 1 davon spricht, dass der Entwurf auf „activities not prohibited by international law which involve *a risk of causing significant transboundary harm* through their physical consequences"[64] anwendbar

Research Handbook on International Environmental Law, 2010, 182f; *Hey*, Global Environmental Law, FYIL 19 (2008), 5 (10f); *Birnie/Boyle/Redgwell*, International Law and the Environment, 150f.

57 Vgl Art 2 und 3 der von der UN-Generalversammlung zur Kenntnis genommenen Articles on Responsibility of States for Internationally Wrongful Acts (UN Doc A/RES/56/83 v 12.12.2001).

58 S nur *Schröder*, Verantwortlichkeit, Völkerstrafrecht, Streitbeilegung und Sanktionen, in: Graf Vitzthum/Proelß (Fn 22) 7. Abschn Rn 20. Zu der vertragsrechtlichen Ausnahme des Weltraumhaftungsübereinkommens *Proelß*, 11. Abschn Rn 47.

59 Vgl *Schmalenbach*, 7. Abschn Rn 23.

60 Dafür *Proelß*, Pulp Mills, 611 (620ff) mit Verweis auf *Jenks*, Liability for Ultra-Hazardous Activities in International Law, RdC 117 (1966-I) 105ff.

61 *Responsibilities and Obligations*, § 112.

62 *Epiney/Scheyli*, Strukturprinzipien, 112 mwN.

63 Vgl etwa Art 2 lit e der Draft Articles on Prevention of Transboundary Harm from Hazardous Activities (Fn 41).

64 Hervorhebung hinzugefügt.

sei. Bei genauerer Betrachtung zeigt sich jedoch, dass mit dem Abstellen auf das *Risiko* eines erheblichen Umweltschadens kein Risikomanagement ieS, das bereits im Falle wissenschaftlicher Unsicherheit über die potentiell abträglichen Auswirkungen eines menschlichen Verhaltens auf die Umwelt zur Anwendung gelangt, in Bezug genommen wird. So betont die Legaldefinition des Art 2 lit a der Draft Articles, dass Risiken, hinsichtlich derer nicht mindestens eine hohe Wahrscheinlichkeit bzgl des Eintritts erheblicher grenzüberschreitender Umweltschäden besteht, nicht vom Präventionsprinzip erfasst werden.[65] Risiken iSd Präventionsprinzips zeichnen sich demnach dadurch aus, dass die Ursache-Effekt-Beziehung im Wesentlichen bekannt ist,[66] wohingegen beim Vorsorgeprinzip die Wahrscheinlichkeit des Risikos selbst wegen wissenschaftlicher Unsicherheit unklar ist.[67] In den Worten des IGH-Richters *Cançado Trindade*: „Prevention envisaged risks, but assumed they were certain. Precaution thus emerged, as an ineluctable principle, to face also uncertain risks, given the uncertainties of life itself, and the intuition of surrounding death."[68] Der Unterschied zwischen Entscheidungsfindung unter Risiko und Entscheidungsfindung unter Unsicherheit lässt sich unter Bezugnahme auf entscheidungstheoretische Überlegungen und also mittels einer interdisziplinären Herangehensweise konkretisieren.[69]

16 Andernfalls müsste überdies davon ausgegangen werden, dass das Präventionsprinzip vom Vorsorgeprinzip vollständig umfasst wäre. Es trifft zwar zu, dass eine randscharfe Trennung zwischen den beiden Prinzipien angesichts der Unbestimmtheit der Konzepte des Risikos und der Unsicherheit nicht möglich ist.[70] Eine gewisse Tendenz zur Nivellierung des Unterschieds äußert sich u a in der Legaldefinition des Vorsorgeprinzips in Art 2 Abs 2 lit a OSPAR, wonach unter den genannten Voraussetzungen „Verhütungsmaßnahmen" („preventive measures") getroffen werden müssen.[71] Der Umstand, dass das Präventionsprinzip in zahlreichen anderen Verträgen und internationalen Dokumenten separat kodifiziert wurde,[72] streitet aber ebenso wie die Rechtspr des IGH[73] dafür, an der Differenzierung zwischen den Grundsätzen der Vorbeugung einerseits und der Vorsorge andererseits bis auf weiteres festzuhalten. Auch die ILC ging nur im Kontext von Art 10 lit c der Draft Articles, die von Art 9 Abs 2 vorgesehene Interessenabwägung, die im Rahmen der zwischenstaatlichen Konsultationen über die Vermeidung von Umweltbeein-

---

65 Eine Ausnahme gilt nach Auffassung der ILC nur für Situationen, in denen katastrophale Umweltschäden drohen. Auch insoweit soll freilich nicht jede Möglichkeit des Schadenseintritts, und sei sie auch noch so unwahrscheinlich, genügen; erforderlich sei vielmehr zumindest eine geringe Wahrscheinlichkeit. Vgl den Kommentar zu Art 2 lit a der Draft Articles on Prevention of Transboundary Harm from Hazardous Activities (Fn 41) para 3. Zum Ganzen auch *Epiney/Scheyli*, Strukturprinzipien, 112.

66 Bsp: Es besteht ein statistisches Risiko von 10%, dass eine Tätigkeit einen grenzüberschreitenden Umweltschaden hervorruft.

67 Treffend *Schröter*, Strukturprinzipien, 283; deutlich auch *de Sadeleer*, Environmental Principles, 2012, 70 f. Zum Unterschied aus entscheidungstheoretischer Sicht *Sandin*, The Precautionary Principle and the Concept of Precaution, Environmental Values 13 (2004) 461 (463, 466 ff).

68 *Pulp Mills*, Sep Op *Cançado Trindade*, § 69.

69 Weiterführend die Ausführungen von *Schröter*, Strukturprinzipien, 284 ff mwN, ebd, 288 ff zur Übertragbarkeit entscheidungstheoretischer Überlegungen auf das Recht.

70 Vgl *Verschuuren*, Principles, 65; *Trouwborst*, Prevention, Precaution, Logic and Law, Erasmus Law Review 2 (2009) 105 (119 ff); ILA, The Washington Conference (2014), Legal Principles Relating to Climate Change, <http://www.ila-hq.org/en/committees/index.cfm/cid/1029>, Kommentar zu Draft Art 7, para 1 f. Die Kammer für Meeresbodenstreitigkeiten des ISGH ging ferner davon aus, dass der Sorgfaltsmaßstab der *due diligence* das Bindeglied zwischen dem Präventionsprinzip einerseits und dem Vorsorgeprinzip andererseits verkörpere; *Responsibilities and Obligations*, § 131. S a *Construction of a Road*, Sep Op *Cançado Trindade*, § 56.

71 Freilich ist dort dann weiter die Rede davon, dass die Pflicht selbst dann zum Tragen komme, wenn „there is no conclusive evidence of a causal relationship between the inputs and the effects".

72 S nur Art 191 Abs 2 AEUV; Prinzipien 2 und 15 Rio Deklaration.

73 Vgl die zurückhaltende Formulierung zum Vorsorgeprinzip in *Pulp Mills*, § 164 („[...] while the Court considers that a precautionary approach may be relevant in the interpretation and application of the provisions of the Statute [...]") gegen § 101 (Anerkennung des Präventionsprinzips als Gewohnheitsrecht).

trächtigungen durchgeführt werden soll, betr, von einer Verknüpfung des Präventionsprinzips mit dem Vorsorgeprinzip aus.[74] Hinzu tritt die nach wie vor nicht einhellig beantwortete Frage nach der völkergewohnheitsrechtlichen Geltung des Vorsorgeprinzips (s u Rn 30 ff), demgegenüber die allg Geltung des Grundsatzes der Vorbeugung mittlerweile, wie gezeigt, außer Streit steht. Schließlich sind mit den beiden Prinzipien, ungeachtet ihrer Einordnung als Optimierungsgebote, auch unterschiedliche Rechtsfolgen verbunden: Im Unterschied zum Vorsorgeprinzip lässt es das Präventionsprinzip angesichts seiner Rechtsnatur als Grundsatz der Gefahrenabwehr nicht zu, das mit der in Rede stehenden Tätigkeit wahrscheinlich einhergehende Risiko einer Umweltbeeinträchtigung durch Bezugnahme auf etwaige Vorteile für die Bewahrung eines anderen Umweltguts abzuwägen.[75]

17 *Zweitens* erfasst das Präventionsprinzip seinen historischen Grundlagen und seiner Natur als Grundsatz des internationalen Umweltrechts entsprechend nur *grenzüberschreitende* Umweltbeeinträchtigungen. Grenzüberschreitend sind Belastungen zunächst dann, wenn ihre Auswirkungen das Hoheitsgebiet eines anderen Staats betreffen. Der IGH hat indes bereits im *Nuclear Weapons*-Gutachten anerkannt, dass nicht geographische Nähe oder eine gemeinsame Grenze für die Eröffnung des Anwendungsbereichs des Präventionsprinzips maßgeblich sind, sondern der Kausalzusammenhang zwischen schädlicher Tätigkeit und Umweltbelastung.[76] Prinzip 2 der Rio Deklaration bestätigt, dass der Grundsatz der Vorbeugung heute prinzipiell räumlich unbeschränkt gilt und auch die Umwelt der Staatengemeinschaftsräume (*areas beyond the limits of national jurisdiction*) erfasst.[77]

18 Probleme bereitet – *drittens* – die Frage nach der Reichweite des Präventionsprinzips, namentlich im Hinblick darauf, ob diesem Grundsatz sowohl prozedurale als auch materiellrechtliche Ausprägungen inhärent sind.[78] Im *Pulp Mills*-Fall ging der IGH im Grundsatz zunächst davon aus, dass es sich bei der spezialvertraglich gewährleisteten, spezifisch auf den Schutz der aquatischen Umwelt des Río Uruguay gerichteten Ausprägung des allg Gebots, alle möglichen und zumutbaren Maßnahmen zu treffen, um erhebliche grenzüberschreitende Verschmutzungen zu verhindern, um eine materiell-rechtliche Pflicht (*substantive obligation*) handele. Freilich seien aus dieser Pflicht, gleichsam als ihr Annex, *prozedurale* Pflichten abzuleiten.[79] Zu diesen Pflichten, denen der Gerichtshof angesichts ihres höheren Konkretisierungsgrads hohe Bedeutung zumaß,[80] zählte er vor dem Hintergrund der potentiellen Auswirkungen der geplanten Zellstofffabriken auf die Flussumwelt vor allem die in Art 7 bis 12 des Flussstatuts normierten Pflichten, die Flusskommission über die betreffenden Projekte zu informieren, diese gegenüber dem Nachbarstaat Argentinien zu notifizieren und mit ihm zu verhandeln („obligations of informing, notifying and negotiating").[81] Dies entspricht im Einzelnen Prinzip 19 der Rio Deklaration, wonach „States shall provide prior and timely notification and relevant information to potentially affected States on activities that may have a significant adverse transboundary environmental effect and shall consult with those States at an early stage and in good faith." Deshalb sowie vor

---

74 Kommentar der ILC zu Art 10 der Draft Articles on Prevention of Transboundary Harm from Hazardous Activities (Fn 41) paras 5 ff.

75 Zum Vorsorgeprinzip s u Rn 35 ff.

76 *Nuclear Weapons*, § 29.

77 S a *Kunig*, Nachbarschaftliche Staatsverpflichtungen bei Gefährdungen und Schädigungen der Umwelt, BerDGVR 32 (1992) 9 (12 f); bzgl der Einbeziehung auch weiträumiger Beeinträchtigungen noch zweifelnd *Schröder*, Waldschäden als Problem des internationalen und des europäischen Rechts, DVBl 1986, 1173 (1176 f).

78 Dazu bereits *Proelß*, Pulp Mills, 611 (614 ff).

79 Vgl *Birnie/Boyle/Redgwell*, International Law and the Environment, 177 ff.

80 *Pulp Mills*, § 77: „However, whereas the substantive obligations are frequently worded in broad terms, the procedural obligations are narrower and more specific, so as to facilitate the implementation of the 1975 Statute through a process of continuous consultation between the parties concerned".

81 Ebd, §§ 80 ff.

dem Hintergrund von Art 8 und 9 der ILC Draft Articles[82] wird heute überwiegend und zutreffend von der gewohnheitsrechtlichen Geltung dieser prozeduralen Pflichten ausgegangen.[83]

19 Die Erfüllung der (materiell-rechtlichen) Pflicht, unter Wahrung des Verhaltensmaßstabs der *due diligence* alle möglichen und zumutbaren Maßnahmen zu treffen, um erhebliche grenzüberschreitende Verschmutzungen zu verhindern und die Umwelt zu schützen, wird somit zunächst über die Wahrung der Pflichten zur Information, Notifizierung und Konsultation gewährleistet.[84] Als entscheidendes Bindeglied der beiden Pflichtenkategorien erweist sich nach Ansicht des IGH sodann die Pflicht zur Durchführung einer Umweltverträglichkeitsprüfung (UVP), auf welche sich der Gerichtshof sowohl im prozeduralen Zusammenhang[85] als auch im Kontext der materiell-rechtlichen Pflichten bezog. So stellte er fest: „It is the opinion of the Court that in order for the Parties properly to comply with their obligations under Article 41 (a) and (b) of the 1975 Statute, they must, *for the purposes of protecting and preserving the aquatic environment* with respect to activities which may be liable to cause transboundary harm, carry out an environmental impact assessment."[86] Die materiell-rechtliche Pflicht, die Umwelt zu schützen und zu bewahren, sei dabei ihrerseits im Lichte der Pflicht zur Vornahme einer UVP zu interpretieren: „[T]he obligation to protect and preserve, under Article 41 (a) of the Statute, has to be interpreted in accordance with a practice, which in recent years has gained so much acceptance among States that it may now be considered a requirement under general international law to undertake an environmental impact assessment where there is a risk that the proposed industrial activity may have a significant adverse impact in a transboundary context, in particular, on a shared resource. Moreover, due diligence, and the duty of vigilance and prevention which it implies, would not be considered to have been exercised, if a party planning works liable to affect the régime of the river or the quality of its waters did not undertake an environmental impact assessment on the potential effects of such works."[87]

20 Zusammenfassend liegt der Entscheidung des IGH im *Pulp Mills*-Fall damit folgende Argumentationslinie zugrunde: Die prozeduralen Pflichten zur Information, Notifizierung und Konsultation bilden die Voraussetzung für die Pflicht zur Durchführung einer UVP, bzgl derer der Verhaltensmaßstab der *due diligence* zu wahren ist.[88] Letzterer ist zugleich im Rahmen der materiell-rechtlichen Pflicht, die Umwelt zu schützen und zu bewahren sowie Verschmutzungen zu vermeiden, einzuhalten. Ob ein Staat auf der Grundlage dieser Pflicht die erforderlichen und ihm zumutbaren Maßnahmen zur Vorbeugung von Umweltbeeinträchtigungen ergriffen hat, ist wiederum maßgeblich unter Bezugnahme auf die Pflicht zur Durchführung einer UVP zu beurteilen. Deren Ergebnisse schließlich sind den potentiell von negativen Umwelteinwirkungen betroffenen Staaten zu notifizieren.

21 Auf der Basis der Urteilsgründe der *Pulp Mills*-Entscheidung ist mithin festzustellen, dass die prozeduralen und materiell-rechtlichen Pflichten zum Schutz der Umwelt – beides Ausprägungen des allg Präventionsprinzips – sowohl hinsichtlich ihrer tatbestandlichen Vorausset-

---

82 Nachw in Fn 41.

83 Vgl nur *Odendahl*, Umweltpflichtigkeit, 139 ff; *Beyerlin/Marauhn*, International Environmental Law, 227 ff. Zu den Pflichten im Einzelnen *Epiney*, 4. Abschn Rn 6 ff; *Plakokefalos* (Fn 51) 5 ff.

84 Deutlich *Pulp Mills*, § 102: „[i]n the view of the Court, the obligation to inform CARU allows for the initiation of co-operation between the Parties which is *necessary* in order to fulfill the obligation of prevention" (Hervorhebung hinzugefügt).

85 Ebd, § 115 f.

86 Ebd, § 204 (Hervorhebung hinzugefügt).

87 Ebd; zur UVP-Pflicht eingehend *Epiney*, 4. Abschn 19 ff.

88 *Due diligence* verkörpert bei genauerer Betrachtung also nicht selbst die einzuhaltende Pflicht, sondern definiert vielmehr den Sorgfaltsmaßstab, der im Rahmen der Prüfung, ob das Präventionsprinzip verletzt wurde, zu beachten ist. Treffend *Construction of a Road*, Sep Op *Dugard*, § 9; aA offenbar *Responsibilities and Obligations*, § 131; *Construction of a Road*, Sep Op *Donoghue*, § 9.

zungen als auch mit Blick auf die Rechtsfolgen aufeinander aufbauen, wechselseitig Bezug nehmen und miteinander verknüpft sind. Sie sind gewiss nicht deckungsgleich: Die materiellrechtliche Seite erfasst insbes die Implementierung der erforderlichen regulatorischen und politischen Maßnahmen.[89] Die staatlicherseits zu wahrenden Anforderungen gründen indes, wie gesagt, im selben *Maßstab*, namentlich dem der *due diligence*.[90] Deshalb ist es nicht einsichtig, warum der Gerichtshof es ablehnte, aus der festgestellten Verletzung der prozeduralen Informationspflicht automatisch eine Verletzung des Präventionsprinzips abzuleiten,[91] und weshalb er in der bloßen gerichtlichen Feststellung eines Verstoßes Uruguays gegen die Informationspflicht eine ausreichende Wiedergutmachung erblickte.[92] Die hierin zum Ausdruck kommende Relativierung der prozeduralen umweltrechtlichen Anforderungen stößt schon deshalb auf erhebliche Bedenken, weil Informations- und Konsultationspflichten einen wesentlichen Beitrag zur Implementierung und Operationalisierung des materiellen Rechts leisten (Stichwort „Umweltschutz durch Verfahren"), ja häufig überhaupt erst dessen Wirkmächtigkeit gewährleisten. Wenn die – tatbestandlich engeren und spezifischeren – prozeduralen Pflichten der Information, Benachrichtigung und Konsultation zudem, wie vom Gerichtshof selbst angenommen, die Grundlage für die effektive Implementierung der „offeneren" und „elastischeren" materiell-rechtlichen Gebote bilden, besteht in der Sache eine deutlichere Verbindung zwischen den beiden Kategorien als ein bloßer „functional link".[93] Es handelt sich um normative Ausprägungen ein- und desselben Prinzips. Darauf stellten auch die Richter *Al-Khasawneh* und *Simma* in ihrer gemeinsamen abweichenden Meinung ab, indem sie kritisierten, der Gerichtshof habe dem von ihm selbst betonten funktionalen Zusammenhang zwischen prozeduralen und materiell-rechtlichen Pflichten zu wenig Gewicht beigemessen.[94] Angesichts der Dehnbarkeit und allg Natur der materiell-rechtlichen Pflichten komme der Frage nach einem Verstoß gegen prozedurale Pflichten entscheidende Bedeutung zu; sie sei der „essential indicator of whether, in a concrete case, substantive obligations were or were not breached."[95] Deshalb hätte der Gerichtshof aus dem Verstoß gegen die Pflichten zur Information und Benachrichtigung – auch unter den spezifischen Vorgaben des Statute of the River Uruguay – eine Verletzung des Präventionsprinzips ableiten müssen. Den zunächst eingeschlagenen – und grundsätzlich zu befürwortenden – Weg einer „proceduralisation of international water law"[96] ging er nicht zu Ende.

22 Auch im zuletzt entschiedenen *Construction of a Road*-Fall hielt der IGH an der Trennung zwischen prozeduralen und materiell-rechtlichen Pflichten fest. Der Gerichtshof blieb sogar noch hinter dem *Pulp Mills*-Urteil zurück, indem er im Rahmen der Prüfung einer Verletzung der materiell-rechtlichen Pflichten nicht mehr auf das präventive Gebot der Vermeidung von Umweltbeeinträchtigungen, hinsichtlich dessen der Sorgfaltsmaßstab der *due diligence* zur Anwendung gelangt, abstellte, sondern darauf, ob das Verbot erheblicher grenzüberschreitender Umweltbeeinträchtigungen durch Verursachung eines Umweltschadens verletzt wurde.[97] Dies läuft im Ansatz auf eine „Wiederbelebung" des alten (freilich nicht ausdrücklich in Bezug genomme-

---

89 *Pulp Mills*, § 197: „It is an obligation which entails not only the adoption of appropriate rules and measures, but also a certain level of vigilance in their enforcement and the exercise of administrative control applicable to public and private operators, such as the monitoring of activities undertaken by such operators, to safeguard the rights of the other party."

90 Für die materiell-rechtlichen Pflichten *Pulp Mills*, § 101; s a *Construction of a Road*, Sep Op *Dugard*, § 7. Zur Konkretisierung des *due diligence*-Standards s o Rn 13.

91 *Pulp Mills*, §§ 71 ff.

92 Ebd, §§ 269, 272 ff.

93 Zutreffende Kritik bei *Plakokefalos*, Current Legal Developments: The Pulp Mills Case, IJMCL 26 (2011) 169 (180 f).

94 *Pulp Mills*, Diss Op *Al-Khasawneh* und *Simma*, § 27.

95 Ebd, § 26.

96 *McIntyre*, The Proceduralisation and Growing Maturity of International Water Law, JEL 22 (2010) 475 (489).

97 *Construction of a Road*, §§ 119 f, 177 ff.

nen) *Trail Smelter*-Grundsatzes im Gewand der materiell-rechtlichen Dimension des Präventionsgrundsatzes hinaus.[98] Von den bereits o (vgl Rn 11ff) gegen den Fortbestand eines Verbots erheblicher grenzüberschreitender Umweltbeeinträchtigungen erhobenen Einwänden abgesehen, lässt sich eine solche Sichtweise konzeptionell indes auch deshalb kaum begründen, weil sie vom Vorliegen eines Schadens automatisch auf eine Völkerrechtsverletzung schließt, obwohl gemäß allg Völkerrecht das Vorliegen eines Schadens gerade nicht Voraussetzung der Staatenverantwortlichkeit ist.[99] Eine schematische Zuordnung der materiell-rechtlichen Pflichten zur repressiven und der prozeduralen Pflichten zur präventiven Seite der *no harm rule* ist daher abzulehnen.[100]

23 Insgesamt bestehen im Lichte der Judikatur des IGH zwar nach wie vor erhebliche Unsicherheiten über die tatbestandliche Reichweite des Präventionsprinzips. Anerkannt ist indes, dass dieser Grundsatz über eine prozedurale und eine materiell-rechtliche Dimension verfügt, und dass diese Dimensionen sich in weiteren Rechtspflichten manifestieren. Ihre Einhaltung ist richtigerweise am Maßstab der *due diligence* zu beurteilen, wobei ein Verstoß gegen die prozeduralen Pflichten regelmäßig einfacher feststellbar sein wird als eine Verletzung der materiell-rechtlichen Pflichten. Der Charakter des Präventionsprinzips als Optimierungsgebot manifestiert sich bei alledem im Einzelfallbezug des *due diligence*-Standards.

2. Vorsorgeprinzip

24 Das Vorsorgeprinzip gehört zu den wichtigsten und zugleich str Neuerungen des internationalen Umweltrechts der vergangenen Jahrzehnte. Entstehungsgeschichtlich findet es seine Ursprünge im schwedischen und dt Umweltrecht.[101] Nachdem der Vorsorgegedanke im Rahmen der Konferenzen zum Nordseeschutz in den 1980er Jahren erstmals größere Beachtung fand, ist er mittlerweile in Abkommen zum Schutz des Meeres,[102] der Binnengewässer,[103] der Arten[104] sowie des Klimas[105] aufgegriffen worden.

a) Anwendungsbereich

25 Auf globaler Ebene wurden die Kernelemente des Vorsorgeprinzips erstmals in Prinzip 15 der Rio Deklaration wie folgt umschrieben: „In order to protect the environment, the precautionary approach shall be widely applied by all States according to their capabilities. Where there are threats of serious or irreversible damage, lack of full scientific certainty shall not be used as a reason for postponing cost-effective measures to prevent environmental degradations." Das Vorsorgeprinzip soll hiernach von den Staaten auf breiter Ebene und – ein für seine Implementie-

---

98 S a *Brunnée*, Procedure and Substance in International Environmental Law: Confused at a Higher Level?, ESIL Reflection 5 (2016) Nr 6, 7.

99 S o Fn 58.

100 Im Fall *Aerial Herbicide Spraying* rügte Ecuador ausführlich eine Verletzung des Verbots der erheblichen grenzüberschreitenden Umweltverschmutzung durch den Nachbarstaat Kolumbien, substantiierte diese Rüge indes unter ausschließlicher Bezugnahme auf die präventive Seite der *no harm rule*. Vgl *Aerial Herbicide Spraying*, Memorial of Ecuador, Vol I, 273ff.

101 *Birnie/Boyle/Redgwell*, International Law and the Environment, 154 mwN; vgl auch *Arndt*, Das Vorsorgeprinzip im EU-Recht, 2009, 13ff, 42ff. – Nachfolgende Ausführungen zum Vorsorgeprinzip beruhen zT auf *Proelß*, Operationalisierung, insbes mit Blick auf die in Rn 35ff thematisierte Operationalisierung dieses Grundsatzes.

102 Vgl Art 2 Abs 2 lit a OSPAR; s a die Definition von „Verschmutzung" in Art 1 Abs 1 Nr 4 SRÜ („abträgliche Wirkungen [...] ergeben oder ergeben *können*").

103 Vgl Art 2 Abs 5 lit a des UNECE-Gewässerschutzübereinkommens.

104 Vgl 9. Erwägungsgrund der Präambel der CBD.

105 Vgl Art 3 Abs 3 UNFCCC.

rung zentraler Aspekt – *in Abhängigkeit von den jeweils gegebenen Möglichkeiten* („according to their capabilities") angewendet werden. Zweitens legt der Wortlaut von Prinzip 15 mit der Bezugnahme auf „cost-effective measures" nahe, dass *ökonomische Gesichtspunkte* mit in die Entscheidungsfindung eingestellt werden können.[106] Drittens soll ein Mangel an voller wissenschaftlicher Gewissheit in Situationen, in denen das Risiko erheblicher oder unumkehrbarer Umweltschäden besteht, nicht zur Einstellung von bereits ergriffenen umweltschutzbezogenen Maßnahmen führen. Diese Umschreibung bringt zum einen ein zeitliches Element zum Ausdruck: Bereits die Entstehung von Umweltbelastungen soll vermieden werden, was frühzeitige regulatorische Maßnahmen bedingt. Von großer Bedeutung ist zum anderen das Element des *Verzichts auf wissenschaftliche Gewissheit* hinsichtlich der potentiell umweltschädlichen Folgen einer Maßnahme. In der Tat besteht über das Schadenspotential einer Maßnahme selten bereits in dem Zeitpunkt, in dem sie durchgeführt wird, wissenschaftliche Klarheit. Dies gilt zumal für globale und von einer Vielzahl verschiedener Faktoren abhängige Umweltphänomene wie den Klimawandel. Das Vorsorgeprinzip betrifft also staatliche *Entscheidungsfindung unter Unsicherheit*, indem es auf den Kausalzusammenhang zwischen Verhalten und Umweltbelastung verzichtet.[107] Anders als beim Präventionsprinzip stehen die Eintrittswahrscheinlichkeiten der Folgen eines Handels nicht fest; Umweltschäden sind in dergleichen Situationen zwar möglich, aber eben nicht hinreichend wahrscheinlich.[108]

26 Wie der EuGH mit Bezug auf Art 191 Abs 2 AEUV verdeutlichte, können Vorsorgemaßnahmen bei alledem nicht auf rein hypothetische Risikobetrachtungen gestützt werden, die ihrerseits auf wissenschaftlich noch nicht verifizierten bloßen Vermutungen basieren.[109] Der Anwendungsbereich des Vorsorgeprinzips setzt vielmehr, auch auf Ebene des Umweltvölkerrechts, voraus, dass „triftige Gründe zur Besorgnis"[110] für eine Beeinträchtigung der Umwelt bestehen.[111] Andererseits kann nicht verlangt werden, dass zwingende Beweise für das tatsächliche Vorliegen des Risikos und die Schwere der potentiellen nachteiligen Wirkungen im Falle der Risikoverwirklichung erbracht werden.[112] Im Fall *Afton Chemical* bestätigte der EuGH, dass die korrekte Anwendung des Vorsorgeprinzips gemäß Art 191 Abs 2 AEUV zum einen die Bestimmung der möglicherweise negativen Auswirkungen der betreffenden menschlichen Aktivität und zum anderen eine erschöpfende Bewertung der bestehenden Risiken auf der Grundlage der zuverlässigsten verfügbaren wissenschaftlichen Daten und der neuesten Ergebnisse der internationalen Forschung verlangt.[113]

b) Rechtsfolgen und Geltung

27 Bzgl der Fragen nach dem „Ob" und „Wie" der Pflicht, Vorsorgemaßnahmen zum Schutz der Umwelt zu treffen – der Rechtsfolgen also –, ist eingangs festzustellen, dass Prinzip 15 der Rio Deklaration in einem negativen Sinne formuliert ist. Es verlangt nicht, dass Staaten im Falle der Möglichkeit erheblicher oder unumkehrbarer Umweltschäden Schutzmaßnahmen treffen, son-

---

106 S a *Sands/Peel*, Principles, 219.
107 Vgl nur *Cameron/Abouchar*, The Status of the Precautionary Principle in International Law, in Freestone/Hey (Hrsg), The Precautionary Principle and International Law, 1996, 29 (45). Zu den Elementen des Vorsorgeprinzips auch *Scheyli*, Gemeinwohlorientierung, 359 ff.
108 S *Schröter*, Strukturprinzipien, 284 ff.
109 *Pfizer*, Rn 143; *Schweden/Kommission*, Rn 161. Allg zur Relevanz der Umweltprinzipien in der Rechtspr des EuGH *Scotford*, Environmental Principles and the Evolution of Environmental Law, 2017, 116 ff.
110 So der Wortlaut des Art 2 Abs 2 lit a OSPAR. Ähnliche Formulierungen finden sich in zahlreichen weiteren multilateralen Umweltverträgen, etwa in Art 3 Abs 1 des Londoner Protokolls.
111 S a *Birnie/Boyle/Redgwell*, International Law and the Environment, 156.
112 *Pfizer*, Rn 146; deutlich *Monsanto*, Rn 112; *Nationale Raad*, Rn 38; *Acino*, Rn 58.
113 *Afton Chemical*, Rn 60.

dern lediglich, dass die bereits ergriffenen Maßnahmen nicht eingestellt werden. Demgegenüber gebietet etwa Art 2 Abs 2 lit a OSPAR, dass die Vertragsparteien das Vorsorgeprinzip anwenden, „wenn triftige Gründe zur Besorgnis vorliegen, dass unmittelbar oder mittelbar der Meeresumwelt zugeführte Stoffe oder Energie zu einer Gefährdung der menschlichen Gesundheit, einer Schädigung der lebenden Ressourcen und der Meeresökosysteme, einer Beeinträchtigung der Annehmlichkeiten der Umwelt oder einer Behinderung der sonstigen rechtmäßigen Nutzungen des Meeres führen können, selbst wenn es keinen schlüssigen Beweis für einen ursächlichen Zusammenhang zwischen den Einträgen und ihren Auswirkungen gibt". Dieser Unterschied ist auch auf allg Ebene feststellbar. Zwar wurde das Vorsorgeprinzip in zahlreichen multilateralen Übereinkommen zum Schutz der Umwelt kodifiziert, aber je nach betroffenem Vertrag unterschiedlich ausgestaltet.[114] Stets geht es zwar im Kern um die Handhabung von Umweltrisiken, deren Eintritt wissenschaftlich unsicher ist: Vorsorge als Risikomanagement und -abwägung ieS.[115] Welche Rechtsfolgen sich aus der Anwendung des Prinzips ergeben, kann aber nicht allg beantwortet werden.[116] In seiner „stärksten" Version statuiert das Vorsorgeprinzip eine Beweislastumkehr zulasten des Staats oder Akteurs, der sich auf die Harmlosigkeit eines potentiell umweltschädlichen Verhaltens beruft. Dies läuft auf ein Verständnis hinaus, nach dem es sich beim Vorsorgeprinzip um eine Verbotsnorm handelt.[117]

28 Insbes diese „starke" Version des Vorsorgeprinzips wurde und wird in der Lit immer wieder allg als rechtspolitisch wünschenswert, wenn nicht als rechtlich zwingend eingefordert. Es überrascht daher nicht, dass die ausdrückliche *Ablehnung einer Umkehr der Beweislast* durch den IGH im *Pulp Mills*-Fall[118] für Enttäuschung gesorgt hat.[119] Rechtlich überzeugt die am Gerichtshof geübte Kritik jedoch nicht. Denn welche Rechtsfolgen sich aus der Anwendung des Vorsorgeprinzips ergeben, ist zunächst auf der Grundlage der jeweils einschlägigen völkerrechtlichen Verträge zu beurteilen, in denen das Vorsorgeprinzip, wie gesagt, durchaus unterschiedlich ausgestaltet wurde. Soweit erkennbar sehen eine ausdrückliche Beweislastumkehr lediglich Art 2 Abs 2 lit a und Art 3 Abs 3 lit c Anlage II OSPAR vor.[120] Auch das Regime des Londoner Protokolls zur Dumping Konvention kann als auf dem Ansatz einer Beweislastumkehr beruhend qualifiziert werden,[121] ist hiernach doch prinzipiell das Einbringen aller Stoffe in die Meeresumwelt verboten, soweit sich die Vertragsparteien nicht auf eine Ausnahme verständigt haben.[122] Von daher ist es mangels hinreichend einheitlicher Staatenpraxis nicht haltbar, aus dem Vorsorgeprinzip generell eine Beweislastumkehr abzuleiten.[123] Hinzu treten normstrukturelle Gründe, die gegen das Verständnis als Verbotsnorm streiten. Darauf ist zurückzukommen.[124]

---

114 Zu den verschiedenen „Versionen" des Vorsorgeprinzips *Sands/Peel*, Principles, 219 ff; *Wiener*, Precaution, in Oxford Handbook, 597 (604 ff). S a *Böckenförde*, The Operationalization of the Precautionary Approach in International Environmental Law Treaties, ZaöRV 63 (2003) 313 (314); *Sunstein*, Beyond the Precautionary Principle, 18: „There are twenty or more definitions, and they are not compatible with one another."

115 *Epiney/Scheyli*, Strukturprinzipien, 91 f; *Beyerlin/Marauhn*, International Environmental Law, 55.

116 *Birnie/Boyle/Redgwell*, International Law and the Environment, 160 ff.

117 *Wiener*, Precaution, in Oxford Handbook, 597 (606). Ein Bsp ist Art 2 Abs 2 lit a OSPAR.

118 *Pulp Mills*, § 164.

119 S nur *Kazhdan*, Precautionary Pulp: Pulp Mills and the Evolving Dispute between International Tribunals over the Reach of the Precautionary Principle, ELQ 38 (2011) 527 (544 ff); *Payne*, Case Note on Pulp Mills on the River Uruguay, AJIL 105 (2011) 94 (101). Allg für eine Beweislastumkehr auch *Request for Examination*, Diss Op *Weeramantry*, 317 (343); *Verschuuren*, Principles, 87; vorsichtig optimistisch bzgl einer entsprechenden Entwicklung *Sands/Peel*, Principles, 223. Zum Ganzen auch *Güssow*, Sekundärer Maritimer Klimaschutz, 275 ff; *Foster*, Science and the Precautionary Principle in International Courts and Tribunals, 2011, 240 ff.

120 *Proelß*, Meeresschutz im Völker- und Europarecht, 2004, 203 f; *Hey* (Fn 56) 18.

121 Zutreffend *Wiener*, Precaution, in Oxford Handbook, 597 (606).

122 Dazu *Matz-Lück*, 12. Abschn Rn 75 ff.

123 *Birnie/Boyle/Redgwell*, International Law and the Environment, 158 f.

124 S u Rn 33 f.

Die Tatsache der unterschiedlichen einzelvertraglichen Ausgestaltung wirkt sich maßgeblich auf die – immer noch nicht einheitlich beurteilte[125] – Frage aus, ob das Vorsorgeprinzip bereits zu *Völkergewohnheitsrecht* erstarkt ist. Die Rechtspr des IGH ist insoweit nicht eindeutig. Im *Gabcíkovo-Nagymaros*-Fall beriefen sich beide Parteien des Rechtsstreits auf das Vorsorgeprinzip; der IGH vermied es in seinem Urteil aber, ausdrücklich dazu Stellung zu nehmen. Zutreffend ist freilich hervorgehoben worden,[126] dass der Hof im Zusammenhang mit dem von Ungarn vorgetragenen Argument, es habe sich in einem ökologischen Notstand befunden, eine Wortwahl traf, die indirekt als Ablehnung des Vorsorgeprinzips verstanden werden konnte: „The Court considers, however, that, serious though these uncertainties might have been they could not, alone, establish the objective existence of a "peril" in the sense of a component element of a state of necessity. The word "peril" certainly evokes the idea of "risk": that is precisely what distinguishes "peril" from material damage. But a state of necessity could not exist without a "peril" duly established at the relevant point in time: the mere apprehension of a possible "peril" could not suffice in that respect."[127] Im *Pulp Mills*-Urteil formulierte der IGH, dass „a precautionary approach *may be relevant* in the interpretation and application of the provisions of the Statute [...]",[128] und blieb damit seiner zurückhaltenden Position treu.[129] Auch die Gremien des WTO-Streitbeilegungsmechanismus betrachten den Rechtsstatus des Vorsorgeprinzips als nach wie vor unklar.[130] **29**

Aus *normstrukturellen* Gründen kann die Antwort auf die Frage nach der gewohnheitsrechtlichen Geltung des Vorsorgeprinzips eigentlich nur mit Blick auf den allen „Versionen" des Vorsorgeprinzips gemeinen Kern dieses Grundsatzes, wie er in Prinzip 15 der Rio Deklaration kodifiziert ist, positiv ausfallen.[131] Dieser Kern besagt im Wesentlichen, dass wissenschaftliche Unsicherheit hinsichtlich der Möglichkeit des Eintritts von Umweltgefährdungen staatliche Untätigkeit nicht zu rechtfertigen vermag. Die Staaten sind hiernach zu Risikomanagement verpflichtet, wenn sie Aktivitäten durchführen oder genehmigen, die potentiell zu negativen Auswirkungen auf die Umwelt führen könnten. Im Übrigen ist die für die gewohnheitsrechtliche Geltung einer Norm erforderliche einheitliche Staatenpraxis denklogisch nicht feststellbar, wenn schon kein Einvernehmen über ihren genauen Inhalt besteht.[132] **30**

Eine andere Sichtweise hat im Jahre 2011 die Kammer für Meeresbodenstreitigkeiten des ISGH eingenommen. Ohne nähere Auseinandersetzung mit dem Problem der unterschiedlichen völkervertraglichen Ausgestaltung des Vorsorgeprinzips stellte die Kammer fest, dass „[t]he incorporation of the principle into various treaties [...] has initiated a trend towards making the [precautionary approach] part of customary international law."[133] Zur Begründung verwies sie u a auf die – keineswegs eindeutige (s o Rn 29) – Entscheidung des IGH im *Pulp Mills*-Fall und stellte darüber hinaus auf den engen Zusammenhang zwischen den im Kontext des Tiefseebodenbergbaus zur Anwendung gelangenden Sorgfaltspflichten (*due diligence obligations*) und dem Vorsorgeprinzip ab.[134] Indes verkörpert der *due diligence*-Standard zum einen nicht selbst eine völkerrechtliche Pflicht, sondern nur den im Rahmen der *in casu* relevanten Verhaltens- **31**

---

125 Tendenziell bejahend etwa *Beyerlin*, Umweltvölkerrecht, 2000, Rn 127; differenzierend *Epiney/Scheyli*, Strukturprinzipien 110ff. Eingehend zum Ganzen *Trouwborst*, Evolution and Status of the Precautionary Principle in International Law, 2002, 33ff; *Erben*, Vorsorgegebot, 30ff, 226ff; *Scheyli*, Gemeinwohlorientierung, 365ff.
126 *Sands/Peel*, Principles, 224.
127 *Gabcíkovo-Nagymaros*, § 54.
128 *Pulp Mills*, § 164 (Hervorhebung hinzugefügt).
129 Insoweit krit *Pulp Mills*, Sep Op *Cançado Trindade*, § 113.
130 *Beef Hormones*, § 123; *Biotech*, § 7.89.
131 S a *Birnie/Boyle/Redgwell*, International Law and the Environment, 163.
132 Ebd, 160f.
133 *Responsibilities and Obligations*, § 135.
134 Ebd, § 131f.

pflicht (*obligation of conduct*) fallabhängig zur Anwendung gelangenden Sorgfaltsmaßstab.[135] Zum anderen hilft ein Abstellen auf Sorgfaltspflichten im Zusammenhang mit dem Vorsorgeprinzip nicht weiter, weil sich diesem Grundsatz – anders als dem Präventionsprinzip – keine hinreichend passgenaue Verhaltenspflicht entnehmen lässt. Von einem Staat zu verlangen, im Vorhinein alles ihm Zumutbare zu unternehmen, um drohende Umweltbeeinträchtigungen zu vermeiden, ist strukturell etwas anderes als das Gebot, im Falle wissenschaftlicher Unsicherheit über den Eintritt etwaiger Schäden die Anforderungen des Umweltschutzes nicht aus dem Blick zu verlieren. Immerhin erweist es sich auf Grundlage der Sichtweise der Kammer des ISGH aber als folgerichtig, die Pflicht zur Durchführung einer UVP angesichts ihres engen Zusammenhangs mit dem Sorgfaltsmaßstab der *due diligence* (s o Rn 19f) nicht nur im Präventionsprinzip, sondern zugleich auch im Vorsorgeprinzip zu verorten. Unter dieser Prämisse ist es dann auch konsequent, dass der IGH mit Blick auf die im Einzelfall an eine UVP zu stellenden Anforderungen („scope and content") – und in Übereinstimmung mit Prinzip 17 der Rio Deklaration[136] – darauf hinwies, dass diese sich nicht aus dem allg Völkerrecht ergäben.[137] Denn in der Tat können dergleichen konkretisierende Vorgaben dem Vorsorgeprinzip angesichts seiner strukturellen Unbestimmtheit nicht entnommen werden. Detaillierte Vorgaben über die Reichweite und den Inhalt der UVP ergeben sich vielmehr erst aus konkretisierendem Völkervertragsrecht, Unionsrecht und/oder nationalem Recht.

32 Kommt es hinsichtlich der Rechtsfolgen demnach maßgeblich auf die Ausgestaltung des Vorsorgeprinzips in den jeweils anwendbaren Verträgen an, hat der Grundsatz selbst im Rahmen konkreter Vertragsregime die hohen Erwartungen nicht durchgehend zu erfüllen vermocht. Dies zeigt etwa das Bsp der Londoner Dumping Konvention: Auf der 28. Vertragsstaatenkonferenz beriefen sich sowohl die Befürworter als auch die Gegner der Zulässigkeit der Deponierung von an Kraftwerken abgeschiedenem CO_2 im Meeresuntergrund (*carbon capture and storage*) auf das Vorsorgeprinzip.[138] In letzter Konsequenz einer isolierten Bezugnahme auf das Vorsorgeprinzip sind demnach Situationen vorstellbar, in denen eine bestimmte menschliche Aktivität mangels hinreichender wissenschaftlicher Gewissheit über die möglichen negativen Auswirkungen auf die Umwelt untersagt wird, wissenschaftliche Feldversuche, die gerade zur Gewinnung der fehlenden wissenschaftlichen Erkenntnisse durchgeführt werden sollen, ihrerseits aber an der Möglichkeit abträglicher Umweltfolgen scheitern. Es besteht also die Gefahr, dass wissenschaftliche Unsicherheit perpetuiert wird. Auf der Grundlage eines solchen Verständnisses kehrt sich das Vorsorgeprinzip gegen sich selbst und steht einem Wandel zu nachhaltigem Umgang mit der Umwelt und ihren Ressourcen entgegen.[139] *Cass Sunstein* hat diesen Befund wie folgt zugespitzt: „The real problem is that the principle offers no guidance – not that it is wrong, but that it forbids all courses of action, including regulation. [...] It is only to say that the simultaneous possibility of benefits at low levels and of harms at low levels makes the Precautionary Principle paralyzing. The principle requires use of a linear, non-threshold model; but simultaneously condemns use of that very model. [...] [T]he Precautionary Principle, taken for all that it is worth, is paralyzing: It stands as an obstacle to regulation and nonregulation, and to everything in between."[140]

---

135 S o Rn 13, 22 (mit Fn 88).
136 Prinzip 17 der Rio Deklaration lautet: „Environmental impact assessment, as a *national* instrument, shall be undertaken for proposed activities that are likely to have a significant adverse impact on the environment and are subject to a decision of a competent *national* authority" (Hervorhebungen hinzugefügt).
137 *Pulp Mills*, § 205.
138 Vgl LC 28/15, Report of the Twenty-Eighth Consultative Meeting of Contracting Parties to the Convention on the Prevention of Marine Pollution by Dumping of Wastes and Other Matter 1972 and First Meeting of Contracting Parties to the 1996 Protocol to the Convention on the Prevention of Marine Pollution by Dumping of Wastes and Other Matter 1972, §§ 82ff. – Weitere instruktive Bsp bei *Sunstein*, Beyond the Precautionary Principle, 26ff.
139 S a *Wiener*, Precaution, in Oxford Handbook, 597 (609).
140 *Sunstein*, Beyond the Precautionary Principle, 26, 30f, 33.

33 Die vor dem Hintergrund des real existierenden „interconnected web of multiple interdependent risks“[141] und der daraus notwendig resultierenden Multidimensionalität von Risikomanagementprozessen offen zutage tretende Einseitigkeit der „starken“ Version des Vorsorgeprinzips (Vorsorge als Verbotsnorm) einerseits und die fehlende Wirkmächtigkeit seiner „schwachen“ Version andererseits belegen, dass das Vorsorgeprinzip bislang nicht uneingeschränkt zur effektiven Handlungsmaxime taugt. Dies mag auch die insbes seitens der USA gegenüber dem Vorsorge*prinzip* (*precautionary principle*) seit langem artikulierte Kritik erklären. Die Idee, dieser Kritik mit der Ersetzung des Prinzips durch einen – angeblich einen flexibleren Umgang mit Umweltrisiken, hinsichtlich deren Eintritts wissenschaftliche Unsicherheit besteht, ermöglichenden – Vorsorge*ansatz* (*precautionary approach*) Rechnung zu tragen,[142] hat sich freilich nicht bewährt. Denn auch insoweit ist die einzelvertragliche *Ausgestaltung*, nicht die bloße Benennung als Prinzip oder Ansatz entscheidend. Hinsichtlich der Ausgestaltung zeigen nun gerade die Bsp des einen Vorsorge*ansatz* kodifizierenden Londoner Protokolls und des UNFSA, dass auch dergleichen Verträge auf vergleichsweise „starken“ Versionen des hier im Vordergrund stehenden Grundsatzes beruhen können.[143] Die internationale Praxis ist mithin uneinheitlich, dem Unterscheidung zwischen Vorsorgeprinzip und -ansatz deshalb keine rechtliche Relevanz zuzuweisen.[144]

c) Operationalisierung

34 Die vorstehenden Schlussfolgerungen machen es unausweichlich, Ansätzen einer *bereichsübergreifenden, multidimensionalen Operationalisierung des Vorsorgeprinzips* verstärkt Aufmerksamkeit zu schenken. Dadurch verlagert sich der Schwerpunkt der Diskussion von der Debatte um die gewohnheitsrechtliche Geltung des Vorsorgeprinzips auf die Frage nach den Möglichkeiten der effektiven Implementierung des Vorsorgeprinzips.[145] Den rechtstheoretischen Ansatz für die hier befürwortete Neuausrichtung des Vorsorgeprinzips liefert die bereits in Bezug genommene (s o Rn 2) Prinzipientheorie. Denn von einem Optimierungsgebot – einer Regel also – kann nicht nur im Hinblick auf Normen gesprochen werden, die ihre Adressaten unmittelbar dazu verpflichten, eine bestimmte Optimierung vorzunehmen; vielmehr erfasst das Konzept der Optimierungsgebote auch solche Normen, die ihren Adressaten – im Völkerrecht also primär den Staaten – die möglichst weitgehende Verwirklichung eines bestimmten „idealen Sollens“ aufgeben.[146] Wie weit dieses Sollen verwirklicht werden kann, hängt jeweils von den im Einzelfall zur Anwendung gelangenden tatsächlichen und rechtlichen Rahmenbedingungen ab und ist durch Abwägung offenzulegen.

---

141 *Wiener*, Precaution, in Oxford Handbook, 597 (609).
142 Vgl etwa Art 5 lit c und Art 6 UNFSA. Näher zu diesem Übereinkommen Matz-Lück, 12. Abschn Rn 126. Weitere Bsp bei *Birnie/Boyle/Redgwell*, International Law and the Environment, 155.
143 Vgl den eine Handlungspflicht statuierenden Art 3 Abs 1 des Londoner Protokolls, das, wie gezeigt, zumal auf einer Beweislastumkehr beruht (s o Rn 33): „In implementing this Protocol, Contracting Parties shall apply a precautionary approach to environmental protection from dumping of wastes or other matter whereby appropriate preventative measures are taken when there is reason to believe that wastes or other matter introduced into the marine environment are likely to cause harm even when there is no conclusive evidence to prove a causal relation between inputs and their effects.“ Zum Ansatz des UNFSA *Proelss/Houghton*, Protecting Marine Species, in Rayfuse (Hrsg), Research Handbook on International Marine Environmental Law, 2015, 229 (239 ff).
144 S a *Birnie/Boyle/Redgwell*, International Law and the Environment, 155.
145 S die überzeugende Kritik von *Fitzmaurice*, Contemporary Issues in International Environmental Law, 2009, 7 f: „The endless analyzing of the legal character of the norms of international environmental law is a somewhat fruitless exercise, which in fact has very little practical significance. [...] Lengthy arguments about what are the legal effects of non-binding instruments are futile and do not constructively contribute to a general understanding of such phenomena as the precautionary principle, which really escapes rigid definitional constraints.“ Krit hingegen *Franzius*, Das Paris-Abkommen zum Klimaschutz als umweltvölkerrechtlicher Paradigmenwechsel, EurUP 2017, 166 (173).
146 *Siekmann*, Regelmodelle und Prinzipienmodelle des Rechtssystems, 1990, 63 f.

35 Ungeachtet gelegentlich formulierter Zweifel,[147] die vor allem in der uneinheitlichen Nutzung der Begriffe „Regeln“ und „Prinzipien“ im Völkerrecht sowie dem häufig reziproken Charakter völkerrechtlicher Normen gründen, sind letztlich keine tragfähigen Gründe gegen die Übertragung der Prinzipientheorie auf das Völkerrecht erkennbar.[148] Bei allen Unterschieden im Übrigen sind dem Völkerrecht ebenso wie dem nationalen Recht Normen unterschiedlicher Struktur bekannt.[149] So ist etwa im 9. Erwägungsgrund der Präambel des SRÜ die Rede davon, dass „für Fragen, die in diesem Übereinkommen nicht geregelt sind, weiterhin die Regeln *und Grundsätze* des allgemeinen Völkerrechts gelten.“[150] Auch in der völkerrechtlichen Lit werden die Prinzipien des Umweltvölkerrechts zunehmend als Optimierungsgebote verstanden, die auf die möglichst weitgehende Verwirklichung eines bestimmten „idealen Sollens“ abzielen.[151] Eingedenk ihrer strukturellen Beschaffenheit können diese Gebote vorgeben, wie Konflikte zwischen Prinzipien ieS (etwa dem Ziel die Meeresumwelt zu schützen, und dem Ziel, die Erderwärmung zu begrenzen) zu lösen sind. Als Determinanten eines ergebnisoffenen Abwägungsprozesses[152] wirken sie über einzelne Vertragsregime hinaus und verfügen insofern über Ausstrahlungswirkung. Diese Befunde werden getragen vom ersten Bericht des Ausschusses der International Law Association (ILA) zu *Legal Principles Relating to Climate Change.*[153]

36 Bestehen nach alledem keine durchgreifenden Einwände gegen die Übertragbarkeit der Prinzipientheorie auf das Völkerrecht, bedarf der Klärung, ob es sich beim Vorsorgegrundsatz – ungeachtet seiner Bezeichnung als Grundsatz bzw Prinzip – um eine Regel oder um ein Prinzip handelt. Trotz seiner „inhaltlichen Offenheit“,[154] die sich allein durch Auslegung nicht beheben lässt, und die vor allem im von Natur aus „unsicheren“ Merkmal der fehlenden wissenschaftlichen Gewissheit zum Ausdruck kommt, verdient die Qualifizierung als Regel den Vorzug.[155] Anders als Prinzipien bringt der Vorsorgegrundsatz selbst keinen Wert zum Ausdruck[156] und ist auch selbst nicht abwägungsfähig; das im Wege der Abwägung zu optimierende Gut ist nicht etwa die Vorsorge, sondern der Schutz der Umwelt.[157] Vielmehr *gebietet* das Vorsorgeprinzip (wenn auch in vergleichsweise „sanfter“, Ausnahmen zulassender Weise) iSe „Zielverwirklichungsmodus“,[158] dh unter den in seiner konkreten Ausprägung genannten Voraussetzungen,

---

147 S etwa *Gulf of Maine*, § 79: „[T]he association of the terms “rules” and “principles” is no more than the use of a dual expression to convey one and the same thing [...].“ Zurückhaltend auch *Iron Rhine*, § 58: „There is considerable debate as to what, within the field of environmental law, constitutes “rules” or “principles”.

148 Detaillierte Begründung der Übertragbarkeit bei *Schröter*, Strukturprinzipien, 173 ff, ebd, 214 ff mit konkretem Bezug auf das Umweltvölkerrecht; ferner *Beyerlin*, Different Types of Norms in International Environmental Law, in Oxford Handbook, 425 (435 ff); *Güssow*, Sekundärer Maritimer Klimaschutz, 261 ff; *Kaltenborn*, Entwicklungsvölkerrecht und Neugestaltung der internationalen Ordnung, 1998, 122 f; *Maurmann*, Rechtsgrundsätze, 32; im Ansatz auch *Sands/Peel*, Principles, 188 ff.

149 So auch *Beyerlin*, Prinzipien, 53 f.

150 Hervorhebung hinzugefügt; Hinweis auf die Präambel des SRÜ bei *Maurmann*, Rechtsgrundsätze, 31.

151 *Birnie/Boyle/Regdwell*, International Law and the Environment, 34: Umweltprinzipien, wie sie etwa in der Präambel und Art 3 UNFCCC normiert worden seien, enthielten „at least an element of good faith commitment, an expectation that they will be adhered to if possible.“

152 *Beyerlin*, Prinzipien, 54.

153 International Law Association, The Hague Conference (2010), Legal Principles Relating to Climate Change, <http://www.ila-hq.org/en/committees/index.cfm/cid/1029>, 8.

154 *Erben*, Vorsorgegebot, 218; vgl auch *Scotford* (Fn 109) 81 f.

155 AA *Erben*, Vorsorgegebot, 218 ff; *Scheyli*, Gemeinwohlorientierung, 301, 365; *Marr*, The Precautionary Principle in the Law of the Sea, 2003, 13; *Voigt*, Sustainable Development, 63; *Güssow*, Sekundärer Maritimer Klimaschutz, 263; anders seinerzeit auch noch *Proelß*, Operationalisierung. Wie hier dagegen *Beyerlin*, Different Types of Norms in International Environmental Law, in Oxford Handbook, 425 (440); *ders*, Prinzipien, 56; *Maurmann*, Rechtsgrundsätze, 236; ausführliche Begründung bei *Schröter*, Strukturprinzipien, 274 ff.

156 Mit Blick auf die Verteilungsgerechtigkeit *Czarnecki*, Verteilungsgerechtigkeit im Umweltvölkerrecht, 2008, 138.

157 *Schröter*, Strukturprinzipien, 278.

158 Ebd, 198 ff, 251.

dass die Staaten auch dann Maßnahmen zum Schutz der Umwelt treffen sollen, wenn wissenschaftliche Unsicherheit über die potentiell umweltschädlichen Auswirkungen eines bestimmten menschlichen Verhaltens besteht. Die Offenheit des Vorsorgeprinzips betrifft also primär seine Tatbestandsmerkmale. Im Unterschied dazu verkörpern die Schutznormen des Umweltvölkerrechts, den Schutz des Klimas, der Biodiversität, der Ozeane etc betreffend, ebenso wie das Recht auf soziale und wirtschaftliche Entwicklung die eigentlichen begründungstheoretischen Prinzipien, die im Falle von Zielkollisionen mittels Abwägung in einen Ausgleich zu bringen sind.[159] Besonders deutlich wird dies im Zusammenhang mit dem Zielkonflikt von Umweltschutz und wirtschaftlicher Entwicklung (s u Rn 53ff).

37 Auf der Grundlage der Prinzipientheorie handelt es sich beim Vorsorgeprinzip somit um einen Zielverwirklichungsmodus, der anordnet, ob und wann eine Pflicht besteht, Maßnahmen zum Schutz der Umwelt zu treffen. Im Falle von Schutzgüterkollisionen, die im Lichte der wechselseitigen Abhängigkeit einer Vielzahl von Umweltrisiken in der Realität sehr häufig auftreten, gibt es als Entscheidungsregel vor, ob und wann eine Schutzgüterabwägung am Maßstab des Verhältnismäßigkeitsgrundsatzes durchzuführen ist. Auf diese Weise können Normkonflikte zwischen verschiedenen völkerrechtlichen Regimen gelöst werden. Für den Zielkonflikt zwischen Umweltschutz und Entwicklung hat sich das Schiedsgericht im *Iron Rhine*-Fall diese integrierende Sichtweise ansatzweise zu eigen gemacht: „Environmental law and the law on development stand not as alternatives but as mutually reinforcing, integral concepts, which require that where development may cause significant harm to the environment there is a duty to prevent, or at least mitigate, such harm [...]. This duty, in the opinion of the Tribunal, has now become a principle of general international law. This principle applies not only in autonomous activities but also in activities undertaken in implementation of specific treaties between the Parties."[160]

38 Neben die Mechanismen des Vertragsrechts (Kollisionsklauseln und Vertragsauslegung) und der institutionellen Kooperation[161] tritt damit ein dritter Ansatz zur Koordinierung umweltvölkerrechtlicher Verträge, der am Vorsorgeprinzip festzumachen ist. Soweit nicht die Entstehung eines Normkonflikts bereits durch Anwendung der in der WVK normierten allg Auslegungsgrundsätze (vgl Art 31ff) vermieden werden kann,[162] sind in einem solchen Fall die Umweltrisiken, die sich aus bestimmten Aktivitäten ergeben und möglicherweise gegen die Ziele des einen umweltvölkerrechtlichen Vertrags verstoßen, mit dem umweltschützenden (oder sonst ein wichtiges Rechtsgut fördernden) Potential dieser Aktivitäten im Hinblick auf die Erfüllung der Schutzzwecke des anderen Vertrags am Maßstab der Verhältnismäßigkeit auszutarieren. Ein solches Verständnis ist jedenfalls insoweit in Betracht zu ziehen, als das Vorsorgeprinzip in den einschlägigen völkerrechtlichen Verträgen ausdrücklich oder konkludent enthalten ist und damit als ihr gemeinsamer Nenner fungiert.[163]

39 Als den Abwägungsprozess steuernde *Parameter* können dabei – *erstens* – der Grad der wissenschaftlichen Unsicherheit hinsichtlich der potentiellen negativen Folgen der in Rede stehenden Aktivität auf die Umwelt, *zweitens* das Ausmaß der zu befürchtenden Schäden sowie *drittens* die Art und Weise, wie das Vorsorgeprinzip in den im konkreten Fall parallel anwendbaren Verträgen ausgestaltet wurde,[164] identifiziert werden. Zu beachten sind ferner – *viertens* – die Wer-

159 Zur Nachweisführung im Detail *Schröter*, Strukturprinzipien, 258ff.

160 *Iron Rhine*, § 59.

161 Dazu *Wolfrum/Matz*, Conflicts in International Environmental Law, 2003, 119ff.

162 Relevant ist vor allem Art 31 Abs 3 WVK; dazu etwa *Wolfrum/Matz* (Fn 161) 139ff, 147ff. Demgegenüber ist das Vorsorgeprinzip nicht selbst ein bloßer Auslegungsgrundsatz. So aber *Franzius* (Fn 145) 173.

163 Vgl auch *Erben*, Vorsorgegebot, 225. Eingehende Darstellung und Strukturierung des Abwägungsvorgangs bei *Schröter*, Strukturprinzipien, 293ff.

164 Angesichts dieses dritten Parameters erschöpft sich die Relevanz des Vorsorgeprinzips nicht darin, eine Abwägung am Maßstab des Verhältnismäßigkeitsgrundsatzes (bei dem es sich ohnehin um einen allg Rechtsgrundsatz iSv Art 38 Abs 1 lit c IGH-Statut handeln dürfte) zu gebieten. Es gibt vielmehr Auskunft darüber, ob, wann und unter

tungen der in manchen völkerrechtlichen Verträgen enthaltenen Konfliktklauseln, die das Verhältnis zu anderen Verträgen bestimmen und dadurch die Entstehung widersprüchlicher Verpflichtungen von vornherein vermeiden sollen.[165] Sieht hiernach der eine Vertrag für den Fall, dass Anhaltpunkte für die Umweltschädlichkeit eines geplanten Verhaltens bestehen, eine staatliche Handlungspflicht vor, legt dies ein Zurücktreten des kollidierenden anderen Vertrags nahe. Der vertraglich determinierte „Härtegrad" des Vorsorgeprinzips beeinflusst also den Ausgang des Abwägungsprozesses. Besteht hingegen wissenschaftliche Unsicherheit über die Wahrscheinlichkeit des Eintritts katastrophaler (etwa klimawandelbedingter) Umweltfolgen, spricht dies grundsätzlich (soweit nicht das Vorsorgeprinzip im kollidierenden Vertrag seinerseits „strenger" ausgestaltet wurde) für den Vorrang der Schutzgüter des die betreffenden Folgen erfassenden Vertrags. Je höher also das Risiko dramatischer Umweltschäden ausfällt, desto geringer sind also die Schutzgüter des kollidierenden Regimes zu gewichten.

40 Die Durchführung des Abwägungsprozesses am Maßstab des Vorsorgeprinzips wird flankiert und informiert von den anerkannten *prozeduralen Anforderungen des Umweltvölkerrechts*, insbes der Informations- und Konsultationspflicht sowie der Pflicht, im Falle des Risikos erheblicher grenzüberschreitender Umweltauswirkungen vor Genehmigung des Projekts eine UVP durchzuführen.[166] Ihnen ist insbes in Situationen große Bedeutung beizumessen, in denen die einschlägigen Verträge keine Anhaltspunkte für eine Gewichtung, etwa durch Konkretisierung der im Rahmen des Risikomanagements zu berücksichtigenden Parameter, enthalten. Auch wenn diese Pflichten vorliegend primär dem Kontext des Präventionsprinzips zugeordnet wurden, hat die ILC mit Art 10 lit c ihrer Draft Articles on Prevention of Transboundary Harm from Hazardous Activities doch deutlich gemacht, dass die von Art 9 Abs 2 der Draft Articles mit Blick auf die zwischenstaatlichen Konsultationen über die Risikominimierung vorgesehene Interessenabwägung auch Ausdruck des Vorsorgegedankens ist.[167] Bzgl von Landgewinnungsmaßnahmen hat der ISGH konsequent geschlussfolgert, dass der die Maßnahmen planende Staat gemeinsam mit den von den Umweltfolgen möglicherweise betroffenen Staaten vor dem Hintergrund des Vorsorgegrundsatzes („prudence and caution require [...]") ein Schema für den Informationsaustausch, für Konsultationen und für die Risikoabschätzung implementieren müsse.[168] Mag dem Vorsorgeprinzip allg auch keine Beweislastumkehr entnommen werden können,[169] muss so derjenige Staat, der sich auf das im konkreten Fall seines Erachtens gegebene höhere Gewicht des mit einer bestimmten Maßnahme verfolgten Schutzziels beruft, zur Erfüllung der vorbezeichneten verfahrensrechtlichen Anforderungen immerhin *darlegen*, warum der möglicherweise durch die Maßnahme verursachte Schaden akzeptiert werden kann. Durchführung und Ergebnis der Abwägung werden auf diese Weise für die von der Maßnahme betroffenen Staaten transparent.

41 Wird auf der Grundlage des Vorstehenden den Schutzgütern des einen Vertragsregimes im konkreten Fall ein höheres Gewicht zugesprochen, darf dies vor dem Hintergrund des *pacta sunt*

---

welchen Bedingungen die Abwägung am Maßstab des Verhältnismäßigkeitsgrundsatzes durchzuführen ist. S *Schröter*, Strukturprinzipien, 274, 299.

165 Ein Bsp ist der – freilich seinerseits auslegungsbedürftige – Art 22 Abs 1 CBD. Dazu näher *Markus*, 10. Abschn Rn 24. Konfliktklauseln können dann keine klaren Aussagen entnommen werden, wenn sie auf beiden Seiten des Normkonflikts in die Abwägung einzustellen sind. Insofern schließt der Umstand, dass im konkreten Fall eine vertragliche Konfliktklausel anzuwenden ist, eine Abwägung am Maßstab des Vorsorgeprinzips nicht aus.

166 S o Rn 19 f.

167 Kommentar der ILC zu Art 10 der Draft Articles on Prevention of Transboundary Harm from Hazardous Activities (Fn 41) paras 5 ff. Instruktiv auch der Kommentar zu Art 9 Abs 2 (ebd, para 9): „Neither paragraph 2 of this article nor article 10 precludes the parties from taking account of other factors which they perceive as relevant in achieving an equitable balance of interests."

168 Vgl *Land Reclamation*, § 99.

169 S o Rn 29.

servanda-Grundsatze bei alledem nicht dazu führen, dass die Rechtspflichten des in der Abwägung „unterlegenen" Vertrags vollständig missachtet werden. Vielmehr wirkt sich das Vorsorgeprinzip nach erfolgter Abwägung wiederum dergestalt aus, dass die Schutzgüter des „unterlegenen" Vertrags nur soweit beeinträchtigt werden dürfen, wie dies zur Erreichung der Ziele des im konkreten Fall vorrangigen Vertrags erforderlich ist.

42 Es entspricht der nach wie vor zentralen Rolle der Staaten im Völkerrecht, dass die Abwägung ebenso wie die abschließende Entscheidung im konkreten Fall von den jeweils *zuständigen staatlichen Behörden* zu treffen sind. Für das Präventionsprinzip findet dies seine Bestätigung in Art 6 der ILC Draft Articles on Prevention of Transboundary Harm from Hazardous Activities. Diese Norm, deren Geltung ohne weiteres auf das Vorsorgeprinzip ausgedehnt werden kann, verkörpert das „fundamental principle that the prior authorization of a State is required for activities which involve a risk of causing significant transboundary harm undertaken in its territory or otherwise under its jurisdiction or control."[170] Dies schließt es nicht aus, dass Organe I. O., Vertragsstaatenkonferenzen oder wissenschaftliche Ausschüsse, die auf Grundlage einzelner völkerrechtlicher Verträge tätig werden, den Abwägungsprozess begleiten und sein Ergebnis ggf kontrollieren können. Von einer allg Tendenz hin zu einer Übertragung von Optimierungsentscheidungen auf internationale Akteure ist die Völkerrechtsentwicklung im Kontext des Umweltschutzes aber noch weit entfernt.

43 Um all dies an einem Bsp zu verdeutlichen: Eingedenk der epochalen Herausforderungen des Klimawandels sprechen auf der einen Seite die besseren Gründe dafür, wissenschaftliche Eisendüngungsexperimente ungeachtet der Unsicherheit, die hinsichtlich der aus ihnen möglicherweise folgenden abträglichen (freilich lokal begrenzten) Wirkungen auf die Meeresumwelt besteht, zuzulassen, um das CO_2-Sequestrierungspotential dieser Technik zu erforschen. Dies gilt auf der anderen Seite indes nicht für eine großflächige kommerzielle Eisendüngung, die vor dem Hintergrund der bestehenden wissenschaftlichen Unsicherheit und der normativen Anforderungen der CBD als „unterlegenem" Vertrag jedenfalls derzeit nicht gerechtfertigt werden kann.[171] Die Vertragsstaatenkonferenz der Londoner Dumping Konvention hat sich inzwischen auf eine Konkretisierung des Abwägungsvorgangs, ausschließlich wissenschaftliche Experimente betr, verständigt.[172] Im Oktober 2010 nahm sie eine Resolution an, mit der ein Assessment Framework zur Beurteilung der Frage, wann Ozeandüngungsexperimente „legitim" und also auf nationaler Ebene zulassungsfähig sind, verabschiedet wurde. Das Framework bindet die auf nationaler Ebene zuständigen Behörden nicht, trägt aber maßgeblich zur indirekten Kontrolle der entsprechenden Vorhaben bei. In vorliegendem Zusammenhang ist von Interesse, dass der mit dem Assessment Framework vorgezeichnete Entscheidungsprozess nicht ausschließlich an den nachteiligen Nebeneffekten der Ozeandüngung anknüpft. Vielmehr heißt es in dem Dokument: „[i]f the risks and/or uncertainties are so high as to be deemed *unacceptable*, with respect to the protection of the marine environment, *taking into account the precautionary approach*, then a decision should be made to seek revision of or reject the proposal."[173] Ob ein Experiment mit den Zielen der Londoner Dumping Konvention und dem Londoner Protokoll

170 Kommentar der ILC zu Art 6 der Draft Articles on Prevention of Transboundary Harm from Hazardous Activities (Fn 41) para 1.

171 So bereits *Güssow/Proelß/Oschlies/Rehdanz/Rickels*, Ocean Iron Fertilization: Why Further Research is Needed, Marine Policy 34 (2010) 911 (916); lesenswerte Detailanalyse nunmehr bei *Schröter*, Strukturprinzipien, 321 ff.

172 Die im Oktober 2013 verabschiedeten Änderungen (vgl Resolution LP.4(8) v. 18.10.2013), mit denen ein rechtsverbindlicher Mechanismus zur Regulierung mariner *Climate Engineering*-Technologien in das Londoner Protokoll eingefügt wurde, sind noch nicht in Kraft getreten. Die Änderung umfasst auch das Assessment Framework, das infolgedessen rechtliche Bindungswirkung entfalten wird.

173 Resolution LC-LP.2 (2010) on the Assessment Framework for Scientific Research Involving Ocean Fertilization, para 4.3.

vereinbar ist, soll darüber hinaus danach beurteilt werden, ob „environmental disturbance and detriment would be minimized and the scientific benefits maximized".[174] Diese Formulierungen tragen dem hier ausgebreiteten Verständnis von den Wirkungen des Vorsorgeprinzips nachdrücklich Rechnung.

44 Vorstehende Überlegungen, die unter Bezugnahme auf prinzipientheoretische Überlegungen und die Vorgaben des Völkerrechts angestellt wurden, finden ihre rechtspraktische Bestätigung in der Übung der Organe der EU. So stellte die Kommission in ihrer *Mitteilung über die Anwendbarkeit des Vorsorgeprinzips*[175] fest, dass Vorsorgemaßnamen (1) verhältnismäßig, (2) diskriminierungsfrei anwendbar und (3) mit bereits getroffenen ähnlichen Maßnahmen abgestimmt sein müssten; ferner müssten sie (4) daraufhin geprüft worden sein, welche Kosten und welcher Nutzen mit einem Tätigwerden bzw Nichttätigwerden verbunden sind, und (5) eine Bestimmung derjenigen ermöglichen, die die für eine umfassendere Risikobewertung erforderlichen wissenschaftlichen Beweise beibringen müssen.[176] Nach Ansicht des EuGH folgt aus dem Erfordernis, dass Vorsorgemaßnahmen verhältnismäßig sein müssen, dass der Unionsgesetzgeber bei Ausübung seines Beurteilungsspielraumes in Verfolgung des ihm vom AEU-Vertrag vorgegebenen Ziels, ein hohes Gesundheits- und Umweltschutzniveau zu gewährleisten, versuchen muss, „einen gewissen Ausgleich zwischen dem Gesundheits-, Umwelt- und Verbraucherschutz auf der einen Seite und den wirtschaftlichen Interessen der Wirtschaftsteilnehmer auf der anderen Seite zu gewährleisten."[177] Die Pflicht zur Durchführung einer Risikobewertung beinhalte „zum einen die Bestimmung des für nicht hinnehmbar gehaltenen Risikograds und zum anderen die Vornahme einer wissenschaftlichen Bewertung der Risiken."[178] Soweit die Unionsorgane hiernach das aus gesellschaftlicher Sicht angemessene bzw akzeptable Schutzniveau festzulegen hätten, hänge dies von der Beurteilung der besonderen Umstände des Einzelfalls durch die zuständige öffentliche Stelle ab, wobei insbes die Schwere der Auswirkung der geplanten menschlichen Aktivität, die Dauerreversibilität und möglichen Spätfolgen etwaiger Schäden sowie die konkrete Wahrnehmung der Risiken nach dem Stand der vorhandenen wissenschaftlichen Erkenntnisse zu berücksichtigen seien.[179] Vor diesem Hintergrund könne das Vorsorgeprinzip durchaus auch den Erlass beschränkender Maßnahmen rechtfertigen, wenn es sich als unmöglich erweise, „das Bestehen oder den Umfang des in Betracht gezogenen Risikos mit Sicherheit festzustellen, weil die Ergebnisse der durchgeführten Studien unzureichend, unschlüssig oder ungenau sind, die Wahrscheinlichkeit eines tatsächlichen Schadens für die Gesundheit von Menschen oder Tieren oder für die Umwelt jedoch fortbesteht, falls das Risiko eintritt".[180]

45 Dem Ergreifen von Vorsorgemaßnahmen liegt auch hiernach eine von der zuständigen öffentlichen Stelle durchzuführende Abwägung der kollidierenden Verpflichtungen bzw Güter zugrunde, auf deren Grundlage sodann zu entscheiden ist, ob die betreffende menschliche Aktivität (etwa wirtschaftliches Handeln) zugelassen werden kann, ob abzuwarten ist, bis Ergebnisse einer eingehenderen wissenschaftlichen Untersuchung vorliegen, oder ob die geplante Aktivität angesichts der mit ihr einhergehenden Umweltrisiken auf Grundlage der vorhandenen wissenschaftlichen Erkenntnisse verboten werden muss.[181] Sowohl die Mitteilung der Kommission über die Anwendbarkeit des Vorsorgeprinzips als auch die einschlägige Rechtspr des EuGH bestätigen mithin, dass das Vorsorgeprinzip die Vornahme von Güterabwägungen gebietet. Als insoweit entscheidend erweist sich, die o angestellten Überlegungen unterstützend, vor allem

---

174 Ebd, para 4.1.
175 KOM(2000) 1 endg v 2.2.2000, Mitteilung der Kommission über die Anwendbarkeit des Vorsorgeprinzips.
176 Ebd, 4 ff.
177 *Afton Chemical*, Rn 56.
178 *Pfizer*, Rn 148.
179 Vgl ebd, Rn 161.
180 *Gowan*, Rn 76.
181 S erneut *Pfizer*, Rn 161.

die Frage, welches Risiko bzw welcher Risikograd als noch *akzeptabel* erscheint. Ihre Beantwortung beinhaltet zwangsläufig, dass auch die positiven Effekte der geplanten menschlichen Aktivität im Rahmen der durchzuführenden Güterabwägung berücksichtigt werden müssen. Ein vollständiges Verbot ist somit keineswegs immer oder auch nur meistens, wohl aber manchmal eine verhältnismäßige Reaktion auf ein bestimmtes Risiko. Diese Prozesse des Ausbalancierens prozedural und mittels weiterer materiell-rechtlicher Kriterien (zB durch Einführung von Gefährlichkeitsstufen einzelner Stoffgruppen und andere Priorisierungen)[182] iSd Ausbildung eines allg Abwägungsrahmens zu unterfüttern, ist zentrale Aufgabe künftiger Umweltpolitik und -wissenschaft.

46 Im Hinblick auf den *Umfang der gerichtlichen Kontrolle* des vom Vorsorgeprinzip gebotenen und inhaltlich geprägten Abwägungsvorgangs entschied der EuGH im *Pfizer*-Fall, „dass die gerichtliche Prüfung der Frage, ob die Gemeinschaftsorgane diese Aufgabe erfüllt haben, beschränkt ist. In einem solchen Zusammenhang kann der Gemeinschaftsrichter nicht die Beurteilung der tatsächlichen Umstände durch die Organe, denen allein der Vertrag diese Aufgabe übertragen hat, durch seine eigene Beurteilung ersetzen. Er hat sich vielmehr darauf zu beschränken, zu prüfen, ob die Gemeinschaftsorgane bei der Ausübung ihres Ermessens einen offensichtlichen Fehler oder einen Ermessensmissbrauch begangen oder die Grenzen ihres Ermessens offensichtlich überschritten haben."[183] Diese die Rechtsnatur des Vorsorgeprinzips als Optimierungsgebot berücksichtigende und zugleich den funktionell-rechtlichen Grenzen der europäischen Gerichtsbarkeit Rechnung tragende Betrachtungsweise verdient uneingeschränkte Zustimmung. In Anbracht des Expertenwissens von Kommission und Rat sowie im Lichte des Umstands, dass das inzwischen nahezu gleichberechtigt am Rechtsetzungsprozess beteiligte Europäische Parlament von den Unionsbürgern demokratisch legitimiert ist, ist kein Grund ersichtlich, Entscheidungen des Gerichtshofs ein höheres Maß an Legitimität zuzusprechen, um Risikoanalysen anzustellen und gar das Maß des hinsichtlich von Eingriffen in die Umwelt noch Akzeptablen zu definieren. Zu Recht hat die Kommission in ihrer Mitteilung über die Anwendbarkeit des Vorsorgeprinzips deshalb hervorgehoben, dass die Festlegung des der Gesellschaft zumutbaren Risikograds „eine mit hoher *politischer* Verantwortung verbundene Entscheidung" darstelle.[184]

47 Auch im Umweltvölkerrecht muss die primäre Verantwortlichkeit für die Implementierung des Vorsorgeprinzips auf Seiten der zur Wahrnehmung der faktischen und normativen Gestaltungsspielräume ermächtigten Entscheidungsträger liegen. Daraus resultiert die primäre Zuständigkeit der Exekutive und Legislative, nicht aber die der Gerichte.[185] Dieser Sichtweise hat sich auch das Schiedsgericht im *Indus Waters*-Fall angeschlossen. Es lehnte eine Bezugnahme auf den Vorsorgegrundsatz mit dem Argument ab, dass es dadurch die funktional-rechtlichen Grenzen seiner Gerichtsbarkeit überschreiten würde. Um den konkreten Rechtsstreit zu entscheiden, sei es nicht erforderlich, „to [...] assume the *role of policymaker in determining the balance between acceptable environmental change and other priorities*, or to permit environmental considerations to override the balance of other rights and obligations expressly identified in the

---

182 Ein Bsp ist Art 6 Abs 3 Satz 2 der FFH-RL (ABl EG 1992, Nr L 206/7), wonach die zuständigen mitgliedstaatlichen Behörden einem Plan oder Projekt „[u]nter Berücksichtigung der Ergebnisse der Verträglichkeitsprüfung und vorbehaltlich des Absatzes [...] nur zu[stimmen], wenn sie festgestellt haben, dass das Gebiet als solches nicht beeinträchtigt wird, und nachdem sie gegebenenfalls die Öffentlichkeit angehört haben."

183 *Pfizer*, Rn 169.

184 KOM(2000) 1 endg (Fn 175) 4 (Hervorhebung im Original).

185 S a European Environmental Agency (Hrsg), Late Lessons from Early Warnings: The Precautionary Principle 1996–2000, 2001, <https://www.eea.europa.eu/publications/environmental_issue_report_2001_22>, 183: „The business of deciding upon one particular set of responses rather than another must necessarily remain, at some level, an essentially political business – subject to all the normal processes of rational policy deliberation, professional review and democratic debate and accountability."

Treaty [...]".[186] Damit ordnete auch das Schiedsgericht den Vorsorgeansatz dogmatisch als Abwägungsmechanismus ein, der es politischen Entscheidungsträgern zuweist, die *in casu* widerstreitenden und normativ relevanten Interessen in einen Ausgleich zu bringen. Gerichtlich angegriffen werden können damit nur Verletzungen der rechtlichen Rahmenbedingungen des Abwägungsvorgangs selbst (Bsp: Die zuständige Behörde ignoriert die konkrete vertragliche Ausgestaltung des Vorsorgeprinzips) oder evidente Missachtungen der den für die Abwägung zuständigen Akteuren zugewiesenen Gestaltungs- und Entscheidungsspielräume.

3. Verursacherprinzip

48 Das Verursacherprinzip (*polluter pays principle*) gebietet, dass die Kosten von Maßnahmen zur Verringerung oder Beseitigung einer Umweltverschmutzung prinzipiell vom Verursacher der Verschmutzung zu tragen sind. Es handelt sich demzufolge um eine Kostenzurechnungsregel,[187] die auf der Vorstellung basiert, dass Verursachern dann der wirtschaftliche Anreiz zu umweltverträglichem Verhalten fehlt, wenn sie die Umweltkosten auf Dritte abwälzen, die Kosten somit aus ihrer Kalkulation heraushalten können. Der Zwang zur „internalisierenden" Einbeziehung der „externen Effekte" soll also zur umweltschonenden Verhaltensänderung führen.[188] Das Verursacherprinzip wurde erstmals in der 1972 von der OECD angenommenen Empfehlung *Guiding Principles concerning International Economic Aspects of Environmental Policies* erwähnt;[189] auf universeller Ebene ist es heute in Prinzip 16 der Rio Deklaration verankert: „National authorities should endeavour to promote the internalization of environmental costs [...] taking into account the approach that the polluter should, in principle, bear the cost of pollution, with due regard to the public interest and without distorting international trade and investment." Seine Implementierung in der Rechtspraxis wird dadurch erschwert, dass Umweltbeeinträchtigungen häufig, ja durchaus idR auf einer Vielzahl ursächlicher Handlungen beruhen bzw die Verursacher nicht oder nicht ohne weiteres feststellbar sind. Schon deshalb verfügen die Staaten bzgl seiner Umsetzung über einen weiten Gestaltungsspielraum, gerade auch im Hinblick auf die Frage, wer Verursacher einer Verschmutzung ist.[190] Erblickt man seine Grundlage in der besonderen Verantwortungsnähe zur Umweltbeeinträchtigung, können daher auch Maßnahmen auf das Verursacherprinzip gestützt werden, die eine Gruppenverantwortlichkeit statuieren; zu denken ist insoweit etwa an Umweltgebühren oder Produkt- und Produktionsstandards.[191] Der staatliche Gestaltungsspielraum ist jedoch, der Rechtsnatur des Verursacherprinzips als Optimierungsgebot entsprechend, nicht unbegrenzt: Wie der EuGH im Hinblick auf Art 191 Abs 2 AEUV festgestellt hat, ermächtigt das Verursacherprinzip zumindest in seiner unionsrechtlichen Ausgestaltung nicht dazu, Anlagenbetreibern die finanziellen Lasten der Kosten einer Verschmutzungsbeseitigung aufzuerlegen, wenn sie zu der Verschmutzung nicht beigetragen hätten.[192] Im Unterschied zu den Prinzipien der Prävention und Vorsorge betrifft das Verursacherprinzip nach alledem nicht das Ob, Wann und Wie eines staatlichen Tätigwerdens zugunsten der Umwelt,

---

186 *Indus Waters*, § 112 (Hervorhebung hinzugefügt).
187 Zur Rechtsnatur als Regel s a *Beyerlin*, Different Types of Norms in International Environmental Law, in Oxford Handbook, 425 (441); *Beyerlin/Marauhn*, International Environmental Law, 59; *Schröter*, Strukturprinzipien, 247.
188 *Feess*, Umweltökonomie und Umweltpolitik, 1995, 18 f.
189 OECD Doc. C(72)128 v 26.5.1972, Recommendation of the Council on Guiding Principles concerning International Economic Aspects of Environmental Policies, <http://acts.oecd.org/Instruments/ShowInstrumentView.aspx?InstrumentID=4&InstrumentPID=255&Lang=en&Book=False>. Zu dieser und den nachfolgenden Empfehlungen näher *Sands/Peel*, Principles, 230 f.
190 Für das Europäische Unionsrecht vgl *Futura Immobiliare*, Rn 48 ff.
191 Vgl auch *Sands/Peel*, Principles, 229.
192 *Raffinerie Méditerranée*, Rn 67.

sondern ist der *rechtsfolgenbezogenen* Frage gewidmet, wer die Kosten einer Maßnahme zu tragen hat, wenn es trotz der rechtlichen Vorgaben hinsichtlich der Vermeidung von Beeinträchtigungen der Umwelt zu einem Schaden gekommen ist.[193] Staatliche Güterabwägungen sind daher denklogisch auf den Bereich der Rechtsfolgen von Umweltverschmutzungen begrenzt.

49 Mehrheitlich wird davon ausgegangen, dass das Verursacherprinzip – trotz seiner Rezeption in verschiedenen umweltvölkerrechtlichen Verträgen[194] – bislang nicht völkergewohnheitsrechtlich anerkannt ist.[195] Dass diese Ansicht Zustimmung verdient, resultiert – ähnlich wie im Falle des Vorsorgeprinzips (s o Rn 30) – bereits aus dem normstrukturellen Befund, dass das Verursacherprinzip in jenen Verträgen unterschiedlich ausgestaltet wurde und sich zudem, wie der Wortlaut von Prinzip 16 der Rio Deklaration unterstreicht, durch seine inhaltliche Unbestimmtheit bzw Ausfüllungsbedürftigkeit auszeichnet. Hinzu tritt, dass einige Versionen des Verursacherprinzips den Schluss nahelegen, dass dieser Grundsatz von vornherein nur auf innerstaatliche Sachverhalte – und damit nicht auf Staaten selbst – anwendbar ist.[196] Vor diesem Hintergrund stellte das Schiedsgericht im *Rhine Chlorides*-Fall fest, dass „this principle features in several international instruments, bilateral as well as multilateral, and that it operates at various levels of effectiveness. Without denying its importance in treaty law, the Tribunal does not view this principle as being part of general international law."[197] Die auf internationaler Ebene bislang vereinbarten Haftungsregime für Umweltschäden setzen das Verursacherprinzip denn auch nicht konsequent um.[198]

4. Prinzip der Nachhaltigkeit

50 „Nachhaltigkeit" lässt sich im dt Forstrecht bis ins 18. Jh zurückverfolgen – als Bezeichnung für den Grundsatz, dass Wäldern im Interesse stetiger Erträge nicht mehr Holz entnommen werden darf als nachwachsen kann. Auch auf völkerrechtlicher Ebene ist dieser Hegeansatz, der Nutzung und Bewahrung miteinander verbindet, nicht neu, sondern fand sich ansatzweise schon in den ersten Artenschutzverträgen wieder.[199] Den in den frühen 1970er Jahren zunächst iSe unauflösbaren Konflikts wahrgenommen Antagonismus zwischen sozioökonomischer Entwicklung einerseits und steigender Umweltbelastung andererseits suchte der *Brundtland*-Bericht v 1987 zu überwinden.[200] Nachhaltigkeit sei ein Konzept, „that meets the needs of the present without compromising the ability of future generations to meet their own needs."[201] Aufbauend auf Prinzip 13 der Stockholm Erklärung formulierten die Autoren, es handele sich um „a type of development that integrates production with resource conservation and enhancement, and that links both to the provision for all of an adequate livelihood base and equitable access to re-

---

193 *Schröter*, Strukturprinzipien, 292 f.

194 S etwa Art 2 Abs 5 lit b UN/ECE-Gewässerübereinkommen; Art 2 Abs 2 lit b OSPAR. Auflistung weiterer Übereinkommen bei *Sands/Peel*, Principles, 232.

195 Vgl nur *Epiney/Scheyli*, Strukturprinzipien, 154 ff; *Beyerlin*, Different Types of Norms in International Environmental Law, in Oxford Handbook, 425 (441); *Beyerlin/Marauhn*, International Environmental Law, 59; *Schröter*, Strukturprinzipien, 248.

196 Vgl wiederum den Wortlaut von Prinzip 16 der Rio Deklaration: „*National authorities* should endeavour to promote [...]" (Hervorhebung hinzugefügt).

197 *Rhine Chlorides*, § 103.

198 So die Feststellung von *Sands/Peel*, Principles, 232. Zur Haftung für Umweltschäden Schmalenbach, 7. Abschn Rn 54 ff.

199 Überblick bei *Proelß*, Raum und Umwelt im Völkerrecht, in Graf Vitzthum/Proelß (Fn 22) 5. Abschn Rn 94 f. Im Hinblick auf den Schutz lebender natürlicher Ressourcen ist die *Pacific Fur Seal Arbitration* ein frühes Bsp; dazu *Proelß*, Marine Mammals, in MPEPIL, Rn 5 ff.

200 Zur Entstehungsgeschichte *Beaucamp*, Zukunftsfähige Entwicklung, 15 ff.

201 World Commission on Environment and Development (Hrsg), Our Common Future, 1987, 43.

sources."[202] Bald darauf wurde das Nachhaltigkeitsprinzip als zentrales Leitbild in den Prinzipien 3 und 4 der Rio Deklaration anerkannt.

51 Seit dem Rio-Gipfel dominiert das Konzept der „nachhaltigen Entwicklung" (*sustainable development*) die umwelt- und entwicklungspolitische Diskussion auf nationaler, supranationaler[203] und internationaler Ebene. Bei aller begrifflichen und terminologischen Unschärfe lässt sich Folgendes feststellen: Nachhaltige Entwicklung ist grundsätzlich *anthropozentrisch* ausgerichtet – eine Konsequenz der Einsicht, dass der Schutz der Umwelt, zumal vor dem Hintergrund des nach wie vor erheblichen globalen Wohlstandsgefälles, nicht oder nur schwer zu erreichen ist, wenn die mit der Bewahrung der Umwelt unmittelbar verknüpften menschlichen Interessen nicht ebenfalls in den Vordergrund gerückt werden. Den Kern des Nachhaltigkeitsprinzips bildet die Forderung, dass ökologische, ökonomische und soziale Ziele wegen ihrer engen wechselseitigen Verknüpfung nur durch eine *ganzheitliche Herangehensweise* dauerhaft verwirklicht werden können.[204] Damit sind wirtschaftliche Entwicklung und Armutsbekämpfung grundsätzlich gleichrangige Themen der internationalen Bemühungen zum Schutz der Umwelt geworden. Freilich impliziert die Integration von Umwelt und Wirtschaft, zumal unter Einbeziehung der Interessen künftiger Generationen, nicht, dass in jedem Einzelfall sowohl der Umweltschutz als auch die Wirtschaft im bestmöglichen Umfang realisiert werden können. Entscheidend ist vielmehr, dass den kollidierenden und im Ausgangspunkt gleichrangigen Gütern gleichermaßen zur Geltung verholfen wird, indem die nachteiligen Wirkungen auf das im Rahmen einer einzelfallbezogenen Abwägung „unterlegene" Gut minimiert werden.[205]

52 Von den drei „Dimensionen" des Nachhaltigkeitsprinzips (Umwelt, Wirtschaft, soziale Entwicklung) abgesehen wurden in der Lit und internationalen Spruchpraxis mehrere *Elemente* des Nachhaltigkeitsprinzips identifiziert,[206] bei denen es sich genau genommen um konkretisierende Prinzipien handelt. Diese bauen auf den Entwicklungen der Vergangenheit, etwa dem *Brundtland*-Bericht, auf. Zu ihnen zählen: (1) der Grundsatz der intergenerationellen Gerechtigkeit, (2) der Grundsatz der nachhaltigen Nutzung der Umwelt, (3) der Grundsatz der angemessenen Mitnutzung, (4) das Recht auf Entwicklung und (5) das Integrationsprinzip.[207] Nachhaltige Entwicklung zielt somit auf die dauerhafte Befriedigung der sozioökonomischen Bedürfnisse aller Menschen, auf menschengerechte Lebensbedingungen für die gesamte derzeitige Weltbevölkerung (*intragenerational equity*), dies keineswegs auf Kosten künftiger Generationen (*intergenerational equity*).[208] Zu Recht wird indes das Integrationsprinzip als normativ wirkmächtigstes – wenn auch institutionell kaum verfestigtes und insbes vom Streitbeilegungsmechanismus der WTO noch immer allenfalls rudimentär in Ansatz gebrachtes[209] – Element betrachtet.[210] So stellte

---

202 Ebd, 39 f.
203 Vgl die Präambel und Art 3 Abs 3 EUV, Art 11 AEUV sowie Art 37 der Charta der Grundrechte. Hierzu etwa *Epiney*, Zum Konzept der Nachhaltigen Entwicklung in der EU, in Lang/Hohmann/Epiney (Hrsg), Das Konzept der Nachhaltigen Entwicklung, 1999, 43 (47 ff).
204 Fallstudien in Schrijver/Weiss (Hrsg), International Law and Sustainable Development, 2004.
205 Näher dazu u Rn 54.
206 Dazu *Sands/Peel*, Principles, 206 ff; *Birnie/Boyle/Redgwell*, International Law and the Environment, 116 ff.
207 Die einzelnen Elemente des Nachhaltigkeitsgrundsatzes werden in anderen Abschn dieses Lehrbuchs behandelt. S *Bartenstein*, 2. Abschn Rn 4 ff (zum Prinzip der zwischenstaatlichen Umweltgerechtigkeit); *Vöneky/Beck*, 5. Abschn Rn 56 ff, 70 (zum Recht auf Entwicklung) und Rn 101 f (zu den Rechten zukünftiger Generationen); *Markus*, 10. Absch Rn 25 ff (zur nachhaltigen Nutzung der Biodiversität); *Reichert*, 13. Abschn Rn 26 ff (zum Gebot ausgewogener und angemessener Mitnutzung grenzüberschreitender Ressourcen).
208 Hierzu grundlegend *Brown Weiss*, Our Rights and Obligations to Future Generations for the Environment, AJIL 84 (1990) 198 ff. Nach *Scheyli*, Gemeinwohlorientierung, 348 bildet die intergenerationelle Perspektive den Kerngehalt des Nachhaltigkeitsprinzips.
209 S a *Sands/Peel*, Principles, 216. Wie hier das Fazit von *Stoll/Jürging*, 6. Abschn Rn 40 ff, 57.
210 *Magraw/Hawke*, Sustainable Development, in Oxford Handbook, 613 (628 ff); *Tladi*, Sustainable Development and International Law, 2007, 74 ff; *Voigt*, Sustainable Development, 35 ff.

das Schiedsgericht im *Iron Rhine*-Fall fest, dass „these emerging principles now integrate environmental protection into the development process. Environmental law and the law on development stand not as alternatives but as mutually reinforcing, integral concepts, which require that where development may cause significant harm to the environment there is a duty to prevent, or at least mitigate, such harm [...].“[211] Eine ähnliche Sichtweise hatte bereits zuvor der WTO-Appellate Body im *Shrimp/Turtle*-Fall eingenommen. Er verwies darauf, dass die Präambel des WTO-Übereinkommens, „which informs not only the GATT 1994, but also the other covered agreements“,[212] ausdrücklich das Ziel der nachhaltigen Entwicklung anerkenne, und leitete hieraus das Erfordernis einer dynamischen Interpretation des Begriffs der erschöpflichen natürlichen Ressourcen iSv Art XX lit g GATT ab.[213] Im *Pulp Mills*-Fall entnahm schließlich der IGH dem Grundsatz der angemessenen Mitnutzung die Pflicht, eine Balance herzustellen „between the Parties' rights and needs to use the river for economic and commercial activities on the one hand, and the obligation to protect it from any damage to the environment that may be caused by such activities, on the other.“[214] Die hierin zum Ausdruck kommende Nähe zum Integrationsgebot, auf dessen Folgen noch näher einzugehen ist (s u Rn 53f), zeigt, dass zwischen den einzelnen Elementen nicht randscharf unterschieden werden kann.

53 Über die *normtheoretische Einordnung* des Prinzips der nachhaltigen Entwicklung herrscht bis heute Streit.[215] Das hat vor allem mit seiner hohen Konkretisierungsbedürftigkeit, seiner bereichsübergreifenden Relevanz und der damit zumindest indirekt zusammenhängenden Debatte um seine normative Bindungswirkung zu tun. In der Tat dürften sich aus seiner Erwähnung in nahezu allen seit 1992 geschlossenen umweltvölkerrechtlichen Verträgen keine auf zwischenstaatlicher Ebene verbindlichen und einklagbaren Pflichten ableiten lassen.[216] Im *Gabcíkovo-Nagymaros*-Urteil bezeichnete der IGH nachhaltige Entwicklung als bloßes Konzept: „[The] need to reconcile economic development with protection of the environment is aptly expressed in the concept of sustainable development“.[217] Dies ist aber nicht zwingend als Hinweis auf eine vom Gerichtshof befürwortete normtheoretische Einordnung zu verstehen. In der Lit wird dem Nachhaltigkeitsprinzip angesichts seines mehrdeutigen Tatbestands bisweilen noch jede normative Wirkung abgesprochen; es handele sich nicht um ein Rechtsprinzip, sondern um ein „political ideal“.[218] Andere Autoren vertreten die Ansicht, dass das Prinzip der Nachhaltigkeit ein „konstitutionelles Leitkonzept“[219] bzw ein „Metaprinzip“ verkörpere. Nach *Dan Bodansky* fungierten dergleichen Prinzipien als „meta-rules, which establish the context within which bargaining takes place to develop more specific norms, usually in treaties. They set bounds for the types of proposals and arguments that can be made. Although they do not determine the result, they channel the negotiations by setting the terms of the debate, providing evaluative standards, and serving as a basis to criticize other States' proposals.“[220] Ihre

---

211 *Iron Rhine*, § 59.
212 *Shrimp/Turtle*, § 129.
213 Ebd, § 130f. Eingehend Analyse bei Stoll/Jürging, 6. Abschn Rn 15ff.
214 *Pulp Mills*, § 175. S a ebd, § 177: „[I]t is the view of the Court that its formulation reflects not only the need to reconcile the varied interests of riparian States in a transboundary context and in particular in the use of a shared natural resource, but also the need to strike a balance between the use of the waters and the protection of the river consistent with the objective of sustainable development.“
215 Instruktiv *Beyerlin*, Different Types of Norms in International Environmental Law, in Oxford Handbook, 425 (443ff).
216 So *Beyerlin/Marauhn*, International Environmental Law, 79ff; *Birnie/Boyle/Redgwell*, International Law and the Environment, 125ff; *Beaucamp*, Zukunftsfähige Entwicklung, 79ff.
217 *Gabcíkovo-Nagymaros*, § 140.
218 So etwa *Beyerlin*, Different Types of Norms in International Environmental Law, in Oxford Handbook, 425 (444f); s a *Verschuuren*, Principles, 20ff.
219 *Scheyli*, Gemeinwohlorientierung, 296ff, 352f.
220 *Bodansky*, The Art and Craft of International Environmental Law, 2010, 203.

primäre Aufgabe liege darin, künftige Entscheidungen über die Rechtmäßigkeit eines bestimmten Verhaltens vorzubereiten bzw zu kanalisieren.[221] In den Worten von *Vaughan Lowe*: Nachhaltige Entwicklung sei „a legal concept exercising a kind of interstitial normativity, pushing and pulling the boundaries of true primary norms when threaten to overlap or conflict with each other."[222]

54 Diesem Verständnis wohnt der Vorteil inne, dass es in gewisser Weise einen potentiellen Ausweg aus dem Dilemma der verengten Diskussion um die gewohnheitsrechtliche Geltung des Nachhaltigkeitsprinzips bietet; es trägt mit dem Verweis auf seinen Meta-Charakter zugleich dem Erfordernis eines bereichsübergreifenden Ansatzes Rechnung. Dennoch vermag es letztlich nicht zu überzeugen. Allein aus der „relativen Offenheit"[223] bzw Konkretisierungsbedürftigkeit des Tatbestands einer Norm darf nicht auf die normtheoretische Einordnung, die, das sei nochmals unterstrichen, von der Frage der Bindungswirkung trennscharf zu unterscheiden ist (s o Rn 4), geschlossen werden. Wenn einem konstitutionellen Leitprinzip *Martin Scheyli* zufolge sehr wohl normative Wirkung beizumessen ist, indem es durch die Bestimmung eines Grundwerts ein Handlungsziel vorgibt und insofern „den Referenzwert für die Konkretisierung der Normen, deren Auslegung sowie die Lösung allfälliger Normkonflikte bildet",[224] ist letztlich kein Unterschied zu einer – zugegebenermaßen „offen" formulierten – Regel bzw einem Optimierungsgebot erkennbar. Denn wenn das Nachhaltigkeitsprinzip „die Rechtssubjekte verpflichtet [...], in ihrem Handeln und Unterlassen die gegebene konzeptionelle Zielsetzung anzustreben",[225] ist es nichts anderes als eine Norm, die ihren Adressaten die möglichst weitgehende Verwirklichung eines bestimmten „idealen Sollens" aufgibt – und damit eine Regel.[226] Dies lässt sich anhand der wirkmächtigsten Ausprägung von Nachhaltigkeit – dem Integrationsgebot (s o Rn 52) – veranschaulichen: Das Nachhaltigkeitsprinzip *gebietet* hiernach, dass die Staaten Umwelt und Wirtschaft in einen angemessen Ausgleich bringen, was – ähnlich wie im Falle des Vorsorgeprinzips, das sich seinerseits als wichtige Ausprägung des *sustainability*-Konzepts erweist[227] – im Einzelfall Abwägungsentscheidungen erforderlich macht. *Soweit* das Nachhaltigkeitsprinzip bindet (worauf sogleich noch einzugehen ist), sind die Staaten hiernach zur Integration und also bzgl des „Ob" der Vornahme von Güterabwägungen *verpflichtet*. Das Ergebnis der Abwägung hängt hingegen von den im jeweiligen Einzelfall zur Anwendung gelangenden tatsächlichen und rechtlichen Rahmenbedingungen ab. Als Prinzipien ieS erweisen sich auf der Grundlage dieser Sichtweise nicht etwa die Konzeptionen von Nachhaltigkeit und Vorsorge, sondern die abzuwägenden Güter, im vorliegenden Kontext also (1) der Schutz und die Bewahrung der Umwelt, (2) die wirtschaftliche Entwicklung, (3) die soziale Entwicklung und (4) die Interessen der heutigen und der künftigen Generationen. Nicht „Nachhaltigkeit" selbst ist ab-

---

221 Ebd, 201.

222 *Lowe*, Sustainable Development and Unsustainable Arguments, in Boyle/Freestone (Hrsg), International Law and Sustainable Development, 1999, 19 (31).

223 *Scheyli*, Gemeinwohlorientierung, 296 ff, 352 f.

224 Ebd, 298.

225 Ebd.

226 Überzeugend *Rauber*, Strukturwandel als Prinzipienwandel: Theoretische, dogmatische und methodische Bausteine eines Prinzipienmodells des Völkerrechts und seiner Dynamik, Manuskript 2017, 321; vorsichtig auch *Schröter*, Strukturprinzipien, 292, 319 f. Die von mir zunächst vertretene Ansicht, das Nachhaltigkeitsprinzip sei normtheoretisch als Prinzip zu qualifizieren (*Proelß* [Fn 199] Rn 116), gebe ich auf; sie beruht auf dem Missverständnis, dass aus dem „offenen", Güterabwägungen erforderlich machenden Charakter des Nachhaltigkeitskonzepts auf seinen Prinzipiencharakter zu schließen sei. Für die Einordnung als Prinzip hingegen *Gabcíkovo-Nagymaros*, Sep Op *Weeramantry*, 88; aus der Lit etwa *Voigt*, Sustainable Development, 165; *Tladi*, Sustainable Development and International Law, 2007, 101 ff; *Gärditz*, Nachhaltigkeit und Völkerrecht, in Kahl (Hrsg), Nachhaltigkeit als Verbundbegriff, 2008, 137 (167); aA auch *Beyerlin*, Different Types of Norms in International Environmental Law, in Oxford Handbook, 425 (444).

227 Dazu *Magraw/Hawke*, Sustainable Development, in Oxford Handbook, 613 (631 f).

zuwägen oder auch nur abwägungsfähig, sondern vielmehr sind es die in jenen Prinzipien verkörperten Werte, so konkretisierungsbedürftig sie auch sein mögen.

55 Zusammenfassend ist festzuhalten, dass es sich beim Nachhaltigkeitsprinzip normtheoretisch um eine Regel handelt, die Abwägungen zwischen kollidierenden Rechtsgütern gebietet.[228] Das bestätigt die bereits in Bezug genommene Passage des *Gabcíkovo-Nagymaros*-Urteils, wonach Entwicklung und Umweltschutz miteinander in Einklang zu bringen seien („need to reconcile)",[229] ebenso wie die Rechtsansicht des Generalanwalts *Léger* im Fall *First Corporate Shipping*, wonach nachhaltige Entwicklung „den notwendigen Ausgleich zwischen verschiedenen Interessen [betont], die zuweilen gegensätzlich sind, aber miteinander in Einklang gebracht werden müssen".[230] Dass Umwelt und Wirtschaft eng miteinander verflochten und durch Abwägung in einen Ausgleich zu bringen sind, offenbart auf Ebene des europäischen Unionsrechts insbes auch der in dem Ziel der umsichtigen und rationellen Verwendung der natürlichen Ressourcen verkörperte dritte Grundsatz des Nachhaltigkeitsprinzips. Denn „rationell" ist nicht etwa nur ein Handeln, bei dem die Ressourcenbewirtschaftung unter Einbeziehung der Anforderungen des Umweltschutzes erfolgt; vielmehr finden über diesen Begriff auch Effektivitätserwägungen Eingang in die Umweltpolitik. IdS bestätigen die Abwägungskriterien des Art 191 Abs 3 AEUV, dass die Belange der wirtschaftlichen und sozialen Entwicklung (vgl 4. Spiegelstrich) bei der Erarbeitung der europäischen Umweltpolitik berücksichtigt werden müssen. Die umweltpolitische Querschnittsklausel des Art 11 AEUV auf der einen Seite und jene Berücksichtigungspflicht zugunsten wirtschaftlicher und sozialer Entwicklung auf der anderen ergänzen sich wechselseitig und gebieten es von Unionsrechts wegen, dass die Unionsorgane einschlägige Sekundärrechtsakte auf der Grundlage von Güterabwägungen beschließen.[231] Von einem generellen Vorrang des einen oder des anderen Gutes lässt sich also auch aus der Perspektive des europäischen Umweltrechts nicht ausgehen.[232] Dieser dem Nachhaltigkeitsprinzip inhärente *Einzelfallbezug* ist keineswegs nachteilig, gewährleistet er doch zum einen flexible Lösungen und zum anderen die Anpassungsfähigkeit des internationalen Umweltrechts durch Veränderung der den Abwägungsvorgang steuernden Parameter (s u Rn 57).

56 Das Abwägungsgebot kann bei alledem nur zum Tragen kommen, wenn und soweit das Nachhaltigkeitsprinzip über völkerrechtliche Bindungswirkung verfügt. Dies wird angesichts seiner regelmäßigen Aufnahme in den seit 1992 geschlossenen Verträgen[233] häufig, aber eben nicht immer der Fall sein. Deshalb stellt sich an dieser Stelle die Frage nach der *gewohnheitsrechtlichen Geltung* des Nachhaltigkeitsprinzips.[234] Sie ist – ähnlich wie im Falle des Vorsorgeprinzips (s o Rn 29ff) – *differenzierend* zu beantworten: Das den normativen Kern des Nachhaltigkeitsprinzips bildende Gebot, Umwelt und Wirtschaft überhaupt in einen angemessen Ausgleich bringen („Ob"), ist mittlerweile, verkörpert in zahllosen internationalen Dokumenten, allg akzeptiert und in all seinen völkervertraglichen „Versionen" enthalten. Diesem Gebot gebricht es auch keineswegs an dem für die Entwicklung einer Norm des Gewohnheitsrechts aus

---

228 S a *Sands/Peel*, Principles, 208: „[...] requiring different streams of international law tob e treated in an integrated manner".

229 S Fn 217. *Rauber* (Fn 226) 320f weist überzeugend nach, dass mit den vom IGH in derselben Passage in Bezug genommenen „new norms and standards", die zu berücksichtigen und zutreffend zu gewichten seien, nicht das Nachhaltigkeitsprinzip selbst gemeint ist, sondern die auf seiner Grundlage abzuwägenden Entwicklungs- und Umweltschutzbelange.

230 *First Corporate Shipping*, Schlussanträge *Léger*, § 54.

231 *Nettesheim*, in Grabitz/Hilf/Nettesheim (Hrsg), Das Recht der Europäischen Union, Loseblattsammlung (Stand August 2015), Art 191 Rn 137ff; *Epiney*, Umweltrecht der Europäischen Union, 3. Aufl 2013, Kap 5 Rn 45.

232 Zum Ganzen bereits *Proelß*, Wirtschaft und Umwelt im europäischen Kontext, JböeUR 2016, 151ff.

233 Übersichten bei *Sands/Peel*, Principles, 206ff und *Scheyli*, Gemeinwohlorientierung, 355f.

234 Bejahend etwa *Sands/Peel*, Principles, 208; ablehnend *Beyerlin/Marauhn*, International Environmental Law, 79ff, jeweils mwN; zum Ganzen vgl auch die Diskussion bei *Magraw/Hawke*, Sustainable Development, in Oxford Handbook, 613 (623ff).

völkerrechtlichen Verträgen nach Ansicht des IGH[235] erforderlichen „fundamentally norm-creating character".[236] Insoweit ist deshalb davon auszugehen, dass das Nachhaltigkeitsprinzip inzwischen gewohnheitsrechtlich gilt. Nicht als völkergewohnheitsrechtlich determiniert anzuerkennen ist angesichts der unterschiedlichen Kodifizierungen des Nachhaltigkeitsprinzips sowie vor dem Hintergrund seines „offenen" Tatbestands hingegen, *wie* die Abwägung im Einzelnen durchzuführen ist. Diesbzgl verfügen die Staaten – angesichts der politischen Natur der zu treffenden Entscheidungen notwendigerweise! – über einen weiten und gerichtlich allenfalls in Extremfällen angreifbaren Gestaltungsspielraum.[237] Was die Ebene des Gewohnheitsrechts anbelangt, wird es, sieht man von den anerkannten prozeduralen Pflichten, wie sie o dem Präventionsprinzip zugeordnet wurden,[238] von daher bis auf weiteres nicht möglich sein, Staaten für Missachtungen des Nachhaltigkeitsprinzips zur Verantwortung zu ziehen.

57 Wie im Falle des Vorsorgeprinzips kommt es auch bei der Abwägung unter dem Leitbild der Nachhaltigkeit maßgeblich auf die *konkrete Ausgestaltung* des Nachhaltigkeitsprinzips einerseits und der abzuwägenden Werte andererseits in den zur Anwendung gelangenden völkerrechtlichen Verträgen an.[239] Freilich werden sich diese Faktoren im Hinblick auf den im Vergleich zum Vorsorgeprinzip noch „offeneren" Tatbestand des Nachhaltigkeitsprinzips häufig als wenig ergiebig erweisen; die für die Abwägung maßgeblichen Kriterien gibt das Völkervertragsrecht idR nicht vor, und die zwecks Konkretisierung verabschiedeten politischen Handlungsanweisungen der *Agenda 21*[240] und des *Johannesburg Plan of Implementation*[241] haben sich als nicht hinreichend wirkmächtig erwiesen. Insofern ist die Identifikation und Ausgestaltung handhabbarer Abwägungsparameter für die künftige Operationalisierung des Nachhaltigkeitsprinzips unabdingbar. Diesem Erfordernis hat die Staatengemeinschaft mit der einstimmigen Verabschiedung der sog *Sustainable Development Goals (SDGs)* auf dem Weltgipfel für nachhaltige Entwicklung im September 2015 versucht Rechnung zu tragen.[242] Ziel der SDGs, die am 1.1.2016 mit einer Laufzeit von 30 Jahren in Kraft traten und zwecks Operationalisierung durch einen Katalog von 169 Unterzielen ergänzt wurden, ist es, die Dimensionen des Nachhaltigkeitskonzepts und deren Wechselbezüge weiter zu konkretisieren. Es bleibt abzuwarten, ob es mit ihrer Hilfe gelingt, dem im Nachhaltigkeitsprinzip verkörperten Abwägungsgebot schärfere Konturen zu verleihen.

III. Schlussfolgerungen

58 Die detaillierte Analyse der im Vordergrund des vorliegenden Abschn stehenden Prinzipien des internationalen Umweltrechts ergibt ein uneinheitliches Bild. Den größten Fortschritt hat das Umweltvölkerrecht, maßgeblich geprägt von der Judikatur des IGH und den Arbeiten der ILC, im Zusammenhang mit dem Präventionsprinzip vollzogen. Dies überrascht schon deshalb nicht,

---

235 *North Sea Continental Shelf*, § 72.
236 So aber *Lowe* (Fn 222) 30.
237 S a *Birnie/Boyle/Redgwell*, International Law and the Environment, 125 f.
238 S o Rn 18 ff; vgl auch den Hinweis auf die Pflicht zur Durchführung von UVP bei *Birnie/Boyle/Redgwell*, International Law and the Environment, 127.
239 Für ein Bsp für die Strukturierung einer solchen vom Nachhaltigkeitsprinzip geforderten und informierten Abwägung s *Schröter*, Strukturprinzipien, 382 ff.
240 UN Doc A/CONF.151/26/Rev.1 (1992).
241 UN Doc A/CONF.199/20, Report of the World Summit on Sustainable Development.
242 UN Doc A/RES/70/1 v 21.10.2015, Transforming Our World: The 2013 Agenda for Sustainable Development, §§ 54 ff. Diese Entwicklung gründet auf der mit dem Abschlussdokument des Rio+20-Gipfels erfolgte Einigung der UN-Mitgliedstaaten, Ziele nachhaltiger Entwicklung zu entwerfen; vgl UN Doc A/RES/66/288 v 11.9.2012, Annex, § 246.

weil es sich seiner Wirkrichtung nach um einen Grundsatz der Gefahrenabwehr handelt, der seine Entstehung überdies den überkommenen Regeln des Nachbarrechts verdankt. Wenn letztlich jeder Staat, zumal vor dem Hintergrund des mittlerweile anerkannten weiten Nachbarbegriffs, „Opfer" grenzüberschreitender Umweltbeeinträchtigungen werden kann, mag sich die darin zum Ausdruck kommende Interessenlage positiv auf die Ausgestaltung der einschlägigen völkerrechtlichen Regelungen ausgewirkt haben (genau spiegelverkehrt stellt sich die Lage freilich hinsichtlich des Verursacherprinzips dar). Die nach wie vor bestehenden Unsicherheiten im Zusammenhang mit dem Verhältnis von prozeduralen und materiell-rechtlichen Pflichten einerseits und präventiver und repressiver Spielart der *no harm rule* andererseits werfen aber Schatten auf das bislang Erreichte.

59 Weniger eindeutig ist der Stand der Völkerrechtsentwicklung bzgl des Vorsorge- und des Nachhaltigkeitsprinzips. Auch dies kann nicht verwundern. Beide Grundsätze sind tatbestandlich flexibler ausgestaltet als das Präventionsprinzip und insofern mit einem höheren Maß an Rechtsunsicherheit verbunden (andererseits dadurch auch zukunftsoffener, „adaptiver" als das klassische, an den Kategorien der Rechte und Pflichten orientierte Völkerrecht).[243] Der Umstand, dass sich ihre von manchen befürworteten „stärkeren" Versionen angesichts der dann zum Tragen kommenden Wirkung als Verbotsnormen in einer nicht unerheblichen Limitierung staatlicher Gestaltungsspielräume manifestiert, hat zu der überwiegend zurückhaltenden Staatenpraxis beigetragen. Das gilt umso mehr, als beide Prinzipien auf zukünftige Entwicklungen gerichtet sind, deren Folgen nur schwer abgeschätzt werden können. Den Ausweg aus dem Dilemma weist ein – zunehmend sein Echo in der Völkerrechtspraxis findendes – Verständnis, wonach es sich bei den Grundsätze der Vorsorge und Nachhaltigkeit um Optimierungsgebote handelt, die staatlichen Abwägungsentscheidungen den Weg ebnen, zugleich aber dem Schutz und der Bewahrung der Umwelt Rechnung tragen. Aufgabe der Umweltwissenschaften ist es daher, die im Zuge des SDG-Prozesses Fahrt aufnehmende Entwicklung und Ausgestaltung der Abwägungsparameter mit Expertisen zu unterstützen und krit zu begleiten, damit den Interessen des Umweltschutzes künftig das ihnen gebührende Gewicht beigemessen wird.

---

243 Im US-amerikanischen Schrifttum wird seit einigen Jahren über Möglichkeiten zur Steigerung der Anpassungsfähigkeit des Umweltrechts („adaptive environmental law") diskutiert. Auf konzeptioneller Ebene ist diese Diskussion eng mit dem Begriff der Resilienz in seiner sozio-ökologischen Ausprägung und dessen rechtlicher Relevanz verknüpft; vgl etwa *Arnold/Gunderson*, Adaptive Law, in Garmestani/Allen (Hrsg), Social-Ecological Resilience and Law, 2014, 317 ff. In Deutschland ist sie bislang kaum wahrgenommen worden.

Vierter Abschnitt

Astrid Epiney*

Umweltschutz durch Verfahren

Gliederung

Literatur

Bastmeijer, Kess/Koivurova, Timo (Hrsg), Theory and Practice of Transboundary Environmental Impact Assessment, 2008 [Bastmeijer/Koivurova, EIA]

Beyerlin, Ulrich/Marauhn, Thilo, International Environmental Law, 2012 [*Beyerlin/Marauhn*, International Environmental Law]

Bodansky, Daniel/Brunnée, Jutta/Hey, Ellen (Hrsg), Oxford Handbook of International Environmental Law, 2007 [Oxford Handbook]

Boyle, Alan/Freestone, David (Hrsg), International Law and Sustainable Development, 1999 [Boyle/Freestone, Sustainable Development]

Brunnée, Jutta, Entwicklungen im Umweltvölkerrecht am Beispiel des Sauren Regens und der Ozonschichtzerstörung, 1989 [*Brunnée*, Saurer Regen]

Craik, Neil, The International Law of Environmental Impact Assessment: Process, Substance and Integration, 2008 [*Craik*, EIA]

Epiney, Astrid/Scheyli, Martin, Strukturprinzipien des Umweltvölkerrechts, 1998 [*Epiney/Scheyli*, Strukturprinzipien]

Epiney, Astrid/Scheyli, Martin, Die Aarhus-Konvention: Rechtliche Tragweite und Implikationen für das schweizerische Recht, 2000 [*Epiney/Scheyli*, Aarhus-Konvention]

Hunter, David/Salzman, James/Zaelke, Durwood, International Environmental Law and Policy, 1998 [*Hunter*, International Environmental Law]

Jessup, Brad/Rubenstein, Kim (Hrsg), Environmental Discourses in Public and International Law, 2012 [Jessup/Rubenstein, Environmental Discourses]

Kimminich, Otto/Lersner, Heinrich Freiherr v/Storm, Peter-Christoph (Hrsg), Handwörterbuch des Umweltrechts, 2. Aufl 1994 [Handwörterbuch]

Lang, Michael/Lang, Winfried/Neuhold, Hanspeter (Hrsg), Environmental Protection and International Law, 2001 [Lang et al, Environmental Protection]

---

* Die folgenden Ausführungen beruhen teilweise auf bereits früher durchgeführten Untersuchungen. S insbes *Epiney/Scheyli*, Umweltvölkerrecht, 2000, 5. Kap. Frau *Lena Hehemann*, wissenschaftliche Mitarbeiterin am Institut für Europarecht der Universität Fribourg, sei herzlich für die Unterstützung bei der Erstellung des Beitrags gedankt.

DOI 10.1515/9783110248296-004

Odendahl, Kerstin, Die Umweltpflichtigkeit der Souveränität, 1998 [*Odendahl*, Umweltpflichtigkeit]

Rengeling, Hans-Werner (Hrsg), Handbuch zum europäischen und deutschen Umweltrecht, Bd 1, 2. Aufl 2003 [EUDUR]

Schlacke, Sabine/Schrader, Christian/Bunge, Thomas, Informationsrechte, Öffentlichkeitsbeteiligung und Rechtsschutz im Umweltrecht: Aarhus-Handbuch, 2010 [Aarhus-Handbuch]

Schwerdtfeger, Angela, Der deutsche Verwaltungsrechtsschutz unter dem Einfluss der Aarhus-Konvention, 2010 [*Schwerdtfeger*, Aarhus-Konvention]

Sands, Philippe/Peel, Jacqueline, Principles of International Environmental Law, 3. Aufl 2012 [*Sands/Peel*, Principles]

Wolfrum Rüdiger (Hrsg), Max Planck Encyclopedia of Public International Law, 10 Bde, 2012 [MPEPIL]

Verträge und Dokumente

Great Lakes Quality Agreement United States – Kanada v 15.4.1972 (ILM [1972] 694) [Great Lakes Quality Agreement] — 6

Nordic Convention on the Protection of the Environment (Stockholm) v 19.2.1974 (1092 UNTS 276) — 44

Übereinkommen zum Schutz des Rheins gegen chemische Verunreinigung v 3.12.1976 (BGBl 1978 II, 1054) [Übereinkommen zum Schutz des Rheins] — 9

Vereinbarung zwischen dem Schweizerischen Bundesrat und der Regierung der Bundesrepublik Deutschland über den radiologischen Notfallschutz v 31.5.1978 (SR 0.732.321.36) [Vereinbarung über radiologischen Notfallschutz] — 12

Genfer Übereinkommen über weiträumige grenzüberschreitende Luftverunreinigung v 13.11.1979 (BGBl 1982 II, 373) [CLRTAP] — 6, 15

Abidjan Convention for Co-operation in the Protection and Development of the Marine and Coastal Environment of the West and Central African Region v 23.3.1981 (ILM 20 [1981] 746) [Abidjan Convention] — 21

Lima Convention for the Protection of the Marine Environment and Coastal Area of the South-East Pacific v 12.11.1981 (IPE [2] II/A/12-11-81.a) [Lima Convention] — 21

Seerechtsübereinkommen der Vereinten Nationen v 10.12.1982 (BGBl 1994 II, 1799) [SRÜ] — 6, 9, 14, 15, 21–23

Übereinkommen über die frühzeitige Benachrichtigung bei nuklearen Unfällen v 26.9.1986 (ILM 25 [1986] 1370) — 12

Wellington Convention on the Regulation of Antarctic Mineral Resource Activities v 2.6.1988 (ILM 27 [1988] 868) [Wellington Convention] — 28

Basler Übereinkommen über die Kontrolle der grenzüberschreitenden Verbringung gefährlicher Abfälle und ihrer Entsorgung v 22.3.1989 (BGBl 1994 II, 2703) [Basler Übereinkommen] — 6, 9, 18

Abkommen zwischen dem Schweizerischen Bundesrat und der Regierung der Französischen Republik über den Informationsaustausch bei Zwischenfällen oder Unfällen, die radiologische Auswirkungen haben können v 30.11.1989 (SR 0.732.323.49) — 12

Abkommen zwischen dem Schweizerischen Bundesrat und der Regierung der Italienischen Republik über den frühzeitigen Informationsaustausch bei nuklearen Zwischenfällen v 15.12.1989 (SR 0.732.324.54) — 12, 16

Bamako Convention on the Ban of the Import into Africa and the Control of Transboundary Movement and Management of Hazardous Wastes within Africa v 30.1.1991 (2101 UNTS 177) — 18

Übereinkommen über die Umweltverträglichkeitsprüfung im grenzüberschreitenden Zusammenhang v 25.2.1991 (BGBl 2002 II, 1406) [Espoo Konvention] — 10, 15, 21, 23, 24, 28 ff, 30, 34, 44

Umweltschutzprotokoll zum Antarktis-Vertrag v 4.10.1991 (BGBl 1994 II, 2478) [USP] — 9, 21, 22, 28

Übereinkommen über die grenzüberschreitenden Auswirkungen von Industrieunfällen v 7.3.1992 (ABl EG 1998, Nr L 326/5) — 39–41, 44

Übereinkommen zum Schutz und zur Nutzung grenzüberschreitender Wasserläufe und internationaler Seen v 17.3.1992 (BGBl 1994 II, 2333) [UN/ECE-Gewässer übereinkommen]; Protokoll v 17.6.1999 (<www.unece.org/env/documents/env/documents/2000/wat/mp.wat.2000.1.e.pdf>) — 6, 9, 23, 43

Übereinkommen über den Schutz der Meeresumwelt des Ostseegebiets v 9.4.1992 (BGBl 1994 II, 1397) [Helsinki Übereinkommen] — 10, 23

Rahmenübereinkommen der Vereinten Nationen über Klimaänderungen v 9.5.1992 (BGBl 1993 II, 1783) [Klimarahmenkonvention bzw UNFCCC] — 6, 23, 28

Übereinkommen über die biologische Vielfalt v 5.6.1992 (BGBl 1993 II, 1742) [CBD] — 6, 9, 21–23, 28, 44

Übereinkommen zum Schutz der Meeresumwelt des Nordostatlantiks v 22.9.1992 (BGBl 1994 II, 1360) [OSPAR-Übereinkommen] — 6, 43, 44
Convention on Civil Liability for Damage Resulting From Activities Dangerous to the Environment v 21.6.1993 (ILM 32 [1993] 1228) — 43
Übereinkommen der Vereinten Nationen zur Bekämpfung der Wüstenbildung in den von Dürre und/oder Wüstenbildung schwer betroffenen Ländern, insbesondere in Afrika, v 17.6.1994 (ILM 33 [1994] 1332) [Übereinkommen zur Bekämpfung der Wüstenbildung] — 43
Aarhus Convention on Access to Information, Public Participation in Decision-Making and Access to Justice in Environmental Matters v 25.6.1998 (2161 UNTS 447) [Aarhus Konvention] — 3, 43–48, 50–56
Nagoya Protocol on Access to Genetic Resources and the Fair and Equitable Sharing of Benefits Arising From their Utilization v 29.10.2010 (UNEP/CBD/COP/DEC/X/1) — 18
Übereinkommen von Paris v 12.12.2015 (BGBl 2016 II, 1082) — 6

EU-Rechtsakte

RL 92/43/EWG des Rates v 21.5.1992 zur Erhaltung der natürlichen Lebensräume sowie der wildlebenden Tiere und Pflanzen (ABl EG 1992, Nr L 206/7) [FFH-RL] — 52, 56
RL 2001/42/EG des Europäischen Parlaments und des Rates v 27.6.2001 über die Prüfung der Umweltauswirkungen bestimmter Pläne und Programme (ABl EG 2001, Nr L 197/30) [SUP-RL] — 29
RL 2010/75/EU des Europäischen Parlaments und des Rates v 24.11.2010 über Industrieemissionen (integrierte Vermeidung und Verminderung der Umweltverschmutzung) (ABl EU 2010, Nr L 334/17) [IE-RL] — 50, 53
RL 2011/92/EU des Europäischen Parlaments und des Rates v 13.9.2011 über die UVP bei bestimmten öffentlichen und privaten Projekten (ABl EU 2012, Nr L 26/1) [UVP-RL] — 10, 19–29, 44, 50, 53
RL 2012/18/EU des Europäischen Parlaments und des Rates v 4.7.2012 zur Beherrschung der Gefahren schwerer Unfälle mit gefährlichen Stoffen (ABl EU 2012, Nr L 197/1) [Seveso-RL] — 39

Judikatur

Internationaler Gerichtshof

Request for an Examination of the Situation in Accordance with Paragraph 63 of the Court's Judgment of 20 December 1974 in the Nuclear Tests Case (New Zealand v France), Verfügung v 22.9.1995, ICJ Rep 1995, 287 *[Request for Examination]* — 21, 22
Gabčíkovo-Nagymaros Project (Hungary v Slovakia), Urteil v 25.9.1997, ICJ Rep 1997, 92 *[Gabčíkovo-Nagymaros]* — 15, 16, 21
Pulp Mills on the River Uruguy (Argentina v Uruguay), Urteil v 20.4.2010, ICJ Rep 2010, 14 *[Pulp Mills]* — 13–15, 18, 21

Internationaler Seegerichtshof

Responsibilities and Obligations of States Sponsoring Persons and Entities with Respect to Activities in the Area, Case No 17, Gutachten v 1.2.2011, ITLOS Rep 2011, 10 *[Responsibilities and Obligations]* — 22

Internationale Schiedsgerichte

Lac Lanoux Arbitration (Spain v France), Schiedsspruch v 16.11.1957, RIAA XII, 281 *[Lac Lanoux]* — 15, 16

Gerichtshof der Europäischen Union

Urteil v 15.10.2009, Rs C-263/08, Slg 2009, I-9967 *[Djurgarden-Lilla]* — 54
Urteil v 8.3.2011, Rs C-240/09, Slg 2011, I-1255 *[Lesoochranarske]* — 56
Urteil v 12.5.2011, Rs C-115/09, Slg 2011, I-03673 *[Trianel]* — 51
Urteil v 11.4.2013, Rs C-260/11, ECLI:EU:C:2013:221 *[Edwards]* — 50
Urteil v 13.1.2015, Rs C-401/12 P, ECLI:EU:C:2015:4 *[Vereniging Milieudefensie]* — 55
Urteil v 13.1.2015, Rs C-404/12 P, ECLI:EU:C:2015:5 *[Stichting Natuur en Milieu]* — 55
Urteil v 7.11.2013, Rs C-72/12, ECLI:EU:C:2013:712 *[Altrip]* — 53
Urteil v 15.10.2015, Rs C-137/14, ECLI:EU:C:2015:683 *[Kommission/Deutschland]* — 53
Urteil v 8.11.2016, Rs C-243/15, ECLI:EU:C:2016:837 *[Lesoochranarske II]* — 52

I. Einleitung

1 Zahlreiche völkerrechtliche Regeln können von vornherein nur auf dem Wege der internationalen Kooperation durchgesetzt werden, oder zu ihrer erfolgreichen Umsetzung ist zumindest die Koordination der implementierenden Maßnahmen der einzelnen Staaten erforderlich. Im Umweltvölkerrecht trifft dies besonders häufig zu, sind doch gerade die drängendsten Umweltprobleme von grenzüberschreitender Natur und betreffen in ihren potentiellen Auswirkungen alle Staaten oder zumindest deren Mehrzahl. Vor diesem Hintergrund ist denn auch die Entwicklung verschiedener Informations-, Warn- und Konsultationspflichten zu sehen (dazu u II.).

2 Andere (materielle) Regeln wiederum können nur dann effektiv sein, wenn ihre Verwirklichung verfahrensrechtlich abgesichert wird. Dies gilt insbes für das Vorsorgeprinzip, das im Umweltvölkerrecht eine zentrale Funktion einnimmt, für sich alleine genommen aber nur geringes praktisches Durchsetzungsvermögen aufweist. Hier greift das präventiv wirksame Gebot ein, die Umweltverträglichkeit bestimmter geplanter Tätigkeiten zu überprüfen, wenn ein gewisser Grad der Umweltgefährdung zu befürchten ist (dazu u III.).

3 Die Bewältigung der vielfältigen Umweltprobleme ist schließlich aber auch nicht denkbar ohne entsprechende Kenntnisse der relevanten Ursachen und Wirkungen. Dies betrifft die verschiedensten Ebenen von internationalen Gremien über staatliche Organe bis zu den umweltpolitischen Akteuren der jeweiligen Zivilgesellschaften. Unverzichtbar ist damit die diesbezügliche Information auf und zwischen all diesen Ebenen, und in diesem Bereich haben sich denn auch völkerrechtliche Regeln entwickelt. Diese Umweltinformationsrechte bzw -vorgaben werden durch die Öffentlichkeitsbeteiligung und den Rechtsschutz betreffende Regelungen ergänzt (dazu u IV.), wobei der 1998 unterzeichneten sog Aarhus Konvention besondere Bedeutung zukommt.

II. Informations-, Warn- und Konsultationspflichten

4 In Anbetracht des idR grenzüberschreitenden Charakters der ins Gewicht fallenden Umweltprobleme[1] spielt der Austausch entsprechender Informationen und allg eine wirksame Kooperation zwischen den betroffenen Staaten eine entscheidende Rolle für eine (möglichst) wirksame Bekämpfung dieser grenzüberschreitenden Probleme.[2] Diesem Umstand wird in den meisten umweltvölkerrechtlichen Verträgen Rechnung getragen. Str ist demgegenüber nach wie vor, ob den verschiedenen Pflichten im Einzelnen auch bereits völkergewohnheitsrechtlicher Charakter zukommt,[3] eine Frage, die immer dann relevant wird, wenn sich für eine bestimmte Situation bzw eine bestimmte (erwünschte) Verhaltensweise keine einschlägige völkervertragsrechtliche Verpflichtung findet.

1 Hierzu schon *Epiney*, 1. Abschn Rn 1ff.

2 Die Pflicht zur Kooperation stellt im Übrigen ein allg Prinzip des Völkerrechts dar, das in einer Vielzahl völkerrechtlicher Quellen statuiert wird, so auch durch Art 1 Abs 3 UN-Charta sowie etwa durch die Erklärung über völkerrechtliche Grundsätze für freundschaftliche Beziehungen und Zusammenarbeit zwischen den Staaten iSd UN-Charta (GV-Res 2625 [XXV] v 24.10.1970). Mit Grundsatz 24 der Stockholm Deklaration wurde die internationale Zusammenarbeit auch zu einer Maxime des Umweltvölkerrechts erhoben; s auch Grundsatz 27 der Rio Deklaration. Vgl hierzu *Hunter et al*, International Environmental Law and Policy, 374ff. Zur Bedeutung internationaler Kooperation als Prinzip des Umweltvölkerrechts auch *Sands/Peel*, Principles, 203ff; zur Bedeutung umweltrelevanter Informationen ebd, 624ff.

3 Vgl *Heintschel v Heinegg*, in EUDUR, § 23 Rn 90ff; *Odendahl*, Umweltpflichtigkeit, 139ff.

5 Je nach dem Inhalt der den Staaten obliegenden Informations-, Warn- und Konsultationspflichten kann im Wesentlichen zwischen allg Pflichten zur Information, wie sie in der einen oder anderen Form in nahezu jedem umweltvölkerrechtlichen Übereinkommen enthalten sind (1.), der Pflicht, in Momenten akuter Umweltgefährdung andere Staaten zu warnen (2.) sowie im Interesse der Beschränkung von Umweltschäden gegenseitige Konsultationen aufzunehmen (3.), unterschieden werden.[4] Entsprechend ihren unterschiedlichen Formen wirken sich diese zwischenstaatlichen Kommunikationspflichten auch verschiedenartig aus bzw verfolgen jeweils andere Zielsetzungen: Der institutionalisierte ständige Informationsaustausch über Tätigkeiten, die Umweltrisiken mit sich bringen, soll in erster Linie eine Gefahrenminimierung sowie eine auf alle verfügbaren Daten bzw Angaben gestützte Entwicklung und Definition der nationalen Umweltpolitiken ermöglichen und damit nicht zuletzt dem Vorsorgeprinzip dienen. Im Falle akuter Gefährdungen oder bereits eingetretener Schädigungen der Umwelt mit grenzüberschreitender Wirkung wiederum soll die gegenseitige Information und die Zusammenarbeit der Staaten die möglichst weitgehende Begrenzung und Beseitigung des Schadens gewährleisten.[5]

1. Ständige Informationspflichten

6 Die *Verpflichtung der Vertragsparteien zu regelmäßigem Informationsaustausch* gehört zum Standard jedes modernen umweltvölkerrechtlichen Abkommens. Der kontinuierliche Informationsaustausch bezweckt die laufende Bewertung der Qualität verschiedener Umweltmedien bzw der Umweltsituation insgesamt, was auch eine zuverlässigere Einschätzung der längerfristigen Entwicklungstendenzen und damit vorausschauendes Handeln erlauben soll. Regelmäßige Information sorgt außerdem für Transparenz in Bezug auf die Erfüllung vertraglich eingegangener Verpflichtungen durch die Parteien eines Übereinkommens, was in nicht zu unterschätzender Weise zur Vertragseinhaltung beitragen kann.[6] Materiell sind derartige Informationspflichten in den verschiedenen Verträgen recht unterschiedlich ausgestaltet.[7] In erster Linie geht es um einen *kontinuierlichen Austausch relevanter Daten und Informationen*, dessen Reichweite im Einzelnen spezifiziert wird,[8] aber mitunter auch um *Informationen über bestimmte geplante umweltrelevante Aktivitäten.*[9] Ein derartiger Kommunikationsfluss kann zunächst durch direkte Information von Staat zu Staat verlaufen, wobei sich entsprechende Bsp vor allem auf *bilateraler Ebene*[10] finden.[11] Häufiger aber sind Verpflichtungen zu fortlaufendem Austausch umweltbezogener Informationen im internationalen Rahmen in ein umfassenderes Berichtssystem eingebettet, das die Verwirklichung der im jeweiligen Übereinkommen festgeschriebenen Zielsetzungen

4 S aber auch die etwas andere Einteilung bei *Sands/Peel*, Principles, 626 ff, die auch auf die zahlreichen Überschneidungen der einschlägigen Pflichten hinweisen.

5 Verschiedene, insbes neuere Übereinkommen sehen außerdem vor, dass die Vertragsparteien in regelmäßigen Abständen Berichte über die Umweltsituation im jeweiligen Umweltbereich und/oder den Stand der innerstaatlichen Umsetzungsmaßnahmen zu erstellen haben. Derartige Pflichten (zu diesen etwa *Sands/Peel*, Principles, 629 ff) sind jedoch idR im Zusammenhang mit der Compliance zu sehen. Hierzu *Schmalenbach*, 8. Abschn Rn 7 ff.

6 Vgl *Beyerlin/Marauhn*, Rechtsetzung und Rechtsdurchsetzung im Umweltvölkerrecht nach der Rio-Konferenz 1992, 1997, 88. Zur Rechtsdurchsetzung auch noch *Schmalenbach*, 8. Abschn Rn 7, 16.

7 Vgl den ausführlichen Überblick über hier einschlägige völkerrechtliche Verträge bei *Sands/Peel*, Principles, 626 ff, die auch auf zahlreiche Soft Law-Dokumente hinweisen.

8 Vgl zB Art 3 f, 8 CLRTAP, Art 200 SRÜ.

9 S zB Art 9 Abs 3 Great Lakes Quality Agreement.

10 Wobei aber auch im Rahmen multilateraler Verträge Informationspflichten von Staat zu Staat vorgesehen sein können: Vgl etwa Art 13 UN/ECE-Gewässerübereinkommen, der den direkten Austausch von Informationen zwischen Anrainerstaaten vorsieht.

11 S zB Great Lakes Quality Agreement.

fördern soll.[12] IdR wird dabei eine (bestehende oder für die Zwecke des entsprechenden Übereinkommens neu zu schaffende) Institution bestimmt, der die verlangten Informationen zu übermitteln sind, und die für deren Weitergabe und allfällige konkrete Verwendung sorgt. Bsp für derartige Regelungen finden sich etwa in Art 7 Abs 2 UNFCCC, in Art 2 Abs 1 und 2 mit Anhang III des Übereinkommens zum Schutz des Rheins gegen chemische Verunreinigung, in Art 3 Basler Übereinkommen, in Art 26 CBD und in Art 22 OSPAR-Übereinkommen. Zum zwischenstaatlichen Informationsaustausch kann außerdem in einem weiteren Sinn die Verpflichtung der Industriestaaten gezählt werden, im Rahmen der globalen Kooperation den Entwicklungsländern den Zugang zu technologischen Ressourcen zu erleichtern,[13] wie dies von Grundsatz 9 der Rio Deklaration postuliert wird.[14]

7 Angesichts des spezifischen Charakters der jeweiligen Informationspflichten (in Abhängigkeit von dem jeweils erfassten Bereich) dürften die Voraussetzungen einer entsprechenden völkergewohnheitsrechtlichen Pflicht (die unabhängig von einer vertraglichen Verankerung greifen würde) – etwa dahingehend, dass (in allg Form) umweltrelevante Daten auszutauschen sind – nicht bereichsübergreifend nachgewiesen werden können. Etwas anderes gilt jedoch für Informationen bzgl grenzüberschreitender Ressourcen, in Bezug auf welche das Gebot der gerechten und angemessenen Aufteilung natürlicher Ressourcen zur Anwendung[15] gelangt: Die Anwendung dieses Grundsatzes – der iE eine umfassende Interessenabwägung voraussetzt – impliziert einen solchen Informationsaustausch, wäre eine derartige Interessenabwägung doch ansonsten nicht möglich, so dass Vieles dafür spricht, dass der Grundsatz der angemessenen Nutzung grenzüberschreitender Ressourcen auch eine Pflicht zum Austausch der relevanten Informationen umfasst.[16]

2. Außerordentliche Informationspflichten

8 Plötzliche Entwicklungen der Umweltsituation, seien sie durch menschliches Verhalten oder durch natürliche Ursachen bedingt, stellen ein beträchtliches Gefahrenpotential dar und machen es notwendig, ggf auch außerhalb des geordneten Rahmens regelmäßiger Kommunikation Informationen zu übermitteln und auszutauschen.[17] So ist denn auch eine Verpflichtung der Staaten, bei akuten Gefährdungen oder bereits erfolgten erheblichen Beeinträchtigungen der Umwelt (grundsätzlich gleich welchen Ursprungs), die möglicherweise betroffenen Staaten zu warnen, in der Staatenpraxis anerkannt.[18]

---

12 Allg zu derartigen wie auch weiteren umweltvölkerrechtlichen Berichts- und Kontrollmechanismen *Sands/Peel*, Principles, 624 ff. Zur spezifischen Bedeutung derartiger Mechanismen für die Erfüllung internationaler Übereinkommen im Umweltbereich zudem *Chayes et al*, Managing Compliance: A Comparative Perspective, in Brown Weiss/Jacobson (Hrsg), Engaging Countries: Strengthening Compliance with International Environmental Accords, 2000, 39 (43 ff).

13 Zum Ressourcentransfer als umweltvölkerrechtliches Anliegen *Sands/Peel*, Principles, 665 ff. S auch noch *Bartenstein*, 2. Abschn, Rn 11 ff.

14 Vgl bzgl des Austauschs von technologischen Kenntnissen zugunsten der Entwicklungsländer und der damit verbundenen finanziellen Aufwendungen auch Art 4 Abs 3 und 5 UNFCCC, Art 13 Abs 6 Paris Übereinkommen sowie die Präambel der CBD.

15 Zu diesem Grundsatz *Reichert*, 13. Abschn Rn 26 ff.

16 *Heintschel v Heinegg*, in EUDUR, § 23 Rn 92.

17 Allg zur Bedeutung rechtzeitiger zwischenstaatlicher Information im Rahmen umweltvölkerrechtlicher Kooperationspflichten etwa *Francioni*, International Cooperation for the protection of the Environment: The Procedural Dimension, in Lang et al, Environmental Protection, 203 (205 ff).

18 Die Pflicht zur Warnung in Notfällen kann dabei als formelle Regel im Rahmen der materiellen Pflicht, erhebliche grenzüberschreitende Umweltbelastungen zu verhindern (hierzu *Proelß*, 3. Abschn Rn 18 ff), betrachtet werden; vgl *Odendahl*, Umweltpflichtigkeit, 139.

9 Zunächst enthalten eine Reihe *umweltvölkerrechtlicher Verträge* in diese Richtung gehende Pflichten. Hinzuweisen ist bspw auf Art 14 UN/ECE-Gewässerübereinkommen, der sowohl Voraussetzungen als auch genauere Modalitäten entsprechender Warn- und Alarmsysteme nennt.[19] Ähnlich ausgestaltete Bestimmungen sind in Art 14 Abs 1 lit d CBD,[20] Art 11 Übereinkommen zum Schutz des Rheins gegen chemische Verunreinigung, Art 198 SRÜ, Art 13 Basler Übereinkommen und in Art 15 Abs 1 USP enthalten. Besonders ausführlich sind die Informationspflichten im ECE-Übereinkommen über die grenzüberschreitenden Auswirkungen von Industrieunfällen[21] geregelt.

10 Besondere Erwähnung verdient in diesem Zusammenhang auch das Übereinkommen über die UVP im grenzüberschreitenden Rahmen (Espoo Konvention),[22] das insbes in Art 2 Abs 4–6 und Art 3–7 (auch) spezifische Informationspflichten formuliert. Zu beachten sind hier überdies die Anhänge II–V, welche weitere Ausführungen zu den Kooperationspflichten dieses Abkommens enthalten. Art 8 und der dazugehörige Anhang VI erwähnen die Möglichkeit zusätzlicher bi- und multilateraler Vereinbarungen zum Zweck der Umsetzung des Übereinkommens. Zwischenstaatliche Informations- und Kooperationspflichten als Mittel der UVP im grenzüberschreitenden Rahmen sieht außerdem etwa Art 7 Helsinki-Übereinkommen vor.

11 Darüber hinaus haben Informationspflichten über bevorstehende oder schon geschehene Notfälle und sonstige eingetretene oder absehbare erhebliche Umweltbeeinträchtigungen auch Eingang in zahlreiche unverbindliche *völkerrechtliche Dokumente* gefunden.[23] Auch in der Rio Deklaration wurden solche Informationspflichten in den Grundsätzen 18 und 19 festgehalten,[24] und ein entsprechender Grundsatz figuriert in Art 3 und Art 17 des ILC-Entwurf zu *Prevention of Transboundary Harm from Hazardous Activities* (2001).

12 Schließlich wurde die Pflicht zur Information auch in der übrigen *Staatenpraxis* bestätigt, wobei sich ihr Inhalt sowohl auf eine Warnpflicht in Notfällen als auch auf eine Informationspflicht bei sonstigen eingetretenen oder zu erwartenden wesentlichen Umweltbeeinträchtigungen bezieht.[25] Dabei darf wohl davon ausgegangen werden, dass die Informationserteilung bzw

---

19 Art 14 UN/ECE-Gewässerübereinkommen lautet: „Die Anrainerstaaten informieren einander unverzüglich über jede kritische Situation, durch welche grenzüberschreitende Beeinträchtigungen hervorgerufen werden könnten. Die Anrainerstaaten stellen gegebenenfalls abgestimmte oder gemeinsame Kommunikations-, Warn- und Alarmsysteme auf und betreiben diese, um so Informationen zu erhalten und zu übermitteln. Diese Systeme werden auf der Grundlage kompatibler Datenübertragungs- und Verarbeitungsverfahren sowie entsprechender Einrichtungen durchgeführt, auf welche sich die Anrainerstaaten einigen. Die Anrainerstaaten informieren einander über die für diesen Zweck zuständigen Behörden oder Kontaktadressen."

20 Art 14 Abs 1 lit d CBD lautet: „(1) Jede Vertragspartei wird, soweit möglich und sofern angebracht, [...] d) im Falle einer akuten oder ernsthaften Gefahr oder eines unmittelbar drohenden oder schwerwiegenden Schadens, die ihren Ursprung in einem Gebiet unter ihrer Hoheitsgewalt oder Kontrolle haben, für die biologische Vielfalt im Hoheitsbereich anderer Staaten oder außerhalb der nationalen Hoheitsbereiche die potentiell betroffenen Staaten sofort über diese Gefahr oder diesen Schaden unterrichten sowie Maßnahmen zur Verhütung oder möglichst weitgehenden Verringerung dieser Gefahr oder dieses Schadens ergreifen."

21 Zu diesem Übereinkommen noch u Rn 39 ff.

22 Zu diesem noch im Einzelnen u Rn 30 ff.

23 S zB Prinzip 5 der von der UNEP erarbeiteten Grundsätze zur Erhaltung und harmonischen Nutzung gemeinsamer Naturgüter mehrerer Staaten v 1978, ILM (1978) 1091; OECD-Empfehlung C (77) 28 v 23.5.1977, ILM (1977) 977.

24 Grundsatz 18: „Die Staaten unterrichten andere Staaten sofort über Naturkatastrophen oder andere Notfälle, die wahrscheinlich zu plötzlich auftretenden schädlichen Auswirkungen auf deren Umwelt führen. [...]" Grundsatz 19: „Die Staaten unterrichten möglicherweise betroffene Staaten über Tätigkeiten, die wesentliche nachteilige grenzüberschreitende Auswirkungen haben können, im Voraus und rechtzeitig, stellen ihnen sachdienliche Informationen zur Verfügung und konsultieren sie frühzeitig und in redlicher Absicht."

25 Vgl die Nachw im Einzelnen bei *Rauschning*, Allgemeine Völkerrechtsregeln zum Schutz gegen grenzüberschreitende Umweltbeeinträchtigungen, FS Schlochauer, 1981, 557 (572 f); *Brunnée*, Saurer Regen, 98 ff; *Dupuy*, Le droit international de l'environnement et la souveraineté des états, in ders (Hrsg), L'avenir du droit international de l'environnement, 1985, 29 (41 f).

-inanspruchnahme auf einer entsprechenden Rechtsüberzeugung beruhte.[26] Zweifel an einer Warn- und damit auch Informationspflicht könnten zwar auf den ersten Blick deshalb bestehen, da nicht in jedem Fall bei eingetretenen oder drohenden bedeutenden grenzüberschreitenden Umweltbeeinträchtigungen auch tatsächlich informiert wurde bzw wird. So informierte die Sowjetunion im Gefolge des Reaktorunglücks in Tschernobyl im Jahr 1986 zunächst gar nicht und dann erst nach mehrmaligem Drängen der anderen Staaten. Eine genauere Analyse der verschiedenen Stellungnahmen der Staaten zeigt jedoch, dass die Sowjetunion nicht die Existenz einer Warn- und Informationspflicht verneinte, sondern den Eintritt des Unglücks an sich und die Erheblichkeit der Folgen bestritt.[27] Immerhin zeigte das Reaktorunglück in Tschernobyl die Bedeutung solcher Warn- und Benachrichtigungspflichten bei atomaren Risiken bzw Störungen.[28] Bemerkenswert ist im Übrigen, dass im Gefolge des Unfalls noch im selben Jahr das Übereinkommen über die frühzeitige Benachrichtigung bei nuklearen Unfällen unterzeichnet wurde.[29]

13 Insgesamt lässt die völkerrechtliche Praxis damit den Schluss zu, dass – über die bestehenden vertraglichen Pflichten hinaus – eine *völkergewohnheitsrechtliche Regel* idS besteht, dass den Staaten jedenfalls dann eine Pflicht zur *förmlichen Information* der Nachbarstaaten oder sonstiger betroffener Staaten obliegt, wenn ein bestimmtes Verhalten, Projekt oder Ereignis *ins Gewicht fallende Auswirkungen auf die Umweltbedingungen* im Territorium eines *anderen Staats* entfalten kann,[30] wobei die Ursache hierfür vielfältig sein kann (Realisierung bzw Planung eines Großprojekts mit möglichen erheblichen grenzüberschreitenden Umweltauswirkungen, „Umweltnotfall" aufgrund eines Unfalls u a m). Die bloße Möglichkeit solcher Auswirkungen dürfte dabei ausreichend sein; nicht notwendig ist damit, dass eine bestimmte Schädigung schon eingetreten ist. Nur dieser Ansatz trägt dem im Völkergewohnheitsrecht wohl anerkannten Vorsorgeprinzip[31] – das jedenfalls bei der Auslegung umweltvölkerrechtlicher Pflichten zu berücksichtigen ist – Rechnung. Im Übrigen ist er auch vor dem Hintergrund des Sinns und Zwecks solcher Informationspflichten zwingend: Wenn diese es den anderen Staaten ermöglichen sollen, angemessen auf eine bestimmte Situation zu reagieren und damit eine Begrenzung drohender oder schon eingetretener Umweltschäden zu erlauben, so muss ihnen die Information so früh wie möglich zugehen, also jedenfalls dann, wenn die Möglichkeit erheblicher grenzüberschreitender Umweltauswirkungen besteht. Diese Pflicht dürfte jedoch nur bei tatsächlich eingetretenen oder drohenden erheblichen grenzüberschreitenden Umweltbeeinträchtigungen greifen; nicht nachweisen lässt sich in der Staatenpraxis eine allg Informationspflicht über sog *ultra hazardous activities*, ein Problemkreis, der insbes im Zusammenhang mit der Nutzung der Kernenergie relevant geworden ist.

---

26 Ausdrücklich *Kimminich*, in Handwörterbuch, 2510 (2516 f) mwN.

27 Vgl im Einzelnen *Zehetner*, Zur völkerrechtlichen Problematik grenzüberschreitender technisch-industrieller Umweltkatastrophen, UPR 1986, 201 (202); *Sands/Peel*, Principles, 641 ff.

28 Vgl auch *Sands/Peel*, Principles, 642.

29 S nun auch das Übereinkommen über nukleare Sicherheit v 1994, dessen Art 16 Regeln über die Notfallvorsorge aufstellt. Weiter gibt es diverse bilaterale Übereinkommen über den Informationsaustausch bei nuklearen Zwischenfällen, dies zB zwischen der Schweiz und Frankreich, der Schweiz und Italien (jeweils aus dem Jahr 1989) sowie der Schweiz und Deutschland (aus dem Jahr 1978).

30 Auch das ganz überwiegende Schrifttum geht in diese Richtung, vgl etwa, jeweils mwN, *v. Arnauld*, Völkerrechtliche Informationspflichten bei Naturkatastrophen, AVR 43 (2005) 279 (283 ff); s ebenso *Beyerlin*, Grenzüberschreitender Umweltschutz und allgemeines Völkerrecht, FS Doehring, 1989, 37 (56 f); *Caflisch*, La convention du 21.5.1997 sur l'utilisation des cours d'eau internationaux à des fins autres que la navigation, AFDI 43 (1997) 751 (784); *Beyerlin/Marauhn*, International Environmental Law, 228 ff; *Odendahl*, Umweltpflichtigkeit, 139 ff. S in diese Richtung wohl auch IGH in *Pulp Mills*. AA aber *Heintschel v Heinegg*, in EUDUR, § 23 Rn 92.

31 Zu diesem im Einzelnen *Proelß*, 3. Abschn Rn 24 ff.

3. Konsultations- bzw Kooperationspflichten

14 Verpflichtungen zur Konsultation gehen noch einen Schritt weiter als Informationspflichten, indem sie die Staaten verpflichten, die *Stellungnahmen* anderer, von einem Projekt oder einem Ereignis betroffener Staaten *einzuholen*. Ziel solcher Konsultationspflichten – die letztlich eine bestimmte Art der Kooperation der Staaten impliziert – ist, dass ein Staat, der eine möglicherweise mit grenzüberschreitenden Umweltauswirkungen verbundene Tätigkeit plant, diesbezügliche Stellungnahmen und Einwände eines potentiell betroffenen anderen Staats entgegennimmt, um diese ins Entscheidungsverfahren und die Planung sowie Ausgestaltung des Projekts im Einzelnen zumindest einbeziehen zu können.[32] Deutlich wird damit auch der enge Zusammenhang von Konsultationspflichten mit Informationspflichten, setzt doch eine sinnvolle Konsultation notwendigerweise eine zuvor ausgetauschte Information voraus, und umgekehrt dürfte ein Anspruch auf Informationsgewährung ohne eine anschließende Entgegennahme und einen Austausch von diesbezüglichen Stellungnahmen wenig Sinn machen.[33]

15 So überrascht es denn auch nicht, dass Konsultationspflichten in der *völkerrechtlichen Praxis* sowohl in Bezug auf spezifisch wasserrechtliche Fragestellungen als auch in allg Form anerkannt sind und sich im Übrigen in einer Reihe *völkerrechtlicher Verträge*[34] finden. Aus der schiedsgerichtlichen Rspr ist insbes auf den Fall *Lac Lanoux*, der im Jahr 1957 entschieden worden ist, hinzuweisen, in dem das Schiedsgericht festhielt, es bestehe „a duty of consultation and of bringing into harmony the respective actions of the two States when general interests are involved in matters concerning water".[35] Auch dürfte der IGH im Fall *Gabčíkovo-Nagymaros* aus dem Jahr 1997[36] zumindest für den Bereich des Wasserrechts von einer gewissen Kooperationspflicht ausgehen; ebenfalls in diese Richtung geht das Urteil des Gerichtshofs im Fall *Pulp Mills*.[37] Ein entsprechendes allg Postulat findet sich in dem schon zitierten Grundsatz 19 der Rio Deklaration.[38]

16 Insgesamt lässt sich aus der völkerrechtlichen Praxis schließen, dass – über die jeweiligen vertraglichen Verpflichtungen hinaus – eine *gewohnheitsrechtliche Pflicht* der Staaten besteht, im Falle von Projekten, die *erhebliche*[39] *grenzüberschreitende Umweltbeeinträchtigungen* entfalten können, mit den möglicherweise – auch hier muss, ebenso wie bei den Informationspflichten, die potentielle Betroffenheit ausreichen – betroffenen Staaten *Konsultationen* durchzufüh-

---

32 S hierzu *Francioni* (Fn 17) 210; vgl außerdem zur Frage umweltvölkerrechtlicher Konsultationspflichten allg *Hunter et al*, International Environmental Law and Policy, 376f; *Odendahl*, Umweltpflichtigkeit, 146ff; *Sands/Peel*, Principles, 636ff.

33 Vgl zu diesem Zusammenhang zwischen Informations- und Konsultationspflichten etwa *Odendahl*, Umweltpflichtigkeit, 148f; *Sands/Peel*, Principles, 636f. S zB auch Art 142 Abs 2 SRÜ, wonach Konsultationen mit frühzeitiger Benachrichtigung einhergehen. Umfassend zu den wechselseitigen Beziehungen von Information, Benachrichtigung und Konsultation *Proelß*, Das Urteil des Internationalen Gerichtshofs im Pulp Mills-Fall und seine Bedeutung für die Entwicklung des Umweltvölkerrechts, FS Schröder, 2012, 611 (616ff).

34 Vgl zB Art 5 CLRTAP; Art 142 Abs 2 SRÜ; Art 5 Espoo Konvention. S im Übrigen die weiteren Hinweise, auch auf Soft Law, bei *Sands/Peel*, Principles, 636ff.

35 *Lac Lanoux*, 133. Dazu etwa *Epiney*, Lake Lanoux, in MPEPIL.

36 Vgl *Gabcikovo-Nagymaros*, insbes §§ 112ff. Zu diesem Fall etwa *Higgins*, Natural Resources in the Case Law of the International Court, in Boyle/Freestone (Hrsg), International Law and Sustainable Development, 1999, 87 (104ff); *Lammers*, The Gabcikovo-Nagymaros Case Seen in Particular from the Perspective of the Law of International Watercourses and the Protection of the Environment, Leiden JIL 11 (1998) 287ff; *Sohnle*, Irruption du droit de l'environnement dans la jurisprudence de la CIJ: L'affaire *Gabcikovo-Nagymaros*, RGDIP 102 (1998) 85ff.

37 *Pulp Mills*, 110ff.

38 S im Übrigen auch etwa Art 6 der ILA Montreal Rules of International Law Applicable to Transfrontier Pollution v 1982; Art 17 WCED Legal Principles for Environmental Protection and Sustainable Development.

39 Ebenso wie bei den Informationspflichten besteht also keine allg Konsultationspflicht, sondern diese ist auf Projekte mit potentiell erheblichen grenzüberschreitenden Umweltauswirkungen beschränkt.

ren.[40] Weiter ist jedenfalls bei *gemeinsamen grenzüberschreitenden Ressourcen* darüber hinaus – also auch im Falle des Fehlens einer (möglichen) erheblichen grenzüberschreitenden Umweltbeeinträchtigung – eine solche Konsultations- und letztlich Kooperationspflicht anzunehmen, ist diese doch dem Grundprinzip der gerechten und angemessenen Nutzung gemeinsamer Ressourcen selbst inhärent.[41] Insofern besteht also zwischen den Informations- und Konsultationspflichten der Staaten eine gewisse Parallelität, was aufgrund des Zusammenhangs beider Pflichten auch ebenso sinnvoll wie notwendig erscheint.[42] Die Art und Weise der Konsultation muss es erlauben, ggf vorgebrachte Einwände berücksichtigen zu können, hätten doch die Konsultationen ansonsten keinen Sinn.[43] Hingegen dürfte keine Pflicht des das Projekt planenden oder durchführenden Staates bestehen, die vorgebrachten Stellungnahmen auch tatsächlich zu berücksichtigen.[44]

17 Ebensowenig lässt sich in der Staatenpraxis eine Pflicht nachweisen, bei Projekten mit potentiell erheblichen grenzüberschreitenden Auswirkungen zu einer einvernehmlichen Lösung zu kommen.[45] Eine solche Pflicht bedeutete letztlich ein Veto-Recht der möglicherweise betroffenen Staaten in Bezug auf die Durchführung des Projekts, für das sich keine Anhaltspunkte in der Staatenpraxis finden lassen. Im Übrigen zöge eine solche Pflicht auch eine erhebliche Einschränkung des Handlungsspielraums der Staaten nach sich, was wohl der Hauptgrund für die fehlende Anerkennung in der Staatenpraxis sein dürfte.

18 Etwas anderes gilt jedoch in denjenigen Konstellationen, in denen völkerrechtliche Abkommen für bestimmte Projekte bzw Tätigkeiten den Grundsatz des sog *Prior Informed Consent* verankern. Dessen Grundgedanke besteht darin, dass die entsprechende Tätigkeit – zB der Export bestimmter Arten von Abfall in bestimmte Staaten – nur dann durchgeführt werden darf, wenn der betroffene Staat hierzu sein vorheriges Einverständnis gegeben hat. Im Einzelnen sind die Verfahren hier in den verschiedenen Abkommen durchaus unterschiedlich ausgestaltet. Verankert ist ein derartiges Prinzip des *Prior Informed Consent* mittlerweile in zahlreichen völkerrechtlichen Abkommen, zB im Basler Übereinkommen, der Bamako Konvention oder dem Nagoya Protokoll zur CBD.[46] Angesichts des Umstands, dass es hier jedoch jeweils um spezifi-

---

40 Von besonderer Bedeutung sind völkerrechtliche Konsultationspflichten (in Anbetracht des damit verbundenen Gefahrenpotentials) wiederum bei nuklearen Risiken. Vgl *Francioni* (Fn 17) 216 f; s auch insbes Art 6 Übereinkommen über die frühzeitige Benachrichtigung bei nuklearen Unfällen.

41 In Bezug auf die Informationspflicht vgl schon o Rn 12.

42 Das überwiegende Schrifttum dürfte auch in diese Richtung gehende völkergewohnheitsrechtliche Konsultationsverpflichtungen bejahen; vgl etwa *Beyerlin*, Staatliche Souveränität und internationale Umweltschutzkooperation – Gedanken zur Entwicklung des Umweltvölkerrechts, FS Bernhardt, 1995, 937 (949); *Boyle/Harrison*, Environmental Accidents, in MPEPIL, Rn 4 f; *Marsden*, Public Participation in Transboundary Environmental Impact Assessment: Closing the Gap between International and Public Law?, in Jessup/Rubenstein, Environmental Discourses, 238 (245 ff); *Beyerlin/Marauhn*, International Environmental Law, 228; *Sands/Peel*, Principles, 636 ff; *Wolfrum*, Die grenzüberschreitende Luftverschmutzung im Schnittpunkt von nationalem Recht und Völkerrecht, DVBl 1984, 493 (497); *Caflisch* (Fn 30) 784, *Odendahl*, Umweltpflichtigkeit, 146 ff; *Sohnle* (Fn 36) 115 ff; *Brunnée*, Saurer Regen, 106 f, auf der Grundlage einer ausführlichen Analyse der völkerrechtlichen Praxis; zweifelnd aber etwa noch *Rauschning* (Fn 25) 574 f. Aber auch Letzterer will eine Konsultationspflicht jedenfalls im Hinblick auf internationale Binnengewässer anerkennen. Ebenfalls für die Beschränkung der Konsultationspflicht auf das Wasserrecht *Heintschel v Heinegg*, in EUDUR, § 23 Rn 94.

43 So wohl auch der IGH im Fall *Gabčíkovo-Nagymaros*, insbes 129 f.

44 Vgl *Hunter et al*, International Environmental Law and Policy, 377. S auch die Stellungnahme des Schiedsgerichts im Fall *Lac Lanoux*, 101 ff, wonach ein irgendwie gearteter gewohnheitsrechtlicher Satz, der für die Durchführung eines Projekts das Einverständnis des (möglicherweise) betroffenen Staats voraussetze, nicht nachgewiesen werden könne. Unbeschadet hiervon besteht allerdings das gewohnheitsrechtlich geltende Verbot der erheblichen grenzüberschreitenden Umweltbeeinträchtigungen, vgl hierzu *Proelß*, 3. Abschn Rn 8 ff.

45 Vgl *Odendahl*, Umweltpflichtigkeit, 149 ff mwN; *Boyle*, Codification of International Environmental Law and the International Law Commission: Injurious Consequences Revisited, in Boyle/Freestone (Fn 36) 61 (80 ff).

46 Vgl im Einzelnen zu diesem Grundsatz, unter Berücksichtigung der völkerrechtlichen Praxis, *Sands/Peel*, Principles, 638 f.

sche Gebiete geht, dürfte ein irgendwie gearteter Grundsatz des *Prior Informed Consent* jedoch nicht Teil des Völkergewohnheitsrechts sein. Zu beachten ist allerdings, dass die in Frage stehenden Tätigkeiten ohne ein vorheriges Einverständnis gewisser anderer Staaten deshalb völkerrechtswidrig sein können, weil hier andere Grundsätze – insbes die auf den Schutz der territorialen Integrität ausgerichteten (zB das Verbot erheblicher grenzüberschreitender Umweltbeeinträchtigungen) – greifen können.[47] Im Übrigen wirkt sich – wie der IGH im Fall *Pulp Mills* hervorhob[48] – eine Verletzung der Pflicht zur Kooperation nicht auf die Rechtmäßigkeit der Durchführung des Projekts als solches aus, dies obwohl aus der Kooperationspflicht grundsätzlich folgt, dass das Projekt erst nach abgeschlossener Kooperation durchgeführt werden darf. Im Hinblick auf die Effektivität verfahrensrechtlicher Pflichten erscheint dieser Ansatz nicht wirklich überzeugend,[49] wenn auch zuzugeben ist, dass die völkerrechtliche Praxis kaum Anhaltspunkte dafür liefern dürfte, dass die Nichtbeachtung verfahrensrechtlicher Vorgaben quasi „automatisch" zu einer Völkerrechtswidrigkeit des betreffenden Projekts führte.

III. Umweltverträglichkeitsprüfung

19 Grundgedanke einer UVP ist die Einsicht, dass im Vorfeld potentiell umweltbelastender Projekte oder Pläne die möglichen Auswirkungen eruiert werden müssen, um eine fundierte Entscheidung über das Projekt oder den Plan und die Art seiner Durchführung zu ermöglichen, ohne dass freilich diese Entscheidung vorweggenommen oder determiniert wird.[50] Die UVP stellt somit ein Verfahren dar bzw zur Verfügung, das es ermöglicht, die Umweltauswirkungen eines Projekts oder eines Plans zu evaluieren, den Entscheidungsträgern somit entsprechende Informationen zur Verfügung zu stellen und ggf Alternativen aufzuzeigen. Die Ergebnisse einer UVP müssen demnach bei der Entscheidung über das Projekt oder den Plan berücksichtigt werden (können). Damit wird auch und gerade eine wirksame Umweltvorsorge bezweckt.[51] Die fraglichen Aktivitäten sollen frühzeitig, nämlich bevor sie in die Tat umgesetzt werden, auf ihre zu erwartenden Auswirkungen auf die Umwelt hin überprüft werden. Damit impliziert das Gebot der UVP den Vorsorgegedanken, setzt es doch voraus, dass bzgl der möglichen Umweltgefährdung noch keine Gewissheit besteht. Die Überprüfung der Umweltverträglichkeit eines Projekts oder Plans schon im Zeitpunkt der Planung entspricht demnach unmittelbar der Zielsetzung des Vorsorgeprinzips, umweltpolitisches Handeln allein schon auf das Vorhandensein einer potentiellen Gefährdung der Umwelt zu gründen.[52]

---

47 Zu diesen Grundsätzen *Proelß*, 3. Abschn Rn 8 ff.

48 *Pulp Mills*, §§ 144 ff.

49 Vgl in diesem Zusammenhang auch *Sands/Peel*, Principles, 634 f, die dieses Ergebnis des Gerichtshofs als „disappointing" bezeichnen. S auch die Kritik an der allzu starken Trennung von prozeduralen und materiellrechtlichen Aspekten im Urteil des IGH bei *Proelß* (Fn 33) 624 f.

50 Vgl zu Sinn und Hintergrund von UVP mit besonderem Bezug zur Situation im Völkerrecht schon *Epiney/Scheyli*, Strukturprinzipien, 126 f mwN; s auch *Odendahl*, Umweltpflichtigkeit, 151; *Boyle*, Developments in the International Law of Environmental Impact Assessments and their Relation to the Espoo Convention, RECIEL 20 (2011) 227 (229).

51 Exemplarisch wird diese Zielsetzung etwa in § 1 des deutschen Gesetzes über die UVP ausgedrückt, wonach das Gesetz u a sicherstellen soll, dass „zur wirksamen Umweltvorsorge [...] die Auswirkungen auf die Umwelt [...] frühzeitig und umfassend ermittelt, beschrieben und bewertet werden".

52 In diesem Zusammenhang ist auch noch auf einen zusätzlichen Aspekt hinzuweisen, der mit aller Deutlichkeit in der Separate Opinion des Richters *Weeramantry* zum Fall *Gabcíkovo-Nagymaros* zum Ausdruck kam: Aus dem Vorsorgeprinzip folgt nicht nur, dass im Planungsstadium einer möglicherweise umweltgefährdenden Tätigkeit eine UVP durchzuführen ist, sondern es impliziert darüber hinaus eine kontinuierliche Überwachung der Umweltauswirkungen und eine laufende Neueinschätzung der Frage der Umweltverträglichkeit.

20 Im Übrigen sei darauf hingewiesen, dass die Pflicht zur Durchführung einer UVP jedenfalls bei zu erwartenden grenzüberschreitenden Auswirkungen eines Projekts in engem Zusammenhang mit den schon erörterten Informations- und Konsultationspflichten steht:[53] Denn diesen Pflichten im Zusammenhang mit Projekten mit potentiell erheblichen grenzüberschreitenden Auswirkungen kann von vornherein nur unter der Voraussetzung nachgekommen werden, dass man über die entsprechenden Erkenntnisse in Bezug auf die Auswirkungen eines Projekts verfügt; solche Kenntnisse können aber bei größeren Vorhaben mit potentiell komplexen Auswirkungen regelmäßig nur über eine UVP gewonnen werden. Insofern stellt die Pflicht zur Durchführung einer UVP eine logisch abzuleitende präventive Rechtspflicht des Nachbarrechts dar.[54] Dies gilt auch für den Zusammenhang mit dem Verbot erheblicher grenzüberschreitender Umweltbeeinträchtigungen, können diese doch tendenziell insbes dann verhindert werden, wenn man sich frühzeitig Rechenschaft darüber gibt, welche Gefahren mit einem konkreten Projekt verknüpft sind und die weitere Planung entsprechend ausrichtet.

1. Allgemeines: Zur Existenz einer völkergewohnheitsrechtlichen Pflicht zur Durchführung einer UVP

21 Die Notwendigkeit der Durchführung einer UVP jedenfalls bei potentiell die Umwelt erheblich beeinträchtigenden Projekten wird in der *Staatenpraxis* mittlerweile unter bestimmten Voraussetzungen *anerkannt*.[55] Hinzuweisen ist zunächst auf die entsprechende in diese Richtung gehende innerstaatliche Gesetzgebung.[56] Beispielhaft sei in diesem Zusammenhang die RL 2011/92 über die UVP bei bestimmten öffentlichen und privaten Projekten erwähnt, die dazu führt, dass in den 28 EU-Mitgliedstaaten entsprechende Gesetze bestehen.[57] Sodann wird eine Pflicht zur Durchführung von UVP in zahlreichen einschlägigen umweltvölkerrechtlichen Verträgen regelmäßig verankert.[58] Umschreibungen der Verpflichtung zu UVP, die ein einheitliches Muster erkennen lassen, setzten sich seit Beginn der 1980er Jahre durch, anfangs vor allem in Abkommen im Rahmen des *Regional Seas Programme* des UNEP,[59] sodann auch in Art 206 SRÜ. Heute stellt das Postulat, vor der Verwirklichung bestimmter umweltrelevanter Vorhaben eine UVP durchzuführen, einen regelmäßigen Bestandteil umweltvölkerrechtlicher Übereinkommen dar.[60] Besondere Bedeutung dürfte in der völkerrechtlichen Vertragspraxis dem Übereinkommen über die UVP im grenzüberschreitenden Rahmen (Espoo Konvention)[61] zukommen; dieses stipuliert im Wesentlichen eine allg Pflicht zur Durchführung einer UVP bei bestimmten grenzüberschreiten-

---

53 Hierzu *Odendahl*, Umweltpflichtigkeit, 151.

54 Zu den Querverbindungen zwischen prozeduralen und materiell-rechtlichen Pflichten des Nachbarrechts sehr instruktiv *Proelß* (Fn 33) 616 ff. S a *ders*, 3. Abschn Rn 19 ff.

55 Ausführlich zur Praxis *Craik*, EIA, 87 ff.

56 Erstmals wurde – soweit ersichtlich – eine UVP 1969 im US-amerikanischen Recht vorgesehen (1969 National Environmental Protection Act). Heute sind UVP in zahlreichen Staaten vorgesehen, nicht nur in Europa, sondern auch in Afrika, Asien und Lateinamerika.

57 S ansonsten auch schon die Hinweise bei *Kloepfer/Mast*, Umweltrecht des Auslandes, 1995, 319 f.

58 S zB Art 14 Abs 1 CBD; Art 206 SRÜ, Art 8 USP. Ihren Ausgangspunkt nahm diese Entwicklung zunächst im Bereich des völkerrechtlichen Meeresschutzes, vgl zur Entwicklung *Bothe/Gündling*, Neuere Tendenzen des Umweltrechts im internationalen Vergleich, 1978, 171 ff.

59 S nebst anderen zB Art 13 Abidjan Convention for Co-operation in the Protection and Development of the Marine and Coastal Environment of the West and Central African Region sowie Art 8 Lima Convention.

60 Vgl neben den bereits genannten Abkommen die Nachw bei *Epiney*, Environmental Assessment, in MPEPIL, Rn 5 ff, wo auch auf die Praxis der Weltbank hingewiesen wird, die Finanzierung von Projekten idR von der Durchführung einer UVP abhängig zu machen. S auch *Gillespie*, Environmental Impact Assessments in International Law, RECIEL 17 (2008) 221 ff.

61 Zu diesem Übereinkommen noch u Rn 30 ff; s zu dem Übereinkommen allg auch *Bunge*, in Handwörterbuch, 2478 (2493 f); *Sands/Peel*, Principles, 610 ff.

den Sachverhalten. Auch hat eine allg Pflicht zur Durchführung einer UVP Eingang in verschiedene völkerrechtliche Soft Law-Dokumente, so in die Rio Deklaration (Grundsatz 17)[62], gefunden.[63] Schließlich dürfte auch der IGH in den Fällen *Gabcíkovo-Nagymaros*[64] und *Pulp Mills*[65] von einer solchen grundsätzlichen Pflicht ausgehen.[66]

22 Vor diesem Hintergrund liegt die Annahme nahe, dass eine Pflicht zur Durchführung einer UVP jedenfalls bei Projekten, bei denen mit einer gewissen Wahrscheinlichkeit *wesentliche grenzüberschreitende Auswirkungen* zu erwarten sind, Teil des *Völkergewohnheitsrechts* ist.[67] Die zunehmende Stipulierung der Pflicht zur Durchführung einer UVP auch unabhängig von grenzüberschreitenden Auswirkungen[68] legt aber darüber hinaus nahe, dass eine entsprechende völkergewohnheitsrechtliche Norm auch in Bezug auf Projekte mit erheblichen Umweltauswirkungen „nur" im internen Bereich (inzwischen) besteht.[69] Eine Beschränkung auf grenzüberschreitende Auswirkungen stieße im Übrigen vor dem Hintergrund der vielfältigen und komplexen Interdependenzen ökologischer Systeme auf erhebliche Bedenken und würde die Effektivität einer völkerrechtlichen UVP-Pflicht empfindlich beeinträchtigen. Im Übrigen ist auf den Zusammenhang einer solchen Pflicht zur Durchführung einer UVP mit dem Verbot erheb-

---

62 Grundsatz 17: Als nationales Instrument werden bei Vorhaben, die wahrscheinlich wesentliche nachteilige Auswirkungen auf die Umwelt haben und der Entscheidung durch eine zuständige nationale Behörde bedürfen, UVP durchgeführt. S auch Art 7 ILC-Entwurf über Prevention of Transboundary Harm from Hazardous Activities (2001).

63 Vgl über die bereits angeführten Hinweise hinaus die ausführliche Zusammenstellung und Analyse der völkerrechtlichen Praxis bei *Epiney/Scheyli*, Strukturprinzipien, 126ff; s auch den Überblick über die einschlägigen Soft Law-Dokumente bei *Sands/Peel*, Principles, 602ff.

64 *Gabčíkovo-Nagymaros*, insbes §§ 130ff.

65 *Pulp Mills*, § 204. Ausführlich zu dem diesbezüglichen Aussagegehalt des Urteils des IGH *Boyle* (Fn 50) 227ff; *de Mulder*, International Court of Justice Judgment on the Paper Mill Permit Dispute between Argentina and Uruguay Recognizes the Requirement of Environmental Impact Assessment in a Transboundary Context, RECIEL 19 (2010) 263ff; *Proelß* (Fn 33) 613ff.

66 S auch die Stellungnahme des IGH in *Request for Examination*, 64, in der der Gerichtshof offenbar davon ausgeht, dass eine Pflicht zur UVP in diesem Zusammenhang bestehe. Vgl die weiteren Hinweise auf Urteile des ISGH und weiterer internationaler Streitbeilegungsorgane bei *Boyle* (Fn 50) 228.

67 Vgl schon *Epiney/Scheyli*, Strukturprinzipien, 126ff; ebenso etwa *Tarlock*, Ecosystems, in Oxford Handbook, 574 (592); *Boyle* (Fn 50) 227f; *Sands/Peel*, Principles, 622; *Craik*, EIA, 167ff; s auch *Beyerlin*, Different Types of Norms in International Environmental Law, in Oxford Handbook, 425 (439ff), der jedenfalls davon ausgeht, dass eine Regel des regionalen Völkergewohnheitsrechts (in Europa) existiert, aber offenbar auch der Ansicht ist, dass gute Gründe für die Geltung einer entsprechenden universellen völkergewohnheitsrechtlichen Norm sprechen; hierfür auch Dissenting Opinion des Richters *Palmer* in *Request for Examination*, 412; vorsichtiger allerdings noch etwa *Odendahl*, Umweltpflichtigkeit, 153, die davon ausgeht, dass eine solche Pflicht erst „in statu nascendi" sei. Zweifelnd auch *Bastmeijer/Koivurova*, Globalisation of Transboundary Environmental Impact Assessment, in dies, EIA, 347 (355ff); zurückhaltend *Dupuy/Vinuales*, International Environmental Law, 2015, 69f.

68 Die Auswirkungen von UVP-pflichtigen Vorhaben, von denen die Rede ist, beziehen sich dabei auf allg Größen wie die „Umwelt" (s etwa Grundsatz 17 Rio Deklaration, Art 1ff RL 2011/92) oder die „antarktische Umwelt" (vgl Art 8 Abs 1 USP). Auch wird häufig auf ein bestimmtes Umweltmedium Bezug genommen, etwa die „Meeresumwelt" (Art 206 SRÜ), die „biologische Vielfalt" (Art 14 Abs 1 lit a und b CBD) oder „wichtige forstliche Ressourcen" (Grundsatz 8 lit g der Walderklärung von Rio).

69 Vgl auch *Bothe/Gündling* (Fn 58) 181f; *Hohmann*, Präventive Rechtspflichten und -prinzipien des modernen Umweltvölkerrechts, 1992, 293; *Handl*, Environmental Security and Global Change: The Challenge to International law, in Lang et al, Environmental Protection, 59 (76f) erkennt demgegenüber erst im Zusammenhang mit der UVP-Pflicht bei grenzüberschreitenden Auswirkungen eine gewohnheitsrechtliche Verankerung an; in diese Richtung auch *Bunge*, in Kimminich Handwörterbuch, 2478 (2493). In einem Sondervotum zu *Request for Examination* vertrat auch der Richter *Palmer* die Ansicht, eine UVP-Pflicht sei im Zusammenhang mit gefährlichen Aktivitäten völkergewohnheitsrechtlich gesichert (s § 91). In diese Richtung ging außerdem auch die Argumentation Neuseelands in diesem Fall (*Request for Examination*, §§ 5, 35). Der Internationale Seegerichtshof (ISGH) bejaht ebenfalls eine völkergewohnheitsrechtliche Norm in Bezug auf Projekte mit erheblichen Umweltauswirkungen außerhalb nationaler Hohheitsbereiche. In seinem *Responsibilities and Obligations*-Gutachten erkannte er eine völkergewohnheitsrechtliche Verpflichtung, eine UVP für Projekte im Gebiet vorzunehmen, an, s § 148.

licher grenzüberschreitender Umweltbeeinträchtigungen[70] hinzuweisen: Nur wenn im Falle drohender erheblicher Umweltauswirkungen bestimmter Projekte diese auch im Vorfeld abgeklärt werden, können effektiv erhebliche grenzüberschreitende Umweltbeeinträchtigungen verhindert werden, so dass die Pflicht zur Durchführung einer UVP – zumindest bei möglichen grenzüberschreitenden Auswirkungen – auch als Bestandteil bzw Ausfluss des Verbots erheblicher grenzüberschreitender Umweltbeeinträchtigungen angesehen werden kann, ganz abgesehen davon, dass das Prinzip auch eine konsequente Anwendung des Vorsorgegrundsatzes darstellt. Bei der Frage nach der Tragweite dieser Verpflichtung kann zwischen den materiellen Voraussetzungen (a) und den Rechtsfolgen (b) der Pflicht zur Durchführung einer UVP unterschieden werden.

a) Materielle Voraussetzungen der völkerrechtlichen UVP-Pflicht

23 Die UVP-Pflicht wird bspw in Art 14 Abs 1 CBD folgendermaßen umschrieben: „Jede Vertragspartei wird, soweit möglich und sofern angebracht, a) geeignete Verfahren einführen, die eine UVP ihrer geplanten Vorhaben, die wahrscheinlich erhebliche nachteilige Auswirkungen auf die biologische Vielfalt haben, vorschreiben, mit dem Ziel, diese Auswirkungen zu vermeiden oder auf ein Mindestmaß zu beschränken, und ggfs die Beteiligung der Öffentlichkeit an diesen Verfahren ermöglichen." Wie hier wird die Pflicht zur Durchführung einer UVP in der völkerrechtlichen Praxis[71] idR[72] an *drei materielle Voraussetzungen* geknüpft:

24 Zunächst müssen in irgendeiner Form *nachteilige Auswirkungen auf die Umwelt* zu verzeichnen sein, womit die Summe aller Beeinträchtigungen der Umwelt gemeint ist. Deutlich wird damit der besondere bereichsübergreifende Charakter der UVP, denn in die Betrachtung sind regelmäßig sämtliche Umweltmedien mit einzubeziehen, welche möglicherweise beeinträchtigt werden. Dies ergibt sich schon aus dem Aspekt der ökologischen Interdependenzen, welche es kaum erlauben, es bei einer isolierten Betrachtung einzelner Umweltbereiche zu belassen.[73]

25 Ergänzt wird dies, zweitens, durch das *Element der Erheblichkeit*, das in Analogie zum entsprechenden Kriterium des Vorsorgeprinzips die Schwelle des Gefahrenpotentials darstellt, welches die Durchführung einer UVP erst erforderlich werden lässt. Auf der Ebene supranationaler oder nationaler Gesetzgebungen wird dieses Kriterium idR dadurch konkretisiert, dass die verschiedenen Vorhaben, welche zur Durchführung einer UVP verpflichten, im Einzelnen aufgezählt werden.[74] Das Kriterium der Erheblichkeit wird in den völkerrechtlichen Dokumenten idR nicht spezifiziert.[75]

---

70 Dazu Proelß, 3. Abschn Rn 19.

71 So außerdem etwa in Grundsatz 11 (b) Weltcharta für die Natur, Grundsatz 17 Rio Deklaration, Art 206 SRÜ, Art 7 Abs 1 Helsinki-Übereinkommen, Präambel sowie Art 2 Abs 2 und 3 Espoo Konvention, Art 37 Abs 1 Draft International Covenant on Environment and Development; weitere Hinweise auf die völkerrechtliche Praxis bei *Epiney/Scheyli*, Strukturprinzipien, 131.

72 Vereinzelte Übereinkommen beschränken sich demgegenüber auf die bloße Feststellung einer UVP-Pflicht, ohne dies in materieller oder formeller Hinsicht zu konkretisieren, s Art 4 Abs 1 lit f UNFCCC sowie Art 3 Abs 1 lit h UN/ECE-Gewässerübereinkommen.

73 Dieser ganzheitliche Anspruch der UVP kommt auch in einzelnen völkerrechtlichen Quellen unmittelbar zum Ausdruck. So wird der Begriff „Umwelt" etwa in Art 1 Abs 7 Espoo Konvention in einem weiten Sinn verstanden, können doch hierzu auch das kulturelle Erbe (etwa Baudenkmäler) sowie sozioökonomische Verhältnisse gehören, soweit sie durch ein UVP-pflichtiges Vorhaben berührt werden. Vgl auf der Ebene des EU-Rechts auch Art 3 RL 2011/92.

74 Vgl zB Anhänge I, II RL 2011/92.

75 Eine Ausnahme bildet das Übereinkommen über die UVP im grenzüberschreitenden Rahmen, in dessen Anhang I die Projekte aufgelistet sind, die nach dieser Konvention eine UVP erfordern. In Anhang III werden zudem „allgemeine Kriterien als Anhaltspunkte bei der Ermittlung der Umweltrelevanz nicht in Anhang I aufgeführter Projekte" genannt: Demzufolge gelten als Kriterien für die Erheblichkeit grenzüberschreitender nachteiliger Aus-

26 Sodann muss zumindest eine *Wahrscheinlichkeit oder Möglichkeit* dieser Umweltauswirkungen gegeben sein. Dies bedeutet freilich auch, dass hinsichtlich der Auswirkungen eines Vorhabens auf die Umwelt keine Gewissheit bestehen muss, sondern dass schon ein bestimmter Grad des Möglichen genügt, um die Prüfung der Umweltverträglichkeit angezeigt erscheinen zu lassen. Die UVP ist zudem durchzuführen, *bevor eine Entscheidung über die Umsetzung eines Projekts* gefällt wird. Damit wird umweltpolitisches Handeln (das hier darin besteht, eine umfassende Rechenschaft über die Summe der zu erwartenden Umweltbeeinträchtigungen abzulegen und diese bei der Entscheidung ggf zu berücksichtigen) ganz im Sinne des Vorsorgeprinzips[76] auf der zeitlichen Ebene vorverlagert.

b) Rechtsfolgen

27 Sind mit den nachteiligen Umweltauswirkungen, der Wahrscheinlichkeit und der Erheblichkeit der Gefahr für die Umwelt die materiellen Voraussetzungen zur Durchführung einer UVP gegeben, so stellt sich im Weiteren die Frage nach deren unmittelbaren Rechtsfolgen. In erster Linie zu nennen ist dabei (natürlich) die Feststellung, *dass* überhaupt ein UVP-Verfahren durchgeführt werden *muss*. Soll diese Verpflichtung Sinn machen, so muss die UVP – im Hinblick auf ein Mindestmaß an Effektivität – dann auch grundsätzlich geeignet sein, die voraussichtlichen Umweltauswirkungen eines Vorhabens zu evaluieren. Die genaue Ausgestaltung des Verfahrens im Einzelnen hat (zumindest) dieser Vorgabe Rechnung zu tragen.

28 Die *Information und Konsultation anderer betroffener Staaten* muss in irgendeiner Form sichergestellt sein. Denn diese sind im Falle möglicher erheblicher grenzüberschreitender Umweltbeeinträchtigungen im Zuge der Realisierung von Projekten (in anderen Staaten) zu informieren und zu konsultieren.[77] Auch eine irgendwie geartete *Öffentlichkeitsbeteiligung* stellt eine Konstante in der völkerrechtlichen Praxis dar. Darüber hinaus finden sich in einzelnen völkerrechtlichen Quellen unterschiedliche weitere Konkretisierungen, die in verschiedener Form Anforderungen an das durchzuführende Verfahren stellen. ZT betrifft diese Ausführungen zum Verfahren der UVP;[78] verschiedentlich werden außerdem Hinweise auf den anzuwendenden Prüfungsmaßstab oder die im Rahmen der UVP zu stellenden Fragen gegeben.[79] Schließlich wird in der völkerrechtlichen Praxis häufig ausdrücklich verlangt, dass die Ergebnisse einer UVP nach deren Durchführung auch wirklich in den weiterführenden Entscheidungsprozess einzubeziehen und zu berücksichtigen sind.[80] Dies impliziert auch, dass die endgültige Entscheidung über das Projekt durch die Ergebnisse der UVP beeinflusst werden kann. Eine rein „ideelle" Berücksichtigung dürfte also nicht ausreichend sein, sondern notwendig ist, dass sich diese auch materiell in der Entscheidung niederschlägt.

---

wirkungen der Umfang des Vorhabens, die Empfindlichkeit des Standorts oder dessen besondere Wichtigkeit für die Umwelt sowie besonders vielschichtige und potentiell nachteilige Wirkungen.

76 Insbes des dort implizierten Gedankens des Verzichts auf wissenschaftliche Gewissheit, vgl hierzu *Proelß*, 3. Abschn Rn 25f.

77 S schon o Rn 13ff, Rn 17ff.

78 So etwa in Anlage I USP; Art 2–7 und Anhang IV Espoo Konvention; für das Recht der EU in Art 4ff RL 2011/92.

79 So bspw in Grundsatz 11(b) der Weltcharta für die Natur, Art 8 Abs 1 lit a–c USP, Art 4 Abs 2 und 3 Wellington Convention sowie Art 37 Abs 2 Draft International Covenant on Environment and Development. Eine ausführliche Aufzählung von inhaltlichen Mindestanforderungen an eine UVP enthält Grundsatz 4 der UNEP Goals and Principles of Environmental Impact Assessment.

80 Vgl etwa die Präambel Espoo Konvention, Art 4 Abs 1 lit f UNFCCC, Art 14 Abs 1 lit a CBD. Hier wird jeweils sinngemäß postuliert, dass geplante Projekte redimensioniert werden, um die aufgrund der UVP zu befürchtenden Auswirkungen zu minimieren. Am weitesten geht im Hinblick auf die Tragweite der Berücksichtigung der UVP-Resultate Art 11 lit b der Weltcharta für die Natur, wonach (in konsequenter Verfolgung des Vorsorgegedankens) Vorhaben schon dann nicht ausgeführt werden sollten, wenn die möglichen negativen Auswirkungen auf die Umwelt nicht völlig erfasst werden können.

29 Insgesamt ist allerdings nicht zu übersehen, dass in Bezug auf die Rechtsfolgen der völkerrechtlichen UVP-Pflicht aus der völkerrechtlichen Praxis mangels entsprechender Kontinuität bislang keine sehr präzisen gewohnheitsrechtlichen Regeln hergeleitet werden können. Gleiches gilt für jede weitere Präzisierung der Art und Weise, wie eine UVP durchzuführen ist. Daher kann aus der völkerrechtlichen Praxis im Wesentlichen wohl nur abgeleitet werden, *dass* unter den genannten Voraussetzungen im Vorfeld der Realisierung eines möglicherweise erhebliche (grenzüberschreitende) Umweltbeeinträchtigungen entfaltenden Projekts eine UVP durchzuführen ist, in deren Rahmen eine Konsultation der betroffenen anderen Staaten sowie, in irgendeiner Form, eine Öffentlichkeitsbeteiligung sicherzustellen ist; hingegen ist eine weitere Präzisierung der Art und Weise der Durchführung der UVP (insbes auch in Bezug auf die Öffentlichkeitsbeteiligung) und ihrer genauen Berücksichtigung in die letztlich zu treffende Entscheidung über das Projekt mangels einer entsprechenden Kontinuität der völkerrechtlichen Praxis nicht möglich. Im Übrigen dürfte sich die völkergewohnheitsrechtliche Pflicht zur Durchführung einer UVP auf Projekte mit potentiell erheblichen Umweltauswirkungen beschränken; soweit Pläne und Programme betroffen sind, dürfte (noch) keine ausreichend kontinuierliche Staatenpraxis vorliegen, jedenfalls nicht auf universeller Ebene, und selbst auf europäischer Ebene wäre hier zumindest die Rechtsüberzeugung fraglich. Erwähnenswert ist dennoch die durch die EU erlassene RL 2001/42, wonach bestimmte Pläne und Programme einer SUP zu unterwerfen sind.

2. Insbesondere: Die Espoo Konvention

30 Präzisere Vorgaben als die erwähnte allg völkergewohnheitsrechtliche Verpflichtung zur Durchführung einer UVP enthält die sog Espoo Konvention (UN/ECE-Übereinkommen über die UVP im grenzüberschreitenden Zusammenhang) aus dem Jahr 1991.[81] Die Konvention gibt den Vertragsstaaten auf, alle angemessenen und effektiven Maßnahmen zu ergreifen, um erhebliche grenzüberschreitende Umweltbeeinträchtigungen durch bestimmte Aktivitäten zu verhindern, zu reduzieren bzw zu kontrollieren. IdS haben die Staaten in Bezug auf bestimmte Aktivitäten, die erhebliche grenzüberschreitende Umweltbeeinträchtigungen entfalten könnten, eine UVP durchzuführen. Weiter enthält die Konvention Vorgaben zur Information und Konsultation der anderen Vertragsparteien und der Öffentlichkeit. Ursprünglich ausschließlich für Projekte vorgesehen, wurde die Verpflichtung zur Durchführung einer UVP durch ein Protokoll aus dem Jahr 2003 (sog Kiewer Protokoll) auch auf Pläne und Programme ausgedehnt. Im Einzelnen können die Vorgaben der Konvention in Bezug auf die Durchführung einer UVP für Projekte wie folgt zusammengefasst werden:

31 Der Anwendungsbereich ergibt sich aus Art 2 Abs 2. Danach greift die Verpflichtung zur Durchführung einer UVP unter *zwei Voraussetzungen*: Erstens muss die entsprechende Aktivität im Anhang I aufgeführt sein, und zweitens muss sie erhebliche grenzüberschreitende Umweltauswirkungen entfalten können. Anhang I umfasst eine weite Palette von Aktivitäten, und auch die für die Frage, ob erhebliche grenzüberschreitende Umweltbeeinträchtigungen zu gewärtigen sind, maßgeblichen Begriffsdefinitionen werden in Art 1 recht weit definiert. Insgesamt ist damit die Pflicht zur Durchführung einer UVP eher umfassend ausgestaltet. Sobald jedoch ein Projekt nicht in Anhang I figuriert, greift lediglich eine prozedurale Pflicht, und hier ist eine UVP nur durchzuführen, wenn die betroffenen Staaten dem zustimmen.

32 Nach Art 2 Abs 4 muss jedes geplante Vorhaben, das in den Anwendungsbereich der Konvention fällt, den (potentiell) betroffenen Staaten notifiziert werden, wobei die Konvention recht

81 Zur Espoo Konvention zB *Sands/Peel*, Principles, 610 ff; *Schrage*, The Convention on Environmental Impact Assessment in a Transboundary Context, in Bastmeijer/Koivurova, EIA, 29 ff; *Marsden* (Fn 42) 250 ff, Letzterer mit einem Akzent auf der Öffentlichkeitsbeteiligung.

detaillierte Vorgaben über das hierbei zu beachtende Verfahren enthält. Nach Art 5 haben zwischen der notifizierenden Vertragspartei und den möglicherweise betroffenen Staaten Konsultationen stattzufinden.

33 Weiter sind der Konvention einige Bestimmungen in Bezug auf das Verfahren der UVP selbst zu entnehmen. So hat die UVP im Vorfeld der Genehmigung des betreffenden Projekts zu erfolgen (Art 2 Abs 3), ist die Öffentlichkeitsbeteiligung in nicht diskriminierender Weise sicherzustellen (Art 2 Abs 6, Art 3 Abs 8),[82] hat die UVP-Dokumentation bestimmten Mindestanforderungen zu genügen (Art 4 iVm Anhang II), und die Ergebnisse der UVP müssen bei der Entscheidung über die betreffende Tätigkeit berücksichtigt werden. Art 7 iVm Anhang V sieht ein *follow up*-Prozedere vor. So müssen die Vertragsparteien auf Antrag einer anderen Vertragspartei über die Durchführung einer Analyse der genehmigten Tätigkeit (unter Einschluss der Überwachung sowie der grenzüberschreitenden Umweltbeeinträchtigungen) entscheiden. Falls diese Analyse ergibt, dass mit erheblichen grenzüberschreitenden Umweltbeeinträchtigungen zu rechnen ist, müssen sich die involvierten Vertragsparteien über die notwendigen Maßnahmen im Hinblick auf die Reduktion oder Vermeidung derartiger Auswirkungen konsultieren. Schließlich ist auf das in Anhang IV vorgesehene *Untersuchungsverfahren* hinzuweisen. Danach kann eine Vertragspartei einer Untersuchungskommission (die aus drei Personen besteht, nämlich aus zwei Vertretern der beiden involvierten Vertragsparteien sowie einer dritten, von den beiden erstgenannten im gegenseitigen Einvernehmen bestimmten Person) die Frage unterbreiten, ob ein in einer anderen Vertragspartei geplantes Projekt, das in Anhang I aufgeführt ist, möglicherweise erhebliche grenzüberschreitende Umweltauswirkungen entfaltet. Die Untersuchungskommission entscheidet innerhalb von zwei Monaten auf der Grundlage wissenschaftlicher Erkenntnisse über diese Frage, und das Ergebnis wird den involvierten Vertragsparteien sowie dem Sekretariat mitgeteilt. Der formelle Charakter dieses Verfahrens spricht dafür, dass die Stellungnahme der Untersuchungskommission für die involvierten Vertragsparteien zumindest grundsätzlich verbindlich ist. Allerdings ist die diesbezügliche Praxis bislang sehr spärlich: Die Untersuchungskommission wurde bislang erst einmal – 2004 in Bezug auf die Umweltauswirkungen des Donau-Schwarzmeer-Kanals zwischen der Ukraine und Rumänien – einberufen, wobei sich die Parteien hier an die Stellungnahme gehalten haben, was den hier vertretenen Ansatz stützt.

34 Insgesamt ist die Espoo Konvention schon deshalb bemerkenswert, weil sie relativ detaillierte Vorgaben für die Art und Weise der Durchführung einer UVP erkennen lässt. Die Anhänge sind recht ausführlich gestaltet und die Vorgaben auch insgesamt vergleichsweise präzise, insbes soweit verfahrensrechtliche Aspekte betroffen sind (s etwa Art 3 in Bezug auf die Notifizierung, Art 4 iVm Anhang II in Bezug auf die der zuständigen Behörde zu übermittelnden Informationen und Art 5 hinsichtlich der Konsultationen zwischen den Vertragsparteien). Von

82 Primär geht es dabei darum, dass der von einem UVP-pflichtigen Vorhaben unmittelbar betroffenen Bevölkerung die Möglichkeit zustehen soll, sich im Rahmen des Verfahrens der UVP aktiv zu äußern. Dies bedingt eine entsprechende Information der Öffentlichkeit – sowohl frühzeitig über das geplante Projekt und den Gang der Planung als auch später über die Entscheidung der Behörden, mitsamt deren ausschlaggebenden Erwägungen. Art 2 Abs 6 und Art 3 Abs 8 Espoo Konvention sehen solche Mitspracherechte der Öffentlichkeit etwa im grenzüberschreitenden Verhältnis vor. Im Hinblick auf Vorhaben, die wahrscheinlich erhebliche, grenzüberschreitende nachteilige Auswirkungen auf die Umwelt zur Folge haben, verlangt Art 2 Abs 2 des Übereinkommens die Schaffung eines Verfahrens, das eine Öffentlichkeitsbeteiligung ermöglicht. Art 2 Abs 6 Espoo Konvention präzisiert dies insofern, als der Öffentlichkeit in den voraussichtlich betroffenen Gebieten vom Ursprungsstaat Gelegenheit zur Mitwirkung am UVP-Verfahren zu geben und zugleich sicherzustellen ist, dass dabei die Öffentlichkeiten des Ursprungs- wie auch eines betroffenen anderen Staats gleichermaßen einbezogen werden. Dies impliziert über die eigentliche Verfahrensbeteiligung hinaus notwendigerweise auch die Information der Öffentlichkeit. Art 3 Abs 8 Espoo Konvention verlangt dann auch folgerichtig, dass die Öffentlichkeit in den von den umweltgefährdenden Auswirkungen eines Vorhabens voraussichtlich betroffenen Gebieten informiert wird. Entsprechend muss die zu jeder UVP auszuarbeitende Dokumentation gemäß Art 4 Abs 2 Espoo Konvention auch der Öffentlichkeit der betroffenen Gebiete zugänglich gemacht werden.

besonderer Bedeutung ist sodann, dass Art 6 ausdrücklich vorgibt, die Ergebnisse der UVP (unter Einschluss der Resultate der Konsultationen und der Öffentlichkeitsbeteiligung) bei der Genehmigungsentscheidung über das Projekt zu berücksichtigen.

35 Das im Jahr 2003 unterzeichnete Kiewer Protokoll – das seit 2010 in Kraft ist – dehnt die Pflicht zur Durchführung einer UVP auf Pläne und Programme aus, die erhebliche grenzüberschreitende Umweltbeeinträchtigungen entfalten können (Strategische Umweltprüfung, *Strategic Environmental Assessment*). Auch dieses Protokoll sieht relativ präzise Vorgaben für die durchzuführende UVP der erfassten Pläne und Programme vor, wenn auch einzelne Bestimmungen (so insbes Art 13 in Bezug auf öffentliche Politiken und Gesetzgebung) eher „weich" formuliert sind, so dass ihnen keine eigentlichen Verpflichtungen der Vertragsparteien entnommen werden können. Die wesentlichen Elemente des Protokolls können durch folgende Punkte zusammengefasst werden:[83]

36 Art 1 des Protokolls umschreibt dessen Zielsetzung, wobei die Sicherstellung eines hohen Umweltschutzniveaus den Ausgangspunkt bildet. Zu diesem soll durch die UVP von Plänen und Programmen (die in einem transparenten Verfahren und unter Beteiligung der Öffentlichkeit erfolgen soll) beigetragen werden, so dass umweltpolitische Anliegen in der Erarbeitung von Politiken und Gesetzgebungsakten vermehrt berücksichtigt werden. Nach Art 4 Abs 1 ist eine UVP für in Art 4 Abs 2 erwähnte Pläne und Programme unter der Voraussetzung durchzuführen, dass sie erhebliche Umweltauswirkungen entfalten können. In Art 4 Abs 2 werden Pläne und Programme in folgenden Bereichen aufgeführt: Land- und Forstwirtschaft, Fischerei, Energie, Industrie, Verkehr, Regionalentwicklung, Abfallbewirtschaftung, Wassermanagement, Telekommunikation, Tourismus, Raumplanung und Pläne, die den Rahmen für bestimmte, in Anhang I aufgeführte (große) Projekte setzen. Für andere Pläne und Programme soll eine UVP durchgeführt werden, wenn festgestellt wird, dass sie erhebliche Umweltauswirkungen entfalten können, wobei dies im Einzelfall oder unter Anwendung generalisierender Kriterien festgestellt werden kann (Art 5 Abs 1). Pläne und Programme in gewissen Bereichen (wie etwa nationale Verteidigung) sind vom Anwendungsbereich des Protokolls ausgeschlossen (Art 4 Abs 5). Wird eine UVP durchgeführt, so impliziert dies die Erstellung eines Umweltberichts, der die möglichen (erheblichen) Umweltauswirkungen identifiziert, beschreibt und evaluiert sowie in Betracht kommende Alternativen aufzeigt (Art 7 iVm Anhang IV).

37 Die Öffentlichkeit ist gemäß Art 8 zu beteiligen, dies zu einem Zeitpunkt, in dem noch alle Optionen offen stehen, der Plan oder das Programm also noch nicht verabschiedet oder sonstwie inhaltlich determiniert ist. Art 9 und 10 sehen diverse Konsultationspflichten vor, insbes für den Fall zu erwartender erheblicher grenzüberschreitender Umweltauswirkungen. Bei der Entscheidung über den Plan oder das Programm müssen die Ergebnisse des Umweltberichts, insbes die dort ggf erwähnten Maßnahmen, im Hinblick auf eine Verhinderung, Reduktion oder Anpassung der bzw an die Umweltauswirkungen berücksichtigt werden. Gleiches gilt für die Ergebnisse der Konsultationen und der Öffentlichkeitsbeteiligung (Art 11). Die Umsetzung des Plans oder Programms ist einem Monitoring zu unterwerfen, um seine Umweltauswirkungen zu evaluieren und ggf angemessene Maßnahmen ergreifen zu können (Art 12). Schließlich sollen die Vertragsparteien allg darauf achten, dass Umweltanliegen bei der Vorbereitung von Politiken und Gesetzgebung einbezogen werden (Art 13).

38 Das Protokoll spezifiziert nicht, wer die UVP durchzuführen hat, sondern hebt in Art 3 Abs 1 lediglich hervor, dass die Vertragsstaaten diejenigen gesetzgeberischen und sonstigen Maßnahmen zu ergreifen haben, die notwendig sind, um die Vorgaben des Protokolls durchzufüh-

---

83 Zu dem Protokoll zB *de Mulder*, The Expansion of Environmental Assessment in International Law: The Protocol on Strategic Environmental Assessment to the Espoo Convention, Environmental Law & Management 18 (2006) 269 ff; *de Mulder*, The Protocol on Strategic Environmental Assessment: A Matter of Good Governance, RECIEL 20 (2011) 232 ff.

ren. Grundsätzlich wird die UVP wohl von staatlichen Behörden durchgeführt werden, die ja auch die Pläne und Programme selbst annehmen; andere Lösungen erscheinen jedoch nicht *a priori* ausgeschlossen. Bemerkenswert ist weiter (auch im Verhältnis zur Hauptkonvention), dass das Protokoll kein Verfahren zur Klärung seines Anwendungsbereichs vorsieht, so dass dieser angesichts der häufig bestehenden Unsicherheit, ob ein bestimmter Plan oder ein bestimmtes Programm tatsächlich erhebliche Umweltauswirkungen entfaltet, bis zu einem gewissen Grad präzisierungsbedürftig bleibt bzw seine Reichweite unsicher ist.

3. Exkurs: Das ECE-Übereinkommen über die grenzüberschreitenden Auswirkungen von Industrieunfällen

39 Der Vollständigkeit halber und vor dem Hintergrund des stark verfahrensrechtlichen Charakters der entsprechenden Verpflichtungen sei hier noch kurz auf das an sich konzeptionell dem Schutz gegen besonders gefährliche Tätigkeiten zuzurechnende ECE-Übereinkommen über die grenzüberschreitenden Auswirkungen von Industrieunfällen eingegangen.[84] Das Abkommen bezweckt die Verhütung von Industrieunfällen mit potentiellen grenzüberschreitenden Auswirkungen, wobei einige Kategorien von Unfällen aber ausgeschlossen sind, so insbes nukleare Unfälle, solche in militärischen Einrichtungen oder bei der Freisetzung gentechnisch veränderter Organismen und grundsätzlich Beförderungsunfälle im Landverkehr (Art 2). Das Abkommen ist in weiten Teilen der ursprünglichen sog Seveso-RL der EU aus dem Jahr 1982 (RL 82/501, inzwischen ersetzt durch die RL 2012/18) nachgebildet. Im Einzelnen ist insbes auf folgende Aspekte des Abkommens hinzuweisen:

40 Allg (Art 3 des Abkommens) sind die Vertragsparteien verpflichtet, alle „geeigneten Maßnahmen“ zum Schutz von Mensch und Umwelt vor Industrieunfällen zu ergreifen. Insbes müssen sie dafür sorgen, dass die Betreiber verpflichtet werden, alle zur sicheren Durchführung einer gefährlichen Tätigkeit[85] notwendigen Maßnahmen zu ergreifen. Zur praktischen Durchführung dieser allg Verpflichtung sind die Vertragsparteien verpflichtet, geeignete Maßnahmen zur Feststellung gefährlicher Tätigkeiten zu treffen und ein in den Grundzügen in Anhang III festgelegtes Verfahren anzuwenden (Art 4 Abs 1 und 3 des Abkommens); das Verfahren bezieht sich aber nicht auf die innerstaatlichen (Genehmigungs-) Verfahren, sondern auf die Art und Weise der Konsultation der anderen Vertragsparteien. Weiterhin sind geeignete Maßnahmen zur Verhütung von Industrieunfällen zu treffen; die diesbezüglichen Präzisierungen der in Betracht kommenden Maßnahmen in Anhang IV sind jedoch nicht zwingend, sondern sollen nur Anhaltspunkte geben. Im Falle einer gefährlichen Tätigkeit ist vom Betreiber der Nachw der sicheren Durchführung der Tätigkeit zu erbringen (Art 6 des Abkommens).

41 Sodann werden verschiedene Informations- und Konsultationspflichten stipuliert (Art 4 Abs 2, Art 5). Insbes haben bei geplanten gefährlichen Tätigkeiten mit grenzüberschreitenden Auswirkungen Gespräche mit den betroffenen Staaten stattzufinden, und es sind Benachrichtigungssysteme bei Industrieunfällen einzurichten (Art 10). Für den Fall des Eintritts eines Notfalls sind geeignete Maßnahmen zur Einrichtung und Beibehaltung einer ausreichenden Bereitschaft zu treffen; es sind inner- und außerbetriebliche Alarm- und Gefahrenabwehrpläne aufzustellen und umzusetzen (Art 8). Die Unterrichtung und Beteiligung der Öffentlichkeit ist sicherzustellen, wobei die Beteiligung nur dann zu erfolgen hat, wenn es „möglich und zweckmäßig“ ist (Art 9 Abs 1 und 2). Zugang zu Verwaltungs- oder Gerichtsverfahren ist in nicht dis-

---

84 Zu diesem Abkommen zB *Boyle/Harrison*, Environmental Accidents, in MPEPIL, Rn 8 ff.

85 Der Begriff der gefährlichen Tätigkeit ist in Art 1 lit b iVm Anhang I definiert. Entscheidend sind der Umgang mit bestimmten als gefährlich eingestuften Stoffen in einer gewissen Mindestmenge sowie die potentiellen grenzüberschreitenden Auswirkungen.

kriminierender Weise zu gewährleisten (Art 9 Abs 3). Schließlich wird noch ein Rahmen für gegenseitige Hilfeleistung definiert (Art 12), ohne dass jedoch eine diesbezügliche Pflicht stipuliert wird. Der Regelungsgehalt des Abkommens beschränkt sich im Wesentlichen – insbes auch soweit inhaltlich präzise Vorgaben betroffen sind – auf die Statuierung von Kooperations-, Konsultations-, Verfahrens- und Informationspflichten sowie eine grundsätzliche Bereitschaft zu gegenseitiger Hilfeleistung.

IV. Umweltinformation, Beteiligungsrechte und Rechtsschutz

1. Hintergrund und Entwicklung

42 Fragen des Informationszugangs, der Beteiligung der Öffentlichkeit an Entscheidungsprozessen sowie des Zugangs zu gerichtlichen Verfahren in Umweltangelegenheiten im innerstaatlichen Bereich sind schon seit einiger Zeit Gegenstand des Umweltvölkerrechts bzw entsprechender Entwicklungen des sog *soft law*. Vereinzelte Hinweise auf die Bedeutung dieser Fragen für die internationalen Belange von Umweltpolitik und -recht finden sich bereits relativ früh.[86] So spricht bereits die Stockholm Deklaration v 1972, die aus der ersten großen UNO-Umweltkonferenz resultierte, in Grundsatz 19 von der Bedeutung des Verständnisses der Öffentlichkeit für den Schutz und die Verbesserung der Umwelt. Gemäß Grundsatz 16 der von der Generalversammlung der Vereinten Nationen 1982 verabschiedeten Weltcharta für die Natur[87] sollten „die Ausarbeitung von Strategien zur Erhaltung der Natur, die Erstellung von Ökosysteminventaren und die Bewertung der Folgen geplanter Politiken und Maßnahmen auf die Natur [...] der Öffentlichkeit in geeigneter Weise und so rechtzeitig bekanntgemacht werden, dass eine echte Befragung und Mitwirkung derselben möglich ist". Grundsatz 23 postuliert schließlich, jedermann müsse „nach den Gesetzen seines jeweiligen Landes die Möglichkeit haben, sich schließlich einzeln oder gemeinsam mit anderen am Entscheidungsprozess zu beteiligen, von dessen Ergebnis seine eigene Umwelt unmittelbar betroffen wird, und muss Zugang zu Abhilfemöglichkeiten haben, wenn in seiner Umwelt Schäden oder Verschlechterungen der Umweltbedingungen eingetreten sind".

43 Die Hinweise auf Informationszugang, Öffentlichkeitsbeteiligung und gerichtlichen Zugang in Umweltangelegenheiten verdichten sich im Verlaufe jenes globalen umweltpolitischen Prozesses, der seinen Anfang im sog *Brundtland-Bericht* der WCED v 1987 nahm und schließlich in den *„Erdgipfel" von Rio de Janeiro* im Jahre 1992 mündete.[88] Insbes in Grundsatz 10 der *Rio Deklaration* kommt die zentrale Bedeutung, welche der Beteiligung der Öffentlichkeit in Umweltfragen nunmehr zuteilwerden soll, deutlich zum Ausdruck.[89] Darüber hinaus verlangt Grundsatz 22 Rio Deklaration, dass die Staaten im Interesse einer nachhaltigen Entwicklung indigenen Bevölkerungsgruppen sowie weiteren lokalen Gemeinschaften eine „wirksame Beteiligung" er-

---

86 Vgl hierzu auch die ausführlichen Hinweise bei *Ebbesson*, The Notion of Public Participation in International Environmental Law, YIEL 8 (1997) 51 ff. Zur Entwicklung auch *Sands/Peel*, Principles, 648 ff.
87 Res der GV 37/7.
88 Zur Entwicklung des Umweltvölkerrechts schon *Epiney*, 1. Abschn Rn 15 ff.
89 Grundsatz 10 Rio Deklaration lautet: „Umweltfragen werden am besten unter Beteiligung aller betroffenen Bürger auf der jeweiligen Ebene behandelt. Auf nationaler Ebene erhält jeder Einzelne angemessenen Zugang zu den im Besitz der öffentlichen Verwaltungen befindlichen Informationen über die Umwelt, einschließlich Informationen über Gefahrstoffe und gefährliche Tätigkeiten in ihren Gemeinden, sowie die Möglichkeit, sich an Entscheidungsprozessen zu beteiligen. Die Staaten erleichtern und fördern die öffentliche Bewusstseinsbildung und die Beteiligung der Öffentlichkeit, indem sie Informationen in großem Umfang verfügbar machen. Wirksamer Zugang zu Rechts- und Verwaltungsverfahren, einschließlich der Abhilfe und des Rechtsbehelfs, wird gewährt."

möglichen. Postulate, die in die gleiche Richtung gehen, finden sich im Übrigen in einer ganzen Anzahl völkerrechtlicher Quellen, die vom Ende des 20. Jh stammen, so insbes in verschiedenen Konventionen, die im Gefolge des an der Konferenz von Rio zum Ausdruck gekommenen umweltvölkerrechtlichen Entwicklungsschritts zu Beginn der 1990er Jahre unterzeichnet wurden.[90] Außerdem wird der in Grundsatz 10 Rio Deklaration und in der ebenfalls in Rio verabschiedeten Agenda 21 (Kap 23.2) enthaltene Ansatz in einer Reihe weiterer nicht verbindlicher Erklärungen wiederholt.[91]

44 Die Einbindung Einzelner und der Zivilgesellschaft über Umweltinformationsrechte, Öffentlichkeitsbeteiligung und gerichtlichen Zugang soll zur besseren Beachtung umwelt(völker)rechtlicher Verpflichtungen beitragen, aber auch die Legitimität des Umwelt(völker)rechts stärken, was (mittelbar) wiederum zu seiner besseren Effektivität beiträgt. Weiter ist auf den Zusammenhang mit menschenrechtlichen Garantien hinzuweisen.[92] Völkerrechtlich verbindlich waren jedoch lange Zeit – abgesehen von Informationspflichten, die den Staaten auf der zwischenstaatlichen Ebene obliegen[93] und allenfalls von in sektoriellen und/oder regionalen Abkommen formulierten Verpflichtungen[94] – in erster Linie spezifische Pflichten im Zusammenhang mit der Durchführung einer UVP.[95] Im Rahmen der völkerrechtlichen UVP-Pflicht bestehen nicht nur zwischenstaatliche Informations- und Kooperationspflichten, soweit es sich um Projekte mit möglichen grenzüberschreitenden Folgen handelt.[96] Vielmehr bildet die UVP-Pflicht zugleich auch das konkreteste Bsp dafür, dass nicht nur Kooperationspflichten (mitsamt den dazugehörigen Informationspflichten) *zwischen Staaten* zum festen Bestand umweltvölkerrechtlicher Verhaltensnormen gehören, sondern dass solche mittlerweile auch *im Verhältnis zwischen staatlichen Instanzen und der Zivilgesellschaft* auszumachen sind. Die UVP stellt nämlich eine Verbindung her zwischen unmittelbar umweltpolitisch und -rechtlich motivierten Prinzipien, Maximen und Konzepten einerseits sowie bestimmten Grundsätzen eines demokratischen und rechtsstaatlichen Staatswesens andererseits, welche die Ausgestaltung der Beziehungen zwischen Staat und Bürgerinnen und Bürgern betreffen.[97] So enthält Art 2 Abs 6 Espoo Konvention sowohl Rechte auf Zugang zu Umweltinformationen als auch auf Öffentlichkeitsbeteiligung und gerichtli-

---

90 Zu nennen sind hierbei insbes Art 16 UN/ECE-Gewässerübereinkommen, Art 9 OSPAR-Übereinkommen, Art 13 ff Convention on Civil Liability for Damage Resulting From Activities Dangerous to the Environment sowie Art 3 lit a, Art 5 lit d, Art 10 Abs 2 lit e und f, Art 19 Abs 1 lit a und Art 21 Abs 3 des Übereinkommens zur Bekämpfung der Wüstenbildung. Vgl zum Ganzen auch den Überblick bei *Sands/Peel*, Principles, 624 ff.

91 So etwa in para 1 der ECE Declaration of Policy on Prevention and Control of Water Pollution, Including Transboundary Pollution, in para 6 lit f der Nuuk Declaration on Environment and Development in the Arctic sowie in den Guidelines on the Access to Environmental Information and Public Participation in Environmental Decision-Making der Ministerkonferenz „Umwelt für Europa", welche die Aarhus Konvention unmittelbar vorbereitete. Schließlich ist noch auf Art 11 Abs 4 und Art 12 Abs 3 und 4 im (privaten) Entwurf der IUCN für eine umfassende Konvention über Umwelt und Entwicklung (*IUCN Draft International Covenant on Environment and Development*) hinzuweisen.

92 Vgl zu den Hintergründen der Öffentlichkeitsbeteiligung etwa *Ebbesson*, Public Participation, in Oxford Handbook, 681 (686 ff).

93 S Rn 6 ff.

94 Etwa in der OSPAR-Konvention, die in Art 9 gewisse Umweltinformationsrechte verankert.

95 S aber auch schon die Nordic Convention on the Protection of the Environment (Stockholm) v 19.2.1974 (ILM 13 [1974] 511), die gewisse Rechte auf diskriminierungsfreien gerichtlichen Zugang verankerte. Entsprechende allg Postulate der Öffentlichkeitsbeteiligung, die sich nicht (nur) auf grenzüberschreitende Verhältnisse beschränken, enthalten zudem bspw die Grundsätze 7 und 9 der UNEP Goals and Principles of Environmental Impact Assessment, Art 14 Abs 1 lit a CBD, Kap 23.2. der Agenda 21 sowie Art 37 Abs 3 und 4 Draft International Covenant on Environment and Development.

96 S dazu o Rn 23 ff.

97 Vgl auch zum Zusammenhang zwischen der Espoo Konvention und der Aarhus Konvention, soweit die (grenzüberschreitende) Öffentlichkeitsbeteiligung betroffen ist, *Ebbesson*, A Modest Contribution to Environmental Democracy and Justice in Transboundary Contexts. The Combined Impact of the Espoo Convention and Aarhus Convention, RECIEL 20 (2011) 248 ff.

chen Zugang.[98] Aber auch Art 9 ECE-Übereinkommen über die grenzüberschreitenden Auswirkungen von Industrieunfällen sieht gewisse Informations- und Beteiligungsrechte vor.[99]

45 Mit der nachfolgend zu erörternden sog Aarhus Konvention hingegen wurde ein entscheidender Schritt – zumindest in Europa, handelt es sich doch um eine UN/ECE-Konvention[100] – hin zu verbindlichen völkerrechtlichen Vorgaben auf dem Gebiet des Zugangs zu Umweltinformationen, der Öffentlichkeitsbeteiligung sowie des gerichtlichen Zugangs in Umweltangelegenheiten gemacht. Besonders bedeutsam ist dieser Schritt insbes vor dem Hintergrund, dass auf diese Weise – im Verhältnis zu den bis dahin (abgesehen von gewissen Rechten im Rahmen der UVP) geltenden völkerrechtlichen Vorgaben – soweit ersichtlich erstmals in ein umweltvölkerrechtliches Abkommen Vorgaben bzgl spezifischer Rechte Einzelner in den genannten Bereichen aufgenommen wurden.

2. Insbesondere: Die Aarhus Konvention

a) Allgemeines

46 In der jüngeren Entwicklung des Umweltvölkerrechts ist eine Tendenz zur Ausweitung der auf dem Gebiet der Informations-, Beteiligungs- und Klagerechte bestehenden staatlichen Verpflichtungen zu verzeichnen, die im Wesentlichen in der Unterzeichnung (am 25.6.1998) der *Aarhus Konvention* zum Ausdruck gekommen ist. Damit wurden nunmehr auf der Ebene eines multilateralen völkerrechtlichen Vertrags – Vertragsparteien sind neben der EU alle EU-Mitgliedstaaten sowie einige weitere europäische Staaten – allg Grundsätze über die Beteiligung der Bürgerinnen und Bürger an Entscheidungsverfahren mit Umweltbezug festgelegt. Die Aarhus Konvention führt die bisherigen Ansätze im Umweltvölkerrecht in den Bereichen Umweltinformation, Öffentlichkeitsbeteiligung und gerichtlicher Zugang weiter.[101] Von besonderer Bedeutung ist dabei allerdings, dass die schon bestehenden Pflichten der Staaten zur Information der Öffentlichkeit, wie sie sich im Umweltvölkerrecht bereits nachweisen lassen, nunmehr durch konkrete Ansprüche auf Seiten der Öffentlichkeit – dh von Bürgerinnen und Bürgern sowie von NGOs – ergänzt werden. Im eigentlichen Mittelpunkt steht demnach in den Bestimmungen der Aarhus Konvention die zentrale Frage nach der *Durchsetzbarkeit* der völkerrechtlichen Pflicht zur Information in Umweltbelangen auch durch *Individuen* (und deren nichtstaatliche Zusammenschlüsse). Im Verhältnis zu den bisher bestehenden Gehalten des Umweltvölkerrechts betreffend Information und Verfahrensbeteiligung der Öffentlichkeit stellt die Aarhus Konvention demnach einen bedeutenden Entwicklungsschritt dar: So fanden sich entsprechende Gehalte bislang vorwiegend im Kontext grenzüberschreitender Umweltauswirkungen, während für innerstaatliche Belange keine präzisen völkerrechtlichen Vorgaben existierten. Zudem beschränkten sich die entsprechenden völkerrechtlichen Normen bislang praktisch nur auf die Statuierung von Grundsatzverpflichtungen, während die Aarhus Konvention hinsichtlich ihrer drei Pfeiler – wenn auch mit unterschiedlicher Präzision und Verbindlichkeit – konkrete Mindeststandards setzt; diese beinhalten auch die Verpflichtung der Staaten zur Einräumung bestimmter Rechte an Einzelne. Inexistent war schließlich bisher die von der Aarhus Konvention verlangte Gewährleistung des Zugangs zu Rechtsmitteln zur Durchsetzung der garantierten Ansprüche.

---

98 Zur Espoo Konvention schon o Rn 30 ff.

99 Zu diesem Übereinkommen schon o Rn 39 ff.

100 S aber auch die einschlägigen Vorgaben in der 2003 revidierten Maputo African Convention on the Conservation of Nature and Natural Resources, insbes Art XVI. Diese Konvention ist offensichtlich in dieser Beziehung von der Aarhus Konvention inspiriert, jedoch ist der Zeitpunkt ihres Inkrafttretens ungewiss.

101 Vgl zur Einbettung der Aarhus Konvention in das Umweltvölkerrecht *Scheyli*, Aarhus-Konvention über Informationszugang, Öffentlichkeitsbeteiligung und Rechtsschutz in Umweltbelangen, AVR 38 (2000) 217 ff.

Die sich aus der Konvention ergebenden Verpflichtungen sind dabei in jedem Fall nur *Mindeststandards* (Art 3 Abs 5). Zudem betont Art 3 Abs 6, dass mit dem Inkrafttreten der Konvention keine innerstaatlich für die drei geregelten Bereiche bereits geltenden Rechte verdrängt werden. Für die Bürgerinnen und Bürger sollen also mit der Konvention ausschließlich *Verbesserungen* ihrer Rechtsstellung resultieren. Die *Einhaltung* der Vorgaben der Aarhus Konvention wird durch ein sog *Compliance Committee* überwacht, das unverbindliche Stellungnahmen abgeben kann und bereits eine beachtliche Aktivität entfaltet hat.[102] Darüber hinaus ist im Zusammenhang mit der Auslegung der Vorgaben der Konvention die einschlägige Rspr des EuGH von Bedeutung, wobei insbes auf die Rspr des Gerichtshofs zur Frage der Reichweite des gerichtlichen Zugangs hinzuweisen ist.[103] Denn die die Auslegung der Konvention betreffende Rspr des EuGH stellt ein wichtiges Element für die Ermittlung der rechtlichen Tragweite der Vorgaben der Konvention dar, da nach den allg völkerrechtlichen Grundsätzen Urteile höchster nationaler Gerichte sowie internationaler und supranationaler Gerichte in Bezug auf völkerrechtliche Verträge gewichtige Anhaltspunkte für deren rechtliche Tragweite und Auslegung bilden. So erwähnt denn auch Art 31 WVK ausdrücklich u a die Übung (der Vertragsparteien) bei der Anwendung eines Vertrags als maßgeblichen Anhaltspunkt für die Auslegung völkerrechtlicher Verträge (Art 31 Abs 3 lit b WVK), worunter jedenfalls und insbes verbindliche Gerichtsurteile fallen. Speziell im Fall der Aarhus Konvention kommt noch hinzu, dass es sich hier um ein im Rahmen der UN/ECE abgeschlossenes Übereinkommen handelt, so dass Vertragsparteien im Wesentlichen europäische Staaten sind mit der Folge, dass eine Übung im Rahmen der 28 Mitgliedstaaten umfassenden EU selbstredend von besonderer Bedeutung ist. Diese Erwägungen sind nicht nur für diejenigen Urteile bzw Aussagen des Gerichtshofs relevant, die sich direkt auf eine Bestimmung der Aarhus Konvention beziehen, sondern auch für solche Teile der Rspr, die direkt „nur" EU-Sekundärrecht auslegen, das aber im Wesentlichen wörtlich aus der Aarhus Konvention übernommen wurde. Denn der Gerichtshof stellt in diesen Fällen – wie erwähnt – in seinen Begründungen regelmäßig auch und gerade auf die Zielsetzungen und die inhaltliche Tragweite der entsprechenden Bestimmungen in der Aarhus Konvention ab, die der Unionsgesetzgeber eben im Sekundärrecht umsetzen wollte. **47**

b) Materieller Gehalt

Bei den normativ bedeutenden Vorgaben der Konvention[104] sind – neben den sog „allgemeinen Verpflichtungen"[105] – in erster Linie die „drei Pfeiler" der Konvention von Bedeutung: Zugang zu Umweltinformationen, Beteiligung der Öffentlichkeit an bestimmten Entscheidungsverfahren und gerichtlicher Zugang.[106] Als *erster* Pfeiler des Übereinkommens werden durch Art 4 und **48**

---

102 Vgl zu diesem Compliance Committee im Einzelnen *Jendroska*, Aarhus Convention Compliance Committee: Origins, Status and Activities, JEEPL 8 (2011) 301 ff; *Kravchenko*, The Aarhus Convention and Innovations in Compliance with Multilateral Environmental Agreements, YIEL 7 (2007) 1 ff; speziell zur Praxis des Ausschusses *Jendroska*, Recent Case-Law of the Aarhus Convention Compliance Committee with Explanatory Remarks, JEEPL 8 (2011) 375 ff; *Koester*, Le comité d'examen du respect des dispositions de la Convention d'Aarhus: Un panorama des procédures et de la jurisprudence, REDE 11 (2007) 251 ff; *Koester*, Review of Compliance under the Aarhus Convention: A Rather Unique Compliance Mechanism, JEEPL 2 (2005) 31 ff.

103 Zu dieser noch sogleich Rn 55 ff.

104 Aus zahlreichen in der Konvention verankerten „Pflichten" können an sich kaum Vorgaben für die Vertragsstaaten abgeleitet werden, da sie im Hinblick auf ihre Verpflichtungswirkung nicht hinreichend präzise formuliert sind, sodass sie eher als Postulate bezeichnet werden können. Sie sollen hier nicht berücksichtigt werden. Vgl mit Hinweisen auf einige Bsp *Epiney/Scheyli*, Aarhus-Konvention, 26.

105 Hierzu etwa *Epiney/Scheyli*, Aarhus-Konvention, 27 f.

106 Vgl zur Aarhus Konvention, jeweils mwN, etwa *Morgera*, An Update on the Aarhus Convention and its Continued Global Relevance, RECIEL 14 (2005) 138 ff; *Jendroska*, Aarhus Convention and Community: The Interplay, JEEPL 2 (2005) 12 ff; *Wates*, The Aarhus Convention: A Driving Force for Environmental Democracy, JEEPL 2 (2005)

Art 5 Verpflichtungen der Vertragsparteien hinsichtlich des *Zugangs zu Umweltinformationen* statuiert. Art 4 Abs 1 verlangt, dass die Vertragsparteien im Rahmen ihres innerstaatlichen Rechts einen *Anspruch* der Öffentlichkeit auf Zugang zu Umweltinformationen anerkennen und diesem Anspruch zur Durchsetzung verhelfen. Von besonderer Bedeutung ist dabei, dass die Aktivlegitimation des Anspruchs an kein besonderes Interesse geknüpft ist (Art 4 Abs 1 lit a), so dass das Zugangsrecht zwingend als Popularanspruch auszugestalten ist. Ausnahmen sind nur in abschließend aufgeführten Fällen möglich (Art 4 Abs 3, 4), wobei dem Verhältnismäßigkeitsgrundsatz Rechnung zu tragen ist. Damit der nach Art 4 zu gewährleistende Zugang der Öffentlichkeit zu umweltrelevanten Informationen auch praktisch sichergestellt werden kann, muss dafür gesorgt werden, dass überhaupt geeignetes Informationsmaterial zur Verfügung steht. Daher statuiert Art 5 ergänzend zu den Prinzipien betreffend den Zugang zu Umweltinformationen bestimmte Verpflichtungen der Vertragsparteien hinsichtlich der Erhebung und der Weitergabe von Umweltinformationen. Dabei kommt eine eigentliche *Pflicht zur Informationsbeschaffung* auf Seiten der Behörden zum Ausdruck.

49 Der *zweite* Pfeiler betrifft Verpflichtungen hinsichtlich einer *Beteiligung der Öffentlichkeit an verschiedenen Entscheidungsprozessen*, womit in bestimmtem minimalem Umfang eine politische und rechtliche Nutzung der verfügbaren Informationen durch die Öffentlichkeit gewährleistet werden soll. Eine Beteiligung der Öffentlichkeit ist dabei für konkrete Entscheidungen über bestimmte umweltrelevante Tätigkeiten (Art 6), bei Plänen, Programmen und Politiken mit Umweltbezug (Art 7)[107] sowie bei der Vorbereitung bestimmter normativer Vorgänge (Art 8)[108] zu gewährleisten. Dabei sind die Vorgaben hinsichtlich der Beteiligung an bestimmten Tätigkeiten, die erhebliche Auswirkungen auf die Umwelt entfalten können, am präzisesten ausgestaltet. Hier wird einerseits der Anwendungsbereich durch eine Liste im Anhang definiert, und andererseits sind der Konvention relativ genaue Vorgaben über die Art und Weise der Öffentlichkeitsbeteiligung zu entnehmen.[109]

50 Der *dritte* Pfeiler schließlich (Art 9) enthält Standards im Hinblick auf den *Zugang zu gerichtlichen oder anderen Überprüfungsverfahren* (die im Übrigen nicht übermäßig teuer sein dürften)[110] und damit zu Mitteln der Kontrolle von Verletzungen der zuvor statuierten Rechte.[111] Dabei ist zwischen drei Konstellationen zu unterscheiden, wobei der Europäische Gerichtshof diese Vorgaben in seiner Rspr in Bezug auf die Umsetzungsbestimmungen in einigen EU-Rechtsakten (insbes in der UVP-RL und der IE-RL), die Art 9 Aarhus-Konvention teilweise wörtlich über-

---

2 ff; *Jeder*, Neue Entwicklungen im Umweltrecht vor dem Hintergrund der Aarhus-Konvention, UTR 109 (2002) 145 ff; *Epiney/Scheyli*, Aarhus-Konvention; *Schwerdtfeger*, Der deutsche Verwaltungsrechtsschutz unter dem Einfluss der Aarhus-Konvention, 2010, 21 ff; umfassend mit einem Akzent auf der Umsetzung in der EU und in Deutschland: Aarhus-Handbuch.

107 Speziell zu dieser Bestimmung *Jendroska*, Public Participation in the Preparation of Plans and Programs: Some Reflections on the Scope of Obligations under Article 7 of the Aarhus Convention, JEEPL 6 (2009) 495 ff.

108 Der Anwendungsbereich der Vorschrift erstreckt sich auf exekutive Vorschriften und sonstige allg anwendbare rechtsverbindliche Bestimmungen, womit sowohl Rechtsverordnungen als auch Gesetze und Verfassungsbestimmungen erfasst werden.

109 Vgl zur Tragweite dieser Verpflichtungen spezifisch etwa *Verschuuren*, Public Participation Regarding the Elaboration and Approval of Projects in the EU after the Aarhus Convention, YEEL 4 (2005) 29 ff.

110 Zur Auslegung dieses Erfordernisses vgl *Edwards*, Rn 24 ff.

111 Ausführlich zu diesem dritten Pfeiler der Konvention *Ebbesson*, Access to Justice at the National Level: Impact of the Aarhus Convention and European Union Law, in Pallemaerts (Hrsg), The Aarhus Convention at Ten: Interactions and Tensions between Conventional International Law and EU Environmental Law, 2011, 245 ff; *Schwerdtfeger* (Fn 106) 101 ff; *Pernice-Warnke*, Der Zugang zu Gericht in Umweltangelegenheiten für Individualkläger und Verbände gemäß Art 9 Abs 3 Aarhus Konvention und seine Umsetzung durch die europäische Gemeinschaft. Beseitigung eines Doppelstandards?, EuR 2008, 410 ff; *Durner*, Rechtspolitische Spielräume im Bereich der dritten Säule: Prüfungsumfang, Kontrolldichte, prozessuale Ausgestaltung und Fehlerfolgen, in Durner/Walter (Hrsg), Rechtspolitische Spielräume bei der Umsetzung der Aarhus-Konvention, 2005, 64 ff, Letzterer unter besonderer Berücksichtigung der verschiedenen, sich beim Kontrollumfang und in Bezug auf Präklusionsregelungen stellenden Fragen.

nehmen, präzisiert hat, dies regelmäßig unter Hinweis auf die Notwendigkeit einer abkommenskonformen Auslegung.[112] Erstens muss der Rechtsweg gegen die *Verletzung des Anspruchs auf Zugang zu Umweltinformationen* (Art 4) offen stehen (Art 9 Abs 1 Aarhus Konvention). Dieser Aspekt des zu gewährleistenden Rechtsschutzes wirft keine besonderen Probleme auf, da es sich bei der Ablehnung eines Gesuchs auf Informationszugang regelmäßig um eine entsprechende Verwaltungsentscheidung (in Deutschland ein Verwaltungsakt) handelt, der in den meisten Staaten durch den Adressaten sowieso mit den ordentlichen Rechtsmitteln des nationalen Verwaltungsprozessrechts angefochten werden kann.

51 Zweitens muss – unter den noch zu skizzierenden Voraussetzungen – die *Rechtmäßigkeit von Entscheidungen über Tätigkeiten, die erhebliche Auswirkungen auf die Umwelt entfalten können*, einem unabhängigen Überprüfungsverfahren zugänglich sein (Art 9 Abs 2 Aarhus Konvention). Die erfassten Tätigkeiten betreffen jedenfalls behördliche Entscheidungen über die in Anhang I aufgeführten Tätigkeiten, bei denen es sich um Genehmigungsentscheidungen in Bezug auf besonders umweltrelevante Vorhaben handelt. Allerdings ist dieser gerichtliche Zugang nicht jedermann zu gewähren, sondern die Vertragsstaaten können vorsehen, dass nur *Mitgliedern der betroffenen Öffentlichkeit, die ein ausreichendes Interesse* haben (1. Alt), oder – soweit dies im Verwaltungsprozessrecht der jeweiligen Vertragspartei vorgesehen ist – die ein *rechtlich geschütztes Interesse* geltend machen können (2. Alt), ein solcher Zugang zu gewähren ist (Art 9 Abs 2 UAbs 1 Aarhus Konvention). Darüber hinaus hält Art 9 Abs 2 UAbs 2 Satz 2 und 3 Aarhus Konvention ausdrücklich fest, dass NGOs, die sich für Umweltbelange einsetzen und allfällige zusätzliche Voraussetzungen des innerstaatlichen Verfahrensrechts im Sinne des Art 2 Nr 5 Aarhus Konvention erfüllen, jedenfalls als potentielle Trägerinnen der entsprechenden Rechte legitimiert sind bzw sein müssen, sowohl ein ausreichendes tatsächliches Interesse als auch eine Rechtsverletzung geltend zu machen. MaW muss für diese jedenfalls – im erwähnten Anwendungsbereich der Bestimmung (also nur in Bezug auf die Geltendmachung der Rechtswidrigkeit von Entscheidungen über bestimmte Tätigkeiten) – der Rechtsweg eröffnet sein, so dass die Konvention iE die Pflicht zur Einführung bzw Beibehaltung einer umweltrechtlichen (altruistischen) *Verbandsklage* impliziert,[113] wie der EuGH auch ausdrücklich bestätigte: Eine Beschränkung des Zugangs von Umweltverbänden auf Konstellationen, in denen subjektive Rechte zur Debatte stehen (wie ursprünglich im dt Umweltrechtsbehelfsgesetz vorgesehen), ist daher nicht mit der Konvention (und dem einschlägigen Sekundärrecht, das diese umsetzt) vereinbar, wobei der EuGH ausdrücklich auf die Zielsetzung der Aarhus Konvention, einen weiten Zugang zu Gerichten zu gewähren, hinweist.[114]

52 Weitere wichtige Präzisierungen der Vorgaben von Art 9 Abs 2 Aarhus Konvention sind dem Urteil des EuGH in *Lesoochranarske II*[115] zu entnehmen. Ausgangspunkt des nationalen Verfahrens war die Verweigerung einer nationalen Behörde, einem Umweltverband in einem Verfahren über die Genehmigung der Errichtung einer Einzäunung in einem Naturschutzgebiet gemäß Art 6 Abs 3 FFH-RL die Stellung als Beteiligte zuzuerkennen. Eine solche Anerkennung ist nach nationalem Recht notwendige Voraussetzung dafür, dass eine Entscheidung, die möglicherweise gegen Art 6 Abs 3 FFH-RL verstößt, gerichtlich angefochten werden kann. Der Antrag wurde abgelehnt und die dagegen erhobenen Klagen abgewiesen, während unterdessen die str Ge-

112 Zur Bedeutung der Rspr des EuGH s u Rn 55.

113 Vgl schon *Epiney*, in Fluck/Theuer (Hrsg), Informationsfreiheitsrecht mit Umweltinformations- und Verbraucherinformationsrecht, 2012, F II.1 Art 9 Rn 10 ff; ebenso *Koch*, Die Verbandsklage im Umweltrecht, NVwZ 26 (2007) 369 (376 f); *Schlacke*, Rechtsbehelfe im Umweltrecht, in Aarhus-Handbuch, 375 (421); *Radespiel*, Entwicklungen des Rechtsschutzes im Umweltrecht aufgrund völker- und europarechtlicher Vorgaben – insbesondere das Umwelt-Rechtsbehelfsgesetz, EurUP 2007, 118 (122); mit umfassenden Nachw und ausführlicher Begründung ebenso *Schwerdtfeger* (Fn 106) 266 ff.

114 *Trianel*, Rn 35 ff.

115 *Lesoochranarske II*, Rn 39 ff.

nehmigung erteilt wurde. Der Gerichtshof hielt in diesem Zusammenhang im Wesentlichen Folgendes fest:

- Die praktische Wirksamkeit der FFH-RL und deren Zielsetzung könne nur gewährleistet werden, wenn Umweltvereinigungen das Recht eingeräumt werde, Verstöße gegen die RL vor einem nationalen Gericht direkt geltend zu machen, insbes um überprüfen zu lassen, ob die Genehmigung eines Plans oder Projekts unter Beachtung des Art 6 Abs 3 FFH-RL erfolgt sei.
- In diesem Zusammenhang sei Art 6 FFH-RL im Einklang mit Art 6 Aarhus Konvention zu lesen. Zwar sei die geplante Erweiterung des Wildgeheges keine der in Anhang I Aarhus Konvention aufgeführten Tätigkeiten; jedoch zeige die Tatsache, dass die zuständigen nationalen Behörden entschieden hätten, ein Verfahren zur Genehmigung dieses Projekts nach Art 6 Abs 3 FFH-RL zu eröffnen, dass sie es für erforderlich hielten, die Erheblichkeit der Auswirkungen des Projekts auf die Umwelt iSv Art 6 Abs 1 lit b Aarhus Konvention zu prüfen, so dass diese Bestimmung zur Anwendung gelange. Zwar richte sich die konkrete Anwendung von Art 6 des Übereinkommens nach innerstaatlichem Recht. Diese Präzisierung beziehe sich allerdings nur auf das „Wie" der Beteiligung und stelle das „Ob" der Beteiligungsrechte nicht in Frage.[116] Vor diesem Hintergrund stehe einer Umweltschutzorganisation, die die Anforderungen des Art 2 Nr 5 Aarhus Konvention erfülle, ein Recht darauf zu, unter Einhaltung der Vorgaben des Art 6 Aarhus Konvention an einem Verfahren zum Erlass einer Entscheidung über einen Genehmigungsantrag eines Plans oder Projekts mit möglicherweise erheblichen Umweltauswirkungen beteiligt zu werden, soweit im Rahmen dieses Verfahrens eine von Art 6 Abs 3 FFH-RL erfasste Entscheidung zu treffen sei. Ein Beteiligungsrecht für Umweltverbände in Genehmigungsverfahren wird somit in der vorliegenden Konstellation direkt aus Art 6 Aarhus Konvention abgeleitet, so dass diese Vorschrift insoweit auch für nicht in Anhang I figurierende Tätigkeiten zum Zuge kommt.
- Aus Art 4 Abs 3 EUV (Grundsatz der loyalen Zusammenarbeit) folge, dass die Gerichte der Mitgliedstaaten den gerichtlichen Schutz der Rechte zu gewährleisten hätten, die den Einzelnen aus dem Unionsrecht erwuchsen – eine Pflicht, die sich auch aus Art 19 Abs 1 EUV und Art 47 GRCh ergebe.
- Entscheidungen der zuständigen nationalen Behörden im Rahmen des Art 6 Abs 3 FFH-RL seien vollumfänglich vom Anwendungsbereich des Art 9 Abs 2 Aarhus Konvention erfasst, ob sie sich nun auf einen Antrag auf Beteiligung an dem Genehmigungsverfahren, auf die Beurteilung der Erforderlichkeit einer Prüfung der Umweltverträglichkeit eines Plans oder Projekts in einem Schutzgebiet oder auf die Richtigkeit der aus einer solchen Prüfung gezogenen Schussfolgerungen in Bezug auf die Risiken des Plans oder Projekts für ein solches Gebiet bezögen; ebensowenig sei relevant, ob sie selbständig oder in eine Genehmigungsentscheidung integriert seien. Dies stelle eine zwingende Konsequenz daraus dar, dass diese Entscheidungen von Art 6 Abs 1 lit b Aarhus Konvention erfasst würden. Daher müssten unter Art 2 Nr 5 Aarhus Konvention fallende Umweltschutzorganisationen zwingend die nationalen Rechtsvorschriften, die die Unionsvorschriften im Bereich der Umwelt umsetzten, sowie die unmittelbar anwendbaren unionsrechtlichen Vorschriften geltend machen können. Zu diesen Vorschriften gehörten auch die in Umsetzung von Art 6 FFH-RL erlassenen nationalen Bestimmungen.
- Vor diesem Hintergrund könne nicht davon ausgegangen werden, dass im Falle einer Abweisung eines Antrags auf Beteiligtenstellung und der Erteilung der Genehmigung eines Projekts, ohne dass dieser Antrag im Verlauf dieses Verfahrens geprüft werde, ein effektiver Rechtsschutz gewährleistet sei.

116 Ebd, Rn 48.

Im Zusammenhang mit der UVP-RL und der IE-RL hielt der EuGH sodann in *Altrip* und in *Kommission/Deutschland* fest, dass gewisse Anforderungen an die Begründetheit von Klagen sowie gewisse Präklusionsregelungen nicht mit denjenigen Vorgaben dieser Rechtsakte, welche Art 9 Abs 2 Aarhus Konvention umsetzten, in Einklang stünden. So sei es mit diesen nicht vereinbar, eine Aufhebung von Verwaltungsakten im Zusammenhang mit einer nicht oder fehlerhaft durchgeführten UVP nur dann vorzusehen, wenn gar keine UVP oder gar keine Vorprüfung erfolgt sei (trotz einer entsprechenden Pflicht), oder wenn der Beschwerdeführer nachweise, dass der Verfahrensfehler für das letztliche Ergebnis des Verwaltungsakts kausal gewesen sei. Ebensowenig sei eine Präklusionsregelung, wonach die Klagebefugnis und die gerichtliche Prüfung auf Einwendungen beschränkt sei, die bereits innerhalb der Einwendungsfrist im Verwaltungsverfahren, das zum Erlass des betreffenden Verwaltungsakts geführt habe, eingebracht worden seien, nicht mit der UVP-RL und der IE-RL sowie der Aarhus Konvention vereinbar. Hingegen sei ein Rechtswidrigkeitszusammenhang – wie der in § 47 Abs 1 VwGO vorgesehene – aufgrund der auch durch Art 9 Abs 2 Aarhus Konvention erlaubten Einschränkung des gerichtlichen Zugangs zulässig. **53**

Die Anforderungen, die das nationale Recht an NGOs nach Art 2 Nr 5 Aarhus Konvention stellen darf, damit diese ein Klagerecht und sonstige Mitwirkungsrechte nach der Konvention geltend machen können, dürfen – wie auch der Gerichtshof festgestellt hat – die praktische Wirksamkeit dieser Rechte nicht gefährden. In Bezug auf den gerichtlichen Zugang dürfe ein nationales Gesetz aber verlangen, dass eine NGO natur- und umweltschutzbezogene Zielsetzungen verfolge. Auch könne grundsätzlich eine Mindestzahl an Mitgliedern verlangt werden, um sicherzustellen, dass die Vereinigung tatsächlich existiert und tätig ist.[117] Letztlich dürfen die vom nationalen Recht aufgestellten Kriterien damit wohl nur dazu dienen, die „Ernsthaftigkeit" der NGO zu überprüfen, wozu insbes ihre tatsächliche Existenz, die Verfolgung entsprechender Ziele und wohl auch eine gewisse Dauerhaftigkeit gehören dürften. Hingegen liefe es der Konvention wohl zuwider, wenn die Mitgliedstaaten die klagebefugten NGOs nach sonstigen Kriterien „filterten". **54**

Schließlich sieht Art 9 Abs 3 Aarhus Konvention – drittens – vor, dass Mitglieder der Öffentlichkeit (unter die auch Umweltverbände fallen, vgl Art 2 Nr 4 Aarhus Konvention) Zugang zu verwaltungsbehördlichen oder gerichtlichen Verfahren haben müssen, um die von Privatpersonen und/oder Behörden vorgenommenen Handlungen[118] und begangenen Unterlassungen anzufechten, die gegen *umweltbezogene Bestimmungen des nationalen Rechts* verstoßen. Nähere Einzelheiten in Bezug auf Voraussetzungen und Ausgestaltung dieses Rechtsschutzes enthält die Konvention nicht; immerhin präzisiert sie aber, dass dieser zusätzlich und unbeschadet zu den beiden anderen Varianten des Rechtsschutzes eröffnet sein muss. **55**

Der EuGH hatte sich im Zusammenhang mit einer naturschutzrechtlichen Streitigkeit mit der Tragweite des Art 9 Abs 3 Aarhus Konvention auseinanderzusetzen.[119] Im nationalen Ausgangsverfahren ging es um Klagen eines Umweltverbands im Zusammenhang mit der behördlichen Genehmigung der Gewährung von Ausnahmen von der Schutzregelung für bestimmte geschützte Arten, dem Zugang zu Naturschutzgebieten und der Verwendung chemischer Produkte in solchen Gebieten. Im Kontext der Aarhus Konvention stellte sich dabei die Frage, ob sich direkt aus Art 9 Abs 3 Aarhus Konvention ein Recht eines Umweltverbands auf gerichtlichen Zu- **56**

---

117 *Djurgarden-Lilla*, Rn 47.
118 Der Begriff der Handlung ist nach der Rspr des EuGH dahin auszulegen, dass er sich nur auf Maßnahmen zur Regelung von Einzelfällen bezieht, dies entgegen der Ansicht des Gerichts, das auch Maßnahmen mit allg Geltung (wobei jedoch nach Art 2 Abs 2 Aarhus Konvention Handlungen, die in gerichtlicher oder gesetzgebender Eigenschaft vorgenommen werden, ausgeschlossen sind) einbeziehen wollte, vgl EuGH in *Stichting Natuur en Milieu* und *Vereniging Milieudefensie*. Der Gerichtshof betonte in den Rechtsmittelurteilen, dass ein Klagerecht von Umweltvereinigungen gegen generell-abstrakte Akte der EU-Organe nicht einbezogen sei.
119 *Lesoochranarske*, Rn 25 ff.

gang ableiten lässt, zumindest wenn es um eine Entscheidung geht, mit der von einer Umweltschutzregelung, die auf der FFH-RL beruht, abgewichen werden soll (wie dies im Ausgangsverfahren zur Debatte stand). Der Gerichtshof hielt fest, Art 9 Abs 3 Aarhus Konvention entfalte keine unmittelbare Wirkung, da er nicht hinreichend klar und präzise sei, so dass er nicht unmittelbar die rechtliche Situation Einzelner regeln könne, ein angesichts der Offenheit des Art 9 Abs 3 Aarhus Konvention nicht wirklich überraschender Schluss.[120] Allerdings habe das nationale Gericht dann, wenn eine durch das Unionsrecht geschützte Art betroffen sei, sein nationales Recht im Hinblick auf die Gewährung eines von Art 9 Abs 3 Aarhus Konvention intendierten effektiven gerichtlichen Rechtsschutzes in den vom Umweltrecht der Union erfassten Bereichen so auszulegen, dass es so weit wie möglich im Einklang mit dieser Bestimmung stehe, dies im Hinblick darauf, dass es einer Umweltschutzorganisation wie der im Ausgangsverfahren Tätigen ermöglicht werde, eine behördliche Entscheidung, die möglicherweise im Widerspruch zum EU-Umweltrecht stehe, gerichtlich anzufechten. Die Formulierungen des Gerichtshofs in Bezug auf die Verbandsklage deuten darauf hin, dass zumindest eine allg und grundsätzliche Verneinung des gerichtlichen Zugangs von Umweltverbänden in denjenigen Fallgestaltungen, in denen es um die Beachtung des EU-Umweltrechts geht, als nicht mit den Vorgaben des Art 9 Abs 3 Aarhus Konvention in Einklang stehend angesehen wird, eine letztlich recht weitgehende Folgerung, da diese impliziert, dass Art 9 Abs 3 Aarhus Konvention die Mitgliedstaaten verpflichtet, in Bezug auf die Verletzung von EU-Umweltrecht bzw von auf diesem beruhendem nationalen Recht grundsätzlich eine Verbandsklage einzuführen.[121] Auf diese Weise könnte letztlich die Umsetzung des Art 9 Abs 3 Aarhus Konvention durch einen unionsrechtlichen Rechtsakt (teilweise, nämlich in Bezug auf die Verbandsklage)[122] „ersetzt" werden, womit diese aber nicht überflüssig wird. In Bezug auf die Auslegung von Art 9 Abs 3 Aarhus Konvention impliziert das Urteil, dass es gerade nicht ausreichend ist, dass „irgendein" gerichtlicher Zugang wegen der Verletzung nationalen Umweltrechts eröffnet ist, sondern dieser muss zumindest grundsätzlich eine Verbandsklage umfassen, wobei deren Anwendungsbereich aber nicht präzisiert wird. Im Einzelnen sind in Bezug auf die Tragweite dieser Bestimmung der Aarhus Konvention – trotz der Rspr des EuGH – denn auch noch einige Fragen offen.

120 Krit zur Verneinung der unmittelbaren Wirkung des Art 9 Abs 3 Aarhus Konvention jedoch *Krämer*, Comment on Case C-240/09, JEEPL 8 (2011) 445 (447), der eine unmittelbare Wirkung immer dann bejahen will, wenn die Mitgliedstaaten von den ihnen eingeräumten Gestaltungsmöglichkeiten keinen Gebrauch gemacht haben. Interessant ist in diesem Zusammenhang noch, dass der Gerichtshof in Anknüpfung an seine bisherige Rspr seine Zuständigkeit, Art 9 Abs 3 Aarhus Konvention auszulegen, bejahte, dies obwohl die EU Art 9 Abs 3 Aarhus Konvention nicht umgesetzt hat. Der Gerichtshof stellte hier auf die FFH-RL ab, die die im Ausgangsfall relevante Art schütze, so dass der EuGH letztlich aus der inhaltlichen Einschlägigkeit der FFH-RL auf die Ausübung der Unionskompetenz schließt und davon ausgeht, der Ausgangsrechtsstreit unterliege dem EU-Recht. Vgl zu diesem Aspekt des Urteils *Schlacke*, Stärkung überindividuellen Rechtsschutzes zur Durchsetzung des Umweltrechts, ZUR 22 (2011) 312 (313 ff).
121 Vgl zu den Implikationen dieses Urteils und aufgeworfenen Fragen *Epiney*, Zur Rechtsprechung des EuGH im Umweltrecht im Jahr 2011, EurUP 2012, 88 (89).
122 Vgl den Vorschlag der Kommission, KOM (2003) 624 endgültig, der jedoch blockiert ist.

Fünfter Abschnitt

Silja Vöneky und Felix Beck

Umweltschutz und Menschenrechte

Gliederung

DOI 10.1515/9783110248296-005

Literatur

Beyerlin, Ulrich, Umweltvölkerrecht, München 2000 [*Beyerlin*, Umweltvölkerrecht]

Birnie, Patricia/Boyle, Alan E./Redgwell, C, International Law and the Environment, 3. Aufl 2009 [*Birnie/Boyle/Redgwell*, International Law and the Environment]

Boyle, Alan, Human Rights and the Environment: Where Next?, EJIL 23 (2012) 613 [*Boyle*, Human Rights and the Environment]

Boyle, Alan/Anderson, Michael (Hrsg), Human Rights Approaches to Environmental Protection, 1996 [Boyle/Anderson (Hrsg), Human Rights Approaches]

Braig, Katharina, Umweltschutz durch die Europäische Menschenrechtskonvention, 2013 [*Braig*, Umweltschutz]

Del Valle, Fernando Berdion/Sikkink, Kathryn, (Re)discovering Duties: Individual Responsibilities in the Age of Rights, Minnesota JIL 26 (2017) 189 ff

Fitzmaurice, Malgosia/Ong, David/Merkouris, Panos (Hrsg), Research Handbook on International Environmental Law, 2010 [Research Handbook]

Humphreys, Stephen (Hrsg), Human Rights and Climate Change, 2009 [Human Rights and Climate Change]

Lopez, Aurelie, The Protection of Environmentally-Displaced Persons in International Law, Environmental Law 37 (2007) 365 [*Lopez*, Protection]

Nümann, Britta, Umweltflüchtlinge? Umweltbedingte Personenbewegungen im Internationalen Flüchtlingsrecht, 2014 [*Nümann*, Umweltflüchtlinge]

Knox, John/Human Rights Council (Hrsg), Mapping Human Rights Obligations Relating to the Enjoyment of a Safe, Clean, Healthy and Sustainable Environment, 2013, <www.ohchr.org/EN/Issues/Environment/SREnvironment/Pages/MappingReport.aspx> [Mapping Human Rights Obligations]

Wolfrum, Rüdiger (Hrsg), Max Planck Encyclopedia of Public International Law, 2012 [MPEPIL]

Verträge

International Convention for the Regulation of Whaling v 2.12.1946 (161 UNTS 72 [Whaling Convention] — 101

Konvention zum Schutze der Menschenrechte und Grundfreiheiten v 4.11.1950 (BGBl 1954 II, 14) [EMRK] — 20–53

Abkommen über die Rechtsstellung der Flüchtlinge v 28.7.1951 (BGBl 1953 II, 560) [Genfer Flüchtlingskonvention – GFK] — 81–87, 92

Zusatzprotokoll Nr 1 zur Konvention zum Schutze der Menschenrechte und Grundfreiheiten v 20.3.1952 (BGBl 1956 II, 1880) — 20, 45

Europäische Sozialcharta v 18.10.1961 (BGBl 1964 II, 1261); rev Fassung v 3.5.1996 (CETS Nr 136) — 53, 54

Protokoll Nr 4 zur Konvention zum Schutze der Menschenrechte und Grundfreiheiten v 16.9.1963 (BGBl 2002 II, 1074) — 20

Internationales Übereinkommen zur Beseitigung jeder Form von Rassendiskriminierung v 7.3.1966 (BGBl 1969 II, 961) — 4

Internationaler Pakt für wirtschaftliche, soziale und kulturelle Rechte v 19.12.1966 (BGBl 1973 II, 1570) [IPwskR] — 4, 13–16, 18, 63, 75, 78

Internationaler Pakt über bürgerliche und politische Rechte v 19.12.1966 (BGBl 1973 II, 1534) [IPbpR] — 4, 12–13, 16–18, 78, 94, 108

(Erstes) Fakultativprotokoll zum IPbpR v 19.12.1966 (BGBl 1992 II, 1247) [1. FP IPbpR] — 13, 94

Protokoll über die Rechtsstellung der Flüchtlinge v 31.1.1967 (BGBl 1969 II, 1294) — 81

Convention Governing the Specific Aspects of Refugee Problems in Africa v 10.9.1969 (1004 UNTS 54) [OAU-Konvention] — 86

American Convention on Human Rights v 22.11.1969 (1144 UNTS 123) [ACHR] — 62–65

Übereinkommen über das Verbot der militärischen oder einer sonstigen feindseligen Nutzung umweltverändernder Techniken v 18.5.1977 (BGBl 1998 II, 125) [ENMOD Konvention] — 5

Erstes Zusatzprotokoll zu den Genfer Konventionen über den Schutz der Opfer internationaler bewaffneter Konflikte v 8.6.1977 (BGBl 1990 II, 1551) — 5

Übereinkommen über weiträumige grenzüberschreitende Luftverunreinigung v 13.11.1979 (BGBl 1982 II, 374) [CLRTAP] — 5

Übereinkommen zur Beseitigung jeder Form von Diskriminierung der Frau v 18.12.1979 (BGBl 1985 II, 647) — 4

African Charter on Human and People's Rights v 27.6.1981 (1520 UNTS 217) [Banjul Charta] — 18, 56–60

Übereinkommen gegen Folter und andere grausame, unmenschliche oder erniedrigende Behandlung oder Strafe v 10.12.1984 (BGBl 1990 II, 246) — 4

Additional Protocol to the American Convention on Human Rights in the Area of Economic, Social and Cultural Rights v 14.11.1988 (ILM 28 [1989] 156) [San Salvador Protokoll] — 62, 65–66
Convention C169 concerning Indigenous and Tribal Peoples in Independent Countries v 27.6.1989 (<www.ilo.org/dyn/normlex/en/f?p=NORMLEXPUB:12100:0::NO:12100:P12100_ILO_CODE:C169>) [ILO C169] — 97
Übereinkommen über die Rechte des Kindes v 20.11.1989 (BGBl 1992 II, 122) — 4, 17, 99, 100
African Charter on the Rights and Welfare of the Child v 11.7.1990 (OAU Doc CAB/LEG/24.9/49 (1990) [Afrikanische Kinderrechtscharta] — 91
Übereinkommen über die Umweltverträglichkeitsprüfung im grenzüberschreitenden Rahmen v 25.2.1991 (BGBl 2002 II, 1406 und BGBl 2006 II, 224) [Espoo Konvention] — 35, 52
Rahmenübereinkommen der Vereinten Nationen über Klimaänderungen v 9.5.1992 (BGBl 1993 II, 1783) [UNFCCC] — 74, 92, 101
Übereinkommen über die biologische Vielfalt v 5.6.1992 (BGBl 1993 II, 1742) [CBD] — 98
Protokoll Nr 11 zur Konvention zum Schutze der Menschenrechte und Grundfreiheiten über die Umgestaltung des durch die Konvention eingeführten Kontrollmechanismus v 11.5.1994 (BGBl 1995 II, 578) — 20
Arab Charter on Human Rights v 15.9.1994 (HRLJ 18 [1997] 151) — 67
Zusatzprotokoll zur Europäischen Sozialcharta über Kollektivbeschwerden v 9.11.1995 (CETS Nr 158) — 54
Protocol to the African Charter on Human and Peoples' Rights on the Establishment of the African Court on Human and Peoples' Rights v 10.6.1998 (HRLJ 20 [1999] 269) — 59
Übereinkommen den Zugang zu Informationen, die Öffentlichkeitsbeteiligung an Entscheidungsverfahren und den Zugang zu Gerichten in Umweltangelegenheiten v 25.6.1998 (BGBl 2006 II, 1251) [Aarhus Konvention] — 41, 47–52, 101, 111–112
African Convention on the Conservation of Nature and Natural Resources (Revised Version) v 11.7.2003 (http://au.int/en/treaties/african-convention-conservation-nature-and-natural-resources-revised-version) — 60
Arab Charter on Human Rights v 22.5.2004 (IHRR 12 [2005] 893) — 67
Protocol on the Protection and Assistance to Internally Displaced Persons v 30.11.2006 (ILM 46 [2007] 173) — 91
African Union Convention for the Protection and Assistance of Internally Displaced Persons in Africa v 23.10.2009 (ILM 52 [2013] 400) [Kampala Konvention] — 89–91
Kuala Lumpur Supplementary Protocol on Liability and Redress to the Cartagena Protocol on Biosafety v 15.10.2010 (UN Doc UNEP/CBD/BS/COP-MOP/5/17) — 98
Übereinkommen von Paris v 12.12.2015 (BGBl 2016 II, 1082) — 74a

Judikatur

Internationaler Gerichtshof

Gabčíkovo-Nagymaros Project (Hungary v Slovakia), Urteil v 25.9.1997, ICJ Rep 1997, 88 *[Gabčíkovo-Nagymaros]* — 12
Legality of the Threat or Use of Nuclear Weapons, Gutachten v 8.7.1996, ICJ Rep 1996, 226 *[Nuclear Weapons]* — 101

UN-Menschenrechtsausschuss

Entscheidung v 27.10.1982 – Nr 67/1980, EHP v Kanada *[EHP]* — 13
Entscheidung v 27.7.1988 – Nr 197/1985, Kitok v Schweden *[Kitok]* — 94
Entscheidung v 26.3.1990 – Nr 167/1984, Ominayak & Lubicon Lake Band v Kanada *[Ominayak & Lubicon Lake Band]* — 94
Entscheidung v 22.7.1996 – Nr 645/1995, Bordes & Temeharo v Frankreich *[Bordes & Temeharo]* — 13
Entscheidung v 27.10.2000 – Nr 547/1993, Apirana Mahuika u a v Neuseeland *[Apirana Mahuika]* — 94, 104
Schlussfolgerungen v 27.8.2001 – UN Doc CCPR/CO/72/PRK, Democratic People's Republic of Korea *[Korea]* — 12
Entscheidung v 27.3.2009 – Nr 1457/2006, Poma Poma v Peru *[Poma Poma]* — 94
Schlussfolgerungen v 3.9.2010 – UN Doc CCPR/C/ISR/CO/3, Israel *[Israel]* — 12

Committee on Economic, Social and Cultural Rights

Schlussfolgerungen v 20.5.1997 – UN Doc E/C.12/1/Add.13, Russian Federation *[Russian Federation]* — 15
Schlussfolgerungen v 14.5.1999 – UN Doc E/C.12/1/Add.33, Solomon Islands *[Solomon Islands]* — 15
Schlussfolgerungen v 21.5.2001 – UN Doc E/C.12/1/Add.57, Honduras *[Honduras]* — 15
Schlussfolgerungen v 4.1.2008 – UN Doc E/C.12/PRY/CO/3, Paraguay *[Paraguay]* — 14
Schlussfolgerungen v 10.12.2012 – UN Doc E/C.12/MRT/CO/1, Mauritania *[Mauritania]* — 14

Committee on the Rights of the Child

Schlussfolgerungen v 22.2.2000 – UN Doc CRC/C/15/Add.122, South Africa *[South Africa]* — 100
Schlussfolgerungen v 29.9.2006 – UN Doc CRC/C/JOR/CO/3, Jordan *[Jordan]* — 100
Schlussfolgerungen v 22.6.2010 – UN Doc CRC/C/GRD/CO/2, Grenada *[Grenada]* — 100

African Commission on Human and Peoples' Rights

Entscheidung v 27.10.2001 – Communication No 155/96, Social and Economic Rights Action Center and Center for Economic and Social Rights v Nigeria *[Ogoniland]* — 57, 59, 66, 95
Entscheidung v 25.11.2009 – Nr 276/2003, Endorois Welfare Council v Kenia, ILM 49 (2010) 861 *[Endorois Welfare Council]* — 95

Europäischer Gerichtshof für Menschenrechte

Urteil v 7.12.1976 – Nr 5493/72, Handyside v UK, EGMR-E 1, 217 *[Handyside]* — 29–30
Urteil v 18.1.1978 – Nr 5310/71, Irland v UK *[Irland v UK]* — 44
Urteil v 25.4.1978 – Nr 5856/72, Tyrer v UK, NJW 1979, 1089 *[Tyrer]* — 23
Urteil v 25.3.1983 – Nr 5947/72, Silver u a v UK, EGMR-E 2, 227 *[Silver]* — 42
Urteil v 13.7.1983 – Nr 8737/79, Zimmermann & Steiner v Schweiz, EGMR-E 2, 285 *[Zimmermann & Steiner]* — 30
Urteil v 21.2.1986 – Nr 8793/79, James u a v UK, EGMR-E 3, 117 *[James]* — 29
Urteil v 28.5.1986 – Nr 9214/80, Abdulaziz u a v UK, EGMR-E 3, 80 *[Abdulaziz]* — 25
Urteil v 17.10.1986 – Nr 9532/81, Rees v UK, EGMR-E 3, 267 *[Rees]* — 25, 28
Urteil v 21.2.1990 – Nr 9310/81, Powell & Rayner v UK, ÖJZ 45 (1990) 418 *[Powell & Rayner]* — 25, 28, 32
Urteil v 18.2.1991 – Nr 12033/86, Fredin v Schweden, ÖJZ (1991) 514 *[Fredin]* — 45, 104
Urteil v 29.11.1991 – Nr 12742/87, Pine Valley Developments Ltd u a v Irland *[Pine Valley Developments Ltd]* — 45, 104
Urteil v 25.11.1993 – Nr 14282/88, Zander v Schweden, ÖJZ 49 (1994) 519 *[Zander]* — 39
Urteil v 9.12.1994 – Nr 16798/90, Lopez Ostra v Spanien, EuGRZ 1995, 347 *[Lopez Ostra]* — 24, 26, 28, 30, 37, 44
Urteil v 24.2.1995 – Nr 16424/90, McMichael v UK, ÖJZ 50 (1995) 704 *[McMichael]* — 35
Urteil v 26.4.1995 – Nr 16922/90, Fischer v Österreich, ÖJZ 50 (1995) 633 *[Fischer]* — 39
Urteil v 16.9.1996 – Nr 15777/89, Matos e Silva u a v Portugal *[Matos e Silva]* — 104
Urteil v 26.8.1997 – Nr 67/1996/686/876, Balmer-Schafroth u a v Schweiz, EuGRZ 1999, 183 *[Balmer-Schafroth]* — 27, 42
Urteil v 19.2.1998 – Nr 116/1996/735/932, Guerra u a v Italien, NVwZ 1999, 57 *[Guerra]* — 24–26, 36, 41
Urteil v 9.6.1998 – Nr 10/1997/794/995-996, McGinley & Egan v UK *[McGinley & Egan]* — 42, 36
Urteil v 21.10.1998 – Nr 23452/94, Osman v UK *[Osman]* — 23
Urteil v 28.7.1999 – Nr 25803/94, Selmouni v Frankreich, NJW 2001, 56 *[Selmouni]* — 23
Urteil v 2.10.2001 – Nr 36022/97, Hatton u a v UK, ÖJZ 58 (2003) 72 [*Hatton (Kammer)*] — 24, 29, 33, 36
Urteil v 18.6.2002 – Nr 48939/99, Öneryildiz v Türkei *[Öneryildiz (Kammer)]* — 23, 26–26, 41, 43
Urteil v 22.5.2003 – Nr 41666/98, Kyrtatos v Griechenland *[Kyrtatos]* — 21, 24
Urteil v 8.7.2003 – Nr 36022/97, Hatton u a v UK, NJW 2004, 1465 [*Hatton (Große Kammer)*] — 33, 42
Entscheidung v 20.1.2004 – Nr 39561/98, Ashworth v UK *[Ashworth]* — 42
Urteil v 15.2.2004 – Nr 57829/00, Vides Aizsardzibas Klubs v Lettland *[Vides Aizsardzibas Klubs]* — 41
Urteil v 10.11.2004 – Nr 46117/99, Taşkın u a v Türkei *[Taşkın]* — 35-37, 40–43, 52
Urteil v 16.11.2004 – Nr 4143/02, Moreno Gómez v Spanien *[Moreno Gómez]* — 37, 43
Urteil v 30.11.2004 – Nr 48939/99, Öneryildiz v Türkei *[Öneryildiz (Große Kammer)]* — 25–26, 42
Urteil v 15.2.2005 – Nr 68416/01, Steel & Morris v UK *[Steel & Morris v UK]* — 4
Urteil v 9.6.2005 – Nr 55723/00, Fadeyeva v Russland *[Fadeyeva]* — 24, 26, 28, 37
Urteil v 12.7.2005 – Nr 36220/97, Okyay u a v Türkei *[Okyay]* — 37
Urteil v 28.7.2005 – Nr 33538/96, Alatulkkila v Finnland *[Alatulkkila]* — 45
Urteil v 19.10.2005 – Nr 32555/96, Roche v UK *[Roche]* — 41
Urteil v 28.3.2006 – Nr 46771/99, Öçkan u a v Türkei *[Öçkan]* — 40–41
Urteil v 2.11.2006 – Nr 59909/00, Giacomelli v Italien *[Giacomelli]* — 26, 35, 37, 52
Urteil v 5.6.2007 – Nr 17381/02, Lemke v Türkei *[Lemke]* — 40
Urteil v 20.3.2008 – Nr 15339/02, Budayeva u a v Russland *[Budayeva]* — 25, 42–43
Urteil v 27.1.2009 – Nr 67021/01, Tătar v Rumänien, RdU 2009, 132 *[Tătar]* — 26, 35–36, 42–43, 50
Urteil v 26.11.2009 – Nr 25282/06, Dolenec v Kroatien *[Dolenec]* — 44
Urteil v 14.9.2010 – Nr 37186/03, Florea v Rumänien *[Florea]* — 44

Urteil v 9.11.2010 – Nr 2345/06, Deés v Ungarn *[Deés]* — 37
Urteil v 25.11.2010 – Nr 43449/02 und 21475/04, Mileva u a v Bulgarien *[Mileva]* — 37, 42
Urteil v 2.12.2010 – Nr 12853/03, Mileva u a v Bulgarien *[Ivan Atanasov]* — 27, 42
Urteil v 16.12.2010 – Nr 25579/05, A, B & C v Irland *[A, B & C]* — 30
Urteil v 25.1.2011 – Nr 38427/05, Elefteriadis v Rumänien *[Elefteriadis]* — 44
Urteil v 21.7.2011 – Nr 38182/03, Grimkovskaya v Ukraine *[Grimkovskaya]* — 27
Urteil v 10.1.2012 – Nr 30765/08, Di Sarno u a v Italien *[Di Sarno]* — 36, 50
Urteil v 28.2.2012 – Nr 17423/05, Kolyadenko u a v Russland *[Kolyadenko]* — 42
Urteil v 12.11.2013 – Nr 5786/08, Söderman v Schweden *[Söderman]* — 30

Europäische Kommission für Menschenrechte

Entscheidung v 29.6.1996 – Nr 14967/89, Guerra u a v Italien *[Guerra]* — 41
Entscheidung v 4.12.1995 – Nr 28204/95, Tauira v Frankreich *[Tauira]* — 44

Gerichtshof der Europäischen Union

Urteil v 8.3.2011, Rs C-240/09, Lesoochranárske zoskupenie, ECLI:EU:C:2011:125 *[Slowakischer Braunbär]* — 50
Urteil v 12.5.2011, Rs C-115/09, Trianel, ECLI:EU:C:2011:289 *[Trianel]* — 50
Urteil v 13.1.2015, Rs C-404/12 P und C-405/12 P, Stichting Natuur en Milieu und Pesticide Action Network Europe, ECLI:EU:C:2015:5 *[Stichting Natuur]* — 50
Urteil v 13.1.2015, Rs C-401/12 P bis C-403/12 P, Vereniging Milieudefensie, ECLI:EU:C:2015:4 *[Vereniging Milieudefensie]* — 50

Inter-American Court of Human Rights

Urteil v 31.8.2001 – Series C No 79, Mayagna (Sumo) Awas Tingni Community v Nicaragua *[Awas Tingni Community]* — 66, 96
Urteil v 17.6.2005 – Series C No 125, Yakye Axa Indigenous Community v Paraguay *[Yakye Axa Indigenous Community]* — 65
Urteil v 29.3.2006 – Series C No 146, Sawhoyamaxa Indigenous Community v Paraguay *[Sawhoyamaxa Indigenous Community]* — 96
Urteil v 28.11.2007 – Series C No 172, Saramaka People v Suriname *[Saramaka People]* — 66
Urteil v 24.8.2010 – Series C No 215, Xákmok Kásek Indigenous Community v Paraguay *[Xákmok Kásek Community]* — 9

Inter-American Commission of Human Rights

Entscheidung v 10.6.2008 – Resolution No 10/85, Case 8095, Indios Yanomami v Brazil *[Indios Yanomami]* — 66
Entscheidung v 30.11.2012 – Report No 125/12, Case 12.354, Kuna Indigenous People of Madungandi and Embera Indegenous People of Bayano and Their Members v Panama *[Indigenous People]* — 65

Aarhus Convention Compliance Committee

Bericht v 4.6.2014 – UN Doc ECE/MP.PP/C.1/2014/8, Findings and Recommendations with Regard to Communication ACCC/C/2008/31 concerning Compliance by Germany — 47

European Committee of Social Rights

Entscheidung v 6.12.2006 – Nr 30/2005, Marangopoulos Foundation for Human Rights v Griechenland *[Marangopoulos Foundation]* — 54

Vorbemerkung

1 Primäre Ziele des Umweltvölkerrechts sind zum einen die Lösung grenznachbarschaftlicher Interessenskonflikte bzw die möglichst konfliktfreie Koexistenz der Staaten, zum anderen die Lösung globaler Umweltprobleme und die Verwaltung gemeinsam genutzter Ressourcen.[1] Das Umweltvölkerrecht stellt also in erster Linie eine zwischenstaatliche Koordinations- und Kooperationsrechtsordnung dar.[2] Daneben besteht jedoch auch ein berechtigtes und schützenswertes *Interesse Einzelner* am Schutz und Erhalt einer intakten Umwelt.[3] Dieses ist vor allem auf die Sicherung der individuellen Lebensgrundlage gerichtet, aber auch unterhalb dieser Schwelle sind der Erhalt einer bestimmten Lebensqualität durch eine möglichst intakte Umwelt und die Möglichkeit der persönlichen Entfaltung ohne Einschränkung durch Umweltverschmutzungen wesentliche Interessen einzelner Menschen. Hier genügt es uU nicht, dass die Rechte dieser Menschen durch ihren jeweiligen Heimatstaat vertreten (mediatisiert) werden, wie dies die klassische Völkerrechtslehre vorsieht.[4] Auch deswegen ist die Frage relevant, ob sich dem internationalen Menschenrechtssystem auch umweltbezogene Gewährleistungen entnehmen lassen. Daneben kann auch ein altruistisches Interesse Einzelner bestehen, Umweltschutzmaßnahmen im *Interesse der Allgemeinheit* oder im Interesse der *Umwelt als solcher* durch die Geltendmachung individuell-subjektiver Rechte durchzusetzen.[5] Dies setzt ebenfalls das Bestehen von umweltbezogenen und -relevanten Menschenrechten voraus.[6] Die umweltrechtliche Dimension internationaler Menschenrechte sowie die menschenrechtliche Dimension des Umweltvölkerrechts sind Gegenstände des vorliegenden Kapitels.

2 Der internationale Menschenrechtsschutz wird, wie der Schutz der Umwelt, durch eine „Mehrebenen-Rechtsordnung" gewährleistet.[7] Vorliegend wird daher zunächst die Rechtslage im universellen Völkerrecht erörtert (I.), bevor die Situation in Europa (II.) und in anderen Regionen der Erde (III.) dargestellt werden. Anschließend werden Einzelfragen spezifischer Regelungs- und Problemfelder näher beleuchtet (IV.). Zuletzt wird die Frage diskutiert, ob die Wahrung der Menschenrechte Zweck umweltschützender Maßnahmen ist (V.).

3 Da das vorliegende Problemfeld des Schutzes der Umwelt durch Menschenrechte und des Zusammenspiels von Menschenrechten und Umweltschutz weder im Schrifttum noch in der Judikatur oder in Staatenerklärungen einheitlich bezeichnet wird,[8] wird vorliegend allg der Begriff der „umweltbezogenen Menschenrechte" verwendet, soweit es um menschenrechtliche Völkerrechtsnormen mit Umweltbezug oder umweltvölkerrechtliche Quellen mit subjektiv-individuellen Verbürgungen geht.

---

1 Vgl *Proelß*, Raum und Umwelt im Völkerrecht, in Graf Vitzthum/Proelß (Hrsg), Völkerrecht, 7. Aufl 2016, Rn 92, 105.

2 Vgl hierzu *Wolfrum*, Entwicklung des Völkerrechts von einem Koordinations- zu einem Kooperationsrecht, in Müller-Graff (Hrsg), Recht und Rechtswissenschaft, 2000, 421.

3 Allg zu Individuen im Völkerrecht *Gorski*, Individuals in International Law, in MPEPIL; *Doehring*, Völkerrecht, 2. Aufl 2004, Rn 243–251. Zum Wert subjektiver Rechte in Umweltschutzfragen vgl *Merrills*, Environmental Rights, in Oxford Handbook, 663 (665 f).

4 „Since [...] the Law of Nations is a law between States only and exclusively, States only and exclusively are subject of the Law of Nations" (*Oppenheim*, International Law, 1905, § 289); vgl auch *Beyerlin*, Umweltvölkerrecht, 580.

5 *Beyerlin*, Umweltschutz und Menschenrechte, ZaöRV 65 (2005) 525 (526); *Callies*, Ansätze zur Subjektivierung von Gemeinwohlbelangen im Völkerrecht, ZUR 2000, 246; *Anderson*, Human Rights Approaches to Environmental Protection: An Overview, in Boyle/Anderson (Hrsg), Human Rights Approaches, 1 (3).

6 Zum Ganzen vgl *Hayward*, Constitutional Environmental Rights, 2005, 25–61.

7 Teilweise auch als „Mehrebenensystem" bezeichnet, zum Ganzen vgl *Möllers*, Gewaltengliederung, 2005, 210–218.

8 Vgl hierzu *Boyle*, Environment and Human Rights, in MPEPIL, Rn 11.

I. Umweltschutz und universelle Menschenrechte

1. Normbestand und Kodifizierungsbemühungen

4 Zentrale Rechtsquellen der universellen Menschenrechte sind die Allgemeine Erklärung der Menschenrechte (AEMR) v 1948 und die Internationalen Pakte über bürgerliche und politische Rechte (IPbpR) bzw über wirtschaftliche, soziale und kulturelle Rechte (IPwskR) v 1966. Die in diesen Verträgen kodifizierten Menschenrechte werden häufig als solche der ersten und zweiten Generation bezeichnet:[9] Der *ersten Generation* gehören die „klassischen", abwehrrechtlich geprägten bürgerlichen und politischen Rechte an, die im IPbpR kodifiziert wurden. Die *zweite Generation* bilden die im IPwskR normierten wirtschaftlichen, sozialen und kulturellen Leistungs- und Teilhaberechte. In der AEMR wurden die Menschenrechte der ersten beiden Generationen proklamiert und später nur aus politischen Gründen nicht in einem einheitlichen Abkommen kodifiziert.[10]

5 Trotz der Vielzahl umweltvölkerrechtlicher Verträge und der Normen im humanitären Völkerrecht, die die Umwelt unmittelbar schützen,[11] ist ein ausdrücklich auf die Umwelt bezogenes Menschenrecht bislang in keinem verbindlichen *universellen* Menschenrechtsinstrument zu finden.[12] Dies wird zT mit dem zum Zeitpunkt des Zustandekommens der Pakte noch zu wenig ausgeprägten Problembewusstsein für den Schutz der Umwelt begründet.[13] Für diese These spricht, dass relevante Normen zum Umweltschutz auf völkerrechtlicher Ebene erst ab den 1970er Jahren vereinbart,[14] die Internationalen Pakte aber bereits 1966 niedergelegt wurden.[15]

6 Im Zusammenhang mit der Diskussion über *Menschenrechte der dritten Generation*, dh der sog Kollektiv- oder Solidaritätsrechte,[16] aber auch in anderen Zusammenhängen, wurde seit den 1980er Jahren wiederholt für die Kodifizierung eines Menschenrechts auf eine saubere Umwelt geworben.[17] Als Vorbild wird dabei immer wieder der Art 24 der Afrikanischen Menschenrechtscharta angeführt, der lautet: „All peoples shall have the right to a general satisfactory environment favourable to their development." Allerdings ist diese Gewährleistung bislang im Völkervertragsrecht singulär geblieben (dazu u Rn 56ff).

---

9 Ausgehend von *Vasak*, A Thirty-Year Struggle, UNESCO Courier 30/11 (1977) 29; zur Entwicklung der Menschenrechte vgl *Fritzsche*, Menschenrechte, 2. Aufl 2009, 24ff. Krit zum Generationenmodell *Nowak*, Einführung in das internationale Menschenrechtssystem, 2002.

10 Siehe *Nowak* (Fn 9) 92f. Zu den allg Pakten kommt eine Reihe bereichsspezifischer Abkommen hinzu, etwa gegen Folter und Rassendiskriminierung sowie zu den Rechten von Kindern (s u Rn 99f) und Frauen.

11 Vgl für den ausdrücklichen Schutz der Umwelt in internationalen bewaffneten Konflikten Art 35 Abs 3 und Art 55 des 1. Zusatzprotokolls der Genfer Konventionen und für das Verbot, die Umwelt als Waffe zu benutzen, das ENMOD-Übereinkommen. Näher dazu *Vöneky*, Die Fortgeltung des Umweltvölkerrechts in internationalen bewaffneten Konflikten, 2001, Kap 1.

12 Vgl aber die regionalen Menschenrechtsabkommen für Afrika (s u Rn 56ff) und Amerika (s u Rn 62ff), die ausdrücklich ein Recht auf eine zufriedenstellende bzw gesunde Umwelt normieren.

13 UN Doc A/HCR/22/43 v 24.12.2012, Report of the Independent Expert on the Issue of Human Rights Obligations Relating to the Enjoyment of a Safe, Clean, Healthy and Sustainable Environment, para 7 weist zudem darauf hin, dass zur Zeit der Entstehung der AEMR keine der nationalen Verfassungen, derer sich die Autoren der Erklärung als Inspirationsquelle bedienten, einen Umweltbezug enthielt. Zur heutigen Rechtslage vgl unten Rn 71.

14 Stockholm Declaration; CLTRAP.

15 S o Rn 4.

16 Vgl *Roht-Arriaza/Aminzadeh*, Solidarity Rights (Development, Peace, Environment, Humanitarian Assistance), in MPEPIL; *Riedel*, Menschenrechte der dritten Dimension, EuGRZ 1989, 9; *Alston*, A Third Generation of Solidarity Rights, NILR 29 (1982) 307; zum „right to environment" als Kollektivrecht vgl *Merrills* (Fn 3) 667f.

17 Vgl nur *Thorme*, Establishing Environment as a Human Right, DJILP 19 (1990–1991) 301; *Shelton*, Human Rights, Environmental Rights, and the Right to Environment, Stanford JIL 28 (1991) 103 (138); nun auch *Boyle*, Human Rights and the Environment, 633.

7 Sämtliche Anläufe auf universeller Ebene, die individualrechtliche Perspektive des Umweltschutzes zu kodifizieren, sind über das Stadium des rechtlich nicht bindenden *soft law*[18] nicht hinaus gekommen. Das älteste[19] und wohl prominenteste Bsp hierfür ist die *Stockholmer Erklärung* v 1972,[20] in der es heißt: „Man has the fundamental right to freedom, equality and adequate conditions of life, in an environment of a quality that permits a life of dignity and well-being, and he bears a solemn responsibility to protect and improve the environment for present and future generations."[21] Angesichts der damaligen Besonderheit einer „globalen Konferenz"[22] mit im Konsens beschlossenen Resolutionen wurde teilweise vertreten, mit dem Prinzip 1 der Stockholmer Erklärung sei ein neues Menschenrecht auf Umwelt geschaffen worden.[23] Hiergegen sprechen jedoch zwei wesentliche Aspekte:[24] Zum einen deutet die Formulierung („man") nicht auf ein individuell-subjektives Recht hin, sondern eher auf eine allg Zielbestimmung. Zum anderen ist unbestritten, dass *soft law*, wozu auch Abschlusserklärungen von Staatenkonferenzen gehören, gerade keine unmittelbare und direkte völkerrechtliche Bindungswirkung entfaltet.[25]

8 In späteren Erklärungen war die Staatengemeinschaft deutlich zurückhaltender und vermied meist die Verwendung von Formulierungen, die auf die Anerkennung eines individuell-subjektiven Menschenrechts hingedeutet hätten. Beispielhaft hierfür ist die Abschlusserklärung der Konferenz von *Rio de Janeiro* 1992, die lediglich feststellt: „Human beings are at the centre of concerns for sustainable development. They are entitled to a healthy and productive life in harmony with nature."[26] Während der Verhandlungen im Vorfeld der Konferenz gab es mehrere Vorschläge, ein Recht auf Umwelt in die Erklärung aufzunehmen, von denen aber keiner den erforderlichen Konsens erreichen konnte.[27] Auch in den Erklärungen der nachfolgenden Konferenzen von *Johannesburg* 2002 und *Rio de Janeiro* 2012 fehlt eine entsprechende Aussage.[28]

9 Auch weitere Gelegenheiten, sich der Anerkennung eines eigenständigen Umweltmenschenrechts anzunähern, nutzte die Staatengemeinschaft nicht. 1987 hatte die umweltrechtliche Expertengruppe der Brundtland-Kommission als ersten Rechtsgrundsatz eines ganzen Katalogs

---

18 Vgl zum Begriff des „soft law" im Umweltrecht *Epiney*, 1. Abschn Rn 69 ff; *Beyerlin*, Umweltvölkerrecht, Rn 134–141; *Epiney/Scheyli*, Strukturprinzipien des Umweltvölkerrechts, 1998, 77–81; allg *Thürer*, Soft Law, in MPEPIL.

19 Bereits die Res zur Einberufung der Konferenz von Stockholm erkannte die negativen Auswirkungen von Umweltbeeinträchtigungen auf den Genuss der Menschenrechte sowohl in Entwicklungs- wie auch in Industrieländern an, vgl UN Doc A/RES/2398(XXIII) v 3.12.1968, Problems of the Human Environment, para 4 der Präambel); vgl auch UN Doc A/RES/2542 (XXIV) v 11.12.1969, Declaration on Social Progress and Development.

20 Zum historischen Hintergrund vgl etwa *Handl*, Introductory Note: Declaration of the United Nations Conference on the Human Environment, 1972 and the Rio Declaration on Environment and Development, 1992, abrufbar unter <http://legal.un.org/avl/pdf/ha/dunche/dunche_e.pdf>. S auch o *Epiney*, 1. Abschnitt Rn 21 ff.

21 Stockholm Deklaration, Prinzip 1.

22 Vgl hierzu *Sabel*, Conferences and Congresses, International, in MPEPIL, Rn 20–22.

23 *Sohn*, The Stockholm Declaration on the Human Environment, Harvard ILJ 14 (1973) 423 (455, 514).

24 Vgl hierzu auch *Birnie/Boyle/Redgwell*, International Law and the Environment, 277 f; *Shelton* (Fn 17) 112.

25 Zum Unterschied zwischen faktischer Bindungswirkung, die auch soft law entfaltet, und rechtlicher Bindungswirkung ieS *Vöneky*, Recht, Moral und Ethik, 2010, 283–286; zudem allg *Kunig*, Völkerrecht und staatliches Recht, in Vitzthum/Proelß (Fn 1) Rn 170 f; *Epiney/Scheyli* (Fn 18) 77–81.

26 Rio Deklaration v 1992 (Prinzip 1); zum Ganzen vgl *Francioni*, Principle 1: Human Beings and the Environment, in Viñuales (Hrsg), The Rio Declaration on Environment and Development, 2015, 93.

27 *Shelton*, What Happened in Rio to Human Rights?, YIEL 3 (1993) 75 (82); vgl auch UN Doc A/CONF.151/PC/WG.III/4 v 23.8.1991, Draft Covenant on Environmental Conservation and Sustailable Use of Natural Resources, in Robinson (Hrsg), Agenda 21 & The UNCED Proceedings, 1992, 1721–1744 (Art 2 Abs 1).

28 Hingewiesen sei jedoch auf Art 29 Abs 1 der Erklärung über die Rechte indigener Völker: „Indigenous peoples have the right to the conservation and protection of the environment and the productive capacity of their lands or territories and resources. States shall establish and implement assistance programmes for indigenous peoples for such conservation and protection, without discrimination." Vgl UN Doc A/RES/61/295 v 2.10.2007, United Nations Declaration on the Rights of Indigenous Peoples; zu den Rechten indigener Völker siehe auch unten Rn 93 ff.

umweltrechtlicher Prinzipien folgende Formulierung vorgeschlagen: „All human beings have the fundamental right to an environment adequate for their health and well-being."[29] Einen weiteren Anlauf unternahm der Unterausschuss für Minderheiten der damaligen UN-Menschenrechtskommission, der zwischen 1989 und 1994 eine umfangreiche Studie zum Zusammenspiel von Umweltschutz und Menschenrechten erarbeitet hatte. Mit seinem Abschlussbericht legte der Unterausschuss den Entwurf einer Deklaration zu *Principles on Human Rights and the Environment*[30] vor. Das erste dieser Prinzipien lautet: „All persons have the right to a secure, healthy and ecologically sound environment." Die weiteren Grundsätze der Erklärung füllen dieses grundsätzliche Recht in spezifischen Gewährleistungen aus, die teils materiellen, teils prozeduralen Charakter haben. Der Erklärungsentwurf stellt somit eine ungewöhnlich detaillierte Zusammenstellung international-rechtlich relevanter umweltbezogener Rechte und Pflichten dar.[31] Auch wenn der Deklarationsentwurf nach Darstellung der Autoren nur schon zuvor universell akzeptierte Grundsätze zusammenführte,[32] reagierten sowohl die UN-Menschenrechtskommission als auch die Staatengemeinschaft auf den Vorschlag ablehnend, sodass er nicht weiter verfolgt wurde.[33]

2. Ein völkergewohnheitsrechtliches Umweltgrundrecht?

10 Nach dem oben Gesagten kann nicht davon ausgegangen werden, dass ein Menschenrecht auf eine saubere, lebenswerte oder gesunde Umwelt Teil des Völkergewohnheitsrechts[34] ist.[35] Es fehlt zum einen an der hierfür erforderlichen *einheitlichen Staatenpraxis*. Dies zeigt sich bereits an der Uneinheitlichkeit der verwendeten Begriffe und an den theoretischen Unklarheiten.[36] Besonders deutlich wird dies, wenn man die unterschiedlichen Ansätze betrachtet, nach denen in die nationalen Verfassungen ein Umweltbezug aufgenommen wurde (dazu s u Rn 71). Diese variieren sowohl hinsichtlich der Ausgestaltung als individuelle oder kollektive Rechte, als allg Staatszielbestimmung oder einklagbare subjektiv-individuelle Rechte als auch hinsichtlich der angestrebten Umweltqualität (zufriedenstellend, gesund, sauber, intakt usw).[37] Dasselbe Phänomen weist die große Zahl bestehender *soft law*-Dokumente auf. Auch aus ihnen kann nicht auf die Anerkennung eines Rechtssatzes geschlossen werden.[38] Zum anderen zeigen auch die beschriebenen Reaktionen der Staaten auf Kodifizierungsversuche, dass die entsprechende *opinio iuris sive necessitatis* fehlt, dh die Überzeugung, durch das Völkerrecht zur Gewährleistung umweltbezogener Rechte verpflichtet zu sein.

---

29 UN Doc A/42/427, Summary of Proposed Legal Principles for Environmental Protection and Sustainable Development Adopted by the WCED Experts Group on Environmental Law, Annex 1, 339.

30 UN Doc E/CN.4/Sub.2/1994/9 v 6.7.1994, Human Rights and the Environment, Annex 1.

31 Vgl zum Ganzen auch *Boyle*, The Role of International Human Rights Law in the Protection of the Environment, in Boyle/Anderson (Hrsg), Human Rights Approaches, 43.

32 UN Doc E/CN.4/Sub.2/1994/9 (Fn 30) paras 238–243.

33 *Birnie/Boyle/Redgwell*, International Law and the Environment, 279.

34 Siehe allg zum Völkergewohnheitsrecht *Vitzthum*, Begriff, Geschichte und Rechtsquellen des Völkerrechts, in Vitzthum/Proelß (Fn 1) 131–141; spezifisch im Hinblick auf den umweltvölkerrechtlichen Kontext *Epiney*, 1. Abschn Rn 58 ff.

35 So aber *Popović*, In Pursuit of Environmental Human Rights: Commentary on the Draft Declaration of Principles on Human Rights and the Environment, CHRLR 27 (1996) 487 (603).

36 *Boyle* (Fn 8) Rn 11 weist in diesem Zusammenhang darauf hin, dass selbst im *Ksentini*-Bericht (Fn 30) keine einheitliche Terminologie verwendet wurde.

37 *Peters*, Menschenrechte und Umweltschutz, in Kirchschläger/Kirchschläger (Hrsg), Menschenrechte und Umwelt, 2008, 215 (226 f); *Barthel*, Die Menschenrechte der dritten Generation, 1991, 98 f.

38 So aber wohl *Rodriguez-Rivera*, Is the Human Right to Environment Recognized under International Law? It Depends on the Source, CJIELP (2001) 1 (41–45).

3. Anwendung bestehender Menschenrechte auf umweltrechtliche Fragestellungen

11 Aufgrund des geringen Bestands an ausdrücklich normierten Individualrechten in Bezug auf die Umwelt bemühte man sich spätestens seit den 1990er Jahren verstärkt darum, ökologische Konflikte durch die Anwendung der vorhandenen Menschenrechte der ersten und zweiten Generation zu lösen. Für den Schutz Einzelner sind die in den Menschenrechtspakten enthaltenen Garantien grundsätzlich auch auf umweltbezogene Sachverhalte anwendbar, sofern eines der ausdrücklich normierten Menschenrechte durch Umweltschädigungen hinreichend betroffen ist. Diese Ansätze, die allg Gewährleistungen auch in umweltbezogenen Rechts- und Interessenskonflikten zur Anwendung zu bringen, werden auch als „greening of human rights"[39] bezeichnet. Die Menschenrechte werden dabei entweder funktional als Mittel zur Lösung konkreter umweltbezogener Konfliktlagen verstanden, oder es wird – deutlich weitergehend – eine intakte Umwelt als Grundvoraussetzung für die Wahrnehmung der Menschenrechte gesehen.[40] Auch ohne dass ein ausdrückliches Menschenrecht auf Schutz der Umwelt besteht, ist die individualrechtliche Dimension des Umweltschutzes damit jedenfalls mittelbar erfasst.[41] Diese Interdependenz von Umweltschutz und Menschenrechten ist sowohl in ihrer funktionalen als auch ihrer konditionalen Beziehung von der Staatengemeinschaft weithin anerkannt.[42] Auch der UN-Menschenrechtsrat ist der Auffassung, dass Umweltschäden – sowohl direkt als auch indirekt – die wirksame Wahrnehmung der Menschenrechte beeinträchtigen können.[43] In seinem Sondervotum zum Urteil des IGH in der Sache *Gabčíkovo-Nagymaros* bezeichnete Richter *Weeramantry* den Schutz der Umwelt gar als „*sine qua non* for numerous human rights [...], as damage to the environment can impair and undermine all the human rights".[44]

12 Bei besonders erheblichen Umweltveränderungen kann von den Menschenrechten der ersten Generation das Recht auf Leben betroffen sein, das durch Art 6 Abs 1 IPbpR garantiert wird. Nach Satz 2 dieses Absatzes haben die Staaten das Recht auf Leben „gesetzlich zu schützen". Der Menschenrechtsausschuss folgert hieraus in seinem Entwurf einer neuen Kommentierung zu Art 6 Abs 1 IPbpR eine Pflicht der Staaten, die Umwelt vor lebensbedrohlicher Verschmutzung zu schützen und Maßnahmen zur Minderung der Risiken von Naturkatastrophen zu ergreifen.[45] Darüber hinaus seien auch langfristige Maßnahmen zur Sicherung des Rechts auf Leben erforderlich, insbes zur Reduzierung der Kindersterblichkeit und zur Bekämpfung von Unter- und Mangelernährung.[46]

13 Es ist jedoch fraglich, ob diese umweltschützende Auslegung auch praktisch durchgesetzt werden kann. Soweit ersichtlich, war bislang keine Individualbeschwerde, mit der die Verletzung des Rechts auf Leben infolge negativer Umweltveränderungen gerügt wurde,[47] vor dem

---

39 *Boyle*, Human Rights and the Environment, 614.

40 UN Doc A/HRC/19/34 v 16.12.2011, Analytical Study on the Relationship between Human Rights and the Environment, paras 6–9; *Shelton* (Fn 17) 112 f.

41 Vgl *Churchill*, Environmental Rights in Existing Human Rights Treaties, in Boyle/Anderson (Hrsg), Human Rights Approaches, 89; *Sohn* (Fn 23) 455 zu Prinzip 1 der Erklärung von Stockholm, siehe dazu oben Rn 7.

42 UN Doc E/CN.4/Sub.2/1994/9 (Fn 30) Rn 238–243.

43 UN Doc A/HRC/25/L.31 v 24.3.2014, Human Rights and the Environment, Präambel; s auch die Arbeit des vom Menschenrechtsrat ernannten Sonderberichterstatters zu Menschenrechten und Umwelt (dazu <http://www.ohchr.org/EN/Issues/Environment/SREnvironment/Pages/SRenvironmentIndex.aspx>).

44 *Gabčíkovo-Nagymaros*, Diss Op *Weeramantry* (Hervorhebung im Original).

45 UN Doc CCPR/C/GC/R.36/Rev.2 v 2.9.2015, Draft General Comment No 36, Article 6, Right to Life, para 28; vgl auch *Israel*, para 18.

46 Democratic People's Republic of Korea, para 12.

47 Anders als beim IPwskR, bei dem die Möglichkeit von Individualbeschwerden an den Ausschuss für wirtschaftliche, soziale und kulturelle Rechte erst kürzlich eingerichtet wurde (vgl unten Rn 16), sind Individualbeschwerden über Verletzungen der Rechte aus dem IPbpR an den für diesen zuständigen Menschenrechtsausschuss bereits länger möglich, vgl 1. FP IPbpR.

Menschenrechtsausschuss erfolgreich.[48] Die Zulässigkeit einer Beschwerde setzt nach Art 1 des Fakultativprotokolls zum IPbpR voraus, dass der Beschwerdeführer behauptet, „Opfer" einer Rechtsverletzung zu sein.[49] Nach Auffassung des Ausschusses muss der Beschwerdeführer dafür substantiiert geltend machen, einer realen Gefahr für sein Leben ausgesetzt zu sein.[50] Der Ausschuss lehnte zudem beispielsweise das Argument einer Beweislastumkehr ab, nach welcher der ausführende Staat die Ungefährlichkeit seiner Atomtests für das Leben der Anrainer belegen müsste.[51] Auf die Frage, ob eine Beschwerde im Namen zukünftiger Generationen zulässig ist, ist der Ausschuss mangels Erheblichkeit nicht eingegangen.[52]

14 Unter den wirtschaftlichen, sozialen und kulturellen Rechten des IPwskR sind in umweltrechtlichen Zusammenhängen das Recht auf einen angemessenen Lebensstandard (Art 11 Abs 1 IPwskR) sowie das Recht auf ein Höchstmaß an Gesundheit (Art 12 Abs 1 IPwskR) besonders relevant.[53] Zur Verwirklichung des Rechts auf Gesundheit verpflichtet Art 12 Abs 2 lit b IPwskR die Vertragsstaaten zudem, die erforderlichen Maßnahmen „zur Verbesserung aller Aspekte der Umwelt- und der Arbeitshygiene" zu ergreifen.[54] Der UN-Ausschuss für wirtschaftliche, soziale und kulturelle Rechte hat in seinen Stellungnahmen wiederholt betont, dass eine gesunde Umwelt zu den Grundvoraussetzungen für den effektiven Genuss dieser Rechte gehöre.[55] Insbes hätten die Staaten die Pflicht, die Bevölkerung vor schädlichen Umwelteinwirkungen zu schützen, die sich nachteilig auf die durch Art 12 IPwskR geschützte Gesundheit auswirkten.[56] Konkret rügte der Ausschuss etwa *Mauretanien* für die Gesundheitsprobleme in den dortigen Bergbaustädten; die Regierung müsse den Bergbau besser regulieren und insbes den Umwelt- und Gesundheitsgefahren begegnen, die der Bergbau mit sich bringe.[57] In der Stellungnahme zum Staatenbericht *Paraguays* äußerte sich der Ausschuss besorgt über die Ausbreitung des Sojaanbaus in diesem Land, der zu unkontrollierter Verwendung giftiger Chemikalien geführt habe. Dies habe nicht nur die traditionellen Nahrungsquellen der betroffenen Gemeinden beeinträchtigt, sondern auch bereits zu Todesopfern und Erkrankungen bei Kindern und Erwachsenen geführt.[58] Die Regierung Paraguays müsse sicherstellen, dass der Sojaanbau nicht die Rechte der Bevölkerung aus dem IPwskR beeinträchtige. Insbes seien Rechtsgrundlagen für den Verbot der Verwendung giftiger Chemikalien zu schaffen und effektiv durchzusetzen.[59]

15 Mit Blick auf Art 11 IPwskR hat der Ausschuss für wirtschaftliche, soziale und kulturelle Rechte wiederholt Staaten zu verstärkten Bemühungen im Umweltschutz aufgefordert, um das Recht der jeweiligen Bevölkerung auf einen angemessenen Lebensstandard (inkl angemessener Nahrung und Unterkunft) zu gewährleisten.[60] Aus dem Recht auf angemessene Nahrung folge

---

48 Vgl die Übersicht in Mapping Human Rights Obligations, Rn 36–46; vgl zudem *Shelton*, Human Rights and the Environment: Substantive Rights, in Research Handbook, 265 (269 f).

49 Vgl zum Ganzen *Joseph/Castan*, The International Covenant on Civil and Political Rights, 3. Aufl 2013, 71–91.

50 *Bordes & Temeharo*, para 5.4 f.

51 Ebd, paras 4.4, 5.5.

52 *EHP*, para 8(a); zu Rechten künftiger Generationen unten Rn 101.

53 Vgl *Beyerlin* (Fn 5) 532–537.

54 Diese eigenartig anmutende Formulierung geht nicht auf einen Übersetzungsfehler zurück; die engl Fassung lautet: „the improvement of all aspects of environmental and industrial hygiene"; in der franz Fassung heißt es: „L'amélioration de tous les aspects de l'hygiène du milieu et de l'hygiène industrielle".

55 UN Doc E/C.12/2000/4 v 11.8.2000, General Comment No 14, The Right to the Highest Attainable Standard of Health (Art 12), paras 4, 15.

56 Ebd, para 36.

57 *Mauritania*, Rn 8.

58 *Paraguay*, Rn 16.

59 Ebd, Rn 27.

60 Vgl etwa *Solomon Islands*, Rn 21; *Honduras*, Rn 25; *Russian Federation*, Rn 24, 28; zum Ganzen vgl Mapping Human Rights Obligations, Rn 17–29.

auch, dass diese Nahrung frei von schädlichen Inhaltsstoffen sein müsse.[61] Nach Auffassung des Ausschusses umfassen Art 11 und 12 IPwskR zudem – über ihren Wortlaut hinaus – ein Recht auf erschwinglichen Zugang zu sauberem Trinkwasser.[62] Neben diesen materiellrechtlichen Aspekten hätten Art 11 und 12 IPwskR zudem eine verfahrensrechtliche Dimension: Die Vertragsstaaten müssten den von umweltrelevanten Entscheidungen potentiell betroffenen Einzelpersonen effektive Beteiligungs- und Rechtsschutzmöglichkeiten einräumen,[63] was auch Schadensersatzansprüche für durch Umweltschäden Betroffene umfasse.[64]

16 Die dargestellten Maßstäbe hat der Ausschuss für wirtschaftliche, soziale und kulturelle Rechte in seinen Stellungnahmen zu Staatenberichten sowie den Kommentierungen („general comments“) zu den einzelnen Artikeln des IPwskR formuliert. Der Ausschuss konnte sie bislang nicht anhand von Individualbeschwerden konkretisieren; im Gegensatz zum IPbpR sind solche „Mitteilungen“ von Einzelpersonen unter dem IPwskR erst durch ein 2013 in Kraft getretenes Zusatzprotokoll[65] möglich geworden. Angesichts der bereits bestehenden Kommentierungen kann jedoch erwartet werden, dass der Ausschuss sich in den künftigen Stellungnahmen zu Einzelmitteilungen an der bereits bestehenden Rechtspr der regionalen Menschenrechtsgerichtshöfe in Umweltsachen orientieren wird.[66] Größte Schwachstelle des Sozialpakts bleibt aber dessen Art 2 Abs 1, der die Staaten nur zur schrittweisen Umsetzung der Gewährleistungen verpflichtet und damit die Justiziabiliät der Rechte einschränkt.[67]

17 Auch weitere Menschenrechte und Konventionen können im Einzelfall in Konstellationen mit Umweltbezug relevant sein. So können sich etwa indigene Völker auf das durch Art 27 IPbpR verbürgte Recht von Minderheiten berufen, gemeinsam mit anderen Angehörigen ihrer Gruppe ihr eigenes kulturelles Leben zu pflegen (s u Rn 93ff). Nach Art 24 Abs 2 lit c der UN-Kinderrechtskonvention müssen die Staaten die Verfügbarkeit von angemessenen Nahrungsmitteln und Trinkwasser sicherstellen und haben dabei „die Gefahren und Risiken der Umweltverschmutzung zu berücksichtigen“ (s u Rn 99f).[68]

18 Festzuhalten bleibt, dass die bestehenden Menschenrechte auf universeller Ebene Potential für die Anwendung auf Fälle mit Umweltbezug haben. Hierbei bieten die wirtschaftlichen, sozialen und kulturellen Rechte deutlichere Anknüpfungspunkte als die klassischen Abwehrrechte des IPbpR.[69] Es ist zu hoffen, dass der neu eingerichtete Individualbeschwerdemechanismus unter dem IPwskR zu weiteren Verbesserungen führt. Grundvoraussetzung der Anwendung der Pakte auf Umweltbeeinträchtigung bleibt jedoch auch weiterhin, dass sich solche Beeinträchtigungen in erheblicher Weise negativ auf die Lebensumstände Einzelner auswirken müssen, etwa auf die Gesundheit der Betroffenen oder ihren Zugang zu Wasser und Nahrung. Ein abstraktes Recht auf eine bestimmte Umweltqualität lässt sich dem universellen Menschenrechtsregime auch durch das „greening of human rights“ nicht entnehmen.

---

61 UN Doc E/C.12/1999/5v 12.5.1999, General Comment No 12, The Right to Adequate Food (Art 11), 8; *Russian Federation*, Rn 24, 38.
62 UN Doc E/C.12/2002/11 v 20.1.2003, General Comment No 15, The Right to Water (Arts. 11 and 12 of the International Covenant on Economic, Social and Cultural Rights); General Comment No 14 (Fn 55) Rn 15; vgl auch *Boyle*, Human Rights and the Environment, 628 f.
63 General Comment No 14 (Fn 55) Rn 59; General Comment No 15 (Fn 62) Rn 48.
64 General Comment No 15 (Fn 62) Rn 55; General Comment No 12 (Fn 61) Rn 32.
65 Optional Protocol to the International Covenant on Economic, Social and Cultural Rights v 10.12.2008, in Kraft seit 5.5.2013.
66 Zur Rechtspr des EGMR s u Rn 21 ff; zu den übrigen Regionen u Rn 56 ff.
67 Vgl UN Doc E/1991/23 v 14.12.1990, General Comment No 3, The Nature of States Parties' Obligations (Art 2, para 1), para 9 f; UN Doc E/C.12/1998/24 v 1.12.1998, General Comment No 9, The Domestic Application of the Covenant, para 10; *Saul/Kinley/Mowbray*, The International Covenant on Economic, Social and Cultural Rights, 2014, 164–166.
68 Vgl insgesamt *Fitzmaurice*, The Right of the Child to a Clean Environment, SIULJ (1998) 611.
69 *Boyle*, Human Rights and the Environment, 628.

II. Umweltschutz und Menschenrechte in Europa

19 Im Bereich des Europarats hat sich in den vergangenen Jahrzehnten ein umfassendes System des regionalen Menschenrechtsschutzes herausgebildet. Dieses System besteht im Kern aus der EMRK und ihren Protokollen. Aber auch aus regionalen umweltvölkerrechtlichen Konventionen lassen sich subjektiv-individuelle Rechte ableiten (s u Rn 47ff).

1. Europäische Menschenrechtskonvention

20 Die EMRK gilt für alle 47 Mitgliedsstaaten des Europarats.[70] Sie wurde bereits im November 1950 unterzeichnet, nur knapp zwei Jahre nach der Verabschiedung der Allgemeinen Erklärung der Menschenrechte und 16 Jahre vor der Verabschiedung der Internationalen Pakte auf universeller Ebene. Seitdem wurde sie durch insgesamt 16 Zusatzprotokolle ergänzt bzw modifiziert.[71] Aus umweltrechtlicher Sicht sind insbes das (1.) Zusatzprotokoll v 1952 relevant, das die Konvention u a um den Schutz des Eigentums ergänzt, sowie das 4. Zusatzprotokoll v 1963,[72] das u a das Recht auf Freizügigkeit enthält. Mit dem 11. Zusatzprotokoll v 1994 wurde ein ständiger Europäischer Gerichtshof für Menschenrechte (EGMR) mit obligatorischer Gerichtsbarkeit für alle Vertragsparteien errichtet. Nach Art 34 EMRK kann Individualbeschwerde wegen aller in der Konvention und in ihren Protokollen anerkannten Rechte erhoben werden.[73]

a) Kein ausdrückliches „Umweltgrundrecht“

21 Weder die EMRK noch ihre Protokolle enthalten ausdrückliche umweltbezogene Gewährleistungen. Zu Recht hat der EGMR daher betont, dass keiner der Konventionsartikel die Umwelt als solche schütze und sich aus der EMRK auch kein allg Recht auf saubere und ruhige Umwelt, auf Naturschutz oder Erhaltung der Natur ableiten lasse.[74]

22 Ein im Jahr 1973 von der BR Deutschland vorgeschlagenes Zusatzprotokoll sollte das Recht auf Gesundheit um ein Recht auf eine menschenwürdige Umwelt ergänzen.[75] Nach seinem Wortlaut sollte niemand „durch nachteilige Veränderungen der natürlichen Lebensgrundlagen in seiner Gesundheit verletzt oder unzumutbar gefährdet oder in seinem Wohlbefinden unzumutbar beeinträchtigt werden“. Eine Beeinträchtigung sollte jedoch zumutbar sein, wenn „diese zur Erhaltung und Entwicklung der wirtschaftlichen Grundlagen des Gemeinwesens erforderlich und die Beeinträchtigung durch andere Maßnahmen nicht abzuwenden ist“. Zudem sollte eine staatliche Schutzpflicht ausdrücklich normiert werden. Obwohl als Konkretisierung des Rechts auf Leben gedacht, stellte der Entwurf entscheidend auf die „nachteiligen Veränderungen der

---

70 Vgl zum Ratifikationsstand <http://conventions.coe.int/Treaty/Commun/ListeTraites.asp?CL=GER&CM=8>.

71 Die Protokolle dienen zT der Einführung bzw Veränderung bestimmter Verfahren, teilweise sind in ihnen aber auch weitere materielle Grundrechtsgewährleistungen enthalten, zum Ganzen vgl *Peters/Altwicker*, Europäische Menschenrechtskonvention, 2. Aufl 2012, § 1.

72 Durch dieses werden gewisse Rechte und Freiheiten gewährleistet, die nicht bereits in der Konvention oder im ersten Zusatzprotokoll enthalten sind.

73 Anders als im amerikanischen System ist der Individualrechtsschutz also nicht auf einzelne Grundrechte beschränkt, vgl dazu u Rn 64.

74 *Kyrtatos*, Rn 52: „Neither Article 8 nor any of the other Articles of the Convention are specifically designed to provide general protection of the environment as such; to that effect, other international instruments and domestic legislation are more pertinent in dealing with this particular aspect.“ Vgl auch *Schmidt-Radefeldt*, Ökologische Menschenrechte, 2000, 66ff.

75 Abdruck und Begründung des Texts bei *Steiger*, Das Recht auf eine menschenwürdige Umwelt, 1973; vgl zum Ganzen *Schmidt-Radefeldt* (Fn 74) 57–60; *Braig*, Umweltschutz, 186–188.

natürlichen Lebensgrundlagen" ab, da der Wortlaut des Art 2 EMRK nicht vor einer indirekten Bedrohung des Lebens durch die Gefährdung der natürlichen Lebensbedingungen schütze.[76] Der Vorschlag scheiterte allerdings am fehlenden Rückhalt der anderen Staaten. Auch spätere Versuche der Parlamentarischen Versammlung des Europarats, die Diskussion wiederzubeleben,[77] blieben erfolglos.[78]

b) Art 8 EMRK als zentrale Umweltschutznorm

23 Auch ohne einen ausdrücklichen Anknüpfungspunkt im Konventionstext hat der EGMR eine umfangreiche Judikatur[79] zu umweltrechtlichen Fragestellungen entwickelt. In st Rechtspr bezeichnet der EGMR die EMRK als „living instrument", welches im Lichte der heutigen Umstände ausgelegt werden müsse.[80] Dabei hat der EGMR Art 8 EMRK seit Mitte der 1990er Jahre „zur zentralen Umweltschutznorm der EMRK entwickelt"[81] und den Anwendungsbereich dieses Artikels immer weiter ausgedehnt. Zwar sind in umweltrechtlichen Konfliktlagen häufig auch andere Konventionsrechte betroffen (s u Rn 38ff), etwa das Recht auf Leben aus Art 2 EMRK. Im Vergleich zu Art 8 EMRK interpretiert der EGMR allerdings den Schutzbereich anderer Gewährleistungen eng.[82] So können Beschwerdeführer selten eine „unmittelbare und schwerwiegende Gefährdung" ihres Lebens nachweisen, die nach Auffassung des EGMR die Voraussetzung für eine Eröffnung des Schutzbereichs von Art 2 EMRK ist.[83]

24 Den Begriff des Privatlebens aus Art 8 EMRK versteht der EGMR dagegen umfassend und schließt insbes auch die körperliche und psychische Unversehrtheit in den Schutzbereich ein, die durch die EMRK nicht ausdrücklich geschützt wird.[84] Eine Beeinträchtigung des Schutzbereichs erfordert demnach nicht notwendigerweise eine konkrete Bedrohung oder Verletzung der Gesundheit, sondern kann auch bereits unterhalb dieser Schwelle vorliegen.[85] Der EGMR geht in st Rechtspr davon aus, dass schwere Umweltbeeinträchtigungen das Wohlbefinden der Betroffenen in einem Ausmaß negativ beeinflussen können, dass das Recht dieser Personen auf Achtung ihres Privat- und Familienlebens beeinträchtigt wird.[86] Allerdings genügt die einfache Verschlechterung der Umwelt als solche nicht. Wie der EGMR im Fall *Kyrtatos* feststellte, muss – als zentrales Tatbestandsmerkmal des Art 8 EMRK – nachgewiesen werden, dass die in Rede stehende Umweltbeeinträchtigung eine abträgliche Auswirkung auf die Privat- oder Familien-

---

76 *Steiger* (Fn 75) 42ff.

77 Vgl Parlamentarische Versammlung des Europarats, Empfehlungen 1431 (1999), 1614 (2003) und 1885 (2009); zum Ganzen *Déjeant-Pons*, Les droits de l'homme à l'environnement dans le cadre du Conseil de l'Europe, RTDH 60 (2004) 861.

78 Vgl nur CM/AS(2010)Rec1883-188 v 18.6.2010, Verbundene Antwort auf die Empfehlungen 1883 (2009) und 1885 (2009) der Parlamentarischen Versammlung.

79 Vgl die sehr umfangreiche Darstellung für den Zeitraum der Jahre 1960–2012 bei *Braig*, Umweltschutz, 7–181; eine knappere und regelmäßig ergänzte Übersicht der wichtigsten Entscheidungen bietet die Pressestelle des EGMR (Factsheet: Environment and the European Convention on Human Rights, 2016); vgl ferner *Meyer-Ladewig*, Das Umweltrecht in der Rechtsprechung des Europäischen Gerichtshofs für Menschenrechte, NVwZ 2005, 25; auch mit historischen Nachw aus der Arbeit der Europäischen Menschenrechtskommission *García San José*, Environmental Protection and the European Convention on Human Rights, 2005.

80 *Tyrer*, Rn 31; vgl auch *Selmouni*; *Letsas*, The ECHR as a Living Instrument, in Føllesdal/Peters/Ulfstein (Hrsg), Constituting Europe, 2013, 106.

81 *Braig*, Umweltschutz, 275; vgl im Überblick *Salas*, Manual on Human Rights and the Environment, 2. Aufl 2012, 44–60.

82 Vgl *Braig*, Umweltschutz, 340–343 und u Rn 38ff.

83 *Osman*, Rn 106; *Öneryildiz*, Rn 63; zum Ganzen s u Rn 43.

84 *Richter*, Lücken der EMRK und lückenloser Grundrechtsschutz, in Dörr/Grote/Marauhn (Hrsg), EMRK/GG Konkordanzkommentar, 2. Aufl 2013, Kap 9 (Rn 30, 82).

85 *Lopez Ostra*, Rn 51; *Kyrtatos*, Rn 52; *Fadeyeva*.

86 *Lopez Ostra*; *Guerra*.

sphäre des Betroffenen hat, mithin eine gewisse Eingriffsschwelle überschreitet.[87] Auch der ebenfalls durch Art 8 EMRK gewährleistete Schutz der Wohnung kann durch Umwelteinflüsse, insbes durch Lärmimmissionen, beeinträchtigt werden.[88]

(1) Staatliche Schutzpflichten vor Eingriffen durch Private

25 In den meisten Fällen werden Umweltbeeinträchtigungen nicht unmittelbar durch den Staat, sondern durch private Dritte verursacht. Daher ist es überzeugend, dass der EGMR mit der hM[89] den Gewährleistungen der EMRK neben ihrem abwehrrechtlichen Gehalt auch die positive Verpflichtung der Staaten entnimmt, den Schutz des Privatlebens vor Beeinträchtigungen Dritter sicherzustellen.[90] Ob ein Eingriff iSd abwehrrechtlichen Maßnahme oder die Eröffnung einer Schutzpflicht vorliegt, ist nicht immer einfach abzugrenzen, insbes wenn der Staat dem Betreiber für die fragliche Aktivität eine verwaltungsrechtliche Genehmigung erteilt hat.[91] Auch der EGMR hat dies in der Vergangenheit ausdrücklich offen gelassen.[92] Im Fall *Guerra* betonte er aber explizit, dass aus Art 8 EMRK im Bereich des Umweltschutzes staatliche Handlungs- und Schutzpflichten fließen können.[93] Weiter konturiert wurde die Differenzierung durch die Urteile im Fall *Öneryildiz*: Die Sicht der Kammer, die in den gerügten Versäumnissen der staatlichen Behörden einen Eingriff durch Unterlassen („infringement") sah,[94] wies die Große Kammer ausdrücklich zurück und nahm die Verletzung einer Gewährleistungspflicht („positive obligation") an.[95] Eine strikte Zuweisung der Verantwortung an eine bestimmte Staatsgewalt enthält die EMRK indes nicht. Somit steht es den Mitgliedsstaaten weitgehend frei, ob sie den Grundrechtsschutz durch Gesetzgebung, Verwaltungshandeln oder Rechtspr sicherstellen.[96]

26 Die menschenrechtlichen Schutzpflichten sind dem völkerrechtlichen Prinzip der *due diligence* nicht unähnlich. Nach diesem Prinzip sind die Staaten zwar grundsätzlich nicht für das Handeln Privater verantwortlich, müssen aber doch mit der erforderlichen Sorgfalt verhindern, dass Private unter ihrer Jurisdiktion Rechte von Dritten beeinträchtigen.[97] In Fällen direkter Beeinträchtigungen, etwa von Nachbarn einer Fabrik durch deren Emissionen, ist diese Konstellation eindeutig.[98] Schwieriger ist die Bestimmung der Verpflichtung im Bereich des Präventivschutzes, wenn eine tatsächliche Beeinträchtigung zwar droht, aber noch nicht eingetreten

87 *Kyrtatos*, Rn 52: „Yet the crucial element which must be present in determining whether, in the circumstances of a case, environmental pollution has adversely affected one of the rights safeguarded by paragraph 1 of Article 8 is the existence of a harmful effect on a person's private or family sphere and not simply the general deterioration of the environment." Vgl auch *Iliopoulos-Strangas*, Soziale Grundrechte, in Merten/Papier (Hrsg), Handbuch der Grundrechte in Deutschland und Europa, 2010, § 145 Rn 63; vgl zudem *Pedersen*, European Environmental Human Rights and Environmental Rights: A Long Time Coming, GIELR (2008) 73 (92), der darauf hinweist, dass „the court has [...] stopped well short of including in the ECHR's set of rights a right *for* the environment" (Hervorh im Orginal).

88 *Hatton (Große Kammer)*; s auch *Frowein*, in Frowein/Peukert (Hrsg), EMRK-Kommentar, 3. Aufl 2009, Art 8 Rn 43 f.

89 *Dröge*, Positive Verpflichtungen der Staaten in der Europäischen Menschenrechtskonvention, 2003; *Krieger*, Positive Verpflichtungen unter der EMRK, ZaöRV 74 (2014) 187; *dies*, Funktionen von Grund- und Menschenrechten, in Dörr/Grote/Marauhn (84), Kap 6, Rn 24 ff.

90 Vgl etwa *Budayeva*, Rn 175; zum Ganzen vgl *Braig*, Umweltschutz, 201–274; *Frowein* (Fn 88) Rn 11.

91 *Meyer-Ladewig*, EMRK, 3. Aufl 2011, Art 8 Rn 45; *Braig*, Umweltschutz, Fn 1201.

92 Vgl etwa *Powell & Rayner*, Rn 41; zuvor bereits *Abdulaziz*, Rn 67; *Rees*, Rn 37.

93 *Guerra*, Rn 58; *Callies* (Fn 5) 250 mwN.

94 *Öneryildiz*, Rn 146.

95 *Öneryildiz*, Rn 135.

96 Vgl *Braig*, Umweltschutz, 219–221; *Grabenwarter/Pabel*, Europäische Menschenrechtskonvention, 5. Aufl 2012, § 19 Rn 3–7.

97 *Dröge* (Fn 89) 291–94; vgl auch *Koivurova*, Due Diligence, in MPEPIL, Rn 1–3, 41–43; *Besson*, Les obligations positives de protection des droits fondamentaux, RDS 122 (2003) 49.

98 Vgl nur *Lopez Ostra*; *Guerra*; *Fadeyeva*; *Giacomelli*.

ist.[99] Hier kann jedoch das umweltrechtliche Vorsorgeprinzip greifen, das verlangt, dass Staaten Umweltgefahren und -risiken nicht nur abwehren, sondern ihnen proaktiv entgegentreten.[100] Der EGMR wendet diesen Grundsatz in wenigen Fällen auch auf die menschenrechtlichen Verpflichtungen der EMRK an.[101] Eine Leitentscheidung zu diesen Fragen erging im Fall *Tătar*: Das Vorsorgeprinzip habe sich auf europäischer Ebene „von einem philosophischen Konzept hin zu einer juristischen Norm" entwickelt.[102] Wenn ein ernstes und substanzielles Risiko für Gesundheit und Wohlbefinden der Betroffenen bestehe, müsse der Staat auch ohne Vorliegen einer kausalen Wahrscheinlichkeit sicherstellen, dass die Betroffenen in einer „gesunden und geschützten Umwelt" leben könnten.[103] Die Reichweiten und Grenzen des vom EGMR vorgegebenen Vorsorgeprinzips sind bislang aber noch nicht hinreichend geklärt, da ein Bezug auf das Prinzip kaum ausdrücklich erfolgt.[104]

27 Ebenfalls noch nicht abschließend geklärt ist die Frage der Beweislastverteilung in Fällen des präventiven Umweltschutzes. Grundsätzlich müssen die Betroffenen den Zusammenhang zwischen einem Umweltrisiko und einer möglichen Verletzung ihrer Konventionsrechte substantiiert darlegen, wenn sie vom Staat auf Grundlage der EMRK ein Einschreiten verlangen (vgl hierzu auch Rn 42).[105] Häufig fehlen ihnen aber die dazu erforderlichen Informationen und Tatsachenerkenntnisse. In der Lit wird daher zT vorgeschlagen, in bestimmten Fällen eine Beweislastumkehr vorzunehmen und dem Staat den Nachweis der Ungefährlichkeit bestimmter Vorhaben aufzuerlegen.[106] Der EGMR hat die Frage bislang nicht ausdrücklich diskutiert und nur in einer einzigen Entscheidung eine Beweislastumkehr angenommen.[107] In anderen, auch jüngeren Entscheidungen wurde dies jedoch abgelehnt.[108]

(2) Rechtfertigung von Eingriffen

28 Auf der Rechtfertigungsebene hält der EGMR die anzuwendenden Grundsätze sowohl in Abwehr- als auch in Schutzkonstellationen für weitgehend ähnlich.[109] In abwehrrechtlichen Konstellationen sind die Voraussetzungen einer Rechtfertigung von Art 8 Abs 2 EMRK ausdrücklich vorgeben: Demnach muss der Eingriff gesetzlich vorgesehen sein, eines der dort genannten Ziele verfolgen und „in einer demokratischen Gesellschaft notwendig" sein.[110] Im Schutzpflichtenkonstellationen nimmt der EGMR ebenfalls auf die in Art 8 Abs 2 EMRK genannt Maßstäbe Bezug, obwohl diese ihrem Wortlaut nach nur auf Eingriffssituationen anwendbar sind.[111] Dabei prüft der EGMR im Wesentlichen, ob eine Abwägung der widerstreitenden Interessen vorgenommen und ein gerechter Ausgleich gefunden wurde.[112]

---

99 Vgl zum Ganzen *Hilson*, Risk and the European Convention on Human Rights, CYELS 11 (2009) 353; *Diggelmann*, Wohin treibt der Präventionsstaat?, in Abbt/Diggelmann (Hrsg), Zweifelsfälle, 2007, 173 (177f); zur Kernenergie *Sadeleer*, The Principles of Prevention and Precaution in International Law, in Research Handbook, 182.
100 *Epiney/Scheyli* (Fn 18) 103–126; *Pyhälä/Brusendorff/Paulomäki*, The Precautionary Principle, in Research Handbook, 203; *Beyerlin/Marauhn*, International Environmental Law, 2011, 47–60.
101 *Guerra*; *Öneryildiz*, Rn 90; *Tătar*; vgl grundsätzlich *Braig*, Umweltschutz, 193–195, 214f.
102 *Tătar*, vor Rn 70.
103 *Tătar*, Rn 107.
104 *Braig*, Umweltschutz, 193–195, 215; vgl dazu auch *Fontbressin*, De l'effectivité du droit à l'environnement sain à l'effectivité du droit à un logement décent?, RTDH 65 (2005) 87 (97); *Hilson* (Fn 99) 358ff.
105 *Braig*, Umweltschutz, 215–217.
106 *Kadelbach*, Nuclear Testing and Human Rights, NQHR 14 (1996) 389 (392f); *Marauhn/Oellers-Frahm*, Atomwaffen, Völkerrecht und die internationale Gerichtsbarkeit, EuGRZ 1997, 221 (225); *Schmidt-Radefeldt* (Fn 74) 88f.
107 *Grimkovskaya*, Rn 61.
108 *Balmer-Schafroth*, Rn 40; *Ivan Atanasov*, Rn 76.
109 *Powell & Rayner*, Rn 41; *Lopez Ostra*, Rn 51.
110 Aufschlussreich in einer Schutzpflichtenkonstellation *Fadeyeva*, Rn 94–105.
111 *Rees*, Rn 37; *Lopez Ostra*, Rn 51.
112 *Meyer-Ladewig* (Fn 91) Art 8 Rn 45.

(3) Die Dogmatik vom weiten Beurteilungsspielraum der Vertragsstaaten

29 Schließlich räumt der EGMR den Staaten in beiden Konstellationen grundsätzlich einen weiten Beurteilungsspielraum („margin of appreciation“) ein, der Hand in Hand mit einer Kontrolle durch den EGMR gehen müsse.[113] Dies begründet er damit, dass die örtlichen bzw nationalen Verwaltungen und Gerichte die örtlichen Gegebenheiten und Verhältnisse besser beurteilen könnten als ein internationales Gericht; der EGMR selbst sei daher nur zu einer subsidiären Kontrolle befugt.[114] Zudem gingen in den demokratischen Gesellschaften der Vertragsstaaten die Meinungen über soziale und wirtschaftspolitische Fragen, einschließlich des Umweltschutzes, weit auseinander.[115] Im Konventionstext findet diese Dogmatik nach manchen Ansichten keinen hinreichenden Halt.[116] Der EGMR fühlt sich indes in hohem Maße den Souveränitätsinteressen der Vertragsstaaten verpflichtet, was zum einen mit dem Bemühen um seine eigene Akzeptanz bei den Vertragsstaaten erklärt werden kann.[117] Zum anderen ist jedoch die EMRK, anders als die o genannten Internationalen Pakte, ein Menschenrechtsvertrag demokratischer Vertragsstaaten und erkennt ausdrücklich die Demokratie als Wert an. Mit der Lehre vom Beurteilungsspielraum hat sich der EGMR somit nicht nur selbst ein „Instrument zur Variation seiner Kontrolldichte je nach betroffenem Grundrecht und Lebensbereich“ geschaffen; er verbindet damit auch, in Übereinstimmung mit dem Telos der EMRK, den Schutz des Demokratieprinzips mit dem Schutz internationaler Menschenrechte.[118]

30 Die Reichweite des Beurteilungsspielraums bestimmt der EGMR jeweils im Einzelfall, wobei er neben der Frage kollidierender privater Interessen im Kern auf vier weitere Aspekte abstellt: (1) Die Existenz gemeinsamer europäischer Standards in der jeweiligen Einzelfrage, (2) die spezifische Bedeutung des Grundrechts, (3) die Art des vom Staat verfolgten Ziels, sowie (4) den Vorrang politischer Grundentscheidungen, insbes in finanzieller Hinsicht.[119] Gleichwohl handelt es sich bei diesen Kriterien um ein Ergebnis wissenschaftlicher Systematisierung,[120] das so in den Urteilen des EGMR nicht wiederzufinden ist. Darüber hinaus wird teilweise vertreten, dass der EGMR in Schutzpflichtenkonstellationen – entgegen seiner eigenen Aussage, die Maßstäbe seien im Wesentlichen gleich[121] – wesentlich nachgiebiger sei als in klassischen Eingriffssituationen.[122] Eine erhöhte Kontrolldichte ist nur in bestimmten Einzelfällen vorzufinden, etwa bei besonderer Schutzbedürftigkeit bestimmter sozialer Gruppen („vulnerable groups“).[123] Zudem nimmt der EGMR eine Reduzierung des Beurteilungsspielraums an, wenn den betroffenen Rechten, wie der Pressefreiheit, eine „erhebliche Bedeutung“ in einem demokratischen Staat zukommt.[124] Beide Maßstäbe sind jedoch nur in Bezug auf einzelne Menschenrechte hinreichend verfestigt.

---

113 *Handyside*, Rn 48–49.

114 *Handyside*, Rn 48; vgl *Grabenwarter/Pabel* (Fn 96) § 18 Rn 21; *La Rasilla del Moral*, The Increasingly Marginal Apprectiation of the Margin-of Appreciation Doctrine, GLJ 7 (2006) 611.

115 *Hatton (Kammer)*, 97 unter Verweis auf *James*.

116 *Grabenwarter/Pabel* (Fn 96) § 18 Rn 21.

117 Krit mwN *Klein*, Der Schutz der Grund- und Menschenrechte durch den EGMR, in Merten/Papier (Fn 93) § 150 Rn 48; *Müllerová*, Environment Playing Short-handed, RECIEL 24 (2015) 83 (91 f).

118 *Grabenwarter/Pabel* (Fn 96) § 18 Rn 20 f; vgl dazu auch *Vöneky*, Das Recht der Biomedizin auf dem Prüfstand des EGMR, MedR 32 (2014) 704 (704–708).

119 *Henrard*, A Cricical Analysis of the Margin of Appreciation Doctrine of the ECtHR, with Special Attention to Rights of a Traditional Way of Life and a Healthy Environment, YPL 4 (2012) 365 (373); *Vöneky* (Fn 118) 707.

120 Vgl auch *Klatt*, Positive Obligations under the European Convention on Human Rights, ZaöRV 71 (2011), 691 mwN, der *Alexys* Prinzipientheorie (vgl *Alexy*, Theorie der Grundrechte, 1986; dazu krit *Klement*, Vom Nutzen einer Theorie, die alles erklärt, JZ 2008, 756) zur Anwendung bringt und den Fall *Hatton* (s dazu u Rn 33) auf dieser Grundlage in Formeln analysiert.

121 *Lopez Ostra*, Rn 51; vgl dazu *Besson* (Fn 97) 83–85, 87–89 mwN.

122 *Henrard* (Fn 119) 384–385.

123 *Söderman*, Rn 79–81.

124 *Handyside*, Rn 48 f; vgl auch *A, B & C*, Rn 232.

31 Im Ergebnis führt insbes die Annahme eines Beurteilungsspielraums in Bezug auf die menschenrechtliche Relevanz von Umweltverschmutzungen dazu, dass Beschwerdeführer oftmals auch schwerwiegende Immissionen hinnehmen müssen, solange der Staat den Nachweis eines überwiegenden öffentlichen Interesses und einer Berücksichtigung der Belange der Betroffenen, etwa in Gestalt von Entschädigungen, erbringen kann. Die Nachprüfung des EGMR ist häufig auf eine Evidenzkontrolle beschränkt.[125]

32 Besonders anschaulich wird dies in den viel diskutierten Urteilen des EGMR über Beschwerden wegen Fluglärms durch den Betrieb des Flughafens London-Heathrow. In der 1990 ergangenen Entscheidung im Fall *Powell & Rainer* stellte der Gerichtshof zunächst fest, dass die Qualität des Privatlebens der Beschwerdeführer und die Möglichkeit, die Annehmlichkeiten ihrer Wohnung zu genießen, durch den Lärm der den Flughafen nutzenden Flugzeuge beeinträchtigt werde.[126] Ob es sich dabei um den Eingriff einer staatlichen Behörde handele oder um die Verletzung einer positiven Schutzpflicht des Staats, könne dahinstehen, da jedenfalls die anwendbaren Grundsätze weitgehend ähnlich seien.[127] Eine Verletzung von Art 8 EMRK lehnte der EGMR schließlich mit äußerst knapper Begründung ab: Große Flughäfen, selbst in dicht besiedelten Gebieten, seien ebenso wie der zunehmende Gebrauch von Düsenflugzeugen im Interesse des wirtschaftlichen Wohls eines Landes notwendig geworden.[128] Im Übrigen hätten die verantwortlichen Behörden eine Reihe von Maßnahmen ergriffen, um den Fluglärm zu kontrollieren oder dafür Entschädigung zu leisten.[129]

33 Die spätere Beschwerde von *Hatton u a* richtete sich gegen die 1993 erfolgte Neuregelung der Nachtflüge am Flughafen Heathrow, die zu einer erhöhten Lärmbelastung für die Betroffenen führte. Die Kammer der dritten Sektion stellte fest, dass der von der britischen Regierung behauptete Beitrag des Nachtflugbetriebs zum wirtschaftlichen Wohl des Landes, dem sie die Interessen der Betroffenen unterordnete, niemals kritisch gewürdigt worden sei.[130] Da auch die Auswirkungen des Nachtflugbetriebs auf die Betroffenen, insbes auf deren Schlafgewohnheiten, nie ernsthaft untersucht worden seien, und weil auch sonst keine ernsthafte Suche nach weniger belastendenden Lösungen erfolgt sei, habe die Regierung das erforderliche Interessengleichgewicht nicht hergestellt und daher Art 8 EMRK verletzt.[131] Dieser Auffassung schloss sich die Große Kammer des EGMR in zweiter Instanz jedoch nicht an. Die Regierung sei berechtigt gewesen, im Rahmen der Neuregelung die wirtschaftlichen Interessen zu berücksichtigen, wobei eine klare Trennung zwischen den Interessen der Flugunternehmen und der Volkswirtschaft insgesamt ohnehin schwierig sei.[132] Ob ein gerechter Ausgleich zwischen den in Art 8 EMRK geschützten Rechten und anderen gegensätzlichen Interessen der Gemeinschaft hergestellt worden sei, hänge vom relativen Gewicht ab, dass jedem dieser Interessen beigemessen werde.[133] Insoweit habe der Staat indes einen Beurteilungsspielraum. Dass das Vereinigte Königreich diesen nicht überschritten hatte, machte die Große Kammer insbes daran fest, dass das Verfahren dem innerstaatlichen Recht entsprochen habe,[134] dass Maßnahmen zur Minderung des Fluglärms getroffen worden seien,[135] und

125 Vgl *Callies* (Fn 5).
126 *Powell & Rayner*, Rn 40.
127 Ebd, Rn 41.
128 Ebd, Rn 42.
129 Ebd, Rn 43.
130 *Hatton (Kammer)*, Rn 90, 102, 106; *Layard*, Night Flights: A Surprising Victory, EnvLR 4 (2002) 51 ff; vgl *Kukk*, Nachtflugbeschränkungen in Heathrow: Zwang zur genaueren Prüfung des Bedarfs auch im nationalen Luftverkehrsrecht, NVwZ 2003, 307 ff.
131 *Hatton* (*Kammer*), Rn 106 f.
132 *Hatton* (*Große Kammer*), Rn 121, 126.
133 Ebd, Rn 125.
134 *Hatton* (*Große Kammer*), Rn 128 f.
135 Ebd, Rn 127.

dass der Fluglärm die Grundstückspreise in der belasteten Gegend nicht negativ beeinflusst habe, die Betroffenen also ohne finanziellen Verlust wegziehen konnten.[136]

Das *Hatton*-Urteil der Großen Kammer wurde in der Lit vielfach kritisiert.[137] Gleichwohl ist es für die Rechtspr des EGMR in umweltbezogenen Rechts- und Interessenskonflikten repräsentativ.[138] Die Dogmatik vom weiten Beurteilungsspielraum führt dazu, dass die Priorisierung der mit den betroffenen Rechten Privater konkurrierenden Allgemeinwohlinteressen durch die staatlichen Behörden jedenfalls so lange nicht vom EGMR beanstandet wird, wie die Beeinträchtigung der Konventionsrechte nicht *gravierend* ist. Ungeachtet der völkerrechtlichen Rechtfertigung für diese eingeschränkte Kontrolldichte führt dies iE dazu, dass die EMRK nach ihrer Auslegung durch den EGMR in materieller Hinsicht nur ein „ökologisches Existenzminimum" garantiert.[139] Dies mag in vielen Konstellationen unbefriedigend sein, bedeutet aber auch, dass jedenfalls nicht argumentiert werden kann, die Menschenrechte der EMRK seien „umweltblind". **34**

(4) Ableitung verfahrensrechtlicher Anforderungen aus der EMRK

Das genannte Bsp des Flughafens Heathrow zeigt auch, dass die verfahrensrechtlichen Anforderungen, die der EGMR aus Art 8 EMRK ableitet, in praktischer Hinsicht für die Betroffenen von höherer Relevanz sind als die materielle Nachprüfung der Interessenabwägung durch den EGMR.[140] Die Entscheidungsprozesse, die auf einen gerechtfertigten Eingriff in das Recht aus Art 8 EMRK hinführen, müssen fair sein und gewährleisten, dass die konventionsrechtlich geschützten Interessen der Betroffenen ausreichend berücksichtigt werden.[141] Dies setzt voraus, dass die mit den fraglichen Aktivitäten verbundenen Risiken einer zufriedenstellenden Vorabbewertung unterzogen werden.[142] Ist ein Staat durch die Espoo Konvention oder korrespondierendes Unionsrecht[143] zur Durchführung einer Umweltverträglichkeitsprüfung (UVP) verpflichtet, sieht der EGMR die ordnungsgemäße Durchführung einer solchen Prüfung als Voraussetzung für die Rechtfertigung eines Eingriffs in Art 8 EGMR an.[144] **35**

Zudem müssen die Betroffenen ausreichend über die Folgen des Betriebs gefährlicher Anlagen informiert werden, damit diese ggf selbst einschätzen können, ob sie sich dem staatlich genehmigten Risiko bzw der Beeinträchtigung aussetzen möchten.[145] Schließlich müssen den Betroffenen gerichtliche Rechtsschutzmöglichkeiten offen stehen, mit denen sie jede Entscheidung, Handlung oder Unterlassung auch dahingehend einer gerichtlichen Überprüfung zu- **36**

---

136 Ebd.

137 Vgl etwa *Henrard* (Fn 119); *Post*, The Judgment of the Grand Chamber in Hatton and Others v the United Kingdom or: What is Left of the „Indirect" Right to a Healthy Enviroment?, NSAIL 4 (2004) 135ff; *Layard*, Human Rights in the Balance – Hatton and Marcic, EnvLR 6 (2004) 196 (201, 203); *Hyam*, Hatton v United Kingdom in the Grand Chamber: One Step Forward, two Steps Back?, EHRLR 2003, 631 (640); zustimmend dagegen *Hobe/Giesecke*, Zur Vereinbarkeit von nächtlichem Fluglärm mit Artikel 8 EMRK, ZLW 52 (2003) 501ff.

138 *Beyerlin* (Fn 5) 529.

139 So *Callies* (Fn 5) 250; vgl *Acevedo*, The Intersection of Human Rights and Environmental Protection in the European Court of Human Rights, NYUEnvLJ 8 (2000) 437 (473).

140 *Braig*, Umweltschutz, 268–272 erkennt insbes in der neueren Rechtspr des EGMR eine „Prozeduralisierung" des Rechts auf Umweltschutz; ähnlich *Hilson* (Fn 99) 374f; vgl allg *Iliopoulos-Strangas* (Fn 87) Rn 64–66; *Gundel*, Verfahrensrechte, in Merten/Papier (Fn 93) § 146 Rn 158ff.

141 *McMichael*, Rn 87; *Taşkın*, Rn 118.

142 *Tătar*, Rn 112, 122–127.

143 RL 2011/92/EU des Europäischen Parlaments und des Rates v 13.12.2011 über die Umweltverträglichkeitsprüfung bei bestimmten öffentlichen und privaten Projekten, ABl EU 2011, Nr L 175/4 (UVP-Richtlinie).

144 Dies zeigt etwa *Giacomelli*, Rn 60–61, 87–89. Die Verletzung des Beschwerdeführers wurde auch damit begründet, dass die vorgeschriebene UVP nicht erfolgt sei.

145 *Guerra*, Rn 60; *Tătar*, Rn 122–125; anders *McGinley & Egan*, Rn 98–103, wo der EGMR keine Verletzung von Art 8 EMRK sah, da ein angemessenes Verfahren zur Durchsetzung ihres Informationsanspruchs zur Verfügung gestanden habe.

führen können, ob ihren Interessen und Stellungnahmen im Entscheidungsprozess hinreichendes Gewicht eingeräumt wurde.[146] Auch bzgl dieser verfahrensrechtlichen Maßgaben nimmt der EGMR ausdrücklich Bezug auf einschlägiges Konventions- bzw Unionsrecht (s auch u Rn 47 ff).[147]

(5) Strenger Maßstab bei der Verletzung nationalen Rechts

37 Abgesehen von diesen verfahrensrechtlichen Anforderungen legt der EGMR schließlich auch einen strengen Maßstab an, wenn der Eingriff *unter Verletzung nationaler Vorschriften materiell- oder verfahrensrechtlicher Natur* erfolgte. Der EGMR prüfe zwar weder als Revisionsinstanz die Anwendung des nationalen Rechts nach, noch befasse er sich mit der Frage, was im konkreten Fall hätte getan werden müssen. Allerdings könne er untersuchen, ob die beteiligten staatlichen Stellen den Sachverhalt mit der erforderlichen Sorgfalt (*due diligence*) bearbeitet hätten. Dies umfasse auch die Einhaltung von Rechtsnormen und die Durchsetzung bereits ergangener Entscheidungen.[148] Mit dem Schaffen eines nationalen Rechtsrahmens habe der Staat eigene Abwägungsentscheidungen getroffen und dadurch den ihm nach der EMRK zustehenden Beurteilungsspielraum bereits genutzt. Verstoße er nun gegen diesen von ihm selbst gesetzten Rechtsrahmen, könne dies nicht – auch nicht aus Gründen der Subsidiarität – mit einer erneuten Wahrnehmung des staatlichen Beurteilungsspielraums gerechtfertigt werden.[149] Eine hohe Prüfungsdichte wendet der EGMR etwa an, wenn gegen nationale Verfahrensvorschriften verstoßen wird,[150] oder wenn der Staat nicht gegen die Überschreitung festgelegter Immissionsgrenzwerte einschreitet.[151] In anderen Fällen erkannte er auf eine Verletzung von Art 8 EMRK, weil Entscheidungen der staatlichen Verwaltungsbehörden[152] oder nationaler Gerichte[153] zugunsten der Betroffenen nicht vollzogen wurden.

c) Umweltrechtliche Relevanz anderer Konventionsartikel

38 Außer Art 8 EMRK können auch weitere Konventionsartikel einschlägig sein.[154] Da der EGMR jedoch in seiner jüngeren Rechtspr den Anwendungsbereich von Art 8 EMRK immer weiter ausgedehnt hat, ist eine klare Abgrenzung der Schutzbereiche zunehmend schwierig geworden.

(1) Recht auf ein faires Gerichtsverfahren (Art 6 EMRK)

39 Dies wird etwa durch eine Zusammenschau von Art 8 EMRK und dem in Art 6 EMRK normierten Recht auf ein faires gerichtliches Verfahren deutlich. Wie bereits erläutert, leitet der EGMR aus Art 8 EMRK umfangreiche verfahrensrechtliche Pflichten der Vertragsstaaten ab. Die dort bereits enthaltenen Verfahrensgarantien werden durch das ausdrücklich in Art 6 EMRK normierte Recht auf ein faires gerichtliches Verfahren verstärkt.[155] Zwar ist nach dem Wortlaut der dt Übersetzung der Anwendungsbereich der Norm nur eröffnet, soweit „zivilrechtliche Ansprüche und Ver-

146 *Hatton (Kammer)*, Rn 128; *Taşkın*, Rn 118 f; *Giacomelli*, Rn 83.
147 Vgl etwa *Di Sarno*, Rn 107.
148 *Mileva*, Rn 98.
149 *Henrard* (Fn 119) 385.
150 *Giacomelli*, Rn 92.
151 *Lopez Ostra*, Rn 55–56; *Moreno Gómez*, Rn 61; *Deés*, Rn 23; *Mileva*, Rn 99–101.
152 *Fadeyeva*, Rn 116–123.
153 *Taşkın*, Rn 119–124: Durch die Missachtung der Entscheidung werde neben Art 8 auch Art 6 Abs 1 EMRK verletzt. In *Okyay* wurde dagegen nur auf eine Verletzung von Art 6 Abs 1 erkannt.
154 *Braig*, Umweltschutz, 275–333 diskutiert insbes Art 2, 3, 6 Abs 1, 10 und 13 EMRK sowie Art 1 ZP 1.
155 *Pedersen* (Fn 87) 90 f; vgl im Überblick *Salas* (Fn 81) 94–109.

pflichtungen“ in Rede stehen.[156] Nach der Auslegung durch den EGMR sind aber auch öffentlichrechtliche Streitigkeiten vom Anwendungsbereich erfasst, wenn ihre Entscheidung Auswirkungen auf Zivilrechtspositionen hat.[157] Wenn eine hoheitlich genehmigte Tätigkeit Auswirkungen auf die Nutzungsmöglichkeiten benachbarter Grundstückseigentümer hat, sieht der EGMR den Anwendungsbereich des Art 6 EMRK eröffnet; steht dem Betroffenen keine Möglichkeit zu, die Entscheidung (im Wege einer Drittanfechtung) gerichtlich überprüfen zu lassen, hält er Art 6 EMRK für verletzt.[158] Im Übrigen sind alle in Art 6 EMRK enthaltenen Gewährleistungen anwendbar, also das Recht auf Zugang zu einem Gericht und die verschiedenen Ausprägungen des *fair trial*-Grundsatzes.[159] Art 6 EMRK kann etwa verletzt sein, wenn im verwaltungsgerichtlichen Verfahren gegen den Widerruf der Betriebsgenehmigung für eine Mülldeponie dem Kläger die mündliche Anhörung verweigert wird.[160] Auch die überlange Dauer eines gerichtlichen Verfahrens über Entschädigungszahlungen wegen Fluglärm[161] oder der Nichtvollzug von Gerichtsentscheidungen[162] können gegen Art 6 EMRK verstoßen.

40 In jüngerer Zeit vermeidet der EGMR allerdings immer häufiger eine klare Abgrenzung der Schutzbereiche. So wurden wiederholt Verletzungen von Art 6 und 8 EMRK gemeinsam geprüft und bejaht oder aus einer Verletzung der aus Art 8 EMRK abgeleiteten Verfahrensgarantien auch auf eine Verletzung von Art 6 EMRK geschlossen, ohne dass klar zwischen beiden Gewährleistungen unterschieden wurde.[163]

(2) Freiheit der Meinungsäußerung und Informationsfreiheit (Art 10 EMRK)

41 Der Schutz der Kommunikationsfreiheiten durch Art 10 EMRK umfasst neben der Freiheit auf Meinungsäußerung auch die Freiheit, Informationen zu empfangen und weiterzugeben.[164] Diese Freiheiten finden grundsätzlich auch in umweltrechtlichen Zusammenhängen Anwendung,[165] etwa wenn NGOs umweltbezogene Informationen und Ansichten verbreiten. Insbes wird hier geprüft, ob entsprechende Einschränkungen durch Art 10 Abs 2 EMRK gerechtfertigt werden können.[166] Obwohl es naheliegt, das Recht auf Zugang zu umweltrelevanten Informationen auf Art 10 EMRK zu stützen,[167] leitet der EGMR auch dieses ausschließlich aus Art 8 EMRK ab und beschränkt den Anwendungsbereich somit auf persönliche Betroffene.[168] Den Staat trifft demnach eine positive Pflicht, den Betroffenen einen Zugang zu Informationen zu ermöglichen, damit diese die Gefahren des fraglichen Vorhabens selbst einschätzen können.[169] Die EMRK ge-

---

156 Der dt Begriff „zivilrechtlich“ umschreibt den in den verbindlichen engl und franz Sprachfassungen verwendeten Begriff der „civil rights and obligations“ bzw „droit et obligations de caractére civil“ nur unzulänglich (*Peukert*, in Frowein/Peukert, EMRK, Art 6 Rn 6); insbes der engl Begriff ist nicht auf das „klassische“ Zivilrecht kontinentaleuropäischer Prägung beschränkt (*Grabenwarter/Pabel* [Fn 96] § 24 Rn 7).

157 Vgl *Grabenwarter/Pabel* (Fn 96) § 24 Rn 9 mit vielen Nachw; *Meyer-Ladewig* (Fn 91) Art 6 Rn 7.

158 *Zander*, Rn 29.

159 Die Judikatur des EGMR zu Art 6 EMRK ist überaus umfangreich, vgl etwa die Darstellungen bei *Grabenwarter/Pabel* (Fn 96) § 24 Rn 27 ff; *Peukert* (Fn 156) Rn 56–262.

160 *Fischer*, Rn 43 f.

161 *Zimmermann & Steiner*.

162 Vgl die Nachw in Fn 153.

163 *Braig*, Umweltschutz, 321 f; vgl *Taşkın*, Rn 132–138; *Öçkan*, Rn 50–55; *Lemke*, Rn 46, 50–53.

164 Vgl *Grabenwarter/Pabel* (Fn 96) § 23 Rn 2–13.a

165 Vgl im Überblick *Salas* (Fn 81) 76–85.

166 *Steel & Morris*, Rn 85–98; *Vides Aizsardzibas Klubs*, Rn 40–49.

167 So auch *Braig*, Umweltschutz, 306.

168 *Guerra*, Rn 50–55; *Roche*, Rn 172; vgl zum Ganzen *Braig*, Umweltschutz, 305–312.

169 *Guerra*, Rn 59 f. Die Große Kammer widersprach damit der Ansicht der Europäischen Menschenrechtskommission (EKMR), die aus Art 10 EMRK ein Recht auf Umweltinformation abgeleitet hatte, vgl *Guerra*, Rn 36–51; hierzu ausf *Schmidt-Radefeldt* (Fn 74) 153 ff. Vgl im Übrigen *Öneryildiz*, Rn 84–87; *Taşkın*, Rn 118 f; *Roche*, Rn 157–169; *Öçkan*, Rn 43.

währleistet somit derzeit kein umfassendes Umweltinformationsrecht, das etwa den o genannten Interessensverbänden zur Verfügung steht. Die Chance, durch Anwendung des Art 10 EMRK eine Parallele zu den Informationsrechten nach der Aarhus Konvention (vgl hierzu u Rn 47) zu schaffen, hat der EGMR bisher nicht genutzt.[170]

(3) Recht auf eine wirksame Beschwerde (Art 13 EMRK)

42 Art 13 EMRK gewährleistet das Recht auf eine wirksame (innerstaatliche) Beschwerde für Verletzungen der Konventionsrechte.[171] Nach der Auslegung durch den EGMR ist der Anwendungsbereich von Art 13 EMRK überhaupt nur eröffnet, wenn die Beschwerde in Bezug auf das materielle Recht „vertretbar" ist („arguable claim").[172] Hält der EGMR die materielle Rüge für offensichtlich unbegründet („manifestly ill-founded"), verneint er häufig ohne längere Begründung eine Verletzung von Art 13 EGMR, da es an einer „vertretbaren" Behauptung fehle.[173] Im Fall *Hatton* (s o Rn 33) lehnte die Große Kammer eine Verletzung von Art 8 EMRK ab, bejahte aber gleichwohl eine Verletzung von Art 13 EMRK: Da auch die Kammer in der angegriffenen Vorentscheidung in Bezug auf Art 8 EMRK noch zu einem anderen Ergebnis gekommen sei, sei die Behauptung zwar unbegründet, aber dennoch vertretbar.[174] Im Übrigen hält der EGMR die Zulässigkeit einer Beschwerde zwar für einen starken Indikator für die Vertretbarkeit der Beschwerde, weicht davon jedoch in Einzelfällen auch ab.[175] Uneinheitlich geht der EGMR vor, wenn er eine Verletzung materieller Konventionsrechte bejaht – teilweise geht er auf Art 13 EGMR nicht mehr ein,[176] in anderen Fällen befasst er sich ausdrücklich noch mit den innerstaatlichen Rechtsbehelfen.[177]

(4) Recht auf Leben (Art 2 Abs 1 EMRK)

43 Die zunehmende Ausdehnung des Schutzbereichs von Art 8 EMRK lässt sich auch im Verhältnis zu den anderen materiellen Gewährleistungen beobachten. Deutlich wird dies etwa bei einer Betrachtung der Rechtspr zum Recht auf Leben, das durch Art 2 Abs 1 EMRK gewährleistet wird. In st Rechtspr setzt er für eine Verletzung der staatlichen Schutzpflicht voraus, dass eine *unmittelbare und schwerwiegende Gefährdung des Lebens* besteht.[178] Bloße Gefährdungen der Gesundheit oder Beeinträchtigungen der körperlichen Integrität ohne konkrete Lebensgefahr fallen nach Ansicht des EGMR nicht unter Art 2 EMRK, sondern unter Art 8 EMRK.[179]

(5) Verbot von Folter und unmenschlicher Behandlung (Art 3 EMRK)

44 Ähnlich verhält es sich mit dem Verbot von Folter und unmenschlicher Behandlung oder Strafe aus Art 3 EMRK. Bisher hat der EGMR nur in Ausnahmefällen eine Verletzung dieses Verbots in umweltrechtlichen Zusammenhängen festgestellt.[180] Auch hier besteht ein „qualitatives Stufen-

---

170 *Braig*, Umweltschutz, 309 f.

171 Vgl dazu allg *Peters/Altwicker* (Fn 71) § 22; *Grabenwarter/Pabel* (Fn 96) Rn 166–186.

172 *Silver*, Rn 113.

173 *Balmer-Schafroth*, Rn 41 f; *Ashworth*, Rn 3; vgl *Braig*, Umweltschutz, 322.

174 *Hatton (Große Kammer)*, Rn 141; vgl *Braig*, Umweltschutz, 323.

175 *Ivan Atanasov*, Rn 102; vgl *Braig*, Umweltschutz, 324.

176 Vgl etwa *McGinley & Egan*, Rn 106; *Taşkın*, Rn 140; *Mileva*, 105.

177 Vgl etwa *Öneryildiz (Große Kammer)*, Rn 139 ff; *Budayeva*, 186 ff (vgl ausf hierzu *Knox*, Environmental Disasters and Human Rights, in Peel/Fisher (Hrsg), The Role of International Environmental Law in Reducing Disaster Risk, 2016, <http://ssrn.com/abstract=2687265>); *Kolyadenko*, Rn 218 ff.

178 „Real and immediate risk to the life", vgl *Öneryildiz (Kammer)*, Rn 63; vgl zum Ganzen *Salas* (Fn 81) 34–41.

179 Vgl *Taşkın*, Rn 126, 132 ff; *Moreno Gómez*, Rn 71 f; *Budayeva*, Rn 201; *Tătar*, Rn 72.

180 *Braig*, Umweltschutz, 298.

verhältnis" zu Art 8 EMRK;[181] insbes muss für eine Verletzung von Art 3 EMRK die Misshandlung oder Leidzufügung ein Mindestmaß an Schwere („minimum level of severity") überschreiten.[182] Art 3 EMRK ist etwa einschlägig, wenn ein Häftling dem Zigarettenrauch rauchender Mithäftlinge ausgesetzt ist[183] – selbst in diesen Fällen liegt eine Verletzung allerdings nur vor, wenn das Passivrauchen zu gesundheitlichen Problemen führt.[184] Eine u a auf Art 3 EMRK gestützte Beschwerde gegen Atomtests in Französisch-Polynesien wies die damalige Europäische Menschenrechtskommission im Jahr 1996 als offensichtlich unbegründet zurück: Die von den Betroffenen behaupteten, durch die Ankündigung der Atomtests ausgelösten Angstzustände erreichten nicht die Schwelle einer erniedrigenden Behandlung durch den französischen Staat.[185]

(6) Schutz des Eigentums (Art 1 ZP 1)

45 Schließlich können Maßnahmen des Umweltschutzes mit dem Recht der Betreiber umweltbelastender Aktivitäten auf Eigentumsschutz aus Art 1 ZP 1 EMRK[186] kollidieren, etwa wenn Genehmigungen versagt oder bereits erteilte Genehmigungen widerrufen werden.[187] Die vom EGMR dabei im Rahmen der Rechtfertigungsprüfung angewandten Maßstäbe sind identisch mit jenen, die bereits anhand von Art 8 EMRK dargestellt wurden: 1992 stellte der Gerichtshof in seinem Urteil im Fall *Fredin* fest, „in der heutigen Gesellschaft" sei der Schutz der Umwelt ein zunehmend wichtiger Erwägungsgrund,[188] der in einen gerechten Ausgleich mit den Interessen des Privaten gebracht werden müsse.[189] Im Wesentlichen prüft der EGMR auch hier, ob im nationalen Recht eine Ermächtigungsgrundlage besteht, ob die fragliche Entscheidung ohne Verfahrensfehler ergangen ist und ob gegen sie gerichtlicher Rechtsschutz verfügbar war.[190]

d) Zwischenergebnis

46 Infolge der umfangreichen Judikatur des EGMR zu umweltrechtlichen Fragestellungen hat die EMRK mittlerweile eine umweltrechtliche Dimension, die deutlich über ihren ausdrücklichen Wortlaut hinausgeht. Dies entspricht der „living instrument"-Doktrin des Gerichtshofs, der die Konvention im Lichte neuer Herausforderungen dynamisch auslegt. Dabei misst der EGMR den verfahrensrechtlichen Aspekten höheres Gewicht als der materiellen Interessensabwägung zu: Solange die Informations-, Beteiligungs- und Rechtsschutzmöglichkeiten der Betroffenen gewahrt sind, genießen die Staaten in materieller Hinsicht einen weiten Spielraum. Dem ist im Wesentlichen zuzustimmen, auch weil die Vertragsparteien der EMRK demokratisch verfasste Staaten sind: Solange die Staaten kein materielles Menschenrecht auf eine bestimmte Umweltqualität schaffen, erfolgt der menschenrechtliche Schutz der Umwelt durch demokratische Verfahren und – von Ausnahmen abgesehen – durch die Wahrung rechtsstaatlicher Grundsätze.

---

181 *Schmidt-Radefeldt* (Fn 74) 97.
182 *Irland*, Rn 162; mit Umweltbezug vgl insbes *Lopez Ostra*, Rn 59f; vgl ferner *Peters/Altwicker* (Fn 71) § 6 Rn 2 *Grabenwarter/Pabel* (Fn 96) § 20 Rn 27 mwN.
183 *Florea*, Rn 60–62, 65; *Elefteriadis*, Rn 47–55.
184 *Dolenec*, Rn 135.
185 *Tauira*; vgl *Schmidt-Radefeldt* (Fn 74) 94f; *Braig*, Umweltschutz, 25–27, 298f.
186 ZP 1 zur EMRK (Fn 75f).
187 Vgl etwa *Fredin*; *Pine Valley Developments Ltd*; *Alatulkkila*; vgl im Überblick *Salas* (Fn 81) 62–73.
188 *Fredin*, Rn 48.
189 Ebd, Rn 51.
190 Im genannten Fall konnte der gerügte Widerruf der Lizenz für den Betrieb einer Kiesgrube nicht gerichtlich angefochten werden; nach Ansicht des EGMR wurde der Beschwerdeführer dadurch zwar nicht in Art 1 ZP 1 verletzt, allerdings in Art 6 EMRK, vgl *Fredin*, Rn 63.

2. Aarhus Konvention

47 Die Aarhus Konvention über den Zugang zu Informationen, die Öffentlichkeitsbeteiligung an Entscheidungsverfahren und den Zugang zu Gerichten in Umweltangelegenheiten v 1998[191] enthält wichtige Verfahrensgarantien. Sie wurde in der UN-Wirtschaftskommission für Europa verhandelt und, obwohl sie im Grundsatz allen UN-Mitgliedsstaaten zum Beitritt offensteht (vgl Art 19 Abs 3 Aarhus Konvention), bislang lediglich von europäischen Staaten ratifiziert.[192] Zwar wird die Aarhus Konvention üblicherweise nicht zum Kernbestand der europäischen Menschenrechtsnormen gezählt. Dennoch verleiht sie im Wesentlichen betroffenen Einzelpersonen und Umweltverbänden prozedurale Rechte gegenüber den Vertragsstaaten. So sind Staaten zur Gewährleistung des Zugangs zu Umweltinformationen (Art 4 und 5 Aarhus Konvention), der Öffentlichkeitsbeteiligung in Entscheidungsverfahren mit Umweltbezug (Art 6–8 Aarhus Konvention) sowie der Eröffnung gerichtlicher Überprüfungsmöglichkeiten solcher Entscheidungen verpflichtet (Art 9 Abs 2 und 3 Aarhus Konvention).[193] Wichtig bei Letzteren ist, dass diese Zulässigkeit solcher Klagen nicht von einer subjektiven Rechtsbetroffenheit abhängig gemacht werden darf (Art 9 Abs 2 UAbs 3 sowie Abs 3 Aarhus Konvention). Somit sind auch (Verbands-) Klagen Dritter zuzulassen, sofern diese ein hinreichendes Interesse („sufficient interest") geltend machen können (sog *public interest litigation*).[194] Nachdem diese Gewährleistungen mit Prinzip 10 der Rio Erklärung v 1992 als *soft law* nicht im vollen Sinne rechtlich anerkannt wurden, fanden sie mit der Aarhus Konvention erstmals auch Eingang in einen völkerrechtlichen Vertrag.[195] Deshalb wird der Aarhus Konvention für die Weiterentwicklung des Umweltvölkerrechts häufig eine über den europäischen Kontinent hinausgehende Beispielswirkung zugesprochen.[196]

48 Die Aarhus Konvention enthält keine materiellen Gewährleistungen:[197] Zwar erkennt die Präambel das Recht jedes Menschen an, „in einer seiner Gesundheit und seinem Wohlbefinden zuträglichen Umwelt zu leben" (Abs 6 Präambel Aarhus Konvention). Hieraus lassen sich aber keine Aussagen über eine materielle Umweltqualität entnehmen; vielmehr sind die von der Konvention gewährleisteten Rechte strikt verfahrensrechtlicher Natur.[198] Gleichwohl ist die Präambel nicht nur ein Indiz für eine entsprechende Rechtsüberzeugung, sondern macht auch deutlich, dass Verfahrensnormen kein Selbstzweck, sondern ein Instrument zur wirksamen Be-

---

191 Vgl allg *Redgwell*, Access to Environmental Justice, in Francioni (Hrsg), Access to Justice as a Human Right, 2007, 153ff; *Koester*, The Convention on Access to Information, Public Participation in Decision-Making and Access to Justice in Environmental Matters (Aarhus Convention), in Ulfstein (Hrsg), Making Treaties Work, 2007, 179ff.

192 Vgl *Annan*, Foreword, in The Aarhus Convention: An Implementation Guide, 2000, V.

193 Zum Ganzen s o *Epiney*, 4. Abschn Rn 42ff.

194 Vgl hierzu Bericht v 4.6.2014, Rn 76–100; vgl zudem *Boyle*, Human Rights and the Environment, 625; *Fitzmaurice*, Environmental Degradation, in Moeckli/Shah/Sivakumaran (Hrsg), International Human Rights Law, 2. Aufl 2014, 590 (605f).

195 *Boyle*, Human Rights and the Environment, 622; *Birnie/Boyle/Redgwell*, International Law and the Environment, 274.

196 Der damalige UN-Generalsekretär *Kofi Annan* bezeichnete die Aarhus Konvention als „the most ambitious venture in the area of 'environmental democracy' so far undertaken under the auspices of the United Nations" (Fn 192); vgl auch *Boyle*, Human Rights and the Environment, 624; *Razzaque*, Human Rights to a Clean Environment. Procedural Rights, in Research Handbook, 284 (288).

197 Vgl hierzu *Handl*, Human Right and Protection of the Environment, in Eide/Rosas/Krause (Hrsg), Economic, Social, and Cultural Rights, 2. Aufl 2001, 303 (318), der die in der Aarhus Konvention etablierten Rechte als „refinement of established political or civil human rights or as novel human rights" versteht.

198 *Boyle*, Human Rights and the Environment, 622: „(...) these broad assertions of rights are somewhat misleading. The focus of the Aarhus Convention is in reality strictly procedural in content"; ebenso *Birnie/Boyle/Redgwell*, International Law and the Environment, 274; *Pedersen* (Fn 87) 98–100.

rücksichtigung materieller Rechte – einschließlich menschenrechtlicher Gewährleistungen – in umweltrechtlichen Entscheidungsprozessen sind.[199]

49 Die Umsetzung der Konvention wird durch ein *Compliance Committee* überwacht, das die Vertragsstaaten auf Grundlage von Art 15 Aarhus Konvention eingesetzt haben.[200] Das Komitee besteht aus unabhängigen Experten, die von der Vertragsstaatenkonferenz gewählt werden, und die ihr Mandat nicht als Vertreter ihres jeweiligen Herkunftsstaats, sondern in persönlicher Eigenschaft wahrnehmen.[201] Diese Ausgestaltung ist an jene der Menschenrechtskomitees angelehnt und ein Novum im Bereich des Umweltvölkerrechts.[202] Neu ist auch, dass das Komitee sich nicht nur mit Eingaben von Vertragsstaaten, sondern auch Beschwerden von „Mitgliedern der Öffentlichkeit" über die Einhaltung der Konvention durch einzelne Vertragsstaaten befasst.[203] Wie auch die Menschenrechtskomitees sind die Stellungnahmen des Compliance Committees allerdings nicht rechtsverbindlich,[204] was die Durchsetzungskraft des Komitees als Instrument des Individualrechtsschutzes nicht unwesentlich beschränkt.

50 Gerichtlicher Rechtsschutz für die Gewährleistungen der Aarhus Konvention kann jedoch mittelbar erlangt werden: Die EU hat die Vorgaben der Aarhus Konvention in Richtlinienrecht umgesetzt,[205] sodass insoweit auch die Zuständigkeit des EuGH begründet ist. Dieser hat mittlerweile eine umfassende Rechtspr zur Umsetzung der Verpflichtungen entwickelt.[206] Darüber hinaus hat auch der EGMR die Aarhus Konvention zur Konkretisierung der sich aus Art 8 EMRK ergebenden Pflichten herangezogen (s o Rn 35 f).[207] Somit können Betroffene auch die Verletzung von Verfahrensrechten beim EGMR mittelbar über die Rüge materieller Gewährleistungen der EMRK geltend machen. Dabei ist jedoch zu beachten, dass eine Beschwerde zum EGMR stets eine subjektive Betroffenheit in Konventionsrechten voraussetzt, welche nach der Aarhus Konvention gerade keine Klagevoraussetzung ist.[208]

3. Weitere europäische Konventionen

51 Für Europa bestehen neben der EMRK und der Aarhus Konvention zahlreiche weitere umweltvölkerrechtliche Abkommen, die teilweise auch subjektiv-rechtliche Dimensionen haben.

---

199 Vgl hierzu auch Abs 7 der Präambel: Zur Wahrnehmung dieses Rechts müssen Bürger die in der Aarhus Konvention gewährleisteten Rechte haben sowie zur Wahrnehmung dieser Rechte ggf Unterstützung benötigen; vgl zudem *Boyle*, Human Rights and the Environment, 622; *Pedersen* (Fn 87) 93.

200 UN Doc ECE/MP.PP/2/Add.8, Decision I/7: Review of Compliance; allgem zum Compliance Committee *Kravchenko*, The Aarhus Convention and Innovations in Compliance with Multilateral Environmental Agreements, CJIELP 18 (2007) 1 ff; *Fitzmaurice* (Fn 194) 606 f; *Pitea*, Procedures and Mechanisms for Review of Compliance under the 1998 Aarhus Convention on Access to Information, Public Participation and Access to Justice in Environmental Matters, in Treves/Pineschi/Tanzi (Hrsg), Non-compliance Procedures and Mechanisms and the Effectiveness of International Environmental Agreements, 2009, 221 ff; *Koester* (Fn 191) 192–215. Eingehend zum Ganzen *Schmalenbach*, 8. Abschn Rn 10 ff.

201 UN Doc ECE/MP.PP/2/Add.8 (Fn 200), Annex, paras 1 ff.

202 *Kravchenko* (Fn 200) 13–15.

203 UN Doc ECE/MP.PP/2/Add.8 (Fn 200), Annex, paras 18–24.

204 Vgl *Koester* (Fn 191) 208–211.

205 Vgl RL 2003/4/EG v 28.1.2003 (Umweltinformationsrichtlinie); RL 2003/35/EG v 26.5.2003 (Öffentlichkeitsbeteiligungsrichtlinie); RL 2001/42/EG v 27.6.2001 (SUP-Richtlinie); zur Anwendung der Aarhus Konvention auf Organe und Einrichtungen der EU vgl VO (EG) Nr 1367/2006 v 6.9.2004 (Aarhus-Verordnung); vgl zudem *Pitea* (Fn 200) 244–247; *Razzaque* (Fn 196) 288 f.

206 Vgl *Trianel*; hierzu *Schwerdtfeger*, Erweiterte Klagerechte für Umweltverbände, EuR 2012, 80 ff; vgl aber auch *Slowakischer Braunbär*; *Vereniging Milieudefensie*; *Stichting Natuur en Milieu*; hierzu *Ekardt*, Verbandsklage vor dem EuGH: Mitgliedsstaaten verklagen, EU-Institutionen verschonen?, NVwZ 2015, 772 ff; *Hayward* (Fn 6) 173–180.

207 *Tătar*, 118; vgl auch *Di Sarno*, Rn 107.

208 Hierauf weist auch *Fitzmaurice* (Fn 194) 607 hin.

a) Espoo Konvention

52 Sowohl zur Umsetzung präventiver Maßnahmen als auch zur Erfüllung der Informations- und Konsultationspflichten (etwa nach der oben dargestellten Aarhus Konvention) ist es notwendig, dass der Ursprungsstaat über Kenntnisse zu den tatsächlichen und möglichen grenzüberschreitenden Umweltbeeinträchtigungen verfügt. Die sog Espoo Konvention[209] verpflichtet ihre Vertragsstaaten zur Durchführung von UVP für näher bestimmte Vorhaben, die grenzüberschreitende Auswirkungen erwarten lassen. Sie enthält ihrerseits keine unmittelbar subjektiv wirkenden Bestimmungen. Hinsichtlich der Informationspflichten besteht jedoch ein wechselseitiger Zusammenhang zur Aarhus Konvention: Die nach Anhang II zur Espoo Konvention im Rahmen einer UVP üblicherweise zu erhebenden Informationen sind im Wesentlichen auch im Rahmen der Öffentlichkeitsbeteiligung nach Art 6 Abs 2 und 4 Aarhus Konvention zu kommunizieren. Der EGMR leitet bei Projekten mit erheblichen Umweltauswirkungen aus Art 8 EMRK eine Pflicht zur sorgfältigen Prüfung dieser Umweltauswirkungen und der möglichen Alternativen ab, auch wenn er die ausdrückliche Anerkennung einer „Pflicht zur Umweltverträglichkeitsprüfung" bislang vermieden hat.[210]

b) Europäische Sozialcharta

53 Die 1961 verabschiedete Europäische Sozialcharta (ESC)[211] ergänzt die EMRK um soziale und wirtschaftliche Rechte. Als Ergebnis eines zweischrittigen Vorgehens folgte sie der EMRK nach, in der sich die Mitgliedsstaaten des Europarats bereits 1950 auf die bürgerlichen und politischen Rechte verständigten.[212] Wie für Menschenrechtspakte der zweiten Generation üblich, enthält auch die ESC keine unmittelbar anwendbaren subjektiven Rechte, sondern verpflichtet die Staaten nur objektiv zur Verfolgung der Ziele mit allen geeigneten Mitteln (Art 20 Abs 1 lit 1 ESC).[213]

54 Art 11 ESC stipuliert das Recht auf Schutz der Gesundheit. Die Staaten verpflichten sich, „soweit wie möglich die Ursachen von Gesundheitsschäden zu beseitigen". Die durch die ESC eingesetzte Expertenkommission hat in diesem Zusammenhang mehrfach auf den Zusammenhang von Schadstoffbelastungen und Gesundheitsgefährdungen hingewiesen.[214] Allerdings bietet die Sozialcharta kein Instrument des Individualrechtsschutzes, sondern nur ein Staatenberichtsverfahren (Art 24f ESC) sowie einen durch ein Zusatzprotokoll eingerichteten Kollektivbeschwerdemechanismus. Dies führt unweigerlich dazu, dass die Judikatur der *Europäischen Kommission für Soziale Rechte* in quantitativer wie in qualitativer Hinsicht an jene des EGMR zu umweltrechtlichen Problemlagen nicht herankommt.[215] Soweit ersichtlich, war die Bedeutung von Art 11 ESC für die Pflicht der Vertragsstaaten zum Umweltschutz bislang nur einmal Gegenstand einer Entscheidung im Kollektivbeschwerdeverfahren.[216]

---

209 Eingehend *Epiney*, 4. Abschn Rn 19 ff.
210 Vgl etwa *Taşkın*, Rn 119; *Giacomelli*, Rn 83; vgl auch *Boyle*, Human Rights and the Environment, 624.
211 Die rev Fassung v 1996 wurde bislang von Deutschland nicht ratifiziert.
212 Zum Ganzen vgl *Becker*, European Social Charter, in MPEPIL; *Henrard* (Fn 119).
213 Vgl *Beyerlin*, Umweltvölkerrecht, 300.
214 Vgl *Salas* (Fn 81) 122–127; *Cançado Trindade*, The Contribution of International Human Rights Law to Environmental Protection, with Special Reference to Global Environmental Change, in Brown Weiss (Hrsg), Environmental Change and International Law, 1992, 244 (244–312).
215 Zur Judikatur bis 2008 vgl Digest of Case Law of the European Committee of Social Rights, 81–86.
216 *Marangopoulos Foundation*, Rn 202–221.

c) Europäische Charta zu Umwelt und Gesundheit

Erwähnung verdient schließlich noch die Europäische Charta zu Umwelt und Gesundheit,[217] die 1989 von den Umwelt- und Gesundheitsministern der europäischen Mitgliedsstaaten der WHO angenommen wurde. Nach ihr hat jeder Mensch u a „Anspruch auf eine Umwelt, die ein höchstmögliches Maß an Gesundheit und Wohlbefinden ermöglicht" („Rechte und Pflichten", Abs 1). Zwar ist die Charta nur ein völkerrechtlich unverbindliches *soft law*-Dokument.[218] Dennoch zeigt sie, dass das Recht auf eine gesunde Umwelt im europäischen Raum jedenfalls auf politischer Ebene zweifelsfrei anerkannt ist, wenn sich auch eine ausdrückliche rechtsverbindliche Kodifizierung nicht durchsetzen ließ (s o Rn 21). **55**

III. Umweltschutz in den anderen regionalen Menschenrechtssystemen und in nationalen Verfassungen

1. Afrika

56 Die Afrikanische Charta der Menschenrechte und der Rechte der Völker v 1981 (Banjul Charta) vereinigte als erstes internationales Instrument Menschenrechtsgarantien aller drei Generationen (dazu Rn 5) in einem einzigen Vertragswerk. In knappen Worten stellt ihr Art 24 ein Recht der Völker auf eine zufriedenstellende Umwelt auf: „All peoples shall have the right to a general satisfactory environment favourable to their development." Die Norm ist insofern ein Unikat, als sich ein derart breit formuliertes und allg gewährleistetes Umweltmenschenrecht in keinem anderen völkerrechtlichen Vertrag findet.[219] Allerdings ist die „zufriedenstellende Umwelt" kein anthropozentrischer Selbstzweck (vgl zum Zweck des Umweltrechts u Rn 110 ff), sondern soll nach dem Wortlaut der Norm „favourable to their development" sein, also die Entwicklung der Völker begünstigen. Das Recht auf wirtschaftliche, soziale und kulturelle Entwicklung ist bereits in Art 22 Banjul Charta – ebenfalls als Kollektivrecht – postuliert. Diese beiden Rechte stimmen nicht zwingend miteinander überein, sondern können vielmehr in vielfacher Hinsicht kollidieren, sodass sich die Frage nach dem Rangverhältnis beider Rechtsgüter stellt.[220]

57 Die *Afrikanische Menschenrechtskommission*[221] hat in ihrer Stellungnahme zum *Ogoniland*-Fall der Annahme, Art 22 Banjul Charta garantiere das Recht auf (wirtschaftliche) Entwicklung im Zweifel auch zulasten der Umwelt, eine Absage erteilt.[222] In diesem Fall wurde der nigerianischen Regierung vorgeworfen, unmittelbar für erhebliche Umweltzerstörungen und Ölverschmutzungen infolge von Förderarbeiten eines halbstaatlichen Unternehmens verantwortlich zu sein.[223] Die Kommission erkannte eine Verletzung von Art 24 Banjul Charta und leitete aus der Norm positive Verhaltenspflichten der Vertragsstaaten ab. Die Staaten seien durch Art 24 dazu verpflichtet,

---

217 European Charter on Environment and Health v 17./18.12.1989; dazu World Health Organization (Hrsg), Environment and Health: The European Charter and Commentary, 1990.

218 Zum Begriff des *soft law* im Umweltrecht *Epiney*, 1. Abschn Rn 69 ff.

219 Auch die Gewährleistung einer gesunden Umwelt im amerikanischen Menschenrechtsystem bleibt aus mehreren Gründen hinter dem afrikanischen Niveau zurück, vgl dazu unten ab Rn 62.

220 *Meyer*, Menschenrechte in Afrika, 2013, 179.

221 Zu Aufbau und Funktionsweise der Kommission vgl *Murray*, African Commission on Human and Peoples' Rights, in MPEPIL.

222 *Ogoniland*; vgl *Shelton*, Decision Regarding Communication 155/96, AJIL 96 (2002) 937 ff; *Coomans*, The Ogoni Case before the African Commission on Human and Peoples' Rights, ICLQ 52 (2003) 749 ff; *van der Linde/Louw*, Considering the Interpretation and Implementation of Articel 24 of the African Charter on Human and Peoples' Rights in Light of the SERAC Communication, AHRLJ 3 (2003) 167 ff.

223 *Ogoniland*, Rn 1–9.

Maßnahmen zur Vermeidung von Verschmutzung und anderen Schäden, zur Förderung des Umweltschutzes und zur Sicherstellung einer ökologisch nachhaltigen Entwicklung und Ressourcennutzung zu ergreifen.[224] Dies umfasse die Durchführung von Studien zur Umwelt- und Sozialverträglichkeit vor Beginn jedes größeren industriellen Vorhabens, die Information von durch gefährliche Stoffe und Aktivitäten betroffenen Bevölkerungsgruppen sowie deren sinnvolle Beteiligung in sie berührenden Entscheidungen.[225] Insbes bestehe auch eine Pflicht der Regierungen zum aktiven Schutz der Bevölkerung („positive action") vor Schädigungen durch private Dritte.[226]

58 Unklar bleibt, welche Maßstäbe an das Merkmal der *zufriedenstellenden* Umwelt anzulegen sind. Die Kommission vermied eine nähere Präzisierung dieses Begriffs, indem sie Art 24 iVm dem Recht auf Gesundheit (Art 16 Abs 1 Banjul Charta) prüfte und die Merkmale „gesund" und „zufriedenstellend" weitgehend synonym verwendete.[227] Ob damit eine restriktive Interpretation impliziert wird, die den Anwendungsbereich auf den Schutz vor gesundheitsbeeinträchtigenden Umweltschäden beschränkt, ließ die Kommission offen.[228]

59 Auch wenn *Ogoniland* bislang der einzige Fall ist, in dem sich die Afrikanische Menschenrechtskommission zu Art 24 Banjul Charta äußern konnte, hat die Norm durch diese Stellungnahme eine wichtige Klärung erfahren. Die Bedeutung der Äußerungen der Kommission darf aber auch nicht überschätzt werden, da sie – wie auch die Stellungnahmen der UN-Menschenrechtskommission – wegen Art 52 und 53 Banjul Charta keine rechtliche Verbindlichkeit haben.[229] Zudem ist bislang nicht geklärt, welche Auswirkungen die Ausgestaltung von Art 24 Banjul Charta als Kollektivrecht hat, insbes hinsichtlich der Berufung Einzelner auf das Recht.[230] Der 1998 nach europäischem und amerikanischem Vorbild[231] gegründete *Afrikanische Gerichtshof für Menschenrechte*,[232] dessen Gerichtsbarkeit in Individualbeschwerdeverfahren sich die Vertragsstaaten durch Erklärung unterwerfen können,[233] konnte sich bislang nicht zur Auslegung des Art 24 Banjul Charta äußern.[234]

60 *Verfahrensrechtliche Bestimmungen* enthält die Neufassung der Afrikanischen Konvention über die Erhaltung der Natur und natürlichen Ressourcen v 2003.[235] Nach Art XVI dieser Konvention verpflichten sich die Vertragsstaaten sicherzustellen, dass in Entscheidungsprozessen mit potentiell erheblicher Umwelteinwirkung die Öffentlichkeit zeitnah und angemessen informiert und beteiligt wird, und dass Zugang zu Rechtschutz in Umweltangelegenheiten besteht. Wenngleich der Ratifikationsprozess schleppend verläuft, so ist ein Inkrafttreten der Konvention doch in Sicht.[236] Abzuwarten bleibt, ob der Afrikanische Gerichtshof für Menschenrechte diese Bestimmungen zur Auslegung von Art 24 Banjul Charta heranziehen wird, wie es der EGMR bereits mit vergleichbaren Instrumenten praktiziert (s o Rn 35 und 47ff).

---

224 Ebd, Rn 52.
225 Ebd, Rn 53.
226 Ebd, Rn 57.
227 Ebd, Rn 52f; vgl *Meyer* (Fn 220) 181.
228 Gegen diese enge Auslegung, auch unter Verweis auf die franz Textfassung, *Meyer* (Fn 220) 181.
229 *Beyerlin* (Fn 5) 531.
230 *Meyer* (Fn 220) 186.
231 Vgl Protocol to the African Charter on Human and Peoples' Rights on the Establishment of the African Court on Human and Peoples' Rights v 10.6.1998, in Kraft seit 25.4.2004.
232 Vgl dazu *Viljoen*, African Court on Human and Peoples' Rights (ACtHPR), in MPEPIL; *Meyer* (Fn 220) 241–255.
233 Art 5 (3), 34 (6) des Protokolls; bislang haben jedoch nur 5 Staaten sich diesem fakultativen Mechanismus unterworfen, vgl *Meyer* (Fn 220) 250.
234 African Court on Human and People's Rights, Finalised Cases & Decisions, abrufbar unter <www.african-court.org/en/index.php/2012-03-04-06-06-00/all-cases-and-decisions>.
235 Das Übereinkommen ist noch nicht in Kraft getreten.
236 Für das Inkrafttreten der Konvention sind gemäß Art XXXVIII 15 Ratifikationen erforderlich, bislang (Stand 1.3.2017) wurde sie von 42 Staaten unterzeichnet, aber nur von 13 Staaten ratifiziert. Nähere Informationen sind unter <https://www.au.int/web/sites/default/files/treaties/7782-sl-revised_-_nature_and_natural_resources_1.pdf> abrufbar.

Für den afrikanischen Kontinent besteht schließlich eine Reihe regionaler Abkommen, die insbes für Betroffene von umweltindizierter Migration den Schutz im Vergleich zu den universellen Instrumenten erweitern (s u Rn 86, 89 und 91). **61**

2. Amerika

Auch im amerikanischen Regionalsystem existiert ein umweltbezogenes Menschenrecht. Die Amerikanische Menschenrechtskonvention (ACHR) v 1969, welche nur bürgerliche und politische Rechte garantiert, wurde 1988 durch das sog San Salvador Protokoll ergänzt. Dieses erweitert die Gewährleistungen der ACHR um wirtschaftliche, soziale und kulturelle Rechte. Nach Art 11 Abs 1 des Protokolls genießt jeder ein Recht auf Leben in einer gesunden Umwelt: „Everyone shall have the right to live in a healthy environment and to have access to basic public services". Der Begriff der „gesunden Umwelt" wird im Protokoll nicht näher definiert. Die subjektivrechtliche Gewährleistung im ersten Absatz wird durch die allg Verpflichtung der Vertragsstaaten in Art 11 Abs 2 ergänzt, den Schutz, den Erhalt und die Verbesserung der Umwelt zu fördern („The state parties shall promote..."). **62**

Dieser scheinbar progressive Normbestand wird jedoch durch zwei wesentliche Aspekte abgeschwächt. Zum einen verpflichtet Art 1 des Protokolls die Vertragsstaaten nur zur progressiven Umsetzung der Gewährleistungen. Weiterhin besteht diese Verpflichtung lediglich im Rahmen der verfügbaren Ressourcen und unter Berücksichtigung des Entwicklungsgrads der Staaten („to the extent allowed by their available ressources, and taking into accounts their degree of development"). Diese Formulierung ist schwächer als jene in Art 2 Abs 1 IPwskR, nach der die Staaten zur Verwirklichung der dort anerkannten Rechte alle Möglichkeiten ausschöpfen müssen. **63**

Ein weiterer Schwachpunkt liegt im Individualrechtsschutz. Grundsätzlich können Individualbeschwerden nur zur Kommission erhoben werden. Eine verbindliche Entscheidung durch den *Inter-Amerikanischen Gerichtshof für Menschenrechte* hat zwei Voraussetzungen: Zum einen muss sich der beklagte Staat gemäß Art 62 ACHR der Gerichtsbarkeit des Gerichtshofs unterworfen haben. Zum anderen muss gemäß Art 61 Abs 1 ACHR in jedem Fall zunächst die Kommission angerufen werden; zur Vorlage an den Gerichtshof sind nach Art 61 Abs 2 ACHR nur die Kommission und die Vertragsstaaten berechtigt. Hinsichtlich der umweltbezogenen Gewährleistungen aus Art 11 des Protokolls ist dieser Individualbeschwerdemechanismus indes gar nicht eröffnet, da Art 19 Abs 6 des Protokolls die Individualbeschwerde nur hinsichtlich der Koalitionsfreiheit (Art 8 Abs. 1 lit a) und des Rechts auf Bildung (Art 13 des Protokolls) eröffnet. In Bezug auf die übrigen Rechte bleibt gem Art 19 Abs 7 ACHR nur die Möglichkeit der Kommission, Beobachtungen und Empfehlungen über den Status der Rechte in allen oder manchen Mitgliedsstaaten zu formulieren. Aufgrund dieses Befunds wird die Effektivität der amerikanischen Regelung zu Recht als schwach kritisiert.[237] **64**

In Ermangelung einer prozessualen Zugriffsmöglichkeit auf das ausdrücklich in Art 11 San Salvador Protokoll positivierte Recht auf eine gesunde Umwelt haben die Inter-Amerikanische Kommission für Menschenrechte und der gleichnamige Gerichtshof sich in zahlreichen Fällen anderer Menschenrechte bedient und aus ihnen umweltbezogene Gewährleistungen abgeleitet.[238] Grundsätzlich geht die Kommission davon aus, dass Zustände schwerwiegender Umweltverschmutzung, die bei der lokalen Bevölkerung ernsthafte physische Krankheiten, Beeinträch- **65**

237 *Shelton* (Fn 17); *Churchill* (Fn 41) 99–100.
238 Vgl die ausf Auswertung der Entscheidungen von Kommission und Gerichtshof in Mapping Human Rights Obligations. Zum „greening of human rights" bereits allg o Rn 11; zur vergleichbaren Praxis des EGMR s o Rn 23 ff.

tigungen und Leiden verursachen können, mit dem Recht auf Achtung des Menschen unvereinbar sind.[239] In ihrer Stellungnahme zur Petition der Völker *Kuna de Madugandí* und *Emberá de Bayano* gegen den Staat Panama stellte die Kommission ausdrücklich fest, dass es einen direkten Zusammenhang zwischen der physischen Umwelt, in der Personen lebten, und ihrem Recht auf Leben, Sicherheit und körperliche Unversehrtheit gebe.[240] Staaten hätten eine positive Pflicht, Schädigungen der Umwelt in den Stammesgebieten indigener Völker zu verhindern und Maßnahmen zum Schutz ihres Habitats zu ergreifen.[241] Im Fall der *Yakye Axa* hielt auch der Inter-amerikanische Gerichtshof fest, dass der Zugang indigener Völker zu ihren traditionellen Siedlungsgebieten eng mit dem Recht auf Nahrung und Zugang zu sauberem Wasser verbunden sei.[242] Der Gewährleistungsgehalt des Rechts auf Leben aus Art 4 ACHR werde durch den gesamten völkerrechtlichen *corpus iuris* beeinflusst, sodass auch nicht unmittelbar justiziable Gewährleistungen, etwa das Recht auf eine gesunde Umwelt aus Art 11 des San Salvador Protokolls, bei der Auslegung zu berücksichtigen seien.[243]

66 Soweit ersichtlich, standen in allen bislang von der Inter-Amerikanischen Kommission für Menschenrechte entschiedenen Fällen mit besonderem Umweltbezug auf Beschwerdeführer- bzw Klägerseite indigene Völker (ausf zu diesen u Rn 93ff).[244] Sehr häufig werden die Verletzungen dabei im Kern auf die gewohnheitsrechtlichen Landbesitz- und Ressourcenrechte dieser Völker gestützt, die von Art 21 ACHR erfasst seien.[245] Im Unterschied zur Position der afrikanischen Kommission im *Ogoniland*-Fall haben die amerikanischen Organe dem Schutz der Umwelt bislang keinen eigenständigen Wert zugemessen, sondern nur mittelbar eine intakte Umwelt als Voraussetzung für den Genuss anderer Menschenrechte gehalten. Vor dem Hintergrund der eingeschränkten Justiziabilität des San Salvador Protokolls ist dies zwar nachvollziehbar, aber dennoch bedauerlich, da unklar bleibt, welche Relevanz die Entscheidungen außerhalb des spezifischen Kontexts von indigenen Völkern haben.[246]

3. Arabische Welt

67 Die Arabische Menschenrechtscharta (ArCHR) normiert in Art 38 das Recht jeder Person auf eine gesunde Umwelt. Diese Gewährleistung fehlte der ursprünglichen Fassung der ArCHR v 1994 und wurde erst mit der 2004 beschlossenen Revision der ArCHR[247] neu aufgenommen.[248] Bemer-

---

239 „Conditions of severe environmental pollution, which may cause serious physical illness, impairment, and suffering on the part of the local populace, are inconsistent with the right to be respected as a human being" (Inter-American Commission of Human Rights, Report on the Situation of Human Rights in Ecuador v 24.4.1997 – OEA/Ser.L/V/II.96, Doc 10 rev.1, 92).

240 „There is a direct relationship between the physical environment in which persons live and the rights to life, security, and physical integrity" (*Indigenous People*, Rn 233).

241 *Indigenous People*, Rn 234.

242 *Yakye Axa Indigenous Community*, Rn 167.

243 Ebd, Rn 163.

244 Siehe hierzu auch unten Rn 93ff.

245 „As a result of customary practices, possession of the land should suffice for indigenous communities lacking real title to property of the land to obtain official recognition of that property, and for consequent registration" (*Awas Tingni Community*, Rn 151); vgl auch *Saramaka People*; ferner *Indios Yanomami*; aus der Lit *Alanís*, Indigenous Peoples' Rights and the Extractive Industry, GoJIl 5 (2013) 187ff; *Amiott*, Environment, Equality, and Indigenous Peoples' Land Rights in the Inter-American Human Rights System: Mayagna (Sumo) Indigenous Community of Awas Tingni v Nicaragua, EL 32 (2002) 873ff.

246 *Boyle*, Human Rights or Environmental Rights, Fordham ELR 18 (2006) 471 (476).

247 Dazu *Rishmawi*, The Revised Arab Charter on Human Rights, HRLR 5 (2005a) 361ff; *Rishmawi*, Arab Charter on Human Rights (2004), in MPEPIL.

248 Zum Verhältnis von Islam und internationalen Menschenrechten siehe *Mayer*, Islam and Human Rights, 4. Aufl 2007; *Baderin*, International Human Rights and Islamic Law, 2003; *Brems*, Human Rights, 2001, 241–284;

kenswert ist, dass die Charta das Recht auf eine gesunde Umwelt im selben Satz mit dem Recht auf einen angemessenen Lebensstandard nennt und das Umweltmenschenrecht damit der Kategorie der wirtschaftlichen und sozialen Rechte zuordnet. Die in Art 38 ArCHR genannten Rechte werden in Art 39 um detaillierte Verpflichtungen zu deren Realisierung ergänzt. Insbes sind die Vertragsstaaten verpflichtet, Umweltverschmutzung zu bekämpfen und geeignete Sanitärsysteme einzurichten (Art 39 Abs 2 lit f ArCHR). Ein entscheidender Durchsetzungsmangel der ArCHR ist, dass sie keine Instrumente zur individuellen Rechtsverfolgung enthält.[249]

68 Auch nach der – nicht rechtsverbindlichen – Kairoer Erklärung zu Menschenrechten im Islam[250] sollen die Staaten sicherstellen, dass „[e]veryone shall have the right to live in a clean environment, away from vice and moral corruption, an environment that would foster his self-development and it is incumbent upon the State and society in general to afford that right" (Art 17 lit a). Ob der Begriff der „clean environment" allerdings iS intakter Ökosysteme und des Erhalts der natürlichen Lebensgrundlagen verstanden werden kann, ist angesichts des Kontexts zweifelhaft.[251] Es liegt näher, den Begriff iSe Umgebung frei von schädlichen moralischen oder geistigen Einflüssen zu verstehen, wobei die Beurteilung sich an den Maßstäben der Scharia richten soll.

69 Bemerkenswert ist das in der Erklärung enthaltene Verbot, Mittel zu verwenden, die zu einer Vernichtung des Fortbestands der Menschheit führen (Art 2 lit b).[252] Ein allg Verbot, die Existenz der Menschheit zu gefährden, ist im allg Völkerrecht bisher nicht ausdrücklich niedergelegt. Insgesamt ist die menschenrechtliche Relevanz der Kairoer Erklärung jedoch str, da sie zahlreiche Rechte (etwa das Recht auf Leben und körperliche Unversehrtheit, vgl Art 2) nur unter dem Vorbehalt der durch die Scharia vorgesehenen Eingriffe gewährleistet.[253]

4. Asien

70 Im asiatischen Raum existiert bislang kein regionales Menschenrechtssystem, das mit den afrikanischen, amerikanischen und europäischen Systemen vergleichbar wäre.[254] Die vom Verband Südostasiatischer Nationen (ASEAN) 2012 verabschiedete Menschenrechtserklärung[255] ist lediglich politischer Natur. Auch fehlt ihr ein umweltbezogenes Grundrecht. Das Recht auf wirtschaftliche Entwicklung steht indes unter dem Vorbehalt, dass den entwicklungs- und umweltbezo-

---

allg zu Islam und Völkerrecht siehe *Mahmoudi*, Islamic Approach to International Law, in MPEPIL, beispielhaft zur Situation in Pakistan vgl *Lau*, Islam and Judicial Activism: Public Interest Litigation and Environmental Protection in the Islamic Republic Of Pakistan, in Boyle/Anderson (Hrsg), Human Rights Approaches, 285.

249 *Rishmawi* (Fn 247 [HRLR]) 361ff.

250 Organisation of Islamic Cooperation, The Cairo Declaration on Human Rights in Islam v 5.8.1990, Res Nr 49/19-P.

251 Auch der Begriff „البيئة" im arab Originaltext lässt sich mit „Umwelt" übersetzen, ist jedoch ähnlich mehrdeutig wie der dt und der engl Begriff.

252 Das arab Original lautet: يحرم اللجوء إلي وسائل تفضي إلي إفناء الينبوع البشري. Die übliche engl Übersetzung ist unzutreffend und auch selbstwidersprüchlich: „It is forbidden to resort to such means as may result in the genocidal annihilation of mankind." Auf diese Übersetzung bezieht sich jedoch bspw die Kritik von *Mayer*, Universal Versus Islamic Human Rights, Michigan JIL 15 (1994) 307 (344 und Fn 150). Zutreffend wäre die Übersetzung: „It is prohibited to resort to means that result in the depletion of the source of mankind."

253 „(a) Life is a God-given gift and the right to life is guaranteed to every human being. It is the duty of individuals, societies and states to protect this right from any violation, and it is prohibited to take away life except for a Shari'ah prescribed reason. (...) (c) The preservation of human life throughout the term of time willed by God is a duty prescribed by Shari'ah. (d) Safety from bodily harm is a guaranteed right. It is the duty of the state to safeguard it, and it is prohibited to breach it without a Sharia-prescribed reason." Vgl auch *Rishmawi* (Fn 247 [HRLR]) 366–371; *Mayer* (Fn 248) 339–343, 347–350.

254 Vgl *Desierto*, International Law, Regional Developments: South and South-East Asia, in MPEPIL.

255 ASEAN Human Rights Declaration v 18.12.2012.

genen Anforderungen gegenwärtiger und zukünftiger Generationen gleichermaßen Rechnung getragen wird (dazu u Rn 101).

5. Umweltbezüge in nationalen Verfassungen

71 Nicht unerwähnt bleiben soll schließlich, dass heute weit über 100 nationale Verfassungen einen Umweltbezug enthalten.[256] Dieser Befund mag im Lichte der geschilderten Schwierigkeiten, ein Recht auf gesunde oder lebenswerte Umwelt auch auf universeller Ebene anzuerkennen (Rn 7 ff), verwundern. Dies kann jedoch damit erklärt werden, dass die Gewährleistungen hinsichtlich der Adressaten und der Regelungsmethodik variieren: Oft verpflichten die Verfassungen den Staat iSe Staatszielbestimmung zum Schutz und Erhalt der Umwelt. Nur zT begründen sie auch ein individuell-subjektives Recht der Bürger. In diesen Fällen ist die Gewährleistung meist auf eine *gesunde Umwelt* gerichtet. Teilweise wird die Pflicht zum Umweltschutz aber durch die Verfassung auch oder ausschließlich den Bürgern auferlegt.[257]

IV. Einzelfragen

1. Klimawandel und Menschenrechte

72 Die Wissenschaft hat in den vergangenen Jahren nicht nur Gewissheit über Ursachen und Umfang der globalen Klimaerwärmung erlangt,[258] sondern auch wichtige Erkenntnisse über die schon eingetretenen und noch zu erwartenden Auswirkungen gewonnen, die der Klimawandel auf Mensch und Umwelt hat. Sowohl kurzfristig eintretende Umweltkatastrophen wie Hitzewellen, Überflutungen und Stürme als auch längerfristig wirkende Veränderungen wie Dürreperioden, ansteigende Meeresspiegel oder die Ausbreitung von Wüsten können die Lebensumstände einzelner Betroffener oder ganzer Bevölkerungen massiv beeinflussen.[259] Der UN-Menschenrechtsrat hat seit dem Jahr 2008 wiederholt darauf hingewiesen, dass die direkten und indirekten Folgen des Klimawandels verschiedenste Folgen für wirksame Wahrnehmung der Menschenrechte haben können.[260] Die Vertragsstaatenkonferenz der UNFCCC hat sich diese Feststellung im Jahr 2010 in den Cancun Agreements zu eigen gemacht.[261] Auch in der Wissenschaft ist weitgehend unumstritten, dass die negativen Folgen des Klimawandels zu Beeinträchtigungen verschiedenster Menschenrechte führen können.[262]

---

256 Vgl die Zusammenstellung der Bestimmungen mit Umweltbezug in 119 Staatenverfassungen in *Earthjustice*, Environmental Rights Report 2008: Human Rights and the Environment, 2008, 90–111. Eine Datenbank aller Verfassungen in engl Übersetzung bietet Oxford Constitutions of the World, <http://oxcon.ouplaw.com/home/OCW>.

257 *Del Valle/Sikkink*, (Re)discovering Duties: Individual Responsibilities in the Age of Rights, Minnesota JIL 26 (2017) 235 (239–242); *Birnie/Boyle/Redgwell*, International Law and the Environment, 278; *Shelton* (Fn 48) 267–269; *Razzaque* (Fn 196) 289–292; *Ksentini* (Fn 30) Rn 240.

258 Vgl Intergovernmental Panel on Climate Change (IPCC), Climate Change 2013, The Physical Science Basis, Contribution of Working Group I to the Fifth Assessment Report of the IPCC, 2013, 3–29.

259 Vgl IPCC, Climate Change 2014, Impacts, Adaptation, and Vulnerability, Working Group II Contribution to the Fifth Assessment Report of the IPCC, 1–32.

260 Vgl UN Doc A/HRC/RES/7/23 v 28.3.2008; UN Doc A/HRC/RES/10/4 v 25.3.2009; UN Doc A/HRC/RES/18/22 v 30.9. 2011; UN Doc A/HRC/RES/26/27 v 27.6.2014; UN Doc A/HRC/RES/29/15 v 2.7.2015; UN Doc A/HRC/RES/32/33 v 1.7.2016.

261 UN Doc. FCCC/CP/2010/7/Add.1 v 15.3.2011, Decision 1/CP.16 v 10./11.12.2010, The Cancun Agreements, para 7 der Präambel.

262 Vgl *Humphreys*, Introduction: Human Rights and Climate Change, in ders (Hrsg), Human Rights and Climate Change, 2011, 1; *Quirico/Boumghar*, Introduction, in dies (Hrsg), Climate Change and Human Rights: An International and Comparative Law Perspective, 2015, 1 mwN.

Neben dem Recht auf Leben werden häufig die wirtschaftlichen und sozialen Menschenrechte der zweiten Generation als besonders gefährdete Gewährleistungen genannt.[263] Eine Studie des UN-Menschenrechtsrats aus dem Jahr 2009 hält insbes das Recht auf angemessene Nahrung und Wasser, das Recht auf Gesundheit sowie das Recht auf angemessenen Wohnraum für bedroht.[264] Besonders schwer betroffen seien jene Teile der Bevölkerung, die ohnehin schon aufgrund von Armut, Geschlecht, Alter, Minderheitsstatus oder einer Behinderung verletzlich seien.[265] Zudem beeinträchtige die Existenzbedrohung ganzer Inselstaaten durch das Ansteigen der Meeresspiegel auch das Selbstbestimmungsrecht der betroffenen Völker und zeige, wie sehr Einzelpersonen auf den Schutz und die Gewährleistung der Menschenrechte durch ihre Staaten angewiesen seien.[266] **73**

Gleichwohl haben menschenrechtliche Erwägungen in der Vergangenheit nur geringen Einfluss auf die Entwicklung des internationalen Klimaschutzrechts gehabt. Die UN-Klimarahmenkonvention basiert nicht auf der Sorge um das Wohl Einzelner, sondern begreift den Klimawandel und dessen Auswirkungen vielmehr als gemeinsame Sorge der Menschheit („common concern of humankind“, vgl Abs 1 Präambel UNFCCC). Die absolute und universelle Sprache der Menschenrechtspakte, die alle Vertragsstaaten gleichermaßen zur Achtung der darin niedergeschriebenen Gewährleistungen gegenüber allen Menschen verpflichten, unterscheidet sich deutlich vom Duktus der UNFCCC. Das internationale Klimaschutzrecht beruht im Wesentlichen auf Gerechtigkeits- und wohl auch Billigkeitserwägungen, wie sie im Prinzip der gemeinsamen, aber differenzierten Verantwortung zum Ausdruck kommen.[267] Dieses Prinzip nimmt eine *zwischenstaatliche Verantwortungsallokation* auf Grundlage des historischen Beitrags zum Klimawandel vor.[268] Dabei wird nicht primär in den Blick genommen, dass die negativen Auswirkungen des Klimawandels regional sehr ungleich verteilt sind und zudem besonders verwundbare Bevölkerungsgruppen, etwa in Entwicklungsländern, durch diese Auswirkungen wesentlich stärker beeinträchtigt werden als resiliente Industriegesellschaften.[269] **74**

An dem Befund, dass die Auswirkungen der globalen Erwärmung auf Einzelne und deren Menschenrechte im Klimaschutzregime weitgehend unberücksichtigt bleiben, hat sich durch das 2015 verabschiedete Abkommen von Paris nur wenig verändert. Zwar werden die Vertragsparteien in Abs 11 der Präambel des Übereinkommens dazu aufgerufen, ihre jeweiligen menschenrechtlichen Verpflichtungen zu respektieren, zu fördern und zu berücksichtigen, wenn sie Maßnahmen gegen den Klimawandel ergreifen. Der Vorschlag zivilgesellschaftlicher Gruppen, die Achtung der Menschenrechte ausdrücklich zum Vertragszweck zu erheben, fand bei den Staaten jedoch keine Zustimmung.[270] Somit finden die Menschenrechte nur Erwähnung, soweit Maßnahmen gegen den Klimawandel ergriffen werden. Die Verpflichtung zum Ergreifen solcher Maßnahmen wird jedoch weiterhin nicht mit menschenrechtlichen Erwägungen begründet. **74a**

Umgekehrt ist auch das internationale Menschenrechtsregime nur schwer in der Lage, zufriedenstellende Antworten auf die Besonderheit einer globalen Umweltveränderung wie dem **75**

---

263 *Brunnée/Goldberg/Lord*, Introduction, in Lord/Goldberg/Rajamani (Hrsg), Climate Change Liability, 2012, 3 (40), vgl zur Unterteilung der Menschenrechte in verschiedene „Generationen“ oben Rn 5.

264 UN Doc A/HRC/10/61 v 15.1.2009, Report of the Office of the United Nations High Commissioner for Human Rights on the Relationship between Climate Change and Human Rights, paras 25 ff.

265 UN Doc A/HRC/10/61 (Fn 264) para 42; vgl *Barnett*, Human Rights and Vulnerability to Climate Change, in Humphreys (Hrsg), Human Rights and Climate Change, 257.

266 UN Doc A/HRC/10/61 (Fn 264) paras 39–41.

267 Dazu Bartenstein, 2. Abschn Rn 16 ff.

268 *Kellersmann*, Die gemeinsame, aber differenzierte Verantwortlichkeit von Industriestaaten und Entwicklungsländern für den Schutz der globalen Umwelt, 2000, 48–60, 329–330; *Birnie/Boyle/Redgwell*, International Law and the Environment, 132–136; *Sands/Peel*, Principles of International Environmental Law, 3. Aufl 2012, 233–236.

269 Vgl *Humphreys* (Fn 262) 7.

270 Vgl *Mayer*, Human Rights in the Paris Agreement, Climate Law 6 (2016) 109 (114 f).

Klimawandel zu liefern. So verpflichtet etwa der IPwskR die Vertragsstaaten nicht zur absoluten Gewährleistung der dort genannten Menschenrechte, sondern nur zur schrittweisen Verwirklichung unter Ausschöpfung der tatsächlichen Möglichkeiten der Staaten (Art 2 Abs 1 IPwskR). Diese Möglichkeiten können indes, insbes im Fall von Entwicklungs- und Schwellenländern, erheblich durch Auswirkungen des Klimawandels beeinträchtigt werden.[271] Aspekte internationaler Gerechtigkeit – und wohl auch Billigkeitserwägungen –, die das Klimaschutzrecht prägen, kommen in Bezug auf die menschenrechtlichen Verpflichtungen einzelner Staaten indes kaum zum Tragen; inwiefern sich aus der in Art 2 Abs 1 IPwskR enthaltenen Verpflichtung zu internationaler Hilfe und Zusammenarbeit konkrete Rechtspflichten oder gar individuelle Ansprüche ableiten lassen, ist hoch umstritten.[272]

76 Von den Folgen des Klimawandels sind in besonderem Maße die Bevölkerungen in Staaten betroffen, die zu den Ursachen des globalen Klimawandels verhältnismäßig wenig beigetragen haben. Dabei ist fraglich, ob die Verursacherstaaten des Klimawandels für solche Menschenrechtsverletzungen in anderen Staaten zur Verantwortung gezogen werden können, die unmittelbare Folge des Klimawandels sind. Die extraterritoriale Anwendung der Menschenrechte wird jedoch selbst in solchen Fällen von einigen Staaten bestritten, in denen der Nachweis einer kausalen Menschenrechtsverletzung durch einen Staat in einem anderen Staat leicht möglich ist, wie beispielsweise beim Einsatz von Waffengewalt in fremden Staaten.[273] In Bezug auf globale Umweltbeeinträchtigungen kann idR noch nicht einmal dieser Kausalitätsnachweis geführt werden, da bspw der Klimawandel nicht auf die Treibhausgasemissionen eines Staats zurückzuführen ist, sondern auf die akkumulierten Emissionen einer Vielzahl von Staaten. Die klassischen Schädigungsverbote des Umweltvölkerrechts stoßen hier ebenso an ihre Grenzen wie die etablierten Schutzrichtungen der Menschenrechte.[274] Die Anerkennung einer gemeinsamen Verantwortlichkeit (*shared responsibility*) mehrerer Völkerrechtssubjekte für die Entstehung eines völkerrechtswidrigen Zustands ist der völkerrechtlichen Praxis noch fremd und bislang nur Gegenstand wissenschaftlicher Erörterungen geblieben.[275]

77 Während offensichtlich ist, dass die Folgen des Klimawandels in gewisser Hinsicht negative Auswirkungen auf menschenrechtliche Gewährleistungsgehalte haben, ist aus den genannten Gründen die rechtliche Begründung einer Menschenrechtsverletzung bislang nur schwer möglich.[276] Damit ist auch zu erklären, warum bisher praktisch keine Spruchpraxis zu möglichen Menschenrechtsverletzungen infolge des Klimawandels besteht.

78 Im Bereich der internationalen Menschenrechtsorgane wurde bisher nur ein einziger Fall anhängig, in dem ausdrücklich Menschenrechtsverletzungen infolge des Klimawandels gerügt wurden: Im Jahr 2005 rügte der *Inuit Circumpolar Council*, eine Interessensvertretung der Inuit Alaskas und Kanadas, bei der Inter-Amerikanischen Menschenrechtskommission, die USA hätten ihre Verpflichtungen aus IPbpR und IPwskR sowie der Amerikanischen Menschenrechteerklärung (Art I, VIII, IX und XI) verletzt.[277] Durch die Auswirkungen des Klimawandels auf die

---

271 Ebd, 5–6.

272 *Saul/Kinley/Mowbray* (Fn 67) 137–143; *Humphreys* (Fn 262) 10–11; vgl UN Doc E/1991/23 (Fn 67) para 14.

273 Vgl *Boyle*, Human Rights and the Environment, 637–639, vgl allg *King*, Extraterritorial Human Rights Obligations of States, HRLR 9 (2009) 521 ff.

274 *Boyle*, Human Rights and the Environment, 639–641.

275 Allg zum Konzept der „shared responsibility" *Nollkaemper/Jacobs*, Shared Responsibility in International Law: A Conceptual Framework, Michigan JIL 34 (2013) 359 ff; spezifisch zur Haftung für Folgen des Klimawandels vgl *Faure/Nollkaemper*, International Liability as an Instrument to Prevent and Compensate for Climate Change, Stanford JIL 43 (2007) 123 ff.

276 UN Doc A/HRC/10/61 (Fn 264) para 70; *Knox*, Linking Human Rights and Climate Change at the United Nations, Harvard ELR 33 (2009) 477 (488–489).

277 Inuit Circumpolar Council, Petition to the Inter American Commission on Human Rights Seeking Relief from Violations Resulting from Global Warming Caused by Acts and Omissions of the United States, 7.12.2005

arktische Umwelt, der durch Handlungen und Unterlassungen der USA verursacht werde, würden die Inuit in grundlegenden Menschenrechten verletzt, darunter das Recht auf Leben und Gesundheit, auf Eigentumsschutz, auf Unverletzlichkeit der Wohnung und auf Erhalt ihrer Kultur.[278] Unter Verweis auf die Spruchpraxis der Inter-Amerikanischen Kommission und des Gerichtshofs, die bei der Auslegung der Menschenrechteerklärung wiederholt auch andere anwendbare Völkerrechtsregeln ausdrücklich berücksichtigt hatten, wurde auch auf die Verletzung des umweltvölkerrechtlichen Schädigungsverbots und der UNFCCC abgestellt.[279] Im Ergebnis wurde bei der Kommission beantragt, den USA zu empfehlen, verbindliche Maßnahmen zur Reduktion der Treibhausgasemissionen zu ergreifen und die betroffenen Gruppen bei Anpassungsmaßnahmen zu unterstützen.[280]

79 Während die Petition der Inuit in der Lit großes Echo fand,[281] wies die Kommission den Antrag mit der äußerst knapp gehaltenen Begründung zurück, auf Grund der übermittelten Informationen sei es nicht möglich zu beurteilen, ob die USA tatsächlich für Menschenrechtsverletzungen verantwortlich seien.[282] Während eine stattgebende Entscheidung aus verschiedenen Gründen unwahrscheinlich war, ist an der pauschalen Abweisung durch die Kommission besonders bedauerlich, dass diese die Gelegenheit verstreichen ließ, erstmals ausdrücklich zur Rolle des Umweltvölkerrechts bei der Bestimmung der Reichweite der Gewährleistungen des amerikanischen Menschenrechtssystems Stellung zu nehmen.[283] Die Diskussion hierüber bleibt somit bis auf weiteres der wissenschaftlichen Lit überlassen.

2. „Umwelt-" und „Klimaflüchtlinge"

80 Negative Veränderungen der Umwelt sind häufig mittelbare oder unmittelbare Ursache von Migrations- und Fluchtbewegungen.[284] Die betroffenen Menschen werden in der wissenschaftlichen und politischen Auseinandersetzung häufig plakativ als „Umweltflüchtlinge"[285] oder „Klimaflüchtlinge" bezeichnet. Diese Begrifflichkeit stellt nicht nur eine problematische Verkürzung dar, da Flucht und Migration selten monokausal sind.[286] Häufig gerät dabei auch außer Acht, dass dem Begriff und der Eigenschaft von Personen als „Flüchtlingen" im Völkerrecht eine feststehende Bedeutung zukommt.[287] Menschen, die aus umweltbezogenen Gründen

278 Ebd, 3–5, 75–95.
279 Ebd, 96–102 mwN.
280 Ebd, 118.
281 Vgl nur *Osofsky*, The Inuit Petition as a Bridge?, AILR 31 (2006) 675 ff; *Abate*, Climate Change, the United States, and the Impacts of Arctic Melting, Stanford JIL 43A (2007) 3 ff; *Knox* (Fn 276) 482; *Strydom*, Environment and Indigenous Peoples, in MPEPIL, Rn 20–23.
282 Inter-American Commission of Human Rights, Schreiben v 16.11.2006. Die Kommission hörte die Petenten zu einem späteren Zeitpunkt zum Thema „Global Warming and Human Rights" an, ohne das eigentliche Verfahren wieder aufzugreifen, vgl *Gordon*, Inter-American Commission on Human Rights to Hold Hearing after Rejecting Inuit Climate Change Petition, Climate Law Reporter 7 (2007) 55 ff.
283 Vgl *Adelman*, Rethinking Human Rights: The Impact of Climate Change on the Ominant Discourse, in Humphreys (Hrsg), Human Rights and Climate Change, 159 (176); *Abate* (Fn 281) 74 f.
284 Vgl etwa *Gruber*, Human Displacement and Climate Change in the Asia-Pacific, in Boer (Hrsg), Environmental Law Dimensions of Human Rights, 2015, 181 (182–192); *Lopez*, Protection, 369–376.
285 Dieser Begriff wurde geprägt von *El-Hinnawi*, Environmental Refugees, 1985, 4. Eine Übersicht der verschiedenen Definitionsversuche findet sich bei *Beyerlin*, Environmental Migration and International Law, in Hestermeyer/König/Matz-Lück (Hrsg), Coexistence, Cooperation and Solidarity, Bd 1, 2012, 319 (320 ff).
286 *Black*, Environmental Refugees: Myth or Reality?, wendet sich aus diesem Grund gegen die Verwendung des Begriffs „environmental refugees"; die Lit warf ihm daraufhin – wohl zu Unrecht – eine Leugnung des Phänomens als solchem vor; zum Streitstand vgl *Nümann*, Umweltflüchtlinge, 110–112; vgl auch *Black/Bennett/Thomas*, Climate Change: Migration as Adaptation, Nature 478/7370 (2011) 447; *Lopez*, Protection, 376–377; *Gruber* (Fn 284) 193.
287 *Nümann*, Umweltflüchtlinge, 218.

ihre Heimat verlassen, sind jedoch vom internationalen Flüchtlingsrecht nicht ohne weiteres erfasst.

a) Genfer Flüchtlingskonvention

81 Ausgangspunkt jeder Annährung an das Thema ist stets die Genfer Flüchtlingskonvention (GFK) v 1951, deren Beschränkung hinsichtlich des zeitlichen Anwendungsbereichs durch das Protokoll v 1967 aufgehoben wurde. Hiernach gilt als Flüchtling, wer aus der begründeten Furcht vor Verfolgung wegen der Rasse, Religion, Nationalität, Zugehörigkeit zu einer bestimmten sozialen Gruppe oder politischen Überzeugung sich außerhalb des Heimatlandes befindet (Art 1 A. Abs 2 GFK). Die GFK erfasst somit weder Binnenvertriebene, die sich noch innerhalb ihres Heimatlands befinden,[288] noch Personen, die ihr Land aus anderen Gründen als der begründeten Furcht vor Verfolgung verlassen haben.[289] Wenngleich der Begriff der „Verfolgung" in der GFK nicht ausdrücklich definiert wurde, beschreibt er nach verbreiteter Auffassung das Vorliegen schwerwiegender oder systemischer Menschenrechtsverletzungen infolge des Nichtbestehens oder Versagens von staatlichem Schutz.[290] Weder kurzfristig auftretende Umweltkatastrophen noch längerfristige Umweltveränderungen stellen somit für sich genommen einen nach der GFK anerkannten Fluchtgrund da.[291] Die Anwendbarkeit der Konvention lässt sich auch nicht über eine extensive Auslegung der Voraussetzungen[292] oder eine analoge Anwendung begründen; dies verbietet sich schon deshalb, weil das Fehlen einer unbeabsichtigten Regelungslücke anhand der Verhandlungsdokumentation nachgewiesen werden kann.[293]

82 Anders liegt es dagegen, wenn neben der Umweltzerstörung noch aus anderen Gründen eine begründete Furcht vor Verfolgung hinzukommt, oder wenn die Herbeiführung des Umweltschadens selbst ein Mittel der Verfolgung darstellt.[294] Ein Bsp hierfür ist das Schicksal der Marsch-Araber, einer schiitischen Volksgruppe im Irak, die in den Sumpflandschaften zwischen den Flüssen Euphrat und Tigris lebt und sich über fünftausend Jahre an die Besonderheiten des dort existierenden Ökosystems angepasst hat.[295] Nach Ende des ersten Golfkriegs begann die irakische Regierung *Saddam Husseins* mit der systematischen Trockenlegung der Sumpflandschaften,[296] außerdem soll es zur gezielten Kontaminierung von Wasserquellen und anderen

---

288 *Zimmermann/Mahler*, in Zimmermann (Hrsg), The 1951 Convention Relating to the Status of Refugees and its 1967 Protocol, 2011, Article 1 A, para 2, Rn 575.

289 UNHCR (Hrsg), Handbuch und Richtlinien über Verfahren und Kriterien zur Festlegung der Flüchtlingseigenschaft gemäß dem Abkommen von 1951 und dem Protokoll von 1967 über die Rechtsstellung der Flüchtlinge, 2011 (dt Version 2013), Rn 39.

290 Diese Definition wurde begründet von *Hathaway*, The Law of Refugee Status, 1991, 101 und ist mittlerweile allg anerkannt, vgl nur die umfangreichen Rechtsprechungsnachw in *Hathaway/Foster*, The Law of Refugee Status, 2. Aufl 2014, 185; vgl zudem *Zimmermann/Mahler* (Fn 288) Rn 216f; *Storey*, Armed Conflict in Asylum Law, Refugee Survey Quarterly 31 (2012) 1 (3); UNHCR (Fn 289) Rn 51–53; *Nümann*, Umweltflüchtlinge, 254–294.

291 So auch *Nümann*, Umweltflüchtlinge, 332–333.

292 So aber etwa *Hong*, Refugees of the 21st Century: Environmental Injustice, Cornell JLPP 10 (2000) 323 (338ff).

293 Der Generalbevollmächtigte von Israel wies in den Verhandlungen zur GFK ausdrücklich darauf hin, dass die Konvention weder auf die Flucht vor bewaffneten Feindseligkeiten anwendbar sei noch auf Naturkatastrophen; es sei schwer vorstellbar, dass etwa Feuer, Überschwemmungen, Erdbeben oder Vulkanausbrüche ihre Opfer nach Rasse, Religion oder politischer Meinung unterschieden, vgl Conference of Plenipotentiaries on the Status of Refugees and Stateless Persons, Summary Record of the Twenty-second Meeting, 16.7.1951, 6.

294 *Kozoll*, Poisoning the Well: Persecution, the Environment, and Refugee Status, CJIELP 15 (2004) 271 (279); *Nümann*, Umweltflüchtlinge, 332–333.

295 Human Rights Watch (Hrsg), The Iraqi Government Assault on the Marsh Arabs, 2003, 5f; zum Ganzen ausf und mwN *Nümann*, Umweltflüchtlinge, 313–324.

296 Human Rights Watch (Fn 295) 6ff; *Lopez*, Protection, 385; *Fawcett/Tanner*, The Internally Displaced People of Iraq, 2002, 29–32; *Weinstein*, Prosecuting Attacks that Destroy the Environment: Environmental Crimes or Humanitarian Atrocities, GIELR 17 (2004) 697 (714–719); zur Rechtswidrigkeit der Maßnahmen ausf *Schwabach*, Ecocide and

Maßnahmen zur Zerstörung des Ökosystems gekommen sein.[297] In der Folge verloren viele Marsch-Araber, die sich bis dahin weitgehend selbst versorgt hatten, ihre Lebensgrundlage und mussten ihre Heimat verlassen.[298] Im Lichte der vom damaligen irakischen Regime praktizierten Unterdrückung der im Land lebenden Schiiten wurde das Vorliegen der Verfolgungsvoraussetzung nach der GFK bzw die Flüchtlingseigenschaft der betroffenen Menschen von der Lit bejaht[299] und in einzelnen Fällen auch von der australischen Rechtspr bestätigt.[300]

83 Eine weitere str Fallgruppe ist die Verfolgung durch menschliches Verhalten in Reaktion auf Umweltveränderungen. Insbes plötzlich auftretende Naturkatastrophen führen zur Intensivierung bereits zuvor bestehender Diskriminierungsmuster, etwa indem – durch die Regierung oder jedenfalls mit ihrer Duldung – bestimmten Bevölkerungsgruppen die Gewährung von Schutz und Hilfeleistungen verweigert wird.[301] Ein Bsp hierfür ist das Verhalten der indischen Regierung nach dem Tsunami im Indischen Ozean im Dezember 2004: Angehörigen der Kaste der Dalit, die auch als „Unberührbare" bezeichnet werden, sollen Hilfeleistungen versagt worden sein, während Angehörige höher stehender Kasten solche Hilfe erhalten hatten.[302] Nach Angaben des UNHCR hat die indische Regierung gar internationale Hilfsangebote für Angehörige der Dalit abgelehnt.[303] Vergleichbare Phänomene der unterlassenen Hilfeleistung an die Angehörigen der Dalit soll es auch nach dem Erdbeben im April 2015 in Nepal gegeben haben, wo das brahmanische Kastensystem ebenfalls weit verbreitet ist.

84 In der Lit wird in diesen Konstellationen das Vorliegen einer Verfolgung iSd der GFK überwiegend bejaht, wenn die Versagung von Schutz oder Hilfeleistungen aufgrund eines der in Art 1 A Abs 2 GFK genannten Gründe erfolgt.[304] Die Befürworter folgen dabei einer weiten Auslegung des Begriffs der „Verfolgung", nachdem nicht nur gezielte und vorsätzliche Rechtsverletzungen eine Verfolgung der Betroffenen darstellen können, sondern bereits das Unvermögen oder der Unwille des Staats, die Betroffenen vor Menschenrechtsverletzungen zu schützen.[305] Gegner dieser Auffassung argumentieren, dass eine Menschenrechtsverletzung das Handeln eines menschlichen Akteurs voraussetze, an dem es bei Naturkatastrophen gerade fehle.[306] Ist allerdings nicht bereits die Naturkatastrophe selbst, sondern erst das an sie anknüpfende menschliche Verhalten Auslöser für die Abwanderung, kann dieses Verhalten – oder die fehlende Unterbindung solchen Verhaltens durch den Staat – das Tatbestandsmerkmal der Verfolgung durchaus erfüllen.[307] Allerdings sind keine Fälle bekannt, in der dies von Betroffenen erfolgreich als Fluchtgrund geltend ge-

---

Genocide in Iraq: International Law, the Marsh Arabs, and Environmental Damage in Non-International Conflicts, CJIELP 15 (2004) 1 (4 ff).

297 Die Vergiftung konnte indes nicht zweifelsfrei nachgewiesen werden, vgl UN Commission on Human Rights, Report on the Situation of Human Rights in Iraq, 19.2.1993, para 125.

298 Human Rights Watch (Fn 295) 9.

299 *Lopez*, Protection, 384 f; *Nümann*, Umweltflüchtlinge, 319–321; *Castles*, Environmental Change and Forced Migration: Making Sense of the Debate, 2002, abrufbar unter <http://www.unhcr.org/research/RESEARCH/3de344fd9.pdf>, 8; *King*, Environmental Displacement: Coordinating Efforts to Find Solutions, GIELR 18 (2005) 543 (553).

300 Vgl die Nachweise bei *Nümann*, Umweltflüchtlinge, 316 f.

301 UN Doc A/HRC/10/13/Add.1 v 5.3.2009, Protection of Internally Displaced Persons in Situations of Natural Disasters (Addendum), para 3; vgl auch *Kälin*, The Human Rights Dimension of Natural or Human-Made Disasters, GYIL 55 (2013) 119 ff.

302 Human Rights Watch (Hrsg), After the Deluge, 2005, 25–30.

303 UNHCR (Hrsg), The State of The World's Refugees 2006, 2006, 21.

304 Vgl *Guterres*, Climate Change, Natural Disasters and Human Displacement: A UNHCR Perspective, 2008, 7; *Kälin*, Conceptualising Climate-Induced Displacement, in McAdam (Hrsg), Climate Change and Displacement, 2010, 81 (88); *Nümann*, Umweltflüchtlinge, 329–332 mwN.

305 Vgl die Nachw bei Fn 290.

306 Vgl *Cooper*, Environmental Refugees: Meeting the Requirements of the Refugee Definition, NYU EnvLJ 6 (1997) 480 (502); *Lopez*, Protection, 378; Immigration and Protection Tribunal New Zealand, AF (Kiribati), Urteil v 25.6.2013 – [2013] NZIPT 800413.

307 *Hathaway*/*Foster* (Fn 290) 176; *Nümann*, Umweltflüchtlinge, 152 f.

macht wurde. Dass die australische Rechtspr einzelnen Betroffenen die Anerkennung als Flüchtlinge verwehrt hat, ist gleichwohl nicht Ausdruck einer allg Ablehnung des Fluchtgrunds, sondern vielmehr durch die jeweiligen Umstände der Einzelfälle zu erklären.[308]

85 In den dargestellten besonderen Fallgruppen ergibt sich die Flüchtlingseigenschaft nicht aus einem umweltspezifischen Kontext, sondern vielmehr aus der begründeten Furcht vor Verfolgung aus einem der in der GFK genannten Gründe. Die Begriffe „Umwelt-" und „Klimaflüchtlinge" haben indes derzeit keine verbindliche Grundlage im universellen Völkerrecht.[309] Die Bezeichnung der betroffenen Personen als „Flüchtlinge" ist vielmehr irreführend, da dadurch ein tatsächlich gar nicht bestehender Schutzanspruch suggeriert wird.[310] Zu Recht wird daher in der engl Sprache häufig der Begriff „environmentally-displaced persons" („umweltbedingt Vertriebene") verwendet.[311]

b) Regionale Instrumente zum Flüchtlingsschutz

86 Zwei regionale Instrumente zum internationalen Flüchtlingsschutz verfügen über einen weiteren Anwendungsbereich als die Genfer Flüchtlingskonvention. Die *Konvention zur Regelung der spezifischen Aspekte von Flüchtlingsproblemen in Afrika* ergänzt die Fluchtgründe der GFK u a um „events seriously disturbing public order".[312] Teilweise wird vertreten, dass hiervon auch Umweltkrisen erfasst seien, da diese ebenfalls die öffentliche Ordnung ernsthaft störten.[313] Dies verkennt jedoch den systematischen Zusammenhang: Die OAU-Konvention nennt die „events seriously disturbing public order" im Zusammenhang mit den Fluchtgründen äußere Aggression, Okkupation und ausländische Vorherrschaft. Nach der *eiusdem generis*-Regel ist ein unbestimmter Rechtsbegriff, der in Aufzählung mit anderen, deutlicher bestimmten Begriffen genannt wird, grundsätzlich im Zusammenhang mit der Bedeutung der anderen Begriffe auszulegen.[314] Folglich muss bei der Auslegung von „events seriously disturbing public order" berücksichtigt werden, dass alle anderen genannten Fluchtgründe zwingend auf ein bestimmtes menschliches Verhalten zurückgehen, durch welches „kriegsähnliche Situationen" geschaffen werden.[315] Die Tatbestandsalternative „events seriously disturbing public order" kann somit keine Anwendung auf Umweltkatastrophen ohne unmittelbaren menschlichen Kausalbeitrag finden.[316] Das gleiche gilt auch für die lateinamerikanische *Cartagena Erklärung über Flüchtlinge.*[317] Wie auch die GFK erkennt auch das das regionale Flüchtlingsrecht umweltbedingte Migration somit nicht als Fluchtgrund an.

---

308 *Nümann*, Umweltflüchtlinge, 325–327.

309 *Zimmermann/Mahler* (Fn 288) Rn 564.

310 So auch *Lopez*, Protection, 388.

311 Der Begriff „environmentally-displaced persons" wird von UNHCR und IOM wie folgt definiert: „Persons who are displaced within their country of habitual residence or who have crossed an international border and for whom environmental degradation, deterioration or destruction is a major cause of their displacement, although not necessarily the sole one", vgl UNHCR/IOM (Hrsg), Environmentally-Induced Population Displacements and Environmental Impacts Resulting from Mass Migrations, 1996, 4.

312 Art 1 Abs 2 OAU-Konvention.

313 *Lopez*, Protection, 390; *Cooper* (Fn 306) 497.

314 *Linderfalk*, On the Interpretation of Treaties, 2007, 303–310.

315 So *Nümann*, Umweltflüchtlinge, 424 unter Verweis auf die Analyse von *Rankin*, Extending the Limits or Narrowing the Scope? Deconstructing the OAU Refugee Definition Thirty Years on, 2005, 14 ff; vgl auch *Keane*, The Environmental Causes and Consequences of Migration, GIELR 16 (2004) 209 ff.

316 *Rankin* (Fn 315) 20 f; *Nümann*, Umweltflüchtlinge, 422 ff.

317 *Nümann*, Umweltflüchtlinge, 453 ff; *Espiell/Picaso/Lanza*, Principles and Criteria for the Protection of and Assistance to Central American Refugees, Returnees and Displaced Persons in Latin America, IJRL 2 (1990) 83 (Rn 33).

c) Schutz von Binnenvertriebenen

87 Wie bereits erwähnt (Rn 81), ist die Grenzüberschreitung einer Person eine entscheidende Voraussetzung für die Anwendbarkeit des internationalen Flüchtlingsrechts: Sowohl die GFK als auch die regionalen Instrumente setzen voraus, dass die Personen sich außerhalb ihres Herkunftsstaats aufhalten.[318] Nicht erfasst werden damit Binnenvertriebene, die innerhalb der Grenzen ihres Herkunftsstaats abwandern (sog *internally displaced persons*, kurz IDPs).

88 Auf den Schutz dieser Betroffenen zielen die 1998 im Auftrag der Menschenrechtskommission erarbeiteten *Guiding Principles on Internal Displacement* ab.[319] Ihr Anwendungsbereich umfasst ausdrücklich auch Menschen, die ihr Zuhause aufgrund von natürlichen oder menschengemachten Katastrophen („natural or human-made disasters") verlassen mussten. Die Guiding Principles erfassen somit sowohl Opfer von plötzlichen Naturkatastrophen wie Erdbeben und Tsunamis („sudden onset") als auch die Folgen menschenverursachter Umweltveränderungen, wie etwa Auswirkungen des Klimawandels oder gezielte Umweltzerstörung wie im Fall der Marsch-Araber im Irak (Rn 82). Die insgesamt 30 Prinzipien erfassen den Schutz vor der eigentlichen Vertreibung (Prinzipien 5–9) ebenso wie Schutz und Versorgung während der Flucht (Prinzipien 10–27) bis hin zu einer möglichen Rückkehr (Prinzipien 28–30). Teilweise benennen die Prinzipien bestehende, durch andere Instrumente gewährleistete Rechte der Betroffenen aus internationalen Menschenrechtsinstrumenten und dem humanitären Völkerrecht; teilweise stellen sie progressive Weiterentwicklungen zur Schließung bestehender Schutzlücken ab. Zwar haben die Guiding Principles formell nur den Status rechtsunverbindlicher Empfehlungen; auf die Ausarbeitung eines rechtsverbindlichen Vertragswerks wurde verzichtet. Dennoch haben sie breite Anerkennung durch UN-Gremien und die Staatengemeinschaft erfahren.

89 Auf dem afrikanischen Kontinent besteht mit der Kampala Konvention[320] ein regionales Vertragsregime zum Schutz von Binnenvertriebenen, das ausdrücklich auch auf Personen anwendbar ist, die ihre Heimat aufgrund von „natural or human-made disasters" verlassen müssen (Art 1 lit k). Die Konvention baut auf den Guiding Principles auf,[321] was anhand des sehr ähnlichen Pflichtenkatalogs erkennbar ist. Im Unterschied zu den Guiding Principles handelt es sich bei der Kampala Konvention jedoch um einen rechtsverbindlichen völkerrechtlichen Vertrag.[322] Wie auch in den Guiding Principles wird in der Konvention ein subjektives Menschenrecht auf Schutz vor willkürlicher Vertreibung („arbitrary displacement") anerkannt (Art 4 Abs 4). Auch im Fall einer Naturkatastrophe sind erzwungene Evakuierungen („forced evacuations") nur dann zulässig, wenn die Sicherheit und Gesundheit der Betroffenen solche erfordert (Art 4 Abs 4 lit f).

90 In einigen Punkten geht die Konvention auch über die Guiding Principles hinaus. Zunächst verpflichten sich die Vertragsstaaten zur Einrichtung von geeigneten Frühwarnsystemen vor Naturkatastrophen (Art 4 Abs 2). Darin spiegelt sich die Intention wider, Vertreibung möglichst ganz zu verhindern. Kommt es dennoch zu einer Abwanderung infolge einer Naturkatastrophe, sind die Staaten zur Leistung von Schutz und Unterstützung an die Betroffenen verpflichtet, wobei der Klimawandel in den Anwendungsbereich dieser Pflicht ausdrücklich einbezogen wird (Art 5 Abs 4). Kommt eine Vertragspartei dieser Pflicht nicht nach, hat sie Schadensersatz zu leisten (Art 12 Abs 3). Die Kampala Konvention enthält somit umfangreiche Verpflichtungen zum

---

318 *Nümann*, Umweltflüchtlinge, 191.

319 UN Doc E/CN.4/1998/53/Add.2 v 11.2.1998, Guiding Principles on Internal Displacement.

320 Zu den Hintergründen der Kampala Konvention vgl allg *Nümann*, Umweltflüchtlinge, 520–532; African Union/Norwegian Refugee Council (Hrsg), The Kampala Convention, 2013.

321 In Abs 10 der Präambel zur Kampala Konvention werden die Guiding Principles ausdrücklich als wichtiges internationales Instrument zum Schutz von Binnenvertriebenen hervorgehoben.

322 Das Bedürfnis nach einer rechtsverbindlichen Regelung wird in Abs 13 der Präambel ausdrücklich als Erwägungsgrund genannt.

Schutz von Binnenvertriebenen infolge von Naturkatastrophen.[323] Ob die Konvention jedoch auch tatsächlich die Situation der Betroffenen verbessert, bleibt abzuwarten. Insbes ist bedauerlich, dass ein Instrument zur individuellen Rechtsdurchsetzung fehlt.[324]

91 Einen ganz ähnlichen Schutz wie die Kampala Konvention bietet auch das Protokoll zum Schutz von IDPs der afrikanischen *International Conference on the Great Lakes Region*,[325] welches die Vertragsstaaten völkerrechtlich zur Umsetzung der Guiding Principles verpflichtet (Art 6). Die Afrikanische Kinderrechtscharta verpflichtet die Vertragsstaaten dazu, durch Naturkatastrophen binnenvertriebenen Kindern den gleichen besonderen Schutz zu gewähren wie solchen Kindern, die nach internationalem oder nationalem Recht als Flüchtlinge zu qualifizieren sind (Art 23 Abs 4).

d) Ansätze zur Verbesserung des Schutzes von umweltbedingt Vertriebenen („environmentally-displaced persons“)

92 Bis auf die dargestellten Ausnahmen werden umweltbedingt Vertriebene bislang nicht durch bindendes Völkerrecht geschützt. Wie der völkerrechtliche Schutz verbessert werden kann, ist Gegenstand lebhafter Auseinandersetzungen.[326] Häufig wird eine Erweiterung der GFK vorgeschlagen, die etwa durch ein zusätzliches Protokoll erfolgen könnte.[327] Diese Option gilt jedoch weithin als unwahrscheinlich, zumal die GFK seit Aufhebung der Beschränkung ihres zeitlichen Anwendungsbereichs durch das Zusatzprotokoll v 1967 keine weiteren Änderungen erfahren hat. Hinsichtlich der „Klimaflüchtlinge“ wird teilweise eine Lösung im Rahmen der UNFCCC gefordert, etwa in Gestalt eines Zusatzprotokolls.[328] Allerdings hat sich die Staatengemeinschaft – auf diplomatischer Ebene – bislang nicht einmal ausdrücklich eingestanden, dass die globale Klimaerwärmung zu neuen Flucht- und Migrationsbewegungen führen wird.[329] Auch das Büro des UNHCR fordert ausdrücklich keine neuen völkerrechtlichen Instrumente auf universeller Ebene, sondern konzentriert seine Arbeit auf die Stärkung anderer, nationaler und regionaler Ansätze.[330]

3. Rechte indigener Völker

93 Auseinandersetzungen um die Nutzung und den Schutz der Natur unter Beteiligung indigener Völker stehen oft in engem Zusammenhang mit dem traditionell von diesen Völkern besiedelten Land. Häufig geraten die Interessen solcher Völker mit wirtschaftlichen Interessen Dritter in Konflikt, etwa im Zusammenhang mit der Gewinnung von Rohstoffen oder der Errichtung von

---

323 Vgl auch African Union/Norwegian Refugee Council (Fn 320) 21–24.

324 Ähnlich auch *Nümann*, Umweltflüchtlinge, 531 f.

325 Zu den Unterschieden zur Kampala Konvention vgl International Refugee Rights Initiative (Hrsg), Comparison of the Kampala Convention and the IDP Protocol of the Great Lakes Pact, 2004.

326 Vgl den Überblick bei *Cournil*, The Protection of ‘Environmental Refugees’ in International Law, in Piguet/Pécoud/Guchteneire (Hrsg), Migration and Climate Change, 2011, 359 ff.

327 Vgl nur *Falstrom*, Stemming the Flow of Environmental Displacement. Creating a Convention to Protect Persons and Preserve the Environment, CJIELP 13 (2002) 1 ff; *Lopez*, Protection, 409; *Ammer/Nowak/Stadlmayr*, Rechtsstellung und rechtliche Behandlung von Umweltflüchtlingen, 2010, 181 ff; s auch Res 1655 (2009) der Parlamentarischen Versammlung des Europarats, Environmentally Induced Migration and Displacement: A 21st Century Challenge, para 24.4.

328 *Biermann/Boas*, Preparing for a Warmer World: Towards a Global Governance System to Protect Climate Refugees, Global Environmental Politics 10 (2010) 60 (75 ff); *Biermann/Boas*, Für ein Protokoll zum Schutz von Klimaflüchtlingen, VN 56 (2008) 10 ff.

329 Vgl UNHCR (Hrsg), The Environment and Climate Change, 2015, 12.

330 Ebd, 7.

Infrastruktur. Nicht selten sind die Gebietsansprüche indigener Völker aufgrund ihres traditionellen Ursprungs nicht mit entsprechenden Eigentumstiteln nach den Rechtsordnungen der modernen Staaten abgesichert. Umgekehrt können auch die Interessen der indigenen Völker an einer bestimmten wirtschaftlichen Nutzung ihres Lands im Konflikt mit staatlichen Plänen stehen. So zB, wenn diese Gebiete einer wirtschaftlichen Nutzung entzogen werden sollen, etwa um durch Ausweisung von Schutzzonen noch intakte Bioreservate zu erhalten.[331] Ein weiteres Problemfeld ist der Schutz geistigen Eigentums. Zum einen sind die bestehenden Rechtsregime nicht in der Lage, indigenen Völkern einen ausreichenden rechtlichen Schutz ihrer besonderen Wissenssysteme, des von ihnen erhaltenen genetischen Materials und ihrer besonderen kulturelle Ausdrucksweisen zu gewährleisten. Zudem wird befürchtet, dass durch die Patentierung solcher Güter durch Dritte die betreffenden Völker ihrer wirtschaftlichen Nutzungsmöglichkeiten enthoben werden.[332]

94 Die Rechte indigener Völker beschäftigten wiederholt die Vertragsorgane der universellen und regionalen Menschenrechtsinstrumente.[333] Viele Individualbeschwerden von Angehörigen solcher Gruppen an den Menschenrechtsausschuss[334] stützten sich dabei auf die Minderheitsrechte aus Art 27 IPbpR. Diese Vorschrift gewährleistet ethnischen, religiösen und sprachlichen Minderheiten das Recht zur gemeinsamen Ausübung ihrer Kultur und Religion sowie zum Gebrauch ihrer Sprache. Darüber hinaus ist str, ob sich die betroffenen Gruppen auch auf das sog *Selbstbestimmungsrecht der Völker* (Art 1 IPbpR) berufen können. Da es sich bei dem Selbstbestimmungsrecht um ein Kollektivrecht handelt, ist nach Auffassung des Menschenrechtsausschusses der Individualbeschwerdemechanismus nicht eröffnet – dieser sei nur für die Individualrechte gegeben, die im dritten Teil (Art 6–27) des IPbpR niedergelegt sind.[335] Art 1 IPbpR könne aber bei der Auslegung von Art 27 IPbpR relevant sein.[336] Tatsächlich ist der Menschenrechtsausschuss einer Stellungnahme zur Frage, ob die betroffene Gruppe ein „Volk" iSv Art 1 IPbpR ist, häufig ausgewichen. Die Gewährleistungen aus Art 27 IPbpR legt der Ausschuss indes extensiv aus:[337] Der Begriff des kulturellen Lebens erfasse nicht nur den Erhalt traditioneller Glaubensüberzeugungen und Riten, sondern auch eine bestimmte Lebensweise iVm den natürlichen Ressourcen (etwa das Fischen oder Jagen), die positive Schutzmaßnahmen und die Beteiligung der betroffenen Gruppen in sie betreffenden Entscheidungen erfordere.[338] Auch die Umleitung von Wasser kann eine Verletzung von Art 27 IPbpR begründen, wenn dadurch die einzige Wirtschaftsgrundlage der betroffenen Gruppe gefährdet wird.[339]

95 Aus der Judikatur der Afrikanischen Menschenrechtskommission ist neben der bereits (Rn 57) dargestellten Entscheidung *Ogoniland*, in der eine Verletzung einer indigenen Volks-

---

331 Vgl *Beyerlin*, Access of Indigenous Peoples to Natural Resources from a Human Rights Perspective, in Breuer/Epiney/Haratsch (Hrsg), Der Staat im Recht, 2013, 993 (994); *Sobrevila*, The Role of Indigenous Peoples in Biodiversity Conservation, 2008, 7.

332 *Strydom* (Fn 281) Rn 12–15.

333 Vgl die Übersicht bei *Beyerlin* (Fn 331) 999–1001 sowie die umfangreiche Darstellung bei *Joseph/Castan* (Fn 49) 823–860.

334 Der Menschenrechtsausschuss wurde durch Teil IV des IPbpR errichtet. Mit der Errichtung des Individualbeschwerdemechanismus durch das 1. FP IPbpR wurde der Ausschuss mit der Bearbeitung dieser Beschwerden befasst. Gemäß Art 5 des Fakultativprotokolls berät er über solche Individualbeschwerden nach schriftlicher Anhörung des betroffenen Vertragsstaats in nichtöffentlicher Sitzung und teilt dem Vertragsstaat sowie der Einzelperson anschließend seine „Auffassungen" mit.

335 Vgl Human Rights Committee, General Comment No 23 v 26.4.1994, The Rights of Minorities (Art 27), para 3.1; *Ominayak & Lubicon Lake Band*, Abs 32.1.

336 *Apirana Mahuika*, para 9.2.

337 Vgl auch die umfangreiche Darstellung bei *Nowak*, UN Covenant on Civil and Political Rights, CCPR Commentary, 2. Aufl 2005, Art 27 Rn 27–31, 39–51.

338 General Comment No 23 (Fn 335) para 7; vgl etwa zur Rentierhaltung *Kitok*.

339 Vgl *Poma Poma*. S hierzu *Göcke*, The Case of Ángela Poma Poma v Peru before the Human Rights Committee, MPUNYB 14 (2010) 337 ff.

gruppe in ihrem Umweltmenschenrecht aus Art 24 der Banjul Charta u a durch Ölverschmutzungen festgestellt wurde, noch die Entscheidung im Fall der *Endorois* v 2010 von besonderer Bedeutung.[340] Hier ging es um die Errichtung eines Wildreservats durch den kenianischen Staat, durch die das Volk der *Endorois* von ihrem angestammten Land vertrieben wurde. Nach Auffassung der Kommission war Kenia zur Anerkennung der traditionellen Landrechte der Betroffenen verpflichtet.[341] Die Errichtung des Wildreservats hätte deren freie, vorherige und informierten Einwilligung („free, prior and informed consent") erfordert.[342] Kenia sei verpflichtet sicherzustellen, dass die *Endorois* angemessen an den Vorteilen des Reservats beteiligt und im Prozess der wirtschaftlichen Entwicklung des Gebiets nicht außen vor gelassen würden.[343] Zudem müsse der unbeschränkte Zugang der Endorois zu ihren religiösen Stätten sichergestellt werden.[344]

96 Die vorgenannte Entscheidung der Afrikanischen Menschenrechtskommission zitiert zahlreiche Entscheidungen der Inter-Amerikanischen Vertragsorgane (Menschenrechtskommission und -gerichtshof) zu ähnlich gelagerten Fällen, die ebenfalls die Landrechte indigener Gruppen und Stammesvölker zum Gegenstand hatten.[345] Die Inter-Amerikanische Kommission erkannte eine solche Pflicht der Staaten, die Gebiete indigener Völker zu schützen, bereits 1970 in ihrer Entscheidung *Guahibo gegen Kolumbien* an.[346] Der Gerichtshof hat diese Auslegung seitdem vielfach bestätigt.[347] So entschied er etwa im Fall der *Awas Tingni*, Nicaragua müsse zu ihren Gunsten die Grenzen des Gebiets festlegen, das der Gemeinschaft zustehe und ihr einen entsprechenden Eigentumstitel verschaffen. Bis zum Abschluss der erforderlichen Verfahren müsse der Staat sicherstellen, dass die Durchsetzung der Ansprüche weder durch den Staat noch durch Dritte vereitelt würde.[348] Eine Verschleppung dieser Anerkennungsverfahren führte auch in mehreren Fällen zur Verurteilung Paraguays.[349]

97 Da die allg internationalen und regionalen Pakte den besonderen Schutzanforderungen indigener Völker nicht ausreichend gerecht werden, gab es wiederholt Bemühungen, die Kollektivrechte indigener Völker durch besondere Menschenrechtsinstrumenten zu stärken. So enthält etwa die *ILO-Konvention 169* zum Schutz der indigenen Völker zahlreiche Vorgaben zum Schutz der Eigentums- und Besitzrechte an dem von den indigenen Völkern von alters her besiedelten Land.[350] Insbes dürfen Maßnahmen zum Erhalt der Umwelt in den Stammesgebieten nicht im Widerspruch zu den frei geäußerten Wünschen der betreffenden Völker stehen (Art 4 Abs 2 ILO 169). Allerdings wurde diese Konvention nur von 22 Staaten ratifiziert.[351] Mindestens ebenso bedeutend ist daher die *Erklärung der UN-Generalversammlung über die Rechte indigener Völker* v 2007. Nach ihr sollen die Völker selbst über den Schutz der Umwelt und die wirtschaftliche Nutzung ihrer Gebiete bestimmen dürfen.[352] Von zentraler Bedeutung ist das Erfordernis der freien, vorherigen und informierten Einwilligung der betroffenen Gruppen in Umsiedlungsmaß-

---

340 *Endorois Welfare Council*; dazu etwa *Gilbert*, Indigenous Peoples' Human Rights in Africa, ICLQ 60 (2011) 245 ff.
341 *Endorois Welfare Council*, Rn 214.
342 Ebd, Rn 291.
343 Ebd, Rn 297 f.
344 *Endorois Welfare Council*, nach Rn 298.
345 Vgl die Nachweise in Fn 245.
346 Vgl Inter-American Commission of Human Rights (Hrsg), The Human Rights Situation of the Indigenous People in the Americas, 2000, Chapter III (Doctrine and Jurisprudence of the IACHR on Indigenous Rights [1970–1999]).
347 Vgl zur Spruchpraxis der inter-amerikanischen Organe im Zusammenhang mit indigenen Völkern die umfangreiche Darstellung in Mapping Human Rights Obligations, Rn 84 ff.
348 *Awas Tingni Community*, Rn 153.
349 *Sawhoyamaxa Indigenous Community*, Rn 144, 166; *Xákmok Kásek Community*, Rn 144, 177.
350 ILO C169, Art 13–19.
351 Die Konvention 169 löste die Konvention 107 aus dem Jahr 1957 ab, die bis heute für 10 weitere Staaten in Kraft ist, und der noch die Annahme zu Grunde lag, die indigenen Völker sollten in die modernen Gesellschaften dergestalt integriert werden, dass sie darin aufgingen.
352 UN Doc A/RES/61/295, Art 26–32.

nahmen und die wirtschaftliche Nutzung ihrer Gebiete[353] sowie das Recht auf Wiederherstellung des *status quo ante* und Schadensersatz,[354] wenn solche Maßnahmen ohne die erforderliche Zustimmung erfolgten.[355] Zwar handelt es sich bei der Erklärung lediglich um völkerrechtlich nicht bindendes soft law, sie kann aber insbes hinsichtlich des Einwilligungserfordernisses auf die Auslegung verbindlicher Menschenrechtsinstrumente Einfluss entfalten.[356]

98 Mit der CBD wurden Interessen indigener Völker zudem in einem wichtigen umweltvölkerrechtlichen Instrument berücksichtigt. Schon in der Präambel wird die „unmittelbare und traditionelle Abhängigkeit vieler eingeborener und ortsansässiger Gemeinschaften [...] von biologischen Ressourcen" anerkannt. Art 8 lit j CBD verpflichtet die Staaten dazu, Kenntnisse, Innovationen und Gebräuche, die für den Erhalt und die nachhaltige Nutzung der biologischen Vielfalt von Belang sind, zu achten, zu bewahren und zu erhalten. Allerdings ist zweifelhaft, dass den betroffenen Gruppen durch diese Normen ein subjektives Recht eingeräumt wird. Zudem fehlt der CBD, wie auch den vorgenannten menschenrechtlichen Instrumenten, ein Durchsetzungsmechanismus zugunsten der betroffenen Gruppen. Nur in Fällen, in denen durch veränderte lebende Organismen nachweisbar kausal konkrete Umweltschäden verursacht werden, werden die Vertragsstaaten durch das Kuala Lumpur Zusatzprotokoll künftig verpflichtet, zivilrechtliche Haftungs- und Wiedergutmachungsansprüche der Geschädigten gegen die Verursacher einzurichten.[357]

4. Kinderrechte

99 Die UN-Kinderrechtskonvention (KRK), die mit Ausnahme der USA universell ratifiziert ist,[358] enthält zwar kein ausdrücklich auf die Umwelt bezogenes Recht. Ihr Art 24, der das Recht des Kindes auf das erreichbare Höchstmaß an Gesundheit garantiert, enthält jedoch gleich zwei Bezugnahmen auf den Umweltschutz: Zum einen sind zur Bekämpfung von Krankheiten und Unterernährung vollwertige und ausreichende Nahrungsmittel sowie sauberes Trinkwasser bereitzustellen und „die Gefahren und Risiken der Umweltverschmutzung zu berücksichtigen" (Art 24 Abs 2 lit c KRK). Zum anderen sollen insbes Eltern und Kindern Grundkenntnisse „über die Sauberhaltung der Umwelt" vermittelt werden (Art 24 Abs 2 lit e KRK). Darüber hinaus soll gemäß Art 29 die Bildung des Kindes u a darauf gerichtet sein, dem Kind „Achtung vor der natürlichen Umwelt zu vermitteln".

100 Inwiefern sich aus den genannten Stellen der KRK ein eigener, auf die Umwelt bezogener Gewährleistungsgehalt ableiten lässt, war wiederholt Gegenstand wissenschaftlicher Erörterung.[359] Dabei wurde insbes darauf hingewiesen, dass die genannten Bezugnahmen auf die Umwelt kein Ergebnis systematischer Verhandlungen zu diesem Themenfeld waren, sondern vielmehr unabhängig voneinander Eingang in den Konventionstext gefunden haben.[360] Gleichwohl

353 Ebd, Art 10, 19, 29 Abs 2, 32 Abs 2.
354 Ebd, Art 11 Abs 2, 28 Abs 1.
355 Vgl *Göcke* (Fn 339) 357–368.
356 Vgl *Kingsbury*, Indigenous Peoples, in MPEPIL, Rn 9–15.
357 Vgl dazu *Telesetsky*, The 2010 Nagoya-Kuala Lumpur Supplementary Protocol, ASIL Insights 15/1 (2011); *Perron-Welch/Rukundo*, Biosafety, Liability, and Sustainable Development, in Cordonier Segger/Perron-Welch/Frison (Hrsg), Legal Aspects of Implementing the Cartagena Protocol on Biosafety, 2013, 188 (192–201).
358 Ratifikationsstand unter <https://treaties.un.org/pages/ViewDetails.aspx?src=TREATY&mtdsg_no=IV-11&chapter=4&lang=en>.
359 *Brice*, Convention on the Rights of the Child: Using a Human Rights Instrument to Protect Against Environmental Threats, GIELR 7 (1995) 587 ff; *Fitzmaurice* (Fn 68); *Jansen*, Children and the Right to Grow up in an Environment Supporting their Health and Well-being, in Fijalkowski/Fitzmaurice (Hrsg), The Right of the Child to a Clean Environment, 2000, 209.
360 *Brice* (Fn 359) 596–598.

leitet der *Ausschuss für die Rechte des Kindes*,[361] der durch Art 43 KRK eingesetzt wurde, in seinen General Comments insbes aus Art 24 Abs 2 lit c KRK umfangreiche Pflichten der Staaten ab: Diese hätten den Gefahren und Risiken lokaler Umweltverschmutzung für die Gesundheit der Kinder wirksam zu entgegenzutreten.[362] In seinen Stellungnahmen zu den Staatenberichten im Rahmen des Berichtsmechanismus nach Art 44 KRK hat der Ausschuss mehrfach ein unzureichendes Engagement der Vertragsstaaten im Bereich des Umweltschutzes gerügt: So wurde Jordanien aufgefordert, insbes die schädigenden Auswirkungen von Umweltverschmutzung und der Kontaminierung von Wasserquellen auf Kinder zu bekämpfen.[363] Südafrika wurde aufgefordert, die Luftverschmutzung zu reduzieren.[364] In der Stellungnahme zum Staatenbericht Grenadas äußerte sich die Kommission besorgt über die Auswirkungen des Klimawandels auf die Gesundheit der Kinder und forderte den Inselstaat auf, insbes die Bemühungen im Bereich des Katastrophenschutzes zu verstärken.[365]

5. Rechte künftiger Generationen

101 Das moderne Umweltvölkerrecht fußt dogmatisch auf dem Konzept der nachhaltigen Entwicklung, dessen Ausgangspunkt die Berücksichtigung der Interessen zukünftiger Generationen bei heutigen Entscheidungen ist.[366] Dies ist Ausdruck der Erkenntnis, dass Umweltveränderungen und Ressourcenverbrauch durch die heutige Generation unmittelbare Auswirkungen auf künftige Generationen haben. Bereits in der Erklärung von Stockholm v 1972 wurde anerkannt, dass den Menschen eine Verantwortung für den Schutz und die Verbesserung der Umwelt im Interesse gegenwärtiger und zukünftiger Generationen treffe.[367] Nicht erst seitdem hat dieser Grundsatz Eingang in zahlreiche umweltvölkerrechtliche Instrumente gefunden.[368] Auch der IGH hat in seinem Gutachten zum Atomwaffeneinsatz die Auswirkungen auf zukünftige Generationen als wichtigen Faktor angesehen, ohne daraus aber konkrete Rechtsfolgen abzuleiten.[369] Häufig ist in diesem Zusammenhang auch vom Grundsatz der Generationengerechtigkeit (*intergenerational equity*) die Rede.[370]

102 Unklar bleibt dabei, ob die Interessen künftiger Generationen nur ein Erwägungsgrund sind oder ihnen auch subjektive Rechte zustehen, die zudem rechtlich anerkannt und geschützt werden. Letzteres erscheint dogmatisch schwer zu begründen, da die potentiellen Rechtsträger der zukünftigen Generationen heute noch nicht existieren und nach ihrer Geburt ihrerseits Mitglieder der dann gegenwärtigen Generation und nicht mehr „zukünftig" sein werden. Die Verwendung des Begriffs „Rechte" künftiger Generationen ist vor diesem Hintergrund irreführend, da es einen tatsächlich gar nicht bestehenden Anspruch suggeriert, der jedenfalls von den „Rechtsträ-

---

361 Vgl allg zu den „treaty bodies" *Stoll*, Human Rights, Treaty Bodies, in MPEPIL.

362 UN Doc CRC/C/GC/15 v 13.10.2013, General Comment No 15, The Right of the Child to the Enjoyment of the Highest Attainable Standard of Health (Art 24).

363 *Jordan*; die diesbezügliche Kritik wurde 2014 nicht wiederholt, vgl UN Doc CRC/C/JOR/CO/4-5.

364 *South Africa*.

365 *Grenada*, Rn 51–52.

366 Eingehend hierzu *Proelß*, 3. Abschn Rn 50 ff.

367 Prinzip 1 der Stockholm Declaration. Die Brundtland-Kommission definierte nachhaltige Entwicklung als „meeting the needs of the present without compromising the ability of future generations to meet their own needs", s World Commission on Environment and Development (Hrsg), Our Common Future, 1987, Part I, Rn 27.

368 Vgl Präambel Abs 2 Whaling Convention; Prinzip 3 Rio Erklärung; Präambel Abs 22 und Art 3 Abs 1 UNFCCC; Präambel, Art 1 Aarhus Konvention; Art IV African Convention on the Conservation of Nature and Natural Resources; zahlreiche weitere Nachw bei *Epiney/Scheyli* (Fn 18) 47; *Ward/Roderick*, Future Generations and Common Heritage in International Agreements and Declarations, 2012.

369 *Legality of the Threat*, Rn 35.

370 Der engl Begriff wurde geprägt von *Brown Weiss*, In Fairness to Future Generations, 1989; vgl auch *Brown Weiss*, Intergenerational Equity, in MPEPIL.

gern" auch gar nicht durchgesetzt werden könnte. Soweit ersichtlich, haben sich die internationalen Menschenrechtsorgane und -gerichte bislang nicht ausdrücklich zur Rechtssubjektivität zukünftiger Generationen geäußert. Sinnvoller erscheint es daher, eine *Verpflichtung zum Schutz der Interessen künftiger Generationen* anzuerkennen, ohne daraus zugleich eine subjektive Berechtigung dieser Generationen im menschenrechtlichen Sinne ableiten zu wollen.[371] Um eine Vertretung dieser Interessen in heutigen Entscheidungsprozessen zu gewährleisten, wird teilweise die Einrichtung von Ombudsleuten vorgeschlagen.[372] Während solche Stellen in einzelnen Staaten bereits erprobt wurden, konnte sich die Staatengemeinschaft bei der UN-Konferenz für nachhaltige Entwicklung im Jahr 2012 („Rio+20") nicht auf die Einsetzung eines *High Commissioner for Future Generations* verständigen.[373]

6. Umweltschutz als legitimer Zweck zur Einschränkung anderer Rechte

103 Bislang stand die Frage im Vordergrund, inwiefern die Staaten durch Menschenrechte zu umweltschützenden Maßnahmen (oder der Verhinderung umweltbeeinträchtigender Vorhaben) verpflichtet werden. Möchte oder muss ein Staat umweltschützend tätig werden, werden jedoch häufig auch hierdurch Freiheitsrechte berührt. Besonders häufig ist das Recht auf Schutz des Eigentums betroffen, wenn etwa bestimmte Nutzungen untersagt, Schadstoffvorschriften verschärft oder Naturschutzgebiete ausgewiesen werden. Aber auch andere Freiheitsrechte, etwa die Berufsfreiheit oder die Rechte indigener Völker auf eine traditionelle Lebensweise,[374] können durch Umweltschutzmaßnahmen berührt werden. Ausdrückliche „ökologische Schranken"[375] sind den Menschenrechtsverträgen fremd. Somit stellt sich die Frage, ob – und ggf inwiefern – Erwägungen des Umwelt- und Naturschutzes die Beschränkung solcher Rechte rechtfertigen können.

104 Die Vertragsorgane der Menschenrechtspakte haben weder dem Schutz der Umwelt noch den Rechten von solchen Schutzmaßnahmen Betroffener absoluten Vorrang eingeräumt.[376] Menschenrechte sind somit nicht *per se* „ökologiepflichtig".[377] Stattdessen werden Maßnahmen des Umweltschutzes als legitimes Ziel staatlichen Handelns gesehen, dessen Verfolgung sich an den Schrankenvorbehalten der einzelnen Gewährleistungen messen lassen muss.[378] Beispielhaft belegt dies die Rechtspr des EGMR zur Einschränkbarkeit des Rechts auf Eigentumsschutz (Art 1 ZP 1 EMRK): Staaten handeln auch bei der Verfolgung von Umweltzielen nicht dem Eigentumsrecht zuwider, solange der Eingriff auf einer gesetzlichen Grundlage beruht und ein fairer Ausgleich zwischen den Gemeininteressen und den Interessen der Betroffenen gefunden wird.[379] Wie üblich haben sie dabei einen weiten Beurteilungsspielraum („margin of appreciation").[380]

7. Existentielle Risiken durch Forschung und Technik: Vorsorgeprinzip und Menschenrechte

105 Am Bsp der existentiellen Risiken für Umwelt und Menschen durch Forschung und Technik können die gezeigten Möglichkeiten, aber auch Probleme des Schutzes der Umwelt durch Men-

---

371 UN Doc A/68/322 v 15.8.2013, Intergenerational Solidarity and the Needs of Future Generations, para 21.
372 *Peace*, Ombudspersons for Future Generations, 2012.
373 UN Doc A/RES/66/288 v 11.9.2012, The Future We Want.
374 *Birnie/Boyle/Redgwell*, International Law and the Environment, 287.
375 *Beyerlin*, Umweltvölkerrecht, 302.
376 *Boyle* (Fn 8) Rn 32.
377 Vgl *Beyerlin*, Umweltvölkerrecht, 302.
378 Vgl *Boyle* (Fn 8) Rn 23; *Apirana Mahuika*, Rn 9.2.
379 Vgl etwa *Fredin*, Rn 41–51; *Pine Valley Developments Ltd*, Rn 55–59; *Matos e Silva*, Rn 87–93; *Salas* (Fn 81) 62–71.
380 Ebd; vgl auch *Birnie/Boyle/Redgwell*, International Law and the Environment, 287.

schenrechte nochmals deutlich gemacht werden. Gerade bei denjenigen existentiellen Risiken, die durch menschliches Handeln begründet werden, stellt sich die Frage, ob und wieweit die Staaten durch die Menschenrechte verpflichtet sind, diese zu reduzieren. So gibt es eine zunehmende Besorgnis, dass existenzielle Risiken durch naturwissenschaftliche Experimente oder den technischen Fortschritt entstehen können. Ein existenzielles Risiko liegt jedenfalls immer dann vor, wenn durch dieses die Auslöschung der Menschen auf der Erde droht.[381] In der Diskussion sind insbes bestimmte Arten der Biotechnologie, wenn beispielsweise Viren so modifiziert werden, dass sie gefährlicher werden als die natürlich vorkommenden Viren (sog *gain-of-function studies of concern* – GOFsoc), zudem bestimmte Arten des sog Geoengineering, bei denen Stoffe in die Stratosphäre eingebracht werden sollen, damit das Sonnenlicht nur vermindert auf die Erde eintreffen kann, und die Entwicklung der künstlichen Intelligenz (KI), die darauf zielt, KI zu erschaffen, die das Potenzial menschlicher Intelligenz übersteigt.[382]

106 Zwar sind diese Forschungs- und Entwicklungsbereiche teilweise durch spezielle völkerrechtliche Normen erfasst, wie der Bereich der biosicherheitsrelevanten Forschung durch die B-Waffenkonvention oder das Cartagena Protokoll.[383] Dies gilt jedoch nicht für alle Bereiche.[384] Zudem sind die bestehenden internationalen Regelungen entweder selbst lückenhaft oder wurden nicht von allen forschungsrelevanten Staaten ratifiziert. Daher ist entscheidend, ob die internationalen Menschenrechtsverträge, die weitreichend ratifiziert sind und zudem nicht auf eine einzelne Forschungsrichtung begrenzt sind, Anwendung finden können und die Staaten, uU iVm dem Vorsorgeprinzip (s o Rn 26), zur Risikoreduzierung verpflichten. Zu beachten ist hier, dass es sich bei existentiellen Risiken durch Forschung und Technik idR um Fälle mit geringer Eintrittswahrscheinlichkeit handelt (sog *low probability*-Szenarien) oder um Fälle, in denen niemand das Risiko quantifizieren kann (*unknown-probability*-Szenarien).[385] Eine allg anerkannte Version des Vorsorgeprinzips besagt jedoch, dass im Falle drohender schwerwiegender oder irreversibler Schäden ein Mangel an vollständiger wissenschaftlicher Gewissheit kein Grund dafür sein darf, kostenwirksame Maßnahmen zur Verhinderung von Schäden aufzuschieben.[386] Im Bereich der existenziellen Risiken mit geringen oder unbekannten Wahrscheinlichkeiten könnte aus diesem Prinzip folgen, dass die Staaten Maßnahmen zur Vermeidung oder zumindest zur Reduktion solcher Risiken ergreifen müssen.

107 Entscheidend ist zudem, dass auch die sog Menschenrechte der ersten Generation (s o Rn 4) die Staaten dazu verpflichten, die fundamentalen Individualrechte nicht nur zu achten, sondern auch vor Beeinträchtigungen durch Dritte zu schützen (s o Rn 25 ff).[387] Diese Pflicht besteht u a für alle Vertragsstaaten des IPbpR und der EMRK. So könnte man argumentieren, dass der Gesetzgeber eines Staats durch internationale Menschenrechte verpflichtet ist, verhältnismäßige Regeln zu schaffen, die die Risiken für geschützte Rechtsgüter wie das Leben und die Gesundheit der Menschen minimieren. Gleichwohl ist immer noch ungeklärt, welche Risikoverringe-

---

381 Vgl auch *Bostrom*, Superintelligenz: Szenarien einer kommenden Revolution, 2014, 164; *ders*, Existential Risk Prevention as Global Priority, Global Policy 4 (2013) 15 ff.

382 Vgl im Überblick Bostrom/Cirkovic (Hrsg), Global Catastrophic Risks, 2008; zur biosicherheitsrelevanten Forschung *Vöneky*, Biosecurity – Freedom, Responsibility, and Legitimacy of Research, Ordnung der Wissenschaft 2015, abrufbar unter <www.ordnungderwissenschaft.de>, 117; zum Geoengineering etwa *Rickels et al*, Gezielte Eingriffe in das Klima? Eine Bestandsaufnahme der Debatte zum Climate Engineering, 2011.

383 Näher und mit weiteren Nachweisen *Vöneky* (Fn 382).

384 International ungeregelt ist bspw die Forschung im Bereich künstliche Intelligenz.

385 Dies gilt insbes für dual use-Fragen, dh wenn Forschung für kriminelle Zwecke missbraucht wird.

386 Vgl Prinzip 15 der Rio Erklärung: „In order to protect the environment, the precautionary approach shall be widely applied by States according to their capabilities. Where there are threats of serious or irreversible damage, lack of full scientific certainty shall not be used as a reason for postponing cost-effective measures to prevent environmental degradation." Eingehend *Proelß*, 3. Abschn Rn 24 ff.

387 Eine Schutzpflicht, nicht nur eine Rücksichtnahmepflicht; vgl UN Doc E/CN.4/2005/L.10/Add.17 v 20.4.2005, UN Commission on Human Rights, Res 2005/69; General Comment No 13 § 46, HRI/GEN/1/Rev.7, 87.

rungspflichten für Staaten existieren, wenn die Risiken unbekannt (nicht berechenbar) oder lediglich gering sind, wenn deren Folgen bei einer Realisierung existenziell bedrohlich oder katastrophal sein könnten: Da die Risiken existentiell sind, spricht viel dafür, dass die Pflicht, das Leben und die Gesundheit von Individuen zu schützen, auch eine Pflicht der Staaten beinhaltet, diese Risiken zu beurteilen und zu bewerten, selbst wenn keine konkrete Gefahr vorliegt.

108 Keine enge Grenze für Risikoverminderungen setzt hier im Übrigen die Forschungsfreiheit, die menschenrechtlich mittelbar über die Meinungsfreiheit geschützt ist, da die legitimen Zwecke, die sie nach dem IPbpR und der EMRK beschränken können, weit gefasst sind und den Schutz von Leben und Gesundheit umfassen.[388]

109 Es bleibt damit die zentrale Frage, welche Maßnahmen auch bei Fällen unbekannter oder geringer Wahrscheinlichkeit von existentiellen Risiken effektiv und verhältnismäßig sind. Dieser Punkt ist deshalb schwierig zu beantworten, weil die Maßnahmen darauf abzielen sollen, friedliche Forschung zu beschränken, und das Ziel der Forschung idR ebenfalls im Einklang mit den Menschenrechten und staatlichen Schutzpflichten ist: Wird bspw biosicherheitsrelevante Forschung betrieben, um Impfstoffe gegen Viren zu finden, so stimmt auch dieses Ziel mit der Pflicht, das Leben und die Gesundheit von Menschen zu schützen, überein.

V. Menschenrechte als Schutzzweck oder Geltungsgrund des Umweltrechts

110 Das vorliegende Kapitel behandelt im Kern die subjektiven Rechte von Individuen in Konflikten um die anthropogene Nutzung, Zerstörung oder den Erhalt von Natur und Umwelt. Umweltbeeinträchtigungen werden dabei als potentielle Gefährdung menschenrechtlicher Gewährleistungsgehalte verstanden, die es zu vermeiden gilt – den Menschenrechten kommt insoweit eine das Umweltrecht legitimierende Funktion zu. Die Achtung menschenrechtlicher Gewährleistungen wird also zum Zweck oder Geltungsgrund des Umweltrechts. Dies verkörpert einen *anthropozentrischen Ansatz*, wonach die Menschen im Mittelpunkt der Bemühungen um den Schutz der Umwelt stehen.[389] Dieser Ansatz hat etwa in Prinzip 1 der Rio Erklärung internationale Anerkennung gefunden.[390]

111 Die Schwäche des anthropozentrischen Begründungsansatzes liegt auf der Hand: Auf den Schutz der Menschenrechte kann sich nur berufen, wer durch eine staatliche Maßnahme oder ein Unterlassen in seinen subjektiven Rechten beeinträchtigt wird. Solange es an einer solchen Beeinträchtigung fehlt oder die Beeinträchtigung eine gewisse Erheblichkeitsschwelle nicht überschreitet, lässt sich den Menschenrechten kein umweltschützender Gehalt entnehmen.[391] Eine weitere Schwierigkeit liegt darin begründet, dass es sich bei der Umwelt „um ein kollektives Gut handelt, welches sich schwer vollständig in einen individualgrundrechtlichen Ansatz pressen lässt".[392] Bislang ist nur in der Afrikanischen Menschenrechtscharta das Recht auf eine zufriedenstellende

388 Vgl Art 19 Abs 3 IPbpR, Art 10 Abs 2 EGMR. Die Forschungsfreiheit wäre – als Teil der Meinungsfreiheit – nur verletzt, wenn mit ihrer Einschränkung kein legitimer Zweck verfolgt würde, die Einschränkung zur Erreichung eines legitimen Zwecks nicht erforderlich wäre oder in Bezug zum geschützten Rechtsgut unverhältnismäßig wäre.

389 Für diesen Erklärungsansatz ist es unerheblich, ob das Recht auf eine bestimmte Umweltqualität ausdrücklich normiert ist (s o Rn 56 und 62) oder die „ökologische Bedrohung bereits etablierter Menschenrechte hervorgehoben" wird (*Schmidt-Radefeldt* [Fn 74] 46).

390 „Die Menschen stehen im Mittelpunkt der Bemühungen um eine nachhaltige Entwicklung. Sie haben das Recht auf ein gesundes und produktives Leben im Einklang mit der Natur" (Prinzup 1 der Rio Deklaration).

391 *Boyle* (Fn 8) Rn 34.

392 *Schmidt-Radefeldt* (Fn 74) 42.

Umwelt in Gestalt eines Kollektivrechts normiert worden (s o Rn 56). Die Verbands- und Popularklagerechte, wie sie für Europa in der Aarhus Konvention festgeschrieben sind, enthalten hingegen gar keinen materiellen Anspruch auf eine bestimmte Umweltqualität. Solche Beteiligungsrechte sichern letztlich nur die rechtsstaatliche und demokratische Entscheidungsfindung über Maß und Intensität von Umweltbeeinträchtigungen, ohne diese Entscheidungsprozesse im Ergebnis zu präjudizieren (s o Rn 48).[393] Menschenrechtliche Erwägungen können somit nicht den Schutz von Umwelt und Natur als solchen rechtfertigen, sondern gründen immer im Erhalt der menschlichen Umwelt, dh der menschlichen Lebensgrundlagen.[394] Anlass zu verstärkten Umweltschutzbemühungen geben anthropozentrische Ansätze daher immer erst dann, wenn negative Umweltveränderungen auch negative Auswirkungen auf den Menschen haben.[395]

112 Um den Schutz der Umwelt vom menschlichen Wohlergehen zu entkoppeln, schlagen Vertreter eines *ökozentrischen Ansatzes* daher vor, der Natur eine eigene Rechtssubjektivität zuzuerkennen. Die Umwelt sei nicht nur Lebensgrundlage und Gebrauchsgut des Menschen, sondern habe einen darüber hinausgehenden, intrinsischen Wert, der auch rechtlich anerkannt werden müsse.[396] In rechtsdogmatischer Hinsicht sei Anerkennung einer Rechtssubjektivität der Natur oder Umwelt ebenso denkbar wie jene von juristischen Personen.[397] Die Durchsetzung solcher Rechte könne im Wege der Prozessstandschaft etwa durch Umweltverbände erfolgen.[398] Ähnliche Ansätze werden in Bezug auf die Rechte von Tieren vertreten.[399] Allerdings kann kaum ernsthaft erwartet werden, dass die Staatengemeinschaft sich dieser Wünsche annimmt und tatsächlich in absehbarer Zukunft materielle Rechte für die Umwelt, Tiere oder zukünftige Generationen anerkennen wird.[400] Allenfalls möglich erscheint eine weitere Stärkung prozeduraler Rechte, die es auch ohne individuelle Rechtsbetroffenheit ermöglichen, umweltbezogene Entscheidungen einer Überprüfung zuzuführen.[401] Neben dem erweiterten Zugang zu Gerichten kommen auch nicht-juristische, politische Instrumente wie Ombudsleute für zukünftige Generationen in Betracht.

Schlussbemerkung

113 Im heutigen völkerrechtlichen Normenbestand gibt es kein allg Menschenrecht auf eine gesunde, lebenswerte oder intakte Umwelt. Eine verbindliche Anerkennung umweltbezogener

---

393 Keineswegs soll hierdurch der Ansatz kritisiert werden, den Umweltschutz durch einen Ausbau von Verfahrens- und Beteiligungsrechten zu stärken. Ob es überhaupt sinnvoll ist, die Diskussionen über ein materielles Recht auf eine bestimmte Umweltqualität fortzusetzen, oder ob eine Konzentration auf prozedurale und partizipative Rechte nicht sinnvoller erscheint, diskutiert *Douglas-Scott*, Environmental Rights in the European Union, in Boyle/Anderson (Hrsg), Human Rights Approaches, 109 (112); ähnlich *Handl* (Fn 197) 327.

394 Vgl hierzu auch *Handl* (Fn 197) 304: „[t]he underlying assumption that such a [environmental human] right provides a 'complementary alternative to traditional international environmental law' is not self-evidently correct".

395 Vgl hierzu *Boyle* (Fn 31) 51–53.

396 Begründet von *Stone*, Should Trees Have Standing?, SCalRev 45 (1972) 450 ff; monografisch *Stone*, Should Trees Have Standing?, 3. Aufl 2010; in dt Sprache *Stone*, Umwelt vor Gericht, 2. Aufl 1992; ähnlich *Nash*, The Case for Biotic Rights, Yale JIL 18 (1993) 235 (249); vgl zum Ganzen *Boyle* (Fn 31) 51–53; *Kiss/Shelton*, International Environmental Law, 3. Aufl 2004, 20.

397 *Stone* (Fn 396) 452; vgl *Epiney/Scheyli* (Fn 18) 49 f.

398 *Stone* (Fn 396) 464–473.

399 *Peters*, Global Animal Law: What It Is and Why We Need It, TEL 5 (2016) 9 (13 ff); Stucki/Peters/Boscardin (Hrsg), Animal Law, 2015; Abate (Hrsg), What Can Animal Law Learn From Environmental Law?, 2015; *Redgwell*, Life, The Universe And Everything: A Critique of Anthropocentric Rights, in Boyle/Anderson (Hrsg), Human Rights Approaches, 73 (81–87); krit *Sagoff*, Animal Liberation and Environmental Ethics, Osgoode Hall LJ 22 (1984) 308 ff.

400 *Elder*, Legal Rights for Nature, Osgoode Hall LJ 22 (1984) 285 (294).

401 Beispielhaft hierfür ist die im europäischen Raum geltende Aarhus Konvention, s o Rn 47 ff.

Menschenrechte findet sich bislang lediglich in einigen regionalen und bereichsspezifischen Regelwerken. Gleichwohl hat das vorstehende Kapitel gezeigt, dass die völkerrechtlichen Regelungsbereiche Umweltschutz und Menschenrechte in einer engen wechselseitigen Beziehung stehen. Auch ohne ausdrücklich anerkanntes Umweltmenschenrecht ist unstrittig, dass negative Umweltveränderungen sich abträglich auf menschenrechtliche Gewährleistungsgehalte auswirken können. Die mittlerweile auch im universellen Völkerrecht ausgeprägte Dogmatik der positiven (Schutz-)Pflichten, den Einzelnen auch vor Menschenrechtsbeeinträchtigungen durch das Handeln Dritter zu schützen, leistet hierzu einen wichtigen Beitrag. Die Reichweite bestimmter Menschenrechte in umweltbezogenen Interessens- und Rechtskonflikten ist stets eine Frage der Umstände des jeweiligen Einzelfalls. Hieran könnte auch ein ausdrücklich normiertes Umweltmenschenrecht nichts ändern – was eine intakte, lebenswerte oder gesunde Umwelt ausmacht, und welche Umweltveränderungen diesem Standard noch gerecht werden, kann nicht abstrakt festgelegt werden. Ob die häufig geäußerte Forderung nach der Anerkennung eines solchen Rechts auf universeller Ebene tatsächlich eine substanzielle Verbesserung brächte, muss daher bezweifelt werden.

114 Nicht nur aus diesem Grund ist für die Zukunft weniger mit der Begründung neuer materieller Gewährleistungen mit Umweltbezug zu rechnen, sondern vielmehr die Stärkung prozeduraler Rechte zu erwarten. Allg scheinen die Staaten eher gewillt zu sein, völkerrechtliche Verpflichtungen in Bezug auf das „Wie" umweltbezogener Entscheidungen einzugehen als Beschränkungen ihrer Freiheit in Bezug auf das „Was" solcher Entscheidungen. Die Gewichtung und Abwägungen der in vielen umweltrechtlichen Fällen widerstreitenden Interessen bleibt somit in wesentlichen Teilen der souveränen Sphäre der Staaten zugeordnet und der Völkerrechtsordnung entzogen, während die Gewährleistung der Rechtsstaatlichkeit solcher Entscheidungsprozesse und die Beteiligung der Betroffenen ein gemeinsames Interesse der Staatengemeinschaft ist. Letztendlich ist internationaler Menschenrechtsschutz nur wirksam, wenn den Rechtsträgern effektive Instrumente zur individuellen Rechtsdurchsetzung gegenüber dem Staat zur Verfügung stehen. Der durch den EGMR gewährleistete Rechtsschutz geht trotz aller Unzulänglichkeiten weit über jenen anderer Menschenrechtssysteme hinaus. Aus der Auseinandersetzung mit den Verhältnissen in Europa darf nicht der Trugschluss folgen, in anderen Teilen der Erde bestünden ähnlich wirksame Schutzsysteme.

Sechster Abschnitt

Peter-Tobias Stoll und Johannes Jürging

Umweltschutz und Handel

Gliederung

Literatur

Brack, Duncan, Combatting Illegal Logging: Interaction with WTO Rules, 2013, abrufbar unter <www.chathamhouse.org/sites/files/chathamhouse/public/Research/Energy%2C%20Environment%20and%20Development/0513bp_brack.pdf> [*Brack*, Illegal Logging].
Colyer, Dale, Green Trade Agreements, 2011
Epiney, Astrid, Umweltrecht der Europäischen Union, 3. Aufl 2013 [*Epiney*, EU-Umweltrecht]
Holstein, Christoph, Der Umweltschutz in der Tätigkeit der Weltbankgruppe: Instrumente, rechtliches Mandat und Bedeutung für das internationale Umweltrecht, 2001 [*Holstein*, Umweltschutz]
Howse, Robert/van Bork, Petrus B., Options for Liberalising Trade in Environmental Goods in the Doha Round, 2006, [*Howse/van Bork*, Options]
Jans, Jan H./Vedder, Hans H.B., European Environmental Law, 4. Aufl 2012 [*Jans/Vedder*, European Environmental Law]
Krämer, Ludwig, EU Environmental Law, 7. Aufl 2011 [*Krämer*, EU Environmental Law]
Macmillan, Fiona, WTO and the Environment, 2001

DOI 10.1515/9783110248296-006

Meßerschmidt, Klaus, Europäisches Umweltrecht, 2011 [*Meßerschmidt*, Europäisches Umweltrecht]

Potts, Jason, The Legality of PPMs under the GATT: Challenges and Opportunities for Sustainable Trade Policy, 2008, abrufbar unter: <www.iisd.org/pdf/2008/ppms_gatt.pdf> [*Potts*, Legality of PPMs]

Sampson, Gary P./Whalley, John (Hrsg), The WTO, Trade and the Environment, 2005

Steer, Andrew/Mason, Jocelyn, The Role of Multilateral Finance and the Environment: A View from the World Bank, Indiana JGLS 31 (1995–1996) 35 [*Steer/Mason*, Multilateral Finance]

Stoll, Peter-Tobias/Douma, Wybe Th./de Sadeleer, Nicolas/Abel, Patrick, CETA, TTIP und das europäische Vorsorgeprinzip: Eine Untersuchung zu den Regelungen zu sanitären und phytosanitären Maßnahmen, technischen Handelshemmnissen und der regulatorischen Kooperation in dem CETA-Abkommen und nach den EU-Vorschlägen für TTIP, 2016, abrufbar unter <https://www.mehr-demokratie.de/fileadmin/pdf/2016-08_Rechtsgutachten_Stoll_Vorsorgeprinzip-TTIP-CETA_21.6.2016.pdf> [*Stoll/Douma/de Sadeleer/Abel*, CETA, TTIP und das europäische Vorsorgeprinzip]

Stoll, Peter-Tobias/Holterhus, Till Patrik/Gött, Henner, Die Transatlantische Handels- und Investitionspartnerschaft (TTIP): Regulatorische Zusammenarbeit und Investitionsschutz und ihre Bedeutung für den Umweltschutz, 2015, abrufbar unter <http://www.umweltrat.de/SharedDocs/Downloads/DE/03_Materialien/2012_2016/2016_03_MzU_47_TTIP.pdf?__blob=publicationFile> [*Stoll/Holterhus/Gött*, Die Transatlantische Handels- und Investitionspartnerschaft]

Stoll, Peter-Tobias/Schorkopf, Frank, WTO – World Economic Order, World Trade Law, 2006 [*Stoll/Schorkopf*, World Trade Law]

Thiedemann, Anke, WTO und Umwelt: Die Auslegung des Art XX GATT in der Praxis der GATT/WTO-Streitbeilegungsorgane, 2005 [*Thiedemann*, WTO und Umwelt].

Van den Bossche, Peter L.H./Zdouc, Werner, The Law and Policy of the World Trade Organization, 3. Aufl 2013 [*Van den Bossche/Zdouc*, WTO]

VanGrasstek, Craig, The History and Future of the World Trade Organization, 2013 [*VanGrasstek*, WTO]

Viñuales, Jorge E., Foreign Investment and the Environment in International Law, 2012 [*Viñuales*, Foreign Investment]

Vranes, Erich, Trade and the Environment: Fundamental Issues in International Law, WTO Law, and Legal Theory, 2009 [*Vranes*, Trade and the Environment]

Wolfrum, Rüdiger/Stoll, Peter-Tobias/Hestermeyer, Holger (Hrsg), WTO – Trade in Goods, 2011 [Trade in Goods]

Wolfrum, Rüdiger/Stoll, Peter-Tobias/Kaiser, Karen (Hrsg), WTO – Institutions and Dispute Settlement, 2006 [Institutions and Dispute Settlement]

Wolfrum, Rüdiger/Stoll, Peter-Tobias/Seibert-Fohr, Anja (Hrsg), WTO – Technical Barriers and SPS Measures, 2007 [Technical Barriers and SPS Measures]

Wolfrum, Rüdiger/Stoll, Peter-Tobias/Feinäugle, Clemens (Hrsg), WTO – Trade in Services, 2008 [Trade in Services]

Verträge

Allgemeines Zoll- und Handelsübereinkommen von Genf v 30.10.1947 (BGBl 1951 II, Anlagenband I, 4) [GATT 1947] — 4

Wiener Übereinkommen über das Recht der Verträge v 23.5.1969 (BGBl 1985 II, 926) [WVK] — 44–46

Übereinkommen über den internationalen Handel mit gefährdeten Arten freilebender Tiere und Pflanzen v 3.3.1973 (BGBl 1975 II, 777) [CITES] — 42

Übereinkommen über das öffentliche Beschaffungswesen v 19.12.1978 (GATT Doc MTN/NTM/W/211; ABl EG 1980, Nr L 71/44) [GPA] — 28

Montreal Protokoll über Stoffe, die zu einem Abbau der Ozonschicht führen v 16.9.1987 (BGBl 1988 II, 1015) — 42

Basler Übereinkommen über die Kontrolle der grenzüberschreitenden Verbringung gefährlicher Abfälle und ihre Entsorgung v 22.3.1989 (BGBl 1994 II, 2704) — 42

Übereinkommen über die biologische Vielfalt v 5.9.1992 (BGBl 1993 II, 1742) [CBD] — 39

Übereinkommen zur Errichtung der Welthandelsorganisation (WTO) v 15.4.1994 (BGBl 1994 II, 1625) — 1

Allgemeines Abkommen über den Handel mit Dienstleistungen v 15.4.1994 (BGBl 1994 II, 1643) [GATS] — 6, 38

Übereinkommen über handelsbezogene Aspekte der Rechte des geistigen Eigentums v 15.4.1994 (BGBl 1994 II, 1730) [TRIPS] — 6, 39

Übereinkommen über Subventionen und Ausgleichsmaßnahmen v 15.4.1994 (ABl EG 1994, Nr L 336/156) [SCM-Übereinkommen] — 6, 36

Übereinkommen über die Anwendung gesundheitspolizeilicher und pflanzenschutzrechtlicher Maßnahmen v 15.4.1994 (ABl EG 1994, Nr L 336/40) [SPS-Übereinkommen] — 6, 7, 11, 27, 28, 33, 34, 35, 43
Übereinkommen über technische Handelshemmnisse v 15.4.1994 (ABl EG 1994, Nr L 336/86) [TBT-Übereinkommen] — 6, 11, 28, 29, 30, 31, 32, 33, 34
Übereinkommen über die Landwirtschaft v 15.4.1994 (ABl EG 1994, Nr L 336/22) — 36
Vereinbarung über Regeln und Verfahren zur Beilegung von Streitigkeiten und diesbezüglicher Ministerbeschluss v 15.4.1994 (BGBl 1994 II, 1749) [DSU] — 4, 44
Protokoll von Marrakesch zum Allgemeinen Zoll- und Handelsübereinkommen von 1994 v 15.4.1994 (BGBl 1994 II, 1631) [Protokoll von Marrakesch] — 4
Rotterdamer Übereinkommen über das Verfahren der vorherigen Zustimmung nach Inkenntnissetzung für bestimmte gefährliche Chemikalien sowie Pflanzenschutz- und Schädlingsbekämpfungsmittel im internationalen Handel v 10.9.1998 (BGBl 2000 II, 1059) [Rotterdamer Übereinkommen] — 42
Protokoll von Cartagena über die biologische Sicherheit zum Übereinkommen über die biologische Vielfalt v 29.1.2000 (BGBl 2003 II, 1508) [Cartagena Protokoll] — 33, 42

WTO Panel Reports

United States – Prohibition of Imports of Tuna and Tuna Products from Canada, 22.2.1982, GATT Doc L/5198, BISD 29S/91 *[US – Imports of Tuna & Tuna Products (Panel Report)]* — 18
Canada – Measures Affecting Exports of Unprocessed Herring and Salmon, v 22.3.1988, GATT Doc L/6268, BISD 35S/98 *[Canada – Herring & Salmon]* — 8, 18
United States – Restrictions on Imports of Tuna, circulated 3.9.1991, ILM 30 (1991) 1594 *[US – Tuna I]* — 13, 14, 21
United States – Restrictions on Imports of Tuna, circulated 16.6.1994, ILM 33 (1994) 839 *[US – Tuna II]* — 13, 14, 18, 22, 23, 32
United States – Taxes on Automobiles, circulated 11.10.1994, ILM 33 (1994) 1399 *[US – Taxes on Automobiles]* — 10, 18
United States – Reformulated Gasoline, 29.1.1996, WT/DS2/R *[Gasoline (Panel Report)]* — 18, 31, 32
EC – Measures Concerning Meat and Meat Products (Hormones), 18.8.1997, WT/DS26/R/USA *[EC – Hormones (Panel Report)]* — 33
United States – Import Prohibition of Certain Shrimp and Shrimp Products, 15.5.1998, WT/DS58/R *[US – Shrimp (Panel Report)]* — 13, 14, 23
European Communities – Measures Affecting Asbestos and Asbestos-Containing Products, 18.9.2000, WT/DS135/R *[Asbestos (Panel Report)]* — 11
United States – Measures Concerning the Importation, Marketing and Sale of Tuna and Tuna Products, 15.9.2001, WT/DS381/R *[US – Tuna II (Mexico) (Panel Report)]* — 32
European Communities – Trade Description of Sardines, 29.5.2002, WT/DS231/R *[EC – Sardines (Panel Report)]* — 32
European Communities – Measures Affecting the Approval and Marketing of Biotech Products, 29.9.2006, WT/DS291/R, WT/DS292/R, WT/DS293/R *[EC – Approval and Marketing of Biotech Products]* — 33, 46
Brazil – Measures Affecting Imports of Retreaded Tyres, 12.6.2007, WT/DS332/R *[Brazil – Retreaded Tyres (Panel Report)]* — 17
Canada – Certain Measures Affecting the Renewable Energy Generation Sector, 19.12.2012, WT/DS412/R, WT/DS426/R *[Canada – Renewable Energy (Panel Report)]* — 37
European Communities – Measures Prohibiting the Importation and Marketing of Seal Products, 25.11.2013, WT/DS400/R, WT/DS401/R *[EC – Seal Products (Panel Report)]* — 16, 32
United States – Measures Concerning the Importation, Marketing and Sale of Tuna and Tuna Products, Recourse to Article 21.5 of the DSU by Mexico, 14.4.2015, WT/DS381/RW *[US – Tuna 21.5 (Panel Report)]* — 32

WTO Appellate Body Reports

United States – Reformulated Gasoline, 29.4.1996, WT/DS2/AB/R *[Gasoline (Appellate Body)]* — 18, 19, 26, 32, 44
Japan – Taxes on Alcoholic Beverages, 4.10.1996, WT/DS8/AB/R, WT/DS10/AB/R, WT/DS11/AB/R *[Japan – Taxes on Alcoholic Beverages]* — 11
EC Measures Concerning Meat and Meat Products (Hormones), 16.1.1998, WT/DS26/AB/R, WT/DS48/AB/R *[EC – Hormones (Appellate Body)]* — 33

United States – Import Prohibition of Certain Shrimp and Shrimp Products, 12.10.1998, WT/DS58/AB/R *[US – Shrimp (Appellate Body)]* — 6, 13, 18
European Communities – Measures Affecting Asbestos and Asbestos-Containing Products, 12.3.2001, WT/DS135/AB/R *[EC – Asbestos (Appellate Body)]* — 11, 32
European Communities – Trade Description of Sardines, 26.9.2002, WT/DS231/AB/R *[EC – Sardines (Appellate Body)]* — 32
Brazil – Measures Affecting Imports of Retreaded Tyres, 3.12.2007, WT/DS332/AB/R *[Brazil – Retreaded Tyres (Appellate Body)]* — 17
United States – Measures Concerning the Importation, Marketing and Sale of Tuna and Tuna Products, 16.5.2012, WT/DS381/AB/R *[US – Tuna II (Mexico) (Appellate Body)]* — 32
European Communities – Measures Prohibiting the Importation and Marketing of Seal Products, 22.5.2014, WT/DS400/AB/R, WT/DS401/AB/R *[EC – Seal Products (Appellate Body)]* — 16
United States – Measures Concerning the Importation, Marketing and Sale of Tuna and Tuna Products, Recourse to Article 21.5 of the DSU by Mexico, 20.11.2015, WT/DS381/AB/RW *[US – Tuna 21.5 (Appellate Body)]* — 32

I. Übersicht

1 Umweltpolitik und Umweltrecht verfolgen das Ziel, die wesentlich durch menschliches Wirtschaften verursachten Umweltbelastungen und ihre Folgen zu minimieren, und stehen vor der Herausforderung, dabei Umweltbelange und wirtschaftliche Interessen zu einem sinnvollen Ausgleich zu bringen. Da heute beide Aspekte – Umweltauswirkungen wie Wirtschaftsvorgänge – kaum jemals nur ein Land betreffen werden, kann dieser Ausgleich nicht allein durch nationale Politik und nationales Recht bewerkstelligt werden. Als übernationale Ordnung gewährleistet die Europäische Union (EU) einen solchen sinnvollen Ausgleich dadurch, dass sie über Kompetenzen und Regelungen für die Wirtschaft und den europäischen Binnenmarkt ebenso wie für den Umweltschutz verfügt.[1] Das kann man von der wesentlich weniger weit entwickelten internationalen Ordnung kaum sagen. In ihr werden Wirtschafts- und Umweltbelange von deutlich enger zugeschnittenen Regelungskomplexen thematisiert, deren Regelungen, Rechtssetzung und Rechtsdurchsetzung kaum entsprechend koordiniert sind. Den in diesem Werk ausf behandelten einzelnen Regelungskomplexen des internationalen Umweltrechts stehen auf der anderen Seite die Regelungen des internationalen Wirtschaftsrechts gegenüber, zu denen verschiedene kaum miteinander verknüpfte und von der Struktur aus gesehen sehr unterschiedliche Bereiche gehören. Hier sind etwa die internationale Weltwährungs- und Finanzordnung mit Weltbank und Weltwährungsfonds[2] und das System des internationalen Investitionsrechts mit seinen Grundlagen im Völkergewohnheitsrecht und in über 3.000 bilateralen Investitionsschutzabkommen[3] zu nennen. Wesentlich gehört dazu aber auch die multilateral organisierte Welthandelsordnung, die den Handel mit Gütern und Dienstleistungen betrifft und in mehr als 40 Einzelübereinkommen unter dem Dach der Welthandelsorganisation (World Trade Organization – WTO)[4] organisiert ist. Sie bildet den Hauptgegenstand der folgenden Betrachtungen.

1 Zur Tätigkeit der EU im umweltrechtlichen Bereich s *Meßerschmidt*, Europäisches Umweltrecht; *Krämer*, EU Environmental Law; *Jans/Vedder*, European Environmental Law; *Epiney*, EU-Umweltrecht. Einen konzisen Überblick spezifisch zum Verhältnis von Handel und Umwelt im EU-Kontext bietet *de Sadeleer*, Trade v. Environment Law in the EU, US-China Law Review 13 (2016) 365 ff.
2 Vgl diesbezüglich *Steer/Mason*, The Role of Multilateral Finance and the Environment: A View from the World Bank, Indiana JGLS 31 (1995–1996) 35 ff; *Holstein*, Umweltschutz.
3 Zum Verhältnis von internationalem Investitionsrecht und Umweltschutz s *Böttger*, Die Umweltpflichtigkeit von Auslandsdirektinvestitionen im Völkerrecht, 2002; *Viñuales*, Foreign Investment; *Beharry/Kuritzky*, Going Green: Managing the Environment through International Investment Arbitration, AUILR 30 (2015) 383 ff.
4 Errichtet durch das Übereinkommen zur Errichtung der Welthandelsorganisation (WTO).

II. Das Problemfeld „Handel und Umwelt“ und seine Dimensionen

Unter dem Begriff „Handel und Umwelt“ wird insoweit die Frage diskutiert, ob die Regeln und Verfahren der WTO für den internationalen Handel ausreichend Spielräume für einzelstaatliche und in multilateralen Umweltverträgen international vereinbarte Maßnahmen gewährleisten und damit einen sinnvollen Ausgleich zwischen den Belangen des internationalen Umweltschutzes und des Handels herbeiführen können. Das damit umrissene Problemfeld hat verschiedene Dimensionen. Es betrifft in abstrakter ökonomischer Perspektive erstens die Frage, welche Umweltauswirkungen der internationale Handel als Teil der Weltwirtschaftsordnung hat. Auf einer anderen Ebene wird – zweitens – diskutiert, ob die oft widerstreitenden Belange von Handel und Umwelt auf internationaler Ebene und besonders im Hinblick auf die WTO sinnvoll berücksichtigt sind und zum Ausgleich gebracht werden können. Auf einer dritten Ebene geht es darum, inwieweit die bestehenden Normen der WTO, so wie sie ausgelegt und durchgesetzt werden, umweltpolitischen Zielen hinreichend Rechnung tragen. 2

Die erstgenannte Frage nach der Umweltverträglichkeit des internationalen Handels betrifft ein weites Feld, das hier nicht erschöpfend behandelt werden kann. Auf der einen Seite ist anzunehmen, dass die durch den internationalen Handel bewirkte wirtschaftliche Effizienz den Ressourcenverbrauch mindern kann. Auf der anderen Seite stehen Beobachtungen besorgniserregender Umweltbeeinträchtigungen, die nicht selten durch rasch wachsende und unzureichend kontrollierte Produktion für den Export ausgelöst werden. Damit wird bereits deutlich, dass die Umweltverträglichkeit des internationalen Handels wesentlich davon abhängt, ob in den beteiligten Ländern und an den betroffenen Standorten wirksame Umweltregelungen bestehen. Umgekehrt ergibt sich hieraus die Besorgnis, dass mit einer Liberalisierung des internationalen Handels die Verlagerung von Produktionen an Standorte mit weniger hohen Umweltschutzanforderungen begünstigt werden könnte. Ohne auf diese Problematik hier im Detail eingehen zu können, wird damit doch bereits deutlich, dass eine wirksame Koordinierung zwischen der internationalen Handelsordnung und dem Umweltschutz von entscheidender Bedeutung ist. Damit kommt die zweitgenannte – politische – Dimension der zweckmäßigen Organisation von Umwelt- und Handelsinteressen und ihres Ausgleichs auf internationaler Ebene ins Spiel. Hier geht es nicht nur um die Frage des zweckmäßigen Zuschnitts der internationalen Regelungsbereiche und ihrer politischen Organisation, etwa der großen Umweltvertragsinstitutionen und der WTO sowie der Koordination untereinander, sondern auch um die sehr relevanten, aber erst im Detail sichtbar werdenden Fragen, inwieweit die Umweltpolitik einzelner Staaten durch Handelsmaßnahmen – etwa Einfuhrbeschränkungen – anderer Staaten beeinflusst werden kann und darf. Dazu ist zunächst ein Blick auf die bestehenden materiellen Regelungen der WTO in Anwendung und Durchsetzung zu werfen. 3

1. Die WTO und die Welthandelsordnung in Umrissen

Die heutige Welthandelsordnung mit ihren vielfältigen Regelungen über den internationalen Handel und ihrer organisatorischen Zusammenfassung in der WTO geht in ihren Anfängen bis in das Jahr 1947 zurück. Das damals in Kraft gesetzte *Allgemeine Zoll- und Handelsabkommen* (General Agreement on Tariffs and Trade – GATT), das bis heute fortgilt,[5] definierte bereits die Ziel- 4

5 Das GATT 1994 als Teil des WTO-Rechtsrahmens umfasst im Wesentlichen die Regelungen des GATT 1947 in ihrer zuletzt gültigen Fassung sowie einige Interpretationserklärungen und das Protokoll von Marrakesch, vgl Annex 1 A zum WTO-Übereinkommen. Soweit im Folgenden auf Vorschriften „des GATT“ Bezug genommen wird, ist hiermit das GATT 1994 gemeint.

setzung dieses Regelungszusammenhangs, nämlich die Liberalisierung des internationalen Handels und die Gewährleistung der Nichtdiskriminierung. Diese Liberalisierung des Handels wird durch periodisch stattfindende Verhandlungen zur Senkung von Zöllen erreicht.[6] Eine Nichtdiskriminierung sieht die Welthandelsordnung in zwei Dimensionen vor:[7] iSe *Meistbegünstigungsprinzips* soll der Handel mit allen anderen Mitgliedern gleichen Bedingungen unterliegen. Daneben bestimmt der *Grundsatz der Inländerbehandlung*, dass auf den internen Märkten der Mitglieder ausländische Waren nicht schlechter als inländische Waren behandelt werden dürfen. Nicht zuletzt die auch durch das GATT geförderte Intensivierung des internationalen Handels machte bald eine Erweiterung dieses Systems durch zahllose weitere Regelungen erforderlich. 1995 ist dann die WTO als organisatorischer Rahmen gegründet und das Regelsystem unter anderem durch separate Regeln für den Dienstleistungshandel und für das geistige Eigentum wesentlich ergänzt worden.[8] Besondere Bedeutung hat dabei auch die Fortentwicklung des zuvor schon angelegten Mechanismus der Streitbeilegung und Rechtsdurchsetzung.[9] Damit können Mitglieder der WTO[10] untereinander Beschwerde wegen der Verletzung von WTO-Regeln führen. In einem präzise geregelten Verfahren, das einen strikten Zeitplan vorsieht, wird diese Beschwerde zunächst von einem ad hoc zusammengesetzten Streitschlichtungssausschuss – dem sog *Panel* – gehört und entschieden.[11] Dann besteht die Möglichkeit der Revision zu einem stehenden „appellate body".[12] Diese Streitschlichtung ist zwingend und exklusiv und wird deswegen, weil sie durch politische Einflussnahme weder behindert noch beeinflusst werden kann, oft als gerichtsförmige Form der Streitbeilegung bezeichnet. Ergänzt wird dieser Streitbeilegungsmechanismus dadurch, dass die Umsetzung der so getroffenen Entscheidungen von den Institutionen der WTO sorgsam überwacht wird und nötigenfalls durch sogenannte Handelssanktionen von dem obsiegenden Mitglied erzwungen werden darf.[13]

5 Dieses Bild einer weitgehend von der WTO beherrschten Rechtsordnung des Welthandels bedarf allerdings nach neuesten Entwicklungen einer gewissen Korrektur: zunehmend gewinnen *Freihandelsabkommen* an Bedeutung, die auf bilateraler Ebene oder innerhalb kleiner Gruppen von Staaten verhandelt und abgeschlossen werden und meist weitere Schritte der Handelsliberalisierung vorsehen. Einige der neueren Abkommen dieses Typs weisen eine bemerkenswert hohe Regelungsdichte auf und enthalten typischerweise auch einen besonderen Teil über Umwelt bzw nachhaltige Entwicklung.[14]

2. Umwelt und WTO-Regeln im Überblick

6 Wie bereits deutlich geworden ist, dient die WTO mit ihren vielfältigen rechtlichen Regelungen dem Welthandel und den Handelsbeziehungen zwischen ihren Mitgliedern.[15] Ihre wesentliche

6 Gegenwärtig läuft die 2001 begonnene sog „Doha-Runde"; ausf zu den Verhandlungen s etwa *VanGrasstek*, WTO, 303 ff.
7 Vgl hierzu *Stoll/Schorkopf*, World Trade Law, Rn 118 ff; *Van den Bossche/Zdouc*, WTO, 315 ff, 349 ff.
8 S hierzu *Stoll*, Die WTO: Neue Welthandelsorganisation, neue Welthandelsordnung, ZaöRV 54 (1994) 241 ff.
9 Von zentraler Bedeutung ist insoweit die Vereinbarung über Regeln und Verfahren zur Beilegung von Streitigkeiten und diesbezüglicher Ministerbeschluss (Dispute Settlement Understanding – DSU). Umfassend hierzu Institutions and Dispute Settlement, 268 ff. S a *Schmalenbach*, 8. Abschn Rn 45 f.
10 Die WTO zählt gegenwärtig 160 Mitglieder, darunter nicht nur Staaten, sondern etwa auch die EU als Organisation der regionalen Wirtschaftsintegration (vgl <www.wto.org/english/thewto_e/whatis_e/tif_e/org6_e.htm>).
11 Vgl insbes Art 6–16 DSU.
12 Vgl Art 17 DSU.
13 S Art 22 DSU.
14 S u Rn 54 ff.
15 Zum Themenkomplex WTO-Recht/Umweltschutz vgl *McRae*, Trade and Environment: The Development of WTO Law, Otago LR 9 (1998) 221 ff; *Macmillan*, WTO and the Environment; *Shaw/Schwartz*, Trade and Environment in the

Zielsetzung liegt in der Liberalisierung des internationalen Handels und der Gewährleistung der Nichtdiskriminierung. Ein inhaltlicher Bezug zum Umweltschutz findet sich allein im ersten Absatz der Präambel zu dem Übereinkommen zur Errichtung der WTO, in dem auf die nachhaltige Entwicklung Bezug genommen wird.[16] Darauf ist in der Streitschlichtungspraxis zur Auslegung anderer Vorschriften gelegentlich hingewiesen worden.[17] Maßgeblich ergibt sich aber die Rolle, die die WTO mit ihren Regelungen für den internationalen Umweltschutz spielt, daraus, dass Maßnahmen des Umweltschutzes oft wirtschaftliche Auswirkungen haben und insoweit den Regelungsbereich der WTO berühren können. Überwiegend geht es dabei um Umweltschutzmaßnahmen, die den Güterhandel betreffen und damit am GATT sowie an den weiteren besonderen Abkommen in diesem Bereich zu messen sind. Von Bedeutung sind dabei insoweit zunächst insbes das Übereinkommen über technische Handelshemmnisse (TBT-Übereinkommen),[18] das verschiedene Formen von technischen Standards zum Gegenstand hat und die Gewährleistung eines möglichst umfassenden Marktzugangs und der Nichtdiskriminierung bezweckt, sowie das Übereinkommen über die Anwendung gesundheitspolizeilicher und pflanzenschutzrechtlicher Maßnahmen (SPS-Übereinkommen),[19] das sich mit Einfuhrbeschränkungen im Bereich von Nahrungsmitteln und Agrargütern befasst. Ihren Regeln kommt umweltpolitische Relevanz zu, soweit es um Anforderungen an Produkte und ihre Herstellung und um entsprechende Beschränkungen bei der Einfuhr geht. Eine erhebliche Rolle als Werkzeug der Umweltpolitik spielt mittlerweile aber auch die Subventionierung umweltfreundlicher Produkte, die den internationalen Regeln zuwiderlaufen kann, welche das WTO-Übereinkommen über Subventionen und Ausgleichsmaßnahmen (SCM-Übereinkommen)[20] enthält. In weit geringerem Umfang kommen zudem auch die WTO-Regeln über den Handel mit Dienstleistungen[21] im Hinblick auf die Umwelt in Betracht. Dies ist etwa im Bereich der Transportdienstleistungen und insbes im Luftverkehr der Fall. Schließlich bestehen auch noch vereinzelt Berührungspunkte zu den WTO-Vorgaben im Bereich des geistigen Eigentums.[22]

III. Umweltbezogene Maßnahmen und der Handel mit Gütern nach dem GATT

7 Wenngleich in vielen Fällen das TBT- oder das SPS-Übereinkommen speziellere Vorgaben bereithalten,[23] soll hier zunächst auf die Rechtslage unter dem GATT eingegangen werden, weil

---

WTO: State of Play, JWT 36 (2002) 129ff; Sampson/Whalley (Hrsg), The WTO, Trade and the Environment, 2005; *Charnovitz*, A New WTO Paradigm for Trade and the Environment, Singapore YBIL 11 (2007) 15ff; *Blodgett/Hunter*, The Environment and Trade Agreements: Should the WTO Become More Actively Involved?, Hastings ICLR 33 (2010) 1ff.

16 Hier heißt es: „*Recognizing* that their relations in the field of trade and economic endeavour should be conducted with a view to raising standards of living, ensuring full employment and a large and steadily growing volume of real income and effective demand, and expanding the production of and trade in goods and services, *while allowing for the optimal use of the world's resources in accordance with the objective of sustainable development, seeking both to protect and preserve the environment and to enhance the means for doing so* in a manner consistent with their respective needs and concerns at different levels of economic development" (Hervorh im letzten Halbs hinzugefügt).

17 Vgl etwa *US – Shrimp (Appellate Body)*, Rn 129, 152f.

18 Dazu s u Rn 28ff.

19 Dazu s u Rn 33ff.

20 S u Rn 36.

21 Von zentraler Bedeutung ist insoweit das GATS. Näher dazu u Rn 38.

22 Insoweit steht TRIPS im Mittelpunkt. Näher dazu unten Rn 39.

23 Näher zu diesen beiden Übereinkommen und zu ihrem Verhältnis zum GATT u Rn 28ff.

dieses Abkommen die grundlegenden Normen enthält. Im Hinblick auf umweltbezogene Maßnahmen sind drei Regelungselemente des GATT von besonderer Bedeutung.[24]

1. Das Verbot quantitativer Handelsbeschränkungen

8 Erstens enthält das GATT in Art XI:1 ein Verbot jeglicher Arten nicht-tarifärer Einfuhr-Beschränkungen.[25] Dieses Verbot steht im Zusammenhang mit dem Regelungszweck des GATT, der darin liegt, den Zugang zu fremden Märkten in rechtlich verbindlicher Form zu regeln und zu liberalisieren. Mit dem GATT wird zwar kein freier gemeinsamer Markt geschaffen. Das Übereinkommen sieht aber aus einer Reihe von Gründen vor, dass eine Beschränkung von Einfuhren im Wesentlichen nur über Zölle erfolgen darf, die in regelmäßigen Abständen wechselseitig ausgehandelt und dann verbindlich festgeschrieben werden.[26] In diesem Zusammenhang ist Art XI:1 GATT als eine Norm zu verstehen, nach der alle einfuhrbezogenen Handelsbeschränkungen außer Zöllen, Steuern und anderen Abgaben grundsätzlich unzulässig anzusehen sind. Art XI:1 GATT erfasst insoweit jede Regelung und alles Verwaltungshandeln, die bzw das die Einfuhr eines Produkts erschwert oder unmöglich macht.[27] Dazu gehören, was die Umweltpolitik anlangt, alle schlichten Verbote der Einfuhr bestimmter Produkte oder Stoffe, aber ebenso Anforderungen, die sich auf Eigenschaften von Produkten, ihre Verpackung oder Kennzeichnung beziehen, und die im Endeffekt darauf hinauslaufen, dass Produkte, die diesen Anforderungen nicht entsprechen, nicht eingeführt werden dürfen. Insgesamt läuft Art XI:1 des GATT darauf hinaus, dass jegliche nicht-tarifären Einfuhrbeschränkungen verboten sind. Da die meisten umweltbezogenen Handelsmaßnahmen aber gerade solche Einfuhrbeschränkungen beinhalten, begründen sie häufig zunächst einen Verstoß gegen Art XI:1 GATT, wobei allerdings zu berücksichtigen ist, dass die Anwendung der Vorschrift für eine Reihe von Maßnahmen ausgeschlossen ist[28] und im Übrigen ein Verstoß nach besonderen Vorschriften des GATT gerechtfertigt werden kann.[29]

2. Marktregulierung bei Achtung der Inländerbehandlung

9 Neben Regelungen über Handelsbeschränkungen an der Grenze enthält das GATT – zweitens – aber auch Vorschriften über die innerstaatliche Behandlung ausländischer Produkte, nachdem diese die Zollgrenze des jeweiligen Importlandes passiert haben. Diese Vorschriften gehen von dem Gedanken aus, dass gesonderte Beschränkungen des internationalen Handels nur einmalig – zum Einfuhrzeitpunkt und in tarifärer Form – zulässig sind, und dass einmal eingeführte Produkte im Importland nicht schlechter als entsprechende einheimische Produkte behandelt werden dürfen. Im Umkehrschluss ergibt sich hieraus aber auch, dass das GATT nationale Maßnahmen zur Marktregulierung grundsätzlich als zulässig anerkennt, solange diese nicht so ausgestaltet oder angewendet werden, dass sich eine Sonderbelastung für ausländische Erzeugnis-

---

24 Vgl hierzu auch *Epiney*, Welthandel und Umwelt: Ein Beitrag zur Dogmatik der Art III, IX, XX GATT, DVBl 2000, 77 ff.

25 Das Verbot gilt gleichermaßen für Export-Beschränkungen, die allerdings im vorliegenden Kontext von geringerer Bedeutung sind, so dass die folgenden Ausführungen sich auf die einfuhrbezogenen Aspekte beschränken. Um eine iwS umweltpolitikbezogene Exportbeschränkung ging es in *Canada – Herring & Salmon*.

26 Zum letztgenannten Aspekt vgl Art XXVIII *bis* GATT. Zu den Gründen für die Bevorzugung von Zöllen gegenüber mengenmäßigen Beschränkungen s etwa *Van den Bossche/Zdouc*, WTO, 487 f.

27 Vgl *Wolfrum*, Article XI General Elimination of Quantitative Restrictions, in Trade in Goods, Rn 14.

28 S etwa die Ausnahmen in Art XI:2 und Art XII GATT. Vgl außerdem die Ausführungen zu dem Verhältnis zwischen Art XI:1 und Art III:4 GATT. Vgl u Rn 10,14.

29 S insbes Art XX GATT. Näher dazu u Rn 15 ff.

se und damit zugleich eine protektionistische Wirkung zu Gunsten heimischer Hersteller ergibt. Konkret regelt Art III:4 GATT iSd Nichtdiskriminierungsprinzips bzw, genauer gesagt, iSd sog *Inländerbehandlung*, dass eingeführte Erzeugnisse „keiner ungünstigeren Behandlung unterworfen werden [dürfen], als sie gleichartigen Erzeugnissen einheimischen Ursprungs in Bezug auf alle Gesetzesbestimmungen, Verwaltungsanordnungen oder Vorschriften bzgl des Verkaufs, des Verkaufsangebotes, des Ankaufs, der Beförderung, Verteilung und Verwendung dieser Erzeugnisse auf dem inneren Markt gewährt wird“. Als Grundregel lässt sich damit festhalten, dass an der Grenze das Vollverbot nicht-tarifärer Beschränkungen nach Art XI:1 GATT gilt, während nach erfolgter Einfuhr das Nicht-Diskriminierungs-Gebot des Art III:4 GATT greift.

a) Alleinige Anwendung des Art III:4 GATT auf Importverbote zur Durchsetzung von Marktregelungen

10 Ganz strikt lässt sich diese Regel allerdings nicht durchhalten. So bestimmt eine in Anlage I GATT enthaltene Interpretationserklärung,[30] dass „[...] jede Regelung oder Vorschrift [...] [iSd Art III:1 GATT], die bezüglich des eingeführten Erzeugnisses zum Zeitpunkt und am Ort der Einfuhr erhoben wird, [...] nichtsdestoweniger als [...] eine Regelung oder Vorschrift im Sinne der Ziffer 1 [gilt] und [...] folglich den Bestimmungen des Artikels III [unterliegt]“. Hieraus wird überwiegend der Schluss gezogen, dass in solchen Fällen, in denen eine Maßnahme vorliegt, die sich gleichzeitig als Einfuhrbeschränkung und als Anwendung einer Regelung iSv Art III:1 GATT darstellt, allein Art III:4 GATT, nicht hingegen Art XI:1 GATT zur Anwendung kommen soll.[31] Da die meisten umweltbezogenen Produktregelungen vorrangig Regelungen für den eigenen nationalen Markt in Form von Anforderungen oder Verboten vorsehen, kommt der Regelung des Art III:4 GATT – und im Übrigen auch der ähnlich strukturierten Regelung des Art III:2 GATT für Abgaben jeglicher Art[32] – dementsprechend ein breiter Anwendungsbereich zu.

b) Was soll gleich behandelt werden? Die schwierige Bestimmung der „like products“

11 Umso mehr fällt ins Gewicht, dass die Auslegung dieser scheinbar einfach strukturierten Nicht-Diskriminierungs-Vorschrift gerade in Bezug auf umweltbezogene Maßnahmen Gegenstand zahlreicher Kontroversen gewesen ist und bis heute nicht als geklärt angesehen werden kann. Die juristische Problematik von Art III:4 GATT bezieht sich im Kern auf den zunächst unscheinbaren Begriff der „gleichartigen Erzeugnisse“ („like products“). Dessen Auslegung ist von zentraler Bedeutung, da das Diskriminierungsverbot des Art III:4 GATT nur verletzt sein kann, wenn eine Ungleichbehandlung verschiedener Erzeugnisse vorliegt, die dabei zu einer gemeinsamen Gruppe „gleichartiger“ Produkte zählen. Die sich vor diesem Hintergrund ergebende Problematik lässt sich gut an dem den Gesundheitsschutz betreffenden *Asbestos*-Fall[33] erläutern, der ein französisches Verbot von Asbest und asbesthaltigen Produkten zum Gegenstand hatte.[34] Das von

---

30 Bei dieser Interpretative Note Ad Article III handelt es sich um einen bei der Anwendung zwingend zu beachtenden, verbindlichen Bestandteil des Abkommens selbst.

31 Vgl etwa *Wolfrum*, Article XI General Elimination of Quantitative Restrictions, in Trade in Goods, Rn 25.

32 Um Art III:2 GATT ging es u a in *US – Taxes on Automobiles* im Zusammenhang mit einer US-amerikanischen Steuer auf Autos mit besonders hohem Treibstoffverbrauch (sog *gas guzzler tax*), vgl *US – Taxes on Automobiles*, 1399 ff; Aus der Lit s etwa *Quick/Lau*, Environmentally Motivated Tax Distinctions and WTO Law, JIEL 6 (2003) 419 ff.

33 *Asbestos (Panel Report)*; *EC–Asbestos (Appellate Body)*.

34 Besprechungen zu diesem Fall finden sich etwa bei *Wirth*, European Communities – Measures Affecting Asbestos and Asbestos-Containing Products, AJIL 96 (2002) 435 ff; *Footer/Zia-Zarifi*, European Communities – Measures Affecting Asbestos and Asbestos-Containing Products: The World Trade Organization on Trial for Its Handling of Occupational Health and Safety Issues, Melb JIL 3 (2002) 120 ff.

dem Verbot[35] stark betroffene Kanada machte geltend, dass hierdurch asbesthaltige kanadische Bauprodukte weniger günstig behandelt würden als „gleichartige“ heimische Bauprodukte, die Asbest-Ersatzstoffe enthielten. Die Gegenseite hielt dem entgegen, dass Asbest eine Reihe einzigartiger physikalischer Eigenschaften aufweise, welche es von anderen Stoffen unterscheide. Eine dieser Eigenschaften wurde in der gesundheitsschädlichen Wirkung von Asbest gesehen. Den kanadischen Erzeugnissen „gleichartig“ seien daher nur solche französischen Produkte, die ebenfalls Asbest enthielten. Insoweit liege aber gerade keine Diskriminierung vor. Das zur Entscheidung berufene Panel gab der kanadischen Argumentation den Vorzug und bejahte eine „Gleichartigkeit“ iSv Art III:4 GATT zwischen asbesthaltigen Produkten und anderen Baustoffen, die statt Asbest Materialien wie Polyvinylalkohol, Zellulose oder Fiberglas enthielten.[36] Es sah deswegen Frankreich im Hinblick auf das Gebot der Inländerbehandlung in der Pflicht, Asbestzementprodukte aus Kanada nach den allg geltenden innerstaatlichen Regeln für Baustoffe zu behandeln. Dementsprechend sah das Panel einen Verstoß gegen Art III:4 GATT darin, dass die französische Regierung auf die kanadischen Produkte das spezifische Verbot gegen Asbestprodukte angewendet hatte.[37] Die Problematik der Anwendung des Rechtsbegriffs der gleichartigen Erzeugnisse liegt also darin, wie weit oder eng man diesen Begriff auslegen will.[38] Diese Frage beschäftigt das Welthandelssystem bereits seit Jahrzehnten.[39] Eine 1960 eingesetzte Arbeitsgruppe zu Fragen des Grenzsteuerausgleichs, bei dem die Frage der gleichartigen Erzeugnisse ebenfalls eine Rolle spielt, gelangte im Ergebnis zu keiner Klärung, schlug aber immerhin eine Reihe von Kriterien vor, mit Hilfe derer im Rahmen einer Einzelfallprüfung bestimmt werden könne, ob ein Produkt einem anderen gleichartig sei.[40] Nach dem Bericht der Arbeitsgruppe ist dabei an erster Stelle auf die physikalischen Eigenschaften des Erzeugnisses abzustellen. In zweiter Linie können Verbrauchergewohnheiten und Präferenzen berücksichtigt werden. Drittens ist vorgesehen, dass auch die Klassifizierung des entsprechenden Erzeugnisses nach der vereinheitlichten internationalen Zollnomenklatur herangezogen werden kann.

c) Regelmäßig keine Berücksichtigung von Zwecken und Zielen

12 Es fällt auf, dass bei diesem Definitionsversuch Zweck und Wirkung der in Rede stehenden Regulierung grundsätzlich keine Rolle spielen. So spielt etwa der Zweck des Umweltschutzes in der Prüfung des Art III:4 GATT in der Streitschlichtung keine Rolle. Bis heute weicht nur eine Entscheidung von dieser Linie ab: In dem oben angesprochenen Asbestfall hat nämlich der Appellate Body die

---

35 Hierbei handelte es sich um ein umfassendes Verbot, welches (u a) sowohl die Herstellung und das Inverkehrbringen als auch den Import asbesthaltiger Erzeugnisse untersagte. Das Panel entschloss sich unter Rückgriff auf die o angesprochene Note Ad Article III dazu, die Maßnahme jedenfalls am Maßstab des Art III:4 GATT zu prüfen (vgl *Asbestos [Panel Report]*, Rn 8, 100). Die Frage, ob daneben noch Art XI:1 GATT anzuwenden war, ließ es hingegen unbeantwortet (aaO, Rn 8, 159).

36 *Asbestos (Panel Report)*, Rn 8.144, 8.150.

37 *Asbestos (Panel Report)*, Rn 8.155, 8.157 f.

38 Eine zusätzliche Schwierigkeit ergibt sich daraus, dass die sich durch das gesamte WTO-Recht ziehende Frage der Gleichartigkeit je nach normativem Kontext durchaus auch unterschiedlich zu beantworten ist, vgl *Japan – Taxes on Alcoholic Beverages*, 21: „[...] [T]here can be no one precise and absolute definition of what is 'like'. The concept of 'likeness' is a relative one that evokes the image of an accordion. The accordion of 'likeness' stretches and squeezes in different places as different provisions of the WTO Agreement are applied. The width of the accordion in any one of those places must be determined by the particular provision in which the term 'like' is encountered as well as by the context and the circumstances that prevail in any given case to which that provision may apply.“

39 Die Diskussion um die Auslegung des Begriffs der *like products* zieht sich dabei durch viele Bereiche des WTO-Rechts, was daran liegt, dass sich dieser als eine Art „Schlüsselbegriff“ an den unterschiedlichsten Stellen wiederfindet. Vgl etwa Art I:1, II:2 lit a, III:2, III:4, VI:1 lit a, b (i), VI:4, IX:1, XI:2 lit c (i) und (ii), XIII:1, XVI:4, XIX:1 lit a und b GATT, Art 2.1, 5.1.1, 5.2.1, 5.2.5 TBT-Übereinkommen, Art 1 lit a und f Annex C SPS-Übereinkommen.

40 Report of the Working Party on Border Tax Adjustments v 20.11.1970, GATT Doc L/3464, Rn 18.

von Asbest ausgehende Gesundheitsgefährdung – als physikalische Produkteigenschaft iSd Kriterien v 1960 – berücksichtigt und folgerichtig eine Unterscheidung zwischen asbesthaltigen Baustoffen und solchen mit ungefährlichen Ersatzmaterialien für zulässig gehalten.[41] Bisher ist diese Entscheidung jedoch vereinzelt geblieben, sodass man kaum von einem Wandel der Auslegungspraxis sprechen kann. In der Nicht-Berücksichtigung solcher *aims and effects* wird ein besonderes Defizit in der bisherigen Auslegungspraxis zu Art III:4 GATT gesehen.[42] Insofern ist jedoch zu berücksichtigen, dass das GATT in Art XX einen bei umweltbezogenen Maßnahmen oft zur Anwendung kommenden Ausnahmetatbestand kennt, der sehr wohl die Zwecke und Ziele von Maßnahmen berücksichtigt. Insgesamt lässt sich aber festhalten, das Art III:4 GATT besonders wegen der unklaren Anforderungen an die Gleichartigkeit der Produkte eine unsichere und folglich krit Schranke für produktbezogene Regelungen als Werkzeuge der Umweltpolitik darstellt.

d) Keine Berücksichtigung des Herstellungsverfahrens

13 Hinsichtlich einer speziellen Gruppe umweltpolitisch relevanter Maßnahmen stellen sich neben diesen allg Auslegungsunsicherheiten allerdings noch einmal weitere Schwierigkeiten besonderer Art. Betroffen sind hier solche Fallgestaltungen, in denen eine Umweltregulierung nicht Umweltgefahren zum Gegenstand hat, die von einem Produkt selbst ausgehen, sondern die umweltgefährdende Herstellungsweise eines ansonsten unbedenklichen Produkts in den Fokus nimmt.[43] Prominente Bsp bilden insoweit zunächst die beiden Fälle *US – Tuna I* und *II* aus der GATT-Streitschlichtungspraxis, in denen es um US-amerikanische Maßnahmen zur Beschränkung des Imports von Thunfisch ging, bei dessen Fang aus Sicht der USA keine hinreichenden Vorkehrungen zum Schutz von Delfinen getroffen worden waren.[44] Ähnlich lag die Konstellation im Fall *US – Shrimp*, der einfuhrbeschränkende Maßnahmen betraf, welche an die Gefährdung von Meeresschildkröten beim Garnelen-Fang anknüpften.[45] In paralleler Weise stellt sich das Problem zudem etwa bei Maßnahmen, die sich gegen den Import illegal geschlagenen Holzes (vor allem aus den Tropen) wenden.[46] In allen diesen Fällen sind die entsprechenden Produkte (Thunfisch, Garnelen, Holz) für sich genommen unbedenklich, da von ihnen selbst keine Gefährdungen für die Umwelt ausgehen. Einfuhrbeschränkungen werden hier vielmehr letztlich als Mittel eingesetzt, um gegen Umweltgefahren bzw -schädigungen anzugehen, die bei der *Herstellung* dieser Produkte entstehen (Verletzung bzw Tötung von Delfinen oder Schildkröten, Schädigung von Wäldern durch illegale Abholzung), wobei sich in den WTO-rechtlich relevanten Konstellationen der Herstellungsprozess regelmäßig außerhalb der Jurisdiktion des Staats abspielt, der zu solchen Maßnahmen greift.[47]

14 Soweit solche Maßnahmen ein Einfuhrverbot oder eine Einfuhrbeschränkung vorsehen, stellen sie zunächst einmal einen klaren Verstoß gegen Art XI:1 des GATT dar. So lagen die Dinge etwa in den bereits angesprochenen Fällen *US – Tuna I* und *II* sowie *US – Shrimp*.[48] Weniger klar ist hingegen, ob auch ein Verstoß gegen Art III:4 GATT – zusammen gelesen mit der o bereits angesprochenen Interpretationserklärung – anzunehmen ist. In der Entscheidung *US – Tuna I* wurde dies bzgl des dort streitgegenständlichen Importverbots für Thunfisch, der nicht unter Einsatz „delfin-

---

41 *Asbestos (Appellate Body)*, Rn 113 ff.
42 Zu der diesbezüglichen Debatte vgl *Vranes*, Trade and the Environment, 200 ff mwN.
43 Allg zu den Problemen im Zusammenhang mit sog *processes and production methods (PPMs)* vgl *Charnovitz*, The Law of Environmental ‚PPMs' in the WTO: Debunking the Myth of Illegality, Yale JIL 27 (2002) 59 ff; *Potts*, Legality of PPMs; *Conrad*, Processes and Production Methods (PPMs) in WTO Law: Interfacing Trade and Social Goals, 2011.
44 *US – Tuna I*; *US – Tuna II*.
45 S *US – Shrimp (Panel Report)*; *US – Shrimp (Appellate Body)*.
46 Vgl hierzu *Brack*, Illegal Logging.
47 So war es zB in den Fällen *Shrimp & Shrimp Products* und *US – Tuna I und II*.
48 Vgl *US – Tuna I*, Rn 5, 17 f; *US – Tuna II*, Rn 10; *US – Shrimp (Panel Report)*, Rn 7, 16 f.

sicherer" Fangmethoden gefangen worden war, vom Panel verneint. Art III GATT und die zugehörige Interpretationserklärung seien nur auf solche Maßnahmen anwendbar, die sich auf ein Produkt als solches bezögen („measures applied to the product as such"), was vorliegend nicht der Fall sei, da das mit dem Importverbot durchgesetzte Gesetz über Thunfisch-Fangmethoden weder unmittelbar den Verkauf von Thunfisch regele noch Auswirkungen auf den Thunfisch „als Produkt" habe.[49] Sodann führte das Panel allerdings zusätzlich aus, dass dann, wenn man die Anwendbarkeit von Art III:4 GATT bejahen würde, auch ein Verstoß gegen diese Vorschrift anzunehmen wäre. Da sich die eingesetzte Fangmethode nicht auf „Thunfisch als Produkt" auswirke, müssten nämlich sämtliche Thunfischerzeugnisse als „gleichartig" angesehen werden, so dass sich das streitgegenständliche Importverbot als Schlechterbehandlung von Importthunfisch darstelle.[50] Das im Fall *US – Tuna II* zuständige Panel übernahm diese Argumentation mit Blick auf die Interpretationserklärung und kam damit ebenfalls zu dem Ergebnis, dass Art III:4 GATT schon gar nicht anwendbar sei.[51] Auf die Frage, ob bei unterstellter Anwendbarkeit ein Verstoß anzunehmen sein würde, ging das Panel in diesem Fall allerdings nicht mehr ein.

3. Art XX GATT als ermöglichende Umweltausnahme

15 Die Schärfe des Verbots nach Art XI GATT bzw des Nichtdiskriminierungsgebots nach Art III:4 GATT wird allerdings dadurch gemildert, dass das GATT in Art XX Ausnahmen vorsieht, die in einer Reihe von Fällen am Ende doch wieder zu einer Zulässigkeit von umweltbezogenen Produktregelungen führen können.[52] Hierbei handelt es sich um das dritte im Zusammenhang mit umweltbezogenen Maßnahmen relevante Regelungselement des Allgemeinen Zoll- und Handelsabkommens.

a) Grundstruktur

16 Art XX GATT enthält eine Reihe von einzeln aufgeführten Zwecken und Anforderungen und bestimmt, dass zur Verfolgung solcher Zwecke angewendete Maßnahmen bei Erfüllung der jeweiligen Anforderungen als mit dem GATT vereinbar anzusehen sind, auch wenn sie gegen einzelne Vorschriften des Abkommens (also etwa Art XI:1 oder Art III:4 GATT) verstoßen. Im Zusammenhang mit umweltbezogenen Maßnahmen haben sich bisher die in den Buchstaben b und g des Art XX GATT enthaltenen Regelungen als besonders relevant erwiesen. In einer jüngst ergangenen Entscheidung ist zudem im Zusammenhang mit dem Tierschutz auch Art XX lit a GATT herangezogen worden, der Maßnahmen zum Schutz der öffentlichen Moral betrifft, wobei allerdings noch offen ist, ob sich daraus auch weitere Rechtfertigungsmöglichkeiten für den Umweltschutz ergeben.[53]

b) Art XX lit b GATT: Notwendiger Schutz von Mensch, Tieren und Pflanzen

17 In den vielfältigen Diskussionen über Umwelt und die Welthandelsordnung hat zunächst vor allem Art XX lit b GATT im Hinblick auf den Umweltschutz Beachtung gefunden. Diese Vor-

---

49 *US – Tuna I*, Rn 5, 10 ff.
50 *US – Tuna I*, Rn 5, 15.
51 *US – Tuna II*, Rn 5, 8 f.
52 Vgl hierzu etwa *Charnovitz*, Exploring the Environmental Exceptions in GATT Article XX, JWT 25 (1991) 37 ff; *Wofford*, A Greener Future at the WTO: The Refinement of WTO Jurisprudence on Environmental Exceptions to GATT, Harvard ELR 24 (2000) 563 ff; *Thiedemann*, WTO und Umwelt.
53 Vgl *EC – Seal Products (Panel Report)*; *EC – Seal Products (Appellate Body)*. S dazu etwa *Chen*, Sealing Animal Welfare into Free Trade: Comment on EC-Seal Products, ARIBTL 15 (2015) 171 ff; *Serpin*, The Public Morals Exception after the WTO Seal Products Dispute: Has the Exception Swallowed the Rules?, CBLR (2016) 217 ff.

schrift betrifft Maßnahmen, die für den Schutz des Lebens oder der Gesundheit von Personen und Tieren oder die Erhaltung des Pflanzenwuchses notwendig sind. Wo von Gütern Gefahren für Leben und Gesundheit von Menschen, Tieren und Pflanzen ausgehen, erweist sie sich als – auch umweltpolitisch – sinnvolle Ausnahmeregelung.[54] Sie setzt allerdings das Bestehen eines Gefahrenzusammenhangs dergestalt voraus, dass die betreffenden Maßnahmen notwendig („necessary") zum Schutz der genannten Rechtsgüter sein müssen. Wie streng der Begriff der „necessity" bzw der Notwendigkeit auszulegen ist und welche Gesichtspunkte dabei eine Rolle spielen können, wird in der Streitschlichtungspraxis und der Lit allerdings nicht einheitlich beurteilt.[55]

c) Art XX lit g GATT: Erhaltung erschöpflicher natürlicher Ressourcen

18 Art XX lit g GATT erlaubt sodann Maßnahmen zum Schutz erschöpflicher natürlicher Ressourcen, sofern diese Maßnahmen iVm entsprechenden Beschränkungen der heimischen Produktion oder des heimischen Verbrauchs durchgeführt werden. Die ursprüngliche Annahme, der in dieser Vorschrift verwendete Begriff der „exhaustible natural resources" erfasse nur Bodenschätze und mineralische Ressourcen, ist nach dem Wortlaut nicht zwingend und schon lange zu Gunsten der Sichtweise aufgegeben worden, dass auch „biologische" Ressourcen unter die Vorschrift fallen, die trotz ihrer grundsätzlichen Reproduktionsfähigkeit bei zu starker menschlicher Inanspruchnahme ebenfalls einen Zustand der Erschöpfung erreichen können.[56] Dementsprechend wurden im Rahmen der Streitschlichtungspraxis als „erschöpfliche natürliche Ressourcen" in umweltrelevanten Kontexten neben Erdöl[57] und sauberer Luft[58] auch schon Thunfisch-[59], Lachs- und Herings-[60] sowie Delfinbestände[61] und fünf vom Aussterben bedrohte Schildkrötenarten[62] in Betracht gezogen. Die Ausnahmebestimmung des Art XX lit g GATT ist insoweit weitergehend als jene in lit b, als sie nicht auf einen „necessity"-Test abstellt, sondern lediglich fordert, dass die betreffenden Maßnahmen sich auf die Erhaltung erschöpflicher natürlicher Ressourcen „beziehen" („relating to") und „in Verbindung mit" („in conjunction with") Beschränkungen der heimischen Produktion bzw des heimischen Verbrauchs vorgenommen werden.[63] Dies hat auch im Rahmen der Streitschlichtungspraxis Beachtung gefunden. Dabei haben einige Panels einer allzu weiten Auslegung des Wortlauts allerdings dadurch vorzubeugen versucht, dass sie zum einen für die Bejahung eines „Sich-Beziehens" verlangten, dass die jeweilige Maßnahme „primär ausgerichtet" ist auf die Erhaltung erschöpflicher natürlicher Ressourcen („primarily aimed at

---

54 Zum Anwendungsbereich von Art XX lit b GATT mit Blick auf umweltpolitische Maßnahmen vgl auch *Stoll/Strack*, Article XX General Exceptions (b) necessary to protect human, animal or plant life or health, in Trade in Goods, 497 ff.

55 Allg hierzu etwa *Kapterian*, A Critique of the WTO Jurisprudence on 'Necessity', ICLQ 59 (2010) 89 ff. In der Streitschlichtungspraxis wurde diese Frage in jüngerer Zeit in einem umweltpolitischen Kontext wieder relevant in einem viel beachteten Fall, der ein brasilianisches Importverbot für Altreifen betraf. S *Brazil – Retreaded Tyres (Panel Report)*, Rn 7, 103 ff; *Brazil – Retreaded Tyres (Appellate Body)*, Rn 133 ff. Besprechungen hierzu finden sich etwa bei *van Calster*, Faites Vos Jeux – Regulatory Autonomy and the World Trade Organization after Brazil Tyres, JEnvL 20 (2008) 121 ff; *Gray*, Brazil – Measures Affecting Imports of Retreaded Tyres, AJIL 102 (2008) 610 ff; *Thomas*, Trade and Environment under WTO Rules after the Appellate Body Report in Brazil – Retreated Tyres, JICLT 4 (2009) 42 ff; *Lavranos*, The Brazilian Tyres Case: Trade Supersedes Health, Trade, Law and Development 1 (2009) 231.

56 Vgl aus der Streitschlichtungspraxis insbes *US – Shrimp (Appellate Body)*, Rn 128 ff.

57 *US – Taxes on Automobiles*, Rn 5.57.

58 *Gasoline (Panel Report)*, Rn 6.36 f.

59 *US – Imports of Tuna and Tuna Products (Panel Report)*, Rn 4.9.

60 *Canada – Herring & Salmon*, Rn 4.4.

61 *US – Tuna II*, Rn 5.13.

62 *US – Shrimp (Appellate Body)*, Rn 132.

63 Als Beispielsfälle für die Anwendung des letztgenannten Kriteriums vgl etwa *US – Imports of Tuna and Tuna Products (Panel Report)*, Rn 4.9 ff; *Gasoline (Appellate Body)*, 19 ff.

the conservation of an exhaustible natural resource"), und zum anderen auch eine „Verbindung" mit heimischen Beschränkungen nur anzunehmen bereit waren, wenn die Maßnahme zudem darauf „primär ausgerichtet" war, die Effektivität solcher Beschränkungen sicherzustellen („primarily aimed at rendering effective these restrictions").[64] Diese sehr restriktive Handhabung der Vorschrift sah sich im Laufe der Zeit zwar zunehmender Kritik ausgesetzt, und in ihrer Entscheidung zum *US – Shrimp*-Fall machte die Revisionsinstanz zumindest nicht mehr ausdrücklich Gebrauch vom „primarily aimed at-Test".[65] Die Frage, ob vor diesem Hintergrund in Zukunft ein generelles Umschwenken in der Auslegungspraxis zu erwarten ist, kann allerdings nicht als geklärt gelten.[66]

d) Der Eingangssatz des Art XX GATT: Schutz von Diskriminierung und verdeckter Handelsbeschränkung

19 Abschließend ist noch auf einen weiteren Umstand hinzuweisen, welcher ganz allg zu gewissen Einschränkungen im Umgang mit Art XX GATT führt. So ist im Rahmen der Anwendung der Vorschrift in der regen Streitschlichtungspraxis bereits vor einiger Zeit geklärt worden, dass auch dem Eingangssatz („chapeau") des Art XX GATT eine eigenständige Bedeutung zukommt.[67] Danach darf eine Maßnahme, für die ein in einem der Buchstaben a-j vorgesehener Ausnahmetatbestand in Anspruch genommen wird, über die dort geregelten Anforderungen hinaus nicht in einer Weise angewendet werden, die zu einer willkürlichen oder nicht zu rechtfertigenden Diskriminierung („arbitrary or unjustifiable discrimination") zwischen Ländern, in denen gleiche Bedingungen herrschen, führen oder eine versteckte Beschränkung des internationalen Handels („disguised restriction on international trade") darstellen würde.

e) Art XX GATT als Hebel gegen umweltschädliche Produktionsweisen im Ausland

20 Die Auslegung und Anwendung des Art XX GATT hat aus umweltpolitischer Perspektive vor allem Bedeutung für die o schon angesprochenen Fälle, in denen Maßnahmen sich nicht gegen die Schädlichkeit eines Produkts, sondern gegen die umweltschädliche Herstellung ansonsten bedenkenfreier Produkte richten. Hier geht es nicht darum, durch Einfuhr- und Vermarktungsbeschränkungen die Verwirklichung immanenter Produktgefahren innerhalb des eigenen Hoheitsgebiets zu verhindern, sondern darum, auf Herstellungsprozesse Einfluss zu nehmen, die außerhalb der eigenen Jurisdiktion ablaufen.[68]

21 In der Entscheidung *US – Tuna I*[69] hat das Panel diesbezüglich im Wesentlichen ausgeführt, dass solche Maßnahmen, die im Grunde genommen darauf abzielten, die Geltung eigener umweltpolitischer Produktionsstandards auch gegenüber anderen Staaten durchzusetzen, unzulässig und nicht ausnahmefähig seien, weil sie eine Gefahr für die mit dem GATT errichtete interna-

---

64 Vgl *Canada – Herring & Salmon*, Rn 4.6; im Anschluss daran: *US – Taxes on Automobiles*, Rn 5.59; *Gasoline (Panel Report)*, Rn 6.39.

65 Vgl *US – Shrimp (Appellate Body)*, Rn 135 ff. Gewisse krit Töne scheinen auch zuvor bereits durch in *Gasoline (Appellate Body)*, wo zwar unter Verweis darauf, dass die am Streit beteiligten Parteien einhellig von der Anwendbarkeit des „primarily aimed at"-Tests ausgehen, dieser nicht per se in Frage gestellt wird, der Appellate Body aber zumindest zu bedenken gibt, „that the phrase 'primarily aimed at' is not itself treaty language and was not designed as a simple litmus test for inclusion or exclusion from Article XX(g)" (*Gasoline [Appellate Body]*, 19).

66 Vgl etwa *Wolfrum*, Article XX General Exceptions (Introduction), in Trade in Goods, 455 (Rn 23).

67 Vgl etwa *Gasoline (Appellate Body)*, 22.

68 Allg zu den Problemen im Umgang mit PPMs, vgl die Nachw in o Fn 43.

69 Besprechungen zu dieser Entscheidung finden sich etwa bei *Ross*, Making GATT Dolphin-Safe: Trade and the Environment, DJCIL 2 (1992) 345 ff; *Kirgis*, Environment and Trade Measures After the Tuna/Dolphin Decision, Washington LLR 49 (1992) 1221 ff; *Spracker/Lundsgaard*, Dolphins and Tuna: Renewed Attention on the Future of Free Trade and Protection of the Environment, Columbia JEnvL 18 (1993) 385 ff.

tionale Handelsordnung als solche darstellten. Andernfalls drohe nämlich eine Fragmentierung des Weltmarkts und sei freier Handel nicht mehr in der vom GATT intendierten multilateralen Weise gewährleistet, sondern nur noch innerhalb abgegrenzter Gruppen von Mitgliedstaaten mit identischen innerstaatlichen Regulierungsstandards.[70] Eine extraterritoriale Anwendung von Art XX lit b und g GATT sei daher generell abzulehnen.[71]

22 Das Panel im *zweiten Thunfischfall*[72] ließ sich letztlich von einer ähnlichen Sorge leiten, wählte dabei aber einen anderen Begründungsweg. Statt die Anwendung von Art XX lit b und g GATT von vornherein auszuschließen, ist es bei seiner Bewertung von den dort normierten Voraussetzungen im Einzelnen ausgegangen und hat entschieden, dass zwar beide Vorschriften grundsätzlich auch auf Maßnahmen zum Erhalt von Schutzgütern außerhalb der eigenen Jurisdiktion Anwendung finden könnten,[73] dass aber die hier konkret in Rede stehenden Maßnahmen weder nach lit b für den Schutz des Lebens und der Gesundheit von Tieren – den durch die Fangweise bedrohten Delfinen – notwendig seien noch nach lit g direkt der Erhaltung natürlicher Ressourcen dienen könnten.[74] Dabei stützte sich das Panel auf die Erwägung, dass das Importverbot nicht unmittelbar selbst geeignet gewesen sei, den in den beiden Ausnahmetatbeständen beschriebenen legitimen Zwecken zu dienen, sondern darauf gerichtet gewesen sei, andere Staaten dazu zu zwingen, ihre innerstaatlichen Politiken zu ändern, um so den angestrebten Schutzerfolg zu bewirken.[75] Unter Rückgriff auf den Argumentationskern der Vorgängerentscheidung betonte das Panel, dass solche Maßnahmen nicht als die Anforderungen aus Art XX lit b bzw lit g GATT erfüllend angesehen werden könnten, da andernfalls die grundlegenden Ziele des GATT erheblich beeinträchtigt würden.[76]

23 Diese Erwägung nahm auch das Panel in der Entscheidung *US – Shrimp*[77] noch einmal auf, ordnete sie dabei aber erneut einem anderen Prüfungspunkt zu – nämlich dem *chapeau* des Art XX GATT, den es gleich an den Anfang seiner Prüfung stellte. Insoweit stellte es zunächst fest, dass in dem Umstand, dass die USA Zugang zu ihrem Markt nur für Shrimps aus solchen Exportländern gewährten, in denen mit den US-amerikanischen Standards identische Artenschutzstandards beim Garnelenfang vorgeschrieben waren, eine Diskriminierung gegenüber den übrigen Exportländern liege.[78] Sodann betonte es, dass bei der Beantwortung der Frage, ob es sich hierbei auch um eine „nicht zu rechtfertigende" Diskriminierung handele, die mit dem GATT und dem WTO-Übereinkommen verfolgten Ziele zu berücksichtigen seien.[79] Diesbezüglich stellte das Panel unter Rückgriff auf die Präambel des WTO-Übereinkommens fest, dass für dessen Auslegung umweltpolitische Überlegungen zwar wichtig seien, der Hauptfokus aber weiterhin auf der Förderung wirtschaftlicher Entwicklung durch Handel liege und insbes die Vorgaben

---

70 *US – Tuna I*, Rn 5.27: „The General Agreement would then no longer constitute a multilateral framework for trade among all contracting parties but would provide legal security only in respect of trade between a limited number of contracting parties with identical internal regulations."

71 *US – Tuna I*, Rn 5.27, 5.32.

72 Vgl hierzu *Strom*, Another Kick at the Can: Tuna/Dolphin II, CYIL 33 (1995) 149 ff.

73 *US – Tuna II*, Rn 5.15 ff, 5.31 f.

74 *US – Tuna II*, Rn 5.21 ff, 5.34 ff.

75 *US – Tuna II*, Rn 5.24, 5.36.

76 *US – Tuna II*, Rn 5.26, 5.38.

77 Vgl hierzu etwa *Howse*, The Turtles Panel. Another Environmental Disaster in Geneva, JWT 32 (1998) 73 ff; *Mann*, Of Revolution and Results: Trade-and-Environment Law in the Afterglow of the Shrimp-Turtle Case, YIEL 9 (1998) 28 ff; *Schoenbaum*, The Decision in the *Shrimp-Turtle* Case, YIEL 9 (1998) 36 ff; *Wirth*, Some Reflections on Turtles, Tuna, Dolphin, and Shrimp, YIEL 9 (1998) 40 ff; *Appleton*, Shrimp/Turtle: Untangling the Nets, JIEL 2 (1999) 477 ff; *Mavroidis*, Trade and Environment After the *Shrimps-Turtles* Litigation, JWT 34 (2000) 73 ff; *Chang*, Toward a Greener GATT: Environmental Trade Measures and the Shrimp-Turtle Case, SCalRev 74 (2000–2001) 31 ff; *Howse*, The Appellate Body Rulings in the Shrimp/Turtle Case: A New Legal Baseline for the Trade and Environment Debate, Columbia JEnvL 27 (2002) 491 ff.

78 *US – Shrimp (Panel Report)*, Rn 7.33.

79 *US – Shrimp (Panel Report)*, Rn 7.34 f.

des GATT auf eine diskriminierungsfreie Liberalisierung des Marktzugangs ausgerichtet seien.[80] Der chapeau des Art XX GATT sei deshalb so zu interpretieren, dass er den Mitgliedstaaten ein Abweichen von GATT-Vorgaben nur insoweit erlaube, als damit nicht das multilaterale Handelssystem der WTO unterminiert werde.[81] Gerade dies drohe aber, wenn man es jedem Staat zugestehen wollte, den Zugang ausländischer Produkte zu seinem Markt davon abhängig zu machen, dass das jeweilige Herkunftsland bestimmte Politikmaßnahmen ergreife, da ein Exportland sich sonst rasch einer ganzen Reihe konfligierender, nicht gleichzeitig erfüllbarer Anforderungen ausgesetzt sehen könnte, was die Stabilität und Kohärenz des Welthandelssystems gefährden würde.[82] Vor diesem Hintergrund seien die von den USA ergriffenen Maßnahmen als „nicht zu rechtfertigende" Diskriminierung iSd chapeau des Art XX GATT anzusehen,[83] weshalb eine Prüfung der spezifischen Vorgaben der Buchstaben b und g nicht mehr erforderlich sei.[84]

24 In der Entwicklung der Streitschlichtungspraxis bis zu diesem Punkt ließ sich damit zwar bereits ein schrittweises Abrücken von einer allzu abstrakt-kategorischen Argumentationsweise beobachten. Gleichzeitig hatte sich aber doch bisher noch die Überzeugung gehalten, dass hier ein grundsätzlicher Konflikt mit den Idealen der internationalen Handelsordnung bestand, der zu einer generellen Unzulässigkeit solcher Maßnahmen unter handelsrechtlichen Aspekten führen musste. In der Revisionsentscheidung des Appellate Body in *US – Shrimp* ist diese Sicht dann endgültig überwunden worden. Der Appellate Body bemängelte zunächst, dass das Panel in seiner Prüfung die Voraussetzungen des chapeau an den Anfang gestellt hatte, statt mit einer konkreten Untersuchung der spezifischen Vorgaben der einzelnen Unterpunkte des Art XX GATT zu beginnen.[85] Dies habe zu einer viel zu generalisierenden Prüfung anhand von Kriterien geführt, welche so im Text keine Stütze fänden.[86] Insbes könne keineswegs allg angenommen werden, dass für eine Maßnahme, die vom Exportland die Einhaltung oder Annahme bestimmter – vom Importland vorgeschriebener – Politiken erfordere, von vornherein eine Rechtfertigung nach Art XX GATT ausscheiden müsse.[87]

25 Dementsprechend hob der Appellate Body die Panel-Entscheidung insoweit auf und setzte selbst zur Prüfung an. Dabei stellte er zunächst fest, dass die Meeresschildkröten, deren Schutz die US-Regelung bezweckte, durchaus als erschöpfliche natürliche Ressourcen iSv Art XX lit g GATT anzusehen seien.[88] Die Frage nach einer allg Begrenzung der Anwendbarkeit des Art XX lit g GATT in jurisdiktioneller Hinsicht ließ er offen und beschränkte sich insoweit auf den Hinweis, dass jedenfalls im vorliegenden Fall ein hinreichender Bezug („sufficient nexus") zwischen den in ihrem Bestand bedrohten Schildkröten und den USA bestanden habe.[89] Weiterhin kam der Appellate Body zu dem Schluss, dass die streitgegenständliche US-Regelung für

---

80 *US – Shrimp (Panel Report)*, Rn 7.42: „While the WTO Preamble confirms that environmental considerations are important for the interpretation of the WTO Agreement, the central focus of that agreement remains the promotion of economic development through trade; and the provisions of GATT are essentially turned toward liberalization of access to markets on a non-discriminatory basis."
81 *US – Shrimp (Panel Report)*, Rn 7.44.
82 *US – Shrimp (Panel Report)*, Rn 7.45. In dieser Sichtweise sah sich das Panel auch durch die Vorgängerentscheidung in *US – Tuna II* bestätigt, vgl *US – Shrimp (Panel Report)*, Rn 7.46.
83 *US – Shrimp (Panel Report)*, Rn 7.49, 7.60 ff.
84 *US – Shrimp (Panel Report)*, Rn 7.63.
85 *US – Shrimp (Appellate Body)*, Rn 114 ff.
86 *US – Shrimp (Appellate Body)*, Rn 121.
87 *US – Shrimp (Appellate Body)*, Rn 121: „It is not necessary to assume that requiring from exporting countries compliance with, or adoption of, certain policies (although covered in principle by one or another of the exceptions) prescribed by the importing country, renders a measure *a priori* incapable of justification under Article XX."
88 *US – Shrimp (Appellate Body)*, Rn 134.
89 Vgl *US – Shrimp (Appellate Body)*, Rn 133.

sich genommen auch im Übrigen die spezifischen Voraussetzungen des Art XX lit g GATT erfülle, weshalb es einer zusätzlichen Prüfung auch der Voraussetzungen von lit b nicht mehr bedürfe.[90]

26 Nun folgte die Beschäftigung mit dem chapeau. Diese erfolgte allerdings nicht im Wege einer „Pauschalbetrachtung“ wie noch in der Panel-Entscheidung, sondern auf der Grundlage einer kleinteiligen Untersuchung der Art und Weise, wie die streitgegenständliche Schutzregelung konkret zur Anwendung gebracht worden war. Hierzu stellte der Appellate Body u a fest, dass die USA insoweit nicht nur sehr rigide Bedingungen gestellt hatten – die Standards im Herkunftsland mussten nicht nur vergleichbar, sondern praktisch identisch mit den US-amerikanischen sein – und sich für das Mittel einseitiger Importbeschränkungen entschieden hatten, ohne vorab ernsthaft zu versuchen, in Verhandlungen mit den übrigen betroffenen Staaten gemeinsame Standards zu entwickeln, sondern dass zudem auch in dem Zertifizierungsprozess, in dem Staaten nachweisen mussten, dass ihre Standards den US-Vorgaben entsprachen, verschiedene Staaten unterschiedlich behandelt worden waren. Vor diesem Hintergrund gelangte der Appellate Body zu dem Schluss, dass hier eine „nicht zu rechtfertigende“ und „willkürliche“ Diskriminierung iSd chapeau des Art XX GATT vorliege,[91] so dass der Verstoß gegen Art XI:1 GATT nicht als gerechtfertigt angesehen werden könne. Während sich somit am Gesamtergebnis letztlich nichts veränderte, ging die Entscheidung des Appellate Body doch mit einigen entscheidenden Modifizierungen in der Prüfungsweise einher. Zum Abschluss machte der Appellate Body dann auch selbst noch einmal deutlich, dass er sich sehr wohl des Kontexts seiner Entscheidung bewusst war. So betonte er, entschieden worden sei hier allein, dass die streitgegenständliche Regelung einer umweltpolitischen Zielsetzung diene, welche auch mit Blick auf Art XX lit g GATT als legitim anzusehen sei, dass aber diese Regelung in einer mit dem chapeau des Art XX GATT nicht zu vereinbarenden Art und Weise angewendet worden sei.[92] Ausdrücklich *nicht* entschieden worden sei dagegen, dass der Umweltschutz für WTO-Mitglieder ohne Bedeutung wäre – eine solche Bedeutung sei vielmehr offensichtlich, ebenso wie der Umstand, dass die Staaten effektive Maßnahmen zum Schutz bedrohter Arten treffen könnten und sollten und hierfür wie für den Umweltschutz insgesamt zusammenarbeiten sollten, ob nun in der WTO oder in anderen internationalen Foren.[93]

IV. Sonderregelungen für den Marktzugang und die Gleichbehandlung im Handel mit Gütern

27 Wie o bereits erwähnt, umfasst die WTO-Rechtsordnung neben den geschilderten Vorschriften des GATT Sonderübereinkommen im Bereich des Handels mit Gütern, die technische Handelsbarrieren sowie die Anwendung gesundheitspolizeilicher und pflanzenschutzrechtlicher Maßnahmen betreffen.[94] Diese Übereinkommen sind auch unter umweltpolitischen Gesichtspunkten von nicht unerheblichem Interesse.

---

90 *US – Shrimp (Appellate Body)*, Rn 142, 145, 146.
91 *US – Shrimp (Appellate Body)*, Rn 176, 184.
92 *US – Shrimp (Appellate Body)*, Rn 186.
93 *US – Shrimp (Appellate Body)*, Rn 185; Eine vergleichbare „Botschaft“ zum Thema WTO und Umweltschutz findet sich im Übrigen auch bereits in *Gasoline (Appellate Body)*, 29 f.
94 Umfassend zu TBT- und SPS-Übereinkommen s Technical Barriers and SPS Measures.

1. Das TBT-Übereinkommen

28 Das *Übereinkommen über technische Handelshemmnisse* soll die durch national unterschiedliche technische Anforderungen an Produkte[95] bewirkten Beschränkungen des internationalen Handels mindern und eine protektionistische Nutzung solcher Anforderungen weitgehend ausschließen.[96] Es bezieht sich gleichermaßen auf zwingende staatlich vorgegebene Produktanforderungen[97] und auf rechtlich zunächst unverbindliche technische Standards, wie sie bspw von privaten Normungsinstitutionen entwickelt werden.[98] IdS enthält das Übereinkommen nach den unterschiedlichen Arten der Vorschriften und Normen differenziert Anforderungen an die Ausarbeitung und Anwendung. Im Ausgangspunkt ist dabei für beide Bereiche die Geltung der Prinzipien der Meistbegünstigung und der Inländerbehandlung festgeschrieben.[99] Außerdem dürfen durch sie keine „unnötigen Hemmnisse für den internationalen Handel" entstehen.[100]

29 Das Übereinkommen befasst sich zunächst umfassend mit dem Erlass und der Anwendung „technischer Vorschriften", dh rechtlich verbindlicher Vorgaben über Produkteigenschaften oder mit ihnen verbundene Prozesse oder Produktionsmethoden.[101] In einer entfernt an die Auflistung in Art XX GATT erinnernden Aufzählung werden in Art 2.2 Satz 3 TBT-Übereinkommen „berechtigte Ziele" definiert, die mit solchen technischen Vorschriften verfolgt werden dürfen. Unter umweltpolitischen Aspekten bedeutsam ist, dass zu diesen auch der Schutz menschlicher Gesundheit, des Lebens oder der Gesundheit von Tieren oder Pflanzen oder der Umwelt als solcher zählt. Präziser als Art XX GATT gebietet Art 2.2 Satz 2 TBT-Übereinkommen dabei ausdrücklich, dass technische Vorschriften – um keine „unnötigen Hindernisse" im o genannten Sinne darzustellen – den Handel nicht stärker beschränken dürfen, als es zur Erreichung solcher berechtigten Ziele notwendig ist. Präzise ist auch die dem Erlass technischer Vorschriften zugrunde liegende Gefahrenbewertung behandelt. Danach müssen bei der Erarbeitung technischer Vorschriften „verfügbare wissenschaftliche und technische Informationen, verwandte Produktionstechniken oder der beabsichtigte Endverbrauch der Waren zugrunde gelegt werden."[102] Im Übrigen sprechen die Regelungen in diesem Zusammenhang die internationale Harmonisierung an, an der sich die Staaten beteiligen, und an deren Ergebnissen sie ihre nationalen technischen Vorschriften ausrichten sollen.[103] In der weiteren Vertragspraxis hat der für das TBT-Übereinkommen zuständige *WTO-Ausschuss für technische Handelshemmnisse* diesbezüglich noch einen weiteren Schritt getan und auch eine Reihe von Prinzipien für die Erarbeitung solcher internationalen Standards beschlossen.[104]

---

95 Nach Art 1.3 TBT-Übereinkommen findet dieses dabei grundsätzlich auf „alle Produkte" Anwendung und deckt damit einen potentiell sehr weiten Bereich ab. Nach Art 1.4 und 1.5 TBT-Übereinkommen ist es allerdings nicht anzuwenden, wenn das Übereinkommen über das öffentliche Beschaffungswesen oder das SPS-Übereinkommen greifen.
96 Vgl Erwägungsgrund 5 der Präambel des TBT-Übereinkommens.
97 Vgl insoweit die Legaldefinition des Begriffs „technical regulation" in para 1 Annex 1 TBT-Übereinkommen.
98 Vgl hierzu die Legaldefinition des Begriffs „standard" in para 2 Annex 1 TBT-Übereinkommen.
99 Vgl Art 2.1 TBT-Übereinkommen einerseits sowie Art. 4.1 TBT-Übereinkommen iVm para D Annex 3 TBT-Übereinkommen andererseits.
100 Vgl Art 2.2 Satz 1 TBT-Übereinkommen einerseits sowie Art 4.1 TBT-Übereinkommen iVm para E Annex 3 TBT-Übereinkommen andererseits.
101 Vgl die Legaldefinition in para 1 Annex 1 TBT-Übereinkommen. Vorgaben zu technischen Vorschriften finden sich in den Art 2 und 3, wobei die letztgenannte Regelung allerdings im Wesentlichen auf die vorgenannte Bezug nimmt, sodass eine gesonderte Betrachtung des Art 3 TBT-Übereinkommen vorliegend unterbleiben kann.
102 Vgl Art 2.2 Satz 4 TBT-Übereinkommen.
103 S Art 2.4 und 2.6 TBT-Übereinkommen; vgl auch die Regelung in Art 2.5 Satz 2 TBT-Übereinkommen, wonach zu Gunsten einer nationalen technischen Vorschrift, die sich im Einklang mit „relevanten internationalen Standards" befindet, die widerlegbare Vermutung gilt soll, dass sie kein unnötiges Hemmnis für den internationalen Handel darstellt.
104 Vgl Committee on Technical Barriers to Trade, Second Triennial Review of the Operation and Implementation of the Agreement on Technical Barriers to Trade, GATT Doc G/TBT/9 v 13.11.2000, para 20 und Annex 4.

30 Die besondere Bedeutung des TBT-Übereinkommens liegt aber vor allem darin, dass es nicht nur Vorgaben für den Erlass und die Anwendung verbindlicher staatlich erlassener technischer Vorschriften macht, sondern auch Regelungen mit Blick auf die private Normsetzung, dh die Entwicklung und Anwendung sog „technischer Normen",[105] enthält. Bzgl dieser technischen Standards, die regelmäßig durch nationale – oft in privatrechtlicher Form organisierte – Normungsorganisationen erarbeitet werden, ist dabei im Wesentlichen vorgesehen, dass die Mitgliedstaaten in einer den Vorschriften des TBT-Übereinkommens entsprechenden Weise auf die in ihrem jeweiligen Hoheitsgebiet ansässigen[106] Normungsinstitutionen einwirken sollen, um sicherzustellen, dass diese Institutionen den dem Übereinkommen als Annex 3 beigefügten „code of good practice" einhalten.[107] Dieser *code of good practice* enthält wiederum eine ganze Reihe von Anforderungen an den Inhalt von technischen Normen, an die Art und Weise ihrer Anwendung sowie an das bei ihrer Erarbeitung einzuhaltende Verfahren.

31 Hinsichtlich seines *Verhältnisses zum GATT* ist zunächst festzuhalten, dass das TBT-Übereinkommen in vielerlei Hinsicht eigenständige Verpflichtungen vorsieht, die das GATT in dieser Form nicht kennt.[108] Dies führt von vornherein zu einer gewissen Begrenztheit des Überlappungsbereichs, innerhalb dessen nach der „allgemeinen Auslegungsregel zu Anhang 1A" des WTO-Übereinkommens bei Vorliegen eines Widerspruchs zwischen GATT-Vorschriften und Bestimmungen einer anderen in Anhang 1A enthaltenen Übereinkunft (wie eben des TBT-Übereinkommens) den letztgenannten Bestimmungen der Vorzug gebührt.[109]

32 In der Streitschlichtung und sonstigen Rechtsanwendung hat es einige Zeit gedauert, bis das TBT-Übereinkommen in seiner ganzen Bedeutung wahrgenommen worden ist. So hat etwa das Panel in der Entscheidung *US – Reformulated Gasoline* noch der Prüfung der allg Vorschriften des GATT den Vorzug gegeben, um dann – aus Gründen der „judicial economy" – auf eine zusätzliche Prüfung der Vorgaben des TBT-Übereinkommens zu verzichten.[110] Im Fall *EC – Asbestos* stufte der Appellate Body die streitgegenständliche französische Verbotsmaßnahme zwar als technische Vorschrift ein, sah sich aber an einer weitergehenden Prüfung dadurch gehindert, dass das Panel dies zuvor anders gesehen und dementsprechend keine materiellen Feststellungen mit Blick auf das TBT-Übereinkommen getroffen hatte, die der Appellate Body hätte überprüfen können.[111] So kam es auch hier letztlich allein zu einer Prüfung nach den Vorgaben des GATT. Inzwischen hat sich aber das Blatt gewendet, und es wird anerkannt, dass die meisten umweltbezogenen Regelungen im Güterhandel auch als technische Anforderungen verstanden werden und damit auch am TBT-Übereinkommen zu messen sind.[112]

---

105 Vgl diesbezüglich die Legaldefinition in para 2 Annex 1 TBT-Übereinkommen.

106 Gleiches gilt im Übrigen auch mit Blick auf solche regionalen Normierungsinstitutionen, denen ein Staat selbst oder eine auf seinem Hoheitsgebiet ansässige Institution als Mitglied angehört.

107 Vgl Art 4.1 TBT-Übereinkommen.

108 Als Bsp lassen sich hier etwa die Harmonisierungspflichten aus Art 2.4 und 2.6 sowie auch die „Einwirkungspflichten" aus Art 3 und 4 des TBT-Übereinkommens anführen.

109 Wie die Interpretationserklärung zu Art III GATT ist auch diese offizielle Auslegungsregel ein zwingend zu beachtender Bestandteil der WTO-Regeln selbst.

110 Vgl *Gasoline (Panel Report)*, Rn 6.43.

111 Vgl *EC – Asbestos (Appellate Body)*, Rn 75ff.

112 Während dabei die Streitschlichtungsorgane in einigen Fällen zunächst sogar so weit gingen, nunmehr in voller Umkehr der vorherigen Praxis nach der Feststellung eines Verstoßes gegen TBT-Vorgaben aus Gründen der „judicial economy" auf eine zusätzliche Prüfung am Maßstab des GATT zu verzichten (vgl etwa *EC – Sardines [Panel Report]*, Rn 7.151f; *EC – Sardines [Appellate Body]*, Rn 313; *US – Tuna II [Mexico] [Panel Report]*, Rn 7.748), scheint sich mittlerweile die Ansicht durchzusetzen, dass auch die sich ähnelnden Diskriminierungsverbote aus dem GATT und dem TBT-Übereinkommen noch so verschieden sind, dass sie nebeneinander geprüft werden müssen (vgl etwa *US – Tuna II [Mexico] [Appellate Body]*, Rn 405; *EC – Seal Products [Panel Report]*, Rn 7.68; *US – Tuna 21.5 [Panel Report]*, Rn 7.432; *US – Tuna 21.5 [Appellate Body]*, Rn 7.277).

Für den Bereich des Umweltschutzes spielt das TBT-Übereinkommen eine große Rolle. Dafür ist nicht zuletzt der Umstand bedeutsam, dass das TBT-Übereinkommen nach seinem ausdrücklichen Wortlaut in allerdings indirekter Form auch die Regulierung von Produktionsverfahren einbezieht und ebenso auf an die Verpackung und Kennzeichnung von Produkten[113] gestellte Anforderungen Anwendung findet.[114] Diese beiden Aspekte sind bisher – wie angesprochen worden ist – kaum geklärt. Ob die Regelungsansätze hier die aus umweltpolitischer Sicht dringend erforderliche Klarheit bringen können, ist allerdings noch nicht auszumachen, weil die wenigen bisher dazu entschiedenen Fälle kein einheitliches Bild ergeben. Damit lässt sich zusammenfassend sagen, dass das TBT-Abkommen für den Umweltschutz eine große und potentiell hilfreiche Rolle spielen kann, die in der Streitschlichtungspraxis bisher aber erst in ersten Ansätzen entfaltet worden ist.

2. Das SPS-Übereinkommen

33 Auch das *Übereinkommen über gesundheitspolizeiliche und pflanzenschutzrechtliche Maßnahmen* ist in seiner ganzen Bedeutung erst schrittweise erkannt worden. Dazu hat auch beigetragen, dass der Anwendungsbereich im Anhang A des Übereinkommens in sehr spezifischer Weise beschrieben worden ist.[115] Grob gesagt erfasst das Übereinkommen unter dem Begriff der gesundheitspolizeilichen Maßnahmen („sanitary measures") und ihrer Anwendung wesentlich alle Maßnahmen, die dem Schutz von Menschen und Tieren vor Gesundheitsgefahren durch Lebensmittel und Agrargüter dienen. Unter dem Begriff der pflanzenschutzrechtlichen Maßnahmen („phytosanitary measures") erfasst das Übereinkommen zunächst den traditionellen Bereich von Regelungen, Kontrollen und Einfuhrbeschränkungen zum Schutz vor Übertragung von Pflanzenkrankheiten und Schädlingen. Eine angesichts der präzise geregelten Anwendungsfelder offenbleibende Frage ist, ob das SPS-Übereinkommen auch bei Maßnahmen greift, die sich gegen die Einfuhr genetisch veränderter Organismen richten.[116] IdS ist die Panel-Entscheidung in *EC – Biotech* zu verstehen, wenngleich hier wegen der besonderen Konstellation des Falls Fragen bleiben und berücksichtigt werden muss, dass mangels Antrags der Appellate Body mit der Sache nicht befasst worden ist.[117] Der Sache nach enthält das SPS-Übereinkommen Anforderungen an die Anwendung gesundheitspolizeilicher und pflanzenschutzrechtlicher Maßnahmen, die wesentlich vorsehen, dass vor der Anwendung solcher Maßnahmen eine Risikoabschätzung stattfinden muss.[118] In einem zweiten Schritt soll dann der jeweilige Staat ein angemessenes Schutzniveau festlegen, wobei darauf zu achten ist, dass keine ungerechtfertigten Unterschiede

113 Im umweltpolitischen Kontext ist insoweit etwa an Öko-Labels und vergleichbare Kennzeichen zu denken. Vgl hierzu etwa *Joshi*, Are Eco-Labels Consistent with World Trade Organization Agreements?, JWT 38 (2004) 69 ff.

114 Vgl Erwägungsgrund 5 der Präambel sowie die jeweilige Legaldefinition der Begriffe „technical regulation" und „standard" in paras 1 und 2 Annex 1 TBT-Übereinkommen.

115 Vgl insbes die in para 1 enthaltene Definition von „sanitary and phytosanitary measures".

116 Vgl hierzu bereits *Stoll*, Controlling the Risks of Genetically Modified Organisms: The Cartagena Protocol on Biosafety and the SPS Agreement, YIEL 10 (1999) 82 ff; sowie etwa auch *Peel*, A GMO by Any Other Name ... Might Be an SPS Risk!: Implications of Expanding the Scope of the WTO Sanitary and Phytosanitary Measures Agreement, EJIL 17 (2007) 1009 ff.

117 Vgl *EC – Approval and Marketing of Biotech Products*. Besprechungen hierzu etwa bei *Henckels*, GMOs in the WTO: A Critique of the Panel's Reasoning in EC – Biotech, Melb JIL 7 (2006) 278 ff; *Baetens*, Safe Until Proven Harmful? Risk Regulation in Situations of Scientific Uncertainty: The GMO Case, Cambridge LJ 66 (2007) 276 ff; *Prevost*, Opening Pandora's Box: The Panel's Findings in the EC – Biotech Products Dispute, Legal Issues of Integration 34 (2007) 67 ff; *Howse/Horn*, European Communities – Measures Affecting the Approval and Marketing of Biotech Products, WTR 8 (2009) 49 ff.

118 Vgl insbes Art 5 Abs 1 SPS-Übereinkommen. Der Begriff „risk assessment" wird für die Zwecke des Übereinkommens legaldefiniert in para 4 Annex A.

zwischen unterschiedlichen Risikobereichen bestehen.[119] Die auf dieser Grundlage zu erlassenen Maßnahmen sollen nicht stärker handelsbeschränkend wirken als nötig.[120] Eine besondere Regelung in Art 5 Abs 7 SPS-Übereinkommen betrifft den Fall eines Mangels an vollständiger wissenschaftlicher Nachweisbarkeit und sieht vor, dass unter solchen Umständen die Staaten vorläufige Maßnahmen erlassen dürfen, gleichzeitig aber darum bemüht sein sollen, den notwendigen wissenschaftlichen Nachweis zu erbringen. Die Vorschrift kann als sehr beschränkte Form der Vorsorge angesehen werden.[121] Vielleicht liegt es daran, dass sich die EU im *Rinderhormon*-Fall ausdrücklich nicht auf die Vorschrift berufen hat, sondern erfolglos darauf plädierte, hier einen allg völkerrechtlichen Grundsatz der Vorsorge anzuwenden.[122] Ähnlich wie das TBT-Übereinkommen bezieht sich auch das SPS-Übereinkommen vielfach auf die internationale Standardsetzung, fordert insoweit eine Kooperation der Staaten und sieht vor, dass die Staaten bei dem Erlass von Maßnahmen internationale Standards heranziehen sollen, soweit solche bestehen.[123]

34 Das Verhältnis zwischen dem SPS-Übereinkommen und den Regeln des GATT ist anders gestaltet als dasjenige zwischen TBT-Übereinkommen und GATT. Nach seinem Art 2 Abs 4 ist das SPS-Übereinkommen als eine Art konkretisierende Vermutungsregelung anzusehen: Soweit den Anforderungen des Übereinkommens Rechnung getragen wird, gilt die entsprechende nationale Maßnahme als „notwendig" iSd Art XX lit b GATT.[124]

35 Für die Umweltpolitik hat das SPS-Übereinkommen große Bedeutung. Wenngleich die meisten Maßnahmen wohl eher den Schutz konkret von Menschen, Nutztieren und -pflanzen vor Vergiftung, Krankheiten und Schädlingen betreffen, sind doch eine Reihe von umweltpolitischen Regelungen denkbar, die von dem Übereinkommen betroffen sein könnten.

3. Die Zulässigkeit umweltbezogener Subventionen

36 Wie eingangs berichtet, beschränkt sich die Problematik von Handel und Umwelt nicht allein auf die Frage von Einfuhrbeschränkungen oder nationalen Marktregelungen. Um Wettbewerbsverzerrungen auf den liberalisierten Märkten zu vermeiden, enthält das Regelwerk der WTO auch Vorschriften über Subventionen.[125] Sie finden sich im *SCM-Übereinkommen*.[126] In diesem werden zulässige Zwecke und Formen von Subventionen beschrieben und Maßnahmen gegen eine idS unzulässige Subventionierung vorgegeben. Dabei legt das SCM-Übereinkommen einen weiten Begriff der Subvention zugrunde. Als Subventionen gelten danach alle Vorteile, die sich auf den Staat zurückführen lassen und einem spezifischen Kreis von Adressaten zu Gute kom-

---

119 Vgl insbes Art 5 Abs 4 und 5 SPS-Übereinkommen. S auch die Definition des Begriffs „appropriate level of sanitay or phytosanitary protection" in para 5 Annex A.

120 Vgl Art 5 Abs 6 SPS-Übereinkommen.

121 Vgl *Stoll/Strack*, Article 5 SPS Assessment of Risk and Determination of the Appropriate Level of Sanitary or Phytosanitary Protection, in Technical Barriers and SPS Measures, 435 (Rn 97 f). Zum Vorsorgeprinzip näher *Proelß*, 3. Abschn Rn 24 ff.

122 Vgl *EC – Hormones (Panel Report)*; *EC – Hormones (Appellate Body)*. Besprechungen hierzu etwa bei *Wirth*, European Communities Restrictions on Imports of Beef Treated with Hormones, AJIL 92 (1998) 755 ff; *Stewart/Johanson*, The WTO Beef Hormone Dispute: An Analysis of the Appellate Body Decision, UCD JILP 5 (1999) 219 ff; *Douma/Jacobs*, The Beef Hormones Dispute and the Use of National Standards under WTO Law, EEnvLR 8 (1999) 137 ff.

123 Vgl insbes Art 3 SPS-Übereinkommen. S zudem auch etwa Art 5 Abs 1 Halbs 2, Art 6 Abs 1 Satz 2 SPS-Übereinkommen. Von Interesse ist insoweit auch die in para 3 Annex A SPS-Übereinkommen enthaltene Definition von „international standards, guidelines and recommendations".

124 Vgl in diesem Zusammenhang auch para 8 SPS-Übereinkommen.

125 Vgl allg zum Themenkreis Umwelt und Subventionen: OECD (Hrsg), Subsidies and Environment: Exploring the Linkages, 1996.

126 Dazu s o Rn 33 ff.

men können.[127] Nach Art 3 des Übereinkommens sind Subventionen dann von vornherein verboten, wenn sie als Exportsubventionen für die Ausfuhr von Gütern oder als Beihilfen zur Substitution von Einfuhren angelegt sind. Jenseits dieser Kategorie von vornherein unzulässigen Subventionen sind Subventionen dann anfechtbar, wenn sie nachteilige Auswirkungen für die Interessen anderer Mitglieder verursachen.[128] Das ist nach Art 5 des Übereinkommens dann der Fall, wenn sie zur Schädigung eines inländischen Wirtschaftszweigs eines anderen Mitglieds führen, eine ernsthafte Schädigung der Interessen eines anderen Mitglieds hervorrufen oder Vorteile, die einem anderen Mitglied aus der WTO erwachsen, zunichte machen oder schmälern. Ein von einer verbotenen oder anfechtbaren Subvention betroffener dritter Staat kann in diesen Fällen gegen die Subvention sog *Ausgleichmaßnahmen*, dh besondere ausgleichende Zölle, verhängen[129] und/oder ein Streitschlichtungsverfahren gegen den subventionierenden Staat einleiten.[130] Die Bedeutung dieser strengen Regelung von Subventionen für die Umweltpolitik ist größer, als man auf den ersten Blick meinen könnte. Es verdient hervorgehoben zu werden, dass sie vor allem in der Landwirtschaft einen wichtigen Beitrag zum Umweltschutz geleistet haben. So hat die Einführung des SCM-Übereinkommens und einiger Sonderbestimmungen im Agrarübereinkommen der WTO dazu geführt, dass die EU ihre frühere gemeinsame Agrarpolitik aufgeben musste, die Subventionen vorsah, die an die Produktion anknüpften und deswegen die Intensivlandwirtschaft mit ihren Umweltbelastungen unterstützte.

37 Die Subventionsregelungen der WTO kommen aber auch im Hinblick auf umweltpolitische Maßnahmen zur Anwendung, etwa auf Subventionen zur Extensivierung in der Landwirtschaft, im Hinblick auf die Entwicklung und Anwendung umweltfreundlicher Technologien und letztlich auch bei der Förderung der erneuerbaren Energie – etwa durch Einspeisevergütungen.[131]

V. Umweltaspekte der WTO-Regelungen für den Dienstleistungshandel und über das geistige Eigentum

38 Die Bedeutung der WTO für die nationale und internationale Umweltpolitik beschränkt sich allerdings nicht auf die Regeln über den Handel mit Gütern. Auch die in dem *Allgemeinen Übereinkommen über den Handel mit Gütern* (General Agreement on Trade in Services – GATS)[132] festgelegten Regeln können Bedeutung für die nationale und internationale Umweltpolitik haben. Auch dieses Übereinkommen sieht zunächst Regeln für den Marktzugang und die Nichtdiskriminierung vor. Es enthält daneben eine dem Art XX GATT vergleichbare Ausnahmeregelung in Art XIV. Anlässlich der Errichtung der WTO ist insoweit eine besondere Entscheidung über den Handel mit Dienstleistungen und der Umwelt (*Decision on Trade in Services and the Envi-*

---

127 Vgl die Legaldefinition in Art 1.1, die durch Art 1.2 und Art 2 SCM-Übereinkommen ergänzt wird.
128 S Art 5 ff SCM-Übereinkommen.
129 Vgl Art 10 ff SCM-Übereinkommens
130 S Art 4 bzw Art 7 SCM-Übereinkommen.
131 S *Canada – Renewable Energy (Panel Report)* und *Canada – Renewable Energy (Appellate Body)*. S auch *Wilke*, Feed-In Tariffs for Renewable Energy and WTO Subsidy Rules: An Initial Legal Review, ICTSD Issue Paper No 4, 2011; *Bigdeli*, Clash of Rationalities: Revisiting the Trade and Environment Debate in Light of WTO Disputes over Green Industrial Policy, Trade, Law and Development 6 (2014) 177 ff; *Farah/Cima*, The World Trade Organization, Renewable Energy Subsidies, and the Case of Feed-in Tariffs: Time for Reform toward Sustainable Development?, GIELR 27 (2015) 515 ff; *Waltman*, Amending WTO Rules to Alleviate Constraints on Renewable Energy Subsidies, WJILDR 23 (2016) 367 ff.
132 Umfassend hierzu die Beiträge in Trade in Services.

ronment) getroffen worden,[133] die insbes eine Überprüfung der Wirksamkeit des Art XIV lit b GATS – der Art XX lit b GATT entspricht – durch den *Ausschuss für Handel und Umwelt* (Committee on Trade and Environment – CTE) vorsah. Bisher liegt dazu allerdings noch keine endgültige Stellungnahme vor. Dies mag als Hinweis dafür gelten, dass im Hinblick auf Umweltmaßnahmen und den Handel mit Dienstleistungen bisher wenige Probleme aufgetreten sind.

39 Auf der Ebene des Ausschusses für Handel und Umwelt hat auch das *WTO-Übereinkommen über die handelsrelevanten Aspekten des Schutzes geistigen Eigentums* (Agreement on Trade-Related Aspects of Intellectual Property Rights – TRIPs)[134] eine Rolle gespielt. Dabei ging es wesentlich um die in der WTO in größerem Rahmen und auch im Rahmen der Biodiversitätskonvention (Convention on Biological Diversity – CBD) kontrovers diskutierte Frage, ob das bestehende Patentsystem und die entsprechenden Regeln des TRIPs-Übereinkommens die Verfügbarkeit und Nutzung genetischer Ressourcen einschränken und damit das Bestreben der CBD infrage stellen, die nachhaltige Nutzung solcher genetischer Ressourcen unter fairer und gerechter Beteiligung der Ursprungsstaaten zu ermöglichen.

VI. Das Verhältnis zwischen der WTO und ihren Regeln und multilateralen Umweltübereinkommen

40 Zu der Kontroverse um Handel und Umwelt haben wesentlich das kaum befriedigende Verhältnis und die mangelnde Koordination zwischen der in der WTO verfassten internationalen Handelsordnung und internationalen Umweltabkommen beigetragen.[135] Das problematische Verhältnis zwischen diesen unterschiedlichen Regelungskomplexen des Völkerrechts hat *verschiedene Ebenen*, die sorgfältig auseinandergehalten werden müssen. Auf der Ebene einzelner Regelungen stellt sich zunächst das Problem, wie Regelungen aus internationalen Umweltabkommen mit den Regeln der WTO zusammenspielen. Auf einer institutionellen Ebene stellt sich sodann die Frage, wie die Arbeit der WTO mit den Aktivitäten verschiedener umweltvölkerrechtlicher Vertragsinstitutionen beschaffen ist. Gerade auf der ersten Ebene des Verhältnisses auf der Stufe des materiellen Rechts haben verschiedene Streitschlichtungsfälle Schritt für Schritt zu einer Klärung beigetragen. Daneben hat ein Ausschuss der WTO – der Ausschuss für Handel und Umwelt – die Problematik in ihren verschiedenen Abschichtungen intensiv diskutiert und dazu eine Reihe weiterführender Studien erarbeitet und veröffentlicht.

1. Die Berücksichtigung umweltvölkerrechtlicher Regelungen im Einzelfall und in der WTO-Streitschlichtung

41 Im Hinblick auf das Verhältnis zwischen dem internationalen Umweltrecht und der WTO ist oft von einem „Konflikt" die Rede. Man mag in der Tat im Hinblick auf die mit der WTO einerseits und den umweltvölkerrechtlichen Verträgen andererseits verfolgten Zwecke und die dahin-

133 Für den Text dieser Entscheidung <www.wto.org/english/docs_e/legal_e/46-dsenv.pdf>.
134 Umfassend hierzu Stoll/Busche/Arend (Hrsg), WTO – Trade-Related Aspects of Intellectual Property Rights, 2009.
135 Zu diesem Themenkomplex vgl etwa *Tarasofsky*, Ensuring Compatibility between Multilateral Environmental Agreements and GATT/WTO, YIEL 7 (1996) 52ff; *Marceau*, Conflicts of Norms and Conflicts of Jurisdictions: The Relationship between the WTO Agreement and MEAs and other Treaties, JWT 35 (2001) 1081ff; *Motaal*, Multilateral Environmental Agreements (MEAs) and WTO Rules: Why the 'Burden of Accommodation' Should Shift to MEAs, JWT 35 (2001) 1215ff; *Goyal*, The WTO and International Environmental Law: Towards Conciliation, 2006.

terstehenden Politiken durchaus von Spannungen oder einem Konflikt sprechen. In einer juristischen Betrachtung ist diese Sichtweise allerdings zu unpräzise. Von einem Konflikt ieS kann nur insoweit die Rede sein, als in einem konkreten Anwendungsfall iSe Normkonflikts eine Regel des Umweltvölkerrechts und zugleich eine Regel des internationalen Handelsrechts anwendbar und die daraus in diesem Fall folgenden konkreten Pflichten miteinander unvereinbar sind. Kurz gesagt kann in dieser engen Perspektive ein Normkonflikt dann angenommen werden, wenn im konkreten Einzelfall die Befolgung der einen Norm seitens eines Mitglieds zugleich die Verletzung der anderen Norm bedeuten würde.[136] So gesehen handelt es sich um relativ wenige, eng beschränkte Konfliktfelder. In einer groß angelegten Studie hat der Ausschuss für Handel und Umwelt der WTO mehrere hundert völkerrechtliche Verträge untersucht und dabei nur in einer verschwindend kleinen Anzahl von Fällen die Möglichkeit für solche Normkonflikte angenommen.[137]

2. Umweltabkommen mit konfliktträchtigen Regelungen

42 Das erscheint plausibel, wenn man berücksichtigt, dass die vielfältigen Regeln und Pflichten im internationalen Umweltrecht nur zu einem ganz geringen Teil auch den Handel betreffen. Wesentlich geht es bei diesen möglichen Konfliktfällen um Einfuhr- und seltener noch um Ausfuhrverbote. Solche Ein- und Ausfuhrverbote enthalten etwa das Washingtoner Artenschutzübereinkommen (CITES),[138] das Rotterdamer Übereinkommen über Pestizide und andere gefährliche Chemikalien sowie das Protokoll über die biologische Sicherheit zum Übereinkommen über die biologische Vielfalt.[139] Entsprechende Regelungen enthält auch das Montrealer Protokoll über Substanzen, die die Ozonschicht schädigen,[140] und auch das Basler Übereinkommen über gefährliche Abfälle[141] ist an dieser Stelle zu nennen. Wenngleich die Zahl der Umweltübereinkommen, die entsprechende Regelungen enthalten, verschwindend gering ist, so ist doch nicht zu übersehen, dass ihr Umfang und ihre Bedeutung zunehmen.

43 Ein Normkonflikt in dem hier beschriebenen Sinne tritt dann auf, wenn eine Vertragspartei eines solchen Umweltübereinkommens in Ausführung ihrer Vertragspflichten ein Einfuhrverbot erlässt und damit möglicherweise gegen die Regelungen des GATT bzw des TBT- oder SPS-Übereinkommens verstößt. An dieser Stelle muss befremdlich erscheinen, dass aus der Sicht der WTO und ihrer Regelungen die doch im Zusammenhang mit einem internationalen Umweltabkommen angewendeten Maßnahmen nach den allg Regeln behandelt werden, als ob diejenige Vertragspartei für sich allein handeln würde, und dass das dahinterstehende Umweltabkommen keine Beachtung findet.

---

136 Vgl *Wolfrum/Matz*, Conflicts in International Environmental Law, 2003, 6 unter Verweis auf *Kelsen*, General Theory of Norms, 1991, 123.

137 Bei dieser Studie handelt es sich um die mehrfach aktualisierte WTO Matrix on Trade-Related Measures Pursuant to Selected Multilateral Environmental Agreements (MEAs). Vgl dazu <www.wto.org/english/tratop_e/envir_e/envir_matrix_e.htm>.

138 Vgl hierzu *Yeater/Vasquez*, Demystifying the Relationship between CITES and the WTO, RECIEL 10 (2001) 271 ff. Eingehend *Markus*, 10. Abschn Rn 65 ff.

139 Zum Verhältnis zwischen Cartagena Protokoll und WTO vgl etwa *Qureshi*, The Cartagena Protocol on Biosafety and the WTO – Co-Existence or Incoherence?, ICLQ 49 (2000) 835 ff; *Safrin*, Treaties in Collision? The Biosafety Protocol and the World Trade Organization Agreements, AJIL 96 (2002) 606 ff; *Winham*, International Regime Conflict in Trade and Environment: the Biosafety Protocol and the WTO, WTR 2 (2003) 131 ff. S a *Markus*, 10. Abschn Rn 32 ff.

140 Vgl hierzu *Rutgeerts*, Trade and Environment: Reconciling the Montreal Protocol and the GATT, JWT 33 (1999) 61 ff. S a *Proelß*, 11. Abschn Rn 29.

141 Dazu *Durner*, 15. Abschn Rn 25 ff.

3. Das Völkervertragsrecht

44 Blickt man aus der hier durchaus relevanten Sicht der WTO-Streitschlichtung auf einen solchen Fall, so stellt man fest, dass diese zunächst von den eigenen Regelungen der WTO ausgeht und nur über die allg anerkannten Auslegungsregeln des Völkerrechts, wie sie in der Wiener Vertragsrechtskonvention (WVK) und im Völkergewohnheitsrecht festgelegt sind, zu der Frage vordringt, ob auch andere internationale Normen Beachtung finden können.[142] Eine solche Anwendung anderer völkerrechtlicher Regelungen kommt jedoch höchst selten in Betracht, weil die insoweit einschlägige Norm des Art 31 Abs 3 lit c WVK in der Streitschlichtung der WTO mit Zustimmung eines großen Teils der Lit eine außerordentlich rigide Einschränkung erfahren hat.[143]

45 Nach Art 31 Abs 3 lit c WVK bzw dem analogen Völkergewohnheitsrecht kann bei der Auslegung eines Vertrags auch „jeder in den Beziehungen zwischen den Vertragsparteien anwendbare einschlägige Völkerrechtssatz" berücksichtigt werden. Auf den ersten Blick legt der Wortlaut der Vorschrift nahe, in einem Streit zwischen zwei WTO-Mitgliedern auch die Vorschriften eines internationalen Umweltübereinkommens anzuwenden, dem sie ebenfalls beide angehören.

46 Allerdings ist nach der Entscheidung des Panels in *EC – Biotech* der Begriff der „Vertragsparteien" nicht so zu verstehen, dass insoweit nur die beiden im Streit befindlichen Parteien, sondern vielmehr *alle* WTO-Mitglieder in Betracht zu ziehen sind.[144] Nur solche umweltvölkerrechtlichen Verträge seien mit ihren Regelungen zu berücksichtigen, die den gleichen Mitgliederbestand wie die WTO haben. Dies ist allerdings aufgrund einer historischen Besonderheit nahezu ausgeschlossen: Zu den Mitgliedern der WTO gehören nicht nur Staaten und eine Organisation der regionalen Wirtschaftsintegration – die EU –, sondern auch sog Zollgebiete und unter ihnen auch Hong Kong.[145] Es ist aber andererseits anerkannt, dass Hong Kong sowohl unter seiner ehemaligen Angliederung an das Vereinigte Königreich als auch nach seiner neuen Zuordnung zur Volksrepublik China nur einen begrenzten Autonomiestatus innehat, der die Kompetenz zum Abschluss völkerrechtlicher Verträge allein auf das internationale Handelsrecht beschränkt. MaW ist Hong Kong Mitglied der WTO, kann aber kein internationales Umweltabkommen abschließen und ist folgerichtig auch nicht Partei eines der internationalen Umweltabkommen. Damit ist für die Vergangenheit und wohl auch für die Zukunft ausgeschlossen, dass ein internationales Umweltübereinkommen zu seinen Vertragsparteien alle WTO-Mitglieder zählt und deswegen nach Art 31 Abs 3 lit c WVK Berücksichtigung finden könnte.

47 Die Entscheidung des Panels in *EC – Biotech* ist auf heftige Kritik gestoßen, wird aber am Ende von der überwiegenden Meinung im Schrifttum geteilt, weil es sich bei der WTO um ein multilaterales Übereinkommen handelt und ein separates Abkommen zwischen einer Teilmenge der WTO-Mitglieder nach allg Ansicht nicht die einheitliche Auslegung des WTO-Rechts infrage stellen darf.[146] Demzufolge spielen in der WTO-Streitschlichtung internationale Umweltübereinkommen kaum eine Rolle. Nur vereinzelt sind sie – eher iSe Tatsachenfeststellung – herangezogen worden.[147]

---

142 Den Ausgangspunkt markierte insoweit *Gasoline (Appellate Body)*, 17, wo der Appellate Body, vermittelt über Art 3 Abs 2 DSU, ganz grundlegend zu dem Schluss gelangte, dass das GATT „is not to be read in clinical isolation from public international law".

143 Dazu sogleich Rn 46f.

144 Vgl *EC – Approval and Marketing of Biotech Products*, Rn 7.68ff.

145 Für einen aktuellen Überblick über den Mitgliederkreis der WTO <www.wto.org/english/thewto_e/whatis_e/tif_e/org6_e.htm>.

146 Vgl etwa *Franken/Burchardi*, Assessing the WTO Panel Report in EC-Biotech, JEEPL 1 (2007) 47ff; *Young*, The WTO's Use of Relevant Rules of International Law: An Analysis of the Biotech Case, ICLQ 56 (2007) 907ff; *McGrady*, Fragmentation of International Law or 'Systemic Integration' of Treaty Regimes: EC-Biotech Products and the Proper Interpretation of Article 31 Abs 3 lit c of the Vienna Convention of the Law of Treaties, JWT 42 (2008) 589ff.

147 S etwa *US – Shrimp (Appellate Body)*, Rn 130ff.

48 Rechtlich gesehen kann man die von dem Panel in *EC – Biotech* vertretene Lösung gut nachvollziehen. In praktischer Hinsicht kommt hinzu, dass die einschlägigen Vorschriften des WTO-Rechts und insbes Art XX GATT am Ende den Staaten einigen Spielraum bieten, ihren Verpflichtungen aus umweltvölkerrechtlichen Übereinkommen ggf auch mit der Anwendung von Handelsbeschränkungen nachzukommen. Schließlich kommt hinzu, dass WTO-Mitglieder, die beiderseits einem internationalen Umweltübereinkommen angehören, einen Streit über eine Handelsbeschränkung in Wahrnehmung von Vertragspflichten aus einem gemeinsamen Umweltübereinkommen wohl kaum vor die Streitschlichtung der WTO bringen werden. Aus einer übergeordneten Sicht erscheint es jedoch kaum vermittelbar, dass das Welthandelssystem mit seinen Regeln die oft von einer großen Anzahl von Staaten getragene Entwicklung des Umweltvölkerrechts als solche schlicht nicht zur Kenntnis nimmt. Das hat auch praktische Konsequenzen, weil aus den geschilderten Gründen Maßnahmen zur umweltbezogenen Handelsbeschränkung in ihrer Vereinbarkeit mit der WTO schwer zu beurteilen sind und deswegen die vertragstreuen Parteien eines Umweltabkommens das nicht unerhebliche rechtliche Risiko eingehen müssen, dass ihre Maßnahmen zu einem Handelsstreit führen, in dem sie unterliegen können.

4. Der WTO-Ausschuss für Handel und Umwelt

49 Wenngleich die WTO, abgesehen von dem erwähnten Hinweis in der Präambel des WTO-Übereinkommens, keine ausdrücklichen Kompetenzen oder Regeln für den Umweltschutz enthält, sind die hier behandelten Bezüge zur nationalen und internationalen Umweltpolitik sehr wohl berücksichtigt. Ein mit der Gründung der WTO eingerichteter Ausschuss für Handel und Umwelt[148] hat die Aufgabe, diese Bezüge zu prüfen und Empfehlungen über möglicherweise angemessene Änderungen der Regeln der WTO zu machen.[149] Der Ausschuss steht allen WTO-Mitgliedern offen und tagt unter Beteiligung zahlreicher Umweltorganisationen, die insoweit einen Beobachterstatus haben.

50 Der Ausschuss hat sich nach seiner Gründung im Jahre 1994 ein *Arbeitsprogramm* gegeben, das heute noch gilt und von dem Verhältnis der WTO-Regeln zu internationalen Umweltübereinkommen,[150] Streitfällen der Frage der Umweltsteuern, der Transparenz von Umweltschutzmaßnahmen bis hin zu Bezügen der WTO-Regeln über das geistige Eigentum und den Dienstleistungshandel zu Umweltmaßnahmen eine Reihe von wichtigen Punkten enthält.[151]

51 Seit 2001 nimmt der Ausschuss für Handel und Umwelt noch einen zweiten Aufgabenbereich wahr, der sich aus der in diesem Jahre begonnenen neuen Verhandlungsrunde – der sog *Doha-Runde* – ergibt. Im internationalen Handelssystem werden traditionell in periodischen Abständen solche Verhandlungsrunden durchgeführt, die weitere Zugeständnisse im Hinblick auf die Marktöffnung und eine Weiterentwicklung des Regelsystems zum Gegenstand haben. Die regelmäßig nach dem Ort der Beschlussfassung über ihre Einleitung – hier Doha, Katar –

---

148 Vgl hierzu auch *Tarasofsky*, The WTO Committee on Trade and Environment: Is It Making a Difference?, MPYUNL 3 (1999) 471 ff; *van Calster*, The World Trade Organisation Committee on Trade and Environment: Exploring the Challenges of the Greening of Free Trade, EEnvLR 5 (1996) 44 ff.

149 Für die der Einsetzung dieses Ausschusses zu Grunde liegende Ministerentscheidung v 15.4.1994 s GATT Doc MTN.TNC/W/141 v 29.3.1994, Communication from the Chairman of the GATT Trade Negotiations Committee, Decision on Trade and Environment.

150 S dazu die Übersichten zum Verhältnis von Umweltabkommen und den Regeln der WTO, zB: WT/CTE/W/160/Rev.6 v 4.10.2013, Matrix On Trade-Related Measures Pursuant To Selected Multilateral Environmental Agreements, Note By The Secretariat; WT/CTE/W/160/Rev.5 v 15.6.2011; WT/CTE/W/160/Rev.4 v 14.3.2007; WT/CTE/W/160/Rev.2 v 25.4.2003; WT/CTE/W/160/Rev.1 v 14.6.2001.

151 Vgl hierzu den Überblick auf <www.wto.org/english/tratop_e/envir_e/cte00_e.htm>.

benannten Verhandlungsrunden haben regelmäßig ein umfangreiches Verhandlungsprogramm, zu dem in diesem Fall auch mehrere Gegenstände aus dem Bereich des Umweltschutzes gehören. Dazu zählt erstens das Verhältnis der WTO-Regeln zu multilateralen Umweltübereinkommen, zweitens die Zusammenarbeit zwischen der WTO und den Sekretariaten von Umweltübereinkommen und drittens eine Handelsliberalisierung für Umweltgüter und -dienstleistungen.[152] Insoweit sind durch den Ausschuss schon Listen für die in Betracht kommenden Güter[153] und Dienstleistungen und Verhandlungsmodalitäten festgelegt worden.[154]

52 Vor diesem Hintergrund verwundert es durchaus, dass es zwischen der WTO und den großen Institutionen der internationalen Umweltpolitik und ihren vielfältigen Verhandlungsprozessen kaum eine institutionelle Verbindung gibt, die es erlauben würde, im Vorhinein die Vereinbarkeit geplanter umweltvölkerrechtlicher Verpflichtungen mit dem WTO-Recht zu überprüfen. Ganz im Gegenteil: Mehr als einmal sind umweltvölkerrechtliche Übereinkommen in kaum verhohlener Konfrontation zur WTO verhandelt und abgeschlossen worden.

53 Auch in der WTO selbst ist eine offenere Haltung kaum absehbar. Zwar hat der WTO-Ausschuss für Handel und Umwelt die Problematik möglicher Vertragskollisionen durchaus gesehen und eine Reihe von Vorschlägen über zukünftige Regelungen in der WTO gemacht. Diese sind jedoch als Bestandteil der Doha-Runde der WTO bisher noch nicht weiter verfolgt worden.

VII. Freihandelsabkommen – eine Chance für mehr Umweltschutz?

54 Wie erwähnt[155] werden in letzter Zeit vermehrt Freihandelsabkommen verhandelt und geschlossen, die ein relativ hohes Regelungsniveau aufweisen und insbes regelmäßig einen Teil über den Umweltschutz bzw die nachhaltige Entwicklung enthalten.[156] Dies gilt besonders für die zurzeit aktuell und krit diskutierten Vorhaben eines Abkommens zwischen Kanada und der EU (*Comprehensive Economic and Trade Agreement* – CETA)[157] und eines weiteren Abkommens der EU mit den USA (*Transatlantic Trade and Investment Partnership* – TTIP)[158].

55 Es ist anzunehmen, dass diese neuen Projekte dem Bsp der Nordamerikanische Freihandelszone (NAFTA) und der Vertragspraxis von USA und EU folgen und erstens das Recht der Parteien betonen werden, das eigene Umweltschutzniveau und die eigenen Entwicklungsprioritäten zu bestimmen, zweitens ein allg hohes Schutzniveau einfordern und drittens die Parteien zur wirksamen Durchsetzung ihrer Umweltvorschriften aufrufen. In vielen bestehenden Ab-

152 S WT/MIN(01)/DEC/1 v 20.11.2001, para 31. Vgl hierzu *Lehner*, Welthandel und Umweltschutz im Lichte der Doha-Agenda, in Steinmann/Höhne/Stoll (Hrsg), Die WTO vor neuen Herausforderungen, 2005, 11 ff; *Matsumoto*, The Role of International Standards in Promoting Environmental Goods and Services – A New Approach to Reconciling 'Trade and Climate Change', ITBLR 19 (2016) 180 ff.

153 S TN/TE/20 v 21.4.2011, Committee On Trade And Environment In Special Session, Report by the Chairman, Annex II.

154 Allg hierzu *Vikhlyaev*, Environmental Goods and Services: Defining Negotiations or Negotiating Definitions?, JWT 38 (2004) 93 ff; *Howse/van Bork*, Options, 2006.

155 So Rn 5.

156 S *Stoll/Krüger/Xu*, Freihandelsabkommen und ihre Umweltschutzregelungen, ZUR 2014, 387 ff; Vgl daneben auch *Colyer*, Green Trade Agreements, 2011.

157 Vgl in diesem Zusammenhang *Couvreur*, New Generation Regional Trade Agreements and the Precautionary Principle: Focus on the Comprehensive Economic and Trade Agreement (CETA) between Canada and the European Union, ARIBTL 15 (2015) 265 ff; *Stoll/Douma/de Sadeleer/Abel*, CETA, TTIP und das europäische Vorsorgeprinzip.

158 Hierzu umfassend *Stoll/Holterhus/Gött*, Die Transatlantische Handels- und Investitionspartnerschaft. S a *Leal-Arcas*, Mega-regionals and Sustainable Development: The Transatlantic Trade and Investment Partnership and and the Trans-Pacific Partnership, RELPR (2015) 248 ff.

kommen wird dieser letzte Punkt noch durch den Hinweis ergänzt, dass es die beteiligten Parteien insbes unterlassen sollen, mit Blick auf eine Förderung des Handels von der Durchsetzung ihrer Umweltvorschriften Abstriche zu machen. Daneben finden sich oft Aussagen über das Verhältnis zu multilateralen Umweltübereinkommen. Insoweit werden die Parteien oft aufgerufen, die Verpflichtungen des Umwelt- wie des Wirtschaftsvölkerrechts gleichermaßen zu respektieren und Konflikte zwischen den Zielen und Regeln dieser beiden Bereiche zu vermeiden. Weiterhin sehen die Umweltregelungen oft auch eine Beteiligung der Zivilgesellschaft vor. Unterschiedliche Wege gehen die verschiedenen Abkommen im Hinblick auf die Durchsetzung dieser Umweltregelungen. So ist etwa im NAFTA-Abkommen eine besondere Form der Beschwerde für die Umweltregelungen vorgesehen. Daneben gibt es Bsp für die Einbeziehung der Umweltregelungen in die in den Abkommen vorgesehene besondere Streitschlichtung, aber auch Fälle, in denen dies ausdrücklich ausgeschlossen ist.

56 Bei der Beurteilung dieser in ihrer Unterschiedlichkeit hier nicht umfassend zu würdigenden Umweltregelungen in Freihandelsabkommen ist zu berücksichtigen, dass solche Freihandelsabkommen die zwischen ihren Parteien bestehenden Rechte und Pflichten aus der WTO in ihrer Geltung nicht infrage stellen können. Dies gilt für die substantiellen Regelungen ebenso wie für die Streitschlichtung, so dass beide Seiten an die Regelungen der WTO gebunden bleiben und etwaige Rechtsverletzungen der anderen Seite auch vor die WTO-Streitschlichtung bringen können. So besehen dürfte die wesentliche Funktion solcher Umweltkapitel in Freihandelsabkommen darin liegen, die besondere Konstellation eines engen Vertragsverhältnisses für eine weitergehende Kooperation auch im Umweltbereich zu nutzen.

VIII. Würdigung und Ausblick

57 Der eingangs erwähnte Ausgleich zwischen Interessen wirtschaftlicher Art und Umweltbelangen ist für die auf internationaler Ebene oft geforderte nachhaltige Entwicklung zentral. Diese nachhaltige Entwicklung erfordert eine enge Abstimmung zwischen Wirtschafts- und Umweltpolitik und den entsprechenden Regelungen. Das Welthandelssystem kann durch die Gewährleistung wirtschaftlicher Effizienz zum Umweltschutz beitragen und etwa eine effiziente Nutzung von Ressourcen und die Verfügbarkeit von Umwelttechnologien und Umweltdienstleistungen sicherstellen. Wie deutlich geworden ist, kann es sehr wohl auch in einem beschränkten Ausmaß dazu beitragen, über den Handel Druck auf Staaten auszuüben, um sie zu einer strengeren Umweltpolitik zu bewegen. Allerdings wird auch deutlich, dass die Regeln der WTO für Maßnahmen zum Umweltschutz, die unter den heutigen Bedingungen und im Hinblick auf das Ziel der nachhaltigen Entwicklung wesentlich wirtschaftliche Hebel nutzen sollen, in vielfältiger Hinsicht eine krit Bedeutung haben. Wie die hier wiedergegebenen und diskutierten Streitfälle zeigen, ist dabei im Einzelfall oft schwer auszumachen, welche Spielräume die Regeln der WTO den Staaten einräumen. Neben dieser *Rechtsunsicherheit* ist besonders zu kritisieren, dass die Rechtsregeln der WTO und ihre Streitschlichtung die Vorgaben von Geboten aus internationalen Umweltverträgen kaum in Rechnung stellen. Ebenso wenig hat sich eine nennenswerte Kooperation der WTO mit internationalen Umweltorganisationen entwickelt. Die für die Verwirklichung einer nachhaltigen Entwicklung dringend notwendige *enge Koordinierung von Wirtschafts- und Umweltpolitik* kann so kaum gewährleistet werden. Die WTO kann aufgrund ihres engen Mandats dazu von sich aus wenig beitragen. Der Schlüssel für die hier erforderliche Koordination liegt in den Händen der Mitgliedstaaten, die allerdings bisher wenig Bereitschaft zeigen, diese Koordination aus der Hand zu geben.

Siebenter Abschnitt

Kirsten Schmalenbach

Verantwortlichkeit und Haftung

Gliederung

Literatur

Birnie, Patricia/Boyle, Alan/Redgwell, Catherine, International Law and the Environment, 2009 [*Birnie/Boyle/Redgwell*, International Law and the Environment]

Bodansky Daniel/Brunnée, Jutta/Hey, Ellen (Hrsg), Oxford Handbook of International Environmental Law, 2007 [Oxford Handbook]

Dörr, Oliver/Schmalenbach, Kirsten (Hrsg), Commentary on the Vienna Convention of the Law of Treaties, 2012 [Commentary VCLT]

Fillbrandt, Marcus, Entwicklung des internationalen Atomhaftungsrechts in der Post-Tschernobyl-Zeit – unter Einbeziehung des Beispiels Japan, NVwZ 2011, 526

Francioni, Francesco/Scovazzi, Tullio (Hrsg), International Responsibility for Environmental Harm, 1991 [Responsibility]

Hannikainen, Lauri, Peremptory Norms (Jus Cogens) in International Law, 1988 [*Hannikainen*, Peremptory Norms]

Hartmann, Ulrike, Die Entwicklung im internationalen Umwelthaftungsrecht unter besonderer Berücksichtigung von erga omnes Normen, 2000 [*Hartmann*, Umwelthaftungsrecht]

DOI 10.1515/9783110248296-007

Kiss, Alexandre/Shelton, Dinah, Strict Liability in International Environmental Law, in Ndiaye, Tafsir Malick/ Wolfrum, Rüdiger (Hrsg), Law of the Sea, Environmental Law and Settlement of Disputes: Liber Amicorum Judge Thomas A. Mensah, 2007 [*Kiss/Shelton*, Strict Liability]

Koskenniemi, Martti, Breach of Treaty or Non-Compliance? Reflections on the Enforcement of the Montreal Protocol, YIEL 1992, 123 [*Koskenniemi*, Montreal Protocol]

Lefeber, René, Transboundary Environmental Interference and the Origin of State Liability, 1997 [*Lefeber*, Liability]

Matsushita, Mitsuo/Thomas J., Schoenbaum/Petros, Mavroides, The World Trade Organization: Law, Practice and Policy, 2003 [*Matsushita/Schoenbaum/Mayroides*, WTO]

Payne, Cymie/Sand, Peter (Hrsg), Gulf War Reparation and the UN Compensation Commission: Environmental Damages, 2011 [Gulf War Reparation]

Sands, Philippe/Peel, Jaqueline, Principles of International Environmental Law, 2003 [*Sands/Peel*, Principles

Simma, Bruno/Pulkowski, Dirk, Of Planets and Universe: Self-Contained Regimes in International Law, EJIL 17 (2006), 483 [*Simma/Pulkowski*, Self-Contained Regimes]

Scovazzi, Tullio, State Responsibility for Environmental Harm, YIEL 2001, 43 [*Scovazzi*, Responsibility]

Sverrisson, Hjörtur B., Countermeasures, the International Legal System, and Environmental Violations, 2008 [*Sverrisson*, Countermeasures]

Wins, Elmar, Weltraumhaftung im Völkerrecht, 2000 [*Wins*, Weltraumhaftung]

Verträge

Charta der Vereinten Nationen v 26.6.1945 (BGBl 1973 II, 431), zuletzt geänd durch Bek v 28.8.1980 (BGBl 1980 II, 1252) [UN-Charta] — 12, 14, 29

General Agreement on Tariffs and Trade v 30.10.1947 (BGBl 1951 II, 173), revidierte Fassung v 1994 (BGBl 1995 II, 456) [GATT] — 31

Internationales Übereinkommen zur Vereinheitlichung von Regeln über den Arrest in Seeschiffe v 10.5.1952 (BGBl 1972 II, 655) — 30

Internationales Übereinkommen zur Verhütung der Verschmutzung der See durch Öl v 12.5.1954 (BGBl 1956 II, 379) [OILPOL] — 17

Zusatzabkommen zu dem Abkommen zwischen den Parteien des Nordatlantikvertrags über die Rechtsstellung ihrer Truppen hinsichtlich der in der Bundesrepublik Deutschland stationierten ausländischen Truppen vom 3.8.1959 (BGBl 1961 II, 1218) — 40

Antarktis-Vertrag v 1.12.1959 (BGBl 1978 II, 1517) [AV] — 36

Übereinkommen über die Haftung gegenüber Dritten auf dem Gebiet der Kernenergie v 29.7.1960 (BGBl 1975 II, 959) — 60

Wiener Übereinkommen über die zivilrechtliche Haftung für nukleare Schäden v 21.5.1963 (BGBl 2001 II, 207) — 60

Zusatzprotokoll zum Übereinkommen über die Haftung gegenüber Dritten auf dem Gebiet der Kernenergie v 28.1.1964 (BGBl 1975 II, 1007) — 60

Übereinkommen über die Rettung und Rückführung von Raumfahrern sowie die Rückgabe von in den Weltraum gestarteten Gegenständen v 22.4.1968 (BGBl 1971 II, 237) [Weltraumrettungsübereinkommen] — 35

Wiener Übereinkommen über das Recht der Verträge v 23.5.1969 (BGBl 1985 II, 927) [WVK] — 19, 37, 43

Internationales Übereinkommen über die zivilrechtliche Haftung für Ölverschmutzungsschäden v 29.11.1969 (973 UNTS 3) [1969 Ölhaftungsübereinkommen] — 62

Internationales Übereinkommen von 1971 über die Errichtung eines internationalen Fonds zur Entschädigung von Ölverschmutzungsschäden v 18.12.1971 (BGBl 1975 II, 320) — 63

Übereinkommen über die Haftung für Schäden durch Weltraumgegenstände v 29.3.1972 (BGBl 1975 II, 1209) [Weltraumhaftungsübereinkommen] — 35

Übereinkommen zum Schutze der antarktischen Robben v 1.6.1972 (BGBl 1987 II, 90) — 36

Übereinkommen über die Verhütung der Meeresverschmutzung durch das Einbringen von Abfällen und anderen Stoffen v 29.12.1972 mit Änd v 12.10.1978 (BGBl 1977 II, 180 und 1987 II, 118) [London Convention] — 17

Internationales Übereinkommen zur Verhütung der Meeresverschmutzung durch Schiffe v 2.11.1973 mit Prot v 17.2.1978 (BGBl 1982 II, 4; 1984 II, 230) [MARPOL] — 17

Weltraumregistrierungsübereinkommen v 12.11.1974 (BGBl 1979 II, 650) — 35

Zusatzprotokoll zu den Genfer Abkommen v 12.8.1949 über den Schutz der Opfer internationaler bewaffneter Konflikte (Protokoll I) v 8.5.1977 (BGBl 1990 II, 1551) [ZP I] — 14
Übereinkommen über das Verbot der militärischen oder einer sonstigen feindseligen Nutzung umweltverändernder Techniken v 18.5.1977 (BGBl 1983 II, 125) [ENMOD Convention] — 14
Genfer Übereinkommen über weiträumige grenzüberschreitende Luftverunreinigung v 13.11.1979 (BGBl 1982 II, 373) [CLRTAP] — 49
Übereinkommen zur Regelung der Tätigkeiten von Staaten auf dem Mond und anderen Himmelskörpern des Sonnensystems v 5.12.1979 (ILM 18 [1979] 1434) [Mondvertrag] — 35
Übereinkommen über die Erhaltung der lebenden Meeresschätze der Antarktis v 20.5.1980 (BGBl 1982 II, 420) [CCAMLR] — 36
Seerechtsübereinkommen der Vereinten Nationen v 10.12.1982 (BGBl 1994 II, 1799) [SRÜ] — 11, 21, 26, 31, 33, 34, 39, 49
Montrealer Protokoll über Stoffe, die zu einem Abbau der Ozonschicht führen v 16.9.1987 (BGBl 1988 II, 1014; letzte Änd in BGBl 1999 II, 2183) [Montrealer Protokoll] — 3, 21, 38
Joint Protocol Relating to the Application of the Vienna Convention and the Paris Convention v 21.9.1988 (IAEA Doc INFCIRC/403) — 60
Bamako Convention on the Ban on the Import into Africa and the Control of Transboundary Movement and Management of Hazardous Wastes within Africa v 30.1.1991 (2101 UNTS 177) — 59
Umweltschutzprotokoll zum Antarktis-Vertrag v 4.10.1991 (BGBl 1994 II, 2478) [USP] — 36
Protokoll zum Internationalen Übereinkommen über die zivilrechtliche Haftung für Ölverschmutzungsschäden v 27.11.1992 (BGBl 1994 II, 1152) [1992 Ölhaftungsübereinkommen] — 62
Protokoll von 1992 zum Internationalen Übereinkommen von 1971 über die Errichtung eines internationalen Fonds zur Entschädigung von Ölverschmutzungsschäden v 27.11.1992 (BGBl 1996 II, 685) — 63
Europäisches Übereinkommen über die zivilrechtliche Haftung für Schäden durch umweltgefährdende Tätigkeiten v 21.6.1993 (ILM 32 [1993] 128) (Lugano Convention) — 1, 57
Übereinkommen zur Errichtung der Welthandelsorganisation v 15.4.1994 (BGBl 1994 II, 1625) — 31
Internationales Übereinkommen über die Haftung und Entschädigung für Schäden bei der Beförderung gefährlicher und schädlicher Stoffe auf See v 3.5.1996 (ABl EG 2002, Nr L 337/57) [HNS-Übereinkommen] — 1, 64
Protokoll zur Londoner Konvention v 7.11.1996 (ILM 36 [1997] 4) — 17
Convention on Supplementary Compensation for Nuclear Damage v 12.9.1997 (<https://www.iaea.org/publications/documents/treaties/convention-supplementary-compensation-nuclear-damage>) — 60
Römisches Statut des Internationalen Strafgerichtshofs v 17.7.1998 (BGBl 2000 II, 1394) [ICC-Statut] — 44
Basel Liability Protocol on Liability and Compensation for Damage Resulting from Transboundary Movements of Hazardous Wastes and Their Disposal v 10.12.1999 (UN Doc UNEP-CHW 1-WG-I-9-2 (1999)) — 59
Protokoll von Cartagena über die biologische Sicherheit zum Übereinkommen über die biologische Vielfalt v 29.1.2000 (BGBl 2003 II, 1506) [Cartagena Protokoll] — 39
Internationales Übereinkommen über die zivilrechtliche Haftung für Schäden durch Bunkerölverschmutzung v 23.3.2001 (BGBl 2006 II, 579) [Bunkerölkonvention] — 62
Protokoll von 2003 zum Internationalen Übereinkommen v 1992 über die Errichtung eines Internationalen Fonds zur Entschädigung für Ölverschmutzungsschäden v 16.5.2003 (BGBl 2004 II, 1290) — 63

Judikatur

Ständiger Internationaler Gerichtshof

The Factory at Chorzów (Germany v Poland), Urteil v 13.9.1928, PCIJ, Ser A, No 10 *[Chorzów Factory]* — 24

Internationaler Gerichtshof

Corfu Channel (United Kingdom v Albania), Urteil v 9.4.1949, ICJ Rep 1949, 4 *[Corfu Channel]* — 10
Barcelona Traction, Light and Power Company, Limited, Judgment, ICJ Rep 1970, 4 *[Barcelona Traction]* — 22
United States Diplomatic and Consular Staff in Tehran (USA v Iran), Urteil v 24.5.1980, ICJ Rep 1980, 3 *[Tehran Hostages]* — 37
East Timor (Portugal v Australia), Urteil v 30.6.1995, ICJ Rep 1995, 90 *[East Timor]* — 22
Legality of the Threat or Use of Nuclear Weapons, Gutachten v 8.7.1996, ICJ Rep 1996, 226 *[Threat or Use of Nuclear Weapons]* — 3, 14

Gabcíkovo-Nagymaros Project (Hungary v Slovakia), Urteil v 25.9.1997, ICJ Rep 1997, 92 *[Gabcíkovo-Nagymaros]* — 3, 13, 15, 18, 27
Fisheries Jurisdiction (Spain v Canada), Urteil v 4.12.1998, ICJ Rep 1998, 432 *[Fisheries Jurisdiction]* — 30
Application of the Convention on the Prevention and Punishment of the Crime of Genocide (Bosnia and Herzegovina v Serbia and Montenegro), Urteil v 26.2.2007, ICJ Rep 2007, 167 *[Genocide]* — 7
Pulp Mills on the River Uruguay (Argentina v Uruguay), Urteil v 20.4.2010, ICJ Rep 2010, 14 *[Pulp Mills]* — 3, 4, 8, 10, 11
Questions Relating to the Obligation to Prosecute or Extradite (Belgium v Senegal), Urteil v 20.7.2012, Judgment, ICJ Rep 2012, 422 *[Obligation to Prosecute or Extradite]* — 21
Whaling in the Antarctic (Australia v Japan; New Zealand Intervening), Urteil v 31.3.2014, ICJ Rep 2014, 226 *[Whaling]* — 21

Internationaler Seegerichtshof
Responsibilities and Obligations of States Sponsoring Persons and Entities with Respect to Activities in the Area, Gutachten v 1.2.2011, ITLOS Rep 2011, 10 *[Responsibilities and Obligations]* — 11, 21, 26, 28, 34, 48, 49

Internationale Schiedsgerichte
Trail Smelter Arbitration (USA v Canada), Schiedssprüche v 16.4.1938 bzw 11.3.1941, RIAA III, 1905, 1938 *[Trail Smelter]* — 7, 23
Lac Lanoux Arbitration (Spain v France), Schiedsspruch v 16.11.1957, RIAA XII, 281 *[Lac Lanoux]* — 6, 10
Cosmos 954 Settlement (Canada v Soviet Union), Schiedsspruch v 23.1.1979, ILM 18 (1979) 899 *[Cosmos]* — 52
Foremost Tehran, Inc v the Islamic Republic of Iran, Schiedsspruch v 11.4.1986, IUCTR X, 228 *[Foremost Tehran]* — 7
Maffezini v Spain, Schiedsspruch v 13.11.2000, ICSID Case No ARB/97/7 *[ICSID Maffezini]* — 7

World Trade Organization Dispute Settlement Body
United States – Restrictions on Imports of Tuna, Rep of the GATT Panel v 16.8.1991, ILM 30 (1991) 1598 *[Tuna I]* — 31
United States – Restrictions on Imports of Tuna, Rep of the GATT Panel v, ILM 30 (1992) 1598 *[Tuna II]* — 31
United States – Import Restrictions of Certain Shrimp Products, Rep of the WTO Panel v 15.6.2001, WT/DS58/RW *[Shrimp-Turtle]* — 31

Vorbemerkung

1 Die Effektivität völkerrechtlicher Normen wird regelmäßig daran gemessen, welche Rechtsfolgen sich aus ihrer Verletzung ergeben, und wie diese Rechtsfolgen durchgesetzt werden (hierzu s u 8. Abschn). Allg betrachtet ist die Rechtsfolge einer Verletzung des Völkerrechts die internationale Verantwortung des Rechtsverletzers (vgl Art 1 der Artikel zur Staatenverantwortlichkeit – ASR), was diesen unter anderem zum Ersatz des Schadens verpflichtet (Art 36 ASR). Bemerkenswert ist in diesem Zusammenhang, dass der einschlägige Artikel zur Staatenverantwortlichkeit den Begriff der Haftung meidet. Der Grund für die Wortwahl liegt in der besonderen rechtlichen Aufladung des Begriffs „Haftung": Während die Verantwortlichkeit die rechtliche Zuordnung eines Unrechts zu einer Rechtsperson bezeichnet, benennt der Begriff der Haftung die Wiedergutmachung eines Schadens, der nicht notwendigerweise aus einem Unrecht erwachsen sein muss.[1] MaW: Die internationale Verantwortung eines Staats für Umweltschäden setzt

1 Vgl zB HNS-Übereinkommen. Der ILC Draft on the Liability for Injurious Consequences Arising out of Acts not Prohibited by International Law v 1996 wurde von der ILC später in zwei getrennte Entwürfe aufgeteilt. Die Frage der Haftung wird in den Draft Principles on the Allocation of Loss in the Case of Transboundary Harm Arising out of Hazardous Activities v 2006 behandelt (DPAL), die nicht mehr von Haftung (*liability*) sprechen, sondern nur noch neutral von Schadensersatz (*compensation*).

nach dem allg Recht der Staatenverantwortlichkeit die Verletzung einer Norm des internationalen Umweltrechts voraus, während die internationale Haftung für Umweltschäden Folge einer Rechtsverletzung sein kann, aber nicht notwendigerweise sein muss. Und schließlich muss innerhalb der Haftungstatbestände unterschieden werden zwischen der Haftung nach internationalem Recht und der völkerrechtlich geregelten „zivilrechtlichen" Haftung nach nationalem Recht.[2]

2 In der Lit werden regelmäßig Haftungstatbestände des internationalen Umweltrechts mit Begriffen belegt, die dem nationalen Recht entstammen: Verschuldenshaftung setzt, wie es der Begriff schon zum Ausdruck bringt, ein subjektives Element, nämlich den Vorsatz und/oder die Fahrlässigkeit des schadensverursachenden Akteurs, voraus. Verschulden ist irrelevant bei objektiver Haftung, die auch als Gefährdungshaftung oder Erfolgshaftung bezeichnet wird. Im Rahmen der objektiven Haftung wird weiter unterschieden zwischen der Haftung, die eine Rechtsverletzung voraussetzt (Unrechtshaftung oder Verantwortlichkeit, s o Rn 1), und der Haftung, die auch bei rechtmäßigem Handeln eintreten kann (Gefährdungshaftung).[3] Darüber hinaus ist auf eine Unterscheidung hinzuweisen, die vor allem in der engl Fachsprache gebräuchlich ist: Im Rahmen der objektiven Haftung wird im engl Sprachgebrach zwischen *strict liability* (strikter Haftung) und *absolute liability* (absoluter Haftung) unterschieden. Auch wenn die strikte Haftung (zB bei hochgefährlichen Handlungen) weder Verschulden noch eine rechtswidrige Handlung voraussetzt (Gefährdungshaftung), gibt es durchaus Haftungsausschlussgründe.[4] Das ist bei vertraglich vorgesehener absoluter Haftung nicht der Fall, da hier eine uneingeschränkte Pflicht besteht, die Umwelt nicht zu schädigen. Den hier genannten Haftungsbegriffen liegt ein vorgeprägtes nationales Verständnis zugrunde; sie sind daher nur mit Vorsicht auf das internationale Recht übertragbar. Die Vielzahl an authentischen Sprachfassungen von Umweltverträgen (vor allem Engl, selten Dt) und die mit der Sprache verknüpften jeweiligen Rechtskulturen sowie der Umstand, dass eine Vielzahl an wissenschaftlichen Abhandlungen zum Umweltvölkerrecht in engl Sprache verfasst ist, machen es schwierig, eine kohärente internationale Rechtsterminologie zu identifizieren. Im Folgenden wird die dt Rechtsterminologie des internationalen Umweltrechts verwendet und erforderlichenfalls auf den äquivalenten engl Begriff hingewiesen.

I. Internationale Verantwortung für grenzüberschreitende Umweltschäden

1. Verantwortlichkeit der Staaten nach allgemeinem Völkerrecht

a) Primäres und sekundäres Rechtsverhältnis

3 Die in Art 1 ASR niedergelegte völkergewohnheitsrechtliche Regel, dass jedes völkerrechtswidrige Verhalten eines Staats seine völkerrechtliche Verantwortlichkeit zur Folge hat, verlangt im internationalen Umweltrecht einige tatbestandliche Konkretisierungen. Ein Staat ist für die Verletzungen derjenigen umweltrechtlichen Normen völkerrechtlich verantwortlich, an die er gebunden ist (sog *Verletzerstaat*). Es können auch mehrere Staaten für ein und dieselbe völkerrechtswidrige Handlung verantwortlich sein, was grundsätzlich zu ihrer getrennten internationalen Verantwortlichkeit führt (Art 47 Abs 1 ASR). Welche Pflichten der Verletzerstaat missachtet hat, hängt entscheidend von den Inhalten dieser umweltrechtlichen Normen ab (sog

2 ZB Lugano Convention, noch nicht in Kraft.
3 *Hartmann*, Umwelthaftungsrecht, 29 f.
4 *Sands/Peel*, Principles, 711; *Kiss/Shelton*, Strict Liability, 1137.

Primärnormen). Dabei sind Pflichten, die umweltrechtliche Verträge oder Völkergewohnheitsrecht dem Staat im Verhältnis zu anderen Staaten auferlegen (sog primäre Rechtsverhältnisse), sehr vielfältig. Sie reichen von Informations- und Überwachungspflichten[5] über Emissionsreduktionspflichten,[6] Vorsorgepflichten und Präventionsgebote[7] bis hin zum Verbot grenzüberschreitender Umweltschädigung. In Kategorien eingeteilt, lässt sich (1.) von Schädigungsverboten sprechen, die die territoriale Integrität anderer Staaten bzw hoheitsfreier Räume im Blick haben, (2.) von Schutzgeboten, bei denen die Reduktion von Umweltbelastungen im Zentrum stehen, und (3.) von verfahrensrechtlichen Umweltpflichten, wie zB Informations-, Vorwarn- und Kooperationspflichten.

4 Anders, als es die Kapitelüberschrift vermuten lässt, verlangt die internationale Verantwortlichkeit eines Staats nicht notwendigerweise den Nachweis des Eintritts oder des unmittelbaren Drohens von Umweltschäden.[8] Es ist vielmehr von der Primärpflicht abhängig, was für ein Ereignis zur internationalen Verantwortlichkeit führt. Wenn sich zB ein Staat vertraglich dazu verpflichtet hat, bestimmte Vorsorgemaßnahmen im Falle des Risikos von Umweltschäden zu treffen, und er dies unterlässt, tritt die internationale Verantwortung auch ohne Umweltschaden ein.[9]

5 Liegt eine Verletzung der Primärnormen des internationalen Umweltrechts vor, dann entsteht ein neues Rechtsverhältnis zwischen dem Verletzerstaat und dem verletzten Staat bzw der internationalen Gemeinschaft, dem bzw der die Rechtsbefolgung geschuldet ist. Dieses „sekundäre" Rechtsverhältnis wird vom Recht der Staatenverantwortlichkeit beherrscht, das grundsätzlich keinen Bedacht darauf nimmt, welches Primärrechtsverhältnis verletzt worden ist.[10] Das Recht der Staatenverantwortlichkeit, das gewohnheitsrechtlich verankert ist, findet für alle Materien des Völkerrechts gleichermaßen Anwendung, dh für das internationale Handelsrecht ebenso wie das internationale Umweltrecht. Allerdings können die Primärnormen des internationalen Umweltrechts eigene Regeln der Verantwortlichkeit vorsehen, die dann als *leges speciales* den allg Regeln der Staatenverantwortlichkeit vorgehen (vgl Art 55 ASR).

b) Zurechnung des umweltschädigenden Verhaltens zum Staat

6 Soweit internationalen Umweltverträgen[11] oder auch dem Umweltvölkergewohnheitsrecht keine speziellen Zurechnungsregeln zu entnehmen sind, gelten die allg Regeln des Rechts der Staatenverantwortlichkeit, wie sie die ILC 2001 in ihrem Artikelentwurf zum Recht der Staatenverantwortlichkeit (ASR) identifiziert und die UN-Generalversammlung noch im gleichen Jahr befürwortet hat. Nach diesen allg Regeln wird die Verantwortlichkeit des Staats in erster Linie durch das aktive schädigende Verhalten seiner Staatsorgane begründet (Art 4 ASR), wie bspw im *Lac Lanoux*-Fall durch die Pläne der französische Regierung zur Umleitung des *Lac Lanoux*-Wassers. Auf die Stellung des Staatsorgans im Organisationsgefüge des Staats kommt es nicht an; entscheidend ist, dass das innerstaatliche Recht der Person oder der Einheit den Status eines

5 Zu Informations- und Notifikationspfichten s *Pulp Mills*, § 105; s auch Prinzip 18 und 19 der Rio Deklaration (Report of the United Nations Conference on Environment and Development, Rio de Janeiro, 3.–14.7.1992); zu Überwachungspflichten: *Gabcíkovo-Nagymaros*, § 139 f.

6 ZB Art 2 Montrealer Protokoll.

7 *Threat or Use of Nuclear Weapons*, § 29.

8 *Birnie/Boyle/Redgwell*, International Law and the Environment, 214.

9 *Pulp Mills*, § 22.

10 ILC, General Commentary on Articles on Responsibility of States for Internationally Wrongful Acts (ASR), paras 1–3, 31. Der Artikelentwurf und die zugehörigen Kommentare der ILC sind abgedr in YbILC 2001-II/2, 31 ff und abrufbar unter <http://legal.un.org/ilc/texts/instruments/english/commentaries/9_6_2001.pdf>.

11 S zB Art 139 Abs 1 SRÜ: „States Parties shall have the responsibility to ensure that activities in the Area, whether carried out by States Parties, or state enterprises or natural or juridical persons which possess the nationality of States Parties or are effectively controlled by them or their nationals, shall be carried out in conformity with this Part."

Staatsorgans zuweist (sog *de jure*-Organ, Art 4 Abs 2 ASR). Auch wenn das Staatsorgan die nationalen Umweltgesetze verletzt oder entgegen der Anforderung eines weisungsbefugten Staatsorgans handelt, ist das völkerrechtswidrige Verhalten prinzipiell dem Staat zuzurechnen (sog *ultra vires*-Handeln, Art 7 ASR).

7 Im Falle des umweltschädlichen Handelns von Personen und Stellen, die zwar nicht *de jure*-Organe sind, aber unter staatlicher Kontrolle handeln, muss die komplexe und teilweise widersprüchliche internationale Praxis herangezogen werden, um die richtige *Zurechnungsregel* zu identifizieren. Steht die Leitung eines nach nationalem Recht gegründeten Unternehmens, von dem das umweltschädigende Verhalten ausgeht, unter ausschließlicher staatlicher Kontrolle (sog Staatsunternehmen), dann wird die vom Staat getrennte Rechtspersönlichkeit des Unternehmens gleichwohl im Völkerrecht akzeptiert. Das bedeutet, dass grundsätzlich das umweltschädigende Verhalten des Staatsunternehmens nicht dem Staat zugerechnet wird. Nur auf zweierlei Weise kann die Zurechnung von Staatsunternehmensakten zum Staat ausnahmsweise begründet werden:[12] Übt das Staatsunternehmen Elemente von Hoheitsgewalt iSv Art 5 ASR aus, dann werden diese Akte – und ggf ihre umweltschädlichen Folgen – dem kontrollierenden Staat zugerechnet.[13] Da allerdings auch Staatsunternehmen in der Regel privatwirtschaftlich tätig werden, also selten Hoheitsgewalt ausüben, ist die Zurechnungsregel des Art 8 ASR praxisrelevanter. Diese Zurechnungsregel verlangt, dass der Staat seine Kontrollmöglichkeit über die Unternehmensleitung dazu nutzt, durch das Unternehmen das fragliche Resultat zu erzielen. Verlangt wird also die staatliche Kontrolle über die konkrete schädigende Handlung.[14] Der Atomreaktorstörfall in Tschernobyl (1986) ist ein Bsp für Umweltschädigungen durch ein Staatsunternehmen, bei dem allem Anschein nach weder die Voraussetzungen des Art 5 noch des Art 8 ASR erfüllt waren. Die vom Nuklearunfall umweltgeschädigten Staaten hatten sich zwar die Geltendmachung von Schadensersatzforderungen gegenüber der Sowjetunion vorbehalten, aber aus diversen Gründen eine Verantwortlichkeit auf internationaler Ebene nie geltend gemacht.[15] Aus ihren Stellungnahmen lässt sich schließen, dass das Betreiberunternehmen des Kernkraftwerks als privater Schädiger eingestuft und damit allenfalls die völkergewohnheitsrechtliche Präventionspflicht als Anknüpfungspunkt für die Verantwortlichkeit der Sowjetunion in Erwägung gezogen wurde.[16] Die vom IGH im *Genozid*-Fall näher beleuchtete Kategorie des *de facto*-Organs, die er unter Art 4 ASR fasst, würde eine Zurechnung der umweltschädigenden Handlung des *de facto*-Organs zum Staat erlauben, auch ohne dass der Staat die konkrete Handlung gesteuert und kontrolliert hat. Ein *de facto*-Organ ist gemäß IGH-Rechtsprechung eine (Rechts-)Person, die als staatliches „Instrument" in völliger Abhängigkeit vom Staat handelt, sodass die rechtliche Unabhängigkeit eine bloße Fiktion ist.[17] Ob Staatsunternehmen im Rahmen von Umweltschädigungen als *de facto*-Organe qualifiziert werden können, hängt von den Umständen des Einzelfalls ab. Anzumerken ist allerdings, dass der IGH die Figur des *de facto*-Organs iSd Art 4 ASR erst 2007 näher konkretisiert hat und damit die Möglichkeit besteht, dass die internationale Praxis ihre bislang auf Art 5 und Art 8 ASR gestützten Zurechnungsregeln bei Handlungen von Staatsunternehmen revidiert.[18]

8 Umweltschädigungen werden mehrheitlich von *Privaten* verursacht, weniger von staatlichen Unternehmen oder staatlichen Stellen. Das rechtswidrige Verhalten Privater führt allerdings nicht zur völkerrechtlichen Verantwortlichkeit des Aufenthalts- oder Heimatstaats für

12 S hierzu ILC (Fn 10), Commentary on Art 8 ASR, para 6.
13 S die Zurechnungsentscheidung *ICSID Maffezini*, §§ 58–64.
14 Vgl für die Kontrolle über bewaffnete Gruppen *Genocide*, § 400.
15 *Sands/Peel*, Principles, 718.
16 S zB die Schwedische Stellungnahme, abgedruckt bei *Sands/Peel*, Principles, 887 f.
17 *Genocide*, § 392.
18 Für eine Zurechnung *Foremost Tehran*, 240 ff.

eben dieses Verhalten, es sei denn, das Verhalten kann dem Staat zugerechnet werden (s Rn 7). Für die Zurechnung reicht es jedenfalls nicht aus, dass der Private auf dem staatlichen Territorium die umweltschädigende Handlung gesetzt hat. Trotzdem kann sich der Staat nicht mit dem Verweis auf die Privatheit des Handelns seiner internationalen Verantwortung entziehen, da das internationale Umweltrecht Präventionspflichten kennt, insbes die Pflicht, die private Nutzung des Staatsgebiets zu unterbinden, wenn diese Nutzung zu schwerwiegenden grenzüberschreitenden Umweltschäden führt.[19] Diese Pflicht haben die Staatorgane dann verletzt, wenn sie zB Betriebsgenehmigungen an emittierende Anlagen ohne Umweltauflagen erteilen. In diesen Fallkonstellationen geht es also nicht um die Zurechnung des privaten umweltschädigenden Verhaltens zum Staat, sondern um die völkerrechtswidrige Erteilung der Betriebserlaubnis durch die staatlichen Behörden (Art 4 ASR, s Rn 6).[20]

c) Vorsatz und Fahrlässigkeit

9 Die allg Regeln der Staatenverantwortlichkeit verlangen für die internationale Verantwortlichkeit des Staates kein Verschulden, also weder den staatlichen Vorsatz (*dolus*), eine völkerrechtswidrige Handlung zu begehen, noch eine entsprechende Fahrlässigkeit (*culpa*).[21] Das gilt nach der heutigen hM auch für das allg Umweltrecht. Nur wenn spezielle umweltvertragliche Primärnormen ein subjektives Element für die staatliche Verantwortlichkeit verlangen,[22] gehen diese Normen als *leges speciales* den allg Regeln der objektiven Verantwortlichkeit bzw Haftung vor (Verschuldenshaftung, s Rn 53).[23] Folglich war es für die internationale Verantwortlichkeit des Iraks irrelevant, dass die irakischen Streitkräfte während des zweiten Golfkrieges (1990/91) als Mittel der Kriegsführung in Kuweit absichtlich hunderte von Ölquellen in Brand gesetzt und dadurch erhebliche Umweltschäden verursacht hatten. Nach allg Völkerrecht ist das objektive Vorliegen einer völkerrechtswidrigen Handlung eines Staats ausreichend (Art 1 ASR).

d) Sorgfaltspflichtverletzungen (*due diligence*)

10 Nicht mit den subjektiven Elementen des Vorsatzes und der Fahrlässigkeit zu verwechseln ist die Verpflichtung des Staats, mit gebührender Sorgfalt zu handeln, um Völkerrechtsverletzungen zu verhindern (*due diligence*). Der dabei anzulegende Sorgfaltsmaßstab, der bspw im *Lac Lanoux*-Fall vom Schiedsgericht geprüft wurde,[24] ist eine objektive Richtschnur staatlichen Verhaltens.[25] Diese Sorgfaltspflicht trifft den Staat nicht nur bei der hoheitlichen Nutzung oder Planung der Nutzung seines Territoriums (*Lac Lanoux*-Fall), sondern auch bei der umweltrelevanten Nutzung seines Territoriums durch Private.[26] Im letztgenannten Fall lässt sich auf Basis der *Corfu Chan*-

---

19 *Trail Smelter*, 1965; *Pulp Mills*, § 101.

20 Die in der berühmten Schiedsgerichtsentscheidung *Trail Smelter* (USA v Kanada) v 11.3.1941 gewählte Formulierung („Considering the circumstances of the case, the Tribunal holds that the Dominion of Canada is responsible in international Law for the conduct of the Trail Smelter") ist daher im Lichte der modernen internationalen Zurechnungsregeln unpräzise; s *Trail Smelter*, 1965.

21 Abweichend *Scovazzi*, Responsibility, 55.

22 S zB Art III Weltraumhaftungsübereinkommen: „In the event of damage being caused elsewhere than on the surface of the Earth to a space object of one launching State or to persons or property on board such a space object by a space object of another launching State, the latter shall be liable only if the damage is due to its fault or the fault of persons for whom it is responsible."

23 Instruktiv zu dem in der englischsprachigen Lit verwendeten Begriff „fault" s *Birnie/Boyle/Redgwell*, International Law and the Environment, 215 f.

24 *Lac Lanoux*, RIAA XII, 281, § 22.

25 *Mazzeschi*, Forms of International Responsibility for Environmental Harm, in Responsibility, 16 f.

26 *Pulp Mills*, § 101.

nel-Rechtsprechung[27] des IGH festhalten, dass die umweltrechtliche Vorsorge- und Präventionspflicht die objektive Kenntnis des Staats von den privaten Vorgängen auf seinem Territorium verlangt.[28] Es muss für den Staat, von dessen Territorium grenzüberschreitende Umweltbelastungen drohen (sog Herkunftsstaat), erkennbar bzw vorhersehbar sein, dass seine Inaktivität zu Schäden außerhalb seines Territoriums führen wird.[29] Ist die Schadensgefahr objektiv erkennbar bzw vorhersehbar, dann ist der Herkunftsstaat im Rahmen seiner Sorgfaltspflicht gehalten, die notwendigen Informationen über das schadensgeneigte Projekt zu sammeln und darauf basierend die besten und effektivsten Vorsorgemaßnahmen zu treffen (Gesetzgebung, exekutive Maßnahmen wie Auflagen, Verbote und Kontrollen, gerichtliche Maßnahmen), die vernünftigerweise vom ihm verlangt werden können.[30] Dabei sind auch die technischen und wirtschaftlichen Kapazitäten des Herkunftsstaates zu berücksichtigen.[31]

11 Im Rahmen der Präventionspflichten des Staats bei umweltrelevantem Verhalten von Privaten ist insbes die Reichweite dieser Primärpflicht str.[32] Zum Teil wird in der Lit eine Verpflichtung des Staats verlangt, grenzüberschreitende Umweltschäden tatsächlich zu verhindern; träten Schäden trotz aller staatlichen Präventionsmaßnahmen (*due diligence*) ein, habe der Staat seine Präventionspflicht verletzt (sog *obligation of result*).[33] Diesem Ansatz, der die Maximierung des Umweltschutzes im Blick hat, steht die Auffassung gegenüber, die Staaten treffe nur die Verpflichtung, alles nach dem *due diligence*-Standard Gebotene zu tun, um die Umweltschädigungen zu verhindern (sog *obligation of conduct*);[34] hat der Staat alle seine regulativen und exekutiven Möglichkeiten ausgeschöpft, ohne den Umweltschaden verhindern zu können, treffe ihn keine völkerrechtliche Verantwortung. Der IGH hat im *Pulp Mills*-Fall die umweltrechtliche Präventionspflicht als *obligation of conduct* verstanden,[35] ebenso wie jüngst der Internationale Seegerichtshof (ISGH) in einem Gutachten v 2011 bezogen auf Art 139 Abs 1 SRÜ (*responsibility to ensure*).[36] Auch die ILC geht nicht von einer unbedingten erfolgsorientierten Pflicht aus, grenzüberschreitende Umweltschäden durch Private zu verhindern.[37]

e) Umstände, die die Rechtswidrigkeit ausschließen

12 Das Recht der Staatenverantwortlichkeit kennt mehrere Gründe, die die Rechtswidrigkeit einer Nichtbefolgung völkerrechtlicher Pflichten ausschließen: die Einwilligung des „verletzten" Staats in die Handlung (Art 20 ASR), die Selbstverteidigung iSv Art 51 UN-Charta (Art 21 ASR), der Charakter der Handlung als Gegenmaßnahme bzw Repressalie (Art 22 ASR), die Rückführung der Handlung auf höhere Gewalt (Art 23 ASR), die Notlage des handelnden Staats (Art 24 ASR) oder sein Notstand (Art 25 ASR).

13 Die *Einwilligung* des Staats, dessen Umwelt durch die Handlung oder Unterlassung eines anderen Staats beeinträchtigt wird, muss eindeutig sein und sich konkret auf die umweltbeeinträchtigende Handlung und ihr Ausmaß beziehen. So umfasst die Einwilligung in die Nutzung

---

27 *Corfu Channel*, 18.

28 „Kenntnis" verlangt keine heimliche Duldung; sie kann durch indirekte Beweise nachgewiesen werden, die keinen Raum für vernünftigen Zweifel an der Kenntnis lassen, vgl *Corfu Channel*, 118.

29 *Beyerlin/Marauhn*, International Environmental Law, 2011, 42 f.

30 ILC, Draft Articles on the Prevention of Transboundary Harm from Hazardous Activities (DAPTH), Commentary on Art 3, paras 10, 11, 154. Der Artikelentwurf und die zugehörigen Kommentare der ILC sind abgedr in YbILC 2001-II/2, 148 ff und abrufbar unter <http://legal.un.org/ilc/texts/instruments/english/commentaries/9_7_2001.pdf>.

31 *Lefeber*, Liability, 66 f.

32 S die krit Analyse bei *Lefeber*, Liability, 80 f. Eingehend auch *Proelß*, 3. Abschn Rn 10 ff.

33 *Scovazzi*, Responsibility, 47 f.

34 *Birnie/Boyle/Redgwell*, International Law and the Environment, 217.

35 *Pulp Mills*, § 101.

36 *Responsibilities and Obligations*, § 110.

37 ILC (Fn 30), Commentary on Art 3, paras 7, 154.

von Wasserstraßen durch einen anderen Staat nicht die Verklappung von Giftstoffen während des Transits, wohl aber die mit der normalen Nutzung verbundene Umweltbeeinträchtigung wie zB Motorenlärm. Auch kann nicht vermutet werden, dass die Einwilligung in die Betreibung einer emittierenden Anlage im Grenzraum zugleich die Einwilligung in schwerwiegende Beeinträchtigungen durch die Emissionen mitumfasst. Im *Gabcíkovo-Nagymaros*-Fall hat der IGH befunden, dass die ursprüngliche Einwilligung Ungarns in die projektbedingte Teilung der Donau nicht als Einwilligung in eine unilaterale Abzweigung des Flusswassers in der vorgenommenen Größenordnung verstanden werden könne.[38] Ist durch die Umweltbeeinträchtigung eine Mehrheit an Staaten betroffen, reicht die Einwilligung eines Staats nicht aus, um die Rechtswidrigkeit der Handlung auszuschließen.[39]

14 Die Schädigungen der Umwelt im Rahmen einer bewaffneten Selbstverteidigung iSv Art 51 UN-Charta lässt sich nicht auf Basis von Art 21 ASR rechtfertigen, da der Akt der Selbstverteidigung das Ergreifen bewaffneter Gewalt rechtfertigt (*ius ad bellum*), die umweltbeeinträchtigenden Mittel der Kriegsführung aber dem Kriegsführungsrecht unterfallen (*ius in bello*).[40] Gleichwohl stehen beide Rechtskomplexe – das *ius ad bellum* und das *ius in bello* – nicht völlig unverbunden nebeneinander. Das hat zumindest der IGH im Rahmen des Gutachtens zum Nuklearwaffeneinsatz festgestellt, in dem er u a die Umweltzerstörungen im Rahmen von Atomwaffeneinsätzen thematisiert.[41] Der Gerichtshof erkannte an, dass der Einsatz von Nuklearwaffen als Mittel der Selbstverteidigung zu einer Umweltkatastrophe führen könne, kam aber zu dem Schluss, dass die umweltschutzbezogenen Vertragsverpflichtungen nicht so verstanden werden könnten, dass sie einen Staat an der Ausübung seines Selbstverteidigungsrechts aus Gründen des Umweltschutzes hinderten.[42] Allerdings müssten die Staaten umweltrechtliche Überlegungen in die Verhältnismäßigkeitsabwägung bei der Verfolgung ihrer militärischen Ziele – das ist im Rahmen des Art 51 UN-Charta die Abwehr des bewaffneten Angriffs – miteinbeziehen.[43] Beeinträchtigungen der Umwelt könnten also im Rahmen der Selbstverteidigung unverhältnismäßig und damit rechtswidrig sein (*ius in bello*).[44] Das allerdings schließt den Einsatz von Atomwaffen im Rahmen einer Selbstverteidigung trotz seiner fatalen Umweltauswirkungen nicht *per se* aus. Zumindest sah sich der IGH mit Blick auf das geltende Völkerrecht außer Stande, in Fällen extremer Existenzbedrohung des sich verteidigenden Staats über die Rechtwidrigkeit des Atomwaffeneinsatzes – trotz seiner fatalen Folgen für Menschen und Umwelt – zu befinden (*non liquet*).[45]

15 Unter engen Voraussetzungen kann ein eigentlich völkerrechtswidriges Verhalten nach Art 22 ASR als Gegenmaßnahme (auch *Repressalie* genannt) gerechtfertigt und damit rechtmäßig sein, wenn die betreffende Maßnahme eine Reaktion auf einen vorangegangenen völkerrechtswidrigen Akt des anderen Staats ist, gegen den die Repressalie gezielt gerichtet wird. Die „Umwelt" ist allerdings bei näherer Betrachtung kein tauglicher Gegenstand von Repressalien: Schon aus der Definition des Art 22 ASR ergibt sich, dass die Verletzung multilateraler Umweltverträge nicht als „Gegenmaßnahme" zu rechtfertigten ist, da die Vertragserfüllung allen Vertragsparteien geschuldet wird (*erga omnes contractantes*, s u Rn 21), und damit auch die Rechte und Interessen von am Konflikt unbeteiligten Staaten beeinträchtigt werden. Aber auch im bilateralen Verhältnis werden umweltrelevante Akte meist kein zulässiges Mittel der Gegenwehr

---

38 *Gabcíkovo-Nagymaros*, § 86.
39 ILC (Fn 10), Commentary on Art 20, para 9.
40 Art 35 Abs 3 und Art 55 ZP I; ENMOD-Convention; s auch *Vöneky*, Die Fortgeltung des Umweltrechts in international bewaffneten Konflikten, 37 ff.
41 *Threat or Use of Nuclear Weapons*, § 26.
42 Ebd, § 29 f.
43 Ebd, § 33.
44 Ebd, § 30.
45 Ebd, § 97.

sein. Vor allem Verstöße gegen das umweltrechtliche Schädigungsverbot können regelmäßig nicht als Gegenmaßnahme gerechtfertigt werden, da dieses Verbot die schwerwiegende,[46] aktuelle oder potentielle Schädigung eines anderen Territoriums voraussetzt. Diese hohe Schwelle wird allg mit dem Hinweis begründet, dass das internationale Umweltrecht einen Ausgleich herstellen muss zwischen den souveränen Interessen des Herkunftsstaats, sein Territorium zu nutzen, und den Interessen der beeinträchtigten Staaten an der Integrität ihres eigenen Territoriums.[47] Maßnahmen des reagierenden Staats, die zu einer leichten Beeinträchtigung der Umwelt des völkerrechtswidrig handelnden Staates führen, sind also keine Gegenmaßnahme, sondern allenfalls ein unfreundlicher Akt (sog *Retorsion*). Schwerwiegende Beeinträchtigungen der Umwelt des Repressalien-Adressaten sind dagegen aufgrund ihrer Wirkung regelmäßig *unverhältnismäßig* im Lichte dessen, was mit einer Gegenmaßnahme erzwungen werden darf, nämlich das Ende des rechtswidrigen Verhaltens des Repressalien-Adressaten, sowie die Zusicherung der Nichtwiederholung und Entschädigung. Schwere Umweltbeeinträchtigungen sind aber weder zeitlich begrenzbar noch unilateral reversibel, für den Fall, dass der Repressalien-Adressat sein völkerrechtswidriges Verhalten einstellt und allen Forderungen nachkommt (Art 49, 53 ASR).[48] Deshalb erscheint auch der Hinweis des Repressalien-Anwenders auf die Schwere des erlittenen Unrechts, die nach Art 51 ASR bei der Verhältnismäßigkeitsprüfung zu berücksichtigen ist, nicht zielführend zu sein. Das gilt jedenfalls dann, wenn man mit dem IGH die „Umwelt" nicht nur als abstrakten Wert versteht, sondern als Lebensraum, Lebensqualität und Quelle für die Gesundheit des Menschen inklusive künftiger Generationen.[49] Im Lichte dieses Umweltbegriffs wäre eine umweltschädigende Gegenmaßnahme selbst dann unverhältnismäßig, wenn sie ihrerseits auf schwere grenzüberschreitende Umweltschäden durch den Repressalien-Adressaten reagiert, da die besondere Bedeutung der Umwelt für das Leben die Umwelt „repressalienuntauglich" macht. In diese Richtung ging auch der IGH im *Gabcíkovo-Nagymaros*-Fall.[50] Ungarn hatte völkerrechtswidrig das Stauseeprojekt-Abkommen mit der Tschechoslowakei aufgekündigt, worauf die Slowakei (Nachfolgestaat der Tschechoslowakei) mit der unilateralen Durchführung der C-Variante des Stauseeprojekts reagierte. Der damit verbundene massive Eingriff in die Donau – eine mit Ungarn geteilte gemeinsame Ressource – und die mit der Wasserabzweigung einhergehenden Folgen für das Ökosystem des ungarischen Flussgebietes *Szigetköz* waren nach Auffassung des IGH unverhältnismäßig im Lichte des Rechts Ungarns an der natürlichen Ressource „Donau" und des verfolgten Zwecks der Gegenmaßnahme, nämlich Ungarn zur Weiterführung des völkerrechtlich vereinbarten Projekts zu bewegen.[51]

16 Im Gegensatz zu dem Rechtfertigungsgrund der Repressalie (Rn 15) kann *höhere Gewalt* (Art 23 ASR) durchaus in der Praxis zu einem Ausschluss der Rechtswidrigkeit des umweltbeeinträchtigenden Verhaltens führen. Voraussetzung für die Einrede der höheren Gewalt ist, dass der Staat unfreiwillig nicht in der Lage ist, sich völkerrechtskonform zu verhalten, weil eine unwiderstehliche Gewalt oder ein unvorhergesehenes Ereignis, auf das der Staat keinen Einfluss hat, ihn an der Erfüllung seiner völkerrechtlichen Pflichten hindert. Ein derartiges Ereignis kann bspw eine Naturkatastrophe, ein terroristischer Anschlag oder aber die militärische Besetzung durch einen anderen Staat sein. So war bspw Kuweit während der Besetzung durch den Irak nicht für die Luft- und Wasserverschmutzungen verantwortlich, obwohl diese von seinem Territorium ausgingen. Das Inbrandsetzen der Ölquellen durch irakische Besatzungstruppen war für

46 Die in englischsprachigen Dokumenten, Verträgen und in der Lit verwendeten Begriffe schwanken zwischen *significant*, *appreciable*, *serious* oder *substantial harm*. Unabhängig von dem angewendeten Begriff besteht keine Einigkeit darüber, was es bedarf, damit die Umweltschäden signifikant oder schwerwiegend sind.
47 *Lefeber*, Liability, 86 f.
48 Vgl ILC (Fn 10), Commentary on Art 22, para 6.
49 *Threat and Use of Nuclear Weapons*, § 29.
50 *Gabcíkovo-Nagymaros*, § 82.
51 *Gabcíkovo-Nagymaros*, § 85.

Kuweit ein unwiderstehlicher Akt höherer Gewalt, auf den die kuwaitischen Behörden keinen Einfluss hatten.[52] Dieses Bsp zeigt, dass bei einem Ereignis höherer Gewalt regelmäßig keine Verletzung umweltrechtlicher Präventionspflichten vorliegt, weil der Staat in der gegebenen Situation die gebotene Sorgfalt (*due diligence,* Rn 10–11) nicht missachtet hat. Etwas anderes muss gelten, wenn der Staat trotz Kenntnis einer kommenden Naturkatastrophe die tatsächlich möglichen Sicherungsmaßnahmen, zB an Atomkraftwerken, nicht vorgenommen hat. In diesem Fall hat das Ereignis der höheren Gewalt die Beachtung umweltrechtlicher Präventionspflichten nicht unmöglich gemacht, wie es Art 23 ASR verlangt.

17 Die Notlage und der Notstand eines Staats (Art 24 und 25 ASR) unterscheiden sich von der höheren Gewalt (Rn 16) dadurch, dass der völkerrechtswidrige Akt durchaus willentlich begangen wird, aber die Umstände keine andere Wahl lassen. Auf eine *Notlage* kann sich ein Staat dann berufen, wenn der Urheber der umweltschädigenden Handlung keine andere geeignete Möglichkeit hatte, sein eigenes Leben oder das Leben anderer Personen, die seiner Obhut anvertraut sind, zu retten. Eine vertragliche Anerkennung von Notlagen findet sich in Anlage 1 Regel 4 MARPOL. Danach ist das Verklappen von Öl in das Meer nicht vertragswidrig, wenn es dem Zweck diente, die Sicherheit des Schiffs zu gewährleisten oder Menschenleben zu retten. Art 24 ASR, der den völkergewohnheitsrechtlich anerkannten Rechtfertigungsgrund der Notlage widerspiegelt, ist allerdings enger gefasst als die Rechtfertigungsgründe in MARPOL und anderen Umweltschutzverträgen.[53] Letztere schließen die Rechtswidrigkeit von umweltbeeinträchtigenden Maßnahmen auch zum Schutz von Sachgütern aus, während Art 24 ASR nur den Schutz von Menschenleben als Rechtfertigungsgrund zulässt. Darüber hinaus ist die Handlung zum Schutz von Personen dann nicht nach Art 24 Abs 2 lit b ASR zu rechtfertigen, wenn die verursachten Umweltschäden ihrerseits menschliches Leben gefährden. Folglich ist es auf Basis von Art 24 ASR nicht erlaubt, ein verunfalltes Atom-U-Boot ohne Erlaubnis in den Hafen eines anderen Staats zu bringen, wenn dadurch die Gefahr einer nuklearen Kontaminierung des Hafens und der dort befindlichen Personen besteht.[54]

18 Anders als im Fall der Notlage (Rn 17) liegt bei einem *Notstand* (Art 25 ASR) der zwingende Grund für die völkerrechtswidrige Handlung nicht im Schutz von Menschenleben, sondern in der schweren und unmittelbaren Gefahr für ein wesentliches staatliches Interesse. Der völkerrechtswidrige Akt muss das einzige Mittel sein, dieses wesentliche Interesse sicherzustellen, wobei der Staat nicht selbst zu der schweren und unmittelbaren Gefahr beigetragen haben darf. Im *Gabcíkovo-Nagymaros*-Fall hatte sich Ungarn auf einen ökologischen Notstand berufen, um die Suspendierung des Vertrags mit der Tschechoslowakei zu rechtfertigen.[55] In diesem Zusammenhang erkannte der IGH an, dass Umweltbelange durchaus wesentliche Interessen des Staats seien, die bei einer schweren und unmittelbaren Gefährdung zu einer Notstandseinrede iSv Art 25 ASR berechtigen könnten.[56] Divergierende wissenschaftliche Einschätzungen über das Ausmaß der drohenden Umweltschäden hinderten den Staat zwar nicht daran, sich auf einen „ökologischen Notstand" zu berufen, allerdings müsse die Umweltgefährdung auf Basis der zum relevanten Zeitpunkt vorhandenen Hinweise klar feststellbar sein.[57] Ist dies möglich, dann darf der Staat Maßnahmen zur Sicherstellung seiner wesentlichen Umweltbelange ergreifen, die dann als „ökologische" Notstandsmaßnahmen gerechtfertigt sind. Auf der anderen Seite darf ein Staat auch eine umweltschädigende Handlung als eine Notstandsmaßnahme vornehmen, wenn

---

52 Bsp nach *Lefeber*, Liability, 106.
53 London Convention; Art 8 Abs 1 Protokoll zur London Convention; Art 8 Abs 1 MARPOL; Art 11 lit a Annex I des Protokolls v 1978 zu MARPOL.
54 ILC (Fn 10), Commentary on Art 24 para 10.
55 *Gabcíkovo-Nagymaros*, § 40.
56 Ebd, § 53.
57 Ebd, § 51.

die Voraussetzungen des Art 25 ASR vorliegen. So ist es durchaus denkbar, dass ein Staat, um die Stromversorgung seiner Bevölkerung zu sichern, notwendige betriebserhaltenden Maßnahmen an einem Wasserkraftwerk ergreifen darf, obwohl der Fluss dadurch grenzüberschreitend mit Schlamm und Geröll verschmutzt wird.[58] Allerdings ist gerade bei umweltbeeinträchtigenden Maßnahmen zu beachten, dass sich der handelnde Staat nur dann auf den Notstand berufen darf, wenn keine wesentlichen Interessen des beeinträchtigten Staats oder der Staaten, demgegenüber die umweltrechtlichen Verpflichtungen bestehen, oder der gesamten internationalen Gemeinschaft ernsthaft beeinträchtigt werden (Art 25 Abs 1 lit b ASR). Angesichts der Bedeutung der Umwelt für den Menschen, die auch der IGH anerkannt hat (s Rn 14), wird bei schwerwiegenden Umweltbeeinträchtigungen die Berufung auf den Notstand regelmäßig wegen konfligierender wesentlicher Interessen der beeinträchtigten Staaten ausgeschlossen sein, es sei denn die Belange des umweltschädigenden Staats sind im Rahmen der Interessensabwägung so existentiell, dass selbst schwergewichtige Umweltschutzinteressen anderer Staaten bzw der internationalen Gemeinschaft dahinter zurücktreten müssen.

f) Ausschluss der Rechtfertigung: *ius cogens*

19 Nach Art 26 und Art 50 Abs 1 lit d ASR kann sich der umweltschädigende Staat nicht auf die oben erörterten Gründe (Rn 12) berufen, um eine Verletzung von *ius cogens* (Art 53 WVK) zu rechtfertigen. Das wirft die Frage nach dem zwingenden Charakter umweltrechtlicher Normen auf, insbes des völkergewohnheitsrechtlichen Gebots sicherzustellen, dass Aktivitäten auf dem eigenen Staatsgebiet zu keinen grenzüberschreitenden Umweltschädigungen in anderen Staaten führen. Zwingenden Charakter könnte aber auch die Pflicht zum Schutz von gemeinsamen Gütern wie Meer, Luft, Klima und Atmosphäre haben. In der Lit findet sich in der Tat eine Vielzahl von Vorschlägen zu zwingenden Umweltschutznormen, deren Begründung aber mehr auf dem rechtspolitischen Wunsch einer normativen Aufwertung von zentralen umweltschützenden Regelungen beruht[59] als auf einer methodisch abgesicherten Herleitung, wie sie Art 53 WVK verlangt.[60] Auch die ILC, die zu den „internationalen Verbrechen" schwerwiegende Verletzungen von Umweltnormen wie zB die massive Verschmutzung der Meere und der Atmosphäre zählt,[61] gründet ihren Vorschlag in erster Linie auf rechtspolitische Überlegungen.[62] Die ILC hat das Konzept des staatlichen Verbrechens letztlich wegen fehlenden Rückhalts in der Staatenwelt verworfen. Gerade im Umweltrecht ist das Spannungsverhältnis zwischen dem realen Bedürfnis nach einem erhöhten internationalen Schutz essentieller Umweltgüter und dem Befund, dass die Staaten in Umweltbelangen nur schwer einen multilateralen Konsens finden, unübersehbar. Aber gerade

---

58 Angelehnt an den österreichischen *Mur*-Fall; zum Originalfall, in dem Österreich die Verantwortlichkeit für die Mur-Schäden, verursacht durch einen privatrechtlich organisierten Kraftwerksbetreiber, gegenüber Jugoslawien akzeptierte s *Handl*, State Liability for Accidental Transnational Environmental Damage by Private Persons, AJIL 74 (1980) 525 (545 ff).

59 S zB *Brunnée*, „Common Interests" – Echoes from an Empty Shell?, ZaöRV 49 (1989) 791 (804 ff): Verbot der Verschmutzung als Norm mit *ius cogens*-Charakter, wenn diese den Grad der Bedrohung der internationalen Gemeinschaft erreicht hat; *Hannikainen*, Peremptory Norms, 721: weitreichende, langwährende und schwerwiegende Umweltschäden im Rahmen bewaffneter Konflikte; ebenfalls weitreichend das American Law Institute (Hrsg), Restatement of the Law Third – The Foreign Relations Law of the United States, 1987, § 602 (Verschmutzung der Hohen See), § 612 (Schutz der gemeinsamen Umwelt).

60 S dagegen die methodisch sehr genaue Analyse des *ius cogens*-Gehalts des Verbots absichtlicher erheblicher Umweltschädigungen im bewaffneten Konflikt, des Verbots der Umweltschäden, die den Grad der Bedrohung der gesamten internationalen Gemeinschaft erreichen, und eines Menschenrechts auf gesunde Umwelt von *Kornicker*, Ius Cogens und Umweltvölkerrecht, 1997, 170 ff.

61 ILC Draft Articles on the Liability for Injurious Consequences Arising out of Acts not Prohibited by International Law (YbILC 1994-II/2, 158 ff).

62 *Kadelbach*, Zwingendes Völkerrecht, 1992, 319.

Letzteres ist fatal für den Nachweis von *ius cogens*. Art 53 WVK beschreibt den Entstehungsprozess von *ius cogens* dahingehend, dass eine Norm des allg Völkerrechts – regelmäßig aber nicht ausschließlich universelles Völkergewohnheitsrecht[63] – von der internationalen Staatengemeinschaft in ihrer Gesamtheit als eine zwingende Norm des Völkerrechts angenommen und anerkannt wird. Verlangt ist also ein sog doppelter Konsens: die Staaten begründen die Norm des allg Völkerrechts durch ihre (ggf stillschweigende) Zustimmung, und darauf aufbauend konsentiert die internationale Staatengemeinschaft den zwingenden Charakter dieser Norm.[64] Schon die Begriffe „angenommen" und „anerkannt" verdeutlichen, dass es die Rechtsüberzeugung (*opinio iuris*) der internationalen Gemeinschaft sein muss, dass die zwingende Norm nicht durch „einfache" Völkerrechtsnormen abgeändert werden kann.[65] Der anspruchsvolle Nachweis, dass universelle Umweltnormen, so sehr sie auch im globalen öffentlichen Interesse sein mögen,[66] von der internationale Gemeinschaft als Ganzes für nicht dispositiv erachtet werden, lässt sich bei dem derzeitigen Stand der Rechtsentwicklung nicht mit der notwendigen Sicherheit erbringen. Das schließt eine diesbezügliche Rechtsentwicklung angesichts des wachsenden internationalen Bewusstseins für globale Umweltgefahren nicht aus.[67]

g) Rechtsträger, die die Verantwortlichkeit geltend machen dürfen

20 Die Frage, wem der Staat die Erfüllung der umweltrechtlichen Pflichten schuldet, wer also die internationale Verantwortung geltend machen darf, lässt sich nur mit Blick auf das umweltrechtliche Primärrechtsverhältnis beantworten. Tritt eine grenzüberschreitende Umweltschädigung auf dem Territorium eines anderen Staats ein oder werden dessen Staatsangehörige beeinträchtigt, ist der verletzte Staat iSd Art 42 ASR leicht zu identifizieren. Er ist in seinen *speziellen Interessen* (Territorium, Staatsangehörige) verletzt, also nicht allein in seinem allg Rechtsbefolgungsinteresse (Rn 5). Als verletzter Staat darf er unter den erörterten Voraussetzungen (Rn 15) Gegenmaßnahmen bzw Repressalien ergreifen (Art 49 bis 53 ASR) und Wiedergutmachung fordern (Art 34 bis 38 ASR, s hier Rn 24).

21 Die völkervertragliche Verpflichtung aus multilateralen Umweltverträgen, bestimmte Umweltschutzmaßnahmen (zB das Verbot der Lagerung umweltgefährdender Stoffe) innerstaatlich zu implementieren und durchzuführen, ist allen Vertragsparteien gleichermaßen geschuldet. Diese sind zwar bei Nichterfüllung nicht iSdv Art 42 ASR „verletzt", können aber die Verantwortlichkeit des Verletzerstaats nach Art 48 Abs 1 ASR geltend machen (*erga omnes contractantes* bzw *erga omnes partes*).[68] Diese Möglichkeit ist besonders bei multilateralen Umweltrechtsregimen bedeutungsvoll, die gemeinsame Räume (zB Meer), die Artenvielfalt (zB Meeressäuger) und gemeinsame Güter (zB Atmosphäre und Klima) schützen, da bei Vertragsverletzungen oft ein unmittelbar verletzter Staat fehlt.[69] Die eigentlichen Opfer sind das Gemeingut „Umwelt" und die Rechtsordnung, die das Gemeingut schützt. Für die Effektivität des multilateralen Rechtsregimes ist es essentiell, dass einzelne Vertragsparteien allein aufgrund ihres legitimen Rechtsbefolgungsinteresses die Verantwortlichkeit des Verletzerstaats geltend machen dürfen. Das hat auch die ILC erkannt und im Wege einer progressiven Rechtsfortbildung in Art 48 Abs 2 lit a ASR bestimmt, dass einzelne Vertragsstaaten für das Kollektiv der Vertragspartien oder für die interna-

---

63 *Schmalenbach*, in Commentary VCLT, Art 53 Rn 30, 34.
64 *Robledo*, Le *ius cogens* international: Sa genèse, sa nature, ses fonctions, RdC 172 (1981) 9 (105).
65 *Schmalenbach*, in Commentary VCLT, Art 53 Rn 47.
66 S hierzu *Wellens*, in Komori/Wellens (Hrsg), Public Interest Rules of International Law, 2009, 17 (gewisse Regeln des Umweltvölkerrechts als Regeln des öffentlichen Interesses „*sensu lato*", dh das öffentliche Interesse an der Regel kann durchaus reversibel sein).
67 Vgl *Hannikainen*, Peremptory Norms, 722.
68 *Obligation to Prosecute or Extradite*, § 68; *Schmalenbach*, in Commentary VCLT, Art 26 Rn 43.
69 *Whaling*, Oral Pleadings 2013/18, § 19.

tionale Gemeinschaft die Beendigung des rechtswidrigen Verhaltens und die Nichtwiederholung einfordern dürfen.[70] Darüber hinaus gibt Art 48 Abs 2 lit b ASR das Recht der *„altruistischen" Wiedergutmachungsforderung* zugunsten des verletzten Staats, des Vertragsstaatenkollektivs oder der internationalen Gemeinschaft; dieses Recht hat aber bislang in der Praxis noch keinen Anwendungsfall gefunden. Der Vorschlag, dass multilaterale Umweltrechtsregime Vertragsorgane einsetzen, die für das Kollektiv der Vertragsstaaten Wiedergutmachung verbindlich einfordern dürfen,[71] hat zumindest beim ISGH ein offenes Ohr gefunden. Vorsichtig erwog er in seinem Gutachten zu Art 139 SRÜ, die Meeresbodenbehörde könne die internationale Verantwortlichkeit der Vertragsstaaten nach Art 139 SRÜ geltend machen (s Rn 34), da sie nach Art 137 Abs 2 SRÜ *„im Namen der gesamten Menschheit"* handele.[72] Die dargestellte Problematik der „altruistischen Rechtdurchsetzung" stellt sich auch bei Gegenmaßnahmen nach Art 49 ff ASR, die grundsätzlich nur vom verletzten Staat ergriffen werden dürfen. Mit Blick auf den derzeitigen Stand der Rechtsentwicklung erachtete es die ILC als nicht gesichert, ob Vertragsparteien multilateraler Verträge das Mittel der Gegenmaßnahme zur Verfügung steht, um Vertragstreue im Gemeininteresse zu erzwingen. Die ILC wollte einer entsprechenden Rechtsentwicklung auch nicht im Wege stehen,[73] weshalb Art 54 ASR ein Recht auf eine Gegenmaßnahme von Staaten iSv Art 48 ASR anerkennt, sollte sich künftig ein solches Recht im Völkergewohnheitsrecht identifizieren lassen. Angesichts der Zurückhaltung der Staaten im Kontext multilateraler (Umwelt-)Verträge ist die Identifizierung eines gewohnheitsrechtlich verankerten Rechts zu Gegenmaßnahmen im Rahmen von *erga omnes contractantes*-Verpflichtungen nur schwer auszumachen. Spezielle Umweltrechtsregime wie das Montrealer Protokoll kennen allerdings kollektive Gegenmaßnahmen (Suspendierung von Rechten und Privilegien im Falle der Nichtbefolgung des Protokolls), die von der Versammlung der Vertragsstaaten verbindlich zu beschließen sind (s dazu u 8. Abschn).[74] Diese Sonderregime sagen aber nichts über ein nach Völkergewohnheitsrecht bestehendes Recht aus, jeden einzelnen Vertragsstaat durch Gegenmaßnahmen zur Vertragstreue zu zwingen.

22 Ob die wenigen völkergewohnheitsrechtlich verankerten Pflichten des internationalen Umweltschutzrechts, zB die Präventionsgebote, eine *erga omnes*-Wirkung haben, mit der Folge, dass jedes Mitglied der internationalen Staatengemeinschaft aufgrund des gemeinsamen Interesses (*concern of all States*) die Verletzung nach Art 48 Abs 2 ASR geltend machen kann, lässt sich auf Basis von internationaler Judikatur und der Praxis der Staaten nicht zweifelsfrei beantworten.[75] Die ILC bejahte das Recht im Kontext der „internationalen Verbrechen", zB bei schweren Verschmutzungen gemeinsamer Räume.[76] Dieser Ansatz taucht allerdings in den von der ILC 2001 beschlossenen Artikeln zur Staatenverantwortlichkeit nicht mehr auf.[77] Gewisse umwelt-

---

70 ILC (Fn 10), Commentary on Art 48, paras 11, 127.

71 IDI Resolution on Responsibility and Liability under International Law for Environmental Damage, Art 28. Das Implementation Committee des Montrealer Protokolls darf nur Empfehlungen aussprechen.

72 *Responsibilities and Obligations*, § 180.

73 ILC (Fn 10), Commentary on Art 54, para 6.

74 Entscheidung IV/18 des 4. Meeting of Parties (MOP) v 1992, Annex V des Berichts, Response C; s hierzu *Birnie/Boyle/Redgwell*, International Law and the Environment, 246 f.

75 Krit auch *Birnie/Boyle/Redgwell*, International Law and the Environment, 131; *Omura*, Chasing Hamlet's Ghost, State Responsibility and the Use of Countermeaures to Compel Compliance with Multilateral Environmental Agreements, APPEAL 15 (2010) 86 (89).

76 ILC (Fn 61), Art 19 Abs 3 lit b: „A serious breach of an international obligation of essential importance for the safeguarding and preservation of the human environment, such as those prohibiting massive pollution of the atmosphere or of the seas". So auch *Spinedi*, Les conséquences juridiques d'un fait internationalement illicite causant un dommage a l'environnement, in Responsibility, 88 ff.

77 Im ILC-Kommentar zu Art 48 ASR werden keine Bsp für *erga omnes*-Pflichten mehr aufgezählt, vielmehr wird pauschal auf die IGH Leitentscheidung *Barcelona Traction* v 1970 verwiesen, die umweltrechtliche Schutzgüter gerade nicht aufzählt, vgl ILC (Fn 10), Commentary on Art 48, para 9.

rechtliche Bezüge weist das gewohnheitsrechtlich verankerte Selbstbestimmungsrecht des Volks auf, das der IGH im *Ost Timor*-Fall als *erga omnes*-Verpflichtung identifizierte.[78] Das Selbstbestimmungsrecht inkludiert die (umweltrechtlich durchaus problematische) permanente Souveränität über die natürlichen Ressourcen und eröffnet damit u a einen Anspruch des unter Fremdherrschaft befindlichen Volks auf Bewahrung der Umwelt, den alle Staaten zugunsten des betroffenen Volks gegenüber dem Verletzerstaat geltend machen dürfen.[79]

h) Rechtsfolgen der Verantwortlichkeit: Beendigung, Nichtwiederholung und Wiedergutmachung

23 Die Verletzung von Normen des internationalen Umweltrechts lässt ein *sekundäres Rechtsverhältnis* der Verantwortlichkeit zwischen Rechtsverletzer und Verletztem entstehen. Der Inhalt dieses Rechtsverhältnisses richten sich entweder nach dem betroffenen umweltrechtrechtlichen Regime (*lex specialis*) oder nach den allg Regeln der Staatenverantwortlichkeit. Letztere gehen von der Grundregel aus, dass die internationale Verantwortlichkeit den Verletzerstaat nicht davon befreit, seine Pflichten aus dem primären Rechtsverhältnis zu erfüllen (Art 29 ASR). Er ist verpflichtet, sein völkerrechtswidriges Verhalten einzustellen und verbal zuzusichern oder anderweitig zu garantieren, dass sich das völkerrechtwidrige Verhalten künftig nicht mehr wiederholt (Art 30 ASR). Soweit das umweltschädigende Verhalten von Privaten ausgeht, bedeutet die Zusicherung der Nichtwiederholung, dass der Staat effektive Präventionsmaßnahmen verspricht. Im *Trail Smelter*-Fall hat das Schiedsgericht diejenigen Maßnahmen konkret festgelegt, die von der privaten Schmelze ergriffen werden sollten, um künftige Schädigungen der USA zu verhindern.[80] Beide Staaten, Kanada und die USA, wurden verpflichtet, administrativ die Überwachung des vom Schiedsgericht erarbeiteten *Trail Smelter*-Umweltregimes sicherzustellen.[81] In der Praxis kann es durchaus vorkommen, dass die geschädigten Staaten bei grenzüberschreitenden Umweltverletzungen einen finanziellen Beitrag leisten, um im Verletzerstaat Präventivmaßnahmen gegen wiederholte Schädigungen im Eigeninteresse überhaupt erst zu ermöglichen.[82] Eine gewohnheitsrechtlich verankerte Rechtspflicht besteht dazu selbstredend nicht.

24 Die *Wiedergutmachung*, die der Verletzerstaat zu leisten hat, ist darauf gerichtet, so weit wie möglich die Folgen des unrechtmäßigen Akts zu beseitigen, um die Situation wiederherzustellen, die vor dem Akt bestanden hat (sog volle Wiedergutmachung, Art 34 ASR). Aufbauend auf dem *Chorzów Factory*-Urteil unterscheiden die Artikel zur Staatenverantwortlichkeit zwischen *drei Formen* der Wiedergutmachung: Restitution (Art 35 ASR), Schadensersatz (Art 36 ASR) und Genugtuung (Art 37 ASR). Der verletzte Staat kann entweder eine Form der Wiedergutmachung auswählen oder aber verschiedene Formen kombinieren, allerdings unter der Bedingung, dass die gewählte Form nicht unverhältnismäßig ist (vgl Art 35 lit b und Art 37 Abs 3 ASR).

25 *Restitution* ist die Wiederherstellung des vor der Begehung der völkerrechtswidrigen Handlung herrschenden Zustands (*restitutio in integrum*). Typische Bsp hiervon sind Maßnahmen, die der rechtswidrig handelnde Staat innerhalb seiner Jurisdiktion vornimmt, wie zB durch die Rückgabe enteigneten Eigentums oder durch die Änderung der nationalen Rechtsordnung.[83] Bei grenzüberschreitenden Umweltschäden muss der Verletzerstaat aber auch Maßnahmen vornehmen oder vornehmen lassen (zB Säuberungs- und Aufräumarbeiten), die auf dem Territorium des verletzten Staats stattfinden. Oft wird allerdings die Restitution tatsächlich unmöglich

---

78 *East Timor*, § 29.
79 *East Timor*, § 29.
80 *Trail Smelter*, 1974 ff.
81 Ebd, 1981.
82 Bsp *Lefeber*, Liability, 130 f.
83 S für weitere Bsp ILC (Fn 10), Commentary on Art 45, para 5.

sein, weil gewisse Schäden irreversibel sind. So kann zwar der Verletzerstaat die rechtswidrige Ableitung eine grenzüberschreitenden Gewässers beenden, diese Maßnahme wird aber nicht alle durch den Wassermangel verursachten Folgeschäden im verletzten Staat ausgleichen können. Ohnehin entziehen sich Umweltschäden oft aufgrund ihrer Langzeitauswirkungen auf Flora, Fauna und Mensch einer vollen Wiederherstellung (vgl Art 34 ASR).[84]

26 Nach Art 36 Abs 1 ASR hat der Verletzerstaat den *Schaden* zu ersetzen, der durch die völkerrechtswidrige Handlung verursacht worden ist. Diese griffige Vorschrift verlangt für das Umweltvölkerrecht einige konkretisierende Erläuterungen. Zum einen sind die durch die völkerrechtswidrige Handlung verursachten Personen-, Sach- und Wirtschaftsschäden, die unproblematisch nach Art 36 ASR ersetzbar sind, von Umweltschäden zu unterscheiden. Zum anderen ist zu beachten, dass regelmäßig nur schwerwiegende Umweltschäden die Verantwortlichkeit des Staats bewirken (Rn 15). Ist diese Bagatellschwelle überschritten, ist der Verletzerstaat also international verantwortlich und schadensersatzpflichtig, so ist zwischen direkten Schäden an der Umwelt (zB Schädigung des Fischbestands) und umweltbedingten Folgeschäden an Personen, Eigentum und Wirtschaft (zB Umsatzeinbußen der Fischer) zu unterscheiden (zur Kausalität s Rn 28). Was genau *direkte Umweltschäden* sind, die unter den internationalen Schadensbegriff fallen, ist nicht leicht zu beantworten. Art 31 ASR definiert inhaltsneutral „Schaden" als jeden materiellen oder immateriellen Schaden, der durch die völkerrechtswidrige Handlung eines Staats verursacht worden ist; nach Art 32 ASR muss allerdings nur derjenige ersetzt werden, der finanziell messbar ist. Unstr unter die ersetzbaren Umweltschäden fallen messbare Beeinträchtigungen an einzelnen Naturgütern wie Wasser, Luft, Boden, Flora und Fauna.[85] Zweifelhaft ist hingegen, ob die nachteilige Änderung der Biodiversität oder der landschaftlichen Charakteristika ein ersetzbarer Schaden ist. Das UNEP hat in seinem Richtlinienentwurf v 2008 Umweltschäden als messbare und signifikant negative oder nachteilige Auswirkungen auf die Umwelt definiert, wobei die Signifikanz der Auswirkungen sich u a dadurch manifestiert, dass langfristige oder permanente Änderungen zu verzeichnen sind, die Früchte der Umwelt permanent oder zeitweise ausbleiben, die menschliche Gesundheit beeinträchtigt wird, oder der ästhetische oder wissenschaftliche Wert oder der Erholungsfaktor von Parks, Wildnis und anderen Gebieten beeinträchtigt ist.[86] Einige spezielle Haftungsverträge[87] gehen ebenfalls von einem für die Zwecke der Verträge sehr weiten Schadensbegriff aus.[88] Keine dieser Definition lässt sich ohne weiteres auf das allg Völkerrecht übertragen. Vielmehr ist festzustellen, dass sich die Staaten gerade nicht auf ein einheitliches Verständnis einigen konnten, was genau als „Umweltschaden" unter die allg Kompensationspflicht fällt.[89] Die internationale Judikatur nutzt allerdings mögliche Interpretationsspielräume: Der ISGH hat bspw in seinem Gutachen zu *Responsibilities and Obligations in the (Seabed) Area* den Begriff des „Schadens" in Art 139 Abs 2 SRÜ definiert als „Schäden am Meeresboden und seinen Reichtümern, die ein gemeinsames Erbe der Menschheit darstellen, sowie Schäden an der maritimen Umwelt".[90] Ein ähnlich umfassendes Verständnis von Umweltschäden offenbart die Spruchpraxis der UN Compensation Commission (UNCC) bezüglich der im zweiten Golfkrieg 1990 verursachten Umweltschäden durch den Irak, wobei allerdings auch hier nicht das allg Völkerrecht, sondern der Wortlaut der Sicherheitsratsresolution

---

84 *Fitzmaurice*, International Responsibility and Liability, in Oxford Handbook, 1020.
85 *Hartmann*, Umwelthaftungsrecht, 97.
86 Draft Guidelines for the Development of National Legislation on Liability, Response Action and Compensation for Damage Caused by Activities Dangerous to the Environment v 26.11.2008, UNEP/GC/25/INF/15/Add 3, Ziff 3, lit b.
87 Art 2 Abs 2 Lugano Convention.
88 ZB Art 2 Abs 2 lit b Nagoya-Kuala Lumpur Supplementary Liability Protocol v 15.10.2010, UNEP/CBS/BS/COP-MOP/5/17, noch nicht in Kraft.
89 *Reis*, Compensation for Environmental Damages under international Law: The Role of International Judges, 2011, 60.
90 *Responsibilities and Obligations*, § 179 (dt Übersetzung durch Verf).

687 (1991) und des darauf basierenden UNCC-Verwaltungsratsbeschlusses Nr 7[91] Ausgangspunkt des weiten Schadensverständnisses ist.[92]

27 Ein intrinsisches Verständnis von Umwelt – wie es der IGH durchaus vertritt (Rn 15) – kann in Bezug auf die ersetzbaren Schäden zu Problemen unter Art 36 Abs 2 ASR führen, da dieser die *finanzielle Messbarkeit des Schadens* verlangt. Grundsätzlich ist es nicht schädlich, dass die ökonomische Wertigkeit (zB handelbare Früchte der Natur) nicht immer mit der ökologischen Wertigkeit (zB Verlust an Lebensqualität) deckungsgleich ist.[93] Die Schäden, die in der Beeinträchtigung der ökologischen Wertigkeit liegen, können als immaterielle Schäden nach Art 31 Abs 2 ASR ersetzbar sein, soweit sich diese Beeinträchtigung in Geld ausdrücken lässt. Während sich Wiederherstellungsmaßnahmen bei Umweltschäden klar in Zahlen abbilden lassen, ist das bei einem irreversiblen Qualitätsverlust der Umwelt wie zB dem Rückgang der Artenvielfalt oder Änderungen des Klimas kaum möglich.[94] Der internationalen Praxis ist nicht zu entnehmen, ob die Messbarkeitsprobleme notwendigerweise zum Wegfall des Ersatzanspruches führen. Der IGH hat im *Gabcikovo-Nagymaros*-Fall nichts zur Schadensersatzfähigkeit von ökologischen Qualitätseinbußen des Donaugebiets gesagt, nicht zuletzt, weil Ungarn dahingehend keine Ansprüche geltend gemacht hat.[95]

28 Nur diejenigen Schäden sind nach Art 31 iVm Art 36 Abs 1 ASR zu ersetzen, die in einer ungebrochenen *Kausalkette* auf die völkerrechtswidrige Handlung zurückzuführen sind. Die ILC hat bewusst davon Abstand genommen, auf die notwendige Qualität der Kausalkette einzugehen, da diese zu sehr von den verletzten Primärnormen abhänge.[96] Die ILC deutet lediglich an, dass die Kausalkette ausreichend ausgeprägt (*sufficient causal link*) und nicht zu fernliegend (*not too remote*) sein sollte.[97] Unabhängig davon, ob die vagen Aussagen der ILC in dieser Allgemeinheit zutreffen, lässt sich sagen, dass ein einfacher *conditio sine qua non*-Test jedenfalls im allg Völkerrecht aufgrund der weiterreichenden Haftungsfolgen keinen Rückhalt findet. Abgesehen von den üblichen Beweisschwierigkeiten bereitet die Kausalität bei direkten Schäden keine größeren Probleme. Hier ist der völkerrechtswidrige Akt die effektive Ursache für den Umweltschaden. Bspw war das Einleiten von Öl in den Persischen Golf durch irakische Truppen direkt kausal für die Ölverschmutzung des Gewässers und der Ufer. Im Rahmen von direkten Umweltschäden gibt es häufig eine Vielzahl von Schädigern, zB bei der Emission von Treibhausgasen oder der Verschmutzung von Flüssen durch mehrere Anrainerstaaten. In diesem Fall ist der Kausalitätsbeitrag eines jeden Staats zum Schaden gesondert zu beurteilen.[98] Von direkten Schäden sind *indirekte Schäden* zu unterscheiden. Bei diesen sind andere schadensbegründende Umstände näher am Umweltschaden als die völkerrechtswidrige Handlung. So ist bspw der Wertverfall des Eigentums an der ölverseuchten Küste ein indirekter Schaden, weil es die Kräfte des Markts sind, die den finanziellen Schaden direkt verursachen. Wenn die verletzten Primärnormen es nicht ausschließen, dann sind indirekte Schäden, auch Sekundär- oder Folgeschäden genannt, grundsätzlich ersatzfähig, wenn sie nicht zu fernliegend sind. Als Maßstab wird oft die *Vorhersehbarkeit* des Schadeneintritts herangezogen.[99] Die UNCC diskutierte die Frage der Kausalität von Schäden im Zusammenhang mit Kuwaits Geltendmachung von künfti-

91 UN Doc A/AC26/1991/Rev1 v 17.3.1992, abgedr in Gulf War Reparation, 306.
92 *Allen*, Points of Law, in Gulf War Reparation, 141, 152 ff.
93 *Hartmann*, Umwelthaftungsrecht, 101.
94 *Scovazzi*, Responsibility, 65; *Bowman*, Biodiversity, Intrinsic Value and the Definition and Valuation of Environmental Harm, in Bowman/Boyle (Hrsg), Environmental Damage in International and Comparative Law 2002, 42.
95 *Gabcíkovo-Nagymaros*, § 152.
96 ILC (Fn 10), Commentary on Art 31, para 10.
97 Ebd.
98 Vgl ebd, Commentary on Art 47, para 8, wobei zu beachten ist, dass Art 47 ASR auf diese Fälle gerade nicht anwendbar ist.
99 ZB von der Eritrea-Ethiopia Claims Commission, Entscheidung Nr 7, § 13.

gen Kosten für die Säuberung von ölverseuchtem Boden, verursacht durch leckes irakisches Kriegsmaterial, das von Kuwait gesammelt und aufbewahrt worden war. Die Kommission lehnte den Anspruch mit der Begründung ab, die fehlerhafte Lagerung des Kriegsmaterials durch Kuwait durchbreche die Kausalkette zwischen der militärischen Invasion durch den Irak und dem verseuchten Boden.[100] Im internationalen Umweltrecht entstehen besondere Kausalitätsprobleme bei graduell-kumulativen Umweltschädigungen, insbes von gemeinsam genutzten und sukzessive verschmutzen Gütern wie zB Meer, Luft, Klima. In diesem Zusammenhang hat das Institute de Droit International 1997 vorgeschlagen, ein System der vermuteten Kausalität in den Primärnormen der einschlägigen Umweltverträge zu etablieren.[101] Der Vorschlag wurde bislang nicht in der Praxis aufgegriffen.[102]

i) Durchsetzung der Wiedergutmachungsansprüche

29 Die *Durchsetzung* der Wiedergutmachungsansprüche des umweltgeschädigten Staats gegenüber dem Verletzerstaat kann im Wege der *friedlichen Streitbeilegung* erfolgen (hierzu s u 8. Abschn) oder aber auch durch *Gegenmaßnahmen* iSv Art 49 ASR, auch Repressalie genannt. Gegenmaßnahmen sind rechtsverletzende (aber als Gegenmaßname gerechtfertigte) Reaktionen auf vorangegangene völkerrechtswidrige Akte eines anderen Staats, dh ihnen sind Elemente des dezentralen Zwanges zu Eigen. Schon aus diesem Grunde sind sie ein *Aliud* zur friedlichen Streitbeilegung. Während es, wie unter Rn 15 dargelegt, kaum denkbar ist, dass ein Staat seine grenzüberschreitende umweltschädigende Maßnahme als Gegenmaßnahme rechtfertigen kann, ist es weniger fernliegend, dass ein Staat mit einer Gegenmaßnahme auf erhebliches umweltschädigendes Verhalten eines anderen Staats reagiert. Art 42 Abs 1 ASR gibt dieses Recht dem verletzten Staat unter der Voraussetzung, dass die Gegenmaßnahme im Lichte des verfolgten Zwecks geeignet ist (Art 49 ASR) und in einem angemessenen Verhältnis zum erlittenen Umweltschaden steht (Art 51 ASR). Die Anwendung von bewaffneter Gewalt iSv Art 2 Ziff 4 UN-Charta als Antwort auf schwere Umweltverletzungen ist grundsätzlich nicht als Gegenmaßnahme zu rechtfertigen (Art 50 Abs 1 lit a ASR), kann aber als Selbstverteidigungsrecht unter den Voraussetzungen des Art 51 UN-Charta (bewaffneter Angriff) rechtmäßig sein.

30 In der Praxis finden sich nur wenige Bsp für Gegenmaßnahmen eines verletzten Staats iSd Art 49 ASR, mit der auf eine schwerwiegende Umweltbeeinträchtigung durch einen anderen Staat reagiert wird. Ein Schulbuchfall ist Nigerias Reaktion auf die Verklappung von illegalem Giftmüll durch italienische Schiffe in den 1980er Jahren. Nachdem der Giftmüll in Nigeria entdeckt wurde, hinderten die örtlichen Behörden drei unter italienischer Flagge registrierte Schiffe am Auslaufen aus einem nigerianischen Hafen, obwohl die Schiffe keinerlei Beziehungen zum Giftmüllskandal hatten.[103] Die Repressalie[104] hatte Erfolg: Italien nahm den Müll zurück und erklärte sich bereit, für die Behebung des Schadens in den giftmüllverschmutzen Gebieten zu sorgen (*restitutio in integrum*, Rn 25).[105] Ein weiteres Bsp für eine Gegenmaßnahme ist der *Fishery Jurisdiction*-Fall v 1995, der vom IGH wegen fehlender Jurisdiktion inhaltlich nicht behandelt wurde.[106] In der Sache ging es um das gewaltsame Festhalten des unter spanischer Flagge fahrenden Fischereischiffs *Estai* auf Hoher See durch kanadische Behörden mit der Begründung,

---

100 *Allen*, Points of Law, in Gulf War Reparation, 141, 160.
101 Institut de Droit International, 8th Commission, Art 7 Responsibility and Liability under International Law for Environmental Damage, 1997.
102 Bspw explizit verneint im Rahmen von Art 139 Abs 2S SRÜ vom ISGH, *Responsibilities and Obligations*, § 182.
103 *Scovazzi*, Responsibility, 47.
104 Nach dem Internationalen Übereinkommen über den Arrest in Seeschiffe dürfen Schiffe nur aus maritimen Gründen festgehalten werden.
105 *Scovazzi*, Responsibility, 47.
106 *Fisheries Jurisdiction*, 432.

die Fischer trügen zur Überfischung von Kabeljau durch illegale Fangmethoden bei.[107] Hier stellte sich unter anderem die Frage, ob Kanada als verletzter Staat iSv Art 49 iVm Art 42 lit b ASR gelten kann, wenn es ein allg Interesse am Erhalt des Fischbestands verteidigt. In jedem Fall stehen die Artikel zur Staatenverantwortlichkeit der Ausdehnung des Kreises derjenigen, die durch Gegenmaßnahmen multilaterale Verpflichtungen aus Umweltverträgen durchsetzen, grundsätzlich nicht entgegen (Art 54 ASR, s hierzu Rn 21).

31 Besonders häufig wird mit Handelssanktionen auf umweltschädliche Maßnahmen reagiert, die sich in der Regel am WTO-System messen lassen müssen. Zu nennen sind in diesem Zusammenhang die *Tuna-Dolphin*-Fälle[108] und der *Shrimps-Turtle*-Fall.[109] In den genannten WTO Panel-Verfahren waren die US-amerikanischen unilateralen Handelsmaßnahmen zur extraterritorialen Durchsetzung ihrer nationalen Umweltpolitik nicht nach dem GATT zu rechtfertigen. Rechtfertigungsgründe nach dem allg Völkerrecht, zB als Gegenmaßnahme iSv Art 49 ASR, sind im Rahmen des WTO-Rechts ohnehin unbeachtlich, da es sich bei den WTO-Verträgen um ein spezielles (Art 55 ASR) und zudem in sich abgeschlossenes Rechtsregime handelt (*self-contained regime*, Rn 37).[110] Soweit das GATT also im Rahmen von Art XX lit b Handelsbeschränkungen zum Schutz der Umwelt erlaubt, sind entsprechende nationale Akte zumindest im Kontext der WTO keine Gegenmaßnahmen iSv Art 49 ASR, sondern WTO-konforme unilaterale Handlungen, die auch der Durchsetzung nationaler Umweltpolitik dienen können. Nicht nur das WTO-Recht, sondern auch einige multilaterale Umweltverträge sind spezielle Rechtsregime mit besonderen Compliance- und Sanktionsregeln, die wenig Raum für unilaterale Selbsthilfe im Dienste des vertraglich geschützten Guts „Umwelt“ lassen (s u Rn 38). Andere Abkommen wie das SRÜ (Art 304) verweisen auf die allg Regeln der Staatenverantwortlichkeit. Aber auch hier gilt: Erlaubt das SRÜ explizit die Ausübung von unilateralem Zwang zum Schutz der maritimen Umwelt (zB Art 19 Abs 2 lit h iVm Art 25 SRÜ), so handelt der Staat rechtmäßig, ohne dass es einer Qualifizierung des Akts als Gegenmaßnahme iSv Art 49 ASR bedarf.

2. Verantwortlichkeit des Staats nach speziellen Umweltrechtsregimen

a) Verantwortlichkeit und Haftung in multilateralen Umweltverträgen

32 Viele multilaterale Umweltverträge widmen sich internationalen und zivilrechtlichen Haftungsfragen, während nur einige wenige Verträge spezielle Regeln zur internationalen Verantwortlichkeit der Vertragsparteien aufweisen. Bei der Abgrenzung zwischen *Haftung* und *Verantwortlichkeit* ist weniger die konkrete Begriffswahl in den Verträgen entscheidend als vielmehr das hinter dem Begriff stehende Haftungs- bzw Verantwortlichkeitskonzept. Wie unter Rn 1 thematisiert, wird hier – dem Begriffsverständnis der ILC folgend – unter „Verantwortlichkeit“ das Einstehen für die Folgen eines völkerrechtswidrigen Akts verstanden. Dagegen wird das Einstehen für die unerwünschten schädlichen Folgen eines rechtmäßigen Akts ausschließlich mit dem Begriff der „Haftung“ belegt, in der deutschen Rechtsterminologie auch als „Gefährdungshaftung“ bezeichnet. Soweit die im Folgenden genannten speziellen Umweltrechtsregime einen abweichenden Sprachgebrauch pflegen, wird auf die terminologischen Besonderheiten hingewiesen.

107 Ausf zur Frage der Eignung als Gegenmaßnahme *Rayfuse*, Countermeasures and Fisheries Enforcement, NILR 2004, 73 ff; *Sverrisson*, Countermeasures, 240 ff.

108 S hier *Matsushita/Schoenbaum/Mayroides*, World Trade Organization, 449; *Sverrisson*, Countermeasures, 286 ff.

109 *Matsushita/Schoenbaum/Mayroides*, World Trade Organization 459; *Sverrisson*, Contermeasures, 297 ff.

110 *Gomula*, Responsibility and the World Trade Organization, in Crawford/Pellet/Olleson (Hrsg), The Law of International Responsibility, 2011, 791.

b) Internationales Seerecht

33 Das internationale Seerecht ist ein komplexes System von internationalen Verträgen, an dessen prominentester Stelle das SRÜ v 1982 als „Verfassung der Meere" steht. Das SRÜ enthält eine Reihe von Vorschriften, die die internationale Verantwortlichkeit der Staaten für Verletzungen der SRÜ-Verpflichtungen thematisieren (zB die salvatorische Verantwortlichkeitsklausel des Art 304 SRÜ). Umweltrechtlich besonders relevant ist *Art 235 Abs 1 SRÜ*, der sich auf Teil XII SRÜ bezieht (Schutz und Bewahrung der Meeresumwelt). Danach sind die Staaten nicht nur für die Erfüllung ihrer internationalen Verpflichtungen betreffend den Schutz und die Bewahrung der Meeresumwelt verantwortlich, sie „haften" auch in Übereinstimmung mit dem Völkerrecht. Die im Vertrag genutzte Terminologie ist insofern unglücklich, als sie den Begriff der „Verantwortlichkeit" zur Bezeichnung der primären Vertragserfüllungspflicht nutzt, während der Begriff der „Haftung" das Einstehen für Rechtsverletzungen iSv Art 1 ASR – also die sekundäre internationale Verantwortlichkeit – bezeichnet.[111] Art 235 Abs 1 SRÜ verweist hinsichtlich der Verantwortlichkeitsregeln auf das allg Völkerrecht, etabliert also kein spezielles Verantwortlichkeitsregime. Bemerkenswert ist allerdings, dass Art 235 SRÜ sich nicht damit begnügt, die staatliche Verantwortlichkeit für die Verletzung der SRÜ-Bestimmungen zu betonen, sondern sie für „alle" staatlichen Verpflichtungen betreffend die Meeresumwelt unterstreicht. Das hat grundsätzlich im Lichte des Rechts der Staatenverantwortlichkeit keine konstitutive Bedeutung, wenn die Vertragsstaaten völkerrechtlich an diese anderen internationalen Verpflichtungen auch tatsächlich gebunden sind. In diesem Kontext ist aber erwähnenswert, das gerade Teil XII SRÜ die Vertragsstaaten an mehreren Stellen verpflichtet, bei der Ausgestaltung ihrer nationalen Meeresschutzmaßnahmen nicht die international vereinbarten Regeln, Normen und empfohlenen Gebräuche zu unterschreiten (vgl Art 208 Abs 3, Art 210 Abs 6, Art 211 Abs 2 SRÜ). Sind also die nationalen Maßnahmen zum Schutz der Meeresumwelt weniger wirkungsvoll als die über SRÜ assoziierten Instrumente, zu denen zB diverse Abkommen zum Schutz von Fischgattungen gehören,[112] dann vermittelt Art 235 SRÜ die internationale Verantwortlichkeit nach den allg Regeln des Völkerrechts, selbst wenn der SRÜ-Vertragsstaat diese speziellen Abkommen gar nicht ratifiziert hat. Für Verschmutzungen der Meeresumwelt durch wissenschaftliche Forschung statuiert Art 263 iVm Art 235 SRÜ die internationale Verantwortlichkeit der Staaten, in deren Namen die Forschung durchgeführt wird. Die dadurch zum Ausdruck gebrachte Zurechnungsregel ist als bloße deklaratorische Referenz auf die Zurechnungsregeln der allg Staatenverantwortlichkeit zu verstehen, auf die Art 235 Abs 1 SRÜ verweist.

34 Einer der str Bereiche des SRÜ ist sein Teil XI über den *Tiefseeboden*, kurz „das Gebiet" genannt. Die auf diesen Teil bezogenen Vorschriften über die Verantwortlichkeit und Haftung der Staaten, Art 139 SRÜ, ist angesichts vitaler wirtschaftlicher Ausbeutungsinteressen besonders sensibel. Auf Antrag des Rats der Internationalen Meeresbodenbehörde beantwortete die Meeresbodenkammer des ISGH im Jahre 2011 zentrale Fragen betreffend die Auslegung von Art 139 SRÜ. Art 139 Abs 2 SRÜ, der dieselbe terminologische Problematik aufweist wie Art 235 SRÜ (s o Rn 33), besagt, dass jeder Vertragsstaat den Schaden ersetzen muss, den er durch die Verletzung seiner Verpflichtungen verursacht hat. Die Art der Verpflichtung ergibt sich aus Art 139 Abs 1 SRÜ: Die Vertragsstaaten müssen sicherstellen, dass die am Tiefseeboden ausgeübten Tätigkeiten in Übereinstimmung mit Teil XI SRÜ erfolgen. Art 139 Abs 1 iVm Abs 2 SRÜ ist also keine Zurechnungsregel privaten rechtswidrigen Verhaltens (sog Vertragsnehmer).[113] Vielmehr ist der Staat für die Verletzung seiner eigenen Sicherstellungsverantwortung (*obligation to ensure*) in-

---

111 Zu der begrifflichen Konfusion zumindest in der engl Sprachfassung s *Responsibilities and Obligations*, §§ 64, 71.

112 S die Aufzählung des UN Office of Legal Affairs, Division for Ocean Affairs and the Law of the Sea, Obligations of States Parties under the United Nations Convention on the Law of the Sea and Complementary Instruments, 2004.

113 *Responsibilities and Obligations*, § 172.

ternational verantwortlich und muss – parallel zum Vertragsnehmer (Art 22 Anlage III SRÜ) – den kausal entstandenen Schaden ersetzen. Der Sorgfaltsmaßstab, der anzulegen ist, wird durch Art 139 Abs 2 Satz 2 iVm Art 4 Anlage IV SRÜ konkretisiert: Der Vertragsstaat muss die notwendigen gesetzgeberischen und gesetzesvollziehenden Maßnahmen für die Ausbeutung des Meeresbodens setzen (*due diligence*).[114] Hat er die gebotene Sorgfalt walten lassen, muss er nicht für die vom Vertragsnehmer verursachten Schäden einstehen, selbst wenn der Vertragsnehmer aufgrund von Zahlungsunfähigkeit nicht nach Art 22 Anlage III SRÜ haftbar gemacht werden kann.[115]

c) Weltraumrecht

35 Das internationale Weltraumrecht, das aus einer Vielzahl von multilateralen Verträgen besteht,[116] zeigt seine umweltrechtliche Relevanz vor allem in Art IX Weltraumvertrag v 1967 (WRV), der ein Verbot schädigender Kontaminationen des Weltraums enthält.[117] Die völkerrechtliche Verantwortlichkeit der Vertragsstaaten für Verletzungen des WRV wird in Art VI WRV einer Spezialregelung unterworfen: Der Staat ist verantwortlich für rechtswidrige „nationale Tätigkeiten" im Weltraum, wobei über die genaue Bedeutung des Begriffs Uneinigkeit herrscht.[118] Die Entstehungsgeschichte von Art VI WRV lässt allerdings erkennen,[119] dass zu den nationalen Tätigkeiten all jene gehören, die unter die Gebietshoheit (Start des Weltraumobjekts vom Territorium) oder die Personalhoheit (Staatsangehörigkeit des Betreibers) des Staates fallen.[120] Werden über diese Anknüpfungspunkte die Akte Privater dem Staat zugerechnet, dann liegt darin eine innovative und einzigartige Abweichung von den allg Zurechnungsregeln der Staatenverantwortlichkeit. Während Art VI WRV eine sekundärrechtliche Verantwortlichkeit von Staaten für weltraumrechtswidrige Aktivitäten begründet, ist Art VII WRV eine primärrechtliche Haftungsvorschrift, dh die Haftung setzt an der Schadensgefahr an, die durch das (rechtmäßige) Starten bzw Startenlassen eines Weltraumobjekts entsteht.

d) Antarktis

36 Auch das Antarktis-Regime besteht aus einem Bündel von internationalen Verträgen,[121] allen voran der *Antarktisvertrag* (AV) v 1959. Dieser normiert das umweltrechtlich relevante Verbot der Entsorgung nuklearer Abfälle (Art V AV) und wird ergänzt durch das Umweltschutzprotokoll (USP) v 1991. Dieses Protokoll (in Kraft seit 1998) löst eine Reihe von umweltrechtlichen Einzelvereinbarungen ab, darunter die *Vereinbarten Maßnahmen zur Erhaltung der antarktischen Fauna und Flora* (1964) und das *Übereinkommen zur Regelung der Tätigkeiten im Zusammenhang mit mineralischen Ressourcen der Antarktis* (CRAMRA). Mit der CRAMRA war der Versuch unternommen worden, ein durchaus innovatives System der subsidiären bzw ergänzenden Staaten-

---

114 Ebd, § 120.
115 Ebd, § 204.
116 Mondvertrag, in Kraft seit 11.7.1984; Weltraumrettungsübereinkommen, in Kraft seit 3.12.1968; Weltraumhaftungsübereinkommen in Kraft seit 1.9.1972; Weltraumregistrierungsüberein-kommen, in Kraft seit 11.7.1984.
117 S dazu ausf *Wins*, Weltraumhaftung, 194 ff.
118 S zu den verschiedenen Denkschulen *von der Funk*, The Origins of Authorisation: Article VI of the Outer Space Treaty and International Space Law, in von der Funk (Hrsg) National Space Legislation in Europe, 2011, 12 ff.
119 *Brodecki*, Economic Damages in International Law, 1990, 108.
120 *Wins*, Weltraumhaftung, 149; *Hobe*, Die rechtlichen Rahmenbedingungen für die wirtschaftliche Nutzung des Weltraums, 1992, 155.
121 AV, in Kraft seit 23.6.1961; Übereinkommen zum Schutze der antarktischen Robben, in Kraft seit 11.3.1978; CCAMLR, in Kraft seit 7.4.1982; Convention on the Regulation of Antarctic Mineral Resource Activities (CRAMRA 1988), die allerdings nie in Kraft trat. Sie wurde drei Jahre später durch das USP (auch „Madrider Protokoll") ersetzt, das 1998 in Kraft trat.

verantwortlichkeit einzuführen: Für Schäden, die nicht entstanden wären, hätte der Staat seine vertraglichen Sorgfaltspflichten gegenüber dem von ihm unterstützten Unternehmen wahrgenommen, haftet der Staat (Art 8 Abs 3 lit a). Die Höhe der staatlichen Schadensersatzpflicht sollte auf den Teil begrenzt sein, der nicht vom Unternehmer nach Art 7 CRAMRA beglichen wird. Die CRAMRA wurde aufgrund des Widerstands von Frankreich und Australien von keinem Staat ratifiziert und schließlich zugunsten des USP endgültig aufgegeben. Das USP enthält keine eigenen Verantwortlichkeitsbestimmungen, sondern lagert die politisch brisante Frage in eine gesondert zu ratifizierende Anlage aus. Nach langjährigen Verhandlungen wurde 2005 die Anlage Nr 6 zu „Haftung für umweltgefährdende Notfälle" von 28 Konsultativstaaten im Konsens verabschiedet, allerdings ist sie bis heute nicht in Kraft getreten. Anders als Art 8 CRAMRA thematisiert Art 6 der Anlage Nr 6 nicht mehr die internationale Verantwortlichkeit der Vertragspartner für Vertragsverletzungen, sondern konzentriert sich auf die Gefährdungshaftung des staatlichen oder privaten Unternehmens (*strict liability*), dessen Aktivitäten eine Umweltkatastrophe in der Antarktis verursacht haben (Rn 50, 53).[122]

e) Verhältnis spezieller Umweltregime zum Recht der Staatenverantwortlichkeit

37 Die allg Regeln der Staatenverantwortlichkeit, wie sie in den ASR niedergeschrieben sind, stehen in einem *Konkurrenzverhältnis* zu den *Verantwortlichkeitsregeln spezieller Umweltverträge* (Rn 33–36). Wollen die Vertragsparteien mit dem speziellen Vertrag erkennbar die allg Regeln in einem bestimmten Punkt modifizieren, wie das bspw im Weltraumrecht der Fall ist (Rn 35), dann ist die konfligierende allg Verantwortlichkeitsregel im Anwendungsbereich des Umweltvertrags nicht anwendbar (*lex specialis derogat legi generali*), die übrigen allerdings schon (Art 55 ASR: „wenn und soweit"). Die allg Regeln der Staatenverantwortlichkeit sind zur Gänze unabwendbar, wenn es sich bei dem speziellen Umweltvertrag um ein in sich geschlossenes System handelt, ein sog *self-contained regime*.[123] Damit ein Umweltvertrag oder ein ganzes Umweltvertragsregime, das sich aus mehreren thematisch zusammengehörigen Verträgen zusammensetzt, als *self-contained regime* bezeichnet werden kann, muss nachgewiesen werden, dass das der Vertrag oder das Regime eine lückenfüllende Anwendung allg Regeln zum Schutz des vertragseigenen Verantwortlichkeitssystems ausschließen will.[124] Der Nachweis ist mit den Mitteln der Vertragsauslegung gemäß Art 31 WVK zu erbringen.

38 Viele multilaterale Umweltverträge etablieren spezielle Verfahren im Falle der Nichterfüllung der Vertragspflichten (sog *non-compliance procedures*, ausf hierzu 8. Abschn). Sinn dieser Verfahren ist es, anstelle von negativen Sanktionen positive und flexible Anreizsysteme zu schaffen, um die Vertragsparteien „sanft" zur Vertragserfüllung zu bewegen.[125] Die Frage, ob die allg Regeln der Staatenverantwortlichkeit im Rahmen von multilateralen Umweltverträgen mit *(non-)compliance procedures* anwendbar sind, lässt sich nicht pauschal beantworten, sondern hängt von den Eigenheiten des Verfahrens ab. Wird vom Vertrag ein Vertragsorgan eingesetzt, das kompetent ist, die Nichterfüllung des Vertrags festzustellen, dann ist vor dieser zentralisierten Feststellung kein Raum für dezentrale Gegenmaßnahmen auf Basis des Rechts der Staatenverantwortlichkeit. Soweit das System nur finanzielle und technische Hilfe im Falle einer Vertragsnichterfüllung anbietet, spricht dies nicht gegen die Verantwortlichkeit des Verletzerstaats nach dem Recht der Staatenverantwortlichkeit; andernfalls müsste die Rechtsver-

---

122 *Langenfeld*, Verhandlungen über ein neues Umwelthaftungsregime für die Antarktis, NuR 1994, 340. Für eine detaillierte Darstellung s *Vöneky/Beck*, 14. Abschn Rn 33ff.
123 Allg dazu s *Simma/Pulkowski*, Self-Contained Regimes, 493.
124 *Tehran Hostages*, § 86; *Simma/Pulkowski*, Self-Contained Regimes, 493f.
125 *Fitzmaurice*, The Kyoto Protocol Compliance Regime and Treaty Law, Singapore YBIL 8 (2004) 23 (25).

bindlichkeit des Umweltvertrags bezweifelt werden.[126] Kennt das System dagegen vertragliche Sanktionen im Falle der festgestellten Nichterfüllung – wie zB im Fall des Montrealer Protokolls über Stoffe, die zum Abbau der Ozonschicht führen – dann spricht dies für das Vorliegen eines *self-contained regimes*, das einen Rückgriff auf die allg Regeln der Staatenverantwortlichkeit *prima facie* ausschließt. Das gilt zumindest, solange das Regime handlungsfähig ist und nicht im Lichte des Vertragsziels versagt hat.[127]

3. Internationale Verantwortlichkeit Internationaler Organisationen

39 Wie Staaten können auch *I.O.* für die Verursachung von Umweltschäden oder die Verletzung sonstiger umweltrechtlicher Verhaltenspflichten völkerrechtlich verantwortlich sein. Voraussetzung ist natürlich, dass die Organisationen bestimmte umweltrechtliche Standards einzuhalten haben (sog *Primärpflichten*). Im Bereich der umweltrechtlichen Primärpflichten ist es allerdings auffällig, dass – abgesehen von der EU[128] – I.O. multilateralen Umweltverträgen nicht beigetreten sind. Wenn also Art 6 Anlage IX SRÜ die Verantwortlichkeit I.O. thematisiert, dann ist damit derzeit nur die EU angesprochen. Das SRÜ geht allerdings einen Schritt weiter: Sie regelt für das Tiefseebodenregime (Teil XI) in Art 139 Abs 3 SRÜ die Pflicht der Vertragsstaaten sicherzustellen, dass „ihre" I.O. bei Nichterfüllung der Pflichten nach Teil XI SRÜ den Schaden ersetzen. Ist die I.O. selbst nicht Vertragspartei des SRÜ, dann müssen ihre Mitgliedstaaten dafür Sorge tragen, dass die Organisation auf Basis ihres eigenen Statuts oder auf einer anderen rechtlichen Basis (zB einer Selbstverpflichtungserklärung der Organisation) nach den Vorgaben des SRÜ-Tiefseebodenregimes handelt und im Falle einer Pflichtverletzung den Schaden ersetzt. Die einzige I.O., die derzeit unter den Anwendungsbereich des Art 139 Abs 3 SRÜ fällt, ist die *Inter Ocean Metal Joint Organization* (IOM). Auch der Weltraumvertrag v 1967 (WRV) betont in Art VI die Verantwortlichkeit einer im Weltraum tätigen I.O. für die Befolgung des Vertrags, ohne dass I.O. der Beitritt zum Weltraumvertrag möglich wäre (Art XIV WRV). Aufgrund der selbständigen Rechtspersönlichkeit einer I.O. kann damit die Verantwortlichkeit für Verletzungen des WRV und des SRÜ nur über die Mitgliedsstaaten der I.O. vermittelt werden, die zugleich Vertragsparteien der Abkommen sind.[129] Letztere müssen in den Organen der I.O. entsprechenden Einfluss ausüben, um zB eine Selbstverpflichtungserklärung der Organisation auf den Weg zu bringen. Konsequenterweise statuiert Art VI WRV eine gemeinsame Verantwortung der Organisation zusammen mit den Vertragsstaaten, die zugleich Mitgliedstaaten der Organisation sind.

40 *Völkergewohnheitsrechtlich* verankerte Pflichten, zB der Verhinderung grenzüberschreitender Schädigungen durch Private, sind auf I.O. nicht ohne weiteres übertragbar, da sie regelmäßig keine Territorial- und Personalgewalt besitzen und daher nicht unmittelbar Umweltgesetze gegenüber Privaten durchsetzen.[130] Die I.O. kann aber aufgrund der umweltschädigenden Handlungen ihrer Organe völkerrechtlich verantwortlich sein. Zu denken ist zB an Umweltverschmutzungen durch UN Peacekeeping-Truppen im Gaststaat. Umweltrechtliche Primärpflichten von I.O. lassen sich in speziellen völkerrechtlichen Verträgen finden, vor allem in Status- und Sitzabkommen mit dem Gaststaat, in denen sich die betreffende Organisation dazu verpflichtet, die lokalen (Umwelt-)Gesetze des Gaststaats zu beachten (zB bei UN Peacekeeping-

126 *Koskenniemi*, Breach of Treaty or Non-Compliance?, 162.
127 Study Group on the Fragmentation of International Law, Report of the ILC, 56th Session (2004), YbILC 2004-II/2, 111 ff (§ 322).
128 Die EU ist bspw Vertragspartei des Cartagena Protokolls (vgl ABl EG 2002, Nr L 201/50).
129 *Wins*, Weltraumhaftung, 153 f.
130 Eine Ausnahme gilt bei internationalen Territorialverwaltungen, zB der United Nations Mission in Kosovo (UNMIK).

Einsätzen).[131] Verletzt die I.O. die nationalen Umweltgesetze, und stellt dies eine Verletzung des Sitzabkommens dar, dann ist die Organisation gegenüber dem Sitzstaat völkerrechtlich verantwortlich. Eine Klage gegen die I.O. vor nationalen Gerichten wird allerdings regelmäßig an der Jurisdiktionsimmunität der Organisation scheitern.

41 Die *sekundärrechtlichen Regeln* der Verantwortlichkeit von I.O. folgen im Großen und Ganzen den Regeln der Staatenverantwortlichkeit, wie aus den *ILC Draft Articles on the Responsibility of International Organizations* v 2011 (DARIO) ersichtlich.[132] Allerdings gibt es einige Besonderheiten zu beachten, zB den Rechtfertigungsgrund der *operativen Notwendigkeit*: Die Vereinten Nationen haben die Verantwortung und Haftung für Umweltschäden am militärischen Einsatzort gegenüber ihren Gaststaaten und privaten Geschädigten verneint, wenn die Schäden durch ein im Lichte des internationalen Mandats operativ notwendiges Verhalten verursacht wurde (zB die Umleitung eines Flusses zur Befestigung und Bewachung einer Demarkationslinie oder die Absenkung des Wasserspiegels verursacht durch die Wasserversorgung der Peacekeeping-Truppen).[133] Im Übrigen lehnen die Vereinten Nationen die Haftung für immaterielle Schäden ab, worunter auch wirtschaftlich nicht messbare und damit nicht eigentumsrelevante Umweltschäden fallen.[134] Diese Haftungsbeschränkung besteht aber nur gegenüber Privaten und schließt nicht die völkerrechtliche Verantwortlichkeit der UN für Umweltschäden gegenüber dem Gaststaat aus.

4. Internationale Verantwortlichkeit Privater

42 Die internationale Verantwortlichkeit von nichtstaatlichen Akteuren – dh Individuen oder nach staatlichem Recht gegründeten juristischen Personen, zB Unternehmen oder NGOs – setzt zweierlei voraus: Zum einen müssen die nichtstaatlichen Akteure unmittelbar nach dem Völkerrecht zu einem bestimmten umweltrechtlich relevanten Tun oder Unterlassen verpflichtet sein, zum anderen darf die fragliche Handlung keinem Staat zugerechnet werden (dann Staatenverantwortlichkeit, s Rn 7). Zu unterscheiden ist zwischen der unmittelbaren völkerrechtlichen Verantwortlichkeit Privater wegen Verletzung international verankerter umweltrechtlicher Pflichten (Rn 43), der zivilrechtlichen Haftung von Betreibern (Rn 45, 54ff) sowie der individuellen Verantwortlichkeit nach Völkerstrafrecht (Rn 44).

43 Auch wenn nichtstaatliche Akteure eine wichtige Rolle bei der Entwicklung des internationalen Umweltrechts spielen, so sind sie doch – anders als Staaten – nicht unmittelbar aus multilateralen Umweltverträgen zu einem bestimmten umweltrelevanten Verhalten oder Unterlassen verpflichtet. Umweltrechtliche Verhaltenspflichten von *transnationalen Unternehmen* (TNC) sind uU in Konzessionsverträgen und anderen Investitionsverträgen (sog *State Contracts*) zwischen den fremden Investoren und ihren Gaststaaten zu finden. Ein Bsp ist der im Jahr 2000 geschlossene Investitionsvertrag zwischen Georgien und Norio Ltd mit folgender Klausel: „In conducting

131 S zB die *local law*-Klauseln in den Truppenstationierungsabkommen der UN, etwa Art IV Section 5 des UNMISS Status of Force Agreement: „UNMISS and its members shall respect all local laws and regulations." Für die NATO-Truppenstationierungsabkommen s die speziellen Umweltschutzverpflichtungen nach Art 54 A und B des Zusatzabkommens zu dem Abkommen zwischen den Parteien des Nordatlantikvertrages über die Rechtsstellung ihrer Truppen hinsichtlich der in der Bundesrepublik Deutschland stationierten ausländischen Truppen v 3.8.1959, die allerdings die Entsendestaaten völkerrechtlich verpflichten, nicht die NATO als Internationale Organisation.

132 ILC, General Commentary on Draft Articles on the Responsibility of International Organizations (DARIO), paras 67, 88. Der Artikelentwurf und die zugehörigen Kommentare der ILC sind abgedr in YbILC 2011-II/2, 1ff und abrufbar unter <http://legal.un.org/ilc/texts/instruments/english/commentaries/9_11_2011.pdf>.

133 UN Doc A/51/389 v 20.11.1996, Report of the Secretary-General, Administrative and Budgetary Aspects of the Financing of the United Nations Peace-keeping Operations, para 13.

134 UN Doc A/RES/52/247 v 17.7.1998, Third Party Liability: Temporal and Financial Losses, para 9.

Petroleum Operations, the Contractor shall operate according to Good Oilfield Practices and use best endeavors to minimize potential disturbances to the environment, including the surface, subsurface, sea, air, flora, fauna, other natural resources and property."[135] Derartige Investitionsverträge samt ihrer Umweltklauseln können von den Vertragsparteien dem internationalen Recht unterstellt werden (Rechtswahl). Das macht die Investitionsverträge allerdings nach vorherrschender Meinung nicht zu internationalen Verträgen iSv Art 2 Abs 1 lit a WVK, da das private Unternehmen nicht die dazu notwendige internationale Vertragsschlussfähigkeit (Art 6 WVK) besitzt. Hat der fremde Investor den Investitionsvertrag verletzt, weil er entgegen der dort festgehaltenen vertraglichen Verpflichtungen seinen Umweltauflagen nicht nachgekommen ist, dann ist er in erster Linie nach dem nationalen Recht des Gaststaats verantwortlich und ggf zivilrechtlich haftbar. Unter Umständen kann das Unternehmen sogar in seinem Heimatstaat oder dem Heimatstaat seines Mutterunternehmens nach dem Recht des Gaststaats für die Umweltschäden zur Verantwortung gezogen werden (sog *Foreign Corporate Liability*). Eine internationale Verantwortung wird dagegen durch die Verletzung des Investitionsvertrags nicht begründet.

44 Auch das *Völkerstrafrecht* ist nicht so weit fortgeschritten, dass es eine individuelle strafrechtliche Verantwortlichkeit wegen Straftaten gegen die Umwelt kennen würde. Allerdings ist nach Art 8 Abs 2 lit b (iv) ICC-Statut das vorsätzliche Führen eines Angriffs in der Kenntnis, dass dieser weitreichende, langfristige und schwere Schäden an der natürlichen Umwelt verursachen wird, die in keinem Verhältnis zu dem insgesamt erwarteten konkreten und unmittelbaren militärischen Vorteil stehen, als Kriegsverbrechen strafbar. Bislang waren NGO-Bestrebungen wenig erfolgreich, die allg Akzeptanz von sog *Crimes against Future Generations* voranzutreiben. Unter diese Verbrechenskategorie sollen Aktivitäten fallen, die ernsthafte Auswirkungen auf Gesundheit, Sicherheit oder das Überleben von Gruppen haben, worunter auch weitreichende, langfristige und schwere Umweltschädigungen fallen würden.[136]

45 Internationale Abkommen über die *zivilrechtliche Haftung von privaten Betreibern* begründen nicht deren unmittelbare internationale Verantwortung für völkerrechtswidrige Umweltverschmutzung, sondern verpflichten Staaten zur Harmonisierung ihrer nationalen Haftungsnormen (unerlaubte Handlung bzw *tort law*) im Falle von bestimmten Umweltschäden.[137]

46 Besonders intensiv wird die internationale Verantwortlichkeit von TNC für Umweltschädigungen diskutiert, oft im Zusammenhang mit Menschenrechtsverletzungen. Ein bekanntes historisches Bsp ist der folgenschwere Chemieunfall 1984 in Bhopal (Indien) durch das Unternehmen Union Carbide India Ltd.[138] Aber auch das zerstörerische Ausbeuten natürlicher Ressourcen in Entwicklungsländern wird TNC vorgeworfen.[139] Angesichts der evidenten Gefährdungslage ist die Bilanz einer umweltrechtlichen Verpflichtung von TNC aus dem Völkerrecht ernüchternd. Bislang setzt die internationale Staatengemeinschaft auf rechtlich unverbindliche Verhaltensregeln, wie zB den UN Global Compact, und damit auf die gesellschaftliche Verantwortung der TNC.

---

135 Zit nach *Tienhaara*, Foreign Investment Contracts: Unexplored Mechanisms of Environmental Governance, Climate and Environmental Governance, Working Paper No 3, 2009, 10.

136 Vgl *Jodoin*, Crimes against Future Generations, WFC&CISDL Legal Working Paper v 15.8.2010, abrufbar unter <www.worldfuturecouncil.org/fileadmin/user_upload/Maja/Legal_Working_Paper_on_Crimes_against_Future_Generations.pdf>.

137 *Boyle*, Globalising Environmental Liability: The Interplay of National and International Law, JEL 17 (2005) 3 (6).

138 *Joseph*, Liability of Multinational Corporations, in Langford (Hrsg), Social Rights Jurisprudence: Emerging Trends in International and Comparative Law, 2009, 613 f.

139 UN Doc S/2002/1146 v 16.10.2002, Final Report of the Panel of Experts on the Illegal Exploitation of Natural Resources and Other Forms of Wealth of the Democratic Republic of the Congo, § 22 und Anhang III; UN Doc S/2003/1027 v 23.10.2003, Letter dated 15 October 2003 from the Chairman of the Panel of Experts on the Illegal Exploitation of Natural Resources and Other Forms of Wealth of the Democratic Republic of the Congo addressed to the Secretary-General, §§ 9–12.

II. Haftung für Umweltschäden

1. Abgrenzung: Staatenverantwortlichkeit, Staatenhaftung und zivilrechtliche Haftung

47 Wie bereits dargestellt (Rn 3), setzen die Regeln der Staatenverantwortlichkeit voraus, dass ein Staat einen völkerrechtswidrigen Akt gesetzt hat, aus dem dessen internationale Verantwortlichkeit resultiert (Art 1 ASR). Von der *Haftung* eines Staats wird dagegen gesprochen, wenn der Staat international rechtmäßig gehandelt hat, aber gleichwohl ein wiedergutmachungsbedürftiger (Umwelt-)Schaden entstanden ist. Dieser Schaden kann durch den Staat als Betreiber einer gefährlichen Anlage etc direkt verursacht worden sein (sog *Betreiberhaftung*), oder aber iSd *Trail Smelter*-Falls von privaten Betreibern, die unter der Herrschaftsgewalt des Staats stehen (sog *Herkunftsstaat*). Im letzten Fall kann nur dann von Staatenhaftung gesprochen werden, wenn der Herkunftsstaat zwar die notwendige gesetzgeberische und administrative Sorgfalt hat walten lassen, um grenzüberschreitende Schäden zu verhindern, diese aber gleichwohl eingetreten sind. Aufgrund der gewahrten Sorgfalt ist der Herkunftsstaat nicht völkerrechtlich verantwortlich, was aber seine Haftung nicht *per se* ausschließt (Rn 50). Hat der Staat den grenzüberschreitenden Umweltschaden selbst als Betreiber verursacht, dann ist seine Haftung die Ausprägung des Verursacherprinzips (*polluter pays principle*), das erstmalig 1972 von der OECD proklamiert wurde und als Prinzip 16 Eingang in die Rio Deklaration v 1992[140] gefunden hat.

48 Von der internationalen Staatenhaftung ist die *„zivilrechtliche" Haftung* des schadensverursachenden staatlichen oder privaten Betreibers zu unterscheiden (Rn 54). Sowohl die Staatenhaftung als auch die zivilrechtliche Betreiberhaftung finden ihren Rechtsgrund in völkerrechtlichen Primärnormen.[141] Der wesentliche Unterschied aber liegt darin, dass die zivilrechtliche Haftung auf der Ebene des nationalen Rechts um- und durchgesetzt wird, während die Staatenhaftung eine ausschließlich internationale Rechtsbeziehung zwischen Staaten begründet.

49 Ab 1977 widmete sich die ILC der Haftung bei rechtmäßigem Verhalten, ließ die Arbeit aber 1992 wegen krit Rezeption vorübergehend ruhen. Erst 2006 beschloss die ILC die *Draft Principles on the Allocation of Loss in Case of Transboundary Harm Arising out of Hazardous Activities* (DPAL).[142] Sie thematisieren im Wesentlichen die Betreiberhaftung, die der Staat sicherstellen muss, unter dessen Herrschaftsgewalt der private oder staatliche Betreiber operiert (Herkunftsstaat). Der Herkunftsstaat muss das Haftungsregime verschuldensunabhängig als Gefährdungshaftung ausgestalten (Prinzip 4 Nr 2). Haftungsbeschränkungen dürfen nicht der Pflicht zur sofortigen und adäquaten Entschädigung der Opfer zuwiderlaufen (Prinzip 3 und 4). Die ILC Draft Principles sind so vage gehalten, dass ihr künftiger Einfluss auf die Staatenpraxis bezweifelt werden muss. Dass sie derzeit kein geltendes Völkergewohnheitsrecht widerspiegeln, hat auch jüngst der ISGH in seinem Tiefseeboden-Gutachten betont.[143]

---

140 Report of the United Nations Conference on Environment and Development, Rio de Janeiro, 3.–14.7.1992.

141 ILC, Commentary on Principle 1 of the Draft Principles on the Allocation of Loss in the Case of Transboundary Harm Arising Out of Hazardous Activities (DPAL), paras 6, 118. Der Grundsätzeentwurf und die zugehörigen Kommentare der ILC sind abgedr in YbILC 2006-II/2, 110 ff und abrufbar unter <http://legal.un.org/ilc/texts/instruments/english//9_10_2006.pdf>.

142 Der ILC-Entwuf zu DPAL v 2006 komplettiert den ILC-Entwurf zu DAPTH (Fn 30), dh erst wenn der Staat die in DAPTH festgeschriebenen Vorsorgeregeln beachtet, also rechtmäßig gehandelt hat, stellt sich die Frage nach der Haftung im Sinne der DPAL-Prinzipien.

143 *Obligations and Responsibilities*, § 206.

2. Haftung des Herkunftsstaats

50 Hat der Herkunftsstaat, von dem eine grenzüberschreitende Umweltschädigung ausgeht, seine Sorgfaltspflichten (*due diligence*) eingehalten, ist er also nicht völkerrechtlich verantwortlich, droht die Situation, dass der territorial betroffene Staat (bzw seine Einwohner) die gesamte Last des Umweltschadens zu tragen hat. Aus dem Blickwinkel der Risikoverteilung stellt sich deshalb die Frage, ob der Herkunftsstaat, der ja das umweltgefährdende Verhalten zugelassen hat, für den Schaden im Nachbarstaat haftet. Dass Staaten diesem Gedanken nicht unbedingt positiv gegenüberstehen, zeigen die vielen Verträge, die explizit eine Haftung des Herkunftsstaats ausschließen. Ein prominentes Bsp ist das SRÜ im Bereich der Tiefseebodennutzung, das in Art 139 SRÜ regelt, dass der Staat, der den Vertragsnehmer (*contractor*) unterstützt (*sponsoring state*), nicht haftet, wenn er seine Sorgfaltspflichten im Rahmen des Teil IX SRÜ eingehalten hat.[144] Wie der ISGH in seinem Gutachten feststellte, ist der unterstützende Vertragsstaat auch nicht subsidiär nach dem SRÜ bzw nach allg Völkerrecht für den Schaden am Tiefseeboden haftbar, wenn der zivilrechtlich haftende Vertragsnehmer (Rn 34) wegen Insolvenz ausfällt.[145] In gleicher Weise zurückhaltend ist die *Convention on Long-Range Transboundary Air Pollution* v 1979, die in einer Fn zu Art 9, die Teil des Vertrags ist, eine internationale Haftung der Staaten ausschließt. Das gleiche gilt für Anlage VI USP, das im Falle seines Inkrafttretens in Art 10 eine Haftung des Herkunftsstaats ausschließt, wenn dieser seine Sorgfaltspflichten gegenüber dem Betreiber eingehalten hat. Der explizite Ausschluss einer Herkunftsstaatshaftung dient dazu, eine etwaige Lückenfüllung durch völkergewohnheitsrechtliche Haftungstatbestände von vornherein auszuschließen. Diese Prophylaxe läuft derzeit noch ins Leere, da das Völkergewohnheitsrecht bislang keine Normen der Herkunftsstaatshaftung entwickelt hat, wie der ISGH in seinem Gutachten zum Tiefseebodenregime überzeugend hervorgehoben hat.[146]

51 Eines der wenigen Vertragsregime, das eine internationale Haftung des Herkunftsstaats kennt, ist der Weltraumvertrag v 1967. Er bestimmt in Art VII, dass die Vertragsstaaten, von deren Hoheitsgebieten oder Anlagen ein Weltraumobjekt startet, für den Schaden völkerrechtlich haften, der anderen Staaten oder deren natürlichen oder juristischen Personen durch das Objekt zufügt wird. Die Norm ist so rudimentär gehalten, dass sie genügend Raum für eine Reihe von Streitfragen lässt.[147] Zumindest nach ihrem Wortlaut muss der geschädigte Staat ein Verschulden bei der Schadensverursachung nicht nachweisen (Gefährdungshaftung). Anspruchsberechtigt sind nur Staaten, nicht private Geschädigte.[148]

3. Internationale Haftung des Staats als Verursacher (Betreiber)

52 Das *Weltraumrecht* ist auch Schulbuchbsp für die vertragliche Festschreibung einer internationalen Staatenhaftung, die an der *Betreibereigenschaft* des Staats ansetzt. Der Weltraumhaftungsvertrag v 1972 bestimmt in Art II, dass der Staat, der ein Weltraumobjekt startet (sog Startstaat), ohne Befreiungsmöglichkeit absolut für alle Schäden, die das Objekt auf der Erdoberfläche oder an Flugzeugen verursacht, haftet. Werden die Schäden nicht auf der Erde verursacht, sondern im

---

144 Im Gegensatz dazu enthält die CLRTAP v 1979 keinen klassischen Haftungsausschluss, wenn es in Fn 1 zu Art 8 heißt „Dieses Übereinkommen enthält keine Bestimmungen für die Haftung der Staaten im Zusammenhang mit Schäden". Dadurch ist die Anwendung möglicher völkergewohnheitsrechtlicher Haftungsregeln, die explizit als Bestandteil des Vertrags deklariert sind, nicht *per se* ausgeschlossen.

145 *Obligations and Responsibilities*, § 204.

146 Ebd, § 209.

147 S zB *Wins*, Weltraumhaftung, 164; *Akehurst*, International Liability for Injurious Consequences Arising out of Acts not Prohibited by International Law, NYIL 16 (1985) 3 ff.

148 *Wins*, Weltraumhaftung, 59 f.

Orbit oder Luftraum an anderen Weltraumobjekten bzw deren Fahrern, so ist der Startstaat nur bei einer schuldhaften Schadensverursachung haftbar (Art III). Die Staatenhaftung nach dem Weltraumhaftungsvertrag hatte bislang nur einen Anwendungsfall: Der mit einem Kernreaktor ausgerüstete sowjetische Meeresbeobachtungssatellit Cosmos 954 hatte 1978 durch seinen Absturz auf kanadischem Territorium erheblichen Schaden verursacht. Neben Art II Weltraumhaftungsvertrag hatte Kanada als Anspruchsgrundlage für seine Schadensersatzforderung Art VII WRV in Bezug genommen, dessen internationaler Haftungsanspruch nicht nur an die Eigenschaft als Herkunftsstaat anknüpft (s Rn 49), sondern auch an die staatliche Betreibereigenschaft.[149] Kanada und die Sowjetunion einigten sich auf eine Schadensersatzzahlung von 3 Mio kanadischen Dollar, ohne dass die konkrete Anspruchsgrundlage aus der vertraglich fixierten Einigung hervorgeht.

53 Ein weiteres Bsp für die vertraglich vorgesehene Haftung des Staats als Schadensverursacher ist Anlage VI USP. Dieser bestimmt in Art 6, dass die Vertragsstaaten haften, die durch ihre Aktivitäten – zB durch Kriegsschiffe oder auch kommerzielle Aktivitäten – Umweltkatastrophe in der Antarktis verursacht haben. Zu ersetzen wären – sollte die Anlage VI in Kraft treten – die Kosten, die dem eingreifenden Staat durch seine Notfallmaßnahme entstanden sind. Hat kein Vertragsstaat derartige Notfallmaßnahmen ergriffen, muss der schadensverursachende Staat in einen Fonds einzahlen. Die Haftung trifft den Staat als Schadensverursacher (Betreiberhaftung), ohne dass es auf ein Verschulden ankommt. Es handelt sich um einen Fall der Gefährdungshaftung (Art VI Abs 3: *strict liability*), die im Gegensatz zur absoluten Haftung Haftungsfreistellungen und -begrenzungen kennt (Art 8 und 9, s u Rn 55).

4. Zivilrechtliche Haftung des Betreibers für Umweltschäden

a) Allgemeines

54 Während Staaten sich regelmäßig schwer tun, auf internationaler Ebene ihre Haftung als Schadensverursacher oder aber als Herkunftsstaat zu akzeptieren, gibt es sehr viele Ansätze, durch völkerrechtliche Verträge die zivilrechtliche Betreiberhaftung zu regeln. Allerdings ist auch hier zu konstatieren, dass die Bereitschaft der Staaten, solche Verträge nicht nur zu erarbeiten, sondern auch zu ratifizieren, unterentwickelt ist. Sinn und Zweck der internationalen Entwicklung zivilrechtlicher Haftungsregime ist es, die Umwelthaftungsregeln der nationalen Rechtsordnungen auf einen gewissen gemeinsamen Standard zu bringen und zu harmonisieren, sowie die nationale Durchsetzbarkeit der Ansprüche sicherzustellen. Es gibt eine Vielzahl an international vereinbarten zivilrechtlichen Haftungsregimen, die nach dem Verursacherprinzip (Rn 46) das Risiko bei Umweltschäden demjenigen aufbürden, der sie verursacht hat bzw der der Gefahrenquelle durch die Eigentumsordnung besonders nahe steht. Die Betreiberhaftung wird bspw bei schweren Industrieunfällen, grenzüberschreitenden Abfallentsorgungen und Verunreinigungen von internationalen Binnengewässern, bei denen der Verursacher klar identifiziert werden kann, relevant. Grundsätzlich ist es irrelevant, ob der Verursacher ein staatlicher oder ein privater Akteur ist. Die meisten Verträge sprechen neutral von Betreiber (*operator*) oder Eigentümer (*owner*) oder auch, speziell im SRÜ, von Vertragsnehmer (*contractor*).

55 Anknüpfend an das vorwerfbare Verhalten lassen sich die existierenden völkerrechtlichen Haftungsregime in drei Typen unterteilen: Solche, die einen Vorsatz oder Fahrlässigkeit fordern (Verschuldenshaftung), und solche, die einen derartigen Nachweis nicht verlangen, wobei hier zwischen der Gefährdungshaftung mit Befreiungsmöglichkeit (*strict liability*) und ohne Befreiungsmöglichkeit (*absolute liability*) unterschieden wird. Die absolute Haftung des Betreibers

---

149 *Cosmos*, § 20.

wird nur in Ausnahmefällen bei hochgefährlichen Aktivitäten vorgesehen. Anknüpfungspunkt aller Haftungsregime sind Aktivitäten oder Substanzen, die ein besonderes Risiko von grenzüberschreitenden Umweltschäden bzw Schäden an gemeinsamen Umweltgütern (zB der Hohen See) in sich bergen, zB der Schiffstransport von Erdöl, nukleare Energiegewinnung, Verbringung gefährlicher Abfälle etc.

56 Alle zivilrechtlichen Haftungsregime thematisieren (1) ihren sachlichen Anwendungsbereich, dh welche Aktivitäten und Substanzen von dem Abkommen erfasst sind, (2) ihren persönlichen Anwendungsbereich, dh welche Personen zivilrechtlich haften, (3) Fragen der Vorwerfbarkeit des Verhaltens, gewöhnlich Gefährdungshaftung, (4) Gründe für eine Haftungsbefreiung, (5) die Definition des ersetzbaren Personen-, Sach- und/oder Umweltschadens, (6) eine Deckelung der Haftungssumme, (7) Sicherheiten und Fonds, (8) die Zuständigkeit nationaler Gerichte sowie (9) die grenzüberschreitende Anerkennung und Vollstreckung der Urteile.

b) Allgemeines zivilrechtliches Umwelthaftungsregime: Lugano Übereinkommen

57 Der Europarat hat 1993 das Europäische Übereinkommen über die zivilrechtliche Haftung für Schäden durch umweltgefährdende Tätigkeiten (Lugano Übereinkommen) beschlossen. Das Übereinkommen hat einen breiten persönlichen (staatliche oder nicht-staatliche Betreiber) und sachlichen Anwendungsbereich: Das Herstellen, Behandeln, Lagern, Benutzen oder Einleiten von gefährlichen Stoffen, genetisch veränderten Organismen oder Mikroorganismen, sowie das Verbringen von Abfällen fällt unter das Abkommen, ohne dass diese Aufzählung abschließend sein soll.[150] Der ersetzbare Schaden umfasst neben Personen- und Sachschäden auch reine Umweltschäden, die sich in den Kosten der tatsächlich ergriffenen oder noch zu ergreifenden Wiederherstellungsmaßnahmen manifestieren (vgl Art 2 Ziff 7). Das Übereinkommen geht von einer Gefährdungshaftung des Betreibers mit Befreiungsmöglichkeit aus, wobei Voraussetzung der Haftung die Kontrolle des Betreibers über die schadensverursachende Aktivität ist (vgl Art 6). Das Lugano Übereinkommen soll zur Anwendung kommen, wenn das schadensverursachende Ereignis im Hoheitsgebiet eines Vertragsstaats gesetzt wird, und zwar unabhängig davon, wo der Schaden eintritt (Art 3). So weitreichend das zivilrechtliche Haftungsregime von Lugano ist, so wenig besteht die Aussicht, dass es jemals in Kraft treten wird. Mit Stand 1.3.2017 liegt noch keine einzige Ratifikation vor.

c) Industrieunfälle an grenzüberschreitenden Gewässern

58 Am 30.1.2000 ereignete sich im rumänischen *Baia Mare* in einer Absetzanlage für metallurgische Abfälle ein Dammbruch, der aufgrund der Freisetzung von Natriumcyanid und Schwermetallen zu einer schweren Umweltkatastrophe führte. Dieser Industrieunfall, der keineswegs ein Einzelfall ist, führte zur Erarbeitung des *Protocol on Civil Liability and Compensation for Damage caused by Transboundary Water* v 2003 durch die United Nations Economic Commission for Europe (UNECE), das allerdings bis heute (Stand 1.3.2017), bei nur einer Ratifizierung, nicht in Kraft getreten ist.

d) Grenzüberschreitende Abfallverbringung

59 Im Bereich der Verbringung toxischer Abfälle wurde 1999 das *Protocol on Liability and Compensation for Damage Resulting from Transboundary Movements of Hazardous Wastes and their Disposal* verabschiedet (sog Basler Haftungsprotokoll). Es ist bei 11 von 20 notwendigen Ratifika-

---

150 Nicht jedoch nukleare Stoffe (Art 4 Lugano Convention).

tionen noch nicht in Kraft getreten. Das Protokoll wird, sein Inkrafttreten vorausgesetzt, nicht nur die zivilrechtliche Haftung bei Unfällen mit gefährlichen Abfällen regeln, sondern auch die illegale Abfallverbringung, von der vor allem afrikanische Staaten betroffen sind. So hatte 1987 die illegale Einfuhr von 2.900 m^3 hochtoxischem Abfall nach Nigeria durch italienische Firmen diplomatische Verstimmungen zur Folge (Rn 30) und bewirkte letztlich die Verabschiedung der *Bamako Convention on the Ban on the Import into Africa and the Control of Transboundary Movement and Management of Hazardous Wastes within Africa* v 1991, die für 25 afrikanische Staaten in Kraft getreten ist. Das Abkommen verpflichtet die Staaten, eine verschuldensunabhängige Haftung für Schäden durch Müllverbringung in ihren nationalen Rechtsordnungen vorzusehen (vgl Art 4 Ziff 3 lit b). Das in Aussicht gestellte Haftungsprotokoll (Art 12) zur Harmonisierung der nationalen Haftungsregeln ist noch in der Verhandlungsphase.

e) Atomenergie

60 Die offenkundige Gefährlichkeit von Atomenergie, die sich folgenschwer 1986 im Reaktorunfall von Tschernobyl und 2011 in der Nuklearkatastrophe von Fukushima manifestiert hat, führte schon früh zu zwei internationalen Haftungsregimen. Das europäische Haftungsregime mit dem *Pariser Atomhaftungsabkommen* v 1960 und dem akzessorischen *Brüsseler Zusatzübereinkommen* v 1963 wurde unter der Ägide der OECD ausgearbeitet und vor allem von westeuropäischen Staaten ratifiziert. Das unter der Schirmherrschaft der IAEA stehende *Wiener Atomhaftungsübereinkommen* v 1963[151] ist ein universeller Vertrag, dem aber die Vertragsparteien des Pariser Abkommens ferngeblieben sind. Nach Tschernobyl wurden beide Haftungsregime durch ein Gemeinsames Protokoll v 1988[152] miteinander verbunden, mit dem Ziel eines verbesserten Opferschutzes und einer internationalen Rechtsvereinheitlichung.[153] Die Vertragspartner des gemeinsamen Protokolls werden behandelt, als hätten sie beide Verträge abgeschlossen, das Pariser und das Wiener Atomhaftungsübereinkommen.

61 Beide Haftungsregime zeichnen sich dadurch aus, dass die Haftung nur den Inhaber der Kernanlage trifft (sog Haftungskanalisierung), der ausschließlich nach Maßgabe der Abkommen verschuldensunabhängig haftet (Gefährdungshaftung). Damit ist eine zusätzliche Haftung nach den allg Deliktsvorschriften, zB nach § 823 BGB, ausgeschlossen. Der Anlageninhaber ist nur in Ausnahmefällen, wie bewaffneten Konflikten oder schweren Naturkatastrophen, von der Haftung befreit (*strict liability*,[154] vgl Art 9 Pariser Übereinkommen, Art IV Wiener Übereinkommen). Die Haftung ist zeitlich sowie der Höhe nach limitiert. Soweit der Inhaber bzw sein Versicherer nicht in der Lage ist, Schadensersatz in der erforderlichen Höhe zu leisten, muss der Staat eintreten, auf dessen Territorium das Schadensereignis eingetreten ist. Dessen Gerichte sind zudem ausschließlich zuständig, über die Ersatzansprüche gegen den Anlageninhaber oder seinen Versicherer zu entscheiden. Durch das Zusatzprotokoll v 1997 berücksichtigt das Wiener Haftungsübereinkommen neben Personen- und Sachschäden auch erhebliche Umweltschäden. Der Kreis der ersetzbaren Schäden würde auch im Rahmen des Pariser Atomhaftungsübereinkommens auf Umweltschäden ausgedehnt werden, wenn dessen Zusatzprotokoll v 2004 in Kraft träte.

---

151 Das Übereinkommen zur Bereitstellung zusätzlicher Entschädigungsmittel (Convention on Supplementary Compensation for Nuclear Damage) v 12.9.1997, das ein eigenständiges Abkommen ist und damit auch Nichtvertragsstaaten des Wiener Abkommens offen steht, ist am 15.4.2015 in Kraft getreten.

152 Joint Protocol Relating to the Application of the Vienna Convention and the Paris Convention.

153 *Fillbrandt*, Internationales Atomhaftungsrecht, NVwZ 2011, 527.

154 Trotz der Haftungsausnahmen wird die Haftung in der Lit oft als absolut bezeichnet, was iSd hier verwendeten Terminologie (s Rn 2) ungenau ist, vgl *Sands/Peel*, Principles, 742.

f) Ölverschmutzung

62 Auch im Bereich der Meeresverschmutzung haben verheerende Umweltkatastrophen – angefangen mit dem *Torrey Canyon*-Unglück v 1967 – zur Einführung bzw Verbesserung von Haftungsregimen geführt, die sich speziell der zivilrechtlichen Schadensregulierung bei Ölverschmutzungen widmen. Drei Haftungsabkommen wurden unter der Schirmherrschaft der IMO erarbeitet und sind in Kraft: das Brüsseler Übereinkommen über die zivilrechtliche Haftung für Ölverschmutzungsschäden v 1969, nach mehreren Ölkatastrophen wesentlich erweitert durch das Protokoll v 1992 (1992 Ölhaftungsabkommen), sowie das Übereinkommen über die zivilrechtliche Haftung für Verschmutzungsschäden durch Öl aus Treibstofftanks v 2001. Nach allen Übereinkommen ist der Schiffseigner verschuldensunabhängig haftbar für Schäden durch Ölaustritt, es sei denn, der Austritt wurde durch Krieg, außergewöhnliche Naturphänomene, Sabotageakte oder ausschließlich durch Behördenversagen verursacht (*strict liability*).[155] Der Schadensersatz für Umweltschäden ist limitiert auf „angemessene Instandsetzungsmaßnahmen".[156] Der Schiffseigner ist verpflichtet, eine Versicherung abzuschließen, kann aber seine Haftung je nach Raumgehalt des Schiffs (Tonnage) limitieren.[157] Für die gerichtliche Geltendmachung der Ansprüche ist das Gericht des Staats zuständig, in dem der Schaden eingetreten ist oder die notwendigen Präventivmaßnahmen vorgenommen worden sind.[158]

63 Die Ölhaftungsübereinkommen v 1969/1992 stehen in einem engen Zusammenhang mit dem IMO-Übereinkommen über die Errichtung eines internationalen Fonds zur Kompensation von Ölverschmutzungsschäden (sog *IOPC Fonds*). Im Rahmen des 1969 Ölhaftungsübereinkommens wurde 1971 ein internationales Übereinkommen zur Errichtung eines Entschädigungsfonds abgeschlossen; der 1971 eingerichtete Fonds hat heute nur untergeordnete Bedeutung, da die meisten Vertragsparteien des 1969 Ölhaftungsübereinkommens dem nachfolgenden 1992 Ölhaftungsübereinkommen beigetreten sind. Alle Vertragsstaaten des 1992 Ölhaftungsübereinkommens sind zugleich Vertragspartien des 1992 Fonds,[159] während nur einige wenige Vertragsstaaten dem 2003 Ergänzungsfonds[160] beigetreten sind, der nur greift, wenn die Mittel des 1992 Fonds nicht ausreichen. Die Fonds sollen sicherstellen, dass genügend Finanzmittel zur Verfügung stehen, um die Opfer einer Ölkatastrophe zu entschädigen, wenn die Entschädigung nach dem 1969 bzw 1992 Ölhaftungsübereinkommen ausfällt oder inadäquat ist. Sie werden gespeist durch Pflichtbeiträge der Schiffseigner. Alle drei Fonds haben ihre jeweils eigenen Organe – eine Versammlung der Vertragsstaaten, ein Sekretariat und einen Verwaltungsausschuss (*Executive Committee*) – und sind völkerrechtlich als drei getrennte I. O. zu betrachten, auch wenn sie nach außen als IOPC Fonds auftreten. Die drei Fonds haben Rechtspersönlichkeit in den Rechtsordnungen ihrer jeweiligen Vertragsstaaten, dh sie können klagen und verklagt werden. Seit ihrer Errichtung sind der 1971 Fonds und der 1993 Fonds insgesamt mit Schadensersatzansprüchen aus 147 Ölverschmutzungsfällen konfrontiert worden; alle Streitfälle wurden außergerichtlich beigelegt. Die entsprechende Praxis der Fonds wird im 8. Abschn dieses Lehrbuchs näher behandelt.

64 Bislang nicht in Kraft getreten sind das Internationale Übereinkommen über die Haftung für den Transport gefährlicher und giftiger Substanzen auf See v 1996 und das Übereinkommen über die zivilrechtliche Haftung für Ölverschmutzungsschäden durch Erforschung und Ausbeutung des Meeresbodens v 1977.

---

155 Vgl Art 3 Ölhaftungsübereinkommen 1992 und Art 3 Bunkerölkonvention.

156 Art I Abs 6 lit a Ölhaftungsübereinkommen 1992 und Art I Abs 9 lit a Bunkerölkonvention.

157 Art 5 Ölhaftungsübereinkommen 1992 und Art 5 Bunkerölkonvention.

158 Art 9 Ölhaftungsübereinkommen 1992 und Art 9 Bunkerölkonvention.

159 Vgl Protokoll v 1992 zum Internationalen Übereinkommen von 1971 über die Errichtung eines internationalen Fonds zur Entschädigung von Ölverschmutzungsschäden v 27.11.1992.

160 Protokoll v 2003 zum Internationalen Übereinkommen v 1992 über die Errichtung eines Internationalen Fonds zur Entschädigung für Ölverschmutzungsschäden.

Achter Abschnitt

Kirsten Schmalenbach

Friedliche Streitbeilegung

Gliederung

Literatur

Beyerlin, Ulrich/Stoll, Peter-Tobias/Wolfrum, Rüdiger (Hrsg), Ensuring Compliance with Multilateral Environmental Agreements. A Dialogue between Practitioners and Academia, 2006 [Ensuring Compliance]

Fitzmaurice, Malgosia/Ong, David M./Panos, Merkouris, (Hrsg) Research Handbook on Environmental Law, 2010 [Research Handbook]

Merrills, J.G., International Dispute Settlement, 2011

Ndiaye, Tafsir Malick/Wolfrum, Rüdiger (Hrsg), Law of the Sea, Environmental Law and Settlement of Disputes: Liber Amicorum Judge Thomas A. Mensah, 2007 [FS Mensah]

Ohlhoff, Stefan, Methoden der Konfliktbewältigung bei grenzüberschreitenden Umweltproblemen im Wandel, 2003 [*Ohlhoff*, Konfliktbewältigung]

Omura, Robert K., Chasing Hamlet's Ghost: State Responsibility and the Use of Countermeasures to Compel Compliance with Multilateral Environmental Agreements, Appeal 15 (2010) 86 [*Omura*, Compliance]

DOI 10.1515/9783110248296-008

Payne, Cymie R./Sand, Peter H. (Hrsg), Gulf War Reparation and the UN Compensation Commission, 2011 [*Payne/Sand*, Gulf War Reparation]

Riddell, Anna/Plant, Brendan, Evidence before the International Court of Justice, 2009 [*Riddell/Plant*, Evidence]

Sands, Philippe/MacKenzie, Ruth, Guidelines for Negotiating and Drafting Dispute Settlement Clauses for International Environmental Agreements, 2001 [*Sands/MacKenzie*, Guidelines]

Treves, Tullio/Tanzi, Attila/Pineschi, Laura/Pitea, Cesare/Ragni, Chiara/Romanin Jacur, Francesca (Hrsg), Non-Compliance Procedures and Mechanisms and the Effectiveness of International Environmental Agreements, 2009 [Treves et al, Effectiveness]

Verträge

Treaty between the USA and Great Britain Relating to Boundary Waters, and Questions Arising between the USA and Canada v 11.1.1909 (AJIL 4 [1910] Suppl, 239) [Boundary Waters Treaty] — 26

Charta der Vereinten Nationen v 26.6.1945 (BGBl 1973 II, 431); zuletzt geänd durch Bek v 28.8.1980 (BGBl 1980 II, 1252) [UN-Charta] — , 19, 21, 27, 30–32

Statut des Internationalen Gerichtshofs v 26.6.1945 (BGBl 1973 II, 505; 33 UNTS 993) [IGH-Statut] — 2, 3, 30–32, 51, 74, 76, 77

International Convention for the Regulation of Whaling v 2.12.1946 (BGBl 1982 II, 559) [Whaling Convention] — 4, 8, 11

United Nations Headquarters Agreement v 26.6.1947 (11 UNTS 11) [UN Headquarters Agreement] — 32, 51

Europäisches Streitbeilegungsübereinkommen v 29.4.1957 (BGBl 1961 II, 82) — 30

Agreement between the Government of the Union of Soviet Socialist Republics, the Government of Norway and the Government of Finland Concerning the Regulation of Lake Inari by Means of the Kaitakoski Hydor-Electric Power Station and Dam v 29.4.1959 (346 UNTS 167) [Lake Inari Agreement] — 24

Antarktis Vertrag v 1.12.1959 (BGBl 1978 II, 1517) [AV] — 29

Single Convention on Narcotic Drugs v 30.3.1961 (520 UNTS 204) — 4

Wiener Übereinkommen über das Recht der Verträge v 23.5.1969 (BGBl 1985 II, 927) [WVK] — 7, 8, 16, 23

Convention on International Trade in Endangered Species of Wild Fauna and Flora v 3.3.1973 (BGBl 1975 II, 773) [CITES] — 8, 11, 14, 20, 41

Nordic Convention on the Protection of the Environment v 19.2.1974 (ILM 13 [1974] 511) — 66

Helsinki Convention on the Protection of the Marine Environment of the Baltic Sea Area v 22.3.1974 (1507 UNTS 167) — 27

Convention on the Conservation of Migratory Species of Wild Animals v 19.9.1979 (BGBl 1984 II, 618) [CMS] — 20, 41

Geneva Convention on Long Range Transboundary Air Pollution v 13.11.1979 (BGBl 1982 II, 373) [CLRTAP] — 12

Bern Convention on the Conservation of European Wildlife and Natural Habitats v 19.11.1979 (1284 UNTS 209) [Bern Convention] — 20, 27, 42

Übereinkommen zur Regelung der Tätigkeiten von Staaten auf dem Mond und anderen Himmelskörpern des Sonnensystems v 5.12.1979 (ILM 18 [1979] 1434) [Mondvertrag] — 27

Convention on the Physical Protection of Nuclear Material v 3.3.1980 (1456 UNTS 101) — 42

United Nations Convention on the Law of Sea v 10.12.1982 (BGBl 1994 II, 1799) [SRÜ] — 3, 21, 26, 28, 29, 33–37, 39, 42, 44, 50, 58, 77

Vienna Convention for the Protection of the Ozone Layer v 22.3.1985 (BGBl 1988 II, 901) [Vienna Convention] — 20, 23, 27

Montreal Protocol on Substances that Deplete the Ozone Layer v 16.9.1987 (BGBl 1988 II, 1014; letzte Änd in BGBl 1999 II, 2183) [Montrealer Protokoll] — 7–10, 12–14, 16, 17, 27

Basel Convention on the Control of Transboundary Movements of Hazardous Wastes and their Disposal v 22.3.1989 (BGBl 1994 II, 2703) [Basel Convention] — 8, 9, 11, 20

Model Status-of-Forces Agreement for Peace-Keeping Operations v 1990 (UN Doc A/45/594 [1990]) [Model Status-of-Forces Agreement] — 52

Convention on Environmental Impact Assessment in a Transboundary Context v 25.2.1991 (BGBl 2002 II, 1406) [Espoo Convention] — 8, 26

United Nations Framework Convention on Climate Change v 9.5.1992 (BGBl 1993 II, 1783) [UNFCCC] — 10, 11, 13

Internationales Übereinkommen über die zivilrechtliche Haftung für Ölverschmutzungsschäden v 1992 (BGBl 2002 II, 943) [Ölhaftungsübereinkommen] — 65, 67

Convention on the Transboundary Effects of Industrial Accidents v 17.3.1992 (BGBl 1998 II, 1528) — 20, 26
Protocol on Civil Liability and Compensation for Damage Caused by the Transboundary Effects of Industrial Accidents on Transboundary Waters to the 1992 Convention on the Protection and Use of Transboundary Watercourses and International Lakes and to the 1992 Convention on the Transboundary Effects of Industrial Accidents (Protocol on Civil Liability and Compensation) — 18, 65
Convention on Biological Diversity v 5.6.1992 (BGBl 1994 II, 60) [CBD] — 8, 20, 27, 38
Paris Convention on the Protection of the Marine Environment of the North-East Atlantic v 22.9.1992 (BGBl 1994 II, 1360) [OSPAR Convention] — 8, 39
North-American Agreement on Environmental Cooperation v 14.9.1993 (<http://www.cec.org/sites/default/files/naaec.pdf>) — 60
United Nations Convention to Combat Desertification in Countries Experiencing Serious Drought and/or Desertification, Particularly in Africa v 17.6.1994 (1954 UNTS 3) [UNCCD] — 20
Energy Charter Treaty v 17.10.1994 (2080 UNTS 95) [Energy Charter Treaty] — 57
Agreement for the Implementation of the Provisions of the United Nations Convention on the Law of the Sea of 10 December 1992 relating to the Convention on the Conversation and Management of Straddling Fish Stocks and Highly Migratory Fish Stocks v 4.12.1995 (BGBl 2000 II, 1023) [Fish Stocks Agreement] — 35
Treaty on Sharing of the Ganges Waters at Farakka v 2.12.1996 (ILM 36 [1997] 519) [Ganges Treaty] — 24
Protocol to the Convention on the Prevention of Marine Pollution by Dumping Wastes and Other Matter v 7.11.1996 (ILM 36 [1997] 7) [London Protocol] — 35
United Nations Convention on the Law of the Non-Navigational Uses of International Watercourses v 21.5.1997 (BGBl 2006 II, 743) [UNWC] — 29
Convention on Supplementary Compensation for Nuclear Damage v 12.9.1997 (ILM 36 [1997] 1473) — 65
Kyoto Protocol to the United Nations Framework Convention on Climate Change v 10.12.1997 (2303 UNTS 148) [Kyoto Protocol] — 8–11, 15, 37
Convention on the Access to Information, Public Participation in Decision-Making and Access to Justice in Environmental Matters v 25.6.1998 (ILM 38 [1999] 517) [Aarhus Convention] — 12, 38, 53–55
Rotterdam Convention on the Prior Informed Consent Procedure for Certain Hazardous Chemicals and Pesticides in International Trade v 10.9.1998 (ILM 38 [1999] 1) idF v 2015 (<http://www.pic.int/TheConvention/Overview/TextoftheConvention/tabid/1048/language/en-US/Default.aspx>) [Rotterdam Convention] — 20
Cartagena Protocol on Biosafety to the Convention on Biological Diversity v 29.1.2000 (ILM 39 [2002] 1027) [Cartagena Protocol] — 8, 14, 20, 38, 50
Convention on the Conservation and Management of Highly Migratory Fish Stocks in the Western and Central Pacific v 5.9.2000 (ILM 40 [2001] 278) [Fish Stocks Convention] — 35
International Convention on Civil Liability for Bunker Oil Pollution Damage v 23.3.2001 (BGBl 2006 II, 579) — 65
Stockholm Convention on Persistent Organic Pollutants v 23.5.2001 (ILM 40 [2001] 532) [Stockholm Convention] — 20, 28
International Treaty on Plant Genetic Resources for Food and Agriculture v 3.11.2001 (BGBl 2003 II, 908) [ITPGRFA] — 11, 20
Kiev Protocol on Pollutant Release and Transfer Registers v 21.5.2003 (BGBl 2007 II, 547) [Kiev Protocol] — 12
United Nations Convention on Jurisdictional Immunities of States and Their Property v 16.12.2004 (UN Doc A/RES/59/38 [2005]) — 68, 69
Convention on the Determination of the Minimum Conditions for Access and Exploitation of Maritime Resources within the Maritime Areas under Jurisdiction of the Member States of the SRFC v 8.6.2012 (<https://www.itlos.org/fileadmin/itlos/documents/cases/case_no.21/Convention_CMA_ENG.pdf>) — 36

Judikatur

Internationaler Gerichtshof

Corfu Channel Case (UK v Albania), Urteil v 9.4.1949, ICJ Rep 1949, 4 *[Corfu Channel]* — 74, 75
Interpretation of Peace Treaties with Bulgaria, Hungary and Rumania, Gutachten v 30.3.1950, ICJ Rep 1950, 65 *[Interpretation of Peace Treaty]* — 2
Anglo-Iranian Oil Co (United Kingdom v Iran), Preliminary Objection, Urteil v 22.7.1952, ICJ Rep 1952, 104 *[Anglo-Iranian Oil Co]* — 31
Certain Norwegian Loans (France v Norway), Urteil v 6.7.1957, ICJ Rep 1957, 34, 42 *[Certain Norwegian Loans]* — 31

Temple of Preah Vihear Case (Cambodia v Thailand), Urteil v 15.6.1962, ICJ Rep 1962, 6 *[Temple of Preah Vihear]* — 75
South West Africa Cases (Ethiopia v South Africa; Liberia v South Africa), Preliminary Objections, Urteil v 21.12.1962, ICJ Rep 1962, 319 *[South West Africa]* — 2
Fisheries Jurisdiction (UK v Iceland), Merits, Urteil v 25.7.1974, ICJ Rep 1974, 3 *[Fisheries Jurisdiction]* — 23
United States Diplomatic and Consular Staff in Tehran (United States of America v Iran), Urteil v 24.5.1980, ICJ Rep 1980, 3 *[Tehran Hostages]* — 2
Military and Paramilitary Activities (Nicaragua v USA), Jurisdiction of the Court and Admissibility of the Application, Urteil v 26.11.1984, ICJ Rep 1986, 30 *[Nicaragua Jurisdiction]* — 31
Military and Paramilitary Activities (Nicaragua v USA), Merits, Urteil v 27.6.1986, ICJ Rep 1986, 30 *[Nicaragua Merits]* — 74, 75
Case Concerning the Frontier Dispute (Burkina Faso v Republic of Mali), Urteil v 22.12.1986, ICJ Rep 1986, 554 *[Frontier Dispute]* — 75
Elettronica Sicula SpA (ELSI) Case (USA v Italy), Urteil v 20.7.1989, ICJ Rep 1989, 15 *[ELSI Case]* — 75
Certain Phosphate Lands in Nauru Case (Nauru v Australia), Urteil v 26.6.1992, ICJ Rep 1992, 9 *[Nauru]* — 5
East Timor (Portugal v Australia), Urteil v 30.6.1995, ICJ Rep 1995, 90 *[East Timor]* — 2, 71, 72
Legality of the Threat or Use of Nuclear Weapons, Gutachten v 8.7.1996, ICJ Rep 1996, 226 *[Nucekar Weapons]* — 32
Gabčikovo-Nagymaros Project (Hungary v Slovakia), Urteil v 25.9.1997, ICJ Rep 1997, 92 *[Gabčíkovo-Nagymaros]* — 5
Aerial Herbicide Spraying (Ecuador v Colombia), Antrag v 31.8.2008 *[Aerial Herbicide Spraying]* — 4, 5
Pulp Mills on the River Uruguay (Argentina v Uruguay), Urteil v 20.4.2010 *[Pulp Mills]* — 5, 25, 30, 74
Jurisdictional Immunities of the State (Germany v Italy; Greece intervening), Urteil v 3.2.2012, ICJ Rep 2012, 99 *[Jurisdictional Immunities]* — 69
Questions Relating to the Obligation to Prosecute or Extradite (Belgium v Senegal), Urteil v 20.7.2012, Judgment, ICJ Rep 2012, 422 *[Obligation to Prosecute or Extradite]* — 71
Whaling in the Antarctic (Australia v Japan; New Zealand intervening), Urteil v 31.3.2014, ICJ Rep 2014, 226 *[Whaling]* — 5, 6, 17, 30, 31, 71, 74, 76
Construction of a Road in Costa Rica along the San Juan River (Nicaragua v Costa Rica), Urteil v 16.12.2015 (<http://www.icj-cij.org/docket/files/152/18848.pdf>) *[Costa Rica Road]* — 5
Dispute over the Status and Use of the Waters of the Silala (Chile v Bolivia), Antrag v 6.6.2016 *[Silala]* — 5
Maritime Delimitation in the Indian Ocean (Somaliy v Kenya), Preliminary Objections, Urteil v 2.2.2017 *[Maritime Delimitation in the Indian Ocean]* — 31

Internationaler Seegerichtshof

The M/V „Saiga" (Saint Vincent and the Grenadines v Guinea), Urteil v 1.7.1999 (No 2), ITLOS Rep 1999, 10 *[Saiga]* — 34
Southern Bluefin Tuna Cases (New Zealand v Japan; Australia v Japan), Einstweillige Anordnung v 27.8.1999 (No 3 und 4), ITLOS Rep 1999, 280 *[Southern Bluefin Tuna]* — 2, 34
The „Camouco" (Panama v France), Urteil v 7.2.2000 (No 5), ITLOS Rep 2000, 10 *[Camouco]* — 34
MOX Plant Case (Ireland v United Kingdom) (Provisional Measures), Case No 10, Beschluss v 3.12.2001, ITLOS Rep 2001, 95 *[MOX Plant]* — 34, 35, 39
Case concerning the Conservation and Sustainable Exploitation of Swordfish Stocks in the South-Eastern Pacific Ocean (Chile v EU), Case No 10, Beschluss v 16.12.2009, ITLOS Rep 2008-10, 13 *[Swordfish]* — 3
Responsibilities and Obligations of States Sponsoring Persons and Entities with Respect to Activities in the Area, Gutachten v 1.2.2011, ITLOS Rep 2011, 10 *[Responsibilities and Obligations]* — 36
Request for an Advisory Opinion sumitted by the Subregional Fisheries Commission (SRFC), Gutachten v 2.4.2015, ITLOS Rep 2015 *[SRFC]* — 36

Internationale Schiedsgerichte

Pacific Fur Seal Case (USA v Great Britain), RIAA XXVIII, 263 — 40
Trail Smelter Arbitration (USA v Canada), Schiedssprüche v 16.4.1938 bzw 11.3.1941, RIAA III, 1905, 1938 *[Trail Smelter]* — 40, 73
Lac Lanoux Arbitration (Spain v France), Schiedsspruch v 16.11.1957, RIAA XII, 281 *[Lac Lanoux]* — 24, 40
Gut-Dam Case (Canada v USA), Schiedssprüche v 15.1.1968, 12.2.1968 und 27.9.1968, ILM 8 (1969) 118 — 30

Sonora Case (Mexico v USA), Schiedsspruch v 7.4.1999, EAS 1/99 *[Sonora]* — 41
Plama Case (Plama Consortium Ltd v Republic of Bulgaria), Case No ARB/03/24, Schiedsspruch v 27.8.2008 *[Plama]* — 57
Chevron Corporation and Texaco Petroleum Corporation v Ecuador, Schiedsspruch v 27.2.2012, PCA Case No 2009-23, <www.italaw.com> *[Chevron/Texaco]* — 72
Indus Waters Kishenganga Arbitration (Pakistan v India), Case No 2011-01, Schiedsspruch (Final Award) v 20.12.2013, <https://pcacases.com/web/sendAttach/48> *[Indus Waters Kishenganga]* — 40
Chagos Marine Protected Area Arbitration (Mauritius v UK), Case No 2011-03, Schiedsspruch v 18.3.2015, <http://www.pcacases.com/pcadocs/MU-UK%2020150318%20Award.pdf> *[Chagos Marine Protected Area]* — 40

Gerichtshof der Europäischen Union

Urteil v 15.7.1963, 25/62, Slg 1963, 211 *[Plaumann]* — 64
Urteil v 15.2.1996, C-209/94 P, Slg 1996, I-615 *[Buralux]* — 64
Urteil v 2.4.1998, C-321/95, Slg 1998, I-01651 *[Greenpeace]* — 64
Urteil v 23.11.1999, C-149/96, Slg 1999, I-8395 *[Portugal v Frankreich und Kommission]* — 38
Urteil v 9.10.2001, C-377/98, Slg 2001, I-7079 *[Niederlande v Parlament und Rat]* — 38
Urteil v 7.10.2004, C-239/03, Slg 2004, I-9325 *[Kommission v Frankreich]* — 38
Urteil v 30.5.2006, C-459/03, Slg 2006, I-4635 *[Kommission v Irland]* — 39
Urteil v 13.12.2007, C-372/06, Slg 2007, I-11223 *[Asda Stores]* — 38
Urteil v 8.3.2011, C-240/09, Slg 2011, I-1255 *[Lesoochranárske zoskupenie]* — 38, 54
Urteil v 6.9.2011, Rs T-19/10, Slg 2011, II-05599 *[Inuit Tapiriit Kanatami]* — 64
Urteil v 3.10.2013, C-583/11 *[Inuit]* — 64
Urteil v 19.12.2013, C-279/12 *[Fish Legal and Shirley]* — 54

World Trade Organization, Dispute Settlement Body

United States – Restrictions on Imports of Tuna, Rep of the GATT Panel v 16.8.1991, ILM 30 (1991) 1598 *[Tuna I]* — 2, 34, 46
United States – Restrictions on Imports of Tuna, Rep of the GATT Panel v 20.5.1994, ILM 33 (1994) 839 *[Tuna II]* — 2, 34, 46
United States – Standards for Reformulated and Conventional Gasoline, Rep of the Appellate Body v 29.4.1996, WT/DS2/R, 96-1597 *[US Gasoline]* — 46
Korea – Measures Affecting Import of Fresh, Chilled and Frozen Beef, Rep of the Appellate Body v 11.12.2000, WT/DS169/AB/R *[Frozen Beef]* — 46
European Communities – Measures Affecting Asbestos and Asbestos-Containing Products, Panel Rep v 12.3.2001, WT/DS135/R, ILM 40 (2001) 1193 *[EC Asbestos]* — 46
United States – Import Restrictions of Certain Shrimp Products, Rep of the WTO Panel v 15.6.2001, WT/DS58/RW *[Shrimp-Turtle]* — 4, 46

Internationale Menschenrechtsgerichte, -ausschüsse und -kommissionen

United Nations Human Rights Committee, Stellungnahme v 27.10.1982, EHP v Canada, No 67/1980, UN Doc CCPR/C/OP/1 *[Port Hope]* — 55
African Commission on Human and People's Rights, Stellungnahme v 27.10.2001, SERAC and CESR v Nigeria, No 155/96 (2001) *[Ogoni]* — 55
EGMR, Urteil v 4.12.2003, Taskin and Others v Turkey, No 49517/99 *[Taskin and Others v Turkey]* — 54
United Nations Human Rights Committee, Stellungnahme v 25.7.2006, Dahanayake et al v Sri Lanka, No 1331/2004, UN Doc CCPR/C/87/D/1331/2004 *[Dahanayake et al v Sri Lanka]* — 55
Inter-American Court of Human Rights, Urteil v 19.9.2006, Claude-Reyes et al v Chile, Ser C No 151 *[Claude-Reyes et al v Chile]* — 55
EGMR, Urteil v 12.11.2008, Demir and Baykara v Turkey, No 34503/97 *[Demir and Baykara v Turkey]* — 54

Nationale Gerichte

BVerfG, Beschluss v 13.12.1977, 2 BvM 1/76, BVerfGE 46, 342 *[Philippinische Botschaft]* — 70

Vorbemerkung: Der internationale Streit und die Methoden seiner Beilegung

1 Die Verletzung umweltrechtlicher Pflichten führt zur internationalen Verantwortlichkeit des rechtsbrechenden Staats (dazu s 7. Abschn Rn 3 ff). Allerdings herrscht zwischen dem potentiellen Schädiger und dem umweltgeschädigten Staat selten Einigkeit über das Vorliegen bzw die faktischen und rechtlichen Grundlagen einer Rechtsverletzung. Der geschädigte Staat kann daraufhin die Sache auf sich beruhen lassen, was aus diplomatischen und politischen Gründen durchaus häufig in den internationalen Beziehungen vorkommt. Oder er versucht, seine aus der Verantwortlichkeit des Schädigers erwachsenden Rechtspositionen (dazu 7. Abschn Rn 23–28) zu erzwingen. Im Gegensatz zum nationalen Recht ist im Völkerrecht immer noch das anarchische Prinzip der Selbsthilfe vorherrschend.[1] Geht der geschädigte Staat auf Basis seiner rechtlichen und tatsächlichen Selbsteinschätzung unilateral gegen den (vermeintlichen) Schädiger vor, so wird von horizontaler bzw dezentraler Rechtsdurchsetzung gesprochen. Dezentrale Rechtsdurchsetzungsmaßnahmen sind sog Gegenmaßnahmen oder Repressalien, die als Selbsthilfemaßnahmen vom geschädigten Staat ergriffen werden (dazu 7. Abschn Rn 29–31). Aufgrund ihres Zwangscharakters unterscheiden sie sich von Maßnahmen der friedlichen Streitbeilegung, da Letztere einen lösungsorientierten Dialog zwischen dem geschädigten Staat und dem mutmaßlichen Rechtsverletzer voraussetzen.

2 Wie der Begriff der Streitbeilegung nahelegt, bedarf es eines Streits zwischen den Parteien. Grundsätzlich entscheiden diese selbst darüber, ob sie im Streit liegen und ob dieser Streit nach den Regeln des internationalen Rechts zu entscheiden ist. Wenn sie allerdings ein Streitbeilegungsorgan anrufen, dessen Zuständigkeit das Vorliegen eines Streits voraussetzt, dann ist die Definition des Begriffs (engl *dispute*) durchaus entscheidungsrelevant. In der Praxis kommt es häufig vor, dass der beklagte Staat vor dem Internationalen Gerichtshof (IGH) das Vorliegen eines Streits bestreitet und mit ihm die Jurisdiktion des Gerichts. Der IGH hat in diesem Zusammenhang festgestellt, dass er anhand von objektiven Kriterien[2] zu beurteilen hat, ob zwischen den Parteien ein Meinungsunterschied zu einer Rechtsfrage oder einer Tatsachenfeststellung besteht, die durch widerstreitende Behauptungen und Ansichten eindeutig zu Tage tritt.[3] Wenn er dies bejahen kann, was aufgrund der Weite der Definition regelmäßig der Fall ist, dann stellt sich zusätzlich die Frage, ob es sich um einen *Rechts*streit handelt (im Gegensatz zu einem rein politischen Streit). Das ist der Fall, wenn die Meinungsverschiedenheit eine oder mehrere Rechtsfragen betrifft, die bei der Auslegung oder Anwendung des Völkerrechts entstehen (Art 36 Abs 2 IGH-Statut). Es schadet dabei nicht, wenn ein Rechtsstreit auch eine politische oder naturwissenschaftliche Dimension hat, was im Völkerrecht ohnehin regelmäßig der Fall ist.[4] Allerdings kann ein Streit ohne irgendeine rechtliche Dimension, bei dem es zB ausschließlich um die nationale Ehre, die politischen Beziehungen oder naturwissenschaftliche Überzeugungen geht, nicht vor dem IGH oder dem Internationalen Seegerichtshof (ISGH)[5] geltend gemacht werden. Wohl ist es aber möglich, dass sich die Streitparteien *ad hoc* darauf einigen, den politischen Streit zur Schlichtung vor ein anderes Streitbeilegungsorgan zu bringen, zB ein für diesen Zweck eingesetztes Schiedsgerichtsorgan.[6]

---

1 *Brunnée*, Enforcement Mechanisms in International Law and International Environmental Law, in Ensuring Compliance, 1 (3).
2 *Interpretation of Peace Treaty*, 74.
3 *South West Africa*, 328; *East Timor*, § 22, mit weiteren Rechtsprechungsnachw.
4 *Tehran Hostages*, § 24.
5 Im Fall *Southern Bluefin Tuna* hat Japan vorgebracht, es handele sich nicht um einen rechtlichen, sondern einen wissenschaftlichen Streit; der ISGH hat dagegen einen Rechtsstreit auf Basis der IGH-Definition bejaht, vgl §§ 42 ff.
6 *Tomuschat*, in Zimmermann et al (Hrsg), The Statute of the International Court of Justice: A Commentary, 2. Aufl 2012, Art 36 Rn 12.

3 Die zentrale Norm, die die friedliche Streitbeilegung im Völkerrecht und die freie Wahl der Streitbeilegungsmittel thematisiert, ist Art 33 UN-Charta. Die dort aufgezählten Mittel und Wege der Streitbeilegung sind zwar nicht abschließend, geben aber einen guten Überblick darüber, was in der internationalen Praxis an Streitbeilegungsmethoden anzutreffen ist. Diese lassen sich wie folgt kategorisieren: Zu unterscheiden ist zwischen interner Streitbeilegung, bei der die Streitparteien den Streit unter sich regeln (bilaterale Verhandlungen), und externer Streitbeilegung. Im letzteren Fall wird versucht, den Streit mit Hilfe eines unparteiischen dritten Akteurs beizulegen (zB Mediator, Gericht). Dieser Dritte kann entweder die Kompetenz haben, einen Schlichtungsvorschlag mit den Parteien zu erarbeiten bzw eine Lösung zu unterbreiten (Mediator; Gute Dienste), oder er hat die Befugnis zur verbindlichen Streitentscheidung (zB durch Gerichtsurteil). Diese Streitentscheidung kann auf Basis des Rechts erfolgen (Urteil) oder auch in der autoritativen Zuweisung eines Rechts bestehen (zB *ex aequo et bono*-Entscheidung)[7]. Einige Streitbeilegungsmechanismen kombinieren rechtliche und außerrechtliche Elemente der Streitbeilegung, zB das WTO-Streitbeilegungssystem, bei dem das unverbindliche Rechtsgutachten des Panels von dem politischen Streitbeilegungsorgan (DSB) beschlossen werden muss, damit es Rechtsverbindlichkeit erlangt. Und schließlich ist zwischen verschiedenen Foren der Streitbeilegung zu unterscheiden: Die Streitbeilegung kann außerhalb eines besonderen institutionellen oder förmlichen Rahmens erfolgen, insbes bei diplomatischen Verhandlungen, oder sich vorhandene institutionelle Strukturen zunutze machen. Ein beliebtes Forum für Streitbeilegung sind I.O. Diese können ihre Räume und Organe als informellen oder formellen Ort der Auseinandersetzung zur Verfügung stellen (zB GV, SR), oder aber speziell Organe der Streitbeilegung einrichten (zB IGH, WTO-Streitbeilegungsorgan). Manche dieser von I.O. zur Verfügung gestellten Streitbeilegungsorgane sind permanent (zB IGH), andere werden *ad hoc* im Falle eines Konflikts eingesetzt (zB UN Compensation Commission). Die Streitparteien können selbst ein Organ der Streitbeilegung *ad hoc* schaffen, was regelmäßig bei schiedsgerichtlicher Streitbeilegung der Fall ist. Der Ständige Schiedsgerichtshof in Den Haag hält zu diesem Zwecke eine Liste an potentiellen Schiedsrichtern und Verfahrensregeln bereit, seit 2001 sogar speziell für Umweltstreitigkeiten.[8] Welche der genannten Foren in Anspruch genommen wird, entscheiden die Streitparteien entweder *ad hoc* anlässlich des Streits im Konsens, oder sie haben sich schon im Vorfeld eines Streits auf ein besonderes Organ bzw besonderes Verfahren festgelegt (zB durch kompromissarische Streitbeilegungsklauseln in Verträgen).[9] Im letztgenannten Fall muss nur noch der Beschwerdeführer das Verfahren aktivieren; auf die Zustimmung des Beschwerdegegners kommt es nicht mehr an.

I. Kennzeichen eines internationalen umweltrechtlichen Streits zwischen Staaten

4 Die unter Rn 3 dargestellten allg Streitbeilegungsmittel und -mechanismen können unabhängig vom Sachgegenstand des Streits von den Parteien gewählt werden, sie gelten also selbstredend auch für umweltrechtliche Streitfälle. Allerdings sind bei Umweltstreitigkeiten einige

7 Entscheidungen *ex aequo et bono* sind insbes in Common Law-Systemen anzutreffen; für das internationale Prozessrecht s Art 38 Abs 2 IGH-Statut: Der IGH fällt seine Entscheidung nach den Grundsätzen von „Billigkeit und Recht", dh nach dem, was er im konkreten Fall für fair und gerecht hält.

8 Permanent Court of Arbitration, Optional Rules of Arbitration of Disputes Relation to Natural Resources and the Environment, 2001, abrufbar unter <http://pca-cpa.org>.

9 ZB Art 36 Abs 2 IGH-Statut; Art 287 SRÜ iVm Anlage VII.

Besonderheiten zu beachten. So stellt sich die Frage, ob es überhaupt so etwas wie einen reinen Umweltrechtsstreit gibt, der also ausschließlich Normen betrifft, die die Wahrung bzw Nutzung bestimmter Bereiche des natürlichen Ökosystems zum Gegenstand haben.[10] Da es derzeit keinen allg „Umweltgerichtshof" gibt, dessen Jurisdiktion auf umweltrechtliche Streitfälle begrenzt wäre, bewegt diese Frage vor allem die Wissenschaft, weniger die Staaten. Als ein seltenes Bsp für einen reinen Umweltrechtsstreit kann der Fall *Whaling in the Antarctic* gelten, bei dem es in der Sache um Verbots- und Erlaubnistatbestände der Internationalen Konvention zur Regulierung des Walfangs und darauf bezogener Dokumente ging. Grundsätzlich legen die Staaten keinen Wert darauf, ihren Streit als „Umweltrechtsstreit" zu deklarieren, selbst wenn er thematisch als solcher bezeichnet werden kann. Das zeigt sich schon daran, dass kein Staat die vom IGH 1993 eingerichtete Kammer für Umweltangelegenheiten in den 13 Jahren ihrer Existenz jemals angerufen hat.[11] Ohnehin betreffen internationale Streitigkeiten selten ausschließlich internationales Umweltrecht: Der Anspruch des Klägers mag zwar eine umweltrechtliche Dimension haben, aber der Klagegegner hält dem zur Rechtfertigung andere internationale Themen entgegen, zB im *Aerial Herbicide Spraying*-Fall: Dort berief sich Ecuador auf das völkergewohnheitsrechtliche Verbot grenzüberschreitender Verschmutzungen, während Kolumbien in dem einschlägigen Vertrag einen Erlaubnistitel für seine Praxis der Drogenvernichtungskampagne aus der Luft sah.[12] Andere Streitigkeiten haben eine dominierende handelsrechtliche Komponente, weil zum Schutz der Umwelt unilateral Handelssanktionen verhängt wurden, wie bspw im berühmten *Shrimp-Turtle*-Fall vor der WTO.

5 Eine weitere Besonderheit von Umweltstreitigkeiten ist, dass es in der Sache oft um eine Souveränitätsbehauptung des staatlichen Klägers geht, dessen Territorium bzw Einwohner durch fremde Umwelteinwirkungen belastet werden: Nur der Territorialstaat darf auf seine Umwelt einwirken und Ressourcen ausbeuten, nicht dagegen der Nachbarstaat. Sobald „nur" das Gemeingut Umwelt beeinträchtigt ist, aber keine speziellen staatlichen Rechte wie Staatsterritorium, Staatsbürger oder staatliche Güter negativ berührt sind, gibt es keinen „verletzten" Staat iSv Art 42 der Articles on Responsibility of States for Internationally Wrongful Acts (ASR; vgl 7. Abschn Rn 20). Beeinträchtigt ist allenfalls das allg Rechtsbefolgungsinteresse anderer Staaten, die ebenfalls an das verletzte Umweltregime gebunden sind. In einer von Diplomatie dominierten Streitkultur kann es deshalb nicht verwundern, dass Vertragsstaaten selten die Verletzung von multilateralen Umweltverträgen „öffentlich" in einem streitigen Verfahren vor dem IGH oder dem ISGH geltend machen (zu Klagen im „internationalen öffentlichen Interesse" s u Rn 71 f). Stattdessen favorisieren Staaten gerade im internationalen Umweltrecht „sanfte", dh konsensorientierte Methoden der Erfüllungskontrolle (sog Compliance-Verfahren, s Rn 7 ff), die anstelle des Rechtsstreits ein administratives Kontrollverfahren setzen. Trotz der allg Unwilligkeit der Staaten, über die Verletzung eines öffentlichen Umweltguts förmlich zu streiten (zB Ozonschicht, Klima, Artenvielfalt), war der IGH durchaus mit Klagen konfrontiert, die u a umweltrechtliche Normen zum Gegenstand hatten. Allerdings ist ihre Anzahl, gemessen an der Gesamtzahl der Streitigkeiten, sehr gering (von den 140 Streitverfahren, die zwischen 1947 und 2017 anhängig gemacht wurden, hatten sieben einen umweltrechtlichen Streitgegenstand).[13]

---

10 Hierzu ausf *Boyle/Harrison*, Judicial Settlement of International Environmental Disputes. Current Problems, Journal of International Dispute Settlement 4 (2013) 245 (247), wobei das Argument, dass Unstimmigkeiten über Regeln der Staatenverantwortlichkeit und des Völkervertragsrechts den umweltrechtlichen Charakter einer Streitigkeit in Frage stellen, nicht überzeugt, da diese Normen sich auf die Anwendung des Umweltrechts beziehen bzw es operabel machen.

11 Der IGH hat 2006 beschlossen, wegen der fehlenden Inanspruchnahme keine Richterwahlen für die Besetzung der Kammer mehr durchzuführen.

12 *Aerial Herbicide Spraying*, Counter-Memorial of Colombia, Vol I, 414 f, para 8.122.

13 Stand März 2017: *Nauru*; *Aerial Herbicide Spraying*; *Gabčíkovo-Nagymaros*; *Pulp Mills*; *Whaling*; *Costa Rica Road*; *Silala*.

6 Die Tatsache, dass Rechtspflichten aus multilateralen Umweltverträgen selten eingeklagt werden, liegt aber nicht allein an dem diplomatischen „Schongang" zwischenstaatlicher Beziehungen, sondern auch daran, dass sich die Vertragsstaaten oft nur auf vage, unbestimmte und dementsprechend dehnbare Rechtspflichten einigen können.[14] IdR sind die wirtschaftlichen und politischen Ausgangspositionen und Prioritäten der Staaten, die zur Effektivierung des Vertragsregimes möglichst vollzählig unter dem Dach des multilateralen Umweltvertrags versammelt werden sollen, zu unterschiedlich. Diversität der Interessen ist auch der Grund, warum völkergewohnheitsrechtliche Normen des Umweltrechts, die streitentscheidend sein könnten, nur rar gesät sind. Die Problematik diffuser umweltrechtlicher „hard law"-Pflichten hat bspw im *Whaling*-Fall dazu geführt, dass der IGH umweltrechtliche „soft law"-Dokumente (Empfehlungen von internationalen Vertragsorganen) in die Streitentscheidung mit eingebunden hat.[15] Zudem ist gerade das Umweltrecht von konfligierenden wissenschaftlichen Meinungen über Ursache-Wirkungszusammenhänge geprägt. Diesen Umstand machen sich die Streitparteien verständlicherweise zu Nutze, indem sie zur Stärkung ihrer eigenen Position Sachverständige in ihr Prozessvertretungsteam aufnehmen oder sie als Zeugen benennen (s auch Rn 74). Und schließlich spiegeln sich die Schwierigkeiten der Staaten, auf universeller Ebene einen Kompromiss zum Schutz von Umweltgütern zu finden, in der international besetzten Richterbank wider.[16] Die unterschiedlichen sozio-politischen Hintergründe der Richter können zur Folge haben, dass sich diese im Lichte vager Primärnormen nur schwer auf höhere umweltrechtliche Standards einigen können.[17]

II. Internationale Streitvermeidungsmechanismen: Compliance-Verfahren

1. Allgemeines

7 Das internationale Umweltrecht ist heute geprägt von besonderen Verfahren, die die Befolgung der Vertragsverpflichtungen sicherstellen sollen. Diese sog *Erfüllungskontroll-* oder *(Non-) Compliance-Verfahren* – der engl Fachbegriff hat sich auch in der dt Rechtssprache durchgesetzt – gründen auf der Erkenntnis, dass die internationalen Regeln der dezentralen Rechtsdurchsetzung (insbes Suspendierung nach Art 60 WVK und Gegenmaßnahmen nach Art 42ff ASR, s 7. Abschn Rn 29) und die Mittel der klassischen Streitschlichtung (Rn 3) im Bereich des internationalen Umweltrechts selten zielführend sind. Das gilt vor allem dann, wenn nicht die souveränen Interessen eines verletzten Staats durch die Vertragsverletzung betroffen sind, sondern das globale Gut „Umwelt", dessen Schutz im Allgemeininteresse aller Vertragsstaaten liegt. Erreicht bspw ein Vertragsstaat nicht das vertraglich festgesetzte Ziel der Emissionsreduzierung, dann macht die Beendigung oder Suspendierung des Vertrags nach Art 60 WVK wenig Sinn, da dies den Verletzerstaat von seinen unliebsamen Verpflichtungen befreit und damit die Vertragssuspendierung zur fortdauernden Gefährdung des Schutzguts „Umwelt" beiträgt.[18] Darüber hinaus sind Sanktionen kontraproduktiv, wenn die Nichterfüllung auf wirtschaftlichen Schwierigkeiten

14 *Sands*, Litigating Environmental Disputes: Courts, Tribunals and the Progressive Development of International Environmental Law, in FS Mensah, 313 (317).
15 *Whaling*, § 144.
16 *Sands* (Fn 14) 317.
17 Ebd.
18 *Merkouris/Fitzmaurice*, Environmental Compliance Mechanisms, in Oxford Bibliographies in International Law, 2012 (online); *Matz*, Financial and Other Incentives for Complying with MEA Obligations, in Ensuring Compliance, 304.

oder dem Entwicklungsstand des Staats gründet, ihm aber keine Unwilligkeit vorzuwerfen ist. Die Politikwissenschaftler *Chayes* und *Handler Chayes* konnten bspw nachweisen, dass Vertragsuntreue in den meisten Fällen kein kalkuliertes Verhalten ist,[19] sondern durch andere Faktoren bestimmt wird, was im Bereich des Umweltrechts in besonderem Maße zutrifft.[20] Die Suche nach einer geeigneten Strategie, die Vertragsstaaten „sanft" zur Erfüllung ihrer multilateralen Umweltverpflichtungen zu bringen, anstatt repressive und demotivierende Sanktionen zu verhängen, begann bereits in den 1970er Jahren.[21] 1987 gelang der Durchbruch mit dem Montreal Protokoll.[22] Das dort anvisierte und fünf Jahre später (1992) von den Vertragsparteien vereinbarte Compliance-System hat heute noch Vorbildcharakter für zahlreiche spätere multilaterale Umweltabkommen.[23]

8 In der Wissenschaft wird zwischen konfliktvermeidenden (*non-confrontational*) und konfrontativen (*confrontational*) Compliance-Verfahren unterschieden.[24] Wie die Begrifflichkeit bereits andeutet, zeichnet sich das konfrontative Compliance-Verfahren durch konträre Auffassungen aus; es dient als Mittel der Rechtsdurchsetzung innerhalb des Vertragsregimes. Im Gegensatz dazu besteht das konfliktvermeidende Compliance-Verfahren aus Assistenz- und Anreizelementen; es dient in erster Linie der „sanften", kooperativen Hinführung zur Vertragserfüllung. Multilaterale Umweltverträge tendieren dazu, den Fokus auf konfliktvermeidende Verfahren zu setzen, insbes wenn sie keine konkreten Zielvorgaben, sondern Handlungspflichten festschreiben.[25] Andere Umweltverträge, insbes solche mit konkreten Reduktionsvorgaben wie zB das Kyoto Protokoll und das Montreal Protokoll, kombinieren konfliktvermeidende und konfrontative Compliance-Verfahren (sog *Carrot and Stick*-Methode).[26] Beschließt die Staatenversammlung, Sanktionen gegen den nachhaltig nichterfüllenden Vertragsstaat zu verhängen (sog negativen Anreize), dann verschwimmt der Unterscheid zwischen klassischer Rechtsdurchsetzung und konfrontativem Compliance-Verfahren: Die Besonderheit des negativen Anreizsystems im konfrontativen Compliance-Verfahren liegt darin, dass die Versammlung der Vertragsstaaten als oberstes Plenarorgan des Umweltvertrags im gemeinschaftlichen Interesse aller die Verantwortlichkeit des einzelnen Vertragsstaats einfordert (zentrale Rechtsdurchsetzung). Dagegen zeichnet sich die klassische Rechtsdurchsetzung dadurch aus, dass ein oder mehrere Vertragsstaaten die Verletzung einer *erga omnes partes*-Verpflichtung geltend machen (dezentrale Rechtsdurchsetzung), was sie nur dürfen, weil die Rechtsbefolgung im gemeinschaftlichen Interesse aller Vertragsstaaten liegt (Art 48 Abs 1 lit a ASR). Bei Umweltverträgen, die ein Compliance-Verfahren vorsehen, stellt sich die Frage nach einer gleichzeitigen oder subsidiären Anwendung der Regeln der Staatenverantwortlichkeit und der Nutzung der klassischen Streitbeilegungsmechanismen. Diese Frage ist im Wege der Vertragsauslegung zu beantworten (Art 31ff WVK). Wenn Umweltverträge Streitbeilegungsklauseln aufweisen, dann ist das Compli-

---

19 *Chayes/Handler Chayes*, New Sovereignty: Compliance with International Regulatory Regimes, 1995, 1 (15).

20 *Ehrmann*, Erfüllungskontrolle im Umweltvölkerrecht, 2000, 389.

21 Vgl *Ohlhoff*, Konfliktbewältigung, 309ff; auf wissenschaftlicher Ebene lief die Entwicklung der Compliance-Regime bereits ab den 1970er Jahren (vgl zB *Keohane/Nye*, Power and Interdependence: World Politics in Transition, 1977); für die erst später einsetzende politische Debatte s zB UN Doc A/RES/44/228 v 22.12.1989; UN Doc A/CONF.151/PC/103 v 9.12.1991, UNCED Preparatory Committee, Survey of Existing International Agreements and Instruments; GAO/RCED-92-43, International Environment: International Agreements Are Not Well Monitored.

22 UNEP/OzL.Pro.1/5 v 6.5.1991; UNEP/OzL.Pro.4/15 v 25.11.1992; UNEP/OzL.Pro.10/9 v 3.12.1998. Dazu *Proelß*, 11. Abschn Rn 24ff.

23 *Ohlhoff*, Konfliktbewältigung, 313.

24 *Matz* (Fn 18) 305.

25 Art IX Whaling Convention; Art XIII CITES; Art 2, 5 und 6 Espoo Convention; Art 4–10 Basel Convention; Art 5–20 CBD; Art 2–9 OSPAR Convention; Art 2, 5f, 8–23, 25–28 Cartagena Protocol.

26 *Omura*, Compliance, 86 (97).

ance-Verfahren des Vertrags zweifelsfrei nicht abschließend (für Details s Rn 17).[27] Fehlt dagegen eine derartige explizite Streitbeilegungsklausel, kann dies ein Indiz dafür sein, dass der Umweltvertrag ein sog *self-contained regime* ist, das einen Rückgriff auf die allg Regeln der Verantwortlichkeit und Streitbeilegung ausschliesst.[28]

9 Compliance-Verfahren haben, je nach Ausgestaltung im Einzelfall, mehrere Stufen: Die Vertragsstaaten werden im Rahmen des Compliance-Verfahrens einer laufenden Vertragserfüllungskontrolle unterworfen. In deren Rahmen werden regelmäßig technische und wissenschaftliche Daten sowie Informationen über die staatlichen Umsetzungsmaßnahmen an die nach dem Vertag zuständige Stelle übermittelt.[29] Idealerweise verhindern die Vertragserfüllungskontrollen bereits im Vorfeld durch Implementierungshilfen (Kooperationsverfahren und Unterstützungsprogramme) die Nichtbefolgung der umweltrechtlichen Vertragspflicht.[30] Wird im Wege dieser Kontrollen eine Nichterfüllung trotz aller Implementierungshilfen festgestellt, greifen Assistenz- und Anreizmaßnahmen, die den betreffenden Staat zur Vertragserfüllung verhelfen sollen (positive Anreize).[31] Den genannten Schritten liegt kein statisches Ursache-Wirkung-Konzept zugrunde, sondern es ist ein Prozess, der auf Prävention setzt, zur Vertragserfüllung motivieren soll und zu diesem Zwecke die Schwelle zur unerwünschten Vertragsverletzung durchaus flexibel, einzelfallbezogen und zielorientiert handhaben kann.[32] Soweit das Vertragsregime es vorsieht, kann bei nachhaltiger Fruchtlosigkeit der kooperativen Problemlösungsstrategie der nichterfüllende Vertragsstaat Sanktionen ausgesetzt werden (negative Anreize).[33]

2. Struktur der Compliance-Verfahren

a) Vertragliche Verankerung

10 Grundsätzlich regeln multilaterale Umweltverträge und ihre Protokolle die Compliance-Verfahren nicht selbst, sondern enthalten Klauseln, die die Vertragsstaatenversammlung ermächtigen, ein entsprechendes System auszuarbeiten.[34] Die rechtliche Geltung des Compliance-Verfahrens beruht in diesen Fällen auf dem Beschluss der Versammlung, in der alle Vertragsstaaten stimmberechtigt sind. Nach den jeweiligen Verfahrensregeln der Versammlung werden Sachfragen, die keine Änderung der Verträge bewirken, grundsätzlich mehrheitlich beschlossen,[35] sollte kein Konsens zu erreichen sein. In der Praxis wird allerdings fast ausschließlich das souveränitäts-

---

27 Für die Anwendung der Regeln der Staatenverantwortlichkeit spielt hier vor allem die *lex specialis*-Ausnahme des Art 55 der Articles on Responsibility of States for Internationally Wrongful Acts (ASR) eine Rolle. Der von der ILC erarbeitete Artikelentwurf und die zugehörigen Kommentare sind abgedr in YbILC 2001-II/2, 31 ff und abrufbar unter <http://legal.un.org/ilc/texts/instruments/english/commentaries/9_6_2001.pdf>. Vgl hierzu *Omura*, Compliance, 95; *Simma/Pulkowski*, Of Planets and the Universe: Self-Contained Regimes in International Law, EJIL 17 (2006) 483 (484 ff). S a Schmalenbach, 7. Abschn Rn 31, 37–38.

28 *Omura*, Compliance, 95; *Simma/Pulkowski* (Fn 27) 493.

29 Vgl UNEP (Hrsg), Compliance Mechanisms under Selected Multilateral Environmental Agreements, 2007, 9 f und 29 f.

30 ZB UN Doc FCCC/KP/CMP/2005/8/Add.3 v 10.12.2005, Decision 27/CMP.1, Procedures and Mechanisms Relating to Compliance under the Kyoto Protocol, 92 ff.

31 ZB Art 5 Basel Convention iVm COP Decision BC-IV/12 (dazu *Fodella*, in Treves et al, Effectiveness, 33 f); Art 8 Montreal Protocol iVm Decision IV/5 des 4th MOP iVm Annex V und VI des 4th MOP (dazu *Jacur*, in Treves et al, Effectiveness, 11 f); Art 18 Kyoto Protocol iVm UN Doc FCCC/KP/CMP/2005/8/Add.3 (Fn 30); dazu *Urbinati*, in Treves et al, Effectiveness, 63 f.

32 *Brown Weiss*, Strengthening National Compliance with International Environmental Agreements, EPL 27 (1997) 297 f.

33 Vgl Art 8 Montreal Protocol; s auch *Jacur*, in Treves et al, Effectiveness, 15 f.

34 S zB Art 8 Montreal Protocol; Art 15 Aarhus Konvention; Art 7 UNFCCC; Art 18 Kyoto Protocol.

35 UNEP (Hrsg), Handbook for the Vienna Convention for the Protection of the Ozone Layer, 7. Aufl 2006, Rule 40.

schonende Konsensus-Verfahren durchgeführt.[36] Danach ist der Beschluss zustande gekommen, wenn kein anwesender Vertragsstaat der Beschlussvorlage widerspricht.

b) Institutionalisierte Erfüllungskontrolle

11 Alle Compliance-Verfahren kennen eine institutionalisierte Erfüllungskontrolle, die notwendig ist, um die Faktenlage in den Vertragsstaaten zu erheben. Das wichtigste Mittel der Datensammlung sind Staatenberichte, die allerdings selten mit Nachweispflichten einhergehen.[37] ZT findet eine externe Überprüfung der Staatenberichte statt.[38] Neben Staatenberichten werden Daten auch von den vertraglichen Kontrollorganen des Abkommens gesammelt, sei es durch eine konkrete Nachfrage des Sekretariats beim Vertragsstaat, sei es durch Vor-Ort-Untersuchungen mit Einverständnis des Vertragsstaats.[39] Vereinzelt sind sogar Daten von dritter Seite (zB NGOs) zugelassen.[40]

c) Institutionalisiertes Verfahren zur Feststellung der Nichterfüllung

12 Die Staatenberichte bzw die vom Kontrollorgan gesammelten Informationen, aber auch die Selbstanzeige eines Vertragsstaats (s u Rn 16), die Beschwerde anderer Vertragsstaaten und die Hinweise von Dritten (zB externe Beobachter, im Fall der Aarhus Konvention auch Vertreter der Öffentlichkeit[41]) können die Verdachtsmomente liefern, die notwendig sind, um das Verfahren zur Feststellung der Nichterfüllung des Vertrags in Gang zu setzen. Das Verfahren läuft idR dreistufig ab: In der Praxis wird das Verfahren regelmäßig durch das Kontrollorgan eingeleitet, das als Hüter des Umweltvertrags fungiert. Naturgemäß weniger bedeutungsvoll ist die Selbstanzeige, aber auch die Staatenbeschwerde kommt wegen ihrer diplomatischen Komplikationen so gut wie nie vor. Manche Umweltverträge autorisieren die Sekretariate, die als Informationsdrehscheibe dienen, nach ihrem Ermessen Verdachtsmomente dem Kontrollorgan vorzulegen.[42] Diese Variante des Verfahrensbeginns wurde von Vertragsstaaten kritisiert, weil es die Objektivität und Unparteilichkeit des Sekretariats in Frage stelle.[43]

13 Die Kontrollorgane beurteilen, ob ein Fall der Nichterfüllung vorliegt. Im Gegensatz zur traditionellen Streitbeilegung verlangt dies nicht die Feststellung eines konkreten Umweltschadens oder gar eines Kausalzusammenhangs zwischen Handlung bzw Unterlassen und Umweltschaden. Aufgabe des Compliance-Verfahrens ist es allein, die Vertragserfüllungsschwierigkeiten einer Partei zu identifizieren, um geeignete Abhilfestrategien anwenden zu können. Gleichwohl verlangt die Feststellung einer Vertragserfüllungsschwierigkeit die Interpretation des anwendbaren Regelwerks. Um zu verhindern, dass das Kontrollorgan vom Hüter des Vertrags zum Herr-

---

36 *Wiersema*, The New International Law-Makers-Conferences of the Parties to Multilateral Environmental Agreements, Michigan JIL 31 (2009–2010) 231 (243); *Brunnée*, COPing with Consent: Law Making Under Multilateral Environmental Agreements, Leiden JIL 15 (2002) 1 (3).

37 S aber Art 8 Kyoto Protocol.

38 CITES Resolution 14.3, para 33; Art 19 Basel Convention; UNFCCC Decision 3/CMP, para 61f; Art 8 Kyoto Protocol; Art IX.4 Whaling Convention und Item 1 of Schedule 1; Art 19 ITPGRFA.

39 Kyoto Protocol: UN Doc FCCC/CP/2002/7/Add.2, Decision 19/CP.8, Guidelines for the Technical Review of Greenhouse Gas Inventories from Parties Included in Annex I to the Convention; Art IX.4 Whaling Convention.

40 Doc WHC 12/01, Operational Guidelines for the Implementation of the World Heritage Convention, 2012, paras 174 und 194.

41 Art 9.3 Aarhus Convention iVm 1st MOP Decision I/7, Annex V/18; s a Kiev Protocol.

42 §§ 3 und 7 lit b Montreal Protocol; CLRTAP Decision 1997/2, Doc ECE/EB.AIR/75, Annex V; Aarhus Decision I/7, Annex V/17, 1st MOP; CLRTAP Decision 2006/2 Nr 5; vgl *Milano*, Procedures and Mechanisms for Review of Compliance under the 1979 Long-Range Transboundary Air Pollution Convention and its Protocols, in Treves et al, Effectiveness, 174.

43 *Loibl*, Compliance Procedures and Mechanisms, in Fitzmaurice et al, Handbook, 424 (432).

scher des Vertrags mutiert, sehen einige Umweltverträge vor, dass nur die Staatenversammlung das Recht zur Interpretation hat,[44] wobei diese Kompetenzaufteilung in der Praxis nur schwer durchzuhalten ist.

d) Reaktionsmechanismen bei festgestellter Nichterfüllung

Hat das Kontrollorgan Nichterfüllung festgestellt, stimmen die Vertragsparteien auf der Staatenversammlung über die zu ergreifenden Maßnahmen ab, um die betreffende Vertragspartei zur Vertragserfüllung zu bringen. Grundsätzlich gibt es keine strikt festgelegten Rechtsfolgen, die bei Vertragsverletzung eingreifen. Die Reaktionsmechanismen, die im Falle der festgestellten Nichterfüllung des Vertrags einsetzen, arbeiten idR mit Anreizen. Zum Montrealer Protokoll wurde ein Katalog möglicher Maßnahmen vorgeschlagen, die allerdings nie vom Meeting of the Parties (MOP) angenommen wurden;[45] andere Verträge verzichten darauf. Die wichtigsten Maßnahmen, die Hilfe zur Vertragserfüllung bieten sollen, sind Informations- und Technologietransfer sowie finanzielle oder technische Unterstützung. Diese positiven Anreize werden ggf von der Vorlage eines nationalen Aktionsplans abhängig gemacht.[46] **14**

Neben den positiven Anreizen zur Vertragserfüllung können bei kontinuierlicher Vertragsverletzung auch Sanktionsmaßnahmen verhängt werden (negative Anreize), die von öffentlicher Bekanntmachung (*naming and shaming*) über Ermahnungen bis hin zur Suspendierung von Privilegien reichen, die unter dem Vertragsregime bestehen. Einige Umweltverträge erlauben auch Handelssanktionen und finanzielle Strafen (Kyoto Protokoll).[47] **15**

Bei Compliance-Verfahren, die konfliktvermeidende und konfrontative Elemente verbinden, stellt sich die Frage des Stufenverhältnisses der Maßnahmen, ob also die konfrontativen Maßnahmen (Sanktionen) erst ergriffen werden dürfen, wenn die konfliktvermeidenden, auf Kooperation ausgerichteten Anreize im Hinblick auf das angestrebte Ziel – die Vertragserfüllung – gescheitert sind. Diese Frage wurde insbes im Rahmen des Montrealer Protokolls diskutiert, als Russland 1995 durch Selbstanzeige (!) die Nichterreichung seiner Reduktionspflichten bekannt gab und daraufhin die Staatenkonferenz auf Empfehlung des Implementierungsausschusses Russland Handelsbeschränkungen auferlegte sowie die finanzielle Unterstützung von einer Berichtspflicht abhängig machte.[48] Russland protestierte mit Verweis auf das Stufenverhältnis der Maßnahmen, konnte aber nicht verhindern, dass die Staatenversammlung im Konsensus-Verfahren (ohne Stimmrecht Russlands) die Sanktionen beschloss. Ob die Verträge bzw das von der Staatenversammlung beschlossene Compliance-System ein rechtliches Stufenverhältnis zwischen konfliktvermeidenden und konfrontativen Maßnahmen einführen wollte, ist Frage der Vertragsauslegung. Der Umstand, dass es politisch sinnvoll ist, die Wirkung der positiven Anreize auszuloten, bevor Sanktionen verhängt werden, ist für die rechtliche Auslegung nur insofern bedeutungsvoll, als die politische Sinnhaftigkeit sich im Ziel und Zweck der Norm (teleologische Auslegung: Art 31 WVK) niederschlagen kann. Der beschriebene Fall unter dem Montrealer Protokoll verdeutlicht allerdings, dass bei einer bloßen Auflistung möglicher Maßnahmen im Rahmen des Compliance-Verfahrens kein Stufenverhältnis innerhalb der Liste unterstellt werden kann. In diesem Fall steht es im politischen Ermessen des Kontrollorgans und der Versammlung, welche Maßnahmen politisch für zielführend erachtet werden. **16**

---

44 Vgl für das Montreal Protocol: Decision IV/5, 4th MOP, 1992; UNEP/OzL.Pro.4/15 v 25.11.1992, 15: „The responsibility for legal interpretation of the Protocol rests ultimately with the Parties"; für die UNFCCC: UN Doc A/AC.237/Misc.17/Add.4 v 19.12.1991, 4.

45 UNEP/OzL.Pro.4/15 v 25.11.1992.

46 ZB Cartagena Protocol Decision II/1; CITES, Possible Measures for Non-compliance.

47 UN Doc FCCC/KP/CMP/2005/L.1 (Fn 30), Section XV iVm Art 3 und 17 Kyoto Protocol.

48 Für Details s *Ohlhoff*, Konfliktbewältigung, 334f; s a *Proelß*, 11. Abschn Rn 31.

e) Streitbeilegung

17 Eine Reihe von multilateralen Umweltverträgen besitzt neben dem Compliance-Verfahren eine Streitbeilegungsklausel (Rn 18 ff). Letztere erlangt Bedeutung in Fällen von zwischenstaatlichen Streitigkeiten über „die Anwendung und Auslegung des Vertrags". Sie umfassen dagegen nicht Meinungsverschiedenheiten zwischen einem Vertragsstaat und einem in das Compliance-Verfahren eingebundenen Vertragsorgan des Umweltvertrags. Die bloße Existenz der Streitbeilegungsklausel verdeutlicht, dass der Umweltvertrag die dezentrale Rechtsdurchsetzung durch den verletzten Vertragsstaat oder den im Allgemeininteresse handelnden Vertragsstaat grundsätzlich nicht ausschließen will. Allerdings stellt sich auch hier die Frage des Stufenverhältnisses (s schon Rn 16). Im Rahmen des Montrealer Protokolls hat die *Working Group on Non-Compliance* feststellt, dass das Compliance-Verfahren und die Streitbeilegungsklausel betreffend „die Anwendung und Auslegung des Vertrags" zwei voneinander getrennte Verfahren sind, die nebeneinander existieren können.[49] MaW, die Einleitung des Compliance-Verfahrens soll keine Präklusionswirkung für das Streitbeilegungsverfahren haben. Auch gibt es kein Primat des Compliance-Verfahrens. Diese Feststellung kann allerdings nur für das Montrealer Protokoll gelten und ist insofern nicht verallgemeinerungsfähig. Vielmehr muss für jedes einzelne Vertragsregime im Wege der Auslegung ermittelt werden, wie sich die Verfahren nach Wortlaut, Ziel und Zweck und dem Willen der Vertragsparteien zueinander verhalten sollen. Dabei ist von entscheidender Bedeutung, welche rechtliche Wirkung das klassische Streitbeilegungsverfahren hat. Besteht es nur in diplomatischen Verhandlungen zwischen den Streitparteien, dann behindert dies nicht die Einleitung des Compliance-Verfahrens durch das Kontrollorgan. Strebt eine Partei hingegen eine schiedsgerichtliche Entscheidung an, die für die Streitparteien rechtlich verbindlich ist (*res judicata*), dann würden die in der Entscheidung festgestellte Rechtsverletzung und die daraus resultierenden Rechtspflichten (zB Schadensersatz) zumindest faktische Auswirkungen auf das Compliance-Verfahren haben. Letzteres ist ja durchaus „flexibel" bei der Konstatierung einer „Nichterfüllung", und die positiven Anreizverfahren (zB finanzielle Hilfe) werden leicht durch gerichtlich terminierte Schadensersatzforderungen *ad absurdum* geführt.[50] Aus diesem Konflikt muss nicht zwingend die rechtliche Unzulässigkeit des gerichtlichen Streitbeilegungsverfahrens folgen, wenn und soweit in der gleichen Sache ein Compliance-Verfahren vom Kontrollorgan betrieben wird. Die Streitparteien sind allerdings durchaus politisch gehalten, die Wirkkraft des Compliance-Verfahrens nicht zu vereiteln.[51]

III. Streitbelegungsklauseln in Umweltverträgen

18 Streitbeilegungsklauseln in Umweltverträgen dienen der verfahrensrechtlichen Bewältigung von Streitigkeiten zwischen den Vertragsparteien über die Auslegung und Anwendung des Vertrags. Einige Umweltverträge, die eine Betreiberhaftung vorsehen, regeln zudem die Klagemöglichkeit von Geschädigten gegen den Betreiber vor nationalen Gerichten. Dies sind allerdings keine

49 Zitiert nach *Ohlhoff*, Konfliktbewältigung, 340.
50 *Bothe*, The Evaluation of Enforcement Mechanisms in International Environmental Law, in Wolfrum (Hrsg), Enforcing Environmental Standards. Economic Mechanisms as Viable Means?, 1996, 13 (32 f).
51 *Ohlhoff*, Konfliktbewältigung, 344 f. Das streitige Verfahren vor dem IGH im *Whaling*-Fall stand in keinem Konflikt mit einem Compliance-Verfahren auf Basis der International Convention for the Regulation of Whaling v 1946, da das Abkommen bzw die auf seiner Basis eingesetzte Whaling Commission kein Compliance-Verfahren entwickelt hat. Vielmehr war die Durchführung des Abkommens seit jeher durch unilaterale Rechtsdurchsetzungsmaßnahmen der Vertragsparteien geprägt; vgl *Rose/Kurukulasuriya*, Compliance Mechanisms under Selected Multilateral Environmental Agreements, 2007, 87.

Streitbeilegungsklauseln ieS, sondern sog Gerichtsstandsklauseln, die die Zuständigkeit nationaler Gerichte eröffnen und zT die Klagevoraussetzungen regeln (s u Rn 65 f).[52]

Die Bedeutung der Streitbeilegungsklauseln liegt nicht nur darin, die Vertragsparteien in der freien Wahl des Streitbeilegungsmittels zu bestätigen (Art 33 UN-Charta) oder ggf einzuschränken. Sie sorgen auch und vor allem dafür, dass in der akuten Situation des Streits bei einem fehlenden Konsens über die Art und Weise der Streitbeilegung die Vorgehensweise und ggf auch die Modalitäten der Streitbeilegung verbindlich feststehen, zB durch Festlegung der Abfolge und durch die Wahl des potentiellen Streitbeilegungsgremiums und in dessen Verfahrensregeln.[53] **19**

Die meisten Streitbeilegungsklauseln ähneln sich in Struktur und Inhalt: Die absolute Mehrheit der Klauseln nennt Verhandlungen zwischen den Streitparteien als vorrangiges Streitbeilegungsinstrument (Rn 23).[54] Andere heben Verhandlungen zwar hervor, aber stellen sie gleichberechtigt neben alle anderen Mittel der friedlichen Streitbeilegung (Art 28 Abs 1 UNCCD). Eine geringe Anzahl an Umweltverträgen fasst explizit Mediation und Gute Dienste nach gescheiterten Verhandlungen ins Auge (Art 22.2 ITPGRFA). Die Bern Convention setzt ihr zentrales Verwaltungsorgan (*Standing Committee*) dafür ein, im Streitfall Gute Dienste anzubieten (Art 18). Auch wenn diese Formen der diplomatischen Streitbeilegung in der Praxis durchaus von Bedeutung sind, so ist ihre deklaratorische Nennung in der Streitbeilegungsklausel wenig bemerkenswert. Das eigentliche Potential der Klausel liegt in der Regelung der (schieds-)gerichtlichen Verfahren. Da die gerichtliche und schiedsgerichtliche Streitbeilegung voraussetzt, dass beide Parteien die Jurisdiktion des Gerichts anerkannt haben, bieten Streitbeilegungsklauseln die Möglichkeit, dieses Akzept schon im Vorfeld des Streits herbeizuführen. Einigen Umweltverträgen geht das zu weit; sie weisen lediglich deklaratorisch auf die Notwendigkeit eines *ad hoc*-Konsenses der Streitparteien in die Gerichtsbarkeit des IGH oder eines Schiedsgerichts hin, und zwar nachdem die Meinungsverschiedenheit entstanden ist (Art 20 Abs 2 Basel Convention). Die überwiegende Zahl an Umweltverträgen eröffnet hingegen die Möglichkeit, dass die Parteien bei Ratifikation des Vertrags oder später eine Erklärung abgegeben, nach der sie die Gerichtsbarkeit des IGH und/oder eines Schiedsgerichts akzeptieren.[55] Derartige Streitbeilegungsklauseln sind nicht unmittelbar zuständigkeitsbegründend. Vielmehr haben die Parteien auf Basis der Klausel die Wahl, ob sie im Wege einer gesonderten Erklärung die Zuständigkeit des Schiedsgerichts oder des IGH für alle künftigen Streitigkeiten über die Anwendung und Auslegung des Umweltvertrags akzeptieren (s auch Rn 30 f). Die Convention on the Transboundary Effects of Industrial Accidents sieht vor, dass im Falle des Akzepts beider Streitbeilegungsmechanismen dem Verfahren vor dem IGH der Vorzug gebührt (Art 21 Abs 3); die übrigen Umweltverträge schweigen zu dieser Frage. Fast alle Streitbeilegungsklauseln sehen im Falle eines fehlenden (vorweggenommen oder nachträglichen) Konsenses in die Gerichtsbarkeit den verpflichtenden Gang vor eine Schlichtungskommission vor, die den Streitparteien rechtlich unverbindliche Lösungen unterbreitet, welche die Parteien in gutem Glauben zu erwägen haben.[56] **20**

Ein bes komplexes Verfahren der Streitbeilegung kennt das UN-Seerechtsübereinkommen v 1982 (SRÜ): Auch das SRÜ enthält die traditionelle Klausel, die auf die freie Wahl der Mittel der Streitbeilegung verweist (Art 279 SRÜ mit Verweis auf Art 33 UN-Charta). Ganz iSd völkerrechtlichen Konsensprinzips sind die Streitparteien nicht darin eingeschränkt, sich auf ein besonderes **21**

52 S zB Art 13 Protocol on Civil Liability and Compensation.
53 *Ohlhoff*, Konfliktbewältigung, 27 f.
54 Art XVII Abs 1 CITES; Art XIII CMS.
55 Art 28 Abs 2 lit a und b UNCCD; Art 22.3 lit a und b ITPGRFA; Art 20 Abs 3 Basel Convention; Art 27 Abs 4 CBD; Art 11 Abs 3 Vienna Convention.
56 Art 22.4 iVm Part 2 ITPGRFA; Art 20 Abs 6 Rotterdam Convention; Art 18 Abs 6 Stockholm Convention; Art 27 Abs 4 CBD iVm Annex II (gilt ebenfalls für das Cartagena Protocol); Art 11 Abs 5 Vienna Convention.

Mittel der Streitbeilegung zu einigen (Art 280 SRÜ), so dass die im Teil XV SRÜ festgelegten Streitbeilegungsregeln nur greifen, wenn sich die Parteien nicht einigen können. Diesbezüglich unterscheidet die Konvention zwischen diplomatischer Streitbeilegung, also Verhandlungen (Art 283) bzw Schlichtung (Art 284), und – sollten die genannten Mittel scheitern – der obligatorischen Streitbeilegung durch gerichtliches Verfahren (Art 286–296 SRÜ). Hier wurde von der unter Rn 20 beschriebenen Praxis abgewichen, den Streit allein dem IGH oder einem Schiedsgericht zuzuweisen. Nach Art 287 haben die Streitparteien die Wahl zwischen einem speziell für die Auslegung und Anwendung des SRÜ zuständigen ISGH, dem IGH, einem Schiedsgericht und einem speziellen Schiedsgericht für Streitigkeiten über Fischerei, Schutz der maritimen Umwelt und Schifffahrtsverkehr samt der dadurch verursachten Verschmutzung (Anlage VIII SRÜ). Dieser sog *Montreux Compromise*[57] eröffnet ein Wahlrecht, das die Streitparteien bei der Ratifizierung des SRÜ oder danach durch eine widerrufbare Erklärung ausüben, in der sie die Jurisdiktion einer oder mehrerer der genannten Streitbeilegungsorgane akzeptieren. Fehlt eine rechtsgültige Erklärung, hat der Staat mit der Ratifizierung des SRÜ die Jurisdiktion des Schiedsgerichts akzeptiert (Art 287 Abs 3 iVm Anlage VII). Wenn die Streitparteien zwar rechtsgültige Erklärungen abgegeben, aber für unterschiedliche Streitbeilegungsorgane votiert haben, dann ist das Schiedsgericht ebenfalls zuständig (Art 287 Abs 5 iVm Anlage VII), es sei denn die Parteien einigen sich auf ein anderes Verfahren. Gewisse Streitigkeiten sind vom Anwendungsbereich der Streitbeilegungsklausel des Art 287 SRÜ ausgenommen, insbes Streitigkeiten über die souveränen Rechte des Küstenstaats (Art 297 SRÜ). Auch können die Vertragsstaaten durch gesonderte Erklärung andere Arten von Streitigkeiten von der obligatorischen Streitbeilegung nach Art 287 ausschließen, zB Streitigkeiten über Seegrenzen und militärische Aktivitäten (Art 298 SRÜ). Liegt ein rechtswirksamer Ausschluss vor, dann kann der Streit nur dann vor ein Streitbeilegungsorgan gebracht werden, wenn beide Parteien sich im konkreten Streitfall darauf einigen.

IV. Methoden der friedlichen zwischenstaatlichen Streitbeilegung

22 Die Methoden der friedlichen Streitbeilegung lassen sich grob in zwei Kategorien unterteilen: diplomatische und rechtliche Methoden. Diplomatische Methoden sind Verhandlungen (Rn 23) und Konsultationen (Rn 24), Fact Finding Commissions und Untersuchungen (Rn 25), Mediation (Rn 26) und Schlichtungen (Rn 27). Sie zeichnen sich dadurch aus, dass die Streitparteien die Herrscher des Verfahrens bleiben, also Streitschlichtungsvorschläge annehmen oder ablehnen können. Dagegen enden die rechtlichen Methoden der Streitbeilegung in rechtlich verbindlichen Entscheidungen, die die Streitparteien binden (Schiedsurteil, Gerichtsurteil, Beschluss).

1. Verhandlungen

23 Diplomatische Verhandlungen (*negotiations*) sind nicht nur die vorrangige Streitbeilegungsmethode nach diversen Umweltverträgen, sie sind auch in der Praxis das erste Mittel der gegenseitigen Annäherung. Verhandlungen sind weder an eine bestimmte Form gebunden, noch schreiben sie ein bestimmtes Ergebnis vor. Sie basieren auf der förmlichen Gleichheit der Ver-

57 Zuerst dokumentiert in UN Doc SD.Gp/2nd Ses/No.1/Rev.5; vgl *Bos/Siblesz*, Realism in Law-Making: Essays on International Law in Honour of Willem Riphagen, 1986, 173.

handlungspartner und geben den Streitparteien Möglichkeiten zur selbstbestimmten und kreativen Problemlösung. Der IGH hat im *Fisheries Jurisdiction*-Fall die rudimentären Verhandlungsregeln aufgezeigt:[58] Die Verhandlungspartner müssen auf Basis von Treu und Glauben den Rechten und Interessen anderer gehörige Beachtung schenken. Verhandlungen sollten also nicht bloß eine gerechte Lösung hervorbringen, sondern eine gerechte Lösung auf Basis des Rechts. Gleichwohl ist nicht zu übersehen, dass sich die Streitparteien durchaus auf souveränitätsschonende Lösungen ihres Umweltstreits einigen können, die so nicht vom Umweltrechtsregime oder dem Recht der Staatenverantwortlichkeit vorgesehen sind. Diese Lösungen gestalten dann das bilaterale Verhältnis, dürfen allerdings nicht die Rechte der anderen Vertragsparteien des Umweltvertrages beeinträchtigen (Art 41 WVK). Selbstredend haben sie bei ihrem Verhandlungsergebnis auch die *ius cogens*-Grenze zu beachten (Art 53 WVK), die allerdings im internationalen Umweltrecht kaum schlagend wird.[59]

24 Vor allem im Bereich der grenzüberschreitenden Nutzung von Binnengewässern sehen einige Verträge ein mehrstufiges Verhandlungsverfahren vor, das den hochrangigen diplomatischen Gesprächen die Bildung einer paritätisch besetzten ad hoc-Kommission vorschaltet, um in einem kleineren Kreis eine Lösung des Konflikts zu finden.[60] Ein Bsp für die Arbeit einer *ad hoc*-Kommission ist der *Lac Lanoux*-Fall, in dem Frankreich und Spanien eine Kommission einsetzten, mit dem Auftrag, einen Vorschlag zur Nutzung des Lac Lanoux zu unterbreiten. Erst als die Kommission an dieser Aufgabe scheiterte, entschieden sich Frankreich und Spanien, ein Schiedsgericht anzurufen.[61] Andere Kommissionen werden als permanentes Verhandlungsforum eingesetzt, wie zB die Canadian-United States International Joint Commission, die seit 1909 ein Forum der diplomatischen Streitbelegung ist, zB im Bereich der Luftverschmutzung und der Nutzung grenzüberschreitender Gewässer.[62]

25 Konsultationen sind diplomatische Verhandlungen, die vor allem eingesetzt werden, um Streit zu verhindern; sie sind daher eher präventiver Natur. Konsultationen haben im internationalen Umweltrecht eine herausgehobene verfahrensrechtliche Bedeutung. Im *Pulp Mills*-Fall hat Argentinien vor dem IGH Klage gegen Uruguay erhoben, weil Uruguay es entgegen der Verpflichtung aus dem bilateralen River Uruguay-Vertrag verabsäumt haben soll, Argentinien vor der Genehmigung des Mühlenbaus zu konsultieren (s auch 7. Abschn Rn 3–4, 8 und 10). Der IGH hat eine vertragliche Verletzung der Pflicht zur Konsultation bejaht. Konsultationen sind üblicherweise *ad hoc*-Verfahren,[63] können aber auch institutionalisiert sein (zB im WTO-Streitbeilegungsverfahren, vgl Rn 45f).

2. Untersuchungs- und Fact Finding-Kommissionen

26 Ein Streit kann sich ausschließlich um die umweltrechtlich relevanten Tatsachengrundlagen drehen, was die Einsetzung einer Untersuchungskommission nahelegt, die entweder aus unabhängigen Experten besteht oder aus Vertretern der Streitparteien. Die paritätisch besetzten Kommissionen, die im Rahmen eines mehrstufigen Verhandlungsprozesses eingesetzt werden (s o Rn 24), dienen nicht nur der Ausarbeitung von gemeinsamen Positionen, sondern auch der Sammlung und Analyse von Tatsachen und Daten. Bspw hat die Canadian-United States International Joint Commission auch den Auftrag, die Tatsachen zu untersuchen, die die Grundlage

58 *Fisheries Jurisdiction*, § 78.
59 *Schmalenbach*, in Schmalenbach/Dörr (Hrsg), Vienna Convention on the Law of Treaties, 2012, Art 53 Rn 81.
60 ZB *Merrills*, International Dispute Settlement, 9; Ganges Treaty; Lake Inari Agreement.
61 *Merrills*, International Dispute Settlement, 9.
62 *Cohen*, The Regime of Boundary Waters: The Canadian-United States Experience, RdC 146 (1975) 219.
63 *Merrills*, International Dispute Settlement, 6.

der Meinungsverschiedenheit bilden, und das Ergebnis den Parteien zu unterbreiten (Art X Abs 1 Boundary Waters Treaty). Ein Bsp für eine unabhängige Fact Finding-Instanz ist das spezielle Schiedsgericht des SRÜ (Rn 42). Es kann auf Basis von Art 5 Anlage VII SRÜ von den Streitparteien ausschließlich mit der Tatsachenermittlung betraut werden, die dann für die Streitparteien unstr gestellt ist. Einige Umweltverträge sehen Untersuchungskommissionen vor, in deren Rahmen Umweltverträglichkeitsprüfungen (UVPen) vorgenommen werden.[64]

3. Mediation/Gute Dienste

27 Mediation und Gute Dienste binden eine neutrale dritte Person aktiv in die Streitbeilegung ein. Eine Reihe von Umweltverträgen sehen Mediation oder Gute Dienste vor, wenn die Verhandlungen gescheitert sind,[65] ohne allerdings die Details des Verfahrens oder die Qualifikationen des Mediators genauer zu regeln.[66] Mediator kann der Repräsentant eines Staats sein, eine bedeutende Persönlichkeit oder Institution als privater Akteur oder das Organ einer I. O. Die Bern Convention stellt ihr höchstes Verwaltungsorgan als Mediator zur Verfügung. Eine besondere Bedeutung haben die Guten Dienste des UN-Generalsekretärs erlangt, gestützt auf Art 99 UN-Charta. Im Laufe der Jahre hat seine Vermittlungstätigkeit eine zunehmende systematische Institutionalisierung erfahren.[67] Der Mondvertrag v 1979 sieht die Guten Dienste des UN Generalsekretärs vor mit der Besonderheit, dass bereits eine Streitpartei ohne Zustimmung der anderen die Dienste anfordern kann, wenn die Einleitung von Konsultationen Probleme bereitet (Art 15 Abs 3). Mediation und Gute Dienste verlangen ansonsten immer die Zustimmung aller Parteien, was schon allein aus Gründen der Erfolgsaussichten sinnvoll ist. Die Vorschläge, die der Mediator unterbreitet, sind für die Streitparteien nicht verbindlich.

4. Schlichtungsverfahren

28 Eine Reihe von Umweltverträgen kennen Schlichtungsverfahren zur Beilegung eines zwischenstaatlichen Streits über die Anwendung und Auslegung des Vertrags. Das Schlichtungsverfahren dient dazu, einen Vergleich zwischen den Parteien zu vermitteln. Im Gegensatz zu den Guten Diensten bzw der Mediation erlangt die neutrale dritte Partei eine formalere Rolle im Schlichtungsverfahren, das durchaus Ähnlichkeiten mit einem schiedsgerichtlichen Verfahren aufweisen kann: Es ist die Aufgabe der Schlichtungskommission, das Vorbringen und die Gegenargumente zu prüfen und einen Lösungsvorschlag zu unterbreiten (vgl etwa Art 6 Anlage V SRÜ). Im Gegensatz zum Schiedsverfahren bleibt es aber bei dem Vorschlag zur Streitbeilegung, den die Parteien im guten Glauben in Erwägung ziehen müssen; zur Annahme sind sie allerdings nicht verpflichtet. Die Umweltabkommen, die Streitschlichtungsverfahren vorsehen, enthalten regelmäßig genaue Bestimmungen über das Verfahren und die Organisation der Schlichtungskommission (s zB Anlage G Abschn II Stockholm Convention). Die besteht regelmäßig aus drei oder fünf Mitgliedern, von denen jede Streitpartei jeweils einen (oder zwei) Schlichter und den Vor-

---

64 Art 3 Abs 7 Espoo Convention; Art 4 Abs 2 iVm Annex II Convention on the Transboundary Effects of Industrial Accidents.

65 Art 27 Abs 2 CBD; Art 11 Abs 1 und 2 Vienna Convention, auch auf das Montreal Protocol anwendbar.

66 S aber Art 18 Abs 1 Helsinki Convention on the Protection of the Marine Environment of the Baltic Sea Area v 22.3.1974: Dritter Vertragsstaat, befähigte (dh fachlich kompetente) I. O. oder eine befähigte Person.

67 *Ipsen*, in ders (Hrsg), Völkerrecht, 6. Aufl 2014, 1142; Art 99 UN-Charta. Vgl auch zu deren Etablierung UN Doc A/RES/43/51 v 5.12.1988, Declaration on the Prevention and Removal of Disputes and Situations Which May Threaten International Peace and Security and on the Optional Protocol to the International Covenant on Economic, Social and Cultural Rights, Role of the United Nations in this Field.

sitzenden im Konsens wählen.[68] Kommt kein Konsens zustande, ist der Vorsitzende durch einen neutralen Dritten, zB den UN Generalsekretär, zu benennen (s zB Art 3 lit d–e Anlage V SRÜ). Die Kommission gibt sich ihre eigenen Verfahrensregeln, entscheidet über den Umfang ihrer Zuständigkeiten und verabschiedet ihre Entscheidungen und Empfehlungen mit der Mehrheit der Mitglieder (s zB Art 4–6 Anlage V SRÜ). ZT wird eine Zeitgrenze vorgegeben, innerhalb derer die Unterbreitung der Empfehlungen zu erfolgen hat (zB 12 Monate). Beide Parteien können sich freilich im Konsens über die Ausdehnung der Frist verständigen, oder aber die Schlichtung gilt nach Ablauf der Frist als gescheitert (s zB Art 7 Anlage V SRÜ).

29 Es werden zwei Arten von Schlichtungsverfahren unterschieden: verpflichtendes und freiwilliges Verfahren. Viele Umweltverträge sehen verpflichtend die Einleitung eines Schlichtungsverfahrens vor, wenn sich die streitenden Parteien nicht auf ein gerichtliches Verfahren einigen konnten bzw die Jurisdiktion des Gerichts nicht durch gesonderte Erklärung anerkannt haben oder gewisse Streitigkeiten vom gerichtlichen Verfahren ausgenommen sind (Art 11–14 Anlage V SRÜ). Gleichwohl liegt es in der Hand der Partei, die eine Rechtsverletzung geltend macht, ob sie den Weg des Schlichtungsverfahrens beschreiten will. Tut sie es, und weigert sich der Streitgegner am Schlichtungsverfahren aktiv teilzunehmen, dann ist die Nichteinlassung kein Verfahrenshindernis, auch wenn die Aussichten auf eine Streitbeilegung gering sind. Bestreitet der Streitgegner die Zuständigkeit bzw Kompetenz der Kommission, obliegt es dieser, eine Entscheidung über diese Streitfrage zu treffen (vgl Art 13 Anlage V SRÜ). Entscheidet sich die Partei hingegen, aus diplomatischen oder politischen Gründen den Streit nicht weiter zu verfolgen, dann gilt der Streit förmlich als beigelegt, obwohl die Meinungsverschiedenheit tatsächlich weiter besteht. So haben im Zuge der französischen Atomwaffentests einige Staaten erwogen, in das Schlichtungsverfahren der CBD zu gehen, aber letztlich aus politischen Gründen darauf verzichtet.[69] Andere Verträge nennen das Schlichtungsverfahren als eines unter vielen friedlichen Streitbeilegungsmechanismen, unter denen die Streitparteien frei wählen dürfen (zB Art 33 UNWC und Art XI AV).

5. Gerichtliche Streitbeilegung

a) Internationaler Gerichtshof

30 Der IGH in Den Haag ist das Hauptrechtsprechungsorgan der Vereinten Nationen (Art 92 UN-Charta), aber keineswegs nur mit Streitigkeiten über die Rechte und Pflichten aus der UN-Charta befasst. Vielmehr erstreckt sich die sachliche Zuständigkeit des IGH (Jurisdiktion *ratione materiae*) auf alle Rechtssachen, die ihm von den Parteien unterbreitet werden, also auch auf Rechte und Pflichten aus Umweltverträgen und Umweltvölkergewohnheitsrecht. Obwohl alle Mitgliedstaaten der UN zugleich Vertragspartei des IGH-Statuts sind (Art 35 Abs 1 IGH-Statut) und damit die Streitbeilegungsdienste des Gerichts in Anspruch nehmen dürfen, haben sie damit noch nicht in die parteienbezogene Zuständigkeit des IGH eingewilligt (Jurisdiktion *ratione personae*). Auf Basis von Art 36 IGH-Statut gibt es verschiedene Wege, die Zuständigkeit des Gerichts zu akzeptieren. Neben der *ad hoc*-Unterwerfung im konkreten Fall eines Streits können Staaten auch die obligatorische Gerichtsbarkeit des IGH für alle Streitigkeiten anerkennen. Die Jurisdiktion des Gerichts im *Whaling*-Fall beruhte auf entsprechenden Erklärungen Japans und Australiens nach Art 36 Abs 2 IGH-Statut (sog Fakultativklausel).[70] Darüber hinaus erlaubt das IGH-Statut auch die Zuständigkeitsbegründung durch andere völkerrechtliche Verträge (Art 36 Abs 1 Alt 1 IGH-Statut). Es gibt zwei Arten von zuständigkeitsbegründen-

68 Eine Liste an potentiellen Schiedsrichtern hält der UN Generalsekretär vor, s Anh V SRÜ.
69 *Sands/MacKenzie*, Guidelines, Rn 19.
70 *Whaling*, § 31.

den Verträgen: reine Streitbeilegungsabkommen und Verträge mit sog kompromissarischen Klauseln, die die Streitigkeiten über die Anwendung und Auslegung des konkreten Vertrags der Jurisdiktion des IGH unterstellen. Sowohl im *Pulp Mills*-Fall als auch im *Gabcíkovo-Nagymaros*-Fall wurde die Jurisdiktion des IGH auf Basis kompromissarischer Klauseln in bilateralen Verträgen gegründet. Wie unter Rn 20 dargestellt, verlangt die Mehrzahl der multilateralen Umweltverträge von den Vertragsstaaten eine gesonderte Erklärung, dass sie die Gerichtsbarkeit des IGH und/oder eines Schiedsgerichts akzeptieren. Auch wenn durch die Jurisdiktion nicht schon die Ratifikation des Vertrags begründet wird, sondern durch eine gesonderte Erklärung (sog *opt-in*), handelt es sich um eine „kompromissarische" Jurisdiktionsbegründung nach Art 36 Abs 1 IGH-Statut. Sie verlangt allerdings, dass alle Streitparteien für die Streitbeilegung durch den IGH votiert haben, was in der Praxis multilateraler Umweltverträge äußerst selten vorkommt. Auch die Jurisdiktionsbegründung des IGH durch Streitbeilegungsabkommen wie zB das Europäische Streitbeilegungsübereinkommen v 1957 hat im Bereich des Umweltrechts keine praktische Bedeutung, auch wenn diese Abkommen idR die gesamte Breite möglicher zwischenstaatlicher Streitigkeiten abdecken, also auch umweltrechtliche Streitigkeiten.

31 Trotz einer Unterwerfung unter die Gerichtsbarkeit des IGH auf Basis der verschiedenen Varianten des Art 36 IGH-Statut kann die Jurisdiktion in sachlicher, zeitlicher oder örtlicher Hinsicht durch Vorbehalte eingeschränkt werden. Die Unterwerfung unter die obligatorische Gerichtsbarkeit des IGH nach Art 36 Abs 2 IGH-Statut verlangt nicht nur, dass alle Parteien des Rechtsstreits diese Erklärung abgegeben haben (Prinzip der Reziprozität, das auch ohne ausdrücklichen Vorbehalt gilt),[71] sondern auch, dass kein Vorbehalt *ratione materiae* erklärt worden ist, zB betr umweltrechtliche Streitigkeiten. Im *Whaling*-Fall musste sich der IGH bspw mit der Frage auseinandersetzen, ob der von Australien im Rahmen des Art 36 Abs 2 IGH-Statut erklärte Vorbehalt, der jeder Streit über die Grenzen der australischen Meereszonen und über die Ausbeutung der bestrittenen Zone von der obligatorischen Jurisdiktion des IGH exkludiert, im konkreten Streitfall mit Japan die Jurisdiktion des IGH beseitigt. Zwar hatte Australien die Klage gegen Japan erhoben, allerdings berief sich Japan auf das Reziprozitätsprinzip, dh seine Jurisdiktionserklärung nach Art 36 Abs 2 IGH Statut geht nur so weit wie diejenige des Klägers. Der IGH bejahte allerdings seine Jurisdiktion mit dem Hinweis, der Vorbehalt Australiens betreffe nicht den Streitgegenstand, da der streitige Walfang zwar auch innerhalb der australischen Meereszone stattfinde, aber diese Zone von den Parteien nicht bestritten sei.[72] Einen auf Umweltstreitigkeiten zugeschnittenen Art 36 Abs 2-Vorbehalt hat Polen erklärt: Jeder Streit bzgl Umweltschutz ist von der obligatorischen Gerichtsbarkeit des IGH ausgeschlossen.[73] Das schließt freilich nicht aus, dass die Jurisdiktion über die kompromissarische Klausel eines Umweltvertrags begründet wird (s o Rn 30), für den unwahrscheinlichen Fall, dass Polen eine entsprechende Unterwerfungserklärung abgibt. Andere Staaten wie zB Malta haben im Rahmen ihrer Art 36 Abs 2-Erklärung ausgeschlossen, dass der IGH Jurisdiktion ausübt über Streitigkeiten betr „the prevention or control of pollution or contamination of the marine environment in marine areas adjacent to the coast of Malta." Eine Reihe von Staaten haben erklärt, die obligatorische Jurisdiktion des IGH nicht zu akzeptieren, wenn der Streitgegenstand ausschließlich oder wesentlich in die nationale Zuständigkeit fällt (sog *Connally-Vorbehalt*),[74] wobei sich der erklärende Staat entweder vorbehält, über den Umfang seiner nationalen Zuständigkeit selbst zu entscheiden oder die Grenzziehung durch den IGH auf Basis seiner völkerrechtlichen Verpflichtungen

71 *Tomuschat* (Fn 6) Rn 84.
72 *Whaling*, § 38 f.
73 Deklaration abrufbar unter <https://treaties.un.org>.
74 Die USA, die diese Form des Vorbehalts eingeführt haben und daher Namensgeber sind, haben im Zuge des Nicaragua-Streits ihre Unterwerfungserklärung nach Art 36 Abs 2 IGH-Statut zurückgezogen.

erlaubt.[75] Die potentielle Relevanz des Vorbehalts für umweltrechtliche Streitigkeiten liegt darin, dass die Ausbeutung der natürlichen Ressourcen grundsätzlich in die nationale Zuständigkeit fällt, und viele Umweltverträge mit ihren vagen Zielsetzungen nur punktuell bzw oberflächlich diese Zuständigkeit „internationalisieren". Der IGH, der die Interpretation des Art 36 Abs 2-Vorbehalts auf Basis des Wortlauts unter Berücksichtigung des Willens der erklärenden Partei vornimmt,[76] hat sich bislang noch nicht zur Zulässigkeit eines solchen Vorbehalts äußern müssen, wobei insbes der Vorbehalt der unilateralen Entscheidungsbefugnis des vorbehaltserklärenden Staats mit Blick auf Art 36 Abs 6 IGH-Statut bedenklich ist.[77] Eine Reihe von Staaten hat zudem die obligatiorische Gerichtsbarkeit des IGH für den Fall ausgeschlossen, dass sich die Streitpartien auf eine andere Methode der Streitbeilegung geeinigt haben. Das SRÜ-Streitbeilegungssystem nach Art 282 SRÜ (s o Rn 33ff), dem sich die SRÜ-Vertragsstaaten unterworfen haben, verdrängt aber nach Auffassung des IGH nicht seine obligatorische Gerichtsbarkeit nach Art 36 Abs 2 IGH-Statut, da Art 282 SRÜ selbst vorsieht, dass die SRÜ-Vertragsstaaten „auf andere Weise" vereinbaren können, eine Streitigkeit auf Antrag einer der Streitparteien einem Verfahren zu unterwerfen, das zu einer bindenden Entscheidung führt; die Unterwerfung unter die obligatorische Gerichtsbarkeit des IGH sei ein solches anderes Verfahren.[78] Ein weiterer für Umweltstreitigkeiten relevanter Vorbehalt ist der sog *Vandenberg-Vorbehalt*, der die IGH-Jurisdiktion über die Anwendung und Auslegung eines multilateralen Vertrags davon abhängig macht, dass alle Vertragsstaaten des Vertrags, die von der Entscheidung betroffen sind, als Streitpartei vor dem IGH auftreten.[79] Bei Umweltverträgen mit fast universeller Geltung vernichtet die Klausel *de facto* die Jurisdiktion *ratione materiae*. Die im *Nicaragua*-Fall gewählte Lösung des IGH, anstelle des multilateralen Vertrags (dort die UN-Charta) gleichlautendes Völkergewohnheitsrecht anzuwenden, wird im Bereich des Umweltrechts nur sehr eingeschränkt erfolgsversprechend sein, da gerade im Bereich des internationalen Umweltrechts nur wenig Gewohnheitsrecht feststellbar sein wird.

32 Neben dem streitigen Verfahren (Art 36 IGH-Statut) kann dem IGH eine Rechtsfrage unterbreitet werden, die er im Wege eines Gutachtens beantwortet (Art 65ff IGH-Statut). Das Gutachten ist zwar rechtlich nicht verbindlich, weil ihm kein Rechtsstreit zugrunde liegt, aber die im Gutachten vorgenommene Normauslegung genießt hohe Autorität in der Staatenwelt. Staaten sind nicht befugt, direkt eine Gutachtenanfrage an den IGH zu richten;[80] sie werden lediglich darüber in Kenntnis gesetzt, wenn die GV, der SR, ein anderes Organ der Vereinten Nationen oder eine Sonderorganisation eine Gutachtenanfrage stellen (die beiden letztgenannten nur mit Ermächtigung der GV, Art 96 UN-Charta). Im Bereich des internationalen Umweltrechts erlangte das Gutachtenverfahren Bedeutung, als die GV die Frage an den Gerichtshof adressierte, ob die Drohung mit und der Einsatz von Atomwaffen gegen internationales Recht verstießen.[81] In den schriftlichen und mündlichen Stellungnahmen der Staaten und I.O. (Art 66 Abs 2 IGH-Statut) wurde vielfach auf die Völkerrechtswidrigkeit des Atomwaffeneinsatzes nach internationalem Umweltrecht hingewiesen, was der IGH zwar im Grundsatz akzeptierte, aber zugleich mit dem Argument relativierte, Umweltverträge enthielten keine direkte Aussage zum

75 *Ohlhoff*, Konfliktbewältigung, 88f mwN; vgl insbes *Certain Norwegian Loans*, Separate Opinion *Lauterpacht*, §§ 34, 52ff.
76 *Whaling*, § 36 mit Verweis auf *Anglo-Iranian Oil Co*, 104.
77 Art 36 Abs 6 IGH-Statut: „In the event of a dispute as to whether the Court has jurisdiction, the matter shall be settled by the decision of the Court."
78 *Martime Delimitation in the Indian Ocean*, § 126.
79 *Nicaragua Jurisdiction*, § 67.
80 Möglich ist es allerdings, über die UN-GV eine Anfrage an den IGH zu stellen, s zB das UN Headquarters Agreement, Art VIII Sec 21 (b).
81 UN Doc A/RES/49/75 v 15.12.1994, Request for Advisory Opinion by the UN-General Assembly pursuant to Art 65 (2) Statute of the ICJ.

Atomwaffeneinsatz und wollten die Staaten auch nicht in ihrem Recht auf Selbstverteidigung einschränken.[82]

b) Internationaler Seegerichtshof

33 Von den insgesamt 166 Vertragsstaaten des SRÜ haben 34 Staaten die Jurisdiktion des ISGH nach Art 287 SRÜ anerkannt, zT allerdings nicht als vorrangigen Streitbeilegungsmechanismus und zT mit erheblichen Einschränkungen *ratione materiae*. Der ISGH hat mit seinen 21 Richtern 1996 seine Arbeit in Hamburg aufgenommen. Für umweltrechtliche Streitigkeiten sind drei spezielle Kammern von Bedeutung: die Meeresbodenkammer, die Kammer für Fischereistreitigkeiten[83] und die Kammer über Meeresumweltstreitigkeiten.

34 *Ratione personae* ist der Gerichtshof offen für alle SRÜ-Vertragsparteien (Art 291 Abs 1 SRÜ).[84] Soweit sie sich nicht *ad hoc* dem Gerichtshof unterwerfen (Art 280 SRÜ), ist ihre Rechtsmittelwahl nach Art 287 und die ggf festgelegte Reihung ausschlaggebend (Art 281 SRÜ). Haben die Streitparteien in einem anderen Abkommen etwaige seerechtliche Streitigkeiten einem anderen Streitbeilegungsmechanismus zugewiesen, so hat die Rechtswahl in diesem Abkommen Vorrang vor Teil XI SRÜ, mit der Folge der Unzuständigkeit des ISGH (Art 282 SRÜ).[85] Das gilt allerdings nur, wenn die vorrangige Klausel eine verpflichtende Streitbeilegung mit rechtsverbindlicher Entscheidung vorsieht.[86] Darüber hinaus können I.O. unter den Voraussetzungen der Anlage IV SRÜ beitreten (derzeit nur die EU)[87] und nach Art 7 Anlage IV als Partei vor dem Gericht auftreten. Die Vertragsparteien haben sich schon mit der Ratifikation des SRÜ der Gerichtsbarkeit der Meeresbodenkammer des ISGH unterworfen, die dieser 1997 errichtet hat; eine Wahlmöglichkeit zwischen verschiedenen Formen der Streitbeilegung besteht bei Streitigkeiten, die die Anwendung und Interpretation des Teils XI (Meeresboden) betreffen, nicht. Damit eine Klage vor dem ISGH zulässig ist, müssen die Vertragsparteien mögliche innerstaatliche Rechtswege ausgeschöpft haben (Art 295 SRÜ). Nach der Rspr des ISGH im *Saiga*-Fall[88] muss die Frage, wann nationale Rechtswege vorrangig beschritten werden müssen, nach dem allg Völkerrecht, und zwar den Regeln des diplomatischen Schutzes, gelöst werden, wenn der eigentliche Geschädigte eine natürliche oder juristische Person ist (zB ein Schiffseigner oder Crew-Mitglied).[89] Streiten die Vertragsparteien hingegen über ihre unmittelbaren Rechte und Pflichten aus dem SRÜ, ist Art 295 nicht anwendbar.[90]

35 Die sachliche Zuständigkeit des ISGH richtet sich nach Art 288 SRÜ: der Gerichtshof ist *ratione materiae* zuständig für jede Streitigkeit über die Anwendung und Auslegung des SRÜ samt

---

82 *Nuclear Weapons*, §§ 30–33.

83 Im Jahr 2000 wurde auf Bitte von Chile und der EU die Kammer mit einem Streit betr die Bewahrung und nachhaltige Ausbeutung der Schwertfischbestände im Südost Pazifischen Ozean befasst. Der Fall wurde am 17.12.2009 von der Fallliste des ISGH entfernt.

84 Zum *ius standi* von natürlichen und juristischen Personen s Rn 58.

85 *Schneider-Addae-Mensah*, Der Internationale Seegerichtshof und die Abgrenzung zu anderen Mitteln völkerrechtlicher Streitbeilegung, 2004, 52 reduziert den Anwendungsbereich des Art 282 SRÜ auf ältere Abkommen (dh vor 1996 in Kraft getretene); die jüngeren erlangten Vorrang nach Art 280 SRÜ. Der ISGH hat diese nachvollziehbare, aber wohl akademische Differenzierung nicht übernommen, vgl *MOX Plant*, §§ 38 ff.

86 *Southern Bluefin Tuna*, § 54 f.

87 Beschluss des Rates v 23.3.1998 über den Abschluß des Seerechtsübereinkommens der Vereinten Nationen v 10.12.1982 und des Übereinkommens v 28.7.1994 zur Durchführung des Teils XI des Seerechtsübereinkommens durch die Europäische Gemeinschaft, ABl EG 1998, Nr L 179/1. Die EU hat keine Erklärung nach Art 287 Abs 1 SRÜ iVm Art 7 Anh IX abgegeben, so dass die Organisation nach Art 287 Abs 3 SRÜ der Schiedsgerichtsbarkeit unterworfen ist.

88 *Saiga*, §§ 91–93.

89 Aber nicht bei Art 282 SRÜ (Freigabe von Schiffen); vgl *Camouco*, § 57.

90 *Saiga*, §§ 91–93.

Anlagen. Allerdings können durch Vorbringen einer Streitpartei auch andere Verträge vom Gerichtshof ausgelegt und angewendet werden, wenn diese inhaltlich mit den Zielen des SRÜ zusammenhängen (Art 288 Abs 2 iVm Art 21 Anlage VI SRÜ). Dazu zählen jedenfalls alle Abkommen, die den Schutz der maritimen Umwelt und ihre Ausbeutung zum Gegenstand haben. Da es allerdings Voraussetzung für die Zuständigkeit des ISGH ist, dass auch die gegnerische Partei die Zuständigkeit des Gerichtshofs für die Auslegung dieser „SRÜ-verwandten" Abkommen akzeptiert, muss der Streitgegner entweder *ad hoc* seine Einwilligung in die Zuständigkeit geben oder sie im Vorfeld im Wege einer Streitbeilegungsklausel begründen. Eine Reihe von Umweltabkommen enthalten derartige Streitbeilegungsklauseln, die im Streitfall die Zuständigkeit des ISGH begründet haben.[91] Gemäß Art 297 Abs 1 lit c SRÜ ist der ISGH (neben den anderen Streitbeilegungsmechanismen) zuständig, wenn ein Küstenstaat gegen völkerrechtliche Normen zum Schutz oder zur Bewahrung der Meeresumwelt verstoßen hat. Damit sind vor allem die Konventionen angesprochen, die im Rahmen der IMO erarbeitet worden sind, zB MARPOL (Verhütung und Bekämpfung der Meeresverschmutzung durch Schiffe). Die sachliche Zuständigkeit der ISGH-Meeresbodenkammer erstreckt sich auf die Auslegung und Anwendung des Teil XI SRÜ betr den Meeresboden. Wenn die Parteien keinen anderen Streitbeilegungsmechanismus wählen, dann hat der ISGH obligatorische Jurisdiktion hinsichtlich der sofortigen Freilassung von Schiffen (Art 292 SRÜ) und hinsichtlich vorläufiger Maßnahmen nach Art 290 Abs 5 SRÜ. Die letztgenannte Norm eröffnet die Jurisdiktion des ISGH, selbst wenn im Hauptverfahren ein anderes Streitbeilegungsgremium zuständig ist (zB das Schiedsgericht, weil die Parteien keine übereinstimmende Wahl getroffen haben, s Rn 21). Voraussetzung für die Jurisdiktion des ISGH nach Art 290 Abs 5 (vorläufige Maßnahmen) ist allerdings, dass das über Art 287 SRÜ zu bestimmende Streitbeilegungsorgan in der Hauptsache *prima facie* zuständig ist.[92]

36 Der ISGH und seine Meeresbodenkammer entscheiden nicht nur in streitigen Verfahren, sondern können auch mit der Erstellung von Gutachten beauftragt werden. Die entsprechende Kompetenz des ISGH findet sich in Art 138 der Verfahrensregeln und ist mangels ausdrücklicher Kompetenzzuweisung durch das SRÜ und Art 21 ISGH-Statut darauf beschränkt, dass ein anderes Übereinkommen, das inhaltlich mit den Zielen des SRÜ in Zusammenhang steht, Gutachtenanfragen an den Gerichtshof vorsieht. Das hat der ISGH ausdrücklich im Rahmen des *SRFC*-Gutachtens v 2015 festgestellt:[93] Art 33 der 2012 überarbeiteten *Convention on the Determination of the Minimum Conditions for Access and Exploitation of Maritime Resources* ermächtigt den Generalsekretär der Sub-Regional Fishing Commission zur Gutachtenanfrage, der dieses Recht am 13.3.2013 erstmals ausübte. Er erbat u a eine Stellungnahme zu der umweltrechtlich relevanten Frage, welche Rechte und Pflichten die Küstenstaaten hinsichtlich des nachhaltigen Managements von gemeinsamen oder im Gemeininteresse liegenden Fischbeständen (zB Thunfisch) treffen. Eine spezielle Gutachtenkompetenz kommt der Meeresbodenkammer des ISGH nach Art 191 SRÜ zu.[94] Die Gutachten sind rechtlich unverbindlich, tragen aber aufgrund der Autorität des Gerichtshofs bzw der Kammer wesentlich zur Klärung von Rechten und Pflichten der Staaten (und der EU) im Bereich des Meeresumweltrechts bei.

c) Gerichtshof der Europäischen Union

37 Der Europäische Gerichtshof (EuGH) ist als Rechtsprechungsorgan der EU mit der Aufgabe betraut, die Verträge (EUV und AEUV) auszulegen und anzuwenden. Dazu zählen nicht nur das Primärrecht im Umweltbereich, sondern vor allem die Vielzahl an umweltrechtlichen Vorschrif-

---

91 ZB Art 16 London Protocol; Art 31 Fish Stocks Convention; Art 30 Fish Stocks Agreement.
92 *MOX Plant*, § 35.
93 *SRFC*, § 59 f.
94 Bislang wurden zwei Gutachten erstattet: *Responsibilities and Obligations* und *SRFC*.

ten des Sekundärrechts. Da die EU Vertragspartei einer Reihe von multilateralen Umweltverträgen ist (zB SRÜ, Kyoto Protokoll), dient das Sekundärrecht u a dazu, die Umweltverträge umzusetzen. Die Funktion des EuGH im Hinblick auf die Überprüfung der Einhaltung des umweltrechtlichen Sekundärrechts durch die Mitgliedstaaten (Vertragsverletzungsverfahren, Art 257f AEUV; Vorabentscheidungsverfahren, Art 267 AEUV) und durch die Unionsorgane (Nichtigkeitsklage, Art 263 AEUV) unterscheidet sich damit nicht von derjenigen nationaler Gerichte, die mit der Kontrolle völkerrechtsumsetzender Gesetze betraut sind.[95]

38 Da die völkerrechtlichen Umweltverträge, denen die Union beigetreten ist, integrierte Bestandteile der Unionsrechtsordnung sind, die normenhierarchisch zwar unterhalb des Primärrechts, aber überhalb des sekundären Unionsrechts stehen, kann sich der EuGH durchaus in der Situation wiederfinden, das EU-Sekundärrecht auf seine Konformität mit dem internationalen Umweltvertrag zu überprüfen (Nichtigkeitsklage). Das setzt freilich voraus, dass der völkerrechtliche Vertrag, der die Umweltstandards aufstellt, justiziabel ist. Er muss also unmittelbar durch den EuGH anwendbar sein, wenn sich der privilegierte oder nicht-privilegierte Kläger auf die Verletzung des Abkommens beruft.[96] Das wird bei dem Großteil der multilateralen Umweltverträge zu verneinen sein, weil ihr Wortlaut regelmäßig zu vage ist und sie damit zur Zielerreichung notwendigerweise unionale Umsetzungsakte (Sekundärrecht) benötigen.[97] Diese Sekundärakte sind dann vorrangig vom EuGH zu prüfen. Die fehlende unmittelbare Anwendbarkeit hat der EuGH zB für die Aarhus Konvention festgestellt, obwohl sie eine starke menschenrechtliche Dimension aufweise (Rn 54).[98] Bei anderen Umweltverträgen ist es mit Blick auf die Compliance-Verfahren naheliegend, dass der EuGH die Justitiabilität mit Blick auf die „sanften" Hinführungsstrategien und die damit verbundenen politischen Spielräume der Vertragsparteien verneint. Diese Position hat der EuGH zumindest für das WTO-Recht eingenommen.[99] Im Falle der CBD verneinte der EuGH explizit eine Parallele zum WTO-Recht und bejahte stattdessen die Justitiabilität des Abkommens: Die CBD beruhe – im Gegensatz zum WTO-Übereinkommen – nicht auf dem „Prinzip des gegenseitigen Nutzens".[100] Im Gegensatz zu ihren Protokollen (insbes das Cartagena Protocol) kennt die CBD kein Compliance-Verfahren, in dem die Nichterfüllung des Vertrags konfliktvermeidend von einem Kontrollorgan untersucht wird.[101] Auch im Vertragsverletzungsverfahren gegen Frankreich hat der EuGH das Protokoll von Athen über den Schutz des Mittelmeers gegen Verschmutzung vom Lande aufgrund der strikten Verpflichtung des Art 6 des Protokolls direkt angewendet und eine Verletzung durch Frankreich bejaht.[102] Generell ist festzustellen, dass der EuGH internationale Umweltverträge regelmäßig als rechtlichen Maßstab zur Feststellung der Verletzung von EU-Sekundärrecht durch EU-Mitgliedstaaten heranzieht.[103]

39 Die Rechtsprechungskompetenz des EuGH im Bereich des inkorporierten internationalen Umweltrechts setzt ihn zT in Konkurrenz mit der internationalen Gerichtsbarkeit, wie der *Mox Plant*-Fall zeigt: Im Rechtsstreit Irland v Vereinigtes Königreich hatte der ISGH seine *prima facie* Jurisdiktion für vorläufige Maßnahmen bejaht (s Rn 35), das in der Hauptsache zuständige SRÜ-Schiedsgerichts unterbrach dann aber das Verfahren mit dem Hinweis an die Parteien, vorab die Jurisdiktion des EuGH zu klären.[104] Der sah in der Anrufung der SRÜ-Streitbeilegungsorgane und

95 Allg dazu *Hedemann-Robinson*, Enforcement of European Union Environmental Law, 2007.
96 *Niederlande v Parlament und Rat*, Rn 54.
97 *Asda Stores*, Rn 82.
98 *Lesoochranárske zoskupenie*, Rn 45.
99 *Portugal v Frankreich und Kommission*, Rn 47.
100 *Niederlande v Parlament und Rat*, Rn 54.
101 Vgl *Rose/Kurukulasuriya* (Fn 51) 47 f.
102 *Kommission v Frankreich*, Rn 50.
103 *Shigeta*, International Judicial Control of Environmental Protection, 2010, 157.
104 *Schmalenbach*, Struggle for Exclusiveness: The ECJ and Competing International Tribunals, in FS Hafner, 2008, 1045 (1049 ff).

des OSPAR-Schiedsgerichts durch Irland eine Verletzung seiner ausschließlichen Zuständigkeit zur Auslegung der Verträge (Art 344 AEUV) – und damit auch des in das Unionsrecht inkorporierten und umgesetzten SRÜ.[105]

6. Schiedsgerichtsbarkeit

40 Das internationale Schiedsgericht unterscheidet sich von der internationalen Gerichtsbarkeit durch seine anlassbezogene Errichtung auf Basis einer völkerrechtlichen Vereinbarung zwischen den Streitparteien (Schiedsabkommen oder *compromis*), das nicht-öffentliche Verfahren, die Einflussmöglichkeit der Streitparteien auf die Besetzung der Richterbank und das anwendbare prozessuale und materielle Recht. Dahingehend ähnelt das Schiedsverfahren dem Schlichtungsverfahren (s o Rn 28 f). Die Gemeinsamkeit von gerichtlichem und schiedsgerichtlichem Streitbeilegungsmechanismus liegt wiederum darin, dass beide auf dem Konsens der Parteien in die richterliche Jurisdiktion beruhen, deren Entscheidungen auf Basis des Rechts erfolgen und für beide Streitparteien rechtlich verbindlich sind (*res judicata*). Einige der bedeutendsten Entscheidungen im internationalen Umweltrecht sind von Schiedsgerichten gefällt worden, allen voran der *Pacific Fur Seals*-Fall (1893), der *Trail Smelter*-Fall (1941), der *Lac Lanoux*-Fall (1957) und der *Gut-Dam*-Fall (1968). Die ungebrochene Relevanz schiedsgerichtlicher Streitbeilegung in Umweltsteitigkeiten zeigt sich im *Indus Waters Kishenganga*-Fall (2013) und dem *Chagos Marine Protected Area*-Fall (2015).

41 Einige Umweltverträge verweisen auf den Ständigen Internationalen Schiedsgerichtshof (PCA) in Den Haag als Institution, die von den Streitparteien im Falle einer schiedsgerichtlichen Beilegung des Streits in Anspruch zu nehmen ist (zB Art XIII [2] CMS; Art XVIII [2] CITES). Der PCA ist kein internationales Gericht, sondern eine I. O., die den Streitparteien eine Struktur für die schiedsgerichtliche Beilegung ihrer Streitigkeit bietet, von Listen potentieller Schiedsrichter angefangen, über Verfahrensregeln bis hin zu Registrierungs- und Verwaltungsservices. Auf dem gleichen Prinzip beruht der „International Court of Environmental Arbitration and Conciliation" (ICEAC), der 1994 von Rechtsgelehrten als NGO nach mexikanischem Recht gegründet wurde. Der ICEAC bietet Schiedsverfahren, aber auch Schlichtungsverfahren und die Erstellung von Rechtsgutachten an.[106] Das Statut des Gerichts räumt neben Staaten auch natürlichen und juristischen Personen Klagebefugnis ein. Wie in internationalen Streitbeilegungsverfahren üblich, müssen alle Parteien des Rechtsstreits die Jurisdiktion des Gerichts anerkennen. Bis dato wurden dem ICEAC 13 Fälle vorgelegt, die jedoch nie zu einem Schiedsverfahren geführt haben. In sechs dieser Fälle erstellte das Gericht Konsultativ-Gutachten.[107] Einer der berühmteren Fälle vor dem ICEAC war der *Sonora*-Fall (USA v Mexiko), in dem es in der Sache um illegale Mülllagerung ging.[108]

42 Multinationale Umweltverträge unterscheiden zwischen verpflichtenden und optionalen schiedsgerichtlichen Verfahren.[109] Verpflichtende Streitbeilegung durch Schiedsgerichte kann auf verschiedene Weise geregelt sein: Einige Umweltverträge sehen verpflichtend ein Schiedsverfahren vor, wenn alle diplomatischen Streitbelegungsmittel (Verhandlungen etc) gescheitert sind. In diesem Fall reicht es aus, wenn die klagende Partei die Errichtung des Schiedsgerichts

---

105 *Kommission v Irland*, zB Rn 136. Krit dazu etwa *Proelss*, Dispute Settlement in Multi-Layered Constellations: International Law and the EU, GYIL 57 (2014) 221 ff.

106 Art 2 ICEAC-Statuten, vgl *Zengerling*, Greening Jurisprudence: Environmental NGOs before International Courts, Tribunals and Compliance Committees, 2013, 280.

107 *Zengerling* (Fn 106) 280.

108 *Sonora*, Kurzfassung abrufbar unter <www.ecolex.org>.

109 *Sands/MacKenzie*, Guidelines, Rn 23.

verlangt (Art 18 Abs 2 Bern Convention). Erlaubt der Umweltvertrag ein *opt-out* für die Schiedsgerichtskausel (etwa Art 17 Convention on the Physical Protection of Nuclear Material v 1980), darf die beklagte Partei dieses Recht allerdings nicht ausgeübt haben. Diejenigen Umweltverträge, die ein Wahlrecht zwischen IGH und Schiedsgericht kennen, sehen eine freiwillige Ausübung des Wahlrechts bei Ratifikation oder später vor. Hier kommt es entscheidend darauf an, dass *beide* Streitparteien für das Schiedsgericht optiert haben. Im Rahmen von Art 287 SRÜ ist die Schiedsgerichtsbarkeit das „Auffang"-Streitbeilegungsorgan, wenn eine der Parteien keine Wahl zwischen den zur Verfügung stehenden Organen getroffen hat, oder wenn die Wahl der beiden Streitparteien keine Übereinstimmung ergibt (Rn 21). Das SRÜ sieht darüber hinaus ein Sachverständigenschiedsgericht vor, das bei einer übereinstimmenden Wahl nach Art 287 Abs 1 lit d SRÜ von einer Streitpartei angerufen werden kann, wenn die Streitigkeiten unter eine der vier Kategorien Fischerei, Schutz der maritimen Umwelt, Meeresforschung sowie Schifffahrt und die dadurch verursachte Verschmutzung fällt (Anlage VIII SRÜ). Die Sachverständigenlisten werden für die jeweilige Streitkategorie von den einschlägigen Fachorganisationen FAO, UNEP, IOC und IMO geführt.

43 Die optionale Schiedsgerichtsbarkeit, die einige Umweltverträge vorsehen, erlangt im Gegensatz zum verpflichtenden Schiedsgerichtsverfahren kaum Bedeutung; vorgesehen ist hierbei, dass beide Parteien aus Anlass des Streits in die Zuständigkeit eines Schiedsgerichts einwilligen. Unter diesen Voraussetzungen kommt es selten zur Errichtung eines Schiedsgerichts.

44 Eine Reihe von Umweltverträgen, die verpflichtend ein Schiedsverfahren nach dem Scheitern diplomatischer Streitbeilegungsmethoden vorsehen, regeln in ihren Anhängen das Verfahren des im Streitfall zu errichtenden Schiedsgerichts und entziehen damit den Streitparteien einen Teil der bei Schiedsverfahren typischen Autonomie. IdR wird einer (oder zwei) von drei (oder fünf) Schiedsrichtern durch jeweils eine Streitpartei bestimmt, auf den Vorsitzenden müssen sich die Streitparteien einigen, wenn kein neutraler Dritter, zB der UN Generalsekretär, ihn oder sie benennen soll (s zB Anlage VII SRÜ). Das Schiedsgericht gibt sich seine Verfahrensordnung, wobei es die Vorgaben der Parteien zu beachten hat, und entscheidet mit der Mehrheit seiner Mitglieder.

7. Quasi-justizielle Streitbeilegung

a) WTO-Streitbeilegungsverfahren

45 Das durch die WTO begründete Welthandelssystem kennt ein exklusives für die Auslegung und Anwendung des WTO-Rechts zuständiges Streitbeilegungssystem, das Dispute Settlement Understanding (DSU).[110] Es wird gemeinhin als quasi-gerichtliche Streitbeilegung bezeichnet, weil es aus einem rechtlich unverbindlichen Panel bzw Appellate Body besteht (erste Instanz und Berufungsinstanz).[111] Deren rechtliche Bewertung des Streits im Hinblick auf die Verletzung von WTO-Recht erlangt rechtliche Verbindlichkeit für die Streitparteien durch den Beschluss des Dispute Settlement Bodies (DSB).[112] Da das DSB (dh der Allgemeine Rat der WTO in seiner Funktion als DSB) ein politisches Plenarorgan der WTO ist, handelt es sich beim DSB-Beschluss um keine verbindliche Gerichtsentscheidung auf Basis des Rechts. Es ist die Kombination von rechtlicher Bewertung und politischer Entscheidung, die zu dem gerichtsurteilsähnlichen Ergebnis führt. Das DSB hat bislang in allen Fällen den Panel- oder Appelate Body-Bericht beschlossen, was durch das sog negative Konsensverfahren ermöglicht wird: Der Bericht ist nur dann abge-

---

110 Annex II GATT, 353 ff.
111 Art 3 Z 2 und Art 19 Annex II GATT.
112 Art 3 Z 2–5 und Art 16 Z 3 Annex II GATT, vgl *Matsushita/Schoenbaum/Mavroidis*, The World Trade Organization: Law Practice and Policy, 2. Aufl 2004, 25.

lehnt, wenn alle WTO-Vertragsstaaten im DSB für die Ablehnung stimmen, was zwar theoretisch möglich wäre, praktisch aber schon wegen des Stimmverhaltens der obsiegenden Partei hoch unwahrscheinlich ist.[113] Die Streitparteien haben mit der Ratifikation des WTO-Abkommens die Zuständigkeit des DSB anerkannt;[114] einer gesonderten Unterwerfungserklärung vor oder anlässlich des Streits bedarf es nicht. Damit liegt es allein in der Hand des Beschwerdeführers, das Panel-Verfahren nach dem Scheitern diplomatischer Konsultationen zu initiieren. Die verpflichtende und bedingungslose Anerkennung des WTO-Streitbeilegungssystems durch alle WTO-Mitgliedstaaten sowie das System des negativen Konsenses machen das DSU zu einem der effektivsten Streitbeilegungsmechanismen des internationalen Raums. Nur WTO-Mitgliedstaaten haben *ius standi* im Streitbeilegungsverfahren, nicht dagegen Individuen und juristische Personen wie zB Handelsunternehmen.[115]

46 Auch wenn das WTO-Streitbeilegungsverfahren die Verletzung von WTO-Handelsrecht zum Gegenstand hat, so beschäftigen sich die *ad hoc* errichteten Panels (bestehend aus jeweils drei unabhängigen Experten) bzw das ständige Appellate Body (bestehend aus sieben unabhängigen Experten) recht häufig mit Fragen des Umweltrechts. Dies liegt daran, dass der Beschwerdegegner uU seine Handelsbeschränkungen mit umweltrechtlichen Schutzvorschriften begründet. Diese Schutzvorschriften haben regelmäßig ihren Geltungsgrund im nationalen Recht, können aber im Einzelfall der Implementierung internationaler Umweltverträge dienen. Da das WTO-Recht in verschiedenen Bereichen legitime Umweltbelange als Rechtfertigungsgrund für WTO-widriges Verhalten anerkennt (s 1. Erwägungsgrund der Präambel des WTO Übereinkommens, vgl 7. Abschn Rn 31), können Panel bzw Appellate Body-Berichte zu umweltrechtlichen Streitfragen Stellung beziehen und dabei auch multilaterale Vertragsverpflichtungen in diesem Bereich thematisieren.[116]

b) UN Compensation Commission

47 Der zweite Golfkrieg 1990/91 war durch verheerende Umweltverschmutzungen, brennendes und auslaufendes Erdöl gekennzeichnet, zT bewußt von der irakischen Armee als Kriegsführungsmethode eingesetzt, zT durch andere Kriegsführungsmethoden verursacht. In Res 687 (1991) bestätigte der SR die Verantwortlichkeit des Iraks: „under international law for any direct loss [...] or injury to foreign Governments, nationals and corporations, as a result of Iraq's unlawful invasion and occupation of Kuwait.“ Zur Abwicklung der Ansprüche gegen den Irak wurde eine UN Compensation Commission (UNCC) eingesetzt, die 15 Jahre lang ihre Arbeit verrichtete (1991 bis 2005). Auf Basis einer Entscheidung des UNCC-Governing Council wurden alle direkten Umweltschäden und Zerstörungen natürlicher Ressourcen zusammengeführt und ab 1998 dem Panel F4 zugewiesen. Das Panel musste sich nicht mit der Frage der prinzipiellen Verantwortlichkeit des Iraks für die Umweltschäden auseinandersetzen, da dies bereits durch die Sicherheitsratsresolution verbindlich festgestellt und vom Irak auch akzeptiert worden war.[117] Allerdings gehörte es zu den zentralen Aufgaben des UNCC, den Begriff der Umweltschäden in der Sicherheitsratsresolution zu interpretieren und mit dem internationalen Umweltrecht abzugleichen. Insofern haben einige seiner Entscheidungen zur Weiterentwicklung des allg Umweltrechts beigetragen.[118]

---

113 Art 2 Z 4 Annex II GATT, inkl beachtlicher Fn 1 zu dieser Bestimmung.

114 Das gilt für alle in Anhang I aufgezählten multilateralen (WTO) Verträge, die somit Teil des WTO-Systems sind.

115 *E contrario* zum Wortlaut sämtlicher Bestimmungen der Anlage II GATT, zB Art 3 Z 7, Art 10.

116 S zB *Tuna, Shrimps-Turtle, US-Gasoline, EC Asbestos, Frozen Beef.*

117 *Mensah*, Vorwort, in Payne/Sand, Gulf War Reparation, xvii.

118 *Sand*, in Payne/Sand, Gulf War Reparation, 170 ff.

48 Strukturell ähnelten die UNCC-Panels einer Schiedskommission, die, bestehend aus drei Experten, auf Basis vorläufiger Verfahrensregeln des UNCC Governing Councils arbeiteten.[119] Das zuständige Panel nahm eine gerichtsähnliche Bewertung der Ansprüche vor, von Fact-finding über Beweisführung bis hin zur rechtlichen Analyse.[120] Rechtliche Verbindlichkeit erlangte die Entscheidung über die Begründetheit des Anspruchs allerdings erst durch die Bestätigung des UNCC Governing Council.[121] Dieser Rat war zusammengesetzt aus Vertretern der Sicherheitsratsmitglieder und damit ein rein politisches Entscheidungsgremium. Insofern ähnelte das quasi-justizielle Verfahren dem des WTO-Streitbeilegungsverfahrens.

49 Nach Art 5 der UNCC-Verfahrensregeln waren grundsätzlich nur Staaten und I.O. berechtigt, Ansprüche gegen den Irak geltend zu machen. Staaten hatten die Ansprüche ihrer Staatsangehörigen gesammelt vor die UNCC zu bringen und dann die zugesprochene Entschädigung nach innerstaatlichen Regeln (aber unter der *ex post*-Kontrolle des UNCC) zu verteilen.[122] Allerdings gab es eine beachtliche Ausnahme von der klassischen Regel des diplomatischen Schutzes von Individuen durch ihren Heimatsstaat vor internationalen Streitbeilegungsgremien: Wenn ein Staat nicht die Ansprüche seiner geschädigten Staatsangehörigen geltend machte, durften sich diese direkt an die UNCC wenden (Art 5 Abs 3 Satz 2 UNCC-Verfahrensregeln); dasselbe galt für Staatenlose. Die Ansprüche von Palästinensern wurden vom UNRWA geltend gemacht. Insgesamt wurden 150 F4-Ansprüche wegen Umweltschäden und Vernichtung von natürlichen Ressourcen vor die UNCC gebracht mit einem Gesamtwert von 85 Mrd US-Dollar; davon wurden Entschädigungen im Wert von 14.4 Mrd US-Dollar zugesprochen.[123]

V. Streitbeilegung zwischen Staaten und Internationalen Organisationen

50 Internationale Umweltorganisationen bzw ihre Einrichtungen, zB das UNEP, die IOC, IMO, SRÜ-Meeresbodenbehörde etc, sind die Wächter der multilateralen Umweltverträge und als solche nicht Streitpartei, selbst wenn sie die Missachtung vertraglicher Pflichten anprangern. Das gilt auch im Rahmen der konfrontativen Compliance-Verfahren (Rn 8). Die besondere Stellung der Umweltorganisationen im Rahmen der Vertragsregime kommt auch dadurch zum Ausdruck, dass sie bzw ihre zuständigen Einrichtungen von den Streitbeilegungsklauseln multilateraler Umweltverträge nicht als potentielle Partei genannt werden. Eine Sonderstellung nimmt hier allein die EU ein, die aufgrund ihrer staatsähnlichen Kompetenzen im Umweltbereich Vertragspartei vieler Umweltverträge ist. So ist die EU potentielle Streitpartei nach Teil XV SRÜ (s Rn 21) und nach Art 27 CBD (inklusive Cartagena Protocol). In beiden Fällen hat die EU davon Abstand genommen, eine Wahl zwischen den zur Verfügung stehenden Streitbeilegungsmechanismen zu treffen, was im Rahmen der CBD zum obligatorischen Schlichtungsverfahren führt (Rn 29) und im Fall des SRÜ ein schiedsgerichtliches Verfahren im Falle eines nicht anders zu lösenden Streits zur Folge hat.

---

119 UN Doc S/AC.26/1992/10 v 26.6.1992, Decision No 10.
120 *Payne*, in Payne/Sand, Gulf War Reparation, 11.
121 SR-Res 692 (1991) § 3; UN Doc S/22559 v 2.5.1991, Rep of the Secretary-General Pursuant to Para 19 of the Security Council Res 687 (1991), §§ 5, 10.
122 UN Doc S/AC.26/Dec.18 v 24.3.1994, Decision No 18.
123 S die Auswertung der Arbeit des UNCC-Panels auf <www.uncc.ch/category-f>. Hier sind auch die Entscheidungen der Panels einsehbar.

Da eine I.O. über kein eigenes Territorium verfügt, dessen Umwelt vom Nachbarstaat beeinträchtig werden könnte, entstehen umweltbezogene Konflikte allenfalls zwischen der Organisation und ihrem Gaststaat. Zu denken ist zB an Emissionen, die vom Hauptquartier ausgehen. In diesem Fall gibt die Streitbeilegungsklausel des Headquarters Agreement das einzuschlagende Verfahren vor. Das UN-USA Headquarters Agreement v 1947 sieht bspw in Art VIII Sec 21 lit a die Errichtung eines dreiköpfigen *ad hoc*-Schiedsgerichts vor, wenn die diplomatischen Streitbeilegungsmittel scheitern. Innerhalb des Verfahrens steht es den Streitparteien offen, über die GV eine Bitte um die Erstellung eines Gutachtens zu einer Rechtsfrage an den IGH zu richten. In der Praxis werden Streitigkeiten fast ausschließlich auf diplomatischem Wege geklärt. Während von administrativen Hauptquartieren kaum eine reale Gefahr für die Umwelt des Gaststaats ausgeht, kann dies bei organisationsgeleiteten Militäreinsätzen anders sein. So hat bspw Bosnien-Herzegowina nach Abschluss des UNPROFOR-Einsatzes Schadensersatzansprüche in Höhe von 70 Mio US Dollar gegen die UN (und die NATO) erhoben, u a wegen Umweltschäden verursacht durch Militärfahrzeuge. Noch bevor es zu diplomatischen Verhandlungen kam, haben die UN und die NATO die Ansprüche mit dem Hinweis auf die operative Notwendigkeit der Handlungen abgewiesen (s 7. Abschn Rn 41).[124] Bosnien-Herzegowina hat daraufhin die Ansprüche fallen gelassen. Eine zivilrechtliche Klage gegen die UN oder die NATO vor bosnischen Gerichten wäre an der Jurisdiktionsimmunität der Organisationen gescheitert (s u Rn 69ff). Hinzu kommt, dass I.O. vor dem IGH nicht parteifähig sind; Gutachtenanfragen an den IGH (Art 65 IGH-Statut) müssen von der UN selbst ausgehen. Dass sich die UN grundsätzlich der schlechten ökologischen Bilanz ihrer Peacekeeping Truppen bewußt sind, zeigt die neue Studie der UNEP zu „Greening Peacekeeping Operations".[125] **51**

Ansprüche des Gaststaats wegen Umweltbeschädigungen durch Peacekeeping-Truppen sind grundsätzlich nach dem Verfahren geltend zu machen, auf das sich die Parteien im Status of Forces-Agreement geeinigt haben. Die dort verankerten Streitbeilegungsklauseln entsprechen regelmäßig Art 51, 53 Model Status-of-Forces Agreement v 1990.[126] Danach ist eine *Standing Claims Commission* einzurichten, die wie ein Schiedsgericht konzipiert ist: Der Gaststaat und die UN benennen jeweils einen Richter, und der Vorsitzende wird im Konsens bestellt. Können sich die Parteien nicht einigen, bestellt der Präsident des IGH den Vorsitzenden. Die Jurisdiktion der Kommission ist auf privatrechtliche Ansprüche beschränkt („claims of a private law character"), was eigentumsrelevante Umweltschäden umfasst. Dagegen fallen Umweltschäden an Allgemeingütern nicht unter die Jurisdiktion der Standing Claims Commission, mit der Folge, dass Art 53 Model Status-of-Forces Agreement greift: Der Streit zwischen der UN und dem Gaststaat soll vor einem *ad hoc*-Schiedsgericht mit drei Schiedsrichtern ausgetragen werden. Bislang hat die UN es vermieden, eine Standing Claims Commission zu errichten, und auch die Einsetzung eines *ad hoc*-Schiedsgerichts ist in der UN Peacekeeping Praxis unterblieben. Etwaige Streitigkeiten wegen Umweltschäden werden zwischen dem Gaststaat und der UN bzw ihren truppenstellenden Staaten[127] in der Praxis auf diplomatischem Wege beigelegt. **52**

124 UN Doc A/51/389 v 20.9.1996, § 13.

125 *Sancin*, Peace Operations and the Protection of the Environment, in Sancin (Hrsg), International Environmental Law: Contemporary Concerns and Challenges, 2012, 198 ff.

126 UN Doc A/45/594 v 9.10.1990, Rep of the UN Secretary General, Comprehensive Review of the Whole Question of Peace-Keeping Operations in all their Aspects.

127 ZB die Zahlung von 1 Mio US-Dollar durch die kanadische Regierung an Bosnien-Herzegowina wegen des Hinterlassens eines ölverseuchten Grundstücks, s UN Doc DEP/1485/GE, 2012, Greening Blue Helmets: Environment, Natural Resources and UN Peacekeeping Operations, 21.

VI. Streitbeilegung zwischen Privaten und Staaten

1. Rechtsdurchsetzung auf nationaler und internationaler Ebene: Aarhus Konvention

53 Streitigkeiten über umweltrechtliche Rechte und Pflichten zwischen Individuen und Staaten werden regelmäßig vor nationalen Gerichten ausgetragen. Abhängig von der jeweiligen nationalen Rechtsordnung, ihrem Verhältnis zum Völkerrecht und der Präzision des umweltrechtlichen Vertrags wendet der nationale Richter nationales Umweltrecht an, durch das ggf der völkerrechtliche Umweltvertrag transformiert worden ist. Monistische Rechtsordnungen erlauben die direkte Anwendung des Umweltvertrags unter der Voraussetzung, dass dessen unmittelbare Wirkung dem Willen der Vertragsparteien entspricht und darüber hinaus die Normen aufgrund ihres präzisen Wortlauts „self-executing" sind. Internationale Umweltverträge enthalten grundsätzlich keine Regeln, die den Staat dazu verpflichten, auf die eine oder andere Weise sicherzustellen, dass vor nationalen Gerichten Individuen oder juristische Personen die Einhaltung des Vertrags einklagen können. Eine bemerkenswerte Ausnahme ist, von der Betreiberhaftung abgesehen (s u Rn 67), die Aarhus Konvention. Der Fokus der Aarhus Konvention liegt auf Verfahrensrechten, nicht auf konkreten umweltrechtlichen Inhalten. Sie ist insofern ein Menschenrechtsvertrag, der aus der Bedeutung einer gesunden Umwelt für das menschliche Leben und der persönlichen Entfaltung verfahrensrechtliche Konsequenzen zieht: Seine umweltrechtliche Dimension liegt darin, dass die Konvention die Verfahrensrechte des Einzelnen als Durchsetzungsmittel für den Umweltschutz ansieht (11. Erwägungsgrund der Präambel). Der Einzelne hat das Recht auf effektiven, fairen, kostengünstigen und diskriminierungsfreien gerichtlichen Rechtsschutz, um die Rechtmäßigkeit staatlicher Entscheidungen und privater Handlungen im Lichte seiner verbürgten Informationsrechte und der umweltrechtlichen nationalen Bestimmungen überprüfen zu lassen (Art 9 Aarhus Konvention). Werden die in der Konvention niedergelegten Verfahrensrechte vom Staat generell missachtet, oder verletzt er spezielle Konventionsrechte des Einzelnen, dann haben natürliche und juristische Personen das Recht zur Einbringung einer Kommunikation im nicht-konfrontativen, aber von den Vertragsparteien unabhängigen Compliance-Verfahren (Rn 7 ff) (Art 15 Aarhus Konvention). Nach Rn 21 der Entscheidung 1/7 des Compliance-Ausschusses müssen die genannten nicht-staatlichen Beschwerdeführer vor Einleitung des Compliance-Verfahrens grundsätzlich die nationalen Rechtsmittel ausgeschöpft haben (*local remedies rule*). Wie im Völkerrecht üblich, insbes im Rahmen des diplomatischen Schutzes und der Menschenrechtsverträge, setzt die individuelle Beschwerdemöglichkeit auf der internationalen Ebene voraus, dass das Gerichtssystem des Vertragsstaats zuvor keine Abhilfe geschaffen hat.[128] Allerdings ist das Verfahren nach der Aarhus Konvention nicht als individuelles Wiedergutmachungsverfahren konzipiert, sondern als reines Erfüllungskontrollverfahren. Daher kann die Compliance-Kommission über die Nicht-Erschöpfung des Rechtswegs aus generellen oder speziellen Erwägungen hinwegsehen und das Zulässigkeitskriterium erst bei Überlastung des Systems als Korrektiv einsetzen.[129]

54 Die Informations-, Partizipations- und Justizgewährungsrechte der Aarhus Konvention sind aber nicht nur im Rahmen des Compliance-Verfahrens von Einzelnen und Interessensvertretern „sanft" durchsetzbar, sie haben auch im europäischen Raum Anerkennung vor internationalen Gerichten gefunden, nämlich dem EGMR und dem EuGH. Die Klagemöglichkeit des Einzelnen vor dem EuGH knüpft an dem Umstand an, dass die EU der Aarhus Konvention

128 *Loibl* (Fn 43) 440.
129 UNECE Guidance Doc on the Aarhus Convention Compliance Mechanism, 34, abrufbar unter <www.unece.org>.

beigetreten ist. Auch wenn der EuGH die unmittelbare Anwendung der Aarhus Konvention verneint (Rn 38),[130] kann doch der Einzelne klageweise vor nationalen Gerichten (dann: Vorabentscheidungsverfahren) oder vor dem EuG (dann: Nichtigkeitsklage) geltend machen, dass das sekundäre EU-Recht im Lichte der Aarhus Konvention auszulegen ist.[131] Der EGMR hat im *Demir and Baykara v Türkei*-Urteil v 2008 offen ausgesprochen, was sich auf Basis der vorangegangenen Entscheidung *Taskin v Türkei* schon andeutete:[132] Unabhängig davon, ob der verklagte Staat die Aarhus Konvention ratifiziert hat, fließt sie als ein von der Mehrheit der Mitglieder des Europarats getragenes internationales Dokument und damit als Grundlage der modernen Gesellschaft in die Interpretation von Art 8 EMRK ein (Recht of Privatleben und Familie).[133] Damit hat die Aarhus Konvention indirekt und ohne ihr Zutun einen justiziellen Streitbeilegungsmechanismus auf internationaler Ebene, den EGMR, zur Seite gestellt bekommen.

2. Menschenrechtsgerichtshöfe und -ausschüsse

55 Die bereits seit längerem zu beobachtende Tendenz des EGMR, das Recht auf Privatleben und Familie (Art 8 EMRK), das Recht auf Leben (Art 2 EMRK) und den Schutz des Eigentums (Art 1 des 2. Protokolls) um eine umweltrechtliche Dimension zu ergänzen und dabei internationale Umweltrechtsstandards zu berücksichtigen, gibt dem Einzelnen nach Erschöpfung des innerstaatlichen Rechtswegs eine indirekte Rechtsdurchsetzungsinstanz im Bereich des internationalen Umweltrechts.[134] Mit der umweltrechtlichen Anreicherung der Menschenrechtsjudikatur steht der EGMR nicht alleine da: Auch der Inter-Amerikanische Menschenrechtsgerichtshof[135] und die Afrikanische Menschenrechtskommission[136] sehen in der Umweltzerstörung eine Verletzung von Menschenrechten. Der UN-Menschenrechtsausschuss des IPBPR hat bei seinen Stellungnahmen zu Individualbeschwerden ansatzweise umweltrechtliche Erwägungen integriert.[137] Gesetzt den Fall, dass eine größere Zahl an Staaten die Zuständigkeit des IPWSKR für Beschwerden nach dem 2013 erfolgten Inkrafttreten des optionalen Protokolls akzeptieren, wird ein starker Umweltfokus im Bereich des Art 12 (Schutz der Gesundheit) zu erwarten sein.[138] Ohne dass die justiziellen und quasi-justiziellen menschenrechtlichen Kontrollmechanismen die geeigneten Instrumente dafür wären, Privaten auf internationaler Ebene die Möglichkeit des Rechtsschutzes gegen alle Arten schädigender Umweltbeeinträchtigungen zu geben (zB gegen Emissionen, die zur Klimaerwärmung führen),[139] wird die voranschreitende Integration des Umweltrechts in die Menschenrechte verstärkt der indirekten Durchsetzung internationaler Umweltstandards dienen.

---

130 *Lesoochranárske zoskupenie v Slowakei*, Rn 45.
131 *Fish Legal and Shirley*, Rn 34.
132 *Taskin and Others v Turkey*, Rn 99.
133 *Demir and Baykara v Turkey*, Rn 83, 85 f.
134 *Boyle*, Human Rights and the Environment. Where Next?, EJIL 23 (2012) 613 (615). Eingehend zum Ganzen o *Vöneky/Beck*, 5. Abschn Rn 16 ff.
135 *Claude-Reyes et al v Chile*, Rn 81 (unter ausdrücklicher Nennung der Aarhus Convention); s im Detail *Lixinski*, Treaty Interpretation by the Inter-American Court of Human Rights: Expansionism in the Service of the Unity of International Law, EJIL 21 (2010) 585 (594 ff).
136 *Ogoni*, Rn 67 f.
137 *Dahanayake et al v Sri Lanka*; *Port Hope*. Beide Individualbeschwerden wurden als unzulässig zurückgewiesen, enthalten aber Hinweise auf die Bedeutung der Umwelt für das Recht auf Leben.
138 Die enge Verbindung zwischen dem Recht auf Gesundheit und der gesunden Umwelt hat der Ausschuss bereits im General Comment No 14 betont.
139 *Boyle* (Fn 134) 641.

3. Investitionsstreitverfahren

56 Das internationale Investitionsschutzrecht zeichnet sich durch ein hochentwickeltes schiedsgerichtliches Streitbeilegungssystem aus, in dessen Rahmen natürliche und juristische Personen (Investor) gegen den Gaststaat wegen völkerrechtswidriger Beeinträchtigung ihrer Investitionen klagen können. Eine Erschöpfung des Rechtswegs im Gaststaat ist regelmäßig nicht erforderlich, kann aber im bilateralen Investitionsvertrag (BIT) zwischen Heimat- und Gaststaat vorgesehen werden.[140] Der Gaststaat hat durch den Abschluss des BIT bereits im Vorfeld einer möglichen Meinungsverschiedenheit seine Zustimmung gegeben, sich im Falle eines Investor-Gaststaat-Streits der schiedsgerichtlichen Streitbeilegung zu unterwerfen. Daher bedarf es nur noch der Initiierung des Verfahrens durch den Investor. Das Schiedsgericht wird entweder aus Anlass des Streits individuell errichtet, oder – was in der Praxis regelmäßig der Fall ist – es wird auf Organisationen wie ICSID, NAFTA oder PCA zurückgegriffen, die einen institutionellen Rahmen für das Schiedsgericht bieten. Voraussetzung für die Zuständigkeit eines ICSID-Schiedsgerichts ist, dass Gaststaat und Heimatstaat durch Ratifikation des ICSID-Abkommens die dort organisierte Schiedsgerichtsbarkeit generell anerkannt haben und darüber hinaus der Gaststaat seinen Konsens in die konkrete schiedsgerichtliche Zuständigkeit gegeben hat (entweder bilateral im zwischenstaatlichen BIT oder unilateral im Investment Contract mit dem Investor).

57 Aus der Perspektive des internationalen Umweltrechts sind diese schiedsgerichtlichen Streitbeilegungen relevant, weil sich der Investor auf diesem Wege häufig gegen neue Umweltgesetze des Gaststaats wehrt (mit denen ggf höhere internationale Umweltstandards implementiert werden). Im Fall *Plama v Bulgarien* hatte sich zB der Investor vor einem ICSID-Tribunal gegen ein bulgarisches Gesetz gewehrt, nach dem der Investor für in der Vergangenheit verursachte Umweltschäden haftet. Sein Argument, das Umweltgesetz verstoße gegen die *Fair and Equitable Treatment*-Klausel im Energy Charter Treaty,[141] wurde allerdings vom ICSID-Tribunal nicht akzeptiert.[142]

4. Sonstige Verfahren

58 Im Rahmen des SRÜ verfügen natürliche und juristische Personen über ein *ius standi* vor der Kammer für Meeresbodenstreitigkeiten des ISGH (Art 187 lit c und 3 iVm Anlage VI SRÜ), wenn sie nach Art 153 SRÜ unter der Aufsicht der Meeresbodenbehörde an der Erforschung oder Ausbeutung des Meeresbodens beteiligt sind. Es ist für die Zuständigkeit der Meeresbodenkammer nicht erforderlich, dass der nationale Rechtsweg ausgeschöpft ist. Bittet allerdings der beklagte Staat bei einem Streit nach Art 187 lit c SRÜ den Staat, der die Tätigkeit der natürlichen oder juristischen Person am Meeresboden befürwortet hat, in Vertretung des Einzelnen aufzutreten, und kommt der befürwortende Staat der Bitte nach, dann verliert der Einzelne sein *ius standi* (Art 190 SRÜ) ganz iSd klassischen Regeln des diplomatischen Schutzes.

59 Vor der UNCC hatten natürliche und juristische Personen das Recht, ihre Ansprüche gegen den Irak direkt vor die Kommission zu bringen, wenn ihre Heimatstaaten sich weigerten, die Ansprüche vor dem UNCC zu vertreten, oder wenn die Geschädigten staatenlos waren (s Rn 49).

60 Kein streitiges Verfahren, aber eine durchaus effektive Form des nicht-konfrontativen Compliance-Verfahrens bietet die Commission on Environmental Cooperation (CEC), die auf Ba-

---

140 Bsp für solche bilateralen Investitionsverträge können in der International Investment Agreement Database der UNCTAD unter <www.unctad.org> eingesehen werden.

141 Art 9 Energy Charter Treaty.

142 *Plama*, Rn 212ff.

sis des North-American Agreement on Environmental Cooperation[143] zwischen den USA, Kanada und Mexiko errichtet wurde; das Umweltabkommen flankiert das North American Free Trade Agreement (NAFTA). Bürger der drei Vertragsstaaten, dort ansässige Unternehmen oder NGOs können dem Sekretariat des CEC zur Kenntnis bringen, dass ein Vertragsstaat seine Umweltgesetze nicht effektiv durchsetzt (Art 14f des Abkommens). Die Anzeige hat, soweit sie substantiiert ist, eine Tatsachenuntersuchung zur Folge, dessen Endbericht vom Rat des CEC veröffentlicht werden kann (*naming and shaming*).[144]

VII. Streitbeilegung zwischen Privaten und Internationalen Organisationen

1. Weltbank Inspection Panel

61 Aufgrund der erheblichen Kritik an den ökologischen und sozialen Folgen der bankfinanzierten Projekte in den 1980er Jahren hat die Weltbank-Gruppe (IBRD/IDA) eine Reihe von Standards im Umweltbereich aufgestellt. Dazu gehört Op4.01 (1999) „Umweltverträglichkeitsprüfung", OP4.04 (2001) „Natürlicher Lebensraum" und OP4.36 (2002) „Wälder". Auch die International Finance Corporation (IFC) hat umweltbezogene Leistungsstandards entwickelt, die den für die Durchführung des Projektes Verantwortlichen auferlegt werden, insbes Standard Nr 1 („Assessment and Management of Environmental and Social Risks and Impacts"). Diese werden seit 2012 auch von der IBRD und IDA auf die von ihnen unterstützten privatwirtschaftlichen Projekte angewendet. Ob die Weltbank ihre hauseigenen Standards einhält, überprüft das Inspection Panel der Weltbank.[145]

62 Obwohl es sich um organisationsinterne Verfahren handelt, ist das Inspection Panel doch ein Mittel der Streitbeilegung, da es Beschwerden von Gruppen natürlicher und juristischer Personen entgegennimmt, die von einem seitens der Weltbank finanzierten Projekt betroffen sind und eine Verletzung der Weltbank-Standards geltend machen. Der Einzelne kann das Verfahren nicht beschreiten, wenn er sein Anliegen nicht in einer Organisation, Vereinigung oder Beschwerdegemeinschaft unterbringen kann.[146] Obwohl nur Gruppen – rechtlich oder als bloße Beschwerdegemeinschaft organisiert – Zugang zum Inspection Panel haben, ist eine sog *Popularbeschwerde* ausgeschlossen: Die Beschwerdeführer müssen geltend machen, dass ihre Rechte und Interessen direkt durch eine Handlung oder Unterlassung der Weltbank beeinträchtigt wurden oder voraussichtlich werden. Die Beeinträchtigung muss dabei von ernsthafter Natur sein, um Bagatellbeschwerden vorzubeugen.[147] Trotz der Einschränkungen ist das Verfahren vor dem Inspection Panel der Weltbank ein durchaus effektives Kontrollinstrument: Seit 1994 sind insgesamt 118 Beschwerden anhängig gemacht worden (Stand März 2017), davon ein Großteil wegen Verletzung der Weltbank-Umweltstandards.

63 Fast alle regionalen Entwicklungsbanken (zB die European Bank for Reconstruction and Development) sind dem Bsp der Weltbank gefolgt und haben interne Kontrollmechanismen ge-

---

143 Abrufbar unter <www.cec.org>.

144 Details s *Fitzmaurice*, Public Participation in the North American Agreement on Environmental Cooperation, ICLQ 52 (2003) 333ff. Die jährlichen Berichte, die von dem multinationalen, ehrenamtlich arbeitenden Joint Public Advisory Committee erstellt werden, sind online abrufbar unter <www.cec.org>.

145 Ins Leben gerufen durch die (inhaltlich identischen) Resolutionen des Executive Boards der Weltbank, Res IBRD 93–10 und IDA 93–6, beide v 22.9.1993.

146 BP 17.55, Annex A, Inspection Panel at the World Bank, (Updated) Operating Procedures 2014, abrufbar unter <http://ewebapps.worldbank.org/apps/ip/Pages/Panel-Mandate.aspx>, para 12.

147 *Ohlhoff*, Konfliktbewältigung, 438. Für Details s World Bank (Fn 146) 10, para 2.2.

schaffen, die nichtstaatlichen Akteuren die Möglichkeit der Beschwerde geben.[148] Die International Finance Corporation (IFC) und die Multilateral Investment Guarantee Agency (MIGA), beides globale, operationale Arme der World Bank Group im Sektor der Kreditvergabe an Private, haben die Institution des *Compliance Advisor Ombudsman* ins Leben gerufen, der Beschwerden wegen Verletzung der Policy Standards entgegennimmt. Beschwerden gegen das Vorgehen der beiden Institutionen können von einzelnen natürlichen Personen oder Gruppen von Privaten beim Ombudsman eingereicht werden.[149] Dieser soll nicht nur durch seine Empfehlungen den Streit zwischen projektbetroffenen Individuen mit den beiden Organisationen beilegen, sondern durch das Verfahren sollen auch die gesellschaftlichen und ökologischen Auswirkungen der Projekte gemildert werden.[150]

2. Gerichtshof der Europäischen Union

64 Art 263 Abs 4 AEUV räumt in engen Grenzen natürlichen und juristischen Personen die Möglichkeit ein, mit Nichtigkeitsklage gegen Handlungen der EU vorzugehen. Insofern ist es zumindest theoretisch denkbar, dass ein EU-Bürger sich gegen Handlungen von Unionsorganen wehrt, mit dem Vorbringen, diese seien nicht konform mit Unionsrecht (dies inkludiert einen von der Union ratifizierten Umweltvertrag, s o Rn 37).[151] Oder der Kläger macht geltend, durch einen umweltschützenden EU-Rechtsakt in seinen Rechten (zB Grundfreiheiten) verletzt zu sein (so geschehen im *Inuit*-Fall). Natürliche oder juristische Personen können jedoch nur dann Nichtigkeitsklage gegen verbindliche EU-Akte erheben, wenn diese an sie adressiert sind oder sie zumindest unmittelbar und individuell betreffen (sog *Plaumann*-Formel).[152] Da die EU im Sachbereich des Umweltrechts oftmals in der Handlungsform der RL agiert,[153] fehlt Individuen in einer Vielzahl der umweltrelevanten Rechtsetzungsakte von vornherein die Befugnis, sich direkt gegen diese Rechtsakte zu wenden; sie müssen gegen den nationalen Durchsetzungsakt vor nationalen Gerichten klagen und in diesem Verfahren die Rechtswidrigkeit der RL geltend machen (Vorabentscheidungsverfahren). Seit dem Vertrag von Lissabon besteht eine Klagebefugnis im Rahmen von Art 263 Abs 4 AEUV auch dann, wenn ein „Rechtsakt mit Verordnungscharakter" den Kläger zwar nicht individuell, wohl aber unmittelbar betrifft. Wenn also keine Durchführungsmaßnahme erforderlich ist, kann sich die natürliche oder juristische Person gegen den Rechtsakt wehren. In der Rechtssache *Inuit* stützte sich der EuGH auf die erstinstanzliche Entscheidung des EuG und verneinte eine Klagebefugnis der Inuit gegen die umweltschützende Robben-VO der EU: „Rechtsakte mit Verordnungscharakter" umfassten nicht förmliche Gesetzgebungsakte von Rat und Parlament, im konkreten Fall die Robben-VO, sondern nur Durchführungsverordnungen der Kommission.[154] Die Kläger müssen also weiterhin individuell vom förm-

---

148 *Sands/Peel*, Principles of International Environmental Law, 3. Aufl 2012, 168.
149 Compliance Advisor Ombudsman (CAO), New Operational Guidelines, 2013 (MIGA/IFC), 10, para 2.1.2, abrufbar unter <www.cec.org>. Ebenso findet sich auf der Homepage eine beachtliche Fallsammlung der seit 1999 behandelten Beschwerden.
150 <www.cao-ombudsman.org>.
151 So geschehen, jedoch nicht mit Erfolg beschieden, in *Greenpeace*, Rn 27.
152 *Plaumann*, 238.
153 ZB RL 92/43/EWG des Rates v 21.5.1992 zur Erhaltung der natürlichen Lebensräume sowie der wildlebenden Tiere und Pflanzen (Habitat-RL), ABl EG 1992, Nr L 206/7; RL 2009/147/EG des Europäischen Parlaments und des Rates v 30.11.2009 über die Erhaltung der wildlebenden Vogelarten (Vogelschutz-RL), ABl EU 2009, Nr L 20/7; RL 2010/63/EU des Europäischen Parlaments und des Rates v 22.9.2010 zum Schutz der für wissenschaftliche Zwecke verwendeten Tiere, ABl EU 2010, Nr L 276/33.
154 *Inuit*, Rn 50 ff.

lichen Gesetzgebungsakt betroffen sein, was im Lichte der restriktiven *Plaumann*-Formel bei EU-Gesetzgebungsakten – mit oder ohne umweltrechtliche Bezüge – regelmäßig nicht der Fall ist.[155]

VIII. Streitbeilegung zwischen Privaten: Rechtsmittel bei Betreiberhaftung

1. Verfahren vor nationalen Gerichten

65 Internationale Umweltverträge, die eine zivilrechtliche Betreiber- oder Eigentümerhaftung statuieren (s 7. Abschn Rn 53ff), enthalten regelmäßig Rechtswegsklauseln, die bei Streitigkeiten zwischen einem Geschädigten und dem nach dem Vertrag Verantwortlichen des Umweltschadens den Rechtsweg vor nationale Zivilgerichte eröffnen. Es ist die Pflicht der Vertragsparteien, ihre nationale Prozessordnung so anzupassen, dass eine Schadensersatzklage gegen den Verantwortlichen bzw seinen Versicherer an keinem prozessualen und sonstigen Hindernis scheitert, das der Vertrag so nicht kennt (zB Art 13 Protocol on Civil Liability and Compensation). Einige Verträge identifizieren das zuständige nationale Gericht: Gerichtsstand des Geschädigten kann in dem Staat sein, (1) in dem der Umweltschaden eingetreten ist (zB Art 9 International Convention on Civil Liability for Bunker Oil Pollution Damage), (2) in dem Präventivmaßnahmen gegen den Schaden ergriffen worden sind (Art 9 Ölhaftungsübereinkommen v 1992), (3) in dem die schadensverursachende Anlage installiert war,[156] und/oder (4) in dem der Beklagte seinen Wohn- und/oder Firmensitz hat (Art 13 Protocol on Civil Liability and Compensation). In den Fällen, in denen auf Basis des Umweltvertrags mehrere nationale Gerichtstände möglich sind, löst zT eine *lis pendens*-Klausel den Jurisdiktionskonflikt: Jedes in derselben Rechtssache angerufene Gericht muss zugunsten des Gerichts, bei dem die Klage zuerst anhängig gemacht worden ist, seine Verfahren aussetzen bis dieses Gericht über seine Jurisdiktion entschieden hat. Bejaht es seine Zuständigkeit, ist die Jurisdiktion der übrigen Gerichte abzulehnen (Art 15 Protocol on Civil Liability and Compensation).

66 Die *Nordic Convention on the Protection of the Environment*, abgeschlossen zwischen Dänemark, Finnland und Schweden, gewährt dem Einzelnen bei jeder Form von grenzüberschreitenden umweltschädlichen Aktivitäten diskriminierungsfreien Zugang zu dem Verwaltungs- und Justizsystem des Staats, von dessen Territorium oder Festlandsockel die Beeinträchtigung ausgeht.[157]

2. Ölverschmutzungsfonds

67 Die Ölhaftungsübereinkommen v 1969 und 1992 werden von einem internationalen Fonds zur Kompensation von Ölverschmutzungsschäden (sog IOPC Fonds) flankiert (s im Detail 7. Abschn Rn 62). Diese Fonds können vor nationalen Gerichten vom Geschädigten auf Schadensersatzleistung verklagt werden, wenn der Fonds zB in seinem Verfahren die Befriedigung der Ansprüche abgelehnt hat. Grundsätzlich ist die Mitgliederversammlung des Fonds für die Schadensregulierung zuständig, allerdings wurde diese Aufgaben an den Exekutivausschuss und den Direktor

155 *Buralux*.
156 S zB Art XIII Convention on Supplementary Compensation for Nuclear Damage.
157 Art 3 Nordic Environmental Protection Convention; s dazu *Boyle*, Making the Polluter Pay? Alternatives to State Responsibility in the Allocation of Transboundary Environmental Costs, in Francioni/Scovazzi (Hrsg), International Responsibility for Environmental Harms, 1991, 363.

delegiert.[158] Wurde ein Anspruch durch ein nationales Gericht vollstreckbar festgestellt, findet im Fonds kein eigenes Prüfungsverfahren statt. Im Verfahren vor dem Fonds muss der Antragssteller seinen wirtschaftlichen Schaden nachweisen. Ersatzfähig sind Eigentumsschäden, Reinigungskosten, wirtschaftliche Verluste im Fischerei- und Tourismussektor und Kosten für die Wiederherstellung der Umwelt. Der Fonds läßt – oft in Kooperation mit dem Schiffversicherer – die unternommenen Säuberungsmaßnahmen und ihre technischen Vorzüge durch Experten untersuchen und nimmt eigene Schätzungen des Schadens vor. Der Anspruchsteller verliert drei Jahre nach Schadenseintritt oder, bei einem zeitlich verzögerten Schadenseintritt, sechs Jahre nach dem Schadensereignis seine Ansprüche gegen den Fonds, es sei denn, er hat zuvor eine Schadensersatzklage vor einem nationalen Gericht anhängig gemacht.

IX. Verfahrenshindernisse

1. Jurisdiktionsimmunität

68 Es gehört zu den ältesten Regeln des Völkergewohnheitsrechts, dass Staaten vor fremden nationalen Gerichten *Jurisdiktions- und Vollstreckungsimmunität* genießen (*par in parem non habet imperium*).[159] Erst zu Beginn des 20. Jh ist diese Immunität sukzessiv beschränkt worden, so dass sie heute nur noch bei staatlichen Hoheitsakten (*acta iure imperii*) erfolgreich eingewendet werden kann, nicht dagegen bei staatlichem privatwirtschaftlichem Handeln (*acta iure gestionis*). Wenn also ein Staat selbst eine Anlage betreibt, die grenzüberschreitende Emissionen verbreitet, dann kann der verursachende Staat in dem Staat, in dem der Schaden eingetreten ist, prinzipiell nach dem dortigen Schadensersatzrecht verklagt werden. Es bleibt allerdings dem nationalen Recht unbenommen, dem fremden Staat aus eigenem Geltungsanspruch bei wirtschaftlichen Handlungen Jurisdiktionsimmunität zu gewähren.[160] Ist der verantwortliche Staat lediglich seiner umweltrechtlichen Präventionspflicht nicht nachgekommen, hat er also versäumt, „private" grenzüberschreitende Umweltschäden durch Gesetzgebung und Administrativakte zu verhindern, dann ist dies eine unterlassene hoheitliche Handlung mit der Folge, dass er nach internationalem Recht Jurisdiktionsimmunität vor fremden Gerichten genießt. Der Geschädigte muss sich dann direkt gegen den privaten Schädiger wenden oder den pflichtwidrig handelnden Staat vor seinen eigenen Gerichten verklagen.

69 Im internationalen Umweltrecht weniger relevant sind sog *Territorialdelikte*, bei denen sich der Staat nicht auf seine Immunität berufen kann, wenn sich das schadensverursachende Staatsorgan zum Zeitpunkt des Schadensereignisses auf dem Territorium des geschädigten Staats aufhielt.[161] Da Umweltschäden idR vom Territorium des schädigenden Staats ausgehen, wird diese Immunitätsausnahme *ratione loci* nur in seltenen Fällen schlagend werden, zB wenn ein staatliches Schiff in einem fremden Küstenmeer Umweltschäden verursacht.[162] Immunitätsausnahmen werden vor allem von privaten Geschädigten genutzt, um den schädigenden Staat vor fremden nationalen Gerichten zu verklagen, weil ihnen der Zugang zu internationalen Streitbeilegungsforen verwehrt ist (s o Rn 53 f). Nach internationalem Recht genießt der schädi-

158 *Kappet*, Tankerunfälle und der Ersatz ökologischer Schäden, 2006, 86.
159 Die völkergewohnheitsrechtlichen Regeln sind in der UN Convention on Jurisdictional Immunities of States and their Property kodifiziert (noch nicht in Kraft getreten).
160 *Bergkamp*, Liability and Environment, 2001, 94 (Fn 246 mwN).
161 Art 12 UN Convention on Jurisdictional Immunities of States and their Property.
162 Schäden, die durch fremde Streitkräfte verursacht worden sind, fallen allerdings nicht unter diese Immunitätsausnahme, s hierzu *Jurisdictional Immunities*, § 68.

gende Staat zudem keine Jurisdiktionsimmunität vor seinen eigenen Gerichten, da hier kein Souveränitätskonflikt entstehen kann. Das hindert einige nationale Rechtsordnungen nicht daran, ihrer Exekutive Immunität vor den eigenen Gerichten (*governmental immunity*) zu gewähren. Schon aus diplomatischen Gründen und wegen ihres souveränen Eigenverständnisses nutzen Staaten so gut wie nie die Möglichkeit nationaler Rechtmittel gegen einen anderen Staat. Daher ist es eher eine theoretische Überlegung, dass der geschädigte Staat ja auf seine Immunität verzichten und den Verursacherstaat vor dessen Zivilgerichten verklagen kann.

70 Auch wenn eine Ausnahme von der Jurisdiktionsimmunität gegeben ist, muss bei der Exekution des Titels im Gerichtsstaat die Vollstreckungsimmunität des verurteilten Staats beachtet werden. Darunter fallen alle Vermögensgegenstände, mit denen der verurteilte Staat hoheitliche Funktionen erfüllt.[163]

2. Klagebefugnis nicht-verletzter Parteien (*actio pro socio*)

71 Wenn und soweit eine grenzüberschreitende Umweltbeeinträchtigung einen anderen Staat in seinem Territorium, seine Staatsangehörigen oder auf andere Weise direkt verletzt (s 7. Abschn Rn 21 f), kann er als „verletzter Staat" (Art 42 ASR) die Verantwortlichkeit des Verletzerstaats unter Nutzung der beschriebenen gerichtlichen Streitbeilegungsmechanismen (s o Rn 22ff) geltend machen. Vertragsparteien können die Verletzung ihres Umweltvertrags gegenüber dem vertragsuntreuen Staat im Streitbeilegungsverfahren vorbringen, auch wenn sie nicht direkt in ihren Gütern verletzt sind (*erga omnes partes* oder *contractantes*). Der IGH hat im *Whaling*-Fall das vertraglich begründete Rechtsdurchsetzungsinteresse (*ius standi*) Australiens auf Basis des *erga omnes partes*-Grundsatzes mit keinem Wort in Zweifel gezogen.[164] Konsequenterweise muss dasselbe gelten, wenn ein Staat eine völkergewohnheitsrechtliche Pflicht verletzt, deren Beachtung er der Staatengemeinschaft als Ganzes schuldet (*erga omnes*-Pflicht).[165] Allerdings wird der klagende Staat im Einzelfall nachweisen müssen, dass ein besonderes *erga omnes*-Rechtsdurchsetzungsinteresse der Staatengemeinschaft gerade bei der verletzten völkergewohnheitsrechtlichen Norm besteht und diese nicht nur bilaterale Erfüllungspflichten begründet (zB die Pflicht des Staats, signifikante grenzüberschreitende Umweltschädigungen in einem anderen Staat zu verhindern). Dieser Nachweis wird zweifelsfrei wohl nur für die wenigen völkergewohnheitsrechtlichen Pflichten zum Schutz von Umweltgütern in staatsfreien Räumen gelingen.[166]

72 Wie der IGH im *Ost Timor*-Fall feststellte, muss zwischen dem allg Rechtsdurchsetzungsinteresse (bei *erga omnes*-Pflichten) und der Zustimmung des mutmaßlichen Rechtsverletzers in die Jurisdiktion des Gerichts unterschieden werden. Das bedeutet, dass nicht nur der konkret Beklagte in die Jurisdiktion des Gerichts einwilligen muss (s o Rn 30), sondern auch andere vom Urteil in ihren Rechten betroffene Staaten. MaW: Der IGH entscheidet nicht über die Rechtmäßigkeit eines staatlichen Verhaltens, wenn mit diesem Urteil zugleich das Verhalten anderer Staaten beurteilt wird, die aber nicht Parteien im Verfahren sind (sog *Indispensable Third Party Rule*).[167] Das bedeutet allerdings nicht, dass eine Klage gegen einen umweltschädigenden Staat unzulässig wäre, nur weil mehrere Staaten unabhängig voneinander durch dasselbe Verhalten den in Streit stehenden multilateralen Umweltvertrag verletzt haben. Entscheidend ist vielmehr, dass das Verhalten des verklagten Staats rechtlich nicht beurteilt werden kann, ohne notwendi-

163 BVerfGE 46 342 (364 ff).
164 Etwas mehr Begründungsaufwand lieferte der IGH im kurz vorher ergangenen Urteil im Fall *Obligation to Prosecute or Extradite*, § 69 f.
165 So für das Selbstbestimmungsrecht der Völker bejahend in *East Timor*, § 29.
166 *Ohlhoff*, Konfliktbewältigung, 160.
167 *East Timor*, § 29.

gerweise das Verhalten der anderen (nicht verklagten) Staaten mit in die richterlichen Erwägungen einzubeziehen und dadurch deren Rechtsposition zu determinieren.[168] Die *Indispensable Third Party Rule* wird allerdings nicht von allen Gerichten so strikt gehandhabt, wie es der IGH im *Ost-Timor*-Fall vorgegeben hat. Im schiedsgerichtlichen Investitionsstreitverfahren *Chevron/TexPet* ging es um einen 1995 zwischen Chevron und Ecuador geschlossenen Vertrag, der Chevron und TexPet gegen Zahlung einer Pauschalsumme von jeder Haftung für Umweltschäden freistellte. Das Schiedsgericht musste sich mit der Frage auseinandersetzen, ob seine Entscheidung über die Rechtswirksamkeit des Vertrags im Lichte der späteren ecuadorianischen Umweltgesetzgebung Auswirkungen auf die Rechtsposition von Klägern in einem New Yorker Schadensersatzverfahren gegen Chevron haben würde. Das Schiedsgericht legte die *Indispensable Third Party Rule* eng aus und bejahte seine Jurisdiktion: Die Adjudikation über „fremde" Rechte sei eine Frage der Begründetheit der Klage und müsse daher dort geklärt (oder ggf ausgespart) werden.[169]

X. Tatsachenermittlung und Beweislast

73 Die Tatsachenermittlung ist insbes in umweltrechtlichen Streitigkeiten von zentraler Bedeutung, weil sie die unabdingbare Grundlage für die Klärung der Rechtsfragen ist. In einem das Schiedsgericht einsetzenden *compromis* können sich die Streitparteien auf Einzelfragen der Beweiserhebung und der Beweislast einigen. Das Schiedsgericht kann auf Basis des Schiedsvertrags Zeugen vereidigen oder Sachverständigengutachten einholen.[170] Die Umweltverträge, die Schiedsverfahren regeln, enthalten regelmäßig Bestimmungen über die zulässigen Methoden der Tatsachenermittlung.[171] Auch die Tatsachenermittlungskompetenz der Schlichtungskommission hängen entweder von der Einigung der Parteien oder den Vorgaben der Umweltverträge ab.

74 Der IGH hat eine umfassende Befugnis zur Beweiserhebung,[172] die durch die Prozessordnung ausgeformt wird.[173] Die Bestimmung erlaubt dem Gericht ein hohes Maß an Flexibilität, um die Regeln der Beweiserhebung fallweise und nach eigenem Ermessen anzuwenden.[174] Im Statut und in der Prozessordnung des IGH finden sich einige Artikel, die die Methoden der Beweiserhebung des Gerichtshofs genauer bestimmen (Art 48–53 IGH-Statut; Art 60–69 Rules of the Court). Der IGH ist befugt, selbst Beweise einzuholen (Art 49 IGH-Statut). Zu beachten ist allerdings, dass der IGH seine Befugnisse zur selbstständigen Beweiserhebung nur ergänzend einsetzen darf, da es ansonsten zum Konflikt mit dem Prinzip der souveränen Gleichheit der Prozessparteien kommt.[175] Der Gerichtshof selbst drückte dies im *Pulp-Mills*-Fall deutlich wie folgt aus: „[I]n keeping with its practice, the Court will make its own determination of the facts, on the basis of the evidence presented to it, and then it will apply the relevant rules of international law to

---

168 Ebd.
169 *Chevron/Texaco*, § 4.66.
170 So zB auf Basis des Kompromisses zwischen den USA und Canada im berühmten *Trail Smelter*-Fall, s *Ohlhoff*, Konfliktbewältigung, 248.
171 S zB Art 27 und 29 PCA Arbitration Rules 2012, abrufbar unter <www.pca-cpa.org>.
172 Art 48 IGH-Statut: „The Court shall make orders for the conduct of the case, shall decide the form and time in which each party must conclude its arguments, and make all arrangements connected with the taking of evidence."
173 Art 62 Rules of the Court (ICJ): „1. The Court may at any time call upon the parties to produce such evidence or to give such explanations as the Court may consider to be necessary for the elucidation of any aspect of the matters in issue, or may itself seek other information for this purpose; 2. The Court may, if necessary, arrange for the attendance of a witness or expert to give evidence in the proceedings."
174 *Nicaragua Merits*, § 60.
175 *Riddell/Plant*, Evidence before the ICJ, 57.

those facts which it has found to have existed".[176] Verabsäumt eine Partei zu Erscheinen bzw Beweismaterial vorzulegen, nimmt der Gerichtshof keine Beweiserhebung anstelle der Partei vor.[177] Die Möglichkeiten der Beweiserhebung umfassen Befragung der Parteien, Urkundsbeweis, Sachverständigenbefragung, Durchführung von Untersuchungen, Vernehmung von Zeugen und Augenscheinnahme vor Ort.[178] Die Rspr des IGH spiegelt das ihm eingeräumte Ermessen wider: Während er im *Corfu Channel*-Fall die Verwendung von Indizienbeweisen[179] und die Geheimhaltung der Beweisquellen[180] zuließ, verneinte er die Beweiskraft der Indizienbeweise im *Nicaragua*-Fall.[181] Im *Nicaragua*-Fall erklärte der IGH zudem, dass Beweismittel bis zum Ende der mündlichen Verhandlung eingereicht werden dürfen, wenn die Situation dies verlange.[182] Der *Gabcikovo-Nagymaros*-Fall – einer der zentralen Umweltrechtsstreitigkeiten vor dem IGH – ist bislang das einzige Verfahren, in dem der IGH eine Augenscheinnahme durchgeführt hat.[183] Im *Whaling*-Fall stützte sich der Gerichtshof in größerem Umfang auf Sachverständige, die von den Streitparteien benannt und vom Gerichtshof eingehend befragt wurden.[184]

75 Hinsichtlich der Verteilung der Beweislast folgt der IGH dem Prinzip *actori incumbit probatio* (dem Kläger obliegt der Beweis).[185] Wenn Beklagte eine Ausnahmeregelung für sich in Anspruch nehmen oder eine andere Verteidigung vorbringen, dann sind sie in diesem Punkt „*actori*" und tragen die Beweislast für ihr Vorbringen.[186] Die Beweislast, dass der Staat alles in seiner Macht stehende getan hat, um grenzüberschreitende Umweltschäden zu verhindern, liegt bei dem Staat, von dessen Territorium die Schädigungen ausgehen.[187]

76 Der Prüfungsmaßstab des Gerichts (*standard of review*) wird in Art 53 Abs 2 IGH-Statut thematisiert: Der Gerichtshof muss sich selbst vergewissern, dass die Anträge tatsächlich und rechtlich begründet sind. Absoluter Gewissheit, dass die nachgewiesenen Fakten das Vorbringen tragen, bedarf es nicht, wohl aber einer ausreichenden Gewissheit.[188] Generell wird dem IGH hier ein Beurteilungsspielraum einzuräumen sein. Der Prüfungsmaßstab ist allerdings objektiv, wie der IGH im *Whaling*-Fall betont.[189] Das bedeutet, dass der IGH sich ein eigenes Bild auf Basis des Parteivorbringens, den Beweisen und den Sachverständigenaussagen macht.

77 Der ISGH hat seine Prozessordnung stark am Vorbild des IGH orientiert.[190] Die Beweislastregeln des ISGH ähneln daher denjenigen des IGH. Auch hinsichtlich des Prüfungsmaßstabs folgt Art 28 ISGH-Statut dem Vorbild des Art 53 IGH-Statut: der Gerichtshof „must satisfy itself not only that it has jurisdiction over the dispute, but also that the claim is well founded in fact and law." Wie dem IGH steht dem ISGH die ganze Palette der Beweiserhebung zur Verfügung: Befragung der Parteien, Urkundsbeweis, Sachverständigenbefragung, Zeugenvernehmung, Durchführung von Untersuchungen (Art 63ff der Verfahrensordnung). Auch der ISGH darf auf die Be-

176 *Pulp Mills*, § 168.
177 *Nicaragua Merits*, § 30.
178 Aufgelistet in Art 43 IGH-Statut, näher ausgeführt in Art 44 und 50f IGH-Statut und Art 66f Rules of the Court.
179 *Corfu Channel*, 18. Indizienbeweise müssen demnach dergestalt sein, dass sie „keinen Raum für vernünftige Zweifel" lassen; sie sind zulässig, wenn die Beweiserhebung durch die territoriale Kontrolle der Gegenpartei eingeschränkt ist.
180 *Corfu Channel*, 32.
181 *Nicaragua Merits*, §§ 67–74.
182 Ebd, § 58.
183 *Gabčikovo-Nagymaros*, 7 ff.
184 *Whaling*, §§ 20–22.
185 *Nicaragua Merits*, § 101; *Frontier Dispute*, § 65; *Temple of Preah Vihear*, 15 f.
186 *ELSI*, § 62f.
187 *Corfu Channel*, 18.
188 Vgl *Riddell/Plant*, Evidence before the ICJ, 136 f.
189 *Whaling*, § 67.
190 Vom ISGH beschlossen auf Basis von Art 16 ISGH-Statut.

weiserhebung einwirken, indem er die Parteien zur Vorlage bestimmter Beweise auffordert, um ihre Behauptungen zu belegen (Art 77 der Verfahrensordnung). Im Falle der Zuständigkeit eines speziellen Schiedsgerichts nach Anlage VIII SRÜ sitzen die Sachverständigen auf der Richterbank (Art 287 Abs 1 lit d iVm Art 2–3 Anlage VIII SRÜ).

Neunter Abschnitt

Peter-Tobias Stoll und Hagen Krüger

Klimawandel

Gliederung

DOI 10.1515/9783110248296-009

Literatur

Birnie, Patricia/Boyle, Alan/Redgwell, Catherine, International Law and the Environment, 3. Aufl 2009 [*Birnie/Boyle/Redgwell*, International Law and the Environment]
Bodansky, Daniel, The Legal Character of the Paris Agreement, RECIEL 25 (2016) 142 [*Bodansky*, Legal Character]
ders, Legal Form of a New Climate Agreement: Avenues and Options, 2009, abrufbar unter <www.c2es.org/docUploads/legal-form-of-new-climate-agreement-paper.pdf> [*Bodansky*, Climate Agreement]
ders, The United Nations Framework Convention on Climate Change: A Commentary, Yale JIL 18 (1993) 451 [*Bodansky*, UNFCCC]
Bolle, Ulrike, Das Intergovernmental Panel on Climate Change: Eine völkerrechtliche Untersuchung, 2011 [*Bolle*, IPCC]
Boyle, Alan/Chinkin, Christin, The Making of International Law, 2007 [*Boyle/Chinkin*, Making]
Climate Change Secretariat (Hrsg), United Nations Framework Convention on Climate Change Handbook, 2006, abrufbar unter <http://unfccc.int/resource/docs/publications/handbook.pdf> [UNFCCC Handbook]
Güssow, Kerstin, Sekundärer maritimer Klimaschutz: Das Bsp der Ozeandüngung, 2012 [*Güssow*, Klimaschutz]
Kellersmann, Bettina, Die gemeinsame, aber differenzierte Verantwortlichkeit von Industriestaaten und Entwicklungsländern für den Schutz der globalen Umwelt, 2000 [*Kellersmann*, Verantwortlichkeit]
Mace, M.J./Verheyen, Roda, Loss, Damage and Responsibility after COP21: All Options Open for the Paris Agreement, RECIEL 25 (2016) 197
Metz, Bert/Davidson, Ogunlade/Bosch, Peter/Dave, Rutu/Meyer, Leo (Hrsg), Climate Change 2007, Mitigation, Contribution of Working Group III to the Fourth Assessment Report of the Intergovernmental Panel on Climate Change, 2007 [WG III Report]
Österberg, Klas, The Integration of LULUCF in the EU's Emissions Trading Scheme, 2006, abrufbar unter <www.naturvardsverket.se/Documents/publikationer/620-5625-5.pdf> [*Österberg*, LULUCF]
Oppenheimer, Michael/Petsonk, Annie, Article 2 of the UNFCCC: Historical Origins, Recent Interpretations, 2004, abrufbar unter <www.princeton.edu/step/people/faculty/michael-oppenheimer/recent-publications/Article-2-of-the-UN-Framework-Convention-on-Climate-Change.pdf> [*Oppenheimer/Petsonk*, Art 2 UNFCCC]
Proelß, Alexander, Klimaschutz im Völkerrecht nach dem Paris Agreement: Durchbruch oder Stillstand?, ZfU 39 (2016) 58
Sands, Philippe/Peel, Jacqueline, Principles of International Environmental Law, 3. Aufl 2012 [*Sands/Peel*, Principles]
Verheyen, Roda, Climate Change Damage and International Law: Prevention Duties and State Responsibility, 2005 [*Verheyen*, Climate Change]
Wolfrum, Rüdiger (Hrsg), Max Planck Encyclopedia of Public International Law, 12 Bde, 2012 [MPEPIL]
Yamin, Farhana/Depledge, Joanna, The International Climate Change Regime: A Guide to Rules, Institutions and Procedures, 2004 [*Yamin/Depledge*, Climate Change]

Verträge

Allgemeines Zoll- und Handelsabkommen v 30.10.1947 (BGBl 1951 II, 173) [GATT] — 24
Wiener Übereinkommen über das Recht der Verträge v 23.5.1969 (BGBl 1985 II, 927) [WVK] — 15, 74, 82
Übereinkommen über Feuchtgebiete, insbesondere als Lebensraum für Wasser- und Wattvögel, von internationaler Bedeutung v 2.2.1971 (BGBl 1976 II, 1265) [Ramsar Übereinkommen] — 52
Montrealer Protokoll v 16.9.1987 über Stoffe, die zu einem Abbau der Ozonschicht führen (BGBl 1988 II, 1014) — 28, 56, 58, 62
Rahmenübereinkommen der Vereinten Nationen über Klimaänderungen v 9.5.1992 (BGBl 1993 II, 1784) [UNFCCC] — passim
Übereinkommen über die biologische Vielfalt v 5.6.1992 (BGBl 1993 II, 1742) [CBD] — 52
Übereinkommen zur Errichtung der Welthandelsorganisation v 15.4.1994 (BGBl 1994 II, 1443) — 24
Übereinkommen der Vereinten Nationen zur Bekämpfung der Wüstenbildung in den von Dürre und/oder Wüstenbildung schwer betroffenen Ländern, insbesondere in Afrika v 14.10.1994 (BGBl 1997 II, 1471) [UNCCD] — 52
Protokoll von Kyoto zum Rahmenübereinkommen der Vereinten Nationen über Klimaänderungen v 11.12.1997 (BGBl 2002 II, 967) [Kyoto Protokoll bzw KP] — 3, 21, 32, 34, 44, 54–73, 84
Übereinkommen von Paris v 12.12.2015 (BGBl 2016 II, 1082) [PA] — 44, 48, 54, 74–82, 84

I. Einleitung

Unter dem Begriff des Klimawandels wird die seit einiger Zeit zu beobachtende fortschreitende Erwärmung der Erdatmosphäre verstanden, die weitreichende Auswirkungen auf das Ökosystem der Erde hat. Neben einem Abschmelzen des Eises der Polkappen und einem dadurch verursachten Anstieg des Meeresspiegels und einer Änderung von Meeresströmungen ist in bestimmten Regionen mit Dürre, Trockenheit, Hitze und Wüstenbildung sowie mit einer Zunahme von Extremwetterereignissen zu rechnen. Es wird heute kaum noch bestritten, dass diese Erderwärmung auf die gestiegene Konzentration von Treibhausgasen in der Erdatmosphäre zurückzuführen ist, die ihrerseits auf der zunehmenden Industrialisierung beruht. Ein wesentliches Treibhausgas ist das Kohlendioxid (CO_2), das bei der Verbrennung von fossilen Brennstoffen zur Energiegewinnung entsteht. 1

Auf dem Gebiet des Umweltvölkerrechts steht im Zentrum der internationalen Bemühungen im Bereich des Klimaschutzes das Rahmenübereinkommen der UN über den Klimawandel (UNFCCC), das zu den bedeutendsten umweltvölkerrechtlichen Regimen zählt. Das Klima hat eine wahrhaft globale Dimension, und sein Wandel und die damit einhergehenden Folgen für die Menschheit und ihre Umwelt haben eine enorme Tragweite. Das Übereinkommen muss die zur Minderung dieses Wandels (*mitigation*), zur Anpassung an seine Folgen (*adaptation*) und zum Umgang mit nicht abgewendeten Schäden (*loss and damage*) erforderlichen Maßnahmen organisieren, die tiefe Einschnitte in die Wirtschaftsweise mit sich bringen und hohe Investitionen oder andersherum einen Wohlstandsverzicht verlangen. Diese Maßnahmen müssen von einer Vielzahl von Ländern mit verschiedener Leistungsfähigkeit durchgeführt werden, die für den Klimawandel aktuell oder historisch gesehen in höchst unterschiedlichem Maße Verantwortung tragen. Die in dem Übereinkommen angesprochene große Herausforderung, dafür einen gerechten Interessenausgleich zu schaffen, hat die UNFCCC mehr als einmal an die Grenzen ihrer Leistungsfähigkeit gebracht. 2

1997 wurde zudem mit dem Kyoto Protokoll (KP) ein erstes Abkommen abgeschlossen, das die Rahmenregelungen der UNFCCC ergänzen und konkretisieren soll. Das Protokoll trat am 16.2.2005 in Kraft und war zunächst auf einen Verpflichtungszeitraum von 2008 bis 2012 angelegt. Kurz vor dessen Ablauf haben die Vertragsparteien sodann im Dezember 2012 eine Änderungsvereinbarung getroffen, die einen weiteren Verpflichtungszeitraum von 2013 bis 2020 vorsieht, allerdings mangels einer hinreichenden Anzahl an Ratifikationen noch nicht in Kraft getreten ist. 2015 wurde als zweites, nachfolgendes Abkommen unter der UNFCCC das Pariser Abkommen (PA) geschlossen. Es ist am 4.11.2016 in Kraft getreten. 3

II. Entstehung, Konzeption und Struktur der Klimarahmenkonvention

1. Entstehungsgeschichte

Die Entstehung der UNFCCC geht auf einen wesentlich von der Wissenschaft getriebenen Prozess der Bewusstwerdung und Thematisierung des umweltpolitischen Besorgnispotentials des Klimawandels zurück. Während in der Meteorologie und der Atmosphärenchemie der Anstieg der CO_2-Konzentration in der Atmosphäre gegenüber präindustriellen Zeiträumen und die Folge einer Erderwärmung seit langem in den Umrissen bekannt waren, fand die Bewusstwerdung des Besorgnispotentials und die politische Thematisierung erst ab Ende der 1970er Jahre statt. Die von der WMO 1979 einberufene *Konferenz über das Weltklima* war dabei noch deutlich wis- 4

senschaftlich geprägt.[1] Sehr viel deutlicher politisch war eine fast zehn Jahre später im Jahre 1988 in Toronto ausgerichtete wissenschaftliche Konferenz, in deren Abschlussdokument sich die Einschätzung findet, dass die Menschheit unabsichtlich und unkontrolliert ein global sich auswirkendes Experiment unternehme, das in seinen Auswirkungen nur noch von einem globalen Atomkrieg übertroffen werde. In dem Dokument ist die Forderung der Reduzierung des Ausstoßes von CO_2 um 20% bis zum Jahre 1995 enthalten.[2] Im gleichen Jahr beschloss die GV die *Einrichtung des IPCC*, eines von der WMO und dem UNEP gemeinsam getragenen zwischenstaatlichen Gremiums,[3] das 1990 seinen ersten Bericht (*Assessment Report*) vorlegte,[4] der als Grundlage für die kurze Zeit später begonnenen Verhandlungen für ein Klimarahmenübereinkommen diente.

5 In der Folgezeit fanden mehrere zwischenstaatliche Konferenzen statt, in deren Rahmen der Klimawandel thematisiert wurde. Im Kontext der Resolution der GV v 1988 und im Verlaufe der verschiedenen Konferenzen wurden Möglichkeiten für eine internationale Regelung diskutiert. Einflussreich war dabei für einige Zeit ein im Schlussdokument der Konferenz von Toronto schon anklingender kanadischer Vorschlag, der vorsah, eine Rahmenkonvention über das Recht der Atmosphäre zu schaffen, und für die einzelnen Problembereiche, nämlich die Erderwärmung, den sauren Regen und den Abbau der Ozonschicht, Zusatzprotokolle auszuhandeln.[5] Die Resolution der GV hatte zwar von einer möglichen zukünftigen internationalen Vereinbarung über das Klima gesprochen, aber keine konkrete Aussage für die Ausgestaltung getroffen. Im Frühjahr 1989 gewannen diese bis dahin im Ungefähren geführten Überlegungen Kontur, nachdem die USA ihre bis dahin klar ablehnende Haltung aufgegeben hatten. Die wesentlich im Rahmen von UNEP geführten Diskussionen favorisierten ein thematisch engeres Konzept, das ganz auf den Klimawandel ausgerichtet sein sollte. Dieser Konzeption folgte der UNEP-Verwaltungsrat bei seinem Beschluss, die Verhandlungen vorzubereiten und zu empfehlen, sie nach der Annahme des Ersten Sachstandsberichts des IPCC zu beginnen.[6]

6 Im Dezember 1990 setzte die GV das Intergovernmental Negotiating Committee (INC) ein, um die Verhandlungen für die Konvention durchzuführen.[7] Da das Übereinkommen zur Konferenz der UN für Umwelt und Entwicklung in Rio de Janeiro 1992 zur Zeichnung aufgelegt werden sollte, blieben dem INC kaum eineinhalb Jahre, in denen letztlich insgesamt fünf Verhandlungsrunden durchgeführt wurden. Am 9.5.1992 konnte das Übereinkommen gerade noch rechtzeitig zu der Anfang Juni beginnenden Rio-Konferenz abgeschlossen werden. Neben dem hohen Zeitdruck waren die Verhandlungen deshalb besonders schwierig, weil ihr Gegenstand – der Klimawandel – in seinen Ausmaßen und Auswirkungen damals noch schwer zu greifen war. Zudem standen potentiell weitreichende Verpflichtungen der Staaten im Raum, die aber letztlich nicht in verbindlichen Zugeständnissen im Hinblick auf die Reduzierung von Treibhausgasemissionen mündeten. Schließlich waren eine Fülle unterschiedlicher Interessen zu berücksichtigen, die sich nicht in bekannte Schemata einer Nord-Süd-Kontroverse einordnen ließen.

---

1 Vgl WMO (Hrsg), Proceedings of the World Climate Conference: A Conference of Experts on Climate and Mankind, 1979.
2 WMO/OMM Doc 710 (1989), Proceedings of the World Conference on the Changing Atmosphere: Implications for Global Security, paras 67, 292.
3 UN Doc A/RES/43/53 v 6.12.1988.
4 IPCC (Hrsg), Climate Change: The IPCC Scientific Assessment, 1990.
5 Vgl *Bodansky*, UNFCCC, 471f mwN.
6 UN Doc UNEP/GC/15/36 v 25.5.1989.
7 UN Doc A/RES/45/212 v 21.12.1990.

2. Konzeption und Struktur der Klimarahmenkonvention

7 Die UNFCCC umreißt, nachdem sie in Art 1 ausführliche Legaldefinitionen aufzählt, in Art 2 und 3 Ziel und Grundsätze des Abkommens sowie Verpflichtungen der Vertragsparteien (Art 4). Nach Regelungen über Forschung und systematische Beobachtung (Art 5) sowie Bildung, Ausbildung und öffentliches Bewusstsein (Art 6) werden die Organe – die Konferenz der Vertragsparteien (Art 7), das Sekretariat (Art 8) und die Nebenorgane für wissenschaftliche und technologische Beratung (Art 9) und für die Durchführung des Übereinkommens (Art 10) – mit ihren Strukturen und Aufgaben definiert. Weitere Bestimmungen betreffen u a den Finanzierungsmechanismus (Art 11), die Streitbeilegung (Art 14) und zusätzliche Protokolle (Art 17).

III. Der materielle Kern der UNFCCC: Ziele, Prinzipien und Grundpflichten

8 Die UNFCCC umschreibt ihr wesentliches materielles Programm in drei Artikeln. Sie geht von einer Zielstellung aus (Art 2), definiert Grundsätze für deren Verwirklichung (Art 3) und schließt einen Katalog von Pflichten (Art 4) an, der im Hinblick auf zwei Sachbereiche (Art 5 und 6: Forschung, Beobachtung, Bildung und Ausbildung) noch weiter spezifiziert wird.

1. Die Zielsetzung der Klimarahmenkonvention

a) Stabilisierung der atmosphärischen Treibhausgaskonzentration

9 Die UNFCCC hat eine bemerkenswerte Zielbestimmung,[8] die sich auf einen wesentlichen Aspekt der Gesamtproblematik des anthropogenen Klimawandels[9] bezieht und damit der gesamten Regelung eine Richtung vorgeben soll. Nach Art 2 Satz 1 liegt das Ziel der Konvention darin, „die Stabilisierung der Treibhausgaskonzentrationen in der Atmosphäre auf einem Niveau zu erreichen, auf dem eine gefährliche anthropogene Störung des Klimasystems verhindert wird." Diese Zielbestimmung leistet eine Konkretisierung, weil sie aus der Gesamtproblematik die Treibhausgaskonzentration als wesentliches Glied der Verursachungskette herausgreift. Die Treibhausgaskonzentration ist gegenüber anderen denkbaren Anknüpfungspunkten wie etwa dem Temperaturanstieg, dem Anstieg des Meeresspiegels oder der Versauerung der Meere deutlich handlungsbezogener, weil sie unmittelbar auf anthropogene Emissionen verweist und damit den Ansatzpunkt möglicher Maßnahmen vorgibt.[10] Andererseits geht die Zielbestimmung aber auch nicht so weit, direkt eine Reduzierung des Treibhausgasausstoßes – also der Treibhausgasemissionen – zu fordern. Damit ist sichergestellt, dass abseits solcher Emissionsreduzierungen als gleichsam zweitbeste Strategie auch Maßnahmen in Betracht kommen, die der Atmosphäre das Kohlendioxid wieder entziehen sollen. Zu diesen Maßnahmen gehören insbes die sog *Senken*.[11]

---

8 S allg *Oppenheimer/Petsonk*, Art 2 UNFCCC, 1 ff.

9 Vgl Art 1 Abs 2 UNFCCC, der klarstellt, dass der Begriff des „Klimawandels" für die Zwecke des Abkommens ausschließlich auf solche Veränderungen bezogen zu verstehen ist, welche unmittelbar oder mittelbar auf menschliches Handeln zurückzuführen sind.

10 Vgl zu den anderen denkbaren Indikatoren WG III Report, 99. Zu den Diskussionen um andere Zielsetzungen und zur Entwicklung der heutigen Zielbestimmung vgl *Oppenheimer/Petsonk*, Art 2 UNFCCC, 10 ff.

11 Zur Definition der „sinks" vgl Art 1 Abs 8 UNFCCC. Der Senkenansatz wird im Abkommen an diversen Stellen angesprochen, so in Erwägungsgrund 4 der Präambel, Art 3 Abs 3, Art 4 Abs 1 lit a, b und d, Abs 2 lit a–d und Art 12 Abs 1 lit a, Abs 2 lit b.

10 Die Zielbestimmung wird dadurch qualifiziert, dass die Stabilisierung auf ein Niveau hinauslaufen soll, das eine gefährliche menschliche Beeinflussung des Klimasystems verhindert (Art 2 Satz 1 UNFCCC). Wann eine solche gefährliche Beeinflussung vorliegt, ist nicht einfach zu bestimmen.[12] Als Orientierung bietet sich hier besonders die sog „2°-Planke“ an,[13] welche ab Mitte der 1990er Jahre zunehmend Eingang in die Diskussion auf politischer Ebene fand.[14] Nach allg Einschätzung kann eine weitere und in ihrem Verlauf und ihren Auswirkungen unabsehbare Dynamik des Klimasystems abgewendet werden, sofern es gelingt, den Temperaturanstieg in einer Frist bis zum Jahr 2050 auf 2°C zu begrenzen. Die Vertragsstaatenkonferenz der Konvention hat sich dieses sog *2°-Ziel* zunächst politisch zu Eigen gemacht.[15] Nunmehr ist das Ziel, die Erderwärmung „deutlich unter 2°C über dem vorindustriellen Niveau“ zu halten, in Art 2 Abs 1 lit a PA festgeschrieben.

b) Zeitdimension und Interessenkollisionen

11 Art 2 Satz 2 UNFCCC qualifiziert das Stabilisierungsziel auch in zeitlicher Hinsicht.[16] Die Stabilisierung der atmosphärischen Treibhausgaskonzentration „sollte innerhalb eines Zeitraums erreicht werden, der ausreicht, damit sich die Ökosysteme auf natürliche Weise den Klimaänderungen anpassen können, die Nahrungsmittelerzeugung nicht bedroht wird und die wirtschaftliche Entwicklung auf nachhaltige Weise fortgeführt werden kann.“ Daraus spricht zum einen die Erkenntnis, dass gewisse klimatische Veränderungen nicht zu verhindern sein werden.[17] Zum anderen werden einige der konfligierenden Interessen benannt, die beim Umgang mit dem Klimawandel auf dem Spiel stehen und Berücksichtigung finden sollen.[18] Während also auf der einen Seite eine Überforderung der natürlichen Anpassungsfähigkeit der Ökosysteme vermieden werden soll, sind auf der anderen Seite auch wirtschaftliche und soziale Interessen in Rechnung zu stellen.[19] Dazu gehört insbes das in der Konvention durchaus als legitim anerkannte Interesse

---

12 S WG III Report, 99; *Verheyen*, Climate Change, 58 ff; *Oppenheimer/Petsonk*, Art 2 UNFCCC, 21 ff, für verschiedene Vorschläge zur Bestimmung der Schwelle zur „dangerous anthropogenic interference“.

13 Dafür etwa auch *Sands/Peel*, Principles, 277; *Verheyen*, Climate Change, 66.

14 Zu Genese und Verständnismöglichkeiten dieses Konzepts eingehend *Jaeger/Jaeger*, Three Views of Two Degrees, REC 11 (2011) 15 ff. Zur Fehlerhaftigkeit der verbreitet anzutreffenden Rückführung auf Arbeiten des IPCC auch *Bolle*, IPCC, 129 ff.

15 Dies zeigt sich etwa an der Bekräftigung dieses Ziels in der Entscheidung 1/CP.16, UN Doc FCCC/CP/2010/7/Add.1 v 15.3.2010, The Cancun Agreements: Outcome of the Work of the Ad Hoc Working Group on Long-Term Cooperative Action under the Convention, para I.4.

16 *Maguire*, Foundations of International Climate Law: Objectives, Principles and Methods, in Hollo/Kulovesi/Mehling (Hrsg), Climate Change and the Law, 2013, 83 (85) spricht insoweit von einer „timeline for when the environmental standard must be met“. Vgl auch *Yamin/Depledge*, Climate Change, 61.

17 Vgl *Sands/Millar*, Climate, International Protection, MPEPIL, Rn 7. S auch *Birnie/Boyle/Redgwell*, International Law and the Environment, 358; *Sands/Peel*, Principles, 277; *Yamin/Depledge*, Climate Change, 216. Diese Einschätzung findet sich auch an anderer Stelle gespiegelt, wenn es bei *Adger et al*, Summary for Policymakers, in Parry et al (Hrsg), Climate Change 2007, Impacts, Adaptation and Vulnerability, Contribution of Working Group II to the Fourth Assessment Report of the Intergovernmental Panel on Climate Change, 2007, 19 heißt: „Past emissions are estimated to involve some unavoidable warming [...] even if atmospheric greenhouse gas concentrations remain at 2000 levels [...]. There are some impacts for which adaptation is the only available and appropriate response.“

18 Etwa die Spannungen zwischen Klimaschutz und wirtschaftlicher Entwicklung, vgl WG III Report, 99; vgl auch den Überblick bei *Bothe*, The United Nations Framework on Climate Change: An Unprecedented Multilevel Regulatory Challenge, ZaöRV 63 (2003) 239 (243 ff).

19 *Dolzer*, Die internationale Konvention zum Schutz des Klimas und das allgemeine Völkerrecht, in FS Bernhardt, 1995, 957 (961) spricht vor diesem Hintergrund von einer „Kompromissformel mit Elementen potentieller Spannung“. Vgl auch *Schröder*, Klimaschutz als Problem des internationalen Rechts, JbUTR 21 (1993) 191 (204), der dabei betont, dass die Konvention „[f]ür das Spannungsverhältnis von Ökonomie und Ökologie [...] *kein eindeutiges Rangverhältnis* auf[stellt]“ (Hervorhebung im Original).

der Entwicklungsländer, zu der wirtschaftlichen Entwicklung der Industrienationen aufzuschließen, was letztlich großzügigere Zeitskalen erfordert.

c) Maßnahmen zum Klimaschutz und ihre Hierarchie

12 Die Fokussierung der Zielsetzung der UNFCCC auf die Stabilisierung der Konzentration von Treibhausgasen ist weniger iSe scharfen Beschränkung des Regelungsrahmens, sondern eher als Prioritätensetzung zu verstehen. So sind in der Konvention auch Maßnahmen genannt, die für sich genommen nicht die Treibhausgaskonzentration betreffen. Art 3 Abs 3 UNFCCC spricht in diesem Zusammenhang etwa von „Vorsorgemaßnahmen, um [...] die nachteiligen Auswirkungen der Klimaänderungen abzuschwächen". Oft ist insoweit auch von Maßnahmen zur Anpassung (*adaptation*) die Rede, die neben solche Maßnahmen treten, die darauf abzielen, „den Ursachen der Klimaänderungen vorzubeugen, sie zu verhindern oder so gering wie möglich zu halten" (Art 3 Abs 3 Halbs 1 UNFCCC) und deswegen mit dem Begriff der Vermeidung (*mitigation*) gekennzeichnet werden. Auch die in neuerer Zeit vermehrt vorgeschlagenen technischen Wege, die Erderwärmung etwa durch Reduzierung der Sonneneinstrahlung und damit ohne kausalen Beitrag zur Minderung der Treibhausgaskonzentration zu mildern, fallen jedenfalls in den Regelungsrahmen der Konvention. Betrachtet man allerdings die Zielsetzung der Konvention, so wird schnell erkennbar, dass ihr die unterschiedlichen Maßnahmen in sehr verschiedener Weise nahekommen.

13 Während Emissionsreduktionen und die Beseitigung von Treibhausgasen aus der Atmosphäre letztlich genau der Zielbestimmung des Art 2 Satz 1 UNFCCC entsprechen, können Ansätze wie die *adaptation*, aber auch neuerdings diskutierte Konzepte wie etwa das *solar radiation management* nichts zur unmittelbaren Zielverfolgung, dh zur Stabilisierung der Treibhausgaskonzentrationen, beitragen.[20] Dennoch können sie den zur Verfügung stehenden Zeitrahmen erweitern und auf diese Weise die Sinnhaftigkeit der Stabilisierungsbemühungen sichern helfen. Auch sie sind daher prinzipiell von den Zielen der UNFCCC gedeckt.[21]

14 Insgesamt lässt sich vor diesem Hintergrund aus Art 2 UNFCCC eine *Hierarchie der Klimaschutzmaßnahmen* ableiten.[22] An erster Stelle stehen Maßnahmen, die die atmosphärische Treibhausgaskonzentration stabilisieren und damit unmittelbar der Verwirklichung des Konventionsziels dienen. Dazu gehören Emissionsreduktionen, aber auch Maßnahmen, mit denen durch Senken der Atmosphäre CO_2 entzogen und gebunden werden soll.[23] Da im Prinzip allerdings bei allen Senkenansätzen das Problem der Dauerhaftigkeit der Treibhausgasbeseitigung und damit des Stabilisierungseffekts besteht,[24] sind sie dem Ansatz der Emissionsreduktionen gegenüber nachrangig.[25] Auf noch niedrigerer normativer Stufe finden sich Maßnahmen der mittelbaren

20 In Bezug auf das *Solar Radiation Management* vgl *Güssow*, Klimaschutz, 58.
21 Für die *adaptation* ergibt sich das schon daraus, dass sie mehrfach ausdrücklich in der UNFCCC angesprochen wird, vgl Art 3 Abs 3, Art 4 Abs 1 lit b und e, Abs 4 UNFCCC.
22 Eine solche Hierarchie wird etwa von *Güssow*, Klimaschutz, 61f u a unter Heranziehung der Wertungen des KP in Bezug auf das Verhältnis von Climate Engineering-Konzepten zum Ansatz der Emissionsreduktionen angesprochen. Vgl auch *Beyerlin/Marauhn*, International Environmental Law, 2011, 159 und 161, die jedenfalls davon ausgehen, dass sowohl die UNFCCC als auch das KP Maßnahmen der Mitigation solchen der Adaptation vorziehen. IE ebenso die von *Beyerlin/Marauhn* (aaO) zit *Bothe/Rehbinder*, Climate Change as a Problem of Law and Policy, in Bothe/Rehbinder (Hrsg), Climate Change Policy, 2005, 1 (4).
23 *Güssow*, Klimaschutz, 57.
24 Dies als ein „specific problem" des „sequestration"-Ansatzes ansehend etwa *Bothe* (Fn 18) 247.
25 Für *Güssow*, Klimaschutz, 61f stellt etwa „die unsichere Dauerhaftigkeit von Climate Engineering Maßnahmen, bspw durch Ozeandüngung" neben der Teleologie des KP und den Risiken des Climate Engineerings ein Argument „für eine hierarchische Unterordnung solcher Aktivitäten unter herkömmliche Emissionsreduktionsbemühungen" dar. Die Abwertung des Senkenansatzes zeigt sich etwa auch im Rahmen der Flexibilitätsmechanismen des KP, s etwa *Österberg*, LULUCF, 24 in Bezug auf den Clean Development Mechanism. *Carbon Capture and Storage*

Zielverfolgung wie etwa Anpassungsmaßnahmen (*adaptation measures*).[26] Sie ergänzen zwar durch die Erweiterung des zur Verfügung stehenden Zeitrahmens möglicherweise die Stabilisierungsbemühungen, lassen die Treibhausgaskonzentration aber für sich genommen unberührt und tragen daher unmittelbar nichts zu ihrer Stabilisierung bei. Eine erhebliche Aufwertung haben die Anpassungsmaßnahmen aber nunmehr im Paris Agreement erfahren, vgl nur Art 1 Abs 1 lit b, Art 7 und Art 9 Abs 4 PA.

d) Die Rechtswirkungen des Art 2 UNFCCC

15 Als Zielbestimmung der Konvention entfaltet Art 2 UNFCCC zunächst eine Art programmatische Wirkung, leitet die Auslegung des übrigen Vertrags mit seinen Grundsätzen und Pflichten an und dient als Orientierungshilfe bei der Fortentwicklung des Klimaschutzregimes.[27] Vereinzelt werden aus der Bestimmung des Art 2 allerdings auch direkte Handlungspflichten abgeleitet.[28] *Verheyen* geht sogar so weit, den Inhalt dieser Verpflichtung auf die Erreichung einer bestimmten Treibhausgaskonzentration bzw einer bestimmten globalen Durchschnittstemperatur zu verengen.[29] Das ist allerdings in Anbetracht der klaren Formulierung des Art 2 als „Zielbestimmung"[30], der deutlich hervorgehobenen und klar formulierten Pflichten in Art 4 ff[31] und mit Blick auf die Entstehungsgeschichte kaum überzeugend.[32] An diesem Befund ändert auch die Aufnahme der – ebenfalls im Kontext einer Zielbestimmung stehenden – Temperaturobergrenze in Art 2 Abs 1 lit a PA nichts.

2. Grundprinzipien

16 Die UNFCCC definiert in Art 3 für die Verwirklichung der Zielsetzung und für die dementsprechenden Maßnahmen Grundsätze bzw Grundprinzipien.[33] Die hier aufgeführten „Prinzipien"[34] spielen sowohl bei der Auslegung der UNFCCC als auch bei der Fortentwicklung des Klima-

---

(CCS) lässt sich auch als Emissionsreduktion verstehen; da aber auch hier das besagte Speicherproblem besteht, ist vor dem Hintergrund des Art 2 UNFCCC auch CCS dem Ansatz der Emissionsreduktionen gegenüber als nachrangig zu betrachten.

26 S in Bezug auf die Anpassung *Beyerlin/Marauhn*, International Environmental Law, 2011, 159: Anpassung als „secondary objective". Zurückhaltend gegenüber der Annahme einer solchen Hierarchisierung hingegen *Bodansky*, UNFCCC, 500. Trotz der hier vertretenen Annahme einer normativen Abwertung der Adaptation vor dem Hintergrund des „ultimate objective" des Art 2 UNFCCC ist dieser Ansatz aber dennoch von erheblicher Bedeutung, vgl etwa *Verschuuren*, Climate Change Adaptation under the United Nations Framework Convention on Climate Change and Related Documents, in ders (Hrsg), Research Handbook on Climate Change Adaptation Law, 2013, 16 ff.

27 *Bodansky*, UNFCCC, 500 zweifelt jedoch daran, dass sich aus Art 2 UNFCCC „object and purpose" der UNFCCC iSd WVK ergeben könnten; ihm widersprechend *Verheyen*, Climate Change, 58.

28 *Verheyen*, Climate Change, 56; vorsichtig *Zahar*, The Climate Change Regime, in Alam et al (Hrsg), Routledge Handbook of International Environmental Law, 2013, 349 (352): „[...] the UNFCCC's objective does begin to articulate a legal obligation upon state parties (i.e. the obligation to reduce collective emissions) [...]."

29 *Verheyen*, Climate Change, 66: „Article 2 FCCC [...] obliges Parties to take action to secure the stabilisation of atmospheric concentrations of greenhouse gases at around 450 ppm or to ensure that global average temperatures do not exceed 2°C above pre-industrial levels."

30 *Bodansky*, UNFCCC, 500; unter Hinweis auf *Bodansky* auch *Yamin/Depledge*, Climate Change, 62.

31 Vgl *Bodansky*, UNFCCC, 505 ff, der betont, die Pflichten seien „organized in a complicated structure" (ebd, 505).

32 Vgl UN Doc A/AC.237/WG.I/CRP.2/Rev.1 v 19.9.1991, Commitments on Sources and Sinks, I. Objective, Satz 1 Alternative A und Satz 3 Alternative G; *Bodansky*, UNFCCC, 500.

33 Vgl *Boyle/Chinkin*, Making, 221 f; *Birnie/Boyle/Redgwell*, International Law and the Environment, 358 f sowie den Überblick bei *Yamin/Depledge*, Climate Change, 66 ff. Allg zu den Grundprinzipien des Umweltvölkerrechts *Proelß*, 3. Abschn 1 ff.

34 Der Umstand, dass Art 3 UNFCCC mit „Principles" überschrieben ist, lässt noch nicht den Schluss zu, dass es sich bei den darin enthaltenen Einzelvorgaben um Prinzipien in einem rechtstechnischen Sinne handelt. Insoweit

schutzregimes eine Rolle.[35] Da die in Art 3 UNFCCC enthaltenen Prinzipien die Richtung, in die sich das Klimaschutzregime zu entwickeln hat, vorgeben, werden sie von *Boyle* und *Chinkin* als „the most important ‚law' in the whole agreement" bezeichnet.[36] Der *chapeau* der Vorschrift spricht eine eindeutige Verpflichtung der Parteien aus, sich von diesen Prinzipien leiten zu lassen („shall be guided").[37] Der darin zum Ausdruck kommende hohe Grad an Verbindlichkeit wird aber dadurch erheblich abgeschwächt, dass in den einzelnen Paragraphen lediglich der Begriff „should" verwendet wird.[38] Darüber hinaus bieten die einzelnen Prinzipien aufgrund ihrer Unbestimmtheit erhebliche Interpretationsspielräume.[39] Sie stellen im Übrigen, wie sich aus der im *chapeau* enthaltenen Wendung „inter alia" ergibt, keine abschließende Aufzählung dar.[40] Insgesamt führt Art 3 UNFCCC in seinen fünf Absätzen die Prinzipien der Gerechtigkeit (Abs 1), der Lastentragung einschließlich der Berücksichtigung der Bedürfnisse der Entwicklungsländer (Abs 2), der Vorsorge (Abs 3), der nachhaltigen Entwicklung (Abs 4) sowie eines offenen internationalen Wirtschaftssystems (Abs 5) aus.

a) Gerechtigkeit, Art 3 Abs 1 UNFCCC

17 Art 3 Abs 1 UNFCCC ruft die Parteien dazu auf, das Klimasystem zum Wohle gegenwärtiger und künftiger Generationen „auf der Grundlage der Gerechtigkeit" (*equity*) und der „common but differentiated responsibilities" zu schützen. Der Gerechtigkeitsgedanke ist darin gleich in dreierlei Form enthalten: Erstens enthält der Absatz ein allg Gerechtigkeitspostulat, das darauf verweist, dass die Konvention und ihre Umsetzung und die Verwirklichung ihrer Ziele an Maßstäben der Gerechtigkeit orientiert sein sollen. Zweitens nennt der Absatz den Grundsatz der „gemeinsamen, aber unterschiedlichen Verantwortlichkeiten und [...] Fähigkeiten" (*common but differentiated responsibilities and* [...] *capabilities*).[41] Dieser Grundsatz ist durch die Rio-Konferenz in das internationale Umweltrecht eingeführt worden und prägt insgesamt die während und nach der Konferenz abgeschlossenen Instrumente.[42] Der Grundsatz betont einerseits mit dem Begriff der gemeinsamen Verantwortlichkeiten die globale Dimension der in Rede stehenden Umweltprobleme und die daraus folgende gemeinsame Verantwortung der Staatengemeinschaft. Auf der anderen Seite wird mit dem Begriff der unterschiedlichen Verantwortlichkeiten und jeweiligen Fähigkeiten auf die nach dem Entwicklungsstand der jeweiligen Staaten sich ergebenden jeweils unterschiedlichen Verursachungsbeiträge und Lösungskompetenzen der Staaten hingewiesen. Der Entwicklungsstand eines Staats wird damit zu einem spezifischen Gerechtigkeitsmaßstab, den die Konvention im Ganzen zugrunde legt.[43] Konkretisiert wird dieser spezifische Gerechtigkeitsmaßstab durch Art 3 Abs 1 Satz 2 UNFCCC, wonach die entwickelten Länder bei der Bekämpfung der Klimaänderungen und ihrer nachteiligen Auswirkungen die Führung übernehmen sollen.[44] Dieser Hinweis ist im Zusammenhang mit Erwägungsgrund 3 der

---

ist insbes die *-Fußnote zu Art 1 UNFCCC zu berücksichtigen, in der klargestellt wird, dass „[t]itles of articles are included solely to assist the reader".

35 *Boyle/Chinkin*, Making, 222; *Birnie/Boyle/Redgwell*, International Law and the Environment, 359.

36 *Boyle/Chinkin*, Making, 221.

37 Ebd, 221f, die bemerken, dass der *chapeau* in verbindlicher Weise formuliert ist.

38 Ebd, 221f; vgl auch etwa *Lang*, Auf der Suche nach einem wirksamen Klimaregime, AVR 31 (1993) 13 (20). Eher zurückhaltend demgegenüber *Kellersmann*, Verantwortlichkeit, 145: „Diese Formulierung der Prinzipien klingt zwar schwächer; die Verpflichtung, sie zu berücksichtigen, bleibt jedoch unverändert bestehen."

39 *Boyle/Chinkin*, Making, 222.

40 *Bodansky*, Climate Agreement, 5.

41 Dieser findet sich auch bereits in Erwägungsgrund 6 der Präambel der UNFCCC angesprochen.

42 Näher hierzu *Kellersmann*, Verantwortlichkeit, 142ff; eingehend auch *Bartenstein*, 2. Abschn Rn 16ff.

43 Vgl auch *Bothe* (Fn 18) 252.

44 Vgl hierzu auch *Schröder* (Fn 19) 203: „Die [Führungs-]Rolle beruht auf den insgesamt beträchtlichen Emissionsbeiträgen und den besonderen ökonomisch-technischen Möglichkeiten zu ihrer Verringerung."

Präambel zu sehen.[45] Schließlich und wesentlich wird dieses Postulat in Art 3 Abs 2 UNFCCC wieder aufgenommen, in dem es um die Lastentragung geht. Weiterhin spricht Art 3 Abs 1 UNFCCC das „Wohl heutiger und künftiger Generationen" an[46] und bezieht sich damit in zweifacher Hinsicht auf den Gedanken der Generationengerechtigkeit: einerseits auf die Gerechtigkeit innerhalb (*intra-generational equity*), andererseits auf die Gerechtigkeit zwischen Generationen (*inter-generational equity*).[47]

18 Der Begriff der Gerechtigkeit ist denkbar weit, erlaubt eine Vielzahl prinzipieller Interpretationen und kann im Ringen um die Zukunft des Klimaschutzregimes für eine Vielzahl politischer Positionen in Stellung gebracht werden.[48] Der Verweis auf künftige Generationen setzt allerdings angesichts der langfristigen Zeitskalen, um die es im Umgang mit dem Klimawandel geht, ein bedeutendes Signal. Allg ist damit der Aufruf verbunden, so zu handeln, dass auch künftigen Generationen die Möglichkeit der Nutzung von Ressourcen und die natürliche Umwelt erhalten bleiben.[49]

b) Lastenverteilung und Entwicklung, Art 3 Abs 2 UNFCCC

19 Als spezielle Ausprägung des Prinzips der gemeinsamen, aber unterschiedlichen Verantwortung und der damit angestrebten gerechten Lastenverteilung lässt sich auch Art 3 Abs 2 UNFCCC verstehen. Die hier vorgenommene Konkretisierung dieses Prinzips ist durch eine komplexe Definition berücksichtigungswerter Interessen und ihre Zuordnung an bestimmte Staaten bzw Staatengruppen gekennzeichnet. Einerseits werden zunächst der Gruppe der Entwicklungsländer im Ganzen „spezielle Bedürfnisse und besondere [...] Gegebenheiten" zuerkannt. Als Teilgruppe werden dann die Entwicklungsländer hervorgehoben, die „besonders anfällig für die nachteiligen Auswirkungen der Klimaänderungen sind [...]". Damit wird auf subtile Weise auf einen durchaus virulenten Interessenkonflikt hingewiesen. Die in der UN und ihrem Gruppensystem fest umrissene Gruppe der Entwicklungsländer zählt nämlich zu ihren Mitgliedern sowohl eine Reihe von Erdöl exportierenden Ländern – Mitglieder der OPEC – sowie Staaten, die befürchten müssen, dass ihr Territorium infolge des prognostizierten Anstiegs des Meeresspiegels in der Zukunft unbewohnbar wird oder gar untergeht.[50] Letztere haben sich früh zu einer Allianz der kleinen Inselstaaten (*Alliance of Small Island States* – AOSIS) zusammengefunden, um ihre Interessen besonders zu Gehör zu bringen. Weiterhin spricht Art 3 Abs 2 UNFCCC von „Vertragsparteien, die nach dem Übereinkommen eine unverhältnismäßige oder ungewöhnliche Last zu tragen hätten" und nennt in diesem Zusammenhang wieder besonders die entsprechenden Entwicklungsländer.

20 Insgesamt lässt sich Art 3 Abs 2 UNFCCC daher als eine zweifache, potentiell kumulierende Privilegierung bei der Lastenverteilung verstehen, die allerdings zT Interessenkonflikte verdeckt: ei-

---

45 Vgl Erwägungsgrund 3 Präambel UNFCCC, der ausdrücklich die höheren Verursachungsbeiträge der Industrienationen nennt; *Yamin/Depledge*, Climate Change, 70 gehen allerdings davon aus, dass der Hinweis in der Prämbel lediglich als „Factual Statement" zu werten ist und betonen, dass „Article 3.1 does not refer to historic contributions to climate change as originally proposed by some developing countries but presents a more balanced approach emphasising Parties' responsibilities as well as their present-day capabilities."

46 Damit wird ein Gedanke aufgegriffen, der sich auch bereits in Erwägungsgrund 23 der Präambel der UNFCCC findet, wo die Vertragsparteien ihren festen Willen bekunden, das Klimasystem „für heutige und künftige Generationen" zu schützen.

47 Zu den einzelnen Aspekten näher *Melkas*, Sovereignty and Equity within the Framework of the Climate Regime, RECIEL 11 (2002) 115 (121 ff). Speziell zum Konzept der „Intergenerational Equity" vgl *Brown/Weiss*, Intergenerational Equity, MPEPIL, 287 ff; *dies*, Implementing Intergenerational Equity, in Fitzmaurice/Ong/Merkouris (Hrsg), Research Handbook on International Environmental Law, 2010, 100. S a *Bartenstein*, 2. Abschn Rn 4 ff.

48 Vgl a WG III Report, 102.

49 *Birnie/Boyle/Redgwell*, International Law and the Environment, 119.

50 Dass die Konvention den Anspruch hat, beide Ländergruppen mit ihren jeweiligen Interessen und spezifischen Problemen gleichermaßen in den Blick zu nehmen, ergibt sich dabei auch aus den Erwägungsgründen 19 und 20 der Präambel.

nerseits werden nach dem in der UN seit dem Nord-Süd-Konflikt eingefahrenen Maßstab die Entwicklungsländer als Gruppe und ohne Ansehung ihrer durchaus unterschiedlichen Interessen im Hinblick auf die Klimapolitik privilegiert. Andererseits enthält die Vorschrift den Gedanken einer individuellen, umstandsabhängigen Privilegierung für Staaten, die infolge der Umsetzung der Konvention eine unverhältnismäßige oder ungewöhnliche Last tragen müssten. Schon die Formulierung lässt hier eine deutliche Parallele zum deutschrechtlichen Aufopferungsgedanken erkennen.

21 Art 3 Abs 2 UNFCCC hat im Ganzen für die Architektur der Konvention prägende Bedeutung. Sie kommt schon darin zum Ausdruck, dass in den Anlagen I und II (bzw in der engl Terminologie der Konvention: Annex I und II) Ländergruppen festgelegt und daran ein differenziertes Pflichtenprogramm geknüpft wird. Die Annex-Parteien übernehmen danach zusätzliche Pflichten, vgl Art 4 Abs 2 ff UNFCCC. So haben etwa die Annex II-Parteien den Entwicklungsländern unter den Vertragsparteien Unterstützung in finanzieller und technologischer Hinsicht zu leisten. Im KP wird diese Lastenverteilung in der Form auf die Spitze getrieben, dass die Entwicklungsländer keine Reduzierungsverpflichtungen übernehmen. In der Konvention ist neben der pauschalen Begünstigung der Entwicklungsländer eine an besondere erschwerende Umstände gebundene typisierte weitere Begünstigung vorgesehen (Art 4 Abs 8 UNFCCC). Als Begünstigte werden kleine Inselländer, Länder mit tiefliegenden Küstengebieten, Länder mit weiteren Faktoren ökologischer Verwundbarkeit, aber ebenso Länder gezählt, „deren Wirtschaft in hohem Maß entweder von Einkünften, die durch die Gewinnung, Verarbeitung und Ausfuhr fossiler Brennstoffe und verwandter energieintensiver Produkte erzielt werden, oder vom Verbrauch solcher Brennstoffe und Produkte abhängt [...]".[51] Schließlich sei noch auf eine im modernen Umweltvölkerrecht geläufige weitere Privilegierung der am wenigsten entwickelten Länder hingewiesen, vgl Art 3 Abs 9 UNFCCC. Die Konvention belässt es aber nicht bei dieser differenzierten Lasten- und Pflichtenverteilung. Sie knüpft daran einen Erfüllungseinwand zugunsten der Entwicklungsländer.[52] Nach Art 4 Abs 7 UNFCCC soll nämlich der Umfang der Vertragserfüllung seitens der Entwicklungsländer „davon abhängen, inwieweit Vertragsparteien, die entwickelte Länder sind, ihre Verpflichtungen aus dem Übereinkommen betreffend finanzielle Mittel und die Weitergabe von Technologie wirksam erfüllen [...]".

c) Vorsorge, Art 3 Abs 3 UNFCCC

22 In Art 3 Abs 3 spricht die Konvention das Vorsorgeprinzip an. Die Parteien sind dazu aufgerufen, „Vorsorgemaßnahmen [zu] treffen, um den Ursachen der Klimaänderungen vorzubeugen, sie zu verhindern oder so gering wie möglich zu halten und die nachteiligen Auswirkungen der Klimaänderungen abzuschwächen" (vgl Art 3 Abs 3 Satz 1 UNFCCC). Es ist hervorzuheben, dass sich diese Formulierung in dem soeben ausgeführten Sinne sowohl auf die Vermeidung als auch auf die Anpassung bezieht. Darüber hinaus enthält Art 3 Abs 3 Satz 2 UNFCCC eine stark an den Rio-Grundsatz 15 erinnernde Formulierung des Vorsorgeprinzips. Danach soll „[i]n Fällen, in denen ernsthafte oder nicht wiedergutzumachende Schäden drohen, [...] das Fehlen einer völligen wissenschaftlichen Gewissheit nicht als Grund für das Aufschieben solcher Maßnahmen dienen" (Art 3 Abs 3 Satz 2 UNFCCC).[53] Damit greift die Norm die insbes zur Zeit des Vertragsschlusses, aber auch heute noch bestehenden wissenschaftlichen Unsicherheiten im Zusammenhang mit dem Klimawandel auf.[54] Das Vorsorgeprinzip in der hier verankerten Form bestimmt allerdings nicht, welche Maßnahmen zu ergreifen sind. Es beugt vielmehr einzig dem Argument vor, dass

51 Eine ähnliche Privilegierung enthält Art 4 Abs 10 UNFCCC.
52 Ein ähnlicher Einwand findet sich auch in Art 20 Abs 4 CBD.
53 Vgl auch Grundsatz 15 der Rio Deklaration zur Umwelt und Entwicklung, UN Doc A/CONF.151/26 (Vol I), ILM 31 (1992) 876.
54 Auf diese Unsicherheiten verweist auch bereits Erwägungsgrund 5 der Präambel UNFCCC.

vollständige wissenschaftliche Gewissheit noch nicht besteht. Zudem ist nach Art 3 Abs 3 Satz 2 UNFCCC auch zu berücksichtigen, dass „Politiken und Maßnahmen zur Bewältigung der Klimaänderungen kostengünstig sein sollten, um weltweite Vorteile zu möglichst geringen Kosten zu gewährleisten".[55] Zu diesem Zweck sollen Klimaschutzpolitiken und -maßnahmen auch „die unterschiedlichen sozio-ökonomischen Zusammenhänge berücksichtigen, umfassend sein, alle wichtigen Quellen, Senken und Speicher von Treibhausgasen und die Anpassungsmaßnahmen erfassen sowie alle Wirtschaftsbereiche einschließen" (Art 3 Abs 3 Satz 3 UNFCCC).

d) Nachhaltige Entwicklung, Art 3 Abs 4 UNFCCC

23 Art 3 Abs 4 UNFCCC ruft die Parteien zur Förderung einer nachhaltigen Entwickung auf („should") und statuiert ein entsprechendes Recht. Die Klimapolitik soll nach der Vorschrift „den speziellen Verhältnissen jeder Vertragspartei angepasst sein und in die nationalen Entwicklungsprogramme eingebunden werden". Der Begriff der nachhaltigen Entwicklung wird in der Konvention nicht weiter definiert. Nach dem Begriffsgebrauch der Rio-Konferenz und der aus ihr hervorgegangenen Regelungen und Dokumente kann man darunter in drei Elementen die wirtschaftliche und soziale Entwicklung und den Umweltschutz in ihrer wechselseitigen Bedingtheit verstehen. Diese Bedingtheit wird in dem zweiten Satz des Absatzes deutlich, der hervorhebt, dass „wirtschaftliche Entwicklung eine wesentliche Voraussetzung für die Annahme von Maßnahmen zur Bekämpfung der Klimaänderungen ist". Die interpretationsoffene Bezugnahme auf die nachhaltige Entwicklung deckt das auch sonst in der Konvention angesprochene und damit legitimierte Interesse – gerade der Entwicklungsländer – an der Nutzung der eigenen Rohstoffe. Insoweit besteht ein Bezug zu Erwägungsgrund 8 der Präambel, der auf das souveräne Recht der Staaten auf Nutzung ihrer Ressourcen hinweist.

e) Offenes Weltwirtschaftssystem, Art 3 Abs 5 UNFCCC

24 Auch in Art 3 Abs 5 UNFCCC kommt die Sorge der Parteien zum Ausdruck, dass der Klimaschutz wirtschaftliche Aktivität und insbes wirtschaftliche Entwicklung behindern könnte.[56] Danach sollen die Parteien nämlich „zusammenarbeiten, um ein tragfähiges und offenes internationales Wirtschaftssystem zu fördern, das zu nachhaltigem Wirtschaftswachstum und nachhaltiger Entwicklung in allen Vertragsparteien [...] führt" (Art 3 Abs 5 UNFCCC). Es wird schließlich betont, dass Klimaschutzmaßnahmen „weder ein Mittel willkürlicher oder ungerechtfertigter Diskriminierung noch eine verschleierte Beschränkung des internationalen Handels sein [sollen]". Die Vorschrift lehnt sich an den Obersatz des Art XX des Allgemeinen Zoll- und Handelsabkommens (GATT) an, das wenig später als Kernelement in die zum 1.1.1995 in Kraft getretene Welthandelsorganisation (WTO) übernommen worden ist. Insgesamt kann man deswegen Art 3 Art 5 UNFCCC auch als *caveat* zugunsten des Welthandelssystems lesen.

3. Grundpflichten

25 Die UNFCCC zeichnet sich durch ein ausdifferenziertes Pflichtenprogramm aus, das als Verwirklichung der *common but differentiated responsibilities* begriffen werden kann.[57] Es wird unter-

55 Krit zu der von ihm als schwach bewerteten Ausformulierung des Vorsorgeprinzips in Art 3 Abs 3 UNFCCC *Hohmann*, Ergebnisse des Erdgipfels von Rio: Weiterentwicklung des Umweltvölkerrechts durch die UN-Umweltkonferenz von 1992, NVwZ 1993, 311 (316).
56 Vgl auch *Dolzer*, Die internationale Konvention zum Schutz des Klimas und das allgemeine Völkerrecht, FS Bernhardt, 959 ff, der insoweit in erster Linie auf entsprechende Bedenken der Entwicklungsländer verweist.
57 *Birnie/Boyle/Redgwell*, International Law and the Environment, 359.

schieden zwischen solchen Verpflichtungen, die sich an alle Vertragsparteien richten, Verpflichtungen der in Anlage I aufgeführten Industrie- und Transitionsländer und den besonderen Pflichten der in Anlage II als Teilmenge aufgeführten Industrieländer. Insgesamt treffen die Anlage II-Staaten die strengsten und die Entwicklungsländer die geringsten Pflichten.

a) Die Pflichten aller Vertragsparteien

26 Art 4 Abs 1 UNFCCC enthält keine konkreten Grenzwerte für Treibhausgasemissionen oder Zeitpläne für Emissionsreduktionen o ä. Die Pflichten des Art 4 Abs 1 UNFCCC sind vielmehr, wie *Bodansky* bemerkt, qualitativer und nicht quantitativer Natur.[58] Die Sprache des Art 4 Abs 1 UNFCCC zeichnet sich durch ihre hohe Unbestimmtheit und diverse Einschränkungen und Vorbehalte aus.[59] Der *chapeau* der Regelung verpflichtet die Parteien nur „unter Berücksichtigung ihrer gemeinsamen, aber unterschiedlichen Verantwortlichkeiten und ihrer speziellen nationalen und regionalen Entwicklungsprioritäten, Ziele und Gegebenheiten". Auch wenn die Pflichterfüllung damit noch nicht vollständig ins Ermessen der Parteien gestellt wird, eröffnen sich ihnen aber zumindest erhebliche Entscheidungsspielräume, die sich u a aus den jeweiligen nationalen Prioritäten ergeben können. Diese Relativierungen durch den *chapeau* sind bei der Bewertung der einzelnen Pflichten des Art 4 Abs 1 UNFCCC im Auge zu behalten.

27 Alle Parteien sind in Übereinstimmung mit Art 12 UNFCCC zur regelmäßigen Erstellung und Veröffentlichung von nationalen Verzeichnissen über ihre anthropogenen Treibhausgasemissionen und Treibhausgasbeseitigungen[60] durch Senken verpflichtet.[61] Sie müssen weiterhin „nationale und gegebenenfalls regionale Programme erarbeiten, umsetzen, veröffentlichen und regelmäßig aktualisieren", in denen Mitigationsmaßnahmen und Maßnahmen zur Erleichterung der Anpassung enthalten sind (Art 4 Abs 1 lit b UNFCCC).

28 Die Parteien haben sich zudem einer Reihe von *Kooperations- bzw Förderungspflichten* in Bezug auf Mitigations- und Anpassungsmaßnahmen unterworfen: So haben sie etwa „die Entwicklung, Anwendung und Verbreitung – einschließlich der Weitergabe – von Technologien, Methoden und Verfahren zur Bekämpfung, Verringerung oder Verhinderung anthropogener Emissionen [...] von nicht durch das Montrealer Protokoll geregelten Treibhausgasen in allen wichtigen Bereichen [...] [zu] fördern und dabei zusammen[zu]arbeiten" (Art 4 Abs 1 lit c UNFCCC). Das gleiche gilt für „die Erhaltung und gegebenenfalls Verbesserung von Senken und Speichern" (Art 4 Abs 1 lit d UNFCCC). Auch nachhaltige Bewirtschaftung ist nach Art 4 Abs 1 lit d UNFCCC zu fördern. Die Parteien haben darüber hinaus „bei der Vorbereitung auf die Anpassung an die Auswirkungen der Klimaänderungen [zusammenzuarbeiten]" (Art 4 Abs 1 lit e UNFCCC). Dazu gehört etwa auch die Entwicklung und Ausarbeitung von „angemessene[n] integrierte[n] Pläne[n] für die Bewirtschaftung von Küstengebieten, für Wasservorräte und die

---

58 *Bodansky*, UNFCCC, 508.

59 Vgl *Zahar*, The Climate Change Regime, in Alam et al (Fn 28) 354: „Having referred somewhat ambiguously to a 'limit', the language of Article 4 becomes diluted to such an extent that the limitation commitment is reduced to a mere aim or aspiration." S auch etwa *Sands/Millar*, Climate, International Protection, MPEPIL, Rn 12, die den Verpflichtungsbestimmungen der UNFCCC insgesamt eine erhebliche Unschärfe infolge einer „convoluted language" attestieren.

60 Sämtliche treibhausgasbezogenen Verpflichtungsbestimmungen der Konvention beziehen sich dabei durchgängig allein auf solche Treibhausgase, die nicht bereits durch das Montrealer Protokoll geregelt werden („greenhouse gases not controlled by the Montreal Protocol"). Damit soll möglichen Regelungskonflikten vorgebeugt werden. Dazu auch *Proelß*, 11. Abschn Rn 26.

61 Art 4 Abs 1 lit a UNFCCC. Diese „national inventories" hält *Verheyen* für „in zweierlei Hinsicht essentiell: Zum einen legen sie den Grundstein für weitergehende wissenschaftliche Untersuchungen und Prognosen, zum anderen ermöglichen sie eine Überprüfung der Klimaschutzstrategien und -politiken der Vertragsstaaten" (*Verheyen*, Der Beitrag des Völkerrechts zum Klimaschutz: Globale Aufgabe, globale Antworten?, in Koch/Caspar [Hrsg], Klimaschutz im Recht, 1997, 29 [43]).

Landwirtschaft sowie für den Schutz und die Wiederherstellung von Gebieten, die von Dürre und Wüstenbildung – vor allem in Afrika – sowie von Überschwemmungen betroffen sind" (Art 4 Abs 1 lit e UNFCCC).

29 Klimaschutzerwägungen sind von den Parteien „in ihre einschlägigen Politiken und Maßnahmen in den Bereichen Soziales, Wirtschaft und Umwelt soweit wie möglich" einzubeziehen (Art 4 Abs 1 lit f UNFCCC). Damit durchzieht das Interesse am Klimaschutz uU eine Vielzahl nationaler Handlungsbereiche. Darüber hinaus zeigt Art 4 Abs 1 lit f UNFCCC auch, dass das Klimaschutzregime nicht blind für die potentiellen Folgen von Klimaschutzmaßnahmen ist. Die Vertragsparteien haben nämlich „geeignete Methoden, beispielsweise auf nationaler Ebene erarbeitete und festgelegte Verträglichkeitsprüfungen, an[zu]wenden, um die nachteiligen Auswirkungen der Vorhaben oder Maßnahmen, die sie zur Abschwächung der Klimaänderungen oder zur Anpassung daran durchführen, auf Wirtschaft, Volksgesundheit und Umweltqualität so gering wie möglich zu halten" (Art 4 Abs 1 lit f UNFCCC).

30 Eine Vielzahl von Pflichten zielt auf die Erweiterung, Strukturierung und Verbreitung der Erkenntnisse ab. Dazu gehören Förderungs- und Kooperationspflichten im Bereich der Forschung, Beobachtung und Archivierung (vgl Art 4 Abs 1 lit g UNFCCC und Art 5 UNFCCC), Förderungs- und Kooperationspflichten im Hinblick auf einen „umfassenden, ungehinderten und umgehenden Austausch einschlägiger wissenschaftlicher, technologischer, technischer, sozioökonomischer und rechtlicher Informationen [...]" (Art 4 Abs 1 lit h UNFCCC) sowie Förderungs- und Kooperationspflichten hinsichtlich „Bildung, Ausbildung und öffentliche[m] Bewusstsein auf dem Gebiet der Klimaänderungen" (Art 4 Abs 1 lit i UNFCCC und Art 6 UNFCCC). Schließlich haben die Parteien der Vertragsstaatenkonferenz (*Conference of the Parties* – COP) Informationen hinsichtlich der Umsetzung des Vertrags zu übermitteln (vgl Art 4 Abs 1 lit j UNFCCC und Art 12 UNFCCC). Damit wird neben relativ unbestimmten substantiellen Verpflichtungen im Hinblick auf *mitigation* und *adaptation* in erster Linie ein umfangreicher Rahmen für den Informationsaustausch und sonstige Zusammenarbeit sowohl im Verhältnis zu anderen Vertragsparteien als auch zur COP geschaffen.[62] So sehen *Birnie*, *Boyle* und *Redgwell* in Art 4 Abs 1 UNFCCC auch eher einen Denkanstoß für die Vertragsparteien als eine handfeste Verpflichtung.[63]

b) Besondere Pflichten der Annex I-Staaten

31 Über die allg Pflichten des Art 4 Abs 1 UNFCCC hinaus existieren besondere Pflichten für die Anlage (bzw Annex) I-Parteien, zu denen die OECD-Staaten und sog *economies in transition* gehören. Die nachträgliche Aufnahme in Annex I und damit die Übernahme der etwas schärferen Pflichten der Industrienationen hängt von der Zustimmung der jeweiligen Partei ab und ist damit letztlich freiwillig.[64] Zudem können sich Nicht-Annex I-Parteien auch durch Abgabe einer

---

62 Vgl in diesem Zusammenhang auch etwa die besondere Betonung der „Verfahrenspflichten" bei *Schröder* (Fn 19) 205 f.

63 *Birnie/Boyle/Redgwell*, International Law and the Environment, 359: „The article is not without importance in encouraging all parties to think about climate change and have policies on the subject but it does not compel them to adhere to any specific international standards for controlling it."

64 *Bodansky*, Climate Agreement, 3 geht davon aus, dass das in Art 4 Abs 2 lit f UNFCCC enthaltene Zustimmungserfordernis für ggf vorzunehmende Änderungen der Listen in Annex I und II im Anschluss an die von der COP bis zum 31.12.1998 vorzunehmende Überprüfung auch heute noch eine zu berücksichtigende Spezialregelung im Verhältnis zum normalen Änderungsverfahren nach Art 16 UNFCCC darstellt, welches auch Entscheidungen mit Dreiviertel-Mehrheit zulässt. Selbst wenn man das in Art 4 Abs 2 lit f UNFCCC enthaltene Zustimmungserfordernis aber nicht mehr anwenden wollte, könnten potentiell betroffene Staaten die Entstehung weitreichenderer Verpflichtungen aber jedenfalls durch schriftliche Notifizierung ihrer Nichtannahme der Änderung verhindern, vgl Art 16 Abs 1 Halbs 2 iVm Art 16 Abs 4 UNFCCC.

entsprechenden Erklärung den ansonsten nur für Annex I-Parteien geltenden Pflichten des Art 4 Abs 2 lit a und b UNFCCC unterwerfen (vgl Art 4 Abs 2 lit g UNFCCC).[65]

32 Nach Art 4 Abs 2 lit a Satz 1 UNFCCC beschließt „[j]ede dieser Vertragsparteien [...] nationale Politiken und ergreift entsprechende Maßnahmen zur Abschwächung der Klimaänderungen, indem sie ihre anthropogenen Emissionen von Treibhausgasen begrenzt und ihre Treibhausgassenken und -speicher schützt und erweitert". Art 4 Abs 2 lit b UNFCCC verpflichtet die Annex I-Parteien ferner zur regelmäßigen Übermittlung von Informationen in Bezug auf die unter Art 4 Abs 2 lit a UNFCCC ergriffenen Maßnahmen. Das Zusammenspiel von Art 4 Abs 2 lit a und b UNFCCC offenbart außerdem das Ziel, die Treibhausgaskonzentration bis zum Jahre 2000 auf das Niveau v 1990 zu bringen.[66] Im Schrifttum wird angemerkt, dass sich daraus aber keine klare Verpflichtung ergebe.[67] *Sands/Peel* betonen zudem, dass es keine ausdrückliche Verpflichtung für die Zeit nach dem Jahr 2000 gebe, und dass die von den Parteien zu leistenden Beiträge dem Wortlaut des Art 4 Abs 2 lit a UNFCCC nach von den individuellen Umständen jeder Partei abhängen.[68] Die auf Grundlage von Art 4 Abs 2 lit d UNFCCC stattfindenden Überprüfungen der Angemessenheit der Pflichten des Art 4 Abs 2 lit a und b UNFCCC durch die COP haben letztlich die Unzulänglichkeit dieser Verpflichtungen ergeben und schließlich zur Verabschiedung des KP geführt.[69]

33 Weiter sind die Annex-I-Parteien dazu verpflichtet, „soweit dies angebracht ist, mit den anderen obengenannten Vertragsparteien einschlägige Wirtschafts- und Verwaltungsinstrumente, die im Hinblick auf die Verwirklichung des Zieles des Übereinkommens entwickelt wurden" zu koordinieren (Art 4 Abs 2 lit e [i] UNFCCC) und eigene Politiken und Praktiken zu identifizieren und zu überprüfen, die Anreize zu erhöhten Treibhausgasemissionen setzen (vgl Art 4 Abs 2 lit e [ii] UNFCCC).

34 Insgesamt scheinen die besonderen Verpflichtungen des Art 4 Abs 2 UNFCCC, wie *Birnie*, *Boyle* und *Redgwell* bemerken, „only marginally more onerous" als die entsprechenden Pflichten des Art 4 Abs 1 UNFCCC zu sein.[70] Dennoch werden die Interessen der Parteien im Prozess des Übergangs zu Marktwirtschaften noch durch eine besondere Flexibilitätsklausel abgesichert (vgl Art 4 Abs 6 UNFCCC). In der Öffentlichkeit haben aber ohnehin die Diskussionen um Reduktionsverpflichtungen im Rahmen des KP stets eine weitaus prominentere Stellung eingenommen als die Reichweite der sich aus Art 4 Abs 2 UNFCCC ergebenden Verpflichtungen.

c) Besondere Pflichten der Annex II-Staaten

35 Während Annex I sowohl die OECD-Staaten als auch die sog *economies in transition* auflistet, umfasst Annex II ausschließlich die OECD-Mitglieder aus Annex I.[71] Die bei diesen Staaten gegebene höhere Leistungsfähigkeit hat auch zur Übernahme stärkerer Verpflichtungen im Bereich

---

65 Eine entsprechende Notifikation wurde etwa von Kasachstan abgegeben, s *Bodansky*, Climate Agreement, 4; aus Art 1 Abs 7 KP ergibt sich zudem im Umkehrschluss, dass die Notifizierung nach Art 4 Abs 2 lit g UNFCCC zwar nicht dazu führt, dass die betroffene Partei in Annex I der UNFCCC aufgenommen wird. Sofern die notifizierende Partei allerdings auch Partei des KP ist, gilt sie fortan als Annex-I-Partei iSd KP, vgl in Bezug auf Kasachstan <http://unfccc.int/cop7/issues/propamlist.html>.

66 *Bodansky*, UNFCCC, 505 f spricht insoweit von einem „quasi-target", das allerdings in seiner Formuliertheit „highly ambiguous" und „heavily qualified" sei. Vorsichtig formulierend auch *Werksman*, Compliance and the Kyoto Protocol: Building a Backbone into a "Flexible" Regime, YIEL 9 (1998) 48 (Fn 2): „If read generously, Article 4(2) (a) and (b) to the convention encourage industrialized (Annex I) parties to stabilize their emissions of greenhouse gases at 1990 levels by 2000."

67 S etwa *Sands/Peel*, Principles, 280; *Birnie/Boyle/Redgwell*, International Law and the Environment, 360; *Kellersmann*, Verantwortlichkeit, 151 f.

68 *Sands/Peel*, Principles, 280.

69 *Birnie/Boyle/Redgwell*, International Law and the Environment, 360.

70 Ebd, 360.

71 Vgl <http://unfccc.int/parties_and_observers/items/2704.php>.

der Finanzierung und sonstigen Unterstützung anderer Parteien geführt.[72] Ihnen kommt gemäß Art 4 Abs 3 UNFCCC die Aufgabe zu, „neue und zusätzliche finanzielle Mittel bereit [zu stellen]", um die „agreed full costs" der Erfüllung der Berichtspflichten nach Art 12 Abs 1 UNFCCC der Entwicklungsländer zu decken. Zusätzlich haben die Annex II-Parteien auch die Mittel zur Deckung der Kosten für Maßnahmen in Erfüllung der Pflichten aus Art 4 Abs 1 UNFCCC aufzubringen, sofern diese im Einklang mit Art 11 UNFCCC zwischen dem jeweiligen Entwicklungsland und einer *operating entity* des Finanzierungsmechanismus abgestimmt worden sind (vgl Art 4 Abs 3 UNFCCC). Die Annex II-Staaten haben darüber hinaus denjenigen Entwicklungsländern, die den Auswirkungen des Klimawandels gegenüber besonders anfällig sind, bei der Deckung der Kosten von Anpassungsmaßnahmen zu helfen (vgl Art 4 Abs 4 UNFCCC).

36 Weiter haben die Annex II-Parteien „alle nur möglichen Maßnahmen, um die Weitergabe von umweltverträglichen Technologien und Know-how an andere Vertragsparteien, insbes solche, die Entwicklungsländer sind, oder den Zugang dazu, soweit dies angebracht ist, zu fördern, zu erleichtern und zu finanzieren, um es ihnen zu ermöglichen, die Bestimmungen des Übereinkommens durchzuführen" (Art 4 Abs 5 UNFCCC). Insbes geht es auch um die Entwicklung und Erweiterung eigener Kapazitäten und Technologien der Entwicklungsländer (Art 4 Abs 5 UNFCCC). Überdies sind die Annex II-Parteien dazu aufgerufen, die Belange anderer Parteien zu berücksichtigen (vgl Art 4 Abs 8 UNFCCC).[73]

37 Schließlich findet sich, etwas versteckt, in Art 4 Abs 7 UNFCCC die zentrale Feststellung, dass für die Entwicklungsländer nicht etwa der Klimaschutz, sondern „wirtschaftliche und soziale Entwicklung sowie die Beseitigung der Armut [...] erste und dringlichste Anliegen sind" (*first and overriding priorities*).[74] Außerdem wird festgehalten, dass „[d]er Umfang, in dem Vertragsparteien, die Entwicklungsländer sind, ihre Verpflichtungen aus dem Übereinkommen wirksam erfüllen, [...] davon abhängen [wird], inwieweit Vertragsparteien, die entwickelte Länder sind, ihre Verpflichtungen aus dem Übereinkommen betreffend finanzielle Mittel und die Weitergabe von Technologie wirksam erfüllen". Diese Ausprägung der *common but differentiated responsibilities* iSe Art Erfüllungseinwand macht klar, dass die Umsetzung der Konvention rechtlich einzig von den entwickelten Ländern abhängt[75] bzw diese in Vorleistung zu treten haben.[76] Insofern geht Art 4 Abs 7 UNFCCC noch über die Zuweisung einer Führungs- bzw Vorbildfunktion an die Industrienationen in Art 3 Abs 1 Satz 2 UNFCCC hinaus. Art 4 Abs 7 UNFCCC macht damit das

---

72 Vgl hierzu näher *Kellersmann*, Verantwortlichkeit, 156 ff.

73 Vgl Art 4 Abs 8 UNFCCC in Bezug auf Entwicklungsländer im Allgemeinen und die dort aufgelisteten Kategorien von Staaten im Besonderen, Art 4 Abs 9 UNFCCC in Bezug auf *least developed countries*, Art 4 Abs 10 UNFCCC in Bezug auf solche Staaten (insbes Entwicklungsländer), die bes anfällig für die negativen Folgen von Klimaschutzmaßnahmen sind, wozu etwa Staaten gehören, die auf verschiedene Weise von fossilen Brennstoffen abhängig sind, und die ein Wechsel zu Alternativen vor Schwierigkeiten stellt.

74 Dies bringt in ähnlicher Weise auch bereits Erwägungsgrund 21 der Präambel der UNFCCC zum Ausdruck.

75 *Birnie/Boyle/Redgwell*, International Law and the Environment, 134 f halten es für möglich, Art 4 Abs 7 UNFCCC als rechtliche Bedingung oder als reines „statement of the obvious" zu interpretieren. *Condon/Sinha*, The Role of Climate Change in Global Economic Governance, 2013, 34 scheinen von einer rechtlichen Bedingung auszugehen. So wohl auch *Streck/Chagas*, Developments in Climate Finance from Rio to Cancun, in Cissé/Bradlow/Kingsbury (Hrsg), The World Bank Legal Review: International Financial Institutions and Global Legal Governance, 2012, 345 (349). Explizit *Schuppert*, Neue Steuerungsinstrumente im Umweltvölkerrecht am Beispiel des Montrealer Protokolls und des Klimaschutzrahmenübereinkommens, 1998, 188: „deutlich als Bedingung [...] formuliert". *Soltau*, Fairness in International Climate Change Law and Policy, 2009, 192 spricht etwas zurückhaltender von einem „attempt to condition the fulfilment by developing countries of their obligations on financial and technology support by the developed countries".

76 *Birnie/Boyle/Redgwell*, International Law and the Environment, 134 f heben hervor, dass derartige Mechanismen in internationalen Abkommen den Entwicklungsländern ein Druckmittel in die Hand geben und bezeichnen das insofern bestehende Solidaritätsverhältnis zwischen Industrie- und Entwicklungsländern als „a key element of the common but differentiated responsibility of the parties".

Ausmaß der von den Industrieländern ausgehenden Finanzierung und des Technologietransfers rechtlich zum Dreh- und Angelpunkt des gesamten Klimaschutzregimes.

IV. Der institutionelle Rahmen des Übereinkommens

Den Institutionen der UNFCCC kommt eine besondere Funktion bei der Konkretisierung und Fortentwicklung des Klimaschutzregimes zu.[77] Die Organe der UNFCCC, aber auch das außerhalb der UNFCCC stehende IPCC spielen als Foren des Austausches und als Initiatoren des internationalen Klimaschutzes eine maßgebliche Rolle. Die Organstruktur der UNFCCC ist verhältnismäßig stark ausgeprägt und ausdifferenziert.[78] Das oberste Entscheidungsorgan stellt die Vertragsstaatenkonferenz dar,[79] deren Tätigkeit von den Nebenorganen und weiteren Gremien unterstützt und ergänzt wird. Daneben bestehen das *bureau* der Vertragsstaatenkonferenz, die *bureaus* der Unterorgane und das *secretariat*, deren Aufgaben in erster Linie verwaltungstechnischer Natur sind.[80] Zu den Aufgaben einiger dieser Organe gehört es übrigens auch, den Austausch mit anderen internationalen Einrichtungen zu suchen.[81] ZT findet dieser Austausch auch in stärker institutionalisierter Form statt. Schließlich bildet das IPCC eine der wichtigsten Institutionen des Klimaschutzregimes. Auch wenn das IPCC außerhalb des normativen Gerüsts der UNFCCC steht und damit nicht zu den Organen der UNFCCC gehört, hat es sich in den letzten Jahrzehnten als eine der bedeutendsten Triebfedern internationaler Klimaschutzbemühungen erwiesen.[82] **38**

1. Die Vertragsstaatenkonferenz

39 Die Vertragsstaatenkonferenz (COP) stellt als das *zentrale Entscheidungsorgan* der Konvention das institutionelle Herz der UNFCCC dar. Ihre Hauptaufgabe ist die Überwachung der Umsetzung der UNFCCC und der auf ihrer Grundlage erlassenen Instrumente (vgl Art 7 Abs 2). Der Erlass von Sanktionen oder die Ergreifung von Zwangsmaßnahmen zur Durchsetzung der Vertragspflichten sind dabei allerdings nicht vorgesehen.

40 Die COP hat die Verpflichtungen der Parteien und die unter dem Dach der UNFCCC zustande gekommenen institutionellen Arrangements „anhand des Zieles des Übereinkommens, der bei seiner Durchführung gewonnenen Erfahrungen und der Weiterentwicklung der wissenschaftlichen und technologischen Kenntnisse in regelmäßigen Abständen" zu prüfen (Art 7 Abs 2 lit a UNFCCC). Sie hat den Informationsaustausch in Bezug auf die von den Parteien ergriffenen Maßnahmen zu fördern und zu erleichtern (vgl Art 7 Abs 2 lit b UNFCCC) sowie auf Anfrage von zwei oder mehr Parteien bei der Koordinierung solcher Maßnahmen behilflich zu sein (vgl Art 7 Abs 2 lit c UNFCCC). Darüber hinaus ist die COP auch zur Bewertung der „Durchführung des Übereinkommens durch die Vertragsparteien, [der] Gesamtwirkung der aufgrund des Übereinkommens ergriffenen Maßnahmen, insbesondere [der] Auswirkungen auf die Umwelt, die Wirt-

---

77 Vgl etwa *Lang* (Fn 38) 25.

78 Secretariat of the Convention on Biological Diversity (Hrsg), Geoengineering in Relation to the Convention on Biological Diversity: Technical and Regulatory Matters, 2012, <www.cbd.int/doc/publications/cbd-ts-66-en.pdf>, 126f spricht von einer „strong institutional structure and a scientific underpinning with formally established links to the work of the Intergovernmental Panel on Climate Change (IPCC)".

79 Vgl Art 7 Abs 2 UNFCCC.

80 S zu den Aufgaben der verschiedenen *bureaus*: UNFCCC Handbook, 31, 33; zum Sekretariat s Art 8 UNFCCC.

81 S etwa Art 7 Abs 2 Satz 1 UNFCCC (COP), Art 8 Abs 2 lit b UNFCCC (Sekretariat), *chapeau* Art 9 Abs 2 UNFCCC (SBSTA).

82 Konziser Überblick zur Rolle des IPCC im internationalen Klimaschutz bei *Bolle*, IPCC, 76ff.

schaft und den Sozialbereich sowie deren kumulative Wirkung, und [der] bei der Verwirklichung des Zieles des Übereinkommens erreichten Fortschritte“ zuständig (Art 7 Abs 2 lit e UNFCCC).

41 Die COP wirkt darüber hinaus bei der „Entwicklung und regelmäßige[n] Verfeinerung vergleichbarer Methoden, [...] unter anderem zur Aufstellung von Verzeichnissen der Emissionen von Treibhausgasen aus Quellen und des Abbaus solcher Gase durch Senken und zur Beurteilung der Wirksamkeit der zur Begrenzung der Emissionen und Förderung des Abbaus dieser Gase ergriffenen Maßnahmen“ (Art 7 Abs 2 lit d UNFCCC). Schließlich ist die COP auch zur Verabschiedung und Veröffentlichung von Berichten über die Umsetzung der UNFCCC zuständig (vgl Art 7 Abs 2 lit f UNFCCC) und gibt Empfehlungen in Bezug auf die Vertragsdurchführung ab (vgl Art 7 Abs 2 lit g UNFCCC). Außerdem „bemüht sich [die COP] um die Aufbringung finanzieller Mittel nach Artikel 4 Abs 3, 4 und 5 sowie Artikel 11“ (Art 7 Abs 2 lit h UNFCCC).

42 Eine bereits mehrfach genutzte Kompetenz stellt die *Befugnis zur Gründung weiterer Nebenorgane* dar, die die COP zur Durchführung der Konvention für erforderlich hält.[83] Der bereichsübergreifenden Problematik des Klimawandels trägt ein Kooperationsgebot nach Art 7 Abs 2 Satz 1 UNFCCC Rechnung. Danach „bemüht sich [die COP] um – und nutzt gegebenenfalls – die Dienste und Mitarbeit zuständiger internationaler Organisationen und zwischenstaatlicher und nichtstaatlicher Gremien sowie die von diesen zur Verfügung gestellten Informationen“. Davon erfasst wird auch die enge Zusammenarbeit mit dem IPCC. Schließlich besitzt die COP eine Auffangkompetenz, die sie zur Erfüllung der „zur Verwirklichung des Zieles des Übereinkommens notwendigen sonstigen Aufgaben” ermächtigt (Art 7 Abs 2 lit m UNFCCC).

43 Das Aufgaben- und Kompetenzspektrum der COP ist damit recht weit und sollte es erlauben, auch auf neuartige Herausforderungen schnell und flexibel reagieren zu können. Die Entscheidungsfähigkeit der COP wird allerdings durch die hohe Mitgliederzahl und die nicht darauf abgestimmten Entscheidungsmechanismen erheblich geschwächt. Nach Art 7 Abs 2 lit k UNFCCC gehört es zu den Aufgaben der COP „für sich selbst und ihre Nebenorgane eine Geschäfts- und eine Finanzordnung“ zu verabschieden. Die erforderliche Einstimmigkeit für die Geschäftsordnung (*rules of procedure*) der COP ist allerdings an Uneinigkeiten über die erforderlichen Mehrheitsverhältnisse bei Abstimmungen gescheitert.[84] Es werden daher immer noch die *draft rules of procedure* mit Ausnahme der Rule 42, die Mehrheitsentscheidungen auch für substantielle Fragen vorsah, angewendet.[85] Obwohl Entscheidungen über Verfahrensfragen damit nur einer einfachen Mehrheit bedürfen, kann über substantielle Fragen zum heutigen Zeitpunkt nur einstimmig entschieden werden.[86]

44 Bisher haben 22 Sitzungen der Vertragsstaatenkonferenz stattgefunden. Von herausragender Bedeutung waren dabei zunächst insbes die COP-1 in Berlin im Jahre 1995, auf der das Mandat zur Erarbeitung des KP erteilt wurde, die COP-3 in Kyoto (1997), auf der das Protokoll angenommen wurde sowie COP-6/6.bis (Den Haag, Bonn, 2000, 2001) und COP-7 (Marrakech, 2001), auf denen wichtige Entscheidungen zur Operationalisierung und Umsetzung des Protokolls getroffen wurden.[87] Weitere wichtige Wegmarken waren die COP-13, die 2007 auf Bali stattfand und mit der „Bali Road Map“ den Verhandlungen um die Zukunft des völkerrechtlichen Klimaschutzregimes die Richtung vorgeben sollte.[88] Nennenswert ist außerdem die COP-16 von 2010, auf der es nach den enttäuschenden Ergebnissen der Vorjahres-COP immerhin gelang, sich auf die sog *Cancun Agree-*

---

83 Art 7 Abs 2 lit i UNFCCC und Art 7 Abs 2 lit j–k für die damit verbundenen Aufsichtsrechte.
84 S UNFCCC Handbook, 41.
85 Ebd, 41.
86 UNFCCC Handbook, 41; *Bodansky*, Climate Agreement, 3 betrachtet den erforderlichen Konsens aber als „a somewhat elastic term that in practice has required only the lack of formal objection by one more parties [sic!], rather than unanimous agreement.“
87 Vgl hierzu *Sach/Reese*, Das Kyoto-Protokoll nach Bonn und Marrakesch, ZUR 2002, 65 ff.
88 Zu den Inhalten vgl etwa *Spence et al*, Great Expectations: Understanding Bali and the Climate Change Negotiations Process, RECIEL 17 (2008) 142 ff.

ments zu einigen,[89] sowie COP-17 (Durban, 2011), auf der beschlossen wurde, den Versuch zu unternehmen, bis zum Jahr 2015 ein neues globales Klimaschutzabkommen auszuhandeln und dieses fünf Jahre später (also 2020) in Kraft zu setzen.[90] Auf COP-18 (Doha, 2012) wurde schließlich als Teil eines als *Doha Climate Gateway* bezeichneten Maßnahmenpakets eine Änderung des KP beschlossen, die insbes eine zweite, achtjährige Verpflichtungsperiode für die Zeit von 2013–2020 vorsieht.[91] Die COP-19 (Warschau, 2013) konnte trotz deutlicher Kontroversen Eckpunkte für ein zukünftiges neues Klimaabkommen verabschieden. Ebenso wurde der *Warsaw International Mechanism for Loss and Damage associated with Climate Change Impacts* geschaffen, der sich mit Verlusten und Schäden befassen soll, die durch den Klimawandel hervorgerufen werden. Schließlich hat die Konferenz richtungsweisende Beschlüsse zum Waldschutz bzw zum sog REDD+-Programm (*Program on Reducing Emissions from Deforestation and Forest Degradion in Developing Countries*) verabschiedet. Mit dem „Lima Call for Climate Action", insbes mit Blick auf die Vertrauensschaffung durch Preisgabe der *Intended Nationally Determined Contributions* durch die Staaten ebenso wie durch die Erarbeitung von Teilentwürfen, war die COP-20 eine wichtige Wegmarke in der Vorbereitung und Ausverhandlung des neuen Abkommens, das schließlich unter französischer Gastgeberschaft auf der Pariser COP-21 beschlossen wurde. Erneut hat die Aufgabe der Implementierung bzw Gestaltung von Implementierungsvorgaben eines Klimaabkommens mit der COP-22 ihren Ausgangsort in Marrakech gefunden.[92]

2. Die ständigen Nebenorgane

45 Mit dem Nebenorgan für wissenschaftliche und technologische Beratung (*Subsidiary Body for Scientific and Technological Advice* – SBSTA) und dem Nebenorgan für die Durchführung des Übereinkommens (*Subsidiary Body for Implementation* – SBI) verfügt die UNFCCC über zwei ständige Nebenorgane.[93] Die Aufgaben und Kompetenzen der beiden Organe sind theoretisch voneinander getrennt, überschneiden sich allerdings in der Praxis regelmäßig.[94]

a) Das Nebenorgan für wissenschaftliche und technologische Beratung

46 Die Funktion des SBSTA besteht darin, die COP „und gegebenenfalls deren anderen Nebenorganen zu gegebener Zeit Informationen und Gutachten zu wissenschaftlichen und technologischen Fragen im Zusammenhang mit dem Übereinkommen zur Verfügung [zu] stell[en]" (Art 9 Abs 1 Satz 1 UNFCCC). Dabei übt die COP eine Aufsichtsfunktion aus.[95] Außerdem bezieht das SBSTA auch die besonderen Kenntnisse anderer internationaler Gremien mit in seine Arbeit ein.[96] Im Einzelnen gibt das SBSTA „Beurteilungen zum Stand der wissenschaftlichen Kenntnisse auf dem Gebiet der Klimaänderungen und ihrer Folgen" ab (Art 9 Abs 2 lit a UNFCCC) und „verfasst wissenschaftliche Beurteilungen über die Auswirkungen der zur Durchführung des Übereinkom-

89 Vgl dazu *Rajamani*, The Cancun Climate Agreements: Reading the Text, Subtext and Tea Leaves, ICLQ 60 (2011) 499 ff.
90 S hierzu *Rajamani*, The Durban Platform for Enhanced Action and the Future of the Climate Regime, ICLQ 61 (2012) 501 ff.
91 Bisher ist dieses „Doha Amendment" allerdings in Ermangelung einer hinreichenden Anzahl an Ratifizierungen noch nicht in Kraft getreten.
92 Die CMA soll diese bis 2018 erarbeitet haben, vgl UN Doc FCCC/PA/CMA/2016/3/Add.1 v 31.1.2017, Decision 1/CMA.1: Matters Relating to the Implementation of the Paris Agreement, para II subpara 5.
93 S Art 9 UNFCCC für das SBSTA und Art 10 UNFCCC für das SBI.
94 S UNFCCC Handbook, 33.
95 Art 9 Abs 2 UNFCCC: „Under the guidance of the Conference of the Parties [...]."
96 Ebd: „[...] drawing upon existing competent international bodies [...]."

mens ergriffenen Maßnahmen“ (Art 9 Abs 2 lit b UNFCCC). Es „bestimmt innovative, leistungsfähige und dem Stand der Technik entsprechende Technologien und Know-how und zeigt Möglichkeiten zur Förderung der Entwicklung solcher Technologien und zu ihrer Weitergabe auf“ (Art 9 Abs 2 lit c UNFCCC). Außerdem fertigt das SBSTA „Gutachten zu wissenschaftlichen Programmen, zur internationalen Zusammenarbeit bei der Forschung und Entwicklung im Zusammenhang mit den Klimaänderungen und zu Möglichkeiten [an], den Aufbau der im Land vorhandenen Kapazitäten in den Entwicklungsländern zu unterstützen“ (Art 9 Abs 2 lit d UNFCCC). Schließlich „beantwortet [das SBSTA] wissenschaftliche, technologische und methodologische Fragen, die ihm von der Konferenz der Vertragsparteien und ihren Nebenorganen vorgelegt werden“ (Art 9 Abs 2 lit e UNFCCC). Das SBSTA steht ebenso wie die COP allen Vertragsparteien offen und wird multidisziplinär mit fachlich qualifizierten Regierungsvertretern besetzt (vgl Art 9 Abs 1 Satz 2 und 3 UNFCCC). Die COP kann im Übrigen die Funktionen und Aufgaben des SBSTA weiter konkretisieren (Art 9 Abs 3 UNFCCC).

b) Das Nebenorgan für die Durchführung des Übereinkommens

47 Die Aufgabe des unter der Aufsicht der COP[97] stehenden SBI hingegen besteht darin, „die Konferenz der Vertragsparteien bei der Beurteilung und Überprüfung der wirksamen Durchführung des Übereinkommens“ zu unterstützen (Art 10 Abs 1 Satz 1 UNFCCC). Dazu gehört die Prüfung der „nach Artikel 12 Absatz 1 übermittelten Informationen, um die Gesamtwirkung der von den Vertragsparteien ergriffenen Maßnahmen anhand der neuesten wissenschaftlichen Beurteilungen der Klimaänderungen zu beurteilen“ (Art 10 Abs 2 lit a und lit b UNFCCC). Außerdem „unterstützt [das SBI] die Konferenz der Vertragsparteien gegebenenfalls bei der Vorbereitung und Durchführung ihrer Beschlüsse“ (Art 10 Abs 2 lit c UNFCCC). Das SBI steht ebenfalls allen Parteien offen und „umfasst Regierungsvertreter, die Sachverständige auf dem Gebiet der Klimaänderungen sind“ (Art 10 Abs 1 Satz 2 UNFCCC).

3. Weitere Gremien

48 Wie bereits erwähnt hat die COP von ihrer Befugnis, den ständigen Nebenorganen weitere Organe hinzuzufügen, mehrfach Gebrauch gemacht.[98] So wurde etwa im Jahre 2011 die *Ad-hoc Working Group on the Durban Platform for Enhanced Action (ADP)* ins Leben gerufen, die ihre Aufgabe, ein Protokoll, ein anderes Rechtsinstrument oder ein sonstiges rechtsverbindliches, alle Parteien bindendes Ergebnis auszuarbeiten, mit Beschluss des Pariser Abkommens abgeschlossen hat.[99] Zur Vorbereitung auf das Inkrafttreten des PA hat die COP in der Folge die *Ad Hoc Working Group on the Paris Agreement (APA)* geschaffen.[100]

49 Das von der COP in Cancún im Jahr 2010 gegründete *Adaptation Committee* soll die Durchführung verstärkter Maßnahmen im Bereich der *adaptation* auf kohärente Weise unter dem Dach der UNFCCC fördern.[101] Zu diesem Zweck hat es die Parteien etwa in technischer Hinsicht zu unterstüt-

97 S *chapeau* Art 10 Abs 2 UNFCCC.
98 Für einen Überblick über die verschiedenen Organe s das Organigramm auf der UNFCCC Website <http://unfccc.int/bodies/items/6241.php>.
99 UN Doc FCCC/CP/2011/9/Add.1 v 15.4.2012, Decision 1/CP.17: Establishment of an Ad Hoc Working Group on the Durban Platform for Enhanced Action, paras 2, 4.
100 UN Doc FCCC/CP/2015/10/Add.1, Decision 1/CP.21: Adoption of the Paris Agreement, para I subpara 4.
101 UN Doc FCCC/CP/2010/7/Add.1 (Fn 15) para 20; spezifische Vorgaben zu Aufgaben und Verfahren des Adaptation Committee finden sich in UN Doc FCCC/CP/2011/9/Add.1 (Fn 99) Decision 2/CP.17: Outcome of the Work of the Ad Hoc Working Group on Long-Term Cooperative Action under the Convention and Annex V, paras 92 ff sowie in UN Doc FCCC/CP/2012/8/Add.2 v 28.2.2013, Decision 11/CP.18: Work of the Adaption Committee. Vgl zudem die *Revised Rules of Proce-*

zen und anzuleiten, den internationalen Informationsaustausch zu fördern, auf Synergien und verstärkte Einbindung nationaler, regionaler und internationaler Einrichtungen hinzuwirken sowie verschiedene Informationen bereit zu stellen und zu prüfen.[102] Das in derselben Entscheidung gegründete *Standing Committee* soll die COP in Bezug auf den Finanzierungsmechanismus unterstützen.[103] Ebenfalls in Cancún wurde der *Technology Mechanism* etabliert, der aus einem *Technology Executive Committee* und einem *Climate Technology Centre and Network* besteht.[104]

50 Eine *Least Developed Countries Expert Group*[105] unterstützt *least developed countries*[106] bei ihren Anpassungsbemühungen und berät u a in Bezug auf die Erstellung der *national adaptation programmes of action.*[107] Weiter hat die COP auch die *Consultative Group of Experts* geschaffen, die das Verfahren der Erstellung von *national communications* durch Parteien, die nicht in Annex I der UNFCCC aufgelistet sind, verbessern sollen.[108] Mit der COP im Jahr 2013 wurde schließlich der bereits angesprochene *Warsaw International Mechanism* zum Umgang mit nicht abwendbaren Verlusten und Schäden geschaffen.[109]

4. Der Finanzierungsmechanismus

51 Art 11 UNFCCC etabliert einen Finanzierungsmechanismus, dessen Ausrichtung, Prioritäten und Vergabekriterien von der COP bestimmt werden.[110] Seine *operating entities* sind die *Global Environmental Facility*[111] und mittlerweile auch der *Green Climate Fund*[112].

5. Kooperationen mit anderen Regimen und Einrichtungen

52 Der Klimawandel berührt eine Vielzahl von Schutzgütern, die ihrerseits durch spezielle Regime geschützt sind. Daraus resultiert ein besonderes Bedürfnis nach einem regimeübergreifenden Ausgleich, der zT über Kooperationen mit anderen Organisationen und Gremien angestrebt wird.[113] Ansätze dafür finden sich etwa in den Kompetenzkatalogen der COP und des SBSTA.[114]

---

dure of the Adaptation Committee, welche dieses im März 2013 beschlossen hat (abrufbar unter <http://unfccc.int/files/adaptation/cancun_adaptation_framework/adaptation_committee/application/pdf/revised_ac_rop.pdf>).

102 UN Doc FCCC/CP/2010/7/Add.1 (Fn 15) para 20.

103 Ebd, para 112.

104 Ebd, para 117.

105 UN Doc FCCC/CP/2001/13/Add.4 v 21.1.2002, Decision 29/CP.7: Establishment of a Least Developed Countries Expert Group.

106 *Bodansky*, UNFCCC, 508 schlägt vor, „least developed countries" iSd Liste der GV (für die aktuelle Liste s <www.unohrlls.org/en/ldc/25/>) zu verstehen.

107 UN Doc FCCC/CP/2001/13/Add.4 (Fn 105) Annex, para 1.

108 UN Doc FCCC/CP/1999/6/Add.1 v 17.1.2000, Decision 8/CP.5: Other Matters Related to Communications from Parties Not Included in Annex I to the Convention, para 3.

109 UN Doc FCCC/CP/2013/10/Add.1 v 31.1.2014, Decision 2/CP.19: Warsaw International Mechanism for Loss and Damage Associated with Climate Change Impacts.

110 Zu den Diskussionen um die Schaffung des Finanzierungsmechanismus *Bodansky*, UNFCCC, 538 ff.

111 UN Doc FCCC/CP/1996/15/Add.1 v 29.10.1996, Decision 12/CP.2: Memorandum of Understanding between the Conference of the Parties and the Council of the Global Environment Facility, Annex on the Determination of Funding Necessary and Available for the Implantation of the Convention.

112 UN Doc FCCC/CP/2010/7/Add.1 (Fn 15) paras 102 ff.

113 Vgl Überblick dazu auf <https://unfccc.int/cooperation_and_support/cooperation_with_international_organizations/items/2533.php>; vgl auch *Yamin/Depledge*, Climate Change, 509 ff. Allg zu entsprechenden Kooperationen im Kontext des Umweltvölkerrechts *Matz*, Cooperation and International Environmental Governance, in Wolfrum/Matz (Hrsg), Conflicts in International Environmental Law, 2003, 159 ff.

114 Vgl Art 7 Abs 2 lit l UNFCCC (COP) sowie *chapeau* Art 9 Abs 2 UNFCCC (SBSTA).

Die Kooperation mit anderen Konventionen und Einrichtungen wie etwa UN-Gremien nimmt diverse Formen an.[115] Ein Bsp für eine etwas stärker institutionalisierte Form des regimeübergreifenden Ausgleiches stellt die *Joint Liaison Group* dar, die aus den Sekretariaten der UNFCCC, der CBD und der UNCCD gebildet wurde und mittlerweile auch die Ramsar Konvention erfasst.[116] Ihr Ziel ist die Verstärkung der regimeübergreifenden Kooperation und die Prüfung weiterer Kooperationsmöglichkeiten.[117] Zu nennen ist darüber hinaus auch die Zusammenarbeit mit einer Vielzahl von außerhalb der UNFCCC stehenden Organisation wie etwa UNEP, der FAO, der WMO, der UNESCO oder dem IPCC.[118]

6. Das Intergovernmental Panel on Climate Change

53 Das IPCC wurde bereits vor Verabschiedung der UNFCCC im Jahre 1988 von der WMO und dem UNEP gegründet.[119] Das intergouvernementale Gremium ist institutionell unabhängig von der Konvention und stellt dementsprechend auch kein Organ der UNFCCC dar.[120] Dennoch ist seine Bedeutung als „primary provider of scientific information to the UNFCCC process"[121] nicht zu übersehen. Seine Arbeit konzentriert sich auf die Aufgaben, die ihm vom jeweils zuständigen WMO Executive Council und UNEP Governing Council mittels Resolutionen und Entscheidungen zugewiesen werden, sowie auf die Unterstützung des UNFCCC-Prozesses.[122] Hauptaufgabe des IPCC ist die Bewertung wissenschaftlicher, technischer und sozio-ökonomischer Informationen in Bezug auf verschiedene Aspekte des Klimawandels und seiner Bekämpfung.[123] Das IPCC betreibt dabei selbst keine eigene Forschung, sondern bezieht sich auf die weltweit veröffentlichten Forschungsergebnisse.[124] Seine einflussreichen Arbeiten veröffentlicht das IPCC insbes im Rahmen sog *Assessment Reports*.[125]

V. Konkretisierung der UNFCCC durch das KP

1. Entstehungsgeschichte

54 In Ausübung ihres Mandats zur Überprüfung der Angemessenheit der Verpflichtungen der Annex I-Parteien aus Art 4 Abs 2 lit a und b UNFCCC[126] befand die COP auf ihrer ersten Sitzung im

115 S dazu etwa UN Doc FCCC/SBSTA/2013/INF.4 v 30.4.2013, Summary of Cooperative Activities with United Nations Entities and Intergovernmental Organizations to Contribute to the Work under the Convention, Note by the Secretariat, abrufbar unter <http://unfccc.int/resource/docs/2013/sbsta/eng/inf04.pdf>.

116 Vgl <https://unfccc.int/cooperation_and_support/cooperation_with_international_organizations/items/3464.php>. Zur Einbeziehung des Ramsar-Sekretariats s UN Doc FCCC/CP/2002/7/Add.1 v 28.3.2003, Decision 13/CP.8, Cooperation with Other Conventions, Erwägungsgrund 5.

117 <https://unfccc.int/cooperation_and_support/cooperation_with_international_organizations/items/3464.php>.

118 S die Aufzählung in UN Doc FCCC/SBSTA/2013/INF.4 (Fn 115).

119 UNFCCC Handbook, 54.

120 Vgl *Bolle*, Climate Change, 76 f.

121 S UN Doc FCCC/SBSTA/2013/INF.4 (Fn 115) 10, para 38.

122 Principles Governing IPCC Work, abrufbar unter <www.ipcc.ch/pdf/ipcc-principles/ipcc-principles.pdf>, para 1.

123 Ebd, para 2.

124 *Bolle*, IPCC, 76.

125 Zuletzt ist der 5. Assessment Report (AR5) zwischen September 2013 und November 2014 erschienen, vgl <www.ipcc.ch/>.

126 S Art 4 Abs 2 lit d UNFCCC.

Jahre 1995, dass das bisherige Pflichtenprogramm unzureichend war, und verabschiedete das sog „Berlin Mandate“,[127] das letztlich zur Schaffung des KP führte.[128] Das Protokoll wurde am 11.12.1997 in Kyoto verabschiedet und trat am 16.2.2005 in Kraft. Wie auch die UNFCCC genießt das Protokoll beinahe universelle Geltung.[129] Einen schweren Makel stellte allerdings von Anfang an die Nicht-Ratifizierung durch die USA dar, die das Protokoll zunächst unterzeichnet hatten.[130] Den Kern der Verpflichtungen des KP bilden die dort für die Annex I-Parteien aufgestellten Emissionsziele. Diese wurden zunächst für den Zeitraum von 2008 bis 2012 bestimmt und nun für eine zweite Verpflichtungsperiode von 2013 bis 2020 im Rahmen des Doha Amendments verschärft.[131] Noch harrt das Doha Amendment allerdings der für das Inkrafttreten erforderlichen Annahme durch 144 Vertragsparteien – erst 77 Erklärungen sind bisher abgegeben worden.[132] Kanada ist mit Wirkung vom Dezember 2012 aus dem Protokoll ausgetreten.[133] Japan und Russland werden in der neuen Verpflichtungsperiode keine Verpflichtungen übernehmen.[134] Nachdem mit den USA nunmehr die Hälfte der früheren G8-Staaten keine verbindlichen Emissionsziele mehr übernommen hat, kann von einer geschlossenen *leadership* der Industrieländer iSv Art 3 Abs 1 Satz 2 UNFCCC keine Rede mehr sein. Nicht zuletzt hat die schwindende Akzeptanz des KP unter den alten G8-Staaten die Ausgestaltung des neuen Pariser Abkommens maßgeblich geprägt.

2. Das Pflichtenprogramm des KP

55 Im Gegensatz zur UNFCCC stellt das KP neben einigen allg Verpflichtungen konkrete Emissionsziele auf.[135] Fast alle der im KP ausgesprochenen Pflichten richten sich ausschließlich an die Annex I-Parteien, dh Industrie- oder Transitionsländer.[136] Der weit überwiegende Teil der 192[137] Vertragsparteien, die Entwicklungsländer, bleibt von diesen Pflichten hingegen unberührt.[138] Insofern stellt das Protokoll bereits seinem Grundansatz nach eine recht strenge Interpretation der *common but differentiated responsibilities* dar.[139]

127 S UN Doc FCCC/CP/1995/7/Add.1 v 6.6.1995, Decision 1/CP.1: The Berlin Mandate, Review of the Adequacy of Article 4 Paragraph 2(a) and (b), of the Convention, Including Proposals Related to a Protocol and Decisions on Follow Up.

128 *Birnie/Boyle/Redgwell*, International Law and the Environment, 360; zum Berlin Mandate und den darauf aufbauenden Prozessen auch *Sands/Peel*, Principles, 283 ff; ausf *Petsonk*, Kyoto Protocol: An Overview, in Schneider/Root/Mastrandrea (Hrsg), Encyclopedia of Climate and Weather, 2. Aufl 2011, 212 ff.

129 Vgl die Liste der Parteien bzw Ratifizierungen auf <http://unfccc.int/kyoto_protocol/status_of_ratification/items/2613.php>.

130 S zur US-Position etwa *Kahn*, The Fate of the Kyoto Protocol Under the Bush Administration, BJIL 21 (2003) 548 ff.

131 Vgl UN Doc FCCC/KP/CMP/2012/13/Add.1 v 28.2.2013, Decision 1/CMP.8: Amendment to the Kyoto Protocol Pursuant to its Article 3, Paragraph 9 (the Doha Amendment).

132 Vgl <http://unfccc.int/kyoto_protocol/doha_amendment/items/7362.php>; Art 20 f KP. In Ermangelung eines Konsenses ist eine Mehrheit von drei Vierteln der Parteien erforderlich, hier 144.

133 S UN Doc FCCC/KP/CMP/2012/13/Add.1 (Fn 131) Fn 13.

134 S ebd, Annex I, Art 1, Unterpunkt A., Fn 14 (Japan) und Fn 16 (Russland).

135 S Art 3 Abs 1 iVm Annex A und B KP.

136 Vgl etwa Art 2 Abs 1–3, Art 3 Abs 1, 2 und 4 KP.

137 S <http://unfccc.int/kyoto_protocol/status_of_ratification/items/2613.php>.

138 Eine Vorschrift, die sich ausnahmsweise an alle Parteien richtet, ist Art 10 KP, der einige allg Verpflichtungen für die Parteien formuliert. Art 10 Abs 1 KP betont jedoch, dass damit nicht die Schaffung neuer Pflichten für die Nicht-Annex-I-Parteien einhergehe, sondern, dass es sich lediglich um eine Bekräftigung der Pflichten des Art 4 Abs 1 UNFCCC handele.

139 Vgl *Beyerlin/Marauhn* (Fn 22) 161.

a) Allgemeine Verpflichtungen

56 Bei der Verfolgung ihrer Emissionsziele nach Art 3 KP und Annex B werden die Annex I-Parteien zur Förderung nachhaltiger Entwicklung weitere Maßnahmen und Politiken „umsetzen und/oder näher ausgestalten" (Art 2 Abs 1 lit a KP), von denen eine Reihe in Art 2 Abs 1 lit a KP genannt werden. Die Liste ist nicht abschließend (s Wortlaut: „such as") und steht zusätzlich unter dem Vorbehalt der jeweiligen „national circumstances".[140] Zu den ausdrücklich genannten Maßnahmen gehören die „Verbesserung der Energieeffizienz in maßgeblichen Bereichen der Volkswirtschaft" (Art 2 Abs 1 lit a [i] KP), der „Schutz und Verstärkung von Senken und Speichern [...] sowie Förderung nachhaltiger Waldbewirtschaftungsmethoden, Aufforstung und Wiederaufforstung" (Art 2 Abs 1 lit a [ii] KP), die „Förderung nachhaltiger landwirtschaftlicher Bewirtschaftungsformen" (Art 2 Abs 1 lit a [iii] KP), die „Erforschung und Förderung, Entwicklung und vermehrte Nutzung von neuen und erneuerbaren Energieformen, von Technologien zur Bindung von Kohlendioxid und von fortschrittlichen und innovativen umweltverträglichen Technologien" (Art 2 Abs 1 lit a [iv] KP), die „fortschreitende Verringerung oder schrittweise Abschaffung von Marktverzerrungen, steuerlichen Anreizen, Steuer- und Zollbefreiungen und Subventionen, die im Widerspruch zum Ziel des Übereinkommens stehen [...]" (Art 2 Abs 1 lit a [v] KP), „Reformen in maßgeblichen Bereichen mit dem Ziel, Politiken und Maßnahmen zur Begrenzung oder Reduktion von Emissionen [...] zu fördern" (Art 2 Abs 1 lit a [vi] KP), „Maßnahmen zur Begrenzung und/oder Reduktion von Emissionen von nicht durch das Montrealer Protokoll geregelten Treibhausgasen im Verkehrsbereich" (Art 2 Abs 1 lit a [vii] KP) und die „Begrenzung und/oder Reduktion von Methanemissionen durch Rückgewinnung und Nutzung im Bereich der Abfallwirtschaft sowie bei Gewinnung, Beförderung und Verteilung von Energie" (Art 2 Abs 1 lit a [vii] KP).

57 Der COP/CMP[141] kommt in Bezug auf diese Maßnahmen eine Koordinierungsbefugnis zu (vgl Art 2 Abs 4 KP). Abgesehen davon sind die Parteien aber auch selbst in der Pflicht, durch Kooperation „die Wirksamkeit ihrer aufgrund dieses Artikels beschlossenen einzelnen Politiken und Maßnahmen sowie deren Wirksamkeit in ihrer Kombination zu verstärken."[142] Dazu gehören Maßnahmen zum Informationsaustausch in Bezug auf ihre Politiken und Maßnahmen sowie die „Entwicklung von Möglichkeiten zur Verbesserung ihrer Vergleichbarkeit, Transparenz und Wirksamkeit" (Art 2 Abs 1 lit b Satz 2 KP). Die COP/CMP hat schließlich „über Möglichkeiten der Erleichterung dieser Zusammenarbeit [zu] beraten" (Art 2 Abs 1 lit b Satz 3 KP).

58 Treibhausgasemissionen aus dem Bereich der Luft- und Schifffahrt sollen die Parteien im Rahmen der International Civil Aviation Organization bzw der International Maritime Organization behandeln (vgl Art 2 Abs 2 KP). In ähnlicher Weise gilt auch die bereits angesprochene Verpflichtung zum Schutz und zur Verstärkung von Senken nur „unter Berücksichtigung der eigenen Verpflichtungen im Rahmen einschlägiger internationaler Umweltübereinkünfte" (vgl Art 2 Abs 1 lit a [ii] KP). Insofern respektiert das KP die Bezüge zu anderen völkerrechtlichen Übereinkommen und internationalen Einrichtungen. Dies gilt auch für die durchgehend vorgesehene Beschränkung auf solche Treibhausgase, die nicht der Kontrolle durch das Montrealer Protokoll unterliegen.[143] Neben Regelungskonflikten berücksichtigt das Protokoll auch faktische Zielkonflikte. Bei der Erfüllung ihrer Pflichten nach Art 2 KP sollen die Annex I-Parteien ihre Maßnahmen in einer Weise umsetzen, die Beeinträchtigungen anderer Parteien, insbes der Entwicklungsländer, minimiert (Art 2 Abs 3 KP). Zu solchen Beeinträchtigungen zählen u a „die nachteiligen Auswirkungen der Klimaänderungen, die Auswirkungen auf den Welthandel und

---

140 Vgl *Sands/Peel*, Principles, 287; *Sach/Reese* (Fn 87) 68 sprechen insoweit von einem „nicht abschließenden und nicht verpflichtenden Katalog".

141 Im Rahmen des KP fungiert die COP der UNFCCC zugleich als *Meeting of the Parties* des Protokolls und wird dann als COP/CMP bezeichnet.

142 Art 2 Abs 1 lit b KP, der zudem auf Art 4 Abs 2 lit e UNFCCC verweist.

143 So in Art 2 Abs 1 lit a (ii), (vi), (vii), Abs 2, Art 5 Abs 1, Abs 2, Art 7 Abs 1 KP.

die Auswirkungen auf den Sozialbereich, die Umwelt und die Wirtschaft anderer Vertragsparteien" (Art 2 Abs 3 KP). Daran wird die Verwandtschaft der Vorschrift mit Art 4 Abs 1 lit f UNFCCC deutlich. Die COP/CMP kann bei Bedarf weitere Maßnahmen zu Förderung der Umsetzung der Minimierungsverpflichtung ergreifen (Art 2 Abs 3 KP).

b) Der Kern des KP: Die Emissionsziele

59 Die bisher dargestellten Pflichten der Annex I-Parteien bilden gewissermaßen das normative Beiwerk oder den Rahmen des eigentlichen Kerns des KP, der von den Verpflichtungen der Annex I-Parteien zur Erreichung bestimmter Emissionsziele gebildet wird (vgl Art 3 Abs 1 KP). Art 3 Abs 1 KP verpflichtet die Annex I-Parteien zur Erreichung der in Annex B nach Parteien differenzierenden Emissionsniveaus in Bezug auf die in Annex A genannten Treibhausgase.[144] Das erklärte Ziel dieser Verpflichtung war es, in der ersten Verpflichtungsperiode von 2008 bis 2012 die Gesamtemissionen dieser Gase um mindestens 5% unter das Emissionsniveau von 1990 zu bringen. Für die nächste Verpflichtungsperiode von 2013 bis 2020 ist beabsichtigt, die Gesamtemissionen um mindestens 18% unter das Niveau von 1990 zu bringen.[145]

60 Maßstab der Emissionsziele ist jeweils das Emissionsniveau eines bestimmten *Basisjahres.* Im Grundsatz wurde dafür als Basisjahr das Jahr 1990 gewählt (vgl Art 3 Abs 7 KP). Spielräume eröffnet das KP für *economies in transition*[146] und für Fluorkohlenwasserstoffe, perfluorierte Kohlenwasserstoffe und Schwefelhexafluorid, für die die Parteien für 1995 als Basisjahr optieren konnten (vgl Art 3 Abs 8 KP). Annex B weist den Parteien jeweils individuelle Emissionsziele in Prozent des Emissionsniveaus im Basisjahr zu und berücksichtigt damit die schwierige Verhandlungslage und die unterschiedlichen wirtschaftlichen Verhältnisse.[147] Die Parteien durften über die gesamte 5-jährige erste Verpflichtungsperiode hinweg insgesamt das Fünffache des von ihnen zugesagten prozentualen Anteils der Emissionen aus dem Basisjahr emittieren (vgl Art 3 Abs 7 Satz 1 KP),[148] so dass es ihnen letztlich selbst überlassen war, festzulegen, in welchen Schritten sie ihre jeweilige Zielvorgabe erreichen wollten.[149] Im Ergebnis galten für die meisten Parteien in der ersten Verpflichtungsperiode Emissionsziele von 92–95%.[150] Russland, die Ukraine und Neuseeland verpflichteten sich zu 100% – also letztlich zu einem Konstanthalten ihrer Emissionen. Island, Australien und Norwegen durften ihr Emissionsniveau im Vergleich zum Basisjahr um 10%, 8% bzw 1% steigern.[151]

---

144 In der Verpflichtungsperiode 2008–12 wurden folgende Treibhausgase einbezogen: Kohlendioxid (CO_2), Methan (CH_4), Distickstoffoxid (N_2O), Teilhalogenierte Fluorkohlenwasserstoffe (H-FKW/HFC), Perfluorierte Kohlenwasserstoffe (FKW/PFC), Schwefelhexafluorid (SF_6). Die zweite Verpflichtungsperiode (2013–20) bezieht zusätzlich zu diesen Treibhausgasen noch Stickstofftrifluorid (NF_3) mit ein, s UN Doc FCCC/KP/CMP/2012/13/Add.1 (Fn 131) Annex I, Art 1, Unterpunkt B.

145 S ebd, Annex I, Art 1, Unterpunkt C.

146 S Art 3 Abs 5 KP iVm Decision 9/CP.2 (UN Doc FCCC/CP/1996/15/Add.1 v 29.10.1996, Communications from Parties Not Included in Annex I to the Convention, Guidelines, Facilitation and Process for Consideration).

147 Vgl *Birnie/Boyle/Redgwell*, International Law and the Environment, 361.

148 In der zweiten (längeren) Verpflichtungsperiode von 2013–20 dürfen die Parteien entsprechend das Achtfache des ihnen zustehenden prozentualen Anteils der Emissionen des Basisjahres emittieren, s UN Doc FCCC/KP/CMP/2012/13/Add.1 (Fn 131) Annex I, Art 1, Unterpunkt F.

149 Vgl die Erklärung zu dieser Regelung bei *Breidenich et al*, The Kyoto Protocol to the United Nations Framework Convention on Climate Change, AJIL 92 (1998) 315 (321): „This multiyear formulation was devised to give parties greater flexibility in meeting their emission reduction commitments and to take into account annual fluctuations, for example, from business cycles."

150 S Annex B KP.

151 Ebd. Hinsichtlich der Bewertung der genannten Prozentsätze, die zunächst recht niedrig erscheinen, ist noch einmal darauf hinzuweisen, dass diese sich nicht etwa auf die Ausstoßmenge im Zeitpunkt des Vertragsschlusses beziehen, sondern auf die Situation im Jahr 1990. Faktisch ergaben sich vor dem Hintergrund zwischenzeitlich eingetretener erheblicher Steigerungen der Emissionswerte gegenüber jenen des gewählten Basisjahrs aus den

61 In der zweiten Verpflichtungsperiode wird keiner der beteiligten Parteien mehr das Recht zugestanden, das Emissionsniveau des Basisjahres „bloß" zu halten oder sogar darüber hinaus zu gehen. Alle verpflichteten Parteien haben Reduktionen zugesagt.[152] Dabei hat eine Art „conditional offer"-Strategie Verbreitung gefunden. Danach haben die Befürworter strengerer Klimaschutzmaßnahmen Verpflichtungen mit dem Angebot noch weitergehender Reduktionen für den Fall der Konzessionsbereitschaft anderer Mitglieder verbunden. So hat die EU sich zu einer Senkung ihrer Emissionen gegenüber dem Jahr 1990[153] um 20% verpflichtet und eine weitere Senkung auf 30% angeboten.[154] Letzteres war an die Voraussetzung gebunden, dass andere industrialisierte Parteien vergleichbare Verpflichtungen eingehen und auch die Entwicklungsländer einen angemessenen, ihren eigenen Verantwortlichkeiten und Kapazitäten entsprechenden Beitrag leisten.[155] Neben dem Aufruf an die Industrienationen ist damit insbes auch der Versuch einer Neuinterpretation der *common but differentiated responsibilities* verbunden, die unter dem KP eine besondere einseitige Ausgestaltung erfahren haben.[156] Auch Norwegen, die Schweiz, Liechtenstein, Kroatien und Australien haben mit der Eingehung ihrer Verpflichtungen zugleich auch weiterreichende Reduktionen in Aussicht gestellt, die an unterschiedliche Bedingungen geknüpft sind.[157]

62 Um den Fortschritt auf dem Weg zur Erreichung der Emissionsziele überprüfen zu können, wurden weitere Hilfspflichten geschaffen. So benötigt jede Annex I-Partei ein „nationales System zur Schätzung der anthropogenen Emissionen aller nicht durch das Montrealer Protokoll geregelten Treibhausgase aus Quellen und des Abbaus solcher Gase durch Senken" (Art 5 Abs 1 Nr 1 KP). Außerdem sind die zur Sicherstellung bzw zum Nachweis der Einhaltung des Art 3 KP erforderlichen zusätzlichen Informationen in die *national inventories* (Art 7 Abs 1 KP) und die Kommunikationen nach Art 12 UNFCCC aufzunehmen (Art 7 Abs 2 KP). Schließlich wird betont, dass die Annex I-Parteien darauf zu achten haben, bei der Verfolgung ihrer Emissionsziele „nachteilige Auswirkungen auf den Sozialbereich, die Umwelt und die Wirtschaft" für die Entwicklungsländer, insbes die besonders vulnerablen Staaten nach Art 4 Abs 8 und 9 UNFCCC, zu minimieren (Art 3 Abs 14 Satz 1 KP).

Vorgaben in Annex B zT Reduktionsziele von 30% und darüber. Vgl *Birnie/Boyle/Redgwell*, International Law and the Environment, 361; *Sands/Peel*, Principles, 286. S auch bereits *Yamin*, The Kyoto Protocol: Origins, Assessment and Future Challenges, RECIEL 7 (1998) 113. Gleichwohl ist nicht zu verkennen, dass dies nicht für alle Parteien gleichermaßen galt. So wurde insbes für Russland und die Ukraine von vornherein erwartet, dass diese ihre Verpflichtungen vor dem Hintergrund der in diesen Ländern nach dem „Basisjahr" 1990 eingetretenen massiven Deindustrialisierungserscheinungen ohne weiteres würden erfüllen können. Vgl etwa *Woerdman*, Hot Air Trading under the Kyoto Protocol: An Environmental Problem or Not?, EEnvLR 14 (2005) 71 (72 f); *Yamin*, aaO, 120. Für einen Überblick der Entwicklung der Emissionswerte der Annex-I-Parteien von 1990 bis 2011, s UN Doc FCCC/SBI/2013/19 v 2.9.2013, 14, Table 5.

152 S UN Doc FCCC/KP/CMP/2012/13/Add.1 (Fn 131) Annex I, Art 1, Unterpunkt A.

153 Mit Ausnahme Australiens (2000) ist 1990 erneut das Basisjahr für alle Parteien, s UN Doc FCCC/KP/CMP/2012/13/Add.1 (Fn 132) Annex I, Art 1, Unterpunkt A.

154 Ebd, Annex I, Art 1, Unterpunkt A, Fn 7.

155 S ebd.

156 Die Einseitigkeit der Ausgestaltung betonen etwa *Beyerlin/Marauhn* (Fn 22) 161: „Considering that the Annex B parties are burdened with reducing their GHG emissions and, at the same time, transferring financial resources and technology to the developing country parties in order to help them fulfil their procedural duties, the asymmetry of the parties' obligations under the Kyoto Protocol is striking [...]."

157 S UN Doc FCCC/KP/CMP/2012/13/Add.1 (Fn 131) Annex I, Art 1, Unterpunkt A, Fn 10 (Norwegen), Fn 9 (Liechtenstein), Fn 11 (Schweiz). Für Kroatien gilt das „condititional offer" der EU, s den Eintrag für Kroation und den Verweis auf Fn 7; Australien behält sich vor, im Laufe der Verpflichtungsperiode strengere Zielsetzungen zu akzeptieren, s Fn 3.

3. Mögliche Varianten der Vertragserfüllung

a) Überblick

63 Das den Parteien zur Verfolgung ihrer Emissionsziele zur Verfügung stehende Instrumentarium beschränkt sich nicht einfach auf die Durchsetzung von Emissionsgrenzwerten in den eigenen Volkswirtschaften. Bei der Erfüllung ihrer Vertragspflichten bietet das KP weite Spielräume im Hinblick darauf, auf welche Weise, an welchem Ort und von wem emissionsrelevante Maßnahmen ergriffen werden. Damit reagiert das Protokoll zum einen auf den Umstand, dass es für die Effektivität des Klimaschutzes keinen Unterschied macht, an welchem Ort auf der Welt Emissionen eingespart werden.[158] Zum anderen steht dahinter der Gedanke der Wirtschaftlichkeit.[159] Zwar ist eine gewisse Präferenz für die Emissionsreduktion auf dem eigenen Territorium erkennbar. Auch wenn sie vom Wortlaut her als „zusätzliche" Maßnahmen gekennzeichnet werden, bieten die sog *flexiblen Mechanismen* doch erhebliche Spielräume, die Maßnahmen außerhalb der eigenen Jurisdiktion und durch Dritte und deshalb kostengünstiger bzw effektiver vorzunehmen.[160] Zur Erreichung der Emissionsziele kommen zunächst *Emissionsreduktionen* und *senkenbasierte Maßnahmen* in Betracht, dh solche Maßnahmen, die auf eine Beseitigung von bereits in der Atmosphäre befindlichen Treibhausgasen abzielen.[161] Im Einklang mit der bereits diskutierten Hierarchie der Klimaschutzmaßnahmen haben Senkenansätze jedoch im KP eine klare normative Abwertung erfahren.[162] Emissionsreduktionen stellen daher unter dem Dach des KP die Klimaschutzmaßnahme *par excellence* dar.

b) Senkenbasierte Ansätze auf eigenem Territorium, Art 3 Abs 3/4 KP

64 Gemäß Art 3 Abs 3 KP werden Veränderungen der Treibhausgasemissionen und Treibhausgasbeseitigungen durch Aktivitäten in den Bereichen von „Aufforstung, Wiederaufforstung und Entwaldung" (*land use, land-use change and forestry* – LULUCF) auf die Emissionsziele angerechnet.[163] Nach Art 3 Abs 4 KP können auch andere Senken eine entsprechende Aufwertung erfahren. Die Parteien können wählen, ob sie Maßnahmen in Bereichen wie Ödlandbegrünung (*revegetation*), Ackerbewirtschaftung (*cropland management*), Grünlandbewirtschaftung (*grazingland management*) und Trockenlegung sowie Wiedervernässung von Feuchtgebieten (*wetland drainage and rewetting*) ebenfalls einbeziehen wollen.[164] In der zweiten Verpflichtungsperiode haben sie im Übrigen neben den in der ersten Verpflichtungsperiode gewählten Ansätzen

---

158 Vgl etwa *Freestone*, The UN Framework Convention on Climate Change, the Kyoto Protocol, and the Kyoto Mechanisms, in Freestone/Streck (Hrsg), Legal Aspects of Implementing the Kyoto Protocol Mechanisms, 2005, 3 (11); *Bothe* (Fn 18) 247. Diese *ratio* greift bei allen im Folgenden diskutierten Instrumenten bis auf den Mechanismus nach Art 3 Abs 3 und 4 KP, der senkenbasierte Maßnahmen auf dem Territorium des jeweils verpflichteten Staats betrifft.

159 Vgl *Birnie/Boyle/Redgwell*, International Law and the Environment, 363 f.

160 Vgl *Werksman* (Fn 66) 50; *Birnie/Boyle/Redgwell*, International Law and the Environment, 363 f; *Galizzi*, Air, Atmosphere and Climate Change, in Alam et al (Fn 28) 346; *Halvorssen*, UNFCCC, The Kyoto Protocol, and the WTO: Brewing Conflicts or Are They Mutually Supportive?, Denver JILP 36 (2007–08) 369 (373).

161 S etwa Art 2 Abs 1 lit a (ii), Art 3 Abs 3 KP. S *Sands/Peel*, Principles, 291 f zu den Streitigkeiten um die Rolle von Senken.

162 *Österberg*, LULUCF, 24 verzeichnet das etwa für den Bereich der Aufforstung (*afforestation*) und der Wiederaufforstung (*reforestation*) im Rahmen des Clean Development Mechanism.

163 Zu den Voraussetzungen s im Detail UN Doc FCCC/KP/CMP/2011/10/Add.1 v 15.4.2012, Decision 2/CMP.7: Land Use, Land-Use Change and Forestry.

164 UN Doc FCCC/KP/CMP/2011/10/Add.1 (Fn 163). Zu den Definitionen s ebd und UN Doc FCCC/KP/CMP/2005/8/Add.3 v 30.4.2006, Decision 16/CMP.1: Land Use, Land-Use Change and Forestry. Die Liste wurde gegenüber der ersten Verpflichtungsperiode erweitert um „wetland drainage and rewetting". „Forest management" hingegen wurde aus der Liste der Wahlmöglichkeiten entfernt und verbindlich gemacht.

zwingend auch Maßnahmen im Bereich der Waldbewirtschaftung (*forest management*) einzubeziehen.[165] Ist die Treibhausgasbilanz der von Art 3 Abs 3 und 4 KP erfassten Senken negativ, dh ist es insgesamt zu einer Reduktion gekommen, erhält die jeweilige Partei sog *Removal Units* (RMUs).[166] Die Anrechnung solcher Treibhausgasbeseitigungen auf die Emissionsziele ist allerdings nur in begrenztem Umfang gestattet.[167]

c) Gemeinsame Pflichterfüllung auf Grundlage besonderer Übereinkommen, Art 4 KP

65 Eine besondere Form der Pflichterfüllung wird durch die Zulassung gemeinsamer übergreifender Emissionsräume („bubble") ermöglicht. Die verpflichteten Parteien können auf Grundlage besonderer Übereinkünfte ihre kumulierten Pflichten dann gemeinsam erfüllen (vgl Art 4 KP). Von dieser Möglichkeit werden in der zweiten Verpflichtungsperiode etwa die EU und ihre Mitgliedstaaten[168] sowie die EU und Island[169] Gebrauch machen.[170]

d) Joint Implementation, Art 6 KP

66 Davon zu unterscheiden ist die projekt-, dh einzelfallbezogene *Joint Implementation* (JI). Damit können reduktionsverpflichtete Parteien unter sich für Emissionsminderungen Gutschriften, sog *emission reduction units* (ERUs), erwerben oder übertragen (vgl Art 6 KP).[171] Die ERUs können dann zur Erfüllung der Emissionsziele genutzt werden. ERUs werden für Emissionsreduktions- oder Senkenprojekte in Annex I-Parteien ausgegeben, wobei deren eigenen Emissionsrechte sich dadurch in entsprechender Höhe verringern.[172] Voraussetzung dafür ist neben der Zustimmung beider Parteien, dass das Projekt zu einer Treibhausgaseinsparung oder -beseitigung führt, die ohne das Projekt nicht eingetreten wäre. Ferner müssen die Pflichten des Art 5 und 7 KP erfüllt werden. Schließlich darf der Erwerb von ERUs nur als *Ergänzung* anderer Maßnahmen zur Zielverfolgung unter Art 3 KP erfolgen.[173] Neben der Zielverfolgung unter Art 3 KP soll die JI insbes zu Investitionen und technologischer Entwicklung führen.[174] Obgleich auch Senkenprojekte im Rahmen der JI durchgeführt werden können, sind von den 648 in der offiziellen JI-Onlinedatenbank ausgewiesenen laufenden oder bereits abgeschlossenen JI-Projekten nur drei Projekte diesem Bereich zuzurechnen.[175] Die für die Senkenmaßnahmen iSv Art 3 Abs 4 KP geltenden Grenzen der berücksichtigungsfähigen Beseitigungen gelten ebenfalls bei der JI.[176] Darüber hinaus ist es ausgeschlossen, für die Förderung der Kernkraft im Rahmen von JI-Projekten erworbene

165 S UN Doc FCCC/KP/CMP/2011/10/Add.1 (Fn 163) Unterpunkt 2 iVm Annex, Unterpunkt 7.P.7.
166 Vgl etwa *Graichen/Harders*, Die Ausgestaltung des internationalen Emissionshandels nach dem Kyoto-Protokoll und seine nationalen Umsetzungsvoraussetzungen, ZUR 2002, 73 (75).
167 S UN Doc FCCC/KP/CMP/2005/8/Add.3 (Fn 164) Annex, para 11, für die erste Verpflichtungsperiode und UN Doc FCCC/KP/CMP/2011/10/Add.1 (Fn 163) Annex, para 13 für die zweite Verpflichtungsperiode.
168 UN Doc FCCC/KP/CMP/2012/13/Add.1 (Fn 131) Annex I, Art 1, Unterpunkt A, Fn 4.
169 Ebd, Annex I, Art 1, Unterpunkt A, Fn 8.
170 Dass diese Möglichkeit ersichtlich im Wesentlichen durch die EU genutzt wird, ist dabei kein Zufall. Vgl *Bothe* (Fn 18) 248: „This mechanism (the 'bubble') is tailor-made for the EC […]."
171 S Art 6 KP.
172 Vgl etwa *Durrant*, Legal Responses to Climate Change, 2010, 56 f.
173 S Art 6 KP; vgl außerdem die „Participation requirements", UN Doc FCCC/KP/CMP/2005/8/Add.2 v 30.4.2006, Decision 9/CMP.1: Guidelines for the Implementation of Article 6 of the Kyoto Protocol, paras 20 ff iVm Annex. Gegenwärtig werden „Revised Joint Implementation Guidelines" ausgearbeitet, vgl UN Doc FCCC/KP/CMP/2012/13/Add.2 v 28.2.2013, Decision 6/CMP.8: Guidance on the Implementation of Article 6 of the Kyoto Protocol, para 14.
174 Vgl <http://unfccc.int/kyoto_protocol/background/items/2882.php>. S auch *Graichen/Harders* (Fn 166) 76.
175 Vgl <http://ji.unfccc.int/JI_Projects/ProjectInfo.html>.
176 S etwa für die zweite Verpflichtungsperiode (2013–2020): UN Doc FCCC/KP/CMP/2011/10/Add.1 (Fn 163) Annex, para 13.

Emissionsreduktionseinheiten zur Erfüllung der Emissionsreduktionsverpflichtungen einzusetzen.[177]

e) Clean Development Mechanism, Art 12 KP

67 Seiner Grundidee nach verzahnt der *Clean Development Mechanism* (CDM) das Interesse an der Stabilisierung der atmosphärischen Treibhausgaskonzentration mit dem Interesse an nachhaltiger Entwicklung (vgl Art 12 Abs 2 KP). Anders als bei der JI setzt der CDM auf eine Kooperation zwischen einer Annex I- und einer Nicht-Annex-I-Partei, dh zwischen einem Industrie- oder Transitionsland und einem Entwicklungsland (vgl Art 6 und 12 KP). Der CDM sieht vor, dass eine Annex-I-Partei sog *certified emission reductions* für die Durchführung von einem Projekt in einem Entwicklungsland erwerben kann, das entweder zur Reduzierung relevanter Treibhausgasemissionen oder zur Beseitigung bereits in der Atmosphäre befindlicher Treibhausgase führt. Im Gegensatz zu JI-Projekten führen diese Emissionszertifikate nicht bloß zu einer Verschiebung der Emissionsrechte zwischen zwei verpflichteten Staaten, sondern erhöhen vielmehr die Gesamtmenge der zur Verfügung stehenden Emissionsrechte.[178]

68 Auch der CDM erfasst sowohl Vorhaben zur Reduzierung von Emissionen als auch Senkenprojekte. Sowohl in der ersten als auch der zweiten Verpflichtungsperiode kommen allerdings zunächst nur Senkenprojekte aus dem Bereich der Aufforstung und der Wiederaufforstung (*afforestation and reforestation*) in Betracht.[179] Darüber hinaus wurden auch für den CDM Obergrenzen der Anrechnung von Senkenprojekten festgelegt.[180] Für Senkenprojekte werden nur die beiden Sonderformen *temporary certified emission reductions* (tCERs) und *long-term certified emission reductions* (lCERs) ausgegeben.[181] tCERs laufen am Ende der jeweiligen Verpflichtungsperiode aus, lCERs am Ende der sog *crediting period*.[182] Sie sind bei Auslaufen von der betr Partei zu ersetzen und können damit nur eine zeitliche Verschiebung der Pflichterfüllung bewirken.[183] Der Grund dafür besteht in dem Umstand, dass die im Rahmen von Senkenprojekten gebundenen Treibhausgase früher oder später wieder freigesetzt werden.[184] Auch im Bereich des CDM ist die Förderung der Kernenergie als Mittel zur Reduzierung von Treibhausgasemissionen ausgeschlossen.[185]

---

177 Vgl UN Doc FCCC/CP/2001/13/Add.2 v 21.1.2002, Decision 16/CP.7: Guidelines for the Implementation of Article 6 of the Kyoto Protocol, Erwägungsgrund 4.

178 S *Österberg*, LULUCF, 25; s auch *Michaelowa*, Kyoto Protocol: Clean Development Mechanism, in Schneider/Root/Mastrandrea (Fn 128) 217 ff zu dem daraus resultierenden Bedarf nach unabhängiger Verifizierung.

179 UN Doc FCCC/KP/CMP/2005/8/Add.1 v 30.4.2006, Decision 5/CMP.1: Modalities and Procedures for Afforestation and Reforestation Project Activities under the Clean Development Mechanism in the First Commitment Period of the Kyoto Protocol und Decision 6/CMP.1: Simplified Modalities and Procedures for Small-Scale Afforestation and Reforestation Project Activities under the Clean Development Mechanism in the First Commitment Period of the Kyoto Protocol and Measures to Facilitate their Implementation. Für die zweite Verpflichtungsperiode wurde allerdings deutlich festgehalten, dass weitere Ansätze in der Zukunft auf Grundlage einer Entscheidung der COP/CMP berücksichtigungsfähig werden können, s UN Doc FCCC/KP/CMP/2011/10/Add.1 (Fn 163).

180 Für die erste Verpflichtungsperiode begrenzt auf ein Prozent der Basisjahremissionen mal fünf (UN Doc FCCC/KP/CMP/2005/8/Add.3 [Fn 164], Annex, para 14). Der gleiche Ansatz ist auch für die zweite Verpflichtungsperiode vorgesehen: Begrenzung auf ein Prozent der Basisjahremissionen mal Dauer der Verpflichtungsperiode in Jahren, also acht (UN Doc FCCC/KP/CMP/2011/10/Add.1 [Fn 163] Annex, para 19). Die Vorgaben aus Decision 5/CMP.1 (Fn 182) und Decision 6/CMP.1 (ebd) kommen auch in der zweiten Verpflichtungsperiode zur Anwendung, s UN Doc FCCC/KP/CMP/2011/10/Add.1 (Fn 163) Annex, para 18.

181 Vgl UN Doc FCCC/KP/CMP/2005/8/Add.1 (Fn 179) para 2 iVm Annex.

182 Ebd, paras 42, 46. S a *Österberg*, LULUCF, 24.

183 UN Doc FCCC/KP/CMP/2005/8/Add.1 (Fn 179) paras 44, 48; *Österberg*, LULUCF, 24.

184 *Österberg*, LULUCF, 24.

185 UN Doc FCCC/CP/2001/13/Add.2 v 21.1.2002, Decision 17/CP.7: Modalities and Procedure for a Clean Development Mechanism, as Defined in Article 12 of Kyoto Protocol, Erwägungsgrund 5. S zur Thematik auch UN Doc FCCC/TP/2008/2 v 6.8.2008. Technical Paper: Analysis of Possible Means to Reach Emission Reduction Targets and of Relevant Methodological Issues, 7 f.

f) Emissionshandel, Art 17 KP

69 ISe möglichst effizienten und wirtschaftlichen Umsetzung der Emissionsziele sieht Art 17 KP einen Emissionshandel vor.[186] Gegenstand des Handels sind verschiedene Emissionseinheiten, die jeweils dem Äquivalent einer t Kohlendioxid entsprechen.[187] Dazu gehören zum einen die sog *assigned amount units*, die den Annex I-Parteien zu Beginn einer Verpflichtungsperiode ihren Emissionszielen entsprechend zugeteilt werden.[188] Zum anderen können auch die bereits angesprochenen, unter Art 3 Abs 3 und 4 KP zu erlangenden RMUs, die bei der JI nach Art 6 KP anfallenden ERUs sowie die CERs, tCERs und lCERs des CDM im Rahmen des Art 17 KP gehandelt werden.[189] Die Option, zugeteilte, aber nicht benötigte Emissionseinheiten zu veräußern, setzt einen wirtschaftlichen Anreiz zur Vornahme solcher Emissionsreduktionen, deren Kosten unter denen des jeweiligen Marktpreises für zusätzliche Emissionseinheiten liegen.[190] Auf diese Weise werden im Idealfall Reduktionen dort vorgenommen, wo sie am effizientesten und kostengünstigsten durchgeführt werden können.[191] Abgesehen vom internationalen Emissionshandel auf Grundlage von Art 17 KP wurden auch verschiedene Handelssysteme auf nationaler und regionaler Ebene entwickelt.[192] Das größte dieser Systeme bildet das European Union Emissions Trading System (EU-ETS).[193]

4. Die Institutionen des KP

70 Die Institutionen des KP überschneiden sich teilweise mit denen der UNFCCC. So fungiert die COP der UNFCCC zugleich auch als *Meeting of the Parties to the Kyoto Protocol* (COP/CMP), vgl Art 13 Abs 1 KP. Parteien der UNFCCC, die nicht auch Parteien des Protokolls sind,[194] können als Beobachter an den Beratungen der COP/CMP teilnehmen, haben aber kein Stimmrecht.[195]

---

186 Die COP/CMP hat in UN Doc FCCC/KP/CMP/2005/8/Add.2 v 30.4.2006, Decision 11/CMP.1: Modalities, Rules and Guidelines for Emissions Trading under Article 17 of the Kyoto Protocol, Annex „Modalities, Rules and Guidelines for Emissions Trading under Article 17 of the Kyoto Protocol" verabschiedet. Zum Emissionshandel unter Art 17 KP auch *Simonetti/de Witt Wijnen*, International Emissions Trading and Green Investment Schemes, in Freestone/Streck (Fn 158) 157 ff.

187 S UN Doc FCCC/KP/CMP/2005/8/Add.2 (Fn 189) Annex, para 1.

188 Ebd, Annex, para 2.

189 Ebd. Zur Rechtsnatur der verschiedenen Einheiten s *Wemaere/Streck/Chagas*, Legal Ownership and Nature of Kyoto Units and EU Allowances, in Freestone/Streck (Fn 158) 35 ff.

190 S zu den wirtschaftlichen Erwägungen im Allg *Sturm/Vogt*, Umweltökonomik, 2011, 83 ff; *Kurgman/Wells*, Volkswirtschaftslehre, 2010, 607.

191 Vgl *Graichen/Harders* (Fn 166) 73.

192 Hierzu zählten etwa der Chicago Climate Exchange (CCX) für die USA und das Greenhouse Gas Reduction Scheme (GGAS) für New South Wales in Australien (<www.greenhousegas.nsw.gov.au>), zwei Handelssysteme, die nicht mehr bestehen, sowie das New Zealand Emission Trading Scheme (NZ ETS) für Neuseeland (<www.climate change.govt.nz/emissions-trading-scheme/index.html>). Überblick bei *Talberg/Swoboda*, Emissions Trading Schemes around the World, 2013, abrufbar unter <http://parlinfo.aph.gov.au/parlInfo/download/library/prspub/25014 41/upload_binary/2501441.pdf;fileType=application/pdf>, 9 ff.

193 Vgl <http://unfccc.int/kyoto_protocol/mechanisms/emissions_trading/items/2731.php>. Ab 2013 basiert das EU-ETS auf der RL 2009/29/EG des Europäischen Parlaments und des Rates vom 23.4.2009 zur Änderung der RL 2003/87/EG zwecks Verbesserung und Ausweitung des Gemeinschaftssystems für den Handel mit Treibhausgasemissionszertifikaten (ABl EU 2009, Nr L 140/63). Zum Verhältnis zwischen dem Emissionshandel auf Grundlage des Art 17 KP und dem EU-ETS etwa *Massai*, The Kyoto Protocol in the EU: European Community and Member States under International and European Law, 2011, 117 ff. S darüber hinaus etwa *Birnie/Boyle/Redgwell*, International Law and the Environment, 367 f mwN; *Pohlmann*, The European Union Emissions Trading Scheme, in Freestone/Streck (Fn 158) 337 ff; *Lo Schiavo*, The EU Emission Trading Scheme in Phase III and the New Californian Cap-and-Trade System: A Comparative Assessment, EEnvLR 21 (2012) 106 ff.

194 Wie etwa die USA.

195 Art 13 Abs 2 KP. S Art 13 Abs 3 KP für die in diesen Fällen ggf zu verändernde Besetzung des Bureau of the COP.

Erstmals fungierte die COP der UNFCCC zugleich als CMP des KP bei ihrer 11. Sitzung im Spätherbst 2005 in Montreal. Insgesamt haben mittlerweile 12 COP/CMP-Sitzungen stattgefunden. Das Aufgabenspektrum der COP/CMP entspricht den Tätigkeitsfeldern der COP in Bezug auf die UNFCCC. Der Zweck der Tätigkeit der COP/CMP besteht in der effektiven Umsetzung des Protokolls (vgl Art 13 Abs 4 KP). Dazu beurteilt die COP/CMP „[a]uf der Grundlage aller ihr nach [dem KP] zur Verfügung gestellten Informationen [...] die Durchführung des Protokolls durch die Vertragsparteien, die Gesamtwirkung der aufgrund des Protokolls ergriffenen Maßnahmen, insbesondere die Auswirkungen auf die Umwelt, die Wirtschaft und den Sozialbereich, sowie deren kumulative Wirkung und die bei der Verwirklichung des Zieles des Übereinkommens erreichten Fortschritte" (vgl Art 13 Abs 4 lit a KP). Die COP/CMP prüft regelmäßig die Verpflichtungen der Vertragsparteien und beschließt „Berichte über die Durchführung des Protokolls" (Art 13 Abs 4 lit b KP). Ihr obliegen weiterhin Aufgaben des Informationsaustauschs in Bezug auf die ergriffenen Klimaschutzmaßnahmen (vgl Art 13 Abs 4 lit c KP) und gegebenenfalls die Koordinierung der von verschiedenen Parteien „beschlossenen Maßnahmen zur Bekämpfung der Klimaänderungen und ihrer Folgen" (Art 13 Abs 4 lit d KP). Ferner obliegt ihr die „Entwicklung und regelmäßige[n] Verfeinerung vergleichbarer Methoden zur wirksamen Durchführung des Protokolls" (Art 13 Abs 4 lit e KP). Sie kann schließlich Nebenorgane einsetzen (vgl Art 13 Abs 4 lit h KP) und „bemüht sich um – und nutzt gegebenenfalls – die Dienste und Mitarbeit zuständiger internationaler Organisationen und zwischenstaatlicher und nichtstaatlicher Gremien sowie die von diesen zur Verfügung gestellten Informationen" (Art 13 Abs 4 lit i KP). Auch „die Aufbringung zusätzlicher finanzieller Mittel nach Artikel 11 Absatz 2" gehört zum Pflichtenprogramm der COP/CMP (vgl Art 13 Abs 4 lit g KP). Schließlich kann die COP/CMP notwendige Empfehlungen zur Umsetzung des KP abgeben (vgl Art 13 Abs 4 lit f KP) und ist zur Ausübung weiterer Funktionen berechtigt, die zur Umsetzung des Protokolls erforderlich sind (vgl Art 13 Abs 4 lit j KP).

71 Auch außerhalb dieses Kompetenzkatalogs enthält das KP noch weitere Aufgaben der COP/CMP. So hat die COP/CMP etwa die „maßgeblichen Grundsätze, Modalitäten, Regeln und Leitlinien, insbes für die Kontrolle, die Berichterstattung und die Rechenschaftslegung beim Handel mit Emissionen" zu bestimmen[196] und ein Non-Compliance-Verfahren zu entwickeln.[197] Ergebnis der letztgenannten Aufgabenzuweisung ist die Schaffung des *Compliance Committee*.[198] Seine

---

196 Art 17 KP; für die entsprechenden „Modalities, Rules and Guidelines", s UN Doc FCCC/KP/CMP/2005/8/Add.2 (Fn 186) sowie den zugehörigen Annex.

197 Art 18 KP. Ein entsprechendes System der Erfüllungskontrolle in Form von „Procedures and Mechanisms Relating to Compliance under the Kyoto Protocol" wurde von der COP der UNFCCC noch vor Inkrafttreten des Protokolls verabschiedet, s UN Doc FCCC/CP/2001/13/Add.3 v 21.1.2002, Decision 24/CP.7: Procedures and Mechanisms Relating to Compliance under Kyoto Protocol, para 1 und den zugehörigen Annex. Die von Art 18 KP ausdrücklich geforderte Annahme der Regeln durch die COP/CMP auf ihrer ersten Sitzung erfolgte sodann in UN Doc FCCC/KP/CMP/2005/8/Add.3 (Fn 164) Decision 27/CMP.1: Procedures and Mechanisms Relating to Compliance under the Kyoto Protocol, para 1 iVm dem zugehörigen Annex. Zu den Inhalten vgl *Oberthür/Marr*, Das System der Erfüllungskontrolle des Kyoto-Protokolls: Ein Schritt zur wirksamen Durchsetzung im Umweltvölkerrecht, ZUR 2002, 81 ff. Für einen Überblick über das Compliance System des KP s <http://unfccc.int/files/kyoto_mechanisms/compliance/application/pdf/comp_schematic.pdf>.

198 Vgl UN Doc FCCC/KP/CMP/2005/8/Add.3 (Fn 166) Annex, paras II ff. Eine erste Auflistung von „Rules of Procedure" für die Arbeit des Komitees findet sich in UN Doc FCCC/KP/CMP/2006/10/Add.1 v 2.3.2007, Decision 4/CMP.2: Compliance Committee, Annex. Geänd wurden diese Verfahrensregeln sodann durch UN Doc FCCC/KP/CMP/2008/11/Add.1 v 19.3.2009, Decision 4/CMP.4: Compliance Committee iVm dem zugehörigen Annex. Zudem finden sich noch eine Reihe von der Arbeit des Komitees betroffenen „Working Arrangements" in UN Doc FCCC/KP/CMP/2007/6 v 26.9.2007, Annual Report of the Compliance Committee to the Conference of the Parties Serving as the Meeting of the Parties to the Kyoto Protocol, paras 16 ff; UN Doc FCCC/KP/CMP/2010/6 v 8.10.2010, Annual Report of the Compliance Committee to the Conference of the Parties Serving as the Meeting of the Parties to the Kyoto Protocol, paras 49 ff; UN Doc FCCC/KP/CMP/2011/5 v 3.11.2011, Annual Report of the Compliance Committee to the Conference of the Parties Serving as the Meeting of the Parties to the Kyoto Protocol, paras 13 ff.

Aufgabe besteht zum einen darin, den Parteien Unterstützung bei der Umsetzung des Protokolls zukommen zu lassen[199] und zum anderen in der Feststellung von Fällen der Nicht-Erfüllung und den daraus erwachsenden Konsequenzen.[200] Schließlich hat die COP/CMP auch die Leitlinien und Methoden im Zusammenhang mit den nationalen Systemen zur Schätzung der Emissionen und Beseitigungen von Treibhausgasen zu beschließen, zu überprüfen und zu überarbeiten.[201]

72 Auch die anderen ständigen Organe bzw Unterorgane der UNFCCC erfüllen Aufgaben im Rahmen des KP. So dient das *Secretariat* der UNFCCC zugleich auch als *Secretariat* des KP (vgl Art 14 Abs 1 KP). Außerdem fungieren das SBSTA und das SBI der UNFCCC auch als SBSTA und SBI des Protokolls (vgl Art 15 Abs 1 KP). Die Vorschriften über ihre Arbeitsweise gelten entsprechend und die Sitzungen der korrespondierenden Organe werden jeweils zusammen abgehalten.[202] Auch dem IPCC kommt im Rahmen des KP eine besondere Bedeutung zu. So wird das Gremium insbes bei der Ausarbeitung von Methoden und Anleitungen intensiv eingebunden (vgl Art 5 Abs 2 und 3 KP).

73 Schließlich bestehen noch zwei besondere Unterorgane im Zusammenhang mit den Flexibilitätsmechanismen des Protokolls. Das *CDM Executive Board* überwacht unter der direkten Aufsicht der COP/CMP die Durchführung des CDM und erfüllt in diesem Zusammenhang eine Reihe von Aufgaben.[203] Das *Joint Implementation Supervisory Committee* spielt eine ähnliche Rolle im Bereich der JI und ist dort insbes für das Verifizierungsverfahren zuständig.[204] Ferner dient ein *Adaptation Fund*, der zT über den CDM finanziert wird, der finanziellen Unterstützung von Anpassungsmaßnahmen in besonders empfindlichen Entwicklungsländern.[205] Die Streitbeilegungsmechanismen der UNFCCC finden im Rahmen des KP entsprechende Anwendung (Art 19 KP).

VI. Konkretisierung der UNFCCC durch das Pariser Übereinkommen

1. Entstehungsgeschichte und Strukturen

74 Ab 2009 mehrten sich Zweifel daran, ob die weitere Konkretisierung der UNFCCC mit dem Kyoto Protokoll aussichtsreich sein könnte. Im Jahre 2011 wurde auf der Vertragsstaatenkonferenz in Durban eine Arbeitsgruppe mit der Erarbeitung eines „protocol, another legal instrument or an agreed outcome with legal force under the Convention applicable to all Parties" bis 2015 beauftragt.[206] Damit war der Weg zur Entwicklung einer anderen internationalen Vereinbarung eröffnet. Der Fokus sollte zunächst auf Konkretisierungen zu Anpassung, Finanzierung, Technologieentwicklung und -transfer, Transparenz sowie dem Aufbau und der Entwicklung der Kapazitäten in

199 Hierfür ist im Wesentlichen die „Unterstützungsabteilung" (*facilitative branch*) des Komitees zuständig, vgl UN Doc FCCC/KP/CMP/2005/8/Add.3 (Fn 164) Annex, para IV subpara 4.
200 Diese Aufgabe fällt in den Zuständigkeitsbereich der „Durchsetzungsabteilung" (*enforcement branch*) des Komitees, vgl ebd, Annex, para V, subpara 4.
201 Art 5 KP. Dabei wirken sowohl das IPCC als auch der SBSTA in gewissem Umfang mit, s Art 5 Abs 2, 3 KP.
202 Art 15 Abs 1 KP. Hinsichtlich solcher Konventionsparteien, die nicht zugleich Parteien des Protokolls geworden sind, gilt das zur COP/CMP Gesagte entsprechend, vgl Art 15 Abs 2 und 3 KP.
203 UN Doc FCCC/CP/2001/13/Add.2 (Fn 185) para 1 iVm Annex. S im Einzelnen die subparas a–p in para 5 des Annex.
204 Vgl <http://unfccc.int/kyoto_protocol/mechanisms/joint_implementation/items/1674.php>.
205 Vgl <http://unfccc.int/cooperation_and_support/financial_mechanism/adaptation_fund/items/3659.php>.
206 UN Doc FCCC/CP/2011/9/Add.1 (Fn 99) Decision 1/CP.17: Establishment of an Ad Hoc Working Group on the Durban Platform for Enhanced Action (ADP).

den Entwicklungsländern liegen. Nach jahrelangen Verhandlungen über grundsätzliche Fragen zur Rechtsnatur und inhaltlichen Ausgestaltung wurde auf der Pariser Vertragsstaatenkonferenz am 12.12.2015 schließlich das Pariser Übereinkommen beschlossen, das trotz der mehrdeutigen Bezeichnung als „agreement" zweifelsfrei einen völkerrechtlichen Vertrag iSv Art 1 und Art 2 Abs 1 lit a des Wiener Übereinkommens über das Recht der Verträge (WVK) darstellt.[207] Das PA ist bereits am 4.11.2016 in Kraft getreten und ist auf dem Weg zu universeller Geltung.[208] Wenngleich das PA förmlich gesehen nicht ausdrücklich als Zusatzprotokoll zur UNFCCC nach deren Art 17 bezeichnet und beschlossen wurde, steht es doch eindeutig unter dem Dach der Konvention, wie die Abs 1 bis 3 der Präambel und Art 2 Abs 1 zeigen. Auffällig ist andererseits, dass das PA das Verhältnis zum Kyoto Protokoll mit keinem Wort erwähnt. Der Sache nach ist dies kaum problematisch, weil beide Abkommen sehr unterschiedliche Ansätze verfolgen. Das PA geht von einem gemeinsamen Ziel zur Begrenzung der Erderwärmung aus und verpflichtet die Parteien, sich selbst individuelle unverbindliche Minderungsziele im Rahmen sog *nationally determined contributions* (NDCs) zu setzen.[209] Daneben enthält das PA deutliche und gewichtige Regelungen zur Anpassung und greift erstmals die Frage von Verlust und Schaden als Klimawandelfolge in Form einer eigenständigen Norm im operationellen Teil auf.

2. Ziele, Pflichten und Mechanismen

75 Das PA dient nach seinem Art 2 Abs 1 lit a dem Ziel, den Anstieg der globalen Durchschnittstemperaturen deutlich unter („well below") 2°C gegenüber dem vorindustriellen Niveau zu halten und Anstrengungen zu unternehmen, ihn auf 1,5°C zu begrenzen. Zu diesem Zweck wollen die Parteien nach Art 4 Abs 1 PA so schnell wie möglich den Scheitelpunkt der globalen Treibhausgasemissionen („reach global peaking of greenhous gas emissions") erreichen, wobei anerkannt ist, dass dieser Punkt für Entwicklungsländer später eintreten wird. Sie wollen ferner rasche Reduzierungen der Emissionen mit dem Ziel erreichen, dass sich in der zweiten Hälfte des Jhs die Emissionen und die Bindung von Treibhausgasen durch Senken die Waage halten.

76 An diese Zielstellung knüpfen Art 3 und Art 4 Abs 2 die Verpflichtung der Vertragsparteien, „national festgelegte Beiträge" (NDCs) zu bestimmen, mitzuteilen und aufrechtzuerhalten, deren Ziele durch entsprechende nationale Emissionsminderungsmaßnahmen verfolgt werden sollen: Die Parteien schulden hinsichtlich ihrer selbst gesetzten Ziele „zwar kein verbindliches Ergebnis, aber die Ergreifung darauf gerichteter Maßnahmen".[210] Diese Beiträge sollen so ambitioniert wie möglich sein und sukzessive gesteigert werden, Art 4 Abs 3. Dabei sollen, entsprechend den Grundsätzen der Konvention und besonders iSd gemeinsamen, aber unterschiedlichen Verantwortlichkeiten und jeweiligen Fähigkeiten die entwickelten Länder mit für die gesamte Wirtschaft verbindlichen absoluten Emissionsminderungszielen vorangehen, Art 4 Abs 4. Nach derselben Vorschrift sollen Entwicklungsländer ihre Minderungsbemühungen fortsetzend verbessern und über die Zeit zu solchen absoluten Minderungszielen gelangen. Dafür steht ihnen nach Art 4 Abs 5 Unterstützung zu. Den am wenigsten entwickelten Ländern und kleinen Inselstaaten gewährt Art 4 Abs 6 Handlungsspielräume zur Berücksichtigung ihrer besonderen Gegebenheiten.

---

207 *Bodansky*, Legal Character, 144f; ferner a *Proelß*, Klimaschutz im Völkerrecht nach dem Paris Agreement: Durchbruch oder Stillstand?, ZfU 2016, 62f.
208 Vgl die Liste der Parteien bzw Ratifizierungen unter <http://unfccc.int/paris_agreement/items/9444.php>.
209 Vgl Gesetzentwurf zum Übereinkommen von Paris, BT-Drs 18/9650 v 20.9.2016, 32 (Erl zu Art 4 Abs 2): „Die national festgelegten Beiträge werden selbst nicht Vertragsbestandteil und erlangen auch keine Rechtsverbindlichkeit".
210 BT-Drs 18/9650 (Fn 209) 32.

77 Der Zeitrahmen, auf den sich die NDCs und ihre sukzessive Steigerung beziehen, soll nach Art 4 Abs 10 von der Vertragsstaatenkonferenz des PA (CMA) als Hauptorgan des PA festgelegt werden. Art 9 Abs 1 PA bekräftigt die bestehenden Finanzierungspflichten der entwickelten Länder aus der UNFCCC, während Art 10 Abs 6 den Entwicklungsländern Unterstützung im Bereich des Technologietransfers zusichert. Außerdem sollen die entwickelten Länder ihre Unterstützung für die Entwicklung von Kapazitäten in den Entwicklungsländern verstärken, Art 11 Abs 3.

78 Pflichten ergeben sich weiterhin aus den umfangreichen Vorgaben, die das Übereinkommen für die Transparenz macht. Zunächst enthält Art 12 PA Pflichten im Hinblick auf die Bewusstseinsbildung und Information der Öffentlichkeit. Für die Zwecke des Übereinkommens selbst sieht Art 13 einen erweiterten Rahmen für Transparenz über Maßnahmen und Unterstützung („enhanced transparency framework for action and support") vor, um die Maßnahmen und Unterstützungsleistungen unter dem Übereinkommen nachvollziehbar und damit auch überprüfbar zu machen. Unter diesem Transparenzrahmen werden sowohl Entwicklungsländer als auch entwickelte Länder zunächst gleichermaßen verpflichtet.[211] Daran knüpfen sich Notifikationspflichten der Vertragsparteien, Art 13 Abs 7 PA, die nationale Berichte über Treibhausgasemissionen und Senken (lit a) und die für die Überprüfung der Fortschritte bei der Umsetzung der NDCs notwendigen Informationen (lit b) zum Gegenstand haben. Ferner sollen auch Informationen über die Auswirkungen des Klimawandels und die Anpassung gegeben werden, Art 13 Abs 8 PA. Schließlich müssen die entwickelten Länder über die von ihnen gewährte Unterstützung in finanzieller Hinsicht, für den Technologietransfer und zum Aufbau von Kapazitäten Auskunft geben. Länder, die solche Unterstützung ohne entsprechende Verpflichtung übernehmen, sollen dies ebenfalls angeben, Art 13 Abs 9 PA. Spiegelbildlich sollen die Entwicklungsländer ihren Bedarf für eine solche Unterstützung und die gewährte Unterstützung angeben, Art 13 Abs 10 PA.

79 Nach dem Vorbild vieler anderer Vertragssysteme des internationalen Umwelt- und Menschenrechtsschutzes knüpft das PA an die Notifikationen ein Überprüfungsverfahren durch ein Expertengremium, Art 13 Abs 11 und 12, mit dem iSv „naming and shaming" die Vertragsparteien zur Einhaltung bestehender Verpflichtungen und zur Übernahme weiterer Beiträge in Form von NDCs und Unterstützungsleistungen angehalten werden sollen. Zusätzlich soll – wiederum nach dem Bsp vieler umweltvölkerrechtlicher Vertragssysteme – nach Art 15 PA ein Mechanismus zur Erfüllungskontrolle eingesetzt werden, der im Kern ein Gremium mit Sachverstand vorsieht. Dieses Gremium versteht sich nicht als gerichtsförmige Instanz und soll ausdrücklich keine strafende Funktion wahrnehmen (Art 15 Abs 2 PA). Vielmehr sollen unter besonderer Berücksichtigung der Kapazitäten und der besonderen Umstände der jeweiligen Vertragspartei Lösungen gesucht werden, die der entsprechenden Vertragspartei die Einhaltung der Verpflichtungen erleichtern.

3. Die institutionelle Architektur des Pariser Übereinkommens

80 Ebenso wie sie Konferenz für die Vertragsstaaten zum Kyoto Protokoll (CMP) ist, ist die COP der UNFCCC zugleich *Meeting of the Parties to the Paris Agreement* (CMA).[212] Parteien der UNFCCC, die nicht auch Parteien des Abkommens sind, können als Beobachter an den Beratungen der COP/CMA teilnehmen, haben aber kein Stimmrecht.[213] Erstmals fungierte die Konferenz in Marrakech 2016 als dreifache Vertragsstaatenkonferenz (COP/CMP/CMA).

211 Gemäß Art 13 Abs 14 und 15 soll den Entwicklungsländern allerdings bei der Durchführung der Transparenzvorschriften Unterstützung zukommen.
212 Art 16 Abs 1 PA.
213 Vgl Art 16 Abs 2 PA.

Die Pariser Vertragsstaatenkonferenz und insbes das PA haben die bestehende institutionelle Architektur um einige Mechanismen und Institutionen ergänzt.[214] In der Begleitentscheidung des PA wurde zunächst die *Ad Hoc Working Group on the Paris Agreement (APA)* begründet und zunächst mit der Vorbereitung und Begleitung des Inkrafttretens des Übereinkommens beauftragt.[215] In Zusammenwirkung mit den genannten Transparenzpflichten wird die Vertragsstaatenkonferenz in regelmäßigen Abständen ferner eine globale Bestandsaufnahme (*global stocktake*) zum Zweck der Unterrichtung und Koordination durchführen, Art 14 PA.[216] Institutionell wird die Erfüllungskontrolle durch den genannten Sachverständigenausschuss nach Art 15 PA vorgenommen. Es handelt sich dabei um einen *non-punitive* wirkenden Mechanismus, dessen konkretes Maßnahmenrepertoir allerdings auf den Vertragsstaatenkonferenzen noch auszugestalten ist.[217] Diese grundsätzliche Vorgabe schließt allerdings eine sanktionsbewährte Ausgestaltung wie bei der Durchsetzungsabteilung des *compliance committee* des Kyoto Protokolls weitgehend aus.[218] Art 6 Abs 4 PA setzt einen noch nicht näher ausgestalteten Mechanismus für Minderung und nachhaltige Entwicklung ein, den die Staaten freiwillig in Anspruch nehmen können. Im Bereich des Kapazitätsaufbaus ist auf Grundlage des Art 11 Abs 5 PA durch die Vertragsstaatenkonferenz das *Paris Committee on Capacity-Building* geschaffen worden.[219] Schließlich wurde der *Warsaw International Mechanism for Loss and Damage* in Art 8 PA bestätigt. Die Aufnahme dieses Mechanismus in den Vertragstext soll jedoch, wie in der Begleitentscheidung bekräftigt wurde, keine Aussage über mögliche Kompensationsfragen treffen.[220] Der Mechanismus soll durch Kooperation und Vermittlung Verständnis, Maßnahmen und Unterstützung hinsichtlich von Verlusten und Schäden, die mit den nachteiligen Auswirkungen des Klimawandels einhergehen, stärken.[221] Die Aufgabenfelder lassen sich teilweise nur schwer vom Aufgabenfeld der Anpassungsmaßnahmen abgrenzen.[222] **81**

4. Rechtsnatur und Einordnung des Pariser Übereinkommens

Nachdem die weitere Entwicklung des Kyoto Protokolls mit seinem Ansatz einer verbindlichen Verteilung von Reduzierungsverpflichtungen deutlich sichtbar ins Stocken geraten war, ist das Zustandekommen des PA mit seinem Konzept freiwillig übernommener NDCs mit Erleichterung aufgenommen worden. Allerdings hat die krit Fachöffentlichkeit anfangs durchaus Bedarf gesehen zu hinterfragen, ob es sich überhaupt um ein völkerrechtliches Übereinkommen handele.[223] Zu diesen Zweifeln haben nicht zuletzt die Vertragsparteien der UNFCCC selbst Anlass gegeben, indem sie für das PA nicht ausdrücklich die in der UNFCCC in Art 17 vorgesehenen Förmlichkeiten für Zusatzprotokolle bemüht haben. Nach dem Inkrafttreten des PA und damit dem Eintritt eines Rechtsereignisses, das völkerrechtliche Verträge kennzeichnet, sind solche Zweifel ver- **82**

214 Daneben wurde bspw das Fortbestehen des Anpassungsfonds, der unter dem Kyoto Protokoll entstanden war, unter dem PA ausdrücklich bestätigt, UN Doc FCCC/PA/CMA/2016/3/Add.1 (Fn 92) para III subpara 11.
215 UN Doc FCCC/CP/2015/10/Add.1 (Fn 100) para I subpara 4.
216 Die Bestandsaufnahme soll insbes die Anpassungsmaßnahmen überprüfen (Art 7 Abs 14), Informationen und Beiträge zur Klimafinanzierung (Art 8 Abs 6) und Technologieentwicklung bzw -transfer (Art 10 Abs 6) prüfen sowie die Parteien über den globalen Stand der individuellen NDCs informieren (Art 4 Abs 9).
217 Vgl Art 15 Abs 2.
218 UN Doc FCCC/KP/CMP/2005/8/Add.3 (Fn 164) para XV, insbes subparas 4 und 5.
219 UN Doc FCCC/CP/2015/10/Add.1 (Fn 100) para III subpara 71.
220 UN Doc FCCC/CP/2015/10/Add.1 (Fn 100) para III subparas 50, 52; mit einigen Zweifeln und wN *Mace/Verheyen*, Loss, Damage and Responsibility after COP21: All Options Open for the Paris Agreement, RECIEL 25 (2016) 204 ff.
221 Art 8 Abs 4.
222 Darauf deuten u a die Überscheidungen in Art 7 Abs 7 und Art 8 Abs 4 hin.
223 Vgl *Proelß* (Fn 207) 63 mwN.

stummt. Bei genauer Betrachtung der anfänglich für Zweifel an der Rechtsnatur ins Feld geführten Argumente wird zudem deutlich, dass damit wohl weniger die Rechtsgeltung als völkerrechtlicher Vertrag, sondern eher der in dem PA vorgesehene Pflichtenstand und damit etwas gemeint war, was als „Stand der Verrechtlichung" bezeichnet werden kann. Dabei ging es weniger um die förmlichen Attribute der entsprechenden Vereinbarung als Ausdruck eines Bindungswillens der Parteien und damit ihres Charakters als Völkervertragsrecht, wie sie in der WVK und im Völkergewohnheitsrecht vorgesehen sind. Vielmehr wurde wesentlich ins Feld geführt, dass die Reduzierungsverpflichtungen nach dem PA „freiwillig" seien. Zwischen der Frage, ob bestimmte Regelungen Geltung als Vertragsvölkerrecht beanspruchen können, und der Frage, inwieweit diese Regeln materiell gesehen die Vertragsparteien verpflichten, ist aber sorgfältig zu unterscheiden.[224] Die förmliche Rechtsgeltung einer Norm und das Ausmaß des materiellen Verpflichtungsgehalts haben nicht nur im Völkerrecht sehr unterschiedliche Bedeutungen und rechtliche Implikationen. Auf diesen Umstand hinzuweisen, ist gerade im Umweltvölkerrecht von Bedeutung. Das Umweltvölkerrecht kennt eine Reihe von unzweifelhaft formell als Vertragsvölkerecht zu qualifizierende Vereinbarungen, die – wie übrigens auch die UNFCCC – überwiegend Programmsätze enthalten. Daneben sind in erheblicher Zahl Regeln des *soft law* beschlossen worden, die nicht den Förmlichkeiten des Vertragsvölkerrechts genügen und deswegen auch keine entsprechende Rechtsgeltung beanspruchen, aber doch sehr konkrete Pflichtenstellungen zum Ausdruck bringen. Bei genauer Betrachtung richten sich die Bedenken gegen das PA also dagegen, dass dieser völkerrechtliche Vertrag keine verbindliche Verteilung von Reduktionsverpflichtungen vornimmt, wie es das Kyoto Protokoll anstrebt. Das PA belässt es vielmehr bei einer gemeinsamen Verpflichtung aller Parteien auf das Ziel der Beschränkung des Anstiegs der Erderwärmung.[225] In diesem Rahmen sind die Parteien klar und rechtsverbindlich zur Festlegung, Bekanntgabe und Durchführung und zur sukzessiven Erhöhung von NDCs verpflichtet. „Freiwillig" sind in diesem Rahmen allein Art und Umfang ihrer Beiträge, Ziele und Anstrengungen. Das ist aus der Sicht des internationalen Klimaprozesses, der von Anfang an mit der Verteilung der Reduzierungsverpflichtungen nach Maßgabe der verschiedenen anspruchsvollen Gerechtigkeitspostulate gerungen hat, sicher eine herbe Desillusionierung und ein sichtbarer Rückschritt gegenüber dem mit dem Kyoto Protokoll beschrittenen, allerdings politisch nicht aussichtsreichen Weg zu einer Verrechtlichung. Dass das PA sich nicht eindeutig und ausdrücklich zu dem Verhältnis zum Kyoto Protokoll positioniert und nicht dieselbe privilegierte förmliche Ausgestaltung als Zusatzprotokoll erfahren hat, mag auch daran liegen, dass man diesen Wechsel im Ansatz noch nicht offen und endgültig vollziehen und den Anspruch auf eine verbindliche völkerrechtliche Verteilung von Verpflichtungen noch nicht vollständig aufgeben wollte. Der Rückgriff auf freiwillige Selbstverpflichtungen ist in der nationalen und internationalen Umweltpolitik kaum ein Ausnahmefall. Es gibt durchaus Anlass zu der Erwartung, dass auch hier mit nennenswerten Beiträgen zu rechnen ist.[226] Ob diese allerdings ausreichen werden, das angestrebte gemeinsame Ziel zu erreichen, ist derzeit offen.[227]

224 Vgl dazu *Proelß* (Fn 207) 64.

225 Vgl Art 2 Abs 1 lit a iVm Art 3.

226 Auch *Proelß* (Fn 207) 64 f hält die Verbindlichkeit in dieser Hinsicht nicht für gleichbedeutend mit Effektivität.

227 So hat etwa die Vertragsstaatenkonferenz der UNFCCC in der Begleitentscheidung zum PA noch ausdrücklich festgehalten, dass die zum damaligen Zeitpunkt vorgelegten NDCs noch nicht ausreichten, um den Temperaturanstieg unter 2°C gegenüber vorindustriellem Niveau zu halten, s FCCC/CP/2015/10/Add.1 (Fn 100) para 17.

VII. Analyse und Ausblick

83 Das umfangreiche und komplexe Regelwerk des Klimarahmenübereinkommens zeigt deutlich, welche hohe Bedeutung dem Klimawandel und den damit einhergehenden Bedrohungen beigemessen wird, und welche tiefgreifenden Maßnahmen erforderlich sind, um zu vermeiden, dass diese Entwicklung außer Kontrolle gerät. Die damit beschriebenen Herausforderungen gehen in völkerrechtlicher Hinsicht noch über den Regelungsbereich der UNFCCC hinaus. Die ganze Tragweite der hier angesprochenen Problematik wird deutlich, wenn man die Diskussion um die sog Klimaflüchtlinge und ihren Status sowie den möglichen Änderungsbedarf der dafür einschlägigen völkerrechtlichen Regeln, etwa des internationalen Flüchtlingsrechts, bedenkt.[228] Auf der anderen Seite ist nicht zu übersehen, dass die im Hinblick auf den Klimawandel erwogenen Maßnahmen zT erheblichen Diskussionsbedarf im internationalen Wirtschaftsrecht hervorrufen.[229]

84 Das Klimarahmenübereinkommen als Antwort der Staatengemeinschaft auf diese Herausforderungen hat einen wechselvollen Weg genommen. Sein Anspruch, eine schrittweise Reduzierung der Emissionen auf der Grundlage rechtlich verbindlicher Verpflichtungen unter Berücksichtigung der verschiedenen Gerechtigkeitsvorstellungen zu erreichen, hat zu dem Kyoto Protokoll geführt, dessen weiteres Schicksal aber offen ist, nachdem das Inkrafttreten des Doha Amendments mit seinen verbindlichen Reduzierungszielen für die zweite Verpflichtungsperiode noch in weiter Ferne liegt. Das Ende 2015 beschlossene Pariser Übereinkommen ist in dieser Situation mit Erleichterung aufgenommen worden. Es verspricht einen Ausweg aus der verfahrenen Situation, indem es von dem Anspruch Abstand nimmt, „von oben" völkervertraglich eine gerechte Verteilung der Reduzierungsverpflichtungen vorzunehmen. Stattdessen beruht es auf einem „bottom up"-Ansatz, in dem die Vertragsparteien sukzessiv zu steigernde freiwillige Selbstverpflichtungen übernehmen und Maßnahmen zu deren Verwirklichung ergreifen müssen.

85 Das PA ist relativ schnell und unproblematisch in Kraft getreten. Das mag man als Hoffnungszeichen deuten und mit der Vermutung verbinden, dass die Bereitschaft der Vertragsparteien, etwas für den Klimaschutz zu tun, größer als ihre Bereitschaft ist, sich einer völkerrechtlich verbindlich vorgegebenen Zuweisung von Reduzierungsverpflichtungen zu unterwerfen. Dazu mag auch beigetragen haben, dass in der Gesellschaft einschließlich der Wirtschaft und der Verbraucher das Problembewusstsein und die Handlungsbereitschaft offensichtlich zugenommen haben. In der Förderung und Koordination solcher Initiativen könnte eine zusätzliche und möglicherweise erfolgversprechende neue Aufgabe für die Klimarahmenkonvention und die mit ihr verbundenen Institutionen liegen. Ob allerdings die so zu erwartenden Beiträge zur Erreichung des gesetzten Ziel ausreichen, den Anstieg der globalen Durchschnittstemperatur gegenüber vorindustriellen Zeiten deutlich unter 2°C zu halten, muss sich erst noch erweisen.

228 Dazu *Vöneky/Beck*, 5. Abschn Rn 39 ff, 42 ff.
229 Zum Problemfeld „Handel und Umwelt" *Stoll/Jürging*, 9. Abschn Rn 2 ff.

Zehnter Abschnitt

Till Markus

Erhaltung und nachhaltige Nutzung der Biodiversität

Gliederung

Literaturauswahl

Baur, Bruno, Biodiversität, 2010

Beierkuhnlein, Carl, Der Begriff der Biodiversität, Nova Acta Leopoldina NF 87, Nr 328 (2003) 51 [*Beierkuhnlein*, Biodiversität]

Beyerlin, Ulrich/Marauhn, Thilo, International Environmental Law, 2011

Birnie, Patricia/Boyle, Alan E./Redgwell, Catherine, International Law and the Environment, 3. Aufl 2009 [*Birnie/Boyle/Redgwell*, International Law and the Environment]

Bodansky, Daniel/Brunnée, Jutta/Hey, Ellen (Hrsg), Oxford Handbook on International Environmental Law, 2007 [Oxford Handbook]

Bowman, Michael/Davies, Peter/Redgwell, Catherine, Lyster's International Wildlife Law, 2010 [*Bowman/Davies/Redgwell*, Wildlife Law]

Bowman, Michael/Redgwell, Catherine (Hrsg), International Law and the Conservation of Biological Diversity, 1996 [Bowman/Redgwell, Conservation of Biological Diversity]

Buck, Matthias/Hamilton, Clare, The Nagoya Protocol on Access to Genetic Resources and the Fair and Equitable Sharing of Benefits Arising from their Utilization to the Convention on Biological Diversity, RECIEL 20 (2011) 47 [*Buck/Hamilton*, Nagoya Protocol]

Dilling, Olaf/Markus, Till (Hrsg), Ex Rerum Natura Ius? Sachzwang und Problemwahrnehmung im Umweltrecht, 2014 [Dilling/Markus, Ex Rerum Natura Ius?]

Dupuy, Pierre-Marie/Viñuales, Jorge E., International Environmental Law, 2015 [*Dupuy/Viñuales*, International Environmental Law]

Friedland, Julia/Prall, Ursula, Schutz der Biodiversität. Erhaltung und nachhaltige Nutzung in der Konvention über die Biologische Vielfalt, ZUR 2004, 193 [*Friedland/Prall*, Biodiversität]

Gaston, Kevin J./Spicer, John I., Biodiversity. An Introduction, 2004 [*Gaston/Spicer*, Biodiversity]

Gillespie, Alexander, Conservation, Biodiversity and International Law, 2011 [*Gillespie*, Biodiversity]

DOI 10.1515/9783110248296-010

Glowka, Lyle, A Guide to the Convention on Biological Diversity, 1994 [*Glowka*, Biological Diversity]
Halewood, M./López Noriega, I./Louafi, S. (Hrsg), Crop Genetic Resources as a Global Commons, 2013 [Halewood et al, Crop Genetic Resources]
Janich, Peter/Gutmann, Mathias/Prieß, Kathrin (Hrsg), Biodiversität. Wissenschaftliche Grundlagen und gesellschaftliche Relevanz, 2001 [Janich et al, Biodiversität]
Jaeckel, Liv (Hrsg), Die Diversität der Biodiversität, 2015 [Jaeckel, Diversität]
Kotzé, Louis J./Marauhn, Thilo (Hrsg), Transboundary Governance of Biodiversity, 2014 [Kotzé/Marauhn, Biodiversity]
Lanzerath, Dirk et al (Hrsg), Ethik in den Biowissenschaften. Sachstandsberichte des DRZE. Bd 5: Biodiversität, 2008 [Lanzerath et al, Biodiversität]
Mackenzie, R./Burhenne-Guilmin, F./La Viña, G.M./Werksman, J.D., An Explanatory Guide to the Cartagena Protocol on Biosafety, 2003 [*Mackenzie* et al, Cartagena Protocol]
Morgera, Elisa/Tsioumani, Elsa, Yesterday, Today, and Tomorrow: Looking Afresh at the Convention on Biological Diversity, YIEL 21 (2011) 1 [*Morgera/Tsioumani*, CBD]
Potthast, Thomas (Hrsg), Biodiversität. Schlüsselbegriff des Naturschutzes im 21. Jahrhundert, 2007 [Potthast, Biodiversität]
Prall, Ursula, Die genetische Vielfalt der Kulturpflanzen, 2006 [*Prall*, Kulturpflanzen]
Sands, Philippe/Peel, Jacqueline, Principles of International Environmental Law, 3. Aufl 2012 [*Sands/Peel*, Principles]
Streit, Bruno, Biodiversität, 2010
Graf Vitzthum, Wolfgang/Proelß, Alexander (Hrsg), Völkerrecht, 2013 [Graf Vitzthum/Proelß, Völkerrecht]
Winter, Gerd/Kamau, Evanson Chege (Hrsg), Common Pools of Genetic Resources, 2013 [Winter/Kamau, Common Pools of Genetic Resources]
dies, Genetic Resources, Traditional Knowledge and the Law: Solutions for Access and Benefit Sharing, 2009 [Winter/Kamau, Genetic Resources and Traditional Knowledge]
Winter, Gerd/Kamau, Evanson Chege/Stoll, Peter-Tobias (Hrsg), Research and Development on Genetic Resources: Public Domain Approaches in Implementing the Nagoya Protocol, 2015 [Winter/Kamau/Stoll, Implementing the Nagoya Protocol]
Wolff, Nina/Köck, Wolfgang (Hrsg), 10 Jahre Übereinkommen über die biologische Vielfalt, 2004 [Wolff/Köck, Übereinkommen]
Wolfrum, Rüdiger (Hrsg), Max Planck Encyclopedia of Public International Law, 10 Bde, 2012 [MPEPIL]

Verträge

Vertrag über den Schutz der für die Landwirtschaft nützlichen Vögel v 19.3.1902 (RGBl 1906, 89) — 6, 62
Allgemeines Zoll- und Handelsabkommen v 30.10.1947 (BGBl 1951 II, 173) [GATT] — 47
Internationale Übereinkunft zum Schutze der Vögel v 18.10.1950 (BGBl 1954 II, 2) [Vogelschutzübereinkommen] — 61, 62
Benelux-Übereinkommen über Jagd und Vogelschutz v 10.6.1970 (847 UNTS 255) — 61
Übereinkommen über Feuchtgebiete, insbesondere als Lebensraum für Wasser- und Wattvögel, von internationaler Bedeutung v 2.2.1971 (BGBl 1976 II, 1265) [Ramsar-Übereinkommen] — 7, 15, 61, 74, 76, 80
Übereinkommen zum Schutz des Kultur- und Naturerbes der Welt v 26.11.1972 (BGBl 1977 II, 215) [UNESCO Konvention] — 15, 84, 85
Übereinkommen über den internationalen Handel mit gefährdeten Arten freilebender Tiere und Pflanzen v 3.3.1973 (BGBI 1975 II, 773) [CITES] — 13, 61, 65–72, 76
Übereinkommen über die Erhaltung der Eisbären v 15.11.1973 (ILM 13 [1974] 13) [Eisbärenabkommen] — 63
Protokoll zur Änderung des Benelux-Übereinkommens über Jagd und Vogelschutz v 20.6.1977 (1317 UNTS 320) — 61
Bonner Übereinkommen zur Erhaltung der wandernden wildlebenden Tierarten v 23.6.1979 (BGBl 1984 II, 569) [CMS] — 56–61, 64
Berner Übereinkommen über die Erhaltung der europäischen wildlebenden Pflanzen und Tiere und ihrer natürlichen Lebensräume v 19.9.1979 (BGBl 1984 II, 618) [Berner Übereinkommen] — 61, 86–88
Übereinkommen zum Schutz und zur Erhaltung der Vikunjas v 20.12.1979 (IELMT 979:94) — 61
Benelux-Übereinkommen über die Erhaltung der Natur und den Schutz der Landschaft v 8.6.1982 (ECOLEX TRE-000757) — 86
Seerechtsübereinkommen der Vereinten Nationen v 10.12.1982 (BGBl 1994 II, 1799) [SRÜ] — 6, 8, 24

Wiener Übereinkommen zum Schutz der Ozonschicht v 22.3.1985 (BGBl 1988 II, 901) [Ozonschicht-Übereinkommen] — 15
Trilaterales Abkommen zum Schutz der Seehunde im Wattenmeer v 16.10.1990 (BGBl 1991 II, 1307) — 59, 64
Übereinkommen zum Schutz der Alpen v 7.11.1991 (BGBl 1994 II, 2538) [Alpenkonvention] — 81, 86
Abkommen zur Erhaltung der Fledermäuse in Europa v 4.12.1991 (BGBl 1993 II, 1106) — 59, 64
Abkommen zur Erhaltung der Kleinwale in der Nord- und Ostsee, des Nordostatlantiks und der Irischen See v 17.3.1992 (BGBl 1993 II, 1113) [ASCOBANS] — 59, 64
Rahmenübereinkommen der Vereinten Nationen über Klimaänderungen v 9.5.1992 (BGBl 1993 II, 1783) [UNFCCC] — 76
Übereinkommen über die biologische Vielfalt v 5.6.1992 (BGBI 1993 II, 1742) [CBD] — 4, 6–7, 11, 14–16, 21–45, 50, 72, 76, 77, 89
WTO-Abkommen über Sanitäre und Phytosanitäre Maßnahmen v 15.12.1993 (GATT Doc MTN/FA Ii-A1A-4) [SPS-Abkommen] — 47
Konvention der Vereinten Nationen zur Bekämpfung der Wüstenbildung in den von Dürre und/oder Wüstenbildung schwer betroffenen Ländern, insbesondere in Afrika v 17.6.1994 (BGBl 1997 II, 1471) [UNCCD] — 76, 81–83
Übereinkommen zur Erhaltung der Wale des Schwarzen Meeres, des Mittelmeeres und der angrenzenden Atlantischen Zonen v 10.6.1995 (ECOLEX TRE-001242) (ACCOBAMS) — 64
Abkommen zur Erhaltung der afrikanisch-eurasischen wandernden Wasservögel v 16.6.1995 (BGBl 1998 II, 2498) — 59, 61
Kyoto Protokoll zum Rahmenübereinkommen der Vereinten Nationen über Klimaänderungen v 10.12.1997 (2303 UNTS 148) [Kyoto Protokoll] — 76
Protokoll zur Durchführung der Alpenkonvention von 1991 im Bereich Bodenschutz v 16.10.1998 (BGBl 2002 II, 1785 [1842]) — 81
Protokoll von Cartagena über die biologische Sicherheit zum Übereinkommen über die biologische Vielfalt v 29.1.2000 (BGBl 2003 II, 1506) [Cartagena Protokoll] — 45–48
Übereinkommen zum Schutz der Albatrosse und Sturmvögel v 2.2.2001 (ECOLEX TRE-001351) [ACAP] — 64
Vertrag über pflanzengenetische Ressourcen für Ernährung und Landwirtschaft v 3.11.2001 (BGBl 2003 II, 908) [ITPGRFA] — 7, 49–54, 89
Rahmenkonvention zum Schutz und zur nachhaltigen Entwicklung der Karpaten v 22.5.2003 (ECOLEX TRE-001374) — 86
Internationales Übereinkommen zur Kontrolle und Behandlung von Ballastwasser und Sedimenten von Schiffen v 13.2.2004 (ECOLEX TRE-001412) [Internationales Ballastwasserübereinkommen] — 14
Internationales Tropenholz-Übereinkommen v 27.1.2006 (BGBl 2009 II, 232) [ITTA] — 13, 76, 78, 79
Abkommen zur Erhaltung der Gorillas und ihrer Lebensräume v 24.10.2007 (UNEP/CMS/GOR 1/6) [Gorilla Agreement] — 64
Protokoll von Nagoya über den Zugang zu genetischen Ressourcen und die ausgewogene und gerechte Verteilung der sich aus ihrer Nutzung ergebenden Vorteile zum Übereinkommen über die biologische Vielfalt v 29.10.2010 (UNEP/CBD/COP/DEX/X/1) [NP] — 7, 38, 43, 44, 89

Judikatur
Internationaler Gerichtshof
Certain Activities Carried Out by Nicaragua in the Border Area (Costa Rica v Nicaragua), Beschluss v 13.12.2013, ICJ Rep 2013, 150 *[Activities Carried out by Nicaragua]* — 74

Vorbemerkung

1 Das folgende Kapitel dient der Einführung in das komplexe System des internationalen Rechts zur Erhaltung und nachhaltigen Nutzung der biologischen Vielfalt. Zentrale Begriffe, Inhalte, Instrumente, Institutionen sowie Entwicklungen dieses hochdynamischen Teilbereichs des internationalen Umweltrechts sollen zugänglich gemacht und verständlich dargestellt werden. Hierzu werden in einem einleitenden Abschn I die Wissensgrundlagen über die biologische Viel-

falt und ihre Gefährdung sowie überblicksartig das hierzu einschlägige völkerrechtliche Vertragssystem erläutert. Im Anschluss befasst sich Abschn II detailliert mit dem Regime des Übereinkommens über die biologische Vielfalt. Abschn III, IV und V stellen völkerrechtliche Abkommen vor, die entweder einen Arten- oder Lebensraumschutz oder eine Kombination beider Ansätze auf regionaler Ebene verfolgen.

I. Biologische Vielfalt bzw Biodiversität

1. Begriff, Konzeption und Elemente

2 Der Begriff der Biodiversität (engl *biodiversity*) ist ein *semantisches Kunstprodukt*. Er setzt sich zusammen aus dem altgriechischen Wort *βίος* (Leben) sowie dem lateinischen *diversitas* (Vielfalt). Übersetzt bedeutet er sinngemäß „Vielfalt des Lebens“. Im juristischen und wissenschaftlichen Sprachgebrauch wird Biodiversität als Synonym bzw als Kurzform der *biologischen Vielfalt* verwandt.[1] Während sich die Wissenschaft seit langem mit Fragen der Vielfalt lebender Arten beschäftigt, tauchen Begriffskonstruktionen wie *biotic diversity*, *biological diversity*, *BioDiversity* oder eben *Biodiversity* erst seit den späten 1970er bzw frühen 1980er Jahren in der englischsprachigen Fachwelt und Literatur auf.[2] Fest etabliert im Sprachgebrauch der internationalen Umweltpolitik sowie des internationalen Umweltrechts hat sich das Kunstwort spätestens im Rahmen des *Erdgipfels in Rio de Janeiro* im Jahre 1992.[3]

3 Die genaue Bedeutung des Begriffs ist durchaus str, und seine inhaltlichen Deutungen unterscheiden sich zT erheblich, je nach wissenschaftlicher Disziplin oder Erkenntnisinteresse.[4] Mit einiger Sicherheit können zwei Aussagen über den heuristischen (Mehr-)Wert des Begriffs Biodiversität getroffen werden. Zum einen geht er in seinem Sinngehalt über den lange etablierten Begriff der Artenvielfalt hinaus, indem er verstärkt die Variabilität des Lebens sowie die Komplexität der Interaktionen seiner Bestandteile in den Blick nimmt.[5] Zum anderen ist er aufgrund seiner Entstehung im Zuge der Bewusstwerdung global voranschreitender Lebensraum- und Artengefährdung umweltschutzpolitisch gefärbt. *Potthast* spricht daher von einem „epistemisch-moralischem Hybrid“.[6] Diese politisch-normative Aufladung des Begriffs wird insofern kritisiert, dass sie einen Objektivitätsverlust bewirke, der langfristig zu einer interessengeleiteten Verwässerung des Begriffs führen könne.[7] Demnach gilt es, sich im wissenschaftlichen, rechtlichen oder politischen Diskurs stets bewusst zu machen, wie der Begriff der Biodiversität konkret verwendet wird, ob als wissenschaftliche Messgröße, als mehr oder weniger konkretes umweltpolitisches Ziel, als Teil einer umweltrechtlichen Norm oder lediglich als Schlagwort.

---

1 *Wolfrum*, Biodiversität, in Janich et al, Biodiversität, 417; *Rayfuse*, Biological Resources, in Oxford Handbook, 362 (365).

2 *Piechocki*, Biodiversität: Zur Entstehung und Tragweite eines neuen Schlüsselbegriffs, in Potthast, Biodiversität, 11 ff; *Beierkuhnlein*, Biodiversität, 51.

3 Übersicht bei *Piechocki*, Biodiversität: Zur Entstehung und Tragweite eines neuen Schlüsselbegriffs, in Potthast, Biodiversität, 14; s a *Eser*, Biodiversität und der Wandel im Wissenschaftsverständnis, in Potthast, Biodiversität, 41 ff.

4 *Gutmann/Janich*, Überblick zu methodischen Grundproblemen der Biodiversität, in Janich et al, Biodiversität, 3 ff.

5 *Beierkuhnlein*, Biodiversität, 59 f; *Mutke/Barthlott*, Biodiversität und ihre Veränderungen im Rahmen des Globalen Umweltwandels: Biologische Aspekte, in Lanzerath et al, Biodiversität, 13 (18).

6 *Potthast*, Biodiversität, Ökologie, Evolution: Epistemisch-moralische Hybride und Biologietheorie, in Potthast, Biodiversität, 57 ff.

7 *Baur*, Biodiversität, 2010, 8.

Die heutzutage allg wohl am häufigsten in Bezug genommene Definition der biologischen Vielfalt wurde in Art 2 Abs 2 CBD festgeschrieben. Ihm zufolge bedeutet biologische Vielfalt „die Variabilität unter lebenden Organismen jeglicher Herkunft, darunter u a Land-, Meeres- und sonstige aquatische Ökosysteme und die ökologischen Komplexe, zu denen sie gehören; dies umfasst die Vielfalt innerhalb der Arten und zwischen den Arten und die Vielfalt der Ökosysteme." Nach allg Auffassung unterscheidet diese Definition drei Ebenen der biologischen Vielfalt: die genetische, die Arten- sowie die Ökosystemvielfalt.[8] Die genetische Vielfalt umfasst dabei die Häufigkeit des Vorkommens sowie die Unterschiedlichkeit der Gene und Genome innerhalb einer Art, wobei sowohl Wild- als auch Kulturarten einbezogen sind.[9] Mit der Vielfalt zwischen den und innerhalb der Arten werden sowohl die Menge als auch die Unterschiede der Arten im Allgemeinen sowie die Unterschiede innerhalb einer Art und Region angesprochen. Darüber hinaus schließt sie die Vielgestaltigkeit und Komplexität von Interaktionen dieser Ebenen untereinander ein.[10] Biologische Vielfalt ist nicht auf die Summe aller Ökosysteme, Arten, genetische Ressourcen oder deren Interaktionen zu reduzieren. Die in Art 2 Abs 2 CBD genannte „Variabilität" als zentrales Element der Definition verweist auf ein nicht-materielles allg Merkmal des Lebens in all seinen Erscheinungen: auf seine Anpassungsfähigkeit, die es aus der Unterschiedlichkeit seiner Bestandteile gewinnt.[11] 4

2. Internationale Regelungen im Überblick

Die Erhaltung und nachhaltige Nutzung der Biodiversität setzt die Existenz lebender Organismen und Systeme von Flora und Fauna voraus. Insofern dient die Regulierung der Nutzung, der Pflege sowie der Erhaltung spezieller Pflanzen- und Tierarten oder der sie umgebenden Lebensräume immer auch dem Schutz der Biodiversität. Richtigerweise werden internationale Abkommen zum Schutz bestimmter Naturräume oder bestimmter Arten demnach zunehmend als Bestandteile eines umfassenderen internationalen Biodiversitätsschutzrechts verstanden und diskutiert.[12] Folgt man diesem Verständnis, so gilt, dass das moderne internationale Recht zur Erhaltung und nachhaltigen Nutzung der Biodiversität vergleichsweise umfangreich entwickelt ist.[13] Erste internationale Verträge zum Schutze spezieller Arten und Lebensräume, also von Bestandteilen der Biodiversität, wurden bereits Ende des 19. Jh geschlossen, wobei der Großteil der aktuell bedeutsamen Abkommen seit den 1970er Jahren entstanden ist.[14] Die Entwicklung 5

---

8 *Glowka*, Biological Diversity, 16; *Gillespie*, Biodiversity, 14; *Bowman*, The Nature, Development and Philosophical Foundations of the Biodiversity Concept in International Law, in Bowman/Redgwell, Conservation of Biological Diversity, 5 ff.

9 Die genetische Diversität ist durch die Worte „Vielfalt innerhalb der Arten" angesprochen, s *Glowka*, Biological Diversity, 16.

10 *Mutke/Barthlott* (Fn 5) 26.

11 S Abs 2 der Präambel der CBD; *Glowka*, Biological Diversity, 16; *Friedland/Prall*, Biodiversität, 193; *Birnie/Boyle/Redgwell*, International Law and the Environment, 588.

12 *Sands/Peel*, Principles, 449 ff, 461; *Matz-Lück*, Biodiversity. International Protection, in MPEPIL, Rn 3; *Birnie/Boyle/Redgwell*, International Law and the Environment, 535 ff. Des Weiteren wird der Schutz der einzelnen Bestandteile der Biodiversität sowie der Biodiversität selbst regelmäßig gemeinsam unter den Überschriften „Biological Resources", „Flora, Fauna and Biological Diversity" sowie „International Wild Law" diskutiert, s *Rayfuse*, Biological Resources, in Oxford Handbook, 363 ff; *Beyerlin/Marauhn*, International Environmental Law, 177 ff; *Bowman/Davies/Redgwell*, Wildlife Law, 585 ff; *McGraw*, The CBD: Key Characteristics and Implications for Development, RECIEL 11 (2002) 17 (18 f).

13 *Sands/Peel*, Principles, 451; *Matz-Lück*, Biodiversity, International Protection, in MPEPIL, Rn 4. Allg zum Nachhaltigkeitsprinzip *Proelß*, 3. Absch Rn 50 ff.

14 Frühere Abkommen entfalteten nur sehr eingeschränkte Wirkung, da ihre Anwendungsbereiche regelmäßig wenige Arten umfassten, geographisch eingeschränkt waren, wenige Staaten Vertragsparteien wurden und prak-

des völkerrechtlichen Vertragsgefüges zur Erhaltung und nachhaltigen Nutzung der Biodiversität ist in seiner Gesamtheit eher durch ein reaktives und punktuelles als durch ein planvolles und koordiniertes Handeln der Staatengemeinschaft gekennzeichnet.[15] Als Folge stellt es sich derzeit tendenziell als ein bruchstückhaftes und ungeordnetes System dar.[16] Die einzelnen Verträge unterscheiden und überschneiden sich zT erheblich hinsichtlich ihrer Regelungsziele, ihres gegenständlichen und räumlichen Anwendungsbereichs sowie ihrer Instrumentenwahl.[17] Nichtsdestotrotz können allg Aussagen hinsichtlich bestimmter Trends in den Verrechtlichungsprozessen sowie hinsichtlich der wichtigsten Instrumente des internationalen Biodiversitätsschutzrechts getroffen werden.[18]

6 Erstens lässt sich in den verschiedenen Abkommen eine Entwicklung von einem vorrangig artenspezifischen und anthropozentrisch-utilitaristischen hin zu einem ganzheitlicheren und eher ökozentrierten Schutzansatz ausmachen.[19] Mit diesen abstrakten Begriffen ist letztlich gemeint, dass Regelungsziele und Anwendungsbereiche der ersten internationalen Verträge, die einen Beitrag zum Biodiversitätsschutz leisteten, eng auf die Erhaltung einiger weniger spezieller Arten ausgerichtet waren. Sie dienten zuallererst dem Zweck, bestimmte Arten für die menschliche Nutzung zB durch die Landwirtschaft oder die Jagd verfügbar zu halten. Daraus resultierte zum einen ein isolierter Schutz lediglich vereinzelter, dem Menschen *nützlicher* Arten. Zum anderen wurden dem Menschen gefährliche oder für bestimmte Nutzungen *schädliche* Arten vom Schutzbereich der Abkommen ausgenommen und sogar bekämpft. So bestimmte zB das Übereinkommen über den Schutz der für die Landwirtschaft nützlichen Vögel v 19.3.1902, dass solche Vögel, die für die Jagd, Fischerei oder Landwirtschaft nützlich seien (zB insektenfressende Arten), geschützt, für diese Nutzungen *schädliche* Arten von den Schutzgeboten des Abkommens hingegen ausgenommen seien.[20] Als schädlich wurden damals Arten qualifiziert, die heutzutage weitgehend als gefährdet gelten (zB Adler, Seeadler, Fischadler, Milane und Falken). Erst spätere Verträge berücksichtigen, dass bedrohte Arten immer auch Bestandteile komplexer Lebensgemeinschaften von Flora und Fauna darstellen und auf intakte Lebensräume angewiesen sind. Insofern wurden neben den geschützten Arten vermehrt auch die von ihnen bewohnten Gebiete sowie assoziierte oder interdependente Arten in den Schutzkreis der Abkommen einbezogen.[21] Am vorläufigen Ende dieser Entwicklung steht die *CBD*, die in ihrer Präambel neben ökonomischen auch eine ganze Reihe nicht-ökonomische, ökozentrische und kulturelle Schutzmotive aufführt.[22] Laut ihrer Präambel wurde sie „in dem Bewusstsein des Eigenwerts der biologischen Vielfalt sowie des Wertes der biologischen Vielfalt und ihrer Bestandteile in ökologischer, genetischer, sozialer, wirtschaftlicher, erzieherischer, kultureller und ästhetischer Hinsicht sowie im Hinblick auf ihrer Erholungsfunktion [...]" verfasst. Es bleibt zum einen zu erwähnen, dass es sich bei der aufgezeigten Entwicklung lediglich um einen Trend handelt. So

---

tisch kein organisatorischer Unterbau existierte, der die Umsetzung der Abkommen beförderte, s *Bowman/Davies/Redgwell*, Wildlife Law, 3 ff; *Beyerlin/Marauhn*, International Environmental Law, 177 f.

15 *Sands/Peel*, Principles, 452.

16 Dies gilt für weite Teile des Völkerrechts, s hierzu grundlegend ILC, Fragmentation of International Law. Difficulties arising from the Diversification and Expansion of International Law, GAOR A/55/10 (2000).

17 *Rayfuse*, Biological Resources, in Oxford Handbook, 362 ff; *Gillespie*, Biodiversity, 3 ff; *van Heijnsbergen*, International Legal Protection, 1997; *Wolf*, Völkerrechtliche Grundlagen des deutschen Naturschutzrechts, ZUR 2017, 3 ff.

18 *Matz-Lück*, Biodiversity, International Protection, in MPEPIL, Rn 10 ff; *Beyerlin/Marauhn*, International Environmental Law, 177 ff; *Gillespie*, Science, Values and People: The Three Factors that Will Define the Next Generation of International Conservation Agreements, Transnational Environmental Law 2012, 169 ff.

19 *Matz-Lück*, Biodiversity, International Protection, in MPEPIL, Rn 14–19.

20 Art 9 iVm Liste Nr 2 des Vertrags über den Schutz der für die Landwirtschaft nützlichen Vögel.

21 S zB Art 61 Abs 4 und Art 63 Abs 1 SRÜ.

22 *Tinker*, A New Breed of Treaty: The United Nations Convention on Biological Diversity, Pace ELR 12 (1995) 191 ff.

bleibt der selektive und isolierte Schutz spezieller Arten nach wie vor möglich, zT sinnvoll und auch gängige Praxis.[23] Zum anderen ist zur Kenntnis zu nehmen, dass trotz der zunehmenden Berücksichtigung ökozentrischer Erwägungen weite Teile des geltenden internationalen Rechts zum Schutze biologischer Ressourcen ihren Schutz auch weiterhin vor allem zum Zwecke ihrer langfristigen Nutzbarkeit verfolgen.[24]

7 Der zweite Trend beschreibt die Entwicklung, dass jüngere, die Biodiversität schützende Verträge zunehmend Bewahrungs- und Nutzungsinteressen in ein Ausgleichsverhältnis stellen, anstatt sich ausschließlich auf die Unterschutzstellung einzelner Arten oder Gebiete zu beschränken. Diese Entwicklung resultiert nicht zuletzt aus der Erfahrung, dass isolierte Nutzungs- und Störungsverbote häufig Konflikte mit lokalen und indigenen Bevölkerungsgruppen erzeugen, deren wirtschaftliche Existenz regelmäßig von der Nutzung der zu schützenden Ressourcen abhängt. Es hat sich verschiedentlich gezeigt, dass die Möglichkeit der Nutzung sowie die Beteiligung der Nutzungsinteressenten an den Bewirtschaftungsentscheidungen Anreiz für deren Erhalt sein kann. Das gilt insbes in den Fällen, in denen es um erneuerbare Ressourcen geht, die, wenn sie nicht über das Maß ihrer Regenerationsfähigkeit ausgebeutet werden, dauerhaften Nutzen bringen. Ein früher Ansatz lässt sich in dem *Ramsar-Übereinkommen v 1971* erkennen, das neben der Erhaltung von Feuchtgebieten auch auf deren *wise use* abzielt.[25] Den derzeit umfassendsten Ansatz zur Verknüpfung von Nutzungs- und Schutzinteressen findet sich in der CBD, in dem im Jahre 2010 aus ihr hervorgegangenen *Nagoya Protokoll v 2010* sowie in dem in seiner Entstehung und konzeptionell mit ihr eng verbundenen *Vertrag über pflanzengenetische Ressourcen für Ernährung und Landwirtschaft v 2001*. Hierauf wird noch im Detail einzugehen sein.

8 Ein dritter Trend ist die zunehmende Begrenzung nationalstaatlicher Souveränität zugunsten eines überstaatlichen Interesses an der Erhaltung bestimmter natürlicher Ressourcen. Ausgangspunkt allen internationalen Rechts zur Erhaltung und nachhaltigen Nutzung der Biodiversität ist das Prinzip nationalstaatlicher Souveränität. Im Grundsatz weist das Völkerrecht jedem Staat das Recht zu, über die in seinem Territorium und „maritimen Aquitorium" (Binnengewässer, innere Gewässer, Küstenmeer, ggf Archipelgewässer)[26] gelegenen biologischen Ressourcen vollumfänglich zu verfügen.[27] Darüber hinaus kommen ihnen im Grundsatz auch ausschließliche Nutzungsrechte an lebenden und nichtlebenden Ressourcen innerhalb der ihnen durch das Völkerrecht zugewiesenen Funktionshoheitsräume zu (AWZ und Festlandsockel)[28]. Diese Exklusivität der Verfügungsgewalt bzw Nutzungsrechte stellt den völkerrechtlichen Biodiversitätsschutz vor besondere Herausforderungen. So unterwerfen verschiedene Nationalstaaten eine *ungeteilte Natur* unterschiedlichen Erhaltungs- und Nutzungsregimen, wodurch insbes der Schutz der Ressourcen häufig leidet.[29] Darüber hinaus überwiegen in vielen Fällen kurzfristige nationale Interessen an der intensiven Nutzung der *eigenen Ressourcen* die eher langfristigen Interessen der Staatengemeinschaft an ihrem Erhalt (zB brasilianische und indonesische Tropenwälder). Im Falle der Biodiversität kommt hinzu, dass ihr Verlust durch Übernutzung oder Zerstörung, anders als grenzüberschreitende Verschmutzungen oder Erschöpfungserscheinungen bei gemeinsam bewirtschafteten Ressourcen, selten unmittelbar durch andere Staaten wahr-

---

23 *Matz-Lück*, Biodiversity, International Protection, in MPEPIL, Rn 17.

24 *Birnie/Boyle/Redgwell*, International Law and the Environment, 596 ff; *Gillespie*, International Environmental Law, Politics and Ethics, 1999, 176 ff.

25 *Farrier/Tucker*, Wise Use of Wetlands under the Ramsar Convention: A Challenge for Meaningful Implementation of International Law, JEL 12 (2000) 21.

26 S hierzu *Proelß*, Raum und Umwelt im Völkerrecht, in Graf Vitzthum/Proelß, Völkerrecht, 359 ff.

27 *Matz-Lück*, Biodiversity, International Protection, in MPEPIL, Rn 11.

28 Dazu wieder *Proelß* (Fn 26) 381 ff.

29 *Reszat*, Gemeinsame Naturgüter im Völkerrecht, 2004.

genommen wird, weshalb diese sich nicht in ihren Rechten verletzt sehen und sich dementsprechend nicht für ihren Erhalt einsetzen.[30] Vor diesem Hintergrund gilt es, nationalstaatliche Partikularinteressen und internationale Erhaltungsinteressen im Rahmen völkerrechtlicher Vertragsgestaltung in einen Ausgleich zu bringen. Der zunehmende Bedarf nach einer solchen Einschränkung lässt sich zB anhand der Entwicklung neuer normativer Konzepte und Begriffe im Völkerrecht nachvollziehen.[31] Zu nennen sind die Konzepte des gemeinsamen Anliegens der Menschheit (*common concern of humankind*),[32] des gemeinsamen Interesses (*common interest*; *community interest*) der internationalen Staatengemeinschaft,[33] oder des gemeinsamen Erbes der Menschheit (*common heritage of mankind*).[34] Obwohl diese Konzepte sowohl in der internationalen Vertragspraxis als auch in der Wissenschaft zunehmend Beachtung finden, steht ihre inhaltliche Konkretisierung noch weitgehend aus. Letztlich erfolgt eine Einschränkung nationalstaatlicher Souveränität über die eigenen Ressourcen aber ganz konkret durch einzelne völkerrechtliche Verträge, in denen bestimmte Beschränkungen der Nutzungen vereinbart werden.[35] Erfolgt eine solche Beschränkung, übernehmen Staaten gegenüber ihren Vertragsparteien in unterschiedlichem Maße Verpflichtungen zur „treuhänderischen Verwaltung und Pflege" der in ihren Territorien gelegenen biologischen Ressourcen.[36] Allerdings kann aus der bestehenden Vertragspraxis derzeit noch nicht auf das Vorliegen einer allg völkergewohnheitsrechtlichen Verpflichtung der Nationalstaaten zum Erhalt der Biodiversität zur Verwirklichung überstaatlicher Interessen geschlossen werden.

9 Neben den aufgezeigten Entwicklungstrends lässt sich aus der Gesamtschau der internationalen Verträge zur Erhaltung und Nutzung der Biodiversität eine Auswahl der wichtigsten Instrumente des internationalen Rechts zur Erhaltung und Nutzung der Biodiversität erstellen. Sie sollen hier in sechs Untergruppen unterteilt werden:[37] (1) Monitoring- und Berichtspflichten, (2) Schutzgebiete, (3) Entnahmeregelungen, (4) Handelsbeschränkungen, (5) Maßnahmen gegen die Einbringung gebietsfremder Arten und (6) finanzielle Maßnahmen.

10 Wirksames internationales Recht zur Beförderung der Erhaltung und Nutzung der Biodiversität ist nur auf der Grundlage einer hinreichenden und zwischen den beteiligten Staaten konsentierten Wissensbasis möglich.[38] Zum einen ist dieses Wissen aber nicht immer vorhanden, zum anderen bestimmen die politischen Interessen der Staaten leider allzu häufig ihr Verständ-

---

30 *Matz-Lück*, Biodiversity, International Protection, in MPEPIL, Rn 12.
31 *Appel*, Staatliche Zukunfts- und Entwicklungsvorsorge, 2005, 223 ff.
32 S *Biermann*, Common Concern of Mankind. The Emergence of a New Concept of International Environmental Law, AVR 34 (1999) 426; *Bowman*, Environmental Protection and the Concept of Common Concern of Humankind, in Fitzmaurice et al (Hrsg), Handbook on International Environmental Law, 493 ff; *Birnie/Boyle/Redgwell*, International Law and the Environment, 129 f.
33 *Brunnée*, „Common Interest". Echoes from an Empty Shell?, ZaöRV 49 (1998) 791 ff; *Beyerlin*, State Community Interests and Institution-Building in International Environmental Law, ZaöRV 56 (1996) 602 ff; allg *Feichtner*, Community Interest, in MPEPIL.
34 S zB Art 136 SRÜ. Zur Vertiefung s *Brunnée*, Common Areas, Common Heritage, and Common Concern, in Oxford Handbook, 550 (564–567); *Wolfrum*, Common Heritage of Mankind, in MPEPIL; *Wolfrum*, The Principle for the Common Heritage of Mankind, ZaöRV 43 (1983) 312 ff; *Baslar*, The Concept of Common Heritage of Mankind in International Law, 1998, 287 ff; s a Wissenschaftlicher Beirat der Bundesregierung Globale Umweltveränderungen (WBGU), Menschheitserbe Meer, 2013, 246 ff.
35 *Beyerlin/Marauhn*, International Environmental Law, 178; s a *Odendahl*, Die Umweltpflichtigkeit der Souveränität, 1997; *Hinds*, Umweltrechtliche Einschränkungen der Souveränität, 1998.
36 *Beyerlin* (Fn 33) 186; *Sand*, Sovereignty Bounded. Public Trusteeship for Common Pool Resources?, GEnPol 4 (2004) 47 ff.; s a *Sand*, The Concept of Trusteeship in the Transboundary Governance of Biodiversity, in Kotzé/Marauhn, Biodiversity, 34 ff.
37 Eine andere Auswahl und Einteilung ist selbstverständlich denkbar, s zB bei *Sands/Peel*, Principles, 452; *Birnie/Boyle/Redgwell*, International Law and the Environment 671.
38 *Gillespie*, Establishing Reliable Foundations for the International Scientific Investigation of Noise Pollution in the Oceans, RECIEL 15 (2006) 211 ff.

nis und ihre Bewertung des jeweiligen Umweltproblems.[39] Um diese beiden Herausforderungen zu bewältigen, sehen viele internationale Vereinbarungen im Bereich des Biodiversitätsschutzes Verpflichtungen zur Sammlung, zur Auswertung und zum Austausch von Umweltdaten vor. Zur Verobjektivierung und Effektivierung wird dieser Prozess regelmäßig durch die Festlegung genau bestimmter Verfahren strukturiert oder durch die Schaffung spezieller mit diesen Aufgaben betrauter Einheiten institutionalisiert. So wird das Sammeln, Auswerten und Verbreiten von Daten zB an bereits existierende oder neu geschaffene internationale wissenschaftliche Organisationen verwiesen oder aber von hierfür eingerichteten wissenschaftlichen und technischen Facharbeitsgruppen der Vertragsparteien erledigt.[40] Als aktuelles Bsp für eine neu geschaffene Institution im Bereich des Biodiversitätsschutzes kann die vergleichsweise junge *Intergovernmental Platform on Biodiversity and Ecosystem Services* dienen.[41] Im April 2012 wurde im Rahmen des UNEP in Kooperation mit der UNESCO, der FAO sowie dem UNDP eine Resolution von 96 Staaten initiiert, aus der die IPBES hervorging. Diese Institution, die im Wesentlichen nach dem Vorbild des IPCC konstruiert wurde, hat u a zum Ziel, den Dialog zwischen Wissenschaft und Politik hinsichtlich des Zustands, der Erhaltung und der Nutzung der Biodiversität auf globaler Ebene zu verbessern.[42] Obwohl entsprechende wissenschaftliche Organisationen, Institutionen und Gremien in aller Regel keine politischen Organe sind und keine entsprechenden Mandate haben, nehmen sie durch ihre Problemanalyse und -deutung in erheblichem Umfang Einfluss auf die politischen Prozesse, aus denen das Recht des Biodiversitätsschutzes letztlich hervorgeht.[43]

11 Als Instrument des völkerrechtlichen Biodiversitätsschutzes haben Schutzgebiete in den letzten Jahren erheblich an Bedeutung gewonnen.[44] Insofern ist insbes das im Oktober 2010 im Rahmen der CBD-Vertragsstaatenkonferenz in Aichi (Japan) vereinbarte Ziel zu nennen, weltweit 17% der terrestrischen Gebiete sowie 10% der Küsten und Meeresgebiete unter Schutz zu stellen.[45] Ganz allg könnte man Schutzgebiete als geographisch begrenzte Räume bezeichnen, in denen das Schutzniveau für einzelne Bestandteile oder die Gesamtheit der in ihnen enthaltenen Biodiversität höher ist als in den angrenzenden oder sie umfassenden Gebieten.[46] Im Völkerrecht hat sich bis heute keine allgemeinverbindliche Definition von Schutzgebieten etabliert.[47] Das

39 S zB *Leuschner*, Die Glaubwürdigkeit der Wissenschaft. Eine wissenschafts- und erkenntnistheoretische Analyse am Beispiel der Klimaforschung, 2012.

40 S Beiträge in Andresen et al (Hrsg), Science and Politics in International Environmental Regimes, 2000; s a *Ginzky*, Wofür Expertise? Das Verhältnis von Recht zu außerrechtlichen Aspekten in der internationalen Rechtssetzung, in Dilling/Markus, Ex Rerum Natura Ius?, 105 ff.

41 Weitere Bsp sind u a die Intergovernmental Oceanographic Commission (IOC) der UNESCO, die Inter-Agency Group of Experts on the Scientific Aspects of Marine Pollution (GESAMP) oder der Intergovernmental Panel on Climate Change (IPCC), s speziell zum IPCC: *Bolle*, Das Intergovernmental Panel on Climate Change (IPCC), 2011.

42 Umfängliche Informationen sind erhältlich unter <www.ipbes.net>.

43 *Haas*, Knowledge Power and International Policy Coordination, International Organization, 1992, 1 ff; *Markus*, Changing the Base: Legal Implications of Scientific Criteria and Methodological Standards on what Constitutes Good Marine Environmental Status, TEL 1 (2013) 1 ff.

44 Hinsichtlich der Schutzgebiete an Land s *Gillespie*, Protected Areas and International Environmental Law, 2007, 7 ff; Dudley (Hrsg), IUCN Guidelines for Applying Protected Area Management Categories, 2008. Speziell für marine Schutzgebiete, s insbes *Wolf*, Marine Protected Areas, in MPEPIL; *Matz-Lück/Fuchs*, Die Ausweisung mariner Schutzgebiete in hoheitsfreien Räumen am Beispiel des OSPAR-Abkommens, ZUR 2012, 532 ff; *Molenaar/Elfering*, Marine Protected Areas in Areas Beyond National Jurisdiction: The Pioneering Efforts under the OSPAR Convention, ULR 5 (2009) 5 ff.

45 COP 10, Decision X/2, Annex, The Strategic Plan for Biodiversity 2011–2020 and the Aichi Biodiversity Targets, Target 11.

46 Ähnlich allg definiert auch die CBD den Begriff des Schutzgebiets. Art 2 Abs 16 CBD zufolge bedeutet „Schutzgebiet" ein geographisch festgelegtes Gebiet, das im Hinblick auf die Verwirklichung bestimmter Erhaltungsziele ausgewiesen ist oder geregelt und verwaltet wird.

47 S allg *Gillespie*, Defining Internationally Protected Areas, JWLP 2009, 240 ff; *ders* (Fn 44) 27 ff. Hinsichtlich der Definition von Meeresschutzgebieten im Völkerrecht s *Wolf*, Marine Protected Areas, in MPEPIL, Rn 2.

mag daran liegen, dass die unterschiedlichsten Formen von Schutzgebieten existieren. Unterschiede bestehen hinsichtlich ihrer Schutzziele, ihrer räumlichen Verortung und Ausdehnung, ihres Schutzniveaus sowie der rechtlichen Instrumente, die ihre Erhaltung und Nutzung steuern. Allg bleibt zu erwähnen, dass sich das Verständnis von Schutzgebieten in den letzten Jahrzehnten von eindimensionalen *Totalreservaten*, die jeglichen Zugang und jede Nutzung untersagen, hin zu differenzierteren geographisch-definierten Erhaltungs- und Nutzungsregimen entwickelt hat. Konkrete Maßnahmen, die ein solch erhöhtes Schutzniveau befördern können, schließen u a das Sammeln wissenschaftlicher Daten hinsichtlich des ökologischen Zustands sowie stattfindender Nutzungen (*Monitoring*), unterschiedliche Eintritts- und Nutzungsbeschränkungen, partizipative Bewirtschaftungssysteme, Renaturierungsmaßnahmen sowie die Einrichtung sog Pufferzonen ein.[48]

12 Entnahmeregelungen finden sich in praktisch allen Regimen, die sich mit der Bewirtschaftung natürlicher biologischer Ressourcen befassen. Das schließt zB den Fang von Meeresfischen, die Jagd landlebender Wildtiere, die Entnahme und Nutzung von Süßwasser, Böden sowie von Wäldern bzw Bäumen oder anderer nützlicher Pflanzen ein. Entnahmeregelungen können dabei u a bestimmen, welche Arten bzw welche Ressourcen (selektiv), in welchem Umfang (quantitativ), auf welche Art und Weise (qualitativ) entnommen werden dürfen sowie wann (temporal) und wo (lokal) die Entnahme erfolgen kann. Daraus ergeben sich zT hochkomplizierte Regelungssysteme, die durchaus Kombinationen aller dieser Maßnahmen enthalten. Mit der Regulierung der Entnahme ist auch immer die Verteilung der Ressourcen zu bestimmen. Das Völkerrecht regelt daher regelmäßig die Verteilung der Ressourcen zwischen Staaten. Ein gängiges Verteilungskriterium zwischen Staaten ist der Umfang der bisherigen Nutzung (sog *grandfathering*). Darüber hinaus enthalten einige Vertragswerke auch Bestimmungen zur Art und Weise, in der die Staaten die innerstaatliche Verteilung ihrer Ressourcen regeln sollen, zB durch bestimmte Verteilungssysteme (zB handelbare Nutzungsquoten) oder unter Berücksichtigung der Interessen indigener Völker. Die Frage, wie Entnahmeregime optimal auszugestalten sind, kann nur schwer allg beantwortet werden. Der effektive Schutz und die nachhaltige Nutzung von Ressourcen hängen neben dem Recht von vielfältigen weiteren Faktoren ab, die es für jeden Einzelfall zu identifizieren gilt. Aus rechtlicher Sicht ist insbes die Ausgestaltung des jeweiligen Verteilungsregimes bedeutsam für die Wirksamkeit der Entnahmeregelungen. Daneben spielen u a die Transparenz der Regelungen, das Vorhandensein effektiver Kontrollen, die Sanktionierbarkeit von Regelverstößen sowie die problemadäquate Kombination und Widerspruchsfreiheit der Erhaltungsregeln eine wichtige Rolle.

13 Eine weitere, zunehmend bedeutsame Strategie zur rechtlichen Förderung des Biodiversitätsschutzes sind internationale Vereinbarungen von Handelsbeschränkungen für illegal oder nicht nachhaltig gefangene oder entnommene Ressourcen. Ihr Regelungsziel ist es, mittels verschiedener Genehmigungsverfahren für Im- und Exporte Tier- und Pflanzenarten vor den schädlichen Wirkungen des internationalen Handels mit ihnen zu schützen. In diesem Zusammenhang sind zB die bilateralen Abkommen der EU mit Staaten wie Ghana, Kamerun, Kongo, Liberia, oder der Zentralafrikanischen Republik zu nennen.[49] Darin ist vorgesehen, dass Importe von Tropenhölzern aus diesen Ländern nur zulässig sein sollen, wenn diese durch den Exportstaat als legal entnommene Hölzer zertifiziert sind. Daneben stehen verschiedene multilaterale

---

48 Die rechtliche Lit zu Schutzgebieten ist mittlerweile kaum noch zu überschauen und zT sehr spezialisiert. Einen guten Einstieg vermitteln *Gillespie* (Fn 47); *Lockwood et al*, Managing Protected Areas: A Global Guide, 2006; s a UNEP World Conservation Monitoring Centre unter <www.unep-wcmc.org>.

49 Freiwillige Partnerschaftsabkommen zwischen der EU und den Republiken Ghana, Kamerun, Demokratische Republik Kongo, Liberia bzw der Zentralafrikanischen Republik über Rechtsdurchsetzung, Politikgestaltung und Handel im Forstsektor sowie über die Einfuhr von Holzprodukten in die EU (FLEGT), s ABl EU 2010, Nr L 70/3; ABl EU 2011, Nr L 92/4; ABl EU 2011, Nr L 92/127; ABl EU 2012, Nr L 191/1; ABl EU 2012, Nr L 191/102; s a *Beyerlin/Marauhn*, International Environmental Law, 180.

Abkommen. Hier wären beispielhaft CITES v 1973 sowie das ITTA v 1994 und 2006 zu nennen. Auch die im Rahmen der internationalen Fischereiorganisationen vereinbarten Import- und Anlandebeschränkungen für illegal gefangenen Fisch fallen in diese Kategorie.[50]

14 Verschiedene Abkommen sehen auch Regelungen vor, die sich damit befassen, die Verbreitung gebietsfremder Arten (sog *alien species*) zu vermeiden. Gebietsfremde Arten können lokal ansässige Arten von Flora und Fauna verdrängen oder ihre Populationsentwicklung erheblich stören. Insofern ist insbes das *Internationale Ballastwasserübereinkommen v 2004* zu nennen, das die Verschleppung und Einbringung von gebietsfremden Arten durch das Ein- und Ausleiten von Ballastwasser in bzw von Schiffen verhindern soll.[51] Auch Art 8 lit h CBD bestimmt, dass die Vertragsparteien „[...] soweit wie möglich und sofern angebracht, die Einbringung nichteinheimischer Arten, welche Ökosysteme, Lebensräume oder Arten gefährden, verhindern, die Arten kontrollieren oder beseitigen". Zur Konkretisierung der aus Art 8 lit h CBD resultierenden Verpflichtungen wurden auf der 6. Vertragsstaatenkonferenz der CBD (COP 6) die (unverbindlichen) *Guiding Principles for the Prevention, Introduction and Mitigation of Impacts of Alien Species that Threaten Ecosystems, Habitats or Species* verabschiedet.[52] Die zwei folgenden Vertragsstaatenkonferenzen (COP 7 und COP 8) befassten sich mit der Identifizierung völkerrechtlich gebotener Maßnahmen, um die weitere Verbreitung gebietsfremder Arten aufzuhalten.[53] Auf der 12. Vertragsstaatenkonferenz (COP 12) wurden unverbindliche Richtlinien erlassen, die sich mit dem Umgang von Gefahren befassen, die aus der Einführung gebietsfremder Haustierarten resultieren.[54]

15 Der Schutz der Biodiversität im Allgemeinen sowie ihrer Bestandteile im Besonderen verursacht zT erhebliche Kosten. Einerseits gilt es, Schutzmaßnahmen zu finanzieren, andererseits müssen uU finanzielle Einbußen hinsichtlich der Verwertung der zu schützenden Ressourcen hingenommen werden. Das kann insbes die an Biodiversität reichen, mit finanziellen Mitteln aber gering ausgestatteten Entwicklungsländer und ihre Bevölkerung vor erhebliche Herausforderungen stellen. Verschiedene Abkommen sehen infolgedessen die Einrichtung sog Umweltfonds oder Finanzierungsmechanismen vor, die die zur Umsetzung der vertraglichen Schutzpflichten nötigen Mittel zumindest in Teilen bereitstellen sollen. Beitragspflichten und Vergabekriterien orientieren sich im Wesentlichen am Wohlstand der Vertragsparteien und sind hinsichtlich ihrer Verbindlichkeit und Konkretheit zT sehr unterschiedlich ausgestaltet. Beispielhaft können hier die Fonds angeführt werden, die im Rahmen der *UNESCO Konvention v 1972*, des *Ramsar Übereinkommens v 1971*, des *Ozonschicht-Übereinkommens v 1985* oder der CBD errichtet wurden.[55] Zunehmend gewinnen auch sog *public-private-partnerships* an Bedeutung bei der Finanzierung von Umweltschutzmaßnahmen.[56] So wird zB das *Great Apes Survival Project* durch 23 Arealstaaten, in denen diese Arten vorkommen (engl *range countries*) sowie durch verschiedene Geberländer und NGOs finanziert und im Rahmen von vier internationalen Schutzabkommen unterstützt.[57]

50 *Calley*, Market Denial an International Fisheries Regulation. The Targeted and Effective Use of Trade Measures Against the Flag of Convenience Fishing Industry, 2012, 134ff; s a *Markus*, Wege zu einer nachhaltigen EU-Fischereiaußenhandelspolitik, EuR 2013, 697ff.

51 Das Abkommen ist noch nicht in Kraft getreten. Inhalt und aktueller Status der Abkommen sind einsehbar unter <www.imo.org> sowie teilweise unter <www.bsh.de>. S hierzu *Köck/Magsig*, Management of Non-indigenous Species and Invasive Alien Species, in Salomon/Markus (Hrsg), Handbook of Marine Environment Protection, 2017, im Erscheinen; s auch *Köck*, Die EU-Verordnung über invasive gebietsfremde Arten, NuR 2015, 73ff.

52 CBD, COP 6 Decision VI/23.

53 CBD, COP 7 Decision VII/13, CBD, COP 8 Decision VIII/27.

54 CBD, COP 12 Decision XII/16, s a CBD, COP Decision XII/17.

55 S hierzu auch *Birnie/Boyle/Redgwell*, International Law and the Environment, 6.

56 S auch *Kotzé*, Transboundary Environmental Governance of Biodiversity in the Anthropocene, in Kotzé/Marauhn, Biodiversity, 12ff.; allg *Dilling/Markus*, Transnationalisierung des Umweltrechts, ZUR 2016, 4ff.

57 *Redgwell*, The World Heritage Convention and Other Convention Relating to the Protection of the Natural Heritage, in Francioni/Lenzerini (Hrsg), The 1972 World Heritage Convention: A Commentary, 2008, 377ff.

3. Wissen um den Zustand der Biodiversität

16 Das Wissen über die biologische Vielfalt ist sowohl im Hinblick auf Arten als auch im Hinblick auf geographische Räume unterschiedlich entwickelt. Allg könnte man sagen, dass große, auffällige und nutzbare Arten besser erforscht sind als kleine, unscheinbare und nicht nutzbare Organismen.[58] Gleichzeitig ist die Biodiversitätserforschung in den industriell entwickelten Staaten deutlich weiter vorangeschritten als in den Entwicklungsländern.[59] Seit den 1980er Jahren sind eine ganze Reihe Programme und Organisationen zur Erforschung biologischer Vielfalt entstanden, die zu verschiedenen Gelegenheiten umfängliche Auswertungen und Gutachten zum *status quo* der globalen Biodiversität veröffentlichen. Hier sollen nur die für die internationale Regulierung der Erhaltung und Nutzung der Biodiversität wichtigsten Institutionen und Gutachten genannt werden. Von besonderer Bedeutung ist die *Weltnaturschutzorganisation (IUCN)*, die als eine sog hybride Organisation ein globales Netzwerk von ca 800 Naturschutzverbänden, 82 Staaten und tausenden von Wissenschaftlern und Experten in sich vereinigt, und die erhebliche Anstrengungen zum Schutz sowie zur Erforschung der biologischen Vielfalt unternimmt.[60] Eines ihrer wichtigsten Produkte ist die jährlich neu erscheinende und aktualisierte *Rote Liste der bedrohten Tier- und Pflanzenarten*.[61] Daneben initiierte UNEP im Jahre 1995 das *Global Biodiversity Assessment*, das nach wie vor eines der wichtigsten Referenzwerke zu Fragen der Biodiversität darstellt. Weitere UNEP-Veröffentlichungen sind das *Millennium Ecosystem Assessment* sowie der *Global Environmental Outlook*. Ebenso erwähnt werden muss der *Global Biodiversity Outlook* der CBD, der mittlerweile zum vierten Mal erschienen ist. Neben diesen globalen Bewertungen gibt es zahlreiche speziellere Programme und Datenbanken, die sich mit bestimmten Artentypen oder Regionen befassen.[62] Zu den Entwicklungen der Biodiversität in den Bereichen Landwirtschaft, Fischerei und Wälder veröffentlicht insbes die FAO regelmäßig umfassende Berichte.[63]

17 Auch die biologische Vielfalt selbst ist global gesehen ungleichmäßig verteilt. Sowohl an Land als auch im Meer gibt es Gebiete, in denen die Artenvielfalt deutlich höher ist als an anderen Stellen. Bspw beherbergt ein Hektar ecuadorianischer Tieflandregenwald mit ca 1.000 Pflanzenarten fast die gleiche floristische Vielfalt wie die gesamten Niederlande oder Dänemark.[64] Diese sog *biodiversity hotspots* umfassen zusammen nur ca 2,3% der Erdoberfläche, beherbergen aber ca 50% der weltweit bekannten Pflanzen- und ca 42% der Amphibien-, Reptilien-, Vogel-, und Säugetierarten.[65] Ca 66–75% der globalen Biodiversität sind auf die Territorien von 17 subtropischen oder tropischen Staaten verteilt.[66] Bei den meisten dieser Staaten handelt es sich um Entwicklungs- oder Schwellenländer, in denen zum einen die Bevölkerung regelmäßig auf die Nutzung der natürlichen Ressourcen angewiesen ist, zum anderen staatliche Strukturen sowie der rechtliche Ressourcenschutz vergleichsweise schwach ausgebildet sind. In den marinen Bereichen nimmt die Artenvielfalt tendenziell mit zunehmender Tiefe der Meere ab. In küstennahen Gebieten gelten insbes Korallenriffe, in Gebieten jenseits der Kontinentalhänge die sog See-

58 *Gaston/Spicer*, Biodiversity, 50.
59 *Mutke/Barthlott* (Fn 5) 30.
60 *Christoffersen*, IUCN. A Bridge-Builder for Nature Conservation, Green Globe Yearbook 1997, 59 ff.
61 <www.iucnredlist.org>.
62 Überblick bei *Mutke/Barthlott* (Fn 5) 32 ff.
63 S zB FAO, The State of World Fisheries and Aquaculture, 2012; FAO, The State of Food and Agriculture, 2013; FAO, State of the World's Forests, 2012. Die *Commission on Genetic Resources for Food and Agriculture* der FAO bereitet für das Jahr 2017 einen speziellen Bericht unter dem Titel „The State of the World's Biodiversity for Food and Agriculture" vor.
64 *Mutke/Barthlott* (Fn 5) 43.
65 *Baur* (Fn 7) 47 ff; *Meyers et al*, Biodiversity Hotspots for Conservation Priorities, Nature 403 (2000) 853 (855).
66 Australien, Brasilien, China, Demokratische Republik Kongo, Ecuador, Indien, Indonesien, Kolumbien, Madagaskar, Malaysia, Mexiko, Papua Neuguinea, Peru, Philippinen, Südafrika, USA, Venezuela; s *Gaston/Spicer*, Biodiversity, 63.

berge als Horte biologischer Vielfalt. Allg gilt der Indopazifik in den Bereichen Nordostaustraliens, Indonesiens und der Philippinen als besonders biodivers.[67]

18 Über den Verlust bzw die Verlustrate biologischer Vielfalt ist die Wissenschaft „schlecht informiert".[68] Zum einen ist nicht wirklich geklärt, wie viele unterschiedliche Arten die Erde eigentlich bevölkern. Zum anderen kam es in der Erdgeschichte immer wieder zu umfänglichem Artensterben. Daneben gibt es auch eine natürliche Aussterberate. Trotz aller Unsicherheiten geht man aber allg davon aus, dass die aktuelle Aussterberate für Vögel, Säugetiere und Amphibien in den letzten hundert Jahren um hundert- bis tausendfach über der bisherigen natürlichen Aussterberate liegt, und dass letztlich der Mensch die Ursache für diese Entwicklung ist.[69] Ein wichtiges Instrument zur Bestimmung des globalen Bedrohungsgrads der Artenvielfalt sind die oben erwähnten Roten Listen der IUCN. Im Jahre 2009 galten danach von 47.677 untersuchten Arten 36% als vom Aussterben bedroht.[70]

19 Die Ursachen für diesen beschleunigten Artenrückgang sind vielfältig. Seit dem *Millennium Ecosystem Assessment* im Jahre 2005 werden sie allg in fünf Hauptgruppen eingeteilt: 1) Veränderung und Verlust von Lebensräumen (einschließlich Degradierung und Fragmentierung), 2) Klimawandel, 3) Bedrohung durch gebietsfremde Arten, 4) Übernutzung und 5) Umweltverschmutzung. Befördert werden diese Ursachen wiederum durch das Wachstum der Weltbevölkerung, den erhöhten Pro-Kopf-Verbrauch an natürlichen Ressourcen sowie die verbesserten technischen Möglichkeiten, natürliche Ressourcen im Rahmen von Landwirtschaft, Fischerei oder Jagd auszubeuten.[71]

4. Wert und Nutzen der Biodiversität

20 Aus der Sicht des Menschen ist Biodiversität zur Deckung vielfältiger Bedürfnisse von größter Bedeutung. Ohne sie wäre menschliches Leben auf der Erde undenkbar. Grundlegend sind die Produktion von Biomasse, die Aufrechterhaltung von Nährstoffzyklen, die Regulation des Gas- und Wasserhaushaltes, die Steuerung des Klimas sowie die Bodenbildung und Erosionskontrolle. Nur hierdurch entstehen die natürlichen Lebensgrundlagen des Menschen wie Nahrung, Trinkwasser, fruchtbare Böden etc. Auch in kultureller Hinsicht ist Biodiversität bedeutsam, da eine intakte und vielfältige Natur für viele Menschen einen großen Erholungswert bereithält.[72] Man spricht insofern allg von sog *Ökosystemleistungen*.[73] Dementsprechend gibt es auch Versuche, den ökonomischen Wert der Biodiversität ganz konkret zu beziffern (Inwertsetzung).[74] So wurde der Wert der jährlichen, globalen Biodiversitätsleistungen auf ca 33 Bio US-Dollar geschätzt, was in etwa dem zweifachen Wert des BSP aller Staaten entspricht.[75] Dabei wurde der Geldwert der Biodiversität aus dem Nutzen abgeleitet, den sie für Sektoren wie die Landwirtschaft, die pharmazeutischen, rohstoffverarbeitenden, technischen und touristischen Industrien

---

67 *Streit*, Biodiversität, 2010, 82 ff.
68 *Streit* (Fn 67) 41.
69 Millennium Ecosystem Assessment, 2005, 4; s *Mutke/Barthlott* (Fn 5) 53 ff; *Streit* (Fn 67) 41 ff.
70 S Auswertung in CBD, Global Biodiversity Outlook 3, 2010, 27 ff.; s auch CBD, Global Biodiversity Outlook 4, 2014, 24 ff.
71 UNEP, Global Environmental Outlook, 2012. S a Fn 70.
72 WBGU, Erhaltung und nachhaltige Nutzung der Biosphäre, 1999, 41; *Baur* (Fn 7) 58 ff.
73 Engl *ecosystem services/environmental services*; s *Hansjürgens/Ring/Schröter-Schlaack*, Green Economy und Ökosystemleistungen: Zur ökonomischen Bedeutung von Biodiversität, in Jaeckel, Diversität, 115 ff.
74 *Boyd/Banzhaf*, Ecosystem Services and the Government: The Need for a New Way of Judging Nature's Value, Resources 158 (2005) 16 ff.
75 *Costanza et al*, The Value of the World's Ecosystem Services and Natural Capital, Nature (1997) 253 ff. Dieser Ansatz wurde seitdem erheblich weiterentwickelt und auf verschiedene Bestandteile der Biodiversität angewandt. S hierzu: The Economics of Ecosystems and Biodiversity (<www.teebweb.org>).

sowie für den Konsumenten hat.[76] Einer solchen Bewertung liegt vor allem die Hoffnung zugrunde, dass sie der Gesellschaft und insbes der Politik die Bedeutung des Verlusts von Biodiversität besser veranschaulicht und somit ein zusätzlicher Anreiz zu ihrer Erhaltung gesetzt wird. Bei allem Nutzen, der aus der Ermittlung des ökonomischen Werts entstehen kann, ist anzumerken, dass diese Methode einer zutiefst anthropozentrischen und marktorientierten Logik folgt. Ob indes der Mensch oder die Märkte in der Lage sind, durch Preise den Wert von Naturgütern adäquat abzubilden, soll hier bezweifelt werden. Im schlimmsten Fall verstellen entsprechende Bewertungen den Blick für die Bedeutung von Naturgütern. Darüber hinaus wird aus moralisch-ethischen Erwägungen vertreten, dass der Natur ein Eigenwert zukommt und ihr Erhalt letztlich nicht von menschlichen Bedürfnissen abhängen kann.[77]

II. Übereinkommen über die biologische Vielfalt und dessen Protokolle

21 Die CBD wurde unter der Leitung von UNEP in den Jahren 1991 und 1992 verhandelt. Im Mai 1992 wurde sie in Nairobi angenommen, im Juni 1992 in Rio de Janeiro anlässlich der UNCED zur Unterschrift aufgelegt und bereits dort von 153 Staaten unterzeichnet. Am 29.12.1993, nach Hinterlegung der 30. Ratifikationsurkunde, trat sie in Kraft. Heute zählt sie 196 Vertragsstaaten und verpflichtet somit den allergrößten Teil der internationalen Staatengemeinschaft.[78] Die wesentlichen konzeptionellen Impulse zur Entwicklung eines umfassenden internationalen Abkommens zur Erhaltung und Nutzung biologischer Vielfalt wurden bereits in den frühen 1980er Jahren durch die *World Commission on Environment and Development*, der IUCN und das UNEP gesetzt.[79] 1989 wurde dann im Rahmen des UNEP die Ausarbeitung einer Konvention beschlossen.[80] Die Einschätzungen hinsichtlich des Verhandlungsergebnisses fielen unmittelbar nach Verabschiedung des Übereinkommens recht unterschiedlich aus. Sahen einige in ihr einen „Meilenstein des internationalen Umweltschutzes", gingen andere davon aus, dass die Regeln der CBD sowohl „Völkerrechtler als auch die internationale Politik in erhebliche Bedrängnis bringen würden".[81] Im Ergebnis ist die CBD als Rahmenabkommen konzipiert. Sie enthält vor allem politische Ziele und allg Strukturregelungen anstelle konkreter, unmittelbar verbindlicher Verpflichtungen. Die Konkretisierung dieser allg Ziele und Vorschriften erfolgt durch assoziierte Verträge, verbindliche Protokolle sowie durch nicht verbindliche Arbeitsprogramme, Richtlinien, finanzielle Investitionen und Schutzmaßnahmen auf nationaler Ebene. Um den Beitrag der CBD zur Erhaltung und zur nachhaltigen Nutzung von Biodiversität richtig einschätzen zu können, ist daher der Blick auf diese Umsetzungsmaßnahmen mindestens genauso wichtig wie die Analyse der Vorschriften der CBD selbst.[82]

---

76 S vertiefend und grundlegend *Marggraf*, Ökonomische Aspekte der Biodiversitätsbewertung, in Janich et al, Biodiversität, 355 ff; *Baumgärtner/Becker*, Ökonomische Aspekte der Biodiversität, in Lanzerath et al, Biodiversität, 75 ff.
77 S zu den ethischen Aspekten des Biodiversitätsschutzes *Lanzerath*, Der Wert der Biodiversität. Ethische Aspekte, in Lanzerath et al, Biodiversität, 148 ff.
78 Stand 1.3.2017. Die USA sind derzeit kein Vertragsstaat der CBD.
79 *McConnell*, The Biodiversity Convention: A Negotiating History, 1996; *Koester*, The Biodiversity Convention Negotiating Process: Some Comments on the Outcome, EPL 27 (1997) 175 ff; *Boyle*, The Rio Convention on Biological Diversity, in Bowman/Redgwell, Conservation of Biological Diversity, 33 ff; *Chandler*, The Biodiversity Convention: Selected Issues of Interest to the International Lawyer, CJIELP 4 (1993) 141 ff.
80 UNEP/GC/Res 15/34, 1989.
81 Positionen bei *Birnie/Boyle/Redgwell*, International Law and the Environment, 612 ff.
82 *Birnie/Boyle/Redgwell*, International Law and the Environment, 617.

1. Ziele, Anwendungsbereich, Verhältnis zu anderen Abkommen

22 Laut Art 1 CBD sind die drei zentralen Regelungsziele des Übereinkommens „die Erhaltung der biologischen Vielfalt, die nachhaltige Nutzung ihrer Bestandteile und die ausgewogene und gerechte Verteilung der sich aus der Nutzung der genetischen Ressourcen ergebenden Vorteile [...]." Dies soll insbes durch „angemessenen Zugang zu genetischen Ressourcen und angemessene Weitergabe der einschlägigen Technologien unter Berücksichtigung aller Rechte an diesen Ressourcen und Technologien sowie durch angemessene Finanzierung erfolgen". Die Verwirklichung dieser Ziele wird wiederum durch verschiedene normative Konzepte und Rechtsprinzipien angeleitet. Wie bereits oben erläutert, erkennen die Vertragsparteien der CBD in der Präambel den „Eigenwert" sowie verschiedene weitere nicht-ökonomische Funktionen der biologischen Vielfalt an (Abs 1 Präambel). Darüber hinaus sind sich die Parteien bewusst, dass es sich bei der Erhaltung der Biodiversität um ein *gemeinsames Anliegen der Menschheit* handelt (Abs 3 Präambel). Gleichzeitig wird „bekräftigt", dass Staaten souveräne Rechte über ihre eigenen biologischen Ressourcen haben und für deren Erhaltung und nachhaltige Nutzung verantwortlich sind (Abs 3–5 Präambel). Weiterhin enthält die Präambel einen impliziten Verweis auf den Vorsorgeansatz. Er besagt, dass in den Fällen, „in denen eine erhebliche Verringerung der biologischen Vielfalt oder ein erheblicher Verlust an biologischer Vielfalt droht, das Fehlen einer völligen wissenschaftlichen Gewissheit nicht als Grund für das Aufschieben von Maßnahmen zur Vermeidung oder weitestgehenden Verringerung einer solchen Bedrohung dienen sollte [...]" (Abs 9 Präambel). In den Vorschriften der CBD selbst enthält insbes Art 3 CBD das völkergewohnheitsrechtlich anerkannte Prinzip des Verbots erheblicher grenzüberschreitender Umweltbeeinträchtigungen.[83] Nicht zuletzt haben die Vertragsstaaten im Zuge der Umsetzung der CBD früh auf die Bedeutung des Ökosystemansatzes hingewiesen und dessen Konkretisierung und Operationalisierung im Hinblick auf die Erhaltung der Biodiversität betrieben.[84]

23 Die Bestimmungen der CBD finden gemäß Art 4 lit a CBD auf „Bestandteile der biologischen Vielfalt in Gebieten [Anwendung], die innerhalb ihres nationalen Hoheitsbereichs liegen". Nach geltendem Völkerrecht fallen hierunter zum einen die Territorien der Staaten, zum anderen die maritimen Gebiete der inneren Gewässer, der Küstenmeere, ggf der Archipelgewässer, der AWZ sowie der Festlandsockel.[85] Somit wurden auch Gebiete in den Anwendungsbereich einbezogen, in denen die Staaten zwar keine territoriale Souveränität genießen, ihnen das Völkerrecht aber exklusive Nutzungsrechte zuweist. Darüber hinaus findet die CBD gemäß Art 4 lit b CBD Anwendung auf „Verfahren und Tätigkeiten, die unter [der] Hoheitsgewalt oder Kontrolle [der Vertragsparteien] entweder innerhalb ihres nationalen Hoheitsbereichs oder außerhalb der nationalen Hoheitsbereiche durchgeführt werden, unabhängig davon, wo diese sich auswirken." Hiermit wird vor allem betont, dass Staaten die Aktivitäten ihrer Staatsangehörigen sowie von unter ihrer Flagge fahrenden Schiffen in diesen Gebieten regeln können und sollen.[86] Gebiete außerhalb nationaler Hoheitsbereiche sind insbes die staatsfreien Räume der Hohen See, des Tiefseebodenbereichs, des Weltraums sowie (möglicherweise) der Antarktis und Teile der Arktis.[87] Der Passus „unabhängig davon, wo diese sich auswirken" erweitert den Regelungsauftrag insofern, als auch die Fernwirkungen entsprechender Tätigkeiten zu berücksichtigen sind.[88]

---

83 Genau genommen wiederholt Art 3 den Text des 21. Prinzips der Stockholmer Deklaration. S zu diesem Prinzip *Sands/Peel*, Principles, 190 ff; eingehend auch *Proelß*, 3. Abschn Rn 9 ff.
84 S insbes COP Decision V/6 und COP Decision VII/11.
85 S zu diesen Gebieten *Proelß* (Fn 26) 351 ff.
86 Auch Art 4 lit a und lit b CBD bestätigen damit im Wesentlichen geltendes Völkerrecht.
87 S hierzu *Wolfrum*, Völkerrechtlicher Rahmen für die Erhaltung der Biodiversität, in Wolff/Köck, Übereinkommen, 23.
88 Ebd.

24 Bereits zu einem recht frühen Zeitpunkt der Vertragsverhandlungen wurde entschieden, dass die CBD als Rahmenabkommen konzipiert werden sollte. Bestehende Vertragswerke zum Biodiversitätsschutz sollten weder ersetzt, noch sollte der CBD grundsätzlich eine Vorrangstellung eingeräumt werden.[89] Diese Entscheidung drückt sich zB in der Regelung des Art 22 Abs 1 CBD aus, der besagt, dass die Konvention „Rechte und Pflichten einer Vertragspartei aus bestehenden völkerrechtlichen Übereinkünften [unberührt] lässt". Relativierend wird allerdings hinzugefügt, dass dies nicht gilt, „wenn die Wahrnehmung dieser Rechte und Pflichten die biologische Vielfalt ernsthaft schädigen oder bedrohen würde". Im Hinblick auf völkervertragliche Konfliktregeln im Allgemeinen ist diese Zusatzvorschrift als ungewöhnlich zu bezeichnen, da sie einen *de facto*-Vorrang vor anderen Abkommen impliziert.[90] Das gilt insbes, weil die Vorschrift den Vertragsstaaten einen erheblichen Ermessensspielraum gewährt.[91] Im Hinblick auf das Verhältnis zu Übereinkommen „hinsichtlich der Meeresumwelt" enthält Art 22 Abs 2 CBD eine spezielle Vorschrift (*lex specialis*). Danach führen die Vertragsparteien die CBD „im Einklang mit den Rechten und Pflichten der Staaten aufgrund des Seerechts durch". Zwar ist nicht abschließend geklärt, welche Normen unter den Begriff des Seerechts fallen. Entscheidend ist aber, dass das Verhältnis der CBD zum geltenden Seerecht, also insbes dem SRÜ, grundsätzlich als komplementär zu bezeichnen ist. Lediglich im Konfliktfall gehen die Regeln des Seerechts denen der CBD vor.[92] Vor dem Hintergrund des in Art 22 Abs 1 CBD verfassten *de facto*-Vorrangs, der in Art 22 Abs 2 CBD grundsätzlich indizierten *Komplementarität* sowie vor dem Hintergrund des umfassenden Konzepts der biologischen Vielfalt erscheint eine weitergehende Integration bestehender Abkommen zum Biodiversitätsschutz in den Regelungszusammenhang der CBD grundsätzlich möglich.[93]

2. Erhaltung und nachhaltige Nutzung biologischer Vielfalt

25 Art 6–14 CBD enthalten eine Reihe von Maßnahmen, die von den Vertragsparteien „soweit möglich und sofern angebracht" umgesetzt werden müssen.[94] Nach Art 6 Abs 1 und 2 CBD ist jede Vertragspartei dazu verpflichtet, nationale Strategien, Pläne oder Programme zur Erhaltung und nachhaltigen Nutzung der biologische Vielfalt (nationale Strategien) zu entwickeln bzw anzupassen; des Weiteren die Erhaltung und nachhaltige Nutzung der biologischen Vielfalt in ihre diesbezüglichen sektoralen und sektorübergreifenden Pläne, Programme und Politiken einzubeziehen. Hauptzweck der nationalen Strategien ist es, möglichst konkrete Handlungsempfehlungen für Staaten zu generieren.[95] Art 6 wurde als eine der am „weitreichendsten" Vorschriften der

89 *McGraw* (Fn 12) 17; *Birnie/Boyle/Redgwell*, International Law and the Environment, 615 f; *Sands/Peel*, Principles, 452. Ganz zu Beginn der Verhandlungen war durchaus erwogen worden, eine „Umbrella-Convention" zu schaffen, um bestehenden internationalen Naturschutzinstrumenten einen gemeinsamen Rahmen zu geben, s Verweis bei *Stoll*, Genetische Ressourcen, Zugang und Vorteilshabe, in Wolff/Köck, Übereinkommen, 73.

90 *Matz*, The Interaction Between the Convention on Biological Diversity and the UN Convention on the Law of the Sea, in Ehlers/Mann-Borgese/Wolfrum (Hrsg), Marine Issues: From a Scientific, Political and Legal Perspective, 2002, 203 (217).

91 *Matz* (Fn 90) 203 ff.

92 *Matz* (Fn 90) 218; *Proelß*, ABS in Relation to Marine Genetic Resources, in Winter/Kamau, Genetic Resources and Traditional Knowledge, 59 mit ergänzender Bezugnahme auf Art 311 Abs 2 SRÜ.

93 Ähnlich argumentieren auch *Morgera/Tsioumani*, CBD, 1; *Birnie/Boyle/Redgwell*, International Law and the Environment, 615 f.

94 Art 7–10 sowie Art 11 und 14 CBD enthalten jeweils die Einschränkung „soweit möglich und sofern angebracht". Art 6 benutzt die Begrifflichkeit „entsprechend ihren besonderen Umständen und Möglichkeiten". Diese Vorbehalte machen die Umsetzung der Verpflichtungen letztlich vom Willen der Vertragsparteien abhängig, s *Friedland/Prall*, Biodiversität, 195.

95 *Friedland/Prall*, Biodiversität, 194.

CBD bezeichnet, da die Pflicht zur Erstellung nationaler Strategien letztlich gebietet, alle in der CBD enthaltenen Verpflichtungen in nationalen Planungsprozessen zu berücksichtigen.[96] Das gilt insbes auch im Hinblick auf Art 10 lit a CBD, der die Vertragsparteien verpflichtet, Gesichtspunkte der Erhaltung und nachhaltigen Nutzung der biologischen Ressourcen in die innerstaatlichen Entscheidungsprozesse einzubeziehen. Am 14.2.2017 hatten von allen Vertragsstaaten lediglich 7 keine nationalen Strategien entwickelt. Seit der Verabschiedung der neuen Aichi-Biodiversitätsziele im Jahre 2010 sind verschiedene Staaten damit befasst, ihre nationalen Strategien zu überarbeiten. In der Praxis stellen die Verpflichtungen zur Entwicklung und Anpassung nationaler Strategien, ihre Umsetzung sowie insbes ihre Integration in sektorale Politikfelder die Vertragsstaaten vor große Herausforderungen.[97] Zu ihrer Unterstützung sieht der *Strategic Plan 2011–2020* zum einen eine umfassende Analyse existierender nationaler Strategien durch das Sekretariat und die *Working Group on Review of Implementation* vor, zum anderen ist geplant, eine Reihe regionaler und sub-regionaler Workshops durchzuführen, auf denen Umsetzungsfragen erörtert werden sollen.[98]

26 Die Beschaffung von Daten ist von immenser Bedeutung für eine wirksame Umsetzung der CBD. Nur auf Grundlage einer soliden Wissensbasis können Handlungsbedarfe erkannt und Handlungsfelder bestimmt werden. Demgemäß legt Art 7 lit a CBD fest, dass die Vertragsparteien Bestandteile der biologischen Vielfalt bestimmen, die für ihre Erhaltung und nachhaltige Nutzung von Bedeutung sind.[99] Gemäß Art 7 lit b CBD sind diese Bestandteile der biologischen Vielfalt zu überwachen (wobei Arten, die dringender Erhaltungsmaßnamen bedürfen sowie solche mit großem Potential für eine nachhaltige Nutzung besonders berücksichtigt werden sollen). Art 7 lit c CBD regelt, dass solche Vorgänge und Tätigkeiten zu bestimmen sind, die erhebliche Auswirkungen auf die Erhaltung und nachhaltige Nutzung biologischer Vielfalt haben oder wahrscheinlich haben werden. Deren Wirkungen sind ebenfalls zu überwachen. Alle so gesammelten Daten sollen nach Art 7 lit d CBD systematisiert und verfügbar gehalten werden und unterliegen der Berichtspflicht nach Art 26 CBD.[100]

27 Art 8 und Art 9 CBD enthalten vergleichsweise konkrete Regelungen zur sog *in-situ-* und *ex-situ-Erhaltung*. Gemäß der in Art 2 Abs 10 CBD enthaltenen Legaldefinition bedeutet *in-situ-Erhaltung* „die Erhaltung von Ökosystemen und natürlichen Lebensräumen sowie die Bewahrung und Wiederherstellung lebensfähiger Populationen von Arten in ihrer natürlichen Umgebung und – im Fall domestizierter oder gezüchteter Arten – in der Umgebung, in der sie ihre besonderen Eigenschaften entwickelt haben".[101] Zwar wird auch in dieser Definition der klassische Regelungsansatz des naturschützenden Völkerrechts erkennbar, in zu schützende Arten und Lebensräume zu unterscheiden. Die CBD geht aber insofern weiter, als sie Arten und Lebensräume als Bestandteile komplexer interdependenter Systeme anerkennt, zu denen auch der Mensch und die durch ihn domestizierten oder gezüchteten Arten zählen. Im Gegensatz zur *in-situ*-Erhaltung definiert Art 2 Abs 5 CBD *ex-situ*-Erhaltung als „die Erhaltung von Bestandteilen der biologischen Vielfalt außerhalb ihrer natürlichen Lebensräume". Hierunter fallen sowohl Lebendsammlungen in Zoos, botanischen Gärten und Aquarien als auch die Lagerung von generativem oder vegetativem Material in Genbanken und Kollektionen.[102] Grundsätzlich bevorzugt die CBD die *in-situ*-Erhaltung gegenüber der *ex-situ*-Erhaltung. Letztere dient gemäß Art 9 „in

96 *Glowka*, Biological Diversity, 29.
97 *Sands/Peel*, Principles, 455.
98 Decision X/2 on the Strategic Plan for Biodiversity 2011–2020 and the Aichi Biodiversity Targets, Doc CBD UNEP/CBD/COP/10/27 (2010), para 17 lit a und lit b.
99 Anlage I CBD enthält insofern eine indikative Liste, die es zu berücksichtigen gilt.
100 Krit hinsichtlich der Durchführung der in Art 7 anvisierten Maßnahmen durch die Vertragsparteien selbst anstelle unabhängiger Gutachter sind *Bowman/Davies/Redgwell*, Wildlife Law, 604 f.
101 Die Begriffe Ökosystem und Lebensraum sind in Art 2 Nr 11 und 13 CBD legaldefiniert.
102 *Glowka*, Biological Diversity, 52.

erster Linie zur Ergänzung der *in-situ*-Maßnahmen". Der Grund hierfür liegt vor allem darin, dass die *ex-situ*-Erhaltung Arten bzw das konservierte Material von den natürlich fortlaufenden Prozessen der Evolution abschneidet. Dieses Abschneiden erlaubt keine Anpassung der konservierten Arten an die sich verändernden Umweltbedingungen. Darüber hinaus bedingt die Konservierung und Regenerierung relativ kleiner Populationen das Risiko eines Verlusts genetischer Diversität (zB durch den sog genetischen Drift).[103] Nichtsdestotrotz ist der Beitrag der *ex-situ*-Erhaltung gerade zur Erhaltung unmittelbar vom Aussterben bedrohter Arten allg anerkannt.[104]

28 Gemäß Art 8 CBD sind die Vertragsstaaten verpflichtet, ihre *eigene* biologische Vielfalt sowie deren Bestandteile an den jeweiligen Orten ihres natürlichen Vorkommens zu erhalten. Dies kann durch eine Reihe unterschiedlicher Maßnahmen bewirkt werden.[105] Ein wichtiges Element der *in-situ-Erhaltung* ist gemäß Art 8 lit a und b CBD die Einrichtung eines „Systems von Schutzgebieten", die erforderlichenfalls durch die Entwicklung von Leitlinien für deren Auswahl, Einrichtung und Verwaltung zu unterstützen ist. Um den Schutz der Schutzgebiete zu erhöhen, sollen die Vertragsparteien gemäß Art 8 lit e CBD die nachhaltige und umweltverträgliche Entwicklung in den an die Schutzgebiete angrenzenden Gebieten fördern (sog Pufferzonen, engl *buffer zones*). Die Vertragsstaatenkonferenz hat sich bereits im Jahre 2004 mit der Umsetzung der speziell in der CBD enthaltenen Verpflichtung zur Einrichtung von Schutzzonen befasst. Auf der COP 7 wurde ein Arbeitsprogramm zu Schutzzonen verabschiedet, in dem konkrete Ziele zur Einrichtung und Ausgestaltung von Schutzgebieten vereinbart wurden.[106] Die bisherigen Ergebnisse dieses Arbeitsprogramms sind recht umfassend auf der Internetseite der CBD dokumentiert, wobei es zu betonen gilt, dass die Umsetzung des Arbeitsprogramms und dessen Weiterentwicklung nicht abgeschlossen sind.[107] Insoweit sei auch hier nochmals auf das im Oktober 2010 im Rahmen der CBD-Vertragsstaatenkonferenz in Aichi (Japan) vereinbarte Ziel hingewiesen, bis zum Jahre 2020 weltweit 17% der terrestrischen Gebiete sowie 10% der Küsten- und Meeresgebiete unter Schutz zu stellen.[108] Art 8 lit c und d CBD enthalten weitere Verpflichtungen, die auf den in-situ-Schutz der Biodiversität außerhalb von Schutzgebieten zielen. So sind die Vertragsstaaten angehalten, biologische Ressourcen „sowohl innerhalb und außerhalb der Schutzgebiete" zu regeln oder zu verwalten sowie den Schutz von Ökosystemen und natürlichen Lebensräumen sowie die Bewahrung lebensfähiger Populationen von Arten in ihrer natürlichen Umgebung zu fördern. Außerdem sollen gemäß Art 8 lit f CBD beeinträchtigte Ökosysteme saniert und die Regeneration gefährdeter Arten gefördert werden. Weitergehend müssen die Vertragsparteien gemäß Art 8 lit g CBD Mittel zur Regelung, Bewältigung oder Kontrolle der Risiken einführen, die mit der Nutzung und Freisetzung der durch Biotechnologie hervorgebrachten lebenden modifizierten Organismen (LMOs) zusammenhängen. Gemäß Art 8 lit h sollen die Vertragsparteien die Einbringung nichteinheimischer Arten, welche Ökosysteme, Lebensräume oder Arten gefährden, verhindern, bereits eingebrachte Arten kontrollieren oder beseitigen.[109] Nicht zuletzt sollen die Vertragsstaaten im Rahmen ihrer innerstaatlichen Rechtsvorschriften

---

103 *Klaus/Schmill/Schmid/Edwards*, Biologische Vielfalt: Perspektiven für das neue Jahrhundert, 2000, 64.

104 *Warren*, The Role of Ex situ Measures in the Conservation of Biodiversity, in Bowman/Redgwell, Conservation of Biological Diversity, 129 ff.

105 S zur Umsetzung in Deutschland beispielhaft *Marschall/Lipp/Schumacher*, Die Biodiversitätskonvention und die Landschaft, NuR 30 (2008) 327 ff.

106 UNEP/CBD/COP/7/15.

107 <www.cbd.int/protected/overview>.

108 COP 10, Decision X/2, Annex, The Strategic Plan for Biodiversity 2011–2020 and the Aichi Biodiversity Targets, Target 11. S auch *Rogalla von Bieberstein*, Legal Preparedness for Achieving the Aichi Biodiversity Targets: A Global Initiative, in Jaeckel, Diversität, 29 ff.

109 Zu den rechtlichen Aspekten des Umgangs mit nichteinheimischen Arten, s zB *Beyerlin*, „Erhaltung und nachhaltige Nutzung" als Grundkonzept der Biodiversitätskonvention, in Wolff/Köck, Übereinkommen, 64 f; *Köck*, Invasive gebietsfremde Arten, in ebd, 107 ff; *de Klemm*, International Instruments, Processes and Non-indegenous Species Introduction: Is a Protocol Necessary?, EPL 25 (1996) 247 (252).

gemäß Art 8 lit j CBD die „Kenntnisse, Innovationen und Gebräuche eingeborener und ortsansässiger Gemeinschaften mit traditionellen Lebensformen, die für die Erhaltung und nachhaltige Nutzung der biologischen Vielfalt von Belang sind, achten, bewahren und erhalten [...].“ Die Vertragsstaaten sollen die breitere Anwendung dieser Kenntnisse, Innovationen und Gebräuche begünstigen, dies aber nur „mit Billigung und unter Beteiligung der Träger dieser Kenntnisse“. Die gerechte Teilung der aus der Nutzung dieser Kenntnisse, Innovationen und Gebräuche entstehenden Vorteile soll gefördert werden.[110]

29 Die Umsetzung der verschiedenen Verpflichtungen zur *in-situ-Erhaltung* wird durch viele unterschiedliche Mechanismen befördert. Insbes sind hier die Arbeiten der beiden Open Ended Ad Hoc Working Groups zu nennen, die sich mit Fragen der Umsetzung der Verpflichtungen aus Art 8 lit g CBD sowie Art 8 lit j CBD befassen, also mit Fragen der biologischen Sicherheit von LMOs (*biosafety*) und des Umgangs mit traditionellem Wissen. Viele der sich in diesem Zusammenhang stellenden Fragen sind dann auch durch zwei verbindliche Protokolle reguliert worden.[111] Des Weiteren sind die vielen verschiedenen, von der Vertragsstaatenkonferenz beschlossenen Arbeitsprogramme zu nennen. Dabei können zwei Typen von Programmen ausgemacht werden: *Thematic Programmes* und *Cross-Cutting-Issues*. In die erste Kategorie fallen zB Programme zur Biodiversität in der Landwirtschaft[112] oder zur marinen und Küstenbiodiversität,[113] in die zweite Kategorie fallen zB Programme, die sich mit Fragen der Biodiversität und ihrer Beziehung zum Klimawandel[114] oder dem Thema Tourismus und Biodiversität befassen.[115]

30 Hinsichtlich der *ex-situ-Erhaltung* sollen die Vertragsparteien gemäß Art 9 lit a bis c CBD u a Maßnahmen zur Erhaltung der Bestandteile der biologischen Vielfalt ergreifen, Einrichtungen für die Erhaltung und Forschung in Bezug auf Pflanzen, Tiere und Mikroorganismen schaffen und unterhalten sowie Maßnahmen zur Regenerierung und Förderung gefährdeter Arten und zu ihrer Wiedereinführung in ihren natürlichen Lebensraum ergreifen.[116]

31 Gemäß Art 10 lit a und b CBD haben die Vertragsparteien Gesichtspunkte der Erhaltung und nachhaltigen Nutzung der biologischen Ressourcen in innerstaatliche Entscheidungsprozesse einzubeziehen und Maßnahmen im Zusammenhang mit der Nutzung biologischer Ressourcen zu ergreifen, um nachteilige Auswirkungen auf die biologische Vielfalt zu vermeiden oder auf ein Mindestmaß zu beschränken.[117] Art 12 und 13 CBD verlangen, dass Forschungsprogramme gefördert und bewusstseinsbildende Maßnahmen ergriffen werden. Art 14 lit a CBD sieht die Einführung von Umweltverträglichkeitsprüfungen (UVP) für solche Vorhaben vor, die „wahrscheinlich erhebliche nachteilige Auswirkungen auf die biologische Vielfalt haben“. Darüber hinaus bestimmen Art 14 lit c und d CBD eine Benachrichtigungs- sowie eine Informationsaustausch- und Konsultationspflicht für die Fälle, in denen Ereignisse oder Aktivitäten, die unter der eigenen Hoheitsgewalt oder Kontrolle stattfinden, nachteilige Wirkungen auf bzw Gefahren für die biologische Vielfalt anderer Staaten oder in Gebieten außerhalb nationaler Hoheitsbereiche haben könnten. Art 14 Abs 2 CBD verpflichtet die Vertragsstaaten „auf der Grundlage durch-

---

110 S hierzu zB *Kotzur*, Das Übereinkommen über die biologische Vielfalt und die Rechte indigener Völker, ZUR 2008, 225 ff.

111 Dazu weiter u Rn 43 ff, 46 ff.

112 S zB *Köck*, Rechtlicher Handlungsrahmen und Instrumente für die Erhaltung der Biodiversität in Kulturlandschaften, NuR 32 (2010) 530 ff; *Härtel*, Biologische Vielfalt zwischen Nachhaltigkeit und Nutzung, ZUR 2008, 233 ff.

113 *Czybulka*, Die Erhaltung der Biodiversität im marinen Bereich, ZUR 2008, 241 ff; *Wolff*, Meeres- und Küstenbiodiversität, in *Wolff/Köck*, Übereinkommen, 174 ff.

114 S auch *Loft*, Erhalt und Finanzierung biologischer Vielfalt: Synergien zwischen internationalem Biodiversitäts- und Klimaschutzrecht, 2009.

115 Die Internetseite des CBD-Sekretariats gewährt einen umfassenden Überblick über die einzelnen Programme unter <www.cbd.int/programmes>.

116 S auch *Kahl/Roden*, Ex-situ-Biodiversitätsschutz in Botanischen Gärten, EurUP 2015, 280 ff.

117 Auch zu Fragen des *sustainable use of biological resources* gibt es ein Arbeitsprogramm.

zuführender Untersuchungen", gemeinsam die Entwicklung eines Haftungsregimes für grenzüberschreitend bedingte Schäden an der biologischen Vielfalt zu prüfen.[118]

3. Zugang und Teilhabe an genetischen Ressourcen sowie Technologietransfer

32 Die CBD versucht in besonderem Maße, der engen Verknüpfung von Schutzbedarfen und Nutzungsinteressen gerecht zu werden, indem sie die *in-* und *ex-situ-Erhaltung* untrennbar mit einer Zugangs- und Teilhabeordnung verbindet.[119] Dabei kommt der Zugangs- und Teilhabeordnung die Funktion zu, den biologischen Ressourcen einen ökonomischen Wert beizumessen, der Anreize für deren Erhaltung setzt.[120] Die Verknüpfung von Erhalt und Nutzung wird an verschiedenen Regelungen erkennbar. So verpflichtet Art 10 CBD recht allg, das Erforderliche zu tun, um Nutzungen nachhaltig zu gestalten. Weiterhin zielt Art 8 lit j CBD im Wesentlichen darauf ab, nachhaltige traditionelle Wirtschaftsformen durch lokale und indigene Bevölkerungsgruppen dadurch zu stabilisieren und aufrechtzuerhalten, dass solche Gruppen an den Erträgen der weiteren Verwendung ihres traditionellen Wissens „gerecht" beteiligt werden.[121] Am deutlichsten wird die Verknüpfung von Erhaltung und Nutzung in den Regelungen der CBD zu den genetischen Ressourcen sowie zum Technologietransfer. Die hierzu in Art 15 und 16 festgelegten Bestimmungen bilden das *Kernstück der Zugangs- und Teilhabeordnung der CBD.*[122]

33 Die zentrale Vorschrift für die Regelung des Zugangs und der Teilhabe an den genetischen Ressourcen ist Art 15 CBD. Dieser besagt in seinem Abs 1: „In Anbetracht der souveränen Rechte der Staaten in Bezug auf ihre natürlichen Ressourcen liegt die Befugnis, den Zugang zu genetischen Ressourcen zu bestimmen, bei den Regierungen der einzelnen Staaten und unterliegt den innerstaatlichen Rechtsvorschriften." Im Wesentlichen ergibt sich hieraus das Recht, aber auch die Pflicht der Vertragsstaaten, darüber zu entscheiden, wie Zugang zu und Nutzung von genetischem Material geregelt werden sollen.[123] Art 15 Abs 1 CBD bestätigt damit ein völkerrechtlich lange anerkanntes Recht der Staaten an den innerhalb ihrer Hoheitsgebiete gelegenen natürlichen Ressourcen.[124] Indes war diese ausdrückliche Bestätigung nicht redundant, eine andere Zuordnung der Rechte an genetischen Ressourcen war und ist grundsätzlich vorstellbar.[125] So bestimmte insbes das im Kontext der FAO im Jahre 1983 beschlossene, unverbindliche *International Undertaking for Plant Genetic Ressources for Food and Agriculture (International Undertaking)*, dass pflanzengenetische Ressourcen ein *Erbe der Menschheit* seien, und sah ihre uneingeschränkte Zugänglichkeit vor.[126] Aber auch im Rahmen der CBD wird der Grundsatz der

---

118 Art 14 Abs 2 CBD ist recht unklar formuliert. Zur Interpretation s *Glowka*, Biological Diversity, 74 f. Im März 2008 hat das Sekretariat der CBD einen Bericht zu Fragen der Haftung und Wiedergutmachung herausgegeben (vgl UNEP/CBD/COP/9/20/Add.1). In der Decision X/9 (COP 10) verkündete die Konferenz der Vertragsparteien, die Fragen 2014 oder 2015 weiterverfolgen zu wollen.

119 *Lochen*, Die völkerrechtlichen Regelungen über den Zugang zu genetischen Ressourcen, 2007; *Stoll*, Access to GRs and Benefit Sharing: Underlying Concepts and the Idea of Justice, in Kamau/Winter, Common Pools of Genetic Resources.

120 *Wolfrum* (Fn 87) 27.

121 *Stoll* (Fn 89) 74.

122 *Beyerlin/Marauhn*, International Environmental Law, 194.

123 Die sich aus Art 15 Abs 1 CBD ergebende Regelungsbefugnis enthält keine Aussage über den privatrechtlichen Status genetischer Ressourcen. Die Zugangsregelungen müssen ins bestehende Privatrecht integriert werden oder dieses ändern, s *Wolfrum* (Fn 87) 27.

124 *Wolfrum* (Fn 87) 27.

125 *Dupuy/Viñuales*, International Environmental Law, 192 f.

126 S Art 1 des International Undertaking. Das souveräne Recht an pflanzengenetischen Ressourcen war vor allem auf Betreiben der Entwicklungsländer zur Wahrung ihrer Interessen im Hinblick auf die sich Anfang der 1990er Jahre abzeichnenden biotechnologischen Entwicklungspotentiale zu verstehen, s *Stoll* (Fn 89) 75 f.

staatlichen Souveränität nicht uneingeschränkt gewährt. Gemäß Art 15 Abs 2 CBD „[bemüht] sich jede Vertragspartei, Voraussetzungen zu schaffen, um den Zugang zu genetischen Ressourcen für eine umweltverträgliche Nutzung durch andere Vertragsparteien zu erleichtern und keine Beschränkungen aufzuerlegen, die den Zielen dieses Übereinkommens zuwiderlaufen." Hieraus kann man ableiten, dass trotz Bejahung der grundsätzlichen Souveränität über *ihre* jeweiligen genetischen Ressourcen, ein völliges Verbot des Zugangs im Regelfall nicht erlaubt wäre.[127] Das Spannungsverhältnis zwischen Souveränität einerseits und Zugangsrecht andererseits spiegelt sich auch in den Vorschriften der Art 15 Abs 4 und 5 CBD wider. Danach soll der Zugang „zu einvernehmlich festgelegten Bedingungen" (*mutually agreed terms and conditions*) erfolgen und bedarf der „auf Kenntnis der Sachlage gegründeten vorherigen Zustimmung" (*prior informed consent*). So soll dem ressourcengebenden Staat einerseits eine informierte Entscheidung garantiert werden. Andererseits soll der Zugang aber zu *einvernehmlichen Bedingungen*, also nicht einseitig-hoheitlich, gewährt werden.[128]

34 Neben der Zugangsordnung enthält die CBD auch eine Teilhabeordnung. Diese bezieht sich laut Art 1 CBD auf „die ausgewogene und gerechte Aufteilung der sich aus der Nutzung der genetischen Ressourcen ergebenden Vorteile, [...] und [die] angemessene Weitergabe der einschlägigen Technologien [...] sowie [...] angemessene Finanzierung." Teilhabeberechtigt sind die Vertragsstaaten, die genetische Ressourcen zur Verfügung stellen (Geberstaaten). Ob eine genetische Ressource im Sinne der CBD von einem Vertragsstaat zur Verfügung gestellt wurde, bemisst sich u a nach Art 15 Abs 3 CBD. Danach gehören einerseits zu der Gruppe der Geberstaaten solche, die genetische Ressourcen nach den Vorschriften des Abkommens erworben haben und weitergeben. Andererseits zählen die Staaten zu dieser Gruppe, die als Ursprungsland der genetischen Ressourcen zu qualifizieren sind. Der Begriff „Ursprungsland der genetischen Ressourcen" wird wiederum in Art 2 CBD näher definiert. Insofern muss es sich um ein Land handeln, in dem die genetischen Ressourcen unter *in-situ-Bedingungen* vorkommen. Im Hinblick auf wildlebende Arten gilt, dass diese in natürlichen Lebensräumen vorkommen müssen. Für domestizierte oder gezüchtete Arten ist das Kriterium der in-situ-Bedingung erfüllt, wenn die Arten in der Umgebung sind, in der sie ihre besonderen Eigenschaften entwickelt haben. Diese komplizierte Definition soll den Kreis der anspruchsberechtigten Staaten eingrenzen. Aus ihr folgt insbes der Ausschluss solcher Staaten, die über *ex-situ-Bestände* verfügen, die nicht in Übereinstimmung mit den Vorschriften der CBD erworben wurden (insbes Sammlungen in botanischen Gärten und Forschungseinrichtungen, die vor dem Inkrafttreten der CBD erworben wurden) sowie solcher Länder, in denen im Rahmen von Zuchtverfahren lediglich geringe züchterische Beiträge geleistet wurden.[129]

35 Ein wesentliches Element der Teilhabeordnung ist gemäß Art 15 Abs 6 CBD die Beteiligung der *Geberländer* an der wissenschaftlichen Forschung sowie die Verlagerung der Forschung in ihre Staatsgebiete. Art 19 Abs 1 CBD präzisiert das Beteiligungs- und Verlagerungsgebot für den Fall, dass es sich um *biotechnologische Forschung* handelt. Die Vertragsstaaten sollen sich also bemühen, wissenschaftliche Forschung auf der Grundlage von genetischen Ressourcen bzw im Falle von Art 19 Abs 1 CBD biotechnologische Forschungsaktivitäten unter voller bzw effektiver Beteiligung der *Provider States* durchzuführen. Der Grad der Verpflichtung unterscheidet sich in Art 15 Abs 6 und Art 19 Abs 1 CBD. Enthält ersterer lediglich eine stark formulierte Bemühungsklausel, verpflichtet Art 19 Abs 1 zur Ergreifung von Gesetzgebungs-, Verwaltungs- und politischen Maßnahmen, um für eine wirksame Beteiligung zu sorgen.[130]

---

127 *Wolfrum* (Fn 87) 28.
128 *Stoll* (Fn 89) 78.
129 *Stoll* (Fn 89) 80 ff.
130 S *Wolfrum* (Fn 87) 30 ff.

36 Ein weiterer Aspekt der Teilhabeordnung bezieht sich auf den Vorteilsausgleich hinsichtlich der Ergebnisse und des Nutzens, die Nehmerländer aus der Erforschung und der kommerziellen Nutzung der genetischen Ressourcen erhalten. Gemäß Art 15 Abs 7 CBD sind die Ergebnisse der Forschungen und Entwicklungen sowie die Vorteile, die sich aus der kommerziellen und sonstigen Nutzung der genetischen Ressourcen ergeben, ausgewogen und gerecht zu verteilen. Auch hier ergibt sich aus Art 19 Abs 2 eine vergleichbare Regelung für „Ergebnisse und Vorteile aus den Biotechnologien, die sich auf die von [den] Vertragsparteien zur Verfügung gestellten genetischen Ressourcen stützen [...]." Zu den Ergebnissen zählen insbes Forschungsergebnisse, Analysen und anwendbares Wissen. Unter dem Begriff des Vorteils ist der Nutzen zu verstehen, der sich aus dem kommerziellen oder anderen Gebrauch der genetischen Ressourcen ergibt.[131]

37 Ein weiteres bedeutsames Element der Teilhabeordnung stellt der Technologietransfer dar. Art 16 Abs 1 CBD enthält diesbezüglich eine allg Verpflichtung der Vertragsparteien. Danach verpflichten sich die Vertragsparteien grundsätzlich, „[...] den Zugang zu Technologien, die für die Erhaltung und nachhaltige Nutzung der biologischen Vielfalt von Belang sind oder die genetische Ressourcen nutzen, ohne der Umwelt erheblichen Schaden zuzufügen, für andere Vertragsparteien sowie die Weitergabe solcher Technologien an andere Vertragsparteien zu gewährleisten oder zu erleichtern." Art 16 Abs 1 CBD definiert somit einen engen Bereich von Technologien, die zugänglich gemacht werden bzw die transferiert werden sollen. Das relativ allg Gebot beinhaltet vor allem eine Chance auf Zugang, insbes die Einräumung der Möglichkeit, Technologie zu erwerben.[132] Aus der Verpflichtung zur Weitergabe folgt auch das Gebot, die zur Übertragung und Nutzung erforderliche Einräumung von Rechten vorzunehmen.[133] Art 16 Abs 2 CBD enthält eine konkrete Kooperationspflicht zugunsten der Entwicklungsländer, die insbes im Hinblick auf die Zugangsbedingungen von „ausgewogenen und möglichst günstigen Bedingungen" spricht und darüber hinaus den in Art 20 und Art 21 CBD geschaffenen Finanzierungsmechanismus der CBD in Bezug nimmt. Aus dieser Bezugnahme wird erkennbar, dass es sich bei der Übertragung von Technologien um einen kommerziellen Austausch handeln soll.[134] Art 16 Abs 3 CBD sieht weiter vor, dass Staaten gesetzgeberische, verwaltungsmäßige oder politische Maßnahmen treffen, um den Technologietransfer – insbes an Entwicklungsländer, die genetische Ressourcen zur Verfügung stellen – zu fördern. Art 16 Abs 4 CBD stellt klar, dass auch der private Sektor in diese Verpflichtung einzubeziehen ist.[135] Hinsichtlich der Rechte des geistigen Eigentums, insbes von Patenten, bestimmt Art 16 Abs 5 CBD grundsätzlich, dass die Vertragsparteien zusammenarbeiten, um sicherzustellen, dass diese Rechte den Zielen der CBD nicht zuwiderlaufen.

38 Die Zugangs- und Teilhaberegelungen der CBD stellen eine echte Neuheit im internationalen Umweltrecht dar. Nicht zuletzt deswegen stellen sich viele Fragen hinsichtlich ihrer juristisch korrekten und effektiven Anwendung und Umsetzung. Folgerichtig wurde bereits auf der 5. Vertragsstaatenkonferenz im Jahre 2000 die *Ad Hoc Open-Ended Working Group on Access and Benefit Sharing* geschaffen. Bereits zwei Jahre später wurden auf der 6. Vertragsstaatenkonferenz die *Bonn Guidelines on Access to Genetic Resources and Fair and Equitable Sharing of the Benefits Arising out of their Utilization, Access and Benefit Sharing* verabschiedet.[136] U a dienen die Leitli-

---

131 *Wolfrum* (Fn 87) 33.
132 Ebd, 32.
133 Ebd.
134 *Stoll* (Fn 89) 80.
135 S hierzu *Stoll* (Fn 89) 81.
136 CBD Decision VI/24, Sec A, Annex. Das Bundesamt für Naturschutz stellt eine dt Übersetzung zur Verfügung unter <www.bfn.de/fileadmin/ABS/documents/Bonn-Guidelines_englisch-deutsch_Druckfassung.pdf>. S hierzu auch *Kamau*, Valorisation of Genetic Resources, Benefit Sharing and Conservation of Biological Diversity: What Role for the ABS Regime?, in Dilling/Markus, Ex Rerum Natura Ius?, 143 ff; *Tully*, The Bonn Guidelines on Access to Genetic Resources and Benefit-Sharing, RECIEL 12 (2003) 84 ff; *Jeffrey*, Bioprospecting. Access to Ge-

nien der Unterstützung der „Vertragsparteien bei der Entwicklung einer umfassenden Strategie für den Zugang und Vorteilsausgleich [...], die Teil ihrer nationalen Biodiversitätsstrategien und Aktionspläne sein kann".[137] Dementsprechend enthalten die *Bonn Guidelines* detaillierte Vorschläge und Hinweise zur Ausgestaltung von Gesetzgebungs-, Verwaltungs- und politischen Maßnahmen mit Bezug auf die Art 8 lit j, Art 10 lit c, Art 15, Art 16, und Art 19 CBD. Die *Bonn Guidelines* wurden allerseits als positiver Beitrag zur Umsetzung der Zugangs- und Teilhabeordnung der CBD bewertet. Gleichzeitig wurde aber bereits zum Zeitpunkt ihrer Verabschiedung der Ruf nach rechtlich verbindlichen Maßnahmen laut. Infolgedessen initiierten die Vertragsstaaten im Jahre 2004 einen fortlaufenden Verhandlungsprozess,[138] der dann im Oktober 2010 zur Verabschiedung des *Protokolls von Nagoya* über den Zugang zu genetischen Ressourcen und die ausgewogene und gerechte Verteilung der sich aus ihrer Nutzung ergebenden Vorteile zum Übereinkommen über die biologische Vielfalt (NP)[139] führte. Trotz Verabschiedung des verbindlichen Protokolls verlieren die Bonn Guidelines nicht gänzlich ihre Bedeutung. Beide Instrumente komplementieren sich: Während das NP vor allem den prozeduralen Rahmen für die Zugangs- und Teilhabeordnung der CBD konkretisiert, leiten die Bonn Guidelines dort an, wo Vertragsparteien individuelle Zugangs- und Teilhabevereinbarungen miteinander verhandeln.[140]

4. Institutioneller Rahmen und Instrumente

39 Das oberste Beschlussorgan der CBD ist die „Konferenz der Vertragsparteien" bzw die Vertragsstaatenkonferenz. Gemäß Art 23 Abs 1 und Abs 2 CBD tagt sie ordentlich in regelmäßigen Abständen bzw außerordentlich, wenn sie es für notwendig erachtet. Vereinbarungen und Beschlüsse werden mit Zustimmung aller Vertragsparteien getroffen.[141] Insbes prüft sie gemäß Art 23 Abs 4 CBD laufend die Durchführung sowie die Notwendigkeit der Weiterentwicklung des Übereinkommens.[142] Nach der Vertragsstaatenkonferenz ist das Nebenorgan für wissenschaftliche, technische und technologische Beratung (*Subsidiary Body on Scientific, Technical and Technological Advice – SBSTTA*) das wichtigste Organ der CBD.[143] Es bereitet die Vertragsstaatenkonferenzen wissenschaftlich vor und zeigt Entwicklungs- und Handlungsbedarfe auf. Der SBSTTA fasst selbst keine Beschlüsse, gibt der Vertragsstaatenkonferenz aber Empfehlungen als Beschlussvorlagen, von denen in der Praxis ca 90% unverändert oder nur mit geringen Modifikationen angenommen werden.[144] Da insofern bereits hier entscheidende politische Weichen gestellt werden, wurden die den Vertragsstaatenkonferenzen vorgeschalteten SBSTTA-Sitzungen auch als *pre-COP-exercise* bezeichnet.[145] Daneben unterstützt gemäß Art 24 CBD ein *Sekretariat* die Vertragsparteien bei der Durchführung des Übereinkommens. Neben den klassischen administrativen Sekretariatsaufgaben erstellt das Sekretariat der CBD Hintergrundpapiere und vertritt

---

netic Resources and Benefit-Sharing under the Convention on Biodiversity and the Bonn Guidelines, SJCIL 6 (2002) 747.

137 CBD Decision VI/24, Sec A, Annex, para 12.

138 CBD Decision VII/19.

139 S deutsche Übersetzung im Vorschlag der EU-Kommission für einen Beschluss des Rats über den Abschluss des NP, COM (2012) 577 final. Am 11.3. bzw 16.4.2014 beschlossen Parlament und Rat die Umsetzung des NP.

140 *Beyerlin/Marauhn*, International Environmental Law, 198.

141 *Korn*, Institutioneller und instrumentaler Rahmen für die Erhaltung der Biodiversität, in Wolff/Köck, Übereinkommen, 36.

142 Nähere Informationen über ihre Geschäftsordnung findet man über den *Clearing House Mechanismus* der CBD, s <www.biodiv.org>.

143 *Korn* (Fn 141) 38.

144 *Korn* (Fn 141) 39.

145 *Johnston*, The Convention on Biological Diversity: The Next Phase, RECIEL 6 (1997) 219 (226–227).

das Übereinkommen bei Vertragsstaatenkonferenzen anderer internationaler Abkommen.[146] Art 18 Abs 3 CBD setzt weiterhin voraus, dass die Vertragsstaaten einen Vermittlungsmechanismus (*Clearing-House Mechanism – CHM*) zur Förderung und Erleichterung der technischen und wissenschaftlichen Zusammenarbeit einrichten. Der CHM übernimmt zurzeit vor allem Informations- und Ausbildungsaufgaben. Eine weitere bedeutsame Institution der CBD ist gemäß Art 21 CBD der eingerichtete *Finanzierungsmechanismus*. Er dient insbes der finanziellen Unterstützung der Entwicklungsländer bei der Durchführung der sich aus der CBD ergebenden Verpflichtungen und Aufgaben. Dabei untersteht er gemäß Art 21 Abs 1 CBD der Aufsicht und Leitung der Vertragsstaatenkonferenz und ist ihr gegenüber verantwortlich. Aktuell werden die Aufgaben des Finanzierungsmechanismus durch die *Global Environment Facility (GEF)* wahrgenommen, deren Sekretariat bei der Weltbank angesiedelt ist. Neben den zentralen Institutionen der CBD gibt es noch themengebundene und zeitlich begrenzte Strukturen. Zu nennen sind hier insbes die verschiedenen Arbeitsgruppen. Diese lassen sich unterscheiden in die Ad Hoc Open Ended Working Groups,[147] die Ad Hoc Technical Working Groups sowie die Liaison Groups.[148] In jeweils unterschiedlicher Zusammensetzung befassen sie sich mit unterschiedlichen Themen, um entweder die Vertragsstaatenkonferenzen oder den SBSTTA zu unterstützen.[149] Zu nennen sind insofern bspw die *Working Group on Art 8 lit j*, die sich mit dem Schutz traditionellen Wissens befasst, sowie die *Working Group on Review of Implementation of the Convention (WGRI)*, die die Umsetzung der CBD evaluiert sowie die *Working Group on Protected Areas*, die sich wiederum mit der Durchführung des CBD-Arbeitsprogramms zu Schutzgebieten befasst.

40 Die CBD verfügt über eine Reihe von Handlungsinstrumenten, mit der ihre Durchführung und Umsetzung gefördert werden. Insofern sind zuvorderst Protokolle iSd Art 28–29 und 23 CBD zu nennen. Sie dienen der Konkretisierung bestimmter Regelungsbereiche der CBD und haben nach Inkrafttreten den Rang verbindlicher völkerrechtlichen Verträge. Indes fehlt ihnen die völlige Eigenständigkeit. Zwar können alle Vertragsparteien der CBD auch Parteien der Protokolle werden, es ist aber gemäß Art 32 Abs 2 CBD nicht möglich, Vertragspartei eines Protokolls zu werden, ohne Vertragspartei der CBD zu sein. Derzeit gibt es zwei Protokolle, die im Rahmen der CBD vereinbart wurden (s u Rn 43ff). Daneben gibt es die thematischen Arbeitsprogramme, mehrjährige Arbeitsprogramme sowie strategische Pläne. In praktischer Hinsicht stellen Arbeitsprogramme wohl die bedeutsamsten Instrumente der CBD dar. In ihrem Rahmen wird der Versuch unternommen, konkrete Handlungsanleitungen für die nationale Gesetzgebung und Verwaltungen zu erarbeiten sowie neue Themen und Kooperationsmöglichkeiten auf internationaler Ebene zu identifizieren.[150] Beispielhaft können hier die Arbeitsprogramme zu den Themen *Agricultural*, *Mountain*, *Forest* und *Island Biodiversity* genannt werden.[151] In den sog strategischen Plänen (*Strategic Plans*) werden konkrete längerfristige Ziele vor allem für die nationalen Strategien, aber auch für die Vertragsstaatenkonferenz definiert. Bisher wurden zwei Strategic Plans festgelegt.[152]

5. Perspektiven

41 Die CBD war seit ihres Bestehens Kristallisationspunkt einer außerordentlichen Reihe internationaler politischer Aktivitäten und rechtlicher Gestaltungsarbeit. Diese haben maßgeblich zur

146 *Korn* (Fn 141) 39 f.
147 „Open ended“ steht in diesem Fall für „gegenüber allen Vertragsparteien und Beobachtern offen“. S *Korn* (Fn 141) 42.
148 *Korn* (Fn 141) 42 ff.
149 S hierzu ausführlicher *Korn* (Fn 141) 41 ff.
150 *Morgera/Tsioumani*, CBD, 3 ff.
151 Nähere Informationen finden sich auf der Website der CBD.
152 S CBD, Decision VI/26 sowie CBD, Decision X/2.

Entwicklung für den Umweltschutz bedeutsamer Rechtsthemen beigetragen. Hervorzuheben sind insofern der Schutz der Biodiversität selbst, die Entwicklung des Ökosystemansatzes, die Ausgestaltung einer Zugangs- und Teilhabeordnung hinsichtlich genetischer Ressourcen sowie die Befassung des Völkerrechts mit den Interessen indigener Völker an ihrem traditionellen Wissen. Die vielen Entscheidungen der Vertragsstaatenkonferenz, zwei verbindliche Protokolle sowie die zahlreichen Arbeitsprogramme, Empfehlungen und Guidelines haben diese und andere für den Biodiversitätsschutz wichtigen Themen klarer konturiert und dadurch mehr Einigkeit innerhalb der Staatengemeinschaft hinsichtlich der Lösung drängender Probleme geschaffen. Auf nationaler Ebene haben die meisten Vertragsstaaten eine eigene Biodiversitätsstrategie entwickelt. Nicht zuletzt hat sich die Zahl der weltweit rechtlich geschützten terrestrischen Gebiete in den letzten 20 Jahren verdoppelt und liegt derzeit bei ca 12,2% der globalen Landfläche.[153]

42 Diesen positiven Leistungen und Entwicklungen stehen verschiedene Schwachpunkte und bisher ungelöste Aufgaben gegenüber. So wurde insbes das im Jahre 2002 definierte Ziel, „to achieve by 2010 a significant reduction of the current rate of biodiversity loss at the global, regional and national level [...]“, nicht erreicht.[154] Außerdem unterliegen zwar viele Naturräume mittlerweile rechtlichem Schutz, es erscheint aber derzeit fraglich, ob hierdurch die Erhaltung der besonders wichtigen Biodiversitäts-Hotspots effektiv gesichert wird.[155] Vielfach wird darüber hinaus kritisiert, dass die Vertragsstaaten der CBD den Anwendungsbereich des Abkommens überdehnen und sich im Rahmen des Übereinkommens mit zu vielen verschiedenen Themen befassen. Hierunter leide die Qualität und Kohärenz der Ergebnisse, die Transparenz der Vertragsstaatenpraxis sowie nicht zuletzt auch die Umsetzung ihrer Ergebnisse.[156] Die CBD verfügt des Weiteren über keinen effektiven Mechanismus, in dessen Rahmen die Umsetzung der getroffenen Vereinbarungen auf nationaler Ebene systematisch überprüft bzw überwacht wird. Derzeit werden die nationalen Berichte lediglich einer quantitativen (anstelle einer qualitativen) Bewertung unterzogen.[157] An dieser Situation hat auch die Einrichtung der WGRI nicht grundsätzlich etwas geändert.[158] Außerdem wurde mit guten Argumenten krit hinterfragt, ob der Grundgedanke des Inwertsetzens genetischer Ressourcen als Anreiz zur Verstärkung des Biodiversitätsschutzes wirklich funktioniert bzw ob er überhaupt effektiv funktionieren kann. Lange Entwicklungsphasen hinsichtlich der Produkte aus genetischen Ressourcen, Umsetzungsprobleme hinsichtlich der Teilhaberegelungen sowie die Verknüpfung ökonomischer Anreize mit dem wirksamen Schutz bestimmter Ökosysteme haben sich in der Praxis der CBD bisher vor allem als rechtliche und administrative Herausforderung für die Vertragsstaaten dargestellt.[159] Bei aller berechtigten Kritik gilt es zwei Dinge festzustellen. Zum einen nimmt sich die Vertragsstaatenkonferenz vieler der vorgenannten Kritikpunkte derzeit bereits an. So befassen sich die Vertragsparteien aktuell verstärkt mit der Konsolidierung und Umsetzung bereits bestehender Ziele, Regeln und Programme. ZB hat der im Jahre 2010 beschlossene Strategic Plan dazu geführt, dass bereits jetzt einige Staaten ihre nationalen Biodiversitätsstrategien erneuert haben. Außerdem dient die Schaffung der IPBES letztlich der Verbesserung der Zusammenarbeit von Wissenschaft, Politik und Recht, wovon nicht zuletzt die Umsetzung profitieren wird. Zum anderen gilt es bei der Bewertung des im Rahmen der CBD Erreichten zu bedenken, dass die CBD als umweltrechtliches Rahmenabkommen, dessen Schutzgut vor allem eine in nationalen Territorien belegene

153 CBD (Fn 69) 35 f.
154 CBD (Fn 69) 17 ff.
155 CBD (Fn 69) 35 f, 628.
156 *Bowman/Davies/Redgwell*, Wildlife Law, 627; *Morgera/Tsioumani*, CBD, 30 ff.
157 *Xiang/Meehan*, Financial Cooperation, Rio Conventions and Common Concerns, RECIEL 14 (2005) 212 (218).
158 *Morgera/Tsioumani*, CBD, 4 f.
159 S generell krit *Stoll* (Fn 89) 86; s allg die verschiedenen Beiträge in Winter/Kamau, Common Pools of Genetic Resources; *Medaglia*, A Comparative Analysis of the Implementation of Access and Benefit-Sharing Regulations in Selected Countries, 2004.

Ressource ist, selbst wenig klare Ziele und Regeln enthält. Ihre intendierte Funktion liegt letztlich primär in der Schaffung eines rechtlichen und institutionellen Rahmens, innerhalb dessen die Staatengemeinschaft ihre Bemühungen um Erhaltung und nachhaltige Nutzung von Biodiversität koordiniert, weiterentwickelt und vorrangig durch nationale Maßnahmen umsetzt. Diese ihr zugedachte Funktion scheint die CBD in Grunde zu erfüllen.[160] Das schließt indes nicht die Kritik aus, dass die Staatengemeinschaft in ihrem Bemühen um Biodiversitätsschutz ambitioniertere Ziele verfolgen könnte und sollte.

6. Das Nagoya Protokoll

43 Das NP wurde am 29.10.2010 auf der 10. Vertragsstaatenkonferenz der CBD verabschiedet.[161] Gemäß Art 33 NP trat es am „neunzigsten Tage nach dem Zeitpunkt der Hinterlegung der fünfzigsten Ratifikations-, Annahme-, Genehmigungs-, oder Beitrittsurkunde" in Kraft (12.10.2014). Derzeit haben 96 Staaten das NP ratifiziert.[162] Das Regelungsziel des NP ist es, das dritte Ziel der CBD, dh „die ausgewogene und gerechte Aufteilung der sich aus der Nutzung der genetischen Ressourcen ergebenden Vorteile [...]" zu operationalisieren.[163] Insofern trägt es zu mehr Rechtssicherheit bei.[164] Insbes gestaltet es die in den Art 15, Art 16, Art 19 und Art 8 lit j CBD festgelegte Zugangs- und Teilhabeordnung näher aus. Art 3 NP erklärt hinsichtlich des sachlichen Geltungsbereichs, dass das NP auf genetische Ressourcen Anwendung findet, „die in den Geltungsbereich des Art 15 [CBD] fallen, und auf die Vorteile, die sich aus der Nutzung dieser Ressourcen ergeben. [Es] findet auch Anwendung auf traditionelles Wissen über genetische Ressourcen, die in den Geltungsbereich der [CBD] fallen, und auf die Vorteile, die sich aus der Nutzung dieses Wissens ergeben."[165] Hinsichtlich des Zugangs zu *genetischen Ressourcen* baut das NP grundlegend auf den Regeln der CBD auf: Der Zugang zum Zwecke der Nutzung bedarf gemäß Art 6 Abs 1 NP der „auf Kenntnis der Sachlage gegründeten vorherigen Zustimmung der Vertragspartei, die diese Ressourcen zur Verfügung gestellt hat [...]." Daneben bedarf es gemäß Art 6 Abs 2 NP auch der Zustimmung indigener und ortsansässiger Gemeinschaften, vorausgesetzt Letzteren wird durch innerstaatliche Gesetze das Recht eingeräumt, Zugang zu den genetischen Ressourcen zu gewähren. Wird darüber hinaus Zugang zu *traditionellem Wissen über genetische Ressourcen* verlangt, bedarf es gemäß Art 7 NP, wiederum im Einklang mit innerstaatlichem Recht, ebenfalls der vorherigen Zustimmung und Billigung der indigenen und lokalen Gemeinschaften. Art 7 NP weicht insofern vom Regelungsumfang der CBD ab. Letztere regelt den Umgang mit traditionellem Wissen über genetische Ressourcen nicht ausdrücklich. Mit der Erweiterung des Regelungsumfangs versuchen die Vertragsstaaten der Tatsache gerecht zu werden, dass es in

---

160 *Morgera/Tsioumani*, CBD, 1ff, 30ff; *Bowman/Davies/Redgwell*, Wildlife Law, 628f; *Koester*, The Five Global Biodiversity-Related Conventions: A Stocktaking, RECIEL 11 (2002) 96ff; *Schlacke*, Das Übereinkommen über biologische Vielfalt: Steuerungskraft und Perspektiven, AVR 54 (2017) 524ff.

161 Zur Entstehung des NP s *Buck/Hamilton*, The Nagoya Protocol, 47; *Winter*, Die Kompromisse von Nagoya und wie es weitergeht, ZUR 2011, 57; *Morgera/Tsioumani*, The Evolution of Benefit-Sharing: Linking Biodiversity and Community Livelihoods, RECIEL 15 (2010) 150ff.

162 Zum Stand der Unterzeichnungen s <www.cbd.int/abs/nagoya-protocol/signatories> (Stand 1.3.2017).

163 Vgl Art 1 CBD mit Art 1 NP. Während diese Ziele in der CBD noch gleichrangig nebeneinander stehen, wird im NP die Zugangs- und Teilhabeordnung in den Dienst der ersten beiden Ziele gestellt, vgl *Winter/Kamau*, Von Biopiraterie zu Austausch und Kooperation, AVR 49 (2011) 377; *Morgera*, Justice, Equity and Benefit-sharing under the Nagoya Protocol to the Convention on Biological Diversity, Edinburgh School of Law Research Paper Series 16, 2015.

164 *Schlacke* (Fn 160).

165 „Nutzung der genetischen Ressourcen" wird in Art 2 lit c NP legaldefiniert. Zu den daraus resultierenden unterschiedlichen Anwendungsbereichen des NP und der CBD s *Greiber et al*, An Explanatory Guide to the Nagoya Protocol on Access and Benefit Sharing, IUCN Environmental Policy and Law Paper No 83 (2012) 69ff.

vielen Fällen das traditionelle Wissen indigener Völker ist, dass den Wert genetischer Ressourcen erkennbar werden lässt und damit Ausgangspunkt ihrer Nutzung ist.[166] Gemäß Art 13 Abs 1 bis 3 NP sind die Ressourcen zur Verfügung stellenden Staaten weiterhin verpflichtet, „nationale Anlaufstellen" (*focal points*) zu benennen, die darüber informieren sollen, wie die „auf Kenntnis der Sachlage gegründete vorherige Zustimmung" und die etwaig nötige „Zustimmung oder Billigung und Beteiligung indigener und ortsansässiger Gemeinschaften" erlangt werden können. Insbes vor dem Hintergrund der Erfahrung mit bürokratischen und intransparenten Zugangsverfahren legt Art 6 Abs 3 lit a bis g NP weitere Verfahrensstandards für den Zugang zu genetischen Ressourcen fest. Danach haben die Herkunftsstaaten zB für „Rechtssicherheit, Klarheit und Transparenz ihrer innerstaatlichen Gesetze über Zugang und Aufteilung zu sorgen." Zugangsregeln sollen weiterhin „ausgewogen und nicht willkürlich" sein. Nicht zuletzt soll eine Genehmigung oder ein „gleichwertiges Dokument" erteilt werden, das gemäß Art 17 Abs 2 und Abs 3 NP ein „international anerkanntes Konformitätszertifikat" darstellt und den Nachw erbringt, dass der Zugang zu den genetischen Ressourcen, auf die es sich bezieht, im Einklang mit einer auf Kenntnis der Sachlage gegründeten vorherigen Zustimmung erfolgt ist sowie das einvernehmlich festgelegte Bedingungen vereinbart wurden.[167]

44 Andererseits verpflichten Art 15 Abs 1 und Art 16 Abs 1 NP die Nutzerstaaten genetischer Ressourcen oder indigenen Wissens, „geeignete, wirksame und angemessene Gesetzgebungs-, Verwaltungs-, und politische Maßnahmen [zu] erlassen", um zu gewährleisten, dass der Zugang zu den Ressourcen bzw dem traditionellen Wissen mit vorheriger Zustimmung des Geberlandes bzw Billigung betroffener indigener Völker erfolgt ist, und dass einvernehmlich festgelegte Bedingungen vereinbart worden sind. Der Nutzerstaat wird somit verpflichtet sicherzustellen, dass die entsprechenden Gesetze des Geberlandes eingehalten werden.[168] Hierzu werden ihnen in Art 17 NP verschiedene Überwachungspflichten auferlegt.[169] In den Fällen, in denen die gleichen genetischen Ressourcen im Hoheitsgebiet von mehr als einer Vertragspartei *in situ* vorkommen, „bemühen sich die Vertragsparteien" gemäß Art 11 Abs 1 NP, ggf unter Beteiligung betroffener indigener und ortsansässiger Gemeinschaften, im Hinblick auf die Durchführung des NP zusammenzuarbeiten. Nicht zuletzt ruft Art 10 die Vertragsparteien auf, die Notwendigkeit und die Modalitäten eines *globalen multilateralen Mechanismus* zu prüfen, um die ausgewogene und gerechte Aufteilung der Vorteile aus der Nutzung von genetischen Ressourcen und traditionellem Wissen über genetische Ressourcen, die *grenzüberschreitend* vorkommen oder für die eine auf Kenntnis der Sachlage gegründete vorherige Zustimmung nicht erlangt werden kann, sicherzustellen.[170] An dieser Stelle sei lediglich noch auf den in Art 25 NP festgeschriebenen Finanzierungsmechanismus hingewiesen. Auch er wird von der *Global Environmental Facility* verwaltet und soll insbes Staaten bei der Ratifizierung und Umsetzung des NP unterstützen.[171] Art 26 bis Art 28 NP regeln darüber hinaus die institutionellen und rechtlichen Verbindungen des NP mit der CBD.

---

166 S auch paras 21 und 22 der Präambel des NP.
167 S auch *Winter*, Points to Consider for National Legislation on Access to Genetic Resources and Benefit Sharing, in ders/Kamau/Stoll, Implementing the Nagoya Protocol, 308 ff; *Kamau*, Research and Development under the Convention on Biological Diversity and the Nagoya Protocol, in Winter/Kamau/Stoll, Implementing the Nagoya Protocol, 27 ff.
168 Insofern entfalten die Regelungen der die Ressourcen zur Verfügung stellen den Staaten extraterritoriale Wirkung. Diese Regelung stellt sicherlich einen vergleichsweise innovativen und stark kooperativen Ansatz im Völkerrecht dar.
169 Art 17 Abs 1 lit a i)-iii) NP. Diese beziehen sich indes nicht auf das traditionelle Wissen, sondern nur auf die genetischen Ressourcen, hierzu *Buck/Hamilton*, The Nagoya Protocol, 56.
170 Zur Idee regionaler oder globaler *pools* im Rahmen des NP s *Winter/Kamau* (Fn 163) 387 ff; s grundlegend *Winter*, Towards Common Pools of Genetic Resources: Improving the Effectiveness and Justice of ABS, in Kamau/Winter, Genetic Resources, 19 ff.
171 Nähere Informationen zum Zweck, zur Funktion sowie zu der finanziellen Ausstattung unter <www.thegef.org/gef/content/nagoya-protocol-implementation-fund-brochure>.

7. Das Cartagena Protokoll

45 Das CP wurde am 29.1.2000 verabschiedet und trat am 11.9.2003 in Kraft. Aktuell haben 167 Staaten das CP unterzeichnet.[172] Institutionell und rechtlich ist das CP eng mit der CBD verbunden.[173] Das CP resultiert nicht zuletzt aus der prozeduralen Verpflichtung des Art 19 Abs 3 CBD. Ihm zufolge „prüfen die Vertragsparteien die Notwendigkeit und die näheren Einzelheiten eines Protokolls über geeignete Verfahren, einschließlich einer vorherigen Zustimmung in Kenntnis der Sachlage, im Bereich der sicheren Weitergabe, Handhabung und Verwendung der durch Biotechnologie hervorgebrachten lebenden modifizierten Organismen, die nachteilige Auswirkungen auf die Erhaltung und nachhaltige Nutzung der biologischen Vielfalt haben können."[174] Mit der Entwicklung und Verabschiedung des CP reagierte die Staatengemeinschaft auf den zunehmenden Einsatz genetisch veränderter Organismen insbes in der Landwirtschaft und die hiermit verbundenen Unsicherheiten hinsichtlich der Frage, ob die Freisetzung entsprechender Organismen uU insbes langfristige nachteilige Auswirkungen auf die biologische Vielfalt haben könnte.[175] Der Gegenstandsbereich des CP ist indes relativ eng gefasst. Gemäß Art 4 CP findet das Protokoll Anwendung auf die „grenzüberschreitende Verbringung, die Durchfuhr, die Handhabung und die Verwendung aller lebenden veränderten Organismen, die nachteilige Auswirkungen auf die Erhaltung und nachhaltige Nutzung der biologischen Vielfalt haben können, wobei auch Risiken für die menschliche Gesundheit zu berücksichtigen sind."[176] Hinsichtlich der Bewertung nachteiliger Auswirkungen sind – abweichend von der CBD – auch Risiken für die menschliche Gesundheit zu berücksichtigen. Gemäß Art 3 lit g CP schließt der Begriff „lebender veränderter Organismus" jeden lebenden Organismus ein, der eine neuartige Kombination genetischen Materials aufweist, die durch die Nutzung der modernen Biotechnologie erzielt wurde. Art 3 lit h CP definiert wiederum den „lebenden Organismus" als biologische Einheit, die genetisches Material übertragen oder vervielfältigen kann, einschließlich steriler Organismen, Viren und Viroiden. In den Anwendungsbereich des CP fallen also zB alle Formen von Früchten und Gemüsen sowie die aus ihnen hergestellten Produkte, soweit ein verbleibendes Reproduktionspotential nicht ausgeschlossen werden kann. Nicht erfasst werden somit zB Kleidungsstücke aus genetisch veränderter Baumwolle sowie Säfte, Mehle und Öle (soweit sie kein verbleibendes Reproduktionspotential haben).[177] Ausdrücklich vom Anwendungsbereich des CP ausgeschlossen ist die grenzüberschreitende Verbringung lebender veränderter Organismen, die Humanarzneimittel sind, und für die andere völkerrechtliche Übereinkünfte gelten oder andere I.O. zuständig sind.

46 Der zentrale Regelungsmechanismus des CP ist das in den Art 7–Art 10 und Art 12 CP detailliert festgelegte „Verfahren der vorherigen Zustimmung in Kenntnis der Sachlage" (*Advanced Informed Agreement – AIA*).[178] Das AIA ist gemäß Art 7 Abs 1 CP anwendbar „vor der ersten absichtlichen grenzüberschreitenden Verbringung lebender veränderter Organismen zum Zweck der

---

172 Zum Stand der Ratifizierungen s <www.cbd.int/doc/lists/cpb-ratifications.pdf>.

173 S hierzu die Vorschriften der Art 29–32 CP.

174 Trotz dieses Prüfauftrags hinsichtlich der Notwendigkeit eines Protokolls war es während der Verhandlungen lange Zeit umstritten, ob die CBD der richtige Regelungsrahmen für die im Protokoll angesprochenen Rechtsfragen sei, s Diskussion bei *Böckenförde*, Biological Safety, in MPEPIL, Rn 2–8.

175 *Spranger*, Das Biosafety-Protocol, in Wolff/Köck, Übereinkommen, 90 f.

176 S auch Art 1 CP. Allg Einführungen und Erläuterungen in *Böckenförde*, Biological Safety, in MPEPIL, Rn 2 ff; *Spranger* (Fn 175) 89 ff; *Mackenzie et al*, An Explanatory Guide to the Cartagena Protocol on Biosafety, 2003; *Scheyli*, Das Cartagena-Protokoll über biologische Sicherheit zur Biodiversitätskonvention, ZaöRV 60 (2000) 771 ff; s a die Beiträge in *Francioni/Scovazzi*, Biotechnology and International Law, 2006.

177 *Spranger* (Fn 175) 92.

178 Weitere unmittelbar relevante Artikel sind Art 15 (Risikobeurteilung), Art 19 (zuständige nationale Behörden und innerstaatliche Anlaufstellen), Art 21 (Vertrauliche Informationen), Art 26 (sozioökonomische Erwägungen), Anlage I (Erforderliche Angaben nach den Art 8, 10 und 13) sowie Anlage III (Risikobeurteilung).

absichtlichen Einbringung in die Umwelt der einführenden Vertragspartei [...].“ Regelungsziel ist es, dem importierenden Vertragsstaat die Möglichkeit einzuräumen, eine informierte Entscheidung darüber zu treffen, ob er und wenn ja unter welchen Bedingungen die Einfuhr der LMOs erlauben will.[179] Das AIA findet folgerichtig keine Anwendung auf „die Durchfuhr“ von LMOs sowie auf LMOs, die „zur Anwendung in geschlossenen Systemen bestimmt sind“, des Weiteren auf LMOs, die zur „unmittelbaren Verwendung als Futtermittel oder zur Verarbeitung vorgesehen sind“ (für die letztere Kategorie von Importen ist in Art 11 CP ein besonderes Verfahren festgelegt).[180] Ausgenommen werden können durch Entscheidung der Vertragsstaaten auch solche LMOs, die „wahrscheinlich keine nachteiligen Auswirkungen auf die Erhaltung und nachhaltige Nutzung der biologischen Vielfalt haben“.[181] Aus dem *argumentum e contrario* folgt hinsichtlich des Art 7 Abs 1 CP, dass das AIA nicht auf solche LMOs anwendbar ist, die nicht erstmalig importiert werden.[182] Aufgrund der Einschränkungen des Anwendungsbereichs sowie der Ausnahmeregelungen fallen ca 90% der international gehandelten LMOs nicht unter das AIA-Verfahren.[183]

47 Gemäß Art 10 Abs 1 und Art 15 Abs 1 CP hat die einführende Vertragspartei ihre Entscheidung, ob sie den Import genehmigen will, auf der Grundlage einer Risikobeurteilung zu treffen. Eine entsprechende Risikobeurteilung ist „streng wissenschaftlich, im Einklang mit Anlage III und unter Berücksichtigung anerkannter Risikobeurteilungsverfahren durchzuführen“.[184] Bei seiner Entscheidung kann der Importstaat sich gemäß Art 10 Abs 6 CP auf den Vorsorgeansatz berufen.[185] Des Weiteren kann er gemäß Art 26 Abs 1 CP „im Einklang mit [seinen] internationalen Verpflichtungen [auch] sozioökonomische Erwägungen berücksichtigen, die sich aus den Auswirkungen lebender Organismen auf die Erhaltung und nachhaltige Nutzung der biologischen Vielfalt, insbes im Hinblick auf den Wert der biologischen Vielfalt für einheimische und örtliche Siedlungsgemeinschaften, ergeben.“ Das Recht, unter Berücksichtigung des Vorsorgeansatzes sowie sozioökonomischer Erwägungen zu entscheiden, räumt den Einfuhrstaaten einen erheblichen Ermessensspielraum ein.[186] Hierdurch verwirklicht sich insbes die Gentechnik-skeptische Verhandlungsposition der EU sowie eines Großteils der Entwicklungsländer. Ihnen stehen gentechnikfreundliche Staaten wie die USA (die keine Partei des CP sind) gegenüber, die auf einer streng wissenschaftlichen Rechtfertigung für Importbeschränkungen beharren.[187] Durch die Regelung der Bedingungen zulässiger Einfuhrbeschränkungen tritt das CP in Konkurrenz zu WTO-Handelsregelungen. Das Verhältnis zwischen diesen Vertragsregimen ist bei der Ausgestaltung des CP durch die Nichtaufnahme einer ausdrücklichen Konfliktklausel bewusst offengelassen worden. Insbes im Hinblick auf die Einfuhrbeschränkungen aufgrund der Anwendung des Vorsorgeansatzes oder aus sozioökonomischen Erwägungen sind Konflikte zwischen den Regimen denkbar.[188] *Prima facie* spricht einiges dafür, dass im Konfliktfall das CP grundsätzlich den Regeln des GATT sowie des SPS-Abkommens als *lex specialis* sowie *lex posterior* vorgeht.[189]

---

179 *Mackenzie et al* (Fn 176) 64.
180 Art 6 Abs 1 und 2 sowie Art 7 Abs 2 CP.
181 Art 7 Abs 4 CP. Eine entsprechende Ausnahme gibt es bisher nicht, s *Sands/Peel*, Principles, 468.
182 *Spranger* (Fn 175) 96.
183 *Böckenförde*, Biological Safety, in MPEPIL, Rn 10.
184 Die Risikobeurteilung kann uU auch von der einführenden Partei oder dem Exporteur durchgeführt werden, s Art 15 Abs 2 und Abs 3 CP.
185 S hierzu ausf *Matthee/Vermersch*, The International Integration of the European Precautionary Measures on Biosafety, EEnvLR 10 (2001) 183 ff; *Baumüller*, The Cartagena Protocol on Biosafety: Environmental Perspectives, EPLJ 18 (2001) 46 ff; krit *Adler*, More Sorry than Safe: Assessing the Precautionary Principle and the Proposed International Biosafety Protocol, Texas ILJ 35 (2000) 173 ff.
186 *Herdegen*, Internationales Wirtschaftsrecht, 2009, 113.
187 *Herdegen* (Fn 186) 113; s ausf *Spranger* (Fn 175) 103 ff.
188 *Spranger* (Fn 175) 94 f.
189 S ausf *Böckenförde*, Biological Safety, in MPEPIL, Rn 19 ff. Eingehend zum Problem *Stoll/Jürging*, 6. Abschn Rn 40 ff.

48 Während der Verhandlungen zur Schaffung des CP waren insbes Haftungsfragen hinsichtlich potentieller durch die grenzüberschreitende Verbringung von LMOs verursachter Schäden strittig. Die Vertragsparteien einigten sich dann auf Art 27 CP, der besagt, dass die Vertragsparteien auf ihrer ersten Tagung „ein Verfahren zur geeigneten Erarbeitung“ entsprechender Haftungs- und Wiedergutmachungsregeln beschließen würden. Eine entsprechende Entscheidung wurde dann auch getroffen und ein Verhandlungskomitee mit der Ausarbeitung solcher Regeln mandatiert.[190] Auf dem fünften Vertragsstaatentreffen wurde schließlich das *Nagoya-Kuala Lumpur Supplementary Protocol on Liability and Redress* verabschiedet.[191] Seit dem 7.3.2011 liegt es zur Unterzeichnung aus und wird 90 Tage nach seiner Ratifikation durch die 40. Vertragspartei des CP in Kraft treten.[192] Am 1.3.2017 hatten 25 Staaten das *Supplementary Protocol* unterzeichnet.

III. Vertrag über pflanzengenetische Ressourcen für Ernährung und Landwirtschaft

49 Die Erhaltung und nachhaltige Nutzung der Biodiversität ist kein ausschließlich umweltrechtliches Anliegen. Vergleichsweise früh ist man auf ihre Bedeutung im Bereich der Agrarwirtschaft aufmerksam geworden. Neben der Industrialisierung der Landwirtschaft bzw dem Verlust kleinbäuerlicher Betriebe bewirken die Abnahme natürlicher Lebensräume, die Rodung von Waldflächen, Umweltschäden, die Überweidung sowie die Übernutzung von Böden den Verlust der genetischen Vielfalt der *Kulturpflanzen*.[193] Augenscheinlich wird diese Entwicklung insbes am Bsp der hochtechnologisierten Landwirtschaft. Der Anbau von Nutzpflanzen basiert heutzutage weltweit auf vergleichsweise wenigen Hochleistungssorten. Ca 90% der globalen, pflanzlich basierten Nahrungsmittelproduktion wird von nur 30 Kulturpflanzen gedeckt (obwohl es ca 7.000 Kulturpflanzen gibt).[194] Dabei ist innerhalb dieser wenigen Nutzpflanzenarten ein Verlust genetischer Vielfalt zu verzeichnen.[195] So werden zB von den im Jahre 1949 in China angebauten 10.000 Reissorten heutzutage nur noch ca 1.000 Sorten kultiviert. Die gesamte Sojaproduktion der USA beruhte in den 1990er Jahren auf Nachzüchtungen von nur sechs Pflanzen eines einzigen Standortes in Asien. Auch *ex-situ-Bestände* sind kontinuierlich durch mangelnde Haltbarkeit der Ressourcen oder inadäquate Lagerung bedroht. Anschaulich werden die Gefahren, die aus der Reduktion genetischer Vielfalt resultieren, anhand des folgenden Bsp: In den 1970er Jahren dezimierte der *grassy-stunt-Virus* die Reisernten in fast ganz Südostasien. In einem Screening von damals zur Verfügung stehenden 6.273 Reissorten wurde nur eine einzige resistente Sorte (*oryza nivara*) gefunden.[196]

50 Der Vertrag über pflanzengenetische Ressourcen für Ernährung und Landwirtschaft schafft einen rechtlichen Rahmen für die Erhaltung und nachhaltige Nutzung pflanzengenetischer Ressourcen, für die ausgewogene und gerechte Aufteilung der sich aus ihrer Nutzung ergebenden Vorteile sowie für den erleichterten Zugang zu ihnen.[197] Der ITPGRFA ist aus zwei unterschiedlichen rechtlichen Instrumenten hervorgegangen, die mit ihren unterschiedlichen Regelungsphi-

190 CP, Decision BS-I/8.
191 CP, Decision BS-V/11. S Ausführungen bei *Sands/Peel*, Principles, 764 ff.
192 Die Anzahl der Vertragsparteien ist einsehbar unter <http://bch.cbd.int/protocol/parties/#tab=1>.
193 Ausf *Prall*, Die genetische Vielfalt der Kulturpflanzen, 2006, 60 ff.
194 Millennium Ecosystem Report, 2005, 213 ff.
195 Die folgenden drei Bsp entnommen aus *Mutke/Barthlott* (Fn 5) 50.
196 *Mutke/Barthlott* (Fn 5) 50 f.
197 S Art 1, Art 3 und 10–13 ITPGR.

losophien seinen Inhalt und seine Struktur prägen: das *International Undertaking on Plant Genetic Resources for Food and Agriculture* und die CBD.[198] Das *International Undertaking* aus dem Jahr 1983 war das erste internationale – unverbindliche – Regelwerk, das sich mit der Erhaltung der genetischen Vielfalt von Kulturpflanzen befasste. Im Kern definierte es diese Ressourcen als Erbe der Menschheit und sah insbes ihre freie Zugänglichkeit vor.[199] Im Zuge der Verhandlungen zur CBD wurde dieser Ansatz aber insbes von den biodiversitätsreichen Staaten in Frage gestellt. Von ihnen wurde das später erfolgreich in der CBD integrierte Prinzip der Souveränität der Staaten über die in ihren Territorien gelegenen biologischen Ressourcen befürwortet.[200] Von Seiten der FAO wurde demgegenüber die Befürchtung geäußert, dass eine Einschränkung des freien Zugangs zu den genetischen Grundlagen der Nahrungsmittelproduktion uU das weltweite Hungerproblem verschärfen könnte. Im Zuge der Verabschiedung der CBD wurde dementsprechend eine Harmonisierung der Vorschriften der CBD mit denen des *International Undertaking* gefordert. Aus den folgenden Verhandlungen ist dann der ITPGRFA entstanden. Während die CBD im Grundsatz einen bilateralen Ansatz hinsichtlich des Zugangs und der Teilhabe an genetischen Ressourcen verfolgt, schafft der ITPGRFA ein entsprechendes multilaterales System hinsichtlich pflanzengenetischer Ressourcen.[201]

51 Der ITPGRFA wurde am 3.11.2001 im Rahmen der 31. Sitzung der FAO-Konferenz verabschiedet und trat am 29.6.2004 in Kraft.[202] Der Geltungsbereich bezieht sich laut Art 3 ITPGRFA „auf pflanzengenetische Ressourcen für Ernährung und Landwirtschaft".[203] Art 5 ITPGRFA fordert die Vertragsstaaten eingeschränkt „nach Maßgabe der innerstaatlichen Vorschriften" und „sofern angebracht" auf, pflanzengenetische Ressourcen zu erfassen und zu inventarisieren, sie zu sammeln, Bauern und ortsansässige Gemeinschaften bei der *On-farm-Bewirtschaftung* und Erhaltung ihrer pflanzengenetischen Ressourcen zu unterstützen, die *in-situ-Erhaltung* von verwandten Wildarten der Nutzpflanzen zu fördern, zum Zwecke der Einrichtung eines effizienten und nachhaltigen Systems der *ex-situ-Erhaltung* zu kooperieren sowie die Erhaltung der Keimfähigkeit, den Umfang der genetischen Variation und die genetische Integrität der Sammlungen zu überwachen. Art 6 Abs 1 und Abs 2 ITPGRFA sehen vor, dass die Vertragsparteien Maßnahmen zur Förderung der nachhaltigen Nutzung pflanzengenetischer Ressourcen ergreifen. Als Maßnahme schlägt bspw Art 6 Abs 2 lit d ITPGRFA vor, die genetische Basis von Nutzpflanzen und die Ausweitung der Variationsbreite genetischer Vielfalt zu erweitern.

52 Dem Erhaltungsregime ist in den Art 10–13 ITPGRFA ein Zugangs- und Teilhabesystem beigeordnet.[204] Gemäß Art 11 Abs 1, Abs 2 und Abs 5 ITPGRFA erstreckt sich das „multilaterale System des Zugangs und des Vorteilsausgleichs" auf die in Anh I aufgeführten pflanzengenetischen Ressourcen, die „unter der Verwaltung und Kontrolle der Vertragsparteien stehen und öffentlich zugänglich sind". Des Weiteren umfasst das multilaterale System die in den „*ex-situ*-Sammlungen der internationalen Agrarforschungszentren der Beratungsgruppe für internationale Agrarforschung (CGIAR) [...] [sowie] diejenigen, die bei anderen internationalen Institutionen aufbewahrt

---

198 Ausf IUCN, Explanatory Guide to the International Treaty on Plant Genetic Resources for Food and Agriculture, 2005, 6 ff; *Esquinas-Alcázar et al*, A Brief History of the Negotiations on the International Treaty on Plant Genetic Resources for Food and Agriculture, in Halewood et al, Crop Genetic Resources, 135 ff.
199 *Prall* (Fn 193) 84 f.
200 *Rose*, Plant Genetic Resources, International Protection, in MPEPIL, Rn 6.
201 Ausf *Lightbourne*, The FAO Multilateral System for Plant Genetic Resources for Food and Agriculture. Better than Bilateralism?, WUJLP 30 (2009) 465 ff; s a Beiträge in Frison et al (Hrsg), Plant Genetic Resources and Food Security, 2011.
202 Die aktuelle Zahl der Vertragsstaaten ist einsehbar unter www.fao.org/legal/treaties/treaties-under-article-xiv>.
203 Art 2 enthält die Legaldefinitionen der Begriffe „pflanzengenetische Ressourcen" und „genetisches Material". Die Begriffe „Ernährung und Landwirtschaft" bleiben indes undefiniert.
204 S hierzu die verschiedenen Beiträge in Halewood et al, Crop Genetic Resources.

werden“ und mit denen das Lenkungsorgan des ITPGRFA entsprechende Vereinbarungen iSv Art 15 Abs 1 ITPGRFA getroffen hat. Nicht zuletzt sind die Vertragsparteien nach Art 11 Abs 3 ITPGRFA angehalten, Maßnahmen zu treffen, die natürliche und juristische Personen in ihrem Hoheitsbereich „ermutigen“, ihre pflanzengenetischen Ressourcen in das multilaterale System einzubringen. In Anh I sind insgesamt 64 Nahrungs- und Futterpflanzen gelistet, von denen allein die Nahrungspflanzen über 80% der weltweit verzehrten pflanzlichen Nahrungsmittel erfassen.[205]

53 Der „erleichterte Zugang“ im Rahmen des multilateralen Systems erfolgt gemäß Art 12 Abs 4 ITPGRFA auf der Grundlage einer standardisierten Materialübertragungsvereinbarung (*Standard Material Transfer Agreement*). Im Jahre 2006 vereinbarten die Vertragsparteien ein solches standardisiertes MTA, das auf den in Art 12 Abs 3 ITPGRFA festgelegten Kriterien aufbaut.[206] Es definiert zum einen die Bedingungen, unter denen die Ressourcen zur Verfügung stellende Partei Zugang zu gewähren hat, zum anderen die Verpflichtungen des Empfängers, die er beim Umgang mit den ihm zugeteilten Ressourcen zu beachten hat. Art 13 Abs 2 ITPGRFA bestimmt allg, dass die „Vorteile, die sich aus der Nutzung – einschließlich der kommerziellen Nutzung – pflanzengenetischer Ressourcen [...] im Rahmen des multilateralen Systems ergeben, mit Hilfe der folgenden Mechanismen ausgewogen und gerecht aufgeteilt werden: Informationsaustausch, Zugang zu und Weitergabe von Technologie, Kapazitätsaufbau und Aufteilung der Vorteile aus der Vermarktung [...].“ Die Einzelheiten des Systems werden in den folgenden Absätzen des Art 13 ITPGR weiter ausgeführt.[207] Derzeit finden Beratungen über Maßnahmen zur Verbesserung der Funktionsfähigkeit des multilateralen Systems statt, die sowohl eine Überarbeitung des standardisierten MTA als auch eine mögliche Erweiterung des Anh I beinhalten.[208]

54 Institutionell ist der ITPGRFA Bestandteil des *FAO Global Systems on Plant Genetic Resources* mit Sitz in Rom.[209] Er verfügt gemäß Art 19 und 20 ITPGRFA über ein Lenkungsorgan sowie einen Sekretär (*Governing Body and Secretary*). Gemäß Art 19 Abs 3 ITPGRFA übernimmt das Lenkungsorgan die Aufgabe der Durchführung des Abkommens. Alle Entscheidungen werden gemäß Art 19 Abs 2 ITPGRFA durch Konsens getroffen. Gemäß Art 21 ITPGRFA prüft und genehmigt das Lenkungsorgan „auf seiner ersten Tagung wirksame Verfahren der Zusammenarbeit und operationelle Mechanismen, um die Einhaltung des Vertrages zu fördern [...].“ Entsprechende Verfahrensregeln wurden im Jahre 2011 verabschiedet.[210]

IV. Artenschutz

55 Wie eingangs erläutert, leisten verschiedene die Flora und Fauna schützende Übereinkommen einen Beitrag zur Erhaltung und nachhaltigen Nutzung der Biodiversität. Eine Gruppe von Abkommen befasst sich mit dem Schutz ausgewählter Arten oder Artengruppen. Eine weitere

---

205 *Lightbourne* (Fn 201) 469 mwN. Insofern kann aus den juristischen Einschränkungen des Anwendungsbereichs des ITPGR nicht unmittelbar auf dessen praktische Irrelevanz geschlossen werden. S insofern aber *Spranger*, Rechtliche Aspekte der Biodiversität, in Lanzerath et al, Biodiversität, 127 f.

206 Das SMTA ist einsehbar unter <www.fao.org/plant-treaty/areas-of-work/the-multilateral-system/the-smta>.

207 An dieser Stelle sei auf weiterführende Lit verwiesen: IUCN (Fn 198); *Kamau*, The Multilateral System of the International Treaty on Plant Genetic Resources for Food and Agriculture: Lessons and Room for Further Developments, in Winter/Kamau, Common Pools of Genetic Resources, 343 ff; *Louafi/Schloen*, Practices of Exchanging and Utilizing Genetic Resources for Food and Agriculture and the Access and Benefit-sharing Regime, in Winter/Kamau, Common Pools of Genetic Resources, 193 ff; *Lightbourne* (Fn 201) 469 ff; *Cooper*, The International Treaty on Plant Genetic Resources for Food and Agriculture, RECIEL 11 (2002) 1 ff.

208 ITPGRFA, Resolution 1/2015.

209 S unter www.fao.org/plant-treaty.

210 ITPGRFA, Resolution 2/2011.

Gruppe enthält Vorschriften, die sich mit dem Schutz einzelner Arten vor den nachteiligen Wirkungen des (internationalen) Handels mit ihnen befassen. Schutzregelungen enthalten an verschiedenen Stellen auch solche Übereinkommen, die sich allg mit dem Schutz bestimmter Lebensräume befassen. An dieser Stelle sollen die Abkommen vorgestellt werden, die sich mit Erhaltung und Schutz einzelner Arten und Artentypen sowie ihrem Schutz vor den negativen Wirkungen des internationalen Handels befassen.

1. Weitwandernde Arten

56 Viele Tierarten überschreiten im Laufe ihres Lebens nationale Zuständigkeitsgrenzen, durchwandern Territorien verschiedener Staaten oder verbringen einen Teil ihres Lebenszyklus in Räumen jenseits staatlicher Hoheitsgewalt. Die Lebensbedingungen, die sie dabei in den unterschiedlichen Gebieten vorfinden unterscheiden sich zT erheblich. Sind sie in einigen Gebieten geschützt, werden sie in anderen Gebieten gejagt oder sind durch den zunehmenden Verlust der von ihnen benötigten Naturräume in ihrer Existenz bedroht.[211] Bereits in den frühen 1970er Jahren wurde erkennbar, dass der Schutz der sog weitwandernden Arten eine wichtige und zwingend gemeinsam zu bewältigende Herausforderung der internationalen Staatengemeinschaft darstellt. Als Folge dieser Erkenntnis wurde die *CMS* geschlossen.[212] Es trat am 1.11.1983 in Kraft und hat heute 120 Vertragsparteien.[213]

57 Die CMS unterscheidet zwischen den in Anlage I genannten „gefährdeten Arten" und den in Anlage II aufgeführten „Arten, deren Erhaltungssituation ungünstig ist".[214] Für die in Anlage I genannten Arten etabliert die CMS gegenüber den sog Arealstaaten (Staaten, die über einen Teil des Verbreitungsgebiets der zu schützenden Art Hoheitsrechte ausüben)[215] eine Reihe strenger Schutzanforderungen. Um die in Anlage II gelisteten Arten wieder in eine günstige Erhaltungssituation zu bringen oder sie in einer solchen zu erhalten, sind „weitere Abkommen zum Wohle dieser Arten zu schließen".[216] Ob eine Art in Anh I aufgenommen wird, hängt gemäß Art III Abs 1 und 2 CMS davon ab, ob sie iSv Art I Abs 1 lit e CMS als gefährdet qualifiziert werden kann, also ob sie in ihrem gesamten oder einem bedeutenden Teil des Verbreitungsgebiets vom Aussterben bedroht ist. Arten können auch aus der Anlage I gestrichen werden. Hierzu muss die Vertragsstaatenkonferenz bestimmen, dass zuverlässig belegt ist, dass die Art nicht mehr gefährdet ist und sie durch die Streichung nicht erneut gefährdet wird. Seit Inkrafttreten der CMS hat die Vertragsstaatenkonferenz entsprechend dem in Art XI CMS festgelegten Verfahren zahlreiche Arten in Anh I und II aufgenommen.[217]

58 Hinsichtlich des Schutzes der in Anlage I aufgeführten gefährdeten Arten sind die Arealstaaten gemäß Art III Abs 5 CMS iVm Art 2 Abs 1 lit i CMS verpflichtet, die „Entnahme aus der Natur" (Jagen, Fischen, Fangen, absichtliches Beunruhigen sowie das vorsätzliche Töten) zu verbieten.[218] Ausnahmen von diesem Verbot sind gemäß Art III Abs 5 CMS nur zum Zweck der

211 *De Klemm*, The Problem of Migratory Species in International Law, Green Globe Yearbook (1994) 64; *Ebbeson*, Lex Pernis Apivorus: An Experiment of Environmental Law Methodology, JEL 15 (2003) 153 ff.
212 S Art II Abs 1, Art 1 Abs 1 lit a CMS.
213 Stand 1.3.2017.
214 Die Begriffe „Erhaltungssituation einer wandernden Art", „günstige Erhaltungssituation", „ungünstige Erhaltungssituation" sowie „gefährdet" werden in Art I Abs 1 CMS legaldefiniert.
215 S exakte Definition in Art I Abs 1 lit h sowie lit f CMS.
216 S Art IV Abs 3 und Abs 4 sowie Art V Abs 1 CMS.
217 Zu den in Anh I und Anh II gelisteten Arten s insbes *Gillespie*, Biodiversity, 90 ff und 98 ff.
218 Zum Entnahmeverbot und seiner Reichweite jüngst *Proelß*, Internationaler Arten- und Naturschutz im nationalen Recht: Rechtsprobleme beim Vollzug der Zustimmungsgesetze zur CMS und zur Berner Konvention, EurUP 2015, 314 ff.

wissenschaftlichen Forschung, zu Erhaltungszwecken, zum Erwerb des Lebensunterhalts traditioneller Nutzer oder aufgrund außerordentlicher Umstände zulässig. Dabei wird vorausgesetzt, dass etwaige Ausnahmen inhaltlich genau bestimmt sowie räumlich und zeitlich beschränkt sind und sich nicht nachteilig auf die Art auswirken. Darüber hinaus bemühen sich die Arealstaaten gemäß Art 3 Abs 4 CMS, Lebensstätten, die für die Erhaltung der Art bedeutsam sind, zu erhalten bzw wiederherzustellen. Außerdem sollen sie Hindernisse für die Wanderung der in Frage stehenden Arten beseitigen, ausgleichen oder auf ein Mindestmaß beschränken sowie drohenden Einflüssen vorbeugen, sie verringern oder sie überwachen und begrenzen.

59 Die gemäß Art IV Abs 3 CMS hinsichtlich der in Anlage II zu schließenden Übereinkommen sollen den in Art V CMS detailliert aufgeführten Leitlinien entsprechen. ZB sollen sie mehr als eine wandernde Art umfassen sowie sich auf deren gesamtes Verbreitungsgebiet beziehen. Sie sollen weiterhin allen Arealstaaten offenstehen, auch wenn diese nicht Vertragspartei des CMS sind. Dieser Regelungsansatz wurde als „most innovative and productive feature of the CMS system to date“ bezeichnet.[219] Bis heute wurden sieben verbindliche Abkommen zwischen den jeweiligen Arealstaaten und 19 Memoranda of Understanding zum Schutze von Anh II CMS-Arten abgeschlossen.[220] Die für Europa und die BR Deutschland bedeutsamen Abkommen umfassen insbes das ASCOBANS v 1992, das *trilaterale Abkommen zum Schutz der Seehunde im Wattenmeer* v 1990, das *Abkommen zur Erhaltung der Fledermäuse in Europa* v 1991 sowie das *Abkommen zur Erhaltung der afrikanisch-eurasischen wandernden Wasservögel* v 1995.

60 Den institutionellen Rahmen der CMS bilden die Vertragsstaatenkonferenz, ein wissenschaftlicher Beirat sowie das Sekretariat. Aufgaben und Verfahrensregeln dieser Institutionen werden in den Art VII bis Art VIII und IX CMS festgelegt. Die Vertragsstaatenkonferenz tagt derzeit entsprechend Art VII Abs 3 CMS grundsätzlich alle drei Jahre. Sie überprüft u a gemäß Art VII Abs 5 CMS die Durchführung des Abkommens, insbes die Erhaltungssituation wandernder Arten sowie die Fortschritte im Hinblick auf die Erhaltung der in den Anhängen I und II CMS gelisteten Arten. Die Entscheidungsregeln hinsichtlich etwaiger Änderungen der Anhänge sind in Art XI CMS festgelegt. Damit das Übereinkommen die ihm zugewiesenen Aufgaben verwirklichen kann, unterliegen die Vertragsparteien bzw Arealstaaten gemäß Art VI CMS verschiedene Unterrichtungspflichten.

2. Vögel

61 Der Schutz wildlebender Vögel war eines der ersten Ziele internationaler Artenschutzverträge. Zu Beginn bezweckten die in ihnen festgelegten Schutzmaßnahmen vorrangig die Aufrechterhaltung der Möglichkeiten zur Jagd sowie zur Nutzung bestimmter Vögel als Insektenjäger. Zunehmend erkennt das internationale Recht den Wert der Vögel als Teile komplexer Ökosysteme an.[221] Ihr Schutz vollzieht sich im Rahmen vieler verschiedener Abkommen. Dazu zählen zB die soeben erläuterte *CMS* und insbes das aus ihr hervorgegangene *Abkommen zur Erhaltung der afrikanisch-eurasischen wandernden Wasservögel*, das *Ramsar Übereinkommen*, das *Berner Übereinkommen über die Erhaltung der europäischen wildlebenden Pflanzen und Tiere und ihrer natürlichen Lebensräume* sowie *CITES*. Da diese Abkommen an anderer Stelle dieses Kapitels erläutert

---

219 Insbes weil die Bewertung der Wirksamkeit des Abkommens ansonsten durchmischt ausfällt, s *Bowman/Davies/Redgwell*, Wildlife Law, 582f.

220 Stand 1.3.2017. Übersicht über Vertrags- bzw *Memoranda of Understanding*-Texte erhältlich auf der für die „CMS-Family“ eingerichteten Internetseite <www.migratoryspecies.org/en/content/about-cms-family>. Einige Abkommen werden besprochen bei *Bowman/Davies/Redgwell*, Wildlife Law, 554ff.

221 *Bowman/Davies/Redgwell*, Wildlife Law, 199.

werden und die Bedeutung der speziell dem Vogelschutz verpflichteten Abkommen in der Praxis gering ist, soll hier exemplarisch nur ein Abkommen vorgestellt werden.[222]

62 Zu nennen ist an dieser Stelle insofern das *Vogelschutzübereinkommen* v 1950.[223] Im Laufe der Jahre haben lediglich zehn Staaten das Abkommen ratifiziert.[224] Es trat erst am 17.1.1963 in Kraft. Das Abkommen bezweckt den Schutz wildlebender Vögel. Es sieht im Grundsatz vor, dass alle Vögel während ihrer Brutzeit geschützt sind. Zugvögel sollen während ihres Rückflugs zu ihren Brutstätten in den Monaten Mai bis Juli geschützt sein. Vögel, die von der Ausrottung bedroht sind, sowie solche, die ein wissenschaftliches Interesse bieten, sollen während des ganzen Jahres geschützt sein. Weiterhin ist der Handel mit den durch das Abkommen geschützten Vögeln verboten. Insbes sind bestimmte Tötungsmethoden untersagt, die zur massenhaften Tötung oder Gefangennahme oder zu unnötigem Leid der Tiere führen können. Art 6 und 7 des Abkommens sehen Ausnahmen von den Verboten vor. Danach sind die Vertragsparteien zB angehalten, Verzeichnisse von Vogelarten aufzustellen, die auf ihren Territorien, unter Vorbehalt der Bestimmungen des Abkommens, getötet oder gefangen genommen werden dürfen. Besonderer Erwähnung verdienen die Regelungen in Art 10 und 11 des Vogelschutzabkommens, die aus damaliger Sicht als weitsichtig bezeichnet werden müssen.[225] Die Parteien werden darin verpflichtet, Mittel und Wege ausfindig zu machen bzw anzuwenden, welche die Vernichtung von Vögeln durch Gewässerverschmutzung „mit Kohlenwasserstoff u a m, durch Scheinwerfer, elektrische Leitungen, Insektizide, Gifte und überhaupt durch jede Ursache zu verhindern." Außerdem verpflichten sich die Vertragsparteien dazu, „mit allen Mitteln die Schaffung von Wasser- und Landreservaten zu unterstützen und zu fördern". Der Mangel an einem institutionellen Unterbau macht eine Bewertung der Wirksamkeit des Übereinkommens schwer möglich. Dieser Mangel sowie die geringe Anzahl der Ratifikationen tragen dazu bei, dass sich das Abkommen bis heute nicht zu einem dynamischen Schutzinstrument von großer praktischer Relevanz entwickelt hat.[226]

3. Der Schutz einzelner Tierarten

63 Oben wurde aufgezeigt, dass es einen Trend im internationalen Recht gibt, die Erhaltung und Nutzung von Flora und Fauna zunehmend ganzheitlich zu regeln und dabei die komplexen Interdependenzen der Arten untereinander und zu ihren Lebensräume zu berücksichtigen. Indes bleibt der selektive und isolierte Schutz einzelner Arten oder Artengruppen (und der sie umgebenden Lebensräume) in verschiedenen Fällen sinnvoll. Als Bsp eines entsprechenden Abkommens kann zB das *Übereinkommen zum Schutz und zur Erhaltung der Vikunjas* v 1979 genannt werden.[227] In ihm verbieten die Areal- bzw Vertragsstaaten Bolivien, Chile, Ekuador und Peru u a

---

222 Neben dem Vogelschutzübereinkommen steht das im Jahre 1970 geschaffene *Benelux-Übereinkommen über Jagd und Vogelschutz* v 10.6.1970. Das Abkommen bezweckt vor allem die Angleichung der Regeln der Vertragsparteien Niederlande, Belgien und Luxembourg über die Jagd der vom Abkommen erfassten Arten sowie den Schutz der in ihm genannten Vogelarten (zB hinsichtlich der Eröffnung der Jagdsaison oder der zur Jagd zugelassenen Waffen), s Art 1 bis Art 6. Das Abkommen wurde im Hinblick auf die Regulierung bestimmter Jagdtechniken durch das Protokoll zur Änderung des Benelux-Übereinkommens über Jagd und Vogelschutz v 20.6.1977 geändert. Das Protokoll trat am 1.2.1983 in Kraft.

223 Bedeutungslos ist der o erwähnte Vertrag über den Schutz der für die Landwirtschaft nützlichen Vögel v 1902. Dieser wurde durch das Vogelschutzübereinkommen ersetzt.

224 Belgien, Island, Italien, Luxembourg, Niederlande, Spanien, Schweden, Schweiz, Türkei und Jugoslawien.

225 *Rachel Carsons* Buch „Silent Spring", das weithin als Ausgangspunkt der weltweiten Umweltbewegung gilt und eindringlich die Folgen der Umweltzerstörung auf die Vogelwelt beschreibt, erschien erst im Jahre 1962.

226 *Bowman/Davies/Redgwell*, Wildlife Law, 202 f.

227 Das Übereinkommen trat am 19.3.1982 in Kraft. Engl Übersetzung des Abkommens erhältlich unter <www.ecolex.org>.

grundsätzlich die Jagd sowie den Handel mit Vikunja-Exemplaren sowie mit den aus ihnen hergestellten Produkten.[228] Das bekannteste Abkommen dieses Regelungstyps ist indes wohl das *Eisbärenabkommen* v 1973.[229] In ihm vereinbaren die fünf Vertragsstaaten Kanada, Norwegen, USA, Russland und Grönland (Dänemark) in Art I das grundsätzliche Verbot der Jagd, Tötung und Gefangennahme (Entnahme). Ausnahmsweise ist die Entnahme gemäß Art III zu wissenschaftlichen Zwecken, zu Schutzzwecken (zum Schutze der Eisbären), zum Schutze der Bewirtschaftung anderer Arten sowie durch lokal ansässige Bevölkerungsgruppen möglich, soweit Letztere bei der Entnahme traditionelle Jagdmethoden nutzen und durch die Entnahme traditionelle Rechte ausüben. Die Vertragsparteien sind weiter angehalten, die Lebensräume der Eisbären zu schützen sowie den Handel mit ihnen bzw mit aus ihnen hergestellten Produkten zu verbieten.[230] Neben der Vertragsstaatenkonferenz sieht Art 8 des Eisbärenabkommens die Einrichtung einer Technical Adminstrative Commission vor.[231] Darüber hinaus verfügt das Vertragswerk über keinen institutionellen Unterbau. Die Vertragsstaatenkonferenzen erfolgen unregelmäßig.[232] Impulse zum Schutz der Spezies Eisbär gehen derzeit vor allem von den Arbeiten des Arktischen Rats aus.[233]

64 Neben den alleinstehenden Abkommen zum Schutz einzelner Arten sind insbes die im Rahmen der bereits erläuterten CMS verhandelten Abkommen zu nennen. Bedeutsam sind insofern das *Abkommen zur Erhaltung der Kleinwale in der Nord- und Ostsee* v 1992, das *Abkommen zur Erhaltung von Walen und Delfinen im Mittelmeer und im Schwarzen Meer*, das trilaterale *Abkommen zum Schutz der Seehunde im Wattenmeer* v 1990, das *Abkommen zur Erhaltung der Fledermäuse in Europa* v 1991, das *Übereinkommen zum Schutz der Albatrosse und Sturmvögel* sowie das *Abkommen zur Erhaltung der Gorillas und ihrer Lebensräume*. Sie alle beziehen sich auf den Schutz bestimmter Arten oder Artengruppen in ihren jeweiligen regionalen Verbreitungsgebieten.

4. Schutz vor den Wirkungen des internationalen Handels (CITES)

65 Das CITES-Abkommen v 3.3.1973 ist am 1.7.1975 in Kraft getreten und wurde bisher von 180 Staaten unterzeichnet (Stand 1.3.2017).[234] Das Regelungsziel von CITES ist es, den Schutz gefährdeter Tier- und Pflanzenarten durch ein System von Import- und Exportregeln zu befördern.[235] Es ist laut seiner Präambel in der Erkenntnis verfasst worden, dass „die internationale Zusammenarbeit zum Schutz bestimmter Arten freilebender Tiere und Pflanzen vor einer übermäßigen Ausbeutung durch den internationalen Handel lebenswichtig ist“.

66 Der Schutz der Arten durch CITES bemisst sich danach, ob und ggf in welcher der drei dem Abkommen beigefügten Anlagen sie aufgeführt werden. Anlage I umfasst Arten, die von der „Ausrottung“ bedroht sind. Der Handel mit Exemplaren dieser Arten ist besonders streng geregelt und nur in Ausnahmefällen zulässig. Anlage II listet solche Arten, die gegenwärtig noch

---

228 S Art 2 bis 4 Übereinkommen zum Schutz und zur Erhaltung der Vikunjas v 20.12.1979. S a *Sands/Peel*, Principles, 506.
229 Das Eisbärenabkommen trat am 26.5.1976 in Kraft.
230 S Art II sowie Art V, VII und VIII des Eisbärenabkommens.
231 Das letzte Treffen fand zB vom 5. bis zum 7.2.2013 in Iqualuit (Kanada) statt.
232 Das letzte Treffen fand vom 5. bis zum 6.12.2013 in Moskau statt. Weitere Informationen zB unter <www.polarbearsinternational.org>.
233 S hierzu *Sands/Peel*, Principles, 591 ff.
234 S zur aktuellen Zahl der Vertragsstaaten <www.cites.org>.
235 Derzeit sind alle 27 Mitgliedstaaten der EU Vertragsparteien. Die EU selbst ist es hingegen nicht, nimmt aber vor dem Hintergrund ihrer ausschließlichen Kompetenz im Bereich des Außenhandels eine bedeutende Rolle im Rahmen der Vertragsstaatenkonferenzen sowie im Bereich der Umsetzung ein.

nicht von der Ausrottung bedroht sind, es aber sein könnten, wenn der Handel mit Exemplaren ihrer Art nicht strengen Regeln unterworfen wird. Anlage III führt Arten auf, die innerstaatlichen Schutzregeln unterliegen, die ihre Ausbeutung beschränken und deren Handel nur im Zusammenwirken mit den anderen Vertragsparteien kontrolliert werden kann.

67 Aus- und Einfuhr von in Anlage I gelisteten Exemplaren sind nach Art III CITES für Vertragsparteien nur unter sehr engen Voraussetzungen zulässig.[236] Eine Ausfuhrgenehmigung darf durch den Exportstaat nur dann erteilt werden, wenn a) sie dem Überleben der Art nicht abträglich ist, b) die exportierten Exemplare nicht unter Verstoß innerstaatlicher Schutzvorschriften erlangt wurden, c) Gesundheitsrisiken oder Qualen für lebend exportierte Exemplare soweit wie möglich ausgeschaltet werden, und d) sich der Ausfuhrstaat vergewissert hat, dass der Importstaat eine Einfuhrgenehmigung erteilt hat. Im Hinblick auf die Erteilung der Einfuhrgenehmigung muss der Importstaat u a davon überzeugt sein, dass die Einfuhr zu einem Zweck erfolgt, der dem Überleben der betreffenden Art nicht abträglich ist, oder dass das eingeführte Exemplar nicht „primär zu kommerziellen Zwecken verwendet werden soll".[237]

68 Der Im- und Export von in Anlage II enthaltenen Arten ist ähnlich restriktiv geregelt wie der Handel mit in Anlage I gelisteten Arten. Der Export bedarf einer Genehmigung, die gemäß Art IV Abs 2 lit a bis c CITES unter Voraussetzungen erteilt wird, die denen zu Anlage I-Arten weitgehend gleichen. Der Import hingegen setzt lediglich die Vorlage der Ausfuhrgenehmigung voraus und ist – im Unterschied zu der Einfuhr von in Anlage I genannten Arten – nicht an weitere Voraussetzungen geknüpft. Die Anforderungen der in Anlage III genannten Arten sind deutlich geringer. Ihr Export bedarf gemäß Art V CITES einer Ausfuhrgenehmigung, die unter geringeren Voraussetzungen erteilt wird als bei Anlage I- und II-Arten. Beim Import ist gemäß Art V Abs 3 CITES grundsätzlich nur ein Ursprungszeugnis vorzulegen.

69 Art III Abs 5 CITES enthält eine besondere Vorschrift. Er legt Regeln für das „Einbringen eines Exemplars einer in Anlage I aufgeführten Art aus dem Meer" fest.[238] Der Begriff der „Einbringung aus dem Meer" wird wiederum in Art I lit e CITES definiert als „die Beförderung eines Exemplars einer Art, das der nicht der Hoheitsgewalt eines Staates unterstehenden Meeresumwelt entnommen worden ist." Insofern wird eine Bescheinigung durch eine Vollzugsbehörde des Importstaats gefordert. Diese wird unter Bedingungen erteilt, die denen für den Import von Anlage I-Arten ähneln. Eine vergleichbare Regelung gibt es in Art IV Abs 6 CITES für das Einbringen aus dem Meer von Anlage II-Arten. Seit dem Jahr 2000 beschäftigen sich die Vertragsstaatenkonferenz sowie verschiedene Arbeitsgruppen mit Fragen der Durchführung dieser Vorschriften.[239]

70 Gemäß Art VII CITES gelten die aufgezeigten Verpflichtungen nicht für Exemplare, die lediglich zur „Durchfuhr" durch einen Staat bestimmt sind, die erworben wurden, bevor CITES in Kraft trat, oder wenn es sich bei ihnen „um Gegenstände des persönlichen Gebrauchs oder um Hausrat handelt." Einschränkungen gelten weiterhin für in Anlage I aufgeführte Tierarten, die für Handelszwecke in der Gefangenschaft gezüchtet wurden, sowie für solche, die im Verkehr zwischen Wissenschaftlern und wissenschaftlichen Einrichtungen verliehen, geschenkt oder getauscht werden. Neben den Ausnahmen können die Vertragsparteien gemäß Art XV Abs 3 und Art XXIII Abs 1 bis 3 CITES zum Zeitpunkt ihres Beitritts oder zum Zeitpunkt der Änderung eines Anhangs Vorbehalte geltend machen. Solange die entsprechenden Vertragsparteien ihre Vorbehalte nicht zurücknehmen, werden sie im Hinblick auf den Handel mit den betreffenden Arten wie Staaten behandelt, die nicht Vertragsparteien sind.

---

236 Die im Folgenden angesprochenen Genehmigungen und Bescheinigungen müssen den in Art VI CITES näher spezifizierten Anforderungen genügen.
237 Art III Abs 3 lit a–c CITES.
238 Art I lit c CITES definiert „Handel" auch als die „Einfuhr und das Einbringen aus dem Meer".
239 S *Sands/Peel*, Principles, 478.

71 Bedeutsam sind auch die in Art VIII CITES festgelegten Verpflichtungen der Vertragsstaaten zur Umsetzung des Abkommens. Gemäß Art VIII Abs 1 lit a und b CITES sind insbes Maßnahmen zu ergreifen, die den Handel mit derartigen Exemplaren sowie deren Besitz ahnden und ihre Einziehung und Rücksendung vorsehen. Die effektive Durchführung entsprechender Kontrollen bereitet den Vertragsstaaten in der Praxis große Schwierigkeiten. So fehlt es regelmäßig an wirksamen Kontrollen, oder existierende Regelungen sind wenig abschreckend.[240] Dementsprechend hat sich die Vertragsstaatenkonferenz mehrfach mit dem Thema der Durchsetzung befasst und verschiedene Resolutionen hierzu verabschiedet, die verschiedene Strategien und Möglichkeiten der Erhöhung der Rechtswirksamkeit aufzeigen.[241] Eine weitere verfolgte Strategie zur Beförderung der Rechtswirksamkeit ist die Kooperation des Sekretariats mit anderen I. O. wie der Weltzollorganisation (*World Custom Organization*), *INTERPOL* sowie dem *UN Office on Drugs and Crime*.[242]

72 Die Vertragsstaaten von CITES treffen sich gemäß Art XI Abs 2 CITES grundsätzlich im Abstand von zwei Jahren. Außerordentliche Treffen sind möglich. Vom 24.9. bis zum 5.10.2016 fand das 17. Treffen in Johannesburg (Südafrika) statt.[243] Auf ihren Konferenzen überprüfen die Vertragsstaaten u a die Durchführung des Abkommens. Insbes überprüfen sie, welche Fortschritte in Bezug auf die Wiedervermehrung und Erhaltung der in den Anlagen I, II und III genannten Arten erzielt wurden, und beraten und verabschieden ggf Änderungen der Anlagen I und II.[244] Zuzüglich zu den Änderungen der Anlagen werden zahlreiche Resolutionen erlassen, die der Interpretation von CITES dienen. Das Abkommen muss daher im Lichte dieser Resolutionen interpretiert und durchgeführt werden.[245] Eine aktuelle Liste wird auf der CITES-Internetseite zur Verfügung gestellt. Die Vertragsstaaten werden bei der Durchführung des Abkommens gemäß Art XII CITES durch ein Sekretariat unterstützt. Eine Gesamtbewertung der Wirksamkeit und Erhaltungsbemühungen von CITES fällt angesichts der Menge der in den Anlagen I und II aufgenommenen Arten schwer. Im Ergebnis stehen den allseits bekannten Umsetzungsherausforderungen einige positive Entwicklungen gegenüber. So konnte die Bedrohung einiger stark gefährdeter Arten vor den Gefahren des internationalen Handels deutlich eingeschränkt und so ein Beitrag zu ihrer Erhaltung geleistet werden.[246]

V. Schutz spezieller Lebensräume sowie des Naturerbes

73 Neben den Abkommen zum Schutz bestimmter Arten oder Artengruppen tragen insbes die Übereinkommen zum Schutz bestimmter Lebensräume und Ökosysteme zur Erhaltung der biologischen Vielfalt bei. Abkommen sind u a geschlossen worden zum Schutze von Feuchtgebieten, Wäldern, Böden, Bergregionen sowie zum Schutz von Gebieten, die als Naturerbe qualifiziert werden.

---

240 *Beyerlin/Marauhn*, International Environmental Law, 186; ausf *Reeves*, Policing International Trade in Endangered Species: The CITES Treaty and Compliance, 2002; *Gillespie*, Biodiversity, 409 f und 439 ff.

241 Diese Resolutionen sind entweder allg Natur oder beziehen sich auf die Durchsetzung von CITES im Hinblick auf ausgewählte Arten. ZB allg: Compliance and Enforcement Res, 2007, Res Conf 11.3 (Rev CoP15); speziell: Res Conf 12.5 (Rev CoP15). Letztere bezieht sich auf Tiger und andere asiatische Großkatzen.

242 *Sands/Peel*, Principles, 479.

243 Informationen zu den jeweiligen Programmen der Vertragsstaatenkonferenzen sind einsehbar unter <www.cites.org/eng/cop/index.php>.

244 Zu den Inhalten und Entwicklungen der Anhänge s *Wijnstekers*, The Evolution of CITES, 2011, 65 ff.

245 *Wijnstekers* (Fn 244) 350 f; *Sands/Peel*, Principles, 473.

246 Mit weiteren Bsp *Beyerlin/Marauhn*, International Environmental Law, 186 ff; *Wijnstekers* (Fn 244) 613 ff.

1. Feuchtgebiete

74 Das älteste Abkommen dieses Typs ist das *Ramsar Übereinkommen* v 1971 (RÜ). Es hat derzeit 169 Vertragsparteien und schützt aktuell eine Fläche von ca 215,3 Mio Hektar.[247] Es definiert Feuchtgebiete als „Feuchtwiesen, Moor- und Sumpfgebiete oder Gewässer, die natürlich oder künstlich, dauernd oder zeitweilig, stehend oder fließend, Süß-, Brack- oder Salzwasser sind, einschließlich solcher Meeresgebiete, die eine Tiefe von sechs Metern bei Niedrigwasser nicht übersteigen". Die wichtigsten Funktionen dieser Gebiete umfassen den Überflutungs- und Erosionsschutz, die Wasserreinigung sowie den Küstenschutz. Belastet werden sie insbes durch Umweltverschmutzung, agrarische Abwässer, Abholzung sowie Eingriffe in die Flussläufe und Wasserhaushalte, Verlandung bzw Versandung, Besiedelung sowie die küstennahe Fischerei.[248] Die Vertragsparteien sind gemäß Art 2 RÜ verpflichtet, „geeignete Feuchtgebiete in ihrem Hoheitsgebiet" zu bezeichnen. Die Gebiete sollen nach ihrer „internationalen ökologischen, botanischen, zoologischen, limnologischen und hydrologischen Bedeutung ausgewählt werden". In erster Linie sollen Feuchtgebiete ausgewählt werden, die „im Hinblick auf Watt- und Wasservögel von internationaler Bedeutung sind".[249] Die Vertragsparteien verpflichten sich darüber hinaus in Art 3 RÜ, Vorhaben in einer Weise zu planen und zu verwirklichen, dass zum einen die Erhaltung der ausgewählten Feuchtgebiete sowie die wohlausgewogene Nutzung (*wise use*) der übrigen Feuchtgebiete innerhalb ihres Hoheitsgebietes gefördert werden.[250] Des Weiteren fördern die Vertragsparteien gemäß Art 4 die Erhaltung von Feuchtgebieten allg dadurch, dass sie die Gebiete zu Schutzgebieten erklären und sie diese in angemessenem Umfang beaufsichtigen. In den Fällen, in denen Vertragsstaaten die Grenzen von Feuchtgebieten aufheben oder verengen, soll ein hieraus entstehender Verlust von Feuchtgebieten ausgeglichen werden. Art 5 konstituiert eine Konsultationspflicht der Vertragsparteien hinsichtlich der Erfüllung der sich aus dem RÜ ergebenden Verpflichtungen in Fällen, in denen Feuchtgebiete über das Hoheitsgebiet mehrerer Vertragsparteien hinausreichen oder mehrere Parteien an einem Gewässersystem gemeinsam Anteil haben.[251] Institutionell wird die Durchführung des RÜ durch die alle drei Jahre tagende Vertragsstaatenkonferenz, einem Sekretariat sowie dem *Wetland Conservation Fund* getragen. Die gemeinsamen Erhaltungsbemühungen und Ziele sind in mehrjährigen Strategischen Plänen zusammengefasst.[252]

2. Wälder

75 Wälder zählen zu den Naturräumen mit der höchsten biologischen Vielfalt überhaupt. Unter den verschiedenen Waldarten gelten insbes die tropischen und subtropischen Regen- und Koniferenwälder als besonders reich an biologischer Vielfalt.[253] Ihre Bedeutung für die Erhaltung und nachhaltige Nutzung der biologischen Vielfalt ist dementsprechend von großer Bedeutung. Neben der Erhaltung der Biodiversität erzeugen Wälder eine ganze Reihe weiterer Ökosystemdienstleistungen. Sie tragen u a zur Sauerstoffproduktion, Bodenbildung, Verbesserung des örtlichen Klimas und der Luft, zur Kohlenstoffbindung sowie zur Steigerung der Lebens-

247 Stand: 1.3.2017, s <www.ramsar.org>.
248 *Sands/Peel*, Principles, 493.
249 Ramsar Convention Secretariat, The Ramsar Convention Manual, 6. Aufl 2013.
250 Ramsar Convention Secretariat, Wise Use of Wetlands. Concepts and Approaches for the Wise Use of Wetlands, 2010.
251 S zur Kooperationspflicht die Entscheidung des IGH im Fall *Activities Carried Out by Nicaragua.*
252 Es gab bzw gibt derer drei: Plan I (1997–2002); II (2003–2008); III (2009–2015), abrufbar unter <www.ramsar.org>.
253 *Mutke/Barthlott* (Fn 5) 44.

qualität aufgrund ästhetischer und erholungsfördernder Eigenschaften bei.[254] Ihrer Bedeutung für die Umwelt zum Trotz werden Wälder seit langem durch Abholzung zur Holzgewinnung oder zur Schaffung von Ackerland, durch unzureichende Forstbewirtschaftung, die Einführung invasiver Arten, durch städte- und straßenbauliche Maßnahmen, Rohstoffabbau sowie nicht zuletzt durch Umweltverschmutzungen bedroht.[255] Obwohl dies seit langem bekannt ist und es auf regionaler Ebene durchaus Bsp des effektiven Schutzes und der nachhaltigen Bewirtschaftung gibt, schreitet der globale Trend des Verlusts von Waldflächen (Primär- und Sekundärwälder) weiter voran (seit dem Jahre 2000 sind global über 40 Mio Hektar Primärwald verlorengegangen).[256]

76 Der völkerrechtliche und international-politische Schutz der Wälder wird durch eine verwirrende Zahl verschiedener Übereinkommen, Akteure und Interessen geprägt.[257] Verhandlungen zum Schutz der Wälder gestalten sich auf dieser Ebene demzufolge kompliziert. Die bestehenden verbindlichen internationalen Abkommen, in deren Rahmen Fragen des Waldschutzes bearbeitet werden, umfassen derzeit – entsprechend der verschiedenen ökosystemaren Leistungen von Wäldern – vor allem die CBD, die Klimarahmenkonvention einschließlich ihres Kyoto Protokolls, das Übereinkommen zur Bekämpfung der Wüstenbildung (UNCCD), CITES, das Ramsar Übereinkommen, das Übereinkommen zum Schutz des Kultur- und Naturerbes der Welt, sowie das ITTA v 2006. Ein aktuell bedeutsames unverbindliches Instrument ist das *Non-Legally Binding Instrument on All Types of Forests* v 2007.[258]

77 Auf der Akteursebene sind aktuell insbes das UN-Waldforum (*United Nation Forum on Forests*),[259] die im Wesentlichen dem Klimaschutz dienende *United Nation Initiative on Reducing Emissions from Deforestation and Forest Degradation*[260] sowie das im Rahmen der CBD geschaffene thematische Arbeitsprogramm zu *Forest Biodiversity* von Bedeutung.[261] Soweit es den Handel mit Holz und dessen Auswirkungen auf die Erhaltung der Wälder betrifft, sind insbes das *FAO Forest Committee*[262] sowie die ITTO aktiv. Als wichtiger nichtstaatlicher Akteur ist der *Forest Stewardship Council* zu nennen, der sich mit der Zertifizierung (*eco-labeling*) nachhaltig geschlagenen Holzes befasst.[263] Das bestehende System wurde trotz seiner beachtlichen Komplexität und seiner langen Entwicklungsphase als „in den Kinderschuhen steckend" bezeichnet.[264] Vor dem Hintergrund der vielen unterschiedlichen Interessen in der internationalen Staatengemeinschaft ist derzeit ein umfassendes globales Abkommen zum Schutz der Wälder unwahrscheinlich.[265]

---

254 S Beiträge in Bundesamt für Naturschutz (Hrsg), Ökosystemleistungen von Wäldern, 2012.
255 Umfassende Informationen hierzu liefert FAO, Global Forest Assessment 2010.
256 Ebd, xii ff (xviii, xxix).
257 Übersicht über die Entwicklungen bis zum Jahre 2004 bei *Delbrück*, Biodiversität der Wälder, in Wolff/Köck, Übereinkommen, 146 ff. S a Bundesamt für Naturschutz (Hrsg), Schutz der Wälder: Nationale Verantwortung tragen und global handeln, 2007; s auch *Eikermann*, Forests in International Law – Is There Really a Need for an International Forest Convention?, 2015.
258 UN Doc A/RES/62/98 v 31.1.2008. S hierzu *Kunzmann*, The Non-Legally Binding Instrument on Sustainable Management of All Types of Forests: Towards a Legal Regime for Sustainable Forest Management?, GLJ 9 (2008) 981 ff. Zu nennen sind insofern auch noch die zunehmend weniger bedeutsamen Instrumente des Kap 11 der Agenda 21 sowie das Non-Legally Binding Authoritative Statement of Principles for a Global Consensus on the Management, Conservation and Sustainable Development of All Types of Forests (Forest Principles) v 13.6.1992 (ILM 31 [1992] 881).
259 UNFF <www.un.org/esa/forests>.
260 UN-REDD <www.un-redd.org>.
261 <www.cbd.int/forest>.
262 <www.fao.org/forestry/57758/en>.
263 *Pattberg*, Forest Stewardship Council, in Hale/Held (Hrsg), Handbook of Transnational Governance, 2011, 265 ff.
264 *Beyerlin/Marauhn*, International Environmental Law, 209.
265 *Desai*, Forests, International Protection, in MPEPIL, Rn 31 f.

78 An dieser Stelle soll vor allem das am 7.12.2011 in Kraft getretene *ITTA* v 2006 vorgestellt werden.[266] Das Abkommen baut auf zwei älteren Tropenholz-Übereinkommen aus den Jahren 1983 und 1994 auf. Aktuell zählt es 32 sog Erzeugermitglieder (*Producing States*) sowie 36 sog Verbrauchermitglieder (*Consuming States*) als Vertragsparteien.[267] Sein erklärtes Ziel ist gemäß Art 1 ITTA die „Ausweitung und Diversifizierung des internationalen Handels mit Tropenholz aus nachhaltig bewirtschafteten und legal eingeschlagenen Wäldern sowie die nachhaltige Bewirtschaftung von Tropenholz erzeugenden Wäldern [...]." Als Mittel zur Beförderung dieses Ziels nennt Art 1 ITTA eine ganze Reihe von Mechanismen. So soll zB gemäß Art 1 lit d ITTA „das Potential der Mitglieder erhöht [werden], eine Strategie zur Durchsetzung der Ausfuhr von Tropenholz und Tropenholzerzeugnissen aus nachhaltig bewirtschafteten Quellen umzusetzen". Gemäß Art 1 lit j ITTA sollen die Mitglieder „ermutigt werden [...], Tätigkeiten im Bereich Wiederaufforstung sowie Sanierung und Wiederherstellung geschädigter Wälder [...] zu unterstützen". Weitergehend sollen Vermarktung und Vertrieb nachhaltig produzierter Hölzer durch verschiedene Maßnahmen verbessert werden.[268] Um die in Art 1 genannten Ziele zu erreichen, führt die ITTO gemäß Art 24 Abs 1 ITTA eine „integrierte Strategieentwicklung und Projektarbeit durch". Strategieentwicklung und Projektarbeit werden gemäß Art 24 Abs 3 ITTA durch einen „Aktionsplan" des Rats (Art 6 ff ITTA) angeleitet. Bestandteil der Strategieentwicklung durch die ITTO können gemäß Art 24 Abs 3 TÜ u a die „Entwicklung und Erarbeitung von Leitlinien, Handbüchern, Studien, Berichten und grundlegenden Hilfsmitteln der Kommunikation und Öffentlichkeitsarbeit sowie ähnliche im Aktionsplan [...] festgelegte Tätigkeiten sein". Außerdem können gemäß Art 25 Abs 2 ITTA Mitglieder und der Exekutivdirektor Vorschläge für Projekte unterbreiten, die zum Erreichen der Ziele des Abkommens sowie zur Entwicklung eines oder mehrerer Arbeitsbereiche oder thematischer Programme beitragen, die in dem Aktionsplan des Rates festgelegt wurden. Insofern legt der Rat Kriterien für die Genehmigung von Projekten fest.

79 In institutioneller Hinsicht bestimmt Art 3 ITTA den Fortbestand der bereits im Jahre 1983 geschaffenen ITTO. Art 17 Abs 1 ITTA verleiht ihr Rechtspersönlichkeit. Die höchste Instanz der ITTO ist gemäß Art 6 TÜ der *Internationale Tropenholzrat*. Seine Struktur, Befugnisse und Aufgaben richten sich insbes nach den Art 7 bis Art 16 ITTA. Daneben gibt es gemäß Art 26 und Art 14 ITTA eine Reihe von Ausschüssen sowie ein Sekretariat.

3. Böden

80 Ökologisch und biologisch intakte und produktive Böden sind unmittelbar oder mittelbar Ausgangspunkt fast aller für den Menschen relevanter Ökosystemleistungen. Von besonderer Bedeutung ist ihre Funktion als Anbaufläche für Nahrungsmittel und biologische, nachwachsende Rohstoffe. Gleichzeitig übernehmen Böden vielfältige Funktionen im Stoffkreislauf und sind Lebensraum vieler Arten. Diese Ökosystemleistungen stehen zunehmend infrage. Experten konstatieren einen weltweiten Verlust fruchtbarer und ökologisch intakter Böden (*Land Degradation*). Die Ursachen hierfür sind außerordentlich komplex und vielfältig. Insbes Abholzung, Verstädterung, landwirtschaftliche Übernutzung sowie verschiedene Umweltbelastungen tragen zum Verlust der Leistungskapazität von Böden bei.[269] Diesem Verlust steht der bestehende und

266 Weiterführend *Desai*, Forests, International Protection, in MPEPIL, Rn 31 f; *Schulte zu Sodingen*, Der völkerrechtliche Schutz der Wälder: Nationale Souveränität, multilaterale Schutzkonzepte und unilaterale Regelungsansätze, 2002; *Dolzer/Laule*, Verwendungsbeschränkungen für Tropenholz im Lichte des internationalen Rechts, EuZW 8 (2000) 229 ff.

267 Stand: 1.3.2017. Zur Begrifflichkeit Art 4 TÜ.

268 S Art 1 lit e, h, k und o TÜ.

269 International Resource Panel/UNEP, Assessing Global Land Use: Balancing Consumption with Sustainable Supply, 2014.

zunehmende Bedarf nach fruchtbaren Böden gegenüber. Insbes die Herausforderung, eine immer weiter anwachsende Weltbevölkerung mit Nahrungsmitteln zu versorgen, setzt die internationale Staatengemeinschaft unter erheblichen politischen und rechtlichen Handlungsdruck.[270] Das Problem ist indes schon seit einer ganzen Weile bekannt. Bereits die *UNEP-Erklärung von Nairobi* aus dem Jahre 1982 wies darauf hin, dass der Verlust und die Desertifikation fruchtbarer Böden ein alarmierendes Ausmaß erreicht hätten.[271] Die IUCN befasst sich bereits seit den frühen 1990er Jahren mit der Frage, ob zur Bewältigung dieses Problems internationale, insbes globale rechtliche Anstrengungen erforderlich sind.[272] Letztlich stellt auch der Schutz von Böden eine Querschnittsaufgabe dar. Insofern leisten viele internationale Abkommen mittel- und unmittelbar einen Beitrag zu ihrer Erhaltung und nachhaltigen Nutzbarkeit.[273] Zu nennen sind bspw die oben näher beschriebenen Instrumente zum Schutz der Wälder sowie das Ramsar Übereinkommen. Daneben stehen eine Reihe unverbindlicher internationaler Instrumente. Zu nennen sind die *FAO World Soil Charter* v 1982, die *UNEP World Soils Policy* v 1982 sowie Kapitel 10 der *Agenda 21* („Integrierter Ansatz für die Planung und Bewirtschaftung der Bodenressourcen").[274]

81 Verbindliche Übereinkommen, die sich unmittelbar mit dem Schutz von Böden befassen, sind die *Alpenkonvention* v 1991[275] bzw das in ihrem Rahmen verhandelte *Protokoll zur Durchführung der Alpenkonvention von 1991 im Bereich Bodenschutz* v 1998 sowie die *UNCCD* v 1994.[276] Exemplarisch soll hier das im globalen Bodenschutz derzeit besonders relevante UNCCD vorgestellt werden.[277]

82 Die UNCCD trat am 26.12.1996 in Kraft und verfügt derzeit über 193 Vertragsparteien.[278] Das Ziel der UNCCD ist gemäß Art 2, „in von Dürre und/oder Wüstenbildung schwer betroffenen Ländern, insbes in Afrika, durch wirksame Maßnahmen auf allen Ebenen [...] die Wüstenbildung zu bekämpfen und die Dürrefolgen zu mildern, um zur Erreichung einer nachhaltigen Entwicklung in diesen Gebieten beizutragen."[279] Die UNCCD unterscheidet in Verpflichtungen der „betroffenen Länder" und der „entwickelten Länder". Gemäß Art 1 lit i und h UNCCD sind betroffene Länder solche, „deren Land ganz oder teilweise [...] aus ariden, semiariden und/oder trockenen subhumiden Gebieten besteht, die von Wüstenbildung betroffen sind". Diese Länder sind gemäß Art 5 Abs 1 lit b, e iVm Art 9 Abs 1 UNCCD insbes verpflichtet, nationale Aktionsprogramme zur Bekämpfung der Wüstenbildung und zur Milderung von Dürrefolgen auszuarbeiten, zu veröffentlichen und durchzuführen. Nach Art 10 Abs 1 UNCCD ist ihr Zweck einerseits, die Faktoren,

---

270 *Koch et al*, Soil Security: Solving the Global Soil Crisis, Global Policy 4 (2013) 434 ff; WBGU, Zivilisatorischer Fortschritt innerhalb planetarischer Leitplanken, Politikpapier Nr 8 (2014) 32 ff; *Ehlers/Ginzky*, Ernährungssicherheit, Klimaschutz, Armutsbekämpfung: Ohne einen nachhaltigen Umgang mit den Böden geht es nicht!, ZUR 2012, 137 ff.

271 Para 2 der Nairobi Declaration v 18.5.1982. Zum Bedarf einer internationalen Regelung s *Ginzky*, Bodenschutz weltweit – Konzeptionelle Überlegungen für ein internationales Regime, ZUR 2015, 199 ff; *Montanarella*, Govern our Soils, Nature 528 (2015) 32 f.

272 IUCN, World Soil Erosion and Conservation, 1993; dies, Legal and Institutional Frameworks for Sustainable Soils: A Preliminary Report, 2002; dies, Drafting Legislation for Sustainable Soils: A Guide, 2004.

273 *Boer/Hannam*, Legal Aspects of Sustainable Soils: International and National, RECIEL 12 (2003) 149 ff.

274 FAO Conf Res 8/81; UNEP GC/DEC/10/14.

275 S hierzu *Schroeder*, Die Alpenkonvention: Ein Abkommen über den Schutz und die nachhaltige Bewirtschaftung eines der wichtigsten Ökosysteme Europas, BayVBl 2004, 161 ff.

276 S hierzu *Markus*, Verbindlicher internationaler Bodenschutz im Rahmen der Alpenkonvention, ZUR 2015, 214 ff; *Schroeder*, Die Alpenkonvention: Inhalt und Konsequenzen für das nationale Umweltrecht, NuR 3 (2006) 133 ff; *Blecha*, Die Umsetzung und Anwendung der Alpenkonvention unter besonderer Berücksichtigung touristischer Infrastruktur, 2009; Treves/Pineschi/Fodella (Hrsg), International Law and the Protection of Mountain Areas, 2002.

277 *Minelli/Erlewein/Castillo*, Land Degradation Neutrality and the UNCCD: From Political Vision to Measureable Targets, IYSLP 1 (2016) 85 ff.

278 Stand 1.3.2017.

279 Art 1 lit a UNCCD definiert den Begriff der Wüstenbildung.

die zur der Wüstenbildung beitragen, und andererseits Maßnahmen zu ihrer Bekämpfung und zur Milderung der Dürrefolgen zu bestimmen. Neben den in Art 9 ff UNCCD festgelegten Anforderungen sind dabei die in den Anlagen über die regionale Durchführung festgelegten Kriterien und konkretisierten Anforderungen zu berücksichtigen.[280] Entsprechende Aktionsprogramme können zB die „Entwicklung von Bewässerungsprogrammen sowohl für Landbau als auch für Viehwirtschaft" oder die „Stärkung der Dürrevorsorge- und Dürrebewältigungsmaßnahmen" vorsehen.[281] Den Verpflichtungen der betroffenen Staaten stehen die der entwickelten Länder gegenüber. Diese sind insbes verpflichtet, „erhebliche finanzielle Mittel und andere Formen der Unterstützung bereitzustellen" sowie den „Zugang [...] zu geeigneten Technologien, Kenntnissen und Know-how zu befördern und zu erleichtern".[282]

83 Das oberste Gremium des Übereinkommens ist gemäß Art 22 Abs 2 UNCCD die Vertragsstaatenkonferenz, die in regelmäßigen Abständen die Durchführung und die Wirksamkeit des Übereinkommens prüft. Durch Art 23 und Art 24 UNCCD ist ihr ein ständiges Sekretariat sowie ein *Ausschuss für Wissenschaft und Technologie* beigeordnet worden. Als internationale Finanzierungsmechanismen fungieren der sog *Global Mechanism* sowie die *Global Environmental Facility*.[283] Die Vertragsstaatenkonferenz findet gemäß Art 22 Abs 4 UNCCD im Grundsatz alle zwei Jahre statt.[284] Im Jahre 2008 hat die Vertragsstaatenkonferenz sich auf den *10-year Strategic Plan and Framework to Enhance the Implementation of the Convention (2008–2018)* geeinigt.[285] In ihm werden u a konkrete Arbeitsaufträge an die Unterorgane der UNCCD sowie konkrete Erfolgsindikatoren für die Umsetzung der in ihr definierten Ziele erteilt bzw festgelegt. Insbes wurde auf der elften Vertragsstaatenkonferenz im Jahr 2013 eine *Intergovernmental Working Group* eingerichtet, die klären soll, wie im Rahmen der UNCCD das Ziel einer *Land-Degradation-Neutral-World* erreicht werden kann.

4. Naturerbe

84 Eine ganze Reihe internationaler Abkommen bezweckt den Schutz des kulturellen und natürlichen Erbes der Menschheit.[286] Die Grundidee dieser Schutzbemühungen ist, dass es kulturelle Leistungen und natürliche Phänomene gibt, die so außergewöhnlich sind, dass ihre Erhaltung im Interesse der gesamten Menschheit liegt.[287] Soweit internationale Abkommen diese Naturräume schützen, tragen sie indirekt auch zum Schutz der in ihnen befindlichen Biodiversität bei, bleiben dabei in ihrem Schutzbereich aber auf vergleichsweise wenige, besonders augenfällige Naturgüter beschränkt.[288] Auf globaler Ebene ist das wichtigste Abkommen insofern die am 17.12.1975 in Kraft getretene *UNESCO Konvention* v 1972. Sie hat derzeit 195 Vertragsparteien.[289] Laut Präambel bezweckt das Abkommen den „[...] gemeinschaftlichen Schutz des Kultur- und Naturerbes von außergewöhnlichem universellem Wert [...]." Gemäß Art 2 UNESCO Konvention gelten als Naturerbe u a auch „geologische und physiographische Erscheinungsformen und genau abgegrenzte Gebiete, die den Lebensraum für bedrohte Pflanzen- und Tierarten bilden, wel-

---

280 Die UNCCD enthält vier Anlagen über die regionale Durchführung des Abkommens in Afrika, Asien, Lateinamerika und der Karibik sowie für die Region des nördlichen Mittelmeers.
281 Art 10 Abs 3 lit e und lit b UNCCD.
282 Art 5 lit b und lit e sowie Art 20 und 21 UNCCD.
283 S Art 21 Abs 2 und Abs 4 bis 7 UNCCD. S a <global-mechanisms.org>.
284 S weiterführend *Beyerlin*, Desertification, in MPEPIL.
285 Decision 3/COP.8, ICCD/COP(8)/16/Add.1.
286 *Redgwell* (Fn 57) 377 ff.
287 S hierzu *Bowman/Davies/Redgwell*, Wildlife Law, 451 f; s a *Pfeifle*, UNESCO-Weltkulturerbe, 2010, 28 ff.
288 *Bowman/Davies/Redgwell*, Wildlife Law, 481 f.
289 Stand 1.3.2017.

che aus wissenschaftlichen Gründen oder ihrer Erhaltung wegen von außergewöhnlichem universellen Wert sind“.[290] Trotz Anerkennung des universellen Interesses der gesamten Menschheit am Erhalt bestimmter Kultur- und Naturgüter weist das Abkommen jedem Vertragsstaat das Recht und die Pflicht zu, die in seinem Territorium befindlichen Güter des Kultur- und Naturerbes zu erfassen, zu bestimmen und zu erhalten.[291] Zur Erhaltung des Kultur- und Naturerbes haben die Vertragsparteien u a gemäß Art 5 lit d UNESCO Konvention „geeignete rechtliche, wissenschaftliche, technische, Verwaltungs- und Finanzmaßnahmen“ zu treffen, die für die Erfassung, den Schutz, die Erhaltung „in Bestand und Wertigkeit“ sowie für die „Revitalisierung dieses Erbes“ erforderlich sind. Die anderen Vertragsstaaten verpflichten sich gemäß Art 6 Abs 2 iVm Art 7 UNESCO Konvention, ein System internationaler Zusammenarbeit und Hilfe zu errichten, das die Vertragsstaaten in ihren Bemühungen um die Erhaltung und Erfassung des Erbes unterstützt. Gemäß Art 6 Abs 3 UNESCO Konvention verpflichten sich die Vertragsstaaten weiterhin, „alle vorsätzlichen Maßnahmen zu unterlassen, die das in Hoheitsgebieten anderer Vertragsstaaten befindliche Kultur- und Naturerbe mittelbar oder unmittelbar schädigen könnte“.

85 Die Durchführung des Abkommens wird durch das „Komitee für das Erbe der Welt“ (*World Heritage Committee*), ein bei der UNESCO angesiedeltes Sekretariat sowie durch die Generalkonferenz der UNESCO begleitet. Hinzu tritt der gemäß Art 15 bis 18 eingerichtete und in seinem Aufgabenbereich und seiner Funktionsweise definierte „Fond für das Erbe der Welt“ (*World Heritage Fund*).[292] Das Welterbekomitee erstellt und verwaltet gemäß Art 11 UNESCO Konvention zwei Listen, namentlich a) die „Liste des Erbes der Welt“ und b) die „Liste des gefährdeten Erbes der Welt“. Es bestimmt insbes die Maßstäbe, nach denen ein zum Kultur- oder Naturerbe gehörendes Gut in die jeweiligen Listen aufgenommen werden kann. Die Vertragsstaaten legen der Kommission ein Verzeichnis mit Gütern vor, die für die Aufnahme in die Listen in Frage kommen. Die Aufnahme bedarf wiederum der Zustimmung des betreffenden Staats. Soll die Aufnahme abgelehnt werden, ist der betreffende Vertragsstaat vorher zu konsultieren. Die wichtigste Rechtsfolge der Aufnahme bestimmter Güter in eine der Listen ist, dass Anträge auf internationale Unterstützung zu ihrer Erhaltung gestellt werden können. Am 14.2.2017 enthielt die „Liste des Erbes der Welt“ 814 Kulturerbe-Güter, 203 Naturerbe-Güter und 35 gemischte Güter. Die „Liste des gefährdeten Erbes der Welt“ enthielt 37 Kulturerbe-Güter und 18 Naturerbe-Güter.[293]

VI. Regionaler Arten- und Lebensraumschutz

86 Ein letzter Typ von Abkommen befasst sich mit Lebensraum- und Artenschutz auf regionaler Ebene.[294] Dieser Abkommenstyp hat seine Berechtigung nicht zuletzt in der Sach- und Interessennähe der beteiligten Staaten sowie der vergleichsweise geringeren Verhandlungskomplexität kleinerer gegenüber größeren Staatengruppen. Entsprechende Abkommen wurden für unterschiedliche Weltregionen abgeschlossen. Diese beziehen sich auf Regionen in Afrika, Asien, Europa, die beiden amerikanischen Kontinente und die Karibik, den pazifischen Raum oder die Polargebiete.[295] Für Europa sind wiederum vier Abkommen bedeutsam. Zu nennen sind das *Ber-*

---

290 Die Definition umfasst auch andere Naturgebilde und Naturstätten, s Art 2 UNESCO Konvention.
291 Art 3 und 4 UNESCO Konvention.
292 Über die in ihm enthaltenen Mittel entscheidet gemäß Art 13 Abs 6 UNESCO Konvention das „Komitee für das Erbe der Welt“.
293 Informationen abrufbar unter <whc.unesco.org>.
294 Hier wird der durch *Sands/Peel* vorgenommenen Typisierung gefolgt, *Sands/Peel*, Principles, 479 ff.
295 S vertiefend *Bowman/Davies/Redgwell*, Wildlife Law, 239 ff; *Sands/Peel*, Principles, 479 ff.

ner-Übereinkommen v 1979, das *Benelux-Übereinkommen über die Erhaltung der Natur und den Schutz der Landschaft* v 1982, die oben erwähnte *Alpenkonvention* sowie die *Rahmenkonvention zum Schutz und zur nachhaltigen Entwicklung der Karpaten* v 2003.[296]

87 An dieser Stelle soll das im Rahmen des Europarats verhandelte *Berner Übereinkommen* vorgestellt werden, das am 1.6.1982 in Kraft trat und derzeit 51 Vertragsparteien zählt (darunter die EU sowie fünf Staaten, die nicht Mitgliedstaaten des Europarats sind, namentlich Belarus, Burkina Faso, Marokko, Senegal und Tunesien).[297] Gemäß Art 1 Berner Übereinkommen ist das Ziel des Übereinkommens, „wildlebende Pflanzen und Tiere sowie ihre natürlichen Lebensräume, insbes die Arten und Lebensräume, deren Erhaltung die Zusammenarbeit mehrerer Staaten erfordert, zu erhalten und eine solche Zusammenarbeit zu fördern". Die hier statuierte Kooperationsverpflichtung gewinnt aktuell insbes durch die Rückkehr von Arten wie Luchs, Bär und Wolf in die europäischen Wälder wieder an Bedeutung.[298] Die Vertragsparteien sind allg verpflichtet, ihre nationale Politik zur Erhaltung wildlebender Pflanzen und Tiere sowie ihrer natürlichen Lebensräume zu fördern, ihre Erhaltung im Rahmen ihrer Planungs- und Entwicklungspolitik zu berücksichtigen sowie erhaltungsorientierte Bildungs- und Verbreitungsarbeit zu unterstützen. Hinsichtlich des Lebensraum- und Artenschutzes enthält das Berner Übereinkommen spezifische Gebots- und Verbotsnormen. Art 4 Abs 1–3 Berner Übereinkommen gebietet den Vertragsparteien, die „geeigneten und erforderlichen gesetzgeberischen und Verwaltungsmaßnahmen [zu ergreifen], um die Erhaltung der Lebensräume wildlebender Pflanzen- und Tierarten, insbes der in den Anhängen I und II genannten Arten, sowie die Erhaltung natürlicher Lebensräume sicherzustellen". Hierzu soll nationale Planungs- und Entwicklungspolitik die Erfordernisse der Erhaltung dieser Gebiete berücksichtigen, um „jede Beeinträchtigung [...] zu vermeiden oder so gering wie möglich zu halten". Besondere Aufmerksamkeit ist solchen Gebieten zuzuwenden, die für die in den Anhängen aufgeführten wandernden Arten von Bedeutung sind. Die Anforderungen konkretisieren sich hinsichtlich des Artenschutzes noch weiter. Hinsichtlich der in Anh I gelisteten „streng geschützten Pflanzenarten" verbieten die Vertragsparteien gemäß Art 5 Berner Übereinkommen das Pflücken, Sammeln, Abschneiden, Ausgraben, Ausreißen sowie den Besitz oder Verkauf dieser Arten. Hinsichtlich der in Anh II gelisteten „streng geschützten Tierarten" verbieten die Vertragsparteien gemäß Art 6 lit a bis e Berner Übereinkommen u a das absichtliche Fangen, Halten oder Töten der Tiere, das mutwillige Beschädigen oder Zerstören von Brut- oder Raststätten sowie den Besitz von und den innerstaatlichen Handel mit lebenden oder toten Exemplaren. Hinsichtlich der in Anh III gelisteten „geschützten Tierarten" haben die Vertragsstaaten gemäß Art 7 Berner Übereinkommen die geeigneten und erforderlichen gesetzgeberischen und Verwaltungsmaßnahmen zu ergreifen, um ihren Schutz sicherzustellen. Jegliche Nutzung wird so geregelt, dass die Populationen in ihrem Bestand nicht gefährdet werden. Hinsichtlich der wandernden Arten besteht ein Koordinationsgebot zwischen den Parteien, deren Hoheitsgebiet das Verbreitungsgebiet der in Anh II und III genannten Arten umfasst. Das Berner Übereinkommen sieht verschiedene Ausnahmen sowie die Möglichkeit des Vorbringens von Vorbehalten in Bezug auf die in den Anh I bis III genannten Arten vor (Art 9 und 22). Von der Möglichkeit, Vorbehalte vorzubringen wurde umfangreich Gebrauch gemacht.[299]

88 Institutionell wird die Durchführung des Berner Übereinkommens durch einen gemäß Art 13–15 eingerichteten *Ständigen Ausschuss* befördert. Im Grundsatz tagt der Ausschuss gemäß

---

296 In Kraft seit dem 4.1.2006.

297 S vertiefend *Schumacher*, Das Berner Übereinkommen über die Erhaltung der europäischen wildlebenden Pflanzen und Tiere und ihrer natürlichen Lebensräume und Natura 2000, AVR 55 (2017) 543 ff.

298 *Trouwborst*, Managing the Carnivore Comeback: International Law and the Return of the Lynx, Wolf and Bear to Western Europe, JEL 22 (2010) 347 ff.

299 Die Vorbehalte sind auf der durch den Europarat betriebenen Internetseite des BÜ einsehbar.

Art 11 Abs 4 Berner Übereinkommen alle zwei Jahre. Er ist gemäß Art 14 Berner Übereinkommen verantwortlich für die Überwachung der Einhaltung des Übereinkommens. Hierzu kann er die Vorschriften des Abkommens einschließlich seiner Anhänge überprüfen, verschiedene Empfehlungen machen[300] und Sachverständigentagungen veranstalten. Gemäß Art 15 Berner Übereinkommen übermittelt der Ausschuss dem Ministerkomitee des Europarats nach jeder Tagung einen Bericht. Änderungen des Vertrags oder der Anhänge werden durch Mitgliedstaaten oder das Ministerkomitee vorgeschlagen und im *Ständigen Ausschuss* nach den in Art 16 und 17 Berner Übereinkommen genannten Quoren beschlossen. Insbes Änderungen der Anhänge sind mehrfach erfolgt.

Schlussbemerkung

89 Erhaltung und nachhaltige Nutzung biologischer Vielfalt sind insbes seit den 1970er Jahren zunehmend Regelungsgegenstand des internationalen Umweltrechts geworden. Dieser Verrechtlichungsprozess war und ist durch verschiedene Trends gekennzeichnet. Einzelne Bestandteile der biologischen Vielfalt werden mehr und mehr als Bestandteile komplexer, interdependenter Ökosysteme geschützt, Erhaltungs- und Nutzungsinteressen werden in ein Ausgleichsverhältnis gestellt, und nationalstaatliche Souveränität über biologische Ressourcen wird zunehmend zugunsten überstaatlicher Interessen eingeschränkt. Insbes das CBD-Regime mit seinen Protokollen und der ITPGRFA stehen exemplarisch für diese Entwicklung. Die Weiterentwicklung des gesamten Vertragssystems zur Erhaltung und nachhaltigen Nutzung der Biodiversität sollte sich vor allem an den Schutzbedarfen orientieren. Zuerst gilt es insofern, die Operationalisierung und Umsetzung der *Aichi-Biodiversity-Targets* effektiv voranzutreiben sowie den bisher unterentwickelten rechtlichen Schutz der Böden und Wälder deutlich zu verstärken. Bestehende Abkommen zum Arten- und Lebensraumschutz sind auch weiterhin umzusetzen und, wo nötig, zu verbessern. Darüber hinaus gilt es, die Durchführung und Fortentwicklung der Zugangs- und Teilhabeordnungen der CBD, ihres NP und des ITPGRFA weiterzuverfolgen. Insbes ist deren Teilfunktion als Instrument des Ressourcenschutzes zu stärken. Nicht zuletzt wird die Leistungs- und Funktionsfähigkeit des CBD-Regimes hinsichtlich der Bearbeitung und Lösung einzelner Sachfragen darüber entscheiden, ob und inwieweit sie zu einem integrierenden Faktor oder sogar zum Zentrum eines internationalen Biodiversitätsschutzrechts werden kann.

300 S hierzu ausf *Gillespie*, Biodiversity, 184 f.

Elfter Abschnitt

Alexander Proelß

Schutz der Luft und des Weltraums

Gliederung

Literatur

Beyerlin, Ulrich/Marauhn, Thilo, International Environmental Law, 2012 [*Beyerlin/Marauhn*, International Environmental Law]

Birnie, Patricia/Boyle, Alan/Redgwell, Catherine, International Law and the Environment, 3. Aufl 2009 [*Birnie/Boyle/Redgwell*, International Law and the Environment]

Bodansky, Daniel/Brunnée, Jutta/Hey, Ellen (Hrsg), Oxford Handbook of International Environmental Law, 2007 [Handbook]

Hobe, Stephan, Die rechtlichen Rahmenbedingungen der wirtschaftlichen Nutzung des Weltraums, 1992

Hobe, Stephan/Schmidt-Tedd, Bernhard/Schrogl, Kai-Uwe (Hrsg), Cologne Commentary on Space Law, Bd 1, 2009 [CoCoSL]

Kraft, Holger, Internationales Luftreinhalterecht, 1996

Sands, Philippe/Peel, Jacqueline, Principles of International Environmental Law, 3. Aufl 2012 [*Sands/Peel*, Principles]

Schladebach, Markus, Lufthoheit, 2014 [*Schladebach*, Lufthoheit]

Schuppert, Stefan, Neue Steuerungsinstrumente im Umweltvölkerrecht am Beispiel des Montrealer Protokolls und des Klimaschutzrahmenübereinkommens, 1998

Wick, Bastian, Ein internationales Übereinkommen zur Regelung des Abbaus der natürlichen Ressourcen des Mondes und anderer Himmelskörper, 2016 [*Wick*, Ressourcenabbau]

Wolfrum, Rüdiger (Hrsg), Max Planck Encyclopedia of Public International Law, 10 Bde, 3. Aufl 2012 [MPEPIL]

Wustlich, Die Atmosphäre als globales Umweltgut, 2003 [*Wustlich*, Atmosphäre]

Yoshida, Osamu, The International Legal Régime for the Protection of the Stratospheric Ozone Layer, 2001

Verträge

(Chicagoer) Abkommen über die Internationale Zivilluftfahrt v 7.12.1944 (BGBl 1956 II, 411) — 1, 3

General Agreement on Tariffs and Trade v 30.10.1947 (BGBl 1951 II, 173), revidierte Fassung v 1994 (BGBl 1995 II, 456) [GATT] — 29

Antarktis-Vertrag v 1.12.1959 (BGBl 1978 II, 1517) — 36, 38

Vertrag über das Verbot von Kernwaffenversuchen in der Atmosphäre, im Weltraum undunter Wasser v 5.8.1963 (480 UNTS 43) — 7, 9, 37

DOI 10.1515/9783110248296-011

Vertrag über die Grundsätze zur Regelung der Tätigkeiten von Staaten bei der Erforschung und Nutzung des Weltraums einschließlich des Mondes und anderer Himmelskörper v 27.1.1967 (BGBl 1969 II, 1969) [Weltraumvertrag] — 1, 34–46, 49
Übereinkommen über die Haftung für Schäden durch Weltraumgegenstände v 29.3.1972 (BGBl 1975 II, 1209) [Weltraumhaftungsübereinkommen] — 47, 48
Übereinkommen über das Verbot der militärischen oder einer sonstigen feindseligen Nutzung umweltverändernder Techniken v 18.5.1977 (BGBl 1983 II, 125) [ENMOD Konvention] — 37
Genfer Übereinkommen über weiträumige grenzüberschreitende Luftverunreinigung v 13.11.1979 (BGBl 1982 II, 373) [CLRTAP] — 10–18
Übereinkommen zur Regelung der Tätigkeiten von Staaten auf dem Mond und anderen Himmelskörpern des Sonnensystems v 5.12.1979 (ILM 18 [1979] 1434) [Mondvertrag] — 35, 42, 49
Seerechtsübereinkommen der Vereinten Nationen v 10.12.1982 (BGBl 1994 II, 1799) [SRÜ] — 4, 38
Protokoll betreffend die langfristige Finanzierung des Programms über die Zusammenarbeit bei der Messung und Bewertung der weiträumigen Übertragung von luftverunreinigenden Stoffen in Europa (EMEP) v 28.9.1984 (BGBl 1988 II, 422) — 12, 15
Wiener Übereinkommen zum Schutz der Ozonschicht v 22.3.1985 (BGBl 1988 II, 901) — 20–24
Protokoll betreffend die Verringerung von Schwefelemissionen oder ihres grenzüberschreitenden Flusses um mindestens 30 von Hundert von 8.7.1985 (BGBl 1986 II, 1117) — 12, 15
Montrealer Protokoll über Stoffe, die zu einem Abbau der Ozonschicht führen v 16.9.1987 (BGBl 1988 II, 1014; letzte Änd in BGBl 1999 II, 2183) [Montrealer Protokoll] — 5, 20, 24, 25–32
Protokoll betreffend die Bekämpfung von Emissionen von Stickstoffoxiden oder ihres grenzüberschreitenden Flusses v 31.10.1988 (BGBl 1990 II, 1279) — 12, 15
Agreement between the Government of the United States of America and the Government of Canada on Air Quality v 13.3.1991 (1852 UNTS 79) — 18
Protokoll betreffend die Bekämpfung von Emissionen flüchtiger organischer Verbindungen oder ihres grenzüberschreitenden Flusses v 18.11.1991 (BGBl 1994 II, 2359) — 12, 15
Rahmenübereinkommen der Vereinten Nationen über Klimaänderungen v 9.5.1992 (BGBl 1993 II, 1783) [Klimarahmenkonvention bzw UNFCCC] — 5
Protokoll betreffend die weitere Verringerung von Schwefelemissionen vom 13.6.1994 (BGBl 1998 II, 131) — 12, 15, 16
Protokoll betreffend persistente organische Schadstoffe v 24.6.1998 (BGBl 2002 II, 804) — 12, 15
Protokoll betreffend Schwermetalle v 24.6.1998 (BGBl 2003 II, 611) — 12, 15
Protokoll zur Bekämpfung von Versauerung, Eutrophierung und bodennahem Ozon v 30.11.1999 (BGBl 2004 II, 884) — 12, 15
ASEAN Agreement on Transboundary Haze Pollution v 10.6.2002 (<http://agreement.asean.org/home/index.html>) — 18

Judikatur

Internationaler Gerichtshof

North Sea Continental Shelf (Germany v Denmark; Germany v Netherlands), Urteil v 20.2.1969, ICJ Rep 1969, 3 *[North Sea Continental Shelf]* — 3, 46
Nuclear Tests Case (Australia v France) (Interim Measures), Oral Arguments of Australia concerning Provisional Measures, CR 1973 *[Nuclear Tests (Interim Measures)]* — 9
Legality of the Threat or Use of Nuclear Weapons, Gutachten v 8.7.1996, ICJ Rep 1996, 226 *[Nuclear Weapons]* — 9, 10, 41
Fisheries Jurisdiction (Spain v Canada), Urteil v 4.12.1998, ICJ Rep 1998, 432 *[Fisheries Jurisdiction]* — 46
Aerial Herbicide Spraying (Ecuador v Colombia), Memorial of Ecuador, Vol I v 28.4.2009 *[Aerial Herbicide Spraying]* — 9
Pulp Mills on the River Uruguay (Argentina v Uruguay), Urteil v 20.4.2010, ICJ Rep 2010, 14 *[Pulp Mills]* — 8, 37, 41

Internationale Schiedsgerichte

Trail Smelter Arbitration (USA v Canada), Schiedssprüche v 16.4.1938 bzw 11.3.1941, RIAA III, 1905, 1938 *[Trail Smelter]* — 1, 7, 8, 14
Lac Lanoux Arbitration (Spain v France), Schiedsspruch v 16.11.1957, RIAA XII, 281 *[Lac Lanoux]* — 46
Cosmos 954 Settlement (Canada v Soviet Union), Schiedsspruch v 23.1.1979, ILM 18 (1979) 899 *[Cosmos]* — 33, 48

Gerichtshof der Europäischen Union
Urteil v 26.5.2011, Verb Rs C-165/09 bis 167/09, ECLI:EU:C:2009:393 *[Stichting Natuur en Milieu]* — 19

I. Luft- und Weltraum als Grundkategorien

1 Gegenstand des vorliegenden Abschn ist der Schutz von Luft- und Weltraum. Diese Räume unterscheiden sich hinsichtlich ihrer völkerrechtlichen Zuordnung kategorial: Während der Luftraum unstr zum Staatsgebiet gehört,[1] handelt es sich beim Weltraum um einen sog Staatengemeinschaftsraum, einen Raum also, der funktionell[2] nicht einem einzelnen Staat, sondern der Staatengemeinschaft insgesamt zugeordnet ist.[3] Es herrschen dort prinzipiell Freiheit und Gleichheit, demgegenüber der Luftraum eines Staats von anderen Staaten nur mit dessen Einverständnis genutzt werden darf. Damit ist der Schutz des Weltraums naturgemäß Sache der gesamten Staatengemeinschaft, wohingegen der Schutz des Luftraums einen kompetenziellen Ausschnitt der territorialen Souveränität des Staats bildet. Ähnlich wie bei Binnengewässern, Meeren und einzelnen Bestandteilen der globalen Ökosysteme hat die Verschmutzung des Luftraums eines Staats angesichts des Fehlens natürlicher Barrieren und eingedenk der grenzüberschreitenden, ganz überwiegend regionalen, ja zT globalen Natur der sich im Luftraum iwS abspielenden natürlichen Prozesse aber stets auch Auswirkungen auf das Territorium anderer Staaten sowie die Gebiete jenseits der Grenzen nationaler Hoheitsgewalt (*areas beyond national jurisdiction*) wie die Hohe See. Im Kontext der Luftreinhaltung ist ein Staat daher zwingend auf Kooperation mit anderen Staaten angewiesen, wobei die räumlich-zeitlichen Dimensionen der relevanten Prozesse das klassische Nachbarrecht als zur Umsetzung dieses Kooperationserfordernisses häufig ungeeignet erscheinen lassen.[4] Zugleich bedingt der unterschiedliche Rechtsstatus von Luft- und Weltraum – Staatsgebiet einerseits, Staatengemeinschaftsraum andererseits –, dass die völkerrechtlichen Instrumente zum Schutz des Luftraums nicht auf den Weltraum übertragen werden können, sondern dass jeweils spezifisch einschlägige Mechanismen zu entwickeln sind. Daraus resultiert die Notwendigkeit, die Grenze zwischen Luft- und Weltraum zu bestimmen.

1. Grenze zwischen Luft- und Weltraum

2 Diese Grenze ist vertraglich nicht eindeutig geregelt, und es wird eine Vielzahl unterschiedlicher Abgrenzungstheorien vertreten, die an verschiedenen räumlichen, physikalischen und/oder

---

1 S Art 1 Chicagoer Abkommen: „Die Vertragsstaaten erkennen an, dass jeder Staat über seinem Hoheitsgebiet volle und ausschließliche Lufthoheit besitzt."

2 Nicht aber territorial: Mangels Rechtssubjektivität ist der Weltraum kein Kondominium der Staatengemeinschaft.

3 S Art I Abs 1 („Die Erforschung und Nutzung des Weltraums einschließlich des Mondes und anderer Himmelskörper wird zum Vorteil und im Interesse aller Länder ohne Ansehen ihres wirtschaftlichen und wissenschaftlichen Entwicklungsstandes durchgeführt und ist Sache der gesamten Menschheit.") und Art II („Der Weltraum einschließlich des Mondes und anderer Himmelskörper unterliegt keiner nationalen Aneignung durch Beanspruchung der Hoheitsgewalt, durch Benutzung oder Okkupation oder durch andere Mittel.") Weltraumvertrag.

4 Freilich betraf das schiedsgerichtliche Urteil im *Trail Smelter*-Fall, Geburtsstunde des umweltvölkerrechtlichen Verbots der erheblichen grenzüberschreitenden Umweltbelastungen, gerade Schadstoffemissionen einer im kanadischen Ort Trail ansässigen Zinnschmelze, die im benachbarten US-Bundesstaat Washington Schäden verursacht hatten. Dazu Proelß, 3. Abschn Rn 8 ff.

funktionalen Gesichtspunkten ansetzen.[5] Als am ehesten überzeugend haben sich Ansätze erwiesen, die auf physikalische Kriterien abstellen. So liegt nach der nach flugdynamischen Kriterien entwickelten *von Kármán*-Linie die Grenze zwischen Luft- und Weltraum zB bei 83 km Höhe, da ein Flugzeug oberhalb dieser Höhe, um genügend Auftrieb zu erhalten, so schnell fliegen müsste, dass die Reibungshitze es schmelzen ließe. Anders herum kann die Grenzlinie auch entlang der untersten möglichen Satellitenumlaufbahn, dh bei etwa 120–100 km Höhe, gezogen werden; denn unterhalb dieser Linie ließe die Erdanziehungskraft die Satelliten abstürzen.[6]

3 Diese beiden Ansätze können sich zwar auf gewisse Anhaltspunkte in der Völkerrechtspraxis stützen. So definiert Anlage VII Nr 1 zum Chicagoer Abkommen, die *von Kármán*-Linie damit indirekt bestätigend, den Begriff „Luftfahrzeug" als „[a]ny machine that can derive support in the atmosphere from the reactions of the air other than the reactions of the air against the earth's surface."[7] Umgekehrt plädierte die Sowjetunion bereits 1978 vor dem UN-Weltraumausschuss (UNCOPUOS) dafür, die Grenze von Luft- und Weltraum bei 100–110 km über der Erdoberfläche festzulegen.[8] Diese Position wurde 1996 von Russland bekräftigt.[9] Andere Weltraumaktivitäten praktizierende Staaten wie die USA haben sich jedoch nie offiziell festgelegt. Es fehlt daher an einer hinreichend einheitlichen Übung der besonders betroffenen[10] Staaten, weshalb nicht von der völkergewohnheitsrechtlichen Geltung dieser oder jener Theorie ausgegangen werden kann.

4 Dadurch wird aber die Notwendigkeit, die Grenze zwischen Luft- und Weltraum zu bestimmen, zumindest mittel- und langfristig nicht entbehrlich.[11] Im Gegenteil lassen neue Entwicklungen wie der einsetzende Weltraumtourismus das Bedürfnis nach eindeutiger Festlegung der Grenzlinie gerade auch unter dem Gesichtspunkt des Schutzes der Umwelt des betreffenden Raums steigen. Diesbezüglich kommt angesichts der unterschiedlichen Rechtsstatus von Luft- und Weltraum ein Abstellen auf die u a im Bereich des Seevölkerrechts anerkannte Praxis, bis zur endgültigen Grenzziehung auf Vereinbarungen vorläufiger Art über den Schutz und die gemeinsame Nutzung des betreffenden Raums hinzuarbeiten,[12] von vornherein nicht in Betracht. Denn vorliegend geht es gerade nicht um die vertikale Abgrenzung der Einflusssphären zweier oder mehrerer benachbarter Staaten, sondern um die horizontale Trennlinie zwischen dem Staatsgebiet einerseits und dem – einzelstaatlicher Souveränität entzogenen – Weltraum andererseits. Dogmatisch dürfte deshalb die *von Kármán*-Linie den überzeugendsten Ansatz bilden. Die von Art 1 Chicagoer Abkommen jedem Staat für den Luftraum über seinem Hoheitsgebiet zugewiesene „volle und ausschließliche Lufthoheit" kann nur dort ausgeübt werden, wo der Verkehr mit Luftfahrzeugen möglich ist.[13] Dies indes ist, wie die flugdynamischen Kriterien der *von Kármán*-Linie belegen, nur bis zu einer Höhe von 83 km der Fall. Insofern tragen sie dem Umstand, dass der Grundsatz der Souveränität zumindest die faktische Möglichkeit der Herr-

---

5 Ausführliche Zusammenstellung nunmehr bei *Schladebach*, Lufthoheit, 168 ff. Für eine Orientierung an der seevölkerrechtlich determinierten Breite des Küstenmeers jüngst *Reinhardt*, The Vertical Limit of State Sovereignty, JALC 72 (2007) 65 ff.

6 *Schladebach*, Lufthoheit, 172 f; s a *Bueckling*, Der Weltraumvertrag, 1980, 32 ff.

7 Anlage VII zum Chicagoer Abkommen ist abgedr in ICAO (Hrsg), Annex 7, Aircraft Nationality and Registration Marks, 6. Aufl 2012.

8 UN Doc A/AC.105/pv.183 (1978), 48 ff, zit nach *Schladebach*, Lufthoheit, 172.

9 UN Doc A/AC.105/635/Add.1 v 15.3.1996, 6: „According to the international practice which is now evolving, a State's sovereignty does not extend to the space located above the orbit of least perigee of an artificial Earth satellite (approximately 100 km above sea level)." S auch *Hobe*, in: CoCoSL, Art I Rn 19 mit Hinweis auf die australische Staatspraxis.

10 Vgl *North Sea Continental Shelf*, § 73.

11 Zutreffend *Schladebach*, Lufthoheit, 169.

12 Vgl Art 74 Abs 3 und Art 83 Abs 3 SRÜ.

13 *Schladebach*, Lufthoheit, 178 f.

schaft über den betreffenden Raum voraussetzt, am besten Rechnung.[14] Künftig sollte deshalb Klarheit dahingehend angestrebt werden, dass jenseits dieser Grenze der Weltraum im juristischen Sinne beginnt. Unter Hinweis auf die unterste mögliche Satellitenumlaufbahn von der Existenz einer rechtlichen „Zwischenzone" (gelegen in einer Höhe von 83 bis 100 km) auszugehen, die weder Luft- noch Weltraum ieS ist, sondern sich – ähnlich wie Ausschließliche Wirtschaftszone (AWZ) und Festlandsockel[15] – aus Elementen des Staatsgebiets und der Staatengemeinschaftsräume zusammensetzt, überzeugt nicht.[16] Anders als im Seevölkerrecht ist die Existenz einer solchen Zone weder völkervertragsrechtlich noch -gewohnheitsrechtlich anerkannt. Es fehlt an staatlichen Äußerungen oder Verlautbarungen I. O., die auf ihre Existenz hindeuteten, ebenso wie an Rechtsnormen, die die Bedingungen ihrer Nutzung regulierten.

2. Ausschluss des Klimaschutzes

5 Auch die *Naturwissenschaften* differenzieren zwischen der Erdatmosphäre als der gasförmigen, in unterschiedliche Schichten einteilbaren Hülle der Erde (und damit letztlich dem Luftraum: Luft ist nichts anderes als das Gasgemisch der Erdatmosphäre)[17] einerseits und dem Weltraum andererseits, ziehen die Grenze zwischen Atmosphäre und Weltraum indes erst oberhalb der Exosphäre, deren untere (erdnahe) Grenze auf einer Höhe von 400–1.000 km verläuft.[18] Sie ist nach der soeben erläuterten *juristischen* Grenze damit unstr Bestandteil des Weltraums – ein Umstand, der bestätigt, dass sich die völkerrechtliche Abgrenzung an nutzungsbezogenen Kriterien orientiert, nicht aber an den Erkenntnissen der Atmosphärenforschung. Hinzu tritt, dass das Erdklima als „Ergebnis einer Makrobetrachtung, einer statistischen Langzeitanalyse des durchschnittlichen und damit für ein Maßstabsgebiet charakteristischen Verlaufs des Wetters"[19] auf Grundlage der naturwissenschaftlichen Grenzziehung dem Luftraum zuzuordnen ist. Anders als frühere Darstellungen folgt das vorliegende Lehrbuch dieser Zuordnung nicht,[20] sondern widmet dem Schutz des Klimas einen eigenen Abschn. Spätestens mit der Annahme der UN-Klimarahmenkonvention (UNFCCC) im Jahre 1992 hat sich der Klimaschutz rechtlich verselbständigt. Klimaschutzrecht betrifft die vom Menschen verursachte wesentliche Erhöhung der Konzentrationen von Treibhausgasen in der Atmosphäre. Es ist entstehungsgeschichtlich unabhängig von anderen atmosphärenbezogenen völkerrechtlichen Instrumenten entstanden[21] und beschränkt sich in der Sache auf den Umgang mit solchen Treibhausgasen, die *nicht* der Kontrolle durch das Montrealer Protokoll über Stoffe, die zu einem Abbau der Ozonschicht führen, unterliegen,[22] kann also von sonstigen stoffbezogenen Regelungen über den Schutz der Luft rand-

14 Ebd, 178.
15 Dazu näher *Proelß*, Raum und Umwelt im Völkerrecht, in Graf Vitzthum/Proelß (Hrsg), Völkerrecht, 7. Aufl 2016, 5. Absch Rn 10, 49, 51 ff mwN.
16 So aber u a *Schladebach*, Lufthoheit, 179 ff; vgl auch *Vitt*, Grundbegriffe und Grundprinzipien des Weltraumrechts, in Böckstiegel (Hrsg), Handbuch des Weltraumrechts, 1991, 35 (37 ff).
17 S nur *Möller*, Luft, 2003, 1 ff. Vgl auch die Definition des IPCC (Hrsg), Climate Change 2013: The Physical Science Basis, Contribution of Working Group I to the Fifth Assessment Report of the Intergovernmental Panel on Climate Change, 2013, 1448 f: „The gaseous envelope surrounding the Earth. [...]."
18 Dazu auch *Rowlands*, Atmosphere and Outer Space, in: Handbook, 315 (316 f).
19 *Wustlich*, Atmosphäre, 39 (Fußnoten weggelassen).
20 S etwa *Kraft*, Internationales Luftreinhalterecht, 1996, 31 ff, 87 ff, der den rechtlichen Schutz von Luft und Klima unter der Überschrift „Luftreinhalterecht" gemeinsam behandelt. Nach *Wustlich*, Atmosphäre, 326 ff müsse das Atmosphärenschutzrecht einschließlich des Klimaschutzrechts systematisch als eigenes und neues umweltrechtliches Teilrechtsgebiet betrachtet werden.
21 S Stoll/Krüger, 9. Abschn Rn 4 ff.
22 Vgl etwa Art 4 Abs 1 lit a–d, Abs 2 lit a und b, Abs 6 und Art 12 Abs 1 lit a UNFCCC. Zum Ganzen ferner Stoll/Krüger, 9. Abschn Rn 58.

scharf unterschieden werden. Dies gilt zumal mit Blick auf die Akteursebene, wurde doch 1988 mit dem *Intergovernmental Panel on Climate Change (IPCC)* ein spezifisch mit der Bewertung wissenschaftlicher, technischer und sozio-ökonomischer Informationen in Bezug auf den Klimawandel und seine Bekämpfung betrautes unabhängiges intergouvernementales Gremium gegründet.[23]

II. Schutz der Luft

1. Grenzüberschreitende Luftverschmutzung

6 Der Schutz der Luft im Völkerrecht behandelt zunächst die Bekämpfung von in die Luft emittierten Schadstoffen, insbes Schwefeldioxid und Stickoxiden. Nicht geregelt wird die nachfolgend im Vordergrund stehende Luftverschmutzung hingegen von den Vorgaben des internationalen Luftrechts. Regelungsgegenstand dieses Rechtsgebiet, dessen Grundlagen im bereits erwähnten Chicagoer Abkommen kodifiziert sind, ist nicht die Materie Luft und ihre Verschmutzung, sondern „das Luftfahrzeug, das der Luft als Trägermedium (Luftauftrieb) bedarf, um sich fortbewegen zu können". Luftrecht ist damit nicht Umweltrecht, sondern – zumindest im Schwerpunkt – Verkehrsrecht;[24] es bleibt in vorliegendem Zusammenhang ausgeklammert.[25]

7 Erste Ansätze zur Regulierung der Verschmutzung der Luft durch umweltschädliche Stoffen reichen bis in das 13. Jh zurück und haben mit der einsetzenden Industrialisierung auf lokaler, regionaler und nationaler Ebene einen ersten Aufschwung erfahren.[26] Auf internationaler Ebene verkörpert die Entscheidung des Schiedsgerichts im *Trail Smelter*-Fall v 1941 die Geburtsstunde des Rechts der Bekämpfung der grenzüberschreitenden Luftverschmutzung.[27] Heute zeichnen sich die meisten einschlägigen Vereinbarungen durch ihren regionalen Charakter aus, wohingegen globale Lösungen, sieht man von den bereits in den 1950er Jahren einsetzenden Bemühungen um Aushandlung eines Verbots von Atombombentests in der Atmosphäre ab,[28] bislang an unterschiedlichen Industrialisierungsstands und am variierenden Problemdruck und Umweltbewusstsein vieler Staaten bzw Staatengruppen gescheitert sind. Auch im Bereich der Bekämpfung der Luftverschmutzung hat sich zudem das zwischen den Industriestaaten und den Entwicklungsländern bestehende wirtschaftliche Ungleichgewicht[29] als Hemmschuh erwiesen. Es ist daher kein Zufall, dass die bislang weitgehendsten Ansätze im Bereich des europäischen Unionsrechts zu verzeichnen sind.

a) Bekämpfung der grenzüberschreitenden Luftverschmutzung im Völkergewohnheitsrecht

8 Zu den für die Bekämpfung der grenzüberschreitenden Luftverschmutzung bedeutsamen Grundsätzen des Völkergewohnheitsrechts wird insbes das Verbot der erheblichen grenzüberschreitenden Umweltverschmutzung gezählt, wie es sich aus der schiedsgerichtlichen Entscheidung im *Trail Smelter*-Fall entwickelt hat. Nach Völkerrecht, befand das Schiedsgericht, habe kein

---

23 Dazu Stoll/Krüger, 9. Abschn Rn 53 mwN.
24 So zutreffend *Schladebach*, Luftrecht, 2007, 7; ebd, 6 das vorstehende Zitat.
25 Überblick *Proelß* (Fn 15) Rn 28 ff mwN.
26 Vgl *Rowlands*, Atmosphere and Outer Space, in Handbook, 315 (317). Zu den Hintergründen auch *Birnie/Boyle/Redgwell*, International Law and the Environment, 342 ff.
27 S u Rn 8.
28 S u Rn 9.
29 S bereits Bartenstein, 2. Abschn Rn 4 ff.

Staat das Recht, „to use or permit the use of its territory in such a manner as to cause injury by fumes in or to the territory of another [...], when the case is of serious consequence [...].“[30] Bis heute wird freilich nicht nur darüber gestritten, wann von der hiernach erforderlichen Erheblichkeit der Umweltverschmutzung ausgegangen werden kann. Vielmehr ist im Zuge der Entwicklung des *Trail Smelter*-Prinzips hin zu einem allg – und nach Ansicht des IGH gewohnheitsrechtlich anerkannten[31] – Präventionsgrundsatz fraglich geworden, ob ersteres wirklich ein Verbot ieS, dh eine *obligation of result*, statuiert.[32] Die von der International Law Association (ILA) und dem Institut de droit international (IDI) mit spezifischem Bezug zur Bekämpfung der Luftverschmutzung angenommenen Dokumente sind insofern zumindest nicht eindeutig,[33] und die von der International Law Commission (ILC) im Jahre 2001 verabschiedeten *Draft Articles on Prevention of Transboundary Harm from Hazardous Activities*[34] verlangen lediglich, dass der betreffende Staat im Vorhinein alle möglichen und zumutbaren Maßnahmen zur Vermeidung wahrscheinlicher grenzüberschreitender Umweltschäden trifft.[35] Insofern ist durchaus zu bezweifeln, ob neben den mittlerweile allg anerkannten präventiv-prozeduralen Pflichten gewohnheitsrechtlich heute noch Raum ist für ein materiell-rechtliches Verbot erheblicher grenzüberschreitender Umweltverschmutzung.[36]

9 Auf ein völkergewohnheitsrechtliches Verbot von Atombombentests in der Atmosphäre berief sich Australien vor dem IGH im *Nuclear Tests*-Fall;[37] nachdem Frankreich einseitig erklärt hatte, künftig keine Tests in der Atmosphäre mehr durchführen zu wollen, konnte der Gerichtshof hierüber aber nicht mehr in der Sache entscheiden. Im Fall *Aerial Herbicide Spraying*, der ebenfalls das Problem der grenzüberschreitenden Luftverschmutzung betraf, rügte Ecuador ausführlich eine Verletzung des Verbots der erheblichen grenzüberschreitenden Umweltverschmutzung durch den Nachbarstaat Kolumbien, substantiierte diese Rüge indes unter ausschließlicher Bezugnahme auf die präventive Seite der *no-harm rule*.[38] Da sich die Streitparteien im Jahre 2013 außergerichtlich einigten, kam es erneut zu keiner Entscheidung des Gerichtshofs in der Sache. Seit dem *Nuclear Weapons*-Gutachten steht zwar generell fest, dass „[t]he existence of the general obligation of States to ensure that activities within their jurisdiction and control respect the environment of other States or of areas beyond national control is now part of the corpus of international law relating to the environment.“[39] Auch dies ist jedoch keineswegs zwingend iSe materiell-rechtlichen Verbots erheblicher grenzüberschreitender Umweltverschmutzung zu interpretieren. Im Lichte der ausdrücklichen Einbeziehung der Gebiete jenseits der Grenzen staatlicher Hoheitsgewalt wird man freilich auch für den Bereich der Bekämpfung der grenzüberschreitenden Luftverschmutzung von einem sehr weiten Nachbarbegriff ausgehen müssen.

b) Bekämpfung der grenzüberschreitenden Luftverschmutzung im Völkervertragsrecht

10 Das im Rahmen der United Nations Economic Commission for Europe (UNECE) ausgehandelte *Übereinkommen über weiträumige grenzüberschreitende Luftverunreinigung* v 1979 (CLRTAP), in Kraft seit 1983, ist der einzige multilaterale Rahmenvertrag, der der Bekämpfung der grenzüber-

30 *Trail Smelter*, 1965. Zur heutigen Relevanz der Entscheidung s die Beiträge in Bratspies/Miller (Hrsg), Transboundary Harm in International Law, 2006.
31 *Pulp Mills*, § 101.
32 Dazu *Proelß*, 3. Abschn Rn 10 ff.
33 Nachw bei *Sands/Peel*, Principles, 242 f.
34 YbILC 2001-II/2, 148 ff.
35 Vgl Art 3 f der Draft Articles und den Kommentar der ILC zu Art 3 (YbILC 2001-II/2, 154) para 11.
36 Näher *Proelß*, 3. Abschn Rn 18 ff.
37 *Nuclear Tests (Interim Measures)*, ICJ Pleadings, Vol I, 182. Australien stellte in diesem Zusammenhang nicht ausdrücklich auf den *Trail Smelter*-Grundsatz ab, sondern berief sich auf die gewohnheitsrechtliche Geltung des Vertrags über das Verbot von Kernwaffenversuchen in der Atmosphäre, im Weltraum und unter Wasser v 1963.
38 *Aerial Herbicide Spraying*, Memorial of Ecuador, Vol I, 273 ff.
39 *Nuclear Weapons*, § 29.

schreitenden Luftverschmutzung gewidmet ist. Die CLRTAP ist das normative Resultat der Ende der 1960er Jahre gemachten Entdeckung, dass die Versauerung zahlreicher skandinavischer Seen und Flüsse auf Schadstoffemissionen durch Quellen in Mitteleuropa und dem Vereinigten Königreich zurückzuführen war.[40] Der Zusammenhang mit der 1972 im Rahmen der UN Conference on the Human Environment angenommenen *Stockholm Declaration*,[41] deren Prinzip 21 die vom IGH im *Nuclear Weapons*-Gutachten vorgenommene Einbeziehung der Gebiete jenseits der Grenzen staatlicher Hoheitsgewalt vorwegnimmt, zeigt sich bereits in der Präambel, die ausdrücklich auf dieses Prinzip verweist. Die CLRTAP ist damit eine vertragsrechtliche, auf den Schutz der Luft bezogene Konkretisierung des Verbots der grenzüberschreitenden erheblichen Umweltverschmutzung.

11 Das Übereinkommen verfügt derzeit (Stand 1.3.2017) über 51 Vertragsparteien, die sich aus dem Kreis der europäischen und amerikanischen Staaten sowie einiger Staaten der früheren Sowjetunion inkl Russland zusammensetzen. Die den Kern des Übereinkommens bildende Grundpflicht ist in Art 2 kodifiziert, wonach sich die Vertragsparteien „bemühen [...], die Luftverunreinigung einschließlich der weiträumigen grenzüberschreitenden Luftverunreinigung einzudämmen und soweit wie möglich schrittweise zu verringern und zu verhindern." Der vergleichsweise „offene" Wortlaut der Norm („bemühen sich", „soweit wie möglich") verdeutlicht ebenso wie die im ersten Satz enthaltene Bezugnahme auf die „gebührende Berücksichtigung der jeweiligen Gegebenheiten und Probleme", dass die Konvention ihrerseits konkretisierungsbedürftig ist; anders herum eröffnet der durchgehend „weiche" Charakter der Vorschriften Spielräume für deren mögliche Anwendung auf Phänomene, die im Zeitpunkt des Vertragsschlusses noch unbekannt waren.[42]

12 Die CLRTAP statuiert selbst *keine Emissionsgrenzwerte*, sondern verpflichtet die Vertragsparteien in materiell-rechtlicher Hinsicht lediglich dazu, „die bestmöglichen Politiken und Strategien einschließlich der Systeme der Luftreinhaltung und der dazugehörigen Kontrollmaßnahmen zu erarbeiten, die mit einer ausgewogenen Entwicklung vereinbar sind, vor allem durch den Einsatz der besten verfügbaren und wirtschaftlich vertretbaren Technologie sowie abfallarmer und abfallfreier Technologien" (Art 6).[43] Damit liegt der Regelungsschwerpunkt auch auf völkervertragsrechtlicher Ebene im Bereich der *prozeduralen Pflichten* (Informationsaustausch, Konsultationen usw, vgl Art 3 ff).[44] Die CLRTAP sieht zu diesem Zweck die Gründung eines Exekutivorgans (*Executive Body*) vor (vgl Art 10), das auch als Forum für die Aushandlung der insgesamt acht sich zwischenzeitlich in Kraft befindlichen Protokolle zur Konvention fungierte (s u Rn 15 ff).

13 Art 1 lit a CLRTAP definiert „Luftverunreinigung" als „unmittelbare oder mittelbare Zuführung von Stoffen oder Energie durch den Menschen in die Luft, aus der sich abträgliche Wirkungen wie eine Gefährdung der menschlichen Gesundheit, eine Schädigung der lebenden Schätze und der Ökosysteme sowie von Sachwerten und eine Beeinträchtigung der Annehmlichkeiten der Umwelt oder sonstiger rechtmäßiger Nutzungen der Umwelt ergeben." Davon werden etwa

---

40 *Beyerlin/Marauhn*, International Environmental Law, 145.

41 Declaration of the UN Conference on the Human Environment (ILM 11 [1972] 1416).

42 Zur Anwendbarkeit auf das Einbringen von chemischen Aerosolen und anderen reflektierenden Teilchen in die Stratosphäre als Maßnahme des *solar radiation management* etwa *Zedalis*, Climate Change and the National Academy of Sciences' Idea of Geoengineering, EEELR 2010, 18 (21).

43 Insoweit sehr krit *Gündling*, Multilateral Co-operation of States under the ECE Convention on Long-Range Transboundary Air Pollution, in Flinterman/Kwiatkowska/Lammers (Hrsg), Transboundary Air Pollution, 1986, 19 (22): „There is hardly any other treaty provision which combines almost all possible ‚escape clauses' in this compact way."

44 Zu Recht sprechen *Birnie/Boyle/Redgwell*, International Law and the Environment, 344 und *Rowlands*, Atmosphere and Outer Space, in Handbook, 315 (319) daher von einem „framework agreement". Eingehend *Epiney*, 4. Abschn Rn 4 ff.

Schwefel- und andere Partikel und Aerosole erfasst. Bedeutsam ist, dass die Legaldefinition des Begriffs der Luftverunreinigung maßgeblich auf die *Auswirkungen* der zugeführten Stoffe oder Energie abstellt, die für die sodann – nicht abschließend – aufgezählten Güter nachteilig sein *müssen*. Die bloße Möglichkeit nachteiliger Umweltauswirkungen reicht damit nicht aus, um von einer Luftverunreinigung iSd Konvention auszugehen, mit der Folge, dass die Bemühenspflicht des Art 2 erst dann zur Anwendung gelangt, wenn wissenschaftliche Gewissheit hinsichtlich des „Ob" abträglicher Umweltauswirkungen besteht. Die CLRTAP ist insofern ein Produkt ihrer Zeit; anders als die spätere Rio Deklaration (vgl Prinzip 15) enthält die Stockholm Deklaration v 1972, der, wie gesagt, für die Aushandlung des Übereinkommens prägende Wirkung beizumessen ist, noch keinen Hinweis auf das erst Anfang der 1980er Jahre in die internationale Debatte eingeführte Vorsorgeprinzip.

14 Unter „weiträumiger grenzüberschreitender Luftverunreinigung" versteht die CLRTAP Luftverunreinigungen im vorstehend erörterten Sinne, „deren physischer Ursprung sich ganz oder teilweise im Hoheitsbereich eines Staats befindet und die schädliche Auswirkungen im Hoheitsbereich eines anderen Staates in einer Entfernung hat, bei der es in der Regel nicht möglich ist, die Beiträge einzelner Emissionsquellen oder Gruppen von Quellen gegeneinander abzugrenzen." Der letzte Halbsatz unterstreicht, dass das Übereinkommen im Schwerpunkt nicht auf die Regulierung der Luftverunreinigung in ieS nachbarrechtlichen Konstellationen wie derjenigen, die dem *Trail Smelter*-Fall zugrunde lag, abzielt, sondern räumlich diffuseren Phänomenen wie dem sauren Regen und anderen weiträumig zum Tragen kommenden Umweltauswirkungen gewidmet ist.[45]

15 Zur CLRTAP sind bislang *acht Protokolle* ausgehandelt und verabschiedet worden. Diese binden die Vertragsparteien der Rahmenkonvention freilich nicht automatisch, sondern müssen jeweils separat ratifiziert werden. Sie befassen sich mit (1) Finanzierungsfragen (Genfer Protokoll v 1984), (2) der Reduzierung von Schwefelemissionen bzw deren grenzüberschreitenden Stoffströmen (Helsinki Protokoll v 1985), (3) der Kontrolle von Stickoxidemissionen oder deren grenzüberschreitenden Stoffströmen (Sofia Protokoll v 1988), (4) der Regulierung flüchtiger organischer Verbindungen (Genfer Protokoll v 1991), (5) der weiteren Reduzierung von Schwefelemissionen bzw deren grenzüberschreitenden Stoffströmen (Oslo Protokoll v 1994), (6) der Regulierung von Schwermetallen (1. Aarhus Protokoll v 1998), (7) der Regulierung von langlebigen bzw persistenten organischen Schadstoffen (2. Aarhus Protokoll v 1998) sowie (8) der Vermeidung von Versauerung und Eutrophierung sowie des Entstehens von bodennahem Ozon (Göteborg Protokoll v 1999).[46] Im Unterschied zur CLRTAP enthalten sämtliche Protokolle mit Ausnahme des Finanzierungsfragen gewidmeten Genfer Protokolls *Emissionsreduktionspflichten*, oder sie statuieren *Emissionshöchstgrenzen* für die in den Anlagen zu den Protokollen im Einzelnen aufgelisteten Stoffe und Stoffgruppen. So war die BR Deutschland als Vertragspartei des Göteborg Protokolls etwa zu einer Reduzierung der Schwefeldioxidemissionen bis zum Jahr 2010 um 90% gegenüber dem maßgeblichen Basisjahr (1990) verpflichtet; dies entsprach einer Emissionshöchstgrenze von 550.000 t SO_2 pro Jahr.[47] Mit den Protokollen wurden die allg Vorgaben der CLRTAP demnach iSd verbreiteten *framework convention and protocol*-Ansatzes,[48] kombiniert mit dem ebenfalls häufig anzutreffenden *listing approach*, sachlich konkretisiert, weiterentwickelt und verschärft – ein Umstand, der zugleich die gegenüber der Rahmenkonvention deutlich kleineren Anzahlen der Vertragsparteien erklärt.[49]

---

45 S *Birnie/Boyle/Redgwell*, International Law and the Environment, 344.
46 Ausführliche Darstellung bei *Sands/Peel*, Principles, 248 ff; *Beyerlin/Marauhn*, International Environmental Law, 150 ff. Zu Details vgl auch *Kraft* (Fn 20) 98 ff.
47 Vgl Anlage II zum Göteborg Protokoll.
48 Dazu bereits *Epiney*, 1. Abschn 54 f.
49 Zum 1.3.2017 verfügten die Protokolle über 47, 25, 35, 24, 29, 33 (die 2012 geänd Version des 1. Aarhus Protokolls ist noch nicht in Kraft getreten), 33 (die 2009 vorgenommenen Änderungen des 2. Aarhus Protokolls sind noch nicht

16 Neben der Einführung von Reduktionspflichten und Emissionshöchstgrenzen zählt zu den mittels Annahme eines Protokolls bewirkten wesentlichen Neuerungen des CLRTAP-Regimes die Anerkennung des Vorsorgeansatzes[50] und die Einführung des *critical loads approach* mit dem Oslo Protokoll v 1994.[51] Hiernach sind die Vertragsparteien nicht zur Umsetzung eines festen und für alle Parteien gleich hohen Reduktionsziels verpflichtet; vielmehr haben sie zunächst die Vulnerabilität der europäischen Ökosysteme mit Blick auf die vom Protokoll erfassten Stoffe bewertet und mit dem in Anlage I zum Protokoll enthaltenen Raster kritische Belastungsraten für Schwefelemission pro Quadratmeter festgelegt. Hierauf gründen wiederum die in Anlage II individuell festgelegten Emissionshöchstgrenzen und Reduktionspflichten. Zusätzliche Pflichten gelten für besonders großflächige Vertragsstaaten (vgl. Art 2 Abs 3 Oslo Protokoll). Mit dem Oslo Protokoll wurde überdies ein Überwachungsmechanismus (*implementation committee*) eingesetzt (vgl Art 7), der die Befolgung der vereinbarten Emissionsreduktionen beaufsichtigt und im Falle der Nichtbefolgung Lösungsvorschläge unterbreitet.

17 Zutreffend ist darauf hingewiesen worden, dass sich der Fokus des CLRTAP-Regimes mit der Annahme weiterer Protokolle von einem höchst selektiven zu einem mehr und mehr *übergreifenden Ansatz* verschoben hat.[52] Während idS das zweite und dritte Protokoll jeweils nur einer Stoffgruppe (Schwefel bzw Stickoxide) zwecks Bekämpfung einer ganz spezifischen Auswirkung (Versauerung) gewidmet sind, behandelt das jüngste Göteborg Protokoll nun mehrere Stoffgruppen und Effekte. Hintergrund dieses Paradigmenwechsels ist das wachsende Verständnis von den Wechselbeziehungen zwischen verschiedenen Stoffen und Effekten und die daraus resultierende Einsicht, dass das internationale Recht der Bekämpfung der Luftverschmutzung diesen Beziehungen seinerseits Rechnung tragen muss.[53]

c) Regionale Ansätze

18 Zu den auf regionaler Ebene erwähnenswerten Instrumenten zählt neben den Maßnahmen der EU vor allem das zwischen 1991 geschlossene bilaterale *Agreement between the Government of the United States of America and the Government of Canada on Air Quality*,[54] das im Jahre 2000 durch eine Anlage III, bodennahes Ozon betr, ergänzt wurde. Mit dem Übereinkommen haben die beiden Vertragsparteien Zielvorgaben hinsichtlich von Emissionshöchstgrenzen und Reduktionspflichten bzgl luftverschmutzender Stoffe vereinbart. Diese sind, was Schwefeldioxid und Stickoxide anbelangt, in Anlage I zum Abkommen enthalten. Anlage II spezifiziert die verfahrensrechtlichen Vorgaben zu wissenschaftlichen und technischen Aktivitäten sowie zu wirtschaftlicher Forschung. Wie der *Air Quality Agreement Progress Report 2014* verdeutlicht, haben die Vertragsparteien in den vergangenen zwei Dekaden bemerkenswerte Fortschritte bei der Bekämpfung der Luftverschmutzung erzielt.[55] Wie im Falle der CLRTAP und ihrer Protokolle – und ungeachtet der dort bisweilen auftretenden Vollzugsprobleme[56] – ist zwar schwierig nach-

---

in Kraft getreten) bzw 26 (die ergänzte Version des Göteborg Protokolls v 2012 ist bislang erst von zwei Staaten ratifiziert worden) Vertragsparteien.

50 Vgl 2. und 3. Erwägungsgrund der Präambel des Oslo Protokolls, ebd Bezugnahme auf die Kosteneffektivität der zu treffenden Maßnahmen.

51 S a *Rowlands*, Atmosphere and Outer Space, in Handbook, 315 (319).

52 Ebd, 320.

53 Ebd.

54 Dazu *Sands/Peel*, Principles, 257 ff. Vgl auch ebd, 259 f zum *ASEAN Agreement on Transboundary Haze Pollution* v 2002, das Maßnahmen zur Bekämpfung der – primär durch Waldbrände in Indonesien verursachten – grenzüberschreitenden Lufttrübung statuiert.

55 International Joint Commission (Hrsg), Air Quality Agreement Progress Report 2014, 3 ff, abrufbar unter <https://www.ec.gc.ca/Air/D560EA62-2A5F-4789-883E-9F4DA63C58CD/AQA%20Report%202014%20ENG.pdf>.

56 Vgl etwa den jüngsten Bericht des Implementation Committee zum Vollzug der CLRTAP und ihrer Protokolle, UN Doc ECE/EB.AIR/2016/7 v 6.10.2016, Nineteenth Report of the Implementation Committee. Die Berichte sind

zuvollziehen, in welchem Umfang dies auf den Vertrag zurückzuführen ist;[57] die Koinzidenz von rechtlicher Entwicklung und stark verbessertem Umweltzustand ist aber frappierend.

19 Die *EU* verfolgt bislang einen im Schwerpunkt *regulativen Ansatz*, der holzschnittartig in die Bereiche Immissionsschutz (der anders als in Deutschland indes nur die Luftreinhaltung, nicht aber den Lärmschutz erfasst), Emissionsstandards (vor allem produkt- und produktionsbezogene Regelungen) und produktspezifische Qualitätsstandards unterteilt werden kann.[58] Das europäische Immissionsschutzrecht wird heute maßgeblich von den Vorgaben der *RL 2008/50 über Luftqualität und saubere Luft für Europa* geprägt.[59] Im Vergleich zur völkerrechtlichen Lage statuiert sie verschärfte – und vor dem EuGH angesichts ihres Charakters als Ergebnisverpflichtungen durchsetzbare[60] – unionsweite Grenzwerte für Schwefeldioxid, PM10, Blei, Kohlenmonoxid, Stickstoffdioxid und Benzol (vgl Art 13 Abs 1). Nach Art 4 haben die Mitgliedstaaten Gebiete und Ballungsgebiete festzulegen, in denen die Luftqualität beurteilt und kontrolliert wird; bzgl der für die Auswahl dieser Gebiete maßgeblichen Kriterien verhält sich die RL jedoch nicht.[61] Im Hinblick auf den Bereich der Emissionen sind insbes die *VO Nr 715/2007 über die Typengenehmigung von Kraftfahrzeugen hinsichtlich der Emissionen von leichten Personenkraftwagen und Nutzfahrzeugen*[62] sowie die ebenfalls quellenbezogene sog *IVU-RL* zu erwähnen.[63] Jenseits quellenbezogener Ansätze ist ferner die *RL 2001/81 über nationale Emissionshöchstmengen für bestimmte Luftschadstoffe*[64] bedeutsam. Nach Art 4 dieses Rechtsakts mussten die Mitgliedstaaten bis spätestens 2010 ihre nationalen Emissionen an Schwefeldioxid, Stickstoffoxiden, flüchtigen organischen Verbindungen und Ammoniak auf die in Anhang I der RL festgelegten Emissionshöchstmengen begrenzen, und seither haben sie dafür Sorge zu tragen, dass diese Höchstmengen nicht mehr überschritten werden. Allerdings hat der EuGH im Jahre 2011 klargestellt, dass der RL keine Pflicht entnommen werden kann, bei umweltrechtlichen Genehmigungen die nationalen Emissionshöchstmengen für die genannten Schadstoffe zu berücksichtigen.[65] Im Hinblick auf produktbezogene Qualitätsanforderungen standen bislang schließlich Maßnahmen betr die Qualität bestimmter Kraft- und Brennstoffe im Vordergrund der Regulierungsbemühungen des europäischen Gesetzgebers.[66] Insgesamt geht das Schrifttum auch heute noch von einer „Schieflage im Immissionsschutz zu Lasten der Anlagen und zugunsten des Verkehrs" auf europäischer Ebene aus.[67]

2. Schutz der Ozonschicht

20 Auch die in der Stratosphäre in einer Höhe von ca 12 bis 40 km über der Erdoberfläche gelegene *Ozonschicht* zählt zum Luftraum. Sie absorbiert Wellenlängen der ultravioletten Strahlung der

---

abrufbar unter <http://www.unece.org/environmental-policy/conventions/envlrtapwelcome/convention-bodies/implementation-committee.html>.

57 S a *Birnie/Boyle/Redgwell*, International Law and the Environment, 348 f.

58 Einzelheiten bei *Meßerschmidt*, Europäisches Umweltrecht, 2011, § 15; *Jans/Vedder*, European Environmental Law, 4. Aufl 2012, 363 ff, 419 ff; *Epiney*, Europäisches Umweltrecht, 3. Aufl 2013, 440 ff, jeweils mwN. Zur Umsetzung des Aarhus Protokolls s a Durner, 15. Abschn Rn 70.

59 ABl EU 2008, Nr L 152/1. Zu ihr und weiteren einschlägigen Rechtsakten *Meßerschmidt* (Fn 58) § 15 Rn 35 ff.

60 S die Diskussion bei *Epiney* (Fn 58) 443.

61 Dazu *Epiney* (Fn 58) 442.

62 ABl EU 2007, Nr L 171/1. Zu den verkehrsbezogenen Regelungen *Meßerschmidt* (Fn 58) § 15 Rn 72 ff.

63 RL 2010/75/EU über Industrieemissionen (integrierte Vermeidung und Verminderung der Umweltverschmutzung), ABl EU 2010, Nr L 334/17.

64 ABl EG 2001, Nr L 309/22.

65 *Stichting Natuur en Milieu*, Rn 83. Eingehend *Epiney* (Fn 58) 446 f.

66 Nachw bei *Epiney* (Fn 58) 446 f.

67 So *Meßerschmidt* (Fn 58) § 15 Rn 90 unter Bezugnahme auf eine Äußerung von *Jarass* aus dem Jahre 2002.

Sonne (UV-B-Strahlung). Halogenierte Kohlenwasserstoffe bzw Halone zerstören diesen Schutzschild, so dass die Strahlung vermehrt und potentiell gesundheitsschädigend auf die Erdoberfläche trifft. Von starken Ausdünnungen (sog „Ozonlöcher") war und ist die Ozonschicht insbes über Australien, Neuseeland, Chile und der Antarktis betroffen. Die sich in der Annahme des *Wiener Übereinkommens zum Schutz der Ozonschicht* v 1985 sowie – vor allem – des *Montrealer Protokolls* manifestierende Reaktion der Staatengemeinschaft auf die beobachteten Phänomene gilt heute als größter Erfolg der internationalen Umweltpolitik.[68] Dies ist umso bemerkenswerter, als der Schutz der Ozonschicht – ähnlich wie die Bekämpfung des Klimawandels, anders aber als die der grenzüberschreitenden Luftverunreinigung – zwingend global geltende Strategien und Regime voraussetzt.[69] Wissenschaftlich steht mittlerweile außer Frage, dass sich die Ozonlöcher langsam wieder schließen, auch wenn es angesichts der Verweildauer der schädlichen Stoffe („Ozonkiller") voraussichtlich noch Jahrzehnte dauern wird, bis sich die Ozonschicht vollständig erholt hat.[70]

21 Das Wiener Übereinkommen zum Schutz der Ozonschicht gilt seit September 2009 mit 197 Vertragsparteien universell. Sein Art 2 Abs 1 formuliert abstrakt als Regelungsziel, dass „[d]ie Vertragsparteien [...] geeignete Maßnahmen im Einklang mit diesem Übereinkommen und denjenigen in Kraft befindlichen Protokollen, deren Vertragspartei sie sind, [treffen], um die menschliche Gesundheit und die Umwelt vor schädlichen Auswirkungen zu schützen, die durch menschliche Tätigkeiten, welche die Ozonschicht verändern oder wahrscheinlich verändern, verursacht werden oder wahrscheinlich verursacht werden." Art 2 Abs 2 des Übereinkommens normiert dann die – vergleichsweise schwachen – rechtlichen Mechanismen, die den Vertragsparteien „entsprechend [...] ihren Möglichkeiten" zur Erreichung dieses Ziels zur Verfügung stehen. Dazu zählt neben den üblichen Kooperationspflichten sowie Pflichten bzgl des Informationsaustauschs und der Forschung auch die Verpflichtung, „geeignete Gesetzgebungs- und Verwaltungsmaßnahmen [zu] treffen und bei der Angleichung der entsprechenden Politiken zur Regelung, Begrenzung, Verringerung oder Verhinderung menschlicher Tätigkeiten in ihrem Hoheitsbereich oder unter ihrer Kontrolle zusammen[zu]arbeiten, sofern es sich erweist, dass diese Tätigkeiten infolge einer tatsächlichen oder wahrscheinlichen Veränderung der Ozonschicht schädliche Auswirkungen haben oder wahrscheinlich haben". Konkrete Emissionsreduktionspflichten statuiert das Übereinkommen nicht.[71]

22 Eine nähere Konkretisierung dessen, was unter „menschlichen Tätigkeiten, die die Ozonschicht verändern oder wahrscheinlich verändern" bzw Tätigkeiten, die „in Folge einer tatsächlichen oder wahrscheinlichen Veränderung der Ozonschicht schädliche Auswirkungen haben oder wahrscheinlich haben" zu verstehen ist, ist mit Anlage I Wiener Übereinkommen erfolgt. So listet Nr 4 der Anlage eine Reihe von chemischen Stoffen auf, von denen „angenommen [wird], dass sie die Fähigkeit haben, die chemischen und physikalischen Eigenschaften der Ozonschicht zu verändern." Ob diese Stoffe natürlichen oder anthropogenen Ursprungs sind, ist unbeachtlich.[72]

23 Art 2 Abs 1 Wiener Übereinkommen setzt voraus, dass die fragliche Maßnahme zumindest *wahrscheinlich* schädliche Auswirkungen haben muss. Dies geht über wissenschaftliche Unsicherheit hinsichtlich der Risiken, die mit einem bestimmten menschlichen Handeln verbunden sind, hinaus. Das Übereinkommen ist daher als Mechanismus der klassischen Gefahrenabwehr

---

68 Näher zu den Hintergründen *Rowlands*, Atmosphere and Outer Space, in Handbook, 315 (321 f). Eingehend zum Ganzen *Yoshida*, The International Legal Régime for the Protection of the Stratospheric Ozone Layer, 2001; *Andersen/Sarma*, Protecting the Ozone Layer: The United Nations History, 2002, 42 ff.
69 *Birnie/Boyle/Redgwell*, International Law and the Environment, 349.
70 Zuletzt *Solomon et al*, Emergence of Healing in the Antarctic Ozone Layer, Science 353 (2016) 269 ff.
71 Krit deshalb *Beyerlin/Marauhn*, International Environmental Law, 155.
72 Vgl Anlage I Nr 4 Wiener Übereinkommen.

zu qualifizieren; auf dem Vorsorgeprinzip, das eine Abwägung der mit der betreffenden Aktivität verbundenen Risiken ermöglichen würde,[73] beruht es nicht.[74] Deshalb wird üblicherweise gefordert, dass eine kausale Verbindung zwischen der jeweiligen menschlichen Tätigkeit und dem in Rede stehenden nachteiligen Effekt bestehen müsse, damit der Anwendungsbereich der Konvention betroffen sei.[75] Bis heute nicht abschließend geklärt ist freilich, ob im Zusammenhang mit der Frage, ob erhebliche abträgliche Auswirkungen wahrscheinlich bzw zu erwarten sind, die potentiell positiven Effekte der betreffenden Aktivität bzgl eines anderen Umweltguts (etwa des Klimas) berücksichtigt werden können, ob also unter dem Wiener Übereinkommen, das auf dem allg Präventionsgrundsatz basiert, ein Austarieren bestimmter abträglicher Umweltfolgen mit – zumindest dann wohl wahrscheinlichen – positiven Folgen möglich ist.[76] Im Lichte des Sinns und Zwecks des Wiener Übereinkommens, das ausschließlich dem Schutz der Ozonschicht gewidmet ist, dürfte dies zu bezweifeln sein.

24 Insgesamt lässt das Wiener Übereinkommen die Ungewissheit erkennen, die im Zeitpunkt seiner Annahme (1985) bzgl der faktischen Zusammenhänge herrschte. Auch nimmt es noch keine späteren Rechtsentwicklungen vorweg. Als Rahmenvertrag war und ist es jedoch von vornherein darauf angelegt gewesen, dass zu einem späteren Zeitpunkt präzisere Normen hervorgebracht werden. Dies ist mit den Vorgaben des im September 1987 verabschiedeten, die Normen des Wiener Übereinkommens konkretisierenden *Montrealer Protokolls* auf beeindruckende Weise geschehen.

25 Das Montrealer Protokoll ist ein selbständiger Vertrag, dem mit 197 Vertragsparteien mittlerweile ebenfalls universelle Geltung zukommt. Anders als das Wiener Übereinkommen verpflichtet es seine Mitglieder zur Erreichung *konkreter Reduktionsziele*, und es gebietet die stufenweise Reduzierung des Ausstoßes von Stoffen, die für die Zerstörung der atmosphärischen Ozonschicht verantwortlich gemacht werden. Voraussetzung dafür, dass die Pflichten des Montrealer Protokolls zum Tragen kommen, ist die Aufnahme eines ozonschädlichen Stoffs in die in den Anlagen enthaltenen Listen der „geregelten Stoffe". In seiner ursprünglichen Fassung regulierte das Protokoll insgesamt acht ozonschädliche Stoffe. Da die diesbezüglichen Reduzierungsvorgaben noch nicht als ausreichend erachtet wurden, kam es in der Folge zu weiteren Anpassungen und Änderungen.[77] „Anpassungen" (*adjustments*) betreffen dabei Verschärfungen des Abbaukalenders,[78] „Änderungen" (*amendments*) novellieren das Protokoll, etwa hinsichtlich seiner Erstreckung auf neue geregelte Stoffe.

26 Mit der *Londoner Änderung* (1990) wurde der Anwendungsbereich des Protokolls auf weitere Stoffe ausgedehnt; überdies wurde ein Multilateraler Fonds zur Unterstützung der Entwicklungsländer eingerichtet. Die *Kopenhagener Revision* (1992) stellte diesen Fonds auf eine endgültige Grundlage und ergänzte ferner das bereits mit der Londoner Änderung in Grundzügen eingeführte Streitbeilegungsverfahren. Mit den *Montrealer* (1997) und *Pekinger* (1999) *Änderungen* wurden u a Handelsrestriktionen zwecks Bekämpfung des Schwarzmarkts mit ozonschädigenden Substanzen sowie weitere Handelsregelungen in das Protokoll aufgenommen. Im Oktober 2016 erfolgte schließlich die bislang letzte Änderung (*Kigali Revision*), die bislang freilich noch nicht in Kraft getreten ist (die übrigen Änderungen verfügen jeweils über 197 Vertragsparteien). Sie fügt einen neuen Art 2J in das Protokoll ein, der einen konkreten Abbaukalender bzgl der

---

73 So die Ansicht von *Proelß*, 3. Abschn Rn 34 ff.

74 S aber *Birnie/Boyle/Redgwell*, International Law and the Environment, 351; aA *Wustlich*, Atmosphäre, 162.

75 So (mit Blick auf die Frage der Zulässigkeit der – potentiell ozonschädigenden – Injektion von Schwefelaerosolen in die Stratosphäre) *Zedalis* (Fn 42) 23; *Wiertz/Reichwein*, Climate Engineering zwischen Klimapolitik und Völkerrecht, Technikfolgenabschätzung – Technik und Praxis 19/2 (2010) 17 (22).

76 Bejahend *Wiertz/Reichwein* (Fn 75) 22.

77 Zu den geregelten Stoffen im Einzelnen *Sands/Peel*, Principles, 266 ff.

78 Eine Liste der bislang beschlossenen Anpassungen ist abrufbar unter <http://ozone.unep.org/en/handbook-montreal-protocol-substances-deplete-ozone-layer/27594>.

Verwendung von Fluorkohlenwasserstoffen (HFCs) statuiert. Dies ist insofern bemerkenswert, als die als Ersatzstoffe für bereits ausgemusterte „Ozonkiller" eingesetzten HFCs selbst nicht ozonschädlich sind, aber vermutlich zur Erderwärmung beitragen. Mit dem Inkrafttreten der Änderung wird sich das Montrealer Protokoll daher (auch) zu einem Klimaschutzvertrag wandeln.[79] Art III Kigali Revision unterstreicht den künftigen komplementären Ansatz, wenn dort darauf verweisen wird, die Änderung „is not intended to have the effect of excepting hydrofluorocarbons from the scope of the commitments contained in Articles 4 and 12 of the United Nations Framework Convention on Climate Change or in Articles 2, 5, 7 and 10 of its Kyoto Protocol."

27 Das Montrealer Protokoll ist in mehrerlei Hinsicht ein bemerkenswerter völkerrechtlicher Vertrag. Nicht nur konnte erstmals auf weltweiter Ebene zügig ein Übereinkommen geschlossen werden, das für umweltschädliche Substanzen qualifizierte Abbauziele mit exakten Terminen vorgibt. Vielmehr führt das Protokoll auch ein *vereinfachtes Beschlussverfahren* ein, das über den Stand des seinerzeit Üblichen signifikant hinausgeht. So sollen Anpassungen (*adjustments*) der Anlagen im Rahmen der jährlich stattfindenden Treffen der Vertragsparteien (Meeting of the Parties – MOP) zwar möglichst im Konsens, jedenfalls aber von einer 2/3-Mehrheit angenommen werden; zudem muss die Entscheidung jeweils von der Mehrheit der Industriestaaten und Entwicklungsländern befürwortet werden. Anders als bei vergleichbaren Verträgen besteht dann aber keine Möglichkeit eines *opting-out* mehr, dh diejenigen Staaten, die mit der Anpassung nicht einverstanden sind, können sich der Bindungswirkung der betreffenden Anpassung nicht mehr durch Widerspruch entziehen (vgl Art 2 Abs 9 lit c und d). Das souveräne Recht der Staaten, frei darüber zu entscheiden, an welche völkervertraglichen Normen sie gebunden sind, wird dadurch nicht aufgegeben, liegt doch in der im Beitritt verkörperten Zustimmung zum Protokoll zugleich die Erklärung, mit seinen Vorhaben hinsichtlich der Durchführung von Anpassungen der Anlagen einverstanden zu sein.[80] Hinzu tritt, dass sich die Allgemeingültigkeit der im Rahmen des vereinfachten Verfahrens angenommenen Beschlüsse nicht auf Änderungen der Anlagen, dh insbes die Aufnahme neuer „geregelter Stoffe", erstreckt. Während Art 2 Abs 9 lit d (bzgl von Anpassungen) davon spricht, Beschlüsse seien „für alle Vertragsparteien bindend", fehlt dieser Zusatz mit Blick auf die den Gegenstand von Art 2 Abs 10 lit b bildenden Beschlüsse zur Änderung der Anlagen. Nach Art 14 Montrealer Protokoll iVm Art 10 Abs 2 Wiener Übereinkommen bleibt insoweit daher die Möglichkeit eines *opting-out* bestehen.

28 Das Montrealer Protokoll ist – zweitens – einer der ersten völkerrechtlichen Verträge, der ausdrücklich *Ausnahmen für unterindustrialisierte Länder* vorsieht und damit die das späterer Klimaschutzrecht prägende Differenzierung zwischen Industriestaaten und Entwicklungsländern vorwegnimmt.[81] Nach Art 5 Abs 1 Montrealer Protokoll können Entwicklungsstaaten unter bestimmten Umständen die Erfüllung der in Artikel 2 Abs 1 bis 4 vorgesehenen Regelungsmaßnahmen gegenüber den dort angegebenen Zeiträumen um zehn Jahre verschieben, „um ihre grundlegenden nationalen Bedürfnisse zu decken." Diese Regelung wurde mit der Londoner Änderung v 1990 durch Aufnahme eines Stichtags (1.1.1999) ergänzt: Nur die Entwicklungsländer, die dem Montrealer Protokoll bis zu diesem Tag beigetreten waren, konnten noch von der Möglichkeit des Aufschubs der vertraglich vorgesehenen Regelungsmaßnahmen um 10 Jahre profitieren. Letztlich erwies sich diese Ergänzung vor allem für China und Indien, die beide in

---

79 Die o unter Rn 5 thematisierte Verselbständigung des Klimaschutzregimes wird damit partiell wieder relativiert.

80 S a *Schiele*, Evolution of International Environmental Regimes: The Case of Climate Change, 2014, 221; *Brunnée*, COPing with Consent: Law-Making under Multilateral Environmental Agreements, LJIL 15 (2002) 1 (21 f); zum Ganzen auch *Epiney*, 1. Abschn Rn 101 f.

81 S a *Beyerlin/Marauhn*, International Environmental Law, 156. Eingehend dazu *Stoll/Krüger*, 9. Abschn Rn 25 ff; zum Prinzip der gemeinsamen, aber differenzierten Verantwortlichkeit *Bartenstein*, 2. Absch Rn 16 ff.

großem Umfang FCKW nutzten, als hinreichender Anreiz, Vertragsparteien des Protokolls zu werden.[82] Art 5 Abs 2 und 3 Montrealer Protokoll verpflichten ferner dazu, den Entwicklungsländern den Zugang zu umweltverträglichen alternativen Stoffen und Technologien einerseits und die Bereitstellung von finanzieller Unterstützung andererseits zu erleichtern. Dem ist mit der Einrichtung des Multilateralen Fonds mit der Londoner Revision und der daraus resultierenden Einfügung des neuen Art 10 in das Montrealer Protokoll Rechnung getragen worden.[83] Dieser Fonds arbeitet unter der Kontrolle der Vertragsparteien (vgl Art 10 Abs 4 Montrealer Protokoll), die zu diesem Zweck einen Exekutivausschuss gegründet haben, der seinerseits in Zusammenarbeit mit der Weltbank, UNEP und UNDP operationelle Richtlinien und Verwaltungsvorschriften für die unterstützenden Maßnahmen des Fonds, inkl der Mittelvergabe, entwickelt hat und deren Einhaltung beaufsichtigt (vgl Art 10 Abs 5 Montrealer Protokoll). Die Einrichtung des Multilateralen Fonds hat sich als wichtiger Anreiz erwiesen, um Entwicklungsländer zum Beitritt zum Montrealer Protocol zu bewegen.

29 Drittens hat das Montrealer Protokoll insofern Modellcharakter für spätere multilaterale Umweltabkommen entfaltet, als sein Art 4 erstmals *Beschränkungen bzw Verbote des Handels* mit den vom Protokoll erfassten Stoffen im Verhältnis zu Nichtvertragsparteien statuiert. Angesichts der universellen Geltung des Montrealer Protokolls hat diese Regelung mittlerweile zwar keine praktische Relevanz mehr. Ursprünglich entfaltete sie freilich starke Anreizwirkung, dem Protokoll beizutreten. Dabei darf nicht übersehen werden, dass die Beschränkungen und Verbote des Handels mit Nichtvertragsparteien ungeachtet ihrer rechtspolitischen Effektivität seinerzeit durchaus auf rechtliche Bedenken stießen. So stellte sich insbes die Frage, ob die betreffenden Maßnahmen mit dem Allgemeinen Zoll- und Handelsabkommen (GATT) vereinbar waren.[84] Im Rahmen der Aushandlung des Montrealer Protokolls machten die verhandelnden Staaten geltend, dass die Regelung des Art 4 vor dem Hintergrund von Art XX (b) GATT zumindest gerechtfertigt sei;[85] letztlich hätte die Frage aber zum Gegenstand eines WTO-Streitbeilegungsverfahrens gemacht werden können. Seit 1997 enthält das Montrealer Protokoll in den Art 4A und 4B überdies Vorgaben bezüglich der Einrichtung eines zwischen den Vertragsparteien zur Anwendung gelangenden Lizensierungssystems, den Import und Export geregelter Stoffe betreffend, sowie im Hinblick auf die Implementierung eines Verbots des Exports geregelter Stoffe durch diejenigen Staaten, die zunächst nicht in der Lage waren, die Produktionsverbote des Art 2 Montrealer Protokoll innerhalb der jeweils geltenden Frist umzusetzen. Diese Änderungen haben sich insbes bei der Bekämpfung des nach Inkrafttreten des Montrealer Protokolls in seiner ursprünglichen Fassung einsetzenden Schwarzmarkts bewährt.[86]

30 Das Montrealer Protokoll zeichnet sich – viertens – durch seine *Adaptivität bzw Anpassungsfähigkeit* hinsichtlich neuer technischer und wissenschaftlicher Erkenntnisse aus. Dies betrifft zum einen die *adjustments* der Anlagen des Protokolls (s o Rn 27), zum anderen die regelmäßig im Rahmen der MOPs beschlossenen Änderungen, insbes hinsichtlich der Aufnahme neuer geregelter Stoffe in die Anlagen des Protokolls. Dessen institutionelle Ausgestaltung, verkörpert in der auf Grundlage von Art 6 Montrealer Protokoll erfolgten Einrichtung des *Scientific Assessment Panel*, des *Environmental Effects Assessment Panel* und des *Technology and Economic Assessment Panel*, hat jene Adaptivität weiter verstärkt und Kommentato-

82 *Sands/Peel*, Principles, 272.
83 Vgl ebd, 273: „[...] a radical and innovative change that has had profound consequences on the negotiation of subsequent global environmental treaties [...]".
84 Zu diesem Problemkomplex s *Stoll/Jürging*, 6. Abschn Rn 42f.
85 Nachw bei *Birnie/Boyle/Redgwell*, International Law and the Environment, 353.
86 S a ebd, 355. Für eine umfassende Bewertung der wirtschaftsregelnden Vorgaben des Montrealer Protokolls s *Schuppert*, Neue Steuerungsinstrumente im Umweltvölkerrecht am Beispiel des Montrealer Protokolls und des Klimaschutzrahmenübereinkommens, 1998, 106ff; *Brack*, International Trade and the Montreal Protocol, 1996.

ren zu dem Schluss gelangen lassen, das Montrealer Protokoll sei „the world's first adaptive global environmental regime".[87] Auch wenn das Vorsorgeprinzip nur in der Präambel ausdrücklich Erwähnung findet,[88] ist das Protokoll daher zu Recht als Präzedenzfall bezeichnet worden, der geholfen hat, jenes Prinzip in der Folge allg im Umweltvölkerrecht zu verankern.[89]

31 Beachtlich sind schließlich – fünftens – die sukzessive verschärften Vorgaben zur Einhaltung (*compliance*) der Regelungen des Montrealer Protokolls. Hierzu sieht Art 7 Montrealer Protokoll in seiner aktuellen Fassung zunächst vor, dass die Vertragsparteien innerhalb von drei Monaten ab Inkrafttreten des Protokolls über die Produktion, Importe und Exporte der geregelten Stoffe iSv Anlage A für das Jahr 1986 (vgl Abs 1) sowie – jeweils hinsichtlich des Stichtags zeitlich verzögert – der in den Anlagen B, C, E und F enthaltenen Stoffe (vgl Abs 2) berichten. Diese Berichtspflichten sind für die wichtigsten geregelten Stoffe sodann jeweils im Jahresturnus zu erfüllen (vgl. Art 7 Abs 3, 3 *bis* und 3 *ter* Montrealer Protokoll).[90] Zur Erfüllung der Vorgaben des Protokolls trägt indirekt auch die den Gegenstand von Art 9 bildende Pflicht zur Förderung der Sensibilisierung der Öffentlichkeit hinsichtlich der Schädlichkeit der geregelten Stoffe sowie des Informationsaustauschs bei. Entscheidende Bedeutung kommt indes der im Rahmen des zehnten MOP (1998) erfolgten Umsetzung[91] des in Art 8 Montrealer Protokoll enthaltenen Auftrags zu, Verfahren und institutionelle Mechanismen zur Behandlung von Fällen der Nichterfüllung zu verabschieden.[92] So hat das Vertragsstaatentreffen ein *Implementation Committee* eingesetzt, dessen Aufgabe darin besteht, Eingaben einzelner Vertragsparteien oder des Sekretariats des Montrealer Protokolls hinsichtlich der behaupteten Nichterfüllung der Pflichten des Protokolls durch eine Vertragspartei zu bewerten, darüber zu berichten und Empfehlungen gegenüber dem MOP auszusprechen.[93] Ziel dieses *Compliance*-Verfahrens ist es, eine „amicable solution of the matter on the basis of respect for the provisions of the Protocol" zu erreichen.[94] Sein „sanfter" Charakter zeigt sich auch darin, dass Vertragsparteien, die sich unter Wahrung von Treu und Glauben nicht in der Lage sehen, die Pflichten des Protokolls vollständig zu erfüllen, von sich aus an das Sekretariat wenden können, das dann wiederum das Implementation Committee einschaltet. MaW steht nicht, jedenfalls nicht primär, die Sanktionierung von Pflichtverletzungen im Vordergrund, sondern vielmehr die Unterstützung derjenigen Vertragsparteien, für die sich die Erfüllung der Pflichten des Montrealer Protokolls als Herausforderung erweist. Das Verfahren ist diverse Male zur Anwendung gelangt, insbes im Hinblick auf Staaten des früheren Warschauer Pakts,[95] und schon deshalb als insgesamt sehr erfolgreich zu bewerten.[96]

---

87 *Parson*, The Montreal Protocol: The First Adaptive Global Environmental Regime?, in Le Prestre/Reid/Morehouse (Hrsg), Protecting the Ozone Layer: Lessons, Models, and Prospects, 1998, 127 ff.

88 Vgl den 6. Erwägungsgrund der Präambel: „*Determined* to protect the ozone layer by taking precautionary measures to control equitably total global emissions of substances that deplete it, with the ultimate objective of their elimination on the basis of developments in scientific knowledge, taking into account technical and economic considerations and bearing in mind the developmental needs of developing countries" (Hervorheb im Original). Zum Vorsorgeprinzip näher *Proelß*, 3. Abschn Rn 24 ff.

89 *Rowlands*, Atmosphere and Outer Space, in Handbook, 315 (325)

90 *Birnie/Boyle/Redgwell*, International Law and the Environment, 355 weisen darauf hin, dass die Berichtspflichten in der Vergangenheit nicht immer ordnungsgemäß erfüllt worden sind.

91 Vgl Report of the Tenth Meeting of the Parties, Annex II, para 5, abrufbar unter <http://www.ozone.unep.org/en/handbook-montreal-protocol-substances-deplete-ozone-layer/27528>.

92 Dazu auch *Schmalenbach*, 8. Abschn Rn 8, 16 f.

93 Report of the Tenth Meeting of the Parties (Fn 91) paras 7, 9.

94 Ebd, para 8.

95 Die einschlägigen Entscheidungen des MOP sind abrufbar unter <http://www.ozone.unep.org/en/handbook-montreal-protocol-substances-deplete-ozone-layer/63>.

96 So auch *Rowlands*, Atmosphere and Outer Space, in Handbook, 315 (324).

Innerhalb der EU[97] ist das Montrealer Protokoll vor allem mit VO (EG) Nr 1005/2009 über Stoffe, die zum Abbau der Ozonschicht führen,[98] umgesetzt worden. Sie statuiert Produktions- und Inverkehrbringensverbote und trifft ihrerseits handelsbezogene Regelungen.[99] Die VO wurde durch (abgeleitete) Tertiärrechtsakte, dh Maßnahmen der Europäischen Kommission, insbes durch die VO (EU) Nr 744/2010 zu kritischen Verwendungszwecken für Halone[100] und die VO (EU) Nr 291/2011 über wesentliche Verwendungszwecke geregelter Stoffe außer FCKW zu Labor- und Analysezwecke,[101] weiter konkretisiert. 32

III. Schutz des Weltraums

Obwohl im Weltraum, soweit wir heute wissen, keine Ökosysteme vorhanden sind, ist auch diese Raumkategorie schutzbedürftig.[102] Erstens werden durch den Menschen natürliche Konstellationen verändert, was möglicherweise negative Auswirkungen auf weitere Nutzungsaktivitäten entfalten kann. Zweitens können Weltraumaktivitäten die Umwelt anderer Planeten und Himmelskörper, nicht zuletzt aber auch die der Erde gefährden, etwa indem ausgebrannte Raketenteile oder funktionsunfähig gewordene Satelliten auf die Erde stürzen, ohne in der Erdatmosphäre vollständig zu verglühen. Diese Gefahr realisierte sich erstmals im Jahre 1978, als Überreste des sowjetischen Meeresbeobachtungssatellits *Cosmos 954* nach einem missglückten Beschleunigungsmanöver auf kanadischem Territorium niedergingen.[103] Drittens wird der Weltraum durch *Space debris* verschmutzt. Dabei handelt es sich um Weltraumschrott, der u a aus ausgebrannten Raketenstufen oder inaktiven Satelliten besteht. Durch Kollisionen dieser Objekte sind Abertausende von Klein- und Kleinstteilen entstanden, die sich aufgrund von Kollisionen ihrerseits noch vermehren. Insgesamt wird von ca 600.000 Objekten mit einem Durchmesser von mind 1 cm ausgegangen, die sich in Umlaufbahnen der Erde befinden. Die immer weiter zunehmende Menge des Weltraumschrotts erhöht die Gefahr der Kollision mit aktiv genutzten Weltraumgegenständen und behindert auch andere Nutzungen des Weltraums wie die Astronomie. 33

1. Grundsatz: Nutzungsfreiheit

Es gibt kein umfassendes Abkommen zum Schutz der Weltraumumwelt. Einzelregelungen finden sich in verschiedenen Verträgen, wobei dem Weltraumvertrag v 1967 zentrale Bedeutung zukommt. Die auch unter dem Gesichtspunkt des Umweltschutzes wichtigen *Grundprinzipien des internationalen Weltraumrechts* sind in Art I Weltraumvertrag kodifiziert. Nach dieser Vorschrift wird die Erforschung und Nutzung des Weltraums „im Interesse aller Länder ohne An- 34

97 Die EU ist selbst Vertragspartei des Protokolls und wird als Gesamtheit angesehen, vgl Art 2 Abs 8 Montrealer Protokoll. Einzelne Mitgliedstaaten erhalten so die Möglichkeit, Stoffe langsamer abzubauen, soweit andere den verlangten Standard bereits früher erreicht haben.

98 ABl EU 2009, Nr L 286/1.

99 *Meßerschmidt* (Fn 58) § 15 Rn 52 ff.

100 ABl EU 2010, Nr L 218/2.

101 ABl EU 2011, Nr L 79/4.

102 Allg Böckstiegel (Hrsg), Environmental Aspects of Activities in Outer Space, 1990; zu den nachfolgend erwähnten Kategorien bereits *Sands/Peel*, Principles, 299.

103 Zu den von Kanada geltend gemachten Schadensersatzansprüchen vgl Claim against the Union of Soviet Socialist Republics for Damage Caused by Soviet Cosmos 954, ILM 18 (1979) 899 (905).

sehen ihres wirtschaftlichen und wissenschaftlichen Entwicklungsstandes durchgeführt", als „Sache der gesamten Menschheit". In der Erforschung und Nutzung des Weltraums und der Himmelskörper sowie im Zugang zu allen Teilen des Weltraums und der Himmelskörper sind die Staaten gleichberechtigt und frei (Art I Abs 2, 3 WRV): Es herrschen Weltraumfreiheit und -gleichheit.[104] „Nutzung" iSd Weltraumvertrags umfasst dabei sowohl die nicht-ökonomische als auch die ökonomische Nutzung des Weltalls.[105]

35 Die Nutzungsfreiheit erstreckt sich richtiger Ansicht nach auch auf die Aneignung natürlicher Weltraumressourcen zu kommerziellen Zwecken und damit auf den *Weltraumbergbau.*[106] Nach Art II Weltraumvertrag besteht zwar ein umfassendes, seit UNGA Res 1348 (XIII) v 13.12.1958 und UNGA Res 1962 (XVIII) v 1963[107] auch gewohnheitsrechtlich anerkanntes Aneignungsverbot. Dieses verbietet indes nur die Unterwerfung von Teilen des Weltraums und seiner Himmelskörper unter nationale Hoheitsgewalt,[108] nicht aber die Aneignung der im Weltraum gewonnenen natürlichen Ressourcen zu wissenschaftlichen oder kommerziellen Zwecken. Mit dem Umstand, dass Bergbauaktivitäten naturgemäß eine räumliche Dimension inhärent ist, indem ständig ein bestimmtes Gebiet bewirtschaftet wird, geht nicht die Notwendigkeit einher, dergleichen Aktivitäten als *de facto*-Aneignung zu qualifizieren. Vielmehr untersagt der Weltraumvertrag durchaus spezifische Nutzungsarten wie die nicht-friedliche Nutzung (vgl Art IV), demgegenüber er sich über die Zulässigkeit kommerzieller Bergbauaktivitäten ausschweigt.[109] Für die Zulässigkeit kommerzieller Bergbauaktivitäten streiten auch die Entstehungsgeschichte[110] des Mondvertrags v 1979 sowie die darauf bezogene Praxis des UNCOPUOS und der Vertragsparteien, obwohl der Wortlaut des Art 11 Abs. 3 Satz 1 dieses Vertrags das in Art II Weltraumvertrag kodifizierte Aneignungsverbot konkretisiert.[111] So nahm der UN-Weltraumausschuss in einem Bericht zu Art 7 Mondvertrag (den Schutz der Umwelt des Monds betreffend) wie folgt Stellung: „[...] the Committee agreed that article VII is not intended to result in prohibiting the exploitation of natural resources which may be found on celestial bodies other than the earth [...]".[112] Erst kürzlich taten die Vertragsparteien des Mondvertrags ferner ihre Ansicht kund, dass „[t]he Moon Agreement does not preclude any modality of exploitation, by public or private entities, or prohibit a commercialization of such resources, provided that such exploitation is

---

104 Der Weltraumvertrag gewährleistet zwar den Zugang zu allen Gebieten auf Himmelskörpern (vgl Art I Abs 2 2. Halbsatz), aber keinen freien Zugang zum Weltraum. Wie die Staatenpraxis bestätigt, haben sich die Vertragsparteien mit Art I WRV nicht vom Zustimmungserfordernis bezüglich des Überflugs staatlichen Territoriums verabschiedet. Zutreffend *Heintze*, in Ipsen (Hrsg), Völkerrecht, 6. Aufl 2014, § 48 Rn 13; aA *Wolfrum*, Die Internationalisierung staatsfreier Räume, 1984, 279.

105 *Hobe*, in CoCoSL, Art I Rn 36; *Wick*, Ressourcenabbau, 17 f. Str ist freilich, ob vom Nutzungsbegriff des Weltraumvertrags nur Tätigkeiten erfasst sind, die sich von der Erde ausgehend in den Weltraum richten, oder auch solche, die in entgegengesetzter Richtung wirken (wie es zB bei Satelliten der Fall ist). Dem weiten Verständnis, das Art I Weltraumvertrag zugrunde liegt, trägt allein die zweitgenannte Position hinreichend Rechnung; s *Hobe*, in CoCoSL, Art I Rn 37.

106 *Wick*, Ressourcenabbau, 29–38 mwN.

107 Declaration on the Legal Principles Governing the Activities of States in the Exploration and Use of Outer Space v 13.10.1963 (A/RES 1962 [XVIII]).

108 Nach hM gilt das Aneignungsverbot des Art II WRV auch für natürliche und juristische Personen des Privatrechts; vgl *Wick*, Ressourcenabbau, 19 ff; *Freeland/Jakhu*, in CoCoSL, Art II Rn 32; *Tronchetti*, The Exploitation of Natural Resources of the Moon and Other Celestial Bodies, 2009, 204 ff, jeweils mwN.

109 *Wick*, Ressourcenabbau, 31; vgl auch *Hobe*, in CoCoSL, Art I Rn 38: „Specific uses are only excluded if they are explicitly excluded in other provisions of the Outer Space Treaty."

110 *Wick*, Ressourcenabbau, 35 f mwN.

111 Art 11 Abs 3 Satz 1 Mondvertrag lautet: „Neither the surface nor the subsurface of the moon, nor any part thereof *or natural resources in place*, shall become property of any State, international intergovernmental or non-governmental organization, national organization or non-governmental entity or of any natural person" (Hervorheb hinzugefügt).

112 UN Doc A/34/20 (1979), Report of the Committee on the Peaceful Uses of Outer Space, para 65.

compatible with the principle of a common heritage of mankind."[113] Im Lichte des Umstands, dass der Mondvertrag die Anforderungen von Art II Weltraumvertrag eher verschärft als verringert, ist somit davon auszugehen, dass der Weltraumvertrag der künftigen kommerziellen Nutzung der Himmelskörper in Gestalt etwa des lunaren Bergbaus oder des *asteroid mining* nicht grundsätzlich entgegensteht. Umso größeres Gewicht ist angesichts der potentiell umweltschädlichen Auswirkungen dieser Aktivitäten den *Grenzen* der Weltraumfreiheit zuzuweisen.[114]

2. Umweltschutzrelevante Grenzen der Nutzungsfreiheit

a) Friedliche Zwecke (Art IV)

36 Die Weltraumfreiheit wird *erstens* begrenzt durch Art IV Abs 2 Weltraumvertrag, wonach der Mond und die anderen Himmelskörper ausschließlich *zu friedlichen Zwecken* genutzt werden dürfen. Abs 1 der Norm verbietet ausdrücklich die Stationierung von Massenvernichtungswaffen[115] auf Himmelskörpern und im Weltraum. Beide Vorschriften fördern angesichts des umweltschädlichen Potentials nahezu aller Waffensysteme indirekt auch den Schutz der Weltraumumwelt, mögen sie unmittelbar auch der Rüstungskontrolle gewidmet sein.[116] Reichweite und Bedeutung vor allem der Beschränkung auf friedliche Zwecke sind indes im Detail str. So stellt sich u a die Frage, welche Bedeutung dem Wortlaut der Norm zuzumessen ist, der den Mond in Art IV Abs 1 und Abs 2 Satz 2 Weltraumvertrag, anders als in Abs 2 Satz 1 und 3, nicht ausdrücklich erwähnt.[117] Diesbezüglich wäre es freilich schon unter systematischen Gesichtspunkten sinnwidrig, aus der Nichterwähnung des Monds die Unanwendbarkeit der betreffenden Vorschriften zu folgern, zumal es sich auch beim Mond um einen Himmelskörper iSd Norm handelt. Aus dem Umstand, dass Art IV Abs 2 Weltraumvertrag mangels Abstellens auf „alle Maßnahmen militärischer Art" restriktiver formuliert ist als Art I Abs 1 Antarktisvertrag, wird ferner gelegentlich gefolgert, Art IV Abs 2 Weltraumvertrag verbiete nur aggressive, dh auf die verbotene Anwendung militärischer Gewalt ausgerichtete Tätigkeiten.[118] Gegen diese Sichtweise streitet indes der Wortlaut der Norm, wonach der Mond und die anderen Himmelskörper „ausschließlich" zu friedlichen Zwecken benutzt werden dürfen, sowie die Ausnahmetatbestände der Sätze 3 und 4, die überflüssig wären, würde bereits Art IV Abs 2 Satz 1 Weltraumvertrag die Durchführung „defensiver" Militäroperationen autorisieren.[119] Zu bedenken ist schließlich, dass andernfalls der Mond und andere Himmelskörper letztlich gleichermaßen unter das Regime des – den offensiven Waffensystemen gewidmeten – Art IV Abs 1 Weltraumvertrag gefasst würden, womit der Unterschied zwischen den beiden Absätzen verwischte. Insoweit ist von Bedeutung, dass der Weltraum in Art IV Abs 2 Weltraumvertrag nicht erwähnt wird. Dies spiegelt die Intention der vertragsschließenden Parteien wider, gewisse Weltraumaktivitäten militärischen Charakters – insbes den Einsatz von Spionagesatelliten etc – als nicht vom Gebot der ausschließlich fried-

113 UN Doc A/AC.105/C.2/L.272 v 3.4.2008, Joint Statement on the Benefits of Adherence to the Agreement Governing the Activities of States on the Moon and Other Celestial Bodies by States Parties to the Agreement, Annex, para 7(e).

114 Grundlegend dazu *Hobe*, Die rechtlichen Rahmenbedingungen der wirtschaftlichen Nutzung des Weltraums, 1992, 75 ff.

115 Zu den Begriffen „Kernwaffe" und „Massenvernichtungswaffe" *Schrogl/Neumann*, in CoCoSL, Art IV Rn 18 ff, ebd, Rn 23 zu der – im Lichte des Sinns und Zwecks von Art IV Abs 1 Weltraumvertrag wohl zu verneinenden – Frage, ob der Einsatz eines nuklearen Sprengkopfs zur Abwehr eines sich im Anflug auf die Erde befindlichen Asteroiden gegen das von der Norm statuierte Verbringungs- und Stationierungsverbot verstieße. Jedenfalls dürften insoweit die vom IGH im *Nuclear Weapons*-Gutachten (vgl § 96 f) angestellten Überlegungen zum Selbsterhaltungsrecht eines Staats entsprechend – nämlich mit Bezug auf die internationale Gemeinschaft insgesamt – zum Tragen kommen.

116 Vgl *Schrogl/Neumann*, in CoCoSL, Art IV Rn 23.

117 Vgl *Proelss*, Peaceful Purposes, in MPEPIL, Rn 5, 7.

118 So etwa *Fawcett*, International Law and the Uses of Outer Space, 1968, 34 f.

119 *Schrogl/Neumann*, in CoCoSL, Art IV Rn 45.

lichen Nutzung des Abs 2 erfasst zu betrachten.[120] Systematisch ist daher zwischen Abs 1 und Abs 2 des Art IV Weltraumvertrag zu differenzieren.

37 Mittelbar umweltschützenden Charakter haben auch die Art IV Weltraumvertrag konkretisierenden spezialvertraglichen Vorschriften über das Verbot militärischer Nutzung des Weltraums.[121] So ist nach Art I des begrenzten Teststopp-Abkommens für Nuklearwaffen jede nukleare Versuchsexplosion im Weltraum verboten, und Art II der ENMOD Konvention, deren räumlicher Geltungsbereich auch den Weltraum erfasst, untersagt den Einsatz umweltverändernder Techniken zu militärischen Zwecken.[122] Letzterer Vertrag stellt in Art III Abs 1 freilich wiederum klar, dass er „der Nutzung umweltverändernder Techniken für friedliche Zwecke nicht im Weg [steht] und die allg anerkannten Grundsätze und geltenden Vorschriften des Völkerrechts bezüglich dieser Nutzung unberührt [lässt]." Die 1992 von der UNGA verabschiedeten (und damit für sich betrachtet nicht verbindlichen) *Principles Relevant to the Use of Nuclear Power Sources in Outer Space*, das einzige für den Schutz der Umwelt unmittelbar relevante UN-Dokument mit Weltraumbezug, statuieren u a Richtlinien und Kriterien über den sicheren Umgang mit nuklearen Quellen im Weltraum. Die in dem Prinzipienkatalog darüber hinaus enthaltenen prozeduralen Vorgaben (bzgl Notifikation, Konsultation, Sicherheitsüberprüfung etc) spiegeln im Wesentlichen den Stand des einschlägigen Völkergewohnheitsrechts wider, das der IGH im *Pulp Mills*-Fall letztlich dem Präventionsprinzip entnommen hat.[123] Regelungen zu Verantwortlichkeit und Haftung runden den Katalog ab.[124]

b) Gemeinwohl (Art I Abs 1)

38 Grenzen der Weltraumfreiheit ergeben sich – *zweitens* – aus der bereits erwähnten Gemeinwohlklausel des Art I Abs 1 Weltraumvertrag, nach der die Erforschung und Nutzung des Weltraums als „Sache der gesamten Menschheit" (*province of all mankind*)[125] „zum Vorteil und im Interesse aller Länder ohne Ansehen ihres wirtschaftlichen und wissenschaftlichen Entwicklungsstandes" durchzuführen ist. Ihre inhaltliche Bedeutung ist seit dem Zustandekommen des Vertrages str.[126] Immerhin kann der Formulierung „zum Vorteil und im Interesse aller Länder" entnommen werden, dass eine ausschließlich an nationalen Interessen orientierte, den Schutz der kosmischen Umwelt ignorierende Nutzung des Weltalls unzulässig ist.[127] Aus der Erforschung und Nutzung des Weltraums dürfen keine Nachteile für andere Staaten entstehen. IdS wird bisweilen gefolgert, dass Aktivitäten zur Erforschung und Nutzung des Weltraums auf Herstellung materieller Gleichheit abzielen müssten.[128]

---

120 Ebd, Rn 42. Die Nutzung von Satelliten für nichtaggressive Zwecke bleibt somit erlaubt.

121 S die Zusammenstellung bei *Schrogl/Neumann*, in CoCoSL, Art IV Rn 71ff.

122 Dazu *Dinstein*, Protection of the Environment in International Armed Conflict, MPUNYB 5 (2001) 523 (525ff); zur Frage der Anwendbarkeit der ENMOD Konvention auf Climate Engineering-Aktivitäten *Proelss*, Geoengineering and International Law, S+F 30 (2012) 205 (207 f).

123 *Pulp Mills*, § 101ff; zum Zusammenhang auch *Beyerlin/Marauhn*, International Environmental Law, 2011, 44. Zu den verfahrensrechtlichen Pflichten näher *Epiney*, 4. Abschn 4ff, 19ff; zum Präventionsprinzip *Proelß*, 3. Abschn 8ff.

124 S *Schmalenbach*, 8. Abschn Rn 35, 52.

125 Bei dieser Formulierung handelt es sich um einen Vorläufer der späteren, in Art 136 SRÜ kodifizierten „Menschheitserbe"-Formel für den küstenfernen Meeresboden. Der Weltraumvertrag war zT vom Antarktis-Vertrag inspiriert worden und beeinflusste seinerseits wiederum die Meeresbodengrundsätze-Deklaration der UN-Generalversammlung v 17.12.1970 (Res 2749 [XXV]), die sich ihrerseits dann in Teil XI SRÜ niederschlug. Zu diesen Zusammenhängen *Proelß/Haake*, Gemeinschaftsräume in der Entwicklung: Von der *res communis omnium* zum *common heritage of mankind*, in von Arnauld (Hrsg), Völkerrechtsgeschichte(n), 2016, 171ff.

126 Vgl *Wolfrum* (Fn 104) 284; *Wick*, Ressourcenabbau, 45ff mwN.

127 Vgl *Frantzen*, Umweltbelastungen durch Weltraumaktivitäten, in Böckstiegel (Fn 102) 597 (610) mwN.

128 *Hobe*, in CoCoSL, Art I Rn 50; *Wolfrum* (Fn 104) 285f; zu weitgehend *Dettmering*, Die Rechtsstellung von Menschen, Stationen und Niederlassungen auf Himmelskörpern, 1972, 177 mit der Forderung, für die Weltraumnutzung

Allerdings herrscht nicht nur im Hinblick auf die tatbestandliche Reichweite, sondern auch hinsichtlich der rechtlichen Bindungswirkung der Gemeinwohlklausel erhebliche Unsicherheit.[129] So wird vertreten, die Gemeinwohlklausel statuiere lediglich eine allg Zielsetzung, durch welche die Vertragsparteien nicht gebunden würden.[130] Andere Stimmen billigen Art I Abs 1 Weltraumvertrag zwar rechtliche Bindungswirkung zu, betonen aber die allg und unbestimmt gehaltene Formulierung, die mit dem Charakter des Weltraumvertrags als Rahmenvertrag korrespondiere. Die Gemeinwohlklausel bedürfe daher der Operationalisierung im Wege der Staatenpraxis.[131] So oder so bleibt die Bedeutung von Art I Abs 1 Weltraumvertrag für den Schutz der Umwelt des Weltraums und der Himmelskörper angesichts der im Wortlaut der Norm selbst angelegten Unbestimmtheit und der konkretisierungsbedürftigen Schutzgüter begrenzt. **39**

c) Kooperation (Art IX Satz 1)

40 Als *dritte* Grenze der weltraumrechtlichen Nutzungsfreiheit wird üblicherweise das in Art IX Satz 1 Weltraumvertrag kodifizierte Kooperationsprinzip angeführt. Nach dieser Norm sind die Vertragsparteien gehalten, sich bei der Erforschung und Nutzung des Weltraums vom Grundsatz der Zusammenarbeit und gegenseitigen Hilfe leiten zu lassen. Dieser – freilich keine einklagbare Verpflichtung statuierende[132] – Grundsatz wurde zwar mit der von der UNGA im Jahre 1996 angenommenen *Declaration on International Co-operation in the Exploration and Use of Outer Space for the Benefit and in the Interest of all States, Taking into Particular Account the Needs of Developing Countries*[133] insbes mit Blick auf die Interessen der Entwicklungsländer konkretisiert. Die Erklärung verhält sich indes nicht zum Schutz der Weltraumumwelt. Daher lassen sich dem weltraumrechtlichen Kooperationsprinzip mit Blick auf den Umweltschutz keine Schranken für weltraumbezogene Tätigkeiten entnehmen.

d) Rücksichtnahme (Art IX Satz 1)

41 Etwas anderes könnte sich – *viertens* – jedoch aus dem ebenfalls in Art IX Satz 1 Weltraumvertrag normierten Prinzip der gebührenden Rücksichtnahme (*due regard*) folgen. Soweit hiernach jede Vertragspartei verpflichtet ist, Weltraumaktivitäten „mit gebührender Rücksichtnahme auf die entsprechenden Interessen aller anderen Vertragsstaaten" durchzuführen, bedeutet dies zunächst zwar nur eine Begrenzung der Weltraumfreiheit im Verhältnis zu den anderen Parteien des Weltraumvertrags. Hieraus resultiert mittelbar aber auch eine Schutzpflicht zugunsten der kosmischen Umwelt. Denn in Übereinstimmung mit der Rechtspr des IGH zum gewohnheitsrechtlichen Präventionsprinzip[134] manifestiert sich das *due regard*-Gebot des Art IX Satz 1 Weltraumvertrag in einer Pflicht zur Einhaltung gewisser Sorgfalts- und Beobachtungsstandards bei der Ausführung von Weltraumaktivitäten.[135] Der Weltraumaktivitäten planende Staat muss das in seiner Macht Stehende und Vorhersehbare unternehmen, um eine Beeinträchtigung der Interessen der anderen Vertragsstaaten zu verhindern. Im Lichte des *Nuclear Weapons*-Gutachtens

---

müssten Zahlungen an die UN geleistet werden. Solchermaßen spezifische Pflichten lassen sich der Gemeinwohlklausel des Weltraumvertrags nicht entnehmen.

129 *Finarelli/Pryke*, Implementing International Cooperation in Space Exploration, Space Policy 2006, 23.

130 *Bhatt*, Legal Controls of Outer Space, 1973, 273; *Böckstiegel*, Nutzung des Weltraums: Allgemeine Grundsätze, in ders (Fn 102) 265 (271); wohl auch *Goedhhuis*, Some Substantive and Procedural Issues Presently at Stake in Space Legislation, ZLW 1976, 195 (198).

131 *Hobe*, in CoCoSL, Art I Rn 56ff; *Wolfrum* (Fn 104) 286f.

132 Zutreffend *Marchisio*, in CoCoSL, Art IX Rn 21.

133 UN Doc A/RES/51/122 v 13. Dezember 1996.

134 Dazu *Proelß*, 3. Abschn Rn 10ff.

135 S a *Marchisio*, in CoCoSL, Art IX Rn 25.

des IGH,[136] mit dem der Anwendungsbereich der *no harm rule*, die, wie gesagt, im Lichte des *Pulp Mills*-Urteils ihrerseits primär iSe Rücksichtnahmepflicht (und damit als *due regard*-Gebot) zu verstehen ist,[137] ausdrücklich auf die Gebiete jenseits der Grenzen staatlicher Hoheitsgewalt erstreckt wurde, wird man diese Pflicht auf die kosmische Umwelt als solche übertragen müssen. Der Art IX Satz 1 Weltraumvertrag konkludent zugrunde liegende Umweltbezug zeigt sich überdies auch darin, dass das Rücksichtnahmegebot – offenbar wegen seiner systematischen Nähe zur Umweltverträglichkeitsklausel des Art IX Satz 2 Weltraumvertrag – häufig gar nur als auf diese Klausel bezogen verstanden wird.[138]

e) Kontaminierungsverbot (Art IX Satz 2)

42 Als für den Schutz der Weltraumumwelt entscheidende Grenze fungiert indes – *fünftens* – das sog Kontaminierungsverbot des Art IX Satz 2 Weltraumvertrag. Nach dieser Ausgestaltung der Gemeinwohlklausel des Art I Abs 1[139] haben die Vertragsparteien die Untersuchung und Erforschung des Weltraums so durchzuführen, dass dessen „Kontamination vermieden und in der irdischen Umwelt jede ungünstige Veränderung infolge des Einbringens außerirdischer Stoffe verhindert wird". Im Unterschied zu Art IX Satz 1 Weltraumvertrag bezieht sich die Norm dem Wortlaut nach nur auf die Untersuchung und Erforschung, nicht aber auf die Nutzung des Weltraums. Überwiegend wird dies indes als Redaktionsversehen gewertet, da die Parallelbestimmung des Mondvertrags (vgl Art 7) Forschung und Nutzung explizit gleichsetzt und der Mond in Art IX Satz 2 Weltraumvertrag (neben „anderen Himmelskörpern") ausdrücklich genannt wird.[140]

43 Soweit bezüglich des Weltraums jede „Kontamination" zu vermeiden ist, wird davon grundsätzlich nicht nur die eigentliche Verseuchung, sondern nach hM bereits jede *Veränderung* des Weltraums, des Monds und der Himmelskörper erfasst. Insofern ist immer schon dann von einer Kontamination auszugehen, wenn und soweit der *Status quo* verändert wird, zB durch das Einbringen nuklearer, biologischer oder chemischer Substanzen.[141] Wurden auf Grundlage dieser sehr weiten Auslegung sogar hinterlassene Fußspuren auf dem Mond als Kontamination qualifiziert,[142] ist indes darauf zu bestehen, dass dem Begriff „Kontamination", wie der Zusammenhang mit dem der „ungünstigen Veränderung" und mit Art IX Satz 3 Weltraumvertrag sowie die engl (authentische) Sprachfassung der Norm („harmful contamination") unterstreichen, ein Element der Schädlichkeit zugrunde liegen muss. Freilich lassen sich weder dem Weltraumvertrag selbst noch etwaigen Richtlinien der Vertragsparteien Anhaltspunkte dafür entnehmen, wann eine Kontamination idS „schädlich" ist.[143] Für die Frage der Schädlichkeit von Weltraumschrott (*space debris*) haben sich vor diesem Hintergrund unterschiedliche Ansichten herausgebildet. Abgestellt wird einerseits darauf, ob bereits eine konkrete Gefahr für künftige Weltraumprojekte besteht, was zT am Kollisionsrisiko für die Trümmer festgemacht wird.[144] Andererseits werden

136 *Nuclear Weapons*, § 29.
137 *Pulp Mills*, § 101. S bereits o Rn 34 f.
138 Etwa *Heintze* (Fn 104) Rn 18.
139 *Sands/Peel*, Principles, 300 folgern vor diesem Hintergrund, dass „the approach of Article IX is directed towards the protection of human beings, rather than the protection of the environment as an end in itself."
140 *Frantzen* (Fn 127) 611. S bereits o Rn 35.
141 *Cypser*, International Law and Policy Extraterrestrial Planetary Protection, Jurimetrics, Journal of Law, Science and Technology 33 (1993) 315 (324 f); *Sterns/Tennen*, Principles of Protection of the Outer Space Environment, IISL-Proc 1987, 172 (179); *Marchisio*, in CoCoSL, Art IX Rn 29; *Frantzen* (Fn 127) 612. – Art 7 Mondvertrag, der, wie gesagt, nach zutreffender Ansicht auch die kommerzielle Nutzung wie den Ressourcenabbau erfasst, statuiert zusätzliche umweltschutzbezogene Verpflichtungen, geht also über Art IX Satz 2 Weltraumvertrag hinaus; dazu *Wick*, Ressourcenabbau, 50 ff.
142 So *Frantzen* (Fn 127) 612.
143 Ebd, 612 f.
144 Ebd, 613.

Weltraumtrümmer, was Zustimmung verdienen dürfte, *per se* als schädliche Kontamination qualifiziert.[145] Als entscheidend dürfte sich das Kriterium erweisen, ob das in den Weltraum eingebrachte Material *bei planmäßiger Verwendung einen bestimmten Zweck* erfüllt. Verneinendenfalls ist von einer schädlichen Kontamination iSv Art IX Satz 2 Weltraumvertrag auszugehen. Da diese Norm im Hinblick auf den Schutz der Weltraumumwelt das allg Umweltvölkerrecht konkretisiert, lässt sich der hier vertretenen Sichtweise nicht mit dem Argument entgegentreten, sämtliche Aktivitäten im Weltraum seien per se als *ultra-hazardous* zu qualifizieren, da der Eintritt einer Gefahr zwar nicht wahrscheinlich, der drohende Schaden aber von umso größerem Ausmaß sei.[146] Dies gilt zumal in Anbetracht des Umstands, dass auch auf allg Ebene nicht von einem generellen Verbot von *ultra-hazardous activities* ausgegangen werden kann.[147] Die *Draft Articles on Prevention of Transboundary Harm from Hazardous Activities* der ILC sehen denn auch kein Verbot von dergleichen Tätigkeiten vor, sondern unterwerfen sie dem umweltvölkerrechtlichen Präventionsprinzip iSe *due regard*-Pflicht.[148]

44 Neben dem Schutz des Weltraums vor Kontamination zielt Art IX Satz 2 WRV auf die Bewahrung der irdischen Umwelt vor jeder ungünstigen Veränderung infolge des Einbringens außerirdischer Stoffe (sog *back contamination*). Außerirdische Stoffe sind nicht nur solche, die ursprünglich aus dem Weltraum kommen; vielmehr kann es sich auch um Stoffe handeln, die zunächst von der Erde aus dorthin eingeführt wurden.[149] Die Norm erfasst damit jede Veränderung durch Stoffe, die sich, ausgehend vom Weltraum, auf der Erde auswirken. Ähnlich wie im Falle der Kontamination bleibt allerdings offen, wann dergleichen Veränderungen als „ungünstig" iSd Norm zu behandeln sind. Insbes stellt sich die Frage, ob nur dann von der Ungünstigkeit einer Veränderung ausgegangen werden kann, wenn sie alle Staaten betrifft. Im Lichte des engen sachlichen Zusammenhangs mit der – weit auszulegenden – ersten Alternative des Art IX Satz 2 Weltraumvertrag dürfte diese Frage zu verneinen sein.

45 Art IX Sätze 3 und 4 Weltraumvertrag enthalten – eine frühe und rudimentäre Umsetzung des inzwischen auch gewohnheitsrechtlich anerkannten Präventionsgrundsatzes[150] – sowohl *Konsultationsrechte* als auch *Konsultationspflichten*. Wenn Grund zu der Annahme besteht, dass ein Unternehmen eines Vertragsstaats zu schädlichen Beeinträchtigungen von Tätigkeiten anderer Vertragsstaaten führen könnte, ist er verpflichtet, im Vorhinein geeignete Konsultationen einzuleiten. Damit korrespondiert ein Konsultationsrecht der ggf betroffenen Staaten. Ein bestimmtes Ergebnis der Konsultation ist nicht vorgesehen. Sollten diese im Dissens enden, hat der das Unternehmen durchführende Staat gleichwohl seiner Konsultationspflicht entsprochen; ein Vetorecht der potentiell betroffenen Staaten besteht insofern nicht.[151] Zu fordern ist aber, dass die Konsultationen von dem das Unternehmen durchführenden Staat unter Wahrung der Anforderungen von Treu und Glauben und also mit dem Ziel durchgeführt werden, zu einer einvernehmlichen Lösung zu gelangen.[152] Andererseits beziehen sich die Art IX Sätze 3 und 4 Weltraumvertrag dem insoweit eindeutigen Wortlaut nach allein auf die mögliche Beeinträchtigungen von Tätigkeiten anderer Vertragsstaaten, zumal

---

145 So *Marchisio*, in CoCoSL, Art IX Rn 29.
146 Vgl ebd, Rn 28.
147 S aber *Jenks*, Liability for Ultra-Hazardous Activities in International Law, RdC 117 (1966-I) 105 ff. Zum Ganzen auch *Schmalenbach*, 7. Abschn Rn 49.
148 S o Fn 34.
149 Vgl *Marchisio*, in CoCoSL, Art IX Rn 28.
150 Vgl *Proelß*, 3. Abschn Rn 8 ff.
151 *Frantzen* (Fn 127) 615; *Marchisio*, in CoCoSL, Art IX Rn 44.
152 S Prinzip 19 der Rio Deklaration (Declaration on Environment and Development v 13.6.1992, ILM 31 [1992] 876): „[...] in redlicher Absicht". Deutlich auch Art 9 Abs 2 der Draft Articles on Prevention of Transboundary Harm (Fn 34); *Lac Lanoux*, 315; *Fisheries Jursidiction*, § 78; *North Sea Continental Shelf*, § 85. Vgl ferner *Marchisio*, in CoCoSL, Art IX Rn 44.

nur solche im Weltraum, nicht auf der Erde.[153] Insoweit gehen die völkergewohnheitsrechtlichen Pflichten im Zusammenhang mit dem Präventionsgrundsatz (die gerade auch potentielle Beeinträchtigungen der Umwelt als solche erfassen) über das ältere Weltraumvertragsrecht hinaus.

3. Haftung für Schäden der Weltraumumwelt

46 Das internationale Weltraumrecht regelt auch Haftungsfragen.[154] So statuiert Art VI Weltraumvertrag zunächst in Übereinstimmung mit den allg Regeln der Staatenverantwortlichkeit – und damit deklaratorisch – die Verantwortlichkeit eines Staats für seine Weltraumaktivitäten, geht dann freilich insoweit über diese Regeln hinaus, als die Vertragsparteien grundsätzlich automatisch auch für Weltraumaktivitäten I.O. und privater Akteure verantwortlich sind.[155] Diese Verantwortlichkeit (*responsibility*) ist zu unterscheiden von der Haftung ieS (*liability*). Letztere kommt nach Art VII Weltraumvertrag erst dann zum Tragen, wenn es infolge von Weltraumaktivitäten zu einem Schaden gekommen ist.[156] Die Verantwortlichkeit beinhaltet insofern vor allem, dass ein Staat im Rahmen der von ihm durchgeführten Tätigkeiten dafür sorgt, dass die völkerrechtlich zu beachtenden Vorsichtsmaßnahmen und Verpflichtungen eingehalten werden.[157]

47 In Ausführung von Art VII Weltraumvertrag wurde am 29.3.1972 das *Weltraumhaftungsübereinkommen* geschlossen. Es regelt die Haftung gegenüber anderen Staaten für Verletzungen ihrer Rechtsgüter und enthält in den Art II und III zwei Anspruchsgrundlagen: Während Art II Weltraumhaftungsübereinkommen eine unbedingte, d h vom Vorliegen eines subjektiven Elements (Vorsatz oder Fahrlässigkeit) unabhängige Haftung für einen Schaden, der von einem Weltraumgegenstand auf der Erdoberfläche oder an Luftfahrzeugen im Flug verursacht wurde, statuiert (verschuldensunabhängige Gefährdungshaftung), sieht Art III Weltraumhaftungsübereinkommen eine nur eingeschränkte Haftung bei Schäden an Weltraumgegenständen anderer Staaten anderswo als auf der Erdoberfläche vor (Verschuldenshaftung).[158] Dies führt insbes im Zusammenhang mit Kollisionen im Weltraum zu Problemen. Geht man etwa davon aus, dass das Übereinkommen auch auf *space debris* anwendbar ist, müsste, um die Haftung zu begründen, ein Verschulden des Startstaats hinsichtlich des Belassens des Mülls im Weltraum festgestellt werden. Regelmäßig wird freilich nicht einmal der Nachweis erbracht werden können, von welchem Staat das schadensverursachende Partikel herrührt.

48 Nach Art I lit a Weltraumhaftungsübereinkommen erfasst der Schadensbegriff „Tod, Körperverletzung, oder sonstige Gesundheitsbeeinträchtigung sowie Verlust oder Schädigung des Vermögens eines Staates oder einer natürlichen oder juristischen Person oder des Vermögens einer internationalen zwischenstaatlichen Organisation“. Schäden an der Umwelt als solcher oder Schäden in staatsfreien Räumen[159] wie der Antarktis, der Hohen See oder dem Weltraum werden insoweit gerade nicht erfasst. Dies schränkt die Bedeutung der weltraumrechtlichen Haftungsregeln für die Gegenstände des vorliegenden Lehrbuchs erheblich ein. Dieses Problem ließe sich zumindest minimieren, wenn unter den Schadensbegriff auch solche Umweltschäden subsumiert würden, die konkret die Umwelt eines Vertragsstaats schä-

153 Siehe aber *Marchisio*, in CoCoSL, Art IX Rn 43.
154 S dazu *Schmalenbach*, 7. Abschn Rn 35, 37, 39, 51f.
155 *Wins*, Weltraumhaftung im Völkerrecht, 2000, 142f.
156 *Gerhard*, in CoCoSL, Art VI Rn 1f.
157 Ebd, Rn 1, 12.
158 Näher *Wins* (Fn 155) 65.
159 *Frantzen* (Fn 127) 619f mwN.

digten.[160] Ob dies möglich ist, ist mangels hinreichender Staatenpraxis indes noch nicht abschließend bewertbar.

4. Zukunft des kosmischen Umweltschutzes

Insgesamt erweisen sich die Vorgaben des internationalen Weltraumrechts im Hinblick auf den Schutz der kosmischen Umwelt als lückenhaft und wenig wirkmächtig. Dies beruht nicht zuletzt auf dem Umstand, dass der Weltraumvertrag bereits 1967 und der – ohnehin nur über 16 Parteien verfügende – Mondvertrag schon 1979 angenommen wurden. Den Entwicklungsschub, den das Umweltvölkerrecht im Zuge der Rio Konferenz v 1992 und in den daran anschließenden Jahren erfahren hat, reflektieren sie allenfalls in Grundzügen und über die – rechtlich unverbindliche – Arbeit des UNCOPUOS.[161] Hinzu tritt, dass wichtige Staaten weiterhin vorrangig an der Nutzung des Weltraums interessiert sind. Auch im Lichte der zu Beginn des 21. Jh signifikant zunehmenden Aktivitäten privater, kommerziell tätiger Raumfahrtunternehmen erscheint eine Weiterentwicklung des kosmischen Umweltrechts durch einen oder mehrere konkretisierende Verträge daher unumgänglich.[162] Dies gilt zumal mit Blick auf die Exploration und den Abbau natürlicher Ressourcen auf dem Mond und anderer Himmelskörper, deren Einsetzen für die kommenden Jahre zu erwarten ist. Den diesbezüglichen Anlass bietet Art 11 Abs 5 Mondvertrag, wonach sich die Vertragsparteien um Schaffung eines internationalen Regimes „to govern the exploitation of the natural resources of the moon" bemühen sollen, sobald ein Ressourcenabbau möglich erscheint. Ein entsprechendes Regime hätte zuförderst die vom Weltraumvertrag vorgegebene Verteilungsgerechtigkeit einerseits und die Umweltverträglichkeit der entsprechenden Weltraumtätigkeiten andererseits zu gewährleisten. Dies setzt indes auch eine institutionelle Weiterentwicklung des Weltraumvölkerrechts voraus. Angesichts des Umstands, dass es sich beim küstenfernen Tiefseeboden ebenfalls um einen Staatengemeinschaftsraum handelt, bietet es sich an, die einschlägigen Aktivitäten der Internationalen Meeresbodenbehörde (IMBB) bzgl der rechtlichen Rahmenbedingungen des Tiefseebodenbergbaus als Vorbild heranzuziehen.[163] **49**

Das mehr denn je virulente Problem des *space debris* ist bislang im Rahmen des UNCOPUOS bearbeitet worden. Dieser hat im Jahre 2007 rechtlich unverbindliche *Space Debris Mitigation Guidelines* vorgelegt,[164] die im selben Jahr von der UNGA gebilligt wurden.[165] Die UNGA tat in diesem Zusammenhang ihre Ansicht kund, dass die „voluntary guidelines for the mitigation of space debris reflect the existing practices as developed by a number of national and international organizations", und rief die Mitgliedstaaten der UN dazu auf, die vom UNCOPUOS entwickelten Richtlinien in nationales Recht umzusetzen.[166] Im Jahre 2016 legte der Weltraumausschuss dann ein aktualisiertes *Compendium of Space Debris Mitigation Standards adopted by States and International Organizations* vor.[167] Dieses auf Informationsverschaffung angelegte Dokument **50**

160 Vgl auch *Frantzen* (Fn 127) 619 (insbes Fn 127); *Gehring/Jachtenfuchs*, Haftung und Umwelt: Interessenkonflikte im internationalen Weltraum-, Atom- und Seerecht, 1988, 107. – IdS begründete Kanada seinen Anspruch auf Ersatz der infolge des Absturzes des sowjetischen Satelliten *Cosmos 954* eingetretenen Schäden. Vgl o Fn 103.

161 S a *Sands/Peel*, Principles, 299.

162 Vgl *Gorove/Kamenetskaya*, Tensions in the Development of the Law of Outer Space, in Damrosch/Danilenko/Mullerson (Hrsg), Beyond Confrontation: International Law for the Post-Cold War Era, 1995, 225 (240).

163 Einen umfassenden Vorschlag für ein Internationales Übereinkommen zur Regelung des Abbaus der natürlichen Ressourcen des Mondes und anderer Himmelskörper, beruhend u a auf dem Modell des Teils XI SRÜ zum Tiefseeboden, entwirft *Wick*, Ressourcenabbau, 147 ff.

164 Die Richtlinien sind in ihrer aktuellen Version abrufbar unter <http://www.unoosa.org/pdf/publications/st_space_49E.pdf>.

165 UN Doc A/RES/62/217 v 1.2.2008, International Cooperation in the Peaceful Uses of Outer Space, para 26.

166 Ebd, para 27.

167 UN Doc A/AC.105/C.2/2016/CRP.16 v 5.4.2016.

vermag nichts daran zu ändern, dass es bis heute an rechtlich durchsetzbaren internationalen Vorgaben mangelt. Deshalb wird, gerade auch im Lichte der zunehmenden privat-kommerziellen Weltraumaktivitäten, künftig vieles von innovativen technischen Lösungen abhängen,[168] deren Entwicklung über die Anpassung und Erweiterung der *Space Debris Mitigation Guidelines* vom UNCOPUOS teilweise gesteuert werden könnte. IdS geben die ersten gelungenen Landungen von – sich derzeit im Teststadium befindlichen – wiederverwendbaren Raketen Anlass zu vorsichtigem Optimismus.

168 Vgl auch *Vogler*, The Global Commons: Environmental and Technological Governance, 2. Aufl 2000, 118.

Zwölfter Abschnitt

Nele Matz-Lück

Meeresschutz

Gliederung

DOI 10.1515/9783110248296-012

Literatur

Beyerlin, Ulrich/Marauhn, Thilo, International Environmental Law, 2011 [*Beyerlin/Maurahn*, International Environmental Law]

Birnie, Patricia/Boyle, Alan E./Redgwell, Catherine, Intenational Law and the Environment, 3. Aufl 2009 [*Birnie/Boyle/Redgwell*, International Law and the Environment]

Churchill, Robin R./Lowe, A. Vaughan, The Law of the Sea, 3. Aufl 1999 [*Churchill/Lowe*, Law of the Sea]

Drankier, Petra, Marine Protected Areas in Areas beyond National Jurisdiction, IJMCL 27 (2012) 291 ff [*Drankier*, MPAs in ABNJ]

Lyons, Youna, The New Offshore Oil and Gas Installation Abandonment Wave and the International Rules on Removal and Dumping, IJMCL 29 (2014) 480 ff [*Lyons*, Removal and Dumping]

Matz-Lück, Nele, Safe and Sound Scrapping of "Rusty Buckets"? The 2009 Hong Kong Ship Recycling Convention, RECIEL 19 (2010) 95 ff [*Matz-Lück*, Safe]

Matz-Lück, Nele/Fuchs, Johannes, Die Ausweisung mariner Schutzgebiete in Hoheitsfreien Räumen am Beispiel des OSPAR-Abkommens, ZUR 2012, 532 ff [*Matz-Lück/Fuchs*, Schutzgebiete]

dies, The Impact of OSPAR on Protected Area Management beyond National Jurisdiction: Effective Cooperation or a Network of Paper Parks, Marine Policy 49 (2014) 155 ff [*Matz-Lück/Fuchs*, OSPAR]

Nordquist, Myron/Nandan, Satya N./Rosenne, Shabtai (Hrsg), United Nations Convention on the Law of the Sea 1982, Bd II, 1993 [UNCLOS II]

Nordquist, Myron/Rosenne, Shabtai/Yankov, Alexander (Hrsg), United Nations Convention on the Law of the Sea 1982, Bd IV, 1990 [UNCLOS IV]

Rothwell, Donald R./Oude Elferink, Alex G./Scott, Karen N./Stephens, Tim (Hrsg), Oxford Handbook on the Law of the Sea, 2015 [Handbook]

Sands, Philippe/Peel, Jacqueline, Principles of International Environmental Law, 3. Aufl 2012 [*Sands/Peel*, Principles]

Tanaka, Yoshifumi, The International Law of the Sea, 2012 [*Tanaka*, Law of the Sea]

ders, Regulation of Land-Based Marine Pollution in International Law: A Comparative Analysis Between Global and Regional Legal Frameworks, ZaöRV 66 (2006) 535 ff [*Tanaka*, Land-Based Marine Pollution]

Graf Vitzthum, Wolfgang (Hrsg), Handbuch des Seerechts, 2006 [Handbuch]
Graf Vitzthum, Wolfgang/Proelß, Alexander (Hrsg), Völkerrecht, 7. Aufl 2016 [Graf Vitzthum/Proelß, Völkerrecht]
Wolfrum, Rüdiger (Hrsg), Max Planck Encyclopedia of Public International Law, 10 Bde, 2012 [MPEPIL]
Wolfrum, Rüdiger/Matz, Nele, Conflicts in International Environmental Law, 2003 [*Wolfrum/Matz*, Conflicts]

Verträge

Internationaler Vertrag, betreffend die polizeiliche Regelung der Fischerei in der Nordsee v 6.5.1882 (BGBl 1957 II, 214) [Nordseekonvention] — 13

Convention Respecting Measures for the Preservation and Protection of Fur Seals in the North Pacific Ocean v 7.7.1911 (CTS 214 [1911] 80) — 145

Convention between the United States and Canada on the Preservation of the Halibut Fishery of the Northern Pacific Ocean v 2.3.1923 (32 LNTS 93) — 128

Convention between the United States and Canada Revising the Convention of 9.5.1930 on Preservation of Halibut Fisheries of the Northern Pacific Ocean and Bering Sea v 29.1.1937 (181 LNTS 209) — 128

Internationales Übereinkommen zur Regelung des Walfangs v 2.12.1946 (BGBl 1982 II, 558) — 139–143

Übereinkommen über die Internationale Seeschifffahrts-Organisation v 6.3.1948 (BGBl 1986 II, 423) — 20

Agreement for the Establishment of the General Fisheries Commission for the Mediterranean v 24.9.1949 (GFCM Res 2005/1 (2005) and 2006/3, abrufbar unter <www.gfcm.org/gfcm/topic/16100/en>) — 131

Internationales Abkommen von 1954 zur Verhütung der Verschmutzung der See durch Öl v 12.5.1954 (BGBl 1965 II, 379) [OILPOL] — 11, 59, 61

International Convention for the Conservation of Atlantic Tunas v 14.5.1966 (673 UNTS 63) — 128

Internationales Übereinkommen über Maßnahmen auf Hoher See bei Ölverschmutzungsunfällen v 29.11.1969 (BGBl 1975 II, 137) [Interventions-Übereinkommen] — 11, 66

Internationales Übereinkommen über die zivilrechtliche Haftung für Ölverschmutzungsschäden v 29.11.1969 (BGBl 1975 II, 305) — 110

Übereinkommen über die zivilrechtliche Haftung bei der Beförderung von Kernmaterial auf See v 17.12.1971 (BGBl 1975 II, 1026) — 112

Übereinkommen über die Errichtung eines Internationalen Fonds zur Entschädigung für Ölverschmutzungsschäden v 18.12.1971 (BGBl 1975 II, 320) — 110, 111

Übereinkommen zur Verhütung der Meeresverschmutzung durch das Einbringen von Abfällen durch Schiffe und Luftfahrzeuge v 15.2.1972 und v 29.12.1972 (BGBl 1977 II, 165) [London Dumping Convention] — 12, 46, 76

Übereinkommen zur Erhaltung der antarktischen Robben v 1.6.1972 (BGBl 1987 II, 90) — 145

Übereinkommen über den internationalen Handel mit gefährdeten Arten freilebender Tiere und Pflanzen v 3.3.1973 (BGBl 1975 II, 773) [Washingtoner Artenschutzabkommen] — 137, 146

Internationales Übereinkommen v 2.11.1973 zur Verhütung der Meeresverschmutzung durch Schiffe idF des Protokolls v 1978 zu diesem Übereinkommen [MARPOL] (BGBl 1982 II, 2; BGBl 1996 II, 399) — 12, 21, 29, 57, 60, 61, 62, 63, 70, 74, 79, 98, 148

Internationales Übereinkommen zum Schutz des menschlichen Lebens auf See v 1.1.1974 (BGBl 1979 II, 142) [SOLAS] — 65

Übereinkommen zur Verhütung der Meeresverschmutzung vom Lande aus v 4.6.1974 (BGBl 1981 II, 871) [Paris Übereinkommen] — 46, 86

Barcelona Übereinkommen zum Schutz des Mittelmeeres vor Verschmutzung v 16.2.1976 (1102 UNTS 27) — 28, 45, 58, 93

Internationales Übereinkommen über Normen für die Ausbildung, die Erteilung von Befähigungszeugnissen und den Wachdienst von Seeleuten v 7.7.1978 (BGBl 1982 II, 298) [STCW-Übereinkommen] — 65

Bonner Übereinkommen zur Erhaltung der wandernden wildlebenden Tierarten v 23.6.1979 (BGBl 1984 II, 569) — 145

Übereinkommen über die Erhaltung der lebenden Meeresschätze der Antarktis v 20.5.1980 (BGBl 1982 II, 420) — 115, 152

Seerechtsübereinkommen der Vereinten Nationen v 10.12.1982 (BGBl 1994 II, 1799) [SRÜ] — 14–15, 17–19, 21, 23–28, 31, 36–43, 46–57, 60, 62, 65, 69, 78, 80, 83–85, 88, 90–95, 104, 106–107, 109–110, 115, 119–121, 123–127, 133–134, 138, 153, 156–157

Übereinkommen zur Zusammenarbeit bei der Bekämpfung der Verschmutzung der Nordsee durch Öl und andere Schadstoffe v 13.9.1983 (BGBl 1990 II, 71) — 68

Basler Übereinkommen über die Kontrolle der grenzüberschreitenden Verbringung gefährlicher Abfälle und ihrer Entsorgung v 22.3.1989 (BGBl 1994 II, 2704) — 100, 113

Convention for the Prohibition of Fishing with Long Drift Nets in the South Pacific v 24.11.1989 (1899 UNTS 3) [Wellington Konvention] — 130

Vereinbarung über die Internationale Kommission zum Schutz der Elbe v 8.10.1990 (BGBl 1992 II, 943) — 30

Internationales Übereinkommen von 1990 über Vorsorge, Bekämpfung und Zusammenarbeit auf dem Gebiet der Ölverschmutzung v 30.11.1990 (BGBl 1994 II, 3799) — 67

Abkommen zur Erhaltung der Kleinwale in der Nord- und Ostsee v 17.3.1992 (BGBl 1993 II, 1113) [ASCOBANS] — 104, 145

Übereinkommen über den Schutz der Meeresumwelt des Ostseegebiets v 9.4.1992 (BGBl 1994 II, 1397) — 28, 47

Protocol on the Protection of the Black Sea Marine Environment against Pollution from Land-Based Sources v 21.4.1992 (ILM 32 [1993] 1122) — 86

Rahmenübereinkommen der Vereinten Nationen über Klimaänderungen v 9.5.1992 (BGBl 1993 II, 1783) — 73

Übereinkommen über die biologische Vielfalt v 5.6.1992 (BGBl 1993 II, 1742) [CBD] — 115, 120, 148–150, 152

Übereinkommen zum Schutz der Meeresumwelt des Nordostatlantiks v 22.11.1992 (BGBl 1994 II, 1360) [OSPAR] — 28, 44, 46, 54, 57, 78, 83, 86, 93, 104, 149, 151, 153, 157

Protocol of 1992 to Amend the International Convention on the Establishment of an International Fund for Compensation for Oil Pollution Damage v 27.11.1992 (1953 UNTS 330) — 110

Protocol of 1992 to Amend the International Convention on Civil Liability for Oil Pollution Damage v 27.11.1992 (1956 UNTS 255) — 110

Übereinkommen zur Förderung der Einhaltung internationaler Erhaltungs- und Bewirtschaftungsmaßnahmen durch Fischereifahrzeuge auf hoher See v 24.11.1993 (ILM 33 [1994] 968) — 23, 133

Übereinkommen zur Durchführung des Teiles XI des Seerechtsübereinkommens v 28.7.1994 (BGBl 1994 II, 2565) — 42

Protocol for the Protection of the Mediterranean Sea against Pollution Resulting from Exploration and Exploitation of the Continental Shelf and the Seabed and its Subsoil v 14.10.1994, abrufbar unter <http://faolex.fao.org/docs/pdf/mul38165.pdf> — 91

Übereinkommen zur Durchführung der Bestimmungen des Seerechtsübereinkommens der Vereinten Nationen v 10.12.1982 über die Erhaltung und Bewirtschaftung von gebietsübergreifenden Fischbeständen und Beständen weit wandernder Fische v 4.8.1995 (BGBl 2000 II, 1022) [Fish Stocks Agreement] — 18, 23

Protocol for the Protection of the Mediterranean Sea against Pollution from Land-Based Sources and Activities v 7.3.1996 (ABl EG 1999, Nr L 322/20) — 86

Übereinkommen über Haftung und Entschädigung für Schäden bei der Beförderung schädlicher und gefährlicher Stoffe auf See v 3.5.1996 (ABl EG 2002, Nr L 337/57) [HNS-Übereinkommen] — 112

Abkommen zur Erhaltung von Walen und Delfinen im Mittelmeer und im Schwarzen Meer v 24.11.1996 (ILM 36 [1997] 777) [ACCOBAMS] — 104

Protokoll zum Rahmenübereinkommen der Vereinten Nationen über Klimaänderungen v 11.12.1997 (BGBl 2002 II, 697) [Kyoto Protokoll] — 73

Übereinkommen zum Schutz des Rheins v 12.4.1999 (BGBl 2001 II, 849) — 30

Europäisches Übereinkommen über die internationale Beförderung gefährlicher Güter auf Binnenwasserstraßen v 26.5.2000 (BGBl 2007 II, 1906) — 30

Convention on the Conservation and Management of Highly Migratory Fish Stocks in the Western and Central Pacific Ocean v 5.11.2000 (ILM 40 [2001] 278) — 128

Übereinkommen über die zivilrechtliche Haftung für Schäden durch Bunkerölverschmutzung v 23.3.2001 (BGBl 2006 II, 579) — 112

Stockholmer Übereinkommen über persistente organische Schadstoffe v 22.5.2001 (BGBl 2002 II, 804) — 85

Internationales Übereinkommen über Verbots- und Beschränkungsmaßnahmen für schädliche Bewuchsschutzsysteme an Schiffen v 5.10.2001 (BGBl 2008 II, 522) — 63

Internationales Übereinkommen von Nairobi von 2007 über die Beseitigung von Wracks v 18.5.2007 (BGBl 2013 II, 531) [Nairobi Übereinkommen] — 102, 103

Hong Kong International Convention for the Safe and Environmentally Sound Recycling of Ships v 1.11.2009 (IMO Doc SR/Conf/45) — 100

Übereinkommen über Hafenstaatmaßnahmen zur Verhinderung, Bekämpfung und Unterbindung der illegalen, ungemeldeten und unregulierten Fischerei v 22.11.2009, abrufbar unter <www.fao.org/fileadmin/user_upload/legal/docs/2_037t-e.pdf> — 23, 135
Übereinkommen über die Erhaltung und Bewirtschaftung der Fischereiressourcen der Hohen See im Südpazifik v 13.9.2011 (ABl EU 2012, Nr L 67/3) — 131
Übereinkommen von Paris v 12.12.2015 (BGBl 2016 II, 1082) — 73

Judikatur

Internationaler Gerichtshof

Fisheries Case (United Kingdom v Norway), Urteil v 18.12.1951, ICJ Rep 1951, 116 *[Fisheries Case]* — 116
Pulp Mills on the River Uruguay (Argentina v Uruguay), Urteil v 20.4.2010, ICJ Rep 2010, 14 *[Pulp Mills]* — 52
Whaling in the Antarctic (Australia v Japan; New Zealand Intervening), Urteil v 31.3.2014, ICJ Rep 2014, 226 *[Whaling Case]* — 144

Internationaler Seegerichtshof

Southern Bluefin Tuna Case (New Zealand v Japan) (Provisional Measures), Case No 3, Beschluss v 27.8.1999, ITLOS Rep 1999, 280 *[Southern Bluefin Tuna]* — 26, 53
MOX Plant Case (Ireland v United Kingdom) (Provisional Measures), Case No 10, Beschluss v 3.12.2001, ITLOS Rep 2001, 95 *[MOX Plant]* — 26
Land Reclamation by Singapore in and around the Straits of Johor (Malaysia v Singapore) (Provisional Measures), Case No 12, Beschluss v 10.9.2003, ITLOS Rep 2003, 4 *[Land Reclamation]* — 26
Responsibilities and Obligations of States Sponsoring Persons and Entities with Respect to Activities in the Area, Case No 17, Gutachten v 1.2.2011, ITLOS Rep 2011, 10 *[Responsibilities and Obligations]* — 27, 53, 96
Request for an Advisory Opinion sumitted by the Subregional Fisheries Commission (SRFC), Gutachten v 2.4.2015, ITLOS Rep 2015 *[SRFC]* — 27, 35
Dispute concerning Delimitation of the Maritime Boundary between Ghana and Côte d'Ivoire in the Atlantic Ocean (Ghana v Côte d'Ivoire) (Provisional Measures) Beschluss der Sonderkammer v 25.4.2015), <https://www.itlos.org/fileadmin/itlos/documents/cases/case_no.23_prov_meas/C23_Order_prov.measures_25.04.2015_orig_Eng.pdf> accessed 30 October 2016 *[Maritime Boundary]* — 26

Schiedsverfahren

Bering Sea Fur Seals (Great Britain v United States), Schiedsspruch v 15.8.1893, 1 Moore 755 [*Bering Sea Fur Seals*] — 114
Southern Bluefin Tuna Case (New Zealand and Australia v Japan) (Award on Jurisdiction and Admissibility), Schiedsspruch v 4.8.2000, RIAA XXIII, 1 *[Southern Bluefin Tuna Jurisdiction and Admissibility]* — 26
Chagos Marine Protected Area Arbitration (Mauritius v UK), Case No 2011-03, Schiedsspruch v 18.3.2015, <http://www.pcacases.com/pcadocs/MU-UK%2020150318%20Award.pdf> *[Chagos Marine Protected Area]* — 151

Streitbeilegungsmechanismus der WTO

European Communities – Measures Prohibiting the Importation and Marketing of Seal Products, Dispute DS400, Appelate Body Report v 22.5.2014 *[EC – Seal Products]* — 148

Vorbemerkung

1 Der folgende Abschn widmet sich dem völkerrechtlichen Schutz der Meere vor durch den Menschen verursachten nachteiligen Veränderungen. Dazu gehören sowohl die Verschmutzung der Ozeane aus verschiedenen Quellen und mit verschiedensten Stoffen, die physische Zerstörung von Teilen der Meeresumwelt durch zB Bergbau oder bestimmte Fischereimethoden wie die Grundschleppnetzfischerei als auch die Beeinträchtigung der marinen Ökosysteme durch die nicht-nachhaltige Bewirtschaftung lebender Ressourcen, insbes Überfischung.

Ein weiteres im Überblick abgehandeltes Thema betrifft die anthropogenen Veränderungen des Klimas mit ihren vielfältigen Einflüssen auf die Meere. Dies umfasst zB die Erwärmung und Versauerung des Meerwassers sowie einen Anstieg des Meeresspiegels, aber auch Möglichkeiten, die die Nutzung der Ozeane als CO_2-Speicher bieten könnte, um der globalen Klimakrise entgegenzuwirken.

I. Grundlagen

1. Bedeutung und Funktion der Ozeane und Meere

2 Etwa 72 % der Erdoberfläche sind von den Ozeanen und Meeren bedeckt. Diese Wasserflächen sind für menschliches Leben unverzichtbar. Die Ozeane interagieren mit der Atmosphäre und spielen dadurch eine entscheidende Rolle bei der natürlichen Regulierung des Klimas und der Wetterbedingungen. Menschen nutzen die Meere als Quelle für Nahrung und Rohstoffe sowie für wirtschaftliche Betätigung wie den Transport von und Handel mit Waren und Gütern. Neben der Schifffahrt und dem Abbau natürlicher lebender und nicht-lebender Ressourcen im Meer werden die Ozeane u a für das Testen von Waffen, die alternative Energiegewinnung, die Abfallbeseitigung und zu Forschungszwecken genutzt. Auch im Zusammenhang mit dem sog *Geoengineering*, dh bewusster Eingriffe in das Klima, um der steigenden Erderwärmung entgegenzuwirken, werden jedenfalls im experimentellen Stadium meeresbezogene Aktivitäten vorgeschlagen, zB die Ozeandüngung.[1] Überlegungen zur Speicherung von abgeschiedenem CO_2 aus Industrieprozessen im oder unter dem Meer ist ein weiteres Thema, das mit der Nutzung der Ozeane zur Bewältigung anthropogener Erderwärmung unmittelbar zusammenhängt.[2]

3 Angesichts der Vielzahl von Nutzungen durch den Menschen mit potentiell oder tatsächlich nachteiligen Auswirkungen auf die Meere überrascht es nicht, dass sich die Ozeane in einem alarmierenden Zustand befinden. „Zu warm, zu hoch, zu sauer" lautete die Bilanz, die der WBGU bereits 2006 gezogen hat.[3] Zu verschmutzt und unter zu starker Zerstörung der biologischen Vielfalt leidend sind diesem Befund als weitere Merkmale ausdrücklich hinzuzufügen. Verschmutzungen und andere Beeinträchtigungen der Meeresumwelt haben gemeinsam, dass sie keine Staatsgrenzen und andere Abgrenzungen staatlicher Hoheitsrechte kennen. Der Schutz der Ozeane – vergleichbar dem Schutz der Luft und der Atmosphäre – ist notwendig ein gemeinsames Anliegen der Menschheit, das nur durch internationale Kooperation auf verschiedenen Ebenen wirksam verfolgt werden kann.

2. Quellen nachteiliger Veränderungen der Meere

4 Jede der genannten Nutzungen der Meere durch den Menschen greift in unterschiedlich starkem Maße in das natürliche Gleichgewicht der Ökosysteme ein. Neben der Beeinträchtigung der biologischen Vielfalt zB durch Fischerei, die Zerstörung von Habitaten und das Einschleppen inva-

1 Vgl Rn 77 und 154 f.
2 Vgl Rn 153.
3 WBGU, Die Zukunft der Meere: Zu warm, zu hoch, zu sauer. Sondergutachten, 2006.

siver Arten[4] ist es vor allem die Verschmutzung des Wassers durch verschiedene Quellen, die Gegenstand von Regelungen zum Meeresschutz ist.

5 Die Quellen der Meeresverschmutzung lassen sich grob in verschiedene Kategorien und Unterkategorien einteilen. Zunächst lässt sich zwischen der Verschmutzung der Meere durch Aktivitäten auf See und von Land aus unterscheiden. Zu den erstgenannten gehören die Verschmutzungen durch Schiffe, durch Meeresbodenaktivitäten, zB Ölbohrungen und Tiefseebergbau, und durch Abfallbeseitigung. Unterwasserlärm, zB durch die Schifffahrt, aber auch durch Meeresbodenbergbau, den Bau von Windparks und militärische Aktivitäten, ist eine weitere besondere Form der Meeresverschmutzung von See aus, die erhebliche nachteilige Auswirkungen auf die Meeresfauna, insbes auf Meeressäuger haben kann.[5] Die durch die Schifffahrt bedingte Verschmutzung der Ozeane lässt sich weiter einteilen in einerseits Verunreinigungen, die durch den normalen Betrieb von Schiffen und damit einhergehende Praktiken, zB das Spülen von Tanks auf See oder das Ablassen von Ballastwasser, entstehen und Unfallereignisse mit teilweise erheblichen Umweltauswirkungen andererseits. Im Zusammenhang mit Unfallereignissen stellt sich nicht nur die Frage der Vermeidung, zB durch Regeln zur Verhütung von Kollisionen, sondern auch die der Haftung für Umweltschäden und deren Beseitigung.[6]

6 Quellen an Land beinhalten nicht nur Verschmutzungen durch die Nutzung der Küsten, dh insbes durch an der Küste gelegene Städte und Industrien, sondern auch den Schadstoffeintrag durch Flüsse. Eine aus der Regelungsperspektive besonders problematische, weil diffuse Quelle der Meeresverschmutzung ist der Schadstoff- und Nährstoffeintrag, zB durch Düngemittel im Zusammenhang mit der landwirtschaftlichen Nutzung küsten- und flussnaher Flächen.[7]

7 Als eine weitere erhebliche Quelle von Verschmutzungen, die sowohl von landbasierten Aktivitäten als auch von Schiffen ausgehen, ist der Schadstoffeintrag durch die Luft zu nennen. Emittierte Schadstoffe können sich weiträumig verbreiten und mit Niederschlägen in die Meere eingetragen werden. Der Schadstoffeintrag in die Ozeane erfolgt in diesen Fällen unabhängig von einer besonderen räumlichen Nähe und daher auch unabhängig davon, ob es sich um eine Emissionsquelle an Land oder auf See handelt. Obwohl Schiffe ein vergleichsweise umweltfreundliches Transportmittel darstellen, sind bestimmte Schiffstreibstoffe wie zB Schweröl in besonderem Maße schadstoffbelastet und führen zu Luft- und Meeresverschmutzung.[8] In die Kategorie der Verschmutzung durch die Luft gehören weiterhin die indirekten Einwirkungen auf die Meere, die durch den Ausstoß von Treibhausgasen hervorgerufen werden, wie zB die Versauerung und Erwärmung des Meerwassers. Ansätze, den CO_2-Ausstoß insgesamt einzuschränken, kommen den Meeren dabei ebenso zu Gute wie erste Versuche, den Schiffsverkehr durch entsprechende Indizes für Neubauten und für den regulären Betrieb klimafreundlicher zu gestalten.[9]

8 Das Völkerrecht kennt verschiedene Möglichkeiten, auf die vielfältigen Quellen nachteiliger Veränderungen der Umwelt zu reagieren. So sind Einzelabkommen, die ganz gezielt nur eine bestimmte Verschmutzungsart regeln (sog *piecemeal approach*), ebenso denkbar, wie umfassende Ansätze, die grundsätzlich alle Quellen erfassen oder einen übergreifenden rechtlichen Rahmen mit speziellen weiteren Instrumenten kombinieren. Im Ergebnis bestehen heute auf globaler und regionaler Ebene eine Vielzahl internationaler Verträge und nichtbindender Instrumente, die teilweise miteinander verbunden sind oder aufeinander Bezug

4 Zum Schutz der biologischen Vielfalt s Markus, 10. Abschn Rn 2ff.
5 Vgl Rn 104.
6 Vgl Rn 65ff und Rn 105ff.
7 Vgl Rn 84ff.
8 Vgl Rn 69ff.
9 Vgl Rn 72ff.

nehmen, teilweise aber auch nebeneinander bestehen. Ergänzt wird die vertragliche Regelung durch das Gewohnheitsrecht. Der Prozess der Entstehung und Verzahnung verschiedener Verträge zum Meeresschutz und weiterer *Soft Law*-Instrumente in einem globalen Mehrebenensystem ist keineswegs abgeschlossen, sondern wird laufend durch neue Themen und Regulierungsvorschläge weiter entwickelt. Ein aktuelles Bsp dafür ist der Prozess, den die UNGA im Jahre 2015 formell eingeleitet hat. In Res 69/293 fordert die GA die Entwicklung eines rechtlich verbindlichen Instruments zum Seerechtsübereinkommen, das den Schutz und die nachhaltige Nutzung mariner Biodiversität außerhalb der Gewässer unter nationaler Hoheitsgewalt zum Gegenstand haben soll.[10] Der genaue Inhalt wie auch das rechtliche Verhältnis dieses Instruments zum SRÜ und zur CBD sind derzeit noch Verhandlungsgegenstand der Vorbereitungsgremien.[11]

3. Entwicklung des Meeresschutzes als politisches und rechtliches Ziel

9 Der Meeresumweltschutz wurde erst in der zweiten Hälfte des 20. Jh als ein politisches Ziel formuliert, das es u a mit rechtlichen Mitteln auf verschiedenen Ebenen umzusetzen gilt. Damit folgte der maritime Umweltschutz den frühen Ansätzen des Naturschutzes im außermaritimen Bereich, die sich bereits gegen Ende des 18. Jh in ersten Übereinkommen dokumentierten, nach.[12] Lange Zeit war in Übereinstimmung mit dem von *Grotius* geprägten Denken angenommen worden, dass die natürlichen Ressourcen der Ozeane ebenso unerschöpflich seien wie die Selbstreinigungskräfte des Meerwassers.

10 Seerechtliche Kodifikationsversuche vor der Gründung der UN hatten die seeseitige Ausdehnung der staatlichen Hoheitsgebiete und das Seekriegsrecht zum Gegenstand, nicht aber Fragen der Meeresverschmutzung. Erst die Genfer Seerechtsübereinkommen v 1958 befassten sich in Ansätzen mit dem Meeresschutz. Aus heutiger Sicht verfolgen diese frühen Kodifikationen allerdings nur einen sektoralen und rudimentären Schutzansatz. So formuliert zB das Übereinkommen über die Hohe See zwar Pflichten der Vertragsparteien, die Ölverschmutzung durch Schiffe, Rohrleitungen und Meeresbodenaktivitäten wie auch die Meeresverschmutzung durch radioaktive Strahlung zu vermeiden (Art 24 und 25 Genfer Konvention über die Hohe See). Anderen Stoffen und Quellen widmet sich der Vertrag hingegen nicht.[13]

11 Trotz vereinzelter früher Versuche, die Verschmutzung der Meere durch Öl international zu regeln,[14] waren es nicht zuletzt eine Reihe von Tankerunfällen wie der der *Torrey Canyon* 1967,[15] der *Amoco Cadiz* 1978 und der *Exxon Valdez* 1989, die auf Grund der resultierenden massiven Umweltverschmutzung dazu beitrugen, die Notwendigkeit des Meeresschutzes in den Fokus der Öffentlichkeit zu rücken und die entsprechende rechtliche Regulierung nach sich zogen.[16] Insbes dann, wenn die Meeresverschmutzung zu sichtbaren Beeinträchtigungen an den Küsten oder zu einem signifikanten Rückgang wirtschaftlicher Tätigkeiten führt, wird die Öffentlichkeit auf die Thematik aufmerksam. Dies gilt vor allem dann, wenn auf Grund der Verschmutzungen Fischerei und Tourismus stark eingeschränkt oder zeitweilig unmöglich werden. Auch in jüngerer Vergangenheit zeigt sich die reaktive Natur des Umweltrechts in der Folge von Unfällen zB an den

10 GA Res 69/292 v 19.6.2015.

11 S dazu die Überlegungen bei *Blasiak/Yagi*, Shaping an International Agreement on Marine Biodiversity Beyond Areas of National Jurisdiction, Marine Policy 71 (2016) 210 ff.

12 *Hafner*, Meeresumwelt, Meeresforschung und Technologietransfer, in Handbuch, Rn 1.

13 *Beyerlin/Marauhn*, International Environmental Law, 115.

14 S etwa das OILPOL v 1954.

15 Umfassend hierzu *Pfeil*, Torrey Canyon, in MPEPIL.

16 So führte der Unfall der *Torrey Canyon* unmittelbar zum Übereinkommen über Maßnahmen auf Hoher See bei Ölverschmutzungsunfällen v 29.11.1969, dem sog Interventionsabkommen.

Rechtsetzungsakten der EU, die u a als „Erika III"-Paket dazu beitragen sollen, künftige Havarien mit gravierenden Folgen für die Meeresumwelt zu vermeiden.[17]

12 Die Konferenz der Vereinten Nationen über die Umwelt des Menschen in Stockholm im Jahr 1972 gilt als ein Schlüsselereignis für die Entwicklung des Umweltvölkerrechts. Das gilt auch für den Meeresumweltschutz. Nicht nur die Gründung des Umweltprogramms der Vereinten Nationen (UNEP) und dessen intensive Befassung mit dem Meeresschutz im Rahmen des Programms der Regionalmeere sind an dieser Stelle zu nennen. In engem zeitlichen Zusammenhang mit der Stockholmer Konferenz wurde 1972 das Londoner Übereinkommen über die Verhütung der Meeresverschmutzung durch das Einbringen von Abfällen und anderen Stoffen beschlossen (Londoner Dumping Übereinkommen), das zusammen mit dem später folgenden Londoner Dumping Protokoll der bedeutsamste völkerrechtliche Vertrag zum Schutz der Meere vor den Folgen der Abfallbeseitigung in den Ozeanen ist.[18] Auch MARPOL, das Internationale Übereinkommen zur Verhütung der Meeresverschmutzung durch Schiffe v 1973 in seiner 1978 durch Protokoll geänderten Form, gilt als ein bedeutsamer Vertrag, dessen Verabschiedung von dem Anstoß für den internationalen Schutz der natürlichen Ressourcen profitierte, der von der Stockholmer Konferenz 1972 ausging.[19]

13 Der Schutz lebender mariner Ressourcen war in Gestalt zB zweier früher Walfangabkommen Gegenstand völkerrechtlicher Regelungen bereits vor der Ägide der UN. Diese hatten aber – wie auch seiner Konzeption nach das Internationale Walfangabkommen v 1946 – primär den Schutz der Walfangindustrie und weniger den Artenschutz zum Gegenstand. Jedenfalls aber erkannten diese Verträge die Regelungsbedürftigkeit als solche an und ließen mit dem Abkommen v 1946 auch Fangbeschränkungen zur Erholung der Bestände zu. In Bezug auf die Fischerei war es wiederum eine der Genfer Konventionen v 1958, das Genfer Übereinkommen über die Fischerei und Erhaltung der lebenden Schätze der Hohen See, das einen etwas weiter gefassten rechtlichen Beitrag zum Meeresschutz und dem Erhalt der natürlichen Ressourcen leistete. Wenngleich auch hier der Schutzansatz aus heutiger Sicht zu stark auf den Schutz zum Zweck des menschlichen Verzehrs abzielt, gilt das Übereinkommen, abgesehen von der Regelung des Walfangs, als erster etwas umfassenderer multilateraler Vertrag des internationalen Fischereirechts.[20]

14 Die dritte UN-Seerechtskonferenz, die 1973 begann und neun Jahre später mit der Verabschiedung des SRÜ endete, setzte sich zum Ziel, das gesamte Seerecht in einem Vertrag zu regeln. Die Bestimmungen zum Meeresumweltschutz sollten dabei eine wichtige Komponente des „neuen Seerechts" bilden und nahmen dementsprechend eine herausragende Stellung in den Verhandlungen ein.[21] Die Bedeutung des Umweltschutzes und die Notwendigkeit der Abwägung von staatlicher Souveränität und Bewahrung der Meeresumwelt ergibt sich nicht nur konkret aus Teil XII und weiteren Bestimmungen in anderen Teilen des Übereinkommens, sondern wird bereits in der Präambel iSe politischen Leitentscheidung hervorgehoben.

---

17 Im Einzelnen: RL 2009/15/EG über gemeinsame Vorschriften und Normen für Schiffsüberprüfungs- und -besichtigungsorganisationen und die einschlägigen Maßnahmen der Seebehörden, ABl EU 2009, Nr L 131/47; RL 2009/16/EG über die Hafenstaatkontrolle, ABl EU 2009, Nr L 131/57; RL 2009/17/EG über die Einrichtung eines gemeinschaftlichen Überwachungs- und Informationssystems für den Schiffsverkehr, ABl EU 2009, Nr L 131/101; RL 2009/18/EG zur Festlegung der Grundsätze für die Untersuchung von Unfällen im Seeverkehr, ABl EU 2009, Nr L 131/114; RL 2009/20/EG über die Versicherung von Schiffseigentümern für Seeforderungen, ABl EU 2009, Nr L 131/128; RL 2009/21/EG über die Erfüllung von Flaggenstaatpflichten, ABl EU 2009, Nr L 131/132; VO (EG) Nr 391/2009 über gemeinsame Vorschriften und Normen für Schiffsüberprüfungs- und -besichtigungsorganisationen, ABl EU 2009, Nr L31/11; VO (EG) Nr 392/2009 über die Unfallhaftung von Beförderern von Reisenden auf See, ABl EU 2009, Nr L 131/24.

18 Vgl Rn 76 ff. Allg zum internationalen Abfallrecht *Durner*, 15 Abschn Rn 25 ff.

19 *Beyerlin/Marauhn*, International Environmental Law, 116.

20 Ein Bsp für ein im Regelungsansatz eng beschränktes und zeitlich befristetes Abkommen im Fischereibereich ist die Nordseekonvention.

21 UNCLOS IV, 3.

15 Heute ist der Meeresumweltschutz ein zentrales Thema nicht nur der Forschung und internationaler Kooperation auf verschiedenster Ebene und mit unterschiedlichen Zielrichtungen, sondern auch Gegenstand umfassender rechtlicher Regelungen. Neben gewohnheitsrechtlich verankerten Grundprinzipien sind es vor allem völkerrechtliche Verträge mit globalem oder regionalem Anwendungsbereich, die eine Vielzahl verschiedener Aspekte des Meeresschutzes abdecken. Dem SRÜ ist dabei besondere Bedeutung zuzumessen. Auf regionaler Ebene sind die Bemühungen der EU hervorzuheben, die das ausdrückliche Ziel einer integrierten Meerespolitik[22] verfolgt und dieses nicht nur über entsprechende Arbeitsprogramme und Fortschrittsberichte fördert,[23] sondern auch rechtsetzend im Bereich des Schutzes der Meere vor Verschmutzung und über die Gemeinsame Fischereipolitik im Bereich der nachhaltigen Bewirtschaftung lebender Ressourcen sowie des Schutzes von Habitaten[24] tätig wird.

4. Akteure

16 Da der Meeresschutz ein globales Anliegen und internationale Kooperation unverzichtbar ist, gibt es eine Vielzahl internationaler Institutionen, die sich dem Schutz der Meere oder jedenfalls einzelner Teilaspekte annehmen. Die folgenden Abschn geben einen Überblick über thematisch einschlägige Akteure.[25]

a) Vereinte Nationen

17 Die Charta der UN nennt weder den weltweiten Umweltschutz als Ziel und Aufgabengebiet noch enthält sie Referenzen an Funktion oder Schutz der Meere und Ozeane. Die schrittweise Ausweitung der Betätigungsfelder der UN über die in der Charta primär genannten Aufgaben der Friedenssicherung und des Schutzes der Menschenrechte hinaus hat dazu geführt, dass der internationale Umweltschutz und spezifisch der Meeresschutz an Bedeutung gewonnen haben und zum Gegenstand der Befassung durch verschiedene Institutionen innerhalb der UN geworden sind. Dabei widmen sich die UN sowohl dem politischen Prozess, der sich iwS mit „Meeresgovernance" umschreiben lässt, wie auch der Entwicklung auf der Ebene internationalen Rechts. Ein Bsp für eine politische Initiative, die sich u a auf den Meeresschutz und die nachhaltige Nutzung der Meere bezieht, sind die am 25.9.2015 im Rahmen der UN angenommenen *Sustainable Development Goals (SDGs)*. Der Katalog enthält nicht zuletzt durch den Einsatz der Inselstaaten mit dem SDG 14 ein Ziel, das sich den Meeren und Ozeanen und ihrer Bedeutung für die Menschheit widmet.[26] Als Bsp für die institutionelle Begleitung rechtlicher Prozesse ist u a die Rolle der UN für die Aushandlung des SRÜ im Rahmen der Dritten Seerechtskonferenz zu nennen. Über die *Division of Ocean Affairs and the Law of the Sea (DOALOS)* gewähren die UN auch weiterhin eine administrative Verbindung des Übereinkommens mit der Organisation, indem die Abteilung zB als Sekretariat des SRÜ fungiert.

---

22 Vgl u a das „Blaubuch" der EU Kommission „Eine integrierte Meerespolitik für die Europäische Union", KOM (2007) 575 v 10.10.2007,. Ein Überblick über verschiedene Aspekte und Dokumente ist abrufbar unter <http://ec.europa.eu/maritimeaffairs/policy/index_de.htm>.

23 Vgl EU Kommission, C (2012) 1447 final v 12.3.2012, Implementing Decision Concerning the Adoption of the Integrated Marine Policy Work Programme for 2011 and 2012; EU Kommission, KOM(2012) 491 final v 11.9.2012, Fortschrittsbericht zur integrierten Meerespolitik der EU.

24 S RL 92/43/EWG zur Erhaltung der natürlichen Lebensräume sowie der wildlebenden Tiere und Pflanzen v 21.5.1992, ABl EG 1992, Nr L 206/7 (FFH-RL), die gemäß Anhang 1 auch im Bereich der Küstengewässer anwendbar ist.

25 Zu regionalen Fischereiorganisationen vgl u Rn 127; zur Internationalen Walfangkommission vgl u Rn 140 f.

26 S dazu aus dem Vorfeld der Verhandlungen auch *Visbeck et al*, Securing Blue Wealth: The Need for a Special Sustainable Development Goal for the Ocean and Coasts, Marine Policy 48 (2014) 184 ff.

(1) Generalversammlung

18 Anlässlich des Inkrafttretens des SRÜ verabschiedete die UNGA beginnend mit Res 48/28 jährliche Resolutionen zum Seerecht.[27] Seit 1998 wurden diese mit Res 52/26 erweitert zu den Resolutionen zu „Ozeanen und Seerecht". Diese befassen sich nunmehr mit nahezu sämtlichen Belangen des Seerechts und der *Ocean Governance* und gehen dabei auch auf aktuelle Probleme des Meeresschutzes ein.[28] Gesondert wendet sich die GA dem Übereinkommen über Fischbestände v 1995 (Fish Stocks Agreement) und damit der Thematik der nachhaltigen Fischerei mit einer weiteren Serie jährlicher Resolutionen zu.[29]

19 Damit besteht ein Forum zur Erörterung politischer, aber auch rechtlicher Fragen, dessen Mitgliederkreis weiter gefasst ist als die Vertragsstaaten zum SRÜ. Auch wenn die UNGA selbst kein Mandat zur Rechtssetzung besitzt, kann sie auf diese Art dennoch wesentlich zur Fortentwicklung des Rechtsrahmens zum Schutz der Meeresumwelt beitragen. Obwohl die beiden sog „Omnibus-Resolutionen" zu den Ozeanen und zum Seerecht sowie zu den Fischbeständen eher unverbindlich formulierte Handlungsaufforderungen enthalten, hat die GA in der Vergangenheit bei ganz spezifischen Problemen gesondert Stellung bezogen und im Falle der Treibnetzfischerei einen Prozess angestoßen, der im Ergebnis zu einem gewohnheitsrechtlich verankerten Verbot geführt hat.[30] Auch der von der UNGA mit Res 69/292 eingeleitete Prozess der Ausarbeitung eines ergänzenden Instruments zum Umgang mit der biologischen Vielfalt der Meere in Gebieten außerhalb staatlicher Hoheitsgewalt ist im Kontext der Wahrnehmung einer aktiven Rolle der Rechtsfortentwicklung zu nennen.[31]

(2) Internationale Seeschifffahrtsorganisation

20 Die Internationale Seeschifffahrtsorganisation wurde 1948 durch völkerrechtlichen Vertrag als *Intergovernmental Maritime Consultative Organization* gegründet[32] und später in *International Maritime Organization (IMO)* umbenannt. Sie gehört zu den sog *Specialized Agencies*, dh sie ist mit den UN über den Wirtschafts- und Sozialrat verbunden, ohne ein Organ oder Unterorgan der UN zu sein. Das Mandat der Internationalen Seeschifffahrtsorganisation bezieht sich in erster Linie auf die Regelung aller technischen Aspekte im Zusammenhang mit der Sicherheit und der Effektivität des Seeverkehrs (Art 1 lit a des Gründungsvertrags).

21 Der Meeresumweltschutz wird im Gründungsvertrag der IMO nicht ausdrücklich erwähnt. Im Vordergrund früher Regelungsansätze der Organisation stand eindeutig die Sicherheit auf See. Der Zusammenhang der Sicherheit des Schiffsverkehrs mit dem Schutz der Meeresumwelt ist jedoch offensichtlich, wenn bspw die Verhütung von Unfällen mit ihren teilweise dramatischen Konsequenzen für die Umwelt durch u a Verkehrstrennungsgebiete oder Lotsenpflichten geregelt wird, oder wenn technische Standards für den Fall der Havarie Umweltkatastrophen

---

27 Ein Überblick über die seerechtsbezogenen Res der UNGA findet sich unter <www.un.org/depts/los/general_assembly/general_assembly_resolutions.htm>.

28 Als Bsp kann die stetige Forderung nach einem verstärkten Ausweisen von Meeresschutzgebieten gelten, s aus jüngerer Zeit GA Res 64/71, para 152f; GA Res 65/37, para 177; GA Res 66/231, para 175; GA Res 71/257, paras 253, 254. Zu beobachten ist, dass nahezu sämtliche „Oceans and the Law of the Sea"-Resolutionen mit breiter Mehrheit angenommen wurden. GA Res 71/257 v 23.12.2016 wurde bspw mit einer Mehrheit von 158 Stimmen bei zwei Gegenstimmen und zwei Enthaltungen angenommen.

29 Jüngst GA Res 71/123 v 7.12.2016.

30 Vgl Rn 130.

31 GA Res 69/292 v 19.6.2015. Der Resolution war die Einsetzung einer Arbeitsgruppe, der Ad Hoc Open-Ended Informal Working Group, durch GA Res 59/24 (para 73) vorausgegangen. Diese hatte sich über einen Zeitraum von zehn Jahren mit der Thematik des Schutzes mariner Biodiversität in Gebieten außerhalb nationaler Hoheitsgewalt befasst, bevor die Generalversammlung die Entscheidung traf, den Prozess der Vorbereitung eines rechtsverbindlichen Instruments einzuleiten.

32 Übereinkommen über die Internationale Seeschifffahrts-Organisation v 6.3.1948.

vermeiden helfen sollen (zB durch die Pflicht, Öltankschiffe mindestens doppelwandig zu bauen). Nicht zuletzt durch Unfälle mit erheblichen nachteiligen Folgen für die Meeresumwelt gewann das Thema der Regelung der Umweltverschmutzung durch die Seeschifffahrt für die Organisation an Bedeutung. Spätestens seit MARPOL hat die IMO eine klare Vorreiterrolle für schifffahrtsbezogene internationale Regeln des marinen Umweltschutzes übernommen, die über die Vermeidung und Folgenbeseitigung von Ölverschmutzung hinausgehen. Dies spiegelt auch das SRÜ wider, wenn es auf „international anerkannte“ Standards oder eine „zuständige Internationale Organisation“ verweist. Bsp betreffen vor allem die Harmonisierung von (Umweltschutz-)Standards zwecks einheitlicher Regelungen für die internationale Schifffahrt. So darf ein Küstenstaat nach Art 22 Abs 2 SRÜ das Recht auf friedliche Durchfahrt in seinen Küstengewässern bzgl Bau, Ausrüstung, Besatzung, Lebens- und Arbeitsbedingungen und Einhaltung der Betriebsverfahren nur insoweit regulieren, als das nationale Recht der Umsetzung internationaler Standards dient – ein Verweis auf die zahlreichen einschlägigen IMO-Instrumente,[33] systematisch vergleichbar mit Art 211 Abs 5 SRÜ über die Durchsetzung von Vorschriften zur Eindämmung von Meeresverschmutzung durch Schifffahrt.

(3) Umweltprogramm der Vereinten Nationen

22 Das Umweltprogramm der Vereinten Nationen (UNEP) ist im Unterschied zB zur IMO oder der Ernährungs- und Landwirtschaftsorganisation keine selbständige Unterorganisation, sondern eine Institution der GV. UNEP dient als zentrale Koordinierungsstelle, die insbes die Aushandlung internationaler Abkommen und nicht-bindender Standards initiiert und begleitet. Im Zusammenhang mit dem Meeresschutz sind vor allem die Aktivitäten des Programms im Bereich des regionalen Meeresschutzes, das *UNEP Regional Seas Programme* (UNEP-Programm zu den Regionalmeeren), zu nennen.[34]

(4) Ernährungs- und Landwirtschaftsorganisation

23 Die Ernährungs- und Landwirtschaftsorganisation (*Food and Agriculture Organization – FAO*) mit Sitz in Rom ist wie die IMO eine durch völkerrechtlichen Vertrag gegründete selbständige Sonderorganisation der UN. Der Anknüpfungspunkt der im Übrigen vielfältigen Tätigkeitsbereiche der FAO zum Meeresumweltschutz besteht in der Befassung der Organisation mit nachhaltiger Fischerei, da Fisch und Fischprodukte als Proteinquelle in der Ernährung einer wachsenden Weltbevölkerung eine immer wichtigere Rolle spielen. Die Erhebungen der FAO zum Status von Fischbeständen sind Ausgangspunkt für die Ausarbeitung von Standards und Handlungsempfehlungen zur nachhaltigen Ausbeutung lebender Meeresressourcen.[35] Dabei erarbeitet die FAO zahlreiche Verhaltenskodizes zur nachhaltigen Fischerei.[36] Diese sind nicht völkerrechtlich verpflichtend, können als *Soft Law* aber dennoch auf eine Veränderung der internationalen Fischereipraxis hinwirken und gelten als wichtige Leitlinien.[37] Außerdem dient die FAO auch als Forum und Plattform für das Aushandeln regionaler oder bereichsspezifischer völkerrechtlicher

---

33 UNCLOS II, 202. S auch IMO Doc LEG/MISC.7 v 19.01.2012, Implications of the UNCLOS for the IMO, abrufbar unter <www.imo.org/OurWork/Legal/Documents/Implications%20of%20UNCLOS%20 for%20IMO.pdf>.

34 Vgl Rn 45.

35 Vgl zuletzt FAO, Status of World Fisheries and Aquaculture 2014 (FAO SOFIA 2014), abrufbar unter <www.fao.org/3/a-i3720e.pdf>.

36 Insbes der Verhaltenskodex für verantwortungsvolle Fischerei, welcher seinerseits durch zahlreiche technische RL ergänzt wird.

37 Hierzu *Friedrich*, Legal Challenges of Nonbinding Instruments: The Case of the FAO Code of Conduct for Responsible Fisheries, GLJ 9 (2008) 1539 ff.

Verträge über die nachhaltige Bewirtschaftung lebender Meeresressourcen.[38] Insgesamt kommt der FAO damit im Bereich der Ausbeutung lebender Ressourcen eine Schlüsselfunktion hinsichtlich der Konkretisierung, aber auch der Umsetzung der Pflichten aus dem SRÜ zu.

b) Internationale Meeresbodenbehörde

24 Die Internationale Meeresbodenbehörde (IMBB) mit Sitz in Jamaika ist eine I.O., die durch das SRÜ v 1982 gegründet worden ist. Das Mandat der IMBB ist auf Fragen der Regelung der Erforschung und Ausbeutung mineralischer Ressourcen des Tiefseebodens beschränkt, wie sich aus Art 145 SRÜ iVm Art 157 Abs 2 Satz 1 SRÜ ergibt. In diesem Rahmen ist die Organisation aber auch für Vorschriften bzgl des Schutzes der Meeresumwelt im Zusammenhang mit Explorations- und Bergbauaktivitäten verantwortlich, wie auch für die Ausweisung von Gebieten, in denen zum Schutz der Meeresumwelt keine Bergbaulizenzen vergeben werden.[39] Ein von Bergbauaktivitäten unabhängiges Mandat zum Schutz der Tiefsee, zB im Hinblick auf sog „genetische Ressourcen", wäre wegen der genannten Beschränkung auf mineralische Ressourcen nur bei einer entsprechenden Vertragsänderung möglich.

c) Internationaler Seegerichtshof

25 Der Internationale Seegerichtshof (ISGH bzw ITLOS) mit Sitz in Hamburg ist zuständig für die Beilegung von Streitigkeiten zwischen Vertragsparteien über Auslegung und Anwendung des SRÜ, einschließlich der Bestimmungen zum Meeresschutz. Während die Unterwerfung unter gerichtliche Streitbeilegungsmechanismen nach Teil XV Abschn 2 SRÜ obligatorisch ist und Entscheidungen bindenden Charakter haben, steht Vertragsstaaten gemäß Art 287 Abs 1 SRÜ die Wahl zwischen verschiedenen Mechanismen offen, von denen der ISGH nach Art 287 Abs 1 lit a SRÜ neben dem IGH und der Ad hoc-Schiedsgerichtsbarkeit nach Anlage VII SRÜ eine Möglichkeit der Streitbeilegung darstellt. Die bisher anhängigen streitigen Verfahren und die beiden Rechtsgutachtenverfahren verdeutlichen die Relevanz meeresumweltbezogener Fragen und damit die potentiell große Bedeutung des Seegerichtshofs, sofern die Vertragsstaaten von der Streitbeilegung in größerem Umfang als bisher Gebrauch machen.

26 Drei streitige Verfahren, mit denen der ISGH befasst war, hatten einen primären Bezug zum Meeresumweltschutz – allerdings war der Seegerichtshof in allen Verfahren lediglich nach Art 290 Abs 5 SRÜ dazu berufen, über die Anordnung vorläufiger Maßnahmen zu entscheiden. In der Hauptsache hatten sich die Partien für die Ad hoc-Schiedsgerichtsbarkeit nach Anlage VII SRÜ entschieden, und zum Zeitpunkt des Verfahrens vor dem Seegerichtshof war ein entsprechendes Schiedsgericht noch nicht gebildet worden. Obgleich in keinem der drei Verfahren eine Entscheidung in der Hauptsache erging, können aus den Entscheidungen des Seegerichtshofs wichtige Rückschlüsse bzgl der Probleme und Lösungsmechanismen in Konflikten über Verschmutzung der Meeresumwelt gezogen werden. Die Entscheidung im *Southern Bluefin Tuna*-Fall[40] stellt den ersten Beschluss eines internationalen Gerichts dar, in dem der Vorsorgeansatz

---

38 Bsp für unter Vermittlung der FAO gegründete Fischereiorganisationen sind der General Fisheries Council for the Mediterranean und die Indian Ocean Tuna Commission, hierzu *Barston*, The Law of the Sea and Regional Fisheries Organisations, IJMCL 14 (1999) 333 (344). Neben dem Fish Stocks Agreement wurden unter Ägide der FAO auch das Übereinkommen über Hafenstaatmaßnahmen zur Verhinderung, Bekämpfung und Unterbindung der illegalen, ungemeldeten und unregulierten Fischerei v 22.11.2009 ausgehandelt sowie das Übereinkommen zur Förderung der Einhaltung internationaler Erhaltungs- und Bewirtschaftungsmaßnahmen durch Fischereifahrzeuge auf hoher See v 24.11.1993.

39 Vgl u Rn 94 ff.

40 Das nach Annex VII gebildete Schiedsgericht lehnte (insoweit entgegen der *prima facie* Prüfung des Seegerichtshofs) die eigene Jurisdiktion ab, s *Southern Bluefin Tuna Jurisdiction and Admissibility*, para 65.

(wenn auch implizit) zur Anwendung kommt.[41] Es ist zudem eines der ersten Verfahren, in denen Maßnahmen der Bewirtschaftung von Meeresressourcen auf ihre Nachhaltigkeit hin untersucht werden sollten. Das steht im Gegensatz zu früheren Fischereifällen, in denen der Fokus eher auf der Ausdehnung küstenstaatlicher Hoheitsrechte zum Zweck der ausschließlichen Ausbeutung von Fischbeständen lag. Sowohl im *MOX Plant-* als auch im *Land Reclamation*-Verfahren stritten sich die Partein um die Folgen grenzüberschreitender Verschmutzung der Meeresumwelt von Land aus. Im *MOX Plant*-Verfahren war der Streitgegenstand die Verschmutzungen durch eine britische Uranaufbereitungsanlage, im *Land Reclamation*-Prozess standen Singapurs Landgewinnungsprogramm und seine Folgen im Mittelpunkt. In beiden Streitigkeiten ordnete der ISGH als vorläufige Maßnahme gegenseitige Konsultationen an – allerdings mit unterschiedlichem Erfolg.[42] Während sie im *Land Reclamation*-Fall zur Einigung führten,[43] wurde das Verfahren vor dem Anlage VII-Schiedsgericht im *MOX Plant*-Fall aufgrund eines europarechtlichen Konflikts nicht weiter geführt.[44] Insgesamt zeigt das Vorgehen des Seegerichtshofs in beiden Fällen die Bedeutung internationaler Kooperation und zwischenstaatlicher Lösungen in Fragen des Meeresumweltschutzes auf. Die Anordnungen können möglicherweise auch als Hinweis darauf verstanden werden, dass ein klares Begrenzen von staatlichen Handlungsspielräumen durch den ISGH nicht als zielführend verstanden wird und der Gerichtshof den Parteien in jedem Fall zwischenstaatliche Verhandlungen als vorrangige Lösung nahelegen möchte. In einem weiteren Verfahren, über das der ISGH in der Hauptsache noch nicht entschieden hat, berief sich die Elfenbeinküste in einer Streitigkeit mit Ghana auch auf Aspekte des Umweltschutzes. Zwar steht im Vordergrund die Frage der Abgrenzung der Meereszonen, weil daraus der Vorwurf der Ölförderung in einem seitens der Elfenbeinküste beanspruchten Teil des Festlandsockels resultiert. Dass die dortige Ölförderung zu Gefahren für die Meeresumwelt führen kann, war aber ein Argument im Verfahren zur Erlangung vorläufiger Maßnahmen, um eine gerichtliche Untersagung zu bewirken. Im Verfahren des einstweiligen Rechtsschutzes folgte die für dieses Verfahren zuständige Spezialkammer des Seegerichtshofes dieser Argumentation nicht. Vielmehr ordnete die Kammer an, dass Ghana die bereits begonnene Ölförderung vorläufig nicht aufgeben müsse, damit von den ansonsten stillliegenden und womöglich nicht mehr gewarteten Förderanlagen keine künftige Gefahr für die Meeresumwelt ausgehe.[45]

27 Der ISGH hat neben der in Art 186 ff SRÜ iVm Art 14 des Statuts des Gerichtshofs (Anlage VI zum SRÜ) genannten Kammer für Meeresbodenstreitigkeiten auch jeweils eine besondere Kammer für Fischereistreitigkeiten und eine Kammer für Umweltstreitigkeiten gemäß Art 15 des Statuts eingerichtet. Die Kammer für Meeresbodenstreitigkeiten ist nicht nur für Streitigkeiten gemäß Art 187 SRÜ zuständig, sondern kann auf Antrag des Rats oder der Versammlung der IMBB auch im Wege des Rechtsgutachtens tätig werden (vgl Art 191 SRÜ). In einem entsprechenden Verfahren hat die Kammer im Jahr 2011 Ausführungen zur Verantwortlichkeit sog „befürwortender Staaten" für Umweltschäden im Zusammenhang mit dem Tiefseebergbau gemacht.[46] In Bezug auf mögliche Fischerei- und Umweltstreitigkeiten haben die Vertragsstaaten von der Mög-

---

41 *Southern Bluefin Tuna*, para 77.

42 *Land Reclamation*; *MOX Plant*.

43 Das Settlement Agreement ist enthalten im „Award on Agreed Terms" des Annex VII-Schiedsgerichts, abrufbar unter <www.pca-cpa.org/showfile.asp?fil_id=364>.

44 S Order No 6, abrufbar unter <www.pca-cpa.org/showpage.asp?pag_id=1148>. Hintergrund der Entscheidung Irlands, seine Klage zurückzuziehen, war ein Urteil des EuGH, der aufgrund des Zusammenhangs mit ausschließlichen Kompetenzen der (damals) EG als Mitglied des SRÜ eine Vertragsverletzung in dem von Irland angestrebten Verfahren sah. Zu den insgesamt drei Hauptverfahren sowie den Entscheidungen im einstweiligen Rechtsschutz ausführlich mwN *Lavranos*, The Epilogue in the MOX Plant Dispute: An End without Findings, EEELR 18 (2009) 180 ff.

45 *Maritime Boundary*, para 99.

46 *Responsibilities and Obligations*, paras 164–211. Vgl auch Rn 96.

lichkeit, diese im Kammerverfahren klären zu lassen, bislang keinen Gebrauch gemacht. Basierend auf der in Art 138 der Verfahrensordnung des Gerichtshofs[47] genannten Zuständigkeit für Rechtsgutachten im Zusammenhang mit Abkommen, die sich auf Regelungsgegenstände des SRÜ beziehen, bejahte der ISGH seine Zuständigkeit für die Erstellung eines Rechtsgutachtens, das von der *Sub-Regional Fisheries Commission (SRFC)* beantragt wurde und u a illegale Fischerei in der AWZ eines fremden Küstenstaats und daran anknüpfende Fragen der Verantwortlichkeit der Flaggenstaaten zum Gegenstand hatte.[48]

d) Europäische Union

28 Die EU spielt eine aktive Rolle bei der Gestaltung des internationalen Meeresumweltschutzes. Die supranationalen sekundären Rechtsakte der EU zum marinen Umweltschutz betreffen ein verhältnismäßig großes und – u a wegen der Häfen Rotterdam, Antwerpen und Hamburg – wirtschaftlich bedeutsames Meeresgebiet. Die EU ist selbst Partei des SRÜ und einiger weiterer Verträge, die den Meeresschutz betreffen, und gestaltet auf dieser Ebene das Völkerrecht mit. Hierzu zählen neben dem SRÜ[49] und dem Übereinkommen über Fischbestände auch OSPAR sowie regionale Abkommen wie das Helsinki Übereinkommen[50] und das Barcelona Übereinkommen.[51] Ferner ist die EU neben weiteren Fischereiorganisationen zB Mitglied in der *General Fisheries Commission for the Mediterranean (GFCM)* und der *International Commission for the Conservation of Atlantic Tunas (ICCAT)*. Da das Gründungsdokument der IMO den Beitritt von I. O. nicht vorsieht, kann die EU in dem bedeutsamen Regelungsbereich der internationalen Seeschifffahrt nur über ihre Mitgliedstaaten auf die Meeresumweltschutzstrategien der Seeschifffahrtsorganisation einwirken.

29 Neben politischen Stellungnahmen zur Bedeutung und Strategie eines europäischen Meeresschutzes wie dem Grünbuch der Kommission zur künftigen Meerespolitik der EU von 2006[52] sind es die Meeresstrategierahmenrichtlinie[53] und Instrumente des Naturschutzes wie die FFH-RL,[54] aber auch Rechtsakte zur Formulierung und Durchsetzung von Sicherheitsstandards für Schiffe,[55] die zur Vermeidung erheblicher Umweltbeeinträchtigungen durch Havarien und auf diese Weise für einen verbesserten Schutz der Meeresgewässer und Küsten der EU-Mitgliedstaaten sorgen sollen. Die Meeresstrategierahmenrichtlinie setzt sich dabei zum Ziel, einen einheitlichen Rechtsrahmen zu schaffen, der es den Mitgliedstaaten ermöglicht,

47 ITLOS Rules v 27.4.2005, abgedr in ITLOS Basic Texts, 2005, 15.
48 S *SRFC*-Gutachten. Zur Zuständigkeit vgl die krit Analyse von *Lando*, The Advisory Jurisdiction of the ITLOS, Leiden JIL 29 (2016) 441 ff. S a Rn 35.
49 Das SRÜ umfasst aufgrund seines weiten Ansatzes sowohl Regelungen, welche der ausschließlichen Kompetenz der Mitgliedstaaten unterfallen, solche, für die eine ausschließliche Unionskompetenz besteht (Art 2 AEUV) sowie Bereiche, in denen sich Union und Mitgliedsstaaten die Kompetenz teilen (Art 2 AEUV).
50 Übereinkommen über den Schutz der Meeresumwelt des Ostseegebiets v 9.4.1992.
51 Barcelona Übereinkommen zum Schutz des Mittelmeeres vor Verschmutzung v 16.2.1976.
52 KOM(2006) 275 endg v 7.6.2006.
53 RL 2008/56/EG des Europäischen Parlaments und des Rates zur Schaffung eines Ordnungsrahmens für Maßnahmen der Gemeinschaft im Bereich der Meeresumwelt, ABl EU 2008, Nr L 164/19.
54 FFH-RL (Fn 24).
55 S insbes die sog „Erika-Pakete" RL 2001/106/EG des Europäischen Parlaments und des Rates v 19.12.2001 über die Hafenstaatkontrolle, ABl EG 2002, Nr L 19/17; VO (EG) 2001/105 des Europäischen Parlaments und des Rates v 19.12.2001 über gemeinsame Vorschriften und Normen für Schiffsüberprüfungs- und -besichtigungsorganisationen und die einschlägigen Maßnahmen der Seebehörden, ABl EG 2002, Nr L 19/9; VO 417/2002 über Doppelhüllentanker, ABl EG 2002, Nr L 64/1 („Erika I"); RL 2002/59/EG des Europäischen Parlaments und des Rates v 27.6.2002 über die Einrichtung eines gemeinschaftlichen Überwachungs- und Informationssystems für den Schiffsverkehr, ABl EG 2002, Nr L 208/10; VO (EG) 1406/2002 des Europäischen Parlaments und des Rates v 27.6.2002 zur Errichtung einer Europäischen Agentur für die Sicherheit des Seeverkehrs, ABl EG 2002, Nr L 208/1 („Erika II"). Zum „Erika III"-Paket s Fn 15.

Maßnahmen zu ergreifen, um einen guten Zustand der Meeresumwelt zu erhalten oder wiederherzustellen. Auch die lebenden Ressourcen und die biologische Vielfalt werden von diesem Ansatz erfasst. Die Fischereipolitik gehört gemäß Art 3 Abs 1 lit d AEUV allerdings zu den Bereichen, in denen die EU ausschließliche Regelungskompetenz beansprucht, so dass Fragen der Ausbeutung der lebenden Ressourcen der Zuständigkeit der Mitgliedstaaten entzogen sind. Eine gewisse Vorreiterrolle kommt der EU auch im Hinblick auf die Regulierung des Schadstoffgehalts in Schiffstreibstoffen wie zB Schwefel zu, indem in den Gewässern und Häfen der EU-Mitgliedstaaten strengere Anforderungen gelten als derzeit im internationalen Bereich.[56]

e) Indirekte Einflussnahme durch weitere internationale Akteure

30 Die wechselseitigen Zusammenhänge verschiedener Umweltmedien führen dazu, dass politische und rechtliche Aktivitäten bestimmter internationaler Akteure, selbst wenn diese nicht direkt den Schutz der Meeresumwelt bezwecken, Auswirkungen auf den Umweltzustand der Meere und Ozeane haben können. Das gilt bspw für den Schutz internationaler Flüsse. Der Schadstoffeintrag durch Flüsse ist eine erhebliche landbasierte Quelle der Meeresverschmutzung. Bemühungen internationaler Flusskommissionen, in Deutschland bspw der Internationalen Kommission zum Schutz des Rheins[57] oder der Internationalen Kommission zum Schutz der Elbe,[58] durch entsprechende Verpflichtungen der Flussanrainer einen guten Gewässerzustand zu erreichen, wirken sich positiv auf den Meeresschutz aus. Gleiches gilt für Regeln zur Binnenschifffahrt mit dem Ziel der Verhütung von Unfällen oder Umweltschäden wie bspw das Europäische Übereinkommen über die internationale Beförderung gefährlicher Güter auf Binnenwasserstraßen vom 26.5.2000.

31 Einen vergleichbaren indirekten Beitrag leisten institutionalisierte Verträge oder I.O., die sich mit der Regelung der Luftverschmutzung befassen. Auch hier besteht ein Zusammenhang zwischen Emissionen in die Luft und Schadstoffeintrag in das Meerwasser, auf den Art 212 SRÜ ausdrücklich hinweist.

f) Nicht-Regierungsorganisationen

32 Eine beträchtliche Anzahl globaler und regional agierender NGOs befasst sich mit dem Meeresumweltschutz. Die Betätigungsfelder und Methoden der Zielverfolgung unterscheiden sich, wie auch in anderen Bereichen, in denen NGOs tätig sind, erheblich. Sie reichen von medienwirksamen Aktionen durch *Greenpeace* oder *Sea Shepherd* gegen den Walfang oder die Ölförderung in der Arktis bis zu Institutionen, die Siegel für Produkte aus nachhaltiger Fischerei vergeben, wie zB das *Marine Stewardship Council*, und so das Verbraucherverhalten beeinflussen.

---

56 RL 2012/33 EU des Europäischen Parlaments und des Rates v 21.11.2012 zur Änderung der RL 1999/32/EG hinsichtlich des Schwefelgehalts von Schiffskraftstoffen, ABl EU 2012, Nr L 327/1; im Vergleich dazu die Regelung in Anlage VI des MARPOL-Abkommens (Regeln zur Verhütung der Luftverunreinigung durch Seeschiffe), Regel 14.

57 Internationale Kommission zum Schutz des Rheins, eingerichtet auf der Grundlage des Übereinkommens zum Schutz des Rheins v 12.4.1999. Gemäß Art 3 (5) ist eines der Ziele des Übereinkommens die Entlastung der Nordsee in Abstimmung mit den anderen Maßnahmen zum Schutz dieses Meeresgebiets.

58 Internationale Kommission zum Schutz der Elbe, eingerichtet auf der Grundlage der Vereinbarung über die Internationale Kommission zum Schutz der Elbe v 8.10.1990 und des Protokolls v 13.8.1993. Gemäß Art 1 (2) streben die Vertragsparteien (Deutschland und die Tschechische Republik) an, die Belastung der Nordsee aus dem Elbegebiet nachhaltig zu verringern.

II. Rechtliche Rahmenbedingungen für den Meeresschutz

1. Grundlagen und Regelungsbefugnisse

33 Die Zuordnung verschiedener Meereszonen zur gänzlichen oder teilweisen Jurisdiktion der Küstenstaaten und der damit einhergehende Grad der Regelungs- und Durchsetzungsbefugnisse spielen eine entscheidende Rolle für den Schutz der Meere. Dabei gilt vereinfacht gesagt die Grundregel, dass die Hoheitsrechte eines Staats mit weiterer Entfernung von den Küsten abnehmen. Die inneren Gewässer unterliegen der uneingeschränkten Souveränität der Küstenstaaten und unterliegen, anders als das Küstenmeer, nicht einmal der Einschränkung des Rechts auf friedliche Durchfahrt fremder Schiffe. Während der Küstenstaat in seinen Territorialgewässern, dh dem zum Staatsgebiet gehörenden Küstenmeer, Regelungs- und Durchsetzungsbefugnisse bzgl aller dort ausgeführten Aktivitäten ausübt, gelten für die AWZ und den Festlandsockel nur noch funktional beschränkte Hoheitsrechte, die sich auf die Ausbeutung der dort befindlichen Ressourcen beziehen. Das schließt Befugnisse zur Regelung des Meeresschutzes in diesen Gebieten weitgehend, dh soweit dieser im Zusammenhang mit den entsprechenden Hoheitsrechten steht, ein. Für die Hohe See gilt dagegen ganz überwiegend das Prinzip der Flaggenstaatenjurisdiktion. Das bedeutet, dass ein Staat nur über Schiffe, die unter seiner Flagge fahren, Hoheitsrechte ausübt und die Kontrolle des Verhaltens anderer Schiffe, von wenigen Ausnahmen abgesehen, nicht seiner Kompetenz unterliegt. Das macht die Hohe See zwar nicht zu einem Raum, in dem keine Umweltschutzbestimmungen gelten würden, jedoch gibt es keinerlei räumliche Herrschafts- und Durchsetzungsgewalt.

34 Dabei gilt es folgende Überlegungen zu beachten: einerseits ist der Status der Hohen See als staatsfreier Raum mit gemeinsamer gleichberechtigter Nutzung durch alle Staaten problematisch, weil ohne rechtliche Beschränkungen die Übernutzung im Sinne der Allmende-Problematik droht, die *Hardin* in seinen Ausführungen über die *tragedy of the commons* zutreffend beschreibt.[59] Andererseits führt die schrittweise räumliche Ausweitung der Befugnisse der Küstenstaaten zu einer „Terraneisierung" der Meere,[60] die u a getragen wird von dem Wunsch der ausschließlichen Ausbeutung der natürlichen Ressourcen durch die Rechtsinhaber. Ob dies in der Praxis dazu führt, dass exklusive Nutzungen unter küstenstaatlicher Hoheit stärker an dem Konzept der Nachhaltigkeit orientiert sind als die gemeinsame Nutzung hoheitsfreier Räume, ist nicht gesichert. Grundsätzlich bietet die Zuweisung exklusiver Nutzungsrechte an den Küstenstaat zwar bessere Möglichkeiten der nachhaltigen Bewirtschaftung von Ressourcen im Vergleich zu denen der Hohen See, weil sich Beschränkungen und Verbote gegenüber allen in dem Raum befindlichen Nutzern durchsetzen lassen. Dies allein ist jedoch kein Garant für entsprechende politische Entscheidungen, selbst wenn sie wirtschaftlich in der mittel- und langfristigen Perspektive nachhaltig sind. Auch ist zu bedenken, dass viele Entwicklungsländer gar nicht die entsprechenden Kapazitäten, zB in Form einer gut ausgerüsteten Küstenwache, haben, um ein großes Meeresgebiet effektiv hinsichtlich möglicher Verstöße gegen nationales Recht zu überwachen. Für endliche Ressourcen wie Öl- und Gasvorkommen gelten entsprechende Erwägungen der nachhaltigen Nutzung ohnehin nur eingeschränkt. Es sind primär die lebenden Ressourcen, deren fortdauernder Bestand unmittelbar von der Bewirtschaftung durch Küstenstaaten und – auf Hoher See – Flaggenstaaten abhängig ist. Spannungen zwischen den verschiedenen Nutzungen und dem Schutz der Ozeane scheinen insgesamt zu komplex, um sie allein durch die Zuweisung von Ressourcenrechten und Regelungsbefugnissen an die Küsten-

59 *Hardin*, The Tragedy of the Commons, Science 162 (1968) 1243 ff.
60 *Beyerlin/Marauhn*, International Environmental Law, 134 f.

staaten lösen zu können. Im Ergebnis besteht aber eine Zweiteilung des Meeresschutzes, der in der Zuweisung von Kontrollrechten über Meeresgebiete einschließlich der Funktionshoheitsräume einerseits und in Regelungen zum Schutz der staatsfreien Räume (Hohe See, Tiefseeboden) einschließlich der Nutzung ihrer Ressourcen andererseits besteht.[61]

35 Der rechtliche Rahmen des internationalen Meeresschutzes besteht heute aus einer Vielzahl zwischenstaatlicher Verträge zu verschiedenen Aspekten der Nutzung und der Bewahrung der Meeresumwelt inner- und außerhalb nationaler Hoheitsbereiche und ergänzendem Gewohnheitsrecht. Einige der Grundprobleme, zB der fast ausschließliche Fokus auf Flaggenstaaten, wenn die Durchsetzung geltender Umweltstandards auf Hoher See betroffen ist, bleiben dennoch bestehen. Hier sind die jeweiligen Staaten aufgerufen, ihren rechtlichen Verpflichtungen nachzukommen und bestehendes Recht zu implementieren und gegenüber den eigenen Schiffen und Staatsangehörigen durchzusetzen. Die Pflichten der Flaggenstaaten zur Verhinderung illegaler Fischerei gegenüber den Schiffen unter ihrer Flagge hat der ISGH in seinem Rechtsgutachten für die SRFC ausdrücklich hervorgehoben. Zwar bezogen sich drei der vorgelegten Fragen der SRFC mit der Verantwortlichkeit von Staaten für illegale Fischerei durch Schiffe unter ihrer Flagge in der AWZ eines Drittstaats. Die Aussagen des ISGH zur Verantwortlichkeit der Flaggenstaaten lassen sich aber auf Fischereiaktivitäten auf Hoher See übertragen, weil das Rechtsgutachten einen Maßnahmenkatalog für die Einhaltung der Sorgfaltspflichten (*due diligence*) der Flaggenstaaten aufstellt, damit diese mittels der Verhinderung illegaler Fischerei ihren Pflichten zum Schutz und Erhalt der Meeresumwelt nachkommen.

2. Vertragliche Regelungen zum Meeresumweltschutz

a) Regelungen vor Inkrafttreten des SRÜ

36 Die Genfer Seerechtsübereinkommen v 1958 enthielten nur vereinzelte Hinweise auf den Schutz der Meeresumwelt. Zwar wurden zwischen 1958 und der Annahme des SRÜ 1982 eine Reihe globaler und regionaler Abkommen zum Meeresumweltschutz angenommen, ein einheitlicher völkerrechtlicher Rahmen fehlte jedoch. Seit ihrer Gründung 1948 hat außerdem die Internationale Schifffahrtsorganisation über 50 internationale Verträge ausgehandelt, von denen sich eine Vielzahl mit der Vermeidung der Meeresverschmutzung und der Verantwortlichkeit und Haftung für Umweltschäden befassen. Durch entsprechende Verweise auf internationale Regeln und Normen werden viele IMO-Abkommen in das Regime des SRÜ einbezogen.

b) Das Seerechtsübereinkommen der Vereinten Nationen von 1982

37 Das SRÜ füllt die strukturelle Lücke, die die Einzelkodifikationen zum Seerecht und zu Aspekten des Meeresumweltschutzes gelassen hatten. Das Übereinkommen hat 168 Vertragsparteien (Stand März 2017) und setzt damit den quasi-universellen rechtlichen Rahmen für das gesamte Seerecht. Neben der allg Pflicht zum Schutz der Meeresumwelt enthält der insoweit vorrangig einschlägige Teil XII des Übereinkommens Regelungen zu den verschiedenen Verschmutzungsquellen und zur Regelungs- sowie Durchsetzungsjurisdiktion der Vertragsstaaten. Die Bezeichnung des SRÜ als „Verfassung der Ozeane" durch den damaligen Präsidenten der Dritten UN-Seerechtskonferenz ist insbes mit Blick auf die Regelungen zum Meeresschutz zutreffend.[62] Das liegt darin begründet, dass das SRÜ, wie eine nationale Verfassung, den übergeordneten Rahmen vorgibt, in dem, einem umfassenden Ansatz folgend, die Grundprinzipien festgelegt sind,

61 *Proelß*, Raum und Umwelt im Völkerrecht, in Graf Vitzthum/Proelß, Völkerrecht, 425 f.
62 *Beyerlin/Marauhn*, International Environmental Law, 118.

während Details in weiteren mit dem SRÜ konformen Regelungswerken statuiert werden können.

(1) Umfassender Ansatz des Meeresschutzes

38 Zum ersten Mal in der Geschichte des Seerechts formuliert ein Vertrag in Art 192 SRÜ eine generelle Regel, wonach Staaten die Meeresumwelt zu schützen und zu bewahren haben. Dieser Grundsatz gilt für alle Meereszonen, dh sowohl für Gewässer unter nationaler Hoheit als auch für die Ausübung funktionaler Jurisdiktion. Auf Hoher See besteht keine raumbezogene Regelungsjurisdiktion, aber auch hier gilt die Pflicht zur Bewahrung der Meeresumwelt insoweit, als Staaten mittels der Personalhoheit, die über Staatsangehörige und staatszugehörige Schiffe ausgeübt wird, in der Pflicht stehen, deren Verhalten entsprechend zu regulieren. Wenn auch aus dem Wortlaut nicht abschließend hervorgeht, ob diese Pflicht nur *inter partes* auf die Vertragsstaaten beschränkt sein soll oder *erga omnes* wirkt,[63] so ist inzwischen die parallele gewohnheitsrechtliche Geltung der Verpflichtung anerkannt. Die allg Pflichten, die das Seerechtsübereinkommen in seinen Eingangsvorschriften des Teil XII statuiert, werden außerdem durch die gewohnheitsrechtlich verbürgten Regeln des Umweltvölkerrechts ergänzt.

39 Das Übereinkommen beabsichtigt einen umfassenden Ansatz des Schutzes der Meeresumwelt vor negativen Veränderungen, insbes vor Verschmutzung aus verschiedensten Quellen. Das geht nicht nur aus der Definition von Verschmutzung in Art 1 Abs 1 Nr 4 SRÜ hervor, sondern explizit auch aus Art 194 Abs 1 und 3 SRÜ und dem Umstand, dass die Aufzählung konkreter Maßnahmen in Art 194 Abs 3, lit a–d ausweislich der Einleitung mit den Worten „unter anderem" nicht abschließend ist. Vergleicht man eine Gesamtschau der Regelungen des Teils XII SRÜ mit dem nur rudimentären Schutzkonzept der Genfer Seerechtsübereinkommen, zeigt sich, dass das frühere Verständnis, die Freiheit der Meere impliziere auch das Recht der Verschmutzung, endgültig überholt ist.[64] Vielmehr hat ein tiefgehender Wandel von Freiheiten und Rechten der Nutzung der Meere zu Pflichten zum Meeresumweltschutz durch die Staaten stattgefunden.[65]

40 Mittels des beabsichtigten umfassenden Schutzes der Meere lassen sich auch solche nachteilige Meeresveränderungen in den Schutzansatz einbeziehen, die bei Vertragsabschluss nicht bekannt oder als nicht bedeutsam eingeschätzt worden waren. Das gilt zB für eine mittelbare Erwärmung und Versauerung des Wassers durch die mögliche globale oder regionale Erwärmung bzw den steigenden CO_2-Gehalt der Atmosphäre infolge des anthropogenen Klimawandels. Seitens der Politik scheint die Meinung vorzuherrschen, das SRÜ könne aufgrund der vielen wechselseitigen Kompromissverknüpfungen während der Dritten UN-Seerechtskonferenz in Gestalt von Paketlösungen (*package deals*) nicht formell geändert werden, ohne den Vertrag insgesamt in Frage oder gar zur Disposition zu stellen. Das Narrativ der Unmöglichkeit der Änderung oder Ergänzung hat sich in gewisser Weise verselbständigt, ohne dass jemals der Versuch unternommen worden wäre, partielle Modifikationen zu vereinbaren. Eine Ausnahme dazu ist lediglich das als Durchführungsübereinkommen bezeichnete Änderungspaket zu Teil XI SRÜ, das die Ratifikation des SRÜ durch die Industriestaaten erst ermöglicht hat. Auch ohne formelle Vertragsänderung zeigen die hier beschriebenen Möglichkeiten der Ergänzung durch externe Standards, weitere Implementierungsübereinkommen und eine dynamische Auslegung einen hohen Grad an Flexibilität, der es gestattet, die rechtlichen Regelungen zum Meeresschutz auf Grundlage des bestehenden SRÜ weiter zu verbessern. Darüber hinaus steht es Staaten frei, sich

---

63 S *König*, Marine Environment, International Protection, in MPEPIL, Rn 8. Vgl mwN dazu auch *Proelß*, Raum und Umwelt im Völkerrecht, in Graf Vitzthum/Proelß, Völkerrecht, Rn 134.
64 *Beyerlin/Marauhn*, International Environmental Law, 118.
65 *Boyle*, Marine Pollution under the Law of the Sea Convention, AJIL 79 (1985) 347 (350).

im Rahmen regionaler Verträge auf striktere Regelungen zu einigen, die gegenüber den eigenen Staatsangehörigen, aber auch wechselseitig *inter partes* durchgesetzt werden können.

(2) Rahmencharakter

41 Das SRÜ fungiert im Bereich des Meeresschutzes vor allem als rechtlicher Rahmen für die Setzung konkreter und verbindlicher Standards, die dann außerhalb des Vertrags erfolgt. So verweist das Übereinkommen in seinem Teil zum Meeresumweltschutz in Art 197 SRÜ allg auf die zwischenstaatliche Kooperation, um Regeln zu vereinbaren und Standards zu setzen. Auch in Bezug auf spezifische Verschmutzungsarten verweist das Übereinkommen durchgängig auf die Vereinbarung internationaler Standards durch I.O. oder diplomatische Konferenzen (vgl zB Art 207 Abs 4, 208 Abs 5 SRÜ). Die IMO nimmt diesbezüglich eine wichtige Rolle als Institution ein, unter deren Dach multilaterale Abkommen ausgehandelt und abgeschlossen werden, die dann als internationale Standards wiederum den Rahmen des SRÜ ausfüllen.

42 Ferner ist eine Ergänzung des SRÜ durch Implementierungsabkommen möglich, wie das Übereinkommen zur Durchführung des Teils XI SRÜ und das Übereinkommen über Fischbestände (Fish Stocks Agreement) zeigen. Während es beim erstgenannten darum ging, Teil XI SRÜ inhaltlich abzuändern, um mehr Staaten zur Ratifikation des SRÜ in seiner modifizierten Form zu bewegen, ergänzt das Übereinkommen über Fischbestände v 1995 die Regelungen zu Bewirtschaftung und Schutz solcher Fischbestände, die zwischen küstennahen Gewässern und Hoher See wechseln oder sich zwischen den AWZ verschiedener Staaten bewegen, um veränderte Ansätze und Mechanismen der verbesserten Durchsetzung. Dies zeigt, dass das SRÜ auch Raum lässt, bestimmte Aspekte des Meeresschutzes durch ein ergänzendes Abkommen strikter zu regeln oder Bereiche zu erfassen, die gegenwärtig nicht oder nur rudimentär Gegenstand des rechtlichen Rahmens sind, wie zB Meeresschutzgebiete auf Hoher See oder die Ausbeutung genetischer mariner Ressourcen, die als Regelungsgegenstände eines weiteren verbindlichen Abkommens zum SRÜ erörtert werden. Wenngleich der Inhalt wie auch die genaue Bezeichnung des Instruments – etwa als Durchführungsübereinkommen zum SRÜ – zum gegenwärtigen Stand der Vorbereitungen für die Verhandlung eines Abkommens noch nicht vereinbart worden sind, stehen auf der Agenda für den Umgang mit mariner Biodiversität in Gebieten außerhalb staatlicher Hoheitsgewalt neben den Schutzgebieten und den genetischen Ressourcen auch Umweltverträglichkeitsprüfungen und der Transfer mariner Technologie an Entwicklungsländer.[66] Diese Themenbereiche werden vom SRÜ derzeit nicht im Kontext des Schutzes und der Nutzung mariner biologischer Vielfalt behandelt, sind aber mit den Zielen des SRÜ vereinbar. Die Anerkennung der Verpflichtungen der Vertragsstaaten durch andere Übereinkommen zum Meeresschutz in Art 237 SRÜ, soweit diese vereinbar mit dem SRÜ sind, verdeutlicht, dass das SRÜ als Teil eines internationalen Regelungsgeflechts anzusehen ist, dessen effektive Gestaltung und Durchsetzung in der Hand der Staaten liegt.

c) Regionale Verträge

43 Die notwendige zwischenstaatliche Kooperation, derer es für die Regulierung des internationalen Meeresumweltschutzes bedarf, muss sich nicht auf die globale Ebene beziehen. Gerade regionale Ansätze für bestimmte Meere oder Teile der Ozeane können häufig kurzfristiger auf neue Herausforderungen oder spezifische Umweltprobleme reagieren als globale Übereinkommen.[67] Die Verweise des SRÜ auf die Vereinbarung von Regeln und Standards zum Meeresschutz bezie-

66 S a *Rochette et al*, A New Chapter for the High Seas?, IASS Working Paper, <http://www.iass-potsdam.de/sites/default/files/files/a_new_chapter_for_high_seas_.pdf>.

67 *König*, Marine Environment, International Protection, in MPEPIL, Rn 4.

hen regionale Mechanismen an verschiedener Stelle, zB in Art 210 Abs 4 oder 212 Abs 2 SRÜ, ausdrücklich ein.

44 Eine geringere Anzahl von Vertragsstaaten, die gemeinsame Betroffenheit von bestimmten Auswirkungen und die daraus im besten Fall resultierende übereinstimmende Interessenlage der Parteien regionaler Abkommen und Institutionen ist ein wichtiges Kriterium für die Dynamik und Flexibilität, die globalen Verträgen fehlen kann. Auch weitgehende Homogenität in Bezug auf die wirtschaftliche Situation der regionalen Vertragspartner kann ein Element effektiver Regelung sein, die auf der globalen Ebene durch die Notwendigkeit der Berücksichtigung der Bedürfnisse und Kapazitäten von Entwicklungsländern nur schwerlich erreicht werden kann. So gelten insbes das OSPAR-Übereinkommen[68] und das Helsinki-Übereinkommen[69] mit ihren jeweiligen dynamisch-vorsorgeorientierten Ansätzen und dem ganzheitlichen Eintreten für einen Meeresschutz, der über die bloße Verhütung der Verschmutzung hinausgeht, als besonders fortschrittlich.[70]

(1) UNEP-Programm zu den Regionalmeeren

45 Dem Ansatz regionaler Standardsetzung folgend hat UNEP ein Programm zum Schutz regionaler Meere und Meeresgebiete aufgelegt, das eine möglichst umfassende rechtliche Regelung des Meeresumweltschutzes in der jeweiligen Region zum Gegenstand hat und entsprechende Prozesse initiiert, unterstützt und begleitet.[71] Dieser Prozess begann als Folge der UN-Umweltkonferenz in Stockholm 1972 und damit bereits vor Verabschiedung des SRÜ. Die Vorgehensweise folgt dabei überwiegend einem mehrstufigen Verfahren, in dem die regionalen Anrainer zunächst einen Aktionsplan und darauf basierend einen Rahmenvertrag zum Meeresumweltschutz vereinbaren, um diesen dann durch weitere Protokolle zu spezifischen Themen, zB zum Schutz der biologischen Vielfalt oder zur Regelung der Verschmutzung durch landbasierte Quellen, zu ergänzen. Die regionalen Regime unterscheiden sich stark im Hinblick auf ihre inhaltliche Reichweite, institutionelle Ausgestaltung und Effektivität bzgl ihrer Durchsetzung. Während in vielen Regionen ausdifferenzierte verbindliche Vertragsregime etabliert wurden, gibt es in anderen nur vereinzelte Vereinbarungen, die zudem unterhalb der Schwelle verbindlicher völkerrechtlicher Standards bleiben.[72] Für den Nordwestpazifik, die südasiatischen Meere und die ostasiatischen Meere gibt es keine Rahmenverträge. Der Schutz des Mittelmeeres, der ersten Region, für die UNEP ein entsprechendes Programm initiierte, gilt als Bsp für ein weitreichendes Schutzregime. Das Übereinkommen von Barcelona und seine Protokolle erfassen nicht nur verschiedene Verschmutzungsarten wie zB Dumping und Quellen an Land, sondern nehmen auch Schutzgebiete, den Schutz biologischer Vielfalt und integrierte Maßnahmen der Küstenbewirtschaftung in den Regelungsbereich auf.

(2) Übereinkommen zum Schutz der Meeresumwelt des Nordostatlantiks

46 Die Regelungen des Übereinkommens zum Schutz der Meeresumwelt des Nordostatlantiks (OSPAR) gelten als ein Bsp für ein effektives institutionalisiertes Vertragsregime für den umfassenden regionalen Meeresschutz. Der Vertrag geht zurück auf zwei sektorale Übereinkommen, das Übereinkommen zur Verhütung der Meeresverschmutzung durch das Einbringen von Abfäl-

---

68 S u Rn 46.
69 S u Rn 47.
70 *Proelß*, Raum und Umwelt im Völkerrecht, in Vitzthum/Proelß, Völkerrecht, Rn 142.
71 Vgl dazu umfassend *Baker/Share*, Regional Seas, Environmental Protection, in MPEPIL.
72 In zehn von den 13 Regionalbereichen gibt es rechtlich verbindliche Instrumente. Für eine detaillierte Übersicht über die verschiedenen regionalen Instrumente vgl *Sands/Peel*, Principles, 354 ff.

len durch Schiffe und Luftfahrzeuge (Oslo Convention v 1972) und das Übereinkommen von Paris zur Verhütung der Meeresverschmutzung vom Lande aus (1974), die mit Inkrafttreten des OSPAR-Übereinkommens 1998 beendet wurden. Das OSPAR-Übereinkommen fungiert seinerseits als Rahmen für spezifische Standards zu verschiedenen Verschmutzungsquellen und zum Schutz biologischer Vielfalt, die in den fünf Anhängen näher ausdifferenziert werden (Verschmutzung vom Lande aus, Verschmutzung durch Einbringung und Verbrennung, Verschmutzung durch Offshore-Quellen, Beurteilung der Qualität der Meeresumwelt, Schutz und Erhalt der Ökosysteme und der biologischen Vielfalt). Das Übereinkommen basiert auf einem umfassenden Ansatz zur Verhinderung mariner Umweltverschmutzung und setzt die Rahmenbestimmungen des SRÜ für den Bereich des Nordostatlantiks, der Nordsee und der angrenzenden arktischen Gewässer um.[73] Das Übereinkommen verfolgt dabei einen im Vergleich zum SRÜ moderneren Ansatz, indem nicht nur der Schutz biologischer Vielfalt und mariner Ökosysteme ausdrücklich in Anlage V verankert ist, sondern auch verschiedene umweltvölkerrechtliche Prinzipien wie das Vorsorgeprinzip und das Verursacherprinzip ausdrücklich einbezogen werden.[74] Auch in institutioneller und prozeduraler Hinsicht unterscheidet sich das OSPAR-Übereinkommen vom SRÜ. Die Kommission, die zuständig ist für die Überwachung der Umsetzung des Übereinkommens und die Änderung des Übereinkommens und seiner Anhänge, kann, wenn Einstimmigkeit nicht zu erreichen ist, Entscheidungen und Empfehlungen mit Dreiviertelmehrheit annehmen (Art 13 Abs 1 OSPAR). Die Verabschiedung von Anhang V ist ein Bsp dafür, dass die Kommission Gebrauch von diesen quasi-legislativen Kompetenzen macht. Auch die Entscheidung zu Gunsten eines Netzwerkes von Meeresschutzgebieten in Bereichen außerhalb küstenstaatlicher Hoheitsbefugnisse ist ein Bsp für einen weit reichenden Ansatz des Meeresschutzes, der womöglich im regionalen Kontext eher verfolgt werden kann als auf globaler Ebene unter dem Dach des SRÜ.[75]

(3) Übereinkommen zum Schutz der Meeresumwelt des Ostseegebiets

47 Die rechtlichen Regelungen für den Schutz der Ostsee, wie sie im Übereinkommen zum Schutz der Meeresumwelt des Ostseegebiets (Helsinki Übereinkommen) niedergelegt sind, sind ein weiteres Bsp für einen effektiven regionalen Ansatz. Hier gilt die Besonderheit, dass inzwischen alle Vertragsstaaten mit Ausnahme Russlands Mitgliedstaaten der EU sind. Die EU ist ferner selbst Vertragspartei des Abkommens. Das Vorläuferabkommen, eine Konvention v 1974, war nicht geeignet, die fortschreitende massive Umweltverschmutzung im Ostseeraum zu verhindern. 1992 ersetzte das neue Helsinki Übereinkommen das Regime v 1974, modifizierte die in den Anhängen aufgestellten Umweltstandards und ergänzte die rechtlichen Regelungen um einen neuen Anhang VII zur Umweltverschmutzung durch Offshore-Aktivitäten. Der Anwendungsbereich des Übereinkommens umfasst den gesamten Ostseeraum einschließlich der Küstenmeere und inneren Gewässer der Anrainer. Im Gegensatz zum SRÜ verpflichtet das Helsinki Übereinkommen die Vertragsstaaten ausdrücklich zur Implementierung des Vorsorgeansatzes und des Verursacherprinzips. Standards zur Benachrichtigung, zur UVP und zum Informationsaustausch sind weitere Bsp aus dem Pflichtenkatalog, die dazu beitragen sollen, den Umweltzustand der Ostsee zu verbessern. Daneben stellen die Anhänge spezifische Pflichten zu verschiedenen Verschmutzungsquellen auf, zB durch bestimmte Substanzen (Anlage I), Quellen an Land (Anlage III) und Verschmutzung durch Schiffe (Anlage IV). Eine institutionelle Konstante verbindet die Vorläuferkonvention v 1974 mit dem verbesserten Übereinkommen v 1992: die Helsinki-Kommission (HELCOM), zu deren Aufgabe die Überwachung der Umsetzung des Übereinkommens, seine

---

73 *Beyerlin/Marauhn*, International Environmental Law, 122 f.

74 Vgl zu den im Meeresumweltschutz anwendbaren Prinzipien Rn 52 f. Zu OSPAR eingehend *Proelß*, Meeresschutz im Völker- und Europarecht, 2004, 192 ff.

75 Vgl dazu umfassend *Matz-Lück/Fuchs*, Schutzgebiete, 532 ff.

Anpassung und Empfehlungen für Umweltschutzmaßnahmen gehören. Der HELCOM Ostsee-Aktionsplan, den die Kommission 2007 verabschiedet hat,[76] verfolgt einen Ökosystemansatz und befasst sich im Schwerpunkt mit vier Bereichen besonderer Dringlichkeit: Nährstoffeinträge (Eutrophierung), gefährliche Stoffe, Sicherheit des Seeverkehrs sowie biologische Vielfalt und Naturschutz.

3. Bedeutung des Völkergewohnheitsrechts

48 Die Vielzahl völkerrechtlicher Verträge zu verschiedenen Aspekten des Meeresschutzes und insbes das SRÜ, das mit über 165 Vertragsstaaten fast universelle Geltung beansprucht, sind die primäre internationale Rechtsquelle. Insoweit stellt sich die Frage, ob und in welchem Umfang das Völkergewohnheitsrecht daneben Bedeutung erlangen kann. Die Frage einer Parallelität von gewohnheitsrechtlichen Regeln und kodifiziertem Recht betrifft alle die Staaten, die nicht Partei zu einem Vertrag sind. Im Falle des SRÜ sind dies zB die USA, aber auch die Türkei, Iran oder Israel. Bei spezielleren Abkommen, zB zum Dumping oder zur Bewirtschaftung von Fischbeständen, ist die Anzahl an Vertragsparteien teilweise erheblich geringer. Außerdem können gewohnheitsrechtliche Grundsätze bestehende Kodifikationen ergänzen oder als Auslegungshilfe dienen. Grundsätzlich gilt aber, dass Regelungen des Völkergewohnheitsrechts nur selten ausdifferenzierte Standards vorgeben. Sie sind daher üblicherweise kein Ersatz für spezifische Kodifikationen, die u a auch Institutionen und Prozesse zB der Implementierungskontrolle beinhalten, sondern geben häufig nur die Grundsätze vor. Entsprechende Grundsätze des allg Umweltvölkerrechts können, wenn sie gewohnheitsrechtlich verbürgt sind, zur Auslegung und Ergänzung seerechtlicher Kodifikationen herangezogen werden. Daran zeigt sich, dass die Völkerrechtsordnung in einem Geflecht vertraglicher und gewohnheitsrechtlicher Regegelungen besteht, die zudem noch durch *Soft Law* ergänzt wird und in der die Rechtsquellen verschiedene Funktionen wahrnehmen.

a) Parallelität von Völkergewohnheitsrecht und vertraglicher Regelung

49 In weiten Teilen wird der Inhalt des SRÜ als Völkergewohnheitsrecht angesehen, so dass die Verbindlichkeit der Regelungen über den Kreis der Vertragsstaaten hinausgeht – wenngleich dies auf anderer rechtlicher Grundlage erfolgt. Teilweise kodifizierte das Seerechtsübereinkommen bereits bestehende gewohnheitsrechtliche Regelungen, teilweise erlangten rechtliche Festlegungen im SRÜ nachträglich den Rang parallel geltenden Gewohnheitsrechts, wie bspw die Begrenzung des Küstenmeers auf 12 sm oder die Einführung der AWZ.

50 So ist anerkannt, dass die allg Pflicht der Staaten, die Meeresumwelt zu schützen, wie sie vertraglich in Art 192 SRÜ statuiert wird, auch eine gewohnheitsrechtliche ist.[77] Diese Verpflichtung ist geeignet, die dauerhafte Souveränität und daraus resultierende Verfügungsmacht über die natürlichen Lebensgrundlagen auf dem Gebiet eines Staats einzuschränken. Die allg gewohnheitsrechtliche Verpflichtung, die Meeresumwelt zu schützen, gilt mittels der Personalhoheit der Staaten über Staatsangehörige und der Jurisdiktion über staatszugehörige Schiffe auch für deren Verhalten in staatsfreien Räumen wie der Hohen See oder bzgl des Tiefseebodens. Mit Blick auf den Meeresschutz sind es neben Art 192 und Art 193 SRÜ auch die Regelungen zur grundsätzlichen Pflicht, Maßnahmen gegen die Meeresverschmutzung aus verschiedenen Quellen zu ergreifen, und die Regelungs- und Durchsetzungsjurisdiktion, die parallele

76 HELCOM Ostsee Aktionsplan v 15.11.2007, verabschiedet durch das HELCOM Extraordinary Ministerial Meeting, abrufbar unter <www.helcom.fi/BSAP/ActionPlan/en_GB/ActionPlan>.
77 *Birnie/Boyle/Redgwell*, International Law and the Environment, 387.

gewohnheitsrechtliche Geltung beanspruchen, ohne dass damit spezifische Standards verbunden wären.

51 Der Rahmencharakter des SRÜ ist folglich ein Grund, warum gerade auch die Regelungen in Teil XII als gleichzeitig gewohnheitsrechtlich verbürgt gelten. Es sind in diesem Falle die Grundsätze, zB dass Verschmutzungen der Meeresumwelt und Übertragungen von verschiedenen Umweltmedien zu vermeiden sind, die gewohnheitsrechtlich verbindlich wirken. Für die konkreten Standards in ergänzenden Kodifikationen, die in Ausfüllung des Rahmens festlegen, in welchem Umfang und mit welchen Stoffen Verschmutzungen zulässig oder verboten sein sollen, gilt dies regelmäßig nicht. Es lässt sich mutmaßen, dass die Parallelität von SRÜ und Völkergewohnheitsrecht im Bereich des Meeresschutzes abgelehnt oder jedenfalls sehr viel krit diskutiert würde, wenn das SRÜ die konkreten Standards, zB zur Abfallentsorgung auf See, selbst setzten würde.

b) Umweltvölkerrechtliche Prinzipien im Kontext des Meeresschutzes

52 Weitere Regeln und Prinzipien des Umweltvölkerrechts, sofern sie gewohnheitsrechtlich verbürgt sind, können im Kontext des Meeresumweltschutzes auch dann relevant sein, wenn sie keinen spezifisch meeresbezogenen Inhalt haben.[78] Dazu gehört zB das gewohnheitsrechtliche Geltung beanspruchende allg Verbot der erheblichen grenzüberschreitenden Umweltbeeinträchtigungen, das für den Meeresumweltschutz außerdem vertraglich in Art 194 Abs 2 SRÜ verbürgt ist. Dem Verursacherprinzip wird im Bereich des Meeresumweltschutzes vor allem durch Kodifikationen zur Haftung, zB für Ölunfälle, Rechnung getragen. Die durch den IGH im *Pulp Mills*-Fall inzwischen als Gewohnheitsrecht anerkannte Pflicht zur Durchführung einer UVP[79] findet sich im Kontext des Meeresschutzes ebenfalls in vertraglicher Kodifikation, zB in Art 206 SRÜ, wieder.

53 Als weiteres einschlägiges Prinzip, das möglicherweise gewohnheitsrechtliche Geltung beansprucht, ist das Vorsorgeprinzip zu nennen, das teilweise auch als Vorsorgeansatz oder Vorsorgegrundsatz bezeichnet wird. Dieses Prinzip kann deshalb für den Meeresschutz besondere Bedeutung erlangen, weil das Wissen über die Meere und Wirkungszusammenhänge trotz intensiver Forschung gering ist, und der Vorsorgeansatz in dieser Situation bei potentiell erheblichen oder irreversiblen Schäden Maßnahmen legimitieren kann. Zwar vertritt auch das SRÜ einen vorbeugenden Ansatz, und zwar idS, dass es eher auf die Vermeidung von Verschmutzung als auf die Haftung für Schäden setzt. Vom Vorsorgeprinzip, dessen spezifische Anforderungen zum Zeitpunkt der Verhandlungen des SRÜ noch kein Gegenstand allg wissenschaftlicher Auseinandersetzung waren, ist dies allerdings zu unterscheiden.[80] Vorsorge unterscheidet sich von einem vorbeugenden Ansatz durch die Notwendigkeit der Regelung angesichts wissenschaftlicher Unsicherheit bezüglich der möglichen Schäden und Zusammenhänge. Für Fragen der Ausbeutung lebender Ressourcen und potentiell umweltgefährdende Tätigkeiten, zB im Zusammenhang mit dem *Geoengineering*, kann der Vorsorgegrundsatz im Meeresschutz Bedeutung erlangen. Auf einen Vorsorgeansatz nahm der ISGH u a in seiner Entscheidung im Fall *Southern Bluefin Tuna* Bezug.[81] In den spezifischen Regelungen, die die IMBB zur Exploration mineralischer Ressourcen der Tiefsee erlassen hat, ist das Vorsorgeprinzip kodifiziert. Gleiches gilt für den Entwurf der rechtlichen Regelungen zum Abbau mineralischer Ressourcen, die derzeit ausgearbeitet werden. Die Frage, ob das Vorsorgeprinzip Bestandteil des Völkergewohnheitsrechts ist, ist auch nach dem Gutachten der Kammer für Meeresbodenstreitigkeiten des Internationalen Seegerichtshofs nicht abschließend geklärt, wenngleich das Gutachten dafür spricht, über entsprechende Sorg-

78 Näher zu den Prinzipien des int Umweltrechts *Proelß*, 3. Abschn Rn 8 ff.
79 *Pulp Mills*, para 204.
80 *Beyerlin/Marauhn*, International Environmental Law, 118.
81 *Southern Bluefin Tuna*, para 77.

faltspflichten, zu denen auch die Beachtung des Vorsorgeprinzips gehöre, eine gewohnheitsrechtliche Verankerung im Meeresumweltschutz anzuerkennen. Allein die Anerkennung als Prinzip des Völkergewohnheitsrechts vermag allerdings keine konkreten Handlungspflichten zu bewirken.[82]

III. Regelungen zum Schutz der Meere vor Verschmutzung

54 Das SRÜ ist der einzige völkerrechtliche Vertrag, der bestrebt ist, mit seinem weiten Schutzbereich alle Quellen der Meeresverschmutzung in einem verbindlichen globalen Übereinkommen zu erfassen. Dies dokumentiert sich zum einen an einer weiten Definition von Meeresverschmutzung in Art 1 Abs 1 Nr 4 SRÜ und zum anderen an den spezifischen Zuweisungen von Regelungs- und Durchsetzungskompetenzen in Teil XII. Zwar setzt das SRÜ nicht selbst Standards für bestimmte Formen der Meeresverschmutzung, sondern gibt in Einzelfällen bestimmte Mindestvorgaben und verweist im Übrigen auf internationale Regeln und Normen (zB in Art 207 SRÜ). Es gibt insoweit aber den rechtlichen Rahmen für die verschiedenen Regelungsbereiche vor. Daneben bestehen regionale Übereinkommen, wie zB OSPAR oder das Helsinki Übereinkommen, die – räumlich begrenzt – ebenfalls einen weiten Schutzansatz verfolgen. Globale und regionale sektorale Abkommen befassen sich mit bestimmten Quellen der Meeresverschmutzung, zB durch Schiffe oder durch Quellen an Land. Sie bleiben im Anwendungsbereich folglich hinter dem SRÜ zurück, können über spezifische Regeln aber dessen Rahmen effektiv füllen.

1. Definition und Anwendungsbereich

55 Die Begriffsbestimmungen verschiedener völkerrechtlicher Übereinkommen zum Meeresschutz verdeutlichen, dass der Begriff der Verschmutzung heute allg sehr weit gefasst ist und neben menschlichen Nutzungen einschließlich der Fischerei auch die Flora und Fauna sowie teilweise ausdrücklich Meeresökosysteme einbezieht. Ein Bsp dafür ist der weite Verschmutzungsbegriff des SRÜ. Darin wird „Verschmutzung der Meeresumwelt“ in Art 1 Abs 1 Nr 4 SRÜ sowohl im Hinblick auf die erfassten Eintragswege als auch auf die Auswirkungen weit definiert als „unmittelbare oder mittelbare Zuführung von Stoffen oder Energie durch den Menschen in die Meeresumwelt einschließlich der Flussmündungen, aus der sich abträgliche Wirkungen wie eine Schädigung der lebenden Ressourcen sowie der Tier- und Pflanzenwelt des Meeres, eine Gefährdung der menschliche Gesundheit, eine Behinderung der maritimen Tätigkeiten einschließlich der Fischerei und der sonstigen rechtmäßigen Nutzung des Meeres, eine Beeinträchtigung des Gebrauchswerts des Meerwassers und eine Verringerung der Annehmlichkeiten der Umwelt ergeben oder ergeben können“.

56 Damit folgt das Übereinkommen einem Verständnis der Meeresverschmutzung, das ausgehend von der nachteiligen Auswirkung auf das Meer alle Quellen aus allen Gebieten – zu Land, zu Wasser, durch die Luft – einbezieht. Über die ausdrückliche Berücksichtigung der mittelbaren Zuführung von Stoffen und Energie werden zB auch die mögliche Erwärmung und die Versauerung des Meerwassers durch anthropogene Kohlendioxidemissionen erfasst. Zudem berücksichtigt das Übereinkommen in Art 195 SRÜ die Gefahr, dass Maßnahmen der Bekämpfung einer bestimmten Verschmutzungsart zu anderen nachteiligen Veränderungen der Meeresumwelt führen können und verbietet entsprechende Übertragungen.

---

82 *Responsibilities and Obligations*, paras 131, 135.

57 Auch das OSPAR-Übereinkommen kennt einen weiten Verschmutzungsbegriff, der alle Quellen einbezieht, indem es in Art 1 lit d bestimmt, dass „‚Verschmutzung' die unmittelbare oder mittelbare Zuführung von Stoffen oder Energie in das Meeresgebiet durch den Menschen [bedeutet], aus der sich eine Gefährdung der menschlichen Gesundheit, eine Schädigung der lebenden Ressourcen und der Meeresökosysteme, eine Beeinträchtigung der Annehmlichkeiten der Umwelt oder eine Behinderung der sonstigen rechtmäßigen Nutzungen des Meeres ergeben oder ergeben könnten". Aus der Definition des Begriffs des „Meeresgebiets" in Art 1 lit a OSPAR ergibt sich allerdings die geographische Begrenzung, die dem SRÜ fehlt. Im Vergleich dazu lässt sich das Londoner Dumping Protokoll als sektorales Bsp anführen. Dieser Vertrag definiert in Art 1 Abs 10 einen Begriff der Verschmutzung, der sich inhaltlich mit der Definition des SRÜ weitestgehend deckt. Hier liegt die Beschränkung des Anwendungsbereichs in der Quelle der Verschmutzung, die auf das Dumping reduziert ist. MARPOL hingegen definiert nicht den Begriff der Verschmutzung, sondern in Art 2 Abs 2 und 3 lit a die der Schadstoffe und des Einleitens. In der Begriffsbestimmung der Schadstoffe in Art 2 Abs 2 MARPOL wird auf die Auswirkungen auf die Meeresumwelt Bezug genommen. Die Formulierungen scheinen denen der Definition der Verschmutzung in den anderen genannten Verträgen ähnlich zu sein, es ergeben sich aber verschiedene Beschränkungen. Ein Schadstoff ist zwar ein solcher, „der bei Zuführung in das Meer geeignet ist, die menschliche Gesundheit zu gefährden, die lebenden Schätze sowie die Tier- und Pflanzenwelt des Meeres zu schädigen, die Annehmlichkeiten der Umwelt zu beeinträchtigen oder die sonstige rechtmäßige Nutzung des Meeres zu behindern", allerdings ist der Anwendungsbereich des Übereinkommens ausdrücklich auf die Stoffe beschränkt, die der Überwachung durch das Übereinkommen unterliegen. Aus der Bezugnahme auf das Einleiten von Stoffen durch Schiffe ergeben sich weitere Beschränkungen: Quelle der Verschmutzung muss ein Schiff sein, und der Begriff des Einleitens umfasst keine indirekten Verschmutzungen der Meeresumwelt. Trotz dieser vergleichsweise engen Begriffsbestimmungen zeigen die getroffenen Regelungen in MARPOL und seinen Anlagen, dass die IMO es anstrebt, jedenfalls die Meeresverschmutzung durch Schiffe – mit Ausnahme des vom Londoner Dumping Übereinkommen und Protokoll erfassten Einbringens – in einem umfassenden Sinne zu regeln.

2. Verschmutzung durch Schiffe

a) Schiffe als Quelle der Meeresverschmutzung

58 Schiffe sind zwar ein vergleichsweise umweltfreundliches Transportmittel, dennoch können sie in erheblichem Umfang zu Schäden an der Meeresumwelt beitragen. Zum einen birgt der Betrieb von Schiffen Risiken der Wasserverschmutzung. Neben versehentlichen Verschmutzungen, zB beim Betanken im Hafen oder auf See, sind als Bsp für ein bewusstes Einbringen von umweltschädlichen Stoffen zB das Ablassen von Ballastwasser und das Spülen von Tanks, aber auch die Entsorgung von Schiffsmüll auf See zu nennen. Zum anderen sind es Unfallereignisse, die zu erheblichen Schäden und großräumiger massiver Verschmutzung führen können, zB im Falle von Kollisionen oder dem Stranden und Auseinanderbrechen von Schiffen. Die Freiheit der Schifffahrt und damit verbunden die Freiheit des Transports von Waren und Personen auf dem Seeweg stellt ein sehr wichtiges staatliches Anliegen dar. Um zu verhindern, dass stark divergierende nationale Standards den Seehandel und die Seeschifffahrt erheblich beeinträchtigen, und um Diskriminierungen zu vermeiden, sind internationale Regulierungen besonders wichtig, auch wenn dies oft zu Kompromissen und teilweise zu nur generalklauselartigen Pflichten führt. Neben den im Folgenden erörterten wichtigsten globalen Instrumenten zur Verminderung der Meeresverschmutzung durch Schiffe enthalten auch die regionalen Vertragswerke zum Schutz der Meeresumwelt entsprechende Bestimmungen (vgl zB für das Mittelmeer Art 6 des Barcelona Übereinkommens).

59 Im Vordergrund internationaler Bemühungen stand lange Zeit die Verhinderung der Meeresverschmutzung durch Öl. Bereits vor dem Ersten Weltkrieg wurde die Problematik der Ölverschmutzung, vor allem in Häfen, als solche erkannt und Gegenstand nationaler Kontrolle in Küstengewässern.[83] In der Folgezeit nahm der Seetransport von Öl an Umfang zu. Obwohl auch die Angst vor Unfallereignissen mit ihren potentiell sehr schwerwiegenden Umweltgefahren zunahm, standen Verschmutzungen durch ölhaltige Abwässer und andere, mit dem üblichen Betrieb zusammenhängende Beeinträchtigungen im Vordergrund. Das erste einschlägige internationale Instrument, das Übereinkommen zur Verhütung der Verschmutzung der See durch Öl v 1954, hatte demgemäß die Ölverschmutzung während des üblichen Betriebs eines Schiffs zum Gegenstand. Im Vergleich zu Unfallereignissen, die nur für etwa 12% der gesamten Ölverschmutzung verantwortlich zeichnen, ist die Verschmutzung während des routinemäßigen Betriebs eines Schiffs erheblich. Dennoch sind es die Unfallereignisse, die Aufmerksamkeit erregen, weil die gravierenden Nachteile für die Meeresumwelt offensichtlich werden. Dabei muss es sich nicht einmal um einen voll beladenen Öltanker handeln, der havariert – wie im Falle zB der *Exxon Val-dez* –, um schwerste Nachteile für die marinen Ökosysteme hervorzurufen. Auch andere Frachtschiffe bunkern üblicherweise so große Mengen Treibstoff, dass ein Austreten infolge eines Unfalls zu erheblicher Meeresumweltverschmutzung führt. Ein entsprechendes Bsp stellt die Havarie des Holzfrachters *Pallas* dar, der 1998 wegen eines Brandes vor Amrum auf Grund lief und über 200 t Öl in Form des gebunkerten Treibstoffs verlor.

b) Der Rahmen des Seerechtsübereinkommens

60 Das SRÜ ruft die Vertragsstaaten in Art 211 Abs 1 dazu auf, mittels der einschlägigen internationalen Organisation – gemeint ist damit die IMO[84] – oder durch diplomatische Konferenz nicht nur Standards zur Vermeidung der Umweltverschmutzung zu erlassen, sondern auch die Unfallgeneigtheit zB durch die Festlegung bestimmter Routen zu verringern. Der Charakter des SRÜ als Rahmenübereinkommen wird an dieser Stelle besonders deutlich. Standards zum Umgang mit bestimmten gefährlichen Substanzen, spezifische qualitative oder quantitative Verbote des Einleitens oder technische Vorkehrungen trifft das Übereinkommen nicht selbst, sondern verweist auf Vereinbarungen außerhalb des SRÜ. Alle Parteien des SRÜ sind aber gemäß Art 211 Abs 2 SRÜ bei der Setzung nationalen Rechts an die anerkannten internationalen Regeln und Normen gebunden. Das gilt nach weithin anerkannter Meinung auch dann, wenn sie selbst nicht Vertragsstaat des Übereinkommens sein sollten, in dem die entsprechenden Standards ausgearbeitet worden sind. Fehlen solche internationalen Regeln und Normen, bleiben die konkreten Standards unbestimmt. Obwohl weder eine bestimmte Institution noch spezifische Abkommen benannt werden, zeigt sich im Ergebnis, wie eng das SRÜ als ausfüllungsbedürftiger Rahmen mit den Instrumenten verzahnt ist, die unter dem Dach der IMO ausgehandelt werden. Die in Art 211 Abs 2 SRÜ zum Mindeststandard erhobenen Regeln sind *de facto* jene, die sich aus dem Internationalen Übereinkommen zur Verhütung der Meeresverschmutzung durch Schiffe (MARPOL) ergeben, obwohl diese Exklusivität rechtlich betrachtet nicht zwingend ist.

c) Das MARPOL-Übereinkommen

61 Ausgehend von der internationalen Regulierung der Meeresverschmutzung mit Öl ist es an erster Stelle die IMO, unter deren Dach bindende Regelungen für weitere Kategorien von Schadstoffen ausgehandelt werden, und die durch Maßnahmen zur Unfallverhütung und technische

83 *Mensah*, Marine Pollution from Ships, Prevention and Response to, in MPEPIL, Rn 6.
84 Ebd, Rn 3.

Standards die Schiffssicherheit erhöht und Risiken für die Meeresumwelt mindert. Als primäres globales Instrument in diesem Regelungsbereich ist das Internationale Übereinkommen zur Verhütung der Meeresverschmutzung durch Schiffe (MARPOL) zu nennen. Mit diesem Übereinkommen sollte das Internationale Übereinkommen zur Verhütung der Verschmutzung der See durch Öl v 1954 ersetzt werden. Das Unglück des Öltankers *Torrey Canyon* bildete den Hintergrund für den Wunsch nach einer umfassenden internationalen Neuregelung.[85] Obwohl MARPOL 1973 angenommen wurde, trat der Vertrag erst 1983 in Kraft, nachdem ein 1978 ausgehandeltes Protokoll die ursprünglichen Vertragsbestimmungen der Konvention abgeändert hatten. Die beiden Instrumente, das Übereinkommen und das Protokoll, das die Änderungen des Übereinkommens bedingt, sind untrennbar miteinander verbunden.[86] Die Verschmutzung der Meere durch Öl ist zwar ein Ausgangspunkt von MARPOL gewesen, aber nicht länger der alleinige Fokus. Vielmehr setzt sich das Übereinkommen zum Ziel, die unfallbedingte Verschmutzung der Meeresumwelt mit gefährlichen Stoffen von Schiffen aus zu minimieren und die übrige absichtliche Meeresverschmutzung gänzlich zu untersagen.[87] Dabei arbeitet das Übereinkommen mit bewusst umfassenden Definitionen der zentralen Begriffe der gefährlichen Stoffe und des Einleitens, um den Regelungsbereich mit Blick auf die erfassten Substanzen und die Aktivitäten weit zu halten. Auf diese Weise erfasst MARPOL alle technischen Aspekte der Meeresverschmutzung durch Schiffe mit Ausnahme der Verschmutzung durch die Abfallverbringung auf See, die ihrerseits durch das Londoner Übereinkommen und sein Protokoll geregelt werden.[88]

62 Die Anhänge zu dem Übereinkommen regeln verschiedene Verschmutzungsarten und -wege. Während die ersten beiden Anlagen[89] für Vertragsparteien des Übereinkommens obligatorische Bestandteile sind, handelt es sich bei den Anlagen III-VI[90] um fakultative Ergänzungen, die der gesonderten Ratifikation bedürfen.[91] Die Standards, die die MARPOL-Anlagen I-IV vorsehen, gelten auf Grund dessen, dass die Vertragsparteien zusammen jeweils zwischen 74 und 98% der weltweiten Tonnage von Handelsschiffen auf sich vereinen, als allg anerkannte Regeln und Normen zur Verhütung der Meeresverschmutzung iSv Art 211 Abs 2 SRÜ.[92] Eine Besonderheit des Übereinkommens besteht darin, dass Änderungen im vereinfachten Verfahren, dh ohne Konsenserfordernis, möglich sind. Dies erleichtert eine dynamische Anpassung des Vertragswerks an neue Erkenntnisse oder Herausforderungen. Art 16 Abs 2 lit f i) MARPOL lässt Änderungen des Übereinkommens mit verbindlicher Wirkung gegenüber allen Vertragsstaaten zu, wenn die Änderungen von einer Zweidrittelmehrheit der Parteien getragen werden, die zudem noch mindestens 50% der Tonnage der weltweiten Handelsflotte auf sich vereinen. Die Änderung von Anlagen folgt diesem Prozedere (Art 16 Abs 2 lit f ii) MARPOL), sofern dies ausdrücklich bestimmt wird. Ansonsten treten Änderungen der Anlagen iVm Art 16 Abs 2 lit f iii) MARPOL sogar auf Grund stillschweigender Zustimmung durch Verstreichen einer bestimmten Frist in Kraft. Um diese Wirkung zu durchbrechen, müsste ein Drittel der Vertragsparteien vor Fristablauf ausdrücklich widersprechen. Von der Möglichkeit, Änderungen mittels einer Zweidrittelmehrheit verbindlich zu beschließen, macht das Umweltkomitee der IMO regelmäßig Gebrauch, in der Vergangenheit bspw um den Standard der Doppelhüllentanker als eine technische Maß-

---

85 Ebd, Rn 11.
86 In der abgekürzten Form liest man daher häufig MARPOL 73/78.
87 *Sands/Peel*, Principles, 381.
88 Dazu u Rn 75 ff.
89 Anlage I: Regeln zur Verhütung der Verschmutzung durch Öl; Anlage II: Verschmutzung durch schädliche flüssige Stoffe, die als Massengut befördert werden.
90 Anlage III: Schadstoffe, die in verpackter Form befördert werden; Anlage IV: Abwasser; Anlage V: Verhütung der Verschmutzung durch Schiffsmüll; Anlage VI: Luftverschmutzung durch Schiffe.
91 Zum Thema des Schiffsmülls vgl Rn 79 ff.
92 *Beyerlin/Marauhn*, International Environmental Law, 127.

nahme der Verhinderung schwerer Meeresverschmutzung im Falle einer Kollision oder Havarie rechtlich in Anlage I zu MARPOL zu verankern.

d) Instrumente zur Regelung weiterer spezifischer Verschmutzungen durch Schiffe

63 Neben MARPOL und seinen Anlagen befasst sich seit den 2000er Jahren eine „neue Generation"[93] von IMO-Übereinkommen mit weiteren spezifischen Verschmutzungen durch Schiffe.[94] Dazu zählt u a das Internationale Übereinkommen über Verbots- und Beschränkungsmaßnahmen für schädliche Bewuchsschutzsysteme an Schiffen (2001). Das Übereinkommen trat 2008 in Kraft und widmet sich den sog „Anti-Fouling"-Unterwasseranstrichen von Schiffen, zB in Form zinnorganischer Verbindungen, die den Bewuchs mit Pflanzen und Muscheln verhindern sollten. Dabei laugen die verwendeten Chemikalien in das Meerwasser aus und lassen anhaftenden Bewuchs absterben, der anderenfalls die Fahrt des Schiffs verlangsamen und technische Geräte, Abflüsse und bewegliche Teile des Schiffsantriebs in ihrer Funktion beeinträchtigen könnte. In der Praxis zeigt sich, dass die entsprechenden chemischen Verbindungen in der Meeresumwelt aktiv bleiben und in großem Umfang umweltschädlich wirken. Auch Gefahren für den Menschen mittels der Aufnahme über die Nahrungskette beim Verzehr von Seefischen können nicht ausgeschlossen werden. Eine Liste verbotener biozider Wirkstoffe ist dem Übereinkommen angefügt. Verbote und Kontrollmaßnahmen gelten nicht nur gegenüber Schiffen unter eigener Flagge, sondern auch gegenüber solchen, die einen Hafen einer Vertragspartei anlaufen oder eine Werft aufsuchen.

64 Das Übereinkommen zur Kontrolle und Behandlung von Ballastwasser und Sedimenten von Schiffen aus dem Jahre 2004 ist ein weiterer Baustein in dem Bestreben, die von Schiffen ausgehenden Beeinträchtigungen der Meeresumwelt möglichst umfassend zu regeln. Die Praxis des unkontrollierten Umgangs mit Ballastwasser, das regelmäßig – womöglich tausende Kilometer von der Aufnahmeregion entfernt – unbehandelt abgelassen wurde, wird u a für das Einschleppen fremder Arten in Ökosysteme verantwortlich gemacht, welche wiederum die heimische biologische Vielfalt in marinen Ökosystemen gefährden. Das Übereinkommen sieht vor, dass das Ballastwasser behandelt wird und einen hoch angesetzten Standard erreichen muss, bevor es abgelassen werden darf. Die obligatorische Dokumentation des Umgangs mit Ballastwasser sowie Möglichkeiten der Inspektion in Häfen sollen die Durchsetzung des Übereinkommens erleichtern. Das Übereinkommen wird auf Grund des zwischenzeitlichen Erreichens der notwendigen Anzahl an Ratifikationen und Beitritten am 8.9.2017 in Kraft treten.

e) Internationale Regelungen zur Vermeidung von Schiffsunfällen

65 Die in Art 211 Abs 1 SRÜ bereits erwähnten Maßnahmen zur Unfallvermeidung werden in erster Linie durch Regulierung im Rahmen der IMO umgesetzt, die damit als Institution erkennbar die zentrale Stellung im Zusammenhang rechtlicher Instrumente zur Verminderung der Umweltverschmutzung durch Schiffe einnimmt. Neben Regelungen u a zur Konstruktion und Ausrüstung von Schiffen im sog SOLAS-Übereinkommen sind es auch die Vereinbarungen zur Kollisionsvermeidung auf See, die zur Vermeidung von Unfällen und damit auch von schädlichen Umweltauswirkungen beitragen. Hervorzuheben sind zB die Verkehrstrenngebiete, die in besonders verkehrsstarken, unfallträchtigen oder ökologisch sensiblen Bereichen eingerichtet werden können. Unter Kap V SOLAS ist die IMO auf Vorschlag von Vertragsstaaten für die verbindliche Festlegung von Verkehrstrennungsgebieten und andere obligatorische Maßnahmen zur Routen-

93 *Sands/Peel*, Principles, 385.
94 Zum Übereinkommen über Schiffsrecycling, das ebenfalls zum Kreis dieser Abkommen gehört, vgl Rn 100 f.

führung von Schiffen zuständig. In verschiedenen Resolutionen empfiehlt die IMO zudem die Nutzung von Lotsendiensten.[95] Da nicht zuletzt auch das Verhalten der Führungspersonen und der Mannschaft entscheidend dafür sind, ob Unfälle entweder vermieden oder aber jedenfalls die Unfallfolgen minimiert werden können, dienen auch die Instrumente zur Ausbildung von Seeleuten indirekt dem Schutz der Meeresumwelt vor Verschmutzungen infolge von Unfallereignissen auf See.[96] Im Zusammenhang mit der Umsetzung der verschiedenen Abkommen zur Sicherheit auf See ist die Arbeit des IMO-Komitees für Schiffssicherheit hervorzuheben, das Standards festlegt, regelmäßig überarbeitet und ergänzt.[97]

f) Küstenstaatliche Maßnahmen zur Vermeidung von Verschmutzungen durch Schiffe

66 Neben den Regelungen, die technische Standards der Schiffe selbst oder ihren Betrieb betreffen, dienen auch Maßnahmen der Reaktion auf Unfallereignisse und ihre Bewältigung durch die Küstenstaaten dazu, im Unglücksfall Schäden für die Meeresumwelt abzuwenden oder jedenfalls zu minimieren. Insgesamt 14 Übereinkommen und Protokolle widmen sich gegenwärtig der internationalen Zusammenarbeit im Zusammenhang mit Unglücken.[98] Dabei sind die einschlägigen globalen Verträge nicht mehr nur auf die Abwendung der Ölverschmutzung beschränkt, wenngleich diese zunächst im Vordergrund der Regulierung stand. Ein frühes Bsp für ein entsprechendes Übereinkommen ist das Internationale Übereinkommen über Maßnahmen auf Hoher See bei Ölverschmutzungs-Unfällen v 1969 (sog Interventions-Übereinkommen). Das Übereinkommen wurde 1973 durch ein Protokoll ergänzt, um vergleichbare Regelungen zur Abwendung der Umweltverschmutzung mit anderen Schadstoffen zu treffen.[99] Küstenstaaten können danach auf Hoher See alle verhältnismäßigen Maßnahmen ergreifen, die notwendig sind, um schwere Schäden von ihren Küsten oder eine andere schwere Beeinträchtigung ihrer Interessen durch die unfallbedingte Meeresverschmutzung abzuwenden oder zu verringern.

67 Das Internationale Übereinkommen v 1990 über Vorsorge, Bekämpfung und Zusammenarbeit auf dem Gebiet der Ölverschmutzung stellt die Vorsorge in und Zusammenarbeit von Küstenstaaten bei Ölverschmutzungen durch Unfälle in den Vordergrund. Neben Schiffen werden auch Offshore-Einrichtungen, Häfen und die ölverarbeitende Industrie vom Anwendungsbereich des Übereinkommens erfasst.[100] Das Übereinkommen wird ergänzt durch ein Protokoll aus dem Jahr 2000, das die Prinzipien auf andere gefährliche und schädliche Stoffe ausdehnt.[101]

68 Als erstes regionales Abkommen ist das Bonner Übereinkommen zur Zusammenarbeit bei der Bekämpfung der Verschmutzung der Nordsee durch Öl v 1969 zu nennen. 1983 wurde der Vertrag durch ein überarbeitetes Übereinkommen gleicher Bezeichnung abgelöst, das nicht nur die Verschmutzung der Nordsee durch andere Schadstoffe als Öl einbezieht, sondern neben tatsächlicher Verschmutzung auch nur drohende Verunreinigungen erfasst.

---

95 Vgl zB Res A.480(IX) (1975) für die Ostsee; Res A.620(15) (1987) für Schiffe über 13 m Länge in den Ostseezugängen; Res A.486(XII) (1981) für die Nordsee, den Kanal und das Skagerrak; Res A.827(19) (1995) für den Bosporus, die Dardanellen und das Marmarameer.

96 Internationales Übereinkommen über Normen für die Ausbildung, die Erteilung von Befähigungszeugnissen und den Wachdienst von Seeleuten v 7.7.1987.

97 *Sands/Peel*, Principles, 387.

98 Ebd, 391. Für eine Auflistung der speziellen regionalen Protokolle vgl ebd, 394 f.

99 BGBl 1985 II, 593.

100 Weiterführend dazu *Sands/Peel*, Principles, 393 f.

101 Protokoll über Vorsorge, Bekämpfung und Zusammenarbeit auf dem Gebiet der Verschmutzung durch gefährliche und schädliche Stoffe, BGBl 2007 II, 1434.

g) Die Regelung von Schiffsemissionen

69 Das Thema der Schiffsemissionen ist im Vergleich zB zur Ölverschmutzung durch Schiffe erst in jüngerer Zeit Gegenstand internationaler Regulierung geworden. Art 212 SRÜ erkennt den Eintrag aus der oder durch die Luft als eine regelungsbedürftige Verschmutzungsquelle der Meeresumwelt an. Dabei handelt es sich überwiegend um atmosphärische Verschmutzung durch Quellen an Land, die sich dann in der Verschmutzung der Meeresumwelt niederschlägt, und nur zu einem geringeren Anteil um Schiffe als Quelle der Verschmutzung. Dennoch sind Schadstoffemissionen von Schiffen in Häfen und bei der Fahrt durch besonders schützenswerte Meeresgebiete Gegenstand internationaler Regulierungsansätze geworden. Im Falle der Regelungen in Häfen steht weniger die Belastung der marinen Umwelt als vielmehr die mögliche Gesundheitsgefahr für Anwohner, zB durch eine hohe Feinstaubbelastung, im Vordergrund. Die Einrichtung von Emissionsschutzgebieten auf See zeigt aber, dass die Regulierung des Schadstoffausstoßes durch Schiffe durchaus als Bestandteil des Meeresschutzes anzusehen ist.

(1) Schadstoffe

70 Die Verringerung von Schwefeloxiden, Stickoxiden und Rußpartikeln durch Regelungen des Schadstoffgehalts von Schiffstreibstoffen steht derzeit im Fokus internationaler Regelungsansätze zur Verminderung der von Schiffen ausgehenden Umweltverschmutzung. Anlage VI MARPOL[102] ist die vertragliche Rechtsquelle für entsprechende Grenzwerte und Verbote der Emission weiterer Stoffe. Diese Anlage wurde bereits 1997 angenommen, trat aber erst 2005 in Kraft und wurde 2008 überarbeitet. Die Regeln der Anlage setzen Grenzwerte für Schwefel- und Stickoxidemissionen von Schiffen fest, verbieten die wissentliche Freisetzung von ozonschichtgefährdenden Stoffen, regulieren den Ausstoß von leicht flüchtigen Kohlenwasserstoffen, wie sie zB beim Betanken, aber auch beim Be- und Entladen von Tankern freigesetzt werden, und verbieten das Verbrennen bestimmter Stoffe (zB von schadstoffhaltigen Verpackungsmaterialien) an Bord von Schiffen.[103]

71 Durch die Überarbeitung der Anlage im Jahr 2008 wurde der globale Grenzwert des Schwefelgehalts von Schiffstreibstoffen von 4,5% auf 3,5% reduziert. Ab dem Jahr 2020 gilt ein global verbindlicher Wert von 0,5% Schwefelanteil bzw die Verpflichtung, vergleichbare Emissionswerte durch Filtertechnologien zu erreichen. Der Entscheidung war eine Überprüfung u a der Verfügbarkeit entsprechender Treibstoffe und der Wirtschaftlichkeit technischer Vorkehrungen im Jahr 2016 vorausgegangen. In Emissionsschutzgebieten gelten bereits jetzt strengere Grenzwerte. In der Nord- und Ostsee gilt ein Grenzwert von 0,1% für Schwefel, in Nordamerika und dem US-amerikanisch verwalteten Teil der Karibik gelten zusätzlich strenge Werte für Stickoxide und Feinstaub. Die EU versteht sich als treibende Kraft hinter den Grenzwertbestimmungen der IMO und hat die Vorgaben umgehend in europäisches Sekundärrecht umgesetzt.[104] Bereits seit Januar 2010 galt auf Grundlage einer RL aus dem Jahr 1999 in europäischen Häfen ein strikter Schwefelgrenzwert von 0,1%.[105]

(2) Treibhausgase

72 Im Zusammenhang mit den internationalen Bemühungen, den weltweiten Ausstoß an sog Treibhausgasen zu reduzieren, hat die Regulierung des Ausstoßes von CO_2 durch Seeschiffe

102 Dreiundzwanzigste Verordnung über Änderungen Internationaler Vorschriften über den Umweltschutz im Seeverkehr v 18.3.2013.
103 Vgl Anlage VI, Regeln 12–16.
104 RL 2012/33/EU des Europäischen Parlaments und des Rates v 21.11.2012 zur Änderung der RL 1999/32/EG des Rates hinsichtlich des Schwefelgehalts von Schiffskraftstoffen, ABl EU 2012, Nr L 327/1.
105 RL 1999/32/EG, ABl EG 1999, Nr L 121/13.

zunehmend an Bedeutung gewonnen. Zwar ist der Seetransport von Waren und Personen auch in Bezug auf die CO_2-Emissionen vergleichsweise umweltfreundlich,[106] insgesamt betrachtet entfällt dennoch ein nicht unerheblicher Anteil der weltweiten Emissionen auf den Schiffsverkehr, ohne dass dieser bislang in verbindliche Reduktionspflichten einbezogen wäre. Wenngleich der Anteil des Schiffsverkehrs am CO_2-Ausstoß des Verkehrssektors nur 7% betragen soll,[107] wurde dem Seeverkehr in der EU im Jahr 2000 mit 157 Mio t CO_2-Emissionen ein höherer Wert zugerechnet als dem Luftverkehr im EU-Luftraum.[108] Nach den zwischenzeitlichen Einbrüchen durch die Finanz- und Wirtschaftskrise wird zudem wieder ein Anstieg des internationalen Seetransports vorhergesagt,[109] so dass Regulierungsansätze zur Verringerung künftiger Treibhausgasemissionen von Seeschiffen nicht an Relevanz verloren haben.

73 Das IPCC sprach sich bereits im Jahre 2007 dafür aus, Maßnahmen zu ergreifen, die die Vermeidung von Treibhausgasemissionen im Luft- und Schiffsverkehr zum Ziel haben, und erörtert Abgabenmodelle und andere marktbasierte Instrumente für den Schifffahrtssektor.[110] Das Kyoto Protokoll zum Rahmenübereinkommen über Klimaänderungen regelt die Treibhausgasemissionen von Seeschiffen nicht. Die Emissionen sind nach dem Protokoll auch nicht in die spezifischen Pflichten zur Verringerung des CO_2-Ausstoßes einbezogen, weil sie sich nur schwer einem konkreten einzelnen Staat zuordnen lassen.[111] Dennoch waren die Vertragsstaaten nicht blind gegenüber der Problematik und einer möglichen Regelungsbedürftigkeit, sie verwiesen die Anlage I-Staaten in Art 2 Abs 2 des Protokolls aber darauf, entsprechende Ansätze im Rahmen der IMO und damit außerhalb der Klimaübereinkommen zu erarbeiten. Das Übereinkommen von Paris erwähnt zwar die Bedeutung der Ozeane in seiner Präambel und die besondere Verletzlichkeit der kleinen Inselstaaten, trifft aber keinerlei Regelungen zu Treibhausgasemissionen durch Schiffe oder die Luftfahrt, obwohl es sich um Sektoren handelt, deren Gesamtemissionen zukünftig noch erheblich ansteigen können.

74 Die IMO befasst sich seit 1997 intensiv mit Vorschlägen zu ordnungspolitischen und marktbasierten Instrumenten zur Verringerung der Treibhausgasemissionen von Schiffen.[112] Ein rechtlicher Anknüpfungspunkt für die Verhandlung bindender völkerrechtlicher Regelungen zur Verringerung der von Schiffen ausgehenden Luftverschmutzung, zu der man auch die Veränderungen der Atmosphäre durch den CO_2-Ausstoß zählen kann, ist Anlage VI MARPOL. Während Reduktionsziele bislang nicht erarbeitet wurden, einigten sich die Vertragsparteien der Anlage VI MARPOL im Juli 2011 auf verbindliche Regelungen zur Energieeffizienz von neuen Schiffen mit einer Bruttoraumzahl von mindestens 400,[113] die am 1.1.2013 in Kraft traten. Damit stellen die getroffenen Regelungen den ersten bindenden Regulierungsansatz für Treibhausgasemissionen im Schifffahrtssektor dar. Neben der Klassifizierung neuer Schiffe nach dem *Energy*

---

106 Im Vergleich (zB zum Straßentransport) verbrauchen Schiffe je t transportierter Güter relativ wenig Energie, s KOM(2006) 275 v 7.6.2006, Grünbuch: Die künftige Meerespolitik der EU – Eine europäische Vision für Ozeane und Meere, Teil II (Anhang), 17. Im Luftverkehr entstehen bis zu 100-fach höhere CO_2-Emissionen pro t Fracht, s WBGU, Entgelte für die Nutzung globaler Gemeinschaftsgüter (Sondergutachten), 2002, 22.

107 WBGU (Fn 106) 22.

108 KOM(2006) 275 (Fn 106) 16.

109 *König*, Schiffsemissionen: Internationale Lösungen oder unilaterales Handeln?, in Hering/Lagoni/Paschke (Hrsg), Nutzung und Ordnung der Meere, 2010, 121 f; vgl auch Antwort der Bundesregierung auf die Kleine Anfrage zum Klimaschutz in der Seeschifffahrt, BT-Drs 17/4204 v 10.12.2010, 2.

110 IPCC, Transport and its Infrastructure, in Climate Change 2007, Mitigation of Climate Change, Contribution of Working Group III to the Fourth Assessment Report of the Intergovernmental Panel on Climate Change, 377 f.

111 *Pisani*, Fair at Sea, The Design of a Future Legal Instrument on Marine Bunker Fuels Emissions within the Climate Change Regime, ODIL 33 (2002) 57 (58).

112 IMO, Main Events in IMO's Work on Limitation and Reduction of Greenhouse Gas Emissions from International Shipping, Oktober 2011, para 12.

113 IMO (Fn 112) Abs 3.

Efficiency Design Index (EEDI)[114] stellt der *Ship Energy Efficiency Management Plan* (SEEMP) einen Mechanismus für den Betrieb aller Schiffe – alter und neuer – bereit, der es den Betreibern ermöglichen soll, die Energieeffizienz von Schiffen zu verbessern. Die Mitgliedstaaten befassen sich im Rahmen der IMO auch weiterhin mit marktbasierten Instrumenten.[115] Die bisher getroffenen Regelungen der verbindlichen Indizes sind zwar ein wichtiger Schritt in die richtige Richtung, decken aber nur einen Teilbereich der mittel- und langfristig für notwendig erachteten Maßnahmen ab.

3. Dumping

Die Nutzung des Meeres als „Müllkippe" wurde lange Zeit als eine der Freiheiten der Hohen See verstanden.[116] Das Thema der Beseitigung von Abfällen, einschließlich nuklearer Abfälle, auf See geriet in den 1960er Jahren in das Blickfeld der Öffentlichkeit. Dabei wird aus der Regelungsperspektive zwischen solchen Abfällen unterschieden, die eigens zum Zweck ihrer Entsorgung auf See verbracht werden, und solchen, die beim Betrieb eines Schiffs anfallen und noch auf See verklappt werden. **75**

a) Verbot der Entsorgung von Abfällen auf dem Meer

1972 wurde unter dem Dach der IMO das Übereinkommen zur Verhütung der Meeresverschmutzung durch das Einbringen von Abfällen durch Schiffe und Luftfahrzeuge (Londoner Dumping Übereinkommen) geschlossen. Dabei handelte es sich um den ersten völkerrechtlichen Vertrag, der sich der Problematik in einem umfassenden Sinn – mit globalem Anwendungsbereich und detaillierten Regelungen – annahm.[117] Statt eines strikten Verbots von Dumping stand bei dem Übereinkommen zunächst lediglich die Regelung der Abfallentsorgung im Vordergrund. Das vollständige Verbot der Entsorgung bspw radioaktiver Abfälle beruht nicht auf dem ursprünglichen Text des Übereinkommens und seiner Anhänge, sondern auf einer Resolution des 16. Vertragsstaatentreffens, mit der Anhang 1 des Übereinkommens entsprechend geändert wurde.[118] Die Änderung wurde erst 2005 für alle Parteien verbindlich, als Russland seinen Widerspruch gegen die Resolution zurückzog. **76**

Im Jahr 1996 wurde ein Protokoll zum Übereinkommen verabschiedet, das 2006 in Kraft trat und die Regelungen des Übereinkommens für die Staaten ersetzt, die das Protokoll ratifiziert haben oder beigetreten sind. Die beiden Verträge werden daher üblicherweise zusammen genannt. Welche Regelungen konkret einschlägig sind, richtet sich nach dem Ratifikationsstatus des einzelnen Staats. Das Protokoll kehrt das Regel-Ausnahme-Verhältnis des Übereinkommens um, das die Abfallentsorgung zwar reguliert, spezifische Verbote aber nur in den Anhängen auflistet. Mit Inkrafttreten des Protokolls ist die Abfallentsorgung auf See gemäß Art 4 Abs 1 grundsätzlich verboten. Eine Ausnahme gilt für die in Anhang 1 gelisteten Abfälle (sog *reverse listing*). Die Einführung des Vorsorgeansatzes und des Verursacherprinzips im Protokoll in Art 3 Abs 1 und 2 sind weitere Merkmale eines modernen Ansatzes zum marinen Umweltschutz, die es von dem älteren Übereinkommen unterscheiden. In jüngerer Zeit waren es vor allem Überlegungen im Zusammenhang mit der Vermeidung der globalen anthropogenen Erderwärmung, die Fragen der Regelung im Kontext der Verbote der Abfallverbringung in die Meere aufwarfen. Die Ver- **77**

114 Vgl ebd, 31 ff, Annex 1.
115 Ebd, 49 ff, Annex 3.
116 *Hafner*, Meeresumwelt, Meeresforschung und Technologietransfer, in Handbuch, Rn 128.
117 *Beyerlin*/*Marauhn*, International Environmental Law, 128.
118 Res LC.51(16) v 12.11.1993, IMO Doc LC 16/14 (1993) Annex 4.

bringung von Kohlendioxid in unterseeische geologische Formationen wurde von den Vertragsparteien zum Londoner Protokoll bereits 2006 durch eine Änderung von Anhang I geregelt.[119] Fragen der experimentellen Ozeandüngung haben die Vertragsstaaten bei mehreren Treffen beschäftigt und zu einem konkreten Genehmigungsverfahren geführt.[120]

78 Auf regionaler Ebene war es das Übereinkommen von Oslo zur Verhütung der Meeresumweltverschmutzung durch die Abfallentsorgung von Schiffen und Flugzeugen (1972), das Regelungen zum Einbringen vorsah. Der Vertrag trat mit der Begründung des OSPAR-Übereinkommens außer Kraft, das nunmehr für den Nordostatlantik auch ein regionales Verbot der Abfallentsorgung im Meer vorsieht. Im Rahmen des UNEP-Programms zu den Regionalmeeren gibt es weitere regionale Verträge zur Regelung der Abfallentsorgung in Gestalt von Protokollen zu den Rahmenabkommen, die teilweise umfangreiche, teilweise spezifische Verbote vorsehen, so u a für das Mittelmeer (1976), für den Südpazifik (1986) und den Südostpazifik (1989). Mit dem SRÜ sind entsprechende regionale Übereinkommen grundsätzlich kompatibel. Vertragsstaaten zum SRÜ dürfen hinter den allg anerkannten Regeln und Normen nicht zurückbleiben, können sich aber auf regionaler Ebene entweder einer parallelen Regelung oder strikteren Standards unterwerfen.

b) Verklappung von Schiffsabfällen

79 Auch die Entsorgung von Schiffsabfällen ist Gegenstand internationaler Regelungen. Anlage V MARPOL befasst sich mit dem Verklappen von Abfällen, die während des Schiffsbetriebs auf See entstehen. Die Ratifikation der Anlage, die am 31.12.1988 in Kraft trat, ist optional. Vorrangiges Ziel der Regelungen von Anlage V ist die Verringerung der Entsorgung von Plastikabfällen auf See, weil von diesen Gefahren für Fische, Seevögel und Meeressäuger ausgehen und der Zersetzungsprozess von Plastik je nach Beschaffenheit Jahrzehnte oder gar Jahrhunderte[121] in Anspruch nimmt.[122]

80 Im Jahr 2013 trat eine umfassend überarbeitete Neufassung der Anlage V in Kraft. Die zu Grunde liegende Definition von Abfall folgt einem weiten Verständnis und umfasst nunmehr neben Plastikmüll u a auch Asche aus Verbrennungsöfen, Lebensmittelreste, Rückstände der Ladung, Fischereiausrüstung und alle sonstigen Stoffe, die während des normalen Betriebs eines Schiffs anfallen und ständig oder in Abständen zur Beseitigung vorgesehen sind. Das Abkommen verbietet in seiner Neufassung die Entsorgung von Schiffsmüll im Meer generell und lässt nur bestimmte Ausnahmen auf Grundlage der Regeln 4, 5 und 6 zu. Regel 1 Abs 14 Anlage V definiert besonders schutzbedürftige Sondergebiete, in denen auf Grund ihrer ökologischen Besonderheiten oder wegen des hohen Verkehrsaufkommens besonders strenge Regelungen zum Umgang mit Abfällen gelten. Dazu zählen das Mittelmeer, die Ostsee, das Schwarze Meer, das Rote Meer, der Persische Golf, die Nordsee, die Karibik und die antarktischen Gewässer.

81 Eine Besonderheit der Anlage besteht darin, dass, soweit nicht anders vermerkt, alle Schiffe, dh im Gegensatz zu den Regelungen, die nur die Handelsschifffahrt betreffen, auch Sportboote sowie Plattformen, in den Anwendungsbereich einbezogen sind. Die Effektivität des Verbots der meerseitigen Entsorgung von Schiffsmüll hängt wesentlich von den Möglichkeiten ab, entsprechende Abfälle im Hafen entsorgen zu können. Demgemäß verpflichtet Anlage V MARPOL die Hafenstaaten zur Bereitstellung entsprechender Annahmestellen in ihren Häfen. Die Hafen-

119 Res LP 1(1) v 2.11.2006, IMO Doc LC 29/17 (2007) para 5 und Annex 7.
120 Res LC-LP.1(2008) on the Regulation of Ocean Fertilization; Res LC-LP.2(2010) on the Assessment Framework for Scientific Research Involving Ocean Fertilization.
121 Vgl dazu die Grafik des UBA, abrufbar unter <www.umweltbundesamt.de/sites/default/files/medien/419/dokumente/wie_lange_braucht_der_muell_um_abgebaut_zu_werden.pdf>.
122 S dazu auch Rn 97 ff.

staaten haben außerdem unter bestimmten Umständen das Recht, Schiffe unter fremder Flagge im Hafen zu kontrollieren (Anlage V, Regel 9).

c) Umgang mit ausgedienten Offshore-Plattformen

82 Ein Sonderproblem im Bereich der Abfallentsorgung auf See stellt der Umgang mit ausgedienten Offshore Öl- und Gasplattformen dar. Weltweit gibt es etwa 7.000 Plattformen, deren Rückbau, Verbleib oder Entsorgung am Ende ihrer durchschnittlich zwanzig bis dreißigjährigen Betriebsdauer rechtliche Fragen aufwerfen.[123] Grundsätzlich ist davon auszugehen, dass Plattformen vollständig abgebaut und an Land wiederverwertet oder entsorgt werden müssen.[124] Allerdings wird wiederholt die Frage aufgeworfen, ob dies auch gilt, wenn Unterwasserstrukturen Habitate für marines Leben darstellen oder zu erwarten ist, dass die „Umwidmung“ von ausgedienten Strukturen als „künstliche Riffe“ die biologische Vielfalt fördert.[125]

83 Nach Art 60 Abs 3 SRÜ müssen Installationen im Bereich der AWZ, die nicht mehr verwendet werden, abgebaut werden, um die Sicherheit des Schiffsverkehrs zu gewährleisten. Die IMO hat ergänzende Leitlinien erarbeitet, die gleichfalls davon ausgehen, dass Plattformen abgebaut und an Land entsorgt werden müssen.[126] Die Entsorgung auf See, auch wenn dies der biologischen Vielfalt zuträglich sein soll, weil Strukturen versenkter Plattformen als Laichgründe o ä dienen können, ist weder vom SRÜ noch von den Leitlinien der IMO vorgesehen. Im Bereich des Nordostatlantiks verbietet eine Entscheidung der OSPAR-Kommission das Dumping von ausgedienten Offshore-Installationen oder Teilen davon.[127] Gleiches gilt grundsätzlich für das Londoner Übereinkommen, das Plattformen und sonstige auf See errichtete Bauwerke gemäß Art III Abs 1 lit a i) in die Definition des Einbringens (Dumping) einbezieht. Allerdings nehmen beide Übereinkommen im Anschluss solche Aktivitäten von der Definition des Dumping aus, in denen die Verbringung von u a Plattformen anderen Zwecken als der bloßen Entsorgung dient, und wenn und soweit dies im Übrigen mit dem Regelungszweck der Abkommen vereinbar ist (Art 1 lit g ii) OSPAR; Art III Abs 1 lit b ii) Londoner Übereinkommen). Für den Nordostatlantik sind außerdem die 2012 überarbeiteten OSPAR-Leitlinien zu künstlichen Riffen und lebenden Ressourcen zu beachten.[128] Diese besagen, dass die Errichtung eines künstlichen Riffs nicht dem Zweck dienen darf, Strukturen zu entsorgen, die andernfalls als Dumping verboten wären.

4. Verschmutzung durch Quellen an Land

84 Quellen an Land sind mit einem Anteil von bis zu 80% in großem Umfang ursächlich für die Meeresverschmutzung[129] und werden daher teilweise als bedeutendste Quelle der Meeresverschmutzung bezeichnet.[130] Das Einleiten von Abwässern, Einträge aus der Landwirtschaft, der Schadstoffeintrag durch Flüsse sind dabei nur einige Bsp. Auch der Schadstoffeintrag aus der oder durch die Luft (vgl Art 212 SRÜ) hat seinen Ursprung ganz überwiegend in Quellen an Land. Naturkatastrophen, die die Küstenregionen betreffen, sind weitere Ursachen teilweise erheblicher Meeresverschmutzung. Ein besonders dramatisches Bsp dafür ist die Verkettung von Ereig-

123 Vgl *Lyons*, Removal and Dumping, 480 f.
124 Ebd, 481.
125 *Wolfrum*/*Matz*, Conflicts, 110 f; *Lyons*, Removal and Dumping, 482.
126 IMO Assembly Res A.672(16) (1989).
127 Summary Record OSPAR 98/14/1 – E, Annex 33; vgl auch *Kirk*, OSPAR Decision 98/3 and the Dumping of Offshore Installations, ICLQ 48 (1999) 458.
128 OSPAR Guidelines on Artificial Reefs and Marine Living Resources, Reference No 2012-3.
129 *König*, Marine Environment, International Protection, in MPEPIL, Rn 26.
130 *Tanaka*, Land-Based Marine Pollution, 535 ff.

nissen nach dem Tsunami in Japan im Jahre 2011. Bis heute ist es nicht gelungen, den Austritt radioaktiven Wassers aus den zerstörten Reaktoren des Atomkraftwerks in Fukushima und die entsprechend andauernde Kontamination der Meeresumwelt gänzlich zu unterbinden. Wenngleich Staaten sich in Fällen höherer Gewalt von ihrer Verantwortlichkeit befreit sehen (vgl Art 23 der Artikel zur Staatenverantwortlichkeit), stellt sich die Frage nach den geschuldeten Maßnahmen im Vorfeld, dh der Einhaltung internationaler Standards zur Vermeidung solcher Unfallfolgen, die potentiell gravierende Umweltauswirkungen haben können. Eine Verletzung von Sorgfaltspflichten könnte die Berufung auf höhere Gewalt als Befreiungstatbestand für besonders gravierende Umweltfolgen entfallen lassen.

85 Die Regelung der Vermeidung der Meeresverschmutzung durch Quellen an Land bezieht sich notwendig auf Tätigkeiten unter der ausschließlichen Hoheitsgewalt der Küstenstaaten. Auch Binnenstaaten können über den Schadstoffeintrag durch internationale Flussläufe und über die Luft erheblichen Anteil an der Meeresverschmutzung durch landbasierte Quellen haben. Die in Art 207 SRÜ festgelegten Prinzipien, die auf die weitestmögliche Beschränkung der Freisetzung solcher Schadstoffe zielen, die zu einer Beeinträchtigung der Meeresumwelt führen, gelten mittlerweile als Gewohnheitsrecht.[131] Die Regelung der Verschmutzung durch Quellen an Land im SRÜ sind insgesamt aber angesichts der teilweise diffusen Quellen (zB bzgl des Eintrags von Schad- und Nährstoffen durch die Landwirtschaft) und der potentiell erheblichen Eingriffe in staatliche Hoheitsentscheidungen (zB Regelung industrieller Tätigkeit) als schwach zu bezeichnen.[132] Insoweit in Übereinstimmung mit den übrigen Rahmenbestimmungen zum Meeresschutz in Teil XII nimmt das SRÜ selbst keine Klassifizierung von Stoffen, zB in einer angefügten Liste, oder die Konkretisierung von Standards vor. Art 207 Abs 1 SRÜ fordert vielmehr die Vertragsstaaten auf, nationale Regelungen zur Verhütung, Verringerung und Kontrolle der Meeresverschmutzung durch Quellen an Land zu erlassen. Auch sollen die Staaten sich bemühen, internationale Standards auf globaler oder regionaler Ebene zu setzen (Art 207 Abs 3 SRÜ). Eine Klausel, die das Zurückbleiben nationaler Normen hinter international anerkannten Regeln verbietet – wie dies zB für die Verschmutzung durch Schiffe in Art 211 Abs 2 SRÜ der Fall ist – kennt Art 207 SRÜ nicht. Im Vordergrund jeglicher Regulierung soll gemäß Art 207 Abs 5 SRÜ die weitestmögliche Minimierung der Freisetzung giftiger oder schädlicher Stoffe – insbes solcher, die „beständig" sind – stehen. Mit der letztgenannten Kategorie sind Stoffe gemeint, die als langlebige organische Schadstoffe (*Persistent Organic Pollutants – POPs*) bezeichnet werden. Entsprechende Abkommen, die sich unabhängig vom Umweltmedium, das es zu schützen gilt, mit dem Verbot oder der Beschränkung dieser Stoffe befassen, tragen damit auch zum Meeresschutz bei.[133]

86 Auf globaler Ebene gab es mit dem Übereinkommen von Paris zur Verhütung der Meeresverschmutzung durch Quellen an Land aus dem Jahr 1974 einen Vertrag, der sich ausschließlich mit dieser Form der Belastung der Meeresumwelt befasste. Durch das Inkrafttreten des OSPAR-Übereinkommens ist das Übereinkommen von Paris zwischen den OSPAR-Vertragsstaaten außer Kraft getreten. Das OSPAR-Übereinkommen befasst sich in Art 3 und in Anlage I zwar mit der Verschmutzung durch Quellen an Land, und gleiches gilt für weitere regionale Verträge,[134] universale rechtlich verbindliche Standards fehlen hingegen. Gemäß Anlage I OSPAR-Übereinkommen müssen Staaten ein Genehmigungsverfahren für solche Tätigkeiten einführen, die die

---

131 *Sands/Peel*, Principles, 373; krit *Tanaka*, Land-Based Marine Pollution, 543.

132 *König*, Marine Environment, International Protection, in MPEPIL, Rn 26.

133 1998 Aarhus Protokoll zu dem Übereinkommen v 1979 über weiträumige grenzüberschreitende Luftverunreinigung betreffend persistente organische Schadstoffe, BGBl 2002 II, 839; Stockholmer Übereinkommen über persistente organische Schadstoffe. Dazu s a *Durner*, 15. Abschn Rn 63 ff.

134 ZB Protocol for the Protection of the Mediterranean Sea against Pollution from Land-Based Sources and Activities; Protocol on the Protection of the Black Sea Marine Environment against Pollution from Land-Based Sources. Für eine Übersicht über weitere spezifische regionale Instrumente s *Sands/Peel*, Principles, 375 ff.

Meeresumwelt vom Lande aus gefährden können, und außerdem ein Überwachungs- und Kontrollsystem einrichten.

87 Auf der Ebene des Soft Law sind zum einen die UNEP Montreal Guidelines for the Protection of the Marine Environment against Pollution from Land-based Sources[135] v 1985 und das Global Programme of Action for the Protection of the Marine Environment from Land-based Activities[136] v 1995 samt einer begleitenden Erklärung zu nennen.[137] Diese politischen Dokumente dienen als Leitlinien für nationale und regionale Entscheidungsträger mit dem Ziel, die Meeresverschmutzung durch Quellen an Land zu verhindern, zu reduzieren und zu kontrollieren. Die Verständigung auf das genannte Global Programme for Action ist nicht als einmaliges Ereignis zu verstehen, sondern als Prozess, der überprüft und dessen Umsetzung bewertet werden kann. Als Ergebnis der Überprüfungskonferenzen 2006 und 2012 verabschiedeten die Teilnehmer weitere politische Erklärungen zur zukünftigen Umsetzung des Programms.[138]

88 Die regionalen Verträge zum Schutz des Meeres vor Verschmutzung durch Quellen an Land basieren überwiegend auf der Klassifikation von Substanzen in verschiedenen Listen. Die Freisetzung besonders gefährlicher Stoffe, zB von *Persistent Organic Pollutants*,[139] ist nach diesem Ansatz verboten (*black list*), wohingegen der Gebrauch weniger schädlicher Stoffe eingeschränkt werden soll (*grey list*).[140] An diesem Vorgehen dokumentiert sich die Umsetzung und Konkretisierung der Vorgaben des Art 207 Abs 5 SRÜ.

5. Verschmutzung durch Meeresbodenaktivitäten

89 Im Zusammenhang mit der Exploration des Meeresbodens, der Ausbeutung seiner Rohstoffe wie zB der mineralischen Ressourcen und fossilen Energieträger oder der Weiterverarbeitung entsprechender Ressourcen auf See kann es zu teilweise erheblichen Verschmutzungen kommen. Wenngleich diese insgesamt nur für ungefähr 1% aller Meeresumweltverschmutzungen verantwortlich sein sollen,[141] zeigen Unfälle wie der sog *Montara Oil Spill* 2009 in der Timorsee oder die Explosion der Ölplattform *Deepwater Horizon* 2010 im Golf von Mexiko die möglichen Auswirkungen auf die jedenfalls regionale Meeresumwelt. Bei dem letztgenannten Unfall handelte es sich um den bisher größten Ölaustritt seiner Art in der Geschichte der Offshore-Ölförderung.

a) Meeresbodenaktivitäten unter nationaler Hoheitsgewalt

90 Art 208 SRÜ ergänzt Art 194 Abs 3 lit c SRÜ und bildet den globalen rechtlichen Rahmen für die Verhinderung der Verschmutzung durch solche Meeresbodenaktivitäten, die vollständiger oder funktional begrenzter nationaler Hoheitsgewalt unterliegen. Dabei handelt es sich um den Meeresboden der inneren Gewässer, des Küstenmeers und der Archipelgewässer sowie der AWZ und des Festlandsockels eines Küstenstaats.[142] Für den Tiefseeboden gelten die spezielleren Regelungen der Art 209 und Art 145 SRÜ.

---

135 UNEP GC Dec 13/18 on Environmental Law v 24.5.1985, Text abrufbar unter <www.unep.org/law/PDF/UNEP Env-LawGuide&PrincN07.pdf>.

136 UN Doc UNEP(OCA)/LBA/IG2/7 v 5.12.1995.

137 Ausführlich dazu *Tanaka*, Land-Based Marine Pollution, 544 ff.

138 S UN Doc UNEP/GPA/IGR2/CRP2 und Doc UNEP/GPA/IGR.3/5.

139 Zur Regelung dieser Stoffe in den regionalen Verträgen zum Schutz der Meeresumwelt s *Rose*, Persistent Organic Pollutants (POPs), in MPEPIL, Rn 25 ff.

140 Vgl ausführlich dazu *Sands/Peel*, Principles, 375 ff.

141 Ebd, 387.

142 UNCLOS IV, 144.

91 Auch für Art 208 SRÜ gilt, dass auf die Vereinbarung internationaler Standards außerhalb des SRÜ verwiesen wird (Art 208 Abs 5 SRÜ), hinter denen nationale Regelungen nicht zurückbleiben dürfen (Art 208 Abs 3 SRÜ). Im Gegensatz zur Verschmutzung durch Schiffe und durch Dumping gibt es für Meeresbodenaktivitäten allerdings kein universelles verbindliches Übereinkommen, das entsprechende Standards setzt. Vergleicht man außerdem die Vielzahl der internationalen Abkommen, die sich mit der Verschmutzung durch Schiffe befassen, mit den wenigen regionalen Verträgen, die sich mit der Verschmutzung durch Meeresbodenaktivitäten befassen,[143] zeigt sich eine deutliche Diskrepanz, die dazu führt, dass die internationale Regelung entsprechender Meeresbodenaktivitäten als „unterentwickelt" bezeichnet wird.[144] Wenngleich es bisher nicht gelungen ist, ein verbindliches Übereinkommen zum Meeresschutz im Zusammenhang mit Meeresbodenaktivitäten auszuarbeiten, leistet die IMO durch die Annahme nicht verbindlicher RL für schwimmende Anlagen in Gestalt des im Jahr 2009 überarbeiteten *Code for the Construction and Equipment of Mobile Offshore Drilling Units*[145] einen Beitrag zur Harmonisierung nationaler Maßnahmen der Vorbeugung und der Minimierung von Schäden. Da sich das Mandat der IMO auf die Regelung der Schifffahrt beschränkt, ist die Organisation für die umfassende Regelung aller Offshore-Anlagen einschließlich der im Regelfall mit dem Meeresboden verbundenen Plattformen nicht zuständig. Zur verbindlichen Regelung der Thematik müsste dementsprechend – ggf unter dem Dach der UN – zunächst eine diplomatische Konferenz einberufen werden, die sich auf einen Vertragsentwurf einigt.

92 Auch wenn Art 208 SRÜ im Gegensatz zu Art 211 SRÜ nicht ausdrücklich zwischen Regelungen des normalen Betriebs zum Abbau von Meeresbodenressourcen und unfallbedingten Ereignissen unterscheidet, sind es im Wesentlichen dieselben Kategorien, die der Normierung bedürfen. Auch im Zusammenhang mit Meeresbodenaktivitäten gibt es Verschmutzungen während des üblichen Betriebs, zB die seeseitige Abfallentsorgung von Plattformen. Gleichzeitig besteht die Notwendigkeit der Unfallvermeidung insbes während der Förderung fossiler Energieträger wie Öl und Gas, und müssten Küstenstaaten ein gleich gelagertes Interesse an der Vorsorge, Bekämpfung und Kooperation im Falle unfallbedingter Verschmutzung haben. Auch die Frage nach der Haftung im Schadensfall ist gleich gelagert. Gegenwärtig sind technische Standards und weitere Maßnahmen der Unfallvermeidung Gegenstand nationaler Genehmigungsverfahren. Grundsätzlich ist dabei davon auszugehen, dass ein Staat ein großes Interesse an der Einhaltung hoher Sicherheitsstandards für die Ölförderung vor den eigenen Küsten haben dürfte, weil ein Unfall mit erheblicher Meeresverschmutzung eigene wirtschaftliche und andere Interessen unmittelbar betrifft.

93 Art 208 Abs 4 SRÜ hebt die Harmonisierung der nationalen Politiken auf regionaler Ebene hervor. Praktisch alle regionalen Abkommen zum Meeresumweltschutz enthalten zumindest eine generelle Bestimmung zur Vermeidung von Verschmutzung, die direkt oder indirekt aus der Exploration oder Ausbeutung der Ressourcen des Meeresbodens oder des -untergrunds entsteht.[146] Für das Mittelmeer und den Arabischen Golf bestehen außerdem spezifische Protokolle zu den regionalen Rahmenübereinkommen, die sich mit Offshore-Anlagen befassen. Diese Verträge, das Protokoll von Madrid und das Protokoll von Kuwait, sehen u a vor, dass Anlagen zur Förderung von Rohstoffen aus dem Meeresuntergrund der vorherigen Genehmigung bedürfen. Das Genehmigungsverfahren seinerseits sieht die Prüfung der potentiellen negativen Umweltauswirkungen vor. Auch das OSPAR-Übereinkommen ruft die Vertragsstaaten in seinem Art 5 zunächst allg dazu

143 ZB Protokoll zum Schutz des Mittelmeeres vor Verschmutzung durch die Erforschung und Nutzung des Festlandsockels, des Meeresbodens und -untergrundes v 14.10.1994, einzusehen auf <http://faolex.fao.org/docs/pdf/mul38165.pdf>.

144 *Sands/Peel*, Principles, 387.

145 IMO Doc A.1023(26).

146 Vgl zB Art 7 Barcelona Übereinkommen. S auch *Sands/Peel*, Principles, 389 mwN.

auf, die Verschmutzung durch Offshore-Quellen zu vermeiden, und befasst sich in Anlage III dann spezifischer mit der Verhütung und Beseitigung der Verschmutzung durch Offshore-Quellen. Dazu gehören Anlagen und Rohrleitungen. Anlage III sieht in Art 2 Abs 1 den Gebrauch bester verfügbarer Technik und bester Umweltpraxis vor. Außerdem verbietet Art 3 Abs 1 Anlage III zum OSPAR-Übereinkommen das Einbringen von Abfällen und sonstigen Stoffen durch Offshore-Anlagen und – in Art 5 Abs 1 Anlage III – das Zurücklassen oder Versenken ausgedienter Anlagen.[147]

b) Tiefseebergbau

94 Gemäß Art 209 Abs 1 iVm 145 SRÜ ist es Aufgabe der IMBB, für den Tiefseeboden, das „Gebiet" im Sinne des Art 1 Abs 1 Nr 1 SRÜ, Normen zur Vermeidung schädlicher Auswirkungen durch Tiefseebergbauaktivitäten wie zB Bohr-, Dresch- und Baggerarbeiten zu erlassen. Die Forderung nach dem Schutz der marinen Umwelt vor Schäden durch den Tiefseebergbau ist mit der ausdrücklichen Ausweisung des „Gebiets" als gemeinsames Erbe der Menschheit eng verknüpft.[148] Nach Art 209 Abs 2 SRÜ haben Staaten in ihrer Eigenschaft als Flaggenstaaten bzw für Aktivitäten im „Gebiet" durch Anlagen unter ihrer Hoheit die Pflicht, nationale Regelungen zu treffen, die inhaltlich nicht hinter den internationalen Vorgaben zurückbleiben dürfen. Einige Staaten beginnen inzwischen, gesetzliche Regeln für den Tiefseebergbau zu erlassen. Ein aktuelles Bsp für einen solchen Prozess ist das chinesische Tiefseebergbaugesetz v 2016.

95 Die Organe der IMBB haben verschiedene Möglichkeiten und Kompetenzen, um den Schutz des Tiefseebodens vor schädlichen Umweltauswirkungen zu bewirken. Gemäß Art 162 Abs 2 lit x SRÜ muss der Rat als ausführendes Organ der Behörde Felder von der Bewirtschaftung ausschließen, wenn ernsthafte Gründe zu der Annahme führen, dass die Ausbeutung der mineralischen Ressourcen zu schweren Schäden für die Meeresumwelt führen. Die Versammlung, das Plenarorgan der IMBB, beschließt Normen zum Meeresschutz im Zusammenhang mit Tiefseebodenaktivitäten nach vorläufigem Beschluss des Rats und im Einklang mit den Empfehlungen der Kommission für Recht und Technik. Auf diesem Weg sind im Jahr 2000 die ersten rechtlichen Regelungen zur Exploration, die *Regulations on Prospecting and Exploration for Polymetallic Nodules in the Area*,[149] beschlossen worden, die sich in ihrem Teil 5 dem Schutz der Meeresumwelt widmen. Darin ist u a das Vorsorgeprinzip verankert. Danach ist es im Wesentlichen der (private) Vertragsnehmer, der Umweltdaten erheben und die Einhaltung von Standards überwachen muss. Gleiches gilt für die *Regulations on the Prospecting and Exploration for Polymetallic Sulphides*[150] aus dem Jahr 2010 und die *Regulations on the Prospecting and Exploration for Cobalt-rich-Ferromanganese Crusts*[151] aus dem Jahr 2012. Der sog *Mining Code*, dh die gesamten bisher verabschiedeten Regelungen und ergänzenden Entscheidungen der Organe zum Tiefseebergbau, beziehen sich gegenwärtig nur auf die Phase der Prospektion und Exploration und noch nicht auf die Phase der Ausbeutung der verschiedenen mineralischen Ressourcen. Ein Entwurf für den Abbau mineralischer Ressourcen liegt seit Mitte des Jahres 2016 vor und wird weiter verhandelt.[152] Gerade für solche Aktivitäten, sollten sie sich zukünftig als wirtschaftlich erweisen, müssen verbindliche Umweltstandards entwickelt werden, die neben dem Vorsorgeansatz und einer Umweltverträglichkeitsprüfung auch Fragen der Verteilung der Haftung zwischen Vertragsnehmer und Staat eindeutig regeln.

---

147 Dazu s Rn 82 f.
148 *Wolfrum*, Hohe See und Tiefseeboden (Gebiet), in Handbuch, Rn 154.
149 IdF v 4.10.2000: ISBA/6/A/18, zuletzt geänd 2013: ISBA/19/A/9 v 25.7.2013.
150 ISBA/16/A/12/Rev.1 v 15.11.2010.
151 ISBA/18/A/11 v 22.10.2012.
152 Der erste Entwurf v 2016 ist unter <https://www.isa.org.jm/files/documents/EN/Regs/DraftExpl/Draft_ExplReg_SCT.pdf> verfügbar.

96 Das Gutachten der Kammer für Meeresbodenstreitigkeiten des Internationalen Seegerichtshofs v 2011[153] hat diesbezüglich bereits klargestellt, dass auch die sog „befürwortenden Vertragsstaaten“, das sind die Staaten, unter deren Verantwortlichkeit private oder staatliche Firmen explorieren oder zukünftig Ressourcen fördern, eine generelle Sorgfaltspflicht für den Meeresschutz haben. Inhalt dieser Sorgfalt ist u a das Einhalten des Vorsorgeansatzes und bester Umweltpraxis, aber auch die Gewährleistung, dass der Vertragsnehmer eine Umweltverträglichkeitsprüfung durchführt.[154] Pflichten zum Schutz der Meeresumwelt im Zusammenhang mit der Exploration und Ausbeutung des Tiefseebodens lassen sich damit nicht vollständig auf die (privaten) Lizenznehmer abwälzen. Das bedeutet, dass diejenigen Entwicklungsländer, die als befürwortende Staaten von Tiefseebergbauaktivitäten ausländischer Firmen profitieren wollen, sich nicht gänzlich der Haftung entziehen können und dementsprechend die finanziellen Risiken der Unternehmung genau abwägen müssen.

6. Sonderprobleme der Meeresverschmutzung

a) Verschmutzung der Meere durch Plastikmüll

97 Seit einigen Jahren wird der Umgang mit der Verschmutzung der Meere durch Plastik als ein besonders wichtiges Thema des Meeresschutzes erörtert.[155] Von der Problematik umfasst werden dabei Abfälle ieS (zB Verpackungen, Tüten oder Kunststoffflaschen), Plastikpellets, die in der plastikverarbeitenden Industrie als Rohstoffe verwendet werden, aber auch Mikroplastik, also Kleinstpartikel aus Industrieprozessen oder Kosmetikprodukten. Teils gelangen diese Stoffe durch direktes Einbringen in die Meere, teils durch Eintrag in Flüsse oder Seen. Dies gilt insbes bei Kleinstpartikeln, die durch herkömmliche Kläranlagen nicht herausgefiltert werden können. Da Plastik nicht biologisch abgebaut wird, zerfällt es durch Lichteinstrahlung und Witterung über Jahrzehnte bis Jahrhunderte hinweg in immer kleinere Teile und verteilt sich dabei durch Meeresströmungen an Küsten oder sammelt sich als schwimmender „Teppich“ auf Hoher See. Mikropartikel und zu Kleinsteilen zerfallene Kunststoffabfälle schweben oft in den oberen Wasserschichten nahe dem Meeresspiegel und gefährden Meereslebewesen, die Partikel mit Nahrung verwechseln. In größeren Teilen, zB in Fischernetzen, können sich Tiere außerdem verfangen und verenden. Bei einer Anreicherung von Plastik in Speisefischen können Gesundheitsgefahren für den Menschen entstehen. Die Verschmutzung von küstennahen Bereichen und Stränden durch schwimmende oder angespülte Abfälle kann zu erheblichen Einschränkungen der Meeresnutzung durch die lokalen Bewohner führen, die sich auch zB für die Tourismusindustrie wirtschaftlich niederschlagen kann.

98 Eine rechtliche Erfassung dieser Probleme begegnet mehreren Herausforderungen: Aufgrund der Verteilung und des langsamen Zerfallsprozesses lässt sich kaum feststellen, welchen Ursprungs die Teile sind, sofern man diese überhaupt mit bloßem Auge wahrnehmen kann.[156] Die Verschmutzungsquellen sind zudem so vielgestaltig, dass sich einheitliche Regelungen schwer vereinbaren lassen. Zwar ist die Entsorgung von Schiffsabfällen im Rahmen des normalen Betriebs Gegenstand von Anlage V MARPOL, welche die seeseitige Entsorgung von Plastikmüll generell untersagt.[157] Darüber hinaus ist aber bspw zweifelhaft, ob eine strengere rechtliche

---

153 *Responsibilities and Obligations*.
154 Näher zu den Inhalten des Gutachtens auch *Sands/Peel*, Principles, 389; s auch *Anton*, The Principle of Residual Liability in the Seabed Disputes Chamber of the International Tribunal for the Law of the Sea, JSDLP 7 (2011/12) 241 ff.
155 *Joyner/Frew*, Plastic Pollution in the Marine Environment, ODIL 22 (1991) 33 ff; *Stoefen-O'Brien*, The International and European Legal Regime Regulating Marine Litter in the EU, 2015. S auch UNEP, Marine Litter. An Analytical Overview (2005), abrufbar unter <www.unep.org/regionalseas/marinelitter/publications/docs/anl_oview.pdf>.
156 Hierzu *Leous/Parry*, Who is Responsible for Marine Debris?, Journal of Int Affairs 59 (2005) 257 ff.
157 S Rn 79 ff.

Regelung der Verschmutzung aus Quellen an Land geeignet ist, die Problematik des Mikroplastikeintrags in die Meere effektiv zu erfassen. Dies gilt umso mehr, als neben direktem Einbringen oftmals auch Mängel in der Abfall- und Abwasserbewirtschaftung ursächlich sind. Einbezogen werden müssen ferner nicht nur Küstenstaaten, sondern auch Binnenstaaten, welche durch Seen und Flüsse Ursprungsort für Meeresverschmutzungen sein können. Spezielle internationale Instrumente zur Vermeidung gerade von Plastikabfällen vom Land aus fehlen. Lokale Verbote bestimmter Plastikprodukte in Küstenregionen, zB Plastiktüten oder – wie jüngst in San Francisco – von Plastikflaschen, sind ein erster Ansatz, die Belastung der Meere mit Plastikmüll einzudämmen und Aufmerksamkeit in der Bevölkerung zu erzeugen.[158] In Marokko trat im Juli 2016 ein Gesetz in Kraft, das den Import, die Herstellung und den Vertrieb von Plastiktüten im gesamten Staatsgebiet verbietet.

99 Darüber hinaus stellt sich auch die Frage, was mit den aktuell auf dem Meer, insbes auf Hoher See treibenden Abfällen, geschieht. Die Herkunft des Plastikmülls aus unterschiedlichen Staaten und Quellen führt dazu, dass ein Verursacher nicht festgestellt werden kann, der die Kosten der Beseitigung tragen müsste. Ferner kommt hinzu, dass das Abfischen der schwimmenden „Müllteppiche" technisch schwierig und ökologisch str ist.

b) Schiffsrecycling

100 Eine weitere Sonderproblematik, die zu erheblichen Verschmutzungen der küstennahen Meeresumwelt führen kann, betrifft die Praxis des nicht sachgerechten Schiffsrecyclings insbes in südasiatischen Staaten wie zB Indien, Bangladesh und Pakistan.[159] Das Auseinandernehmen eines ausgedienten Schiffs zum Zweck der Wiederverwendung wertvoller Rohstoffe wie Stahl und der Entsorgung nicht mehr verwendbarer Teile und Stoffe bei Einhaltung hoher Umwelt- und Arbeitsschutzstandards ist mit hohen Kosten verbunden. Wird ohne Schutzvorkehrungen gearbeitet, kann allerdings eine Vielzahl von Stoffen, die für die Umwelt und die Gesundheit der Arbeiter gefährlich sein können, freigesetzt werden. Dazu gehören Ölschlämme, Schwermetalle, in älteren Schiffen aber auch Asbest und Polychlorbiphenyl. Am gravierendsten tritt diese Gefahr beim sog *beaching* auf. Dabei werden ausrangierte Schiffe mit voller Kraft in flache Küstengewässer und auf den Strand gefahren, wo sie von zumeist ungelernten Arbeitern von Hand und ohne weitere Schutzmaßnahmen unter erheblichen Umwelt- und Gesundheitsgefahren auseinandergebaut werden.[160] Ein internationaler Ansatz der Regulierung mit dem Ziel des Umwelt- und Arbeitsschutzes ist das Hong Kong Übereinkommen über das sichere und umweltverträgliche Abwracken von Schiffen, das 2009 beschlossen wurde, bisher aber nicht in Kraft getreten ist.[161] Das Übereinkommen gilt mit unterschiedlichen Voraussetzungen für neue und bereits betriebene Schiffe. Es verpflichtet die Flaggenstaaten u a zur nationalen Ausstellung von Gefahrstoffkataster-Zertifikaten mit Angaben über die in dem jeweiligen Schiff befindlichen Stoffe. Die Staaten, in denen die Abwrackbetriebe ihren Sitz haben, sollen Betriebsgenehmigungen nur nach vorheriger Prüfung ausstellen und die Betriebe zur Aufstellung von Recyclingplänen verpflichten, die von einer nationalen Behörde überprüft und genehmigt werden müssen. Das Übereinkommen will über seine verschiedenen Regelungen alle im gesamten Betriebszyklus eines Schiffes einschlägigen Akteure erfassen: die Werften, die Reedereien und

158 Zu solchen lokalen Ansätzen s *Storrier/McGlashan*, Development and Management of a Coastal Litter Campaign, Marine Policy 30 (2006) 189 ff.
159 Zu Praxis und Rechtsrahmen s auch *Rossi*, The Dismantling of End-of-Life Ships, ItYIL 20 (2011) 275 ff.
160 Hierzu auch *Puthucherril*, Trans-Boundary Movement of Hazardous Ships for Their Last Rites. Will the Ship Recycling Convention Make a Difference, Ocean Yearbook 24 (2010) 283 (324 f).
161 Zum Hong Kong Übereinkommen *Matz-Lück*, Safe, 95 ff; *Ormond*, Hong Kong Convention and EU Ship Recycling Regulation. Can they Change Bad Industrial Practices Soon?, elni Review 2/2012, 54 ff.

die Abwrackbetriebe. Ein explizites Verbot des *beaching* ist in dem Übereinkommen nicht enthalten. In Ergänzung zum Hong Kong Übereinkommen hat die IMO darüber hinaus mehrere RL verabschiedet, die sich mit Schiffsrecycling befassen. Weitere nicht-bindende Instrumente waren zuvor bereits im Rahmen des Basler Übereinkommens[162] sowie durch die ILO[163] ausgearbeitet worden.

101 Unterzeichnung und Ratifikation des Übereinkommens schreiten bislang äußerst zögerlich voran, so hat zB bisher als einziger EU-Mitgliedstaat nur Frankreich den Vertrag ratifiziert, obwohl die EU versucht, einen Beitritt der Mitgliedstaaten zum Übereinkommen zu fördern.[164] Ein Teil der Vorschriften wird allerdings auf Ebene der EU mit ihrer VO über das Recycling von Schiffen bereits in das europäische Sekundärrecht inkorporiert, bspw das Gefahrstoff-Kataster.[165] Schiffe unter der Flagge eines EU-Mitgliedstaats dürfen nur in solchen Betrieben abgewrackt werden, die auf einer von der EU-Kommission erstellten Liste verzeichnet sind. Ein Hintergrund der neuen EU-Regelungen ist der, dass ausgediente Schiffe im Regelfall als gefährlicher Abfall eingestuft wurden und damit gemäß Verordnung (EG) Nr. 1013/2006 nur in OECD-Staaten zum Abwracken verbracht werden durften. Da dort die Kapazitäten nicht ausreichten, bewirkt die neue Verordnung, dass Schiffe vom Anwendungsbereich der Regulierung gefährlicher Abfälle ausgenommen werden und fortan auch in Abwrackbetriebe in Nicht-OECD-Staaten verbracht werden dürfen, sofern dort entsprechende Standards zum Umwelt- und Arbeitsschutz eingehalten werden. Mit Norwegen hat ein weiterer europäischer Industriestaat das Abkommen ratifziert.[166]

c) Schiffswracks und Wrackbeseitigung

102 Von Schiffswracks können nicht nur Gefahren für die Sicherheit des Schiffsverkehrs, sondern auch für die Meeresumwelt ausgehen. Selbst wenn es sich bei dem havarierten Schiff nicht um einen Öltanker oder Gefahrguttransporter handelt, gefährdet der im Schiff befindliche Treibstoff potentiell die Meeresumwelt. Nach Angaben der IMO habe die Zahl der Schiffsunfälle zwar abgenommen, die Anzahl aufgegebener Schiffswracks hingegen steige.[167] Während Staaten entsprechende Hoheitsrechte bzgl der Beseitigung in ihren Küstenmeeren ausüben, fehlte es bislang an übereinstimmenden internationalen Regelungen zum Umgang mit Schiffswracks, die sich außerhalb der Territorialgewässer befinden. Insoweit schließt das Internationale Übereinkommen von Nairobi v 2007 über die Beseitigung von Wracks, das am 15.4.2015 in Kraft trat, eine Lücke und setzt einen völkerrechtlichen Rahmen zur Abwehr von Gefahren, die von einem Wrack ausgehen, wenn es sich im sog „Übereinkommensgebiet" befindet. Dabei handelt es sich, verkürzt gesagt, um die AWZ der Vertragsparteien. Es steht den Vertragsstaaten frei, die Regeln des Übereinkommens auch für ihre Küstenmeere für anwendbar zu erklären.

---

162 Guidelines for the Development of the Inventory of Hazardous Materials, Juli 2011; Guidelines for Survey and Certification, Oktober 2012; Guidelines for Inspection of Ships, Oktober 2012; Guidelines for the Authorization of Ship Recycling Facilities, März 2012; Guidelines for Safe and Environmentally Sound Ship Recycling, März 2012; Guidelines for the Development of the Ship Recycling Plan, Juli 2011. Zum Ganzen s a *Durner*, 15. Abschn Rn 25ff.

163 Safety and Health in Shipbreaking. Guidelines for Asian Countries and Turkey, abrufbar unter <www.basel.int/Portals/4/Basel%20Convention/docs/ships/ILO-Guidelines.pdf>.

164 Art 1 Beschluss des Rates v 14.4.2014 (2014/241/EU), ABl EU 2014, Nr L 128/45.

165 VO (EU) Nr 1257/2013 v 20.11.2013 über das Recycling von Schiffen, ABl EU 2013, Nr L 330/1. S schon zuvor die EU-Strategie zur Verbesserung des Schiffsrecycling, KOM (2008)767 endg v 12.3.2010.

166 Ansonsten hat bisher (Stand Februar 2017) nur Panama das Hong Kong Übereinkommen ratifiziert. Dass die qualifizierten Anforderungen an die Anzahl der Vertragsstaaten, die Tonnage ihrer Handelsflotte sowie das prozentuale Volumen der abgewrackten Schiffe im Verhältnis zur Tonnage, die Art 17 des Übereinkommens aufstellt, in absehbarer Zukunft erfüllt werden und so das Inkrafttreten ermöglichen, ist sehr unwahrscheinlich.

167 IMO, abrufbar unter <www.imo.org/About/Conventions/ListOfConventions/Pages/Nairobi-International-Convention-on-the-Removal-of-Wrecks.aspx>.

Das Übereinkommen definiert als Gefahr in Art 1 Abs 5 lit b einen Umstand, der „aller Voraussicht nach schädliche Folgen größeren Umfangs für die Meeresumwelt haben wird". Der Gefahrenbegriff bezieht ferner Schäden für die Küste oder für damit zusammenhängende Interessen eines oder mehrerer Staaten ein und beschreibt als entsprechende Interessen, die von dem Wrack unmittelbar betroffen sein müssen, in Art 1 Abs 6 lit c auch „das Wohl des betroffenen Gebiets, einschließlich der Erhaltung der lebenden Schätze des Meeres sowie der Tier- und Pflanzenwelt." Stellt ein Staat im Übereinkommensgebiet eine Gefahr fest, so ist grundsätzlich der eingetragene Eigentümer verpflichtet, das Wrack zu beseitigen. Dies spiegelt das Verursacherprinzip wider, zumal der eingetragenen Eigentümer grundsätzlich auch für Kosten der Lokalisierung und Markierung des Wracks und ggf auch für eine Bergung durch einen Staat haftet (Art 10 Nairobi Übereinkommen). **103**

d) Akustische Umweltverschmutzung

Der weite Verschmutzungsbegriff, der dem SRÜ in Art 1 Abs 1 Nr 4 und auf regionaler Ebene zB OSPAR (Art 1 lit d OSPAR) zu Grunde liegt, erlaubt es durch die Bezugnahme auf den Eintrag von Energie die akustischen Beeinträchtigungen der Meeresumwelt einzubeziehen. Unterwasserlärm ist eine Form der Umweltverschmutzung, die insbes auf Meeressäugetiere negative Auswirkungen haben kann. Der Betrieb von Schiffsmotoren,[168] Bohrungen im Meeresboden, die Errichtung und der Betrieb von Windkraftanlagen, aber auch der Einsatz von (militärischem) Sonar[169] und wissenschaftliche Meeresforschung, vor allem im Zusammenhang mit seismischen Untersuchungen, sind Bsp für eine potentiell hohe Belastung der Meeresumwelt mit Lärm. Zu den regionalen Abkommen, in deren Rahmen sich Staaten mit den Auswirkungen von Unterwasserlärm auf die Meeresumwelt befassen, gehören OSPAR, das Abkommen zur Erhaltung der Kleinwale in der Nord- und Ostsee sowie das Übereinkommen zum Schutz der Wale des Schwarzen Meeres, des Mittelmeeres und der angrenzenden Atlantischen Zonen. Auch die EU befasst sich im Rahmen ihrer Meeresstrategierahmenrichtlinie mit Unterwasserlärm und bezieht diesen in die Bewertung des Umweltstatus ein. Verschiedene weitere Institutionen haben die Beeinträchtigungen der marinen Fauna durch Unterwasserlärm hervorgehoben.[170] Auf globaler Ebene ist es die IMO, die sich mit Unterwasserlärm als Umweltverschmutzung befasst und in einem ersten Schritt unverbindliche RL zur Reduzierung des Lärms der Handelsschifffahrt verabschiedet hat.[171] Zu bindenden global geltenden Regelungen haben die Hinweise auf nachteilige Einwirkungen auf die Meeresumwelt bislang nicht geführt, obwohl das Völkerrecht I.O. wie zB der IMO oder der Internationalen Walfangkommission, aber auch den Staaten Raum für eine entsprechende verbindliche Regulierung lässt.[172] In Deutschland empfiehlt das Umweltbundesamt bspw **104**

---

168 Speziell dazu s *Nordtvedt Reeve*, Of Whales and Ships: Impact on the Great Whales by Underwater Noise Pollution from Commercial Shipping and Proposals for Regulation under International Law, OCLJ 18 (2012/13) 127 ff.

169 Dazu *Reynolds*, Submarines, Sonar and the Death of Whales: Enforcing the Delicate Balance between Environmental Compliance and National Security in Military Training, ELPR 32 (2007/08) 759 ff.

170 Vgl u a CMS Res 10.24 on Further Steps to Abate Underwater Noise Pollution for the Protection of Cetaceans and Other Migratory Species v 13.2.2012, AC19/Doc 7-07; Rep of the Expert Workshop on Underwater Noise and its Impacts on Marine and Coastal Biodiversity, UNEP/CBD/MCB/EM/2014/1/2; IWC Scientific Committee, Agreed General Principles to Minimize the Risks of Adverse Impacts of Whalewatching to Cetaceans (1996), IWC Scientific Committee, Rep of the Scientific Committee, 2004, 43 ff; zu den Ansätzen auf vertragsstaatlicher Ebene s auch *Firestone/Jarvis*, Response and Responsibility. Regulating Noise Pollution in the Marine Environment, JIWLP 10 (2007) 109 ff.

171 MEPC 66/17 v 15.11.2013.

172 Vgl zu den Regulierungsansätzen umfassend *Hahn*, Die völkerrechtliche Regulierung der für die Meeressäuger belastenden Meeresnutzungen am aktuellen Beispiel des Unterwasserlärms (Teil 1 und 2), EurUP 2012, 119 ff und 179 ff. Zur Verknüpfung von Vorsorgeansatz und Unterwasserlärm s *Gillespie*, The Precautionary Principle in the 21st Century: A Case Study of Noise Pollution in the Ocean, IJMCL 22 (2007) 61 ff.

für den Bau von Offshore-Windenergieanlagen bestimmte Schallgrenzwerte zum Schutz von Schweinswalen, die das Bundesamt für Seeschifffahrt und Hydrographie (BSH) als Genehmigungsbehörde in den Genehmigungsbescheiden verbindlich vorschreibt.[173]

7. Verantwortlichkeit und Haftung für Meeresumweltschäden

105 Die Haftung für Schäden ist neben der Schadensvermeidung ein besonders wichtiges Element des rechtlichen Umgangs mit hochrisikobehafteten Tätigkeiten, wenngleich die Bezifferung sog „reiner Umweltschäden" im Ergebnis schwierig sein mag. „Reine Umweltschäden" sind die Beeinträchtigungen an der Umwelt, die sich nicht unmittelbar volkswirtschaftlich beziffern lassen. Im Bereich der Meeresverschmutzung sind Kosten für die Reinigung einer verschmutzten Küste oder die von der Tourismus- oder Fischereiindustrie erlittenen Gewinneinbußen wirtschaftlich messbar, während die Dezimierung wildlebender Tierbestände oder die Beeinträchtigung des Ökosystems Meer als solches als „reine Umweltschäden" nur schwer zu beziffern sind, soweit sie keine wirtschaftlichen Folgeschäden nach sich ziehen. Die Haftung für Schäden ist ein Ausdruck des umweltvölkerrechtlichen Verursacherprinzips. Dabei kann die drohende Inanspruchnahme für spätere Schäden auch zur Prävention von Schäden beitragen, indem ein (negativer) Anreiz gesetzt wird, Sicherheitsstandards einzuhalten.

a) Die Regelung von Verantwortlichkeit und Haftung im SRÜ

106 Das SRÜ erwähnt die Verantwortlichkeit und Haftung für Meeresumweltschäden nur in Art 235. Danach sind die Staaten verantwortlich für die Einhaltung des Völkerrechts zum Schutz der Meeresumwelt (Art 235 Abs 1 Satz 1 SRÜ). Dies deckt sich mit dem Ansatz der Staatenverantwortlichkeit, deren allg Regeln dann greifen, wenn ein Staat zurechenbar gegen eine Regel des geltenden Völkerrechts verstößt.[174] Der Hinweis auf die Haftung der Staaten in Art 235 Abs 1 Satz 2 SRÜ deutet, wie die Bezugnahme auf das Völkerrecht deutlich macht, nicht auf zivilrechtliche Konzepte der Haftung und auch nicht auf ein Äquivalent einer verschuldensunabhängigen Gefährdungshaftung der Staaten hin. Letztere ist bisher auch für hochrisikobehaftete Tätigkeiten (*ultra hazardous activities*) wie den Öltransport per Schiff oder den Betrieb von Atomkraftwerken nicht völkerrechtlich verankert. Im Ergebnis ist Art 235 Abs 1 SRÜ damit rein deklaratorischer Natur und begründet keine über das allg Völkerrecht hinausgehende Haftung.[175]

107 Von besonderer Relevanz für völkerrechtlich begründete Haftungsregime für marine Umweltschäden ist Art 235 Abs 2 SRÜ. Danach werden Staaten verpflichtet, nach den Grundsätzen der jeweiligen nationalen Rechtsordnung den Ersatz von solchen Schäden sicherzustellen, die eine natürliche oder juristische Person, über die der Staat Hoheitsrechte ausübt, durch Meeresverschmutzung bedingt hat. Hier verweist das SRÜ auf Haftung nach nationalem Recht durch Private. Diesem Ansatz folgen auch spezifische Haftungsübereinkommen, die sich auf der Ebene des Völkerrechts zwar an die Staaten wenden, diesen aber aufgeben, national einheitliche zivilrechtliche Haftungsregime zu etablieren.[176]

---

173 Die Empfehlung des UBA kann abgerufen werden unter <www.umweltbundesamt.de/sites/default/files/medien/publikation/long/4118.pdf>.

174 Vgl Art 1 f der Artikel zur Staatenverantwortlichkeit, Annex zu GA Res 56/83 v 12.12.2001.

175 *Hafner*, Meeresumwelt, Meeresforschung und Technologietransfer, in Handbuch, Rn 142.

176 Ausf zu den Grundsätzen der Haftung *Hafner*, Meeresumwelt, Meeresforschung und Technologietransfer, in Handbuch, Rn 145 ff.

b) Internationale Haftungsbestimmungen für die Schifffahrt

108 Neben schiffsbezogenen Abkommen zur Vermeidung von Unfällen und zur Vermeidung der Meeresumweltverschmutzung einerseits und Verträgen zur Zusammenarbeit der Küstenstaaten zur Minimierung von Schäden nach Unfallereignissen andererseits sind als dritte Komponente in diesem Zusammenhang die Übereinkommen zur zivilrechtlichen Haftung für Schäden durch Verschmutzung, zB durch Öl, zu nennen. Diese regeln im Nachgang zu Katastrophen den Schadensersatz und dienen gleichzeitig als Anreiz für die privaten Betreiber, hohe Sicherheitsstandards einzuhalten.

109 Der Anwendungsbereich von Art 235 SRÜ ist nicht auf die Schifffahrt und auch nicht auf bestimmte Substanzen beschränkt, sondern bezieht sich ganz allg auf die Haftung für Meeresumweltschäden. Die völkerrechtlichen Instrumente, auf deren Grundlage Staaten die zivilrechtliche Haftung für eine Verschmutzung der Meeresumwelt etablieren, knüpfen aber primär an Aktivitäten im Bereich der Schifffahrt, insbes an den Transport von Öl und anderen umweltgefährdenden Substanzen, an. Sie erfassen damit nur einen Ausschnitt möglicher Umweltbeeinträchtigungen. Die Haftung für die Meeresverschmutzung durch Unfälle auf Offshore-Anlagen ist bspw auf internationaler Ebene nicht rechtsverbindlich geregelt.[177]

110 Am Bsp der Etablierung zivilrechtlicher Haftungsregime zeigt sich im Zusammenhang mit der Meeresumweltverschmutzung das reaktive Vorgehen der Staatengemeinschaft in der Folge konkreter Schiffsunfälle. An erster Stelle ist dabei wiederum das Unglück der *Torrey Canyon* 1967 zu nennen. Anlässlich dieses Unfalls wurden noch vor der Verhandlung des SRÜ internationale Haftungsinstrumente entwickelt: das Internationale Übereinkommen über die zivilrechtliche Haftung für Ölverschmutzungsschäden v 1969 sowie das Übereinkommen über die Errichtung eines Internationalen Fonds zur Entschädigung für Ölverschmutzungsschäden v 1971. Elemente, die in diesen frühen Übereinkommen bereits enthalten waren, beeinflussten den Text des SRÜ, der in Art 235 Abs 3 SRÜ als mögliche Inhalte internationaler Instrumente die Pflichtversicherung und die Einrichtung von Entschädigungsfonds nennt.[178] Anfang der 1990er Jahre wurden „Neuauflagen" des genannten Ölhaftungsübereinkommens[179] und des Fonds-Übereinkommens[180] verabschiedet. Der Fonds, der mit dem Fonds-Übereinkommen v 1992 eingerichtet wurde, dient dazu, solche Schäden bei Opfern auszugleichen, die nach den Maßgaben des Übereinkommens über die zivilrechtliche Haftung für Ölverschmutzungsschäden v 1992 nicht voll entschädigt werden können. Der Fonds wird durch Abgaben getragen, die von solchen Personen eingezogen werden, die in einem Kalenderjahr mehr als 150.000 t Rohöl oder Schweröl nach einem Seetransport in einem Fondsmitgliedstaat empfangen haben.

111 Das internationale Regime zur Haftung für Ölverschmutzung der Meere durch den Transport per Schiff etabliert eine Gefährdungshaftung des Reeders, dh eine verschuldensunabhängige Haftung. Ergänzt wird diese Haftung durch eine Versicherungspflicht. Die Haftung ist nicht unbeschränkt, sondern diese lässt sich gekoppelt an die Tonnage des Schiffes begrenzen. Die Haftungshöchstgrenzen wurden infolge von Schiffsunfällen immer wieder angehoben,[181] zB mit Wirkung zum 1.11.2003 als Reaktion auf die Öltankerunfälle der *Nakhodka* vor der japanischen und der *Erika* vor der französischen Küste. In Ergänzung der geltenden Abkommen wurde außerdem im Jahre 2003 – in diesem Fall als Reaktion auf den Unfall des Tankers *Prestige* im No-

177 Vgl dazu auch *Matz-Lück*, „Deepwater Horizon" und internationale Betreiberhaftung für Ölverschmutzungsschäden durch Offshore-Aktivitäten, in Proelß (Hrsg), Verantwortlichkeit und Haftung für Umweltschäden, 2013, 61.

178 *Hafner*, Meeresumwelt, Meeresforschung und Technologietransfer, in Handbuch, Rn 148.

179 Protocol of 1992 to Amend the International Convention on Civil Liability for Oil Pollution Damage.

180 Protocol of 1992 to Amend the International Convention on the Establishment of an International Fund for Compensation for Oil Pollution Damage.

181 S die Beschreibung der Entwicklung bei *Smith*, The Deepwater Horizon Disaster: An Examination of the Spill's Impact on the Gap in International Regulation of Oil Pollution From Fixed Platforms, EILR 25 (2011) 1477 (1488 ff).

vember 2002 – ein Protokoll zum Internationalen Übereinkommen über die Errichtung eines Internationalen Fonds zur Entschädigung von Ölverschmutzungsschäden[182] verhandelt, das einen weiteren Fonds etabliert, den sog „Zusatzentschädigungsfonds“ (*Supplementary Fund*). Mit Hilfe dieses zusätzlichen Fonds werden die Höchstentschädigungssummen des bisherigen Ölhaftungsregimes nahezu vervierfacht.[183] Der Anwendungsbereich des Protokolls erfasst Schäden in den Küstengewässern einschließlich der AWZ der Vertragsstaaten (Art 3 des Protokolls).

112 Weitere Übereinkommen, die die Haftung für die Verschmutzung der Meeresumwelt mit anderen Substanzen als Öl regeln, ergänzen die Haftungsregelungen für Schiffseigner, ohne insgesamt ein umfassendes Haftungsregime zu etablieren. Die zivilrechtliche Haftung im Bereich des maritimen Transports von radioaktivem Material ist in einem Übereinkommen geregelt, das bereits 1971 von der IMO in Zusammenarbeit mit der IAEA und der Europäischen Atomenergieagentur der OECD ausgearbeitet wurde. In diesem Zusammenhang sind auch das Übereinkommen über Haftung und Entschädigung für Schäden bei der Beförderung schädlicher und gefährlicher Stoffe auf See in seiner konsolidierten Fassung aus dem Jahr 2010 und das Übereinkommen über die zivilrechtliche Haftung für Schäden durch Bunkerölverschmutzung v 2001 zu nennen. Das erstgenannte Übereinkommen bezieht sich in erster Linie auf Chemikalien und orientiert sich inhaltlich eng an dem Ölhaftungsübereinkommen: Auch hier besteht eine Gefährdungshaftung des Eigentümer, die jedoch nicht unbeschränkt ist und mit einer Versicherungspflicht einhergeht. Für ersatzfähige Schäden, die von dieser Haftung nicht abgedeckt werden, greift ein Fonds. Auch das Bunkerölübereinkommen sieht eine Pflichtversicherung vor, verzichtet aber auf die Einrichtung eines Fonds. Mit dem Vertrag, der auf der Grundlage des Ölhaftungsübereinkommens v 1992 entwickelt wurde, haben Staaten die Lücke im Haftungsregime für Unfälle mit Ölverschmutzungen durch Nicht-Tanker geschlossen.

c) Weitere internationale Haftungsansätze

113 Im Zusammenhang mit dem Transport gefährlicher Abfälle haben sich Staaten 1999 auf ein Haftungsprotokoll zum Basler Übereinkommen über die Kontrolle der grenzüberschreitenden Verbringung gefährlicher Abfälle und ihrer Entsorgung verständigt. Das Haftungsprotokoll zielt auf die umfassende Regelung der Haftung sowie eine angemessene und zügige Entschädigung, die auch Schäden durch illegales Dumping und Meeresverschmutzung einbezieht. Die erforderliche Anzahl an Ratifikationen ist bisher nicht erreicht worden, so dass das Protokoll nicht in Kraft ist.

Ein weiteres spezifisches regionales Übereinkommen zur Haftung besteht für die Antarktis in Form von Anlage VI zum Umweltschutzprotokoll. Anlage VI ist nicht auf Schiffsunfälle beschränkt, bezieht diese in Art 1 aber ausdrücklich ein. Die Anlage ist bisher ebenfalls nicht in Kraft getreten.

IV. Schutz und Bewirtschaftung lebender Ressourcen

1. Der Grundkonflikt nachhaltiger Bewirtschaftung

114 Schon die *Bering Fur Seal Arbitration* aus dem Jahre 1898 zeigt den Grundkonflikt hinsichtlich der politischen Diskussion und internationaler Regelungsansätze für den Schutz und die Bewirtschaftung lebender Ressourcen auf. Auf der einen Seite steht der Wunsch der Staaten nach möglichst weitreichenden Nutzungsrechten auf der Grundlage eigener Regelungs- und Durchsetzungskom-

---

182 IMO Doc LEG/CONF.14/20 (2003).
183 *Romero Lares*, Haftung für Ölverschmutzungsschäden bei Tankerunfällen, 2006, 163.

petenzen. Auf der anderen Seite besteht die Notwendigkeit der Regulierung angesichts zurückgehender Bestände aufgrund unkontrollierter und nicht-nachhaltiger Ausbeutung. Seither waren rechtliche Regelungsansätze ebenso einer Entwicklung unterworfen wie die Zwecksetzung, warum, in welchem Umfang und in welchem quantitativen und qualitativen Zustand lebende Ressourcen erhalten werden sollen. Die nachhaltige Bewirtschaftung lebender Meeresressourcen ist von unmittelbarer Bedeutung für die Weltbevölkerung, weil es sich dabei um eine wichtige Proteinquelle handelt. Auch sind die Fischerei und Fischverarbeitung für viele Staaten ein ökonomisch gewichtiger Industriezweig, der oft stark subventioniert wird. Internationalen und an Nachhaltigkeit orientierten Regelungen, die mit Beschränkungen nationaler Praxis einhergehen, stehen dann nationale Interessen entgegen, wenn diese auf kurzfristige Vorteile abzielen. Eine Politik der langfristigen Nachhaltigkeit ist in der Theorie überzeugend, hängt aber von möglichst universeller Beteiligung und effektiver Durchsetzung ab, weil ansonsten eine Erholung von Fischbeständen durch Beschränkungen in einigen Staaten durch *Free Rider* aus anderen Staaten unterlaufen wird.

2. Definition und Bedeutung lebender Ressourcen

115 Es erscheinen verschiedene Ansätze einer Definition möglich, welche Spezies unter den Begriff der lebenden Ressourcen oder – in der Terminologie einiger Übereinkommen – der „lebenden Meeresschätze" fallen sollen. Der Schutz der biologischen Vielfalt bspw differenziert nicht zwischen wirtschaftlich relevanten und anderen Arten, sondern misst der Vielfalt als solcher einen intrinsischen Wert bei.[184] Das SRÜ definiert weder den Begriff der lebenden Ressourcen noch den der Fischerei. Eine vergleichsweise weite Definition, der zB das Übereinkommen über die Erhaltung der lebenden Meeresschätze der Antarktis in seinem Art 1 Abs 2 folgt, bezieht in die Begriffsbestimmung Knochenfische, Haie und Rochen, Kopffüßer, Krustentiere und andere Wirbellose wie zB Korallen, aber auch Vögel, Schildkröten und Meeressäuger wie Wale und Robben ein.[185] Ein im Vergleich engerer Ansatz orientiert sich am Begriff der Ressource und bezieht folglich nur solche Kategorien meeresabhängiger Fauna ein, deren Nutzung einen wirtschaftlichen, monetär messbaren Wert hat. Danach wären insbes Seevögel und andere Arten, die von marinen Ökosystemen abhängen, aber vom Menschen nicht zu wirtschaftlichen Zwecken ausgebeutet werden, wie zB Eisbären oder Seeotter, nicht umfasst. Üblicherweise wird dieses am wirtschaftlichen Ressourcenbegriff orientierte Verständnis mit Blick auf das SRÜ und darauf Bezug nehmende Instrumente verwendet. Als lebende Ressourcen werden danach alle Arten von Fischen, Kopffüßern, Krustentieren und Meeressäugetieren bezeichnet.[186] Dieser Ansatz schließt weitergehende Definitionen in völkerrechtlichen Übereinkommen oder in Akten nationaler Gesetzgebung ebensowenig aus wie die Berücksichtigung der Auswirkung von Regulierung auf andere, nicht zu wirtschaftlichen Zwecken ausgebeutete Arten.

3. Fischerei

a) Nicht-nachhaltige Fischerei als globales Problem

116 Fischereirechte, dh Zugang und Fangmengen, sind bereits zu einem frühen Zeitpunkt Gegenstand zwischenstaatlicher Abkommen und zwischenstaatlicher Streitbeilegung[187] gewesen. Dabei ging es allerdings weniger um Maßnahmen zur Erhaltung und nachhaltigen Bewirtschaftung als vielmehr um die Abgrenzung und Erweiterung staatlicher Hoheitsrechte zur (möglichst ex-

184 Präambel CBD; dazu vgl *Markus*, 10. Abschn Rn 20, 24.
185 *Sands/Peel*, Principles, 396.
186 Vgl zur Definition von lebenden Ressourcen *Fuchs*, Marine Living Resources, in MPEPIL, Rn 3ff.
187 S etwa *Fisheries Case*.

klusiven) Ausbeutung. Das Genfer Übereinkommen über die Fischerei und Erhaltung der lebenden Schätze der Hohen See v 1958 ist ein Bsp für einen frühen Vertrag, der sich der Erhaltung der lebenden Meeresressourcen bereits dem Titel nach verpflichtet sieht, dabei allerdings die Erhaltung aus der Perspektive optimaler wirtschaftlicher Erträge für die menschliche Ernährung betrachtet (vgl Art 2 des Übereinkommens). Die tatsächliche Entwicklung der Fischbestände zeigt, dass trotz vereinzelter positiver Bsp die rechtliche Regulierung insgesamt mit Blick auf eine nachhaltige Bewirtschaftung defizitär ist.[188] Zieht man die Abhängigkeit großer Teile der Weltbevölkerung von lebenden Meeresressourcen in Betracht, sind deren Schutz und eine an Nachhaltigkeitskriterien orientierte Nutzung als Gegenstand eines gemeinsamen Anliegens und einer gemeinsamen Verantwortung der internationalen Gemeinschaft anzusehen.[189]

117 Der zunehmende Druck auf die lebenden Ressourcen der Meere durch menschliche Aktivitäten hat zu einem ernstzunehmenden Rückgang fischbarer Bestände und zur Überfischung bis hin zum Kollaps bestimmter wirtschaftlich bedeutsamer Bestände geführt. Inzwischen wird eine zunehmende Anzahl an Fischbeständen von der FAO als überfischt oder vollständig zusammengebrochen klassifiziert, dabei geht die Organisation davon aus, dass 32% der bewerteten Bestände in einem Maße ausgebeutet werden, das Nachhaltigkeitskriterien nicht genügt, wohingegen lediglich etwa 10% der Fischbestände noch nicht voll erschlossen sind.[190] Dies erhöht wiederum den Druck auf die Fischereiindustrie, durch verstärkten Einsatz von größeren Schiffen oder größeren Netzen die Erträge aufrecht zu erhalten. Neben Speisefischen werden durch „industrielle Fischerei" in zunehmend großem Umfang auch Arten gefischt, die für den menschlichen Verzehr ungeeignet sind, die aber bei der Herstellung von Düngemitteln oder für die Tierfutterproduktion eine Rolle spielen. Zu letzterem zählt auch die Versorgung von Raubfischen, die in Fischfarmen gezüchtet werden, zB Lachsen. Insgesamt wirkt sich dies nicht nur negativ auf die in den Ozeanen vorhandene Biomasse aus, sondern auch auf Nahrungsketten und damit auf ganze Ökosysteme.

118 Aus rechtlicher Perspektive sind es verschiedene Faktoren, die dazu führen, dass eine nichtnachhaltige Fischereipraxis eher die Regel als den Ausnahmefall darstellt. In den Küstenmeeren und AWZ hängt es maßgeblich von der nationalen Regelung des Küstenstaats ab, ob Fischerei auf ein nachhaltiges Maß begrenzt wird und entsprechende Vorschriften auch durchgesetzt werden. Teils stehen hier kurzfristige wirtschaftliche Interessen des Küstenstaats entgegen, teils fehlt es aber auch an entsprechenden Verwaltungsstrukturen zur Überwachung, so dass illegale, nicht dokumentierte und nicht geregelte Fischerei[191] erheblichen Druck auf Fischbestände ausübt. In Zonen außerhalb nationaler Hoheitsbefugnisse sind es in erster Linie regionale Fischereiorganisationen, die Kriterien nachhaltiger Fischerei bestimmen und durchsetzen sollen. Dieses Regime ist allerdings durch erhebliche regionale Unterschiede geprägt.[192]

b) Die Entwicklung internationaler Fischereiregelungen

119 Der Grad nationaler Hoheitsgewalt über lebende Ressourcen und damit das einschlägige Regime zum Erhalt und zur Bewirtschaftung hängen von der entsprechenden Meereszone ab. Die Frage der Fischereirechte ist daher untrennbar mit der Erweiterung küstenstaatlicher Rechte über angrenzende Meeresgebiete verbunden. Die erste Phase fischereirechtlicher Entwicklung bis in die

---

188 Als ein regionales positives Bsp ist die Erholung der Bestände des Ostseekabeljaus (Dorsch) zu sehen, vgl *Eero/Köster/Vinther*, Why is the Eastern Baltic Cod Recovering? Marine Policy 36 (2012) 235 ff.
189 *Tanaka*, Law of the Sea, 219 ff.
190 FAO SOFIA 2016, 44.
191 In der engl Terminologie handelt es sich um das sog *IUU fishing*, dh *illegal, unreported and unregulated fishing*.
192 Zur Rolle der RFMOs im Kontext von IUU-Fischerei s a *Papaioannou*, The EU-Africa Partnership in the Fight against IUU Fishing, AJICL 24 (2016) 158 (161 f).

1970er Jahre war von eher schmalen Zonen unter nationaler Souveränität geprägt, während die sich anschließende Phase seit den 1970er Jahren von der Ausweitung von Nutzungsrechten über lebende Ressourcen gekennzeichnet war.[193] Dementsprechend spielte die Einrichtung und Ausweitung von Meereszonen, in denen Staaten Hoheitsrechte bzgl der Ausbeutung von Fischbeständen ausüben, während der Dritten UN-Seerechtskonferenz eine zentrale Rolle.[194] Dies galt gerade auch für Entwicklungsländer, weil Fischereirechte als ein wichtiges Element wirtschaftlicher Entwicklung angesehen wurden. In diesem Sinne ist das Prinzip der dauerhaften Souveränität über natürliche Ressourcen, wie es u a von der UN Generalversammlung mehrfach als tragendes Entwicklungsprinzip hervorgehoben[195] und in Art 193 SRÜ verankert wurde, auch nach wie vor das Fundament für Hoheitsrechte über Fischbestände in Territorialgewässern. Allerdings sind entsprechende hoheitliche Befugnisse nicht mehr unabhängig von Verpflichtungen zum Umweltschutz. Auch Art 193 SRÜ fordert einen Ausgleich zwischen den Rechten zur Ausbeutung natürlicher Ressourcen und dem Meeresschutz.

(1) Der Ansatz des Seerechtsübereinkommens

120 In Meereszonen, über die Küstenstaaten volle Souveränität genießen, dh die Inneren Gewässer, das Küstenmeer und, soweit einschlägig, die Archipelgewässer, entscheiden nationale Regelungen über die Nutzung und den Erhalt der Fischbestände. Als Mindestanforderungen sind jedoch die allg Pflichten zum Schutz der Meeresumwelt in Teil XII und insbes der bereits erwähnte Art 193 SRÜ zu beachten. Im Übrigen besteht ein weiter Ermessensspielraum des Küstenstaats bzgl des Umgangs mit lebenden Meeresressourcen in seinem Hoheitsgebiet, so dass auch weitere umweltvölkerrechtliche Ansätze, zB solche des Übereinkommens über die Biologische Vielfalt, zur Anwendung gelangen können.[196]

121 In der AWZ genießen die Küstenstaaten exklusive Rechte an den lebenden Ressourcen, es handelt sich dabei aber um eine begrenzte, rein funktionale Jurisdiktion im Gegensatz zur vollumfänglichen Souveränität im Küstenmeer. Art 61 SRÜ verbindet diese Rechte der ausschließlichen Nutzung mit Vorgaben für die Bewirtschaftung und Beschränkungen der Ausbeutung und orientiert sich dabei an Kriterien der Nachhaltigkeit. Das Schlüsselkonzept des Erhalts lebender Ressourcen in den AWZ ist die Sicherung des „größtmöglich erreichbare(n) Dauerertrag(s)" (Art 61 Abs 3 SRÜ). Auf dieser Grundlage sollen Küstenstaaten Höchstfangmengen für spezifische Arten festlegen und gemäß Art 61 Abs 2 Satz 1 SRÜ Maßnahmen ergreifen, die die Überfischung verhindern. Nachhaltigkeit iSd Regelungen für die Bewirtschaftung der AWZ bedeutet, vereinfacht formuliert, dass lediglich so viel Fisch gefangen wird, wie der jeweilige Bestand selbständig reproduzieren kann. Eine Schwierigkeit bei der Anwendung der Bewirtschaftungskriterien, vor allem bzgl der Festlegung des größtmöglich erreichbaren Dauerertrags, ist die Notwendigkeit einer guten wissenschaftlichen Datenlage zur natürlichen Mortalität von Arten, der Abhängigkeit von anderen Beständen, zum Alter und der Größe gefangener Fische sowie eine am Vorsorgegrundsatz orientierte Interpretation der Daten.[197]

122 Der am größtmöglich erreichbaren Dauerertrag orientierte Nachhaltigkeitsansatz ist Gegenstand kontinuierlicher Kritik, weil er zu ausbeutungszentriert und zu wenig am Erhalt orientiert sei.[198] Dem Grundsatz nach ist das Konzept dann geeignet, zu einer ökologisch nachhaltigen Bewirtschaftung zu führen, wenn die Fangmengen unter Berücksichtigung des Vorsorgegrund-

---

193 *Churchill/Lowe*, Law of the Sea, 283.
194 Vgl GA Res 2750 C (XXV) (1970); GA Res 3067 (XXVIII) (1973).
195 Vgl u a GA Res 1803(XVII) (1962); GA Res 3281 (XXIX) (1974).
196 *Fuchs*, Marine Living Resources, in MPEPIL, Rn 16.
197 *Tanaka*, A Dual Approach to Ocean Governance, 2008, 53–56.
198 Alternativvorschläge bei *Hey*, The Persistence of a Concept, IJMCL 27 (2012) 763 ff.

satzes, auf Grundlage belastbarer biologischer Daten sowie unter Bezugnahme auf weitere (nicht nur unmittelbar abhängige) Arten bestimmt werden. Darüber hinaus sollte der größtmöglich erreichbare Dauerertrag als das maximale Limit zB von Fangquoten und nicht als das erstrebenswerte Ziel der Befischung verstanden werden.

123 Auf die sog „sesshaften Arten", zB Muscheln, Austern und einige Krustentiere, findet das Regime für die Bewirtschaftung des Festlandsockels Anwendung (Art 68, 77 Abs 4 SRÜ). Danach obliegt es den Küstenstaaten, nationale Regelungen zum Erhalt und zur Bewirtschaftung dieser lebenden Ressourcen zu erlassen.

124 Grundsätzlich unterfällt die Fischerei jenseits der ausgewiesenen AWZ oder Fischereizonen der Freiheit der Hohen See gemäß Art 87 Abs 1 lit e SRÜ. Mit der Gewährung ausschließlicher Nutzungsrechte an lebenden Ressourcen in der AWZ hat die Bedeutung der Fischerei auf Hoher See zunächst abgenommen.[199] Der Zusammenbruch vieler Bestände in den AWZ und eine Verschiebung von Beständen im Zusammenhang mit einer klimawandelbedingten Wassererwärmung könnte zukünftig aber wieder zu einer Zunahme der Fischerei auf Hoher See führen. Die Freiheit des Fischfangs auf Hoher See ist nicht unbeschränkt, sondern steht unter dem ausdrücklichen Vorbehalt der Art 116–120 SRÜ, die den Erhalt und Kriterien der Bewirtschaftung zum Gegenstand haben. Obwohl sich die Fischerei auf der Hohen See konzeptionell von der Bewirtschaftung lebender Ressourcen in der AWZ unterscheidet, verweist das SRÜ auch in diesem Fall auf den größtmöglich erreichbaren Dauerertrag (Art 61 Abs 3, 119 Abs 1 und 2 SRÜ). Da eine unilaterale Bestimmung maßgeblicher Bewirtschaftungskriterien für gemeinsam genutzte Fischbestände oder Gebiete nahezu unmöglich ist, verpflichtet Art 118 SRÜ alle Vertragsparteien zur Zusammenarbeit. Zu diesem Zweck sollen Staaten wenn möglich regionale Fischereiorganisationen gründen, um in diesem Rahmen das Konzept des größtmöglich erreichbaren Dauerertrages zu realisieren.

125 Lebende Ressourcen die sich zwischen zwei oder mehr AWZ verschiedener Staaten bewegen oder durch eine AWZ und die Hohe See wandern, stehen unter besonderem Druck. Entsprechende Fischbestände werden als „gebietsübergreifende" bzw „(weit) wandernde" Fischbestände bezeichnet. Jeder Staat bezieht bei der Festlegung der Bewirtschaftungskriterien in der AWZ regelmäßig nur die eigenen Aktivitäten ein, ohne zu berücksichtigen, in welchem Maße derselbe Fischbestand auch in der AWZ des Nachbarstaates oder auf der Hohen See befischt wird. Daraus folgt ein gesteigerter Kooperationsbedarf, weil ansonsten eine nachhaltige Bewirtschaftung der Bestände nicht erreicht werden kann. Die Zusammenarbeit erfordert nicht nur die Verständigung auf konkrete Fangmengen, sondern bereits im Vorfeld die Erhebung und den Austausch wissenschaftlicher Daten zu den Fischbeständen. Das SRÜ unterscheidet vier Kategorien: weit wandernde Arten wie Thunfisch, Schwertfisch oder Haie, die in Anlage I zur SRÜ aufgelistet sind (Art 64 SRÜ), Meeressäuger wie Wale, Delfine oder Robben (Art 65 SRÜ), anadrome Arten wie Lachs, die hauptsächlich im Meer leben, zum Laichen aber in Süßgewässer ziehen (Art 66 SRÜ), und katadrome Arten wie Aale, die im Süßwasser leben, zum Laichen aber in die Meere wandern (Art 67 SRÜ).

(2) Das Übereinkommen über Fischbestände von 1995

126 Das SRÜ kodifiziert mit Art 63 und 64 SRÜ nur einen rechtlichen Rahmen für den Erhalt gebietsübergreifender und weit wandernder Arten und verweist im Übrigen auf mehrseitige und regionale Zusammenarbeit. Eine 1993 durch die UNGA einberufene diplomatische Konferenz[200] resul-

---

199 Nachweis bei *Churchill/Lowe*, Law of the Sea, 162; laut *Tanaka*, The Changing Approaches to Conservation of Marine Living Resources in International Law, ZaöRV 71 (2011) 291ff auch *Davies/Redgwell*, The International Legal Regulation of Straddling Fish Stocks, BYBIL 67 (1996) 239; *Malanczuk*, Akehurst's Modern Introduction to International Law, 7. Aufl 1997, 183.
200 GA Res A/RES/47/192 (1992).

tierte im Übereinkommen über Fischbestände v 1995 (Fish Stocks Agreement), das im Dezember 2001 in Kraft trat. Ausweislich seines vollständigen Titels ist der Vertrag als Umsetzungsübereinkommen zum SRÜ angelegt. Trotz dieser Verbindung ist der Kreis der Vertragsstaaten aber nicht auf die Parteien zum SRÜ beschränkt. Mit 85 Vertragsstaaten (Stand März 2017) bleiben die Ratifikationen allerdings weit hinter der Akzeptanz des SRÜ zurück.

127 Der Text des Übereinkommens v 1995 lässt im Vergleich zum SRÜ einen Paradigmenwechsel erkennen: Art 2 des Übereinkommens über Fischbestände nennt das Ziel der langfristigen Erhaltung noch vor der nachhaltigen Nutzung der Bestände. Es nimmt außerdem in Art 5 und 6 mit dem Vorsorge- und dem Ökosystemansatz moderne umweltrechtliche Konzepte zum Erhalt lebender Meeresressourcen auf, die während der Verhandlung des SRÜ mehr als zehn Jahre zuvor noch nicht diskutiert wurden und deshalb keinen Eingang in dessen Vertragstext finden konnten.[201] In Ergänzung dazu sind es vor allem Neuerungen im Bereich der institutionellen Zusammenarbeit und Kompetenzen, die das Übereinkommen von bisherigen Fischereiinstrumenten unterscheiden, und die die Freiheit, die Hohe See zum Fischfang zu nutzen, erheblich weiter einschränken als dies nach dem SRÜ der Fall ist. Damit wurde erstmalig die Schaffung eines einheitlichen Rahmens für die Gründung von und die Aufgabenwahrnehmung durch Fischereiorganisationen versucht, auch um den erheblichen Unterschieden der damals bereits existierenden Organisationen zu begegnen. Insoweit schafft das Übereinkommen über Fischbestände in dem Versuch, die Rahmenbestimmungen des SRÜ auszufüllen, im Wesentlichen einen weiteren ausfüllungsbedürftigen Rechtsrahmen und verweist auf Regelungen innerhalb regionaler Fischereiorganisationen.[202] Im Grundsatz gilt dabei, dass gemäß Art 8 Abs 4 des Übereinkommens über Fischbestände nur Mitglieder einer regionalen Fischereiorganisation Zugang zu den bewirtschafteten Ressourcen haben, während Nicht-Mitglieder keine Fischereilizenzen für diese Bestände vergeben sollen (Art 8 Abs 1 iVm Art 18). Es kommt hinzu, dass alle Flaggenstaaten, auf deren Jurisdiktion die Fischerei auf Hoher See maßgeblich beruht, Maßnahmen einer regionalen Fischereiorganisation umsetzen und gegenüber Schiffen unter ihrer Flagge auch durchsetzen sollen, unabhängig davon, ob der jeweilige Flaggenstaat Mitglied der Organisation ist. Damit weitet das Übereinkommen v 1995 den Anwendungsbereich regionaler Maßnahmen *de facto* auf alle seine Vertragsstaaten aus.

(3) Regionale Fischereimanagementorganisationen

128 Eine Vielzahl internationaler Fischereiverträge ergänzen die Regeln des SRÜ und des Übereinkommens über Fischbestände. Für die Hohe See sind es vor allem die regionalen Fischereimanagementorganisationen und -mechanismen, die einen wertvollen Beitrag zum Erhalt und der nachhaltigen Nutzung von Fischbeständen in Bereichen außerhalb nationaler Jurisdiktion leisten können. Die Kompetenzen der Organisationen und der Grad des Ausgleichs zwischen Erhalt und Nutzung variieren allerdings erheblich.[203] Es kommt hinzu, dass einige Organisationen räumlich orientiert sind und somit verschiedene Bestände in einem bestimmten Gebiet erfassen,[204] während sich andere nur auf bestimmte Bestände, zB pazifischen Heilbutt[205] oder atlanti-

201 Dazu auch *Anderson*, The Straddling Stocks Agreement of 1995, ICLQ 45 (1996) 463 (469).
202 *Beyerlin/Marauhn*, International Environmental Law, 136.
203 Ebd, 138. Weiterführend *Freestone*, Fisheries, Commissions and Organizations, in MPEPIL; *Bangert*, Fisheries Agreements, in MPEPIL, Rn 19–24.
204 ZB die Convention on the Conservation and Management of Highly Migratory Fish Stocks in the Western and Central Pacific Ocean v 5.11.2000.
205 Die International Pacific Halibut Commission beruht auf den folgenden Verträgen: Convention between the United States and Canada on the Preservation of the Halibut Fishery of the Northern Pacific Ocean v 2.3.1923; Convention between the United States and Canada revising the Convention of 9.5.1930 on Preservation of Halibut Fisheries of the Northern Pacific Ocean and Bering Sea v 29.1.1937.

schen Thunfisch,[206] beziehen. Daraus können sich einerseits Überlappungen rechtlicher Regelungen andererseits aber auch Regelungslücken für bestimmte Bestände ergeben.

c) Internationale Regelungen der Fischereimethoden

129 Neben den Versuchen, die Ausbeutung lebender Meeresressourcen durch internationale Regeln auf ein nachhaltiges Maß zu begrenzen, ist auch der Meeresschutz durch die Beschränkung oder das Verbot bestimmter Fischereimethoden Gegenstand internationaler Bemühungen. Fischerei mit großräumigen Treibnetzen, die mehr als 2,5 km lang sein können, und die Grundschleppnetzfischerei greifen besonders gravierend in marine Ökosysteme ein, weil Erstere zu erheblichem Beifang u a von Meeressäugern und Letztere zur physischen Zerstörung von Flora und Fauna auf dem Meeresgrund führt.

130 Verschiedene Institutionen befürworten ein Verbot der Nutzung großräumiger Treibnetze in ihrem Regelungsbereich, zB mittels der *Tarawa Declaration on Driftnet Fishing*.[207] Ein ebenfalls für den Pazifik geltendes Übereinkommen, das sog Wellington Übereinkommen, geht soweit, dass der Zugang zu Häfen für solche Fischerboote beschränkt wird, die der Treibnetzfischerei nachgehen. Im Falle der Treibnetzfischerei hat sich außerdem die UNGA der Thematik angenommen und in mehreren Resolutionen ein Moratorium befürwortet.[208] Die Umsetzung eines Verbots der Fischerei mit großflächigen Treibnetzen in nationales Recht gilt als eines der seltenen Bsp, in denen eine nicht verbindliche Handlungsempfehlung der GA zu Völkergewohnheitsrecht erstarkt ist.[209]

131 Für die Grundschleppnetzfischerei gibt es bisher keine vergleichbaren globalen Ansätze, obwohl die Auswirkungen auf marine Ökosysteme gravierend sind.[210] Die UN GV sieht die regionalen Fischereimanagementorganisationen in der Regelungsverantwortung.[211] Verbote und Beschränkungen auf regionaler Ebene gelten im Bereich der EU,[212] für das Mittelmeer[213] sowie im Südpazifik.[214]

d) Besonderheiten der Durchsetzung

132 In den Meeresgebieten, in denen Küstenstaaten hoheitliche Regelungsbefugnisse innehaben, gelten auch korrespondierende Kontroll- und Durchsetzungsbefugnisse. Bezogen auf lebende Ressourcen gelten küstenstaatliche Durchsetzungsrechte für das Küstenmeer und die AWZ. In diesen Fällen kommen Maßnahmen wie das Festhalten des Schiffs und der Mannschaft, die Beschlagnahme des Fangs und weitere Strafmaßnahmen nach Maßgabe des nationalen Rechts in Betracht.

133 Jenseits dieser Zonen sind – wie auch bei der Verhütung der Verschmutzung der Meeresumwelt durch Schifffahrt – primär die Flaggenstaaten für Maßnahmen zum Erhalt und zur

---

206 International Convention for the Conservation of Atlantic Tunas v 14.5.1966.

207 Tarawa Declaration on Driftnet Fishing, South Pacific Forum v 10./11.7.1989, Law of the Sea Bulletin 14 (1989) 29.

208 Insbes GA Res A/RES/44/225 (1989) und GA Res A/RES/46/215 (1991).

209 *Hewison*, The Legally Binding Nature of the Moratorium on Large-Scale High Seas Drifnet Fishing, JMLC 25 (1994) 557 ff.

210 Vgl den Bericht des UN-Generalsekretärs: Impacts of Fishing on Vulnerable Marine Ecosystems, UN Doc A/61/154 (2006) 50–56.

211 UN Doc Res A/RES/61/105 (2006) 80–91.

212 VO des Rates (EG) zur Erhaltung der Fischereiressourcen durch technische Maßnahmen zum Schutz von jungen Meerestieren No 850/98 v 30.3.1998, ABl EG 1998, Nr L 125/1.

213 Agreement for the Establishment of the General Fisheries Commission for the Mediterranean v 24.9.1949, s GFCM Res 2005/1 (2005) and 2006/3, abrufbar unter <www.gfcm.org/gfcm/topic/16100/en>.

214 Übereinkommen über die Erhaltung und Bewirtschaftung der Fischereiressourcen der Hohen See im Südpazifik.

nachhaltigen Bewirtschaftung lebender Ressourcen verantwortlich. Das SRÜ sieht für die Durchsetzung von Regeln zum Erhalt lebender Ressourcen auf Hoher See keine Abweichungen von dem Prinzip der ausschließlichen Flaggenstaatjurisdiktion vor, so dass Kontrollen auf Hoher See durch Drittstaaten ohne Einwilligung des Flaggenstaats nicht möglich sind, Art 92 Abs 1 SRÜ. Das Übereinkommen über Fischbestände schränkt die ausschließliche Flaggenstaatkontrolle auf Hoher See hingegen ein, indem Mitglieder der zuständigen regionalen Fischereimanagementorganisation die Schiffe anderer Vertragsstaaten auf See kontrollieren dürfen, auch wenn diese nicht Mitglied der spezifischen Organisation selbst sind (Art 21 und 22 Übereinkommen über Fischbestände). Teil 5 des Übereinkommens normiert spezifische Pflichten für die Flaggenstaaten in der Ausübung ihrer Hoheitsbefugnisse. Ähnliche Bestimmungen trifft Art III des sog *Compliance Agreement* der FAO.[215]

134 Neben einer stärkeren Inpflichtnahme der Flaggenstaaten wird gegenwärtig versucht, ineffektive Überwachung und fehlende Durchsetzung von Standards durch die ergänzende Wahrnehmung von Kontrollrechten durch Hafenstaaten zu überwinden.[216] Wenn ein Schiff unter fremder Flagge freiwillig einen Hafen anläuft, sind Maßnahmen durch den Hafenstaat nach dem SRÜ nicht ausgeschlossen, solange sie im Übrigen im Einklang mit dem Völkerrecht stehen. Spezielle Bestimmungen für hafenstaatliche Inspektionen zur Ahndung von Verstößen gegen Fischereiregeln auf Hoher See kennt das SRÜ hingegen nicht. Das Übereinkommen über Fischbestände geht auch hier weiter als das SRÜ, indem es in Art 23 Abs 1 zu Durchsetzungsmechanismen verpflichtet, wie zB die Inspektion von Fischereigeräten, Dokumenten und Fängen. Von besonderer Bedeutung ist Art 23 Abs 3 des Übereinkommens, der ausdrücklich vorsieht, dass das Anlanden von Fängen von den nationalen Behörden untersagt werden kann, wenn der Fang nicht im Einklang mit Regeln zur Fischerei auf Hoher See gefischt worden ist.

135 Auch das Übereinkommen der FAO aus dem Jahre 2009 zu Hafenstaatmaßnahmen[217] hat die effektive Zusammenarbeit von Staaten zum Gegenstand, um zu verhindern, dass Fisch aus illegalen Fängen in Häfen angelandet wird und so auf die nationalen Märkte gelangt oder international gehandelt werden kann. Das Übereinkommen setzt dabei einen Rahmen von Mindestanforderungen an Hafenstaatmaßnahmen zur Verhinderung illegaler Hochseefischerei, lässt es den Staaten aber frei, strengere nationale oder regionale Standards zu setzen. Wie das FAO *Compliance Agreement* ist das Hafenstaaten-Übereinkommen als rechtlich verbindlicher Vertrag ausgestaltet. Mit den zeitgleichen Beitritten von Thailand, Tonga und Vanuatu wurde am 6.5.2016 das nach Art 29 des Hafenstaaten-Übereinkommens notwendige Quorum an Ratifikationen und Beitritten erreicht, so dass das Abkommen 30 Tage später in Kraft treten konnte.

136 Die Effektivität von Hafenstaatenmaßnahmen hängt nicht zuletzt davon ab, dass möglichst viele Hafenstaaten kooperieren und vergleichbare Regelungen erlassen und durchsetzen. Auch dann wird sich aber das Entstehen von „Billighäfen“, in denen niedrigere Standards gelten, nicht vermeiden lassen. Die vergleichsweise niedrige Anzahl von Staaten, die das Übereinkommen über Fischbestände ratifiziert haben, ist ein weiteres Hindernis im Zusammenhang mit möglichst weitreichender Hafenstaatkontrolle und -durchsetzung.

---

215 Diese Ergänzung ist von Bedeutung, da das Übereinkommen über Fischbestände nur für bestimmte Arten gilt. S auch Übereinkommen zur Förderung der Einhaltung internationaler Erhaltungs- und Bewirtschaftungsmaßnahmen durch Fischereifahrzeuge auf hoher See v 24.11.1993.

216 Hierzu *Molenaar*, Port State Jurisdiction to Combat IUU Fishing: The Port State Measures Agreement, in Russell/VanderZwaag (Hrsg), Recasting Transboundary Fisheries Management Arrangements in Light of Sustainability Principles: Canadian and International Perspectives, 2010, 369–86; *Molenaar*, Port State Jurisdiction: Towards Comprehensive, Mandatory and Global Coverage, ODIL 38 (2007) 225 ff.

217 Übereinkommen über Hafenstaatmaßnahmen zur Verhinderung, Bekämpfung und Unterbindung der illegalen, ungemeldeten und unregulierten Fischerei v 22.11.2009 (noch nicht in Kraft).

4. Meeressäuger

137 Zu den Meeressäugetieren zählen zB Wale, Delfine und Schweinswale, die Ordnung der Flossenfüßer (wie Robben oder Walrosse), Seekühe, aber auch Seeotter und Eisbären. Praktisch alle Meeressäugetiere sind den gefährdeten Arten zuzurechnen.[218] Die internationalen Regelungen zum Umgang mit Meeressäugetieren unterscheiden sich in Ansatz und Regelungsgehalt von Fischereiabkommen. Obwohl zu Beginn der rechtlichen Regulierung des Walfangs der Erhalt der Bestände zum Zweck der andauernden Bewirtschaftung durch den kommerziellen Walfang stand, haben sich die einschlägigen Instrumente inzwischen zu stärker schutz- als ausbeutungszentrierten Verträgen entwickelt. Sie nähern sich damit in der Praxis ökozentrischen Instrumenten zum Schutz der biologischen Vielfalt an.

a) Bestimmungen des SRÜ

138 Das SRÜ nimmt auf Meeressäuger in Art 65 Bezug, der für die AWZ, iVm Art 120 aber auch für die Hohe See gilt. Spezifische Standards für die Bewirtschaftung, die von dem Grundsatz des größtmöglich erreichbaren Dauerertrags abweichen, sieht Art 65 SRÜ nicht vor. Allerdings erlaubt die Vorschrift ausdrücklich das Setzen strengerer Maßstäbe durch Staaten oder I. O. In diesem Zusammenhang befürwortet das SRÜ die internationale Zusammenarbeit beim Erhalt der Meeressäuger und verweist für Wale auf die einschlägigen I. O.

b) Internationales Übereinkommen zur Regelung des Walfangs

139 Der kommerzielle, zunehmend industrialisierte Walfang nahm zu Beginn des 20. Jh weltweit ein Ausmaß an, bei dem gerade Bestände großer Wale dramatisch reduziert wurden. Den frühen Walfangübereinkommen aus den Jahren 1931 und 1937 gelang es trotz der wirtschaftlichen Einbrüche der Walfangindustrie nicht, eine rechtliche Begrenzung der Fangmengen zu bestimmen. Erst im Jahre 1946 gelang es den Staaten, sich mit dem Internationalen Übereinkommen zur Regelung des Walfangs (IÜRW) auf Einschränkungen zu verständigen, um eine Erholung der Bestände zu ermöglichen. Damit sollte vor allem den Interessen der Walfangindustrie Rechnung getragen werden, die angesichts schwindender Bestände um ihre Rentabilität und Existenz bangte.

140 Das Übereinkommen selbst enthält Rahmenbestimmungen über Einsetzung und Kompetenzen einer Kommission aus Repräsentanten der Vertragsstaaten, die Wahlfangquoten festlegt (Art III-VI IÜRW), sowie Ausnahmebestimmungen zu den Quoten (Art VIII IÜRW). Konkrete Bestimmungen zum Schutz und Erhalt von Walen, aber auch zur Dauer der Fangsaison und der Fangmenge finden sich im Anhang, dem sog *Schedule* (s auch Art I [1] IÜRW), der einen integralen und rechtlich verbindlichen Bestandteil des Internationalen Walfangübereinkommens darstellt. Die Fangquoten für Wale sollen sich auf der Grundlage wissenschaftlicher Erkenntnisse an einem Ausgleich zwischen Nutzungs- und Erhaltungsinteressen orientieren. Eine Besonderheit gegenüber der in vielen Fällen konsensbasierten Entscheidungsfindung internationaler Institutionen ist, dass das *Schedule* von der Internationalen Walfangkommission mit einer Dreiviertelmehrheit geändert werden kann.

141 In der Kommission haben Staaten ohne eigenes Interesse am Walfang (bzw mit ablehnender Haltung zum Walfang insgesamt) die große Mehrheit. Somit konnten die Fangquoten für die von dem Übereinkommen erfassten Arten auf „null" gesetzt, also ein Moratorium des kommerziellen

---

218 *Proelß*, Marine Mammals, in MPEPIL, Rn 1. S insbes Art II (1) Washingtoner Artenschutz-übereinkommen iVm Anhang I.

Walfangs für die Vertragsstaaten auf faktisch unbestimmte Zeit verhängt werden.[219] Angesichts des ursprünglichen Ziels des Übereinkommens, die kommerzielle Nutzung durch (vorübergehende) Beschränkungen der Fangmengen zu gewährleisten, kreist die aktuelle Debatte darum, ob die Vertragsstaaten den Charakter des Übereinkommens von einem wirtschaftlichen Nutzungsinstrument zu einem reinen Schutzvertrag verändern durften, und ob und in welchem Umfang diese Entwicklung revidiert werden könne oder müsse.[220]

142 Die Einrichtung von Schutzgebieten für Wale auf Grundlage von Art V Abs 1 lit c IÜRW und Abs 7 lit b und c des *Schedule*, von denen es bislang eines im Indischen Ozean und eines im Südpolarmeer gibt, beziehen sich auf den Schutz vor kommerziellem Walfang. Gegenwärtig ist die Bedeutung wegen des Moratoriums nur gering. Erst mit der Wiedereinführung kommerzieller Fangquoten würden die Schutzgebiete einen von anderen Gebieten abweichenden Standard gewähren. Vorschläge der Einrichtung weiterer Schutzgebiete im Südpazifik und Südatlantik haben nicht die notwendige Mehrheit gefunden.[221]

143 Eine Ausnahme vom Moratorium gilt für den traditionellen Walfang indigener Gemeinschaften. Dabei werden für bestimmte Arten von Walen spezielle Quoten an entsprechende Gemeinschaften vergeben, damit diese ihren kulturellen Gebräuchen nachgehen können. Die Quoten sind ausgesprochen niedrig angesetzt und stehen unter dem Vorbehalt der Bestimmung für den lokalen Verzehr und sonstige Verwendung innerhalb der Gemeinschaft, so dass die Fänge keine internationale kommerzielle Bedeutung haben.

144 Eine weitere Ausnahme vom Verbot des Walfangs nach dem Übereinkommen besteht für den sog *wissenschaftlichen Walfang* gemäß Art VIII IÜRW. Der Unterschied wissenschaftlicher Fänge im Vergleich zur Ausnahmeregelung für indigene Gemeinschaften besteht darin, dass nicht die Kommission über den Umfang wissenschaftlicher Programme und die Anzahl der zu diesen Zwecken gefangenen Wale entscheidet, sondern die Staaten nach ihren jeweiligen nationalen Regelungen. Damit sind die Fänge zu wissenschaftlichen Zwecken internationaler Kontrolle weitgehend entzogen. Ein weiterer Unterschied zum indigenen Walfang besteht darin, dass Wale, die zu wissenschaftlichen Zwecken getötet werden, nach Art VIII Abs 2 IÜRW verarbeitet werden sollen und so im Ergebnis kommerziell gehandelt werden. Bsp für teils umfangreiche wissenschaftliche Walfangprogramme sind das isländische und das japanische. Nach Auffassung der Staaten, die selbst keinerlei Walfang betreiben, birgt dieser Ausnahmetatbestand das größte Potential für eine Umgehung des Moratoriums. Das Urteil des IGH in *Whaling in the Antarctic* scheint diese Sichtweise jedenfalls mit Blick auf das im Fall umstrittene japanische wissenschaftliche Walfangprogramme zu bestätigen. Im Ergebnis kam der Gerichtshof zu dem Schluss, dass das Programm nicht wie vorgesehen wissenschaftlichen Zwecken diene und Japan dadurch seine Verpflichtungen zur Einhaltung des Walfangmoratoriums verletze. Der Gerichtshof stellt dabei nicht jeglichen wissenschaftlichen Walfang in Frage, sondern hält nur die Ausgestaltung und Umsetzung im konkreten Fall für einen Verstoß gegen das Übereinkommen. Dementsprechend hat Japan inzwischen ein weiteres wissenschaftliches Walfangprogramm aufgelegt und die Möglichkeit der neuerlichen Überprüfung durch den IGH ohne Zustimmung Japans ausgeschlossen. Mit Erklärung v 6.10.2015 erkannte Japan zwar weiterhin die obligatorische Zuständigkeit des IGH iSv Art 36 Abs 2 IGH-Statut an, nahm davon aber u a Streitigkeiten über die wissenschaftliche Forschung an sowie die Nutzung und den Erhalt von lebenden Res-

219 Schedule, as amended by the Commission at the 64th Annual Meeting, Panama City, Panama, July 2012. S hierzu ausf *Braig*, Whaling, in MPEPIL, Rn 30–36. Als Reaktion auf das Moratorium schlossen Grönland, die Faröer Inseln, Island und Norwegen 1992 das Agreement on Cooperation in Research, Conservation and Management of Marine Mammals in the North Atlantic (NAMMCO).

220 Vgl auch *Proelß*, Marine Mammals, in MPEPIL, Rn 16 f.

221 Das sog Pelagos Sanctuary im Mittelmeer ist auf vertraglicher Grundlage zwischen Italien, Frankreich und Monaco eingerichtet worden und hat dadurch eine andere rechtliche Grundlage als die Schutzgebiete im Rahmen des Internationalen Walfangübereinkommens.

sourcen aus. Damit hängt die Beileigung künftiger Streitigkeiten über den wissenschaftlichen Walfang oder andere Fischereiangelegenheiten vor dem IGH von der Zustimmung Japans ab.

c) Weitere vertragliche Regelungen zum Schutz von Meeressäugern

145 Auf regionaler Ebene gibt es eine Vielzahl von Abkommen zum Schutz bestimmter Meeressäuger.[222] Nachdem die *Bering Fur Seal Arbitration* nur die Streitparteien verpflichten konnte, schlossen Großbritannien, Japan, Russland und die USA 1911 das Übereinkommen zum Erhalt und Schutz der Pelzrobben und Seeotter im Nordpazifik, das ein zeitlich befristetes Moratorium der Fänge zum Zweck der Erholung der Bestände vorsah und mittels eines Nachfolgeabkommens bis 1984 verlängert werden konnte.[223] Für den Bereich der Antarktis sieht das Übereinkommen zur Erhaltung der antarktischen Robben weitgehende Beschränkungen der Jagd der in Art 1 des Übereinkommens aufgelisteter Arten vor. Da eine Vielzahl von Meeressäugern zu den wandernden Arten gehört, sind unter dem Dach des Bonner Übereinkommens zur Erhaltung wandernder wildlebender Tierarten mehrere regionale Abkommen und Memoranda of Understanding zum Schutz bestimmter Meeressäugetiere, zB das Abkommen zur Erhaltung der Kleinwale in der Nord- und Ostsee, ausgehandelt worden.[224] Ein rein schutzzentriertes Abkommen, das für das Mittelmeer gilt, ist das *Agreement concerning the Creation of a Marine Mammal Sanctuary in the Mediterranean*. Darin wird durch Italien, Frankreich und Monaco ein großes Schutzgebiet für Meeressäuger eingerichtet.[225]

146 Neben Verträgen, die den Fang oder die Tötung von Meeressäugern beschränken oder verbieten, gibt es weitere Übereinkommen, die mittels Handelsbeschränkungen zum Erhalt solcher Arten beitragen wollen, die als besonders schützenswert identifiziert werden. Das *Washingtoner Artenschutzabkommen* (CITES) ist ein Bsp für ein globales Übereinkommen, das Handelsverbote oder -beschränkungen als Mittel des Schutzes bestimmter Arten zum Gegenstand hat.[226] Verschiedene Meeressäuger sind in Anlage 1 des Vertrags gelistet und unterliegen damit einem Importverbot. Dazu zählen u a Seeotter, Pelzrobben, Seelöwen, Seekühe, Walrosse sowie die meisten großen Walarten und Delfine. Alle sonstigen Wale, wenn sie nicht in Anlage 1 verzeichnet sind, sind in Anlage 2 gelistet und unterliegen somit strengen Handelsbeschränkungen.

147 Auch die EU befasst sich im Rahmen des sekundären Rechts mit Meeressäugern. So hat die Union ein weitgehendes Importverbot für Robben und Robbenprodukte erlassen, das in erster Linie mit dem Widerstand der Bevölkerung gegen umstrittenen Fang- und Tötungsmethoden begründet wird.[227] Der Streitbeilegungsmechanismus der Welthandelsorganisation überprüfte die europäischen Importverbote am Maßstab der Ausnahmen vom Verbot der Handelsbeschränkungen und kam zu dem Schluss, dass die Beschränkungen der EU in ihrer gegenwärtigen Form nicht von Art XX GATT gedeckt und damit freihandelswidrig sind.[228] Die EU hat die umstrittenen Verordnungen im Herbst des Jahres 2015 überarbeitet und insbes Ausnahmen für Produkte indigener Gemeinschaften eingefügt, um so auf den Vorwurf der Freihandelswidrigkeit zu reagieren.

---

222 Für einen Überblick der Übereinkommen über Zetazeen/Wale s *Braig* (Fn 219); für regionale Übereinkommen s *Proelß*, Marine Mammals, in MPEPIL, Rn 19 ff.

223 Convention respecting Measures for the Preservation and Protection of Fur Seals in the North Pacific Ocean; s dazu auch *Proelß*, Marine Mammals, in MPEPIL, Rn 9 f.

224 Dazu auch *Matz-Lück/Fuchs*, Marine Living Resources, in Handbook, 508 f.

225 Vgl dazu *Notarbartolo-Sciari/Agardi/Hyrenbach/Scovazzi/Van Klaveren*, The Pelagos Sanctuary for Mediterranean Marine Mammals, Aquat Conserv 18 (2008) 367 ff.

226 Eingehend dazu *Markus*, 10. Abschn Rn 65 ff.

227 VO (EG) Nr 1007/2009 v 16.9.2009, ABl EU 2009, Nr L 286/36; VO (EG) Nr 737/2010 v 10.8.2010, ABl EU 2010, Nr L 216/1.

228 *EC – Seal Products*.

5. Meeresschutzgebiete

148 Die Ausweisung bestimmter Gebiete, in denen strengere Anforderungen an den Meeresschutz gelten, ist ein praktiziertes Instrument internationaler Regulierung der Meeresverschmutzung, insbes durch die IMO. Mit den *Special Areas* unter MARPOL und den *Particularly Sensitive Sea Areas* gibt es unter dem Dach der IMO zwei verschiedene Kategorien als besonders schützenswert anerkannter Gebiete.[229] Darüber hinaus ist die Ausweisung von marinen Schutzgebieten mit dem Ziel der Bewahrung der biologischen Vielfalt ein Anliegen des nationalen, aber zunehmend auch des internationalen Umweltschutzes geworden. Die systematische Einrichtung mariner Schutzgebiete und ihre Vernetzung steht seit etwas mehr als 10 Jahren auf der Agenda internationaler Organisationen, diplomatischer Konferenzen und Vertragsstaatenkonferenzen sowie von NGOs.[230] Eine völkerrechtliche Definition von Meeresschutzgebieten gibt es ebenso wenig wie einen Kriterienkatalog zu den Schutzgütern, den Auswahlparametern oder der Schutzintensität.[231] Es sind verschiedenste Erscheinungsformen denkbar: strikt geschützte Gebiete mit umfassenden Nutzungs- und Entnahmeverboten, aber auch Schutzgebiete, die sich nur auf den Schutz bestimmter Arten, zB von Meeressäugern,[232] oder auf das Verbot bestimmter besonders zerstörerischer Fischereipraktiken wie die Verwendung von Grundschleppnetzen beziehen.[233]

149 Definitionsansätze wurden von der *Ad Hoc* Gruppe des Übereinkommens über die Biologische Vielfalt[234] und von der FAO[235] erarbeitet. Danach ist ein Meeresschutzgebiet – verkürzt wiedergegeben – jede geographisch abgegrenzte Meeresfläche, deren darin enthaltene biologische Vielfalt im Vergleich zu den umliegenden Gewässern einem höheren Schutzniveau unterliegt. Dieser lediglich relative Bezug soll dabei der Vielgestaltigkeit mariner Schutzgebiete Rechnung tragen. Eine weitere Charakterisierung mariner Schutzgebiete für den Nordostatlantik ist Art 1.1 der Empfehlung 2003-3 der OSPAR-Kommission zu entnehmen. Danach sind Schutzgebiete solche, in denen hinsichtlich Arten, Habitaten, Ökosystemen oder Ökosystemprozessen in der Meeresumwelt Maßnahmen zum Schutz, zum Erhalt, zur Wiederherstellung oder zum Vorbeugen von Schäden getroffen werden.[236] Dieses umfassende und integrierte Verständnis ist von Bedeutung, weil unter dem Dach von OSPAR ein Netzwerk von marinen Schutzgebieten außerhalb staatlicher Jurisdiktion eingerichtet worden ist und damit – trotz aller inhaltlichen Beschränkungen – eine Besonderheit darstellt.[237]

---

229 Vgl zu den Unterschieden *Kachel*, Particularly Sensitive Sea Areas, 2008, 250 ff.

230 Vgl u a Plan of Implementation of the World Summit on Sustainable Development, UN Doc A/CONF.199/20, para 32 lit c; GA Res 57/141 (2002); vgl auch die Entscheidungen der Vertragsstaatenkonferenzen des Übereinkommens über die Biologische Vielfalt, zB Entscheidung VII/5, Marine and Coastal Biological Diversity v 13.4.2004, paras 29–31, abrufbar unter <www.cbd.int/decision/cop/?id=7742>; Entscheidung X/29, Marine and Coastal Biodiversity v 29.10.2010, para 8, abrufbar unter <www.cbd.int/decision/cop/?id=12295>; FAO Technical Guidelines for Responsible Fisheries No 4, Suppl 4, Marine Protected Areas and Fisheries, 2011, abrufbar unter <www.fao.org/docrep/015/i2090e/i2090e.pdf>; IUCN Guidelines for Applying Protected Area Management Categories, 2008, abrufbar unter <http://data.iucn.org/dbtw-wpd/edocs/PAPS-016.pdf>.

231 So auch *Wolf*, Marine Protected Areas, in MPEPIL, Rn 2; *Molenaar/Oude Elferink*, Marine Protected Areas in Areas beyond National Jurisdiction, ULR 5 (2009) 5 (6).

232 Bspw die *Whale Sanctuaries*, die unter dem Dach der Internationalen Walfangkonvention eingerichtet worden sind; vgl Rn 142.

233 *Drankier*, MPAs in ABNJ, 311.

234 Die Definition ist enthalten im Report of the Ad Hoc Technical Expert Group on Marine and Coastal Protected Areas, para 30; abrufbar unter <www.cbd.int/doc/meetings/sbstta/sbstta-08/information/sbstta-08-inf-07-en.pdf>.

235 FAO Technical Guidelines for Responsible Fisheries No 4, Suppl 4, Fisheries Management and Marine Protected Areas, 9, abrufbar unter <www.fao.org/docrep/015/i2090e/i2090e.pdf>.

236 OSPAR Recommendation 2003-3 v 27.6.2003, Summary Record OSPAR 2003 03/17/1-E, Annex 9, abrufbar unter <www.ospar.org/documents/dbase/decrecs/recommendations/or03-03e.doc>.

237 Vgl *Matz-Lück/Fuchs*, Schutzgebiete, 532 ff.

150 Legt man einen weiten Definitionsansatz zu Grunde existiert weltweit bereits eine hohe Zahl an marinen Schutzgebieten.[238] Neben solchen, die allein auf nationalem Recht basieren, gibt es eine Vielzahl regionaler Programme, die sich mit der Ausweisung und Vernetzung entsprechender Naturschutzgebiete, die auch marine Gebiete einschließen können, befassen. Diesen Programmen ist gemein, dass sie sich auf solche unter nationaler Jurisdiktion beschränken, bspw das Netz „Natura 2000“ nach Maßgabe von Art 3 der FFH-RL der EU.[239] Insgesamt ergibt sich eine deutliche Diskrepanz zwischen marinen Schutzgebieten in Meereszonen unter vollständiger oder funktional beschränkter Jurisdiktion und solchen, die in Bereichen außerhalb staatlicher Hoheitsbefugnisse ausgewiesen werden. Während Staaten in ihren Inneren Gewässern, den Küstenmeeren und selbst in der AWZ weitgehend frei sind, Schutzgebiete auszuweisen, wird die Errichtung von Schutzgebieten dann problematisch, wenn es sich um Bereiche außerhalb nationaler Jurisdiktion handelt, dh insbes die Hohe See und den Tiefseeboden.[240] Die nationalen Regelungs- und Durchsetzungsbefugnisse können hier nur an den Schiffen unter eigener Flagge und ggf den Vertragsstaaten eines regionalen Abkommens anknüpfen, ohne Hoheitsrechte über die Schiffe von Drittstaaten ausüben zu können. Die Einrichtung eines umfassenden Schutzgebiets durch das Vereinigte Königreich im Bereich des Chagos-Archipels führte zu einem Schiedsverfahren zwischen Mauritius und dem Vereinigten Königreich gemäß Anlage VII SRÜ.[241]

151 Für den Nord-Ost-Atlantik ergreift das OSPAR-Regime die bisher einzige Initiative, ein großflächiges Netzwerk von Meeresschutzgebieten einzurichten, das außerhalb räumlicher nationaler Hoheitsbefugnisse liegt. Nutzungsbeschränkungen zB hinsichtlich der Fischerei sind mit der Einrichtung derzeit nicht verbunden. Potential für einen verbesserten Schutz der lebenden Ressourcen in diesen Bereichen liegt allein darin, dass mit den zuständigen regionalen Fischereimanagementorganisationen kooperiert werden soll.[242] Auf ein sehr weitreichendes Fischereiverbot in einem 1,55 Mio km^2 großen Meeresgebiet haben sich die Vertragsstaaten zum Übereinkommen über die Erhaltung der lebenden Meeresschätze der Antarktis im Jahre 2016 geeinigt.[243] Das derzeit größte Meeresschutzgebiet der Welt wird mit Wirkung ab Dezember 2017 im Rossmeer eingerichtet. In über 70% der Fläche des Gebiets gilt ein absolutes Fischereiverbot, während in den anderen Bereichen eingeschränkte Fischereiaktivitäten zum Zweck der wissenschaftlichen Meeresforschung zugelassen werden. Zwar gelten auch diese Beschränkungen nur für die Vertragsparteien, deren Anzahl mit 35 Staaten und der EU weit hinter zB der des SRÜ zurückbleibt, jedoch sind die Staaten, die in der Region kommerziell fischen, als Vertragsstaaten vertreten. Die Ausweisung weiterer Schutzgebiete unter dem Übereinkommen ist Gegenstand von Verhandlungen.

---

238 Die World Database on Protected Areas geht von 4.600 marinen Schutzgebieten aus, *Corrigan/Kershaw*, Working toward High Seas Marine Protected Areas, 2008, 4, abrufbar unter <www.cbd.int/doc/meetings/mar/ewbcsima-01/other/ewbcsima-01-unep-wcmc-en.pdf>. Diese Zahl folgt allerdings aus der Zugrundelegung eines sehr weiten Begriffs mariner Schutzgebiete, s ebd, 11.

239 S insbes die Beschränkung auf das Hoheitsgebiet der Mitgliedstaaten in Art 3 Abs 2 der FFH-RL (Fn 24). Allg zum Regime der FFH-RL und der Errichtung des Natura 2000 Netzes s *Füßer*, Die Errichtung des Netzes NATURA 2000 und die FFH-Verträglichkeitsprüfung, ZUR 2005, 458 ff; *Niederstadt*, Die Ausweisung von Natura-2000-Gebieten unter Verzicht auf klassische Schutzgebietsverordnungen, NVwZ 2008, 126 ff.

240 Laut *Corrigan/Kershaw* (Fn 238) beträgt der Anteil von Schutzgebieten in Gebieten außerhalb nationaler Hoheitsgewalt lediglich 0,51 %.

241 *Chagos Marine Protected Area*. Zu den besonderen Hintergründen des Falls s *Talmon*, The Chagos Marine Protected Area Arbitration: Expansion of the Jurisdiction of UNCLOS Part XV Courts and Tribunals, ICLQ 65 (2016) 927 ff; *Nguyen*, The Chagos Marine Protected Area Arbitration: Has the Scope of LOSC Compulsary Jurisdiction Been Clarified?, IJMCL 31 (2016) 120 ff.

242 *Matz-Lück/Fuchs*, OSPAR, 155 ff.

243 Dazu *Vöneky/Beck*, 14. Abschn Rn 29.

V. Klimawandel und Meeresschutz

1. Auswirkungen der globalen Erderwärmung auf die Meere

152 Meere sind von einem Anstieg der globalen Durchschnittstemperatur in mehrfacher Hinsicht betroffen. Eine dauerhafte Erwärmung der Atmosphäre führt zu einer jedenfalls regionalen Erwärmung des Wassers mit potentiell nachteiligen Folgen für solche Arten von Flora und Fauna, die auf eine bestimmte stabile Temperatur angewiesen ist. So wird bspw die sog „Korallenbleiche" mit steigenden Wassertemperaturen assoziiert. Ob Fischbestände im Falle einer dauerhaften Erwärmung ihrer Habitate in Regionen abwandern, in denen die vorherigen Temperaturverhältnisse weiterhin vorherrschen, zB in Bereiche des Arktischen Ozeans, die heute noch eisbedeckt sind, ist nicht ausgeschlossen, derzeit aber noch ungewiss. Die Funktion der Ozeane als natürliche Speicher von zB Methan in großen Tiefen und bei niedrigen Temperaturen wird durch eine Erwärmung ebenfalls beeinträchtigt und kann so den Klimawandel im ungünstigsten Fall sogar noch verstärken. Der Anstieg des Meeresspiegels durch ein Abschmelzen der Gletscher und des Eises in Polargebieten ist vor allem für den Küstenschutz von Bedeutung, kann aber auch bestimmte Ökosysteme in der Land-Meer-Austauschzone wie zB Mangrovenwälder, die wichtige Lebensräume für marine Arten darstellen, bedrohen.

Der Austausch und Ausgleich des Gasgehalts zwischen Oberflächenwasser und Luft führt außerdem zu einem Anstieg des Säuregehalts des Meerwassers. Erhöhen sich entsprechende CO_2-Werte in der Luft, tritt auch vermehrt CO_2 in das Oberflächenwasser ein. CO_2 ist gut wasserlöslich und reagiert mit dem Wasser (H_2O) zu Kohlensäure (H_2CO_3). Dadurch steigt der durchschnittliche Ph-Wert des Meerwassers an. Ein erhöhter Säuregehalt des Wassers ist problematisch für alle kalkbildenden Organismen, zB Muscheln, Schnecken und Korallen.

2. Einbringen abgeschiedenen Kohlendioxids

153 Die Ozeane sind wichtige natürliche Speicher für Kohlenstoff und Methan. Die Notwendigkeit der Emissionsverringerungen zum Schutz des Klimas führt dazu, dass die Ozeane neben ihrer natürlichen Speicherfunktion auch als Lagerstätte für abgeschiedenes CO_2 aus Industrieprozessen in Betracht gezogen werden. Die eigentliche Verringerung der Emissionen erfolgt dadurch, dass spezielle Prozesse das CO_2 abscheiden, bevor es in gasförmigem Aggregatzustand emittiert wird. Durch Druck lässt sich das Gas verflüssigen und in entsprechenden Behältnissen aufbewahren. Da Lagerflächen an Land begrenzt sind, werden verschiedene Möglichkeiten der Einlagerung auf oder unter dem Meeresboden erörtert. Eine Möglichkeit betrifft das Einleiten von CO_2 in flüssiger Form in tiefe Wasserschichten bzw das Verbringen in die Nähe des Meeresgrundes. Entsprechende Tätigkeiten unterfallen dem Begriff des Einbringens in Art 1 Abs 1 Nr 5 lit a SRÜ und den gleich lautenden Begriffsbestimmungen im Londoner Dumping Übereinkommen und dem Londoner Protokoll. Nach dem *Reverse listing*-Ansatz des Protokolls sind alle Formen des Einbringens von Abfällen verboten, es sei denn, sie sind ausdrücklich erlaubt. Abgeschiedenes Kohlendioxid ist seit einer entsprechenden Änderung im Jahre 2006 in Abs 1 Nr 8 der Anlage I des Londoner Protokolls als Abfall gelistet, der für ein Einbringen in Betracht gezogen werden darf. Allerdings gilt dies nicht für die Wassersäule. Anlage I Abs 4 stellt klar, dass für das Einbringen von Kohlendioxid aus Abscheideprozessen nur dann eine Ausnahme vom Verbot des Einbringens gilt, wenn es in geologische Formationen des Meeresuntergrunds verbracht wird, die Materie ganz überwiegend aus CO_2 besteht und keine anderen Abfälle beigemischt sind. Dieser Ansatz deckt sich mit der Bestimmung in Art 3 Abs 2 lit f Anlage II OSPAR-Übereinkommen, nach der das Einbringen von abgeschiedenem Kohlendioxid ebenfalls nur in Formationen unter

dem Meeresboden und nur zum Zweck der dauerhaften Speicherung verbracht werden darf. Auch diese Bestimmung wurde erst nachträglich im Jahr 2007 in das Übereinkommen aufgenommen.

3. Ozeandüngung als Beispiel für Geoengineering

154 Im Gegensatz zur dauerhaften Lagerung von abgeschiedenem CO_2 in Lagerstätten unter dem Meeresboden greift die Ozeandüngung in natürliche Regelungskreisläufe der Meere ein bzw nutzt diese aus. Das Einbringen von zB Eisen oder Phosphat als Dünger in die Meere ist ein Ansatz, der dem Bereich des *Geoengineering*, dh der bewussten menschlichen Eingriffe zur Beeinflussung des Klimas, zuzurechnen ist. Dabei wird im Falle der Ozeandüngung auf einen natürlichen Mechanismus, das Wachstum von Pflanzen, zurückgegriffen, der mit künstlichen Mitteln angeregt wird. Die „Düngung" hat das Ziel, ein Algenwachstum anzuregen, das Kohlendioxid als Kohlenstoff bindet.

155 Da bei der Ozeandüngung Stoffe in das Wasser eingebracht werden, sind es vor allem das Londoner Dumping Übereinkommen und das Londoner Protokoll, die einschlägig sind.[244] 2008 verständigten sich die Vertragsstaaten dieser Abkommen darauf, dass experimentelle Ozeandüngung zu Forschungszwecken erlaubt, kommerzielle Maßnahmen aber verboten sein sollen.[245] Ein Bewertungskonzept, das 2010 per Resolution von der Vertragsstaatenkonferenz verabschiedet wurde,[246] gibt die Leitlinien für die Prüfung von Forschungsvorhaben vor und bezieht dabei die möglichen schädlichen Umweltauswirkungen des Projekts ein. Die Vertragsstaatenkonferenz des Übereinkommens über die biologische Vielfalt kam zu dem Schluss, dass die Ozeandüngung zu untersagen sei und nur in geringem Umfang und nach entsprechender Prüfung der Umweltauswirkungen Experimente in den Küstengewässern zugelassen werden sollten.[247]

VI. Ausblick

156 Zusammenfassend betrachtet besteht an internationalen Regelungen mit globalem und regionalem Anwendungsbereich zu verschiedenen Aspekten des Meeresschutzes kein Mangel. Es ist ein Verdienst internationaler Regelungen, dass einige Arten der Meeresverschmutzung in den letzten vier Jahrzehnten stark eingeschränkt werden konnten. Das gilt zB für das Einbringen von Abfällen, aber auch für die Verschmutzung durch Schiffe. Dennoch ist es nicht ein bloßes „Mehr" an völkerrechtlichen Verträgen, das benötigt wird, um Defizite im internationalen Meeresschutz zu beheben. Maßgeblich ist nämlich nicht die Menge internationaler Instrumente, sondern ihre inhaltliche Ausgestaltung, ihre Umsetzung auf nationaler Ebene und Mechanismen der Kontrolle und Durchsetzung. Die Effektivität völkerrechtlicher Verträge hängt maßgeblich davon ab, ob sich die Vertragsstaaten auf einen dynamisch-vorsorgenden Ansatz verständigen können, der von einer Institution begleitet wird, die die Einhaltung des Abkommens überwacht und durch entsprechende Vorschläge und Entscheidungen an aktuelle Entwicklungen anpasst und rechtlich fortentwickelt.[248] Auf einer solchen Grundlage können neue Abkommen zB in Ge-

244 Umfassend zu den rechtlichen Aspekten der Ozeandüngung *Güssow*, Sekundärer maritimer Klimaschutz: Das Beispiel der Ozeandüngung, 2012.
245 Res LC-LP.1(2008) on the Regulation of Ocean Fertilization.
246 Res LC-LP.2(2010) on the Assessment Framework for Scientific Research involving Ocean Fertilization.
247 CBD, COP9, Decision IX/16.
248 IdS auch *König*, Marine Environment, International Protection, in MPEPIL, Rn 54.

stalt eines weiteren Implementierungsabkommens zum SRÜ sinnvoll sein, um offene Fragen einer rechtlichen Regelung zuzuführen. In anderen Bereichen wäre es hilfreich, wenn das bestehende Recht besser um- und durchgesetzt würde und Staaten von den Möglichkeiten strengerer nationaler Regulierung Gebrauch machen würden. Das gilt zB für die Verschmutzung aus Quellen an Land oder für die Offshore-Ölförderung.

157 Insgesamt zeigt sich eine positive Entwicklung, die sich von der sektoral eng begrenzten Regelung zB einzelner Verschmutzungsarten einem integrierten und ganzheitlichen Verständnis des Meeresschutzes zuwendet. Diesen Prozess gilt es weiter zu verfolgen. SDG 14 ist auf der Ebene der politischen Auseinandersetzung ein Zeichen, um die Bedeutung des Meeresschutzes sichtbar zu machen. Ob dieser politische Prozess so umgesetzt wird, dass daraus auch bessere rechtliche Instrumente eines integrierten Meeresumweltschutzes resultieren, bleibt abzuwarten. Die Einberufung der ersten *Ocean Conference* der Vereinten Nationen im Juni 2017, deren Ziel es war, Wege der Implementierung aufzuzeigen, ist ein Schritt in die richtige Richtung. Zwar handelte es sich um eine rein politische Konferenz, die nicht zu rechtlich verbindlichen Ergebnissen führen sollte. Es gelang aber, das Thema der nachhaltigen Nutzung der Meere wirksam auf der globalen Agenda zu positionieren und eine Vielzahl freiwilliger Selbstverpflichtungen von Staaten, I.O. und NGOs zu registrieren. Bereits das SRÜ legt mit seinem Anspruch auf umfassende Regelung durch ein Ineinandergreifen eines globalen Rahmens, weiterer globaler und regionaler Abkommen und der Einbindung weiterer Institutionen einen Grundstein für diese Entwicklung. Allerdings steht dabei eher die Vielzahl verschiedener nach Verschmutzungsquellen differenzierter Regelung im Vordergrund, während die übergreifenden Prinzipien und Regeln inhaltlich vage bleiben. Regionale Abkommen wie das OSPAR-Übereinkommen oder das Helsinki Übereinkommen gehen insofern weiter, als zB der Vorsorgegrundsatz und andere „moderne" Leitlinien des Umweltvölkerrechts für den Schutz der Meere vor allen möglichen Beeinträchtigungen Geltung beanspruchen. Die Inkorporation eines ökosystemaren Ansatzes des Meeresschutzes, wie er bspw im Übereinkommen über Fischbestände zum Ausdruck kommt, ist ein weiterer Beleg eines integrierten Konzepts des Meeresschutzes, wenngleich eine Festlegung, welche Maßnahmen die Beachtung des Ökosystemansatzes erfordert, schwierig sein mag.

158 Die Notwendigkeit, verschiedene Nutzungen in Betracht zu ziehen und einen Ausgleich zwischen diesen zu ermöglichen, der sich an einem umfassenden und nachhaltigen Verständnis des Meeresschutzes orientiert, wird gegenwärtig unter den Stichworten des *Integrated Coastal Zone Management* und *Marine Spatial Planning* für die küstennahen Bereiche unter nationaler Hoheit diskutiert. Ziele und Vorteile eines entsprechenden Prozesses, der u a auf der Erhebung wissenschaftlicher Daten über den Umweltzustand, auf einer sozio-ökonomischen Analyse der Nutzungen und der Bewertung ihrer Umweltauswirkungen sowie einer Interessenabwägung beruht, und die Partizipation der Zivilgesellschaft ermöglicht, sind hingegen nicht auf die Küstengebiete beschränkt. Der Aufwand, einen solchen *Marine Spatial Planning*-Prozess zu initiieren, zu überprüfen und anzupassen ist bereits erheblich, wenn verschiedene nationale Behörden und Instanzen beteiligt sind. Auch werden dabei – wie zB auch im Zusammenhang mit der EU-Meeresstrategierahmenrichtlinie – hohe Anforderungen an die wissenschaftliche Meeresforschung gestellt, die die Daten erheben und darauf basierend zB Aussagen zum „guten Umweltzustand" und zu möglichen Auswirkungen bestimmter Tätigkeiten treffen muss. Noch schwieriger dürfte ein entsprechender Prozess sein, wenn verschiedene Staaten und Organisationen beteiligt sind, um einen Nutzungs- und Interessenausgleich für Gebiete außerhalb nationaler Hoheitsgewalt zu erörtern. Trotzdem kann die maritime Umweltplanung, die sich an einem dynamisch-integrativen Verständnis von Meeresschutz orientiert, vielleicht ein zukünftiges Instrument sein, den Zustand der Meere regional zu verbessern oder jedenfalls einer weiteren Verschlechterung vorzubeugen, wenn Staaten bereit sind, entsprechende Vorgaben auch umzusetzen.

Dreizehnter Abschnitt

Götz Reichert

Schutz der Binnengewässer

Gliederung

DOI 10.1515/9783110248296-013

Literaturauswahl

Behrmann, Christian, Das Prinzip der angemessenen und vernünftigen Nutzung und Teilhabe nach der UN-Wasserlaufkonvention, 2008 [*Behrmann*, Prinzip]

Benvenisti, Eyal, Collective Action in the Utilization of Shared Freshwater: The Challenges of International Water Resources Law, AJIL 90 (1996) 384 ff [*Benvenisti*, Collective Action]

Birnie, Patricia/Boyle, Alan E./Redgwell, Catherine, International Law and the Environment, 3. Aufl 2009 [*Birnie/Boyle/Redgwell*, International Law and the Environment]

Boisson de Chazournes, Laurence, Fresh Water in International Law, 2013 [*Boisson de Chazournes*, Fresh Water]

Brunnée, Jutta/Toope, Stephen J., Environmental Security and Freshwater Resources: A Case for International Ecosystem Law, YIEL 5 (1994) 41 [*Brunnée/Toope*, International Ecosystem Law]

dies, Environmental Security and Freshwater Resources: Ecosystem Regime Building, AJIL 91 (1997) 26 [*Brunnée/Toope*, Ecosystem Regime Building]

Epiney, Astrid, Nachbarrechtliche Pflichten im internationalen Wasserrecht und Implikationen von Drittstaaten, AVR 39 (2001) 1 ff [*Epiney*, Nachbarrechtliche Pflichten]

Lammers, Johan G., Pollution of International Watercourses, 1984 [*Lammers*, Pollution]

Loures, Flavia Rocha/Rieu-Clarke, Alistair (Hrsg), The UN Watercourses Convention in Force – Strengthening International Law for Transboundary Water Management, 2013 [Loures/Rieu-Clarke (Hrsg), UN Watercourses Convention]

Matz-Lück, Nele, The Benefits of Positivism: The ILC's Contribution to the Peaceful Sharing of Transboundary Groundwater, in Nolte, Georg (Hrsg), Peace through International Law – The Role of the International Law Commission, 2009, 125 ff [*Matz-Lück*, Transboundary Groundwater]

McCaffrey, Stephen C., International Groundwater Law: Evolution and Context, in Salman, Salman M.A. (Hrsg), Groundwater, 139 ff [*McCaffrey*, International Groundwater Law]

ders, The Law of International Watercourses, 2. Aufl 2007 [*McCaffrey*, Watercourses]

McIntyre, Owen, Environmental Protection of International Watercourses under International Law, 2007 [*McIntyre*, Environmental Protection]

ders, The Contribution of Procedural Rules to the Environmental Protection of Transboundary Rivers in the Light of Recent ICJ Case Law, in Boisson de Chazournes, Laurence/Leb, Christina/Tignino, Mara (Hrsg), International Law and Freshwater, 2013, 239 ff [*McIntyre*, ICJ Case Law]

Nollkaemper, André, The Legal Regime for Transboundary Water Pollution: Between Discretion and Constraint, 1993 [*Nollkaemper*, Pollution]

Proelß, Alexander, Raum und Umwelt im Völkerecht, in Graf Vitzthum/Proelß (Hrsg), Völkerecht, 7. Aufl 2016, 5. Abschn [*Proelß*, Raum und Umwelt]

ders, Das Urteil des IGH im Pulp Mills-Fall und seine Bedeutung für die Entwicklung des Umweltvölkerrechts, in: FS Schröder, 2012, 611 ff [*Proelß*, Pulp Mills-Fall]

Reichert, Götz, Der nachhaltige Schutz grenzübergreifender Gewässer in Europa, 2005 [*Reichert*, Gewässerschutz]

ders, Transboundary Water Cooperation in Europe – A Successful Multidimensional Regime?, 2016 [*Reichert*, Transboundary Water Cooperation in Europe]

Salman, Salman M. A./Boisson de Chazournes, Laurence (Hrsg), International Watercourses : Enhancing Cooperation and Managing Conflict, 1998 [Salman/Boisson de Chazournes (Hrsg), International Watercourses]

ders, Legal Regime for Use and Protection of International Watercourses in the Southern African Region: Evolution and Context, NRJ 41 (2001) 981 ff [*Salman*, International Watercourses]

ders, The Helsinki Rules, the UN Watercourses Convention and the Berlin Rules: Perspectives on International Water Law, Water Resources Development 23 (2007) 625 ff [*Salman*, Helsinki Rules, UN Watercourses Convention and Berlin Rules]

Sands, Philippe/Peel, Jacqueline, Principles of International Environmental Law, 3. Aufl 2012 [*Sands/Peel*, Principles]

Tanzi, Attila, The UNECE Convention on the Protection and Use of Transboundary Watercourses and International Lakes – Its Contribution to International Water Cooperation, 2015

ders/Arcari, Maurizio, The United Nations Convention on the Law of International Watercourses, 2001 [*Tanzi/Arcari*, UN Watercourses Convention]

Verträge

Treaty of Amity, Commerce and Navigation v 19.11.1794 (52 CTS 243) [Jay-Treaty] — 12
Schlussakte des Wiener Kongresses v 9.6.1815 (Hauff [Hrsg], Die Verträge von 1815 und die Grundlagen der Verfassung Deutschlands, 1864, 4) — 12
Vertrag von Den Haag zwischen den Niederlanden und Belgien zur Regelung der Ableitung von Wasser aus der Maas v 12.5.1863 (Robb [Hrsg], International Environmental Law Reports, Vol I, 1999, 572) [Vertrag v Den Haag] — 15, 31
Grenzvertrag von Bayonne zwischen Frankreich und Spanien v 26.5.1866 (132 CTS 359) [Grenzvertrag v Bayonne] — 15, 28
Vertrag betreffend die Regelung der Lachsfischerei im Stromgebiet des Rheins v 30.6.1885 (RGBl 1886, 192) — 16
(Bregenzer) Übereinkunft betreffend die Anwendung gleichartiger Bestimmungen für die Fischerei im Bodensee v 5.7.1893 (Badisches Gesetz- und Verordnungsblatt 1894, 135) [Bregenzer Übereinkunft] — 16
Convention between the United States of America and Mexico concerning the Equitable Distribution of the Waters of the River Grande for Irrigation Purposes v 21.5.1906 (UN [Hrsg], Legislative Texts and Treaty Provisions Concerning the Utilization and of International Rivers for other Purposes than Navigation, United Nations Legislative Series 12 [1963], 273) [Distribution of the Waters of the River Grande Convention] — 11
Treaty between the United States and Great Britain Respecting Boundary Waters between the United States and Canada v 11.1.1909 (AJIL 4 [1910], Suppl, 239) [Boundary Waters Treaty] — 17, 44, 68, 88
Versailler Vertrag v 28.6.1919 (RGBl 1919, 687) — 12
(Barcelona) Convention and Statute on the Regime of Navigable Waterways of International Concern v 20.4.1921 (7 LNTS 35) — 12
(Geneva) Convention relating to the Development of Hydraulic Power affecting more than one State v 9.12.1923 (36 LNTS 76) — 13
Agreement Between the Government of the Czechoslovak Republic and the Government of the Polish People's Republic Concerning the Use of Water Resources in Frontier Waters v 21.3.1958 (538 UNTS 89) [Czechoslovakian-Polish Frontier Waters Agreement] — 31
Agreement between the United Arab Republic and the Republic of Sudan for the Full Utilization of the Nile Waters v 8.11.1959 (453 UNTS 51) [Nile Waters Agreement] — 12
Vertrag zwischen der BR Deutschland und dem Königreich der Niederlande über die Regelung der Zusammenarbeit in der Emsmündung v 8.4.1960 (BGBl 1963 II, 602) [Ems-Dollart-Vertrag] — 65
Übereinkommen über den Schutz des Bodensees gegen Verunreinigungen v 27.10.1960 (BayGVBl 1961, 237) [Bodensee-Schutz-Übereinkommen] — 17, 44, 61
Protokoll zwischen den Regierungen der BR Deutschland, der Französischen Republik und des Großherzogtums Luxemburg über die Errichtung einer Internationalen Kommission zum Schutz der Mosel gegen Verunreinigung v 20.12.1961 (BGBl 1962 II, 1102) [Mosel-Protokoll] — 17
Protokoll zwischen den Regierungen der BR Deutschland und der Französischen Republik über die Errichtung einer Internationalen Kommission zum Schutz der Saar gegen Verunreinigung v 20.12.1961 (BGBl 1962 II, 1106) [Saar-Protokoll] — 17
Convention entre le Conseil fédéral suisse et le Gouvernement de la République française concernant la protection des eaux du lac Léman contre la pollution v 16.11.1962 (922 UNTS 54) [Genfer-See-Übereinkommen] — 17
(Berner) Vereinbarung über die Internationale Kommission zum Schutz des Rheins gegen Verunreinigung v 29.4.1963 (BGBl 1965 II, 1433) [Berner Vereinbarung] — 17
Act Regarding Navigation and Economic Co-operation between the States of the Niger Basin v 26.10.1963 (587 UNTS 9) [Niger Basin Act] — 12, 55, 61
Agreement Between the Government of the Polish People's Republic and the Government of the Union of Soviet Socialist Republics Concerning the Use of Water Resources in Frontier Waters v 17.7.1964 (552 UNTS 175) [Polish-Soviet Frontier Waters Agreement] — 31, 44, 61, 65
Übereinkommen über Wasserentnahmen aus dem Bodensee nebst Schlussprotokoll v 30.4.1966 (BGBl 1967 II, 2314) [Bodensee-Wasserentnahme-Übereinkommen] — 55, 61
African Convention on the Conservation of Nature and Natural Resources v 15.9.1968 (1001 UNTS 4) [African Nature Conservation Convention] — 18
Agreement between the People's Republic of Bulgaria and the Republic of Turkey Concerning Co-operation in the Use of the Waters of Rivers Flowing through the Territory of Both Countries v 23.10.1968 (807 UNTS 117) [Bulgarian-Turkish Water Agreement] — 31
Treaty on the River Plate Basin v 23.4.1969 (875 UNTS 3) [River Plate Treaty] — 12, 22

Übereinkommen über Feuchtgebiete, insbesondere als Lebensraum für Wasser- und Watvögel, von internationaler Bedeutung v 2.2.1971 (BGBl 1976 II, 1265) [Ramsar-Übereinkommen] — 18, 65

Agreement between Finland and Sweden Concerning Frontier Waters v 16.9.1971 (825 UNTS 272) [Finish-Swedish Frontier Waters Agreement] — 31, 44

Agreement between the United States and Canada Concerning Great Lakes Water Quality v 15.4.1972 (837 UNTS 214) [Great Lakes Water Quality Agreement] — 89

Statute of the River Uruguay v 26.2.1975 (1295 UNTS 340) [Uruguay River Statute] — 18, 21, 30, 61, 64

Bekanntmachung der Zusatzvereinbarung zu der Vereinbarung über die Internationale Kommission zum Schutze des Rheins vor Verschmutzung v 3.12.1976 (BGBl 1979 II, 86) [Zusatzvereinbarung v 1976] — 17

Übereinkommen zum Schutz des Rheins gegen chemische Verunreinigung v 3.12.1976 (BGBl 1978 II, 1054) [Rhein-Chemie-Übereinkommen] — 17, 44

Übereinkommen zum Schutz des Rheins gegen Verunreinigung durch Chloride v 3.12.1976 (BGBl 1978 II, 1065) [Rhein-Chlorid-Übereinkommen] — 17, 44

Treaty between the Hungarian People's Republic and the Czechoslovak Socialist Republic Concerning the Construction and Operation of the Gabčíkovo-Nagymaros System of Locks v 16.9.1977 (1109 UNTS 23) [Gabčíkovo-Nagymaros Treaty] — 14, 56

Treaty for Amazonian Cooperation v 3.7.1978 (1202 UNTS 71) [Amazonas Treaty] — 12, 22

Agreement between Canada and the United States of America on Great Lakes Water Quality v 22.11.1978 (1153 UNTS 187) [Great Lakes Water Quality Agreement 1978] — 18, 89

Seerechtsübereinkommen der Vereinten Nationen v 10.12.1982 (BGBl 1994 II, 1799) [SRÜ] — 42, 54

Agreement between the Government of the Republic of South Africa, the Government of the Kingdom of Swaziland and the Government of the People's Republic of Mozambique Relative to the Establishment of a Tripartite Permanent Technical Committee v 17.2.1983 (FAO [Hrsg], Treaties Concerning the Non-navigational Uses of International Watercourses, Africa, FAO Legislative Studies 61 [1997], 76) [Establishment of a Tripartite Permanent Technical Committee Agreement] — 87

Vertrag über den Verlauf der gemeinsamen Staatsgrenze v 19.12.1984 zwischen Deutschland und Luxemburg (BGBl 1988 II, 415) [Vertrag über gemeinsame Staatsgrenze] — 13

Agreement on the Action Plan for the Environmentally Sound Management of the Common Zambezi River System v 28.5.1987 (ILM 27 [1988] 1109) [ZACPLAN Agreement] — 20, 84

Agreement between the Federal Republic of Nigeria and the Republic of Niger Concerning the Equitable Sharing in the Development, Conservation and Use of their Common Water Resources v 18.7.1990 (FAO [Hrsg], Treaties Concerning the Non-navigational Uses of International Watercourses, Africa, FAO Legislative Studies 61 [1997], 219) [Nigeria Niger Agreement] — 22, 26

Vereinbarung über die Internationale Kommission zum Schutz der Elbe v 8.10.1990 (BGBl 1992 II, 943) [Elbe-Übereinkommen] — 17

Übereinkommen über die Umweltverträglichkeitsprüfung im grenzüberschreitenden Zusammenhang v 25.2.1991 (BGBl 2002 II, 1406) [Espoo-Übereinkommen] — 58, 60

(Helsinki) Convention on the Protection and Use of Transboundary Watercourses and International Lakes v 17.3.1992 (BGBl 1994 II, 2333) [UNECE-Binnengewässerkonvention] — 8, 20, 23–24, 26, 31–32, 34, 41, 44, 46–51, 55, 57, 61, 65, 67–69, 71, 75–81, 85

Protocol on Water and Health to the 1992 Convention on the Protection and Use of Transboundary Watercourses and International Lakes v 17.6.1999 (2331 UNTS 202) — 80

Protocol on Civil Liability and Compensation for Damage Caused by the Transboundary Effects of Industrial Accidents on Transboundary Waters to the 1992 Convention on the Protection and Use of Transboundary Watercourses and International Lakes and to the 1992 Convention on the Transboundary Effects of Industrial Accidents v 21.5.2003 (<www.unece.org/fileadmin/DAM/env/civil-liability/documents/protocol_e.pdf>) [Protocol on Civil Liability] — 81

Convention on the Protection of the Black Sea against Pollution v 21.4.1992 (1746 UNTS 4) [Black Sea Convention] — 54

Rahmenübereinkommen der Vereinten Nationen über Klimaänderungen v 9.5.1992 (BGBl 1993 II, 1783) [UNFCCC] — 20

Übereinkommen über die biologische Vielfalt v 5.6.1992 (BGBl 1993 II, 1742) [CBD] — 42

Treaty of the Southern African Development Community v 17.8.1992 (ILM 32 [1993] 120) [SADC-Vertrag] — 85

Übereinkommen zum Schutz der Meeresumwelt des Nordostatlantiks v 22.9.1992 (BGBl 1994 II, 1360) [OSPAR-Übereinkommen] — 48–49, 54

Agreement on the Protection of the River Meuse v 26.4.1994 (ILM 34 [1995] 851) [River Meuse Agreement] — 20, 76, 105

Agreement on the Protection of the River Scheldt v 26.4.1994 (ILM 34 [1995] 859) [Schelde-Übereinkommen] — 20, 22, 41, 44, 76, 105

United Nations Convention to Combat Desertification in Countries Experiencing Serious Drought and/or Desertification, Particularly in Africa v 17.6.1994 (1954 UNTS 3) [United Nations Convention to Combat Desertification] — 20

Übereinkommen über die Zusammenarbeit zum Schutz und zur verträglichen Nutzung der Donau v 29.6.1994 (BGBl 1996 II, 874) [Donau-Übereinkommen] — 20, 22, 26, 41, 44, 46–51, 53–55, 57, 61, 65, 67, 71, 76, 111–116

Agreement on the Cooperation for the Sustainable Development of the Mekong River Basin (with Protocol) v 5.4.1995 (2069 UNTS 3) [Mekong Agreement] — 20, 22, 26, 40, 43–44, 67, 93–97

Protocol on Shared Watercourse Systems in the Southern African Development Community (SADC) Region v 16.5.1995 (FAO [Hrsg], Treaties Concerning the Non-navigational Uses of International Watercourses, Africa, FAO Legislative Studies 61 [1997] 146) [SADC Watercourses Protocol] — 20, 85–86

Treaty on Peace between Israel and Jordan v 26.10.1995 (2042 UNTS 351) [Israel-Jordan Peace Treaty] — 31, 44, 61, 65

Treaty Concerning the Integrated Development of the Mahakali River Basin v 12.2.1996 (ILM 36 [1997] 531) [Mahakali Treaty] — 12

Vertrag über die Internationale Kommission zum Schutz der Oder gegen Verunreinigung v 11.4.1996 (BGBl 1997 II, 1708) [Oder-Übereinkommen] — 20, 22, 41, 76

Treaty on Sharing of the Ganga/Ganges Waters at Farakka v 12.12.1996 (ILM 36 [1997] 519) — 15

United Nations Convention on the Non-Navigational Uses of International Watercourses v 21.5.1997 (BGBl 2006 II, 742) [UN-Wasserlaufkonvention] — 8, 20, 23–27, 29–33, 35–37, 40, 42–45, 54, 58–63, 65–68, 71–74, 76, 79, 86

Agreement on Cooperation for the Protection and Sustainable Use of the Waters of the Spanish-Portuguese Hydrographic Basins v 30.11.1998 (2099 UNTS 275) [Spanish-Portuguese Basins Agreement] — 20, 22, 31, 41, 43–44, 55, 61, 65, 67, 76

Übereinkommen zum Schutz des Rheins v 12.4.1999 (BGBl 2001 II, 850) [Rhein-Übereinkommen] — 20, 41, 44, 46–49, 53–54, 65, 67, 70, 76

Revised Protocol on Shared Watercourses in the Southern African Development Community (SADC) v 7.8.2000 (ILM 40 [2001] 321) [Revised SADC Watercourses Protocol] — 20, 26, 42, 86–87

Charte des Eaux du Fleuve Sénégal v 28.5.2002 (<http://faolex.fao.org/docs/pdf/mul71173.pdf>) — 20

Tripartite Interim Agreement for Co-operation on the Protection and Sustainable Utilisation of the Water Resources of the Incomati and Maputo Watercourses v 29.8.2002 (<http://faolex.fao.org/docs/texts/mul34943.doc>) [Incomati Maputo Agreement] — 20, 26, 40, 42–44, 50, 55, 65, 67, 87

Internationales Maasübereinkommen v 3.12.2002 (BGBl 2004 II, 1181) [Maas-Übereinkommen] — 20, 22, 41, 70, 76, 105

Framework Agreement on the Sava River Basin v 3.12.2002 (2366 UNTS 479) [Sava Agreement] — 20, 26, 31, 40, 43, 65, 67, 76

Revised African Convention on the Conservation of Nature and Natural Resources v 11.7.2003 (<faolex.fao.org/docs/pdf/mul45449.pdf>) [Revised African Nature Conservation Convention] — 20, 26, 40, 44, 67

Protocol for Sustainable Development of Lake Victoria Basin v 29.11.2003 (<http://faolex.fao.org/docs/pdf/mul41042.pdf>) [Lake Victoria Protocol] — 22, 42

Agreement between the Councils of Ministers of the Republic of Albania and the Government of the Republic of Macedonia for the Protection and Sustainable Development of Lake Ohrid and Its Watershed v 17.6.2004 (<http://faolex.fao.org/docs/pdf/bi-69075E.pdf<) [Lake Ohrid Agreement] — 20, 76

Agreement on the Establishment of the Zambezi Watercourse Commission v 13.7.2004 (<http://zambezicommission.org/newsite/wp-content/uploads/ZAMCOM%20agreement.pdf>) [ZAMCOM Agreement] — 20, 87

Great Lakes – St. Lawrence River Basin Sustainable Water Resources Agreement v 13.12.2005 (<www.glslregionalbody.org/Docs/Agreements/Great_Lakes-St_Lawrence_River_Basin_Sustainable_Water_Resources_Agreement.pdf>) [Great Lakes – St. Lawrence Agreement] — 20, 22

Agreement on the Guarani Aquifer v 2.8.2010 (<www.internationalwaterlaw.org/documents/regionaldocs/Guarani_Aquifer_Agreement-English.pdf>) — 20

Protocol Amending the Agreement Between Canada and the United States of America on Great Lakes Water Quality, 1978, As Amended on October 16, 1983 and on November 18, 1987 v 7.9.2012 (<www.ijc.org/en_/Great_Lakes_Water_Quality>) [Great Lakes Water Quality Agreement 2012] — 20, 22, 42, 44, 47, 52, 90–92

Recht der Europäischen Union

Richtlinie 91/271/EWG des Rates v 21.5.1991 über die Behandlung von kommunalem Abwasser (ABl EG 1991, Nr L 135/40) [KommunalabwasserRL 91/271/EWG] — 100, 102, 115

Richtlinie 91/676/EWG des Rates v 12.12.1991 zum Schutz der Gewässer vor Verunreinigung durch Nitrat aus landwirtschaftlichen Quellen (ABl EG 1991, Nr L 375/1) [NitratRL 91/676/EWG] — 100, 102, 115

Richtlinie 98/83/EG des Rates v 3.11.1998 über die Qualität von Wasser für den menschlichen Gebrauch (ABl EG 1998, Nr L 330/32) [TrinkwasserRL 98/83/EG] — 100

Richtlinie 2000/60/EG des Europäischen Parlaments und des Rates v 23.10.2000 zur Schaffung eines Ordnungsrahmens für Maßnahmen der Gemeinschaft im Bereich der Wasserpolitik (ABl EG 2000, Nr L 327/1) [Wasserrahmenrichtlinie – WRRL] — 20, 22, 52, 52–53, 98–106, 109, 112, 115–116

Richtlinie 2006/118/EG des Europäischen Parlaments und des Rates v 12.12.2006 zum Schutz des Grundwassers vor Verschmutzung und Verschlechterung (ABl EU 2006, Nr L 372/19) [GrundwasserRL 2006/118/EG] — 100, 103

Richtlinie 2007/60/EG des Europäischen Parlaments und des Rates v 23.10.2007 über die Bewertung und das Management von Hochwasserrisiken (ABl EU 2007, Nr L 288/27) [HochwasserschutzRL 2007/60/EG] — 106

Richtlinie 2008/56/EG des Europäischen Parlaments und des Rates v 17.6.2008 zur Schaffung eines Ordnungsrahmens für Maßnahmen der Gemeinschaft im Bereich der Meeresumwelt (ABl EU 2008, Nr L 164/19) [MeeresstrategieRL] — 100

Richtlinie 2008/105/EG des Europäischen Parlaments und des Rates v 16.12.2008 über Umweltqualitätsnormen im Bereich der Wasserpolitik und zur Änderung und anschließenden Aufhebung der Richtlinien des Rates 82/176/EWG, 83/513/EWG, 84/156/EWG, 84/491/EWG und 86/280/EWG sowie zur Änderung der Richtlinie 2000/60/EG (ABl EU 2008, Nr L 348/84) [RL 2008/105/EG] — 52, 100, 102

Richtlinie 2010/75/EU des Europäischen Parlaments und des Rates v 24.11.2010 über Industrieemissionen (integrierte Vermeidung und Verminderung der Umweltverschmutzung) (Neufassung) (ABl EU 2010, Nr L 334/17) [IVU-RL] — 106

Richtlinie 2011/92/EU des Europäischen Parlaments und des Rates v 13.12.2011 über die Umweltverträglichkeitsprüfung bei bestimmten öffentlichen und privaten Projekten (ABl EU 2012, Nr L 26/1) [UVP-RL] — 55

Richtlinie 2013/39/EU des Europäischen Parlaments und des Rates v 12.8.2013 zur Änderung der Richtlinien 2000/60/EG und 2008/105/EG in Bezug auf prioritäre Stoffe im Bereich der Wasserpolitik (ABl EU 2013, Nr L 226/1) [RL 2013/39/EU] — 102

Judikatur

Ständiger Internationaler Gerichtshof

Territorial Jurisdiction of the International Commission of the River Oder (Czechoslovakia, Denmark, France, Germany, Great Britain, Sweden v Poland), Urteil v 10.9.1929, PCIJ, Series A, No 23 *[Oderkommission]* — 7, 12, 26

Diversion of Water from the Meuse (Netherlands v Belgium), Urteil v 28.6.1937, PCIJ, Series A/B, No 70 *[Maas]* — 7, 31

Internationaler Gerichtshof

Corfu Channel (United Kingdom v Albania), Urteil v 9.4.1949, ICJ Rep 1949, 4 *[Korfu Kanal]* — 15, 31, 67

Legality of the Threat or Use of Nuclear Weapons, Gutachten v 8.7.1996, ICJ Rep 1996, 226 *[Nuklearwaffen]* — 15, 31

Gabčíkovo-Nagymaros Project (Hungary v Slovakia), Urteil v 25.9.1997, ICJ Rep 1997, 7 *[Gabčíkovo-Nagymaros]* — 7, 14, 21, 26, 31, 56, 110

Pulp Mills on the River Uruguay (Argentina v Uruguay), Provisional Measures, Beschluss v 13.7.2006, ICJ Rep 2006, 113 *[Pulp Mills (Provisional Measures)]* — 21

Pulp Mills on the River Uruguay (Argentina v Uruguay), Urteil v 20.4.2010, ICJ Rep 2010, 14 *[Pulp Mills]* — 7, 21, 30, 56, 58, 60, 64

Ständiger Schiedshof

Island of Palmas Arbitration (Netherlands v USA), Schiedsspruch v 4.4.1928, RIAA II, 829 *[Island of Palmas]* — 15

Internationale Schiedsgerichte
Trail Smelter Arbitration (USA v Canada), Schiedsspruch v 11.3.1941, RIAA III, 1938 *[Trail Smelter]* — 31
Lac Lanoux Arbitration (Spain v France), Schiedsspruch v 16.11.1957, ILR 24 (1957) 101 *[Lac Lanoux]* — 7, 28, 31, 61, 63

Gerichtshof der EU
Rs C-461/13, Urteil v 1.7.2015, Bund für Umwelt und Naturschutz/Deutschland, ECLI:EU:C:2015:433 *[Bund]* — 101

Deutsche Gerichte (Staatsgerichtshof)
Urteil v 18.6.1927 (Württemberg und Preußen gegen Baden), RGZ 116, Anh, 18 *[Donauversinkung]* — 26–27, 31

Schweizerische Gerichte (Bundesgericht)
Urteil v 12.1.1878 (Zürich gegen Aargau), BGE 4 I, 34 — 26
Urteil v 9.12.1892 (Aargau gegen Solothurn), BGE 18 I, 689 — 26

US-amerikanische Gerichte (US Supreme Court)
Urteil v 13.5.1907 (Kansas v Colorado), 206 US 46 — 26
Urteil v 5.6.1922 (Wyoming v Colorado), 259 US 419 — 26

Vorbemerkung

1 Die Regelung zwischenstaatlicher Konflikte über Nutzung und Schutz grenzübergreifender Binnengewässer ist Gegenstand des internationalen Binnengewässerrechts, das zu den ältesten und umfassendsten Gebieten des internationalen Umweltrechts gehört[1] und dieses bis heute maßgeblich mitprägt. Zum Verständnis der Herausforderungen, mit denen das internationale Binnengewässerrecht der Gegenwart konfrontiert ist, soll im Folgenden ein Blick auf die vielfältigen Arten, Funktionen und Belastungen von Binnengewässern, die Struktur der hieraus resultierenden Staatenkonflikte und die hierdurch aufgeworfenen Regelungsfragen beitragen (I.). Auf dieser Basis werden die Quellen (II.), die grundlegende Regelungsziele (III.) sowie die materiellen und prozeduralen Elemente internationalen Binnengewässerrechts vorgestellt (IV.) und anhand internationaler Binnengewässerschutzregime sowohl in Form universeller Rahmenkonventionen als auch regionaler Binnengewässerschutzregime aus verschiedenen Erdregionen illustriert (V.). Dabei wird auch das Binnengewässerschutzrecht der Europäischen Union (EU) und seine Relevanz für internationale Regelungsfragen vertieft behandelt.

I. Herausforderungen internationalen Binnengewässerrechts

1. Arten, Funktionen und Belastungen von Binnengewässern

2 Wasser ist Daseinsvoraussetzung allen Lebens auf dem „blauen Planeten" Erde. Die Verfügbarkeit von Süßwasser ausreichender Menge und Qualität in Binnengewässern wie Flüssen, Seen, Grundwasservorkommen und Feuchtgebieten ist von existenzieller Bedeutung für Pflanzen, Tiere und Menschen. Die nutzbaren Süßwasserressourcen der Erde sind jedoch begrenzt: Das globale Wasservorkommen[2] setzt sich überwiegend aus Salzwasser (97,5%) und nur zu einem

1 *Bilder*, The Settlement of Disputes in the Field of the International Law of the Environment, RdC (1975) 139 (166).
2 Shiklomanov/Rodda (Hrsg), World Water Resources at the Beginning of the 21st Century, 2003, 13.

geringen Teil aus Süßwasser (2,5%) zusammen. Dieses Süßwasservorkommen besteht wiederum meist aus dem Eis der Pole, Gletscher und des Permafrosts (69,5%), während sich der Rest auf Grundwasser (30,1%), Süßwasserseen (0,26%), Bodenfeuchte (0,05%), Atmosphäre (0,04%), Feuchtgebiete (0,03%), Flüsse (0,006%) und Biomasse (0,003%) verteilt. Die verschiedenen Elemente der Hydrosphäre sind durch den von der Sonne angetriebenen Wasserkreislauf aus Verdunstung, Kondensation, Niederschlag, Versickerung und Abfluss in Wassereinzugsgebieten miteinander verflochten und werden so immer wieder erneuert. Dieser Kreislauf verbindet die Hydro-, Geo-, Bio- und Atmosphäre zu einem sich wechselseitig beeinflussenden Wirkungsgefüge, in dem Wasser und Süßwasserökosysteme in vielfältiger Weise Funktionen für die Natur erfüllen („Ökosystemfunktionen") und von Menschen genutzt werden („Ökosystemleistungen").[3] Wasser ist unersetzbare Lebensgrundlage, transportiert Stoffströme und reguliert das Klimasystem der Erde. Süßwasserökosysteme bieten Lebensraum, fangen Gewässerbelastungen auf und dämpfen extreme Wetterereignisse. Menschen benötigen sauberes Süßwasser zur Ernährung und Reinigung, sie nutzen es in der Landwirtschaft und setzen es in vielfältiger Weise in der Industrie ein. Ferner dienen Binnengewässer als Schifffahrtswege und Schadstoffsenken sowie der Energieerzeugung und Erholung.

3 Angesichts dieser zahlreichen Nutzungen nimmt mit wachsender Weltbevölkerung und steigendem Lebensstandard sowohl die quantitative als auch die qualitative Belastung von Binnengewässern stetig zu.[4] Übermäßige Wasserentnahme lässt Flüsse versiegen, Seen, Grundwasservorkommen und Feuchtgebiete austrocknen und Wüsten entstehen. Gewässerverschmutzung durch den Eintrag von Schadstoffen mindert die Wasserqualität[5] in Form von Vergiftung, Versauerung, Versalzung, Eutrophierung und Sauerstoffmangel. Das ökologische Gleichgewicht von Binnengewässern wird zudem durch den Bau von Staudämmen,[6] den Verlust an biologischer Vielfalt,[7] die Ausbreitung gebietsfremder Pflanzen- und Tierarten sowie den Klimawandel und damit einhergehende Dürren und Überschwemmungen gestört.[8] Zwar können Süßwasserökosysteme derartige Belastungen bis zu einem gewissen Grad bewältigen. Werden jedoch die Grenzen der quantitativen und qualitativen Regenerationsfähigkeit von Binnengewässern überschritten, beeinträchtigt dies ihre Ökosystemfunktionen und damit auch ihre Ökosystemleistungen für den Menschen. Derzeit haben rd 750 Mio Menschen keinen Zugang zu geschützten Trinkwasserquellen und 2,5 Mrd Menschen keinen Zugang zu sanitären Anlagen.[9] Im Jahr 2030 werden schätzungsweise 40% des weltweiten Wasserbedarfs nicht gedeckt werden können.[10]

2. Strukturen zwischenstaatlicher Binnengewässerkonflikte

4 Durch die vielfältigen Belastungen werden grundsätzlich erneuerbare Süßwasserökosysteme zu knappen Ressourcen und Binnengewässernutzer zu Rivalen.[11] Bereits vor 4.500 Jahren führten

3 Zu der Konzeption von „Ökosystemfunktionen" (*ecosystem functions*) und „Ökosystemleistungen" (*ecosystem services*) Millennium Ecosystem Assessment Program (Hrsg), Ecosystems and Human Well-being: Current State and Trends, Vol 1, 2005, 26 ff (allg Konzeption) und 165 ff (Süßwasserökosysteme).

4 UNESCO (Hrsg), The United Nations World Water Development Report, 2015, 10 ff.

5 Ebd, 28 ff.

6 World Commission on Dams (WCD), Dams and Development: A New Framework for Decisionmaking, 2000, 72 ff.

7 UNESCO (Fn 4) 30.

8 UNESCO (Hrsg), The United Nations World Water Development Report, 2012, 29 ff.

9 WHO/UNICEF (Hrsg), Progress on Drinking Water and Sanitation: 2014 Update, 2014, 8.

10 UNESCO (Fn 4) 11.

11 Im römischen Recht sind „rivales" die um die Nutzung eines Wasserlaufs (*rivus*) konkurrierenden Gewässernachbarn (Digesten 43, 20, 1, 26).

die mesopotamischen Stadtstaaten Umma und Lagash Krieg um Wasser.[12] Von dem Bewässerungsackerbau früher Hochkulturen[13] über die Industrialisierung bis heute hat die Beanspruchung von Süßwasserressourcen stetig zugenommen. Ist bereits die innerstaatliche Regelung von Gewässernutzungskonflikten komplex, so stehen Anrainerstaaten grenzübergreifender Binnengewässer zudem vor der Herausforderung, dass ihre territoriale Souveränität nur die auf ihrem jeweiligen Staatsgebiet gelegenen Gewässerteile erfasst, jedoch die über den Wasserkreislauf vermittelten quantitativen und qualitativen Gewässerbelastungen vor Staatsgrenzen nicht haltmachen. Die hieraus resultierenden internationalen Konflikte lassen sich meist auf zwei Grundkonstellationen zurückführen: Erstens sind an Fließgewässern die flussabwärts gelegenen Unterliegerstaaten einseitig den Gewässerbelastungen der flussaufwärts gelegenen Oberliegerstaaten ausgesetzt.[14] Zweitens können sich Anrainerstaaten von grenzübergreifenden Seen und Grundwasservorkommen wechselseitig in ihrer Gewässernutzung beeinträchtigen. Als „Common-Pool-Ressourcen“[15] sind diese Binnengewässer von der „Tragik der Allmende“[16] bedroht, wenn die einzelnen Anrainerstaaten trotz ihrer gegenseitigen Abhängigkeit kurzfristig nur ihre eigenen Gewässernutzungsinteressen verfolgen und so langfristig das gemeinsam genutzte Süßwasserökosystem – zum Schaden aller – überlasten oder gar ganz zerstören.[17]

3. Regelungsfragen internationalen Binnengewässerrechts

5 Heute gibt es weltweit schätzungsweise 276 Flüsse und Seen, deren Einzugsgebiet sich über das Territorium mehrerer Staaten erstreckt.[18] Über 145 Staaten liegen ganz oder teilweise in diesen Wassereinzugsgebieten, die zusammengenommen nahezu 50% der Landoberfläche der Erde umfassen, und in denen rd 40% der Weltbevölkerung leben.[19] Dazu kommen rd 600 grenzübergreifende Grundwasserleiter.[20] Vor diesem Hintergrund ist der Kooperationsbedarf zwischen Anrainerstaaten grenzübergreifender Binnengewässer groß. Die vielgestaltigen Arten, Nutzungen und Belastungen von Binnengewässern unter den spezifischen ökologischen und sozioökonomischen Bedingungen der verschiedenen Erdregionen spiegeln sich in den unterschiedlichen Ausprägungen zwischenstaatlicher Gewässerkonflikte wider. Dieser Vielfalt entsprechend hat sich im Lauf der Zeit weltweit ein heterogenes System des internationalen Binnengewässerrechts herausgebildet, das seine Entwicklungsimpulse aus einer Vielzahl von Quellen erhält. Dennoch werfen zwischenstaatliche Konflikte um Nutzung und Schutz grenzübergreifender Binnengewässer gemeinsame Regelungsfragen auf, deren Beantwortung die materiellen und prozeduralen Elemente internationalen Binnengewässerrechts prägen.

---

12 *Teclaff*, Fiat or Custom: The Checkered Development of International Water Law, NRJ 31 (1991) 45 (60).

13 Hierzu *Radkau*, Natur und Macht: Eine Weltgeschichte der Umwelt, 2012, 107 ff.

14 *Bernauer*, Managing International Rivers, in Young (Hrsg), Global Governance, 1997, 155 (162 ff). Zur umgekehrten Konfliktkonstellation der Beeinträchtigung von Oberliegerstaaten durch Nutzungsansprüche von Unterliegerstaaten *Salman*, Downstream Riparians Can also Harm Upstream Riparians: The Concept of Foreclosure of Future Uses, Water International 35 (2010) 350 ff.

15 *Ostrom*, Governing the Commons: The Evolution of Institutions for Collective Action, 1990, 30.

16 *Hardin*, The Tragedy of the Commons, Science 162 (1968) 1243 ff.

17 *Benvenisti*, Collective Action, 388.

18 Angaben über die Anzahl grenzübergreifender Gewässereinzugsgebiete sind aufgrund fehlender Daten über deren geografische Ausdehnung mit Unsicherheiten behaftet und unterliegen angesichts sich ändernder Grenzverläufe einem stetigen Wandel. Hierzu *Duncan*, Redrawing the Map of the World's International River Basins, 2011; Transboundary Freshwater Spatial Database (<www.transboundarywaters.orst.edu/database/transfreshspatdata.html>).

19 UNEP (Hrsg), Atlas of International Freshwater Agreements, 2002, 2; UN-Water (Hrsg), Transboundary Waters: Sharing Benefits, Sharing Responsibilities, 2008, 1.

20 International Groundwater Resources Assessment Centre, Transboundary Aquifers of the World Map 2015 (<www.un-igrac.org/areas-expertise/transboundary-groundwaters>).

6 So ist zunächst nach den grundlegenden Zielen binnengewässerrechtlicher Regelungen zu fragen: Dienen diese ausschließlich der ökonomischen Nutzung einer Süßwasserressource, etwa durch die Aufteilung von Ökosystemleistungen zwischen den Anrainerstaaten, oder berücksichtigen sie auch den Schutz der betroffenen Süßwasserökosysteme und ihrer Ökosystemfunktionen? Von dieser grundsätzlichen Ausrichtung hängt ab, welche materiellen Regelungen zwischen Anrainerstaaten erforderlich sind, um die übergeordneten Regelungsziele zu verfolgen: Den vielfältigen Erscheinungsformen grenzüberschreitender Gewässerbelastungen und zwischenstaatlicher Gewässerkonflikte entsprechend kann materielles Binnengewässerrecht so unterschiedliche Regelungen wie die Festsetzung der zulässigen Wasserentnahme, die Begrenzung von Schadstoffeinleitungen oder Maßnahmen zum Hochwasserschutz umfassen. Hiermit eng verbunden ist der räumliche Anwendungsbereich binnengewässerrechtlicher Normen: Soll dieser nur den Hauptwasserkörper eines grenzübergreifenden Flusses, Sees oder Grundwasserleiters erfassen oder auch die damit verbundenen aquatischen und terrestrischen Ökosysteme des gesamten Gewässereinzugsgebiets einbeziehen? Schließlich ist in prozeduraler Hinsicht zu fragen, welche Verhaltensregeln Anrainerstaaten untereinander zur Lösung von Nutzungskonflikten und zum Schutz grenzübergreifender Binnengewässer befolgen sollen: Prozedurales Binnengewässerrecht kann von der bloßen Pflicht zur Unterrichtung anderer Anrainerstaaten über einzelne Vorhaben mit grenzübergreifenden Auswirkungen an einem Binnengewässer bis hin zu der Einrichtung zwischenstaatlicher Kommissionen reichen, in deren Rahmen Anrainerstaaten ihre binnengewässerrechtlichen Beziehung umfassend organisieren und dauerhaft institutionalisieren.

II. Quellen internationalen Binnengewässerrechts

7 Das internationale Binnengewässerrecht der Gegenwart speist sich aus vielfältigen Quellen unterschiedlicher Rechtsqualität, die sich immer wieder aufs Neue wechselseitig beeinflussen. So kodifizieren derzeit ca 250 bi- und multilaterale völkerrechtliche Verträge internationales Binnengewässerrecht in Bezug auf 113 grenzübergreifende Binnengewässer.[21] Diese Kodifikationen[22] sind ihrerseits jedoch Ausdruck einer Rechtsentwicklung, die lange durch die Herausbildung gewohnheitsrechtlicher Prinzipien geprägt war und bis heute wichtige Impulse durch richterliche Entscheidungen wie den StIGH-Urteilen zur *Oderkommission* (1929)[23] und zum *Maas*-Fall (1937),[24] dem *Lac Lanoux*-Schiedsspruch (1957)[25] sowie den IGH-Urteilen zum *Gabčíkovo-Nagymaros Project* (1997)[26] und zum *Pulp Mills*-Fall (2010)[27] erhält.[28] Einfluss auf die gewohnheits- und vertragsrechtliche Konsolidierung und Weiterentwicklung des internationalen Binnenge-

---

21 *Giordano et al*, A Review of the Evolution and State of Transboundary Freshwater Treaties, International Environmental Agreements: Politics, Law, and Economics 14 (2014) 245 ff.

22 Grundlegend zur Kodifikation internationalen Binnengewässerrechts *McCaffrey*, The Codification of Universal Norms: A Means to Promote Cooperation and Equity?, in Boisson de Chazournes/Leb/Tignino (Hrsg), International Law and Freshwater, 2013, 125 ff.

23 *Oderkommission*, 27.

24 *Maas*, 26.

25 *Lac Lanoux*, 101 ff.

26 *Gabčíkovo-Nagymaros*, 7.

27 *Pulp Mills*, § 14.

28 Zusammenstellungen von völkerrechtlichen Verträgen und Entscheidungen internationaler und nationaler (Schieds)gerichte bei International Freshwater Treaties Database (<www.transboundarywaters.orst.edu/database/interfreshtreatdata.html>); *McCaffrey*, Watercourses, viiff; *Rieu-Clarke*, International Law and Sustainable Development: Lessons from the Law of International Watercourses, 2005, xviiff; *Sohnle*, Le droit international des ressources en eau douce: Solidarité contre souveraineté, 2002, 469 ff; UNEP (Fn 19).

wässerrechts nehmen neben zwischenstaatlichen Binnengewässerkommissionen auch I.O. wie insbes die UN und ihre International Law Commission (ILC), die Wirtschaftskommission der UN für Europa (UNECE), die Weltbank, die EU sowie private Expertenvereinigungen wie das Institut de Droit International (IDI) und die International Law Association (ILA). Zu den klassischen Rechts- und Rechtserkenntnisquellen tritt verstärkt *Soft Law* hinzu, das durch die rechtlich unverbindliche Formulierung gewässerpolitischer Leitbilder und Prinzipien zu Nutzung und Schutz von Binnengewässern etwa in Form von Deklarationen internationaler Staaten- und Expertenkonferenzen oder Empfehlungen I.O. zu der konzeptionellen Weiterentwicklung des Rechtsgebiets beiträgt.

8 Weltweit verstärken sich die Bemühungen um Bildung, Klärung und Neuinterpretation binnengewässerrechtlicher Begriffe, Prinzipien und Rechtspflichten. Die vorläufigen Höhepunkte dieser Entwicklung bilden die Veröffentlichung der *Berlin Rules on Water Resources* der ILA v 2004 (ILA Berlin Rules)[29] und des *Entwurfs von Artikeln über das Recht der grenzüberschreitenden Grundwasserleiter* der ILC v 2008 (ILC Draft Aquifer Articles),[30] das Inkrafttreten des von der ILC erarbeiteten und von der GV am 21.5.1997 angenommenen *Übereinkommens über die nichtnavigatorischen Nutzungen internationaler Wasserläufe* (UN-Wasserlaufkonvention) am 17.8.2014 sowie die Öffnung des unter der Ägide der UNECE zunächst als regionale Rahmenkonvention ausgearbeiteten *Übereinkommens zum Schutz und zur Nutzung grenzüberschreitender Wasserläufe und internationaler Seen* v 1992 (UNECE-Binnengewässerkonvention) für alle UN-Mitgliedstaaten am 29.2.2016. Dieses Bemühen um die Weiterentwicklung internationalen Binnengewässerrechts ist Ausdruck der zunehmenden Bedeutung, die weltweit sowohl der Nutzung als auch dem Schutz von Süßwasserressourcen und der diesbezüglichen internationalen Zusammenarbeit beigemessen wird. Mit gewässerpolitischen Fragen befassen sich zahlreiche UN-Organisationen im Rahmen des Verbunds „UN-Water"[31] sowie Staaten, I.O., Unternehmen und NGOs in internationalen Experten- bzw. Stakeholder-Netzwerken[32] wie der Global Water Partnership[33] oder dem World Water Council,[34] das die Weltwasserforen ausrichtet. Die UN haben in ihrer Millenniumsdeklaration v 8.9.2000[35] gefordert, die nicht-nachhaltige Ausbeutung von Süßwasserressourcen zu beenden und zugleich das – völkerrechtlich unverbindliche – *Millennium Development Goal* proklamiert, bis 2015 den Anteil der Erdbevölkerung mit unzureichender Trinkversorgung zu halbieren. Nachdem dieses Ziel 2002 durch den *Weltgipfel für nachhaltige Entwicklung in Johannesburg (WSSD)*[36] dahingehend ergänzt worden war, bis 2015 auch den Anteil der Erdbevölkerung ohne Zugang zu Sanitäranlagen zu halbieren, erkannte 2010 die GV das „Recht auf einwandfreies und sauberes Trinkwasser und Sanitärversorgung" explizit als

29 ILA (Hrsg), Report of the Seventy-first Conference held in Berlin, 2004, 337 ff. Die ILA Berlin Rules verstehen sich zwar vorwiegend als Zusammenstellung des geltenden Gewohnheitsrechts zu grenzübergreifenden Binnengewässern, gehen darüber jedoch auch bewusst hinaus („Usage Note"): „These *Rules* both express rules of law as they presently stand and, to a small extent, rules not yet binding legal obligations but which, in the judgment of the Association, are emerging as rules of customary international law. In other words, some of these *Rules* express the progressive development of the relevant international law". Allerdings widersprachen einige Mitglieder des ILA Water Resources Committee vehement dem Anspruch der ILA Berlin Rules, teilweise „entstehendes Gewohnheitsrecht" darzustellen (<www.internationalwaterlaw.org/documents/intldocs/ila_berlin_rules_dissent.html>).

30 ILC 60th Session, Fifth Report on Shared Natural Resources: Transboundary Aquifers, Annex: The Law of Transboundary Aquifers, UN Doc A/CN.4/591 (2008), 17 ff.

31 Weitere Informationen unter <www.unwater.org/>.

32 Krit Darstellung dieser Netzwerke bei *Salman*, From Marrakech through The Hague to Kyoto: Has the Global Debate on Water Reached a Dead End?, Water International 28 (2003) 491 ff (Part 1) und Water International 29 (2004) 11 ff (Part 2); *Dobner*, Wasserpolitik, 2010, 299 ff.

33 Weitere Informationen unter <www.gwp.org/>.

34 Weitere Informationen unter <www.worldwatercouncil.org/>.

35 UN Doc A/RES/55/2 v 18.9.2000.

36 Report of the World Summit on Sustainable Development, UN Doc A/CONF.199/20. Zu den Gipfelergebnissen in Bezug auf Süßwasserressourcen *Epiney*, Sustainable Use of Freshwater Resources, ZaöRV 63 (2003) 377 ff.

Menschenrecht an.[37] Zudem rief die GV 2003 zum „International Year of Freshwater",[38] das Jahrzehnt von 2005 bis 2015 zur „International Decade for Action – Water for Life"[39] und 2013 zum „International Year of Water Cooperation"[40] aus. Das 2015 von der GV im Rahmen der – wiederum unverbindlichen – *Sustainable Development Goals (SDGs)* verabschiedete Ziel 6 fordert, bis 2030 die „Verfügbarkeit und nachhaltige Bewirtschaftung von Wasser und Sanitärversorgung für alle" zu gewährleisten.[41] Dabei wird stärker als früher betont, dass dies die Verbesserung der Wasserqualität durch geringere Wasserverschmutzung, den sparsamen Umgang und die integrierte Bewirtschaftung von Wasserressourcen, den Schutz von Süßwasseröksystemen sowie internationale Kooperation und die Unterstützung lokaler Gemeinwesen bei der Verbesserung der Wasser- und Abwasserbewirtschaftung erfordert.

III. Regelungsziele internationalen Binnengewässerrechts

9 Fragt man nach den grundlegenden Zielen internationalen Binnengewässerrechts, so stand lange Zeit die ökonomische Nutzung von Süßwasserressourcen im Zentrum des Regelungsinteresses. Die zunehmende Beanspruchung von Binnengewässern im Zuge der Industrialisierung und Intensivierung der Landwirtschaft im Verlauf des 19. Jh löste zwischenstaatliche Konflikte insbes über die Aufteilung der Wassermengen grenzüberschreitender Flüsse aus, zu deren völkerrechtlichen Beurteilung zahlreiche Theorien und Regelungsansätze entwickelt wurden.[42] Diese reichen von der Behauptung absoluter Souveränitätsansprüche über die Anerkennung von Aufteilungsregeln im Rahmen des völkerrechtlichen Nachbarrechts bis hin zur Forderung nach einer umfassenden Kooperation von Anrainerstaaten zugunsten einer optimalen ökonomischen Erschließung geteilter Binnengewässer. Zu diesen nutzungsorientierten Ansätzen tritt mit der Entstehung des internationalen Umweltrechts seit den 1970er Jahren verstärkt auch das Ziel des ökologischen Schutzes von Binnengewässern hinzu, durch das althergebrachte Regeln des internationalen Binnengewässerrechts ergänzt, neuinterpretiert und grundlegend verändert werden. Auf diese Weise entwickelt sich internationales Binnengewässerrecht schrittweise weiter zu internationalem Binnengewässer*schutz*recht.

1. Nutzung von Binnengewässern

a) Prinzip der absoluten territorialen Souveränität

10 Bei frühen Gewässerkonflikten versuchten Anrainerstaaten anfangs, ihr Interesse an einer ungehinderten Gewässernutzung durch die Beanspruchung einer entsprechend uneingeschränkten Rechtsposition zu sichern, die sie jeweils aus ihrer territorialen Souveränität über den auf

37 UN Doc A/RES/64/292 v 28.7.2010. Allg zur Entwicklung des Menschenrechts auf Trinkwasser und Sanitärversorgung *Salman/McInerney-Lankford*, The Human Right to Water, 2004; *de Albuquerque*, Water and Sanitation Are Human Rights: Why Does It Matter?, in Boisson de Chazournes/Leb/Tignino (Hrsg), International Law and Freshwater, 2013, 48 ff; *Boisson de Chazournes*, Fresh Water, 147 ff. Zum ganzen auch *Vöneky/Beck*, 5. Abschn Rn 15 ff, 65, 73, 94, 99 f.

38 UN Doc RES/55/196 v 20.12.2000.

39 UN Doc RES/58/217 v 23.12.2003.

40 UN Doc RES/65/154 v 20.12.2010.

41 UN Doc A/RES/70/1 v 21.10.2015, Transforming Our World: The 2030 Agenda for Sustainable Development.

42 Hierzu grundlegend *Berber*, Die Rechtsquellen des internationalen Wassernutzungsrechts, 1955, 13 ff; *Berber*, Rivers in International Law, 1959, 11 ff.

ihrem Staatsgebiet gelegenen Abschnitt eines Flusses ableiteten. Nach dem *Prinzip der absoluten territorialen Souveränität* sollte ein Staat die auf seinem Staatsgebiet gelegenen Teile eines grenzübergreifenden Binnengewässers uneingeschränkt nutzen dürfen, ohne Rücksicht auf Beeinträchtigungen anderer Anrainerstaaten nehmen zu müssen. Diese Rechtsposition, die den Nutzungsinteressen von Oberliegerstaaten an Fließgewässern (*upper riparians*) dient, wurde am deutlichsten 1895 von US-Attorney-General *Judson Harmon* in einer Auseinandersetzung zwischen den USA und Mexiko um die Wasserentnahme amerikanischer Farmer aus dem Grenzfluss Rio Grande vertreten (*Harmon-Doktrin*): „The fundamental principle of international law is the absolute sovereignty of every nation, against all others, within its own territory. [...] The fact that the Rio Grande lacks sufficient water to permit its use by inhabitants of both countries does not entitle Mexico to impose restrictions on the United States which would hamper the development of the latter's territory or deprive its inhabitants of an advantage with which nature had endowed them and which is situated entirely within its territory. To admit such a right would be completely contrary to the principle that the United States exercises full sovereignty over its natural territory."[43]

b) Prinzip der absoluten territorialen Integrität

11 Ebenfalls aus der territorialen Souveränität leitet sich das der Harmon-Doktrin entgegengesetzte und die Nutzungsinteressen von Unterliegerstaaten an Fließgewässern (*lower riparians*) schützende *Prinzip der absoluten territorialen Integrität* ab, wie es 1907 *Max Huber* anlässlich eines Gewässernutzungskonflikts zwischen schweizerischen Kantonen formulierte: „Jeder Staat muss Flüssen, über die er nicht [...] die unbeschränkte Gebietshoheit ausübt, ihren Lauf lassen; er darf das Wasser nicht zuungunsten eines oder mehrerer anderer am Flusse berechtigter Staaten ableiten, dessen Lauf unterbrechen, künstlich steigern oder verringern."[44] Anrainerstaaten haben sich zwar immer wieder auf die Prinzipien absoluter territorialer Souveränität (zB Indien bzgl des Indus)[45] oder absoluter territorialer Integrität (zB Ägypten bzgl des Nils)[46] berufen, jedoch meist diese Position nicht aufrechterhalten.[47] Selbst der amerikanisch-mexikanische Gewässerkonflikt, der zur Formulierung der Harmon-Doktrin geführt hatte, wurde schließlich 1906 vertraglich durch eine Aufteilung der Wasserressourcen des Rio Grande beigelegt.[48] Beide Prinzipien sind völkerrechtlich nicht anerkannt. Sie schließen sich in ihrem jeweiligen Absolutheitsanspruch gegenseitig aus und bedürfen daher in einer Rechtsordnung, die auf der gleichrangigen Souveränität von Staaten aufbaut, zwangsläufig der Relativierung durch wechselseitige Beschränkung.[49]

c) Prinzip der Gemeinschaft

12 Am weitesten geht insoweit das *Prinzip der Gemeinschaft* von Staaten an Binnengewässern, das hinsichtlich navigatorischer Nutzungen bereits ab Ende des 18. Jh aufgrund des aufblühenden internationalen Handels und wachsenden Bedarfs an ungehindertem Schiffsverkehr auf grenz-

---

43 Official Opinions of the US Attorney General, Bd XXI (1898) 274 ff. Hierzu *McCaffrey*, Watercourses, 76 ff.

44 *Huber*, Ein Beitrag zur Lehre von der Gebietshoheit an Grenzflüssen, Zeitschrift für Völkerrecht und Bundesstaatsrecht, 1907, 159 f (160).

45 *Salman/Uprety*, Conflict and Cooperation on South Asia's International Rivers: A Legal Perspective, 2002, 41.

46 *Ule*, Das Recht am Wasser: Dargestellt am Beispiel des Nils, 1998, 125.

47 *McCaffrey*, Watercourses, 115 ff und 127 ff mwN.

48 Distribution of the Waters of the River Grande Convention. Hierzu *McCaffrey*, The Harmon Doctrine One Hundred Years Later: Buried, Not Praised, NRJ 36 (1996) 549 (579).

49 *Proelß*, Raum und Umwelt, Rn 92 Fn 316.

überschreitenden Flüssen und Seen in zahlreichen bi- und multilateralen Abkommen verankert wurde.[50] In diesem Zusammenhang leitete das *Oderkommission*-Urteil des StIGH v 1929 aus der Interessengemeinschaft (*community of interest*) der Anrainerstaaten eines schiffbaren Binnengewässers deren Gleichberechtigung an der Nutzung des gesamten grenzüberschreitenden Wasserlaufs ab: „This community of interest in a navigable river becomes the basis of a common legal right, the essential features of which are the perfect equality of all riparian States in the use of the whole course of the river and the exclusion of any preferential privilege of any one riparian State in relation to the others."[51] Nachdem die Schifffahrtsfreiheit auf Flüssen aufgrund der weitgehenden Vereinbarkeit navigatorischer Nutzungsinteressen von Staaten früh weite Anerkennung gefunden hatte, wurde auch hinsichtlich nicht-navigatorischer Nutzungen eine umfassende Zusammenarbeit von Anrainerstaaten in Form einer gemeinsamen Gewässerbewirtschaftung (*common management*) gefordert, um grenzübergreifende Binnengewässer möglichst über ihr gesamtes Wassereinzugsgebiet hinweg optimal erschließen zu können (*integrated river basin development*):[52] „[I]ndividual water projects [...] cannot as a rule be undertaken with optimum benefit for the people affected before there is at least the broad outlines of a plan for the entire drainage area. Integrated river basin development [...] involves the co-ordinated and harmonious development of the various works in relation to all the reasonable possibilities of the basin."[53] Die ILA propagierte diesen ökonomisch motivierten Ansatz in ihrer *Resolution von Dubrovnik*[54] v 1956 als Leitbild für das internationale Binnengewässerrecht: „So far as possible, riparian States should join with each other to make full utilization of the waters of a river both from the viewpoint of the river basin as an integrated whole, and from the viewpoint of the widest variety of uses of the water, as to assure the greatest benefit to all." Dieser Konzeption folgend haben Anrainerstaaten – zB von Nil,[55] Niger,[56] Rio de la Plata,[57] Amazonas[58] und Mahakali[59] – zwischenstaatliche Binnengewässerkommissionen zur gemeinschaftlichen Erschließung und Bewirtschaftung der von ihnen geteilten Binnengewässer gegründet.

13 Die Staatenpraxis hat jedoch auch gezeigt, dass zwischenstaatliche Zusammenarbeit bzgl nicht-navigatorischer Nutzungen im Vergleich zur Schifffahrt ein ungleich größeres Konfliktpotential birgt. Aufgrund der Vielfalt potentiell konkurrierender Gewässernutzungen besteht insoweit oft keine weitgehende „Interessengemeinschaft" zwischen Anrainerstaaten, die eine entsprechend umfassende „Rechtsgemeinschaft" ermöglichen würde. Bereits einzelne Projekte zur ökonomischen Erschließung von Binnengewässern erfordern ein hohes Maß an Interessenübereinstimmung, Koordination und gegenseitigem Vertrauen. Wie schwer Kooperationshemmnisse zwischen Anrainerstaaten grenzübergreifender Binnengewässer zu überwinden sind, zeigte schon das erste multilaterale Übereinkommen über nicht-navigatorische Gewässernutzungen v 1923, das lediglich die rudimentäre Pflicht von Anrainerstaaten kodifizierte, miteinander über einseitige oder gemeinsame Projekte an geteilten Binnengewässern zu verhandeln. Vor diesem Hintergrund finden sich Anrainerstaaten bis heute auch nur selten bereit, ihre territoriale Sou-

---

50 Bspw Art 3 Jay-Treaty; Art 108-117 Schlussakte des Wiener Kongresses v 9.6.1815; Art 327-364 Versailler Vertrages; (Barcelona) Convention and Statute on the Regime of Navigable Waterways of International Concern v 20.4.1921.

51 *Oderkommission*, 27.

52 *Lipper*, Equitable Utilization, in Garretson/Hayton/Olmstead (Hrsg), The Law of International Drainage Basins, 1967, 15 (38).

53 UN Department of Economic and Social Affairs (Hrsg), Integrated River Basin Development, UN Doc E/3066/Rev 1, 1.

54 ILA (Hrsg), Report of the Forty-seventh Conference held at Dubrovnik, 1957, 241 ff.

55 Nile Waters Agreement.

56 Niger Basin Act.

57 River Plate Treaty.

58 Amazonas Treaty.

59 Mahakali Treaty.

veränität über geteilte Binnengewässer gemeinschaftlich im Rahmen eines Kondominiums auszuüben,[60] von räumlich eng begrenzten Ausnahmen wie zB am Grenzverlauf der Mosel zwischen Deutschland und Luxemburg einmal abgesehen.[61]

14 Beispielhaft für das Scheitern ambitionierter Gemeinschaftsvorhaben von Anrainerstaaten ist das 1977 zwischen der Tschechoslowakei und Ungarn vereinbarte *Gabčíkovo-Nagymaros*-Projekt, das den Bau und Betrieb eines umfassenden Systems von Staudämmen, Kanälen und Kraftwerken an der Donau zur Elektrizitätserzeugung, Hochwasserkontrolle und Verbesserung der Schiffbarkeit des Flusses vorsah.[62] Aufgrund wachsender Zweifel an der Umweltverträglichkeit des Vorhabens und der Befürchtung, insbes durch die Absenkung des Grundwasserspiegels im Szigetköz-Gebiet könnten Seitenarme der Donau versanden, Auen austrocknen, die Wasserqualität verschlechtert und die Trinkwasserversorgung gefährdet werden, beschloss Ungarn 1989, die Bauarbeiten einzustellen und 1992 den Vertrag v 1977 zu kündigen.[63] Nichtsdestotrotz verfolgte die Tschechoslowakei das Projekt in abgewandelter Form („Variant C") weiter und begann im Oktober 1992 gegen den Protest Ungarns mit der Umleitung von bis zu 90% des Wassers der Donau zur Nutzung und anschließenden Wiedereinleitung. Im April 1993 einigten sich Ungarn und die Slowakei darauf, den Fall dem IGH zur Entscheidung vorzulegen, der dies schließlich 1997 zum Anlass nahm, sich in einem vielbeachteten Urteil zu Grundsatzfragen des internationalen Umwelt- und Binnengewässerrechts zu äußern.[64]

d) Prinzip der beschränkten territorialen Souveränität und Integrität

15 Insgesamt akzeptiert das internationale Binnengewässerrecht weder absolute Souveränitätsansprüche noch geht es von einer vorgegebenen Interessengemeinschaft der Anrainerstaaten aus, die eine umfassende Rechtsgemeinschaft implizieren würde. Es basiert vielmehr auf dem im allg Völkerrecht[65] verankerten Grundsatz, dass das Recht zur Ausübung territorialer Souveränität über einen Teil eines grenzübergreifenden Binnengewässers zugleich die Pflicht einschließt, die gleichrangige Souveränität anderer Anrainerstaaten zu achten. Von diesem *Prinzip der beschränkten territorialen Souveränität und Integrität* ausgehend zielte internationales Binnengewässerrecht zunächst primär darauf ab, widerstreitende Nutzungsinteressen durch die Abgrenzung der Souveränitätssphären von Anrainerstaaten auszugleichen. Dabei stand anfangs die Aufteilung der Wassermengen geteilter Binnengewässer im Vordergrund, wie sie etwa im Vertrag v Den Haag (1863), dem Grenzvertrag v Bayonne (1866) oder in jüngerer Zeit dem Vertrag zwischen Bangladesch und Indien über die Wasseraufteilung des Ganges (1996) geregelt wurde. Im Rahmen des völkerrechtlichen Nachbarrechts entwickelten sich sowohl materielle Prinzipien wie insbes das Gebot der ausgewogenen und angemessenen Mitnutzung von Binnengewässern und das Verbot erheblicher grenzüberschreitender Schädigungen als auch prozedurale Pflichten

---

60 Zu Kondominien an grenzübergreifenden Binnengewässern *Proelß*, Raum und Umwelt, Rn 4 und 17.

61 Vertrag über gemeinsame Staatsgrenze; s dazu *Rudolfs*, Das deutsch-luxemburgische Kondominium, AVR 24 (1986) 301ff.

62 Gabčíkovo-Nagymaros Treaty. Zum Folgenden *Gabčíkovo-Nagymaros*, §§ 22ff.

63 Declaration of Hungary on the Termination of the 1977 Treaty on the Construction and Operation of the Gabčíkovo-Nagymaros Barrage System v 16.5.1989 (ILM 32 [1993] 1260).

64 *Gabčíkovo-Nagymaros*, 7. S u Rn 21 und 56. Hierzu u a *Bourne*, The Case Concerning the Gabčíkovo-Nagymaros Project: An Important Milestone in International Water Law, YIEL 8 (1997) 6ff; *Boyle*, The Gabčíkovo-Nagymaros Case: New Law in Old Bottles, 13ff; *Stec/Eckstein*, Of Solemn Oaths and Obligations: The Environmental Impact of the ICJ's Decision in the Case Concerning the Gabčíkovo-Nagymaros Project, YIEL 8 (1997) 41ff; *Lammers*, Gabčíkovo-Nagymaros Case Seen in Particular From the Perspective of the Law of International Watercourses and the Protection of the Environment, Leiden JIL 11 (1998) 287ff; *Sands*, Watercourses, Environment and the International Court of Justice: The Gabcikovo-Nagymaros Case, in Salman/Boisson de Chazournes (Hrsg), International Watercourses, 103ff; *Sands/Peel*, Principles, 313ff.

65 Insbes *Island of Palmas*, 839; *Korfu Kanal*, 22; *Nuklearwaffen*, § 29.

zB zur gegenseitigen Unterrichtung über Vorhaben zur Gewässernutzung, die bis heute zum Kernbestand des Rechtsgebiets zählen.

2. Schutz von Binnengewässern

16 Dass der ökonomischen Nutzung von Binnengewässern ökologische Grenzen gesetzt sind, wurde früh durch die übermäßige Ausbeutung von Fischbeständen deutlich, zu deren Schutz bereits im 19. Jh völkerrechtliche Übereinkommen geschlossen wurden.[66] Mit der steigenden Belastung von Binnengewässern, dem wachsenden Bewusstsein der ökologischen Voraussetzungen ihrer Beanspruchung und der Entstehung des allg Umweltvölkerrechts erfährt auch das internationale Binnengewässerrecht eine allmähliche Neuausrichtung von rein nutzungsorientierten, ökonomischen Zielen hin zu der Einbeziehung von umweltschutzorientierten, ökologischen Aspekten. Heute ist das Rechtsgebiet zunehmend von dem Bemühen geprägt, ökonomische Nutzung und ökologischen Schutz von grenzübergreifenden Süßwasserökosystemen iS nachhaltiger Entwicklung in Einklang zu bringen.

a) Partieller Binnengewässerschutz

17 Anfangs verfolgten Anrainerstaaten einen partiellen Ansatz zum Schutz von Binnengewässern, indem sie sich insbes auf die Verbesserung der Wasserqualität von Oberflächengewässern durch die Verringerung der Schadstoffeinleitung in den Hauptwasserstrom konzentrierten. So vereinbarten die USA und Großbritannien durch den Boundary Waters Treaty v 1909 zwar ein allg Verbot grenzüberschreitender Gewässerverunreinigung in Bezug auf die amerikanisch-kanadischen Grenzgewässer, allerdings nur soweit hierdurch die menschliche Gesundheit oder das Eigentum geschädigt werden.[67] Nach Ende des Zweiten Weltkrieges wurden auch in Europa internationale Kommissionen zum Schutz zB des Bodensees,[68] der Mosel,[69] der Saar,[70] des Genfer Sees[71] oder der Elbe[72] vor Verunreinigung gegründet. Europarat,[73] OECD,[74] UNECE[75] sowie das IDI[76] sprachen Empfehlungen zum Umgang mit grenzüberschreitender Gewässerverschmutzung aus. Beispielhaft für den dabei von Anrainerstaaten zunächst praktizierten partiellen Schutzansatz ist der Rhein,[77] der aufgrund seiner starken Schadstoffbelastung als „romantischte Kloake Europas" galt.[78] Die Rheinanliegerstaaten versuchten seit 1950 der fortschreitenden Verschlechterung der Wasserqualität des Flusses im Rahmen der *Internationalen Kommission zum Schutze des Rheins*

66 Bspw Vertrag betreffend die Regelung der Lachsfischerei im Stromgebiet des Rheins v 30.6.1885; Bregenzer Übereinkunft.
67 Art IV Boundary Waters Treaty.
68 Bodensee-Schutz-Übereinkommen.
69 Mosel-Protokoll, in Kraft 1.7.1962.
70 Saar-Protokoll, in Kraft 1.7.1962.
71 Genfer-See-Übereinkommen.
72 Elbe-Übereinkommen.
73 Bspw Draft European Convention on the Protection of Fresh Water against Pollution, Recommendation 555 (1969) of the Parliamentary Assembly v 12.5.1969, in FAO (Hrsg), Sources of International Water Law, 1998, 53 ff.
74 Bspw Recommendation of the Council on the Control of Eutrophication of Waters v 14.11.1974, OECD Doc C (74) 220; Recommendation of the Council on Strategies for Specific Water Pollutants Control v 14.11.1974, OECD Doc C (74) 221.
75 Bspw ECE Declaration of Policy on Prevention and Control of Water Pollution, including Transboundary Pollution (Decision B [XXXV] 1980), in FAO (Hrsg), Sources of International Water Law, 1998, 121 ff.
76 La pollution des fleuves et des lacs et le droit international, IDI-Resolution v 12.9.1979 (Session d'Athènes), in IDI (Hrsg), Tableau des Résolutions adoptées (1957-1991), 1992, 136 ff.
77 Zum Folgenden *Reichert*, Gewässerschutz, 134 ff.
78 *Nollkaemper*, The River Rhine: From Equal Apportionment to Ecosystem Protection, RECIEL 5 (1996) 152 (153).

gegen Verunreinigung (IKSR)[79] zu begegnen. Nachdem die IKSR in den 1950er und 1960er Jahren zwar ein Messnetz zur Überwachung der Wasserqualität aufgebaut hatte, ohne jedoch Maßnahmen gegen die weiter stark zunehmende Gewässerverschmutzung erarbeitet zu haben, schlossen die Rheinanliegerstaaten 1976 zwei Binnengewässerübereinkommen. Das *Übereinkommen zum Schutz des Rheins gegen chemische Verunreinigung* bezweckte die Reduzierung bzw völlige Beendigung der Einleitung besonders schädlicher Stoffe durch die Festlegung einzelner Grenzwerte. Insgesamt wurden jedoch aufgrund der in jedem Einzelfall erforderlichen einstimmigen Vertragsänderung nur wenige Grenzwerte völkerrechtlich verbindlich festgesetzt, die sich zudem angesichts der Einleitung immer neuer Schadstoffe schon bald als unzureichend zur Verminderung der chemischen Verunreinigung des Rheins erwiesen.[80] Schwierig gestalteten sich auch die Bemühungen der Rheinanliegerstaaten, die Salzbelastung des Flusses durch das *Übereinkommen zum Schutz des Rheins gegen Verunreinigung durch Chloride* einzudämmen.[81] Die wachsenden Zweifel an der Wirksamkeit der nur mühsam vereinbarten Gewässerschutzregelungen[82] bestätigten sich spätestens am 1.11.1986, als bei der Löschung eines Brands in einem Chemikalienlager des Pharmakonzerns Sandoz in Schweizerhalle bei Basel über 20 t giftiger Stoffe in den Rhein geschwemmt wurden und infolgedessen das Ökosystem des Flusses auf einer Länge von 200 km zusammenbrach. Das als Reaktion bereits am 1.10.1987 beschlossene *Aktionsprogramm Rhein*,[83] das 1991 durch das Programm *Lachs 2000*[84] weiter konkretisiert wurde, stellte eine Abkehr von den partiellen Regelungsansätzen der früheren Übereinkommen hin zu einer ganzheitlichen Schutzkonzeption dar.[85]

b) Ganzheitlicher Binnengewässerschutz

18 Die Mängel partieller Regelungsansätze führten schrittweise zu einer ganzheitlichen Betrachtung von Binnengewässern und der Entwicklung eines zunehmend ökosystemorientierten Binnengewässerschutzes.[86] Bereits die vom Europarat am 6.5.1968 verkündete unverbindliche *European Water Charter* forderte, bei Nutzung und Schutz grenzübergreifender Binnengewässer deren ökologische Einbindung als Teil des Wasserkreislaufs zu berücksichtigen.[87] Ein frühes Bsp einer universellen Umweltschutzkonvention, die die Wirkungszusammenhänge von Ökosystemen in ihrer Gesamtheit berücksichtigt, ist das 1971 im iranischen Ramsar abgeschlossene *Übereinkommen über Feuchtgebiete, insbesondere als Lebensraum von Wasser- und Watvögel, von internationaler Bedeutung*. Das Ramsar-Übereinkommen erkennt an, dass das spezifische Ziel des Schutzes bestimmter Tierarten nur durch den umfassenden Erhalt (*conservation*) und die ausgewogene Nutzung (*wise use*)[88] von Feuchtgebieten zu erreichen ist, die aufgrund ihrer „fundamental ecological functions" als „regulators of water regimes and as habitats supporting a

---

79 Berner Vereinbarung, in Kraft 1.5.1965. Die damalige Europäische Wirtschaftsgemeinschaft wurde durch die Zusatzvereinbarung v 1976 Mitglied der IKSR.
80 *Nollkaemper*, The River Rhine. From Equal Apportionment to Ecosystem Protection, RECIEL 5 (1996) 152 (155).
81 *Lammers*, Pollution, 183 ff; *Bernauer*, The International Financing of Environmental Protection: Lessons from the Efforts to Protect the River Rhine against Chloride Pollution, Environmental Politics 4 (1995) 369 ff.
82 *de Villeneuve*, Western Europe's Artery: The Rhine, NRJ 36 (1996) 441 (450).
83 IKSR (Hrsg), Das Aktionsprogramm Rhein, 1987.
84 IKSR (Hrsg), Ökologisches Gesamtkonzept für den Rhein „Lachs 2000", 1991.
85 *Schulte-Wülwer-Leidig/Wieriks*, Grenzüberschreitender Gewässerschutz am Rhein: Entwicklung eines ganzheitlichen, nachhaltigen Gewässerschutzes in internationaler Kooperation, in Barandat (Hrsg), Wasser – Konfrontation oder Kooperation, 1997, 298 (304 ff).
86 Hierzu grundlegend *Brunnée/Toope*, International Ecosystem Law, 55 ff; *dies*, Ecosystem Regime Building, 47 ff.
87 Resolution (67) 10 of the Committee of Ministers v 26.5.1967, in FAO (Hrsg), Sources of International Water Law, 1998, 204 ff.
88 Art 3 Abs 1.

characteristic flora and fauna" dienen.[89] Die Stockholmer *UN Conference on the Human Environment* v 1972 thematisierte eingehend verschiedene Arten schädlicher Umweltauswirkungen der intensiven Nutzung von Binnengewässern[90] und appellierte an Anrainerstaaten, ihre diesbezügliche Zusammenarbeit durch die Gründung gemeinsamer Binnengewässerkommissionen zu intensivieren.[91] Die anschließende *UN Water Conference* im argentinischen Mar del Plata, die sich 1977 als erste globale Konferenz speziell dem Thema Wasser widmete, griff in ihrem detaillierten *Mar del Plata Action Plan* die Forderung nach dem Schutz von Binnengewässern auf und empfahl insbes, Projekte zur Erschließung von Süßwasserressourcen auf Basis umfassender Umweltverträglichkeitsprüfungen zu planen.[92] Dabei unterstrich die Konferenz mit Blick auf die ökonomische und ökologische Interdependenz der Anrainerstaaten grenzübergreifender Binnengewässer die Bedeutung zwischenstaatlicher Kooperation.[93] Zu den frühen Bsp[94] für die Berücksichtigung der Bedeutung ökologischer Zusammenhänge im Rahmen des Wasserkreislaufs und des Gewässereinzugsgebiets für die Bewirtschaftung von Binnengewässern zählen die *African Convention on the Conservation of Nature and Natural Resources* v 1968[95] und das *Statut über den Uruguay-Fluss zwischen Argentinien und Uruguay* v 1975.[96] Einen explizit ökosystemorientierten Ansatz verfolgte das 1978 zwischen den USA und Kanada abgeschlossene *Great Lakes Water Quality Agreement*, dessen Ziel es war, „[...] to restore and maintain the chemical, physical and biological integrity of the waters of the Great Lakes Basin Ecosystem."[97]

19 Bereits ganz im Zeichen nachhaltiger Entwicklung stand die *International Conference on Water and the Environment (ICWE)*, die im Januar 1992 in Dublin als Expertentreffen zur Vorbereitung des Rio-Gipfels im Juni desselben Jahres stattfand. Um einen nachhaltigen Umgang mit Süßwasserressourcen zu verwirklichen, empfahl das von der Konferenz verabschiedete *Dublin Statement on Water and Sustainable Development* einen integrierten Ansatz zu deren Erschließung und Bewirtschaftung (*integrated water resources development and management*) auf Basis eines ganzheitlichen und ökosystemorientierten Schutzkonzepts: „[S]ince water sustains all life forms, a holistic approach is needed for the development of human societies and economies, and the protection of natural ecosystems on which the survival of humanity ultimately depends. [...] It must also include an ecological approach, respect existing ecosystems and consider issues across the whole of a river basin or a groundwater aquifer and also consider the interrelation with other natural resources. Where catchments cross national boundaries, international cooperation is essential."[98] Hiervon ausgehend formulierte die rechtlich unverbindliche *Agenda 21*, die von der im Juni 1992 in Rio de Janeiro abgehaltenen *UN Conference on Environment and Development (UNCED)* verabschiedet wurde, in ihrem Kap 18 folgende wesentliche Anforderungen an einen nachhaltigen Umgang mit Süßwasserressourcen:[99] Ziel einer gleichsam auf nationaler wie

---

89 2. Erwägungsgrund.

90 Report of the United Nations Conference on the Human Environment, UN Doc A/CONF.48/14/Rev.1, Action Plan for the Human Environment, chap II sec B, recommendations 51-55.

91 Ebd, recommendation 51.

92 Report of the United Nations Water Conference, Mar del Plata, 14-25 March 1977, UN Doc E/CONF/70/29, Mar del Plata Action Plan, chap I sec C, recommendations 34-40.

93 Ebd, chap I sec H, recommendation 90.

94 Hierzu *McIntyre*, The Emergence of an "Ecosystem Approach" to the Protection of International Watercourses under International Law, RECIEL 13 (2004) 1 (3ff) mwN.

95 Vgl Art V Abs 1 lit a African Nature Conservation Convention.

96 Vgl Art 35f und Art 41 Uruguay River Statute.

97 Vgl Art II Great Lakes Water Quality Agreement 1978; hierzu *MacKenzie*, Integrated Resource Planning and Management: The Ecosystem Approach in the Great Lakes Basin, 1996.

98 ICWE (Hrsg), International Conference on Water and the Environment: Development Issues for the 21st Century, Ireland, 1992, 13.

99 UN Doc A/CONF/151/26/Rev.1 (1992), abgedr in Robinson (Hrsg), Agenda 21 and the UNCED Proceedings, 1993, Vol IV, 357ff.

internationaler Ebene zu verfolgenden Gewässerpolitik soll es sein, die Verfügbarkeit von Wasser in angemessener Menge und guter Qualität sicherzustellen und dabei gleichzeitig die hydrologischen, biologischen und chemischen Funktionen von Ökosystemen aufrechtzuerhalten, die Aktivitäten des Menschen an die Belastungsgrenzen der Natur anzupassen und wasserinduzierte Krankheiten zu bekämpfen.[100] Aufgrund der komplexen Wechselbeziehung von Süßwasserressourcen muss ihre Bewirtschaftung ganzheitlich und auf eine ausgewogene Berücksichtigung der Bedürfnisse von Mensch und Umwelt ausgerichtet sein.[101] Hierzu ist eine integrierte Bewirtschaftung von Wasserressourcen (*Integrated Water Resources Management – IWRM*) erforderlich, wobei alle Arten miteinander verbundener Binnengewässer (Oberflächengewässer und Grundwasservorkommen)[102] einbezogen und qualitative wie quantitative Aspekte angemessen berücksichtigt werden müssen.[103] Die integrierte Gewässerbewirtschaftung unter Einbindung gewässer- und flächenbezogener Aspekte sollte auf der Ebene von Wassereinzugsgebieten oder Teilen hiervon erfolgen[104] und insbes gemäß dem Vorsorgeprinzip ausgestaltet sein.[105] Diesen konstituierenden Grundsatz nachhaltigen Umweltschutzes, wie er allg in Prinzip 15 der Rio Deklaration verankert ist, formuliert auf Binnengewässer bezogen nunmehr Art 23 ILA Berlin Rules v 2004: „States shall take all appropriate measures to prevent, eliminate, reduce, or control harm to the aquatic environment when there is a serious risk of significant adverse effect on or to the sustainable use of waters even without conclusive proof of a causal relation between an act or omission and its expected effects."

20 Obgleich die Aussagen der Agenda 21 über die lediglich als „wünschenswert" bezeichnete internationale Kooperation von Anrainerstaaten grenzübergreifender Gewässer zurückhaltend ausfielen,[106] hat das Ziel eines ökosystemorientierten, integrierten und nachhaltigen Binnengewässerschutzes schnell Eingang sowohl in binnengewässerspezifische Rechtsinstrumente als auch in angrenzende Gebiete des Umweltvölkerrechts gefunden. So sollen die Vertragsparteien des *Rahmenübereinkommens der Vereinten Nationen über Klimaänderungen* v 1992 (UNFCCC)[107] „angemessene integrierte Pläne [...] für Wasservorräte und die Landwirtschaft sowie für den Schutz und die Wiederherstellung von Gebieten, die von Dürre und Wüstenbildung – vor allem in Afrika – sowie von Überschwemmungen betroffen sind, entwickeln und ausarbeiten" (Art 4 Abs 1 lit e).[108] Dementsprechend verlangt auch die *United Nations Convention to Combat Desertification* v 1994 (UNCCD)[109] „die Wiedernutzbarmachung, Erhaltung und nachhaltige Bewirtschaftung von Land- und Wasserressourcen" (Art 2 Abs 2). In Bezug auf gewässerspezifische Rechtsinstrumente ist die *UNECE-Binnengewässerkonvention* besonders einflussreich. Sie zielt ausdrücklich auf eine nachhaltige Bewirtschaftung von Wasserressourcen ab[110] und wurde innerhalb weniger Jahre durch zahlreiche gewässerspezifische Übereinkommen – zB zum Schutz von Maas (1994 und 2002), Schelde (1994), Donau (1994) und Oder (1996) sowie der spanisch-portugiesischen Grenzgewässer (1998), des Rheins (1999), der Sava (2002) und des Ohridsees

100 Ebd, Kap 18.2.
101 Ebd, Kap 18.35 und 18.36.
102 Ebd, Kap 18.37.
103 Ebd, Kap 18.3.
104 Ebd, Kap 18.9 und 18.36.
105 Ebd, Kap 18.40 B) iv).
106 Ebd, Kap 18.4 und 18.18.
107 Zum Verhältnis zwischen UNFCCC und UN-Wasserlaufkonvention *Loures/Behrman/Swain*, Convention on Climate Change, in Loures/Rieu-Clarke (Hrsg), UN Watercourses Convention, 207 ff.
108 Zur Bedeutung des Klimawandels für das internationale Binnengewässerrecht *Pittock/Loures*, Governing International Watercourses in an Era of Climate Change, in Loures/Rieu-Clarke (Hrsg), UN Watercourses Convention, 305 ff.
109 Zum Verhältnis zwischen UNCCD und UN-Wasserlaufkonvention *Behrmann/Swain/Loures*, Convention to Combat Desertification, in Loures/Rieu-Clarke (Hrsg), UN Watercourses Convention, 221 ff.
110 Vgl Art 2 Abs 5 lit c und Art 3 Abs 1 lit i.

(2004) – konkretisiert. Diese völkerrechtliche Entwicklung wird in der EU durch die Wasserrahmenrichtlinie (WRRL)[111] ergänzt, die gemäß Art 1 mittels eines integrierten Ansatzes eine nachhaltige Wassernutzung auf der Grundlage eines langfristigen Schutzes von Süßwasserökosystemen sowie der direkt von ihnen abhängenden Landökosysteme und Feuchtgebiete zu erreichen sucht. Auch in anderen Erdregionen haben Anrainerstaaten Abkommen mit dem Ziel einer nachhaltigen Entwicklung gemeinsamer Binnengewässer abgeschlossen, zB in Bezug auf den Sambesi (1987, 2004) und die grenzübergreifenden Binnengewässer der Entwicklungsgemeinschaft des südlichen Afrika SADC (1995, 2000), den Mekong (1995), die Flüsse Senegal (2002), Incomati und Maputo (2002), den Viktoriasee (2003), das gemeinsame Wassereinzugsgebiet der Großen Seen und des Sankt-Lorenz-Stroms (2005), den Guarani-Grundwasserleiter (2010) und die Großen Seen (2012). Die Staaten der Afrikanischen Union haben sich verpflichtet, die wesentlichen Ökosystemfunktionen ihrer nationalen und grenzübergreifenden Binnengewässer zu erhalten (2003).[112] Auf globaler Ebene strebt die als universelle Rahmenkonvention konzipierte UN-Wasserlaufkonvention v 1997 die „optimale und nachhaltige Nutzung" (Art 5 Abs 1) bzw die „nachhaltige Entwicklung" (Art 24 Abs 2 lit a) von internationalen Wasserläufen an. Dementsprechend verlangt auch die ILA in Art 7 ihrer Berlin Rules, dass Staaten alle geeigneten Maßnahmen (*appropriate measures*) ergreifen, um ihre Süßwasserressourcen nachhaltig zu bewirtschaften.

21 Der IGH hat in seinem Urteil hinsichtlich des Konflikts zwischen Ungarn und der Slowakei über das *Gabčíkovo-Nagymaros*-Projekt an der Donau v 1997 „nachhaltige Entwicklung" als für die völkerrechtliche Behandlung natürlicher Ressourcen im Allg und grenzübergreifender Binnengewässer im Besonderen zu beachtendes „Konzept" anerkannt: „Throughout the ages, mankind has, for economic and other reasons, constantly interfered with nature. In the past, this was often done without consideration of the effects upon the environment. Owing to new scientific insights and to a growing awareness of the risks for mankind for present and future generations [...] new norms and standards have been developed [...]. Such new norms have to be taken into consideration, and such new standards given proper weight [...]. This need to reconcile economic development with protection of the environment is aptly expressed in the concept of sustainable development."[113] Der damalige IGH-Vizepräsident *Christopher Weeramantry* ging in einem Sondervotum sogar soweit, nachhaltige Entwicklung als „principle with normative value" zu bezeichnen.[114] Insgesamt leitete der IGH aus dem „Konzept der nachhaltigen Entwicklung" zwar keine eigene Entscheidung ab; er gab aber den Streitparteien auf, es bei Verhandlungen zur Beilegung des Konflikts zu berücksichtigen.[115] Auch im *Pulp Mills*-Rechtsstreit,[116] in dem Argentinien die Genehmigung des Baus von zwei Zellulosefabriken am Uruguay-Fluss durch die Republik Uruguay aufgrund der dadurch drohenden Gewässerbelastungen als Verletzung des Statuts über das Nutzungsregime des Grenzflusses v 1975 gerügt hatte, betonte der IGH sowohl in seinem Urteil v 2010[117] als auch in seiner vorangegangenen Verfügung v 2006 über den Antrag Argentiniens auf Erlass einer einstweiligen Anordnung die grundsätzliche Bedeutung nachhaltiger Entwicklung für die Auslegung völkerrechtlicher Übereinkommen: „[T]he present case highlights the importance of the need to ensure environmental protection of shared natural resources while allowing for sustainable economic development."[118] Unabhängig davon, ob dem „Konzept der nachhaltigen Entwicklung" für sich genommen bereits gewohnheitsrechtliche Gel-

---

111 S u Rn 99 ff.
112 Art VII Revised African Nature Conservation Convention.
113 *Gabčíkovo-Nagymaros*, § 140.
114 Ebd, 88.
115 Ebd, §§ 141 f.
116 Hierzu *Sands/Peel*, Principles, 330 ff; *McIntyre*, ICJ Case Law, 239 ff; *Proelß*, Pulp Mills-Fall, 611 ff.
117 *Pulp Mills*, §§ 75 und 177.
118 *Pulp Mills (Provisional Measures)*, § 80.

tung zukommt bzw ob sich aus seiner bloßen Nennung in völkerrechtlichen Verträgen bestimmte Rechtspflichten ableiten lassen,[119] beeinflusst es heute als orientierunggebendes Leitbild maßgeblich das internationale Binnengewässerrecht, indem es sowohl durch allg Grundsätze des Umweltvölkerrechts wie dem Vorsorge- und Vorbeugeprinzip, dem Ursprungsprinzip und dem Verursacherprinzip[120] als auch durch binnengewässerrechtliche Regelungen materieller und prozeduraler Art weiter konkretisiert wird.[121]

IV. Elemente internationalen Binnengewässerrechts

1. Materielles Binnengewässerrecht

a) Räumlicher Anwendungsbereich

22 Der räumliche Anwendungsbereich internationalen Binnengewässerrechts kann entweder auf den Hauptwasserkörper eines grenzübergreifenden Flusses, Sees oder Grundwasserleiters beschränkt sein oder aber auch die mit ihm verbundenen Zu-, Ab- und Nebenflüsse, Grundwasservorkommen, Feuchtgebiete, Küstengewässer sowie terrestrischen Ökosysteme seines Wassereinzugsgebiets einschließen. Die durch den Wasserkreislauf bewirkte Verbindung der verschiedenen Komponenten der Hydrosphäre legt nahe, das gesamte Wassereinzugsgebiet eines Binnengewässers (*drainage basin, catchment area, watershed*) in den Anwendungsbereich diesbezüglicher Normen einzubeziehen, um alle relevanten Faktoren des Gesamtsystems samt ihren Wechselbeziehungen berücksichtigen zu können. Dementsprechend wurde das *Drainage Basin*-Konzept, das bereits zu Beginn des 20. Jh als Ausgangspunkt völkerrechtlicher Regelungen nicht-navigatorischer Gewässernutzungen vorgeschlagen worden war,[122] von der ILA in ihren Resolutionen von Dubrovnik (1956)[123] und New York (1958)[124] und dem IDI in seiner Resolution von Salzburg (1961)[125] propagiert, um die optimale ökonomische Erschließung und Bewirtschaftung eines Binnengewässers zu ermöglichen. Die ILA erklärte in ihren einflussreichen *Helsinki Rules on the Uses of the Waters of International Rivers* v 1966 (ILA Helsinki Rules)[126] das gesamte grenzübergreifende Wassereinzugsgebiet zum grundsätzlichen Anwendungsbereich internationalen Binnengewässerrechts[127] und schloss darin zugleich auch den Schutz grenzübergreifender Binnengewässer mit ein.[128] Nachfolgend vertiefte die ILA das *Drainage Basin*-Konzept in ihren *Draft Articles on the Relationship Between Water, Other Natural Resources and the Environment* (1980)[129] durch einen medienübergreifenden Schutzansatz und weitete es in ihren *Seoul Rules on International Groundwaters* (1986)[130] auch auf „isolierte Grundwasservorkommen“ aus, die in keiner hydrologischen Verbindung zu Oberflächengewässern stehen. Heute definiert die ILA in ihren Berlin Rules ein „international drainage basin“ als „area determined by the geographic

119 Hierzu *Proelß*, Raum und Umwelt, Rn 117 mwN.
120 Zu den Prinzipien nachhaltigen Binnengewässerschutzes *Reichert*, Gewässerschutz, 227 ff.
121 *Rieu-Clarke*, Reflections on the Normative Prescriptions of Sustainable Development in Recent Transboundary Water Treaty Practice, Water International 25 (2000) 572 ff.
122 *Bourne*, The Development of International Water Resources: The “Drainage Basin Approach”, in Wouters (Hrsg), International Water Law, 1997, 3 (4) mwN.
123 ILA (Fn 54) 241 ff.
124 ILA (Hrsg), Report of the Forty-eight Conference held at New York, 1959, viiff.
125 IDI (Hrsg), Tableau des Résolutions adoptées (1957-1991), 1992, 28 ff.
126 ILA (Hrsg), Report of the Fifty-second Conference held at Helsinki, 1966, 484 ff.
127 Ebd, Art I und II.
128 Ebd, Art IX bis XI.
129 ILA (Hrsg), Report of the Fifty-ninth Conference held at Belgrade, 1980, 373 ff.
130 ILA (Hrsg), Report of the Sixty-second Conference held at Seoul, 1986, 251 ff.

limits of a system of interconnected waters, the surface waters of which normally share a common terminus“[131] und „extending over two or more States“,[132] wobei „waters“ alle Oberflächengewässer und Grundwasservorkommen mit Ausnahme von Meeresgewässern umfassen.[133] Die ILA Berlin Rules verfolgen einen ganzheitlichen, integrierten Regelungsansatz[134] für Nutzung und Schutz von Binnengewässern, indem sie sich auf alle Formen der Gewässerbewirtschaftung („management of waters“) einschließlich „development, use, protection, allocation, regulation, and control of waters“ innerhalb eines Gewässereinzugsgebiets beziehen.[135] Weltweit haben zahlreiche völkerrechtliche Binnengewässerübereinkommen in Afrika,[136] Nordamerika,[137] Südamerika,[138] Asien[139] und Europa[140] das Wassereinzugsgebiet ausdrücklich zu ihrem räumlichen Anwendungsbereich bestimmt. Umfassend ist der *Drainage Basin*-Ansatz auch im EU-Wasserrecht durch die Wasserrahmenrichtlinie (WRRL)[141] ausgestaltet, die einen „guten Zustand“ von Oberflächengewässern und Grundwasser über deren gesamtes Wassereinzugsgebiet (*river basin*) hinweg anstrebt. Hierunter fasst die WRRL das Gebiet, „aus welchem über Ströme, Flüsse und möglicherweise Seen der gesamte Oberflächenabfluss an einer einzigen Flussmündung, einem Ästuar oder Delta ins Meer gelangt.“[142]

23 Obgleich das Wassereinzugsgebiet weithin als die angemessene Bezugsgröße für Nutzung und Schutz von Binnengewässern gilt, wurde es nicht ausdrücklich zum räumlichen Anwendungsbereich verschiedener Gewässerübereinkommen wie etwa der UN-Wasserlaufkonvention oder der UNECE-Binnengewässerkonvention bestimmt. So hatten während der vorbereitenden Beratungen der ILC über den Entwurf der UN-Wasserlaufkonvention insbes Oberliegerstaaten die Übernahme des *Drainage Basin*-Konzepts abgelehnt, wie 1983 ILC Special Rapporteur *Jens Evensen* feststellte: „It was [...] feared that the ‘basin’ concept put too much emphasis on the land areas within the watershed, indicating that the physical land area of a basin might be governed by the rules of international water resources law.“[143] In dieser Ablehnung kam die grundsätzliche Abneigung von Staaten gegen Regelungsansätze zum Ausdruck, die den Anschein einer „Internationalisierung“ grenzübergreifender Ressourcen erwecken.[144] Aufgrund vergleichbarer Bedenken war bereits in den 1970er Jahren die Konzeption der „gemeinsamen natürlichen Ressourcen“ (*shared natural resources*) auf Ablehnung gestoßen, die im Rahmen eines von UNEP erarbeiteten Prinzipienkatalogs entwickelt worden war.[145] Nachdem zu Beginn der ILC-Beratungen noch vorgeschlagen worden war, zumindest das Einzugsgebiet von Oberflächengewässern (*international river basin*) zum räumlichen Anwendungsbereich des Übereinkommens zu bestimmen,[146] setzte sich insoweit schließlich der Begriff des „internationalen Wasserlaufs“ (*international watercourse*) durch. Die UN-Wasserlaufkonvention definiert

131 Art 3 No 5 ILA Berlin Rules („drainage basin“).
132 Ebd, Art 3 No 13 („intenational drainage basin“).
133 Ebd, Art 3 No 21 („waters“).
134 Ebd, Art 5 („conjunctive management“) und Art 6 („integrated management“).
135 Ebd, Art 1 Abs 1 (Scope) und Art 3 No 14 („management of waters“).
136 Nigeria Niger Agreement; Lake Victoria Protocol.
137 Great Lakes – St. Lawrence Agreement; Great Lakes Water Quality Agreement 2012.
138 River Plate Treaty; Amazonas Treaty.
139 Mekong Agreement.
140 Maas-Übereinkommen; Schelde-Übereinkommen; Donau-Übereinkommen; Oder-Übereinkommen; Spanish-Portuguese Basins Agreement.
141 S u Rn 99ff.
142 Art 2 Nr 13 WRRL.
143 YbILC 1983 II/1, 155 (167 f).
144 *Tanzi/Arcari*, UN Watercourses Convention, 22.
145 UNEP Draft Principles of Conduct in the Field of the Environment for the Guidance of States in the Conservation and Harmonious Utilization of Shared Natural Resources v 19.5.1978 (ILM 17 [1978] 1094 (1097 ff).
146 *Wescoat*, Beyond the River Basin: The Changing Geography of International Water Problems and International Watercourse Law, CJIELP 3 (1992) 301 (305 ff).

„Wasserlauf" als ein „aufgrund der physikalischen Wechselbeziehung ein einheitliches Ganzes bildendes System aus Oberflächenwasser und Grundwasser, das normalerweise in ein gemeinsames aufnehmendes Gewässer fließt" (Art 2 lit a). Diese Definition, die im Gegensatz zum *Drainage Basin*-Konzept den Hauptwasserkörper von Binnengewässern stärker betont, kommt aufgrund ihrer Flexibilität den Bedenken vieler Staaten entgegen:[147] Sie ist hinreichend offen, um im Einzelfall Anrainerstaaten die Bestimmung des konkreten Anwendungsbereichs binnengewässerrechtlicher Regelungen zu überlassen. Zugleich ist sie weit genug, um neben Flüssen und Seen auch deren Zu-, Ab- und Nebenflüsse sowie Grundwasserleiter zu umfassen, solange diese hydrologisch verbunden sind. Da folglich jedoch diejenigen Grundwasservorkommen nicht in den Anwendungsbereich der UN-Wasserlaufkonvention fallen, die keine direkte Verbindung zu Oberflächengewässern haben (*confined groundwater*),[148] verabschiedete 1994 die ILC zusammen mit ihrem Konventionsentwurf eine *Resolution on Confined Transboundary Groundwater*,[149] in der sie Staaten empfahl, die Prinzipien des Regelwerks – „where appropriate" – auch auf derartige Grundwasservorkommen anzuwenden.[150] Einen weiteren Schritt in diese Richtung ging die ILC mit dem am 21.2.2008 vorgelegten *Entwurf von Artikeln über das Recht der grenzüberschreitenden Grundwasserleiter* (ILC Draft Aquifer Articles),[151] den zwischenzeitlich die GV wiederholt als mögliche Grundlage für den Abschluss von Übereinkommen über die Bewirtschaftung grenzüberschreitender Grundwasservorkommen empfohlen hat.[152] Die an den Regelungen der UN-Wasserlaufkonvention orientierten ILC Draft Aquifer Articles sind auf grenzübergreifende Grundwasserleiter (*transboundary aquifers*)[153] unabhängig davon anwendbar, ob diese mit Oberflächengewässern verbunden sind oder nicht (Art 1 lit a iVm Art 2 lit a).[154]

24 Letztlich wird der räumliche Anwendungsbereich von Binnengeässerschutzregimen nicht allein durch deren unmittelbar hierauf bezogene Legaldefinitionen, sondern vielmehr durch die Gesamtheit ihrer Einzelregelung bestimmt. Eine entsprechende Gesamtwürdigung sowohl der UN-Wasserlaufkonvention als auch der UNECE-Binnengewässerkonvention zeigt jeweils, wie fragwürdig die Differenzierung zwischen *Watercourse*- und *Drainage Basin*-Ansatz geworden ist. So sind die Vertragsparteien der UN-Wasserlaufkonvention verpflichtet, „die Verschmutzung eines internationalen Wasserlaufs, die anderen Wasserlaufstaaten oder deren Umwelt [...] beträchtlichen Schaden verursachen könnte" zu verhüten, verringern und zu bekämpfen (Art 21 Abs 2). Bei einer weiten Auslegung des Begriffs „Umwelt"[155] schließt dies sowohl indirekt gewässerbelastende Aktivitäten innerhalb eines Einzugsgebiets ein, die Flüsse, Seen und Grundwasservorkommen schädigen, als auch umgekehrt direkte Belastungen eines Binnengewässers, die sich schädigend in seinem grenzübergreifenden Einzugsgebiet auswirken. In beiden Fällen werden die Belastungen über den Wasserkreislauf und das Gewässereinzugsgebiet vermittelt, das folglich in räumlicher Hinsicht für die Umsetzung der Konvention relevant ist.[156] Auch der Anwendungsbereich der UNECE-Binnengewässerkonvention ist nicht, wie es auf ersten Blick den Anschein haben mag,[157] auf die Hauptwasserkörper grenzübergreifender Oberflächengewässer

147 YbILC 1983 II/1, 155 (168).
148 YbILC 1994 II/2, 89 (90), Commentary on Art 2 para 4.
149 Ebd, 135.
150 Hierzu *McCaffrey*, International Groundwater Law, 139 (157 f).
151 ILC (Fn 30) 17 ff. Hierzu *Eckstein*, Commentary on the UN International Law Commission's Draft Articles on the Law of Transboundary Aquifers, CJIELP 18 (2007) 537 ff; *Matz-Lück*, Transboundary Groundwater.
152 UN Doc A/RES/63/124 v 11.12.2008; UN Doc A/RES/66/104 v 9.12.2011.
153 „Aquifer" ist nach Art 2 lit a ILC Draft Aquifer Articles definiert als „permeable water-bearing geological formation underlain by a less permeable layer and the water contained in the saturated zone of the formation".
154 *Matz-Lück*, Transboundary Groundwater, 133; ebenso Art 36 ILA Berlin Rules.
155 YbILC 1994 II/2, 89 (122 f), Commentary on Art 21 para 6.
156 *Tanzi/Arcari*, UN Watercourses Convention, 56 ff.
157 *Birnie/Boyle/Redgwell*, International Law and the Environment, 538.

oder Grundwasserleiter (*transboundary waters*) beschränkt (Art 1), sondern wird vielmehr durch die zentrale Pflicht der Vertragsparteien „zur Verhütung, Bekämpfung und Verringerung jeder grenzüberschreitenden Beeinträchtigung" bestimmt (Art 2 Abs 1, Art 3 Abs 1 und Art 9 Abs 1). Dabei ist eine „grenzüberschreitende Beeinträchtigung" (*transboundary impact*) umfassend definiert als „jede beträchtliche schädliche Auswirkung auf die Umwelt in einem Gebiet unter der Hoheitsgewalt einer Vertragspartei aufgrund einer durch menschliche Tätigkeiten verursachten Veränderung des Zustands grenzüberschreitender Gewässer, deren natürlicher Ursprung sich ganz oder zT innerhalb eines Gebiets unter der Hoheitsgewalt einer anderen Vertragspartei befindet. Zu diesen Auswirkungen auf die Umwelt gehören Auswirkungen auf die menschliche Gesundheit und den Schutz des Menschen, auf die Pflanzen- und Tierwelt, auf Boden, Luft, Wasser, Klima, Landschaft und geschichtliche Denkmäler oder andere natürliche Bauwerke oder eine Wechselwirkung zwischen mehreren dieser Faktoren; hierzu zählen außerdem Auswirkungen auf das kulturelle Erbe oder auf wirtschaftlich-soziale Bedingungen infolge von Veränderungen dieser Faktoren" (Art 1 Abs 2). Folgerichtig haben Anrainerstaaten „abgestimmte Leitlinien, Programme und Strategien für die betreffenden Einzugsgebiete oder Teile davon auszuarbeiten, welche auf die Verhütung, Bekämpfung und Verringerung grenzüberschreitender Beeinträchtigungen sowie auf den Schutz der Umwelt grenzüberschreitender Gewässer oder der Umwelt gerichtet sind, die durch solche Gewässer beeinflusst wird, einschließlich der Meeresumwelt" (Art 2 Abs 6).

b) Nachbarrechtliche Grundprinzipien

25 Die Entwicklung des internationalen Binnengewässerrechts wird bis in die Gegenwart von zwei Grundprinzipien maßgeblich mitgeprägt, die dem völkerrechtlichen Nachbarrecht entstammen: dem Gebot der ausgewogenen und angemessenen Mitnutzung und dem Verbot erheblicher grenzüberschreitender Schädigung. Beide Grundsätze sind Ausdruck des Prinzips begrenzter territorialer Souveränität bzw Integrität und haben sich aus den unterschiedlichen Interessenlagen von Ober- und Unterliegerstaaten an grenzübergreifenden Fließgewässern heraus entwickelt, wie sie bspw zwischen den Anrainerstaaten des Nils besteht. Während in dieser klassischen Konfliktkonstellation Unterliegerstaaten wie Ägypten ihre mitunter seit dem Altertum bestehende intensive Gewässernutzung durch Nutzungsansprüche anderer Anrainerstaaten gefährdet sehen und unter Berufung auf ihre territoriale Integrität und dem hieraus abgeleiteten Schädigungsverbot verteidigen, stützen Oberliegerstaaten wie Äthiopien typischerweise ihre Nutzungsinteressen auf ihre territoriale Souveränität und dem hierauf fußenden Recht auf eine angemessene Mitnutzung des grenzübergreifenden Binnengewässers. Die Kontroverse, welchem der beiden Prinzipien der Vorrang gebührt, dominierte die Beratungen der ILC über die UN-Wasserlaufkonvention[158] und hält bis heute an. Da Mitnutzungsgebot und Schädigungsverbot auf die Lösung von Nutzungskonflikten fokussiert sind, stellt sich angesichts zunehmender Gewässerbelastungen jedoch die Frage, inwieweit sie auch zum Schutz grenzübergreifender Süßwasserökosysteme geeignet sind.

(1) Gebot ausgewogener und angemessener Mitnutzung

26 Dem *Gebot der ausgewogenen und angemessenen Mitnutzung* gemäß sind alle Anrainerstaaten eines grenzübergreifenden Binnengewässers berechtigt, an dessen Nutzung in ausgewogener und angemessener Weise (*equitable and reasonable manner*) teilzuhaben.[159] Es basiert auf dem

---

158 Hiezu zB *Utton*, Which Rule Should Prevail in International Water Disputes: That of Reasonableness or that of No Harm?, NRJ 36 (1996) 635 ff.

159 Hierzu zB *Lipper* (Fn 52) 15 ff; *McCaffrey*, Watercourses, 384 ff; *McIntyre*, Environmental Protection, 53 ff; *Behrmann*, Prinzip.

Gedanken, dass das Recht eines Anrainerstaats zur Ausübung territorialer Souveränität über den auf seinem Territorium gelegenen Teil eines grenzübergreifenden Binnengewässers zugleich die Pflicht einschließt, die gleichrangige Souveränität anderer Anrainerstaaten zu achten und ihnen eine angemessene Nutzung der gemeinsamen Ressource zu ermöglichen.[160] Dieses Mitnutzungsgebot wurde ursprünglich durch die nationale Rechtsprechung zu Gewässerkonflikten innerhalb föderaler Staaten wie der Schweiz,[161] den USA[162] und Deutschland[163] entwickelt und ist heute völkergewohnheitsrechtlich weithin anerkannt.[164] Die Anwendung des Gebots als bestimmendes Grundprinzip des internationalen Binnengewässerrechts wurde maßgeblich von der ILA propagiert,[165] die es in Art VI ihrer einflussreichen ILA Helsinki Rules v 1966 wie folgt fasste: „Each basin State is entitled, within its territory, to a reasonable and equitable share in the beneficial uses of the waters of an international drainage basin." Heute wird das Gebot in unterschiedlichen Varianten in zahlreichen bi- und multilateralen Übereinkommen[166] sowie Art 12 ILA Berlin Rules, Art 4 ILC Draft Aquifer Articles und in folgender Form durch Art 5 Abs 1 Satz 1 der UN-Wasserlaufkonvention kodifiziert: „Die Wasserlaufstaaten nutzen in ihrem jeweiligen Hoheitsgebiet einen internationalen Wasserlauf in ausgewogener und angemessener Weise." Dieser weiten Anerkennung des Mitnutzungsgebots entsprechend hat der IGH in seinem Urteil v 1997 zum Rechtsstreit zwischen Ungarn und der Slowakischen Republik über das *Gabčíkovo-Nagymaros*-Projekt an der Donau festgestellt, dass die damalige Tschechoslowakei durch die einseitige Ableitung von 80 bis 90% des Flusswassers das Recht Ungarns auf eine angemessene Mitnutzung der Donau verletzt habe. Dabei berief sich der IGH auf die 1929 vom StIGH im *Oderkommission*-Urteil[167] betonte Gleichberechtigung aller Anrainerstaaten hinsichtlich der navigatorischen Nutzung eines grenzübergreifenden Binnengewässers sowie auf die Kodifizierung des Mitnutzungsgebots in der wenige Monate vor der Urteilsverkündung durch die GV angenommenen UN-Wasserlaufkonvention: „Modern development of international law has strengthened this principle for non-navigational uses of international watercourses as well, as evidenced by the adoption of the Convention of 21 May 1997 on the Law of the Non-Navigational Uses of International Watercourses by the United Nations General Assembly. The Court considers that Czechoslovakia, by unilaterally assuming control of a shared resource, and thereby depriving Hungary of its right to an equitable and reasonable share of the natural resources of the Danube – with the continuing effects of the diversion of these waters on the ecology of the riparian area of the Szigetköz – failed to respect the proportionality which is required by international law".[168]

27 Kern des Gebots der ausgewogenen und angemessenen Mitnutzung ist eine umfangreiche Abwägung der verschiedenen Interessen der beteiligten Anrainerstaaten „in billiger Weise", wie sie bereits 1927 der deutsche Staatsgerichtshof im *Donauversinkung*-Rechtsstreit zwischen den Ländern Württemberg und Preußen einerseits und Baden andererseits unter Verweis auf das

160 *Epiney*, Nachbarrechtliche Pflichten, 28.

161 S zB die Urteile des schweizerischen Bundesgerichts Zürich gegen Aargau und Aargau gegen Solothurn. Hierzu *Schindler*, The Administration of Justice in the Swiss Federal Court in Intercantonal Disputes, AJIL 23 (1929) 149 (169 ff).

162 S zB die Urteile des US Supreme Court Kansas v Colorado und Wyoming v Colorado. Hierzu *Sherk*, Dividing the Waters: The Resolution of Interstate Water Conflicts in the United States, 2000, 217 ff und 407 ff.

163 *Donauversinkung*; hierzu *McCaffrey*, International Groundwater Law, 145 ff.

164 YbILC 1994 II/2, 89 (98), Commentary on Art 5 para 10. Krit *Behrmann*, Prinzip, 164 ff.

165 *Salman*, Helsinki Rules, UN Watercourses Convention and Berlin Rules, 628 ff.

166 Bspw Art 2 Nigeria Niger Agreement; Art 2 Abs 2 lit c UNECE-Binnengewässerkonvention; Art 2 Abs 2 Donau-Übereinkommen; Art 3 Abs 7 und 8 Revised SADC Watercourses Protocol; Art 5 Mekong Agreement; Art 7 Sava Agreement; Art 3 lit b Incomati Maputo Agreement; Art VII Abs 3 Revised African Nature Conservation Convention.

167 *Oderkommission*, 27.

168 *Gabčíkovo-Nagymaros*, § 85.

Völkerrecht für geboten erachtete.[169] Dieser Abwägungsprozess verlangt grundsätzlich die Berücksichtigung aller relevanter Faktoren und Umstände des Einzelfalls. Insoweit stellte die ILA in Art V Abs 2 ihrer Helsinki Rules beispielhaft eine umfangreiche – wenn auch nicht abschließende – Liste potentieller Abwägungskriterien zusammen, die zwischenzeitlich durch Art 6 Abs 1 der UN-Wasserlaufkonvention in leicht modifizierter Form kodifiziert wurde:[170]

> „Die Nutzung eines internationalen Wasserlaufs in einer ausgewogenen und angemessenen Weise im Sinne des Artikels 5 erfordert, dass alle maßgeblichen Faktoren und Umstände berücksichtigt werden, insbesondere
> a) geographische, hydrographische, hydrologische, klimatische, ökologische und sonstige Faktoren natürlicher Art;
> b) die sozialen und wirtschaftlichen Bedürfnisse der betroffenen Wasserlaufstaaten;
> c) die in den einzelnen Wasserlaufstaaten von dem Wasserlauf abhängige Bevölkerung;
> d) die Auswirkungen der Nutzung oder Nutzungen der Wasserläufe in einem Wasserlaufstaat auf andere Wasserlaufstaaten;
> e) bestehende und mögliche Nutzungen des Wasserlaufs;
> f) Erhaltung, Schutz, Entwicklung und Sparsamkeit bei der Nutzung der Wasservorkommen des Wasserlaufs und die Kosten der zu diesem Zweck ergriffenen Maßnahmen;
> g) die Verfügbarkeit gleichwertiger Alternativen für eine bestimmte geplante oder bestehende Nutzung."

Die verschiedenen Abwägungsfaktoren sind nach der UN-Wasserlaufkonvention grundsätzlich gleichrangig (Art 10 Abs 1), wobei allerdings die Versorgung mit Wasser zur Deckung menschlicher Grundbedürfnisse von existenzieller Bedeutung bevorzugt zu berücksichtigen ist (Art 10 Abs 2).[171] Insgesamt ist die Relevanz eines Abwägungskriteriums im Rahmen einer Gesamtschau zu ermitteln (Art 6 Abs 3): „Das jedem einzelnen Faktor beizumessende Gewicht ist anhand seiner Bedeutung im Vergleich zu anderen maßgeblichen Faktoren zu bestimmen. Bei der Bestimmung dessen, was eine ausgewogene und angemessene Nutzung ist, sind alle maßgeblichen Faktoren gemeinsam zu prüfen; eine Schlussfolgerung ist auf der Grundlage der Gesamtheit der Faktoren zu treffen."

28 Stärke und zugleich Schwäche des Gebots angemessener Mitnutzung grenzübergreifender Binnengewässer ist seine inhaltliche Unbestimmtheit: Stärke, weil es Anrainerstaaten zu grundsätzlich ergebnisoffenen Verhandlungen über Gewässerkonflikte anhält und ihnen dadurch den Raum gibt, eine auf den konkreten Einzelfall zugeschnittene, tragfähige Lösung zu entwickeln.[172] Schwäche, weil das Gebot in seiner Grundform kaum justiziabel ist,[173] obgleich es auch Anhaltspunkte für seine Verletzung gibt:[174] So forderte in prozeduraler Hinsicht der *Lac Lanoux*-Schiedsspruch v 1957,[175] dass im Rahmen des Abwägungsvorgangs alle für die beteiligten Anrainerstaaten jeweils relevanten Faktoren zumindest erwogen werden müssen. Gegenstand des Schiedsverfahrens war das Vorhaben im Oberliegerstaat Frankreich, ca 25% des Flusses Font-Vive, der den französischen Pyrenäensee Lanoux mit dem französisch-spanischen Grenzfluss Carol verbindet, zur Stromerzeugung vorübergehend umzuleiten. Das Schiedsgericht stützte sich bei seiner Entscheidung neben dem Grenzvertrag v Bayonne auch auf den Gesichtspunkt von Treu und Glauben im Umgang zwischen Anrainerstaaten. Demnach oblag es allein Spanien

---

169 RGZ 116, Anh, 18 (31 f).
170 Hierzu *Fuentes*, The Criteria for the Equitable Utilization of International Rivers, BYBIL 67 (1996) 337ff. S a die Weiterentwicklung des Kriterienkatalogs in Art 13 Abs 2 ILA Berlin Rules sowie die Faktoren nach Art 5 Abs 1 ILC Draft Aquifer Articles.
171 Ebenso Art 14 Abs 1 und 2 ILA Berlin Rules sowie Art 5 Abs 2 ILC Draft Aquifer Articles.
172 *Benvenisti*, Collective Action, 401ff.
173 *Fitzmaurice*, General Principles Governing the Cooperation between States in Relation to Non-Navigational Uses of International Watercourses, YIEL 14 (2003) 3 (22 f); *Birnie/Boyle/Redgwell*, International Law and the Environment, 543f.
174 *Epiney*, Nachbarrechtliche Pflichten, 30ff.
175 ILR 24 (1957) 101.

als dem betroffenen Unterliegerstaat zu entscheiden, inwieweit das Vorhaben seine Interessen beeinträchtigen würde. Um diese Entscheidung treffen zu können, musste Spanien jedoch vorab von Frankreich umfassend über das Vorhaben informiert werden.[176] Erst auf dieser Grundlage war eine Berücksichtigung aller relevanten Interessen möglich: „Account must be taken of all interests, of whatsoever nature, which are liable to be affected by the works undertaken, even if they do not correspond to a right. [...] The Tribunal is of the opinion that, according to the rules of good faith, the upstream State is under the obligation to take into consideration the various interests involved, to seek to give them every satisfaction compatible with the pursuit of its own interests, and to show that in this regard it is genuinely concerned to reconcile the interests of the other riparian State with its own."[177] Neben diesen prozeduralen Anforderungen darf in materieller Hinsicht das Abwägungsergebnis selbst nicht offenkundig „unausgewogen" sein. Angesichts dieser Unbestimmtheit können letztlich jedoch allenfalls grobe Verletzungen des Gebots der ausgewogenen und angemessenen Mitnutzung – wie sie der IGH in seinem Urteil zum *Gabčíkovo-Nagymaros*-Rechtsstreit in der Umleitung eines Großteils der Donau sah – eindeutig erfassbar sein.

29 Ein derart unbestimmtes Prinzip mag als allg Anweisung an Anrainerstaaten, ihre Konflikte um Gewässernutzungen unter angemessener Berücksichtigung aller relevanten Interessen zu lösen, hilfreich sein. Zum Schutz von Süßwasserressourcen vor Gewässerbelastungen ist das Gebot der ausgewogenen und angemessenen Mitnutzung jedoch nur bedingt geeignet.[178] Die ökologischen Grenzen der quantitativen und qualitativen Regenerationsfähigkeit von Binnengewässern und ihrer Ökosysteme sind nicht verhandelbar, sondern als vorgegebene Rahmenbedingungen für die dauerhafte Befriedigung verschiedener Nutzungsinteressen zu achten. Diese Erkenntnis hat mit der allmählichen Ökologisierung des internationalen Binnengewässerrechts auch Eingang in verschiedene Kodifizierungen des Gebots gefunden. So zählen ökologische Kriterien (*factors of a natural character*) sowie Erhalt und Schutz (*conservation, protection*) der Ressource zu den Faktoren, die nach dem offenen Katalog der UN-Wasserlaufkonvention in die Abwägung der unterschiedlichen Interessen von Anrainerstaaten einbezogen werden können (Art 6 Abs 1 lit a und f).[179] Die ILA Berlin Rules gehen hierüber hinaus, indem sie zu den abwägungsrelevanten Kriterien noch die Nachhaltigkeit geplanter und bestehender Nutzungen sowie die Verringerung von Umweltschäden hinzufügen.[180] Angesichts der grundsätzlichen Gleichrangigkeit der abzuwägenden Faktoren (Art 10) ist dies für sich genommen jedoch unzureichend, einen ausreichenden Schutz von Süßwasserökosystemen zu gewährleisten. Diesbezügliche Bedenken bestimmten auch die Diskussion innerhalb der ILC.[181] Schließlich wurde das in seiner Grundform offene Gebot der ausgewogenen und angemessenen Mitnutzung (Art 5 Abs 1 Satz 1) insofern inhaltlich gebunden und neuinterpretiert, als das Abwägungsergebnis nunmehr nicht nur zu einer ökonomisch optimalen, sondern auch ökologisch nachhaltigen Gewässernutzung führen soll, die im Einklang mit dem angemessenen Schutz des Binnengewässers steht (Art 5 Abs 1 Satz 2):[182] „Insbesondere wird ein internationaler Wasserlauf von den Wasserlaufstaaten mit dem Ziel genutzt und entwickelt, den Erfordernissen des Schutzes des Wasserlaufs entsprechend und unter Berücksichtigung der Interessen der beteiligten Wasserlaufstaaten seine optimale und nachhaltige Nutzung zu erreichen und optimalen und nachhaltigen Nutzen aus

---

176 Ebd, 101 (138).

177 Ebd, 138 f.

178 *Epiney*, Nachbarrechtliche Pflichten, 28; *Birnie/Boyle/Redgwell*, International Law and the Environment, 548 und 553; *Proelß*, Raum und Umwelt, Rn 111.

179 Ebenso Art 13 Abs 2 lit a und f ILA Berlin Rules sowie Art 5 Abs 1 lit c und h ILC Draft Aquifer Articles.

180 Art 13 Abs 2 lit h und i ILA Berlin Rules.

181 Hierzu *Tanzi/Arcari*, UN Watercourses Convention, 103 ff.

182 Ebenso Art 12 Abs 2 ILA Berlin Rules. Keinen ausdrücklichen Verweis auf das Nachhaltigkeitsprinzip enthalten hingegen Art 4 und 5 ILC Draft Aquifer Articles.

ihm zu ziehen." Diese schutzorientierte Weiterentwicklung des Mitnutzungsgebots wird durch eine entsprechend ökologisch gebundene, speziell auf das Mitnutzungsgebot bezogene Kooperationspflicht der Anrainerstaaten verstärkt (Art 5 Abs 2): „Die Wasserlaufstaaten beteiligen sich in ausgewogener und angemessener Weise an der Nutzung, der Entwicklung und dem Schutz eines internationalen Wasserlaufs. Diese Beteiligung umfasst sowohl das Recht, den Wasserlauf zu nutzen, als auch die Pflicht, iSd Übereinkommens bei seinem Schutz und seiner Entwicklung zusammenzuarbeiten." Insgesamt sind folglich nachhaltige Nutzung und Schutz grenzübergreifender Binnengewässer nicht nur gleichrangige Aspekte unter mehreren abzuwägenden Faktoren. Vielmehr ist eine bestimmte Nutzung eines grenzübergreifenden Binnengewässers nur „ausgewogen und angemessen" iSd UN-Wasserlaufkonvention, wenn sie auch in ökologischer Hinsicht dem Erfordernis der Nachhaltigkeit entspricht.[183]

30 Unabhängig von dieser schutzorientierten Bindung des Mitnutzungsgebots durch die UN-Wasserlaufkonvention hat nunmehr auch der IGH in seinem *Pulp Mills*-Urteil eine am Nachhaltigkeitserfordernis ausgerichtete Neuinterpretation des Gebots anerkannt: Hintergrund des dem Urteil zugrundeliegenden Rechtsstreits zwischen Argentinien und Uruguay war die Auslegung des 1975 vereinbarten *Statuts über das Nutzungsregime des Uruguay-Flusses*, das dessen „optimale und vernünftige Nutzung" anstrebt (Art 1). Um dies zu erreichen, legt das Statut ein differenziertes Verfahren zur gegenseitigen Benachrichtigung und Verhandlung über Vorhaben mit potentiell erheblichen Auswirkungen auf die Schifffahrt, das Fließverhalten oder die Wasserqualität des Flusses fest (Art 7–12). Auch die Nutzung des Flusswassers für häusliche, sanitäre, industrielle und landwirtschaftliche Zwecke unterliegt diesem Verfahren (Art 27). In Bezug auf Art 27 stellte der IGH fest, dass insoweit nicht nur die Notwendigkeit eines Ausgleichs zwischen den verschiedenen Nutzungsinteressen der Anrainerstaaten besteht, sondern zudem ein Gleichgewicht zwischen der Nutzung und dem Schutz des Flusses zu finden ist, das mit dem Ziel der nachhaltigen Entwicklung in Einklang steht. Dementsprechend formulierte der IGH sein Verständnis eines auf die Verwirklichung des Leitbilds nachhaltiger Entwicklung ausgerichteten Gebots ausgewogener und angemessener Mitnutzung grenzübergreifender Binnengewässer wie folgt: „The Court wishes to add that such utilization could not be considered to be equitable and reasonable if the interests of the other riparian State in the shared resource and the environmental protection of the latter were not taken into account. Consequently, it is the opinion of the Court that Article 27 embodies this interconnectedness between equitable and reasonable utilization of a shared resource and the balance between economic development and environmental protection that is the essence of sustainable development."[184]

(2) Verbot erheblicher grenzüberschreitender Schädigung

31 Neben dem Gebot der ausgewogenen und angemessenen Mitnutzung wird das internationale Binnengewässerrecht durch das *Verbot erheblicher grenzüberschreitender Schädigung* mitgeprägt, demzufolge Staaten auf ihrem Hoheitsgebiet keine Aktivitäten entfalten oder zulassen dürfen, die in anderen Staaten zu erheblichen Schäden führen und hierdurch deren territoriale Integrität verletzen.[185] Das nachbarrechtliche Schädigungsverbot, das maßgeblich im *Trail Smelter*-Schiedsspruch (1941)[186] und im *Korfu Kanal*-Urteil des IGH (1949)[187] formuliert wurde, stellt

---

183 *Tanzi/Arcari*, UN Watercourses Convention, 115.
184 *Pulp Mills*, § 177.
185 Hierzu zB *Bruhâc*, The Law of Non-navigational Uses of International Watercourses, 1993, 194 ff; *Nollkaemper*, Pollution, 24 ff; *McCaffrey*, Watercourses, 406 ff; *McIntyre*, Environmental Protection, 87 ff und 191 ff. Eingehend auch *Proelß*, 3. Abschn Rn 8 ff.
186 *Trail Smelter*, 1965.
187 *Korfu Kanal*, 22.

eine „Grundnorm“ des internationalen Umweltrechts dar. Es ist u a in Prinzip 2 der Rio-Deklaration (1992)[188] enthalten und wird heute allg als geltendes Völkergewohnheitsrechts anerkannt,[189] wie der IGH im *Nuklearwaffen*-Gutachten (1996)[190] und im *Gabčíkovo-Nagymaros*-Urteil (1997)[191] in Bezug auf grenzübergreifende Binnengewässer bestätigte. Im binnengewässerrechtlichen Kontext vertrat bereits der deutsche Staatsgerichtshof in seinem *Donauversinkung*-Urteil (1927) unter Verweis auf die Verhandlungspraxis der Reichsregierung die Auffassung, „dass kein Staat auf seinem Gebiet Maßnahmen treffen dürfe, die auf den Wasserlauf im Gebiet eines anderen Staates zu dessen Nachteil einschneidend einwirken. Es liegt hier eine bereits allg anerkannte Regel des Völkerrechts vor.“[192] Auch der StIGH machte im *Maas*-Urteil (1937) bei der Auslegung des Vertrags von Den Haag die Zulässigkeit von Maßnahmen an grenzübergreifenden Binnengewässern von deren Auswirkungen auf andere Anrainerstaaten abhängig.[193] Das Schiedsgericht im *Lac Lanoux*-Fall (1957) hätte die von Frankreich beabsichtigte Wasserentnahme aus dem grenzübergreifenden Binnengewässersystem nicht gebilligt, wenn Spanien dargelegt hätte, dass das aus dem Fluss Font-Vive umgeleitete Wasser nach seiner Nutzung zur Stromerzeugung quantitativ oder qualitativ erheblich verändert wiedereingeleitet werde.[194] Das IDI forderte bereits in Art II Abs 2 seiner Resolution von Madrid (1911)[195] ein absolutes Verbot erheblicher grenzüberschreitender Schädigung als Leitprinzip des internationalen Binnengewässerrechts, das es – in abgeschwächter Form – in seinen Resolutionen von Salzburg (1961)[196] und Athen (1979)[197] zu einem Verbot grenzüberschreitender Binnengewässerverschmutzung weiterentwickelte.[198] Heute ist das Schädigungsverbot in verschiedenen Varianten in zahlreichen Binnengewässerübereinkommen[199] wie zB in Art 7 UN-Wasserlaufkonvention sowie in Art 16 ILA Berlin Rules und Art 6 ILC Draft Aquifer Articles kodifiziert. Trotz dieser grundsätzlichen Anerkennung sind die Tatbestandsmerkmale des Verbots erheblicher grenzüberschreitender Schädigungen in mehrfacher Hinsicht klärungsbedürftig.[200]

32 Was im Rahmen eines spezifischen Binnengewässerschutzregimes unter einem „Schaden“ zu verstehen ist, hängt maßgeblich von den konkreten Gegebenheiten und den diesbezüglichen Schutzinteressen der betroffenen Anrainerstaaten ab. So stehen in wasserarmen Regionen quantitative Fragen zB der zulässigen Wasserentnahme im Vordergrund, während in industrialisier-

188 ILM 31 (1992) 876 ff.

189 Hierzu zB *Wolfrum*, Purposes and Principles of International Environmental Law, GYIL 33 (1990) 308 (309 ff); *Epiney*, Das „Verbot erheblicher grenzüberschreitender Umweltbeeinträchtigungen“: Relikt oder konkretisierungsfähige Grundnorm?, AVR 33 (1995) 309 (318) mwN; *Odendahl*, Die Umweltpflichtigkeit der Souveränität, 1998, 114 ff mwN.

190 *Nuklearwaffen*, § 29.

191 *Gabčíkovo-Nagymaros*, § 53.

192 RGZ 116, Anh, 18 (31).

193 *Maas*, 26.

194 ILR 24 (1957), 101 (123).

195 IDI-Resolution v 20.4.1911 (Session de Madrid), Réglementation internationale de l'usage des cours d'eau internationaux en dehors de l'exercice du droit de navigation, in Wehberg (Hrsg), Institut de Droit International – Tableau général des Résolutions (1873-1956), 1957, 81 f.

196 IDI-Resolution v 11.9.1961 (Session de Salzbourg), Utilisation des eaux internationales non maritimes (en dehors de la navigation), in IDI (Hrsg), Tableau des Résolutions adoptées (1957-1991), 1992, 28 ff.

197 IDI-Resolution v 12.9.1979 (Session d'Athènes), La pollution des fleuves et des lacs et le droit international, in IDI (Hrsg), Tableau des Résolutions adoptées (1957-1991), 1992, 136 ff.

198 *Salman*, Helsinki Rules, UN Watercourses Convention and Berlin Rules, 628.

199 Bspw Art 3 Czechoslovakian-Polish Frontier Waters Agreement; Art 9 Abs 1 Polish-Soviet Frontier Waters Agreement; Art 2 Bulgarian-Turkish Water Agreement (<www.internationalwaterlaw.org/documents/regionaldocs/bulg_and_turk.html>); Art 2-6 Finish-Swedish Frontier Waters Agreement; Art 2 Abs 1 UNECE-Binnengewässerkonvention; Art 6 Abs 2 Israel-Jordan Peace Treaty; Art 10 Abs 1 und Art 15 Abs 1 Spanish-Portuguese Basins Agreement; Art 9 Sava Agreement; Art VII Abs 1 lit b und c Revised African Nature Conservation Convention.

200 Hierzu zB *Epiney* (Fn 189) 324 ff; *dies*, Nachbarrechtliche Pflichten, 21 ff.

ten Gebieten qualitative Aspekte wie zB die chemische Gewässerverschmutzung dominieren. Angesichts der Vielfalt möglicher Auswirkungen von Gewässernutzungen sowie des allg Anstiegs von Gewässerbelastungen gehen die universellen Kodifikationen internationalen Binnengewässerrechts von einem weiten Begriff des relevanten „Schadens“ (*harm, damage, injury, loss, adverse impact/effect*) aus, der nicht auf die Umwelt begrenzt ist. Beispielhaft ist insoweit die Definition nach Art 3 Nr 4 ILA Berlin Rules, wonach ein „Schaden“ insbes in folgenden Formen auftreten kann: „a. loss of life or personal injury; b. loss of or injury to property or other economic losses; c. environmental harm; and d. the costs of reasonable measures to prevent or minimize such loss, injury, or harm.“ Folglich sind Umweltschäden nur eine von mehreren denkbaren Schadensarten. Diese umfassen gemäß Art 3 Nr 8 ILA Berlin Rules „a. injury to the environment and any other loss or damage caused by such harm; and b. the costs of reasonable measures to restore the environment actually undertaken or to be undertaken“. Entsprechend weit ist auch der Schadensbegriff nach Art 7 Abs 1 UN-Wasserlaufkonvention gefasst, wie aus ihrer Regelung grenzüberschreitender Binnengewässerverschmutzung ersichtlich ist. Demnach sind Anrainerstaaten verpflichtet, einzeln und ggf gemeinsam die Verschmutzung eines internationalen Wasserlaufs, die anderen Wasserlaufstaaten oder deren Umwelt, einschließlich der Gesundheit oder Sicherheit der Menschen, der Nutzung des Wassers für positive Zwecke oder der lebenden Ressourcen des Wasserlaufs, beträchtlichen Schaden verursachen könnte, zu verhüten, zu verringern und zu bekämpfen (Art 21 Abs 2 Satz 1). Im Gegensatz dazu legt zwar die UNECE-Binnengewässerkonvention insofern größeres Gewicht auf Umweltaspekte, als sie einen „Schaden“ definiert als „jede beträchtliche schädliche Auswirkung auf die Umwelt [...] aufgrund einer durch menschliche Tätigkeiten verursachten Veränderung des Zustands grenzüberschreitender Gewässer [...]“ (Art 1 Abs 2). Allerdings sind diese Auswirkungen auf die Umwelt weit zu verstehen als „Auswirkungen auf die menschliche Gesundheit und den Schutz des Menschen, auf die Pflanzen- und Tierwelt, auf Boden, Luft, Wasser, Klima, Landschaft und geschichtliche Denkmäler oder andere natürliche Bauwerke oder eine Wechselwirkung zwischen mehreren dieser Faktoren; hierzu zählen außerdem Auswirkungen auf das kulturelle Erbe oder auf wirtschaftlich-soziale Bedingungen infolge von Veränderungen dieser Faktoren“.

33 Das internationale Binnengewässerrecht statuiert idR kein absolutes Verbot grenzübergreifender Schädigung. Vielmehr sind Schäden bis zu einem gewissen Maß aus dem Gedanken der guten Nachbarschaft heraus zu tolerieren.[201] Bzgl der Grenze des nicht mehr zu tolerierenden Schadensumfangs, der zu einer Verletzung des Verbots führt, sind graduelle Abstufungen der Schadensschwelle denkbar, die von *De minimis*-Einschränkungen wie „spürbar“ (*appreciable*) über „erheblich“ bzw „beträchtlich“ (*substantial, significant*) bis zu „schwerwiegend“ (*serious*) reichen können. Das Schädigungsverbot idF von Art 7 Abs 1 UN-Wasserlaufkonvention untersagt insoweit „significant harm“, worunter eine nachweisbare „tatsächliche Beeinträchtigung der Gewässernutzung“ des geschädigten Anrainerstaats zu verstehen ist, wie die Beratungen der ILC zur generellen Bedeutung des Begriffs auch in anderen Zusammenhängen im Rahmen der UN-Wasserlaufkonvention zeigen:[202] „There must be a real impairment of use, i.e. a detrimental impact of some consequence upon, for example, public health, industry, property, agriculture or the environment in the affected State.“[203] Doch selbst wenn damit einige Anhaltspunkte für die Bewertung der Frage skizziert sind, was eine erhebliche Schädigung ausmacht, so stellt das Schädigungsverbot in seiner Grundform einen nur groben Maßstab dar, der im Einzelfall weiterer Konkretisierung bedarf.

201 *Lammers*, Pollution, 568 f mwN.
202 *Tanzi/Arcari*, UN Watercourses Convention, 149; *McIntyre*, Environmental Protection, 94 f.
203 YbILC 1988 II/2, 33 (36), Commentary on Art 8 para 5; s a YbILC 1994 II/2, 89 (94), Commentary on Art 3 para 14.

Weitgehend unproblematisch ist hingegen idR das Tatbestandsmerkmal „grenzüberschreitend" (*transboundary*), das bspw nach Art 1 Abs 2 UNECE-Binnengewässerkonvention erfüllt ist, wenn ein Schaden in einem Staat auftritt und dieser nachweisbar seinen Ursprung ganz oder teilweise im Hoheitsgebiet eines anderen Staats hat. Insoweit ist ein Kausalzusammenhang zwischen Schaden einerseits und dem schadensauslösenden Tun oder Unterlassen andererseits ausreichend. Nicht erforderlich ist hingegen, dass die beteiligten Staaten unmittelbare Nachbarn sind.[204] **34**

In den von der ILC 1988 und 1991 vorläufig angenommenen Entwürfen zentraler Regelungen der UN-Wasserlaufkonvention enthielt das Schädigungsverbot zunächst – mit Ausnahme des Erheblichkeitskriteriums – keine Einschränkungen (Art 8 ILC Draft Articles v 1988[205] und Art 7 ILC Draft Articles v 1991[206]): „Watercourse States shall utilize an international watercourse [system] in such a way as not to cause appreciable harm to other watercourse States." Auf diese Weise fand das Mitnutzungsgebot seine Grenze im Schädigungsverbot, dem folglich – wie ILC Special Rapporteur *Stephen C. McCaffrey* hervorhob – grundsätzlich Vorrang zukam: „A watercourse State's right to utilize an international watercourse [system] in an equitable and reasonable manner has its limit in the duty of that State not to cause appreciable harm to other watercourse States. In other words – *prima facie*, at least – utilization of an international watercourse [system] is not equitable if it causes other watercourse States appreciable harm."[207] Nachdem diese Dominanz des Schädigungsverbots jedoch auf Kritik gestoßen war,[208] wurden im Rahmen eines weiteren Entwurfs (Art 7 ILC Draft Articles v 1994)[209] verschiedene Modifikationen vorgenommen, die in der endgültigen Fassung der UN-Wasserlaufkonvention im Wesentlichen erhalten geblieben sind. Art 7 Abs 1 UN-Wasserlaufkonvention kodifiziert nunmehr die Grundform des Verbots erheblicher grenzüberschreitender Schädigungen folgendermaßen: „Die Wasserlaufstaaten ergreifen bei der Nutzung eines internationalen Wasserlaufs in ihrem Hoheitsgebiet alle geeigneten Maßnahmen, um zu verhindern, dass anderen Wasserlaufstaaten beträchtlicher Schaden entsteht." Abgesehen von der graduellen Verschärfung des Erheblichkeitskriteriums von „spürbar" (*appreciable*) zu „erheblich" bzw „beträchtlich" (*significant*) wurde damit das Schädigungsverbot von einer *absoluten Pflicht*, grenzüberschreitende Gewässerbelastungen *im Ergebnis* zu verhindern, zu einer *Sorgfaltspflicht* (*due diligence*) abgemildert, alle geeigneten Maßnahmen zur Schadensvermeidung zu ergreifen. In dieser Form soll das Schädigungsverbot ILC Special Rapporteur *Robert Rosenstock* zufolge nicht „garantieren", dass die Nutzung eines grenzübergreifenden Binnengewässers iE keinen erheblichen Schaden verursacht: „It is an obligation of conduct, not an obligation of result."[210] Folglich sind erhebliche grenzübergreifende Schädigungen nicht *per se* verboten. Vielmehr liegt eine Verletzung des Verbots grundsätzlich nur vor, wenn der Schaden auf einer vorsätzlichen oder fahrlässigen Missachtung von Sorgfaltspflichten beruht. **35**

Neben dieser Umwandlung in eine Sorgfaltspflicht wurde das Schädigungsverbot in Art 7 Abs 2 UN-Wasserlaufkonvention um eine Schadensbeseitigungs- und Schadensbegrenzungspflicht ergänzt, die unabhängig davon eingreift, ob ein Anrainerstaat durch einen von ihm verursachten Schaden gegen die Sorgfaltspflicht verstoßen hat: „Entsteht einem anderen Wasserlaufstaat dennoch beträchtlicher Schaden, so ergreifen die Staaten, deren Nutzung den Schaden verursacht, wenn dieser Nutzung nicht zugestimmt wurde, in Konsultationen mit **36**

---

204 *Proelß*, Raum und Umwelt, Rn 106 mwN.
205 YbILC 1988 II/2, 33 ff.
206 YbILC 1991 II/2, 66 ff.
207 YbILC 1988 II/2, 33 (36), Commentary on Art 8 para 2.
208 *Tanzi/Arcari*, UN Watercourses Convention, 151 f mwN.
209 YbILC 1994 II/2, 89 ff.
210 Ebd, 103, para 4.

dem betroffenen Staat unter gebührender Berücksichtigung der Artikel 5 und 6 alle geeigneten Maßnahmen, um den Schaden zu beheben oder abzumildern und um ggf die Frage einer Entschädigung zu erörtern." Diese Ergänzung iSd Verursacherprinzips[211] stellt den Versuch dar, die innerhalb der ILC vor dem Hintergrund der unterschiedlichen Interessenlagen von Ober- und Unterliegerstaaten heftig ausgetragene Kontroverse um die Vorrangfrage zwischen dem Gebot der ausgewogenen und angemessenen Mitnutzung und dem Schädigungsverbot durch eine Kompromissformel zu lösen. Die hierzu vorgenommene Verknüpfung der Pflicht zur Schadensbeseitigung und -begrenzung mit dem Mitnutzungsgebot („unter gebührender Berücksichtigung der Artikel 5 und 6") ist entsprechend mehrdeutig: „This formula was considered by a number of lower riparians to be sufficiently neutral not to suggest a subordination of the no-harm rule to the principle of equitable and reasonable utilization. A number of upper riparians thought just the contrary, namely, that that formula was strong enough to support the idea of such subordination."[212] Die Frage bleibt str. Der Vorrang des Mitnutzungsgebots[213] wird meist mit dem diesbezüglichen Verweis in Art 7 Abs 2 UN-Wasserlaufkonvention sowie dem Umstand begründet, dass die Auswirkungen von Gewässernutzungen auf andere Anrainerstaaten gemäß Art 6 Abs 1 lit d nur ein Abwägungskriterium bei der Ermittlung der Angemessenheit einer Mitnutzung grenzübergreifender Binnengewässer ist, dem anderen Faktoren gemäß Art 10 gleichgestellt sind. Demgegenüber spricht für den Vorrang des Schädigungsverbots[214] zumindest in Bezug auf dessen ökologische Dimension, dass das Mitnutzungsgebot in der Fassung der UN-Wasserlaufkonvention von vornherein auf Nachhaltigkeit und die „Erfordernisse des Schutzes des Wasserlaufs" ausgerichtet (Art 5 Abs 1 Satz 2) sowie durch eine entsprechend schutzorientierte Kooperationspflicht der Anrainerstaaten gebunden (Art 5 Abs 2) ist. Diese Position wird durch eine Gesamtschau der Regelungen der UN-Wasserlaufkonvention gestützt, die auch diejenigen Vorschriften einschließt, die speziell dem Schutz der Umwelt dienen (insbes Art 20–23).

37 Letztlich ist fraglich, ob auf abstrakter Ebene eine allgemeingültige Bestimmung des Verhältnisses zwischen dem Mitnutzungsgebot und dem Schädigungsverbot möglich bzw überhaupt sinnvoll ist. Insofern spricht vieles für den Ansatz der ILA, die in ihren Berlin Rules v 2004 beide Prinzipien durch entsprechende Verweise jeweils aufeinander bezieht (Art 12 Abs 1 und Art 16) und eine Klärung ihres Verhältnisses dem Einzelfall überlässt: „[W]ith the right to share come obligations that can only be fulfilled by acting in an equitable and reasonable manner, having due regard to the obligation no to cause significant harm to another basin State. The interrelation of these obligations must be worked out in each case individually, in particular through the balancing process [...]."[215] Dies scheint auf den ersten Blick dem Mitnutzungsgebot den Vorrang einzuräumen, das jedoch seinerseits nach Art 12 Abs 2 ILA Berlin Rules – Art 5 Abs 1 Satz 2 UN-Wasserlaufkonvention entsprechend – insofern von vornherein inhaltlich gebunden ist, als es auf die nachhaltige Entwicklung und den angemessenen Schutz von Binnengewässern ausgerichtet ist: „[T]he right to an equitable utilization does not trump the obligations to assure the optimal and, most centrally, sustainable use of the waters, and the obligation to assure adequate protection to the waters [...]."[216]

---

211 Allg zum Verursacherprinzip *Epiney/Scheyli*, Strukturprinzipien des Umweltvölkerrechts, 2000, 96 f und 152 ff. S a *Proelß*, 3. Abschn Rn 48 f.

212 *Caflisch*, Regulation of International Watercourses, in Salman/Boisson de Chazournes (Hrsg), International Watercourses, 15.

213 So zB *Bourne*, The Primacy of the Principle of Equitable Utilization in the 1997 Watercourses Convention, CYIL 35 (1997) 215 ff; *McIntyre*, Environmental Protection, 104 ff.

214 So zB *Birnie/Boyle/Redgwell*, International Law and the Environment, 549 ff; *Kokott*, Überlegungen zum völkerrechtlichen Schutz des Süßwassers, in FS Jaenicke, 1998, 177 (195 f).

215 ILA Berlin Rules, Commentary on Art 12 (Equitable Utilization).

216 Ebd.

(3) Nachbarrechtliche Grundprinzipien und Binnengewässerschutz

38 Trotz der Versuche der jüngeren Vergangenheit, sowohl das Gebot der ausgewogenen und angemessenen Mitnutzung grenzübergreifender Binnengewässer als auch das Verbot erheblicher grenzüberschreitender Schädigung iSd Nachhaltigkeitserfordernisses neu zu interpretieren, haben sich letztlich beide Grundsätze des völkerrechtlichen Nachbarrechts als unzulänglich zum Schutz der Ökosystemfunktionen grenzübergreifender Binnengewässer erwiesen.[217] So bietet das Mitnutzungsgebot in seiner Grundform keine Gewähr dafür, dass ökologische Aspekte im Rahmen der Abwägung prinzipiell gleichrangiger Faktoren hinreichend berücksichtigt werden. Auch das auf den ersten Blick eher schutzorientierte Schädigungsverbot ist hierfür nur bedingt geeignet. Unabhängig davon, dass sein offener Schadensbegriff nicht auf die ökologische Integrität von Süßwasserökosystemen begrenzt ist, lässt es Umweltbelastungen in gewissem Umfang zu. Das insoweit der Bestimmung zulässiger Umweltbelastungen dienende Erheblichkeitskriterium stellt für sich genommen einen zu groben Maßstab dar, um komplexen ökologischen Sachverhalten gerecht werden zu können. Zudem ist die Schadenzentriertheit des Verbots tendenziell reaktiv, obwohl potentiell irreversible Umweltschäden präventive Schutzmaßnahmen erfordern. Insgesamt sind weder das Mitnutzungsgebot noch das Schädigungsverbot ihrem Ursprung und Wesen nach auf den Schutz von Süßwasserökosystemen ausgerichtet. Vielmehr bleiben beide nachbarrechtliche Grundprinzipien darauf fokussiert, Konflikte zwischen Anrainerstaaten durch den Ausgleich widerstreitender Nutzungsinteressen zu lösen. Dies kann angesichts zunehmender Gewässerbelastungen jedoch nur gelingen, wenn sie durch Regelungen ergänzt werden, die zum einen die ökologischen Voraussetzungen dieser Nutzung hinreichend berücksichtigen und zum anderen eine auf dieses Ziel hin orientierte Zusammenarbeit von Anrainerstaaten aktiv fördern.

b) Schutz von Binnengewässerökosystemen

39 Die nachhaltige Nutzung von Binnengewässern erfordert deren ganzheitlichen ökosystemorientierten Schutz bezogen auf ihr gesamtes Wassereinzugsgebiet und unter Einschluss der mit ihnen verbundenen Feuchtgebiete und Landökosysteme. Einen denkbar weitgehenden Ansatz fordern die – insoweit über geltendes Gewohnheitsrecht hinausgehenden – ILA Berlin Rules, die den Schutz der „ökologischen Integrität“ (*ecological integrity*) der Binnengewässerumwelt anstreben: „States shall take all appropriate measures to protect the ecological integrity necessary to sustain ecosystems dependent on particular waters“ (Art 22). Demnach erfordert ökologische Integrität einen natürlichen Zustand des Wassers und der anderen natürlichen Elemente eines Binnengewässers, der ausreicht, um die biologische, chemische und physikalische Integrität der „aquatischen Umwelt“ (*aquatic environment*) eines Binnengewässers zu gewährleisten (Art 3 Nr 6). Dabei ist die aquatische Binnengewässerumwelt nicht auf den Hauptwasserkörper eines Binnengewässers beschränkt, sondern umfasst über Oberflächengewässer und Grundwasser hinausgehend auch „the lands and subsurface geological formations connected to those waters, and the atmosphere related to those waters and lands“ (Art 3 Nr 1). Dieser weite Schutzumfang ist jedoch in verschiedener Hinsicht eingeschränkt: Zum einen wird nicht der absolute Schutz der ökologischen Integrität der Binnengewässerumwelt, sondern vielmehr die Einhaltung desjenigen Mindestschutzniveaus gefordert, das zum „Überleben“ der betroffenen Ökosysteme erforderlich ist.[218] Zum anderen bezieht sich die geforderte Schutzpflicht nur auf diejenigen Beeinträchtigungen der ökologischen Integrität, die auf menschliche Aktivitäten zurückzuführen sind.[219]

---

217 So zB a *Brunnée/Toope*, International Ecosystem Law, 53 f; *dies*, Ecosystem Regime Building, 38 und 40; *Reichert*, Gewässerschutz, 131 ff.
218 ILA Berlin Rules, Commentary on Art 3 (Definitions).
219 Ebd, Commentary on Art 22 (Ecological Integrity).

40 In Binnengewässerübereinkommen finden ganzheitliche, ökosystemorientierte Schutzansätze – wenn auch in unterschiedlichem Ausmaß – zunehmend ihren Niederschlag.[220] Auf universeller Ebene[221] enthält die *UN-Wasserlaufkonvention* in Art 20 als Ausprägung des Vorsorgeprinzips[222] die allg Verpflichtung von Anrainerstaaten, die Ökosysteme von internationalen Wasserläufen zu schützen: „Die Wasserlaufstaaten schützen und erhalten einzeln und gegebenenfalls gemeinsam die Ökosysteme internationaler Wasserläufe." Die Reichweite dieser auf den ersten Blick umfassenden Verpflichtung ist jedoch fraglich.[223] So ist unter dem „Ökosystem eines internationalen Wasserlaufs" zwar einerseits die ökologische Einheit lebender und nicht lebender Elementen zu verstehen, die voneinander abhängig sind und als Gemeinschaft zusammenwirken. Andererseits hat sich die ILC bewusst gegen die Verwendung des Begriffs „Umwelt" eines internationalen Wasserlaufs entschieden, da dies auch die „Umgebung" des Wasserlaufs „mit nur geringer Bedeutung für dessen Schutz und den Erhalt" einschließen würde.[224] Die Vermutung liegt nahe, dass auch hier – wie bereits bei der Ablehnung des *Drainage Basin*-Ansatzes – Rücksicht auf die grundsätzliche Abneigung von Staaten gegen die Einbeziehung von Landgebieten in internationale Binnengewässerschutzregime genommen wurde.[225] Es ist angesichts der umfassenden ökologischen Wirkungszusammenhänge jedoch nicht sinnvoll, einerseits den Schutz der Ökosysteme eines Binnengewässers zu fordern, und andererseits die hierfür relevanten Faktoren wie das Wassereinzugsgebiet von vornherein aus dem Schutzumfang auszunehmen. Diese unter dem Aspekt ökosystemorientierten Binnengewässerschutzes inkonsequente Ausgestaltung der UN-Wasserlaufkonvention hat ihr den Vorwurf einer „verpassten Gelegenheit" eingebracht.[226] Auf der anderen Seite ist jedoch festzuhalten, dass Staaten nach Art 20 UN-Wasserlaufkonvention zum Schutz der Ökosysteme internationaler Wasserläufe unabhängig davon verpflichtet sind, ob die Missachtung dieser Verpflichtung zu einer grenzübergreifenden Schädigung anderer Anrainerstaaten führen würde oder nicht.[227] Diese Lösung des Schutzansatzes aus dem rein grenzübergreifenden Kontext ist als Weiterentwicklung des internationalen Binnengewässerrechts nicht zu unterschätzen.

41 Ein Bsp aus jüngerer Vergangenheit für ein regionales Übereinkommen, dass dezidiert dem Schutz der „ökologischen Integrität" eines Binnengewässers dient, ist das *Great Lakes Water Quality Agreement* v 2012. Wie bereits sein Vorgängerübereinkommen v 1978, zielt es darauf ab, „to restore and maintain the chemical, physical and biological integrity of the Waters of the Great Lakes" (Art 2 Abs 1 Satz 1). Zur Verbreitung ökosystemorientierter Schutzkonzeptionen insbes in Europa hat die als Rahmenübereinkommen angelegte UNECE-Binnengewässerkonvention beigetragen, die ihre Vertragsparteien zum Erhalt und erforderlichenfalls zur Wiederherstellung von Ökosystemen (Art 2 Abs 2 lit a) sowie zur Förderung einer nachhaltigen Bewirtschaftung von Binnengewässern „einschließlich des Ökosystemansatzes" (Art 3 Abs 1 lit i) verpflichtet. Auf dieser Grundlage wurden u a die spezifischen Übereinkommen zum Schutz von Schelde (1994),[228] Donau (1994),[229] Oder (1996),[230] der spanisch-portugiesischen Grenzgewässer (1998),[231]

---

220 Bspw Art 3 Mekong Agreement; Art 7 Sava Agreement; Art 6 Abs 1 und 2 Incomati Maputo Agreement; Art VII Abs 1 lit a Revised African Nature Conservation Convention.
221 Zum Schutz von Ökosystemen in Zusammenhang mit Grundwasserleitern s Art 10 ILC Draft Aquifer Articles.
222 YbILC 1994 II/2, 89 (118), Commentary on Art 20 paras 3 und 9.
223 Zum Folgenden *Birnie/Boyle/Redgwell*, International Law and the Environment, 558 f.
224 YbILC 1994 II/2, 89 (118), Commentary on Art 20 para 2.
225 *Tanzi/Arcari*, UN Watercourses Convention, 240.
226 *Brunnée/Toope*, Ecosystem Regime Building, 49.
227 *McCaffrey*, Watercourses, 459.
228 Art 3 Abs 6 Schelde-Übereinkommen.
229 Art 1 lit c und Art 2 Abs 3 Donau-Übereinkommen.
230 Art 1 Abs 2 lit b Oder-Übereinkommen.
231 Art 2 Spanish-Portuguese Basins Agreement.

des Rheins (1999)[232] sowie der Maas (2002)[233] abgeschlossen. Der Rhein ist beispielhaft für die Anwendung des ökosystemorientierten Schutzansatzes,[234] zielt doch das Rhein-Übereinkommen v 1999 ausdrücklich auf die „nachhaltige Entwicklung des Ökosystems Rhein" ab (Art 3 Abs 1). Der räumliche Anwendungsbereich des Übereinkommens umfasst zum einen den Hauptstrom des Rheins ab seinem Ausfluss aus dem Untersee des Bodensees bis zu seiner niederländischen Mündung in die Nordsee sowie diejenigen Grundwasservorkommen, die in Wechselwirkung mit dem Rhein stehen (Art 2 lit b). Ausdrücklich erfasst werden auch die aquatischen und terrestrischen Ökosysteme, die in Wechselwirkung mit dem Rhein stehen oder deren Interaktion mit dem Rhein wiederhergestellt werden könnte (Art 2 lit c). Diese an den natürlichen Wirkungszusammenhängen ausgerichtete Betrachtungsweise, die grundsätzlich alle potentiell relevanten Elemente einzubeziehen sucht, ist sachgerecht und ermöglicht einen effektiven Schutz des Binnengewässers.

42 Zu den schwerwiegenden Eingriffen in das natürliche Gleichgewicht von Binnengewässerökosystemen zählt die Einführung gebietsfremder, eingewanderter bzw neuer Arten (*alien/invasive/new species*). Diese können sich oft aus Mangel an natürlichen Feinden in ihrem neuen Lebensraum ungehindert vermehren, was zur Verdrängung heimischer Arten, zum weiteren Verlust biologischer Vielfalt und in letzter Konsequenz zur völligen Zerstörung von Binnengewässerökosystemen führen kann. Bsp hierfür sind die Verbreitung von Wasserhyazynthen sowie die Ansiedelung des Nilbarsches im afrikanischen Victoriasee, die in der Vernichtung der reichen Fischfauna des Sees resultierte.[235] Um derartige – meist irreversible – Schäden zu verhindern, enthalten Binnengewässerübereinkommen[236] zunehmend Verpflichtungen, wie sie beispielhaft in Art 22 UN-Wasserlaufkonvention zu finden sind: „Die Wasserlaufstaaten ergreifen alle notwendigen Maßnahmen zur Verhütung der Einbringung fremder oder neuer Arten in einen internationalen Wasserlauf, die schädliche Auswirkungen auf das Ökosystem des Wasserlaufs haben und zu beträchtlichem Schaden für andere Wasserlaufstaaten führen könnten." Die Regelung ist Art 196 Abs 1 des UN-Seerechtsübereinkommens (SRÜ) nachgebildet. Unter „Arten" sind Tier- und Pflanzenarten sowie sonstige Organismen (zB Parasiten und Krankheitserreger) zu verstehen.[237] „Fremd" sind gebietsfremde natürliche Arten, während „neue" Arten durch biotechnologische Verfahren genetisch verändert bzw neu geschaffen sind.[238]

43 Der Schutz von Binnengewässerökosystemen erfordert auch ihre ausreichende Versorgung mit Wasser – also mit derjenigen Mindestwassermenge, die ökologisch erforderlich ist, damit Süßwasserökosysteme im Gleichgewicht bleiben und sowohl Ökosystemfunktionen für die Natur als auch Ökosystemleistungen für Menschen erfüllen können (*ecological flow*). So können bei Wassermangel zB Schadstoffkonzentrationen über krit Schwellenwerte steigen oder Feuchtgebiete austrocknen. Die UN-Wasserlaufkonvention regelt diese Problematik zwar nicht ausdrücklich; allerdings kann insoweit die Pflicht von Anrainerstaaten nach Art 25 Abs 1 UN-Wasserlaufkonvention relevant werden, in Bezug auf die Regulierung der Wasserströme eines Binnengewässers „gegebenenfalls" zusammenzuarbeiten. Dabei ist unter „Regulierung" der Einsatz von Wasserbauwerken (zB Staudämmen, Reservoirs, Deichen) mit dem Ziel zu verstehen, „den Wasserabfluss eines internationalen Wasserlaufs zu ändern, zu variieren oder auf

---

232 Art 2 lit c und Art 3 Abs 1 lit c Rhein-Übereinkommen.
233 Art 3 Abs 2 lit b Maas-Übereinkommen.
234 Hierzu *Reichert*, Gewässerschutz, 219 ff.
235 *Hirji/Grey*, Managing International Waters in Africa: Process and Progress, in Salman/Boisson de Chazournes (Hrsg), International Watercourses, 77 (85 f).
236 Bspw Art 8 lit h Übereinkommen über die biologische Vielfalt v 5.6.1992; Art 6 Abs 1 lit b Lake Victoria Protocol; Art 4 Abs 2 lit c Revised SADC Watercourses Protocol; Art 6 Abs 3 Incomati Maputo Agreement; Art 3 Abs 1 lit a (vii), Art 4 Abs 2 lit b und Annex 6 Great Lakes Water Quality Agreement 2012. S a Art 25 ILA Berlin Rules.
237 YbILC 1994 II/2, 89 (124), Commentary on Art 22 para 2.
238 Ebd.

andere Art und Weise zu regeln“ (Art 25 Abs 3). Derartige wasserbautechnische Regulierungsmaßnahmen können zum einen zur Bewässerung oder Energieerzeugung sowie zum Schutz vor Hochwasser oder Ufererosion eingesetzt werden.[239] Zum anderen können sie aber auch der Mindestwasserversorgung von Binnengewässerökosystemen aus ökologischen Gründen dienen.[240] Verschiedene Binnengewässerschutzregime der jüngeren Vergangenheit enthalten nunmehr eine explizite Verpflichtung zur Aufrechterhaltung der ökologisch erforderlichen Mindestwassermenge.[241] So verlangt zB das Sava-Übereinkommen die Gewährleistung von „water in sufficient quantity and of appropriate quality for the preservation, protection and improvement of aquatic eco-systems (including flora and fauna and eco-system natural ponds and wetlands) [...]“.[242] Auch Art 24 der ILA Berlin Rules sieht eine Verpflichtung von Anrainerstaaten vor, „to ensure flows adequate to protect the ecological integrity of the waters of a drainage basin, including estuarine waters.“ Ob allerdings eine derartige Pflicht bereits zu universell geltendem Völkergewohnheitsrecht erstarkt ist,[243] kann angesichts der noch jungen Staatenpraxis bezweifelt werden, zumal insoweit auch noch technische Fragen unbeantwortet sind. So verfügt derzeit auch das vergleichsweise weitentwickelte Binnengewässerrecht der EU noch nicht über eine einheitliche Definition oder Bestimmungsmethode der „ökologisch erforderlichen Mindestwassermenge“ für entsprechende Schutzmaßnahmen.[244]

c) Schutz vor Binnengewässerverschmutzung

(1) Definition von Binnengewässerverschmutzung

44 Als Unterfall sowohl des Verbots erheblicher grenzüberschreitender Schädigung als auch der Verpflichtung zum Schutz von Binnengewässerökosystemen kann die Pflicht qualifiziert werden, Binnengewässer vor Verschmutzung zu schützen. Sie wird in verschiedenen Instrumenten des *Soft Law* zB von Europarat,[245] OECD,[246] IDI,[247] UNECE[248] und ILA[249] formuliert und ist – in unterschiedlicher Ausprägung[250] – in zahlreichen Binnengewässerübereinkommen kodifiziert.[251] In

239 Ebd, Commentary on Art 25 para 1.
240 *Tanzi/Arcari*, UN Watercourses Convention, 218.
241 Bspw Art 6 Mekong Agreement; Art 16 Abs 1, 3 und 4 Spanish-Portuguese Basins Agreement; Art 6 Abs 3, Art 9 Abs 3 lit a und b sowie Annex I Incomati Maputo Agreement.
242 Art 11 lit a Sava Agreement.
243 *Utton/Utton*, The International Law of Minimum Stream Flows, CJIEL 10 (1999) 7 (12 ff).
244 Europäische Kommission, Mitteilung COM(2012) 673 v 14.11.2012, 7.
245 Bspw Draft European Convention on the Protection of Fresh Water against Pollution, Recommendation 555 (1969) of the Parliamentary Assembly v 12.5.1969, in FAO (Hrsg), Sources of International Water Law, 1998, 53 ff.
246 Bspw Recommendation of the Council on the Control of Eutrophication of Waters v 14.11.1974, OECD Doc C (74) 220; Recommendation of the Council on Strategies for Specific Water Pollutants Control v 14.11.1974, OECD Doc C (74) 221.
247 Bspw IDI-Resolution v 12.9.1979 (Session d'Athènes), La pollution des fleuves et des lacs et le droit international, in IDI (Hrsg), Tableau des Résolutions adoptées (1957-1991), 1992, 136 ff.
248 Bspw ECE Declaration of Policy on Prevention and Control of Water Pollution, including Transboundary Pollution (Decision B [XXXV] 1980), in FAO (Hrsg), Sources of International Water Law, 1998, 121 ff.
249 Bspw Art X lit a und b ILA Helsinki Rules; Art 27 ILA Berlin.
250 Zur Kategorisierung der verschiedenen Ausgestaltungen der Pflicht *Fuentes*, Sustainable Development and the Equitable Utilization of International Watercourses, BYBIL 69 (1998) 119 (145 ff).
251 Bspw Art II und IV Boundary Waters Treaty; Bodensee-Schutz-Übereinkommen; Art 10 Polish-Soviet Frontier Waters Agreement; Art 1 Finish-Swedish Frontier Waters Agreement; Rhein-Chemie-Übereinkommen; Rhein-Chlorid-Übereinkommen; Art 2 Abs 2 lit a und Abs 4 sowie Art 11 Abs 2 und 4 UNECE-Binnengewässerkonvention; Art 3 Abs 2 lit c und d Schelde-Übereinkommen; Art 5 und 6 Donau-Übereinkommen; Art 7 Mekong Agreement; Art 6 Abs 4 lit b und Anh II Art III Israel-Jordan Peace Treaty; Art 10 Abs 1 lit b, Art 13 Abs 2 lit d, e und f sowie Art 14 Abs 1 und 2 Spanish-Portuguese Basins Agreement; Art 5 Rhein-Übereinkommen; Art 4 lit a und Art 8 Abs 1 lit c Incomati Maputo Agreement; Art VII lit e Revised African Nature Conservation Convention; Art 4 Abs 2 lit a und Annex 3, 4 und 5 Great Lakes Water Quality Agreement 2012.

Bezug auf Grundwasserleiter sieht Art 10 ILC Draft Aquifer Articles eine entsprechende Verschmutzungsregelung vor. Die UN-Wasserlaufkonvention definiert den Begriff der „Verschmutzung" als „jede Verschlechterung der Zusammensetzung oder der Güte des Wassers eines internationalen Wasserlaufs, welche die unmittelbare oder mittelbare Folge menschlicher Tätigkeiten ist" (Art 21 Abs 1). Nach dem Verständnis der ILC[252] umfasst dieser weite Verschmutzungsbegriff zwar Belastungen in Form von Schadstoffen oder Wärme, nicht jedoch biologische Faktoren wie die Einführung gebietsfremder oder neuer Arten, die wiederum von Art 22 UN-Wasserlaufkonvention erfasst wird. Anrainerstaaten sind insoweit verpflichtet, „einzeln und gegebenenfalls gemeinsam die Verschmutzung eines internationalen Wasserlaufs, die anderen Wasserlaufstaaten oder deren Umwelt, einschließlich der Gesundheit oder Sicherheit der Menschen, der Nutzung des Wassers für positive Zwecke oder der lebenden Ressourcen des Wasserlaufs, beträchtlichen Schaden verursachen könnte" zu verhüten, zu verringern und zu bekämpfen (Art 21 Abs 1 Satz 1). Dabei bezieht sich die Verpflichtung zur „Verhütung" auf neuauftretende, die zur „Verringerung" und „Bekämpfung" auf bereits bestehende Verschmutzung.[253] Ebenso wie das Verbot erheblicher grenzüberschreitender Schädigung gemäß Art 7 UN-Wasserlaufkonvention stellt auch die Pflicht zur Verhütung, Verringerung und Bekämpfung von Verschmutzung eine Sorgfaltspflicht dar.[254] Die Anforderung zur Verringerung und Bekämpfung bereits bestehender Verschmutzung spiegelt die weitverbreitete Staatenpraxis wider, selbst eine erhebliche Verschmutzung von Binnengewässern zu tolerieren, falls der verantwortliche Anrainerstaat sich nach Kräften bemüht, diese auf ein für alle betroffenen Anrainerstaaten akzeptables Niveau zu senken.[255]

(2) Emissions- und immissionsorientierte Schutzmaßnahmen

45 Anrainerstaaten haben verschiedene Arten von Maßnahmen entwickelt, um die Verschmutzung grenzübergreifender Binnengewässer insbes durch Schadstoffe zu verhüten, zu verringern und zu bekämpfen. Gemäß Art 21 Abs 3 UN-Wasserlaufkonvention zählen hierzu vor allem (1) die Festlegung gemeinsamer Wasserqualitätsziele und Wasserqualitätskriterien, (2) die Bestimmung von Techniken und Verfahren zur Bekämpfung der Verschmutzung aus Punktquellen und diffusen Quellen sowie (3) die Auswahl schädlicher Stoffe, deren Eintrag in einen internationalen Wasserlauf verboten, begrenzt, untersucht oder überwacht werden muss. Insoweit hat das internationale Binnengewässerrecht im Laufe der Zeit insbes in Nordamerika und Europa ein ausdifferenziertes Instrumentarium hervorgebracht.[256] Dabei kann grundsätzlich zwischen emissionsorientierten und immissionsorientierten Maßnahmen unterschieden werden, wobei im Rahmen internationaler Binnengewässerschutzregime auch Kombinationen beider Ansätze zur Anwendung kommen.

(a) Emissionsprinzip

46 Am *Emissionsprinzip* ausgerichtete Maßnahmen zum Schutz von Binnengewässern zielen darauf ab, Schadstoffemissionen – iSd Ursprungsprinzips[257] – bereits an deren Quelle zu verringern oder völlig zu unterbinden. Dabei ist die Art der anzuwendenden Maßnahmen vom Ursprungsort

252 YbILC 1994 II/2, 89 (121), Commentary on Art 21 para 1.
253 Ebd, para 4.
254 Ebd.
255 Ebd.
256 Zum Folgenden *Reichert*, Gewässerschutz, 239 ff.
257 Bspw Art 2 Abs 3 UNECE-Binnengewässerkonvention; Art 4 lit c Rhein-Übereinkommen. Hierzu *Reichert*, Gewässerschutz, 230 f. Allg zum Ursprungsprinzip *Epiney*/*Scheyli* (Fn 211) 95 f und 147 ff.

der Emission abhängig: Abwassereinleitungen durch individuell identifizierbare Punktquellen (*point sources*), wie sie Industrieanlagen und Klärwerke darstellen, erfordern andere Instrumente zur Emissionsbegrenzung als der Eintrag von Schadstoffen aus diffusen Quellen (*non-point sources*) wie Landwirtschaft oder Straßenverkehr, die eine Vielzahl weit über das Wassereinzugsgebiet verstreuter Emittenten umfassen und auf große Flächen einwirken.[258] Um der Verschmutzung von Binnengewässern zu begegnen, stellt Art 27 Abs 3 ILA Berlin Rules folgende Anforderung an Anrainerstaaten: „States shall ensure that wastes, pollutants, and hazardous substances are handled, treated, and disposed of using the best available techniques or the best environmental practices, as appropriate to protect the aquatic environment."

47 Zentrales Instrument zur Verringerung bzw vollständigen Vermeidung der Freisetzung von Schadstoffen in Binnengewässer ist die Festsetzung von *Emissionsgrenzwerten* (*emission limits*) für Punktquellen. Emissionsgrenzwerte können die Schmutzfracht (zB Milligramm pro Kubikmeter) oder die Konzentration (in Prozent) eines emittierten Stoffs in industriellen Abwässern festlegen, die nicht überschritten werden darf.[259] Die Auswahl der relevanten Schadstoffe wird im Rahmen jüngerer Binnengewässerschutzregime idR durch Binnengewässerkommissionen vorgenommen, die entsprechende Stofflisten aufstellen und ggf kontinuierlich an neue wissenschaftliche Erkenntnisse anpassen.[260] Besonderes Augenmerk gilt insoweit „Gefahrstoffen" (*hazardous substances*), die giftig (toxisch), krebserregend (karzinogen), erbgutverändernd (mutagen) oder fehlbildend (teratogen) wirken, sich in Organismen anreichern (bioakkumulativ) und beständig (persistent) sind.[261] Insoweit fordert Art 26 ILA Berlin Rules, dass Staaten alle geeigneten Maßnahmen ergreifen, um die Einleitung von Gefahrstoffen in Binnengewässer zu verhindern. Derartige Maßnahmen können bis hin zum teilweisen oder vollständigen Verbot der Herstellung und Verwendung von Gefahrstoffen reichen.[262] Dementsprechend sieht zB Art 5 Abs 4 lit b Rhein-Übereinkommen die schrittweise Reduzierung gefährlicher Stoffe mit dem Ziel vor, ihre Einleitung vollständig zu unterbinden.

48 Um die Einhaltung festgesetzter Emissionsgrenzwerte zu erreichen, verlangen Binnengewässerübereinkommen insbes in Bezug auf Gefahrstoffe vermehrt den Einsatz technischer Maßnahmen (zB Filter), die Schadstoffemissionen gezielt an einem bestimmten Emissionsort begegnen und die – iSd Vorsorgeprinzips[263] – dem *„Stand der Technik"* bzw den *„besten verfügbaren Techniken/Technologien"* (*best available techniques – BAT*) entsprechen sollen.[264] Nach der Definition der UNECE-Binnengewässerkonvention bezeichnet der „Stand der Technik" den „neuesten Stand in der Entwicklung von Verfahren, Einrichtungen, oder Betriebsmethoden; er weist darauf hin, dass eine bestimmte Maßnahme zur Begrenzung von Einleitungen, von Emissionen

---

258 „Punktquellen und diffuse Quellen der Gewässerverunreinigung" bezeichnen zB nach der Legaldefinition gemäß Art 1 lit f Donau-Übereinkommen „diejenigen Quellen von Schad- und Nährstoffen, deren Eintrag in Gewässer entweder durch örtlich festgelegte Einleitungen (Punktquellen) oder durch diffuse, über das ganze Einzugsgebiet weit gestreute Effekte (diffuse Quellen) verursacht wird."

259 So ist ein „Emissionsgrenzwert" zB nach der Legaldefinition gemäß Art 2 Nr 40 Satz 1 WRRL „die im Verhältnis zu bestimmten spezifischen Parametern ausgedrückte Masse, die Konzentration und/oder das Niveau einer Emission, die in einem oder mehreren Zeiträumen nicht überschritten werden dürfen."

260 Bspw Art 7 Abs 3 iVm Anlage II Donau-Übereinkommen; Art 3 Abs 1 lit b (ii) Great Lakes Water Quality Agreement 2012.

261 Legaldefinitionen von „Gefahrstoffen" zB durch Art 1 Nr 6 UNECE-Binnengewässerkonvention sowie Art 1 lit d Donau-Übereinkommen. Art 2 Nr. 29 WRRL definiert „gefährliche Stoffe" als „Stoffe oder Gruppen von Stoffen, die toxisch, persistent und bioakkumulierbar sind, und sonstige Stoffe oder Gruppen von Stoffen, die in ähnlichem Maße Anlass zu Besorgnis geben."

262 Bspw Art 3 Abs 2 Satz 2 UNECE-Binnengewässerkonvention.

263 Allg zum Vorsorgeprinzip *Epiney/Scheyli* (Fn 211) 141 ff. Eingehend *Proelß*, 3. Abschn Rn 24 ff.

264 Bspw Art 3 Abs 1 lit c und lit f UNECE-Binnengewässerkonvention; Art 7 Abs 1 Satz 2 und Abs 5 lit c Donau-Übereinkommen; Art 4 lit h und Art 5 Abs 4 lit d Rhein-Übereinkommen. Im europarechtlichen Kontext s Art 10 Abs 2 lit a WRRL.

und Abfällen für die Praxis geeignet ist".[265] Zur Bestimmung dessen, was in Hinblick auf bestimmte Maßnahmen zur Emissionsbegrenzung den Stand der Technik darstellt, sind nach der UNECE-Binnengewässerkonvention insbes folgende Kriterien zu berücksichtigen: „(a) vergleichbare Verfahren, Einrichtungen oder Betriebsmethoden, die in jüngster Zeit erfolgreich getestet wurden; (b) technische Fortschritte und Neuerungen in den wissenschaftlichen Erkenntnissen und dem wissenschaftlichen Verständnis; (c) die wirtschaftliche Durchführbarkeit einer solchen Technologie; (d) Fristen für die Anbringung der Technologie in neue und alte Anlagen; (e) Art und Umfang der betreffenden Einleitungen und Abwässer; (f) abfallarme oder abfallfreie Technologie."[266] Der „Stand der Technik" ist folglich ein dynamischer Begriff, der sich angesichts wissenschaftlicher und technologischer Fortschritte sowie veränderter ökonomischer und sozialer Rahmenbedingungen wandeln kann. Insbes verlangt der Stand der Technik nicht zwingend den Einsatz des technisch Machbaren in Form der effektivsten Methoden zur Emissionsreduzierung. Vielmehr zeigt gerade das Kriterium der „wirtschaftlichen Durchführbarkeit", dass die Bestimmung des Stands der Technik von Wertungsentscheidungen abhängt und so Anrainerstaaten grundsätzlich einen Spielraum bei der Festlegung des von ihnen angestrebten Schutzniveaus von Emissionsgrenzwerten eröffnet.[267]

49 Um Binnengewässer vor dem Eintrag von Schadstoffen aus diffusen, über das Wassereinzugsgebiet verteilte Emissionsquellen zu schützen, sehen Binnengewässerübereinkommen als Ausprägung des Vorsorgeprinzips[268] vermehrt die Anwendung der *„besten Umweltpraxis"* (*best environmental practice – BEP*) vor.[269] Dabei ist unter der „besten Umweltpraxis" zur Emissionsbegrenzung die „Anwendung der geeignetsten Kombination von sektoralen Umweltschutzkontrollstrategien und -maßnahmen" zu verstehen.[270] Wie der „Stand der Technik" für Punktquellen, so strebt in Bezug auf diffuse Emissionsquellen auch die „beste Umweltpraxis" das bestmögliche Schutzniveau von Maßnahmen an.[271] Im Gegensatz zu lokalisierbaren Punktquellen entfalten diffuse Emissionsquellen ihre umweltbelastende Wirkung meist weitgestreut und in einem komplexen ökologischen Wirkungsgefüge. Ihnen kann folglich nicht durch isolierte Instrumente, sondern nur durch eine Kombination mehrerer Maßnahmen begegnet werden.[272] Beispielhaft für eine derartige Maßnahmenkombination „bester Umweltpraxis" sind der gezielte Einsatz von Dünge- und Pflanzenschutzmitteln sowie erosionsmindernde Anbaustrategien in der Landwirtschaft.[273] Die UNECE-Binnengewässerkonvention enthält einen Katalog möglicher Maßnahmen, die bei der Entwicklung eines konkreten Standards „bester Umweltpraxis" zum Schutz von Binnengewässern berücksichtigt werden können. Hierzu zählen zB die Aufklärung der Öffentlichkeit über die Umweltauswirkungen einer bestimmten Tätigkeit oder eines Produkts, die Bereitstellung von Sammel- und Entsorgungssystemen sowie die Einführung von Genehmigungsverfahren.[274] Zudem formuliert die UNECE-Binnengewässerkonvention Kriterien für die Zusammenstellung von Maßnahmenkombinationen „bester Umweltpraxis", wozu insbes die

---

265 Anlage I Nr 1 Satz 1 UNECE-Binnengewässerkonvention; s a die Legaldefinition nach Anh 1 Nr 2 Satz 1 OSPAR-Übereinkommen.
266 Anlage I Nr 1 Satz 2 lit a-f UNECE-Binnengewässerkonvention.
267 *Nollkaemper*, Pollution, 134.
268 *Epiney/Scheyli* (Fn 211) 143 f.
269 Bspw Art 3 Abs 1 lit g UNECE-Binnengewässerkonvention; Art 7 Abs 2 Donau-Übereinkommen; Art 4 lit h Rhein-Übereinkommen. Im europarechtlichen Kontext s Art 10 Abs 2 lit c WRRL.
270 Anlage I Teil 2 Nr 1 Donau-Übereinkommen. S a die Legaldefinition nach Anh 1 Nr 6 OSPAR-Übereinkommen.
271 *Nollkaemper*, Pollution, 142.
272 *Epiney/Scheyli* (Fn 211) 144.
273 Bspw Guidelines on the Prevention and Control of Water Pollution from Fertilizers and Pesticides in Agriculture, in UN (Hrsg), Protection and Sustainable Use of Waters. Recommendations to ECE Governments, Water Series No 2, 1995, 28 ff.
274 Anlage II Nr 1 UNECE- Binnengewässerkonvention.

Berücksichtigung der mit der Herstellung, Verwendung oder Entsorgung eines Produkts verbundenen Umweltbelastungen gehört.[275]

(b) Immissionsprinzip

50 Während emissionsorientierte Maßnahmen wie die Festsetzung von Emissionsgrenzwerten sowie die Anwendung des Stands der Technik und der besten Umweltpraxis an den Emissionsquellen ansetzen, knüpfen – in Binnengewässerübereinkommen[276] zunehmend geregelte – immissionsorientierte Maßnahmen an den Einwirkungsort von Gewässerbelastungen an. Kern des *Immissionsprinzips* ist die Festsetzung von Umwelt- bzw Wasserqualitätszielen (*water quality standards*), die als Zielvorgabe einen angestrebten Zustand von Binnengewässern beschreiben. Der Vielfalt der Ökosystemfunktionen von Binnengewässern für die Natur und ihrer Ökosystemleistungen für den Menschen entsprechend, können Wasserqualitätsstandards sehr unterschiedlichen Schutzgütern dienen, wie Art 28 Abs 1 ILA Berlin Rules verdeutlicht: „States shall establish water quality standards sufficient to protect public health and the aquatic environment and to provide water to satisfy needs, in particular for: a. Providing drinking water of sufficiently good quality for human health; b. Preserving ecosystems; c. Providing water for agriculture, including irrigation and animal husbandry; and d. Providing for recreational needs with due regard for sanitary and aesthetic requirements."

51 Da Wasserqualitätsziele idR abstrakt den gewünschten Zustand eines Binnengewässers beschreiben, sind sie durch Wasserqualitätskriterien (*water quality criteria*) weiter zu konkretisieren, anhand derer objektiv beurteilt werden kann, ob bestimmte Gewässerbelastungen mit dem angestrebten Wasserqualitätsziel vereinbar sind. Wasserqualitätskriterien fassen den angestrebten Zustand eines Binnengewässers in messbare Parameter oder verbale Zustandsbeschreibungen, deren Schutzniveau den Anforderungen des jeweils verfolgten Ziels zu entsprechen hat. Die für die Entwicklung von Wasserqualitätszielen und -kriterien relevanten Aspekte veranschaulichen beispielhaft die gleichlautenden Leitlinien gemäß Anlage III UNECE-Binnengewässerkonvention und Anlage III Donau-Übereinkommen: Demnach sollen Wasserqualitätsziele und -kriterien „a) die Option auf Erhaltung und, wo erforderlich, Verbesserung der bestehenden Gewässergüte berücksichtigen; b) auf die Verringerung der durchschnittlichen Schmutzfrachten und Konzentrationen (besonders von gefährlichen Stoffen) zu einem bestimmten Grad innerhalb einer bestimmten Zeitspanne abzielen; c) spezielle Wassergüteanforderungen berücksichtigen (Rohwasser für Trinkwasserzwecke, Bewässerung etc); d) besondere Anforderungen im Hinblick auf empfindliche und speziell geschützte Gewässer und deren Umwelt berücksichtigen, zB Seen, Schutzgebiete für uferfiltriertes Wasser und Feuchtgebiete; e) auf der Anwendung biologischer Klassifizierungsmethoden und chemischer Indizes für eine mittel- und langfristige Überprüfung der Erhaltung und Verbesserung der Gewässergüte beruhen; f) den Grad berücksichtigen, zu dem die Ziele erreicht worden sind und zusätzliche Schutzmaßnahmen in Einzelfällen erforderlich werden können."

52 Deutlich wird, dass sich derartige Qualitätsziele und -kriterien nicht mehr partiell auf die rein stoffliche Wassergüte beschränken, sondern mit der Verbreitung ganzheitlicher, ökosystemorientierter Schutzansätze zunehmend die Gesamtheit komplexer Binnengewässerökosysteme widerzuspiegeln suchen. So sieht zB Art 3 Abs 1 lit b (i) Great Lakes Water Quality Agreement v 2012 die Entwicklung umfassender „Lake Ecosystem Objectives" vor, die die „complexities of large, dynamic ecosystems" erfassen sollen. Dieser ökologischen Komplexität entsprechend spielt in Bezug auf den wünschenswerten Zustand eines Binnengewässers eine Vielzahl biologischer, hydromorphologischer, chemischer und physikalischer Faktoren eine

---

275 Ebd, Nr 2; Anlage I Teil 2 Nr 2 Donau-Übereinkommen.
276 Bspw Art 3 Abs 3 Satz 1, Art 9 Abs 2 lit e sowie Anlage III UNECE-Binnengewässerkonvention; Art 7 Abs 4 und Anlage III Donau-Übereinkommen; Art 8 Abs 1 lit b Incomati Maputo Agreement.

Rolle. Besonders ausdifferenziert sind insoweit die „Umweltziele" nach Art 4 der europäischen Wasserrahmenrichtlinie (WRRL)[277] ausgestaltet.[278] Kernziel der WRRL ist es, einen zumindest „guten Zustand" der Binnengewässer in der EU zu erreichen.[279] Dieses allg formulierte Umweltqualitätsziel wird gemäß Art 4 Abs 1 WRRL durch „Umweltziele" konkretisiert, die auf die spezifischen Anforderungen verschiedener Kategorien von Binnengewässern zugeschnitten sind. So sind die EU-Mitgliedstaaten u a verpflichtet, einen in ökologischer und chemischer Hinsicht[280] „guten Zustand der Oberflächengewässer" zu erreichen.[281] Dabei bezeichnet ein „guter ökologischer Zustand" die nach bestimmten Kriterien[282] eingestufte Qualität von Struktur und Funktionsfähigkeit der aquatischen Ökosysteme, die in Verbindung mit Oberflächengewässern stehen.[283] Die naturwissenschaftliche Konkretisierung und Einstufung des „ökologischen Zustands" der verschiedenen Oberflächengewässerkategorien erfolgt anhand detaillierter Qualitätskriterien („Qualitätskomponenten"), die sich auf biologische (Zusammensetzung und Abundanz der Binnengewässerflora und -fauna), hydromorphologische (zB Wasserhaushalt und Durchgängigkeit von Flüssen) und chemische bzw physikalisch-chemische Binnengewässereigenschaften (Sichttiefe, Temperaturverhältnisse, Sauerstoffhaushalt, Salzgehalt, Versauerungszustand, Nährstoffverhältnisse) beziehen.[284] Einen „guten chemischen Zustand" hat ein Oberflächengewässer dann erreicht,[285] wenn es die Schadstoffkonzentrationen nicht überschreitet,[286] die durch weitere Rechtsakte – wie die RL 2008/105/EG für 33 prioritäre Stoffe – festgelegt sind.

(c) Kombinierter Emissions- und Immissionsansatz

53 Weder emissions- noch immissionsorientierte Maßnahmen reichen für sich genommen aus, einen umfassenden Schutz von Binnengewässern zu gewährleisten. Emissionsorientierte Instrumente konzentrieren sich auf die technisch machbare Begrenzung von Schadstoffemissionen am jeweiligen Entstehungsort, ohne jedoch deren Auswirkungen auf den Zustand einzelner Binnengewässer zu berücksichtigen. Es besteht so die Gefahr, dass Schadstoffemissionen unterschiedlicher Quellen in ihrer Summe – und sei es auch nur lokal begrenzt – die natürliche Regenerationskapazität von Binnengewässern überbelasten.[287] Andererseits birgt die Entwicklung immissionsorientierter Qualitätsstandards das Risiko von Fehleinschätzungen, indem das Schutzniveau zu niedrig angesetzt wird oder für einen umfassenden Binnengewässerschutz relevante Aspekte nicht berücksichtigt werden. Die jeweiligen Schwächen von emissions- und immissionsorientierten Instrumenten lassen sich letztlich nur durch eine Kombination beider Schutzansätze überwinden (*combined approach*).[288] Demnach werden Emissionsprinzip und Immissionsprinzip insofern miteinander verknüpft, als die Verletzung von immissionsorientierten Qualitätsstandards die Pflicht auslöst, Emissionsgrenzwerte zu verschärfen.[289] Auf diese

277 S u Rn 99 ff.
278 Zum Folgenden *Reichert*, Gewässerschutz, 295 ff; *Meßerschmidt*, Europäisches Umweltrecht, 2011, 705 ff; *Epiney*, Umweltrecht der Europäischen Union, 2013, 398 ff.
279 25. und 26. Erwägungsgrund WRRL.
280 Art 2 Nr 18 WRRL.
281 Art 4 Abs 1 lit a ii) WRRL.
282 Anh V WRRL.
283 Art 2 Nr 21 und 22 WRRL.
284 Anh V Rn 1.1 WRRL.
285 Art 16 Abs 7 und Anhänge IX und X WRRL.
286 Art 2 Nr 24 WRRL, insbes iVm Art 16 Abs 7 sowie Anh IX (Emissionsgrenzwerte und Umweltqualitätsnormen) und Anh X (Prioritäre Stoffe) WRRL.
287 *Nollkaemper*, Pollution, 118.
288 Ebd.
289 Bspw Art 3 Abs 1 lit d UNECE-Binnengewässerkonvention; Art 7 Abs 5 lit d Donau-Übereinkommen; Art 5 Abs 4 lit d Rhein-Übereinkommen. Im europarechtlichen Kontext Art 10 Abs 3 WRRL.

Weise wird eine stetige Anpassung des rechtlichen Instrumentariums an sich wandelnde Rahmenbedingungen und Anforderungen ermöglicht.

(3) Vermeidung von Meeresverschmutzung vom Lande aus

54 Durch die Erhaltung und Verbesserung der Wasserqualität von Binnengewässern sollen nicht nur diese selbst, sondern zugleich auch diejenigen Meeresgewässer, in die sie münden, vor Verschmutzung vom Land aus (*land-based pollution – LBP*) geschützt werden. Angesichts der Tatsache, dass rd 80% der Meeresverschmutzung auf landbasierten Quellen beruht[290] und im Rahmen des Wasserkreislaufs insbes über Binnengewässer in marine Ökosysteme eingetragen wird, ist diese Dimension des Binnengewässerschutzes nicht zu unterschätzen. Die zu diesem Zweck seit 1995 im Rahmen von UNEP erarbeiteten unverbindlichen Leitlinien des *Global Programme of Action for the Protection of the Marine Environment from Land-based Activities*[291] werden allerdings nur zögerlich von Staaten umgesetzt.[292] Insoweit ist eine Stärkung und Abstimmung der Rechtsregime zum Schutz von Meers- und Binnengewässern erforderlich: Staaten sind zum einen gemäß Art 207 SRÜ verpflichtet, „zur Verhütung, Verringerung und Überwachung der Verschmutzung der Meeresumwelt vom Land aus, einschließlich der von Flüssen, Flussmündungen, Rohrleitungen und Ausflussanlagen ausgehenden Verschmutzung" Schutzmaßnahmen sowohl auf nationaler (Art 207 Abs 1 SRÜ) als auch auf internationaler Ebene (Art 207 Abs 3 und 4 SRÜ) zu ergreifen. Zum anderen haben Anrainerstaaten internationaler Wasserläufe gemäß Art 23 UN-Wasserlaufkonventionen „einzeln und gegebenenfalls in Zusammenarbeit mit anderen Staaten alle Maßnahmen im Hinblick auf einen internationalen Wasserlauf" zu ergreifen, „die zum Schutz und zur Erhaltung der Meeresumwelt einschließlich der Mündungsgebiete erforderlich sind [...]." Diese allg Verpflichtungen werden zunehmend auf regionaler Ebene konkretisiert. So nehmen bspw das Donau-Übereinkommen und das Rhein-Übereinkommen jeweils auf das Abkommen zum Schutz des Schwarzen Meeres v 1992[293] bzw das Abkommen zum Schutz der Meeresumwelt des Nordostatlantiks v 1992 (OSPAR-Übereinkommen) ausdrücklich Bezug[294] und betonen die enge Verbindung von Binnen- und Meeresgewässern über den Wasserkreislauf.[295]

e) Umweltverträglichkeitsprüfung und Umweltüberwachung

55 Ein wesentliches Instrument zum Schutz der Umwelt im Allg und von Binnengewässern im Besonderen ist die Überprüfung von Aktivitäten auf ihre Umweltauswirkungen. Als Anwendungsfall des Vorsorgeprinzips[296] hat die *Umweltverträglichkeitsprüfung (UVP)* in den vergangenen Jahrzehnten verbreitet Eingang in das internationale Umweltrecht gefunden, wo sie zB in den unverbindlichen *UNEP Goals and Principles of Environmental Impact Assessment* (1987),[297] im

290 UN GA, Oceans and the Law of the Sea, Report of the Secretary-General, UN Doc A/59/62/Add.1 v 18.8.2004, 29.

291 UNEP, Global Programme of Action for the Protection of the Marine Environment from Land-based Activities, UN Doc UNEP(OCA)/LBA/IG.2/7 v 5.12.1995 (<https://documents-dds-ny.un.org/doc/UNDOC/GEN/K96/000/14/PDF/K9600014.pdf?OpenElement>).

292 *Freestone/Salman*, Ocean and Freshwater Resources, in Bodansky/Brunnée/Hey (Hrsg), Oxford Handbook of International Environmental Law, 2007, 337 (348).

293 Black Sea Convention.

294 5. Erwägungsgrund Donau-Übereinkommen; 3. Erwägungsgrund Rhein-Übereinkommen.

295 3. und 6. Erwägungsgrund sowie Art 2 Abs 1 Satz 3 Donau-Übereinkommen; 6. Erwägungsgrund sowie Art 3 Abs 5 Rhein-Übereinkommen.

296 Hierzu allg *Epiney/Scheyli* (Fn 211) 126 ff. Speziell zu Binnengewässern ILA Berlin Rules, Commentary on Art 23 (The Precautionary Approach).

297 UNEP/GC/Dec/14/25 v 17.6.1987.

Übereinkommen über die Umweltverträglichkeitsprüfung im grenzüberschreitenden Zusammenhang (Espoo-Übereinkommen) oder in Prinzip 17 der Rio-Deklaration (1992) verankert ist.[298] Das Recht der EU regelt bereits seit 1985 die Umweltverträglichkeitsprüfung bei bestimmten Projekten (UVP-RL).[299] Auch Binnengewässerübereinkommen sehen vermehrt eine UVP-Pflicht in unterschiedlich differenzierter Ausgestaltung vor.[300] Allg tritt die Pflicht zur Durchführung einer Umweltverträglichkeitsprüfung ein, wenn ein Vorhaben wahrscheinlich erhebliche nachteilige Auswirkungen auf die Umwelt hat.[301]

56 Der IGH leitete aus dem Vertrag über das *Gabčíkovo-Nagymaros*-Projekt v 1977 und den darin enthaltenen Verpflichtungen zum Schutz der Donau (Art 15) und der Umwelt (Art 19) eine „continuing – and thus necessarily evolving – obligation" der Vertragsparteien ab, die Wasserqualität der Donau zu erhalten und die Umwelt zu schützen.[302] Hieraus zog der damalige IGH-Vizepräsident *Christopher Weeramantry* in einem Sondervotum folgende Schussfolgerung: „[T]he incorporation of environmental considerations into the Treaty by Articles 15 and 19 meant that the principle of EIA was also built into the Treaty. These provisions were clearly not restricted to EIA before the project commenced, but also included the concept of monitoring during the continuance of the project. [...] Environmental law in its current state of development would read into treaties which may reasonably be considered to have a significant impact upon the environment, a duty of environmental impact assessment and this means also, whether the treaty expressly so provides or not, a duty of monitoring the environmental impacts of any substantial project during the operation of the scheme."[303] Der IGH hat nunmehr in seinem *Pulp Mills*-Urteil zum Rechtsstreit zwischen Argentinien und der Republik Uruguay über Gewässerbelastungen durch Zellulosefabriken am Uruguay-Fluss das UVP-Erfordernis als geltendes Völkergewohnheitsrecht ausdrücklich anerkannt.[304] Demnach handelt es sich um ein Verfahren „which in recent years has gained so much acceptance among States that it may now be considered a requirement under general international law to undertake an environmental impact assessment where there is a risk that the proposed industrial activity may have a significant adverse impact in a transboundary context, in particular, on a shared resource. Moreover, due diligence, and the duty of vigilance and prevention which it implies, would not be considered to have been exercised, if a party planning works liable to affect the régime of the river or the quality of its waters did not undertake an environmental impact assessment on the potential effects of such works."[305] Zwar spezifizierte der IGH nicht weiter, welche Mindestanforderungen an die Durchführung von UVP in Abwesenheit diesbezüglicher vertraglicher Verpflichtungen zu stellen sind. Allerdings stellte er klar, dass es sich um eine fortdauernde Pflicht handelt, die nicht mit Abschluss der Planungsphase eines Projekts endet, sondern eine kontinuierliche Umweltüberwachung erfordert: „The Court also considers that an environmental impact assessment must be conducted prior to the implementation of a project. Moreover, once operations have started and, where necessary, throughout the life of the project, continuous monitoring of its effects on the environment shall be undertaken."[306]

---

298 Hierzu *Epiney/Scheyli* (Fn 211) 126 ff; *Sands/Peel*, Principles, 601 ff.
299 Umfassend zur europarechtlichen Regelung der Umweltverträglichkeitsprüfung *Meßerschmidt* (Fn 278) 519 ff; *Epiney* (Fn 278) 298 ff.
300 Bspw Art 12 Niger Basin Act; Art 3 Abs 1 Bodensee-Wasserentnahme-Übereinkommen; Art 3 Abs 1 lit h und Art 9 Abs 2 lit j UNECE-Binnengewässerkonvention; Art 7 Abs 5 lit f Donau-Übereinkommen; Art 9 Abs 1, 2 und 4 Spanish-Portuguese Basins Agreement; Art 3 Abs 3 Incomati Maputo Agreement.
301 Bspw Prinzip 17 Rio-Deklaration; Art 2 Abs 2 Espoo-Übereinkommen; Art 2 Abs 1 UVP-RL.
302 *Gabčíkovo-Nagymaros*, § 140.
303 Ebd, 111 f.
304 Hierzu zB *McIntyre*, ICJ Case Law, 258 ff.
305 *Pulp Mills*, § 204.
306 Ebd, § 205.

57 Die möglichst umfassende Kenntnis der Auswirkungen gewässerbezogener Aktivitäten ist die Grundvoraussetzung für den ökosystemorientierten Schutz und die nachhaltige Nutzung von Binnengewässern. Dementsprechend statuiert Art 29 Abs 1 ILA Berlin Rules eine umfassende UVP-Pflicht, die – im Gegensatz zu vielen völkerrechtlichen Instrumenten[307] – nicht auf grenzüberschreitende Auswirkungen beschränkt ist:[308] „States shall undertake prior and continuing assessment of the impact of programs, projects, or activities that may have a significant effect on the aquatic environment or the sustainable development of waters." Zu den nach Art 29 Abs 2 ILA Berlin Rules zu überprüfenden Auswirkungen zählen „a. Effects on human health and safety; b. Effects on the environment; c. Effects on existing or prospective economic activity; d. Effects on cultural or socio-economic conditions; and e. Effects on the sustainability of the use of waters". Eine Vorstellung, welche Vielfalt unterschiedlicher Aspekte eine umfassende UVP berücksichtigen sollte, vermittelt Art 31 ILA Berlin Rules: „a. Assessment of the waters and the environments likely to be affected; b. Description of the proposed activity and its likely effects, with particular emphasis on any transboundary effects; c. Identification of ecosystems likely to [be] affected, including an assessment of the living and non-living resources of the relevant water basin or basins; d. Description of mitigation measures appropriate to minimize environmental harm; e. Appraisal of the institutional arrangements and facilities in the relevant drainage basin or basins; f. Assessment of the sources and levels of pollutants in the relevant drainage basin or basins, and of their effects on human health, ecological integrity, and amenities; g. Identification of human activities that are likely to be affected; [...] j. A statement of the reasonable alternatives, including a non-action alternative; [...]".

58 Die UN-Wasserlaufkonvention enthält keine direkte Pflicht zu Durchführung von UVP in Bezug auf Vorhaben an grenzübergreifenden Binnengewässern. Vielmehr lösen geplante Maßnahmen, die beträchtliche nachteilige Auswirkungen auf andere Anrainerstaaten haben könnten, lediglich die prozedurale Pflicht zur Benachrichtigung der betroffenen Anrainerstaaten aus (Art 12 Satz 1). Dieser Notifikation sind „verfügbare technische Daten und Informationen, einschließlich der Ergebnisse etwaiger Umweltverträglichkeitsprüfungen beizufügen, um den notifizierten Staaten die Möglichkeit zu geben, die möglichen Auswirkungen der geplanten Maßnahmen zu bewerten" (Art 12 Satz 2). Trotz dieser bloßen Nennung „etwaiger Umweltverträglichkeitsprüfungen" in Art 12 lässt sich der UN-Wasserlaufkonvention letztlich eine implizite Pflicht zu deren Durchführung entnehmen: Ob geplante Maßnahmen beträchtliche nachteilige Auswirkungen auf andere Anrainerstaaten haben können, lässt sich nur nach einer entsprechenden Untersuchung beurteilen. Zudem können Staaten nicht behaupten, ihren Sorgfaltspflichten hinsichtlich des Verbots erheblicher grenzüberschreitender Schädigungen (Art 7) sowie der Verhütung, Verringerung und Bekämpfung von Verschmutzung (Art 21) gerecht geworden zu sein, wenn sie vor der Umsetzung von Projekten an grenzübergreifenden Binnengewässern keine diesbezügliche UVP durchgeführt haben.[309]

2. Prozedurales Binnengewässerrecht

a) Allgemeine Pflicht zur Zusammenarbeit

59 Anrainerstaaten grenzübergreifender Binnengewässer sind angesichts ihrer ökologischen und ökonomischen Interdependenz nicht in der Lage, unilateral die materiellen Anforderungen des Binnengewässerschutzes wie insbes das Gebot der ausgewogenen und angemessenen Mitnutzung von Binnengewässern, das Verbot erheblicher grenzüberschreitender Schädigungen oder

307 Bspw Art 2 Abs 1 Espoo-Übereinkommen; Art 2 Abs 1 UNECE-Binnengewässerkonvention.
308 Ebenso Art 5 Abs 1 Donau-Übereinkommen.
309 *Pulp Mills*, § 204; *Tanzi/Arcari*, UN Watercourses Convention, 205.

die Pflicht zum Schutz von Binnengewässerökosystemen zu erfüllen und grenzübergreifende Nutzungskonflikte dauerhaft zu lösen. Daher basiert das internationale Binnengewässerrecht – ausgehend vom Prinzip beschränkter territorialen Souveränität und Integrität über geteilte Binnengewässer – auf der Grundpflicht der Anrainerstaaten zur Zusammenarbeit (*obligation to cooperate*), wie sie beispielhaft Art 8 Abs 1 UN-Wasserlaufkonvention statuiert: „Die Wasserlaufstaaten arbeiten auf der Grundlage der souveränen Gleichheit, der territorialen Unversehrtheit, des gegenseitigen Nutzens und des guten Glaubens zusammen, um eine optimale Nutzung und einen hinreichenden Schutz eines internationalen Wasserlaufs zu erreichen.“ Diese allg Kooperationspflicht ist so grundlegend, dass sie nach Art 30 UN-Wasserlaufkonvention selbst im Kriegsfall bei „ernstlichen Hindernissen einer direkten Kontaktaufnahme zwischen den Wasserlaufstaaten“ fortbestehen und indirekt etwa durch die Vermittlung neutraler Staaten erfüllt werden soll. Zugleich ist jedoch die Grundpflicht zur zwischenstaatlichen Zusammenarbeit – auch wenn sie nach Art 8 Abs 1 UN-Wasserlaufkonvention als Rechtspflicht formuliert ist – für sich genommen zu allg, um hieraus spezifische Verhaltenspflichten ableiten zu können. Sie bedarf daher der weiteren Ausgestaltung und Konkretisierung durch verschiedenartige prozedurale Pflichten der Anrainerstaaten.

b) Pflicht zu Unterrichtung, Beratung und Verhandlung

60 Die Zusammenarbeit von Anrainerstaaten setzt Kommunikation zwischen ihnen voraus, deren Form und Inhalt durch Verfahrensregeln auszugestalten ist. Das zentrale prozedurale Element internationalen Binnengewässerrechts ist die Pflicht von Anrainerstaaten zur gegenseitigen Unterrichtung, Beratung und Verhandlung über geplante Maßnahmen an grenzübergreifenden Binnengewässern, wie sie exemplarisch Art 11 UN-Wasserlaufkonvention vorsieht: „Die Wasserlaufstaaten informieren und konsultieren einander im Hinblick auf die möglichen Auswirkungen geplanter Maßnahmen auf den Zustand eines internationalen Wasserlaufs und führen nötigenfalls Verhandlungen darüber.“ Die Verwirklichung der materiellen Rechtspflichten erfordert zunächst, dass Anrainerstaaten von geplanten Maßnahmen mit potentiell grenzüberschreitenden Auswirkungen Kenntnis haben. Nur so können sie ihre Nutzungs- und Schutzinteressen artikulieren und in Kooperation mit anderen Anrainerstaaten tragfähige Lösungen erarbeiten. Dem *Pulp Mills*-Urteil des IGH zufolge ist es die Funktion dieser Notifikationspflicht, „to create the conditions for successful co-operation between the parties, enabling them to assess the plan's impact on the river on the basis of the fullest possible information and, if necessary, to negotiate the adjustments needed to avoid the potential damage that it might cause.“[310]

61 Die Pflicht eines Anrainerstaates zur Unterrichtung anderer Anrainerstaaten über geplante Maßnahmen bzw mögliche grenzüberschreitende Gewässerbelastungen an grenzübergreifenden Binnengewässern (*obligation to notify*) zählt zum weithin anerkannten[311] Kernbestand internationalen Binnengewässerrechts und ist in zahlreichen Binnengewässerübereinkommen[312] geregelt. Auch die Weltbank, die bei der Finanzierung von Projekten an grenzübergreifenden Binnengewässern oft mit Interessenkonflikten von Anrainerstaaten konfrontiert ist, sieht in ihren diesbezüglichen internen Verfahrensregeln seit Langem die Notifikation betroffener Anrainerstaaten über geplante Maßnahmen vor und hat insoweit auch die Entwicklung des internationa-

310 *Pulp Mills*, § 113.
311 Bspw YbILC 1988 II/2, 33 (46 ff), Commentary on Art 12 para 6 ff mwN; Art 5-8 IDI-Resolution v Salzburg; Art XXIX Abs 2 ILA Helsinki Rules; Prinzip 19 Rio-Deklaration; Art 57 ILA Berlin Rules.
312 Bspw Art 1 Abs 3 Bodensee-Schutz-Übereinkommen; Art 9 Polish-Soviet Frontier Waters Agreement; Art 12 Niger Basin Act; Art 6 Bodensee-Wasserentnahme-Übereinkommen; Art 7-12 Uruguay River Statute; Art 6 und Art 13 Abs 1 UNECE-Binnengewässerkonvention; Art 10 lit f Donau-Übereinkommen; Anh II Art V Abs 2 Israel-Jordan Peace Treaty; Art 8 Abs 1 und 2 Spanish-Portuguese Basins Agreement.

len Binnengewässerrechts mitgeprägt.[313] Wegweisend für die Herausbildung der Notifikationspflicht im internationalen Binnengewässerrecht war der *Lac Lanoux*-Schiedsspruch v 1957, der eine Pflicht des Oberliegerstaats Frankreichs feststellte, den Unterliegerstaat Spanien vorab über die geplante Ableitung von Wasser des Flusses Font-Vive zu informieren. Nur so könne Spanien beurteilen, inwieweit das Vorhaben seine Interessen beeinträchtigen könnte. Es stehe nicht im Belieben Frankreichs zu entscheiden, ob es Spanien von dem geplanten Vorhaben an dem gemeinsamen Binnengewässer unterrichtet: „A State wishing to do that which will affect an international watercourse cannot decide whether another State's interests will be affected; the other State is the sole judge of that and has the right to information on the proposals."[314] Sollte eine Notifikation dennoch unterblieben sein, so könne diese dem betroffenen Anrainerstaat nicht verweigert werden.[315] Dementsprechend sieht nunmehr Art 18 Abs 1 UN-Wasserlaufkonvention vor, dass ein Anrainerstaat um eine Notifikation ersuchen kann, sollte er „begründeten Anlass zu der Annahme" haben, „dass ein anderer Wasserlaufstaat Maßnahmen plant, die beträchtliche nachteilige Auswirkungen auf ihn haben könnten". Insgesamt ist folglich von einer Notifikationspflicht auszugehen, wenn eine schädliche Auswirkung bzw ein Interessenkonflikt nicht vollkommen ausgeschlossen erscheint.[316] Die Anforderungen an Zeitpunkt und Inhalt dieser Notifikation spezifiziert Art 12 UN-Wasserlaufkonvention wie folgt: „Bevor ein Wasserlaufstaat geplante Maßnahmen, die beträchtliche nachteilige Auswirkungen auf andere Wasserlaufstaaten haben könnten, durchführt oder ihre Durchführung genehmigt, notifiziert er dies den betreffenden Staaten zur rechten Zeit. Der Notifikation sind verfügbare technische Daten und Informationen, einschließlich der Ergebnisse etwaiger Umweltverträglichkeitsprüfungen beizufügen, um den notifizierten Staaten die Möglichkeit zu geben, die möglichen Auswirkungen der geplanten Maßnahmen zu bewerten."

62 Die UN-Wasserlaufkonvention beschreibt auch mögliche weitere Verfahrensschritte zwischen Anrainerstaaten im Anschluss an eine Notifikation: So sollen die notifizierten Anrainerstaaten innerhalb einer Frist von sechs Monaten „die möglichen Auswirkungen der geplanten Maßnahmen untersuchen und bewerten" und dem notifizierenden Anrainerstaat ihre Schlussfolgerungen mitteilen (Art 13 lit a). Die Frist soll „auf Ersuchen eines notifizierten Staates, für den die Bewertung der geplanten Maßnahmen besondere Schwierigkeiten aufwirft", um weitere sechs Monate verlängert werden (Art 13 lit b). Während der Prüfungen der notifizierten Anrainerstaaten soll der notifizierende Anrainerstaat auf deren Ersuchen „alle verfügbaren zusätzlichen Daten und Informationen, die für eine genaue Bewertung erforderlich sind", bereitstellen (Art 14 lit a) und das geplante Vorhaben ohne die Zustimmung der notifizierten Anrainerstaaten vorläufig nicht selbst durchführen bzw die Durchführung nicht genehmigen (Art 14 lit b). Die notifizierten Anrainerstaaten haben nach Art 15 UN-Wasserlaufkonvention dem notifizierenden Anrainerstaat ihre Schlussfolgerungen so früh wie möglich innerhalb der sechsmonatigen Prüfungsfrist mitzuteilen. Gelangt ein notifizierter Anrainerstaat zu dem Ergebnis, dass die Durchführung der geplanten Maßnahmen mit dem Gebot der ausgewogenen und angemessenen Mitnutzung von Binnengewässern (Art 5) oder dem Verbot erheblicher grenzüberschreitender Schädigung (Art 7) unvereinbar wäre, soll er eine durch Unterlagen gestützte Erläuterung beifügen, in der er die Gründe für seine Schlussfolgerung darlegt. Damit ein notifizierter Anrainer-

---

313 World Bank Operational Policy 7.50 (Projects on International Waterways) paras 4-7, abgedr in *Salman*, The World Bank Policy for Projects on International Waterways, 2009, 253 ff. Hierzu auch *Krishna*, The Evolution and Context of the Bank Policy for Projects on International Waterways, in Salman/Boisson de Chazournes (Hrsg), International Watercourses, 31 ff. Die Weltbank war auch maßgeblich an der Aushandlung des Indus Water Treaty v 19.9.1960 (419 UNTS 126) zwischen Indien und Pakistan beteiligt, der in Art VII Abs 2 eine Notifikationspflicht vorsieht.

314 ILR 24 (1957) 101 (119).

315 Ebd, 138.

316 *Birnie/Boyle/Redgwell*, International Law and the Environment, 567.

staat nicht rechtsmissbräuchlich die Verwirklichung eines Vorhabens verzögern kann, sieht Art 16 Abs 1 UN-Wasserlaufkonvention vor, dass der notifizierende Anrainerstaat mit der Durchführung beginnen kann, wenn er nach Ablauf der sechsmonatigen Prüfungsfrist keine Rückmeldung erhalten hat. Allerdings muss er auch in diesem Fall die materiellen Anforderungen in Form des Mitnutzungsgebots (Art 5) und des Schädigungsverbots (Art 7) beachten.[317]

63 Sieht ein Anrainerstaat dennoch seine Interessen durch das geplante Vorhaben verletzt, soll er – wie es Art 17 Abs 1 UN-Wasserlaufkonvention beschreibt – mit dem notifizierenden Anrainerstaat „in Konsultationen und nötigenfalls in Verhandlungen" eintreten, „um eine ausgewogene Lösung der Situation herbeizuführen" (*obligation to consult and to negotiate*).[318] Wie bereits das Schiedsgericht im *Lac Lanoux*-Fall feststellte, sollen sich Anrainerstaaten im Rahmen von Konsultationen und Verhandlungen ernsthaft um eine Konfliktlösung bemühen: „Consultations and negotiations between the two States must be genuine, must comply with the rules of good faith and must not be mere formalities."[319] Dementsprechend sind auch nach der UN-Wasserlaufkonvention die Konsultationen und Verhandlungen nach dem Grundsatz zu führen, „dass jeder Staat die Rechte und die rechtmäßigen Interessen des anderen Staates nach Treu und Glauben angemessen berücksichtigen muss" (Art 17 Abs 2).[320] Wie bereits während der sich an die Notifikation anschließenden Prüfungsphase, so soll auch während der Konsultationen und Verhandlungen der notifizierende Anrainerstaat auf Ersuchen des notifizierten Anrainerstaats für sechs Monaten von der Durchführung der geplanten Maßnahmen oder der Genehmigung ihrer Durchführung absehen (Art 17 Abs 3).[321] Die ILA Berlin Rules stellen jedoch klar, dass Konsultationen nicht dazu missbraucht werden sollen, geplante Maßnahmen zu verzögern (Art 58 Abs 5).

64 Mit den Rechtsfolgen der Verletzung der Notifikationspflicht hat sich der IGH im Rahmen seines *Pulp Mills*-Urteils befasst. Er nahm dies zum Anlass, sich auch grundsätzlich zu dem Verhältnis zwischen materiellem und prozeduralem Binnengewässerrecht zu äußern.[322] In dem zugrundeliegenden Fall hatte die Republik Uruguay unstreitig Argentinien als potentiell betroffenen Anrainerstaat nicht vorab über die Genehmigung des geplanten Baus von zwei Zellulosefabriken am Uruguay-Fluss unterrichtet. Nach Auffassung Argentiniens führe eine derartige Verletzung prozeduraler Pflichten „automatisch" auch zu einem Bruch materiellen Binnengewässerrechts, da beide Kategorien von Pflichten untrennbar miteinander verbunden seien.[323] In seinem Urteil betonte der IGH zunächst die spezifischen Funktionen der materiellen und prozeduralen Pflichten gemäß des Statuts über den Uruguay-Fluss v 1975 mit Blick auf die Nutzung und den Schutz des gemeinsamen Binnengewässers.[324] Während die materiellen Regelungen meist allg formuliert seien, seien die prozeduralen Pflichten „enger und spezifischer", um die Umsetzung des Statuts v 1975 durch einen Prozess fortwährender Konsultationen zwischen den Vertragsparteien zu unterstützen. Auf diese Weise ergänzten die materiellen und prozeduralen Rechtspflichten einander „perfekt", um das angestrebte Ziel – die „optimale und rationelle Nutzung des Uruguay-Flusses" (Art 1) – zu erreichen. Allerdings könne aus dem Statut über den Uruguay-Fluss weder die Schlussfolgerung gezogen werden, dass eine Vertragspartei ihre materiellen Verpflichtungen ausschließlich durch die Befolgung prozeduraler Pflichten erfüllen können, noch dass eine Verletzung von Verfahrensregeln zwingend zu einem Bruch materieller

317 Ebenso Art 59 Abs 1 ILA Berlin Rules für den Fall, dass ein Anrainerstaat seiner Pflicht zu Konsultationen oder Verhandlungen nicht nachkommt.
318 Ebenso Art 58 Abs 1 ILA Berlin Rules.
319 ILR 24 (1957) 101 (119).
320 Ebenso Art 58 Abs 3 ILA Berlin Rules.
321 Ebenso Art 58 Abs 4 ILA Berlin Rules.
322 Hierzu *McIntyre*, ICJ Case Law, 243 ff; *Proelß*, Pulp Mills-Fall, 616 ff.
323 *Pulp Mills*, § 72.
324 Ebd, § 77.

Pflichten führe.[325] Umgekehrt bedeute der Umstand, dass eine Vertragspartei ihre materiellen Pflichten erfüllt habe, nicht dass sie dadurch von der Befolgung ihrer prozeduralen Pflichten befreit sei. Insgesamt stellte der IGH fest, „that there is indeed a functional link, in regard to prevention, between the two categories of obligations laid down by the 1975 Statute, but that link does not prevent the States parties from being required to answer for those obligations separately, according to their specific content, and to assume, if necessary, the responsibility resulting from the breach of them, according to the circumstances".[326] Da im konkreten Fall nicht schlüssig bewiesen sei, dass die Genehmigung der streitgegenständlichen Zellulosefabriken sorgfaltswidrig erfolgte oder die Abwässer umweltschädlich gewesen seien, urteilte der IGH, dass die Republik Uruguay keine ihrer materiellen Pflichten nach dem Statut v 1975 verletzt habe.[327]

c) Pflicht zum regelmäßigen Daten- und Informationsaustausch

65 Maßnahmen sowohl zur Nutzung als auch zum Schutz eines Binnengewässers setzen ein umfassendes und fortwährend zu aktualisierendes Wissen über dessen ökologischen Zustand voraus. Dementsprechend ist eine Pflicht der betroffenen Anrainerstaaten zum regelmäßigen Austausch von Daten und Informationen (*obligation to exchange data and information*), wie sie in vielen Binnengewässerübereinkommen[328] einschließlich der UN-Wasserlaufkonvention (Art 9 Abs 1) enthalten ist, allg anerkannt:[329] „Die Wasserlaufstaaten tauschen [...] in regelmäßigen Abständen ohne weiteres verfügbare Daten und Informationen über den Zustand des Wasserlaufs aus, insbes solche hydrologischer, meteorologischer, hydrogeologischer und ökologischer Art und betreffend die Wassergüte sowie dazugehörige Voraussagen." Die Pflicht ist folglich nicht auf die Unterrichtung über einzelne Vorhaben und deren potentielle Auswirkungen beschränkt, sondern bezieht sich auf den gesamten Zustand eines Binnengewässers. Wie vielfältig die auszutauschenden Daten und Informationen sein können, zeigt exemplarisch Art 13 Abs 1 UNECE-Binnengewässerkonvention, der insoweit folgenden Katalog definiert: „a) ökologischer Zustand grenzüberschreitender Gewässer; b) bei der Anwendung und dem Einsatz von Verfahren nach dem neuesten Stand der Technik gewonnene Erfahrung und Ergebnisse aus Forschung und Entwicklung; c) Emissions- und Überwachungsdaten; d) zur Verhütung, Bekämpfung und Verringerung grenzüberschreitender Beeinträchtigungen ergriffene und vorgesehene Maßnahmen; e) von der zuständigen Behörde oder einer entsprechenden Stelle ausgestellte Genehmigungen oder Vorschriften für das Einleiten von Abwasser." Art 9 Abs 2 UN-Wasserlaufkonvention präzisiert die Pflicht insofern, als Anrainerstaaten sich „nach besten Kräften" zu bemühen haben, die von anderen Anrainerstaaten erbetenen Daten oder Informationen bereitzustellen, wobei sie die dadurch entstehenden Kosten geltend machen können. Zudem haben Anrainerstaaten nach Art 9 Abs 3 UN-Wasserlaufkonvention sich „nach besten Kräften" zu bemühen, die Daten und Informationen in einer Weise zu sammeln und ggf zu verarbeiten, die den anderen Anrainerstaaten deren Verwendung erleichtert.[330] Angesichts der umfassenden Anerkennung der Pflicht zum Daten- und Informationsaustausch gerade auch in der Staatenpraxis ist davon auszugehen, dass

325 Ebd, § 78.
326 Ebd, § 79.
327 Ebd, § 265.
328 Bspw Art 4 Abs 3 Ramsar-Übereinkommen; Art 28 Ems-Dollart-Vertrag; Art 6 und 7 Polish-Soviet Frontier Waters Agreement; Art 6 und Art 13 Abs 1 UNECE-Binnengewässerkonvention; Art 4 lit b und Art 12 Abs 1 Donau-Übereinkommen; Anh II Art VI Israel-Jordan Peace Treaty; Art 4 Abs 2 lit a und Art 5 Abs 1–3 Spanish-Portuguese Basins Agreement; Art 5 Abs 1 Rhein-Übereinkommen; Art 4 Sava Agreement; Art 4 lit i, Art 6 Abs 2 lit a und Art 12 Incomati Maputo Agreement.
329 Bspw Prinzip 9 Rio Deklaration; Art XXIX ILA Helsinki Rules; Art 56 ILA Berlin Rules.
330 Ebenso Art 56 Abs 2 ILA Berlin Rules.

sie sich zumindest in ihrer Grundform zwischenzeitlich zu völkerrechtlichem Gewohnheitsrecht verfestigt hat.[331]

d) Extrem- und Notfallsituationen

66 Die Notwendigkeit grenzüberschreitender Kooperation wird bei Extrem- und Notfallsituationen besonders deutlich. Binnengewässerökosysteme können die unterschiedlichsten Belastungen natürlichen oder menschlichen Ursprungs bis zu einem gewissen Grad bewältigen. Extreme Umstände oder plötzlich auftretende Ereignisse können jedoch die Grenzen ihrer Regenerationsfähigkeit überbelasten und ihr ökologisches Gleichgewicht empfindlich beeinträchtigen oder gar irreversibel zerstören. Es kann Gefahr sowohl für die Natur als auch für Menschen bestehen. Derartige Situationen erfordern spezifische Vorkehrungen, schnelles Handeln und eine enge Zusammenarbeit der betroffenen Staaten. Insoweit haben nach Art 27 UN-Wasserlaufkonvention alle Anrainerstaaten die Pflicht, einzeln oder gemeinsam „alle geeigneten Maßnahmen zur Verhütung oder Abmilderung von Umständen in Bezug auf einen internationalen Wasserlauf" zu ergreifen, „die für andere Wasserlaufstaaten schädlich sein könnten" – unabhängig davon, ob sie auf natürliche Ursachen, menschliche Tätigkeiten[332] oder auf deren Kombination[333] zurückzuführen sind. Zu den relevanten Situationen zählen demnach zB „Überschwemmungen, Eisbildung, wasserbedingte Krankheiten, Ablagerung von Sedimenten, Erosion, Eindringen von Salzwasser, Dürre oder Wüstenbildung". Der Hauptfall sind Notsituationen, die Art 28 Abs 1 UN-Wasserlaufkonvention definiert als „eine plötzlich als Folge natürlicher Ursachen, wie etwa Überschwemmungen, Eisbruch, Erdrutschen oder Erdbeben oder als Folge menschlicher Tätigkeiten, wie etwa Industrieunfällen, auftretende Situation, aufgrund deren Wasserlaufstaaten oder andere Staaten ernstlichen Schaden erleiden oder aufgrund deren für sie die unmittelbare Gefahr eines ernstlichen Schadens besteht." Zu schwerwiegenden Notfällen an grenzübergreifenden Binnengewässern kommt es immer wieder, wie zB durch den Sandoz-Unfall am Rhein v 1986 sowie durch den Dammbruch bei einer Goldmine im rumänischen *Baia Mare* am 30.1.2000, aufgrund dessen große Mengen schwermetallhaltiger Natriumcyanidlauge über den Fluss Theiß in die Donau gelangten und so Binnengewässerökosysteme grenzüberschreitend schwer geschädigt wurden.[334]

67 Katastrophen dieser Art verdeutlichen, wie essentiell die zwischenstaatliche Zusammenarbeit für die schnelle Einleitung von Schutz- und Abwehrmaßnahmen ist, um drohende Schäden verhindern oder zumindest begrenzen zu können. Völkergewohnheitsrechtlich ist unstreitig, das in derartigen Notfallsituationen der Ursprungsstaat verpflichtet ist, alle potentiell betroffenen Staaten schnellstmöglich zu warnen (*duty to warn*).[335] Daher sehen viele Binnengewässerübereinkommen[336] bei Notfällen eine Warnpflicht vor, wie sie in Art 28 Abs 2 UN-Wasserlaufkonvention geregelt ist: „Ein Wasserlaufstaat benachrichtigt andere möglicherweise betroffene Staaten und die zuständigen internationalen Organisationen unverzüglich und auf dem schnellstmöglichen Weg von jedem in seinem Hoheitsgebiet entstehenden Notfall." Zudem muss der Ursprungsstaat gemäß Art 28 Abs 3 UN-Wasserlaufkonvention „in Zusammenarbeit mit den

---

331 *Birnie/Boyle/Redgwell*, International Law and the Environment, 571.

332 Ebenso Art 32 Abs 1 ILA Berlin Rules.

333 YbILC 1994 II/2, 89 (129), Commentary on Art 27, para 3.

334 Hierzu *Hudson*, The Role of International Law in the Protection of the Danube River Basin: The Baia Mare Cyanide Spill, CJIELP 12 (2001) 367 ff.

335 *Korfu Kanal*, 22; Art 7 IDI-Resolution von Athen; Prinzip 18 Rio-Deklaration; Art 32 Abs 2 und 3 sowie Art 33 Abs 2 und 3 ILA Berlin Rules; *McIntyre*, Environmental Protection, 345 f mwN.

336 Bspw Art 14 Satz 1 UNECE-Binnengewässerkonvention; Art 16 Donau-Übereinkommen; Art 10 Mekong Agreement; Art 11 Abs 1-3 Spanish-Portuguese Basins Agreement; Art 5 Abs 6 Rhein-Übereinkommen; Art XXII Abs 2 lit a Revised African Nature Conservation Convention.

möglicherweise betroffenen Staaten und ggf den zuständigen internationalen Organisationen umgehend alle den Umständen nach erforderlichen durchführbaren Maßnahmen zur Verhütung, Abmilderung und Beseitigung der schädlichen Auswirkungen des Notfalls" ergreifen.[337] Um schnell und effektiv reagieren zu können, ist es insbes angemessen, vorab zwischenstaatliche Warnsysteme und Einsatzpläne zu vereinbaren, die in Notfällen zum Einsatz kommen.[338]

e) Internationale Binnengewässerkommissionen

68 Die wachsenden Anforderungen, die das internationale Binnengewässerrecht an die Kooperation von Anrainerstaaten sowohl zur Lösung von Nutzungskonflikten als auch zum Schutz grenzübergreifender Binnengewässer stellt, führen verstärkt zur Einrichtung zwischenstaatlicher Binnengewässerkommissionen, in deren Rahmen Anrainerstaaten ihre gewässerrechtlichen Beziehung umfassend organisieren und dauerhaft institutionalisieren.[339] Art 8 Abs 2 UN-Wasserlaufkonvention verpflichtet Anrainerstaaten jedoch nicht ausdrücklich dazu, für ihre binnengewässerrechtliche Zusammenarbeit derartige Kommissionen einzurichten. Vielmehr sollen Anrainerstaaten, „sofern sie dies für notwendig erachten", lediglich „die Schaffung gemeinsamer Mechanismen oder Kommissionen in Betracht ziehen, um die Zusammenarbeit bei den einschlägigen Maßnahmen und Verfahren zu erleichtern [...]".[340] Im Gegensatz dazu enthält Art 9 Abs 2 Satz 1 UNECE-Binnengewässerkonvention eine eindeutige Pflicht von Anrainerstaaten, ihre Zusammenarbeit im Rahmen „gemeinsamer Gremien" (*joint bodies*) durchzuführen. Zu den weltweit ersten zwischenstaatlichen Einrichtungen dieser Art gehört die International Joint Commission, die durch den Boundary Waters Treaty v 1909 in Bezug auf die Grenzgewässer zwischen den USA und Kanada geschaffen wurde. Insbes seit der Mitte des 20. Jh sind zahlreiche internationale Kommissionen zum Schutz von Binnengewässern in Europa, Afrika, Amerika und Asien gegründet worden.[341] Diese zwischenstaatlichen Binnengewässerkommissionen variieren in Bezug auf ihre Aufgaben, Kompetenzen und Organisationsstrukturen.

69 Als institutioneller Ausdruck der allg Pflicht zur Zusammenarbeit dienen Binnengewässerkommissionen primär als Foren, innerhalb derer Anrainerstaaten allg ihre Zusammenarbeit koordinieren und insbes ihre prozeduralen Pflichten zur Unterrichtung, Beratung und Verhandlung, zum Daten- und Informationsaustausch sowie zur Bewältigung von Extrem- und Notfallsituationen erfüllen können. Mit zunehmender Bedeutung des Binnengewässerschutzes übernehmen internationale Kommissionen auch diesbezügliche Aufgaben wie bspw die Entwicklung und Umsetzung gemeinsamer Umweltschutznormen (zB Emissionsgrenzwerte, Wasserqualitätsstandards). Insoweit listet der offene Katalog des Art 9 Abs 2 Satz 2 UNECE-Binnengewässerkonvention beispielhaft potentielle Aufgaben internationaler Binnengewässerkommissionen auf: „a) Sie sammeln Daten, stellen sie zusammen und werten sie aus, um die Verschmutzungsquellen zu ermitteln, die eine grenzüberschreitende Beeinträchtigung zu verursachen drohen; b) sie arbeiten gemeinsame Überwachungsprogramme in bezug auf die Wasserqualität und Wassermenge aus; c) sie erstellen Verzeichnisse und tauschen Informationen über [...] Verschmutzungsquellen aus; d) sie arbeiten Emissionsgrenzwerte für Abwasser aus und bewerten die

337 Bspw Art 15 Abs 1 und 2 Donau-Übereinkommen; Art 10 Mekong Agreement; Art 2 Abs 1 lit c und Art 13 Abs 1 Sava Agreement.

338 Bspw Art 14 Satz 2 UNECE-Binnengewässerkonvention; Art 13 Abs 1 Sava Agreement; Art 11 Abs 2 Incomati Maputo Agreement; Art XXII Abs 2 lit d Revised African Nature Conservation Convention.

339 Hierzu *Boisson de Chazournes*, Fresh Water, 176 ff.

340 Ebenso Art 64 Abs 2 ILA Berlin Rules.

341 Zusammenstellung internationaler Binnengewässerkommissionen bei *Birnie/Boyle/Redgwell*, International Law and the Environment, 572. Weitere Informationen zu internationalen Binnengewässerkommissionen mit unterschiedlichen Zielsetzungen seit 1816: International River Basin Organization Database (<http://ocid.nacse.org/tfdd/rbo_new.php>). Bsp für regionale Gewässerschutzregime s u Rn 82 ff.

Wirksamkeit der Programme zur Verschmutzungsbekämpfung; e) sie arbeiten gemeinsame Qualitätsziele und -kriterien für Wasser aus [...] und schlagen diesbezügliche Maßnahmen zur Aufrechterhaltung und gegebenenfalls Verbesserung der vorhandenen Wasserqualität vor; f) sie entwickeln abgestimmte Aktionsprogramme zur Verringerung der Verschmutzungsbelastung sowohl aus Punktquellen (zB städtische und industrielle Quellen) als auch aus diffusen Quellen (insbes aus der Landwirtschaft); g) sie führen Warn- und Alarmverfahren ein; h) sie dienen als Forum für den Austausch von Informationen über gegenwärtige und geplante Nutzungen des Wassers und damit zusammenhängender Einrichtungen, die grenzüberschreitende Beeinträchtigungen zu verursachen drohen; i) sie fördern die Zusammenarbeit und den Austausch von Informationen über den Stand der Technik [...] und unterstützen die Zusammenarbeit in wissenschaftlichen Forschungsprogrammen; j) sie beteiligen sich an der Durchführung von Umweltverträglichkeitsprüfungen in bezug auf grenzüberschreitende Gewässer nach Maßgabe entsprechender internationaler Vorschriften." Zudem sieht die UNECE-Binnengewässerkonvention vor, dass Anrainerstaaten im Rahmen internationaler Kommissionen die geteilten Binnengewässer gemeinsam überwachen (Art 11) und erforschen (Art 12).

70 Die Organisationsstruktur dieser zwischenstaatlichen Einrichtungen besteht typischerweise aus mit Vertretern der Anrainerstaaten paritätisch besetzten Kommissionen, die durch ein Sekretariat und mehrere Expertengremien unterstützt werden. Während das Sekretariat mit der administrativen Begleitung der Kommissionsarbeit betraut ist, dienen Expertengremien dazu, insbes mittels naturwissenschaftlicher und juristischer Expertise Probleme zu identifizieren und Lösungen zu entwickeln. Zwar haben Beschlüsse von Binnengewässerkommissionen oft nur Vorschlags- bzw Empfehlungscharakter und sind folglich für die beteiligten Anrainerstaaten nicht unmittelbar verbindlich.[342] Dennoch ist insgesamt die Rolle internationaler Binnengewässerkommissionen nicht zu unterschätzen, stellen sie doch einen stabilen und dauerhaften Rahmen für die Entwicklung gegenseitigen Vertrauens zwischen Anrainerstaaten grenzübergreifender Binnengewässer bereit.

V. Beispiele internationaler Binnengewässerschutzregime

1. Universelle Rahmenkonventionen

71 Ausdruck der weltweiten Bemühungen um Bildung, Klärung und Neuinterpretation völkerrechtlicher Begriffe, Prinzipien und Pflichten in Bezug auf grenzübergreifende Binnengewässer sind insbes zwei universelle Rahmenkonventionen, die zunehmend Einfluss auf gewässerspezifische Übereinkommen und somit insgesamt auf die Weiterentwicklung des internationalen Binnengewässerrechts ausüben:[343] das von der ILC erarbeitete und der GV angenommene *Übereinkommen über die nicht-navigatorischen Nutzungen internationaler Wasserläufe* v 1997 (UN-Wasserlaufkonvention) sowie das unter der Ägide der UNECE entwickelte *Übereinkommen zum Schutz und zur Nutzung grenzüberschreitender Wasserläufe und internationaler Seen* v 1992 (UNECE-Binnengewässerkonvention). Beide Rahmenkonventionen sind grundsätzlich gleichrangig. Auch wenn sie unterschiedliche Schwerpunkte setzen, widersprechen sie sich nicht, so dass Staaten sie parallel anwenden können.[344]

---

342 Bspw Art 18 Abs 1 Donau-Übereinkommen; Art 8 Abs 1 lit c und Art 11 Abs 1 Rhein-Übereinkommen; Art 5 Abs 4 Maas-Übereinkommen.

343 Hierzu *Boisson de Chazournes*, Freshwater and Intenational Law: The Interplay between Universal, Regional and Basin Perspectives, 2009; *dies*, Fresh Water, 48 ff.

344 Zum Verhältnis beider Rahmenkonvention *Rieu-Clarke/Kinna*, Can Two Global UN Water Conventions Effectively Co-exist? Making the Case for a "Package Approach" to Support Institutional Coordination, RECIEL 23 (2014)

a) UN-Wasserlaufkonvention

72 Nachdem 1959 ein erster Anlauf auf UN-Ebene[345] zur Untersuchung und Kodifikation des internationalen Binnengewässerrechts im Sande verlaufen war, wurde 1970 die ILC von der GV[346] mit der Ausarbeitung entsprechender Regelungen beauftragt.[347] Die ILC diskutierte ab 1974 unter der Federführung mehrerer Special Rapporteurs verschiedene Regelungsansätze, bevor sie 1994 *Draft Articles on the Law of the Non-navigational Uses of International Watercourses*[348] einschließlich erläuternder Kommentare sowie einer *Resolution on Confined Transboundary Groundwater* verabschiedete.[349] Nachdem die Draft Articles im Sixth Committee der GV kontrovers diskutiert worden waren, nahm diese am 21.5.1997 das *Übereinkommen über die nicht-navigatorischen Nutzungen internationaler Wasserläufe* (UN-Wasserlaufkonvention) mit 103 Stimmen bei drei Gegenstimmen (Burundi, China, Türkei) und siebenundzwanzig Enthaltungen an.[350] Sie trat am 17.8.2014 nach Hinterlegung der fünfunddreißigsten Ratifikationsurkunde durch Vietnam in Kraft (Art 35 und 36).[351]

73 Die UN-Wasserlaufkonvention[352] gliedert sich in sieben Teile und eine Anlage: *Teil I: Einleitung* (Art 1 bis 4) definiert insbes den sachlichen und räumlichen Anwendungsbereich der Rahmenkonvention (Art 1) sowie den insoweit maßgeblichen Begriff des „Wasserlaufs" (Art 2). *Teil II: Allgemeine Prinzipien* (Art 5 bis 10) kodifiziert das Gebot der ausgewogenen und angemessenen Mitnutzung internationaler Wasserläufe (Art 5), die hierfür maßgeblichen Abwägungskriterien (Art 6), das Verbot der erheblichen grenzüberschreitenden Schädigung (Art 7), die allg Verpflichtung von Anrainerstaaten zur Zusammenarbeit (Art 8), die Pflicht zum Austausch von Daten und Informationen sowie die Gleichrangigkeit der verschiedenen Gewässernutzungen (Art 10). *Teil III: Geplante Maßnahmen* (Art 11 bis 19) regelt die Pflichten zum Informationsaustausch sowie zur Unterrichtung, Beratung und Verhandlung über geplante Maßnahmen an grenzübergreifenden Binnengewässern. *Teil IV: Schutz, Erhaltung und Bewirtschaftung* (Art 20 bis 26) enthält Bestimmungen u a über Schutz und Erhaltung von Ökosystemen internationaler Wasserläufe (Art 20), über Verhütung, Verringerung und Bekämpfung von Gewässerverschmutzung (Art 21), die Einbringung von fremden und neuen Pflanzen- und Tierarten (Art 22) sowie über Schutz und Erhaltung der Meeresumwelt (Art 23). *Teil V: Schädliche Umstände und Notfallsituationen* (Art 27 und 28) verpflichtet Anrainerstaaten, alle angemessenen Maßnahmen zur Verhütung bzw Abmilderung der grenzüberschreitenden Auswirkungen zB von Hochwasser, Treibeis, Erosion oder Dürren zu ergreifen (Art 27) sowie sich bei Notfallsituationen unverzüglich gegenseitig zu unterrichten, Gegenmaßnahmen zu ergreifen und nötigenfalls gemeinsame Notfallpläne zu erarbeiten (Art 28). *Teil VI: Sonstige Bestimmungen* (Art 29 bis 33) enthält Regelungen u a für den Fall kriegerischer Auseinandersetzungen (Art 29 bis 31) sowie zur Streitbeilegung (Art 33). *Teil VII: Schlussklauseln* (Art 34 bis 37) regelt insbes das Inkrafttreten

---

15 ff; UNECE (Hrsg), The Economic Commission for Europe Water Convention and the United Nations Watercourses Convention – An Analysis of their Harmonized Contribution to International Water Law, 2015.

345 UN Doc A/RES/1401(XIV) v 21.11.1959.

346 UN Doc A/RES/2669(XXV) v 8.12.1970.

347 Zur Entstehungsgeschichte der UN-Wasserlaufkonvention *Tanzi/Arcari*, UN Watercourses Convention, 35 ff; UN-Dokumente abrufbar unter <http://legal.un.org/ilc/guide/8_3.shtml>.

348 YbILC 1994 II/2, 89 ff.

349 Ebd, 135.

350 UN Doc A/RES/51/229 v 21.5.1997.

351 Hierzu *Salman*, Entry into Force of the UN Watercourses Convention: Why Should it Matter?, IJWRD 30 (2014) 1 ff; Zur Bedeutung der UN-Wasserlaufkonvention für verschiedene Erdregionen: Eckstein (Hrsg), Specially Invited Opinions and Research Report of the International Water Law Project: Global Perspectives on the Entry into Force of the UN Watercourses Convention 2014, Water Policy 16 (2014) 1198 ff. Speziell zu Europa *Reichert*, Entry into Force of the UNWC – Should Europe Care?, in ebd, 1213 ff.

352 Hierzu umfassend *Tanzi/Arcari*, UN Watercourses Convention; *McCaffrey*, Watercourses, 359 ff; *Rieu-Clarke/Moynihan/Magsig*, UN Watercourses Convention User's Guide, 2012.

der Rahmenkonvention. Die *Anlage Schiedsverfahren* führt das in Art 33 vorgesehene Streitbeilegungsverfahren in vierzehn Artikeln näher aus.[353]

74 Für das verzögerte Inkrafttreten der UN-Wasserlaufkonvention gibt es verschiedene Gründe. Neben einem allg Unbehagen von Staaten vor einer allzu weitgehenden Aufgabe von Souveränitätsrechten über existentiell wichtige Ressourcen spielen unterschiedliche Interessenlagen zwischen Ober- und Unterliegerstaaten sowie Unsicherheiten und Missverständnisse über die Bedeutung und potentiellen Auswirkungen einzelner Regelungen der Rahmenkonvention eine Rolle.[354] Ein wesentliches Moment ist insoweit das umstrittene Verhältnis des Gebots der ausgewogenen und angemessenen Mitnutzung eines internationalen Wasserlaufs einerseits (Art 5 und 6) und des Verbots der erheblichen grenzüberschreitenden Schädigung andererseits (Art 7), das bereits die Beratungen der ILC dominiert hatte.[355]

b) UNECE-Binnengewässerkonvention

75 Seit den 1960er Jahren befasst sich die *Wirtschaftskommission der Vereinten Nationen für Europa (UNECE)* mit der Nutzung und dem Schutz grenzübergreifender Binnengewässer.[356] Dabei hat die UNECE mit zahlreichen unverbindlichen Deklarationen, Entscheidungen, Empfehlungen und Leitlinien sowohl rein innerstaatliche als auch grenzübergreifende Gewässerthemen behandelt,[357] wobei sie sich seit den späten 1980er Jahren auf Fragen der nachhaltigen Gewässerbewirtschaftung konzentrierte.[358] Hierauf aufbauend ermöglichte es das Ende des Kalten Krieges, unter der Ägide der UNECE das *Übereinkommen zum Schutz und zur Nutzung grenzüberschreitender Wasserläufe und internationaler Seen* auszuhandeln. Die UNECE-Binnengewässerkonvention, die am 17.3.1992 in Helsinki angenommen wurde, trat am 6.1.1996 in Kraft und zählt zwischenzeitlich rd vierzig Vertragsparteien, zu denen neben der EU und ihrer meisten Mitgliedstaaten auch Albanien, die Schweiz, Liechtenstein, die Staaten des ehemaligen Jugoslawien, Russland, Weißrussland und die Ukraine sowie die zentralasiatischen Staaten Aserbaidschan, Kasachstan, Turkmenistan und Usbekistan gehören.[359] Nachdem ursprünglich nur UNECE-Mitgliedstaaten auch Vertragspartei der UNECE-Binnengewässerkonvention werden konnten, steht sie nunmehr – aufgrund von Änderungen ihrer Art 25 und 26[360] – seit 1.3.2016 allen Mitgliedern der UN offen.[361]

---

353 Allg zu Streitbeilegungsverfahren im internationalen Binnengewässerrecht *Boisson de Chazournes*, Fresh Water, 197 ff.

354 Hierzu *Dellapenna/Rieu-Clarke/Loures*, Possible Reasons Slowing Down the Ratification Process, in Loures/Rieu-Clarke (Hrsg), UN Watercourses Convention, 20 ff; *Salman*, Misconceptions Regarding the Interpretation of the UN Watercourses Convention, in ebd, 28 ff; *ders*, The United Nations Watercourses Convention Ten Years Later: Why Has its Entry into Force Proven Difficult?, Water International 32 (2007) 1 ff.

355 Hierzu zB *Utton* (Fn 158).

356 Informationen zu gewässerbezogenen UNECE-Aktivitäten unter <www.unece.org/env/water/>.

357 Abrufbar unter <www.unece.org/env/water/publications/pub.html>: zB Prevention and Control of Water Pollution, including Transboundary Pollution (1980); International Co-operation on Shared Water Resources (1982); Cooperation in the Field of Transboundary Waters (1987); Accidental Pollution of Transboundary Inland Waters (1990); Ecosystems-based Water Management (1992); Licensing Waste-water Discharges from Point Sources into Transboundary Waters (1996); Water-quality Monitoring and Assessment of Transboundary Rivers (1996); Monitoring and Assessment of Transboundary Rivers, Lakes and Groundwaters (2006); Payments for Ecosystem Services in Integrated Water Resources Management (2007); Modell Provisions on Transboundary Groundwaters (2014).

358 *Tanzi*, Regional Contributions to International Water Cooperation: The UNECE Contribution, in Boisson de Chazournes/Leb/Tignino (Hrsg), International Law and Freshwater, 2013, 155 (162 f).

359 Aktueller Stand abrufbar unter <www.unece.org/env/water/status/legal1.html>.

360 Decision III/1 v 28.11.2003, UN Doc ECE/MP.WAT/14; Decision VI/3 v 30.11.2012, UN Doc ECE/MP.WAT/37/Add.2.

361 Hierzu UNECE (Hrsg), The Global Opening of the 1992 UNECE Water Convention, 2013; *Reichert*, Transboundary Water Cooperation in Europe, 23 f.

76 Diese „Universalisierung" lässt die UNECE-Binnengewässerkonvention gleichrangig neben die UN-Wasserlaufkonvention v 1997 treten, deren verzögertes Inkrafttreten diese Entwicklung begünstigt hat. Wie die UN-Wasserlaufkonvention ist auch die UNECE-Binnengewässerkonvention als Rahmenkonvention konzipiert, die nicht ein spezifisches grenzübergreifendes Binnengewässer zum Gegenstand hat. Während jedoch die UN-Wasserlaufkonvention bei der Kodifikation völkergewohnheitsrechtlich überwiegend bereits anerkannter Regeln des internationalen Binnengewässerrechts auf dem „kleinsten gemeinsamen Nenner"[362] verharrt und dabei letztlich – wie die zentrale Kontroverse um das Verhältnis der althergebrachten nachbarrechtlichen Grundprinzipien des Gebots der ausgewogenen und angemessenen Mitnutzung und des Verbots der erheblichen grenzüberschreitenden Schädigung zeigt – auf zwischenstaatliche Nutzungskonflikte fokussiert bleibt, verfolgt die UNECE-Binnengewässerkonvention mit ihren weitaus detaillierteren Regelungen einen umfassenderen Ansatz iSe ökosystemorientierten, integrierten und nachhaltigen Binnengewässerschutzes. Damit geht sie über bestehendes Gewohnheitsrecht hinaus und trägt maßgeblich zur Weiterentwicklung des internationalen Binnengewässerrechts bei. Mittlerweile sind die Vorgaben der UNECE-Binnengewässerkonvention durch zahlreiche Übereinkommen auf spezifische Binnengewässer – zB Maas (1994 und 2002), Schelde (1994), Donau (1994), Oder (1996), die spanisch-portugiesischen Grenzgewässer (1998), Rhein (1999), Sava (2002) und Ohridsee (2004) – angewandt und weiter konkretisiert worden.

77 Die UNECE-Binnengewässerkonvention umfasst drei Hauptteile sowie vier Anlagen.[363] Regelungsgegenstand sind „grenzüberschreitende Gewässer", wozu sowohl oberirdische Binnengewässer – Flüsse und Seen – als auch Grundwasservorkommen gehören (Art 1 Abs 1). *Teil I: Bestimmungen für alle Vertragsparteien* (Art 2 bis 8) verpflichtet jede Vertragspartei – unabhängig davon, ob sie Vertragspartei eines gewässerspezifischen Übereinkommens ist – „alle geeigneten Maßnahmen zur Verhütung, Bekämpfung und Verringerung jeder grenzüberschreitenden Beeinträchtigung" von Binnengewässern zu treffen (Art 2 Abs 1). Dies bezieht sich insbes auf Maßnahmen gegen Gewässerverschmutzung, zur „umweltverträglichen und rationellen" Gewässerbewirtschaftung, zur Erhaltung der Wasserressourcen und zum Umweltschutz, auf die Nutzung grenzüberschreitender Binnengewässer „in angemessener und ausgewogener Weise" sowie auf die Erhaltung und ggf Wiederherstellung von Ökosystemen (Art 2 Abs 2). Dabei sollen sich die Vertragsparteien von Grundsätzen wie der Bekämpfung von Gewässerverschmutzung an der Quelle, dem Verlagerungsverbot, dem Vorsorge- und dem Vorbeugeprinzip, dem Nachhaltigkeitsgebot sowie dem Verschlechterungsverbot leiten lassen (Art 2 Abs 3 bis 5 und Abs 7). Zur Verhütung, Bekämpfung und Verringerung grenzüberschreitender Beeinträchtigungen haben die Vertragsparteien „rechtliche, verwaltungsmäßige, wirtschaftliche, finanzielle und technische Maßnahmen" zu ergreifen (Art 3 Abs 1). Insbes haben die Vertragsparteien Emissionsgrenzwerte für Schad- und Nährstoffeinleitungen auf dem „Stand der Technik" (Art 3 Abs 1 lit c und Abs 2 iVm Anlage I) sowie Wasserqualitätsziele und -kriterien festzulegen (Art 3 Abs 3 iVm Anlage III). Zudem ist in Bezug auf Schad- und Nährstoffeinträge aus diffusen Quellen wie der Landwirtschaft die „beste Umweltpraxis" zu entwickeln (Art 3 Abs 1 lit g iVm Anlage II).

78 *Teil II: Bestimmungen für die Anrainerstaaten* (Art 9 bis 16) verpflichtet Vertragsparteien, die Anrainerstaaten eines geteilten Binnengewässers sind, insoweit bi- oder multilaterale Binnengewässerübereinkommen abzuschließen oder bereits bestehende Abkommen anzupassen, so dass diese den Vorgaben der UNECE-Binnengewässerkonvention entsprechen (Art 9 Abs 1). Zudem müssen Anrainerstaaten ihre Zusammenarbeit im Rahmen „gemeinsamer Gremien" institu-

362 *Tanzi* (Fn 358) 169.

363 Umfassende Darstellung und Auslegung der UNECE-Binnengewässerkonvention durch UNECE (Hrsg), Implementing Guide to the Water Convention, 2013; Tanzi et al (Hrsg), The UNECE Convention on the Protection and Use of Transboundary Watercourses and International Lakes – Its Contribution to International Water Cooperation, 2015.

tionalisieren (Art 9 Abs 2), wobei die Rahmenkonvention das ganze Spektrum denkbarer Aufgaben von Binnengewässerkommissionen – von der Sammlung und Auswertung von Daten bis hin zur Beteiligung an Umweltverträglichkeitsprüfungen – detailliert auflistet (Art 9 Abs 2 lit a bis j). Wesentliche Elemente der Zusammenarbeit von Anrainerstaaten sind die Überwachung und Bewertung des Zustands grenzüberschreitender Binnengewässer (Art 4 und Art 11), Forschung und Entwicklung (Art 5 und Art 12) sowie der Informationsaustausch (Art 6 und Art 13). In Notfallsituationen mit potentiell grenzüberschreitenden Auswirkungen haben Anrainerstaaten einander unverzüglich zu informieren, hierzu ggf Warnsysteme einzurichten (Art 14) sowie einander Hilfe zu leisten (Art 15). Hervorzuheben ist die Verpflichtung von Anrainerstaaten, die Öffentlichkeit über den Zustand grenzüberschreitender Binnengewässer und Maßnahmen zur Verhütung, Bekämpfung und Verringerung grenzüberschreitender Beeinträchtigungen zu informieren (Art 16).

79 Im Gegensatz zur UN-Wasserlaufkonvention wird die Umsetzung der UNECE-Binnengewässerkonvention auch in institutioneller Hinsicht weiter begleitet. Hierzu sieht *Teil III: Institutionelle Vorschriften und Schlussbestimmungen* (Art 17 bis 28) die Einrichtung einer Versammlung der Vertragsparteien vor, die mindestens alle drei Jahre zusammentritt (Art 17 Abs 1), um die Durchführung der Konvention zu überprüfen, Erfahrungen auszutauschen sowie Änderungen der Konvention und zusätzliche Maßnahmen gleichberechtigt und idR im Konsens zu beschließen (Art 17 Abs 2 iVm Art 18). Darüber hinaus wurde ein ständiges Sekretariat eingerichtet, das bei dem Exekutivsekretär der UNECE in Genf angesiedelt ist (Art 19). Streitigkeiten zwischen den Vertragsparteien über die Auslegung oder Anwendung der UNECE-Binnengewässerkonvention werden entweder dem IGH vorgelegt oder durch ein Schiedsverfahren entschieden (Art 22 iVm Anlage IV). Die Schaffung eines starken institutionellen Rahmens ermöglicht den Vertragsparteien der UNECE-Binnengewässerkonvention, diese durch zahlreiche Aktivitäten umzusetzen und so mit Leben zu erfüllen.[364]

80 Am 17.6.1999 wurde ein *Protokoll über Gesundheit und Wasser*[365] zur UNECE-Binnengewässerkonvention unterzeichnet, das am 4.8.2005 in Kraft trat und über fünfundzwanzig Vertragsparteien hat.[366] Das Protokoll trägt dem Umstand Rechnung, dass allein in Europa derzeit schätzungsweise 19 Mio Menschen keine sichere Trinkwasserversorgung und 67 Mio Menschen keinen Zugang zu angemessenen sanitären Anlagen haben und dadurch einem erhöhten Risiko gewässerbezogener Krankheiten wie Cholera, Hepatitis A und Typhus ausgesetzt sind.[367] Ziel des Protokolls ist es, sowohl auf nationaler als auch internationaler Ebene die menschliche Gesundheit zu schützen, indem die Gewässerbewirtschaftung einschließlich des Schutzes von Gewässerökosystemen verbessert und gewässerbezogene Krankheiten verhindert, kontrolliert und vermindert werden (Art 1). Zu diesem Zweck sind die Vertragsparteien insbes verpflichtet, eine angemessene Versorgung mit bekömmlichen Trinkwasser, das frei von gesundheitsschädlichen Mengen an Mikroorganismen, Parasiten und Schadstoffen ist, sowie eine angemessene Versorgung mit Sanitäranlagen sicherzustellen (Art 4 Abs 2 lit a und b).

81 Als Reaktion auf den Unfall bei einer Goldmine im rumänischen *Baia Mare* am 30.1.2000, bei dem große Mengen schwermetallhaltiger Natriumcyanidlauge über den Fluss Theiß in die Donau gelangten und schwere grenzübergreifende Schäden verursachten,[368] wurde am 21.3.2003 von zweiundzwanzig Staaten das *Protokoll zur zivilrechtlichen Haftung und zum Schadenersatz*

---

364 Hierzu *Sands/Peel*, Principles, 324 ff.

365 Protocol on Water and Health to the 1992 Convention on the Protection and Use of Transboundary Watercourses and International Lakes v 17.6.1999.

366 Aktueller Stand abrufbar unter <www.unece.org/env/water/status/legal1.html>.

367 Weitere Informationen unter <www.unece.org/env/water/pwh_text/text_protocol.html>.

368 Hierzu *Hudson* (Fn 334).

bei Industrieunfällen an grenzüberschreitenden Gewässern[369] zur UNECE-Binnengewässerkonvention unterzeichnet. Es zielt darauf ab, die zivilrechtliche Haftung und eine „angemessene und schnelle" Kompensation für Schäden zu regeln, die durch grenzüberschreitende Auswirkungen von Industrieunfällen an grenzübergreifenden Binnengewässern verursacht wurden (Art 1). Einzige Vertragspartei des Protokolls, das noch nicht in Kraft getreten ist, ist derzeit Ungarn, das besonders schwer von dem Unfall in Baia Mare betroffen war.[370]

2. Regionale Binnengewässerschutzregime

82 Die materiellen und prozeduralen Elemente internationalen Binnengewässerrechts werden im Folgenden anhand spezifischer Binnengewässerschutzregime verschiedener Erdregionen illustriert. Die ausgewählten Bsp aus Afrika, Amerika, Asien und Europa spiegeln die jeweiligen sozioökonomischen und ökologischen Herausforderungen sowie die Interessenlage der beteiligten Anrainerstaaten wider und bieten einen Überblick sowohl über unterschiedliche Ausprägungen als auch Gemeinsamkeiten aktueller Binnengewässerschutzregime.

a) Afrika: SADC und Sambesi

83 Anhand des südlichen Afrikas lässt sich beispielhaft nachvollziehen, wie sich spezifische Gewässerschutzübereinkommen sowie regionale und universelle Rahmenregelungen wechselseitig beeinflussen und zur Weiterentwicklung des internationalen Binnengewässerrechts beitragen. Diese Erdregion ist klimatisch insbes durch aride Gebiete mit stark schwankenden Niederschlägen und damit einhergehenden schweren Dürren und Überschwemmungen geprägt. Rasches Bevölkerungswachstum, zunehmende Urbanisierung, extensive Landwirtschaft sowie die steigende Wasserkraftnutzung belasten die Süßwasserökosysteme sowohl in quantitativer als auch in qualitativer Hinsicht erheblich.[371] Zudem gibt es in der Region insgesamt sechszehn grenzübergreifende Wassereinzugsgebiete, in denen wichtige Flüsse – zB Incomati, Kongo, Maputo, Okavango, Orange, Sambesi – gelegen sind.[372] Entsprechend groß ist das Potential für zwischenstaatliche Konflikte und die Notwendigkeit für die Anrainerstaaten zur Zusammenarbeit über Nutzung und Schutz der gemeinsamen Wasserressourcen.

84 Bereits Mitte der 1980er Jahre entstand eine frühe Kooperation zwischen Anrainerstaaten des Sambesis, dem mit 2.574 km – nach Nil, Kongo und Niger – viertlängsten Fluss Afrikas und zugleich längsten im südlichen Teil des Kontinents. Er entspringt in Sambia, durchfließt Angola, bildet anschießend die Grenze zwischen Sambia einerseits und Namibia, Botswana und Simbabwe andererseits, bevor er Mosambik durchquert und schließlich in den Indischen Ozean mündet. Der Sambesi speist die Viktoriafälle an der Grenze zwischen Sambia und Simbabwe sowie den Malawisee. Sein Wassereinzugsgebiet von rd 1.385.300 km^2 ist die Heimat von ca 40 Mio Menschen[373] und erstreckt sich über das Territorium seiner sechs unmittelbaren Anrainerstaaten hinaus auch auf die Staatsgebiete der Demokratischen Republik Kongo, Malawis und Tansanias.[374] Am 28.5.1987 einigten sich fünf der neun Staaten des Sambesieinzugsgebiets – Botswana, Mosambik, Sambia, Simbabwe und Tansania – auf das unter der Ägide von UNEP und der damaligen Southern African Development Coordination Conference (SADCC) entwickel-

369 Protocol on Civil Liability.
370 Aktueller Stand abrufbar unter <www.unece.org/env/water/status/legal1.html>.
371 *Hirji/Grey* (Fn 235) 80 f.
372 Übersicht bei *Malzbender/Earle*, Southern Africa, in Loures/Rieu-Clarke (Hrsg), UN Watercourses Convention, 112 (114).
373 SADC et al (Hrsg), Zambezi River Basin – Atlas of the Changing Environment, 2012, 10.
374 UNEP (Fn 19) 48.

te *Agreement on the Action Plan for the Environmentally Sound Management of the Common Zambezi River System* (ZACPLAN Agreement), mit dem sie einen umfangreichen Aktionsplan (ZACPLAN) annahmen (Art 1 Abs 1 iVm Annex I). Angesichts der Gewässerbelastungen des Sambesis zielt der Aktionsplan darauf ab, eine umweltgerechte Bewirtschaftung der Wasserressourcen des gesamten Flusssystems zu fördern.[375] Hierzu umfasst der Plan vier Aktionsschwerpunkte:[376] (1) Überwachung und Bewertung des Gewässerökosystems,[377] (2) ökosystemorientierte Gewässerbewirtschaftung,[378] (3) Entwicklung nationaler Gewässerschutzgesetze[379] und eines regionalen Übereinkommens über Nutzung und Schutz relevanter Süßwasserressourcen, Uferzonen und Meeresgewässer[380] sowie (4) Unterstützungsmaßnahmen.[381] Der Verwirklichung dieser Aktionsschwerpunkte dienen zahlreiche Projekte (ZACPRO 1 bis 19).[382] Zur Umsetzung des Aktionsplans wurden in den Vertragsstaaten „National Focal Points" (Art 3) sowie auf internationaler Ebene ein *Zambezi Intergovernmetal Monitoring and Co-ordinating Committee* eingerichtet, das Leitlinien vorgeben sowie die Umsetzung des Aktionsplans überwachen und bewerten sollte (Art 2 iVm Annex II Nr 4 bis 6), ohne jedoch selbst regulatorisch tätig werden zu können.[383] Insgesamt fehlten diesem Komitee die Kompetenzen, die wirkungsvolle internationale Binnengewässerkommissionen auszeichnen.

85 Wesentliche Impulse für die Weiterentwicklung des internationalen Binnengewässerrechts im südlichen Afrika im Allg und hinsichtlich des Sambesis im Besonderen gingen von der Umwandlung der informellen SADCC in die mit Vertrag vom 17.8.1992 gegründete *Southern African Development Community (SADC)* aus, der heute fünfzehn Mitgliedsstaaten angehören.[384] Zu den Zielen des SADC-Vertrags gehören sowohl die nachhaltige Entwicklung der natürlichen Ressourcen und der wirksame Schutz der Umwelt (Art 5 Abs 1 lit g) als auch die bestmögliche Nutzung der Ressourcen der Region (Art 5 Abs 1 lit f). Die Lösung der drängenden Probleme der zahlreichen grenzübergreifenden Binnengewässer war eine der ersten Prioritäten der SADC. Am 16.5.1995 wurde das *Protocol on Shared Watercourse Systems in the Southern African Development Community (SADC) Region* (SADC Watercourses Protocol) unterzeichnet, das –vergleichbar der ursprünglich ebenfalls regional begrenzten UNECE-Binnengewässerkonvention – als Rahmenabkommen Orientierung für den Abschluss von Übereinkommen für spezifische Binnengewässer in der Region geben sollte. Allerdings wies das SADC Watercourses Protocol erhebliche Defizite auf.[385] Es regelte zwar detailliert prozedurale (Art 2 Abs 4, 5, 9 und 10) und institutionelle Fragen (Art 3 bis 6), behandelte jedoch materielle Aspekte nur unzureichend. So ließen die Regelungen zur angemessenen Mitnutzung eines gemeinsamen Binnengewässers durch die Anrainerstaaten (Art 2 Abs 2, 6 und 7) letztlich offen, wer die Kriterien für die hierfür erforderliche Abwägung festlegen würde. Zudem blieb das zweite Grundprinzip internationalen Binnengewässerrechts – das Verbot erheblicher grenzüberschreitender Schädigung – vollkommen unerwähnt. Zwar berief sich das SADC Watercourses Protocol in seiner Präambel auf die Helsinki Rules der ILA v 1966,[386] auf die Grundsätze nachhaltiger und integrierter Gewässerbewirtschaftung gemäß

---

375 ZACPLAN Nr 15.
376 Ebd, Nr 20.
377 Ebd, Nr 28.
378 Ebd, Nr 29.
379 Ebd, Nr 30 bis 32 und 35 f.
380 Ebd, Nr 33.
381 Ebd, Nr 36 bis 39.
382 Ebd, Annex I, Appendix I.
383 *Birnie/Boyle/Redgwell*, International Law and the Environment, 579.
384 Angola, Botswana, Demokatische Republik Kongo, Lesotho, Madagaskar, Malawi, Mauritius, Mosambik, Namibia, Sambia, Seychellen, Simbabwe, Südafrika, Swasiland und Tansania.
385 *Salman*, International Watercourses, 1001.
386 ILA (Fn 126) 484 ff.

dem Dublin Statement on Water and Sustainable Development vom Januar 1992[387] und der hierauf aufbauenden Agenda 21 (Kap 18) v 1992[388] sowie auf das Prinzip der nachhaltigen Entwicklung grenzübergreifender Binnengewässer. Insgesamt blieben die Vorgaben zum Schutz der Gewässerumwelt (Art 2 Abs 3, 11 und 12) jedoch allzu oberflächlich.

86 Angesichts dieser Defizite, die durch die Annahme der UN-Wasserlaufkonvention am 21.5.1997 durch die GV noch deutlicher hervortraten, begannen bereits kurz nach Inkrafttreten des SADC Watercourses Protocol am 29.9.1998 die Vorbereitungen für seine Überarbeitung. Am 7.8.2000 unterzeichneten dreizehn der damaligen SADC-Mitgliedstaaten mit Ausnahme der Demokratischen Republik Kongo das *Revised Protocol on Shared Watercourses in the Southern African Development Community* (Revised SADC Watercourses Protocol), das am 22.9.2003 in Kraft trat. Das Übereinkommen ist deutlich von der universellen UN-Wasserlaufkonvention beeinflusst,[389] auf die es sich in seiner Präambel ausdrücklich beruft. Übergeordnetes Regelungsziel des Revised SADC Watercourses Protocol ist es, die Zusammenarbeit zwischen Anrainerstaaten für die nachhaltige und koordinierte Bewirtschaftung, Nutzung und den Schutz der gemeinsamen Wasserressourcen zu fördern (Art 1). Zu diesem Zweck sieht das Rahmenübereinkommen den Abschluss gewässerspezifischer Übereinkommen und die Schaffung von Binnengewässerkommissionen vor (Art 1 lit a). Der große Einfluss, den die UN-Wasserlaufkonvention auf das Revised SADC Watercourses Protocol hatte, zeigt sich an verschiedenen Stellen. So übernimmt es zur Definition seines räumlichen Anwendungsbereichs (Art 1 Abs 1) mit geringfügigen Ergänzungen den Begriff des „Wasserlaufs" nach Art 2 lit a UN-Wasserlaufkonvention, während Art 1 Abs 1 des Vorgängerübereinkommens insoweit noch auf das „Gewässereinzugsgebiet" Bezug genommen hatte. Die nachbarrechtlichen Grundprinzipien des Gebots der ausgewogenen und angemessenen Mitnutzung gemeinsamer Binnengewässer samt den diesbezüglichen Abwägungskriterien (Art 3 Abs 7 und 8) sowie des Verbots der erheblichen grenzübergreifenden Schädigung (Art 3 Abs 10) sind den entsprechenden Regelungen der UN-Wasserlaufkonvention – Art 6 bzw Art 7 – weitgehend nachgebildet. Die Pflichten der Vertragsparteien in Bezug auf geplante Maßnahmen zum Informationsaustausch sowie zur Unterrichtung, Beratung und Verhandlung nach Art 4 Abs 1 entsprechen Art 11 bis 19 der UN-Wasserlaufkonvention. Die Regelungen zum Schutz und Erhalt der Umwelt gemäß Art 4 Abs 2 sowie zur Gewässerbewirtschaftung, zur Regulierung und zu Installationen nach Art 4 Abs 3 spiegeln sich mit kleineren Änderungen in Art 20 bis 23 bzw Art 24 bis 26 und Art 29 der UN-Wasserlaufkonvention wider.

87 Das erste gewässerspezifische Abkommen, das unter dem Rahmenübereinkommen des Revised SADC Watercourses Protocol abgeschlossen wurde, ist das *Incomati Maputo Agreement* zwischen Mosambik, Südafrika und Swasiland. Die drei Vertragsparteien arbeiten insoweit in dem bereits seit 1983 bestehenden Tripartite Permanent Technical Committee (TPTC) zusammen. Auch die Kooperation der Sambesi-Anrainerstaaten erhielt durch das Revised SADC Watercourses Protocol neue Impulse. Unter der Ägide der SADC wurde ab 2002 das *Agreement on the Establishment of the Zambezi Watercourse Commission* (ZAMCOM Agreement) ausgehandelt, das am 13.7.2004 unterzeichnet wurde und am 26.6.2011 in Kraft trat. Ziel der ZAMCOM, der acht Anrainerstaaten des Sambesis angehören,[390] ist die ausgewogene und angemessene Mitnutzung der Wasserressourcen, die effiziente Bewirtschaftung und die nachhaltige Entwicklung des Sambesis (Art 5 Satz 1). Dementsprechend soll die Zusammenarbeit durch die Prinzipien der nachhalti-

387 ICWE (Hrsg), International Conference on Water and the Environment: Development Issues for the 21st Century, 1992, 13.
388 UN Doc A/CONF/151/26/Rev.1 (1992), abgedr in Robinson (Hrsg), Agenda 21 and the UNCED Proceedings, 1993, Vol IV, 357 ff.
389 Ausführlicher Vergleich zwischen universellem und regionalem Rahmenübereinkommen bei *Salman*, International Watercourses, 1006 ff; *Malzbender/Earle* (Fn 372) 115 ff.
390 Angola, Botswana, Malawi, Mosambik, Namibia, Sambia, Simbabwe, Tansania.

gen Entwicklung und Nutzung, der Vermeidung von Schädigung, der Vorsorge, der intergenerationellen Gerechtigkeit, der Bewertung grenzüberschreitender Auswirkungen, der Kooperation und der ausgewogenen und angemessenen Mitnutzung geprägt sein (Art 12 Abs 1). In institutioneller Hinsicht besteht die ZAMCOM aus drei Organen (Art 6): Das mindestens einmal im Jahr zusammentretende *Council of Ministers* trifft einstimmig die wesentlichen Entscheidungen (Art 7 und 8). Das ebenfalls mindestens einmal jährlich zusammentretende und einstimmig entscheidende *Technical Committee* ist insbes mit der Umsetzung der Entscheidungen des Council sowie mit dessen Beratung betraut (Art 9 und 10). Zudem beaufsichtigt es die Arbeit des von einem Exekutivsekretär geleiteten *Sekretariats*, das das Council in technischer und administrativer Hinsicht unterstützt (Art 11). Zu den zentralen Aufgaben aller drei ZAMCOM-Organe gehört die Entwicklung eines „strategic plan" (Art 8 Abs 1 lit j, Art 10 Abs 1 lit b, Art 11 Abs 5 lit c), der als übergreifendes Planungsinstrument für die Identifizierung, Kategorisierung und Priorisierung von Projekten und Programmen für die effiziente Bewirtschaftung und nachhaltige Entwicklung des Sambesis dienen soll (Art 1) und von den Vertragsstaaten zu befolgen ist (Art 14 Abs 9). Zu diesem Zweck wurde im April 2008 bereits vor Inkrafttreten des ZAMCOM Agreement der *Integrated Water Resources Management Strategy and Implementation Plan for the Zambezi River Basin*[391] verabschiedet, der detailliert Ziele, Strategien, Programme und Projekte für die Verwirklichung integrierter Gewässerbewirtschaftung im Sambesieinzugsgebiet darlegt.

b) Amerika: Große Seen

88 Bereits 1909 wurde durch den *Boundary Waters Treaty* zwischen den USA und Großbritannien die *International Joint Commission* (IJC)[392] geschaffen, die bis heute den institutionellen Rahmen für die internationale Zusammenarbeit in Bezug auf die amerikanisch-kanadischen Grenzgewässer bildet. Neben der Schifffahrtsfreiheit regelt der Boundary Waters Treaty insbes, dass Eingriffe in den „natural level or flow" der Grenzgewässer zB durch den Bau von Dämmen von der IJC genehmigt werden müssen (Art III und IV). Diese setzt sich aus sechs Mitgliedern zusammen, die je zur Hälfte von den USA und Kanada ernannt werden, nicht weisungsgebunden sind und mit Stimmenmehrheit bindende Entscheidungen treffen können (Art VII und VIII). Darüber hinaus enthält der Boundary Waters Treaty bereits ein gegenseitiges Verbot grenzüberschreitender Gewässerverunreinigungen, soweit diese die menschliche Gesundheit oder das Eigentum schädigen: „[T]he waters herein defined as boundary waters and waters flowing across the boundary shall not be polluted on either side to the injury of health or property on the other" (Art IV Satz 2). Allerdings beschränken sich insoweit die Kompetenzen der IJC nach dem Boundary Waters Treaty darauf, auf Ersuchen eines der beiden Anrainerstaaten Untersuchungen zur Sachverhaltsermittlung durchzuführen und unverbindliche Empfehlungen zur Streitschlichtung auszusprechen (Art IX).[393]

89 Nachdem die Wasserqualität insbes der Großen Seen (Lake Superior, Lake Huron, Lake Michigan, Lake Erie, Lake Ontario), die ein Wassereinzugsgebiet von 1.055.200 km² umfassen[394] und das größte Süßwasserreservoir der Erde bilden, sich durch übermäßigen Schad- und Nährstoffeintrag Mitte des 20. Jh zusehends verschlechtert hatte, schlossen die USA und Kanada 1972 ein Übereinkommen über die Wasserqualität der Großen Seen. Es wurde 1978 durch das erweiterte *Great Lakes Water Quality Agreement* v 1978[395] abgelöst, das – bereits einen dezidiert ökosystemorientierten Schutzansatz folgend[396] – darauf abzielte, die chemische, physikalische und

391 Weitere Informationen unter <www.zambezicommission.org/>.
392 Weitere Informationen unter <www.ijc.org/>.
393 *Birnie/Boyle/Redgwell*, International Law and the Environment, 576 f mwN.
394 UNEP (Fn 19) 156.
395 Hierzu *Birnie/Boyle/Redgwell*, International Law and the Environment, 577 f; *Sands/Peel*, Principles, 328 f.
396 Hierzu *MacKenzie* (Fn 97).

biologische Integrität der Gewässer des Ökosystems der Großen Seen wiederherzustellen und zu erhalten (Art II Satz 1). Der IJC wurden zusätzliche Aufgaben übertragen, wie das Sammeln, die Analyse und die Verbreitung von Daten über den Gewässerzustand, die Abgabe von Empfehlungen, die Koordinierung gemeinsamer Maßnahmen der Vertragsparteien, die Erforschung der Grenzgewässer sowie die Durchführung von Untersuchungen (Art VII). Zudem wurde der IJC zur administrativen Unterstützung das *Great Lakes Regional Office* sowie zur fachlichen Beratung das *Great Lakes Water Quality Board* und das *Great Lakes Science Advisory Board* beiseite gestellt (Art VIII). Obwohl das Übereinkommen 1983 und 1987 weiterentwickelt wurde und Verbesserungen des Gewässerzustands erreicht werden konnten, stellte 2011 ein Untersuchungsbericht gravierende Defizite zB in Bezug auf den Schutz von Uferzonen, die Eutrophierung, den Grundwasserschutz sowie die Verbreitung invasiver Arten fest und empfahl eine umfassende Vertragsrevision.[397]

90 Das übergeordnete Regelungsziel des am 7.9.2012 abgeschlossenen und am 12.2.2013 in Kraft getretenen *Great Lakes Water Quality Agreement* v 2012 ist es, „to restore and maintain the chemical, physical, and biological integrity of the Waters of the Great Lakes", indem diesbezügliche Umweltgefahren – „to the maximum extent practicable" – beseitigt oder zumindest verringert werden sollen (Art 2 Abs 1). Dabei entwickelt das Great Lakes Water Quality Agreement v 2012 den ökosystemorientierten Ansatz seines Vorgängerübereinkommens iSd Nachhaltigkeitsprinzips weiter. Es erfasst das „Great Lakes Basin Ecosystem", wozu die interagierenden Komponenten von Luft, Land, Wasser und Lebewesen sowie alle Flüsse, Seen und sonstige Wasserressourcen einschließlich des Grundwassers gehören, die im Wassereinzugsgebiete der Großen Seen und der mit ihnen verbundenen Flusssysteme (St. Marys, St. Clair, Detroit, Niagara, St. Lawrence) gelegen sind (Art 1 lit c und j). Die Vertragsparteien bekennen sich u a zum Ökosystemansatz, zur nachhaltigen Gewässerbewirtschaftung, zum Verursacherprinzip, zum Vorsorge- und Vorbeugegrundsatz sowie zur Öffentlichkeitsbeteiligung (Art 2 Abs 4). Das Übereinkommen definiert „General Objectives", die die Binnengewässer der Großen Seen mit Blick auf ihre Ökosystemfunktionen für die Natur – zB als intakter Lebensraum für einheimische Tier- und Pflanzenarten – und auf ihre Ökosystemleistungen für Menschen – zB als sichere Nahrungs- und Trinkwasserquelle – erfüllen sollen (Art 3 Abs 1 lit a). Um die „General Objectives" erreichen zu können, müssen die Vertragsparteien „Specific Objectives" entwickeln (Art 3 Abs 1 lit b). Hierzu haben sie zum einen für jeden der Großen Seen und der jeweils dazugehörigen Flusssysteme „Lake Ecosystem Objectives" festzulegen, die einen angestrebten ökologischen Zustand in Form eines Qualitätsziels bzw Qualitätsstandards entweder beschreibend oder numerisch definieren. „Lake Ecosystem Objectives" können sich bspw auf physikalische Parameter wie die Wassertemperatur, den pH-Wert, den Sauerstoffgehalt, die Lichtdurchlässigkeit sowie auf biologische Faktoren wie den Planktongehalt oder das Vorkommen bestimmter Pflanzen- und Fischarten beziehen. Zur Erreichung sowohl der „General Objectives" als auch der „Lake Ecosystem Objectives" sind „Substance Objectives" in Form numerisch messbarer Grenzwerte für Stoffe oder Stoffkombinationen festzulegen.

91 Die Verwirklichung dieser Ziele haben die Vertragsparteien zum einen im Rahmen ihrer nationalen Gewässerschutzpolitik (Art 3 Abs 2) und zum anderen durch gemeinsame Maßnahmen zu verfolgen (Art 4 Abs 1). Hierzu zählen Maßnahmen gegen Gewässerverschmutzung durch Haushalte, Industrie und Landwirtschaft, gegen invasive Arten sowie zum Schutz von Tieren, Pflanzen und deren Lebensräumen (Art 4 Abs 2). Für Gebiete, in denen das Binnengewässerökosystem erheblich geschädigt ist („areas of concern"), haben die Vertragsparteien Aktionsprogramme zu entwickeln, um die beeinträchtigten Ökosystemfunktionen und -leistungen – zB in

397 IJC (Hrsg), 15th Biennial Report on Great Lakes Water Quality, 2011 (<www.ijc.org/rel/boards/watershed/15biennial_report_web-final.pdf>).

Form dezimierter Fischbestände oder Beeinträchtigungen der Trinkwasserqualität – durch einen „systematic and comprehensive ecosystem approach“ wiederherzustellen (Annex 1). Der Umsetzung dieses Ökosystemansatzes dienen insbes seeübergreifende Maßnahmen („lakewide management“), die für jeden der Großen Seen im Rahmen von „Lakewide Action and Management Plans“ zu koordinieren sind (Annex 2). Der Eintrag besonders gefährlicher Schadstoffe in das Ökosystem der Großen Seen („chemicals of mutual concern“) – ob direkt in die Gewässer oder mittelbar über die Luft, Böden, Sedimente oder Lebewesen – soll ganz unterbunden werden (Annex 3). In Bezug auf übermäßige Nährstoffe (Annex 4) sieht das Übereinkommen „Lake Ecosystem Objectives“ vor, zu deren Verwirklichung es selbst – zunächst vorläufige – Grenzwerte und Schmutzfrachten für Phosphorkonzentrationen festlegt. Weitere Schwerpunkte der grenzübergreifenden Zusammenarbeit zum Schutz der Großen Seen bilden die Gewässerverschmutzung durch Schiffe (Annex 5), die Bekämpfung gebietsfremder Arten (Annex 6), der Schutz heimischer Arten und ihrer Lebensräume (Annex 7), der Grundwasserschutz (Annex 8) sowie Maßnahmen, um den Einfluss des Klimawandels auf das Ökosystem der Großen Seen besser verstehen und entsprechende Maßnahmen ergreifen zu können (Annex 9). Schließlich sollen Aktivitäten zur wissenschaftlichen Erforschung der Großen Seen besser koordiniert werden (Annex 10). In prozeduraler Hinsicht kodifiziert das Great Lakes Water Quality Agreement v 2012 insbes die klassische Pflicht der Vertragsparteien, sich gegenseitig über bestehende oder unmittelbar drohende Gewässerverschmutzungen gemäß diesbezüglicher Notfallpläne zu unterrichten (Art 6 lit a). Eine Notifizierungspflicht besteht auch für geplante Aktivitäten, die zu Gewässerverschmutzung führen können, wie zB die Lagerung oder der Transport radioaktiven Materials, Bergbau oder Öl- und Gasbohrungen (Art 6 lit c).

92 Die zentrale Rolle bei der Umsetzung des Übereinkommens kommt der IJC zu, der insoweit ein breites Spektrum an Aufgaben übertragen ist (Art 7). So hat sie u a Daten und Informationen über die Wasserqualität der Großen Seen, über die General Objectives, die Lake Ecosystem Objectives, die Substance Objectives sowie über die Wirksamkeit der diesbezüglichen Programme und Maßnahmen zu analysieren und weiterzuverbreiten. Sie hat die Vertragsparteien in Bezug auf soziale, ökonomische und ökologische Aspekte des Schutzes der Großen Seen zu beraten, sie bei der Koordinierung gemeinsamer Maßnahmen zu unterstützen und Untersuchungsaufträge durchzuführen. Alle drei Jahre ist ein Fortschrittsbericht vorzulegen. Der IJC sind weitere Gremien beiseite gestellt (Art 8): Das *Great Lakes Water Quality Board* berät die IJC bei der Überprüfung der Umsetzungsergebnisse, bei der Identifizierung neuer Fragestellungen und bei der Entwicklung neuer Lösungen. Das *Great Lakes Science Advisory Board* stellt Expertise zu Forschungsfragen zur Verfügung. Sowohl das Great Lakes Water Quality Board als auch das Great Lakes Science Advisory Board sind in ausgewogener Weise mit Vertretern der Vertragsparteien sowie der jeweiligen Bundestaaten- und Provinzregierungen zu besetzen und können zudem Repräsentanten u a von Stämmen der indigenen Bevölkerung, Kommunen, Wasserbehörden und der Öffentlichkeit umfassen. Die Arbeit der drei vorgenannten Gremien wird in administrativ-technischer Hinsicht durch das als Sekretariat fungierende *Great Lakes Regional Office* unterstützt. Zudem soll ein *Great Lakes Executive Committee*, das sich aus Vertretern u a der jeweiligen Zentral-, Bundestaaten- und Provinzregierungen, Stämmen, Kommunen, Wasserbehörden und der Öffentlichkeit zusammensetzt, bei der Koordinierung, Umsetzung, Überprüfung und Berichterstattung von Programmen und Maßnahmen helfen (Art 5 Abs 2). Charakteristisch für das neue Great Lakes Water Quality Agreement v 2012 ist der große Stellenwert, der der Einbeziehung verschiedener Akteure im Allg und der Beteiligung der Öffentlichkeit im Besonderen zugemessen wird. So ist die IJC verpflichtet, die Meinungen, Bedenken und Vorschläge der Öffentlichkeit hinsichtlich des Schutzes der Großen Seen anzuhören (Art 7 Abs 1 lit g). Zudem haben die Vertragsparteien und die IJC alle drei Jahre ein *Great Lakes Public Forum* einzuberufen, in dessen Rahmen Fragen über den Zustand der Großen Seen und zukünftige Schutzmaßnahmen mit der Öffentlichkeit diskutiert werden sollen (Art 5 Abs 1). In diesem Zusammenhang ist

auch ein *Great Lakes Summit* durchzuführen, der der Koordinierung der Arbeiten der Vertragsparteien, der IJC und anderen zwischenstaatlichen und internationalen Regierungsorganisationen dienen soll (Art 5 Abs 3).

c) Asien: Mekong

93 Der Mekong ist mit 4.909 km der zehntlängste Fluss der Erde und umfasst ein Wassereinzugsgebiet von ca 795.000 km^2.[398] Der Fluss tritt regelmäßig über seine Ufer – im gebirgigen Oberlauf während der Schneeschmelze (Mai bis Juli), im Unterlauf während des Monsuns (Juli bis Oktober). Sein Gewässerökosystem wird zunehmend durch Schifffahrt, Fischerei und Bewässerung belastet. Vor diesem Hintergrund schlossen die vier Staaten des unteren Mekongbeckens – Laos, Thailand, Kambodscha und Vietnam – am 5.4.1995 das *Mekong Agreement on the Cooperation for the Sustainable Development of the Mekong River Basin* (Mekong Agreement) nebst einem Protokoll zur Gründung einer Binnengewässerkommission. Regelungsziele des Mekong Agreement sind die nachhaltige Entwicklung, die Nutzung, die Bewirtschaftung und der Erhalt des Wassers und der damit zusammenhängenden Ressourcen des Mekongeinzugsgebiets (Art 1). Die Zusammenarbeit der Vertragsparteien umfasst insbes Fragen der Bewässerung, der Wasserkrafterzeugung, der Schifffahrt einschließlich der Schifffahrtsfreiheit (Art 9), des Hochwasserschutzes, der Fischerei, der Flößerei und des Tourismus. Dabei sollen einerseits die verschiedenen Gewässernutzungen aller Anrainerstaaten optimiert und andererseits deren schädliche Auswirkungen natürlichen und anthropogenen Ursprungs minimiert werden. Das Übereinkommen ist deutlich von dem Bemühen geprägt, Nutzung und Schutz des Mekongs iS nachhaltiger Entwicklung in Einklang zu bringen. So haben sich die Vertragsparteien verpflichtet, „to promote, support, cooperate and coordinate in the development of the full potential of sustainable benefits to all riparian States and the prevention of wasteful use of Mekong River Basin waters", wobei dies insbes durch gemeinsame und einzugsgebietweite Entwicklungsprojekte sowie einen Basin Development Plan erfolgen soll (Art 2).

94 Das Mekong Agreement regelt zunächst die klassischen Grundprinzipien des internationalen Binnengewässerrechts. So wird ausdrücklich betont, dass die Zusammenarbeit der Vertragsparteien auf den Grundsätzen der souveränen Gleichheit und der territorialen Integrität hinsichtlich Nutzung und Schutz der Wasserressourcen des Mekongbeckens basiert (Art 4). Der Verwirklichung dieser Grundsätze dient zum einen das Gebot der ausgewogenen und angemessenen Mitnutzung der Anrainerstaaten (Art 5 Satz 1), das durch Unterrichtungs- und Konsultationspflichten für bestimmte Nutzungsformen (zB Wasserentnahme) des Hauptstroms und seiner Zuflüsse (Art 5 A. und B.) sowie begleitende Nutzungs- und Wasserentnahmeregelungen (Art 26) konkretisiert wird. Dies wird durch das Verbot erheblicher grenzüberschreitender Schädigung ergänzt (Art 7 Satz 2), demzufolge eine Vertragspartei sofort eine schädliche Aktivität abstellen muss, wenn sie hierüber von anderen Anrainerstaaten mit stichhaltigen Belegen unterrichtet wird. Sollte tatsächlich ein „erheblicher Schaden" (*substantial damage*) grenzüberschreitender Art auftreten, so haben die involvierten Staaten dessen Ursachen und Ausmaß sowie den verantwortlichen Ursprungsstaat zu ermitteln, der gegenüber den geschädigten Anrainerstaaten schadenersatzpflichtig ist (Art 8). Streitigkeiten sollen zeitnah und in freundschaftlicher Weise durch friedliche Mittel beigelegt werden (Art 8 iVm Art 34 und 35).

95 Das Mekong Agreement geht jedoch über diese nachbarrechtlichen Grundregeln des internationalen Binnengewässerrechts hinaus, indem es nicht nur grenzüberschreitende Auswirkungen von Nutzung und Schutz der gemeinsamen Wasserressourcen, sondern den umfassenden

---

398 MRC (Hrsg), State of the Basin Report 2010, 2010, 5 (<www.mrcmekong.org/the-mekong-basin/physiography/>).

Schutz des Gewässerökosystems im Wassereinzugsgebiet des Mekongs im Blick hat. Insoweit sind die Vertragsparteien verpflichtet, „to protect the environment, natural resources, aquatic life and conditions, and ecological balance of the Mekong River Basin from pollution or other harmful effects resulting from any development plans and uses of water and related resources in the Basin" (Art 3). Insbes müssen die Vertragsparteien jede Anstrengung unternehmen, „to avoid, minimize and mitigate harmful effects that might occur to the environment, especially the water quantity and quality, the aquatic (eco-system) conditions, and ecological balance of the river system, from the development and use of the Mekong River Basin water resources or discharge of wastes and return flows" (Art 7 Satz 1). Dieser ökosystemorientierte Ansatz iS nachhaltigen Binnengewässerschutzes manifestiert sich auch in der Verpflichtung, eine ausreichende Versorgung des Mekongs mit der ökologisch erforderlichen Mindestwassermenge (*natural flow*) aufrechtzuerhalten (Art 6). In prozeduraler Hinsicht werden diese Schutzregelungen durch die Verpflichtung der Vertragsparteien gestützt, in Notfallsituationen bei unmittelbarer Gefährdung sowohl der Wasserquantität als auch der Wasserqualität unverzüglich die anderen Anrainerstaaten zu unterrichten und Abhilfemaßnahmen zu ergreifen (Art 10).

96 Die Vertragsparteien haben ihrer Zusammenarbeit durch die Gründung der *Mekong River Commission (MRC)*[399] einen dauerhaften institutionellen Rahmen gegeben (Art 11), der drei ständige Organe umfasst: Council, Joint Committee und Sekretariat (Art 12). Das *Council* (Art 15 bis 20) ist das zentrale Entscheidungsgremium der MRC und besteht aus jeweils einem hochrangigen Regierungsvertreter jeder Vertragspartei mit Kabinettsrang, der ermächtig sein muss, im Namen seiner Regierung Entscheidungen fällen zu können (Art 15). Das Council soll die richtungsweisenden Leitlinien für die Zusammenarbeit der Vertragsparteien für Nutzung und Schutz der Gewässer des Mekongeinzugsgebiets nach dem Mekong Agreement vorgeben (Art 18 Abs A), Umsetzungsmaßnahmen bestimmen (Art 18 Abs B) und Streitfragen – zB aufgrund grenzübergreifender Gewässerverschmutzung (Art 8) – lösen (Art 18 Abs C). Das Council entscheidet idR einstimmig (Art 20). Das ebenfalls paritätisch mit jeweils einem Vertreter der Vertragsparteien auf Abteilungsleiterebene besetzte *Joint Committee* (Art 21 bis 27) ist insbes mit der Umsetzung der Entscheidungen des Council, der Entwicklung und Umsetzung des Basin Development Plan, der Erhebung und dem Austausch von Informationen und Daten, der Untersuchung des ökologischen Zustands des Mekongbeckens sowie der Beilegung von Streitigkeiten zwischen den Vertragsparteien betraut (Art 24). Der 2016 vom Council verabschiedete *Basin Development Plan*[400] soll bis 2020 umgesetzt werden. Council und Joint Committee werden in technischer und administrativer Hinsicht durch ein *Sekretariat* mit Niederlassungen in Phnom Penh (Kambodscha) und Vientiane (Laos) unterstützt (Art 28 bis 33), das unter der Leitung eines Exekutivsekretärs ca 150 Mitarbeiter beschäftigt.[401]

97 Insgesamt enthält das Mekong Agreement mit seinen ambitionierten Regelungszielen sowohl in materieller als auch in prozeduraler Hinsicht verschiedene Elemente, die für ökosystemorientierten Binnengewässerschutz im Geiste des Nachhaltigkeitsprinzips charakteristisch sind. Allerdings werden zunehmend Defizite des Übereinkommens offenbar. So wird das Mekong Agreement zu Recht für seine zu vagen Begrifflichkeiten und zu weich formulierten Verpflichtungen kritisiert.[402] Regelungen für die Durchführung von Umweltverträglichkeitsprüfungen oder die Beteiligung der Öffentlichkeit bei gewässerbezogenen Projekten fehlen.[403] Am schwers-

---

399 Weitere Informationen unter <www.mrcmekong.org/>.

400 MRC (Hrsg), IWRM-based Basin Development Strategy 2016-2020 for the Lower Mekong Basin, 2016.

401 Weitere Informationen unter <www.mrcmekong.org/about-the-mrc/organisational-structure/>.

402 *Hirsch/Jensen*, National Interests and Transboundary Water Governance in the Mekong, 2006, 26 f; *Johns/Saul/Hirsch/Stephens/Boer*, Law and the Mekong River Basin: A Social-Legal Research Agenda on the Role of Hard and Soft Law in Regulating Transboundary Water Resources, Melb JIL 11 (2010) 154 ff.

403 *Bearden/Rieu-Clarke/Pech*, Mekong Basin, in Loures/Rieu-Clarke (Hrsg), UN Watercourses Convention, 180 (187). Für die Entwicklung eines grenzübergreifenden UVP-Verfahrens für das Mekongbecken plädieren *Ke/Gao*, Only One Mekong: Developing Transboundary EIA Procedures of Mekong River Basin, Pace ELR 30 (2013) 950 ff.

ten wiegt jedoch, dass das Übereinkommen – entgegen den Anforderungen des Drainage Basin-Konzepts – nicht China und Myanmar miteinschließt. Zwar sind beide Oberliegerstaaten seit 1996 „dialogue partners", mit denen sich die Vertragsparteien im Rahmen von „Dialogue Meetings" regelmäßig austauschen. Ungeachtet dessen verfolgt jedoch China, das am Wassereinzugsgebiet des Flusses einen Anteil von rd 20% hat[404] und ca 13,5 bis 16% zu dessen Wassermenge beiträgt,[405] ein umfangreiches Programm zum Bau von Staudämmen zur Wasserkrafterzeugung, das potentiell erhebliche Auswirkungen auf den Wasserhaushalt und die Gewässerökosysteme im Unterlauf des Mekongs hat[406] – eine klassische Konfliktkonstellation zwischen Ober- und Unterliegerstaaten an grenzübergreifenden Flüssen. Allerdings erklärte sich China in einem Übereinkommen mit der MRC v 1.4.2002 dazu bereit, während der jährlichen Überschwemmungsperiode des Monsuns vom 15. Juni bis 15. Oktober einmal täglich hydrologische Daten über Wasserstände und Regenmengen zu übermitteln. Zudem verständigten sich 2013 die MRC und China darauf, die Datenübermittlung vom 1. Juni bis 31. Oktober auf zweimal täglich auszuweiten.[407] Schließlich vereinbarte 2016 China mit den Vertragsparteien des Mekong Agreement – als Teil einer umfassenden Strategie zu Verbesserung seiner Beziehungen zu den Ländern der Region – das *Lancang-Mekong Cooperation Framework*, das insbes die Zusammenarbeit zur nachhaltigen Bewirtschaftung und Nutzung von Wasserressourcen intensivieren soll.[408]

d) Europa: EU-Wasserrecht und Donau

98 Von den 75 grenzübergreifenden Gewässereinzugsgebieten Europas (Gesamtfläche 3.266.263 km^2) liegen 23 vollständig innerhalb der Europäischen Union, während 52 von EU-Mitgliedstaaten und Drittstaaten geteilt werden.[409] Die sechs größten Einzugsgebiete bilden Donau (801.463 km^2), Rhein (197.100 km^2), Weichsel (194.424 km^2), Elbe (150.823 km^2), Oder (124.049 km^2) und Memel (98.000 km^2). Die Donau hat europaweit nicht nur das größte, sondern mit neunzehn Anrainerstaaten auch weltweit das internationalste Einzugsgebiet, in Europa gefolgt vom Rhein mit neun und der Maas mit fünf Anrainerstaaten.[410] Vor diesem Hintergrund verwundert es nicht, dass das Konfliktpotential und mithin auch der Kooperationsbedarf groß sind. So wurden bereits in den 1950er und 1960er Jahren internationale Kommissionen zum Schutz zB des Rheins, des Bodensees, der Mosel oder der Saar gegründet, um der nach dem Zweiten Weltkrieg rasch steigenden Gewässerverschmutzung zu begegnen. Diese verfolgten zunächst partielle Schutzansätze, indem sie sich auf die Verbesserung der Wasserqualität von Oberflächengewässern konzentrierten.[411] Ausbleibende Erfolge und Umweltkatastrophen – wie 1986 der Sandoz-Unfall am Rhein – leiteten schließlich ab Ende der 1980er Jahren die Entwicklung ganzheitlicher, ökosystemorientierter Schutzkonzeptionen ein.[412] Dabei beeinflussen sich völkerrechtliche Binnengewässerschutzregime und das EU-Wasserrecht wechselseitig, wobei seit 2000 wesentliche materielle und prozedurale Impulse von der europarechtlichen Wasserrahmenrichtlinie ausgehen.

---

404 UNEP (Fn 19) 69.
405 MRC (Hrsg), State of the Basin Report 2010, 2010, 21.
406 Hierzu umfassend *Osborne*, The Mekong: River under Threat, 2009.
407 Weitere Informationen unter <www.mrcmekong.org/news-and-events/news/mekong-river-commission-and-china-boost-water-data-exchange/>.
408 Sanya Declaration of the First Lancang-Mekong Cooperation (LMC) Leaders' Meeting v 23.3.2016 (<www.fmprc.gov.cn/mfa_eng/zxxx_662805/t1350039.shtml>). Hierzu *Guangsheng*, China Seeks to Improve Mekong Sub-regional Cooperation: Causes and Policies, 2016.
409 *Vogel et al*, International Coordination, in WRc plc (Hrsg), Comparative Study of Pressures and Measures in the Major River Basin Management Plans, 2012, 145 (154 ff).
410 Ebd, 158.
411 S o Rn 17.
412 S o Rn 18 ff.

(1) EU-Wasserrecht

(a) Wasserrahmenrichtlinie 2000/60/EG (WRRL)

99 Die am 22.12.2000 in Kraft getretene WRRL strebt „die Erhaltung und die Verbesserung der aquatischen Umwelt" in der EU an.[413] Um Binnengewässer[414] in einem umfassenden Sinne – insbes Oberflächengewässer[415], Übergangsgewässer[416], Küstengewässer[417] und Grundwasser[418] – zu schützen, soll der Zustand aquatischer Ökosysteme und der direkt von ihnen abhängenden Landökosysteme und Feuchtgebiete im Hinblick auf deren Wasserhaushalt verbessert, eine nachhaltige Wassernutzung gefördert, die Einleitung gefährlicher Schadstoffe und die Grundwasserverschmutzung reduziert sowie die Auswirkungen von Überschwemmungen und Dürren gemindert werden.[419] Um diese allg Ziele zu erreichen, wird eine „integrierte Wasserpolitik"[420] verfolgt, die durch „koordinierte Maßnahmen für Grundwässer und Oberflächengewässer ein und desselben ökologischen, hydrologischen und hydrogeologischen Systems"[421] „qualitative und quantitative Aspekte" sowie „die natürlichen Fließbedingungen von Wasser" innerhalb des Wasserkreislaufs berücksichtigt.[422] Insgesamt soll der europarechtliche Binnengewässerschutz, der sowohl rein nationale als auch grenzübergreifende Binnengewässer erfasst, ausdrücklich auch zur Umsetzung völkerrechtlicher Übereinkommen beitragen.[423]

100 Zur Verwirklichung ihrer Ziele bildet die WRRL einen „Handlungsrahmen", in dem Maßnahmen zum Binnengewässerschutz „koordiniert, integriert und langfristig weiterentwickelt werden" sollen.[424] Hierzu regelt sie sowohl die grundlegende Umgestaltung als auch die Konkretisierung und Anwendung des EU-Wasserrechts.[425] Zur Umgestaltung des EU-Wasserrechts haben die EU-Gesetzgebungsorgane zahlreiche Rechtsvorschriften aufgehoben[426] und neue – wie die GrundwasserRL 2006/118/EG und die RL 2008/105/EG – erlassen. Andere Rechtsakte – wie die KommunalabwasserRL 91/271/EWG, die NitratRL 91/676/EWG oder die TrinkwasserRL 98/83/EG – bleiben in Kraft. Da innerhalb der WRRL der Regulierung der Wassermenge nur eine Hilfsfunktion beim Schutz der Gewässerqualität zukommt,[427] werden Regelungen zu Überschwemmungen durch die HochwasserschutzRL 2007/60/EG getroffen.[428] Schließlich regelt die MeeresstrategieRL den Schutz von Küstengewässern, „sofern bestimmte Aspekte des Umweltzustands der Meeresumwelt" weder durch die WRRL noch durch andere EU-Rechtsakte abgedeckt

---

413 19. Erwägungsgrund WRRL.

414 Art 2 Nr 3 WRRL: „Binnengewässer" sind „alle an der Erdoberfläche stehenden oder fließenden Gewässer sowie alles Grundwasser auf der landwärtigen Seite der Basislinie, von der aus die Breite der Hoheitsgewässer gemessen wird".

415 Art 2 Nr 1 WRRL: „Oberflächengewässer" sind „die Binnengewässer mit Ausnahme des Grundwassers sowie die Übergangsgewässer und Küstengewässer [...]".

416 Art 2 Nr 6 WRRL: „Übergangsgewässer" sind „die Oberflächenwasserkörper in der Nähe von Flussmündungen, die aufgrund ihrer Nähe zu den Küstengewässern einen gewissen Salzgehalt aufweisen, aber im Wesentlichen von Süßwasserströmungen beeinflusst werden".

417 Art 2 Nr 7 WRRL: „Küstengewässer" sind „die Oberflächengewässer auf der landwärtigen Seite einer Linie, auf der sich jeder Punkt eine Seemeile seewärts vom nächsten Punkt der Basislinie befindet, von der aus die Breite der Hoheitsgewässer gemessen wird, gegebenenfalls bis zur äußeren Grenze eines Übergangsgewässers".

418 Art 2 Nr 2 WRRL: „Grundwasser" ist „alles unterirdische Wasser in der Sättigungszone, das in unmitelbarer Berührung mit dem Boden oder dem Untergrund steht".

419 Art 1 lit a-e WRRL.

420 9. Erwägungsgrund WRRL. Zu den – gescheiterten – Regelungen europarechtlichen Binnengewässerschutzes vor Inkrafttreten der WRRL *Reichert*, Gewässerschutz, 279 ff mwN.

421 33. Erwägungsgrund WRRL.

422 34. Erwägungsgrund WRRL.

423 Art 1 4. Spiegelstrich WRRL.

424 18. Erwägungsgrund WRRL.

425 Zum Folgenden *Reichert*, Transboundary Water Cooperation in Europe, 50 ff.

426 Art 22 Abs 1 und 2 WRRL.

427 19. Erwägungsgrund WRRL.

428 S u Rn 106 ff.

sind.[429] Insgesamt fungiert die WRRL so als zentrale „Mutterrichtlinie" des EU-Wasserechts, die durch „Tochter-" und „Schwesterrichtlinien" ergänzt wird. Neben der Umgestaltung des EU-Wasserrechts selbst und seiner Umsetzung in das nationale Wasserrecht der Mitgliedstaaten verlangt die WRRL auch dessen schrittweise Konkretisierung und zielgerichtete Anwendung in „Flussgebietseinheiten"[430] durch „Maßnahmenprogramme" und „Bewirtschaftungspläne".[431]

101 Um die allg Ziele der WRRL zu verwirklichen, mussten die Mitgliedstaaten grundsätzlich innerhalb von 15 Jahren ab Inkrafttreten der WRRL – also bis 22.12.2015 – „Umweltziele" in Form eines „guten Zustands" von Oberflächengewässern und Grundwasser erreichen sowie alle europarechtlichen Anforderungen an gewässerrelevante Schutzgebiete erfüllen.[432] Hierfür war der Zustand von Binnengewässern anhand eines umfangreichen Katalogs von Umweltqualitätskriterien zu bestimmen, den die WRRL für die spezifischen Eigenschaften und Anforderungen einer Gewässerart vorgibt.[433] Um die Erreichung der Umweltziele sicherzustellen, statuiert die WRRL für den Zustand von Oberflächengewässern und Grundwasser sowohl ein „Verschlechterungsverbot"[434] als auch ein „Verbesserungsgebot".[435] Die Rechtsverbindlichkeit der Umweltziele samt der entsprechenden Ver- und Gebote wurde 2015 vom EuGH bestätigt. Demnach sind die Mitgliedstaaten insbes verpflichtet, „die Genehmigung für ein konkretes Vorhaben zu versagen, wenn es eine Verschlechterung des Zustands eines Oberflächenwasserkörpers verursachen kann oder wenn es die [fristgerechte] Erreichung eines guten Zustands eines Oberflächengewässers [...] gefährdet."[436] Allerdings räumt die WRRL insoweit zahlreiche Ausnahmeoptionen ein, die von verlängerten Umsetzungsfristen bis zu abgeschwächten Umweltqualitätsanforderungen reichen.[437] So kann insbes die 15-Jahre-Frist zur Erreichung der Umweltziele wegen technischer Schwierigkeiten, „unverhältnismäßig hoher Kosten" oder natürlicher Gegebenheiten[438] um bis zu zwölf Jahre – also bis 22.12.2027 – verlängert werden.[439] Die Mitgliedstaaten haben diese Ausnahmen nach Auffassung der Europäischen Kommission zu umfangreich und oft „ohne triftigen Grund" genutzt[440] und so die Effektivität der WRRL deutlich vermindert. Folglich erreichten Ende 2015 rd die Hälfte der Oberflächengewässer in der EU keinen guten ökologischen Zustand und auch bei Grundwasser bestehen regional noch erhebliche Probleme.[441]

102 Das EU-Wasserrecht sieht Maßnahmen gegen die chemische Verschmutzung von Oberflächengewässern sowohl auf Ebene der EU als auch der Mitgliedstaaten vor. Dabei konzentrieren sich EU-Maßnahmen auf Mindeststandards für Schadstoffe oder Schadstoffgruppen, die „ein erhebliches Risiko für oder durch die aquatische Umwelt darstellen".[442] Besonderes Augenmerk ist auf „prioritäre gefährliche Stoffe" zu legen, die „toxisch, persistent und bioakkumulierbar" sind, oder „in ähnlichem Maße Anlass zu Besorgnis" geben.[443] Einleitungen, Emissionen und Verluste von „prioritären Stoffe" müssen schrittweise verringert und diejenigen von „prioritären

---

429 12. Erwägungsgrund MeerestrategieRL.
430 Art 3 WRRL; s u Rn 104.
431 Art 13 WRRL; s u Rn 104.
432 25. und 26. Erwägungsgrund sowie Art 4 Abs 1 lit a ii), lit b ii) und lit c WRRL.
433 Anh V WRRL. Zu gewässerbezogenen Umweltqualitätszielen und -kriterien im Allg und denjenigen der WRRL im Besonderen s o Rn 50 ff.
434 Art 4 Abs 1 lit a i) WRRL.
435 Art 4 Abs 1 lit b i) WRRL.
436 *BUND*, 71. Hierzu *Reichert*, Transboundary Water Cooperation in Europe, 59 ff.
437 Art 4 Abs 4-7 WRRL. Hierzu *Reichert*, Gewässerschutz, 300 ff mwN.
438 Art 4 Abs 4 lit a i)–iii) WRRL.
439 Art 4 Abs 4 lit c iVm Art 13 Abs 7 WRRL.
440 Europäische Kommission, Mitteilung COM(2015) 120 v 9.3.2015, 6.
441 Ebd, 3.
442 Art 16 Abs 1 WRRL.
443 Art 2 Nr 29 WRRL.

gefährlichen Stoffen" beendet oder schrittweise eingestellt werden.[444] Die RL 2008/105/EG bestimmt eine Liste gemäß Anh X WRRL von 33 „prioritären Stoffen", die teilweise als gefährlich eingestuft sind, sowie entsprechende Umweltqualitätsnormen, die durch die RL 2013/39/EU um weitere zwölf Stoffe und entsprechende Umweltqualitätsnormen ergänzt wird. Zusätzlich zu diesen EU-Maßnahmen mussten die Mitgliedstaaten bis Ende 2012 sicherstellen, dass Einleitungen in Oberflächengewässer gemäß dem „kombinierten Ansatz"[445] begrenzt werden.[446] Hierfür sind – dem Emissionsprinzip entsprechend – Emissionsbegrenzungen auf Basis der besten verfügbaren Technik (BAT), Emissionsgrenzwerte oder – bei Verschmutzung aus diffusen Quellen – Maßnahmen auf Basis der besten Umweltpraxis (BEP) zu ergreifen, wie sie u a in der KommunalabwasserRL 91/271/EWG, der NitratRL 91/676/EWG oder der IVU-RL festgelegt sind.[447] Reicht dies jedoch nicht aus, um – auf dem Immissionsprinzip basierende – Qualitätsstandards u a nach Art 4 WRRL („Umweltziele") oder einem anderen EU-Rechtsakt einzuhalten, so müssen entsprechend strengere Emissionsbegrenzungen festgelegt werden.[448]

103 Zur Bekämpfung der Grundwasserverschmutzung hat die EU gemäß der WRRL[449] die GrundwasserRL 2006/118/EG erlassen. Diese regelt Maßnahmen der EU und ihrer Mitgliedstaaten zur Verhinderung und Begrenzung der Grundwasserverschmutzung, einschließlich Kriterien für die Beurteilung eines guten chemischen Zustands des Grundwassers und Kriterien für die Ermittlung signifikanter und anhaltender Trends von gesteigerten Schadstoffkonzentrationen sowie für die Festlegung von Ausgangspunkten für die Trendumkehr. Zur Beurteilung des chemischen Zustands eines Grundwasserkörpers[450] müssen die Mitgliedstaaten „Grundwasserqualitätsnormen" heranziehen, ausgedrückt als die Konzentration eines bestimmten Schadstoffs, einer bestimmten Schadstoffgruppe oder eines bestimmten Verschmutzungsindikators im Grundwasser, die aus Gründen des Gesundheits- und Umweltschutzes nicht überschritten werden dürfen.[451] Grundwasserqualitätsnormen werden entweder auf EU-Ebene[452] oder als „Schwellenwerten" von den Mitgliedstaaten[453] festgelegt. Ein Grundwasserkörper ist in „gutem chemischen Zustand", wenn er die entsprechenden Anforderungen der WRRL erfüllt[454] oder die Grundwasserqualitätsnormen bzw Schwellenwerte einhält.[455] Die Einleitung „gefährlicher Stoffe" in das Grundwasser ist grundsätzlich verboten. Bei der Ermittlung derartiger Stoffe haben die Mitgliedstaaten insbes diejenigen nach Anh VIII WRRL zu berücksichtigen.

104 Die prozedurale Umsetzung der WRRL erfolgt im Rahmen von „Flussgebietseinheiten" (*River Basin Districts – RBDs*),[456] die aus einem oder mehreren Wassereinzugsgebieten und den ihnen zugeordneten Grundwasservorkommen und Küstengewässern bestehen.[457] In konsequenter Umsetzung des *Drainage Basin*-Ansatzes[458] sind grenzübergreifende Wassereinzugsgebiete „internationalen Flussgebietseinheiten" (*International River Basin Districts – IRBDs*) zuzuordnen,[459] innerhalb derer die EU-Mitgliedstaaten die Umsetzung der WRRL untereinander zu koor-

444 Art 16 Abs 1 und Abs 6 WRRL.
445 S o Rn 53.
446 Art 10 Abs 1 WRRL.
447 Art 10 Abs 2 WRRL.
448 Art 10 Abs 3 WRRL.
449 Art 17 WRRL.
450 Art 4 Abs 1 lit b iVm Anh V Abschn 2.3 WRRL.
451 Art 2 Nr 1 GrundwasserRL 2006/118/EG.
452 Art 3 Abs 1 lit a iVm Anh I GrundwasserRL 2006/118/EG.
453 Art 3 Abs 1 lit b iVm Anh II GrundwasserRL 2006/118/EG.
454 Anh V Abschn 2.3.2 WRRL.
455 Art 4 Abs 2 lit a und b GrundwasserRL 2006/118/EG.
456 Art 3 Abs 1 WRRL.
457 Art 2 Nr 15 WRRL.
458 S o Rn 22.
459 Art 3 Abs 3 UAbs 1 WRRL.

dinieren haben. Bemerkenswert ist, dass sie für diese zwischenstaatliche Koordination „bestehende Strukturen“ in Form der durch völkerrechtliche Übereinkommen geschaffenen Binnengewässerkommissionen nutzen können.[460] Bei Flussgebietseinheiten, die über das Gebiet der EU hinausreichen, haben sich EU-Mitgliedstaaten um eine geeignete Koordinierung mit den betroffenen Drittstaaten zu „bemühen“, um die Ziele der WRRL zu verwirklichen.[461] Für jede Flussgebietseinheit ist insbes ein Bewirtschaftungsplan (*River Basin Management Plan – RBMP*)[462] mit Informationen u a über dessen Merkmale und Belastungen sowie ein speziell auf die konkreten Erfordernisse einer Flussgebietseinheit zugeschnittenes Maßnahmenprogramm[463] aufzustellen.[464] Bewirtschaftungspläne und Maßnahmenprogramme müssen nach Ende der WRRL-Umsetzungsphasen – 2015, 2021 und 2027 – überprüft und nötigenfalls aktualisiert werden.[465] Bei internationalen Flussgebietseinheiten ist eine Abstimmung der beteiligten EU-Mitgliedstaaten untereinander[466] und möglichst auch mit den betroffenen Drittstaaten[467] erforderlich.[468] Die WRRL hat durch diese weitreichende Anwendung des *Drainage Basin*-Konzepts nationales, europarechtliches und völkerrechtliches Binnengewässerrecht zu einem „multidimensionalen Governance Regime“ verbunden, das eine umfassende grenzübergreifende Kooperation von Anrainerstaaten, orientiert an ökologischen Wirkungszusammenhängen statt an administrativen Grenzen, ermöglicht.[469]

105 Zwischenzeitlich haben Anrainerstaaten in Europa in unterschiedlichem Ausmaß zur Bildung völker- und europarechtlicher Governance Regime zum Schutz grenzübergreifender Binnengewässer beigetragen.[470] Insbes bei großen Gewässereinzugsgebieten wird die völkerrechtliche Zusammenarbeit im Rahmen internationaler Binnengewässerkommissionen verstärkt an den europarechtlichen Vorgaben der WRRL ausgerichtet.[471] So wurden 2015 internationale Bewirtschaftungspläne iSd WRRL zB im Rahmen der internationalen Kommissionen zum Schutz von Donau,[472] Elbe,[473] Oder,[474] Rhein[475] und Schelde[476] erstellt. Besonders deutlich ist die europa-

---

460 Art 3 Abs 4 WRRL. Hierzu *Epiney/Felder*, Überprüfung internationaler wasserwirtschaftlicher Übereinkommen im Hinblick auf die Implementierung der Wasserrahmenrichtlinie, 2002.

461 Art 3 Abs 5 WRRL.

462 Alle Bewirtschaftungspläne in der EU abrufbar unter <http://ec.europa.eu/environment/water/participation/map_mc/map.htm>.

463 Art 11 WRRL. Hierzu *Reichert*, Gewässerschutz, 306 ff.

464 Art 13 Abs 1 iVm Anh VII WRRL.

465 Art 11 Abs 8 und Art 13 Abs 7 WRRL.

466 Art 13 Abs 2 WRRL.

467 Art 13 Abs 3 WRRL.

468 Hierzu *Reichert*, Gewässerschutz, 318 ff.

469 *Reichert*, Gewässerschutz, 327 ff und 353 ff; *ders*, The European Community's Water Framework Directive: A Regional Approach to the Protection and Management of Transboundary Water Resources?, in Boisson de Chazournes/Salman (Hrsg), Water Resources and International Law, 2005, 429 (468); *ders*, Transboundary Water Cooperation in Europe, 2 ff und 101 ff.

470 Europäische Kommission, Staff Working Document SWD(2012) 379 v 14.11.2012, 52 ff; *Reichert*, Transboundary Water Cooperation in Europe, 92 ff mwN.

471 Hierzu *Reichert*, Gewässerschutz, 342 ff.

472 IKSD (Hrsg), Danube River Basin District Management Plan – Update 2015, 2015 (<www.icpdr.org/main/activities-projects/river-basin-management-plan-update-2015>).

473 Internationale Kommission zum Schutz der Elbe (Hrsg), Internationaler Bewirtschaftungsplan für die Flussgebietseinheit Elbe (Teil A) für den Zeitraum 2016-2021, 2015 (<www.ikse-mkol.org/eu-richtlinien/wasserrahmenricht linie/internationaler-bewirtschaftungsplan-fuer-die-flussgebietseinheit-elbe/>).

474 Internationale Kommission zum Schutz der Oder gegen Verunreinigung (Hrsg), Aktualisierter Bewirtschaftungsplan für die Internationale Flussgebietseinheit Oder für den Bewirtschaftungszeitraum 2016-2021, 2015 (<www.mkoo.pl/index.php?mid=28&aid=764&lang=DE>).

475 IKSR (Hrsg), International koordinierter Bewirtschaftungsplan für die internationale Flussgebietseinheit Rhein, 2015 (<www.iksr.org/de/wasserrahmenrichtlinie/bewirtschaftungsplan-2015/index.html>).

476 Commission Internationale de l'Escaut (Hrsg), Partie faîtière du Plan de gestion du district hydrographique international de l'Escaut, 2015 (<www.isc-cie.org/FR/>).

rechtliche Prägung völkerrechtlichen Binnengewässerschutzes in Bezug auf die Maas, deren Anrainerstaaten am 3.12.2002 eigens ein neues Maas-Übereinkommen abschlossen,[477] das das erst am 1.1.1998 in Kraft getretene Vorgängerübereinkommen ersetzt und ausdrücklich der „Umsetzung der Anforderungen der Wasserrahmenrichtlinie" dient (Art 2 lit a). Das Maas-Übereinkommen bezieht sich auf die „internationale Flussgebietseinheit der Maas", welche „das von den Vertragsparteien aufgrund der Wasserrahmenrichtlinie festgelegte Land- und Meeresgebiet" bezeichnet, „das das Einzugsgebiet der Maas sowie die dazugehörigen Grundwasser und Küstengewässer umfasst" (Art 1 Satz 1 lit d). Das Maas-Übereinkommen ist das völkerrechtliche Instrument, mit dem die Vertragsparteien ihre als EU-Mitgliedstaaten gemeinsam wahrzunehmende Koordinierungspflicht zur Verwirklichung der WRRL in der internationalen Flussgebietseinheit der Maas erfüllen. In dieser Hinsicht fungiert die *Internationale Kommission zur Schutz der Maas (IKSM)* als „internationale Stelle" iSd WRRL, in deren Rahmen die Vertragsparteien die Anforderungen zur Erreichung der Umweltziele der WRRL („guter Zustand" von Oberflächengewässern und Grundwasser) und der Maßnahmenprogramme für die internationale Flussgebietseinheit der Maas koordinieren (Art 2 Satz 2 lit a).[478] Im Rahmen dieser Koordination ist insbes ein übergreifender Bewirtschaftungsplan iSd WRRL für die internationale Flussgebietseinheit der Maas (Art 2 Satz 2 lit b) zu erarbeiten, wie er zuletzt 2015 von den Vertragsparteien des Maas-Übereinkommens angenommen wurde.[479]

(b) HochwasserschutzRL 2007/60/EG

106 Auch wenn die WRRL dazu beitragen soll, dass Auswirkungen von Überschwemmungen und Dürren gemindert werden,[480] regelt auf EU-Ebene nicht sie selbst, sondern die HochwasserschutzRL 2007/60/EG entsprechende Maßnahmen.[481] Die Richtlinie soll einen Rahmen für die Bewertung und das Management von Hochwasserrisiken bilden, um hochwasserbedingte Schäden für die menschliche Gesundheit, die Umwelt, das Kulturerbe und wirtschaftliche Tätigkeiten zu verringern.[482] Dabei ist sie in mehrfacher Hinsicht auf die WRRL abgestimmt. Auch die HochwasserschutzRL 2007/60/EG geht davon aus, dass Maßnahmen zur Verringerung von Hochwasserrisiken „möglichst innerhalb eines Einzugsgebiets koordiniert werden [sollten]", um effektiv zu sein.[483] Demnach erfordert eine wirksame Hochwasservorsorge und Begrenzung von Hochwasserschäden die Abstimmung von Maßnahmen innerhalb von Mitgliedstaaten sowie bei grenzübergreifenden Einzugsgebieten eine Koordinierung von EU-Mitgliedstaaten untereinander und ggf mit Drittstaaten.[484] Zu diesem Zweck haben die Mitgliedstaaten zur prozeduralen Umsetzung der HochwasserschutzRL 2007/60/EG grundsätzlich die – nach den Vorgaben der WRRL geschaffenen – Flussgebietseinheiten zu nutzen.[485] Im Falle internationaler Flussgebietseinheiten sind die betroffenen Staaten unter Verweis auf den „Solidaritätsgrundsatz" ausdrücklich aufgerufen, „eine faire Teilung der Zuständigkeiten anzustreben, wenn Maßnahmen zum Hochwasserrisikomanagement an Flussläufen zum Nutzen aller gemeinsam beschlossen werden."[486]

---

477 Zum Folgenden *Reichert*, Gewässerschutz, 344 ff.
478 4. und 5. Erwägungsgrund Maas-Übereinkommen.
479 IKSM (Hrsg), Übergeordneter Teil des Bewirtschaftungsplans der IFGE Maas, 2. Zyklus der WRRL, 2015 (<www.meuse-maas.be/Directives/Directives-cadre-sur-l-Eau.aspx>).
480 Art 1 lit e WRRL.
481 Zum Folgenden *Reichert*, Transboundary Water Cooperation in Europe, 85 ff.
482 Art 1 HochwasserschutzRL 2007/60/EG.
483 3. Erwägungsgrund 2. Satz HochwasserschutzRL 2007/60/EG.
484 6. Erwägungsgrund 1. Satz HochwasserschutzRL 2007/60/EG.
485 Art 3 Abs 1 HochwasserschutzRL 2007/60/EG iVm Art 3 Abs 1-3, 5 und 6 WRRL.
486 15. Erwägungsgrund HochwasserschutzRL 2007/60/EG.

107 Als ersten Schritt mussten die Mitgliedstaaten bis Ende 2011 für jede Flussgebietseinheit oder für jeden in ihrem Hoheitsgebiet liegenden Teil einer internationalen Flussgebietseinheit eine vorläufige Bewertung des Hochwasserrisikos vornehmen.[487] Diese vorläufige Risikobewertung sollte auf leicht verfügbaren Informationen basieren und u a Karten der Flussgebietseinheit, Beschreibungen vergangener sowie Einschätzungen potentieller Schäden zukünftiger Hochwasser umfassen.[488] Bei internationalen Flussgebietseinheiten mussten die Mitgliedstaaten relevante Informationen austauschen.[489] Auf dieser Basis mussten die Mitgliedstaaten in jeder Flussgebietseinheit oder jedem in ihrem Hoheitsgebiet liegenden Teil einer internationalen Flussgebietseinheit diejenigen Gebiete bestimmen, bei denen ein signifikantes Hochwasserrisiko besteht.[490] In internationalen Flussgebietseinheiten mussten die Mitgiedstaaten sich hierbei abstimmen.[491]

108 Für hochwassergefährdete Gebiete mussten die Mitgliedstaaten in einem zweiten Schritt bis Ende 2013 Hochwassergefahren- und Hochwasserrisikokarten erstellen,[492] wobei bei grenzüberschreitenden Gebieten wiederum ein Informationsaustausch zwischen den involvierten Mitgliedstaaten erfolgen musste.[493] Hochwassergefahrenkarten stellen Risikogebiete differenziert nach dem Wahrscheinlichkeitsgrad (niedrig, mittel, hoch) dar, wobei jedes Szenario das Ausmaß von Überflutungen, Wassertiefe bzw Wasserstand sowie ggf Fließgeschwindigkeit oder Wasserabfluss anzugeben hat.[494] Die Hochwasserrisikokarten verzeichnen für die unterschiedlichen Szenarien mögliche Schäden. Anzugeben sind zB die Anzahl der potentiell betroffenen Einwohner, die Art der wirtschaftlichen Tätigkeiten in einem Risikogebiet sowie Industrieanlagen, von denen bei Überflutung Umweltverschmutzung ausgehen könnte.[495]

109 Auf der Grundlage der Hochwassergefahren- und Hochwasserrisikokarten mussten die Mitgliedstaaten als dritten Schritt bis Ende 2015 für Flussgebietseinheiten einen Hochwasserrisikomanagementplan erstellen.[496] Hierzu mussten sie für hochwassergefährdete Gebiete „angemessene Ziele für das Hochwasserrisikomanagement" festlegen. Diese sollen insbes auf die Verringerung hochwasserbedingter Schäden für die menschliche Gesundheit, die Umwelt, das Kulturerbe und wirtschaftliche Tätigkeiten abzielen.[497] Um diese Ziele zu erreichen, haben die Hochwasserrisikomanagementpläne Maßnahmen zu umfassen, die u a Kosten und Nutzen, Ausdehnung der Überschwemmung, Hochwasserabflusswege und Hochwasserrückhalteflächen (zB natürliche Überschwemmungsgebiete), die Umweltziele der WRRL,[498] Bodennutzung und Wasserwirtschaft oder den Naturschutz berücksichtigen. Die Hochwasserrisikomanagementpläne müssen alle Aspekte des Hochwasserrisikomanagements berücksichtigen, wobei der Schwerpunkt auf der Vorsorge liegt (Hochwasservorhersagen, Frühwarnsysteme). Außerdem können die Unterstützung nachhaltiger Flächennutzungsmethoden, die Verbesserung des Wasserrückhalts und kontrollierte Überflutungen bestimmter Gebiete im Falle eines Hochwasserereignisses in die Hochwasserrisikomanagementpläne einbezogen werden.[499] Insbes sollten die Pläne – sofern möglich – Erhalt und Wiederherstellung von Überschwemmungsgebieten be-

---

487 Art 4 Abs 1 und 4 HochwasserschutzRL 2007/60/EG.
488 Art 4 Abs 2 HochwasserschutzRL 2007/60/EG.
489 Art 4 Abs 3 HochwasserschutzRL 2007/60/EG.
490 Art 5 Abs 1 HochwasserschutzRL 2007/60/EG.
491 Art 5 Abs 2 HochwasserschutzRL 2007/60/EG.
492 Art 6 Abs 1 und 8 HochwasserschutzRL 2007/60/EG.
493 Art 6 Abs 2 HochwasserschutzRL 2007/60/EG.
494 Art 6 Abs 3 und 4 HochwasserschutzRL 2007/60/EG.
495 Art 6 Abs 5 HochwasserschutzRL 2007/60/EG.
496 Art 7 Abs 1 und 5 HochwasserschutzRL 2007/60/EG.
497 Art 7 Abs 2 HochwasserschutzRL 2007/60/EG.
498 S o Rn 101.
499 Art 7 Abs 3 HochwasserschutzRL 2007/60/EG.

rücksichtigen, „um den Flüssen mehr Raum zu geben."[500] „Im Interesse der Solidarität" – und als Manifestation des völkergewohnheitsrechtlich anerkannten Verbots erheblicher grenzüberschreitender Schädigung[501] – dürfen Hochwasserrisikomanagementpläne, die in einem Mitgliedstaat erstellt werden, ohne zwischenstaatliche Abstimmung keine Maßnahmen enthalten, die aufgrund ihres Umfangs und ihrer Wirkung das Hochwasserrisiko anderer Länder flussauf- oder flussabwärts im selben Einzugsgebiet erheblich erhöhen.[502] Daher müssen in internationalen Flussgebietseinheiten Mitgliedstaaten untereinander die Erstellung internationaler Hochwasserrisikomanagementpläne koordinieren[503] bzw sich mit Drittstaaten um eine Koordinierung bemühen.[504] Dementsprechend haben 2015 die Anrainerstaaten zahlreicher grenzübergreifender Gewässereinzugsgebiete – parallel zur Erstellung internationaler Bewirtschaftungspläne gemäß der WRRL – internationale Hochwasserrisikomanagementpläne zB im Rahmen der internationalen Kommissionen zum Schutz von Donau,[505] Elbe,[506] Oder,[507] Rhein[508] und Schelde[509] verabschiedet.

(2) Donau

110 Die Donau ist mit einer Länge von 2.857 km – nach der Wolga – der zweitlängste Fluss Europas. Von ihren Quellen im südwestdeutschen Schwarzwald bis zur ihrer Mündung im Schwarzen Meer durchfließt die Donau das Staatsgebiet von zehn unmittelbaren Anrainerstaaten. Ihr gesamtes Wassereinzugsgebiet von 801.463 km², das rd 10% der Fläche Kontinentaleuropas und 80 Mio Einwohner umfasst, erstreckt sich über das Territorium von neunzehn Staaten.[510] Die internationale Zusammenarbeit in Bezug auf die Donau[511] – beginnend mit der Errichtung einer Donau-Kommission durch den Pariser Frieden v 1856 bis hin zur Belgrader Donaukonvention v 1948[512] – konzentrierte sich zunächst auf Schifffahrtsfragen.[513] Nachdem in der zweiten Hälfte des 20. Jh die intensive Nutzung des Flusses zunehmend zu grenzüberschreitenden Gewässerbelastungen und zwischenstaatlichen Konflikten wie zB um das *Gabčíkovo-Nagymaros*-Projekt[514] geführt hatte, unterzeichneten noch in der Endphase des Kalten Krieges acht Donauanrainerstaaten – die BR Deutschland, Österreich, die Tschechoslowakei, Ungarn, Jugoslawien, Rumänien, Bulgarien und die Sowjetunion – am 13.12.1985 die unverbindliche *Deklaration über die*

---

500 14. Erwägungsgrund Satz 2 HochwasserschutzRL 2007/60/EG.
501 S o Rn 31ff.
502 Art 8 Abs 3 HochwasserschutzRL 2007/60/EG.
503 Art 8 Abs 2 HochwasserschutzRL 2007/60/EG.
504 Art 8 Abs 3 HochwasserschutzRL 2007/60/EG.
505 IKSD (Hrsg), Flood Risk Management Plan for the Danube River Basin District, 2015 (<www.icpdr.org/main/activities-projects/flood-risk-management>).
506 Internationale Kommission zum Schutz der Elbe (Hrsg), Internationaler Hochwassermanagementrisikoplan für die Flussgebietseinheit Elbe (Teil A), 2015 (<www.ikse-mkol.org/eu-richtlinien/hwrm-richtlinie/internationaler-hochwasserrisikomanagementplan/>).
507 Internationale Kommission zum Schutz der Oder gegen Verunreinigung (Hrsg), Hochwasserrisikomanagementplan für die Internationale Flussgebietseinheit Oder, 2015 (<www.mkoo.pl/ndex.php?mid=28&aid=692&lang=DE>).
508 IKSR (Hrsg), International koordinierter Hochwasserrisikomanagementplan für die internationale Flussgebietseinheit Rhein, 2015 (<www.iksr.org/de/hochwasserrichtlinie/hochwasserrisiko-managementplan/index.html>).
509 Commission Internationale de l'Escaut (Hrsg), Partie faîtière du plan de gestion des risques d'inondation du district hydrographique international de l'Escaut, 2015 (<www.isc-cie.org/FR/>).
510 IKSD (Hrsg), Danube River Basin District Management Plan – Update 2015 (Fn 472).
511 Zum Folgenden *Reichert*, Gewässerschutz, 180 ff mwN.
512 Hierzu *Seidl-Hohenveldern*, Die Belgrader Donaukonvention von 1948, AVR 7 (1958) 253 ff mwN.
513 *Beyerlin*, Donau, in Kimminich/von Lersner/Storm (Hrsg), Handwörterbuch des Umweltrechts, Bd I, 1994, Sp 401 f.
514 *Gabčíkovo-Nagymaros*, 7.

Zusammenarbeit der Donaustaaten in Fragen der Wasserwirtschaft der Donau, insbesondere zum Schutz des Donauwassers gegen Verschmutzung („Bukarester Deklaration"), die die Unterzeichner zur Erhaltung und Verbesserung der Wasserqualität der Donau, zu entsprechenden Kontrollmaßnahmen sowie zur Bekämpfung von Hochwassergefahren anhielt.

111 Der Fall des Eisernen Vorhangs 1989 ermöglichte eine Intensivierung der internationalen Anstrengungen zum Schutz der Donau. Im Februar 1991 verständigten sich die Donauanrainerstaaten auf die Entwicklung eines völkerrechtlich verbindlichen Instruments zum Schutz des Flusses. Um bereits vor dem Inkrafttreten des angestrebten Übereinkommens wirksame Schutzmaßnahmen ergreifen zu können, wurde auf einer Konferenz im September 1991 in Sofia das durch UNDP, UNEP, Weltbank und die Europäische Gemeinschaft mitfinanzierte *Environmental Programme for the Danube River Basin (EPDRB)* ins Leben gerufen, das dem Aufbau von Programmen zur Gewässerüberwachung, zur Sammlung, Auswertung und zum Austausch von Daten sowie zur Entwicklung von Warn- und Alarmplänen diente. Mit der Unterzeichnung des Übereinkommens über die Zusammenarbeit zum Schutz und zur verträglichen Nutzung der Donau (Donau-Übereinkommen) am 29.6.1994 wurden eine Interimskommission und ein Interimssekretariat eingerichtet. Der schnellen Umsetzung von Schutzmaßnahmen diente auch der im Dezember 1994 verabschiedete *Strategic Action Plan for the Danube River Basin 1995–2005 (SAP)*,[515] der Ziele und Strategien zur Verbesserung des ökologischen Zustands des Donaueinzugsgebiets[516] sowie die Projekte des vom September 1997 bis Juni 1999 laufenden *Danube Pollution Reduction Programme (DPRP)* definierte. Mit dem Inkrafttreten des Donau-Übereinkommens am 22.10.1998 wurden die Organe des EPDRB in den organisatorischen Rahmen der nunmehr ständigen *Internationalen Kommission zum Schutz der Donau (IKSD)* überführt.

112 Vertragsparteien des Donau-Übereinkommens sind – neben der Europäischen Union – vierzehn Staaten, deren Anteil am Donaueinzugsgebiet 2.000 km² übersteigt: Bosnien-Herzegowina, Bulgarien, Deutschland, Kroatien, Moldawien, Montenegro, Österreich, Rumänien, Serbien, die Slowakische Republik, Slowenien, die Tschechische Republik, die Ukraine und Ungarn.[517] Räumlicher Anwendungsbereich des Donau-Übereinkommens ist „das ganze hydrologische Flussgebiet" der Donau, „soweit die Vertragsparteien daran Teil haben" (Art 1 lit b iVm Art 3 Abs 1). Hierzu zählen neben den Oberflächengewässern und den Grundwasservorkommen auch die damit verbundenen Ökosysteme des Donaueinzugsgebiets (Art 2 Abs 1, Abs 2 und Abs 3 Satz 2). Das Donau-Übereinkommen zielt – neben der Bekämpfung von Gefahren durch Schadstoffstörfälle, Hochwasser und Treibeis sowie dem Schutz des Schwarzen Meeres – insbes auf die Erhaltung, Verbesserung und rationelle Nutzung der Oberflächengewässer und des Grundwassers im Donaueinzugsgebiet (Art 2 Abs 1) iSe „beständigen und umweltgerechten Entwicklung" und „verträglichen Wasserwirtschaft" (Art 2 Abs 5). Die Umsetzung der WRRL und die Entwicklung eines internationalen Bewirtschaftungsplans wurde bereits 2001 zur „höchsten Priorität" erklärt, obwohl damals die meisten Vertragsparteien noch gar nicht Mitglieder der EU waren.[518]

113 Die Zusammenarbeit der Vertragsparteien bezieht sich insbes auf folgende Vorhaben und Maßnahmen, „soweit sie grenzüberschreitende Auswirkungen haben oder haben können": die Einleitung von Abwasser und Wärme sowie der Eintrag von Nährstoffen und gefährlichen Stoffen aus Punktquellen und diffusen Quellen; Wasserbaumaßnahmen wie zB Stau- und Hochwasserschutzdämme; den Betrieb von Wasserkraftanlagen; Wasserableitungen und -entnahmen; Maßnahmen zur Vermeidung von Umweltschäden, zum Schutz von Ökosystemen und zur Störfallvorsorge (Art 3 Abs 2). Die zentrale materielle Pflicht der Vertragsparteien ist es, durch recht-

515 EPDRB Task Force (Hrsg), Strategic Action Plan for the Danube River Basin 1995-2005, 1994.

516 Hierzu *Linnerooth-Bayer/Murcott*, The Danube River Basin: International Cooperation on Sustainable Development, NRJ 36 (1996) 521 (541 ff); *Murphy*, The Danube: A River Basin in Transition, 1998, 71 ff.

517 Keine Vertragsparteien sind Albanien, Italien, Mazedonien, Polen und die Schweiz.

518 IKSD (Hrsg), Annual Report on the Activities of the ICPDR in 2001, 2002, 10.

liche, administrative und technische Maßnahmen einen „wirksamen Gewässerschutz" und eine „verträgliche Wassernutzung" zu gewährleisten und dadurch auch grenzüberschreitende Belastungen zu vermeiden, zu überwachen und zu verringern (Art 5 Abs 1). Zu diesem Zweck haben die Vertragsparteien – „jede für sich oder gemeinsam" – u a den Zustand der Wasserressourcen im Donaueinzugsgebiet zu erfassen und Rechtsvorschriften zu Abwassereinleitungen, zum Umgang mit gefährlichen Stoffen sowie zur Verringerung des Eintrags von Nährstoffen und gefährlichen Stoffen insbes aus der Landwirtschaft zu erlassen (Art 5 Abs 2). Insbes sind Maßnahmen mit dem Ziel der Vermeidung oder Verminderung von grenzüberschreitenden Belastungen und einer verträglichen und gerechten Nutzung der Wasserressourcen sowie der Erhaltung ökologischer Ressourcen zu ergreifen (Art 6). Die Vertragsparteien müssen iSd Emissionsprinzips für bestimmte industrielle Branchen oder Betriebe Emissionsgrenzwerte bzgl Schmutzfrachten oder Schadstoffkonzentrationen (Art 7 Abs 1) sowie Leitlinien für die „beste Umweltpraxis" zur Vermeidung bzw Verringerung des Eintrags von Schad- und Nährstoffen aus diffusen Quellen festlegen (Art 7 Abs 2). Hierzu sind in einer Liste die betroffenen industriellen Branchen oder Betriebe sowie in einer ergänzenden Liste die Schadstoffe zu verzeichnen, deren Einleitung aus Punktquellen oder diffusen Quellen zu vermeiden bzw „beträchtlich" zu vermindern ist (Art 7 Abs 3 iVm Annex II). Zudem haben die Vertragsparteien gemeinsam zur Verhütung, Überwachung und Verminderung grenzüberschreitender Belastungen – „soweit dies angebracht ist" – iSd Immissionsprinzips Gewässergüteziele festzulegen und Gewässergütekriterien anzuwenden (Art 7 Abs 4 iVm Annex III). In regelmäßigen Abständen sind Inventare über die maßgeblichen Verschmutzungsquellen im Donaueinzugsgebiet und die insoweit bereits ergriffenen Vermeidungs- und Bekämpfungsmaßnahmen (Art 8 Abs 1) sowie eine Liste zukünftiger Maßnahmen zu erstellen (Art 8 Abs 2). Dies bildet die Grundlage für die Entwicklung gemeinsamer Aktionsprogramme der Vertragsparteien, die insbes auf die Verringerung der Schmutzfrachten und -konzentrationen sowohl aus industriellen und kommunalen Punktquellen als auch aus diffusen Quellen abzuzielen haben (Art 8 Abs 3). Die Methoden zur Untersuchung, Überwachung und Bewertung insbes von Gewässergüte, Emissionen, Hochwasserprognosen und Wasserbilanzen sind zum Zweck der Vergleichbarkeit zu harmonisieren (Art 9 Abs 1). Die Überwachungsergebnisse sind mittels „geeigneter Publikationen" der Öffentlichkeit vorzustellen (Art 9 Abs 4). Zudem sind Informationen über den Zustand oder die Qualität der Fließgewässerumwelt im Donaueinzugsgebiet durch die Behörden der Vertragsparteien jeder natürlichen oder juristischen Person gegen Gebühr sobald als möglich zur Verfügung zu stellen, ohne dass diese Person ihr Interesse begründen müsste (Art 14 Abs 1). Die Vertragsparteien tauschen untereinander Daten u a über den Gewässerzustand, Emissionen, Maßnahmen gegen grenzüberschreitende Belastungen sowie Störfälle aus (Art 12). Darüber hinaus sieht das Donau-Übereinkommen die Einrichtung ergänzender oder gemeinsamer Programme für wissenschaftliche oder technische Forschung (Art 15) sowie für koordinierte oder gemeinsame Meldeeinrichtungen, Warn- und Alarmsysteme (Art 16 Abs 1) vor. Dabei sind die Vertragsparteien insbes verpflichtet, sich über Notfallereignisse wie störfallbedingte Gewässerverschmutzung, Hochwasser oder Gefahren durch Treibeis zu unterrichten (Art 16 Abs 2 und 3) und insoweit gegenseitig Hilfe zu leisten (Art 17 Abs 1).

114 „Politische Grundsatzfragen" in Bezug auf die Umsetzung des Donau-Übereinkommens werden von einer *Konferenz der Vertragsparteien* entschieden (Art 22 Abs 1 und 2). Sie ist bei Anwesenheit von drei Vierteln der Vertragsparteien beschlussfähig (Art 22 Abs 4 Satz 1), wobei sie Beschlüsse und Empfehlungen mit finanziellen Folgen nur im Konsens annehmen kann (Art 22 Abs 6). Das zentrale Forum für die Kooperation der Vertragsparteien ist jedoch die durch Art 18 Donau-Übereinkommen geschaffene *Internationale Kommission zum Schutz der Donau (IKSD)*, die gemäß Art 7 ihres Statuts[519] in administrativer Hinsicht durch ein von einem Exeku-

519 Anlage IV Donau-Übereinkommen.

tivsekretär geleitetes *Ständiges Sekretariat* mit Sitz in Wien mit rd zehn Mitarbeitern unterstützt wird.[520] Die IKSD setzt sich aus den Delegationen der Vertragsparteien zusammen.[521] Ihre Kernaufgabe ist es gemäß Art 18 Abs 1 Satz 3 Donau-Übereinkommen, an die Vertragsparteien gerichtete Vorschläge und Empfehlungen zur Umsetzung der sich aus dem Donau-Übereinkommen ergebenden Verpflichtungen zu erarbeiten. Grundsätzlich sind die Vertragsparteien zur Berücksichtigung von Vorschlägen der IKSD verpflichtet, die zB die Harmonisierung von Rechtsvorschriften zur Verringerung des Nähr- und Schadstoffeintrags aus diffusen Quellen und zur abgestimmten Durchführung entsprechender Maßnahmen (Art 5 Abs 2 lit d und e) oder die Festlegung von Emissionsgrenzen (Art 7 Abs 1) betreffen. Bei der Beschlussfassung innerhalb der IKSD hat jede Vertragspartei eine Stimme,[522] wobei die EU in den Bereichen ihrer Zuständigkeit das Stimmrecht anstelle ihrer in der IKSD vertretenen Mitgliedstaaten mit entsprechender Stimmenzahl ausübt.[523] Beschlüsse und Empfehlungen werden im Konsens angenommen. Sollten alle Bemühungen zur Erzielung eines Konsenses ausgeschöpft sein, kann die Annahme auch durch eine Vierfünftel-Mehrheit der anwesenden und abstimmenden Delegationen erfolgen.[524] Ein Beschluss wird nach zehn Monaten für die Vertragsparteien verbindlich, die ihm entweder zugestimmt oder nicht ausdrücklich abgelehnt haben.[525] Die Umsetzung der von der IKSD verabschiedeten Beschlüsse wird insbes durch umfassende Berichtspflichten der Vertragsparteien unterstützt (Art 18 Abs 4), die der IKSD die zur Erfüllung ihrer Aufgaben erforderlichen Informationen mitzuteilen haben (Art 10). Die IKSD wertet die gewonnenen Erfahrungen aus und unterbreitet – „soweit zweckmäßig" – den Vertragsparteien entweder Vorschläge für Änderungen bzw Ergänzungen des Übereinkommens oder erarbeitet die Grundlage zur Schaffung weiterer Regelungen bzgl Schutz und Bewirtschaftung der Donau und der Gewässer ihres Einzugsgebiets (Art 18 Abs 5).

115 Zur Bearbeitung einzelner Arbeitsgebiete und für spezielle Fragen kann die IKSD – ständig oder ad hoc – Expertengruppen einrichten, die sich aus von den Delegationen der IKSD benannten Delegierten und Sachverständigen zusammensetzen.[526] Mandat, Zusammensetzung und Geschäftsordnung der Expertengruppen werden in *Terms of Reference*[527] festgelegt, auf deren Grundlage sie der IKSD Bericht erstatten und Empfehlungen bzw Vorschläge zur Annahme vorlegen. Die Expertengruppen spiegeln die ganze Vielfalt der Aufgaben und Arbeitsschwerpunkte der IKSD wider:[528] So befasst sich die *ad hoc Strategic Expert Group* mit den strategischen, rechtlichen und administrativen Fragen, die sich fortlaufend bei der Umsetzung des Donau-Übereinkommens stellen. Von zentraler Bedeutung für die inhaltliche Arbeit der IKSD ist die *Expert Group on River Basin Management*, die insbes die Aktivitäten zur Umsetzung der WRRL im Donaueinzugsgebiet koordiniert. Zu diesem Zweck wurde gemäß den Anforderungen der WRRL zunächst 2004 und erneut 2013 ein Bericht (*Danube River Basin Analysis*)[529] erstellt, der für die internationale Flussgebietseinheit der Donau zum einen eine umfassende Bestandsaufnahme ihrer Merkmale, eine Überprüfung der Auswirkungen menschlicher Tätigkeiten auf den Zustand der Oberflächengewässer und des Grundwassers sowie eine wirtschaftliche Analyse der Wassernutzung vornimmt[530] und zum anderen ein Verzeichnis von Schutzgebieten für Oberflächenge-

520 Weitere Informationen unter <www.icpdr.org/main/icpdr/permanent-secretariat>.
521 Art 1 Abs 1 IKSD-Statut.
522 Ebd, Art 4 Abs 1.
523 Ebd, Art 4 Abs 2.
524 Ebd, Art 5 Abs 1.
525 Ebd, Art 5 Abs 2.
526 Ebd, Art 6 Abs 1 und 2.
527 Jeweils abrufbar unter <www.icpdr.org/main/publications/tor-workplans>.
528 Hierzu <www.icpdr.org/main/icpdr/expert-groups>.
529 IKSD (Hrsg), The 2013 Update of the Danube Basin Analysis Report, 2014 (<www.icpdr.org/main/dba-2013>).
530 Art 5 iVm Anh II und II WRRL.

wässer, Grundwasser sowie von unmittelbar vom Wasser abhängigen Lebensräumen und Arten enthält[531]. Auf dieser Grundlage entwickelte die Expertengruppe den 2009 erstmals verabschiedeten und 2015 aktualisierten *Danube River Basin District Management Plan*,[532] der als übergreifender Bewirtschaftungsplan für die internationale Flussgebietseinheit der Donau iSv Art 13 WRRL fungiert. Die *Pressures and Measures Expert Group* ist damit betraut, die Ursachen von Gewässerbelastungen zu identifizieren und diesbezügliche Gegenmaßnahmen zu unterstützen. Zudem soll sie die Aktivitäten der IKSD zur Verwirklichung der Vorgaben von EU-Rechtsakten – wie die KommunalabwasserRL 91/271/EWG, die NitratRL 91/676/EWG, die IVU-RL – harmonisieren. Aufgabe der *Monitoring and Assessment Expert Group* ist es, der IKSD Informationen über den Zustand der Binnengewässer im Donaueinzugsgebiet – einschließlich ihres ökologischen und chemischen Zustands iSd WRRL – zu Verfügung zu stellen. Diesem Zweck dienen ein grenzüberschreitendes Überwachungsnetzwerk (*Trans-National Monitoring Network*) und ein Unfall- und Notfallwarnsystems (*Accident and Emergency Warning System*). Die *Accident Prevention and Control Expert Group* unterhält Inventare von Risikostellen, unterstützt die Arbeit des Unfall- und Notfallwarnsystems und entwickelt Strategien zur Verhinderung bzw Bewältigung von Unfällen. Die *Expert Group on Flood Protection* ist für die Entwicklung und Umsetzung sowohl des 2015 erstmals verabschiedeten *Flood Risk Management Plan*[533] als auch für entsprechende Maßnahmen nach der HochwasserschutzRL 2007/60/EG[534] verantwortlich. Betrieb und Weiterentwicklung des *Danube River Basin Geographical Information System (GIS)* werden von der *Information Management and Geographical Information System Expert Group* begleitet. Die *Public Participation Expert Group* unterstützt die Öffentlichkeitsarbeit der IKSD sowie deren Aktivitäten in Bezug auf die Beteiligung der Öffentlichkeit, wobei insbes die diesbezüglichen Anforderungen gemäß Art 14 WRRL und Art 10 HochwasserschutzRL 2007/60/EG berücksichtigt werden.

116 Insgesamt ist die Zusammenarbeit der Vertragsparteien des Donau-Übereinkommens beispielhaft für die Entwicklung des internationalen Binnengewässerrechts in Europa hin zu einem ganzheitlichen, ökosystemorientierten Schutzansatz. Wie in anderen grenzübergreifenden Gewässereinzugsgebieten Europas auch, hat die Ausrichtung der internationalen Zusammenarbeit im Rahmen der IKSD an den materiellen und prozeduralen Anforderung der WRRL zur Entwicklung eines völker- und europarechtlichen Binnengewässerschutzregimes beigetragen, das – dem *Drainage Basin*-Konzept entsprechend – einen internationalen Binnengewässerschutz ermöglicht, der nicht an administrativen Grenzen, sondern an ökologischen Wirkungszusammenhängen orientiert ist.[535] Vor diesem Hintergrund lassen die bisherigen Ergebnisse der Aktivitäten der IKSD[536] auf weitere Fortschritte beim Schutz der Binnengewässer des Donaueinzugsgebiets hoffen.

531 Ebd, Art 6 iVm Anh IV.

532 IKSD (Hrsg), Danube River Basin District Management Plan – Update 2015, 2015 (Fn 472).

533 IKSD (Hrsg), Flood Risk Management Plan for the Danube River Basin District, 2015 (<www.icpdr.org/main/activities-projects/flood-risk-management>).

534 S o Rn 106 ff.

535 Hierzu *Reichert*, Gewässerschutz, insbes 327 ff, 342 ff und 353 ff; *ders*, Transboundary Water Cooperation in Europe, 100 ff.

536 IKSD-Jahresberichte abrufbar unter <www.icpdr.org/main/publications/annual-reports>.

Vierzehnter Abschnitt

Silja Vöneky und Felix Beck

Schutz der antarktischen und arktischen Umwelt

Gliederung

Literatur

Auburn, Francis M., Antarctic Law and Politics, 1982
ders, Consultative Status under the Antarctic Treaty, ICLQ 28 (1979) 514
Bartenstein, Kristin, The "Arctic Exception" in the Law of the Sea Convention: A Contribution to Safer Navigation in the Northwest Passage?, ODIL 42 (2011) 22
Bastmeijer, Kees, The Antarctic Environmental Protocol and Its Domestic Legal Implementation, 2003
Byers, Michael/Baker, James, International Law and the Arctic, 2013
Epiney, Astrid/Heuck, Jennifer/Pirker, Benedikt, Rechtliche Vorgaben für die Durchführung von Forschungsvorhaben in der Antarktis, 2013
Fabra, Adriana/Gascón, Virginia, The Convention on the Conservation of Antarctic Marine Living Resources (CCAMLR) and the Ecosystem Approach, IJMCL 23 (2008) 567

DOI 10.1515/9783110248296-014

Höfelmeier, Anja/Vöneky, Silja, Die Einrichtung von Meeresschutzzonen im Rahmen des Antarktisvertragssystems, in Silja Vöneky (Hrsg), Freiburger Informationspapiere zum Völkerrecht und Öffentlichen Recht 5 (2011), <http://www.jura.uni-freiburg.de/institute/ioeffr2/downloads/online-papers/fip_5_2011_meeresschutzzonen.pdf>

Höfelmeier, Anja/Vöneky, Silja, Rechtsfragen bei Forschungsaktivitäten über dem Festlandsockel der Arktis und Antarktis, Ordnung der Wissenschaft 2 (2014) 43

Kämmerer, Jörn, Die Antarktis in der Raum- und Umweltschutzordnung des Völkerrechts, 1994

Koivurova, Timo, Environmental Protection in the Arctic and Antarctic: Can the Polar Regimes Learn from Each Other?, IJLI 33 (2005) 204

Krüger, Niels, Anwendbarkeit von Umweltschutzverträgen in der Antarktis, 2000

Molenaar, Erik J./Elferink, Alex G./Rothwell, Donald R. (Hrsg), The Law of the Sea and the Polar Regions: Interactions between Global and Regional Regimes, 2013

Neumann, Thilo, Die Norwegische Arktis im Völkerrecht: Landgebiete, Seegebiete, Grenzgebiete, 2013

Nordquist, Myron H./Heidar, Tomas H./Moore, John Norton (Hrsg), Changes in the Arctic Environment and the Law of the Sea, 2010

Podehl, Jörg, Das Umweltschutzprotokoll zum Antarktisvertrag als Ergebnis der Verhandlungen über die Rohstoffnutzung in der Antarktis, 1993

Proelß, Alexander/Blitza, Eike/Oliva, Jan, Die Genehmigung wissenschaftlicher Forschung in der Antarktis im Lichte von Umweltschutz und Forschungsfreiheit, 2013

Rothwell, Donald, Polar Environmental Protection and International Law: The 1991 Antarctic Protocol, EJIL 11 (2000) 591

Sahurie, Emilio J., The International Law of Antarctica, 1992

Sands, Philippe/Peel, Jacqueline, Principles of International Environmental Law, 3. Aufl 2012 [*Sands/Peel*, Principles]

Seelmann, Katrin, Der völkerrechtliche Status der Arktis: Der neue Wettlauf zum Nordpol, 2012

Smeddinck, Ulrich, Der Vollzug des Antarktis-Schutzes in Deutschland, NuR 28 (2006) 342

Tamburelli, Gianfranco (Hrsg), The Antarctic Legal System: The Protection of the Environment of the Polar Region, 2008

Vidas, Davor (Hrsg), Protecting the Polar Marine Environment: Law and Policy for Pollution Prevention, 2000

Vöneky, Silja, The Liability Annex to the Protocol on Environmental Protection to the Antarctic Treaty, in Doris König/Volker Röben/Nele Matz-Lück (Hrsg), International Law Today: New Challenges and the Need for Reform?, 2008, 165

dies/Wisehart, Daniel, Analyse und Weiterentwicklung vorhandener rechtlicher Instrumente – Handlungsbedarf zur Anpassung an die aktuellen Entwicklungen des Tourismus in der Antarktis, 2016, abrufbar unter <https://www.umweltbundesamt.de/publikationen/analyse-weiterentwicklung-vorhandener-rechtlicher> [*Vöneky/Wisehart*, Tourismus in der Antarktis]

Wasum-Rainer, Susanne/Winkelmann, Ingo/Tiroch, Katrin (Hrsg), Arctic Science, International Law and Climate Change, 2012

Watts, Arthur, International Law and the Antarctic Treaty System, 1992

Wolfrum, Rüdiger, Die Internationalisierung staatsfreier Räume – Die Entwicklung der internationalen Verwaltung für Antarktis, Weltraum, Hohe See und Meeresboden, 1984

ders, The Convention on the Regulation of Antarctic Mineral Resource Activities, 1991

ders (Hrsg), Max Planck Encyclopedia of Public International Law, 10 Bde, 3. Aufl 2012 [MPEPIL]

ders/Vöneky, Silja/Friedrich, Jürgen, The Admissibility of Land-based Tourism in Antarctica under International Law, ZaöRV 65 (2005) 735

Xue, Hanqin, Transboundary Damage in International Law, 2003

Young, Oran R., Governing the Arctic Ocean, Marine Policy 72 (2016) 271

Verträge

Vertrag über Spitzbergen v 9.2.1920 (RGBl 1925 II, 763; Bekanntgabe über Wiederanwendung in BGBl 1953 II, 117) — 11, 57, 75, 76

Internationales Übereinkommen zur Regulierung des Walfangs v 2.12.1946 (BGBl 1982 II, 558) [ICRW] — 47, 69

Antarktisvertrag v 1.12.1959 (BGBl 1978 II, 1517) [AntV] — 7–12, 14, 20, 21, 40–42, 44–46, 48, 49, 58, 78

Wiener Übereinkommen über das Recht der Verträge v 23.5.1969 (BGBl 1985 II, 927) [WVK] — 11

Übereinkommen zum Schutze der antarktischen Robben v 1.6.1972 (BGBl 1987 II, 90) [CCAS] — 8, 12, 49
Übereinkommen zum Schutz des Kultur- und Naturerbes der Welt v 26.11.1972 (BGBl 1977 II, 215) [World Heritage Convention] — 47
Übereinkommen über die Verhütung der Meeresverschmutzung durch das Einbringen von Abfällen und anderen Stoffen v 29.12.1972 mit Änd v 12.10.1978 (BGBl 1977 II, 180 und 1987 II, 118) [London Convention] — 67
Internationales Übereinkommen zur Verhütung der Meeresverschmutzung durch Schiffe v 2.11.1973 mit Prot v 17.2.1978 (BGBl 1982 II, 4; 1984 II, 230) [MARPOL] — 33, 45, 46, 67, 68
Agreement on Conservation of Polar Bears v 15.11.1973 (ILM 13 [1974] 13) — 57, 69, 78
Internationales Übereinkommen zum Schutz des menschlichen Lebens auf See v 1.11.1974 (BGBl 1979 II, 141) [SOLAS] — 45, 67
Übereinkommen über das Verbot der militärischen oder einer sonstigen feindseligen Nutzung umweltverändernder Techniken v 18.5.1977 (BGBl 1983 II, 125) [ENMOD] — 56
Bonner Übereinkommen zur Erhaltung der wandernden wildlebenden Tierarten v 23.6.1979 (BGBl 1984 II, 569) [CMS] — 47, 69
Genfer Übereinkommen über weiträumige grenzüberschreitende Luftverunreinigung v 13.11.1979 (BGBl 1982 II, 373) [CLRTAP] — 69
Übereinkommen über die Erhaltung der lebenden Meeresschätze der Antarktis v 20.5.1980 (BGBl 1982 II, 420) [CCAMLR] — 8, 13–19, 21, 46, 48, 49
Seerechtsübereinkommen der Vereinten Nationen v 10.12.1982 (BGBl 1994 II, 1799) [SRÜ] — 45, 46, 48, 57, 63–66, 71–74, 76–78
Convention on the Regulation of Antarctic Mineral Resource Activities v 2.6.1988 (ILM 27 [1988] 859) [CRAMRA] — 20
Umweltschutzprotokoll zum Antarktisvertrag v 4.10.1991 (BGBl 1994 II, 2478) [USP] — 8, 9, 11, 20, 21–40, 42, 44, 49
Rahmenübereinkommen der Vereinten Nationen über Klimaänderungen v 9.5.1992 (BGBl 1993 II, 1783) [UNFCCC] — 69
Übereinkommen über die biologische Vielfalt v 5.6.1992 (BGBl 1993 II, 1742) [CBD] — 47, 69
Übereinkommen zur Durchführung der Bestimmungen des Seerechtsübereinkommens der Vereinten Nationen v 10.12.1982 über die Erhaltung und Bewirtschaftung von gebietsübergreifenden Fischbeständen und weit wandernden Fischbeständen v 4.12.1995 (BGBl 2000 II, 1023) [UNFSA] — 69
Agreement on the Conservation of Albatrosses and Petrels v 19.6.2001 (2258 UNTS 257) [ACAP] — 47
Agreement on Cooperation on Aeronautical and Maritime Search and Rescue in the Arctic v 12.5.2011, <http://www.ifrc.org/docs/idrl/N813EN.pdf> — 68
Agreement on Cooperation on Marine Oil Pollution Preparedness and Response in the Arctic v 15.5.2013, <http://arctic-council.org/eppr/agreement-on-cooperation-on-marine-oil-pollution-preparedness-and-response-in-the-arctic/> — 68
Minamata Convention on Mercury v 10.10.2013, <http://www.mercuryconvention.org/Portals/11/documents/Booklets/Minamata%20Convention%20on%20Mercury_booklet_English.pdf> — 69

Judikatur

Internationaler Gerichtshof

Corfu Channel Case (United Kingdom v Albania), Urteil v 9.4.1949, ICJ Rep 1949, 4 *[Corfu Channel]* — 74
Legality of the Threat or Use of Nuclear Weapons, Gutachten v 8.7.1996, ICJ Rep 1996, 226 *[Nuclear Weapons]* — 47
Whaling in the Antarctic (Australia v Japan: New Zealand intervening), Urteil v 31.3.2014, ICJ Rep 2014, 226 *[Whaling in the Antarctic]* — 47

Internationaler Seegerichtshof

Responsibilities and Obligations of States Sponsoring Persons and Entities with Respect to Activities in the Area, Gutachten v 1.2.2011, ITLOS Rep 2011, 10 *[States Sponsoring Persons and Entities]* — 47
The “Arctic Sunrise” (Netherlands v Russia), Beschluss v 22.11.2013, ITLOS Rep 2013, 230 *[Arctic Sunrise]* — 52

Vorbemerkung

1 Betrachtet man Nord- und Südpol, Arktis und Gegen-Arktis (Antarktis), näher, unterscheiden sie sich nicht nur in Bezug auf die klimatischen Bedingungen und die Auswirkungen, die Umweltgefahren auf sie haben, sondern vor allem durch die völkerrechtlichen Regeln und Regime, die diese Gebiete normieren. Ein Grund ist die geographische Lage, durch die die Antarktis weit mehr staatlichem Einfluss entrückt ist als die Arktis. Die Unterschiede erklären sich aber auch durch die historischen Entwicklungen, die es möglich gemacht haben, dass die Vertragsstaaten im Bereich der Antarktis trotz aller gegensätzlichen Interessen seit den 1950er Jahren bis heute ein umfassendes und modernes, wenn auch nicht lückenloses völkerrechtliches Regime zum Schutz der Umwelt entwickeln konnten. Die Umwelt beider Pole ist besonders vulnerabel und zugleich für die Umwelt der gesamten Erde von großer Bedeutung. Umso mehr soll der Blick im Folgenden darauf gerichtet werden, was bereits völkerrechtlich zum Schutz der Umwelt in der Antarktis und Arktis erreicht wurde und welche Gefahren und Probleme weiterhin bestehen, denen in Zukunft mit Hilfe des Völkerrechts begegnet werden sollte.

I. Antarktis

1. Die antarktische Umwelt und ihre Bedrohung

2 Um die Antarktis zu begreifen, muss man sich ihre Besonderheiten vor Augen führen. Die Antarktis der einzige Kontinent der Erde, auf dem noch nie permanent Menschen gelebt haben.[1] Sie ist zudem der trockenste, unzugänglichste, höchste und kälteste Kontinent. Die Temperatur in der Antarktis liegt bei durchschnittlich minus 55°C wesentlich niedriger als in der Arktis.[2] Mit dem Vinson-Massiv besitzt sie eine Erhebung von über 4.800 m.[3] Die Antarktis ist größer als Europa (13,6 Mio km^2), mit einer maximalen Ausdehnung des Meereises von ca 18 Mio km^2 im antarktischen Winter und ca 2,32 Mio km^2 im antarktischen Sommer.[4] Nur ca. 0,4% der Antarktis sind eisfrei (ca 48.000 km^2), und ca 75% des gesamten Süßwassers der Erde ist in der Antarktis als Eis konserviert.[5] Für viele ist diese spektakuläre, mit Schnee, Eis und Felsen bedeckte Wildnis, die erst 1773 entdeckt wurde, einer der schönsten Orte der Erde.[6]

3 Auch die an den antarktischen Kontinent angrenzenden Meeresgebiete sind einzigartig. Die Antarktis wird umflossen von dem antarktischen Zirkumpolarstrom; der Südliche Ozean (*Southern Polar Ocean*) ist der viertgrößte Ozean der Erde.[7] Durch den Zirkumpolarstrom und die erhebliche Entfernung zu anderen Kontinenten ist die Antarktis mehr als andere Gebiete der Erde von anderen Ökosystemen getrennt.[8] Die antarktische Flora und Fauna ist an die besonderen Lebensverhältnisse angepasst: Algen, Flechten, Moose, verschiedene Vogelarten (wie Schnee-

1 *Vöneky/Addison-Agyei*, Antarctica, in MPEPIL, 418 ff.
2 *Roland*, Antarktis, Forschung im ewigen Eis, 2009, 5.
3 Ebd, 6 ff.
4 Stand 1.3.2017. Auch wenn die Entwicklung schwankend ist, ist dies der bisher niedrigste Sommerwert seit Beginn der Satellitenmessungen im Jahre 1979; vgl <http://www.meereisportal.de/archiv/2017-kurzmeldungen-gesamttexte/meereisentwicklung-antarktis-winter-20162017/>.
5 Vgl nur Auswärtiges Amt (Hrsg), Die Bundesregierung, Deutsches Engagement für den weißen Kontinent, Antarktisvertrag – 30 Jahre Konsultativstatus, 2011, 8.
6 Vgl nur *Walker*, Antarctica, 2012, XIII ff.
7 *Roland* (Fn 2) 6 ff.
8 Vgl Auswärtiges Amt (Fn 5) 8.

sturmvögel, Albatrosse, insbes Pinguine) überleben auch den extremen antarktischen Winter; dies gilt auch für Säugetiere wie Robben, Seeleoparden, See-Elefanten und die verschiedene Walarten,[9] sowie den antarktische Krill.[10]

4 Der einst unerreichbare Kontinent ist heute per Schiff und Flugzeug zugänglich und vielen *unmittelbaren und mittelbaren Umweltauswirkungen* ausgesetzt. Forscher und Angehörige der Forschungsstationen arbeiten auf dem antarktischen Kontinent und im angrenzenden Meer.[11] Eine Vielzahl von Touristen bereist die Antarktis. Letztere umfassten 2007/08 erstmals über 46.000 Personen pro Saison.[12] Auch wird intensive Fischerei betrieben. Konkrete Gefahren und sogar Schäden entstehen dabei durch übermäßige Fischerei,[13] aber auch, wenn bspw Tourismus in bestimmten Bereichen gehäuft auftritt und die empfindliche Fauna und Flora schädigt, die sich kaum regenerieren kann.[14] Bsp für unmittelbare Umweltschäden sind Erosionen durch Fußpfade, Störungen wildlebender Arten, Verursachung von Schall- und Lichtemissionen und Abgasen[15] sowie das Hinterlassen von Müll und Abwasser. Umweltgefahren treten auch durch Unfälle im Zusammenhang mit Tätigkeiten im Antarktisgebiet auf, wie der Absturz von Flugzeugen oder der Untergang von Schiffen.[16] Weitere Gefährdungen der antarktischen Umwelt sind schleichende Umweltzerstörungen durch die Einschleppung nichtheimischer Organismen und Krankheiten.[17]

5 Zudem müssen die *mittelbaren Gefahren* für die antarktische Umwelt bedacht werden. Dies ist insbes der Klimawandel, der zu einer Veränderung vor allem der Meerwassertemperaturen sowie der Eisstruktur und -ausdehnung in der Antarktis führt. Besonders betroffen sind hierbei das Westantarktische Eisschild und das Eis der Antarktischen Halbinsel.[18] Auch wenn die Ursachen der zT unregelmäßigen Eiszu- und Eisabnahmen in der Antarktis noch nicht vollständig verstanden sind, ist die Antarktis, wie auch die Arktis, ein Schlüsselgebiet für Klimavariationen, denen wir ausgesetzt sind, und die wir mit verursachen.[19]

6 Obwohl die antarktische Umwelt an die natürlichen Extrembedingungen angepasst ist, wäre es falsch anzunehmen, dass diese deswegen besonders robust ist. Vielmehr ist das antarktische Ökosystem *besonders fragil und vulnerabel*, da es wegen der großen Kälte, ähnlich wie in der Arktis, nur eine besonders geringe Kapazität hat, sich zu regenerieren.[20] Änderungen der Be-

---

9 Wie Blauwal, Finnwal, Buckelwal, Minkewal, Pottwal und Orca.

10 *Roland* (Fn 2) 201 ff.

11 Es ist davon auszugehen, dass sich ca 4.400 Angehörige nationaler Forschungsprogramme im Sommer und ca 1.100 im Winter in der Antarktis aufhalten, vgl *Vöneky/Wisehart*, Tourismus in der Antarktis, 45. Dazu auch Scientific Committee on Antarctic Research [SCAR], <http://www.scar.org/members-and-officers/national-committees>. Sämtliche Konsultativstaaten des Antarktisvertrages haben Forschungsprogramme in der Antarktis.

12 2013/14 waren die Zahlen der Touristen auf 37.400 gesunken, die Gesamtzahl der Antarktisreisenden betrug jedoch 60.950; vgl die Daten der Tourismusindustrie selbst: IAATO Tourism Overviews and IAATO Tourism Summaries, <https://iaato.org/de/tourism-statistics>; näher dazu auch *Vöneky/Wisehart*, Tourismus in der Antarktis, 35.

13 *Atkinson/Siegel/Pakhomov/Rothery*, Long-term Decline in Krill Stock and Increase in Salps within the Southern Ocean, Nature 432 (2004) 100.

14 *Bastmeijer*, Tourism in Antarctica: Increasing Diversity and the Legal Criteria for Authorization, NZJEL 7 (2003) 85 (89 ff).

15 ASOC, Taking Action on Marine Noise in the Southern Ocean, Information Paper 80 (2007).

16 Aviation Safety Network (Hrsg), Antarctica Air Safety Profile, <https://aviation-safety.net/database/country/country.php?id=ant>; bspw Ölkatastrophen durch Schiffbrüche, vgl <http://www.nytimes.com/1989/02/04/world/scientist-says-antarctic-oil-spill-does-significant-harm-to-wildlife.html>.

17 Vgl *Vöneky/Wisehart*, Tourismus in der Antarktis, 4 ff.

18 SCAR (Hrsg), Antarctic Climate Change and the Environment, 2015 Update, 2015, 5; *Roland* (Fn 2) 250 ff.

19 Über der Antarktis wurde erstmalig das Ozonloch entdeckt. Zur gegenwärtigen Polar-Forschung vgl die Arbeiten des dt Alfred-Wegener-Instituts (AWI), <https://www.awi.de/>, und von SCAR (<http://www.scar.org/>).

20 Vgl *Vöneky*, The Liability Annex to the Protocol on Environmental Protection to the Antarctic Treaty, in: König/Stoll/Röben/Matz-Lück (Hrsg), International Law Today, 2007, 169 mwN. Vgl auch *Chown et al*, Antarctica and the Strategic Plan for Biodiversity, PLOS Biology 15 (2017).

schaffenheit der antarktischen Umwelt, insbes das Abschmelzen des Eises, können zudem nachteilige Auswirkungen auf die Umwelt vieler Gebiete der Erde haben.[21]

2. Völkerrechtlicher Status der Antarktis und der angrenzenden Seegebiete im Überblick

7 Die Antarktis ist nicht nur auf Grund ihrer klimatischen und geographischen Besonderheiten einzigartig, sondern unterliegt auch einem *besonderen völkerrechtlichen Vertragsregime*, das auch aus umweltvölkerrechtlicher Perspektive seit vielen Jahren eines der erfolgreichsten und innovativsten internationalen Regime darstellt. Dass im Rahmen des Internationalen Geophysikalischen Jahres 1957/58 zwölf Staaten, darunter sieben Staaten, die teilweise überlappende Hoheitsansprüche in Teilgebieten der Antarktis geltend machen (sog *Claimant States*),[22] die Einladung der USA zu einer diplomatischen Konferenz annahmen, die 1959 zur Unterzeichnung des Antarktisvertrags (AntV) führte,[23] war ein besonderer Glücksfall für das Völkerrecht und den antarktischen Kontinent.[24] Schon wenige Jahre später wäre eine solche vertragliche Einigung wegen des fortschreitenden Misstrauens und Kalten Krieges zwischen Ost und West nicht mehr möglich gewesen. So konnte der Vertrag mit seinen nur 14 Artikeln in einer Zeit des beginnenden Wettrüstens geschlossen werden, um eine Militarisierung der Antarktis zu verhindern.[25] Nach Art I AntV[26] ist nur eine friedliche Nutzung der Antarktis erlaubt und alle militärischen Maßnahmen sind verboten. Da die Staaten, die in der Antarktis in den 1950er Jahren Forschung betrieben, es zudem ablehnten, einen Vertrag im UN-Rahmen zu verhandeln, zeichnet sich der Antarktisvertrag und alle ihm nachfolgenden Verträge und Protokolle im Rahmen dieses Regimes durch Besonderheiten aus, die von anderen völkerrechtlichen Verträgen zum Schutz der Umwelt entscheidend abweichen.

8 Völkervertragsrechtlich relevant sind für das Antarktisgebiet, dh das Gebiet südlich des 60. südlichen Breitengrads (Art VI AntV), der Antarktisvertrag, das Übereinkommen zur Erhaltung der antarktischen Robben von 1972 (CCAS),[27] das Umweltschutzprotokoll zum Antarktisvertrag von 1991 (USP) mit seinen bisher sechs Anlagen[28] und – mit einem etwas größeren örtlichen Anwendungsbereich – das Übereinkommen über die Erhaltung der lebenden Meeresschätze in der Antarktis v 1980 (CCAMLR).[29] Auch wenn das Regime des AntV, außer im Rahmen der CCAMLR, keine I. O. begründet hat,[30] sind auf der Grundlage von Art IX AntV zudem drei Formen

---

21 So schon *Langenfeld*, Verhandlungen über ein neues Umwelthaftungsregime für die Antarktis – Innovationen für ein Internationales Haftungsrecht, NuR 16 (1994) 345; *Puri*, Antarctica: A Natural Reserve, 1997, 25ff.

22 Staaten, die Ansprüche auf Teilgebiete der Antarktis geltend machen, sind Argentinien, Australien, Chile, Frankreich, Neuseeland, Norwegen und das Vereinigte Königreich. Nur 15% des antarktischen Kontinents werden nicht in Anspruch genommen. Vgl *Vöneky/Addison-Agyei*, Antarctica, in MPEPIL, 418f; zum Ganzen auch *Kämmerer*, Die Antarktis in der Raum- und Umweltschutzordnung des Völkerrechts, 1994.

23 *Vöneky/Addison-Agyei*, Antarctica, in MPEPIL, 418 (420).

24 Vgl dazu *Berkman*, President Eisenhower, the Antarctic Treaty, and the Origin of International Spaces, in Berkman (Hrsg), Science Diplomacy, 2011, 17ff; *Scully*, The Development of the Antarctic Treaty System, in ebd, 29ff; *Triggs*, The Antarctic Treaty System: A Model of Legal Creativity and Cooperation, in ebd, 39ff.

25 Dazu auch Auswärtiges Amt (Fn 5) 12.

26 Inkrafttreten am 23.6.1961. Die BR Deutschland unterzeichnete den Vertrag am 5.2.1979, die DDR bereits am 13.11.1975.

27 Inkrafttreten am 12.4.1978.

28 Inkrafttreten am 14.1.1998.

29 Inkrafttreten am 7.4.1982. Nach richtigem Verständnis gehören das Übereinkommen über die Erhaltung der lebenden Meeresschätze in der Antarktis (CCAMLR) und das das Übereinkommen zur Erhaltung der antarktischen Robben (CCAS) nicht zum Antarktischen Vertragssystem ieS, da sie keine Übereinkommen des Antarktisvertrags sind, sondern eigenständige Verträge. Seit 1987 dürfen aber Vertreter der CCAMLR als Beobachter an den Treffen der Antarktisvertragsstaaten teilnehmen.

30 Auch das Antarktis-Sekretariat (ATS) hat nicht den Status einer I. O. und besitzt nur in Argentinien Rechtspersönlichkeit, vgl *Vöneky/Addison-Agyei*, Antarctica, in MPEPIL, 418 (425); vgl auch u Rn 40.

des Sekundärrechts (iwS) bedeutsam, die von den Konsultativstaaten[31] im Rahmen der Treffen der Vertragsparteien (*Antarctic Treaty Consultative Meetings – ATCMs*) beschlossen werden können: Dies sind seit 1996[32] Maßnahmen (*Measures*), die bindendes (Sekundär-)Völkerrecht darstellen, Entscheidungen (*Decisions*), die bindend Fragen des Innenverhältnisses regeln, sowie Resolutionen (*Resolutions*), die rechtlich nicht bindendes sog Soft Law darstellen.[33]

9 Die meisten Ziele des Antarktisvertragsregimes[34] sind bereits im AntV ausdrücklich genannt: Dies ist die bereits genannte Widmung der Antarktis für friedliche Zwecke und die Sicherung der Freiheit der Forschung (Art I Abs 1 und IV AntV). Zudem werden die Gebietsansprüche der sieben sog *Claimant States*[35] eingefroren (Art IV AntV).[36] Ein weiteres Hauptziel des Antarktisvertragsregimes ist jedoch der Schutz der Umwelt im Vertragsgebiet. Auch wenn der Umweltschutz nicht ausdrücklich im AntV genannt wird, ist er in den drei nachfolgenden Verträgen, also seit 1972, im Antarktisvertragsregime verankert. Spätestens mit der Vereinbarung des USP im Jahre 1991 wurde der Umweltschutz zudem zu einem der Hauptziele des Vertragsregimes für die Antarktis.

10 Wichtig für das Verständnis des antarktischen Völkervertragsrechts ist zudem, dass nicht nur zwischen *Claimant States* und *Non-Claimant States* zu unterscheiden ist,[37] sondern auch zwischen Konsultativ- und Nicht-Konsultativstaaten. Konsultativstaaten sind außer den ursprünglichen zwölf Signatarstaaten (nur) die sonstigen Staaten, die substantielle Forschungsaktivitäten in der Antarktis entfalten.[38] Die BR Deutschland unterzeichnete den Vertrag 1979, wurde jedoch erst 1981 Konsultativstaat, nachdem in diesem Jahr die erste dt Forschungsstation in der Antarktis errichtet worden war.[39] Nicht-Konsultativstaaten sind zwar Parteien des Antarktisvertrags, haben aber bei den Treffen der Vertragsparteien kein Stimmrecht und können somit nicht an der Weiterentwicklung des Vertragsregimes, insbes nicht an der ATCM-Rechtsetzung – dem antarktischen Sekundärrecht – teilhaben.[40]

11 Wie alle völkerrechtlichen Verträge kann auch der AntV nur die Staaten binden, die Vertragsparteien sind (vgl auch Art 34 WVK): Er stellt, anders als bspw der Spitzbergenvertrag,[41] kein sog objektives Regime und keinen Statusvertrag dar;[42] auch gelten seine Normen nicht als Völkergewohnheitsrecht.[43] Da der AntV selbst nur über 53 Vertragsparteien verfügt[44] und die

---

31 Zu diesen Staaten u Fn 38.
32 Bis 1995 waren diese Sekundärrechtsnormen sog *Recommendations*.
33 So die Festlegung in ATCM XIX (1995), Decision 1.
34 Alle Verträge, das Umweltschutzprotokoll und alle Anlagen des antarktischen Vertragsregimes iwS sind unter <http://www.ats.aq/e/ats_keydocs.htm> abrufbar.
35 Dazu bereits o Fn 22.
36 Vgl näher *Grob*, Antarctica's Frozen Territorial Claims: A Meltdown Proposal, Boston College ICLRev 30 (2007) 461 ff.
37 Letztere erheben keine territorialen Ansprüche auf Teile der Antarktis und erkennen die Ansprüche der *Claimant States* auch nicht als völkerrechtskonform an; dazu gehören u a die USA, Russland und Deutschland.
38 Art IX Abs 2 AntV. Im März 2017 umfasste der Antarktisvertrag 29 Konsultativstaaten und 24 Nicht-Konsultativstaaten; zum Ratifikationsstand <http://www.ats.aq/devAS/ats_parties.aspx>. Geographische Nähe zur Antarktis ist gerade keine Voraussetzung, um Konsultativstaat zu werden; so sind bspw Indien seit 1983 und China seit 1985 Konsultativstaaten. Dazu auch *Auburn*, Consultative Status under the Antarctic Treaty, ICLQ 28 (1979) 514 ff.
39 Die DDR erlangte erst 1987 Konsultativstatus.
40 Zum Sekundärrecht bereits o Rn 8; bis 1983 durften nur Konsultativstaaten an den ATCMs teilnehmen.
41 Dazu u Rn 75 f.
42 Wie hier die Mehrheit in der Lit, vgl nur *Birnie*, The Antarctic Regime and Third States, in Wolfrum (Hrsg), Antarctic Challenge II, 1986, 239 ff; *Bozek*, The Legal Status of Visitors, Including Tourists, and Non-Governmental Expeditions in Antarctica, in Wolfrum (Hrsg), Antarctic Challenge III, 1988, 466 f; *Watts*, International Law and the Antarctic Treaty System, 1992, 295 ff; *Wolfrum*, Die Internationalisierung staatsfreier Räume – Die Entwicklung der internationalen Verwaltung für Antarktis, Weltraum, Hohe See und Meeresboden, 1984, 96; *Proelß*, in Dörr/Schmalenbach (Hrsg), Vienna Convention on the Law of Treaties – A Commentary, 2012, Art 34 Rn 54 f. AA noch *Klein*, Statusverträge im Völkerrecht, 1980, 118 ff, 353; *Verdross/Simma*, Universelles Völkerrecht, 1984, Rn 769.
43 Vgl dazu auch *Vöneky/Wisehart*, Tourismus in der Antarktis, 63.

übrigen Verträge des Antarktisvertragsregimes noch weniger Vertragsparteien haben,[45] gibt es zahlreiche Nichtvertragsstaaten, dh Drittstaaten, die den speziellen vertraglichen Regeln, etwa denen des USP, nicht unterfallen.[46] Dies ist ein rechtliches Problem, wenn Schiffe unter einer sog „Billigflagge" eines Drittstaats (*flag of convenience/flag of non-compliance*) in antarktischen Gewässern fahren. Allerdings wurde die Möglichkeit einer Umgehung der Bestimmungen durch den AntV verringert: Seine Bestimmungen binden einen Vertragsstaat nicht nur hinsichtlich der von seinen Schiffen oder Staatsangehörigen durchgeführten Aktivitäten, sondern auch – unabhängig von Flagge und Staatszugehörigkeit – dann, wenn eine Aktivität im Hoheitsgebiet dieses Staats organisiert oder von dort aus durchgeführt wird (vgl Art VII Abs 5 AntV).

3. Spezielle Schutz- und Ressourcennutzungsverträge in der Antarktis

a) Das Übereinkommen zur Erhaltung der antarktischen Robben (CCAS)

12 Wie im Vertragstitel bezeichnet, bezweckt dieser Vertrag den Schutz der Robben in der Antarktis und die Begrenzung des kommerziellen Robbenfangs.[47] Bereits im 18. Jh war der Robbenfang die Haupteinnahmequelle in der Antarktis und ihrer Umgebung. Da die Robbenbestände hierdurch drastisch dezimiert worden waren, hielten die Vertragsparteien des AntV eine entsprechende Schutzkonvention für erforderlich, die 1972 zusätzlich zum AntV vereinbart wurde. Nach damals überwiegender Ansicht konnte der AntV selbst keine Regeln über die Meeresgebiete enthalten.[48] Die Konvention verbietet den Fang bestimmter Robbenarten und limitiert den Fang anderer, weniger bedrohter Robbenarten.[49] Zudem werden bestimmte Jagdgebiete und Jagd- bzw Schonzeiten festgelegt (Anlagen 3ff). Die Einhaltung dieser Bestimmungen wird durch das Scientific Committee on Antarctic Research (SCAR),[50] einem Gremium der NGO International Council for Science (ICSU), überwacht.

b) Das Übereinkommen zur Erhaltung der lebenden Meeresschätze in der Antarktis (CCAMLR)

13 Das Übereinkommen über die Erhaltung der lebenden Meeresschätze in der Antarktis regelt den Schutz und die Nutzung von lebenden Meeresschätzen und damit verbundenen Aktivitäten (Art II CCAMLR).[51] Das Übereinkommen hat aktuell 36 Vertragsparteien inkl der EU.[52] Es zielt auf die Erhaltung der lebenden Meeresschätze der Antarktis, wobei der Begriff der Erhaltung ausdrücklich eine rationelle Nutzung[53] dieser Ressourcen einschließt (Art I Abs 2 CCAMLR). Als ers-

---

44 Vgl zum Ratifikationsstand Fn 38.

45 An das USP gebunden sind alle Konsultativstaaten, nicht aber bspw die folgenden Parteien des Antarktisvertrags: Dänemark, Schweiz und die Türkei, vgl Fn 38.

46 Zu diesem Problem schon *Birnie* (Fn 42) 239 ff.

47 *Watts* (Fn 42) 211 ff.

48 *Vöneky/Addison-Agyei*, Antarctica, in MPEPIL, 418 (425).

49 Näher *Proelß/Blitza/Oliva*, Die Genehmigung wissenschaftlicher Forschung in der Antarktis im Lichte von Umweltschutz und Forschungsfreiheit, 2013, 51 f.

50 Vgl Fn 11, 18.

51 Vgl Art 2 CCAMLR: „(1) The objective of this Convention is the conservation of Antarctic marine living resources. (2) For the purposes of this Convention, the term 'conservation' includes rational use. (3) Any harvesting and associated activities in the area to which this Convention applies shall be conducted in accordance with the provisions of this Convention and with the following principles of conservation (...)." Vgl dazu auch insgesamt *Miller*, Sustainable Management in the Southern Ocean: CCAMLR Science, in: Berkman (Hrsg), Science Diplomacy, 2011, 103 ff; *Fabra/Gascón*, The Convention on the Conservation of Antarctic Marine Living Resources (CCAMLR) and the Ecosystem Approach, IJMCL 23 (2008) 567 ff.

52 Zum Ratifikationsstand <http://www.austlii.edu.au/au/other/dfat/treaty_list/depository/CCAMLR.html>.

53 *Jacquet/Blood-Patterson/Brooks/Ainley*, 'Rational Use' in Antarctic Waters, Marine Policy 63 (2016) 28 ff.

tes internationales Fischereiabkommen basiert das CCAMLR auf einem Ökosystemansatz:[54] Es zielt nicht nur auf den Schutz bestimmter Arten, sondern schließt auch den Erhalt der ökologischen Wechselbeziehungen zwischen gefangenen Populationen und anderen Beständen ausdrücklich in den Anwendungsbereich mit ein (Art I Abs 1, Abs 3, Art II Abs 3 lit b CCAMLR). Vor diesem Hintergrund soll das Übereinkommen insbes den Fang des antarktischen Krill regulieren.[55] Dabei handelt es sich um eine Krebsart, an deren Ausbeutung ein großes wirtschaftliches Interesse besteht,[56] die aber eine Schlüsselrolle im antarktischen Ökosystem einnimmt.[57]

14 Mit dem Ökosystemansatz der CCAMLR lässt sich auch begründen, warum ihr räumlicher Anwendungsbereich größer ist als jener des AntV: Über das Vertragsgebiet des AntV hinaus erstreckt sich der Anwendungsbereich des Übereinkommens bis zur sog antarktischen Konvergenz (vgl Art I Abs 1 CCAMLR).[58] Dies bezeichnet die natürliche Grenze, in der kaltes, nordwärts fließendes Oberflächenwasser der Antarktis auf südwärts fließendes, wärmeres Oberflächenwasser aus dem Norden trifft.[59] Die antarktische Konvergenz, die zwischen dem 48. und dem 61. südlichen Breitengrad verläuft,[60] bildet somit eine wesentliche bio-geologische Grenzlinie der Antarktis.[61] Im Übereinkommen ist die Grenze aus Gründen der Rechtsklarheit durch geographische Koordinaten definiert (Art I Abs 4 CCAMLR).[62]

15 Zur Implementierung[63] des Übereinkommens wurde eine I.O. mit Sitz in Hobart (Australien) gegründet, deren zentrales Organ die Kommission ist (Art VIIff CCAMLR).[64] Ständige Mitglieder der Kommission sind die Signatarstaaten des Übereinkommens; später beigetretene Vertragsparteien sind berechtigt, der Kommission so lange anzugehören, wie sie Forschung oder Nutzung von lebenden Meeresschätzen im Anwendungsbereich des Übereinkommens betreiben (Art VII Abs 2 CCAMLR).[65] Die Kommission kann im Konsensverfahren[66] sog Erhaltungsmaßnahmen (*conservation measures*, vgl Art IX Abs 1 lit f CCAMLR) erlassen, die für die Mitglieder der Kommission rechtsverbindlich sind (Art IX Abs 6 lit b CCAMLR). Dies umfasst auch die Festlegung

---

54 *Freestone*, Fisheries, High Seas, in MPEPIL, Rn 26. Zum (auch) naturschutzbezogenen Charakter der CCAMLR *Proelß*, Naturschutz im Meeresvölkerrecht, AVR 54 (2016) 468 (488 ff).

55 So auch *Dahm/Delbrück/Wolfrum*, Völkerrecht, Bd I/2, 2002, § 140 Rn 1; *Gascón/Werner*, Ocean and Fisheries Law: CCAMLR and Antarctic Krill Ecosystem Management Around the Great White Continent, SDLP 7 (2006) 14 ff.

56 Im antarktischen Sommer 2013/14 wurden 302.960 t Fische und Meeresfrüchte gefangen, davon 96% Krill, vgl CCAMLR (Hrsg), Catches in the Convention Area 2012/13 und 2013/14, SC-CAMLR-XXXIII/BG/01; CCAMLR (Hrsg), Statistical Bulletin Volume 27, 2015.

57 Vgl etwa *Gascón/Werner*, Antarktischer Krill: Eine Fallstudie über die Auswirkung der Fischerei auf das Ökosystem, 2005, <http://lighthouse-foundation.org/fileadmin/LHF/PDF/Antarctic-krill-LF_EN.pdf>, mwN.

58 Art I CCAMLR: „(...) (2) Antarctic marine living resources means the populations of fin fish, molluscs, crustaceans and all other species of living organisms, including birds, found south of the Antarctic Convergence. (3) The Antarctic marine ecosystem means the complex of relationships of Antarctic marine living resources with each other and with their physical environment."

59 Art I CCAMLR: „(1) This Convention applies to the Antarctic marine living resources of the area south of 60° South latitude and to the Antarctic marine living resources of the area between that latitude and the Antarctic Convergence which form part of the Antarctic marine ecosystem (...). (4) The Antarctic Convergence shall be deemed to be a line joining the following points along parallels of latitude and meridians of longitude: 50°S, 0°; 50°S, 30°E; 45°S, 30°E; 45°S, 80°E; 55°S, 80°E; 55°S, 150°E; 60°S, 150°E; 60°S, 50°W; 50°S, 50°W; 50°S, 0°."

60 Vgl Geographic Names Information System, <https://geonames.usgs.gov/apex/f?p=gnispq:5:0::NO::P5_ANTAR_ID:488>.

61 *Dahm/Delbrück/Wolfrum* (Fn 55) § 140 Rn 2.

62 So auch *Dahm/Delbrück/Wolfrum* (Fn 55) § 140 Rn 2.

63 Vgl auch zum seit 1989 bestehenden *Ecosystem Monitoring Program (CEMP)* die aktuellen Informationen von CCAMLR unter <https://www.ccamlr.org/en/science/ccamlr-ecosystem-monitoring-program-cemp>.

64 Nähere Informationen unter <https://www.ccamlr.org/en/organisation>.

65 Mitglieder der Kommission sind derzeit 24 Vertragsstaaten und die EU, abrufbar unter <https://www.ccamlr.org/en/organisation/members>. Deutschland ist in der Kommission durch einen Vertreter des Bundesministeriums für Ernährung und Landwirtschaft vertreten.

66 Vgl Art XII Abs 1 CCAMLR.

von Fangquoten für bestimmte Arten oder Regionen (Art IX Abs 2 CCAMLR).[67] Zur Festlegung nationaler Fangquoten ist die Kommission nicht berechtigt; diese werden unmittelbar zwischen den jeweiligen Nutzern innerhalb der insgesamt zulässigen Jahresfangmenge ausgehandelt.[68] Die Einhaltung der Konvention und des von der Kommission erlassenen Sekundärrechts wird durch ein Beobachtungs- und Inspektionssystem überwacht (Art XXIV CCAMLR), welches von der Kommission immer wieder auch technisch verbessert wird.[69] Zudem implementiert die Kommission Regeln, um besonders vulnerable marine Ökosysteme (*Vulnerable Marine Ecosystems* – VMEs) zu schützen. Dafür wurden beispielsweise Grundschleppnetze in allen Gebieten der Hohen See im Vertragsgebiet verboten.[70]

16 Neben den Nutzungsquoten ist die Einrichtung von Meeresschutzgebieten (*Marine Protected Areas* – MPAs) ein weiteres wichtiges Instrument zum Schutz der Meeresumwelt im Rahmen der CCAMLR.[71] Innerhalb eines Meeresschutzgebiets sind bestimmte Aktivitäten entweder beschränkt oder vollständig verboten. Welche Aktivitäten dies im Einzelnen sind, hängt von den jeweils mit der Ausweisung verfolgten Zielen ab. Daher umfassen Schutzgebiete häufig, aber nicht grundsätzlich, auch ein allg Fischereiverbot (*no-take area*). Die Rechtsgrundlage für die Ausweisung von Meeresschutzgebieten im Rahmen des CCAMLR bilden Art IX Abs 2 lit g des Übereinkommens sowie ein Rahmenbeschluss der Kommission aus dem Jahr 2011.[72] Im gleichen Jahr wurde das Vertragsgebiet durch den Wissenschaftlichen Ausschuss des CCAMLR in neun MPA-Planungsgebiete unterteilt.[73]

17 Die erste Ausweisung eines Meeresschutzgebiets im Rahmen des CCAMLR erfolgte bereits 2009:[74] Das 94.000 km^2 umfassende Gebiet südlich der Südlichen Orkneyinseln war zugleich das erste Meeresschutzgebiet, das sich vollständig im Bereich der Hohen See befindet. Im Jahr 2016 wurde ein Meeresschutzgebiet für das Rossmeer beschlossen, das 1,55 Mio km^2 umfasst.[75] Da im größten Teil (1,12 Mio km^2) des neuen Schutzgebiets jegliche Fischerei verboten ist, ist dies ein weitreichender Schritt zum Schutz vor Überfischung im Vertragsgebiet,[76] der jedoch auf 35 Jahre befristet wurde.[77]

18 Diese Bestrebungen zur Einrichtung von Meeresschutzgebieten stehen in Übereinstimmung mit den Vorgaben und Zielen des allg Umweltvölkerrechts und internationalen Soft Laws in die-

---

67 Eine Liste der derzeit gültigen Erhaltungsmaßnahmen ist unter <https://www.ccamlr.org/en/conservation-and-management/browse-conservation-measures> abrufbar.

68 *Dahm/Delbrück/Wolfrum* (Fn 55) § 140 Rn 5.

69 CCAMLR setzt ein neues webbasiertes *Catch Documentation Scheme (e-CDS)* ein, um gefangenen Seehecht den gesamten Handelsweg nachzuverfolgen, vgl dazu <https://www.ccamlr.org/en/news/2017/ccamlr-improves-its-catch-documentation-scheme-cds>.

70 Vgl CCAMLR Commission, Conservation Measure 22-05 (2008). Von der vorgesehenen Möglichkeit für Ausnahmen von diesem allg Verbot wurde bislang kein Gebrauch gemacht.

71 Weiterführend *Milligan*, Marine Protected Areas in Antarctic Waters: A Review of Policy Options in the Context of International Law, in Schofield/Seokwoo/Moon-Sang (Hrsg), The Limits of Maritime Jurisdiction, 2014, 549 ff; *Nicoll/Day*, Correct Application of the IUCN Protected Area Management Categories to the CCAMLR Convention Area, Marine Policy 77 (2017) 9 ff; *Matz-Lück*, 12. Abschn Rn 147 ff. Zu der davon zu unterscheidenden Frage, ob ein Meeresschutzgebiet auch im Rahmen des Antarktisvertrags durch ein ATCM eingerichtet werden kann, vgl *Höfelmeier/Vöneky*, Die Einrichtung von Meeresschutzzonen im Rahmen des Antarktisvertragssystems, in Vöneky (Hrsg), Freiburger Informationspapiere zum Völkerrecht und Öffentlichen Recht 5 (2011).

72 CCAMLR Commission, Conservation Measure 91-04 (2011).

73 CCAMLR Scientific Committee, Report of the 30th Meeting, Doc SC-CAMLR-XXX (2011), Annex 6, <https://www.ccamlr.org/en/science/marine-protected-areas-mpas>.

74 CCAMLR Commission, Conservation Measure 91-03 (2009); vgl auch <https://www.ccamlr.org/en/science/marine-protected-areas-mpas>.

75 CCAMLR Commission, Conservation Measure 91-05 (2016).

76 Krit allerdings *Singleton/Roberts*, The Contribution of Very Large Marine Protected Areas to Marine Conservation: Giant Leaps or Smoke and Mirrors?, Marine Pollution Bulletin 87 (2014) 7.

77 CCAMLR Commission, Conservation Measure 91-05 (2016), para 20.

sem Bereich. Im Rahmen des UN-Nachhaltigkeitsgipfels von New York 2015 wurde das Ziel betont, ein repräsentatives System von Meeresschutzgebieten weltweit zu schaffen, das 10% der Küsten- und Meeresgebiete umfasst.[78] Teilweise wird allerdings kritisiert, dass die Ausweisung von Meeresschutzgebieten im Widerspruch zu dem in Art I Abs 2 CCAMLR enthaltenen Prinzip der rationellen Nutzungen (*rational use*) steht.[79]

19 Obwohl die CCAMLR und die *Conservation Measures* der Kommission einen wichtigen Beitrag dazu leisten, eine Überfischung der antarktischen Gewässer zu verhindern, kann das Regime illegale, undokumentierte und unregulierte Fischereiaktivitäten (*illegal, unreported and unregulated fishing* – IUU) in der Antarktis nicht gänzlich unterbinden.[80] Insbes können die Vorgaben durch die Verwendung sog Billigflaggen, also die Ausflaggung von Schiffen in vertraglich nicht verpflichtete Drittstaaten, in gewissem Maße umgangen werden.[81] Dem versucht die Kommission der CCAMLR u a durch die Erstellung und Veröffentlichung einer Liste von Schiffen entgegenzuwirken, die unter der Flagge von Nichtvertragsparteien fahren und bei Fischereiaktivitäten im Vertragsgebiet beobachtet wurden (vgl Art X Abs 1 CCAMLR).[82] Durch die Veröffentlichung der Liste soll eine gewisse „Prangerwirkung" (*naming and shaming*) erzeugt werden, welche die Eigentümer von Fangschiffen zur Einhaltung des CCAMLR-Regimes und Drittstaaten zum Beitritt zum Übereinkommen motivieren sollen.

c) Das Übereinkommen zur Regulierung des Abbaus mineralischer Ressourcen (CRAMRA)

20 Das 1988 vereinbarte Übereinkommen zur Regulierung des Abbaus mineralischer Ressourcen (CRAMRA)[83] war das erste völkerrechtliche Übereinkommen, das den Abbau mineralischer Ressourcen in der Antarktis regelte und darüber hinaus auch ein Haftungsregime enthielt, das eine Betreiberhaftung vorsah (Art 8 CRAMRA). Sein Anwendungsbereich umfasst jenen des AntV sowie den Festlandsockel der Antarktis, soweit er über das Vertragsgebiet des AntV hinausgeht.[84] Da Frankreich und Australien mit Verweis auf Gründe des Umweltschutzes und im Lichte der Kampagne einer NGO beschlossen, den Vertrag nicht zu ratifizieren,[85] ist dieser nie in Kraft getreten. Das nach der CRAMRA vereinbarte USP verbietet heute alle Aktivitäten zum Abbau mineralischer Ressourcen, so dass der kommerzielle Abbau von Bodenschätzen in der Antarktis, anders als in der Arktis, mittlerweile verboten ist (s u Rn 21).

4. Das Umweltschutzprotokoll zum Antarktisvertrag (USP)

a) Einführung

21 Das USP ist der wichtigste Vertrag zum Schutz der Umwelt im Rahmen des Antarktisvertragsregimes, da die antarktische Umwelt durch diesen Vertrag umfassend geschützt werden

78 UN Doc A/RES/70/1 v 21.10.2015, Goal 14.5: „By 2020, conserve at least 10 per cent of coastal and marine areas, consistent with national and international law and based on the best available scientific information."

79 Hiergegen *Jacquet/Blood-Patterson/Brooks/Ainley* (Fn 53).

80 In der Saison 2006/07 sind mind 3.600.376 t Schwarzer und Antarktischer Seehecht illegal gefangen worden, vgl *Agnew et al*, Estimating the Worldwide Extent of Illegal Fishing, PLOS ONE 4 (2009) 5.

81 *Vöneky/Addison-Agyei*, Antarctica, in MPEPIL, 418 (425).

82 Sog NCP-IUU Vessel List, vgl CCAMLR Commission, Conservation Measure 10-07 (2016). Die Liste der betreffenden Schiffe, die auch Angaben zu den Eigentümern und Fotos enthält, ist online einsehbar unter <https://www.ccamlr.org/en/compliance/non-contracting-party-iuu-vessel-list>.

83 Ausf und vertiefend *Wolfrum*, The Convention on the Regulation of Antarctic Mineral Resource Activities, 1991.

84 *Vöneky/Addison-Agyei*, Antarctica, in MPEPIL, 418 (426).

85 *Blay/Tsamenyi*, Australia and the Convention for the Regulation of Antarctic Mineral Resource Activities (CRAMRA), Polar Record 26 (1990) 195 (196 ff).

soll.[86] Anders als die CCAMLR[87] umfasst das USP nicht die gesamte antarktische Meeresumwelt, sondern ist auf den Anwendungsbereich des AntV beschränkt, dh das Gebiet südlich des 60. südlichen Breitengrads. Art 2 und 3 USP bestimmen den Schutz der antarktischen Umwelt und den Schutz der damit abhängigen und verbundenen Ökosysteme ausdrücklich als Vertragsziele. Die Antarktis wird darin ein dem Frieden und der Forschung gewidmetes Naturreservat genannt.[88] Ein wichtiger Bestandteil des Vertrags ist zudem das Verbot, mineralische Ressourcen abzubauen, wodurch der kommerzielle Abbau von Bodenschätzen in der Antarktis verboten ist (Art 7 USP).[89] Das Inspektionssystem des AntV wird durch das USP ausgeweitet (Art 14 USP). Zusätzlich wird durch das Protokoll ein *Committee for Environmental Protection* (CEP, vgl Art 11 und 12 USP) eingerichtet, das den Konsultativstaaten bei ihren regelmäßigen Treffen Bericht erstattet.[90] Das USP lässt keinerlei Vorbehalte zu (Art 24 USP).

22 Das USP enthält bisher *sechs Anlagen*, die den allg Schutz nochmals spezifizieren und konkretisieren. Sie enthalten Regelungen zur Prüfung der Umweltauswirkungen von Aktivitäten in der Antarktis (Anlage I), zur Erhaltung der antarktischen Pflanzen- und Tierwelt (Anlage II), zur Abfallentsorgung (Anlage III), zum Schutz vor Meeresverschmutzung (Anlage IV), zu besonderen Schutzgebieten (Anlage V) und zur Haftung bei umweltgefährdenden Notfällen (sog „Haftungsannex", Anlage VI). Die zuletzt genannte Anlage ist jedoch bisher noch nicht in Kraft getreten.

b) Kernelemente

23 Art 3 USP ist eine Schlüsselnorm des gesamten Protokolls und legt die zentralen Pflichten der Vertragsparteien fest. Aktivitäten in der Antarktis müssen so geplant und durchgeführt werden, dass nachteilige Umweltauswirkungen auf die antarktische Umwelt und die von ihr abhängigen bzw verbundenen Ökosysteme begrenzt werden (Art 3 Abs 2 lit a USP). Einzelne, näher bestimmte negative Umweltauswirkungen sollen vollständig vermieden werden (Art 3 Abs 2 lit b USP). Sämtliche Aktivitäten sollen auf einer ausreichenden Informationsgrundlage geplant und durchgeführt werden, so dass die sachkundige Beurteilung der Auswirkungen möglich ist (Art 3 Abs 2 lit c USP); schließlich sollen andauernde Aktivitäten regulär und effektiv überwacht werden (Art 3 Abs 2 lit d und e USP).

24 Teilweise wird die Auffassung vertreten, Art 3 USP sei lediglich ein Programmsatz, der keine rechtlich bindende Wirkung entfalte. Hierfür wird vorgebracht, dass die Überschrift zeige, dass die Norm bloße Prinzipien statuiere. Diese Ansicht ist aber nicht überzeugend, da sie zum einen weder vom Wortlaut der Norm („activities shall be planned and conducted so as to limit adverse

---

86 Vgl jüngst *Bastmeijer*, The Antarctic Environmental Protocol and its Domestic Legal Implementation, 2003; *ders*, Antartica, YIEL 18 (2007) 275 ff; vgl auch *Beck*, The 1991 UN Session: The Environmental Protocol Fails to Satisfy the Antarctic Treaty System's Critics, Polar Record 28 (1992) 307 ff; dazu auch *Blay*, New Trends in the Protection of the Antarctic Environment: The 1991 Madrid Protocol, AJIL 86 (1992) 377 ff; *Podehl*, Umweltschutzprotokoll, 1993; *Puissochet*, Le Protocole au Traité sur l'Antarctique relatif à la protection de l'environnement – Madrid, AFDI 37 (1991) 755 ff, *Rothwell*, Polar Environmental Protection and International Law: The 1991 Antarctic Protocol, EJIL 11 (2000) 591 ff.

87 Dazu s o Rn 13.

88 Art 2 USP: „The Parties commit themselves to the comprehensive protection of the Antarctic environment and dependent and associated ecosystems and hereby designate Antarctica as a natural reserve, devoted to peace and science."

89 Art 7 USP: „Any activity relating to mineral resources, other than scientific research, shall be prohibited."

90 Zum CEP näher *Orheim/Press/Gilbert*, Managing the Antarctic Environment: The Evolving Role of the Committee for Environmental Protection, in Berkman (Hrsg), Science Diplomacy, 2011, 209 ff.

impacts") noch von der Systematik des USP gestützt wird.[91] Zum anderen lässt sich der Sinn und Zweck des Protokolls nur sinnvoll erreichen, wenn die grundsätzlichen Verhaltensnormen auch als rechtsverbindlich angesehen werden. Schließlich überzeugt auch der Hinweis auf den Begriff „Principles" in der Überschrift nicht, da der Begriff im Völkerrecht regelmäßig verbindliche Normen und Rechtspflichten beschreibt.[92] Art 3 USP führt jedoch nicht dazu, dass sämtliche menschliche Nutzungen in der Antarktis untersagt sind. Negative Umweltauswirkungen werden zu einem gewissen Grad als zulässig betrachtet, da die Vertragsstaaten nur zur „Begrenzung" dieser Auswirkungen verpflichtet werden.[93] Dies bedeutet für neue Umweltgefahren durch neutrale, dh nicht ausdrücklich durch andere Normen des antarktischen Vertragsregimes verbotene Tätigkeiten, wie die durch antarktischen Tourismus, dass hier kein Verbot statuiert wird.

c) Anlage I USP: Prüfung von Umweltauswirkungen

25 Weiteres Kernelement des Umweltschutzprotokolls ist die Pflicht zur Durchführung einer Prüfung der Umweltauswirkungen (*Environmental Impact Assessment* – EIA) einer geplanten Aktivität. Das in der Anlage I USP näher konkretisierte Verfahren ist dreistufig in ein Vorverfahren, eine vorläufige und eine umfassende Bewertung der Umweltauswirkungen unterteilt:[94] Zunächst ist jede geplante Aktivität in der Antarktis in einem geeigneten innerstaatlichen Vorverfahren zu untersuchen. Wird dabei festgestellt, dass die Aktivität weniger als geringfügige oder vorübergehende Auswirkungen auf die antarktische Umwelt verursachen wird, kann die Aktivität ohne weitere Schritte durchgeführt werden (Art 1 Abs 2 Anlage I USP).[95] Kann hingegen nicht festgestellt werden, dass die Auswirkungen weniger als geringfügig oder vorübergehend sind, bedarf es einer weiteren Prüfung. Wird nicht direkt eine umfassende Bewertung der Umweltauswirkungen durchgeführt, muss eine vorläufige Bewertung der Umweltauswirkungen (*Initial Environmental Evaluation* – IEE) durchgeführt werden. Diese muss so ausführlich sein, dass geprüft werden kann, ob die Aktivität mehr als geringfügige oder vorübergehende Umweltauswirkungen hat; außerdem muss diese Bewertung bestimmte Mindestangaben enthalten (Art 2 Abs 1 Anlage I USP). Ergibt die vorläufige Bewertung der Umweltauswirkungen, dass die Aktivität wahrscheinlich mehr als geringfügige oder vorübergehende Umweltauswirkungen verursachen wird, muss eine umfassende Bewertungen der Umweltauswirkungen (*Comprehensive Environmental Evaluation* – CEE) durchgeführt werden (Art 2 Abs 2 und Art 3 Abs 1 Anlage I USP). Ansonsten kann die Tätigkeit durchgeführt werden, muss aber durch ein geeignetes Verfahren begleitet werden (Art 2 Abs 2 Anlage I USP). Im Rahmen einer umfassenden Bewertungen der Umweltauswirkungen müssen ausführliche Angaben zur Aktivität gemacht werden, die Ergebnisse

---

91 Dieses Ergebnis wird in der Lit mehrheitlich vertreten, siehe *Epiney/Heuck/Pirker*, Rechtliche Vorgaben für die Durchführung von Forschungsvorhaben in der Antarktis, 2013, 40; implizit auch *Puissochet* (Fn 86) 765; *Blay* (Fn 86) 389. Die rechtliche Bindungswirkung wird von den USA abgelehnt; s hierzu *Joyner*, The United States: Legislation and Practice in Implementing the Protocol, in Vidas (Hrsg), Implementing the Environmental Protection Regime for the Antarctic, 2000, 421ff. Krit jedoch *Angelini/Mansfield*, A Call for US Ratification of the Protocol on Antarctic Environmental Protection, Ecology LQ 21 (1994) 163 (235); vgl dazu auch *Bastmeijer* (Fn 86 [Antarctic Environmental Protocol]) 104.

92 Vgl nur die zahlreichen einschägigen Publikationen etwa von *Kelsen*, Principles of International Law, 1952; *Brownlie*, Principles of Public International Law, 1966 oder *Sands/Peel*, Principles, die alle Abhandlungen über positives, für die Staaten verbindliches Völkerrecht darstellen. Vgl zudem Art 38 Abs 1 lit c IGH-Statut zu den allgemeinen Rechtsgrundsätzen (*general principles of law*), die ebenfalls rechtsverbindlich sind, sowie den 3. Abschn (*Proelß*) des vorliegenden Lehrbuchs.

93 Nach Art 3 Abs 2 lit b USP müssen jedoch bestimmte Auswirkungen nicht nur begrenzt, sondern insgesamt vermieden werden.

94 Vgl auch *Lyons*, Environmental Impact Assessment in Antarctica under the Protocol on Environmental Protection, Polar Record 29 (1993) 111.

95 *Vöneky/Addison-Agyei*, Antarctica, in MPEPIL, 418 (426).

werden zudem veröffentlicht und dem Ausschuss für Umweltschutz zur Beratung vorgelegt (Art 3 Abs 2ff Anlage I USP).[96]

26 Eine entscheidende Schwäche der dargestellten Regelungen ist, dass die wichtigen Begriffe der geringfügigen und vorübergehenden Umweltauswirkungen nicht definiert wurden und von den Vertragsparteien unterschiedlich ausgelegt werden. Zudem lassen sich kumulative Auswirkungen durch die Prüfung der Umweltauswirkungen nicht erfolgreich erfassen, auch wenn auf diesen Aspekt im Vertrag hingewiesen wird (Art 2 Abs 2 lit b und f Anlage I USP).[97] Bisher wurden bspw touristische Aktivitäten nie einer umfassende Bewertungen der Umweltauswirkungen unterzogen, nur einer vorläufigen Bewertung der Umweltauswirkungen oder einem Vorverfahren.[98]

27 Anders als zT in der Lit angenommen,[99] schreibt das USP daher keine Genehmigungspflicht für alle Antarktisaktivitäten vor.[100] Dies zeigt sich – *e contrario* – auch daran, dass bestimmte Aktivitäten ausdrücklich einer Genehmigungspflicht unterstellt sind, nämlich das Einbringen von nicht-heimischen Organismen (Art 4 Satz 1 und 3 Anlage II USP), die Entnahme antarktischer Tiere und Pflanzen oder ein schädliches Einwirken (Art 3 Abs 1 und 2 Anlage II USP) sowie das Betreten eines ausgewiesenen Schutzgebiets (Art 3 Abs 4 Anlage V USP). Dass Aktivitäten unterhalb der Schwelle der mehr als geringfügigen oder vorübergehenden Umweltauswirkungen aus völkerrechtlicher Sicht keiner Genehmigung bedürfen, bestätigt auch die Praxis derjenigen Vertragsstaaten, die grundsätzlich nur ein Notifizierungs-, aber kein Genehmigungsverfahren vorsehen, etwa die USA.[101]

28 Das Fehlen einer allg Genehmigungspflicht bedeutet jedoch nicht, dass das USP die Aktivitäten in der Antarktis – zusätzlich zu dem Verbot des Abbaus mineralischer Ressourcen (Art 7 USP) – nicht materiell beschränkt. Daher wird vertreten, dass besondere Aktivitäten, wie bspw der Bau neuer Hotels zu Tourismuszwecken, mit dem Sinn und Zweck des Umweltschutzprotokolls per se unvereinbar und daher unzulässig sind.[102] Für die Unzulässigkeit sprechen u a die besonderen Risiken, die für das besonders vulnerable antarktische Ökosystem aus der Errichtung und Nutzung neuer permanenter touristischer Infrastruktur folgen. Für ein Verbot spricht auch, dass diese privatwirtschaftliche Nutzung nicht, wie der Bau von Forschungsstationen für die in der Antarktis privilegierte Forschung (Art 3 USP), als ein Gemeinschaftsgut der Staatengemeinschaft besonders gerechtfertigt wäre.[103]

d) Anlagen II bis V USP

29 Ein wichtiger Aspekt des antarktischen Umweltschutzes ist die Möglichkeit der Konsultativstaaten, *gesonderte Schutzgebiete* auszuweisen (Anlage V). Dabei wird zwischen besonders geschützten Gebieten (*Antarctic Specially Protected Areas* – ASPAs) und besonders verwalteten Gebieten (*Antarctic Specially Managed Areas* – ASMAs) unterschieden. Beiden Gebietstypen ist gemein, dass Aktivitäten nur zulässig sind, wenn sie mit dem von den Konsultativstaaten niedergelegten Verwaltungsplan für das jeweilige Gebiet übereinstimmen. Besonders geschützte Gebiete werden eingerichtet, um bislang vom Einwirken des Menschen unversehrte oder ökologisch besonders wertvolle Gebiete zu erhalten (Art 3 Anlage V). Der Zugang in solche Schutzgebiete ist nur

---

96 Näher zum Ganzen *Vöneky/Wisehart*, Tourismus in der Antarktis, 43ff.
97 *Bastmeijer/Roura*, Regulating Antarctic Tourism and the Precautionary Principle, AJIL 98 (2004) 763 (771).
98 *Vöneky/Wisehart*, Tourismus in der Antarktis, 45.
99 *Epiney/Heuck/Pirker* (Fn 91) 56.
100 So aber *Vöneky/Wisehart*, Tourismus in der Antarktis, 46f mwN.
101 *Bastmeijer* (Fn 86 [Antarctic Environmental Protocol]) 266ff.
102 So etwa *Wolfrum/Vöneky/Friedrich*, The Admissibility of Land-Based Tourism in Antarctica under International Law, ZaöRV 65 (2005) 735ff sowie das von Deutschland auf dem ATCM 2005 eingebrachte Information Paper, IP 20 ATCM XXVIII (2005).
103 Näher *Vöneky/Wisehart*, Tourismus in der Antarktis, 47f.

nach einer Genehmigung durch eine Vertragspartei erlaubt (Art 3 Abs 4 und Art 7 Anlage V USP). Die Managementpläne für Schutzgebiete sind zudem wesentlich restriktiver als die grundlegenden Normen des USP: Manche Pläne erlauben den Zugang nur für zwingende wissenschaftliche Zwecke oder für wichtige Zwecke der Instandhaltung; zumindest in einem Fall sind touristische Aktivitäten verboten.[104] Besonders verwaltete Gebiete sind demgegenüber nur darauf gerichtet, verschiedene Aktivitäten in einer Gegend zu koordinieren. Der geringere Schutz erklärt, warum sie bislang wesentlich seltener eingerichtet wurden (bis Anfang 2015 wurden nur sechs besonders verwaltete Gebiete ausgewiesen, im selben Zeitraum wurden demgegenüber über 70 besonders geschützte Gebiete eingerichtet).[105] Für eine völkerrechtliche Bewertung der Verwaltungspläne ist zu beachten, dass Verwaltungspläne als Sekundärrecht im Einklang mit dem antarktischen Primärrecht, also den relevanten völkerrechtlichen Verträgen, insbes dem USP selbst ausgelegt werden müssen; ein Vorrang neutraler Aktivitäten gegenüber der privilegierten Forschung wäre daher beispielsweise völkerrechtswidrig.

30 Neben den bereits dargelegten Anlagen I und V enthalten auch die *weiteren Anlagen* des USP wichtige Regelungen, die den Schutz der antarktischen Umwelt ausgestalten. Nach Anlage II ist es generell verboten, Tiere und Pflanzen zu entnehmen, auf diese schädlich einzuwirken oder sie zu stören (Art 3 Anlage II USP). Ausnahmen sind, allerdings nicht für alle Zwecke, durch nationale Genehmigung möglich. Wichtig ist auch das Verbot des Einbringens von Arten, die in der Antarktis nicht heimisch sind. Auch insofern kann eine Genehmigung erteilt werden; das Einbringen von Hunden ist auch mit einer Genehmigung nicht mehr zulässig (Art 4 Anlage II USP).

31 Nach Anlage III sollen *Abfälle* reduziert werden; verschiedene Stoffe dürfen zudem nicht eingeführt oder zumindest nicht in der Antarktis gelagert werden (Art 2 und Art 7 Anlage III USP). Auch das Verbrennen von Abfällen und das Entsorgen in eisfreien Gebieten sind verboten (Art 4 Anlage III USP).

32 Interessant ist schließlich die Regelungstechnik von Anlage IV USP, die der *Verhütung der Meeresverschmutzung* dient: Nach Art 14 Anlage IV USP ist das Internationale Übereinkommen zur Verhütung der Meeresverschmutzung (MARPOL) vorrangig anwendbar.[106] Da derzeit alle Vertragsstaaten des USP auch Vertragsparteien von MARPOL sind und die Anlage IV USP im Übrigen nicht über die Vorschriften von MARPOL hinausgeht, ist die Bedeutung der Anlage derzeit gering.[107] In jeden Fall gilt sie nur für die Schiffe, die unter der Flagge eines Vertragsstaates fahren (Art 2 Anlage IV USP).

e) Anlage VI USP: Der Haftungsannex

33 Anlage VI USP, bisher noch nicht in Kraft getreten, unterscheidet sich von den Anlagen I–V, da diese für spezielle Fälle der Umweltverschmutzung die Haftung von Vertragsstaaten und Betreibern normiert. Obwohl nur als Anlage zu einem Vertragsprotokoll konzipiert, stellt der sog *Haftungsannex* heute eines der innovativsten völkerrechtlichen Haftungsübereinkommen dar, da er den Ersatz für Umweltschäden im hoheitsfreien Raum und bei „eingefrorenen" Gebietsansprü-

---

104 ATCM XXXVI (2013), Measure 4, Annex, para 7 (i) und bspw ATCM XXXVII (2014), Measure 4, Annex, para 7 (i). Zur Umgehung für Zwecke von „education or outreach", die nach Ansicht mancher Vertragsstaaten auch touristische Aktivitäten umfassen sollen, aber *Pertierra/Hughes*, Management of Antarctic Specially Protected Areas: Permitting, Visitation and Information Exchange Practices, Antarctic Science 25 (2013) 553 (554).

105 Zum Status der besonders verwalteten Gebiete und besonders geschützten Gebiete in der Antarktis vgl <http://www.ats.aq/documents/ATCM39/WW/atcm39_ww003_e.pdf>.

106 Das Abkommen selbst besteht aus dem Vertrag und sechs Anlagen. Die Anlagen I und II sind für alle Vertragsparteien des Abkommens bindend, die Anlagen III–VI bedürfen jeweils der Ratifikation. Zu den speziellen Vertragsgebieten vgl <http://www.imo.org/en/OurWork/Environment/SpecialAreasUnderMARPOL/Pages/Default.aspx>.

107 Vgl auch *Vöneky/Wisehart*, Tourismus in der Antarktis, 54. Zu MARPOL auch u Rn 45 f, 67 f sowie *Matz-Lück*, 12. Abschn Rn 61 f.

chen normiert.[108] Da während der Verhandlungen des USP keine Einigung über Haftungsfragen erzielt werden konnte, verpflichteten sich die Vertragsstaaten in Art 16 USP dazu, Regeln und Verfahren für die Haftung für Schäden auszuarbeiten, die durch Aktivitäten in der Antarktis entstehen.[109] Nach dreizehnjährigen Verhandlungen, die zunächst – wie von Art 16 USP vorgesehen – auf umfassende Haftungsregeln für die Verursachung von Umweltschäden gerichtet waren, wurde der Haftungsannex 2005 von den Vertragsstaaten angenommen. Anders als von Art 16 USP vorgesehen, deckt er nicht sämtliche Schäden ab, sondern begründet nur eine Haftung für sog Umweltnotfälle (*environmental emergencies*).[110]

34 Obwohl der Name „Haftungsannex" anderes vermuten lässt, ist die Schadensersatzpflicht nur ein Regelungsgegenstand der Anlage. Zusätzlich verpflichtet er die Vertragsstaaten, angemessene Maßnahmen zur Vermeidung umweltgefährdender Notfälle zu treffen (Art 3 Anlage VI USP). Dazu gehört auch, dass die Vertragsstaaten von den (öffentlichen oder privaten) Betreibern Einsatzpläne verlangen (Art 4 Anlage VI USP). Tritt dennoch ein Umweltnotfall ein, ist zunächst der Betreiber in der Pflicht, umgehende und wirksame Gegenmaßnahmen zu ergreifen, dh den Eintritt des Umweltschadens zu verhindern oder einzudämmen und die erforderlichen Säuberungsmaßnahmen vorzunehmen (Art 5 Abs 1 Anlage VI USP). Ergreift der Betreiber keine wirksamen Gegenmaßnahmen, sollen die Vertragsparteien, insbes die Vertragspartei des Betreibers, also des Staats, in dem der Betreiber seine Tätigkeit organisiert, entsprechende Gegenmaßnahmen ergreifen (Art 5 Abs 2 Anlage VI USP).

35 In diesem Fall haftet der Betreiber gegenüber den Vertragsparteien, die an seiner Stelle Gegenmaßnahmen ergriffen haben (Art 6 Abs 1 Anlage VI USP). Für ein effektives Haftungsregime sind verschiedene Elemente entscheidend. Zum einen ist diese Haftung verschuldensunabhängig (*strict liability*): Es kommt weder darauf an, ob dem Betreiber für die Verursachung des Umweltnotfalls ein Verschulden vorzuwerfen ist, noch darauf, ob er die erforderlichen Gegenmaßnahmen schuldhaft oder unverschuldet unterlassen hat (Art 6 Abs 3 Anlage VI USP). Zudem ist die Durchsetzung gesichert: Die berechtige Vertragspartei kann den Ersatz ihrer Kosten auch gerichtlich gegen einen nicht-staatlichen Betreiber vor den Gerichten des Staats durchsetzen, in denen der Betreiber seinen rechtlichen oder tatsächlichen Sitz hat (Art 7 Anlage VI USP). Damit wurde durch den Haftungsannex nicht nur eine Betreiberhaftung geschaffen, sondern auch ein effektives Durchsetzungsregime, das zur Rechtsdurchsetzung auf die innerstaatlichen Gerichte der Vertragsparteien zurückgreift.

36 Im Rahmen der Haftung hat der Betreiber die Kosten zu ersetzen, die durch die Gegenmaßnahmen entstehen, oder – sollte niemand Gegenmaßnahmen ergreifen – die Kosten, die entstanden wären, wenn wirksame Gegenmaßnahmen ergriffen worden wären (Art 6 Abs 2 Anlage VI USP).[111] Durch diese Konstruktion der Haftungspflicht wird eine unklare Abschätzung der Kosten

---

108 Näher *Biederman/Keskar*, Antarctic Environmental Liability: The Stockholm Annex and Beyond, Emory ILRev 19 (2005) 1383; *Johnson*, Liability for Environmental Damage in Antarctica: The Adoption of Annex IV to the Antarctic Environment Protocol, GIELR 19 (2006) 33 ff.

109 Vgl auch *Keyuan*, Environmental Liability and the Antarctic Treaty System, Singapore JICL 2 (1998) 596 ff.

110 Näher *Vöneky* (Fn 20) 181. Zur zeitlich und auch qualitativ einschränkenden Definition von Umweltnotfällen vgl Art 2 lit b Anlage VI: „'Environmental emergency' means any accidental event that has occurred, having taken place after the entry into force of this Annex, and that results in, or imminently threatens to result in, any significant and harmful impact on the Antarctic environment."

111 Dabei wird differenziert zwischen staatlichen und nicht-staatlichen Betreibern: Art 6 Abs 2 Anlage VI USP: „(a) When a *State operator* should have taken prompt and effective response action but did not, and no response action was taken by any Party, the State operator shall be liable to pay the costs of the response action which should have been undertaken, into the fund referred to in Article 12. (b) When a *non-State operator* should have taken prompt and effective response action but did not, and no response action was taken by any Party, the non-State operator shall be liable to pay an amount of money that reflects as much as possible the costs of the response action that should have been taken. Such money is to be paid directly to the fund referred to in Article 12, to the Party of that operator or to the Party that enforces the mechanism referred to in Article 7(3). A Party receiving such money shall make best efforts to make a con-

für Umweltschäden vermieden. Zudem wird ermöglicht, dass auch für Schäden gehaftet wird, die nicht (mehr) behoben werden können. Dies ist aufgrund der Witterungsverhältnisse in der Antarktis und der Abgelegenheit des Südpols nicht ungewöhnlich. Die Gelder sind in diesen Fällen in einen Fonds einzuzahlen, der für den Schutz der Umwelt verwandt wird (vgl Art 12 Anlage VI USP).[112]

37 Da es sich um eine verschuldensunabhängige Haftung handelt, die zudem versicherbar sein soll (s u Rn 38), ist es nicht erstaunlich, dass Haftungsausnahmen (wie die Verursachung der Umweltnotfälle durch Terrorismus und unvorhergesehen Naturkatastrophen) und finanzielle Haftungsgrenzen ausdrücklich benannt werden (Art 8 und Art 9 Anlage VI USP). Diese sind jedoch so gefasst, dass sie, jedenfalls nach ihrem Wortlaut und Sinn und Zweck, keine unzulässige Aushöhlung des Haftungsregimes darstellen.

38 Die für private Betreiber vorgesehene Versicherungspflicht (Art 11 Anlage VI USP), verstärkt die präventive Wirkung des Haftungsannex: Da die Höhe von Versicherungsprämien auch von der Eintrittswahrscheinlichkeit des versicherten Risikos abhängt, besteht für die Betreiber ein ökonomischer Anreiz, diese Prämien durch effektive Maßnahmen zur Vermeidung von Umweltnotfällen niedrig zu halten, etwa durch eine gute Eisfestigkeit der in den antarktischen Gewässern eingesetzten Schiffe oder eine besondere Ausstattung der auf dem antarktischen Kontinent landenden Flugzeuge. Gerade diese Norm des Haftungsannex war jedoch hoch umstr: Da während der Verhandlungen unklar war, ob die Versicherungsindustrie in der Lage ist, wegen der geringen Zahl an Unfällen und der Unwägbarkeit der Schäden Versicherungen für Umweltnotfälle in der Antarktis anzubieten, wären die Verhandlungen fast gescheitert.[113]

39 Ein Vorteil der in Anlage VI USP vereinbarten Betreiberhaftung ist, dass die Vertragsparteien keinem unmittelbaren Haftungsrisiko für Schäden ausgesetzt sind, die von ihren privaten Betreibern verursacht werden.[114] Dies bedeutet jedoch nicht, dass Staaten sich nicht gegenseitig nach den völkergewohnheitsrechtlichen Regeln der sog Staatenverantwortlichkeit[115] in die Pflicht nehmen und auch verklagen können, wenn ein Staat völkerrechtliche Regeln gebrochen hat, die zu einem Schaden im Vertragsgebiet geführt hat. Ob auf diesem Wege allerdings auch Schadensersatzzahlungen verlangt werden könnten, wird von manchen bezweifelt: Soweit mit der antarktischen Umwelt „nur“ ein globales Gemeingut geschädigt wird, könnte es an der Verletzung eines individuellen Rechts des anspruchsstellenden Staats fehlen, was nach den Art 42 und 48 ASR[116] Voraussetzung für die Geltendmachung von Schadensersatz ist.[117] Allerdings ist die Besonderheit in der Antarktis, dass die Gebietsansprüche der *Claimant States* nur „eingefroren“ sind und daher möglicherweise bei Umweltschäden für Schadensersatzansprüche in Anschlag gebracht werden könnten. Da bislang keine Präzedenzfälle in dieser Hinsicht bestehen, ist die im Haftungsannex gefundene Fondslösung ein entscheidender Fortschritt, um Rechtsklarheit bei Umweltnotfällen und daraus entstehenden Kosten zu erlangen.

---

tribution to the fund referred to in Article 12 which at least equals the money received from the operator.“ (Hervorhebung hinzugefügt).

112 S o Fn 31 mwN.

113 Die Erstautorin ist seit 2001 als Rechtsberaterin Mitglied der deutschen Delegation bei den ATCMs und hat den Haftungsannex für Deutschland mitverhandelt.

114 *State Liability* ist zu unterscheiden von den Fragen der Staatenverantwortlichkeit für rechtswidriges Handeln, vgl ausdrücklich Art 10 Anlage VI USP: „A Party shall not be liable for the failure of an operator, other than its State operators, to take response action to the extent that that Party took appropriate measures within its competence, including the adoption of laws and regulations, administrative actions and enforcement measures, to ensure compliance with this Annex.“ Dazu auch *Schmalenbach*, 7. Abschn Rn 1f.

115 Vgl Responsibility of States for Internationally Wrongful Acts, with Commentaries, YbILC 2001/II-2, 31; *Schröder*, Verantwortlichkeit, Völkerstrafrecht, Streitbeilegung und Sanktionen, in Vitzthum/Proelß (Hrsg), Völkerrecht, 7. Aufl 2016, Rn 6–21. Eingehend *Schmalenbach*, 7. Abschn Rn 3 ff.

116 Ebd sowie UNGA-Res 56/83 v 12.12.2001, Annex.

117 Vgl *Xue*, Transboundary Damage in International Law, 2003, 237–252; speziell zur Antarktis vgl ebd 204–207, 232–234.

5. Das Sekretariat des Antarktisvertrags

40 Ein Sekretariat ist im AntV selbst nicht vorgesehen. Erst spät konnte es 2004 in Buenos Aires als Organ der ATCM, jedoch nicht als eigenständige I. O.,[118] seine Arbeit aufnehmen, nachdem 2001 seine Errichtung von den Konsultativstaaten beschlossen worden war.[119] Die Aufgaben sind im Wesentlichen administrativer Natur. Allerdings werden dem Sekretariat durch den oben dargelegten Haftungsannex (Anlage VI USP) weitere wichtige Aufgaben übertragen, da ein Staat, der Gegenmaßnahmen gegen einen Umweltnotfall ergreifen will, dies dem Sekretariat und dem Staat des Betreibers notifizieren soll. Zudem soll das Sekretariat den in Anlage VI für Umweltnotfälle eingerichteten Fonds betreuen (Art 5 und Art 12 Anlage VI USP).[120]

6. Sonderfragen

a) Verbot von Kernexplosionen und radioaktivem Abfall

41 Die Antarktis wird mit dem AntV nicht nur der friedlichen Nutzung und Forschung gewidmet und entmilitarisiert. Es werden auch wichtige Umweltgefahren vertraglich ausgeschlossen, die im Bereich der Arktis große Probleme bereiten. Dies sind die Herbeiführung von Kernexplosionen und die Beseitigung radioaktiven Abfalls. Beides wurde von den Vertragsparteien bereits 1959 im AntV selbst verboten (Art V Abs 1 AntV).[121]

b) Umweltschutz und Privilegierung der Forschung

42 Da die Forschung gerade an den beiden Polen für den Schutz der Umwelt entscheidend sein kann, ist für die Antarktis auf die besondere Forschungsprivilegierung nach dem AntV und dem USP einzugehen:[122] Die Forschung in der Antarktis ist bereits nach dem AntV eine privilegierte Tätigkeit (Art II, III AntV). Auch Art 2 USP benennt die Antarktis als Naturreservat, das dem Frieden und der Forschung gewidmet ist. Daraus folgt, dass auch Normen zum Schutz der Umwelt, sollten sie mit der antarktischen Forschung in Konflikt stehen, grundsätzlich so auszulegen sind, dass sowohl die Forschungsfreiheit als auch der Umweltschutz als Werte und Ziele des antarktischen Vertragsregimes in größtmöglichem Umfang gewahrt werden können.[123] Anders als „neutrale" Tätigkeiten in der Antarktis, die nicht besonders geschützt sind,[124] muss hier ein Ausgleich zwischen Umweltschutz und Forschungsaktivitäten gesucht werden. Auch wenn diese Auslegung mit Blick auf den Schutz der antarktischen Umwelt nachteilig erscheinen mag, ist sie sinnvoll und gerechtfertigt: Forschungstätigkeiten in der Antarktis sind oftmals gerade auf den Schutz der Umwelt und die Erforschung umweltbezogener Themen, wie des weltweiten Klimas, gerichtet. Jedenfalls mittelbar kommt daher (zumindest in vielen Bereichen) eine Privilegierung der Forschung auch wieder dem Umweltschutz global oder in der Antarktis selbst zu Gute.

---

118 Dies gilt auch für das Sekretariat des Arktischen Rats, vgl u Rn 59.

119 ATCM XXIV (2001), Decision 1; ATCM XXVI (2003), Measure 1. Bereits 1991 war die Einsetzung jedoch vorgeschlagen worden (ATCM XVII).

120 Vgl auch *Vigni*, The Establishment of the Secretariat of the Antarctic Treaty, IYIL 13 (2003) 147 ff.

121 „Any nuclear explosions in Antarctica and the disposal there of radioactive waste material shall be prohibited."

122 Vgl dazu auch ausführlich *Erb*, International Collaboration in the Antarctic for Global Science, in Berkman (Hrsg), Science Diplomacy, 2011, 265 ff; *Epiney/Heuck/Pirker* (Fn 91); *Proelß/Blitza/Oliva* (Fn 49).

123 Forschung ist jedoch vor sonstigen Aktivitäten vorrangig, vgl Art 3 Abs 3 USP.

124 Dies gilt bspw für den Tourismus in der Antarktis, dazu sogleich u Rn 43 f.

c) Regulierung des Antarktistourismus

43 Tourismus ist eine der Hauptquellen der unmittelbaren Umweltgefahren in der Antarktis. Völkerrechtlich ist er als „neutrale", nicht privilegierte Tätigkeit privater Akteure nicht per se verboten. Anders als die Forschung in der Antarktis ist der Tourismus jedoch auch nicht besonders völkerrechtlich geschützt.[125] Diese Differenzierung ist gut begründet, da Tourismus, anders als Forschungsaktivitäten, kein Gemeininteresse der Staatengemeinschaft darstellt.[126] Dies zeigt sich auch daran, dass touristische Aktivitäten nur von wenigen Unternehmen aus wenigen Staaten in der Antarktis durchgeführt und nur von bestimmten Bevölkerungsgruppen weniger Staaten in Anspruch genommen werden.[127]

44 Betrachtet man den normativen Bestand, so gibt es im antarktischen Völkervertragsrecht nur wenige verbindliche Normen, die spezifisch auf den Antarktistourismus ausgerichtet sind.[128] Zwar stellt der Tourismus eine der derzeit zentralen unmittelbaren Gefahren für die vulnerable antarktische Umwelt dar, auch weil eine zunehmende Individualisierung und Diversifizierung verschiedener touristischer Aktivitäten zu beobachten ist, die den inner-antarktischen Kontinent mehr und mehr betreffen.[129] Gleichwohl haben sich die Vertragsstaaten bisher kaum auf rechtlich verbindliche Normen zur Einhegung des Tourismus geeinigt. Anwendbar sind jedoch die allg Normen des Antarktisvertragsrechts, insbes die Normen des USP sowie die allg Normen des Umweltvölkerrechts inkl der relevanten umweltvölkerrechtlichen Prinzipien. Eines der großen, gerade auch völkerrechtlichen Probleme bleibt jedoch, wie eine sinnvolle Evaluierung kumulativer Risiken durch touristische Aktivitäten im Rahmen einer UVP nach dem Umweltschutzprotokoll erfolgen kann.[130] Auch wenn die unspezifischen Normen des Antarktisvertragsrechts durch zahlreiche Soft Law-Normen ergänzt werden und von den Konsultativstaaten viele Regeln erlassen wurden, die auf eine Governance des antarktischen Tourismus zielen, bleiben zentrale Fragen weiterhin ungeklärt.[131] Alle Soft Law-Normen sind lediglich Empfehlungen, wie touristische Aktivitäten umweltschonend durchgeführt werden können. Sie vermögen es nicht, die allg Normen des USP mit Blick auf den sich entwickelnden Tourismus effektiv zu konkretisieren. Ungeklärt ist bspw, ob die Zahl der Besucher der Antarktis begrenzt werden sollte, und ob bestimmte Tourismusarten insgesamt verboten werden sollten. Umstr bleibt, ob permanente touristische Infrastruktur, insbes Hotels, jedenfalls dann verboten ist, wenn sie neu errichtet wird.[132] Insgesamt kann vertreten werden, dass die Konsultativstaaten eine quasi-treuhänderische Pflicht haben, (auch) für eine effektive Regelung des Antarktistourismus zu sorgen: Da der AntV die volle Vertragsmitgliedschaft mit Stimmrecht an die Ausführung substantieller Forschung in der Antarktis knüpft,[133] sind viele Staaten, insbes Entwicklungsländer, von einer Vollmitglied-

---

125 Vgl dazu insgesamt *Bastmeijer* (Fn 14); *ders/Lamers/Harcha*, Permanent Land-Based Facilities for Tourism in Antarctica: The Need for Regulation, RECIEL 7 (2008) 84 ff, *ders/Ruora* (Fn 97); *Bauer*, Tourism in the Antarctic, 2001; *Bozek* (Fn 42) 455 ff.

126 Vgl auch *Vidas*, Antarctic Tourism: A Challenge to the Legitimacy of the Antarctic Treaty System, GYIL 36 (1993) 187 ff.

127 Die zehn zahlenmäßig größten Anbieter von Expeditionskreuzfahrten in die Antarktis haben ihren Sitz in Frankreich (*Ponant*), den USA (*Quark Expeditions*, *Lindblad Expeditions*, *Seabourn*, *Polar Latitudes*), den Niederlanden (*Oceanwide*), Norwegen (*Hurtigruten*), Kanada (*One Ocean Expeditions*), Deutschland (*Hapag-Lloyd Cruises*) und Argentinien (*Antarpply Expeditions*), vgl <https://iaato.org/documents/10157/1444539/Tourism+Summary+by+Expedition/ef1ed708-ff6d-40 f8-9ef4-bbafd5908112>. Die Touristengruppen bestanden in den Jahren 2015/2016 insbes aus Staatsangehörigen der folgenden Staaten: USA (36%), Australien (11%), China (11%), Vereinigtes Königreich (8%), Deutschland (7%) und Kanada (5%), vgl die Daten der IAATO unter <https://iaato.org/de/tourism-statistics>; zur defizitären Datenlage *Vöneky/Wisehart*, Tourismus in der Antarktis, 29 f.

128 Ausführlich *Vöneky/Wisehart*, Tourismus in der Antarktis, 38 ff, 103.

129 *Vöneky/Wisehart*, Tourismus in der Antarktis, 4 ff mwN.

130 Ebd, 45 ff, 48. Zur EIA bereits o Rn 25.

131 Ausführlich *Vöneky/Wisehart*, Tourismus in der Antarktis, 38 ff, 103.

132 Ebd, 47 ff. Dazu o Rn 28.

133 Ebd, 59 f.

schaft ausgeschlossen; diese Staaten können an der Fortentwicklung der internationalen Regulierung der Antarktis nicht mitwirken, obwohl dieser Kontinent – nach hM – gerade nicht bestimmten Staaten territorial zugeordnet werden kann. Demnach müssen die Konsultativstaaten im Interesse der gesamten Staatengemeinschaft handeln, um ihre eigene Legitimation nicht zu unterminieren und ihre Privilegierung als Konsultativstaaten zu rechtfertigen. Das USP normiert das Ziel, ein umfassendes System zum Schutz der antarktischen Umwelt zu schaffen. Dies ist nur möglich, wenn zentrale Fragen des antarktischen Tourismus auch rechtlich weiter geklärt werden.[134]

d) Offene Fragen im Verhältnis von Antarktisvölkerrecht zum allgemeinen See- und Umweltvölkerrecht

45 Die Anwendung anderer see- und umweltvölkerrechtlicher Verträge ist im Bereich des AntV nicht per se ausgeschlossen. Soweit andere völkerrechtlichen Verträge mit dem Sinn und Zweck des AntV übereinstimmen und deren Anwendung zum Schutz der antarktischen Umwelt beiträgt, können die Regelungen des Antarktisvertragssystems nicht als *leges speciales* betrachtet werden, die andere Verträge vollständig verdrängen. Trotz umstr Einzelfragen kann daher davon ausgegangen werden, dass das Seerechtübereinkommen (SRÜ), MARPOL, das Internationale Übereinkommen zum Schutz des menschlichen Lebens auf See (SOLAS) und der Polar Code der IMO, der am 1.1.2017 in Kraft getreten ist,[135] im Bereich der Antarktis neben dem Antarktisvertragsregime anwendbar sind.[136]

46 Im Detail muss jedoch differenziert werden, welche Normen welcher Verträge neben dem Antarktisvertragsregime und der CCAMLR gelten sollen: So wird ausdrücklich die Freiheit der Hohen See durch Art VI AntV aufrechterhalten; die allg Verpflichtung zum Umweltschutz in Art 192 SRÜ steht im Einklang mit dem Antarktisregime und dessen umweltschützenden Normen, sofern keine Konflikte mit den eingefrorenen Gebietsansprüchen nach dem AntV auftreten. Von besonderem Interesse für eine Effektivierung des Umweltschutzes in der Antarktis ist die Möglichkeit der Rechtsdurchsetzung auf der Grundlage der sog Hafenstaatenkontrolle auch gegenüber Schiffen, die unter der Flagge von Nichtvertragsstaaten fahren, solange sich diese in einem Hafen eines Vertragsstaats befinden (Art 218 SRÜ).[137] MARPOL enthält Sonderregelungen für das Antarktisgebiet und bindet auch die Vertragsparteien, die zudem Parteien des AntV sind. Der Polar Code gilt auch für die Antarktis, geht für die antarktischen Gewässer jedoch anders als für die Arktis[138] substanziell, soweit ersichtlich, nicht über das bereits zuvor bestehende Schutzniveau hinaus.[139]

47 Zudem sind die allg umweltvölkerrechtlichen Verträge anwendbar[140], soweit sie in der Antarktis Relevanz haben, wie das Übereinkommen zur Erhaltung der wandernden, wildlebenden Tierarten v 1979 (CMS), das Übereinkommen zum Schutz der Albatrosse und Sturmvögel v 2001

134 Zu verschiedenen Lösungsmöglichkeiten, die zum einen auf ein verbessertes Tourismusmanagement abstellen, zum anderen auf eine Verbesserung der UVP und eine Verbesserung der dt Rechtslage, vgl *Vöneky/Wisehart*, Tourismus in der Antarktis, 106 ff.

135 International Code for Ships Operating in Polar Waters (Polar Code), MEPC 68/21/Add.1, Annex 10, 3, <http://www.imo.org/en/MediaCentre/HotTopics/polar/Documents/POLAR%20CODE%20TEXT%20AS%20ADOPTED.pdf>.

136 So *Joyner*, The Antarctic Treaty System and the Law of the Sea: Competing Regimes in the Southern Ocean?, IJMCL 10 (1995) 301 ff; *ders*, The Antarctic Treaty and the Law of the Sea: 50 Years On, Polar Record 46 (2010) 14 ff; *Krüger*, Anwendbarkeit von Umweltschutzverträgen in der Antarktis, 2000, 316 ff; *Vigni*, The Interaction between the Antarctic Treaty System and the Other Relevant Conventions Applicable to the Antarctic Area, UNYB 4 (2000) 418 ff. Zum Problemkreis auch *Proelß* (Fn 54) 477 ff.

137 Vgl *Vöneky/Wisehart*, Tourismus in der Antarktis, 69 f.

138 Dazu s u Rn 68.

139 Vgl auch *Vöneky/Wisehart*, Tourismus in der Antarktis, 68.

140 S auch ähnlich in Bezug auf die Arktis u Rn 67 ff mwN.

(ACAP) und das Übereinkommen zur Regelung des Walfangs v 1946. Letzteres Übereinkommen hat zu der wichtigen Entscheidung des IGH geführt, dass Japan der Walfang in der Antarktis verboten ist, sofern er nicht durch wissenschaftliche Zwecke gerechtfertigt werden kann.[141] Diese Verträge enthalten sachlich spezielle Normen, die auch die antarktische Umwelt betreffen. Hinzu kommen allg (umwelt-)völkerrechtliche Verträge wie das Übereinkommen über die biologische Vielfalt (CBD) oder das Übereinkommen zum Schutz des Kultur- und Naturerbes der Welt. Schließlich sind auch die allg umweltvölkerrechtlichen Prinzipien anwendbar, insbes das Vorsorgeprinzip, das Verbot der Verursachung von Umweltschäden und das Prinzip der Nachhaltigkeit, die auch in Gebieten jenseits nationaler Jurisdiktion gelten.[142] Zwar gehen diese Verträge und Prinzipien idR nicht über die umweltschützenden Bestimmungen des Antarktisvertragsregimes hinaus. Gleichwohl sind sie wichtig, um Lücken bzgl materieller Fragen, Implementierungsmechanismen oder der Regelungsadressaten zu schließen.

48 Obwohl das antarktische Vertragsregime besonders ausdifferenziert ist und sich stetig weiterentwickelt, auch um einen Schutz der antarktischen Umwelt zu gewährleisten, gibt es zahlreiche offene völkerrechtliche Fragen, die hier nur angedeutet werden sollen: Da sowohl der AntV – nach hM heute – als auch die CCAMLR, wenn auch in unterschiedlichen Grenzen, die Meeresgebiete um die Antarktis erfassen, ist vor allem das Verhältnis des SRÜ zum AntV und zur CCAMLR völkerrechtlich auch in Zukunft höchst relevant.[143] Dies betrifft Nutzungsansprüche gemäß der Meereszonen nach dem SRÜ oder die Festlandsockelansprüche durch sog *Claimant States*,[144] zudem die besonders umweltschutzrelevante Frage, wie Standards zur Ausweisung von Meeresschutzgebieten unter einem künftigen SRÜ-Durchführungsübereinkommen über Biodiversität außerhalb staatlicher Hoheitsbereiche mit unter der CCAMLR eingerichteten, befristeten Meeresschutzgebieten vereinbar sind.[145] Noch nicht hinreichend geklärt ist auch, wie künftige Regelungen über genetische Ressourcen der Meere unter einem künftigen SRÜ-Durchführungsübereinkommen über Biodiversität außerhalb staatlicher Hoheitsbereiche sich gegenüber der Bekräftigung der ATCM-Konsultativstaaten verhalten, das „angemessene" Vertragsregime für Regelungen über sog *Bioprospecting*[146] in der Antarktis sei das Antarktis-Vertragsregime.[147] Fraglich ist schließlich, ob ATCM- und CCAMLR-Beschlüsse in ihrem jeweiligen geographischen Geltungsbereich einschlägige allg Regelungen des SRÜ in „autoritativer" Weise auslegen können, zB zur nachhaltigen Fischerei oder zum Meeresnaturschutz. Diese offenen Fragen zeigen, dass

---

141 *Whaling in the Antarctic*. Dazu *Caddell*, Science Friction: Antarctic Research Whaling and the International Court of Justice, JEL 26 (2014) 331 ff; *Klein*, Whaling in the Antarctic, in Schofield/Seokwoo/Moon-Sang (Hrsg), The Limits of Maritime Jurisdiction, 2014, 525 ff.

142 Zu diesen Prinzipien allg *Nuclear Weapons*, § 29; *States Sponsoring Persons and Entities*, §§ 124 ff. S zudem Prinzip 15 der Rio Declaration on Environment and Development v 14.06.1992 (ILM 31 [1992] 874): „In order to protect the environment, the precautionary approach shall be widely applied by States according to their capabilities. Where there are threats of serious or irreversible damage, lack of full scientific certainty shall not be used as a reason for postponing cost-effective measures to prevent environmental degradation". Zur Anwendung in der Antarktis bspw *Scott*, How Cautious is Precautious? Antarctic Tourism and the Precautionary Principle, ICLQ 50 (2001) 963 ff. Zum Ganzen s a Proelß, 3. Abschn Rn 8 ff, 24 ff, 50 ff.

143 Dazu schon o Rn 46.

144 Dazu auch *Hemmings/Stephens*, Australia's Extended Continental Shelf: What Implications for Antarctica?, PLR 20 (2012) 9 ff; *dies*, The Extended Continental Shelves of Sub-Antarctic Islands: Implications for Antarctic Governance, Polar Record 46 (2010) 312 ff.

145 Wie bspw im Rossmeer, vgl dazu o Rn 17. Zur Ausweisung von Meeresschutzgebieten nach dem SRÜ s Matz-Lück, 12. Abschn Rn 147 ff.

146 „Bioprospecting" bezeichnet die Untersuchung von Biodiversität für kommerziell wertvolle genetische und biochemische Ressourcen, vgl UN Doc UNEP/CBD/COP/5/INF/7 v 20.4.2000, para 6. Zu weiteren Problemen des Bioprospecting in der Antarktis auch *Tvedt*, Patent Law and Bioprospecting in Antarctica, Polar Record 47 (2011) 46 ff.

147 ATCM XXXVI (2013), Resolution 6. Zum sich in der Aushandlung befindlichen neuen SRÜ-Durchführungsübereinkommen s a Matz-Lück, 12. Abschn Rn 8, 42.

eine speziell völkervertraglich verankerte Governance[148] in der Antarktis sich – auch zum Wohl der Umwelt – nur weiterentwickeln kann, wenn die Grenz- und Abstimmungsfragen, die zwischen den unterschiedlichen Vertragsregimen auftreten, überzeugend gelöst werden können.

7. Bewertung des völkerrechtlichen Umweltschutzes in der Antarktis

49 Das völkerrechtliche, vertragsbasierte und ausdifferenzierte Regime (auch) zum Schutz der antarktischen Umwelt durch den AntV, das USP, aber auch die weiteren Verträge wie die CCAMLR und die CCAS hat sich in den vielen Jahren seit der Vereinbarung des AntV 1959 stetig weiterentwickelt und verbessert. Entscheidend war, dass bereits der AntV die wesentlichen Grundsätze für eine friedliche, entmilitarisierte Nutzung und Erhaltung der Antarktis, bei der die Forschung privilegiert ist, niedergelegt hat und das USP relevante Fragen des Schutzes der antarktischen Umwelt weiter ausbuchstabiert. Auch wenn das dadurch entstandenen völkerrechtliche Vertragsregime nicht lückenlos ist und weitere Herausforderungen – wie die Einhegung des antarktischen Tourismus, die Beachtung und Bewertung kumulativer Umweltgefahren oder die Regulierung von *Bioprospecting* in der Antarktis – für den Schutz der Umwelt zu bewältigen sind, verfügt es doch über entscheidende Vorzüge, die den Schutz der antarktischen Umwelt auf vertraglicher Grundlage bewirken: Dazu gehört das Verbot von Nuklearexplosionen und von radioaktivem Abfall, die bereits im AntV verankert sind; auf der Grundlage des USP ist das Verbot des kommerziellen Bergbaus und die grundsätzliche Pflicht zur Durchführung einer Prüfung der Umweltfolgen einer geplanten Aktivität zu nennen, sowie – jüngst – die Vereinbarung einer Betreiberhaftung für Umweltschäden, wenn die Auswirkungen eines Umweltnotfalls nicht beseitigt werden (Anlage VI USP), die demnächst in Kraft treten soll. Dies alles sind bereits Normen im Bereich des Antarktisvertragsregimes ieS. Hinzu kommen die fischereibegrenzenden Regeln der CCAMLR. Dazu zählen aber auch die Vielzahl von Normen des antarktischen Sekundärrechts, die auf der Grundlage des AntV durch die ATCM beschlossen werden. Neben Soft Law, das insbes für die Antarktistourismusregulierung Bedeutung hat, umfassen sie auch bindendes Völkerrecht. Besondere Bedeutung für den Schutz der Umwelt haben hier die besonderen Schutzgebiete, die nach dem AntV eingerichtet werden (ASPAs und ASMAs), sowie die Meeresschutzgebiete, die unter der CCAMLR vereinbart werden. Insgesamt scheint das Antarktisvertragsregime daher auch mit Blick auf den Schutz der Umwelt völkerrechtlich gut gerüstet; dies ist mit Blick auf eine Staatengemeinschaft, bei der nationale Interessen von wichtigen Akteuren vermehrt wieder in den Vordergrund gestellt werden, und Gemeininteressen, wie der Schutz der Umwelt, in den Hintergrund treten, im 21. Jh mindestens so wichtig wie in den Jahrzehnten nach dem Inkrafttreten des AntV.

II. Arktis

1. Die arktische Umwelt und ihre Bedrohungen

50 Die Arktis besitzt wie die Antarktis ein besonders vulnerables Ökosystem und spielt eine wichtige Rolle für das ökologische Gleichgewicht der gesamten Erde.[149] Sonst unterscheiden sich Arktis und Antarktis jedoch in vielerlei Hinsicht. Welchen Bereich die Arktis umfasst, ist bereits

148 Zum Begriff näher u Rn 57.
149 *Riedel*, The Arctic Marine Environment, in Tedsen/Cavalieri/Kraemer (Hrsg), Arctic Marine Governance, 2014, 22f.

nicht klar völkerrechtlich definiert: Sie ist der nördlichste zirkumpolare Erdgürtel, der grundsätzlich durch den nördlichen Polarkreis südlich begrenzt wird (66°33′N). Geht man von klimatischen und vegetationsgeografischen Kriterien wie der 10°C-Juli-Isotherme oder der nördlichen Baumgrenze aus,[150] hat die Arktis eine Fläche von 26 Mio km^2. Zudem besteht die Arktis mehrheitlich nicht aus Landmassen[151] und ist kein Kontinent, sondern zu zwei Dritteln (überwiegend eisbedecktes) Meeresgebiet.[152] Spezifischer sollte daher, sofern nicht Landgebiete gemeint sind, von den arktischen Meeresgebieten oder auch dem arktischen Ozean (*Arctic Ocean*) gesprochen werden. Auch steht die Arktis als ein strategisch wichtiges, rohstoffreiches Gebiet im Mittelpunkt der Interessen verschiedener Staaten, insbes der unmittelbaren Küstenstaaten des arktischen Ozeans, dh Kanada, die USA, Russland, Norwegen und Dänemark (für Grönland).

51 Die durch den Klimawandel bedingte zunehmende Eisfreiheit der arktischen Seegebiete[153] führt dabei zu einer fortschreitenden *Erschließung neuer Seewege* für den Schiffsverkehr, insbes die sog Nordwest- und die Nordostpassage.[154] Diese Passagen verkürzen den Seeweg zwischen Europa und Asien deutlich und sind daher wirtschaftlich besonders interessant.[155] Das vermehrte Befahren der Arktis mit Schiffen bedingt viele nachteilige Umweltauswirkungen, die dieser Verkehr bereits im regulären Betrieb durch Abgase, Abwasser und Abfall verursacht. Nicht zu unterschätzen sind auch die zunehmenden Gefahren durch Schiffsunfälle, die in den arktischen Gebieten besonders leicht entstehen, wenn nicht eistaugliche Schiffe die zT noch eisbedeckten Meeresgebiete bei instabilen Wetterlagen befahren, um Transportwege abzukürzen.[156] Die Umstände, dass der Schiffsverkehr in der Arktis ein größeres Volumen einnimmt als in der Antarktis,[157] und dass Verschmutzungen aufgrund der Kälte wesentlich langsamer abgebaut werden als in anderen, wärmeren Meeresgebieten,[158] machen die arktische Umwelt besonders vulnerabel.

52 Anders als die von den anderen Kontinenten weit entfernte Antarktis ist die Umwelt der Arktis zudem schon gegenwärtig durch den *Abbau von Rohstoffen* belastet und weiter bedroht. Es wird geschätzt, dass bis zu 13% der weltweiten, bisher unentdeckten Erdöl- und 30% der Erdgasvorkommen in der Arktis lagern, 84% davon in Meeresgebieten.[159] Durch das Abschmelzen

---

150 Vgl dazu *Byers*, Arctic Region, in MPEPIL, 567ff; *Molenaar/Koivurova/Tedsen/Reid/Hossein*, Introduction to the Arctic, in Tedsen/Cavalieri/Kraemer (Fn 149) 2, dort auch zu der Definition des Arctic Monitoring and Assessment Programme (AMAP). Vgl zudem *Riedel* (Fn 149) 22f.

151 Teile von Schweden und Finnland liegen im Bereich der Arktis, zudem Territorien von Kanada, den USA, Russland, Norwegen und Dänemark. Bis auf eine kleine Insel (Hans Island zwischen Grönland und der kanadischen Ellesmere Insel) sind diese jedoch nicht umstr, vgl *Byers*, Arctic Region, in MPEPIL, 567.

152 Vgl *Lemke*, Arctic Process and the Global Climate, in Wasum-Rainer/Winkelmann/Tiroch (Hrsg), Arctic Science, International Law and Climate Change, 2012, 45ff. Zu den Meeres- und Landgebieten näher *Riedel* (Fn 149) 24f. Die in der Arktis liegenden Inseln gehören zum Staatsgebiet eines Anrainerstaats, vgl *Franckx*, Maritime Claims in the Arctic, Canadian and Russian Perspectives, 1993, 71ff; *Proelß*, Raum und Umwelt im Völkerecht, in Vitzthum/Proelß (Fn 115) 5. Abschn Rn 19.

153 Vgl National Snow and Ice Data Center, USA, abrufbar unter <http://nsidc.org/>. Dazu auch *Lemke* (Fn 152) 45ff; *Byers*, Arctic Region, in MPEPIL, 567 (568).

154 Die Nordwestpassage war bereits 2007 zum ersten Mal schiffbar, die Nordostpassage war 2008 eisfrei und 2011 schiffbar, vgl European Space Agency, Satellites Witness Lowest Arctic Ice Coverage in History, <http://www.esa.int/Our_Activities/Observing_the_Earth/Envisat/Satellites_witness_lowest_Arctic_ice_coverage_in_history>; *Corell*, The View from the Top: Searching for Responses to a Rapidly Changing Arctic, UNEP Year Book 2013, 27ff. Dazu auch *Lemke* (Fn 152) 53.

155 Die Nordwestpassage kann im Vergleich zum Suez- oder Panama-Kanal 35–60% der Transportkosten zwischen nördlich europäischen und fernöstlichen Häfen sparen, vgl *Corell et al* (Fn 154) 27; *Ipsen*, in ders (Hrsg), Völkerrecht, 6. Aufl 2014, § 5 Rn 43.

156 Dazu und zu weiteren *Byers*, Arctic Region, in MPEPIL, 567 (568).

157 Vgl Arctic Council (Hrsg), Arctic Marine Shipping Assessment 2009 Report, 2009, 70ff.

158 *Huebert*, The Law of the Sea and the Arctic, Ocean Yearbook 2004, 193 (195).

159 *Gautier et al*, Circum-Arctic Resource Appraisal: Estimates of Undiscovered Oil and Gas North of the Arctic Circle, U.S. Geological Survey, 2008; vgl auch *Yenikeyeff/Krysiek*, The Battle for the Next Energy Frontier, Oxford Energy Comment, 2007; *Byers*, Internationales Recht und internationale Politik in der Nordwestpassage: Konse-

des Eises werden die Rohstoffe in den unter den arktischen Gewässern gelegenen Festlandsockeln insbes für die Anrainerstaaten leichter zugänglich.[160] Gefahren für die Umwelt entstehen auch hier nicht nur durch den Abbau selbst, sondern auch durch das Errichten und die Unterhaltung der dafür erforderlichen Infrastruktur und die Havariegefahren. Erst 2013 hatte eine NGO durch die – letztlich gescheiterte – Besetzung einer Ölplattform in der Arktis die Aufmerksamkeit der Weltöffentlichkeit auf die Gefahren der Ölförderung durch einen der arktischen Anrainerstaaten gelenkt.[161]

53 Darüber hinaus beeinträchtig und bedroht auch der *Tourismus* die arktische Umwelt. Unterschiedliche Arten des Tourismus finden sich – wie in der Antarktis – auch in der Arktis.[162] Auch hier sind landbasierter Tourismus und Kreuzfahrttourismus zu unterscheiden.[163] Die Nutzung von Kreuzfahrtschiffen führt wiederum sowohl zu Umweltschäden durch den Normalbetrieb, insbes durch Lärm, Abgase und Abwasser, als auch zu Umweltgefahren durch mögliche Unfälle.[164] Landgänge der Touristen verursachen nicht nur Schäden an der empfindlichen Pflanzenwelt, sondern können auch Brutpopulationen stören.[165]

54 Die *arktische Tierwelt* wird allerdings nicht nur durch den Tourismus, sondern durch zahlreiche andere menschliche Aktivitäten in der Arktis gestört und bedroht. So führen etwa der Betrieb von Plattformen und die Schifffahrt zu Lärmemissionen, die sich insbes schädlich auf marine Säugetiere – wie Wale und Robben – auswirken. Einheimische Arten können auch gefährdet werden, wenn über das Ballastwasser oder Frachtgut von Schiffen oder durch dort Arbeitende oder Reisende nicht-heimische oder invasive Arten in die arktischen Gewässer eingeführt werden. Darüber hinaus werden bestimmte Tierarten, insbes Fische, Wale und Robben, als Teil traditioneller Lebensart indigener Völker gejagt.[166] Hinzu kommt die industrielle Fischerei, die die Fisch- und Walbestände auch in der Arktis bedroht.[167]

55 Anders als in der Antarktis finden in der Arktis überdies *militärische Aktivitäten* statt. Die Arktis ist als Grenze zwischen NATO-Mitgliedern und dem Nicht-NATO-Mitglied Russland besonders relevant.[168] Die militärische Präsenz, wie bspw die Nutzung von U-Booten, führt zu besonderen Problemen durch Abfallverklappungen bis hin zu radioaktiver Verschmutzung.[169]

---

quenzen des Klimawandels, ZaöRV 67 (2007) 145 (146 f); *Kettunen*, The Status of the Northwest Passage Under International Law, DetCLRev 4 (1990) 929 (936 f).

160 *Byers*, Arctic Region, in MPEPIL, 567 (568); *Riedel* (Fn 149) 37.

161 Die Festsetzung der Aktivisten führte dazu, dass der Flaggenstaat, die Niederlande, eine einstweilige Anordnung gegen den festsetzenden Staat, Russland, anstrebte, die der ISGH erließ, und in dem die Freilassung der Festgesetzten gegen Kaution verfügt wurde, vgl *Arctic Sunrise*.

162 Für 2008 wird von 236.913 Übernachtungen auf Grönland ausgegangen (2002 noch 179.349). Zudem landeten 70.000 Kreuzfahrtpassagiere im Jahr 2003 in Spitzbergen an, vgl *Emmerson/Lahn*, Arctic Opening: Opportunity and Risk in the High North, Energy, Environment and Resources, 2012, 2.4, <https://www.chathamhouse.org/publications/papers/view/182839>; *Riedel* (Fn 149) 39.

163 Arctic Council (Fn 157) 78 ff; *Riedel* (Fn 149) 39.

164 *Riedel* (Fn 149) 39.

165 Vgl etwa *Evenset/Christensen*, Environmental Impacts of Expedition Cruise Traffic Around Svalbard, 2011, <http://www.sysselmannen.no/Documents/Sysselmannen_dok/Miljøvern/Forvaltningsplaner/Øst-Svalbard bakgrunnsdok/Akvaplan-niva rapport 4823.pdf>.

166 Die traditionelle Lebensart indigener Völker ist jedoch insbes durch den Klimawandel bedroht, vgl dazu *Stepien/Koivurova/Gremsperger/Niemi*, Arctic Indigenous People and the Challenge of Climate Change, in Tedsen/Cavalieri/Kraemer (Fn 149) 71 ff.

167 *Riedel* (Fn 149) 34 f; *Molenaar*, Status and Reform of International Arctic Fisheries Law, in Tedsen/Cavalieri/Kraemer (Fn 149) 103 ff.

168 Zur NATO in der Arktis *Haftendorn*, NATO and the Arctic: Is the Atlantic Alliance a Cold War Relic in a Peaceful Region Now Faced with Non-military Challenges?, European Security 20 (2011) 337 ff.

169 *Reiersen/Wilson*, The Arctic – A Sentinel for Environmental Processes and Effects, in Wasum-Rainer/Winkelmann/Tiroch (152) 21; *Riedel* (Fn 149) 39 f. Nicht erstaunlich ist daher die Forderung nach einer nuklearwaffenfreien Zone in der Arktis, vgl dazu *Axworthy*, A Proposal for an Arctic Nuclear-Weapon-Free Zone, YPL 4 (2012) 87 ff; *Buck-*

56 Neben diesen unmittelbaren Auswirkungen menschlicher Aktivitäten, die in der Arktis selbst stattfinden, sind es insbes der Klimawandel[170] und die Luft- und Meeresverschmutzung aus weit entfernten Gebieten, welche die bestehende Umwelt der Arktis nachhaltig verändern und schädigen. Luftschadstoffe führen in den noch eisbedeckten Gebieten zu besonderen Gefahren, da sich Rußpartikel (sog *black carbon*) auf noch eisbedeckten Gebieten ablagern[171] und diese schwarz färben. Damit wird die Abstrahlungswirkung des Eises verringert,[172] so dass das Eis noch schneller schmilzt und sich die Klimaerwärmung insgesamt beschleunigt.[173] Langlebige organische Schadstoffe (*persistant organic pollutants* – POPs), etwa bestimmte Pflanzengifte, und Quecksilber schädigen die arktische Umwelt und die dort lebenden Menschen und Tiere.[174] Das Abschmelzen der eisbedeckten Seegebiete, das durch den Klimawandel bedingt und durch Rußablagerungen verstärkt wird, gefährdet nicht nur die traditionelle Lebensweise der dort lebenden Bevölkerung,[175] sondern auch das Überleben vieler Tierarten wie Eisbären und Robben. Es führt zudem zu einer weiteren Verschmutzung der Meeresumwelt, da im Eis enthaltene Schadstoffe in das Meerwasser gelangen.[176] Insgesamt kann daher im 21. Jh – mehr noch als in Bezug auf die antarktische Umwelt – von einer Krise der arktischen Umwelt gesprochen werden.[177] Diese Krise erfordert ein klares und gut strukturiertes internationales Regime, um die zunehmenden Umweltschäden und -gefahren abzuwehren oder doch wenigstens einzudämmen.

2. Völkerrechtlicher Status der Arktis: Fehlen eines eigenständigen Vertragsregimes

57 Die Arktis liegt nicht nur politisch und geographisch im unmittelbaren Einflussbereich der Anrainerstaaten, die auch gegenwärtig versuchen, ihre Einflusssphären soweit wie möglich zu festigen und auszudehnen. Auch völkerrechtlich sind Arktis und Antarktis zu unterscheiden: Bei der Arktis handelt es sich um ein Gebiet, das – anders als die Antarktis – keinem vertraglichen Sonderregime unterfällt. Da die Arktis zu zwei Dritteln (überwiegend eisbedecktes) Meeresgebiet ist, finden sich die völkerrechtlichen Grundlagen und Grenzen für staatliches Handeln in den arktischen Meeresgebieten im *See- und Umweltvölkerrecht*, dh für die jeweiligen Vertragsparteien insbes im SRÜ und speziellen meeresumweltvölkerrechtlichen Verträgen, zudem in den gewohnheitsrechtlichen völkerrechtlichen Regeln, die unmittelbar oder mittelbar die Umwelt schützen und alle Staaten binden. Darüber hinaus gibt es *arktisrelevante Verträge*, die sich auf den Schutz bestimmter Tierarten wie den Schutz der Eisbären[178] oder – jedenfalls mit mittelbarer Umweltschutzrelevanz – auf bestimmte Landgebiete der Arktis beziehen, etwa den Spitzbergenvertrag. Neben diesen völkerrechtlichen Verträgen und Normen, die ein komplexes Geflecht bilden und im Folgenden nur in Grundzügen dargelegt werden können, sind die arktischen Besonderheiten zu betonen, die als System der arktischen Governance bezeichnet werden kön-

ley, An Arctic Nuclear-Weapon-Free Zone: Circumpolar Non-Nuclear Weapons States Must Originate Negotiations, Michigan State ILR 22 (2013) 167.

170 Dazu *Lemke* (Fn 152) 53; *Riedel* (Fn 149) 26.

171 Arctic Council Task Force on Short-Lived Climate Forcers (Hrsg), An Assessment of Emissions and Mitigation Options for Black Carbon for the Arctic Council, 2011, 2.1.1.

172 Zum sog Albedo-Effekt *Riedel* (Fn 149) 29; *Reiersen/Wilson* (Fn 169) 20.

173 Dieser Effekt wurde bereits als mögliche Waffe in einem Umweltkrieg diskutiert, vgl dazu und zu dem bestehenden Verbot von umweltmodifizierenden Techniken als Mittel der Kriegführung durch die ENMOD Konvention *Vöneky*, Die Fortgeltung des Umweltvölkerrechts in internationalen bewaffneten Konflikten, 2000, 25, 52ff.

174 *Reiersen/Wilson* (Fn 169) 27ff; *Byers*, Arctic Region, in MPEPIL, 567 (568).

175 Dazu *Byers*, Arctic Region, in MPEPIL, 567 (572f) mwN.

176 *Reiersen/Wilson* (Fn 169) 19.

177 *Byers*, Arctic Region, in MPEPIL, 567 (573): „The Arctic is in crisis."

178 Agreement on the Conservation of Polar Bears. Dazu und zu weiteren Verträgen *Byers*, Arctic Region, in MPEPIL, 567 (568).

nen[179] und vor allem aus dem Arktischen Rat als Kristallisationspunkt auch für Umweltschutzinitiativen der Anrainerstaaten bestehen.

3. Besonderheiten arktischer Governance: Arktische Umweltschutzstrategie und Arktischer Rat

58 Wie schon benannt, sind die Arktisanrainerstaaten zwar nicht durch ein dem AntV ähnliches spezielles Vertragsregime verbunden. Sie haben jedoch eine *Vielzahl von bilateralen und multilateralen Verträgen* geschlossen, die gerade auch dem Schutz der arktischen Umwelt dienen.[180] Nach dem Ende des Kalten Krieges führte dies 1991 zur Unterzeichnung der arktischen Umweltschutzstrategie (*Arctic Environmental Protection Strategy* – AEPS), die durch Finnland 1989 initiiert worden war.[181] Um diese zu implementieren, wurde von acht arktischen Anrainerstaaten das *Arctic Monitoring and Assessment Programme* (AMAP) gegründet, das verschiedene menschenverursachte und schädliche Umweltauswirkungen in der Arktis untersuchen sollte.[182] Dieses Programm und seine Arbeitsgruppen wurden 1996[183] vom neu gegründeten Arktischen Rat (*Arctic Council*) reorganisiert.[184] Auch seine Gründung verdankt sich dem Ende der Ost-West-Spannungen.[185]

59 Der Arktische Rat umfasst die o genannten acht Staaten, die im erweiterten Sinn als Anrainerstaaten zu verstehen sind,[186] dh nicht nur Kanada, die USA,[187] Russland, Norwegen und Dänemark (für Grönland), sondern auch Finnland,[188] Island[189] und Schweden.[190] Seine Beschlüsse und die seiner Arbeitsgruppen setzen den Konsens dieser Staaten voraus. Der Arktische Rat stellt allerdings keine I. O. dar. Allg wird davon ausgegangen, dass es sich um eine zwischenstaatliche Kooperationsform *sui generis* handelt,[191] die es den beteiligten Staaten dennoch ermöglicht, gemeinsame Programme zu entwickeln und umzusetzen.[192] Wie das ATCM hat der Rat

---

179 Zum Begriff der Governance vgl *Stoessel/Tedsen/Cavalierie/Riedel*, Environmental Governance in the Marine Arctic, in Tedsen/Cavalieri/Kraemer (Fn 149) 47: „In the environmental context, governance refers to processes, decision making, and mechanisms by which actors and institutions influence environmental outcomes." Dazu auch zahlreiche Veröffentlichungen, die unterschiedliche Aspekte betonen, etwa *Alfredsson*, Arctic Governance: Human Rights, Good Governance and Democracy, YPL 4 (2012) 141 ff; *Stokke*, Environmental Security in the Arctic: The Case for Multilevel Governance, IJ 66 (2011) 835 ff.

180 *Stoessel/Tedsen/Cavalierie/Riedel* (Fn 179) 45 ff; ebd, Annex I: List of Relevant Treaties, 263 ff. Dazu schon *Harders*, Regionaler Umweltschutz in der Arktis, 1997.

181 *Reiersen/Wilson* (Fn 169) 15 f; *Laajava*, Arctic Science, International Law and Climate Change, in Wasum-Rainer/Winkelmann/Tiroch (Fn 152) 9 ff.

182 *Reiersen/Wilson* (Fn 169) 17 ff.

183 Nicht 1976, so aber *Byers*, Arctic Region, in MPEPIL, 567 (572).

184 Vgl dazu auch die Internetseite des Rats <http://www.arctic-council.org/index.php/en/>.

185 *Reiersen/Wilson* (Fn 169) 15.

186 Vgl <http://www.arctic-council.org/index.php/en/about-us/member-states>.

187 Zur US-Politik vgl näher auch *Pegna*, U.S. Arctic Policy: The Need to Ratify a Modified UNCLOS and Secure a Military Presence in the Arctic, JMLC 44 (2013) 169 ff.

188 Zur Position Finnlands im Arktischen Rat vgl *Laajava* (Fn 181) 11.

189 Island liegt zwar südlich des Polarkreises, aber nördlich der 10°-C-Juli-Isotherme, und wird daher als subarktischer Staat bezeichnet, vgl *König/Neumann*, Streit um die Arktis, Vereinte Nationen 56 (2008) 20.

190 Vgl *Vanderzwaag/Huebert/Ferrera*, The Arctic Environmental Protection Strategy, Arctic Council and Multilateral Initiatives: Tinkering while the Arctic Environment Totters, DJILP 30 (2002) 144 ff; *Rothwell*, The Polar Regions and the Development of International Law, 1996, 113 ff; *Dahm/Delbrück/Wolfrum* (Fn 55) 506.

191 *Molenaar* (Fn 150) 113.

192 *Stoessel/Tedsen/Cavalierie/Riedel* (Fn 179) 56; dazu auch *MacIver*, Environmental Protection, Indigenous Rights and the Arctic Council: Rock, Paper, Scissors on the Ice?, GIELR 10 (1997) 147 ff; *Kankaanpää*, The Arctic Council: From Knowledge Production to Influencing Arctic Policy Making, YPL 4 (2012) 59 ff. Der Arktische Rat beschreibt sich selbst als „high level intergovernmental forum to provide means for promoting cooperation, coordination and interaction among the Arctic States, with the involvement of the Arctic Indigenous communities and other Arctic inhabitants." Vgl dazu <http://www.arctic-council.org/index.php/en/>.

jedoch seit 2013 für administrative Aufgaben ein eigenes ständiges Sekretariat eingerichtet, das ebenfalls keine I. O. darstellt.[193]

60 Die acht genannten Arktisstaaten bleiben durch den Arktischen Rat die zentralen Akteure der arktischen Governance.[194] An den Verhandlungen des Rats dürfen zudem als ständige Teilnehmer sechs indigene Gruppen teilnehmen.[195] Letzteres ist eine Besonderheit des Arktischen Rats und betont die Bedeutung der indigenen Bevölkerung für die Arktis und den Schutz der arktischen Umwelt.[196] Dies und die Konzentration auf die Anrainerstaaten unterscheiden den Arktischen Rat u a von den Kooperationsformen innerhalb des Antarktisvertragssystems. Dieses setzt für die Stimmberechtigung der Konsultativstaaten (nur) substantielle Forschungsaktivitäten in der Antarktis voraus, aber gerade keine besondere geographische Nähe zur Antarktis.

61 Bloße Beobachter sind u a zwölf nicht-arktische Staaten, darunter viele europäische, wie Deutschland, Frankreich, Niederlande, Polen, Spanien und Großbritannien, aber auch Japan, China[197] und Indien.[198] Kein Beobachter ist die EU.[199] Allerdings sind neun sonstige Organisationen, wie UNEP und UN-ECE, und auch elf NGOs als Beobachter zugelassen. Diese Staaten und Organisationen haben nur geringe Einflussmöglichkeiten und können Beschlüsse des Arktischen Rats weder unmittelbar initiieren noch verhindern.[200]

62 Aufgabe des Rats ist insbes die nachhaltige Entwicklung und der Schutz der Umwelt in der Arktis.[201] Hinzu kommen alle gemeinsamen Fragen der Arktis. Um den Schutz der arktischen Umwelt fortzuentwickeln, kann der Arktische Rat entsprechendes sog internationales Soft Law vereinbaren.[202] Auch ohne eigene Rechtsetzungsbefugnisse kann der Rat daher durch Initiativen, Arbeitsgruppen und Programme den Schutz der arktischen Umwelt voranbringen und zur Fortentwicklung des Völkerrechts beitragen: Für den Schutz der Umwelt hat der Arktische Rat gegenwärtig sechs ständige Arbeitsgruppen eingesetzt, die sich bspw mit der Erhaltung der arktischen Fauna und Flora, mit dem Schutz der Meeresumwelt und mit Umweltnotfällen beschäftigen.[203] Das *Arctic Monitoring and Assessment Programme* analysiert dabei als eine der Arbeits-

---

193 Dieses besitzt nur in Norwegen Rechtspersönlichkeit, vgl dazu Host Country Agreement between the Government of the Kingdom of Norway and The International Barents Secretariat for the Cooperation in the Barents Euro-Arctic Region v 21.1.2013, <https://www.barentsinfo.fi/beac/docs/IBS_Host_Country_Final_Eng.pdf>. Zum Antarktis-Sekretariat vgl o Rn 40.

194 Zu Governance in der Arktis vgl bereits die Nachw in Fn 179 und näher *Hasanat*, The Role of International Governance Systems in Protecting the Arctic Environment: Examining Climate Change Policy, YPL 4 (2012) 56 ffl; *Marian*, The Global Legal Framework For Oceans Governance, Geopolitics, History, and International Relations 4 (2012) 150 ff.

195 Aleut International Association (AIA), Arctic Athabaskan Council (AAC), Gwich'in Council International (GCI), Inuit Circumpolar Conference (ICC), Russian Association of Indigenous Peoples of the North (RAIPON) und Saami Council (SC), vgl auch <http://www.arctic-council.org/index.php/en/about-us>. Zur Bedeutung indigener Gruppen auch *Atapattu*, Climate Change, Indigenous Peoples and the Arctic: The Changing Horizon of International Law, Michigan State ILR 22 (2013) 377 ff.

196 *Byers*, Arctic Region, in MPEPIL, 567 (572 f).

197 Zu chin Rechten und Interessen vgl *Gayazova*, China's Rights in the Marine Arctic, IJMCL 28 (2013) 61 ff.

198 Vgl dazu und zu den Voraussetzungen <http://www.arctic-council.org/index.php/en/about-us/arctic-council/observers>.

199 Vgl zur Rolle der EU auch *Eritja*, The European Union and the North: Towards the Development of an EU Arctic Policy?, Ocean Yearbook 27 (2013) 459 ff; *Windwehr*, Die EU und die Arktis: Worte Taten folgen lassen?, Integration 36 (2013) 124 ff.

200 Vgl dazu das Arctic Council Observer Manual v 2013 mit Änderungen v 2015 und 2016, abrufbar unter <https://oaarchive.arctic-council.org/handle/11374/939>.

201 *Dahm/Delbrück/Wolfrum* (Fn 55) 506.

202 Vgl *Hasanat* (Fn 194) 273 ff.

203 Arctic Contaminants Action Program (ACAP); Arctic Monitoring and Assessment Programme (AMAP); Conservation of Arctic Flora and Fauna (CAFF); Emergency Prevention, Preparedness and Response (EPPR); Protection of the Arctic Marine Environment (PAME); Sustainable Development Working Group (SDWG). Informationen unter http://www.arctic-council.org/index.php/en/about-us/working-groups. Dazu auch *Riedel* (Fn 149) 23.

gruppen die Auswirkung von Klimaveränderungen in der Arktis. In den letzten Jahren hat der Rat zudem Verträge für Rettungsfragen und Umweltnotfälle initiiert und vereinbart (*Agreement on Cooperation on Aeronautical and Maritime Search and Rescue in the Arctic* und *Agreement on Cooperation on Marine Oil Pollution Preparedness and Response in the Arctic*).[204] Letzteres zeigt, dass es hier zu einer Völkerrechtsetzung innerhalb von Governance-Strukturen kommen kann, die, anders als in der Antarktis, nicht auf einem Vertragsregime aufbauen. Insgesamt kann der Arktische Rat damit als Teil einer arktischen Governance betrachtet werden, die sich durch eine zwischenstaatliche Kooperation auszeichnet, die nicht primär völkervertraglich institutionalisiert und festgelegt ist. Auch deswegen kann die Arktis als Testfall für die Möglichkeit eines internationalen Dialogs zwischen Staaten mit vielen gegenläufigen Interessen im 21. Jh gewertet werden.[205]

4. Die Geltung des Seerechtsübereinkommens in arktischen Meeresgebieten

63 Die Staaten, die als Arktischer Rat zusammenarbeiten, agieren jedoch nicht im völkerrechtsfreien Raum, sondern sind durch zahlreiche Verträge des See- und Umweltvölkerrechts bereits gebunden. Der wichtigste Vertrag ist als Rahmenvertrag das SRÜ,[206] das die Ordnung der Meere ausgestaltet und die entscheidende völkerrechtliche Basis bildet, auch, da es alle Anrainerstaaten der Arktis, bis auf die USA, bindet.[207]

64 Wichtig ist hier zunächst, dass eine völkerrechtliche Sonderstellung der arktischen Meeresgebiete nach dem SRÜ (und dem entsprechenden Völkergewohnheitsrecht) nicht dadurch begründet wird, dass die Meeresgebiete in der Arktis (noch zu einem großen Teil) eisbedeckt sind. Eine Gleichsetzung von eisbedecktem Meer und Festland ist völkerrechtlich nicht gegeben. Dies zeigt auch Art 234 SRÜ, der als sog arktische Klausel den Staaten (nur) besondere Kompetenzen bzgl der in ihrer ausschließlichen Wirtschaftszone (AWZ) gelegenen eisbedeckten Gebiete zuweist.[208] Das SRÜ ist zudem nicht abschließend, sondern lässt die Möglichkeit zu, einen regionalen Teilrahmen für den Umweltschutz zu schaffen, soweit dieser in Einklang mit seinen Vorgaben ausgestaltet wird (Art 197 SRÜ).

65 Nach dem SRÜ sind die Staaten grundsätzlich verpflichtet, die Meeresumwelt zu schützen und zu bewahren (Art 192 und Art 1 Abs 1 Nr 4 SRÜ). Zu beachten ist hier zunächst die für die Arktis wichtige Ausnahme nach Art 236 SRÜ. Danach finden die Bestimmungen über den Schutz der Meeresumwelt keine Anwendung für Kriegsschiffe und sonstige Staatsschiffe und Luftfahrzeuge, die nicht für Handelszwecke genutzt werden. Dies bedeutet, dass Verschmutzungen durch Kriegsschiffe (Art 29 SRÜ) und Kampfflugzeuge grundsätzlich nicht vom Anwendungsbereich der Verschmutzungsverbote des SRÜ erfasst sind.[209] Davon abgesehen sind aber für den

---

204 Abrufbar unter <https://oaarchive.arctic-council.org/handle/11374/531> und <https://oaarchive.arctic-council.org/handle/11374/529>. S a *Stoessel/Tedsen/Cavalierie/Riedel* (Fn 179) 56.

205 *Damanaki*, The Arctic: A Test Bench for International Dialogue, in Wasum-Rainer/Winkelmann/Tiroch (Fn 152) 5 ff. Vgl auch *Brosnan/Leschine/Miles*, Cooperation or Conflict in a Changing Arctic?, ODIL 42 (2011) 173 ff.

206 Dazu auch *Larkin*, UNCLOS and the Balance of Environmental and Economic Resources in the Arctic, GIELR 22 (2010) 307 ff; *Molenaar*, Current and Prospective Roles of the Arctic Council System within the Context of the Law of the Sea, IJMCL 27 (2012) 553 ff.

207 Zur Position der USA, die viele Normen des SRÜ als Gewohnheitsrecht anerkannt haben, auch *Mayer*, Arctic Marine Research: The Perspective of a US Practitioner, in Wasum-Rainer/Winkelmann/Tiroch (Fn 152) 84 ff; *Elferink*, The Regime for Marine Scientific Research in the Arctic, in ebd, 194 f. Zum Regime des SRÜ s *Matz-Lück*, 12. Abschn Rn 37 ff. Zu einzelnen Vorschriften vgl die detaillierten Kommentierungen in Proelss (Hrsg), United Nations Convention on the Law of the Sea – A Commentary, 2017.

208 Dazu *Franckx/Boone*, in Proelss (Fn 207) Art 234.

209 Art 236 SRÜ stellt, entgegen seiner Überschrift, keine Immunitätsregel dar, sondern eine Ausnahme vom sachlichen Anwendungsbereich des SRÜ, vgl schon *Lagoni*, Die Abwehr von Gefahren für die marine Umwelt, BerDGVR 32 (1992) 87 (92).

Umweltschutz in der Arktis, ebenso wie für andere Meeresgebiete, die verschiedenen Zonen küstenstaatlicher Jurisdiktion entscheidend, da auch nach dem SRÜ alle Verschmutzungen verhindert werden sollen, die von Tätigkeiten ausgehen, die ihren Hoheitsbefugnissen oder ihrer Kontrolle unterliegen (Art 194 Abs 2 SRÜ).[210] Es ist daher relevant, welche Regelungs- und Durchsetzungsbefugnisse ein Küstenstaat generell besitzt, und wie weit diese in der Arktis reichen. Die Meeresgebiete, die an die Anrainerstaaten angrenzen, bestehen grundsätzlich aus dem Küstenmeer (Art 1ff SRÜ) mit einer Ausdehnung von bis zu 12 Seemeilen (sm), einer Anschlusszone von weiteren 12 sm (Art 33 SRÜ) und der AWZ (Art 55ff SRÜ), die eine Maximalbreite von 200 sm besitzen kann. Da alle fünf Arktisanrainerstaaten eine AWZ proklamiert haben, unterfällt ein großer Teil des Nordpolarmeeres diesen Zonen.

66 In diesen Zonen stehen den Küstenstaaten unterschiedliche Befugnisse zum Schutz der Umwelt zu. Für das Küstenmeer gilt Art 21 SRÜ, der auch Befugnisse der Küstenstaaten zum Schutz der lebenden Ressourcen des Meeres vorsieht. Innerhalb der AWZ ist insbes Art 73 SRÜ von Bedeutung, der normiert, dass der Küstenstaat zur Ausübung souveräner Rechte bzgl lebender Ressourcen in der AWZ die erforderlichen Maßnahmen, einschließlich des Anhaltens, der Überprüfung, des Festhaltens und gerichtlicher Verfahren ergreifen darf, um eine Einhaltung der in Übereinstimmung mit dem SRÜ erlassenen Gesetze sicherzustellen. Zudem bestimmt Art 234 SRÜ Sonderbefugnisse in eisbedeckten Gebieten, die sich in der AWZ eines Staates befinden. Danach haben die Küstenstaaten das Recht, Gesetze zum Schutz der Meeresumwelt zu erlassen. Diese Gesetze müssen einerseits die Schifffahrt, aber auch den Schutz und die Bewahrung der Meeresumwelt auf der Grundlage der „besten verfügbaren wissenschaftlichen Angaben" gebührend berücksichtigen. Zu beachten ist zudem, dass der rechtliche Status der Meeresgebiete vom Festlandsockelregime unberührt ist (Art 78, 135 SRÜ):[211] Die Gebiete über dem erweiterten Festlandsockel sind Teil der Hohen See, und auch in der AWZ bleibt die Schifffahrtsfreiheit erhalten (Art 58, Art 87 und Art 135 SRÜ). Die Regulierung des Schiffsverkehrs und der damit zusammenhängende Schutz der Arktis in diesen Bereichen liegen daher nicht in der Macht der Anrainerstaaten.

5. Weiteres See- und Umweltvölkerrecht

67 Die benannten Kernprobleme des Schutzes der arktischen Umwelt werden auch von weiteren umwelt- und seevölkerrechtlichen Normen und Verträgen erfasst, die auf die Bekämpfung der Meeresumweltverschmutzung oder des Klimawandels abzielen oder den Schutz der biologischen Vielfalt oder bestimmter Tiere beinhalten, und die daher für den Schutz der arktischen Umwelt mittelbar oder unmittelbar relevant sind.[212] Dazu gehören zunächst MARPOL, das neben dem absichtlichen Einleiten von Öl auch das von anderen Schadstoffen, von Schiffsabwässern und Schiffsabfällen durch Schiffe und das unbeabsichtigte Ablassen begrenzt.[213] Das Londoner Übereinkommen über die Verhütung der Meeresverschmutzung durch das Einbringen von Abfällen und anderen Stoffen v 1972 und das zugehörige Protokoll v 1996[214] regeln das *dumping*, das jede vorsätzliche Beseitigung von Abfällen oder sonstigen Stoffen im Meer umfasst und eine Liste von Stoffen enthält, deren Einbringen grundsätzlich verboten ist, wie Rohöl, Cadmium, Quecksilber (Anlage I).

---

210 Dazu auch *Berkman*, Common Interests as an Evolving Body of International Law: Applications for Arctic Ocean Stewardship, in Wasum-Rainer/Winkelmann/Tiroch (Fn 152) 167ff.

211 Dazu näher u Rn 71ff.

212 Zusammenfassend *Byers*, Arctic Region, in MPEPIL, 567 (568).

213 Dazu schon o Rn 29 sowie *Matz-Lück*, 12. Abschn Rn 61f.

214 Dazu *Matz-Lück*, 12. Abschn Rn 75ff.

68 Gerade für die Arktis spielt zudem der IMO Polar Code eine wichtige Rolle,[215] da er Umweltschutzelemente enthält, die in keinem der anderen Verträge für die Arktis verankert sind. Der Polar Code zielt ausdrücklich darauf, „to provide for safe ship operation and the protection of the polar environment by addressing risks present in polar waters and not adequately mitigated by other instruments of the Organization."[216] Er unterscheidet dafür zwischen Regeln zur Verschmutzungsverhütung und Sicherheitsmaßnahmen.[217] Seine Normen werden, soweit verbindlich, in die relevanten Verträge, MARPOL und SOLAS,[218] eingefügt.[219] Zentral ist die Verpflichtung für sämtliche Schiffe in polaren Gewässern ein spezielles Schiffszertifikat (*Polar Ship Certificate*) mitzuführen:[220] Bei allen Schiffen sind danach die Schiffsmaterialen und die Schiffsstabilität an die besonderen Bedürfnisse der polaren Schifffahrt anzupassen. Allerdings sind auch Schiffe, die nicht eisverstärkt sind (Kategorie C),[221] vom Zugang zu eisbedeckten Gebieten nicht per se ausgeschlossen.[222] Zuvor war zudem die Entwicklung der *Guidelines for Ships Operating in Ice-covered Waters* (Arctic Shipping Guidelines 2002) wichtig, die ebenfalls die Wahrscheinlichkeit von Unfällen durch unzureichend ausgestattete Schiffe reduzieren sollte.[223]

69 Zu den für die arktische Umwelt relevanten völkerrechtlichen Verträgen zählen aber auch das Übereinkommen über weiträumige grenzüberschreitende Luftverunreinigung v 1979 (CLRTAP), das UN Klimarahmenübereinkommen (UNFCCC) und – neben anderen – das Übereinkommen über biologische Vielfalt von 1992,[224] da diese mittelbar die Umwelt der Arktis schützen. Neu vereinbart wurde zudem die Minamata Convention on Mercury v 2013,[225] die ebenfalls für die arktische Umwelt Bedeutung erlangt und von allen arktischen Anrainerstaaten unterzeichnet wurde.[226] Zudem sind, im Bereich des Schutzes verschiedener Tierarten, das UN Fish Stocks Agreement v 1995 und ältere Verträge wie das Übereinkommen zur Regelung des Walfangs v 1946, das Übereinkommen zum Schutz der Eisbären v 1973 und das Übereinkommen zur Erhaltung der wandernden, wildlebenden Tierarten von 1979 (CMS) zu nennen.[227]

70 Bereits diese kurze Übersicht über relevante see- und umweltvölkerrechtliche Verträge und Initiativen zeigt, dass es sich um ein kompliziertes Geflecht von Normen mit unterschiedlicher Reichweite und Zielsetzung handelt. Hinzu kommen die hier nicht mehr weiter dargestellten Prinzipien des Umweltvölkergewohnheitsrechts, etwa das wichtige Vorsorgeprinzip.[228] Diese normative Fragmentierung und Komplexität im Bereich des Umweltvölkerrechts muss nicht

---

215 Vgl dazu bereits o Rn 45 f.

216 Introduction Art 1 Polar Code. Zu Lücken im internationalen Schifffahrtsrecht auch *Molenaar* (Fn 150) 148.

217 Zum Völkerrecht und der Schifffahrt in der Arktis vgl auch *Rothwell*, International Law and Arctic Shipping, Michigan State ILR 22 (2013) 67 ff.

218 Dieses dient der Sicherheit im Schiffsverkehr und enthält Regeln über das Navigieren in eisigen Gewässern.

219 Introduction Art 4 Polar Code.

220 Part I.A.1.3.1. Polar Code: „Every ship to which this Code applies shall have on board a valid Polar Ship Certificate."

221 Introduction Art 4 Polar Code.

222 Dazu IMO Doc MSC 93/WP.7/Add.1 v 22.5.2014, 4.

223 *Stoessel/Tedsen/Cavalierie/Riedel* (Fn 179) 58.

224 Ebd, 51 f, 55. Einzelheiten bei *Stoll/Krüger*, 9. Abschn Rn 4 ff (zur UNFCCC), *Markus*, 10. Abschn Rn 16 (zur CBD) und *Proelß*, 11. Abschn Rn 10 ff (zur CLRTAP).

225 Noch nicht in Kraft getreten. Art 1: „The objective of this Convention is to protect the human health and the environment from anthropogenic emissions and releases of mercury and mercury compounds." Der Text ist abrufbar unter <http://www.mercuryconvention.org/Portals/11/documents/Booklets/Minamata%20Convention%20on%20Mercury_booklet_English.pdf>.

226 Zu den Vertragsparteien vgl http://www.mercuryconvention.org/Countries/tabid/3428/language/en-US/Default.aspx. Zu dieser Konvention *Stoessel/Tedsen/Cavalierie/Riedel* (Fn 179) 56; zum internationalen Fischereirecht in der Arktis vgl auch *Molenaar* (Fn 150) 103 ff; zum sonstigen internationalen arktischen Schifffahrtsrecht *ders*, Status and Reform of Arctic Shipping Law, in Tedsen/Cavalieri/Kraemer (Fn 149) 127 ff.

227 Dazu für die Antarktis o Rn 47.

228 Vgl dazu bereits Fn 142.

notwendigerweise zu einem geringeren Schutz der arktischen Umwelt führen; auch kann sie gerade den Anrainerstaaten besondere Spielräume für Initiativen zum Schutz der Umwelt ermöglichen. Andererseits fehlt es gerade für die Arktis an hinreichender Rechtsklarheit und -einfachheit, die, wie im Bereich der Antarktis, auch eine stabilisierende und „einhegende" Wirkung auf die relevanten Akteure entfalten kann. Das völkerrechtliche Regime zum Schutz der arktischen Umwelt ist daher jedenfalls insoweit defizitär.[229] Wie kompliziert die internationale Rechtslage in Bezug auf den Schutz der arktischen Umwelt ist, zeigt sich auch an den Sonderfragen, die im Folgenden dargelegt werden sollen.

6. Sonderfragen

a) Umweltschutz im Bereich des Festlandsockels: Ressourcenabbau in der Arktis

71 Da der Klimawandel zu einem schnellen Abschmelzen des Eises der Arktis führt, sind die Probleme des Abbaus von Ressourcen und der Schiffbarkeit[230] der Arktis auch für den Schutz der arktischen Umwelt besonders relevant. Wichtig ist zunächst, dass die kommerzielle Öl- und Gasförderung in der Arktis, wie auch der sonstige Ressourcenabbau, nicht verboten ist, sondern sich insbes nach den Regeln des SRÜ richtet.[231] Auf dem gesamten Festlandsockel, einschließlich seiner Erweiterung jenseits der 200 sm, stehen danach dem jeweiligen arktischen Anrainerstaat, der Küstenstaat ist, exklusive souveräne Rechte zur Erforschung und Ausbeutung der natürlichen Ressourcen des Sockels zu (Art 77 Abs 1 und 2 SRÜ). Diese umfassen alle nichtlebenden Ressourcen des Meeresbodens und des Untergrunds und die Lebewesen, die in ständiger, unmittelbarer Verbindung mit dem Boden oder seinem Untergrund stehen (Art 77 Abs 4 SRÜ). Für die Anrainerstaaten der Arktis bedeutet dies völkerrechtlich, dass sie auf dem ihnen zuerkannten erweiterten Festlandsockel und in dem Teil, der in ihre AWZ fällt, begrenzte, auf Ausbeutung und Erforschung der Ressourcen bezogenen Hoheitsrechte besitzen (Art 55ff, Art 77ff, Art 246 SRÜ). Anders als in der Antarktis können die Küstenstaaten daher Bergbau und Bohrarbeiten zur Ausbeutung der oben definierten Ressourcen vornehmen und genehmigen (Art 60, Art 80, Art 81 SRÜ).[232]

72 Die für die Rohstoffgewinnung wichtigen Festlandsockelgebiete sind den verschiedenen Anrainerstaaten – wie o benannt – auch im Bereich eines Festlandsockels zugeordnet, der über die 200 sm Grenze hinausreicht (sog erweiterter Festlandsockel). Dies gilt jedoch nur, wenn bestimmte geologische und geomorphologische Voraussetzungen gegeben sind (Art 76 Abs 3 bis 7 SRÜ) und entsprechende Angaben der UN-Festlandsockelkommission zur Verfügung gestellt werden. Alle Anrainerstaaten mit Ausnahme der USA, die das SRÜ bisher nicht ratifiziert haben, haben entsprechende Angaben zur Erweiterung eingereicht.[233] Die betreffenden Staaten müssen

229 Vgl auch *Stoessel/Tedsen/Cavalierie/Riedel* (Fn 179) 62f.
230 Dazu s u Rn 74.
231 Zum Vergleich zwischen Arktis und Antarktis *Comba*, The Polar Continental Shelf Challenge: Claims and Exploitation of Mineral Sea Resources, YIEL 20 (2011) 158ff; *Elferink*, The Continental Shelf in the Polar Regions: Cold War or Black-Letter Law? NYIL 40 (2009) 121ff.
232 Vgl auch *Höfelmeier/Vöneky*, Rechtsfragen bei Forschungsaktivitäten über dem Festlandsockel der Arktis und Antarktis, Ordnung der Wissenschaft 1 (2014) 43 (46).
233 Norwegen hatte 2006 gegenüber der Festlandsockelkommission Angaben vorgelegt, die 2009 mit zustimmender Empfehlung beschieden wurden, da die Voraussetzungen von Art 76 SRÜ erfüllt waren. Russland hatte 2001 Daten eingereicht, auf die die Kommission 2002 mit der Empfehlung reagierte, aktualisierte Angaben mit weiteren geologischen und geophysikalischen Daten vorzulegen; dem ist Russland 2015 nachgekommen, vgl auch *Benitah*, Russia's Claim in the Arctic and the Vexing Issue of Ridges in UNCLOS, ASIL Insight 11/27 (2007), <https://www.asil.org/insights/volume/11/issue/27/russias-claim-arctic-and-vexing-issue-ridges-unclos>; *König/Neumann* (Fn 189) 22. Ob die neue russische Eingabe die Kriterien von Art 76 SRÜ erfüllt, ist unklar, insbes hinsichtlich der Frage, ob der Lomonosow-Rücken noch als natürliche Fortsetzung des Festlandsockels vor der russischen Küste angesehen

u a darlegen, dass das beanspruchte Gebiet eine Verlängerung der Landmasse des Kontinents unter Wasser ist (Art 76 Abs 1 SRÜ) und es damit keine Gebiete umfasst, die dem Tiefseebereich zuzuordnen sind.[234] Konflikte zwischen den arktischen Anrainerstaaten sind vorprogrammiert, da diese teilweise überlappende Gebiete als ihrem jeweiligen Festlandsockel zugehörig für sich beanspruchen.[235] Art 76 Abs 8 SRÜ normiert jedoch das Verfahren für die Bestimmung der Grenze des erweiterten Festlandsockels, bei dem der Küstenstaat Informationen über den erweiterten Festlandsockel der Festlandsockelgrenzkommission übermittelt und diese eine Empfehlung an den Küstenstaat abgibt.[236] Die Kommission kann zwar keine verbindlichen Aussagen zu der Grenzfestsetzung machen, erst der betreffende Küstenstaat bestimmt diese. Soweit diese Grenzziehung auf der Basis der Empfehlung der Kommission erfolgt, ist sie jedoch endgültig und bindend (vgl Art 76 Abs 8 SRÜ).

73 Zusammenfassend kann festgestellt werden, dass es in der Arktis nur einen minimalen Anteil an Meeresgebieten gibt, die weder in die 200 sm der AWZ der Anrainerstaaten fallen, noch jenseits ihrer erweiterten Festlandsockel liegen und damit nicht beansprucht werden können. Das Recht auf einen erweiterten Festlandsockel führt damit dazu, dass eine fast vollständige Nationalisierung des bisher internationalisierten Meeresbodens gegeben sein wird.[237] Da jedoch nur der internationalisierte Meeresboden ein gemeinsames Erbe der Menschheit (Art 136 SRÜ) darstellt und nur dessen Ressourcen unter Beachtung besonderer Regelungen auch für den Schutz der Umwelt (Art 145 SRÜ) unter Leitung der Internationalen Meeresbodenbehörde ausgebeutet werden dürfen, bedeutet diese Nationalisierung auch eine weitere Gefahr für die arktische Umwelt. Allerdings beinhalten die Rechte des Küstenstaats auch, dass er umweltschädliche Forschung in seinem Festlandsockelgebiet vermeiden kann, wenn diese Bohrungsvorhaben mit Sprengstoffeinsatz einhergehen oder Schadstoffausstoß beinhalten (Art 246 Abs 5 SRÜ).

b) Umweltschutz und Auswirkungen des Klimawandels: Neue Schiffbarkeit der arktischen Gewässer

74 Ein weiteres Problem für die rechtlichen Regelung des arktischen Umweltschutzes ist die völkerrechtliche Einordnung der Nordost- und Nordwestpassage. Letztere – also die Verbindung des Nordatlantiks mit dem Nordpazifik auf dem Seeweg durch den arktischen Archipel Kanadas – soll vorliegend exemplarisch dargelegt werden. Für die Nordwestpassage wird zT, etwa von der EU und den USA, vertreten, dass es sich um eine internationale Seestraße (Meerenge) nach Art 34 ff SRÜ handele.[238] Kanada vertritt hingegen die Auffassung, dass es sich um innere Gewäs-

---

werden kann. Dänemark hatte 2014 zum Fristende Angaben eingereicht, die Teile des Arktis, einschließlich des Nordpols, umfassen (Festlandsockel vor Grönland). Kanada hatte 2013 einen Anspruch auch auf den Lomonosow-Rücken erhoben. Vgl dazu Art 4 Annex II SRÜ. Zu dem Konflikt mit Russland und insbes zur Position Dänemarks vgl auch *Marcussen*, Extended Continental Shelf Issues in the Arctic, in Wasum-Rainer/Winkelmann/Tiroch (153) 114 ff. Zum 20. Jahrestag der Kommission hatten 67 Küstenstaaten 82 Anträge gestellt, vgl <https://www.un.org/press/en/2017/sea2047.doc.htm>.

234 Weitere Voraussetzungen folgen aus Art 76 Abs 4 und 5 SRÜ.

235 Vgl auch *Marcussen* (Fn 233) 116 f; aus kanadischer Sicht *McDorman*, Setting the Stage: The Continental Shelf and MSR in the Arctic Ocean, in Wasum-Rainer/Winkelmann/Tiroch (Fn 152) 134 f. Allg *Golitsyn*, Climate Change, Marine Science and Delineation of the Continental Shelf, in ebd, 252 ff. Dazu auch *Allain*, Canada's Claim to the Arctic: A Study of Overlapping Claims to the Outer Continental Shelf, JMLC 42 (2011) 1 ff; *Proelss/Müller*, The Legal Regime of the Arctic Ocean, ZaöRV 68 (2008) 651 (661 ff).

236 Dazu *Lodge*, The International Seabed Authority and the Arctic, in Wasum-Rainer/Winkelmann/Tiroch (Fn 152) 175 ff.

237 Zur Rechtslage bis dahin vgl *Elferink* (Fn 207) 192 ff.

238 *Byers*, Arctic Region, in MPEPIL, 567 (570); *Huebert*, Climate Change and Canadian Sovereignty in the Northwest Passage, CJPR 2 (2001) 86 ff.

ser (Art 8 SRÜ) handele[239] und die Voraussetzungen von Art 37 SRÜ gerade nicht erfüllt seien, da der Seeweg bisher nicht der internationalen Schifffahrt diene, wie es von der Norm vorausgesetzt werde. Für die kanadische Position spricht, dass die Passage bislang nicht von der internationalen Schifffahrt genutzt worden ist und meist von Schiffen unter kanadischer Flagge befahren wurde.[240] Für die Gegenansicht, wonach es sich um eine internationale Seestraße (Meerenge) handelt, spricht jedoch, dass man bei einer weiten Interpretation nach dem Sinn und Zweck der Norm auf die potentielle Nutzung der Meerenge abstellen kann, und dass es sich bei dem kanadischen arktischen Archipel um sehr große Gebiete handelt, die wesentlich über die inneren Gewässer hinausgehen, auf die sich das SRÜ in Art 8 SRÜ üblicherweise bezieht.[241] Vertritt man mit guten Gründen die zuletzt genannte Ansicht, ist für den Schutz der Umwelt u a Art 42 SRÜ entscheidend (vgl auch Art 43 SRÜ): Umweltvölkerrechtlichen Vorgaben können von Kanada auch in diesem Fall durch nationale Gesetze umgesetzt werden. Allerdings darf es dadurch nicht zu einer Diskriminierung von fremden Schiffen kommen (Art 42 Abs 2 SRÜ); zudem darf die Transitdurchfahrt nicht verhindert werden (Art 38, Art 44 SRÜ). Die Schiffe, die eine Transitdurchfahrt durchführen, blieben jedoch ebenfalls an die Bestimmungen zum Schutz der Umwelt gebunden (Art 39 Abs 2 SRÜ). Insgesamt führt also die Einordnung der Nordwestpassage als internationale Seestraße nicht dazu, dass völkerrechtliche Vorschriften zum Schutz der Umwelt nicht beachtet werden müssen.

c) Umweltschutz in arktischen Landgebieten: Die besondere Völkerrechtslage von Spitzbergen

75 Da Spitzbergen (Spitsbergen/Svalbard) in der Arktis liegt, völkerrechtlich aber ein Sonderfall ist, der zum einen besondere Relevanz für den Schutz der Umwelt hat und zum anderen die Komplexität der völkerrechtlichen Lage eines arktischen Landgebiets aufzeigt, sollen ausgewählte Probleme knapp skizziert werden:[242] Die völkerrechtliche Besonderheit ist, dass für Spitzbergen der Spitzbergenvertrag v 1920 gilt,[243] der Norwegen beschränkte Souveränität einräumt, sich aber nur auf die im Vertrag benannten Inseln und ihre Hoheitsgewässer bezieht (Art 1 Spitzbergenvertrag). Während der Vertrag die friedliche Nutzung der Insel (Art 9 Spitzbergenvertrag) bestimmt, die auch mittelbar dem Schutz der Umwelt dient, ist bereits umstr, ob der zugehörige Festlandsockel allein Norwegen unterfällt oder gleichberechtigt von allen Vertragsstaaten des Vertrags genutzt werden kann. Ersteres wird von Norwegen selbst vertreten mit dem Argument, dass Spitzbergen auf dem norwegischen Festlandsockel liege oder jedenfalls Art 1 Spitzbergenvertrag den Festlandsockel nicht ausdrücklich erwähne, der daher nicht in den Anwendungsbereich des Vertrags falle.[244] Dagegen wenden sich die übrigen Vertragsstaaten mit guten Gründen, die vertreten, dass der Vertrag im Lichte seines Sinns und Zwecks in umfassender Weise, nämlich iSe Statusvertrags,[245] eine wirtschaftliche Nutzung der Inselgruppe ermöglichen soll.

76 Eine weitere Besonderheit ist, dass bereits 1977 eine Fischereischutzzone um Spitzbergen eingerichtet wurde.[246] Da diese Zonen grundsätzlich ein Minus zu einer AWZ darstellen, sind Vorschriften zum Erhalt der lebenden Ressourcen auch in einer Fischereischutzzone anwend-

---

239 Vgl *Byers*, Arctic Region, in MPEPIL, 567 (571); *König/Neumann* (Fn 189) 23.

240 Zu den Kriterien vgl den IGH in *Corfu Channel*. S a *Proelss/Müller* (Fn 235) 655 ff mwN.

241 Dazu auch *Höfelmeier*, Der völkerrechtliche Status der Nordwestpassage im Spannungsfeld zwischen internationalem Seerecht und arktischer Souveränität, in Vöneky (Hrsg), Freiburger Informationspapiere zum Völkerrecht und Öffentlichen Recht 6 (2013) 35.

242 Allg statt anderer *Ulfstein*, Spitsbergen/Svalbard, in MPEPIL, 441 ff.

243 Inkrafttreten am 14.8.1925. Dazu und zu weiteren *Byers*, Arctic Region, in MPEPIL, 567 (569).

244 Vgl auch *Ulfstein*, Spitsbergen/Svalbard, in MPEPIL, 441 (445).

245 Dazu *Klein* (Fn 42) 23 ff; *Ulfstein*, Spitsbergen/Svalbard, in MPEPIL, 441 (445 f).

246 *Ulfstein*, Spitsbergen/Svalbard, in MPEPIL, 441 (447). Dazu aus chin Sicht *Goa*, Legal Issues of MSR in the Arctic: A Chinese Perspective, in Wasum-Rainer/Winkelmann/Tiroch (Fn 152) 148 f.

bar. Ob Norwegen entsprechende Befugnisse besitzt, hängt jedoch davon ab, ob der Spitzbergenvertrag in der Fischereischutzzone gilt, was ebenfalls str ist. Dies ist jedoch relevant: Nach Art 2 Spitzbergenvertrag werden den anderen Vertragsstaaten Fischereirechte gewährt; wären dagegen die Regelungen der AWZ nach dem SRÜ auch im Küstenmeer von Spitzbergen anwendbar, könnte Norwegen andere Staaten von der Ausbeutung der lebenden Ressourcen ausschließen (vgl Art 56 Abs 1 lit a, Art 62 Abs 1, Art 58 Abs 1 und Art 87 SRÜ).

d) Die Zukunft der Arktis: Notwendigkeit und Realisierbarkeit eines neuen Arktisvertrags?

77 Die Arktisanrainerstaaten betonen auch im 21. Jh ihre nationalen Interessen und machen u a Ansprüche auch auf einen erweiterten Festlandsockel geltend. Es ist daher mehr denn je unrealistisch, von der Möglichkeit auszugehen, analog zum Antarktisvertragsregime ein völkerrechtliches Arktisvertragsregime zu vereinbaren, das den Schutz der arktischen Umwelt in einem Sonderregime völkerrechtlich verankert, und auf dessen Grundlage die Vertragsparteien als Treuhänder im Interesse der Staatengemeinschaft insgesamt handeln.[247] Auch wegen der schon während des Kalten Kriegs zum Tragen gekommenen militärischen Bedeutung der Arktis waren frühere Versuche der Vereinbarung eines multilateralen Vertragsregimes in der Arktis gescheitert.[248] Schon die Frage, ob unter dem Dach der UN nach dem Vorbild der Antarktis ein Vertrag zum Schutz der arktischen Umwelt geschaffen werden sollte, scheint daher fernliegend.[249] Hat man jedoch die Gemeininteressen am Schutz verschiedener Umweltgüter in der Arktis im Blick, wäre es – rechtspolitisch – jedenfalls wünschenswert, weiter auf die Anrainerstaaten hinzuwirken, das sog Gebiet iSv Art 1 Abs 1, Art 134 und Art 136 SRÜ, das ein gemeinsames Erbe der Menschheit darstellt, möglichst großräumig zu erhalten und damit auch zu erreichen, dass die arktischen Ressourcen nur unter Beachtung besonderer Regelungen unter Leitung der Internationalen Meeresbodenbehörde ausgebeutet werden dürfen (Art 137 SRÜ).[250]

7. Bewertung des völkerrechtlichen Umweltschutzes in der Arktis

78 Die Arktis ist, anders als die Antarktis, nicht durch einen eigenen völkerrechtlichen Vertrag geregelt, und die bestehende internationale Rechtsordnung ist uneinheitlich, da verschiedene Verträge (mit unterschiedlichen Vertragsparteien), aber auch gewohnheitsrechtliche Normen sich überlagern. Damit wird die zukünftige völkerrechtliche Entwicklung, gerade auch mit Blick auf den Schutz der Umwelt, in der Arktis vor schwierige Herausforderungen gestellt. Dies ist besonders besorgniserregend, da die Arktis nicht nur ein einzigartiges Ökosystem ist, das geschützt werden muss, und ein „Frühwarnsystem" für das Weltklima darstellt, sondern weil bereits 2080 die Arktis eisfrei sein könnte,[251] so dass schon in nicht allzu ferner Zukunft ihre wirtschaftliche Erschließbarkeit ohne Einschränkungen durch eisbedeckte Gebiete gegeben ist. Der Abbau insbes von Bodenschätzen, aber auch die Nutzung der Seewege und die Militarisierung im arktischen Gebiet bedingen besondere Gefahren für die Umwelt. Zwar sind die älteren Spezialverträge zum Schutz bestimmter Tiere, wie etwa dem zum Schutz der Eisbären, keine Grundlage für

247 Dazu bspw *Grimaldi*, Governance of Both Poles, Science 326 (2009) 1042; *Duyck*, Drawing Lessons for Arctic Governance from the Antarctic Treaty System, YPL 3 (2011) 683 ff; *Koivurova*, Environmental Protection in the Arctic and Antarctic: Can the Polar Regimes Learn from Each Other?, IJLI 33 (2005) 204 ff; *Stephens*, The Arctic and Antarctic Regimes and the Limits of Polar Comparativism, GYIL 52 (2011) 315 ff; *Rothwell*, Polar Oceans Governance in the 21st Century, Ocean Yearbook 26 (2012) 343 ff.
248 *Rothwell* (Fn 190) 223 ff.
249 So jedoch *König/Neumann* (Fn 189) 22 ff.
250 So wohl auch *Byers*, Arctic Region, in MPEPIL, 567 (573).
251 Dazu auch *Lemke* (Fn 152) 52.

eine systematische Weiterentwicklung. Insbes der Arktische Rat kann jedoch über Soft Law und Vertragsinitiativen auch den speziellen Schutz der arktischen Umwelt normativ weiter verankern und die Region insgesamt stabilisieren. Auch wenn ein Abbauverbot von Ressourcen und eine Entmilitarisierung der Arktis nach dem Vorbild des AntV unrealistisch sind, muss die Umwelt vor schwerwiegenden Folgen jedenfalls wirtschaftlicher Tätigkeiten gerade in der Arktis geschützt werden. Eine stabilisierende Funktion hat bereits jetzt das SRÜ, das einen Rahmen für den Schutz der Umwelt bietet. Der ISGH kann hier zudem eine verbindliche Streitbeilegung leisten. Gerade weil viele Staaten gewichtige Interessen nicht nur an den entstehenden Schifffahrtsstraßen haben, sondern auch an wirtschaftlicher Kooperation und Forschungszusammenarbeit, sollte für eine arktische Governance der Arktische Rat weiter gestärkt werden, damit sich dieser für die gemeinsamen Interessen und Güter, insbes den Schutz der Umwelt, einsetzt, die durch die einseitige Betonung rein nationaler Ziele noch schwerwiegender geschädigt und gefährdet werden können, als dies bereits jetzt der Fall ist.

Fünfzehnter Abschnitt

Wolfgang Durner

Abfall- und Gefahrstoffrecht

Gliederung

Literatur

Albers, Jan, Responsibility and Liability in the Context of Transboundary Movements of Hazardous Wastes by Sea: Existing Rules and the 1999 Liability Protocol to the Basel Convention, 2015

Beyerlin, Ulrich/*Marauhn, Thilo*, International Environmental Law, 2011 [*Beyerlin*/*Marauhn*, International Environmental Law]

DOI 10.1515/9783110248296-015

Birnie, Patricia/Boyle, Alan E./Redgwell, Catherine, International Law and the Environment, 3. Aufl 2009 [*Birnie/Boyle/Redgwell*, International Law and the Environment]

Bitar, Fouad, Les mouvements transfrontières de déchets dangereux selon la Convention de Bâle, 1997 [*Bitar*, Mouvements Transfrontières]

Buck, Matthias/Helm, Carsten, Zehn Jahre Basler Übereinkommen: Internationaler Handel mit gefährlichen Abfällen, 1999 [*Buck/Helm*, Basler Übereinkommen]

Epiney, Astrid, Umweltrecht der Europäischen Union, 3. Aufl 2013 [*Epiney*, Umweltrecht EU]

Grosz, Mirina, Sustainable Waste Trade under WTO Law: Chances and Risks of the Legal Frameworks Regulation of Transboundary Movements of Wastes, 2011 [*Grosz*, Waste Trade]

Kummer, Katharina, International Management of Hazardous Wastes: The Basel Convention and Related Legal Rules. With an Updated Introduction, 2. Aufl 1999 [*Kummer*, Management]

Langlet, David, Prior Informed Consent and Hazardous Trade, 2. Aufl 2009 [*Langlet*, Hazardous Trade]

Meßerschmidt, Klaus, Europäisches Umweltrecht, 2011 [*Meßerschmidt*, Umweltrecht]

Oexle, Anno/Epiney, Astrid/Breuer, Rüdiger (Hrsg), EG-Abfallverbringungsverordnung, Kommentar, 2010 [Kommentar AbfallverbringungsVO]

Pallemaerts, Marc, Toxics and Transnational Law: International and European Regulation of Toxic Substances as Legal Symbolism, 2003 [*Pallemaerts*, Toxics]

Rengeling, Hans-Werner (Hrsg), Handbuch zum europäischen und deutschen Umweltrecht, Bd 2 (Besonderes Umweltrecht), 1. Teilbd, 2. Aufl 2003 [EUDUR]

Rublack, Susanne, Der grenzüberschreitende Transfer von Umweltrisiken im Völkerrecht, 1993 [*Rublack*, Transfer]

Sands, Philipe/Peel, Jacqueline, Principles of International Environmental Law, 3. Aufl 2012 [*Sands/Peel*, Principles]

Wirth, David A., Hazardous Substances and Activities, in Bodansky, Daniel/Brunnée, Jutta/Hey, Ellen (Hrsg), Oxford Handbook of International Environmental Law, 2007, 394 ff [*Wirth*, Hazardous Substances and Activities]

Verträge

Übereinkommen über die Verhütung der Meeresverschmutzung durch das Einbringen von Abfällen und anderen Stoffen v 29.12.1972 (BGBl 1977 II, 165) [Londoner Dumping-Übereinkommen] — 22

Internationales Übereinkommen von 1973 zur Verhütung der Verschmutzung durch Schiffe in der Fassung des Protokolls von 1978 v 17.2.1978 (BGBl 1996 II, 399) [MARPOL-Übereinkommen] — 22, 72

Montrealer Protokoll über Stoffe, die zum Abbau der Ozonschicht führen v 16.9.1987 (BGBl 1988 II, 1014) [Montrealer Protokoll] — 22

Basler Übereinkommen über die Kontrolle der grenzüberschreitenden Verbringung gefährlicher Abfälle und ihrer Entsorgung v 22.3.1989 (BGBl 1994 II, 2704) [Basler Übereinkommen] — 1, 4, 7, 9, 16, 18, 20, 25–49, 50–55

Viertes AKP-EWG Übereinkommen von Lomé v 15.12.1989 (BGBl 1991 II, 2) [Lomé IV- Abkommen] — 38, 42, 44

Bamako Convention on the Ban on the Import into Africa and the Control of Transboundary Movement and Management of Hazardous Wastes within Africa v 29.1.1991 (ILM 30 [1991] 773) [Bamako Übereinkommen] — 39–41

Übereinkommen über die grenzüberschreitenden Auswirkungen von Industrieunfällen v 17.3.1992 (BGBl 1998 II, 1528) — 23

Waigani Convention to Ban the Importation into Forum Island Countries of Hazardous and Radioactive Wastes and to Control the Transboundary Movement and Management of Hazardous Wastes Within the South Pacific Region v 16.9.1995 (2161 UNTS 91) [Waigani Übereinkommen] — 41

Protocol on the Prevention of Pollution of the Mediterranean Sea by Transboundary Movements of Hazardous Wastes and their Disposal v 1.10.1996 (UN Doc UNEP (OCA) ED/IG.4/4.11) [Izmir Protokoll] — 41

Protokoll zum Übereinkommen über die Verhütung der Meeresverschmutzung durch das Einbringen von Abfällen und anderen Stoffen von 1972 v 7.11.1996 (BGBl 1998 II, 1345) [Londoner Protokoll] — 22

Protokoll zu dem Übereinkommen von 1979 über weiträumige grenzüberschreitende Luftverunreinigung betreffend persistente organische Schadstoffe v 24.6.1998 (BGBl 2002 II, 803) [Århus Protokoll] — 22, 65, 70

Übereinkommen über den Zugang zu Informationen, die Öffentlichkeitsbeteiligung an Entscheidungsverfahren und den Zugang zu Gerichten in Umweltangelegenheiten v 25.6.1998 (BGBl 2006 II, 1251) [Århus Übereinkommen] — 23

Rotterdamer Übereinkommen über das Verfahren der vorherigen Zustimmung nach Inkenntnissetzung für bestimmte gefährliche Chemikalien sowie Pflanzenschutz- und Schädlingsbekämpfungsmittel im internationalen Handel v 10.9.1998 (BGBl 2000 II, 1059) [PIC-Übereinkommen] — 7, 9, 13, 16, 24, 50–63, 66–69
Protocol on Liability and Compensation for Damage Resulting from Transboundary Movements of Hazardous Wastes and Their Disposal v 10.12.1999 (UN Doc UNEP/CHW 1/WG/1/9/2) [Basler Haftungsprotokoll] — 31, 37
Internationales Protokoll von Cartagena über die biologische Sicherheit zum Übereinkommen über die Biologische Vielfalt v 29.1.2000 (BGBl 2003 II, 1505) [Cartagena Protokoll] — 8
Europäisches Übereinkommen über die internationale Beförderung von gefährlichen Gütern auf Binnenwasserstraßen v 26.5.2000 (BGBl 2007 II, 1906) [ADN] — 72
Partnerschaftsabkommen 2000/483/EG zwischen den Mitgliedern der Gruppe der Staaten in Afrika, im Karibischen Raum und im Pazifischen Ozean einerseits und der Europäischen Gemeinschaft und ihren Mitgliedstaaten andererseits v 23.6.2000 (ABl EU 2000, L 317/3) [Cotonou Abkommen] — 42
Stockholmer Übereinkommen über persistente organische Schadstoffe v 23.5.2001 (BGBl 2002 II, 804) [POPs-Übereinkommen] — 4, 13, 15, 19, 21, 50, 62–71
Protokoll über Schadstofffreisetzungs- und -verbringungsregister v 21.5.2003 (BGBl 2007 II, 547) [PRTR-Protokoll] — 23
Ordnung über die international Eisenbahnbeförderung gefährlicher Güter (Règlement concernant le transport international ferroviaire des marchandises dangereuses – RID) v 9.5.1980 idF v 16.5.2008 (BGBl 2008 II, 475) — 72
Hong Kong International Convention for the Safe and Environmentally Sound Recycling of Ships v 19.5.2009 (UN Doc IMO (SR/CONF/45)) [Hongkong Konvention] — 3
Europäisches Übereinkommen über die international Beförderung gefährlicher Güter auf der Straße v 30.9.1957 idF v 25.11.2010 (BGBl 2010 II, 1412) [ADR] — 72
Minamata Convention on Mercury v 18.1.2013 (UN Doc UNEP (DTIE/Hg/CONF/3) [Minamata Übereinkommen] — 3

Rechtsakte der Europäischen Union

Verordnung (EG) Nr 1946/2003 des Europäischen Parlaments und des Rates v 15.7.2003 über grenzüberschreitende Verbringungen genetisch veränderter Organismen (ABl EU 2003, Nr L 287/1) [Gentechnik-Verbringungs-VO] — 8
Verordnung (EG) Nr 850/2004 des Europäischen Parlaments und des Rates v 29.4.2004 über persistente organische Schadstoffe und zur Änderung der Richtlinie 79/117/EWG (ABl EG 1979, Nr L 33/36; ABl EU 2004, Nr L 158/7; ber ABl EU 2004, Nr L 229/5); zuletzt geänd durch VO (EU) Nr 519/2012 (ABl EU 2012, Nr L 159/1) [POP-VO] — 63, 70
Verordnung (EG) Nr 1013/2006 des Europäischen Parlaments und des Rates v 14.6.2006 über die Verbringung von Abfällen (ABl EU 2006, Nr. L 190/1) [AbfallverbringungsVO] — 17, 42–49
Verordnung (EG) Nr 1907/2006 des Europäischen Parlaments und des Rates v 18.12.2006 zur Registrierung, Bewertung, Zulassung und Beschränkung chemischer Stoffe (REACH), zur Schaffung einer Europäischen Agentur für chemische Stoffe, zur Änderung der Richtlinie 1999/45/EG und zur Aufhebung der Verordnung (EWG) Nr 793/93 des Rates, der Verordnung (EG) Nr 1488/94 der Kommission, der Richtlinie 76/769/EWG des Rates sowie der Richtlinien 91/155/EWG, 93/67/EWG, 93/105/EG und 2000/21/EG der Kommission (ABl EU 2006, Nr L 396/1) [REACH-VO] — 20, 21, 58, 62, 73
Verordnung (EG) Nr 689/2008 des Europäischen Parlaments und des Rates v 17.6.2008 über die Aus- und Einfuhr gefährlicher Chemikalien (ABl EU 2008, Nr L 204/1) [EG-Aus- und EinfuhrVO] — 58
Richtlinie 2008/68/EG des Europäischen Parlaments und des Rates v 24.9.2008 über die Beförderung gefährlicher Güter im Binnenland (ABl EU 2008, Nr L 260/13) [RL 2008/68/EG] — 73
Richtlinie 2008/98/EG des europäischen Parlaments und des Rates v 19.11.2008 über Abfälle und zur Aufhebung bestimmter Richtlinien (ABl EU 2008, Nr L 312/3) [AbfallrahmenRL] — 49
Richtlinie 2008/105/EG des Europäischen Parlaments und des Rates v 16.12.2008 über Umweltqualitätsnormen im Bereich der Wasserpolitik (ABl EU 2008, Nr L 348/84; zuletzt geänd durch Richtlinie 2013/39/EU, ABl EU 2013, Nr L 226/1) [UmweltqualitätsnormenRL] — 71
Verordnung (EG) Nr 1272/2008 des Europäischen Parlaments und des Rates v 16.12.2008 über die Einstufung, Kennzeichnung und Verpackung von Stoffen und Gemischen (ABl EU 2008, Nr L 353/1) [VO (EG) Nr 1272/200] — 18, 73

Richtlinie 2010/75/EU des Europäischen Parlaments und des Rates v 17.11.2010 über Industrieemissionen (integrierte Vermeidung und Verminderung der Umweltverschmutzung) (ABl EU 2010, Nr L 334/17) [IndustrieemissionenRL] — 71

Richtlinie 2012/18/EU des Europäischen Parlaments und des Rates v 4.7.2012 zur Beherrschung der Gefahren schwerer Unfälle mit gefährlichen Stoffen, zur Änderung und anschließenden Aufhebung der Richtlinie 96/82/EG des Rates (ABl EU Nr L 197/1) [Seveso-III-RL] — 23

Judikatur

Internationaler Gerichtshof

Pulp Mills on the River Uruguay (Argentina v Uruguay), Urteil v 20.4.2010, ICJ Rep 2010, 14 *[Pulp Mills]* — 10, 67

Internationale Schiedsgerichte

Trail Smelter Arbitration (USA v Canada), Schiedssprüche v 16.4.1938 und 11.3.1941, RIAA III, 1905, 1938 *[Trail Smelter]* — 6, 9

Lac Lanoux Arbitration (Spain v France), Schiedsspruch v 16.11.1957, RIAA XII, 281 *[Lac Lanoux]* — 10

Europäischer Gerichtshof

Urteil v 9.7.1992 – Rs C-2/90, Slg 1992, I-4431 — 20
Urteil v 10.1.2006 – Rs C-178/03, Slg 2006, I-107 — 58
Urteil v 8.9.2009 – Rs C-411/06, Slg 2009, I-7585 — 58
Urteil v 4.3.2010 – Rs C-297/08, Slg 2010, I-1754 — 3
Urteil v 20.4.2010 – Rs C-246/07, Slg 2010, I-03317 — 21

Gericht der Europäischen Union

Urteil v 9.9.2011 – Rs T-475/07, ABl EU 2011, Nr C 311, 35 — 70

Deutsche Gerichte

BVerfG, Urteil v 6.7.2005 – 2 BvR 2335/95 und 2391/95, BVerfGE 113, 128 — 30
VGH Mannheim, Urteil v 13.7.2010 – 10 S 470/10, VBlBW 2011, 313 — 61

I. Problemstellung und übergreifende Rechtsstrukturen

1. Die Verbringung von Abfällen und gefährlichen Stoffen als Umweltproblem

a) Mülltourismus, Chemieunfälle und die Ursprünge des internationalen Stoffrechts

1 Weite Teile des modernen Umweltvölkerrechts sind als Folge massiver Verschlechterungen der Umwelt und einzelner Katastrophen in den 1960er und 1970er Jahren entstanden.[1] Auch das heutige internationale Abfall- und Gefahrstoffrecht stellt in vieler Hinsicht eine Reaktion der Staatengemeinschaft auf eine Reihe aufsehenerregender internationaler *Giftmüllskandale* in den 70er und 80er Jahren dar, die Anlass zu einer Solidarisierung der internationalen Umweltbewegung mit der Dritten Welt wurden und damit erheblich zur globalen ökologischen Bewusstseinsbildung beitrugen.[2] Tatsächlich fanden bis in die 1980er Jahre weitgehend unreglementiert massive Abfallverbringungen und problematische Exporte insbes von Pestiziden und anderen Agrochemikalien in die Dritte Welt statt.[3] Vor diesem Hintergrund wurde namentlich die Erarbei-

1 Vgl etwa die Darstellung bei *Bodansky*, The Art and Craft of International Environmental Law, 2010, 26 ff.
2 Vgl bes *Radkau*, Die Ära der Ökologie: Eine Weltgeschichte, 2011, 194 f.
3 Das wird deutlich bei *Pösel*, Legale und illegale Abfallexporte, ZUR 1993, 214 ff; *Bernstorff/Stairs*, POPs in Africa: Hazardous Waste Trade 1980-2000. A Greenpeace Inventory, 2. Aufl 2001; *Pallemaerts*, Toxics, 421; illustrativ auch das Bsp bei *Ross*, Legally Binding Prior Informed Consent, CJIELP 10 (1999), 499.

tung und Unterzeichnung des *Basler Übereinkommens* über die Kontrolle der grenzüberschreitenden Verbringung gefährlicher Abfälle und ihrer Entsorgung (näher zu diesem Rn 25ff) zunächst in erster Linie auf den Versuch reduziert, ein „Ende des Giftmüllkolonialismus" herbeizuführen.[4]

2 Gleichwohl lag und liegt der Schwerpunkt entsprechender Verbringungen quantitativ in den Industriestaaten selbst[5] – zB innerhalb der Europäischen Union[6] –, sodass die Problemstellung trotz der unbestreitbaren besonderen Vulnerabilität der Entwicklungsländer (dazu nachfolgend Rn 12) keineswegs auf einen Nord-Süd-Konflikt reduziert werden darf. Ein aufsehenerregendes Bsp für die europäische Dimension des Problems lieferten der Chemieunfall in der italienischen Gemeinde *Seveso* bei Mailand am 10.7.1976 und die anschließende Odyssee der im Zuge der Dekontaminationsarbeiten befüllten Giftfässer, die zunächst verschwanden und erst nach umfangreichen Ermittlungen in Frankreich wiedergefunden werden konnten. Dass die Risiken entsprechender Verbringungen zudem keineswegs auf den zunächst hervorgehobenen Bereich der Abfälle beschränkt sind, verdeutlichte am 3.12.1984 nochmals schlaglichtartig die Chemiekatastrophe im indischen *Bhopal*.[7]

3 Seit diesen Vorkommnissen sind die international verbrachten Stoff- und Abfallmengen quantitativ gleichwohl auf Grund des insgesamt *erhöhten Aufkommens* offenbar nicht geringer geworden.[8] Zu diesen weiterhin gewaltigen Verbringungsmengen – in den letzten Jahren namentlich in den Bereichen des *Elektronikschrotts*[9] und der Entsorgung von *Tankerschiffen*[10] – tritt die große und weiterhin anwachsende Bandbreite der industriell erzeugten und benutzten Stoffe,[11] deren Gefahrenpotential nur für einen Bruchteil der Stoffarten bekannt ist.[12] Trotz ihrer Gefahrenpotentiale sind allerdings viele dieser Stoffe für die moderne Industriegesellschaft derzeit *unverzichtbar* (vgl Rn 51) oder zumindest momentan noch unvermeidbar. Ein bekanntes Bsp liefert das bei allen Verbrennungsprozessen entstehende Quecksilber,[13] für das nunmehr das derzeit noch nicht in Kraft getretene und von der Union noch nicht ratifizierte *Minamata*

---

4 Vgl *Bartram/Engel*, Ende des Giftmüllkolonialismus?, VN 1989, 115ff; *Cusack*, International Law and the Transboundary Shipment of Hazardous Waste to the Third World: Will the Basel Convention Make a Difference?, AUILR 5 (1990) 393ff; allg auch *Buck/Helm*, Basler Übereinkommen, 12f zur „Abfallverbringung als Teil des Nord-Süd-Konflikts". Eine zugespitzte Form dieser Vorstellung ist die Deutung der Abfallverbringung als „environmental racism", vgl zu dieser These die differenzierte Kritik bei *Albers*, Responsibility and Liability in the Context of Transboundary Movements of Hazardous Wastes by Sea, 2015, 31f.

5 So deutlich *Clapp*, Toxic Exports: The Transfer of Hazardous Wastes from Rich to Poor Countries, 2001, 27ff; vgl auch *Rublack*, Transfer, 28ff.

6 Vgl die Bsp bei *Meßerschmidt*, Umweltrecht, § 18 Rn 187.

7 Vgl zu alledem *Hofmann*, Lernen aus Katastrophen: Nach den Unfällen von Harrisburg, Seveso und Sandoz, 2008; *Nanda/Bailey*, Nature and Scope of the Problem, in Handl/Lutz (Hrsg), Transferring Hazardous Technologies and Substances: The International Legal Challenge, 1989, 3ff.

8 Zahlen aus den Jahren 1989 bis 1993 finden sich bei *Clapp* (Fn 5) 30, solche mit Stand 2009 bei *Cox*, The Trafigura Case and the System of Prior Informed Consent Under the Basel Convention – A Broken System?, LEAD Journal 6 (2010) 263 (267).

9 Dazu zuletzt *Olowu*, Menace of E-Wastes in Developing Countries: An Agenda for Legal and Policy Responses, LEAD Journal 8 (2012) 59ff.

10 Zahlen hierzu liefert das Grünbuch der Kommission v 22.5.2007 zur Verbesserung der Abwrackung von Schiffen, KOM(2007)0269. Völkerrechtliche Lösungsversuche enthält die im Rahmen der IMO erarbeitete, derzeit erst von wenigen Staaten ratifizierte und noch nicht in Kraft befindliche Hong Kong Konvention, vgl zu diesem Instrument *Engels*, European Ship Recycling Regulation: Entry-Into-Force Implications of the Hong Kong Convention, 2013. S a *Matz-Lück*, 12. Abschn Rn 100.

11 *Wirth*, Hazardous Substances and Activities, 395 erwähnt 26 Mio verschiedener Stoffe, von denen (so 399) aber nur etwa 100.000 industriell genutzt würden. Ähnliche Zahlen finden sich für den Markt der Union bei *Meßerschmidt*, Umweltrecht, § 19 Rn 30.

12 Näher *Beyerlin/Marauhn*, International Environmental Law, 211f mwN.

13 Zum Problem *Durner/Gies*, Ende der Kohlenutzung kraft europäischen Wasserrechts?, 2012, 5, sowie vertiefend die Beiträge in Zuber/Newman (Hrsg), Mercury Pollution: A Transdisciplinary Treatment, 2011.

Übereinkommen konkrete Handelsrestriktionen und differenzierte Maßnahmen und Zeithorizonte zur Reduzierung entsprechender Emissionen vorsieht.[14] Zudem kann selbst im Bereich des Abfalls eine grenzüberschreitende Verbringung im konkreten Fall auch umweltpolitische Vorteile bringen, sofern eine Entsorgung im Importland auf technisch höheren Standards erfolgt als im Exportland. Dies zeigt sich etwa im Falle der wiederholten Einfuhr italienischer Haushaltsabfälle zur Entsorgung nach Deutschland, die freilich auf massive Versäumnisse der lokalen Abfallpolitik in den betroffenen italienischen Regionen zurückgehen.[15] Darüber hinaus wird an diesem Bsp deutlich, dass eine grenzüberschreitende Verbringung nicht nur im Interesse einer ordnungsgemäßen Entsorgung zweckdienlich, sondern zugleich auch für das Importland von wirtschaftlichem Interesse sein kann. Ein generelles Verbot entsprechender Verbringungsvorgänge oder gar Erzeugungsprozesse erscheint vor diesem Hintergrund – sieht man von bestimmten extrem toxischen Stoffen ab – weder realistisch noch erstrebenswert.

4 Gleichwohl ergibt sich aus diesem Spannungsverhältnis ökologischer und ökonomischer Perspektiven ein regelungstechnischer *Grundkonflikt*, der letztlich nahezu das gesamte Abfall- und Gefahrstoffrecht durchzieht: So bildet das genannte Basler Übereinkommen einen ausgleichenden Kompromiss zwischen den divergierenden Forderungen einerseits nach einem vollständigen Verbot sämtlicher Abfallverbringungen – zumindest in die Dritte Welt – und andererseits einer reglementierten Handelbarkeit von Abfällen[16] (vgl dazu weiter Rn 12 und 25). Ähnliche Konflikte bestehen im Hinblick auf den Anwendungsbereich des POPs-Übereinkommens (näher nachfolgend Rn 68). Die jeweils gefundene Balance zwischen verschiedenen divergierenden Ansätzen wird dabei rechtspolitisch stets angreifbar bleiben. In beiden Fällen ermöglicht allerdings der dynamische Regimecharakter der entsprechenden Übereinkommen auch eine *prozesshafte Bewältigung* der Problemlagen (dazu Rn 33ff und 69) und damit die Anpassung an den technischen Fortschritt.

b) Grenzüberschreitende Abfall- und Stoffverbringung als Umweltrisikotransfer

5 Wird die grenzüberschreitende Verbringung gefährlicher Abfälle und Stoffe zugelassen, so führt dies – ebenso wie der Export umweltgefährdender Technologien oder die Auslagerung risikoreicher Prozesse in andere Länder – zu einem zwischenstaatlichen „*Transfer von Umweltrisiken*", der im Ausgangspunkt ganz ähnliche Interessenkonflikte aufwirft wie die grenzüberschreitende Umweltverschmutzung. Bereits durch diesen Souveränitätskonflikt werden beide Phänomene zum Gegenstand zwischenstaatlicher Interessenkonflikte und damit zugleich des Völkerrechts.[17] Allerdings geht das Gefährdungspotential bestimmter besonders gefährlicher Stoffe und Abfälle über bilaterale Problemstellungen und überhaupt über die Problematik der Verbringungsvorgänge deutlich hinaus (vgl zur rechtlichen Bewältigung dieser Probleme nachfolgend Rn 63ff), wie die auf atmosphärische und wassergebundene Ferntransporte zurückgehende wachsende Anreicherung persistenter Umweltschadstoffe in Tieren

---

14 Zur Entstehung des Übereinkommens eingehend *Eriksen/Perrez*, The Minamata Convention: A Comprehensive Response to a Global Problem, RECIEL 23 (2014) 195ff; zu den Herausforderungen der Umsetzung *Templeton/Kohler*, Implementation and Compliance under the Minamata Convention on Mercury, RECIEL 23 (2014) 211ff.

15 Vgl dazu EuGH, Rs C-297/08, Slg I-2010, 1754ff; *Dieckmann*, Entsorgungsautarkie der Mitgliedstaaten nach der Novelle der EG-Abfallrahmenrichtlinie, ZUR 2008, 505 (511 f).

16 Deutlich macht dies bereits im Titel *Mehri*, Prior Informed Consent: An Emerging Compromise for Hazardous Exports, Cornell ILJ 21 (1988) 365ff.

17 Grundlegend für eine einheitliche Betrachtung des Gesamtphänomens *Rublack*, Transfer; vgl weiter *Handl/Lutz*, The Transboundary Trade in Hazardous Technologies and Substances from a Policy Perspective, in dies (Fn 7) 40ff, sowie zuletzt die Überlegungen bei *Kummer Peiry*, The Chemicals and Waste Regime as a Basis for a Comprehensive International Framework on Sustainable Management of Potentially Hazardous Materials?, RECIEL 23 (2014) 172ff.

aus arktischen Regionen[18] oder in menschlichen Nahrungsketten ebenso verdeutlicht wie das global wirkende Problem der Entsorgung FCKW-haltiger Klimaanlagen in der Dritten Welt.[19] Vor diesem Hintergrund ist das internationale Abfall- und Gefahrstoffrecht zwar im Ausgangspunkt eng mit dem völkerrechtlichen Nachbarrecht verknüpft, hat jedoch sowohl in seinen Problemlagen als auch in seinem Instrumentenansatz das bilateral konzipierte Nachbarrecht hinter sich gelassen und bedient sich *globaler Regelungsstrategien*. Auch im Abfall- und Gefahrstoffrecht zeigt sich so einmal mehr die Transformation des modernen Völkerrechts von einem Koexistenzrecht der Staaten zu einem Recht der internationalen Zusammenarbeit.[20]

2. Rechtsstrukturen und Akteure

a) Leitlinien des Umgangs mit gefährlichen Abfällen und Stoffen

6 Durch seinen Bezug zu bilateralen Souveränitätskonflikten weist das völkerrechtliche Abfall- und Gefahrstoffrecht gleichwohl zunächst in Teilen *Bezüge zum völkerrechtlichen Nachbarrecht* auf, das wiederum in seinen Grundzügen auf zentrale Normen des Völkergewohnheitsrechts zurückgeht. Dies gilt insbes für das u a in der berühmten *Trail Smelter*-Entscheidung[21] anerkannte gewohnheitsrechtliche Verbot erheblicher grenzüberschreitender Umweltschädigungen.[22] In der vielfach bekräftigten Formulierung des Grundsatzes 21 der Abschlussdeklaration der Umweltkonferenz der Vereinten Nationen in Stockholm im Jahr 1972 verpflichtet dieses sog *nachbarliche Schädigungsverbot* sämtliche Staaten, „dafür zu sorgen, dass durch Tätigkeiten innerhalb ihres Umwelt- und Kontrollbereichs der Umwelt in anderen Staaten oder in Gebieten außerhalb ihres nationalen Hoheitsbereichs kein Schaden zugefügt wird".[23] Obwohl der Völkerrechtssatz konzeptionell vor allem auf grenzüberschreitende Wirkungs- und Verschmutzungszusammenhänge, weniger jedoch auf die Verbringung einer ganzen Verschmutzungsquelle ausgerichtet ist,[24] erscheint er in dieser allg Formulierung grundsätzlich auch auf die Verbringung gefährlicher Abfälle und Stoffe anwendbar und verbietet insoweit die Zulassung von Transporten, die Umweltschäden in anderen Staaten oder in hoheitsfreien Gebieten verursachen. Allerdings impliziert das Schädigungsverbot selbst im Hinblick auf besonders gefährliche Verhaltensweisen (*ultra hazardous-activities*) nach vorherrschender Sicht kein absolutes Verbot zur Unterlassung der Tätigkeit, sondern lediglich gesteigerte Sorgfaltsstandards.[25]

7 Eine spezifische Ausprägung des nachbarlichen Schädigungsverbots für die Problematik der Verbringung gefährlicher Abfälle und Stoffe bildet das in verschiedenen Verträgen veranker-

18 Näher *Kallenborn/Herzke*, Schadstoff-Ferntransport in die Arktis, UWSF-Z 13 (2001) 216 ff.

19 Auf diese Globalität verweist *Winter*, Dangerous Chemicals: A Global Problem on its Way to Global Governance, in FS Rehbinder, 2007, 819 (821).

20 Dazu statt vieler *Bleckmann*, Zur Wandlung der Strukturen der Völkerrechtsverträge, AVR 34 (1996) 218 ff; *Delbrück/Dahm/Wolfrum*, Völkerrecht, Bd I/2, 2. Aufl 2002, 212 mwN, sowie grundlegend *Friedmann*, The Changing Structure of International Law, 1964, 60.

21 *Trail Smelter*, 1965 ff.

22 Umfassend dazu *Birnie/Boyle/Redgwell*, International Law and the Environment, 137 ff; zusammenfassend *Proelß*, Raum und Umwelt im Völkerrecht, in Graf Vitzthum/Proelß (Hrsg), Völkerrecht, 7. Aufl 2016, 5. Abschn Rn 94 ff. Zum Ganzen *Proelß*, 3. Abschn Rn 8 ff.

23 Stockholm Declaration (1972), deutsch in EA 18 (1972), D 443 ff; grundlegend zu den Akzentverschiebungen dieser Formulierung *Sohn*, The Stockholm Declaration on the Human Environment, Harvard ILJ 14 (1973) 423 (485 ff).

24 So zurecht *Kummer*, Management, 19; vgl weiter die relativierenden Überlegungen bei *Langlet*, Hazardous Trade, 49 ff und 61 ff.

25 *Dederer*, Staatenverantwortlichkeit („State responsibility") und Haftung („liability") im Bereich der „ultrahazardous activities", in Proelß (Hrsg), Verantwortlichkeit und Haftung für Umweltschäden, 2013, 13 (21 ff); vgl weiter *Handl*, Transboundary Impacts, in Bodansky/Brunnée/Hey (Hrsg), Oxford Handbook of International Environmental Law, 2007, 531 (538 ff).

te *Verfahren der vorherigen Zustimmung* des Importstaats (die sog PIC-Prozedur), das verfahrensrechtliche Voraussetzungen formuliert, unter denen eine Verbringung gefährlicher Abfälle oder Chemikalien formell zulässig ist. Dieses ursprünglich namentlich von UNEP und der OECD entwickelte und empfohlene (vgl dazu Rn 17 f) Verfahren wurde erstmals im Abfallbereich 1989 durch das *Basler Übereinkommen* bindend verankert (vgl nachfolgend Rn 28 f) und bildet anschließend 1998 den konzeptionellen Ausgangspunkt des *PIC-Übereinkommens* (vgl zu diesem u Rn 52 und 55).

8 Außerhalb des eigentlichen Abfall- und Gefahrstoffrechts beruht auch das Internationale Protokoll über die biologische Sicherheit, das sog *Cartagena Protokoll*, auf vergleichbaren Grundsätzen: Es normiert in seinen Art 7ff ein im Detail sehr komplexes „Verfahren der vorherigen Zustimmung in Kenntnis der Sachlage" für die grenzüberschreitende Verbringung solcher lebender veränderter Organismen, die zum Zweck der absichtlichen Einbringung in die Umwelt eingeführt werden und die ggf nachteilige Auswirkungen auf die biologische Vielfalt haben können.[26] Nach Art 10 Abs 3 Cartagena Protokoll kann sich der Einfuhrstaat für die Genehmigung der Einfuhr mit oder ohne Auflagen, das Verbot der Einfuhr oder die Nachforderung zusätzlicher Angaben entscheiden, wobei die entsprechenden Risikobeurteilungen gemäß Art 10 Abs 1 und Art 15 „streng wissenschaftlich" entsprechend der Anlage III durchzuführen sind. In der Union werden auch diese Vorgaben – ähnlich wie in den Bereichen des Abfall- und Gefahrstoffrechts – einheitlich durch die Gentechnik-VerbringungsVO umgesetzt; da allerdings bereits das ältere Unionsrecht Regelungen für die Einfuhr und den Transport solcher Organismen enthielt, beschränkt sich die Verordnung im Wesentlichen auf Regelungen zur Ausfuhr in Drittstaaten.[27] Trotz der abweichenden Begrifflichkeiten sind die *Übereinstimmungen* dieses Verfahrens mit der abfall- und stoffrechtlichen PIC-Prozedur augenfällig.[28]

b) Gewohnheitsrechtliche Geltung des PIC-Verfahrens?

9 Angesichts dieser verbreiteten Staatenpraxis wird die PIC-Prozedur zunehmend als *Völkergewohnheitsrecht* angesehen.[29] Allerdings hängt zumindest im Gefahrstoffbereich der Anwendungsbereich des Verfahrens noch weithin von politischen Erwägungen ab (näher dazu Rn 54). Für eine gewohnheitsrechtliche Geltung des PIC-Verfahrens spricht neben dieser Vertragspraxis und der Nähe zu dem nachbarlichen Schädigungsverbot gleichwohl auch der Grundsatz der *Gebietshoheit* des Importstaats.[30] Anders als bei vielen anderen grenzüberschreitenden Umweltkonflikten ist ein betroffener Staat grundsätzlich berechtigt, Abfall- oder Gefahrgutimporte auf sein Staatsgebiet durch Ausübung seiner territorialen Staatsgewalt zu verhindern oder zu reglementieren; faktisch hängt diese Option freilich davon ab, dass ihm ein solcher Import überhaupt zur Kenntnis gelangt.[31] Tatsächlich beruht zumindest das Basler Übereinkommen ausweislich seines Erwägungsgrunds 6 von vornherein auf der „Anerkennung des souveränen Rechts jedes

---

26 Näher zu dieser „Advance Informed Agreement Procedure" *Scheyli*, Das Cartagena-Protokoll über biologische Sicherheit zur Biodiversitätskonvention, ZaöRV 60 (2000) 771 (776ff) mwN.

27 Näher *Meßerschmidt*, Umweltrecht, § 20 Rn 51f.

28 Vgl *Yifru/Fujii/Garforth*, The Decision-Making Procedures of the Protocol, in Cordonier Segger/Perron-Welch/Frison (Hrsg), Legal Aspects of Implementing the Cartagena Protocol on Biosafety, 2013, 78 (83ff); *Wirth*, Hazardous Substances and Activities, 414f.

29 Als geltendes Gewohnheitsrecht bezeichnen das Institut daher (für das Abfallrecht) *Birnie/Boyle/Redgwell*, International Law and the Environment, 476; *Kummer*, Management, 23ff; skeptisch hingegen *Langlet*, Hazardous Trade, 66 („highly uncertain"); *Rublack*, Transfer, 132ff, sowie für den Gefahrstoffbereich *Gündling*, Prior Notification and Consultation, in Handl/Lutz (Fn 7) 63 (81 f). Allg zur Relevanz des Gewohnheitsrechts im Umweltvölkerrecht *Epiney*, 1. Abschn Rn 58ff.

30 Allg zur Gebietshoheit *Proelß* (Fn 22) Rn 2ff.

31 Vgl *Langlet*, Hazardous Trade, 9 und 42ff.

Staates, die Einfuhr von aus dem Ausland stammenden gefährlichen Abfällen und anderen Abfällen in sein Hoheitsgebiet oder die Entsorgung in seinem Hoheitsgebiet zu verbieten". IdS können auch die Basler und Rotterdamer Übereinkommen als weitreichendere *Konkretisierungen* des nachbarlichen Schädigungsverbots und der Pflicht zur Respektierung der Gebietshoheit und territorialen Integrität anderer Staaten verstanden werden.[32]

10 Zugleich steht die PIC-Prozedur im Zusammenhang mit der gewohnheitsrechtlichen Pflicht zur *vorherigen Information* bzw *Konsultation* betroffener Staaten im Falle umweltbelastender oder risikobehafteter Projekte im Grenzbereich, wie sie bereits u a im *Lac-Lanoux*-Fall anerkannt wurde.[33] Nach *Kummer* lässt sich die gewohnheitsrechtliche Geltung der PIC-Prozedur sogar im Erst-Recht-Schluss aus den gewohnheitsrechtlich anerkannten nachbarlichen Konsultationspflichten ableiten, weil die Verbringung von Abfällen oder Chemikalien in ihrer nachbarlichen Intensität über Handlungen auf dem eigenen Staatsgebiet hinausgehe.[34] Freilich wird im Bereich des Nachbarrechts – anders als bei der PIC-Prozedur – die Zustimmung des Nachbarstaates zur Projektverwirklichung gerade nicht als erforderlich angesehen.[35] Vor diesem Hintergrund ist die PIC-Prozedur bereits in ihren Rechtsfolgen von den Verfahrenspflichten des Nachbarrechts zu unterscheiden.

11 Obwohl sich somit manche Gesichtspunkte für eine gewohnheitsrechtliche Geltung der PIC-Prozedur ins Feld führen lassen, bleiben die entsprechenden Vorgaben nicht nur in ihrer Geltung umstritten, sondern wegen ihrer hohen Generalität ohnehin *konkretisierungsbedürftig*. Entsprechendes gilt für die Versuche, auf der Grundlage des völkerrechtlichen Menschenrechtsschutzes – meist wenig greifbare – Mindestanforderungen an den Umgang mit Abfällen und Gefahrstoffen zu entwickeln.[36] Auch die Pflicht zur Durchführung eines PIC-Verfahrens bildet – ähnlich wie das nachbarliche Schädigungsverbot selbst – primär eine *„konkretisierungsfähige Grundnorm"*,[37] also ein konzeptionelles Regelungsmodell, das als solches ohne weitere prozedurale Festlegungen, formale Vereinheitlichungen und die Errichtung zuständiger und leistungsfähiger Behörden[38] noch kaum vollzugsgeeignet ist, das aber durch völkerrechtliche Verträge und Abkommen ausgestaltet und operabel gemacht werden kann.[39] Der Streit um die formale Einordnung der PIC-Prozedur als Völkergewohnheitsrecht darf vor diesem Hintergrund nicht überbewertet werden.[40]

c) Leistungsgrenzen des PIC-Verfahrens – materielle Beschränkungen

12 Ebenso wenig überschätzt werden darf zudem die grundsätzliche *Problemlösungskraft* des PIC-Verfahrens: Die schlichte Einhaltung seiner einzelnen Verfahrensschritte bietet als solche keine

32 So eingehend *Parrish*, Sovereignty's Continuing Importance: Traces of Trail Smelter in the International Law Governing Hazardous Waste Transport, in Bratspies/Miller (Hrsg), Transboundary Harm in International Law: Lessons from the Trail Smelter Arbitration, 2006, 181ff; ähnlich *Birnie/Boyle/Redgwell*, International Law and the Environment, 478.

33 *Lac Lanoux*, 281ff; umfassend dazu *Kirgis*, Prior Consultation in International Law, 1983, vor allem 88ff und 128ff.

34 *Kummer*, Management, 24.

35 Vgl zuletzt den IGH im *Pulp Mills*-Fall, 60.

36 Exemplarisch *Gwam*, Toxic Waste and Human Rights, 2010, bes 191ff; wenig konkret im Hinblick auf die Konsequenzen insoweit auch *Langlet*, Hazardous Trade, 6f. Zum Umweltschutz durch Menschenrechte auf universeller und regionaler Ebene *Vönkey/Beck*, 5. Abschn Rn 8ff, 15ff, 33ff.

37 *Epiney*, Das „Verbot erheblicher grenzüberschreitender Umweltbeeinträchtigungen": Relikt oder konkretisierungsfähige Grundnorm?, AVR 33 (1995) 309ff.

38 Vgl zu diesem Aspekt bes *Krueger*, Prior Informed Consent and the Basel Convention: The Hazards of What Isn't Known, JED 7 (1998) 115 (134).

39 Vgl zur Notwendigkeit weiterer Konkretisierungen der PIC-Prozedur auch *Ross* (Fn 3) 520.

40 Vertiefend dazu die relativierenden Beobachtungen bei *Bodansky* (Fn 1) 191ff.

Gewähr dafür, dass anschließend nachhaltige umweltpolitische Entscheidungen auch tatsächlich getroffen und durchgesetzt werden.[41] Dieser Befund verdeutlicht die allg Leistungsgrenzen des reinen Umweltverfahrensrechts.[42] Auch setzt eine „informierte Entscheidung" des Importstaats gerade im Gefahrstoffbereich die Existenz hinreichend aussagekräftiger Informationen über den einzelnen Stoff voraus, die tatsächlich vielfach objektiv schon gar nicht vorhanden sind (vgl bereits Rn 3). Zudem hat sich über Jahrzehnte immer wieder erwiesen, dass vor allem Entwicklungsländer logistisch und verwaltungstechnisch vielfach kaum in der Lage sind, den Anforderungen des PIC-Verfahrens gerecht zu werden und die Implikationen einer Einfuhrnotifikation wirklich problemadäquat zu verarbeiten.[43]

13 Diese Beschränkungen reduzieren die Effektivität und Steuerungskraft des Instruments zwar keineswegs auf bloße Symbolik.[44] Das PIC-Verfahren bedarf allerdings in bestimmten Fällen *flankierender materieller Reglementierungen*. Aus diesem Grund haben im Bereich der Abfallwirtschaft die Entwicklungsländer und Umweltverbände immer wieder totale Importverbote gefordert (näher Rn 25 sowie 40 f), und aus demselben Grund wird im Bereich des Gefahrstoffrechts der verfahrensrechtliche Ansatz des Rotterdamer Übereinkommens (dazu nachfolgend Rn 51 ff) durch den materiell-rechtlichen Ansatz des Stockholmer Übereinkommens über persistente organische Schadstoffe ergänzt (dazu Rn 63 ff). Materielle Verbote und Beschränkungen bilden daher neben der PIC-Prozedur immer mehr ein *zweites regelungstechnisches Schlüsselelement* des internationalen Abfall- und Gefahrstoffrechts.

d) Völkervertragsrecht, informale Standards und Soft-Law

14 Die internationale Verbringung und Behandlung gefährlicher Abfälle und Chemikalien unterliegen einem mittlerweile hochkomplexen Netz formeller und informaler Regeln, in denen neben den dargestellten Grundprinzipien und den im Folgenden ausführlich darzustellenden konkretisierenden völkerrechtlichen Verträgen (zu diesen im Einzelnen Rn 25 ff) auch *informale Standards* und Empfehlungen sowie Elemente der supranationalen industriellen *Selbstregulierung* eine wichtige Rolle spielen.[45] Teilweise sind auch diese Soft-Law-Instrumente eher programmatisch oder auf der Ebene allg Rechtsprinzipien angesiedelt: So sollen die Staaten nach Grundsatz 14 der Rio-Erklärung „tatkräftig zusammenarbeiten", um im Hinblick auf stark umwelt- oder gesundheitsgefährdende Tätigkeiten und Stoffe „die Verlegung und den Transfer in andere Länder [...] zu erschweren oder zu verhindern".[46] Grundsatz 15 der Rio-Erklärung fordert die Staaten vor allem dort, wo schwerwiegende oder bleibende Schäden drohen, zur Anwendung des schillernden Vorsorgegrundsatzes auf.[47] Neben diese allg Leitlinien treten jedoch vielfach – ebenfalls

---

41 Darauf verweist bes *Pallemaerts*, Toxics, 691 ff.

42 Vgl zu dieser Grundfrage – tendenziell optimistischer als hier – bereits *Hagenah*, Prozeduraler Umweltschutz: Zur Leistungsfähigkeit eines rechtlichen Regelungsinstruments, 1996. Zum Umweltschutz durch Verfahren *Epiney*, 4. Abschn Rn 4 ff, 19 ff, 42 ff.

43 Näher *Cox* (Fn 8) 277 f; *Gündling* (Fn 29) 63 ff; *Langlet*, Hazardous Trade, 293, jeweils mwN.

44 So aber ansatzweise *Pallemaerts*, Toxics, 701 ff.

45 Illustrativ dazu *Winter* (Fn 19) 823 ff; vgl zum Folgenden weiter *Lutz/Aron*, Codes of Conduct and other International Instruments, in Handl/Lutz (Fn 7) 129 ff; *Pache*, Gefahrstoffrecht, in Koch (Hrsg), Umweltrecht, 4. Aufl 2014, § 12 Rn 19 ff; *Pallemaerts*, Toxics, 718 ff; *Wirth*, Hazardous Substances and Activities, 397 ff sowie zusammenfassend *Durner*, Soft Law und bindende Verträge im internationalen Chemikalienrecht, in FS Kloepfer, 2013, 347 ff; aus einer allg Perspektive auch die Beiträge bei Kloepfer (Hrsg), Selbst-Beherrschung im technischen und ökologischen Bereich, 1998.

46 Zum Hintergrund dieses Grundsatzes *Pallemaerts*, Toxics, 555 f.

47 Declaration of the UN Conference on Environment and Development, ILM 31 (1992) 874 ff, deutsch u a in JbUTR 1993, 411 ff; vgl dazu *Ruffert*, Das Umweltvölkerrecht im Spiegel der Erklärung von Rio und der Agenda 21, ZUR 1993, 208 (210 f), der die erwähnten Grundsätze als politische Agenda einstuft. Zum Ganzen *Proelß*, 3. Abschn Rn 24 ff.

in formal unverbindlicher Form – *konkrete technische Anleitungen* und prozedurale Verhaltensstandards, die ersichtlich auf unmittelbare Vollziehbarkeit angelegt sind.

15 Die Ausprägung dieses Phänomens ist in vieler Hinsicht den Besonderheiten der Aufgabenstellung geschuldet: Das umweltpolitische Anforderungsprofil der international verbreiteten Stoffe und Abfälle ist derart unterschiedlich und komplex, dass sich der sinnhafte Anwendungsbereich abstrakter Rechtssätze vor allem auf *Grundsatznormen* und Verfahrensregelungen beschränkt. Im Detail birgt dann jedoch jede Stoff- oder Abfallgruppe unterschiedliche spezifische Risiken[48] und bedarf daher – auf der Grundlage einer individuellen Risikobewertung – eines *spezifischen Risikomanagements*. Die insoweit erforderlichen differenzierten materiellen Standards sind auf internationaler Ebene nur schwer zu entwickeln. In dieser und in vergleichbaren Situationen bedient sich das Völkerrecht daher oft generalklauselartiger Standards – insbes des Verweises auf *„beste verfügbare Techniken“* (BATs) – und setzt im Übrigen auf einschlägige nationale Regelungen und selbstregulative Industriestandards, um diese Vorgaben auszufüllen.[49] Dieser Ansatz wurde namentlich im Zusammenhang mit persistenten organischen Schadstoffen (POPs) aufgegriffen (vgl dazu nachfolgend Rn 67 sowie Rn 70 f). Ähnlich wie im nationalen Recht führen derartige de-facto-Verweisungen einerseits zu Rechtsunsicherheiten im Hinblick auf das völkerrechtlich Geschuldete, können indes potentiell im besten Fall auch zu einer Dynamisierung der entsprechenden Standards beitragen, wenn Staaten, regionale Integrationsgemeinschaften oder auch NGOs die Wissensgenerierung und die technischen Standards unilateral vorantreiben und ihre Erkenntnisse in den internationalen Diskurs einspeisen.[50]

16 Im Übrigen weist das im Bereich des Abfall- und Gefahrstoffrechts produzierte Soft Law viele jener Merkmale auf, die auch im weiteren Umweltvölkerrecht bereits oft beschrieben wurden:[51] Gegenüber der dornenreichen Verhandlung und Inkraftsetzung förmlicher völkerrechtlicher Verträge gilt für die Erarbeitung unverbindlicher Standards und Empfehlungskataloge sowohl verfahrenstechnisch als auch im Hinblick auf die Schaffung des erforderlichen politischen Grundkonsenses ein deutlich *reduziertes Anforderungsprofil*. Gerade der zunächst unverbindliche Charakter und die damit verbundenen Spielräume erleichtern den Staaten die Zustimmung zu entsprechenden Resolutionen und schaffen die Möglichkeit einer Erprobung der entsprechenden Standards ohne Gefahr einer Rechtsverletzung. Die Steuerungskraft entsprechender Normen kann der förmlichen Vertragsrechts gleichwohl im Einzelfall relativ nahe kommen. Zugleich kann Soft Law als Vorstufe nachfolgender bindender Übereinkommen und als Auslegungshilfe dem späteren Völkerrecht den Weg bereiten. Dies war namentlich bei dem Basler Übereinkommen über die Kontrolle der grenzüberschreitenden Verbringung gefährlicher Abfälle sowie bei dem Rotterdamer Übereinkommen über das Verfahren der vorherigen Zustimmung nach Inkenntnissetzung für bestimmte gefährliche Chemikalien der Fall (näher dazu Rn 25 und 52).

---

48 So am Bsp der bei der Müllverbrennung entstehenden organischen Schadstoffe *Heintz/Reinhardt*, Chemie und Umwelt, 4. Aufl 2000, 293 f; die Breite der entsprechenden Schädigungspotentiale verdeutlicht auch die Übersicht bei *Clapp* (Fn 5) 26 f.

49 Vgl für das Chemikalienrecht *Wirth*, Hazardous Substances and Activities, 405 f u allg *Andresen/Skjærseth*, Science and Technology, in Bodansky/Brunnée/Hey (Fn 25) 181 (194 ff); zur Parallelentwicklung auf der Ebene des Unionsrechts bes *Raasch*, Die Harmonisierung der Verfahrensstandards im europäischen Abfallrecht, 2008. Weitergehend ist die u a von *Grosz*, Waste Trade, 121 vertretene These, nach der als Element der „due diligence“ völkerrechtlich stets eine Anwendung der besten verfügbaren Techniken geschuldet sei. Dies dürfte indes das bestehende Recht überzeichnen.

50 Näher dazu *Birnie/Boyle/Redgwell*, International Law and the Environment, 148 f sowie allg *Bodansky* (Fn 1) 77 ff, 130 ff und 145 ff.

51 Vgl für das Umweltrecht statt vieler die Beschreibungen bei *Beyerlin/Marauhn*, International Environmental Law, 289 ff; *Dupuy*, Soft Law and the International Law of the Environment, Michigan JIL 12 (1991) 420 ff; *Sands/Peel*, Principles, 55 und 108 ff; *Toope*, Formality and Informality, in Bodansky/Brunnée/Hey (Fn 25) 107 ff; aus einer allg völkerrechtlichen Perspektive knapp *von Arnauld*, Völkerrecht, 3. Aufl 2016, Rn 277 f. Zum Ganzen *Epiney*, 1. Absch Rn 69 ff.

e) Normsetzungsakteure im internationalen Abfall- und Gefahrstoffrecht

17 Eine maßgebliche Kraft bei der Schaffung und Weiterentwicklung entsprechender Soft Law-Standards, aber auch der Vorbereitung bindender Instrumente ist seit Jahrzehnten die *Organisation für wirtschaftliche Zusammenarbeit und Entwicklung* (OECD), die seit Ende der 1970er Jahre eine Schlüsselrolle bei der „Harmonisierung unter den westlichen Staaten" spielt[52] und durch eine Reihe von Entscheidungen, detaillierten technischen Leitfäden und Standardformularen ganz erheblich zur Herausbildung einheitlicher Standards für die Verbringung, den Transport sowie die Behandlung gefährlicher Stoffe und Abfälle und vor allem den entsprechenden Informationsaustausch beigetragen hat.[53] Von besonderer Bedeutung für das Recht der Union ist insbes ein Beschluss des OECD-Rats v 30.3.1992, der die grenzüberschreitende Verbringung von Abfällen zur Verwertung zwischen OECD-Staaten – differenzierend nach unterschiedlichen Abfalllisten – erheblichen Kontrollen unterwirft,[54] und der durch die EU-AbfallverbringungsVO in unmittelbar verbindliches Unionsrecht umgesetzt wird (näher Rn 44 ff). Angesichts der *mangelnden Repräsentativität* der Organisation und ihres – aus Sicht der Entwicklungsländer unzureichenden – Schwerpunkts auf informatischen Aspekten wird die Legitimität der OECD-Standards zwar vielfach krit gesehen.[55] Tatsächlich steht im Zentrum der Bestrebungen der OECD eher die verfahrenstechnische Einhegung des Umgangs mit Stoffen als das Instrument der Verbote, obwohl die Position der OECD-Staaten in diesem Punkt nicht immer einheitlich ist (vgl etwa u Rn 64). Dennoch ist der Beitrag der OECD zur Durchnormierung des internationalen Stoff- und Abfallrechts – ähnlich wie jener der EU (vgl nachfolgend Rn 20 f) – insgesamt hochbedeutsam.

18 Den insgesamt wohl wichtigsten völkerrechtlichen Beitrag für den Umgang mit Abfällen und Gefahrstoffen hat allerdings das *Umweltprogramm der Vereinten Nationen* (UNEP) geleistet. Durch eine Reihe von Empfehlungskatalogen und Leitfäden entwickelte UNEP wegweisende Grundprinzipien,[56] die teilweise auch durch die UN-Vollversammlung aufgegriffen wurden[57] und modellbindend für die nachfolgende Erarbeitung völkerrechtlicher Verträge werden sollten. Namentlich das Basler Übereinkommen geht maßgeblich auf Vorstöße von UNEP zurück (näher Rn 25). Auch die *Ernährungs- und Landwirtschaftsorganisation* der Vereinten Nationen (FAO) hat – mit anderen Akzenten – vergleichbare Empfehlungen und teilweise auch konkrete emp-

---

52 So bereits *Kloepfer/Bosselmann*, Zentralbegriffe des Umweltchemikalienrechts, 1985, 3.

53 Vgl im Abfallbereich namentlich: Decision on Transfrontier Movements of Hazardous Waste v 1.2.1984 (C(83)180/FINAL) und Decision on Exports of Hazardous Wastes from the OECD Area v 5.6.1986 (C(86)64/FINAL), die gemeinsam wesentliche Elemente des späteren Basler Abkommens vorwegnehmen; ferner Decision on the Reduction of Transfrontier Movements of Wastes v 31.1.1991 (C(90)178/FINAL); Recommendation on the Environmentally Sound Management of Waste v 9.6.2004 (C(2004)100) mit Änd v 16.10.2007 (C(2007)97); Guidance Manual for the Control of Transboundary Movements of Recoverable Wastes, 2009; im Gefahrstoffbereich: Decision on the Systematic Investigation of Existing Chemicals v 26.6.1987 (C(87)90/FINAL); Decision concerning the Mutual Acceptance of Data in the Assessment of Chemicals v 12.5.1981 (C(81)30/FINAL) mit Änd v 26.11.1997 (C(97)186/FINAL); Recommendation concerning Chemical Accident Prevention, Preparedness and Response v 15.1.2004 (C(2003)221).

54 Aktuell idF der Decision concerning the Revision of Decision C(92)39/FINAL on the Control of Transboundary Movements of Wastes Destined for Recovery Operations v 30.3.1992 (C(2001)107/FINAL); vgl dazu *Engels*, Grenzüberschreitende Abfallverbringung nach EG-Recht, 1999, 89 f (noch zur Ursprungsfassung); *Epiney*, in Kommentar AbfallverbringungsVO, Einleitung Rn 31; *Krieger*, Grenzüberschreitende Abfallverbringung, in EUDUR, § 74 Rn 10 f; *Schroeder*, in Landmann/Rohmer, Umweltrecht, Vorbemerkung EG-Abfallverbringungs-VO (2015) Rn 4.

55 Vgl statt vieler *Wirth*, Hazardous Substances and Activities, 400 f und 404.

56 Vgl namentlich UNEP, Shipment of Banned and Severely Restricted Chemicals (1984); Exchange of Information on Chemicals in International Trade (1984, mehrfach geänd); Cairo Guidelines and Principles for the Environmentally Sound Management of Hazardous Wastes (1987); London Guidelines for the Exchange of Information on Chemicals in International Trade (1987); Code of Ethics in Chemicals for the Industrial Sector (1994); umfassend zu dieser „pioneering role" des UNEP *Pallemaerts*, Toxics, 441 ff und 551 ff; *Nagai*, Environmental Law and International Trade in Hazardous Chemicals, in Sun Lin/Kurukulasuriya (Hrsg), Unep's New Way Forward: Environmental Law and Sustainable Development, 1995, 247 ff.

57 Vgl bes GA (Res) A/34/173 (1979), Exchange of Information on Banned Hazardous Chemicals and Unsafe Pharmaceutical Products, UN Doc A/34/PV.106; dazu *Langlet*, Hazardous Trade, 117 f.

fehlende Standards im Bereich der Pestizide entwickelt,[58] die durch Rezeption im nationalen Recht verbindlich werden können. So legt in Deutschland § 25 Abs 1 Satz 2 PflSchG fest, dass bei der Ausfuhr von Pflanzenschutzmitteln internationale Vereinbarungen, insbes der FAO-Verhaltenskodex für das Inverkehrbringen und die Anwendung von Pflanzenschutz- und Schädlingsbekämpfungsmitteln,[59] zu berücksichtigen sind.[60] Ähnliches gilt für das durch eine Reihe verschiedener UN-Institutionen geschaffene völkerrechtlich unverbindliche *global harmonisierte System zur Einstufung und Kennzeichnung von Chemikalien* („Globally Harmonized System of Classification and Labeling of Chemicals"),[61] das in der EU durch die VO (EG) Nr 1272/200 in unmittelbar geltendes bindendes Recht überführt wird.[62] Für den hier nicht weiter vertieften Transport und die Lagerung von Atommüll und anderen radioaktiven Abfällen gelten spezielle Standards der *Internationalen Atomenergiebehörde* IAEA.[63]

19 Im Anschluss an die Rio-Konferenz von 1992 wurden dann im UNO-Rahmen einige weitere Kooperationen und gemeinsame Einrichtungen geschaffen:[64] Hervorzuheben sind das Wirken des 1994 in Stockholm gegründeten *Internationalen Forums für Chemikaliensicherheit*, dessen Sekretariat bei der Weltgesundheitsorganisation in Genf angesiedelt ist, und das Empfehlungen und Aktionspläne zur Chemikaliensicherheit erarbeiten soll (darunter namentlich die Bahia Erklärung zur Chemikaliensicherheit aus dem Jahr 2000). Das 1995 gegründete Interinstitutionelle Programm für den umweltgerechten Umgang mit Chemikalien (IOMC) unterstützt insbes Entwicklungsländer bei der Umsetzung des POPs-Übereinkommens.[65] Hinzu trat 2006 der gemeinsam von Regierungen und der Industrie getragene *„Strategische Ansatz zum Internationalen Chemikalienmanagement"* (Strategic Approach to International Chemicals Management – SAICM), der die verschiedenen internationalen Ansätze zur Chemikaliensicherheit global vernetzen soll.[66] Im Zentrum dieser Aktivitäten steht zumeist die Beschaffung entsprechender Daten und die Risikoabschätzung, weniger jedoch der Erlass verbindlicher Regelungen.[67] Die reale verhaltenssteuernde Kraft all dieser immer komplexeren Initiativen und Institutionen ist daher nicht zuletzt auf Grund der Wechselwirkungen nur schwer abzuschätzen.

---

58 Vgl etwa Food and Agriculture Organization of the United Nations (FAO), International Code of Conduct on the Distribution and Use of Pesticides, 2003.

59 Vgl soeben Fn 58.

60 Zu dieser Norm und der Rezeption internationaler Standards im Umweltrecht bereits *Durner*, Internationales Umweltverwaltungsrecht, in Möllers/Voßkuhle/Walter (Hrsg), Internationales Verwaltungsrecht, 2007, 121 (144 f und 161 f).

61 United Nations, Globally Harmonized System of Classification and Labelling of Chemicals (GHS), 3. Aufl 2009; dazu *Scherer/Heselhaus*, in Dauses (Hrsg), EU-Wirtschaftsrecht, Teil O. Umweltrecht (2010) Rn 527.

62 Dazu und zu der in Teilen übergangsweise noch geltenden Vorgängerrichtlinie 67/548/EWG *Becker*, Schon wieder neues Chemikalienrecht: Zur so genannten GHS-Verordnung (EG) Nr 1272/2008 über die Einstufung, Kennzeichnung und Verpackung von Stoffen und Gemischen, NVwZ 2009, 1011 ff; *Meßerschmidt*, Umweltrecht, § 19 Rn 187 ff und 203 ff; *Pache* (Fn 45) Rn 132 ff; *Purnhagen*, Die neuen Einstufungs- und Kennzeichnungsvorschriften im Chemikalienrecht, EuZW 2009, 523 ff; *Schmidt/Kahl/Gärditz*, Umweltrecht, 9. Aufl 2014, § 12 Rn 33 ff; *Wahl*, Die EG-GHS-Verordnung – Ein Überblick, StoffR 2008, 249 ff. Aus Sicht der Praxis *Bender*, Das Gefahrstoffbuch: Sicherer Umgang mit Gefahrstoffen nach REACH und GHS, 4. Aufl 2013, 53 ff.

63 Vgl bes IAEA, Code of Practice on the International Transboundary Movement of Radioactive Waste, 1990 (INFCIRC/386); vgl dazu weiter *Kummer*, Management, xxxiv; *Wirth*, Hazardous Substances and Activities, 417; *Sands/Peel*, Principles, 574 f.

64 Vgl zum Folgenden *Wirth*, Hazardous Substances and Activities, 401.

65 Vgl unter den in diesem Rahmen erarbeiteten Dokumenten namentlich das interessante Projekt einer terminologischen Vereinheitlichung: Inter-Organization Programme for the Sound Management of Chemicals, Harmonization Project Document No 1: IPCS Risk Assessment Terminology, 2004.

66 Näher Umweltbundesamt, Fortschrittsbericht zur nationalen Umsetzung des Strategischen Ansatzes zum Internationalen Chemikalienmanagement (SAICM), UBA-Texte 11/09, 5 ff; *Kummer Peiry* (Fn 17) 175 f; *Perrez*, The Strategic Approach to International Chemicals Management: Lost Opportunity or Foundation for a Brave New World?, RECIEL 15 (2006) 245 ff.

67 *Rehbinder*, Stoffrecht, in Hansmann/Sellner (Hrsg), Grundzüge des Umweltrechts, 4. Aufl 2012, § 11 Rn 255 f.

f) Die Rolle der EU im Recht des Abfalls und der Gefahrstoffe

20 Anders als die USA, die kaum eines der großen Übereinkommen zum Abfall- und Gefahrstoffrecht der letzten Jahrzehnte ratifiziert haben, ist die EU in diesem Bereich ein *maßgeblicher Akteur.*[68] Das diesbezügliche Wirken der Union richtet sich gleichermaßen nach innen wie nach außen: Im Verhältnis zu ihren Mitgliedstaaten hat die Union in den vergangenen Jahrzehnten – zumeist im Zusammenspiel mit den Mitgliedstaaten durch „gemischte Abkommen", die sowohl von der Union als auch von ihren Mitgliedstaaten unterzeichnet und ratifiziert werden – an nahezu sämtlichen einschlägigen Übereinkommen mitgewirkt und zur Umsetzung der entsprechenden Vorgaben umfassendes Sekundärrecht zum Abfall- und Gefahrstoffrecht erlassen. Hier zeigt sich eine *Transformationsfunktion des Europarechts*, bei der die Union sich so weit als politisch durchsetzbar bemüht, umweltvölkerrechtliche Vorgaben möglichst umfassend in solche des Unionsrechts umzugießen[69] und dadurch erheblich zu effektivieren.[70] Gerade im Gefahrstoff- und Abfallrecht mit seinen unmittelbaren Bezügen zur Warenverkehrsfreiheit der Art 28ff AEUV ist dabei in den letzten Jahren die Umsetzung durch *unmittelbar geltende Verordnungen* immer mehr zum Regelfall geworden. Zugleich werden diese Vorgaben dabei jedoch in den weiteren Zusammenhang des Umweltrechts der Union eingebettet, im Falle des Gefahrstoffrechts etwa in den Zusammenhang der REACH-VO zur Registrierung, Bewertung, Zulassung und Beschränkung chemischer Stoffe (zu dieser Rn 62), und durch die Vorgaben des umweltbezogenen Primärrechts überhöht. So entspricht bereits der in Art 191 Abs 2 Satz 2 AEUV normierte primärrechtliche Grundsatz, Umweltbeeinträchtigungen nach Möglichkeit an ihrem Ursprung zu bekämpfen, den auch für das Basler Übereinkommen maßgeblichen Grundsätzen der Entsorgungsautarkie und Entsorgungsnähe.[71]

21 Allerdings beschränkt sich die Union keineswegs auf diese nach innen bezogene Transformation des Völkerrechts, sondern ist parallel – nicht zuletzt auf Grund ihres ökonomischen Gewichts und ihrer politischen und rechtsstaatlichen Stabilität – auch nach außen zu einem maßgeblichen *Verhandlungsakteur* des Umweltvölkerrechts avanciert.[72] Tatsächlich gewinnt die Stimme der Union im Bereich des Abfall- und Gefahrstoffrechts durch die unional konsolidierten Verhandlungsstandpunkte erheblich an politischem Gewicht. Dabei sucht insbes die Kommission das Handeln der Mitgliedstaaten innerhalb der entsprechenden Vertragsregime zu koordinieren und ggf auch zu disziplinieren. So erwirkte die Kommission im Zusammenhang des Stockholmer Übereinkommens über persistente organische Schadstoffe (nachfolgend Rn 63ff) ein Urteil des Gerichtshofs, wonach die Mitgliedstaaten auf Grund ihrer allg Verpflichtung zu loyaler Zusammenarbeit gehindert seien, einseitig die Aufnahme eines Stoffs in die Anlage A vorzuschlagen, wenn die Kommission dem Rat zuvor abweichende Vorschläge unterbreitet hat – und zwar selbst dann, wenn diese Vorschläge zwar vom Rat nicht angenommen wurden, jedoch „den Ausgangspunkt eines abgestimmten gemeinschaftlichen Vorgehens darstellen."[73] Auf dieser Grundlage konnte sich die Union in den Vertragsregimen zum Abfall- und Gefahrstoffrecht

---

68 Vgl *Brunnée*, The United States and International Environmental Law: Living with an Elephant, EJIL 15 (2004) 617 (624ff).
69 Näher dazu *Durner* (Fn 60) 132ff.
70 Dies betonend *Rossi*, Europäisiertes Internationales Umweltverwaltungsrecht, in Möllers/Voßkuhle/Walter (Fn 60) 165 (171ff).
71 EuGH, Rs C-2/90, Slg 1992, I-4431 Rn 34f; *Epiney*, in Landmann/Rohmer (Fn 54) Art 191 AEUV (2012) Rn 37 mwN.
72 *Meßerschmidt*, Umweltrecht, § 4 Rn 12ff; vgl dazu weiter – vor allem kompetenzrechtlich – die Beiträge in Müller-Graff/Pache/Scheuing (Hrsg), Die Europäische Gemeinschaft in der internationalen Umweltpolitik, 2006 und stärker politikwissenschaftlich *Fröhlich*, Die Europäische Union als globaler Akteur, 2007.
73 EuGH, Rs C-246/07, Slg 2010, I-03317 LS 2 mit Anm *Van Elsuwege*, AJIL 105 (2011) 307ff; vertiefend dazu *Schmahl/Jung*, Unionstreue und Loyalitätspflichten im Rahmen der (umweltrechtlichen) Außenbeziehungen der Europäischen Union, EurUP 2014, 309ff; zum unionsrechtlichen Kontext dieser Entscheidung und der AETR-Rechtsprechung des EuGH *Meßerschmidt*, Umweltrecht, § 4 Rn 5ff und 22 mwN.

eine gewisse Vorreiterrolle erarbeiten, zu der auch wiederum das zur Umsetzung solcher Verträge erlassene Sekundärrecht selbst beiträgt. Namentlich der Erlass der hochambitionierten REACH-VO und die in ihrem Rahmen eingeleitete systematische und aufwendige Evaluation von Stoffen durch die Union führen insoweit über den völkerrechtlich institutionalisierten Informationsaustausch (vgl dazu Rn 53) zu *Rückwirkungen* auf die internationale Ebene.[74] Ähnliches gilt grundsätzlich auch für die Weiterentwicklung rezipierbarer technischer Standards (vgl bereits o Rn 15).

3. Abfall- und Gefahrstoffrecht im medialen und im allgemeinen Umweltvölkerrecht

22 Das spezifische Schädigungspotential gefährlicher Abfälle und Stoffe führt im Falle seiner Realisierung zu Schäden für Mensch und Umwelt und schlägt sich somit regelmäßig in bestimmten *Umweltmedien* nieder. Aus diesem Grund finden sich – ähnlich wie im nationalen Recht[75] – auch im medialen Umweltvölkerrecht einzelne kausale Rechtssätze, die sich speziell auf Abfälle und gefährliche Stoffe beziehen. Insbes das völkerrechtliche *Meeresschutz-* und Gewässerschutzrecht – unter Einschluss der Bestimmungen über die Verschmutzung von Land aus – kann aus dieser Perspektive in Teilen auch als Gefahrstoffrecht verstanden und systematisiert werden.[76] So existiert im Bereich des Meeresumweltschutzes mit dem 1972 geschlossenen Londoner Dumping-Übereinkommen ein spezielles globales Instrument, das die Entsorgung von Abfällen, Schiffen, Plattformen und Materialien aller Art auf See strengen Beschränkungen unterwirft. 1996 wurde im Rahmen dieses Regimes ein umfassendes Dumping-Verbot verhängt, von dem nur noch bestimmte Ausnahmen u a für Baggergut und Fischereiabfälle zugelassen werden.[77] Ebenso enthält das weltweit gültige *MARPOL-Übereinkommen* zur Verhütung der Meeresverschmutzung durch Schiffe in seinen Anlagen spezielle Vorgaben zum Transport von Öl und gefährlichen Chemikalien auf See.[78] Im Bereich der Luftreinhaltung findet sich eine ganze Reihe spezifisch gefahrstoffbezogener Regelungen, namentlich in dem *Århus Protokoll* über persistente organische Schadstoffe zum Übereinkommen über weiträumige grenzüberschreitende Luftverunreinigung v 1979.[79] Explizit stoffbezogen sind auch die Regelungen des Montrealer Protokolls.[80] Wegen ihrer systematischen Verankerung im medialen Umweltvölkerrecht werden all diese Regelungen im Rahmen dieses Lehrbuchs gleichwohl in den jeweiligen Kapiteln behandelt.

23 Entsprechendes gilt für einige Instrumente des allg Umweltvölkerrechts, die bisweilen ebenfalls einen starken Bezug zum Gefahrstoffrecht aufweisen. Hervorzuheben ist insoweit das *Übereinkommen über die grenzüberschreitenden Auswirkungen von Industrieunfällen* aus dem Jahr 1992, in dem der maßgebliche Begriff „Industrieunfall" durch Art 1 lit a als ein Ereignis definiert wird, „das die Folge einer unkontrollierten Entwicklung im Verlauf einer mit gefährlichen Stoffen verbundenen Tätigkeit ist". Dementsprechend knüpft auch die in Umsetzung dieses Ver-

74 Vgl dazu *Führ*, in ders (Hrsg), Praxishandbuch REACH, 2011, Kap 1 Rn 57 f; *Winter* (Fn 19) 827 ff; allg auch *Fisher*, Chemicals as Regulatory Objects, RECIEL 23 (2014) 163 (170); *Drohmann/Townsend*, in dies (Hrsg), REACH: Best Practice Guide to Regulation (EC) No 1907/2006, 2013, V sprechen insoweit von „environmental imperialism" seitens der Europäischen Kommission.

75 Vgl nur *Kloepfer*, Umweltrecht, 4. Aufl 2016, § 1 Rn 116 ff.

76 Exemplarisch insoweit die Darstellung in Teil II der Studie v *Pallemaerts*, Toxics, 35 ff.

77 Näher zu alledem *Birnie/Boyle/Redgwell*, International Law and the Environment, 466 ff. Eingehende Darstellung bei *Matz-Lück*, 12. Abschn Rn 75 ff.

78 Näher *Albers* (Fn 4) 131 ff; vgl hierzu auch *Birnie/Boyle/Redgwell*, International Law and the Environment, 403 ff; *Matz-Lück*, 12. Abschn Rn 58 ff.

79 Näher dazu *Sands/Peel*, Principles, 254 f.

80 S *Proelß*, 11. Abschn Rn 24 ff.

trags erlassene Seveso-III-RL an „Unfälle mit gefährlichen Stoffen“ an und kann damit – trotz ihrer Ausrichtung auf Katastrophenfälle – in einem formalen Sinne als Gefahrstoffrecht eingeordnet werden.[81] Gefahrstoffrechtliche Elemente weist auch das im Rahmen des Århus-Übereinkommens erarbeitete PRTR-Protokoll auf,[82] das eine umfassende Information der Öffentlichkeit insbes über Emissionen aus Industriebetrieben sicherstellen soll. Systematisch ebenfalls im Zusammenhang des allg Umweltvölkerrechts ist schließlich die Frage der Vereinbarkeit der handelsbezogenen Regelungen des internationalen Abfall- und Gefahrstoffrechts mit dem *Welthandelsrecht* des WTO-Systems[83] zu verorten, die in Bezug auf mehrere Regelungen diskutiert wird (vgl bereits Rn 20 sowie nachfolgend Rn 55 und 66). Dabei dürfte jedenfalls das Verfahren der vorherigen Zustimmung (o Rn 7 ff) grundsätzlich als WTO-konform anzusehen sein.[84]

4. Beziehung und Wechselwirkungen zwischen Abfall- und Gefahrstoffrecht

24 Zwischen Abfall- und Gefahrstoffrecht bestehen im Detail vielfach fließende *Übergänge* (vgl zB nachfolgend Rn 71). Zwar stellt Art 3 Abs 1 Satz 2 lit c des Rotterdamer Übereinkommens über das Verfahren der vorherigen Zustimmung nach Inkenntnissetzung für bestimmte gefährliche Chemikalien apodiktisch fest, das Übereinkommen finde auf Abfälle keine Anwendung. Gleichwohl ist die konkrete Abgrenzung von Abfällen, Stoffen und Produkten nicht nur im nationalen Recht,[85] sondern auch im internationalen Kontext ein Dauerproblem: So sind eines der drängendsten Abfallprobleme Afrikas die umfangreichen *Altbestände* von unverbrauchten und mittlerweile als gefährlich erkannten Pestiziden[86] – ein Bsp dafür, wie aus Gefahrstoffen und chemischen Produkten schleichend Abfälle werden können. Auch auf der Ebene des Völkerrechts finden sich daher zwischen dem internationalen Abfall- und dem Gefahrstoffrecht zahlreiche Überschneidungen, die eine enge Koordination der einschlägigen Instrumente und Vertragsregime erforderlich machen (vgl dazu auch nachfolgend Rn 43).[87] Eine gewisse Kohärenz sichert dabei der mittlerweile erreichte Gleichklang der Grundstrukturen, wobei das Abfallrecht – insbes im Hinblick auf das Verfahrensrecht – als Regelungsmodell für das Stoffrecht fungierte (näher Rn 52) und daher als erstes darzustellen ist.

II. Internationales Abfallrecht

1. Das Basler Übereinkommen

a) Die Entstehung des Basler Übereinkommens

25 Das Basler Übereinkommen über die Kontrolle der grenzüberschreitenden Verbringung gefährlicher Abfälle und ihrer Entsorgung v 22.3.1989 geht auf Arbeiten des Umweltprogramms der Vereinten Nationen (UNEP, vgl bereits Rn 18) und seines ersten Umweltrechtsprogramms von Mon-

---

81 So auch die Zuordnung bei *Meßerschmidt*, Umweltrecht, § 19 Rn 9 und 257 ff; anders zB bereits im Titel *Sellner*, Anlagenbezogene Regelungen im Luftreinhalterecht, in EUDUR, § 49 Rn 79 ff, beide jeweils noch zur Seveso-II-Richtlinie.

82 Eingehend dazu *Klein*, Umweltinformation im Völker- und Europarecht, 2011, 128 ff.

83 Dazu etwa *Birnie/Boyle/Redgwell*, International Law and the Environment, 766 ff; *Sands/Peel*, Principles, 801 ff. Zum Ganzen auch *Stoll/Jürging*, 6. Abschn Rn 40 ff.

84 Näher *Langlet*, Hazardous Trade, 221 ff.

85 Dazu nur *Franßen*, Abfallwirtschaftsrecht, in Hansmann/Sellner (Fn 67) § 14 Rn 60 ff.

86 *Bernstorff/Stairs* (Fn 3) 9 ff schätzen diese Bestände im Jahr 2001 auf bis zu 500.000 t.

87 *Kummer Peiry* (Fn 17) 175; *Birnie/Boyle/Redgwell*, International Law and the Environment, 445.

tevideo zurück und wurde ab 1987 unter dessen Schirmherrschaft ausgehandelt.[88] Es bildet in vieler Hinsicht, namentlich im Hinblick auf das *PIC-Verfahren*, eine vertragliche Positivierung älterer Empfehlungen von UNEP, namentlich der in der Präambel genannten Kairoer Richtlinien und Grundsätze für die umweltgerechte Behandlung gefährlicher Abfälle, die der UNEP-Verwaltungsrat 1987 angenommenen hatte, und ist damit ein Musterbsp für die *Erstarkung von Soft Law* zu bindendem Völkerrecht (vgl bereits Rn 16). Die Verhandlungen des Basler Übereinkommens wurden allerdings durch erhebliche *Spannungen* zwischen den westlichen Staaten und den Entwicklungsländern belastet: Während die letztgenannten Staaten – teils auf Grund ihrer Überforderung durch die PIC-Prozedur (vgl dazu Rn 12), teilweise jedoch auch aus symbolischen Gründen – ein komplettes Verbot sämtlicher Abfallverbringungen in die Dritte Welt anstrebten, präferierten die entwickelten Staaten lediglich eine strenge Reglementierung entsprechender Verbringungen. In diesem Spannungsfeld gelang mit dem Basler Übereinkommen gleichwohl ein einigermaßen ausgewogener *Kompromiss*, der den vorhandenen politischen Konsens der Staatengemeinschaft voll ausschöpfte.[89] Den Kern dieses Kompromisses bilden Grundsatzverpflichtungen zur Reduzierung des Abfallaufkommens und zur möglichst ortsnahen Entsorgung, die verfahrensrechtliche Unterwerfung aller einschlägigen Verbringungen unter die PIC-Prozedur, die Möglichkeit des Importstaats, solchen Einfuhren generell zu widersprechen, eine gemeinsame Verantwortung von Export- und Importstaat für die umweltgerechte Entsorgung der Abfälle sowie partielle Verbote der Abfallverbringung dort, wo ihre umweltgerechte Entsorgung nicht gewährleistet ist. Zudem eröffnete das Übereinkommen von Beginn an die Weiterentwicklungsperspektive einer Verhängung zusätzlicher Verbote (näher Rn 33ff).

b) Inhalte des Basler Übereinkommens

26 Das Basler Übereinkommen erfasst gefährliche Abfälle und Haushaltsabfälle, die zur Entsorgung bestimmt sind, unter Ausschluss radioaktiver Abfälle.[90] Seinen konzeptionellen Kern bilden die in Art 4 normierten *„allgemeinen Verpflichtungen"*.[91] Die Vorschrift normiert sowohl materiell-rechtliche Verbringungsverbote als auch prozedurale Rechte und Verpflichtungen der Einfuhr-, Ausfuhr-, Durchfuhr- und Erzeugerstaaten: Art 4 Abs 1 dient der verfahrenstechnischen Ausgestaltung des bereits in der Präambel anerkannten Rechts aller Vertragsparteien, die *Einfuhr* gefährlicher oder anderer Abfälle zum Zweck ihrer Entsorgung zu *verbieten* (zu diesem bereits o Rn 9). Staaten, die sich für diese Option entscheiden, unterrichten die übrigen Vertragsparteien nach dem in Art 13 normierten Verfahren zur Übermittlung von Informationen von ihrem Beschluss. In diesem Fall darf *keine entsprechende Ausfuhrerlaubnis* mehr erteilt werden. Dasselbe gilt nach Art 4 Abs 2 lit e unabhängig von dem Willen des Importstaats auch dann, wenn Grund zur Annahme besteht, dass die Abfälle dort nicht umweltgerecht behandelt werden. Unerlaubter Verkehr mit (gefährlichen) Abfällen im Sinne des Art 9 wird in Art 4 Abs 3 als „Straftat" anerkannt, sodass die Vertragsstaaten im Rahmen des Art 9 Abs 5 zur Schaffung entsprechender Straftatbestände verpflichtet sein dürften[92] – ggf sogar mit extraterritorialem Anwendungsbereich.[93]

27 Unabhängig von diesen Einzelfallentscheidungen stellt nach Art 4 Abs 2 jede Vertragspartei durch geeignete Maßnahmen sicher, dass die *Erzeugung gefährlicher Abfälle* und anderer Abfälle

---

88 Näher dazu *Kummer*, Management, 38ff.

89 So die Einschätzung von *Kummer*, Management, 79; vgl neben *Kummers* umfassender Darstellung der Verhandlungen auf 38ff zusammenfassend auch *Birnie/Boyle/Redgwell*, International Law and the Environment, 473f. Eingehend zum Nord-Süd-Konflikt *Bartenstein*, 2. Abschn Rn 4ff.

90 Vgl dazu *Buck/Helm*, Basler Übereinkommen, 33f; *Grosz*, Waste Trade, 20ff.

91 Zu diesen *Bitar*, Mouvements Transfrontières, 50ff („principes fondamentaux").

92 *Beyerlin/Marauhn*, International Environmental Law, 2011, 216.

93 So *Birnie/Boyle/Redgwell*, International Law and the Environment, 478.

im Inland auf ein Mindestmaß *beschränkt* wird und dass möglichst im Inland geeignete Entsorgungsanlagen und Prozesse für eine umweltgerechte Behandlung zur Verfügung stehen. Auch die grenzüberschreitende *Verbringung* gefährlicher Abfälle und anderer Abfälle ist auf ein Mindestmaß zu *beschränken* und muss so durchgeführt werden, dass die menschliche Gesundheit und die Umwelt vor nachteiligen Auswirkungen geschützt sind. Ausfuhren werden generell nur unter den Voraussetzungen des Art 4 Abs 9 und damit bei Nachweis einer umweltgerechten Entsorgung für zulässig erklärt. Jegliche Verbringung in oder aus *Nicht-Vertragsstaaten* wird durch Art 4 Abs 5 komplett untersagt. Generell untersagt ist nach Art 5 Abs 6 zudem die Ausfuhr von Abfällen zur Entsorgung innerhalb des Gebiets südlich von 60 Grad südlicher Breite, also in die Antarktis, deren Umwelt bereits im Rahmen des Regimes des Antarktisvertrags besonderem Schutz unterliegt.

28 Die teilweise klar bestimmten, teilweise aber auch eher programmatischen und insoweit konkretisierungsbedürften Reduktionspflichten des Art 4 haben in den letzten Jahren zunehmend an Bedeutung gewonnen und stehen im Zentrum der Bemühungen um eine weltweit nachhaltige Abfallwirtschaft (vgl nachfolgend Rn 35 ff). Zumindest historisch bildete das Kernelement des Basler Übereinkommens indes zunächst das in erster Linie prozedurale *Verfahren der vorherigen Zustimmung.*[94] Art 6 über die „Grenzüberschreitende Verbringung zwischen Vertragsparteien" behandelt im Detail den Ablauf dieser PIC-Prozedur: Der Ausfuhrstaat kündigt nach Art 6 Abs 1 über seine zuständige Behörde durch eine den detaillierten Vorgaben der Anlage V/A genügende schriftliche Notifikation der zuständigen Behörde der betroffenen Staaten jede vorgesehene grenzüberschreitende Verbringung gefährlicher Abfälle oder anderer Abfälle an oder verlangt Entsprechendes vom Erzeuger oder Exporteur. Nach Art 6 Abs 2 hat der Einfuhrstaat den Eingang der Notifikation zu bestätigen und zu entscheiden, ob er seine *Zustimmung* zu der Verbringung 1. *erteilt*, 2. *verweigert*, 3. unter *Auflagen* erteilt oder nach Art 6 Abs 4 Satz 2 und Abs 7 *zusätzliche Informationen* verlangt. Erst nach Erhalt der Zustimmung und einer Bestätigung des Einfuhrstaats, dass zwischen Exporteur und dem Entsorger ein Vertrag über die umweltgerechte Behandlung der fraglichen Abfälle geschlossen wurde, darf der Ausfuhrstaat die Verbringung zulassen. Diese Maßstäbe gelten nach Art 7 sinngemäß auch für die Abfallverbringung durch Nicht-Vertragsparteien.[95] Weitere Regelungen betreffen die Durchfuhr und die Notifikation des Durchfuhrstaats.

29 Dieses gesamte Verfahrensrecht ist – anders als ein Großteil der „allgemeinen Verpflichtungen" des Art 4 – ersichtlich auf *unmittelbare Vollziehbarkeit* angelegt, daher ungewöhnlich detailliert ausgestaltet und geprägt durch stark formalisierte Inhalte und Fristen, Regelungen über Begleitpapiere (Art 6 Abs 9) und Vorgaben, die u a eine Absicherung durch eine Bürgschaft, Garantieleistung oder Versicherung (Art 6 Abs 11) verlangen. Daneben besteht gemäß Art 6 Abs 6 die Möglichkeit, einvernehmlich eine allg Notifikation zu verwenden, wenn bestimmte gleichartige Abfälle regelmäßig über dieselben Zollämter versandt werden. Solche Notifikation können nach Art 6 Abs 8 wiederholte Sendungen für eine Zeitspanne von höchstens 12 Monaten erfassen. Pauschale Notifikationen und Zustimmungen sind jedoch unzulässig. Von Beginn an wurde zudem erkannt, dass das Funktionieren dieser Informationsmechanismen von der *Existenz funktionierender nationaler Behörden* abhängt. Art 5 verpflichtete die Vertragsparteien daher zur Bestimmung der zuständigen Behörden und der Anlaufstelle und zur Übermittlung dieser nationalen Zuständigkeitsregelungen an das Sekretariat.

30 Eine zentrale völkerrechtliche Weichenstellung des Basler Abfallregimes ist die *dauerhafte Verantwortung* des Erzeugerstaats für die umweltgerechte Entsorgung der Abfälle, die nach Art 4 Abs 10 nicht auf die Einfuhr- oder Durchfuhrstaaten übertragen werden kann. Freilich sind die

---

94 Eingehend zum Folgenden *Kummer*, Management, 65 ff; *Langlet*, Hazardous Trade, 81 ff.
95 Vgl zur Auslegung dieser kryptischen Regelung *Kummer*, Management, 68 f.

staatlichen Möglichkeiten begrenzt, die umweltgerechte Entsorgung auf fremdem Hoheitsgebiet effektiv zu kontrollieren oder gar durchsetzen. Die eigentliche Konsequenz dieses Ansatzes stellt daher die in Art 8 normierte *Wiedereinfuhrpflicht* dar: Kann eine grenzüberschreitende Abfallverbringung, der die betroffenen Staaten ordnungsgemäß zugestimmt haben, gleichwohl nicht entsprechend den vertraglichen Bedingungen zu Ende geführt und das Verbrachte umweltgerecht entsorgt werden, so sorgt der Ausfuhrstaat nach Unterrichtung durch den Einfuhrstaat dafür, dass die betreffenden Abfälle vom Exporteur in den Ausfuhrstaat zurückgeführt werden. Diese ggf mit erheblichen finanziellen Konsequenzen verbundene Rücknahmeverantwortung der Erzeugerstaaten dient nicht allein der Sicherstellung einer umweltgerechten Entsorgung, sondern bildet zugleich einen hocheffektiven Anreiz zur Beachtung des Verbringungsregimes des Übereinkommens.[96] Es führte in Deutschland 1994 zur Errichtung des später durch das BVerfG aus finanzverfassungsrechtlichen Gründen aufgehobenen „Solidarfonds Abfallrückführung" mit einem Soll-Vermögen von anfangs 75 Mio DM.[97]

c) Institutionelle und prozedurale Kennzeichen des Basler Regimes

31 Institutionell folgt das Basler Übereinkommen einem für die internationale Umweltpolitik typischen völkerrechtlichen Standardmodell: Die beiden zentralen Organe sind die *Konferenz der Vertragsparteien* nach Art 15 und das durch Beschluss der ersten Vertragsstaatenkonferenz errichtete *Sekretariat* mit Sitz in Genf, dessen Aufgaben Art 16 umschreibt. Zwar verfügt das Sekretariat nach dem Vertrag selbst über kein allg Mandat zur Überwachung der Umsetzung der aus dem Übereinkommen resultierenden Verpflichtungen. Allerdings sind dem Sekretariat durch Beschlüsse der Konferenz der Vertragsparteien mehrere „sonstige Aufgaben im Rahmen des Übereinkommens" nach Art 16 lit k übertragen worden.[98] Nach Art 15 Abs 5 lit e setzt zudem die Konferenz der Vertragsparteien die zur Umsetzung des Übereinkommens „für notwendig erachteten Nebenorgane ein". Auf dieser Grundlage existieren bzw. existierten zeitweilig zahlreiche weitere *Nebenorgane*, u a ein „Präsidium für exekutive Aufgaben" zur Unterstützung des Sekretariats, eine Ad-Hoc-Arbeitsgruppe juristischer und technischer Experten zur Ausarbeitung eines Haftungsprotokolls nach Art 12 sowie eine „Technische Arbeitsgruppe", die Maßstäbe für die Unterscheidung gefährlicher und sonstiger Abfälle und für die Klassifizierung verschiedener Abfallgruppen erarbeitete.[99] Insgesamt entstand so ein hochausdifferenziertes institutionelles Gefüge.

32 Im Rahmen einer Konferenz der Vertragsparteien des Basler Übereinkommens können Änderungen des Konventionstextes nach Art 17 Abs 2, 3 und 4 durch eine *Dreiviertelmehrheit* der Vertragsparteien beschlossen werden. Für die Änderung von Protokollen genügt eine Zweidrittelmehrheit. Zwar bedürfen auch solche Änderungen der Annahme durch die Vertragsparteien. Nach dem *„Opting out"*-Verfahren des Art 18 werden jedoch immerhin bei der Beschlussfassung über Anlagen zum Basler Übereinkommen und seinen Protokollen Änderungen für einen Vertragsstaat automatisch wirksam, sofern er nicht binnen sechs Monaten nach Erhalt einer Mitteilung über den Beschluss Vorbehalte geltend macht. Diese Regelungen entsprechen dem vordringenden Ansatz, Fortentwicklungen der Vertragsregime im Detail zu erleichtern,[100] gewährleisten dem Basler Regime insgesamt ein hohes Maß an Flexibilität und ermöglichen so eine kontinuierliche Weiterentwicklung.

---

96 Vgl dazu *Mitchell*, Compliance Theory, in Bodansky/Brunnée/Hey (Fn 25) 893 (913 ff).
97 BVerfGE 113, 128, 137 und dazu *Kloepfer*, Abfallverbringungsabgabe und Bundesverfassungsgericht, ZUR 2005, 479 ff.
98 Vgl *Birnie/Boyle/Redgwell*, International Law and the Environment, 481.
99 Näher *Buck/Helm*, Basler Übereinkommen, 27.
100 Näher *Gehring*, Treaty-Making and Treaty Evolution, in Bodansky/Brunnée/Hey (Fn 25) 467 (488 ff).

d) Die Entwicklung des Basler Übereinkommens

33 Tatsächlich erzielt das moderne Umweltvölkerrecht seine relativ größten Erfolge vielfach durch die Errichtung *dynamischer Umweltregime*, also umweltvölkerrechtlicher Vertragssysteme, die in ihrer Zielsetzung und ihrer institutionellen Struktur von vornherein auf einen *stufenweisen Ausbau* und eine *dynamische Weiterentwicklung* der enthaltenen Regelungselemente angelegt sind.[101] Auch das Basler Übereinkommen beschränkt sich zwar keineswegs auf die Strukturen eines bloßen Rahmenübereinkommens, war jedoch von Beginn an auf einen schrittweisen Ausbau angelegt und stellt hierfür mit den soeben vorgestellten Regelungen einen tragfähigen Rahmen zur Verfügung.

34 Der entsprechende Entwicklungsbedarf betraf bereits den *Anwendungsbereich*: Art 2 Nr 1 definierte Abfälle als „Stoffe oder Gegenstände, die entsorgt werden, zur Entsorgung bestimmt sind oder aufgrund der innerstaatlichen Rechtsvorschriften entsorgt werden müssen". Klärungsbedürftig blieb jedoch zunächst, wann „Abfälle" im Sinne der Definition als „gefährliche Abfälle" den hierfür maßgeblichen Vorgaben unterlagen. Die entsprechenden Gruppen sowie die Liste der gefährlichen Eigenschaften in den Anlage I-III litten insoweit am Fehlen vollzugsfähiger Grenzwerte; erst die *Ergänzung* des Übereinkommens über die Anlage VIII mit Listen von Abfällen, die als gefährlich gelten, führte zu klareren Vollzugsmaßstäben.[102]

35 Eher programmatisch waren im Ausgangspunkt auch die Vorgaben des Übereinkommens zur umweltgerechte Behandlung gefährlicher und anderer Abfälle: Nach Art 10 Abs 1 sollten indes die Vertragsparteien zusammenarbeiten, „um die umweltgerechte Behandlung gefährlicher Abfälle und anderer Abfälle zu verbessern und zu verwirklichen", u a durch die Harmonisierung technischer Normen und Richtlinien sowie die Entwicklung neuer abfallarmer *Technologien*. Tatsächlich wurde der Inhalt des Rechtsbegriffs der „umweltgerechten Entsorgung" erst durch nachfolgende Leitlinien der Vertragsstaatenkonferenz konkretisiert.[103] Wie an diesem Bsp deutlich wird, ermöglichen es gerade die teilweise programmatischen Grundsatzverpflichtungen und die Erweiterungsmöglichkeiten des Übereinkommens, auch neue Themen – etwa das Abwracken von Schiffen[104] – auf die Agenda des Regimes zu setzen und schrittweise zu reglementieren.[105] Entsprechender Handlungsbedarf besteht namentlich im Hinblick auf Elektronikschrott[106] und die Entwicklung bester verfügbarer Techniken im Bereich der Abfallentsorgung. In diesem Bereich – namentlich bei dem Ausbau der Versuche zu einer Eindämmung der Abfallentstehung und der Schaffung von Recyclingstrukturen – besteht dennoch weiterhin insgesamt der wohl größte Weiterentwicklungsbedarf.[107]

36 Weiterhin soll auf den Konferenzen der Vertragsparteien nach Art 15 Abs 5 die Wirksamkeit des Vollzugs überprüft werden, um die Konvention ggf zu ändern oder durch weitere *Protokolle* zu ergänzen. Zudem war in Art 15 Abs 7 von Beginn an auch die Möglichkeit der Prüfung eines teilweisen oder vollständigen Verbots von Abfallexporten vorgesehen. Dies führte 1994 nach langanhaltenden Debatten zu einem Beschluss über ein *vollständiges Verbringungsverbot* von

---

101 Vgl dazu *Brühl*, Internationale Umweltpolitik, in Staack (Hrsg), Einführung in die Internationale Politik, 5. Aufl 2012, 710 (722 ff) mwN; weiter *Gehring* (Fn 100) 476 ff; *ders/Oberthür*, Internationale Umweltregime, 2000.

102 Näher *Buck/Helm*, Basler Übereinkommen, 33.

103 Vgl bes Basel Declaration on Environmentally Sound Management, Decision VI/5 UNEP/CHW.5/29 (1999), und weiter die Nachw bei *Birnie/Boyle/Redgwell*, International Law and the Environment, 480; *Buck/Helm*, Basler Übereinkommen, 35 f.

104 Näher das Papier: Basel Convention/UNEP, Environmentally Sound Dismantling of Ships, 2011; vgl zum Problem auch bereits o in und bei Fn 10.

105 Diese Merkmale des Basler Regimes – die im Gefahrstoffrecht schwächer ausgeprägt sind – betont *Kummer Peiry*, International Chemicals and Waste Management, in Fitzmaurice/Ong/Merkouris (Hrsg), Research Handbook on International Environmental Law, 2010, 637 (642).

106 Vgl bereits den Nachw in Fn 9.

107 Vgl etwa *Sands/Peel*, Principles, 575 f.

OECD- in Nicht-OECD-Staaten (der sog *Basel-Ban*),[108] dessen Bindungswirkung jedoch zweifelhaft ist.[109] Eine entsprechende, auf der 3. Vertragsstaatenkonferenz beschlossene Änderung des Übereinkommens[110] ist bislang mangels ausreichender Ratifikationen noch *nicht in Kraft* getreten. Allerdings galt zumindest im Verhältnis der Union und ihrer Mitgliedstaaten zu den sog AKP-Staaten seit dem Inkrafttreten des früheren Lomé IV-Abkommens ein Verbot der Abfallverbringung (dazu Rn 42).

37 Als eine Hauptschwäche des Basler Übereinkommens wird vielfach der Umstand angesehen, dass das Vertragswerk keinerlei Regelungen zur *Haftung* enthält.[111] Denkbar wären – auch unter Berücksichtigung des Verursacherprinzips – grundsätzlich Haftungstatbestände im Hinblick auf den Hersteller, den Exporteur, den Transporteur, den Entsorger und/oder auch die beteiligten Staaten.[112] Das Basler Übereinkommen enthält sich insoweit klarer Vorgaben, sondern überantwortet in Art 12 den Vertragsparteien die Erarbeitung eines Protokolls über die Haftung und den Ersatz von Schäden, die sich aus der grenzüberschreitenden Verbringung und Entsorgung gefährlicher Abfälle und anderer Abfälle ergeben. Auf dieser Grundlage wurde 1999 nach schwierigen Verhandlungen[113] ein *Haftungsprotokoll* zur finanziellen Entschädigung für Unfälle und Haftung bei Abfallverbringungen ausgearbeitet und unterzeichnet.[114] Art 4 des Protokolls begründet lediglich eine Gefährdungshaftung derjenigen Person, die eine Verbringung notifiziert, für alle bis zur Übergabe an den Entsorger entstehenden Personen- oder Umweltschäden, jedoch keine Haftung des Abfallerzeugers.[115] Mit derzeit lediglich elf Parteien ist ein Inkrafttreten des Protokolls zudem nicht absehbar.

38 Durch Beschluss in Kraft gesetzt ist hingegen ein *Vertragserfüllungsverfahren*.[116] Gleichwohl gilt angesichts immer wieder bekanntwerdender spektakulärer Verstöße[117] die mangelnde Überwachung illegaler Abfallverbringungen neben der Überforderung von Entwicklungsländern durch die PIC-Prozedur (vgl bereits Rn 12) als Hauptproblem des Baseler Abfallregimes.[118] Obwohl dieses Überwachungsproblem im Zentrum der Umsetzungsbemühungen steht,[119] fehlt es

---

108 Decision II/12 adopted at the Second Conference of the Parties to the Basel Convention (COP2) v 253.1994; vgl dazu auch *Langlet*, Hazardous Trade, 84 ff; *Wirth*, Hazardous Substances and Activities, 413.

109 Näher *Beyerlin/Marauhn*, International Environmental Law, 217; *Sands/Peel*, Principles, 571, jeweils mwN.

110 Eingehend dazu *Kummer*, Management, xxviii ff.

111 IdS etwa *Hackett*, An Assessment of the Basel Convention on the Control of Transboundary Movements of Hazardous Wastes and Their Disposal, AUILR 5 (1990) 291 (320 ff) sowie die Zitate bei *Choksi*, The Basel Convention on the Control of Transboundary Movements of Hazardous Wastes and Their Disposal: 1999 Protocol on Liability and Compensation, Ecology LQ 28 (2001) 509 (518). Zur Haftung im Umweltvölkerrecht *Schmalenbach*, 7. Abschn Rn 46 ff.

112 Umfassend zu diesen Fallgruppen *Bitar*, Mouvements Transfrontières, 79 ff.

113 Zum Verhandlungsprozess *Lawrence*, Negotiation of a Protocol on Liability and Compensation for Damage Resulting from Transboundary Movements of Hazardous Wastes and their Disposal, RECIEL 7 (1998) 249 ff.

114 Vgl dazu im Überblick mit unterschiedlichen Akzenten *Albers* (Fn 4) 203 ff; *Birnie/Boyle/Redgwell*, International Law and the Environment, 582 ff; *Choski* (Fn 111) 522 ff; *Förster*, Internationale Haftungsregeln für schädliche Folgewirkungen gentechnisch veränderter Organismen, 2004, 119 ff; *Lawrence* (Fn 113), 251 ff; *Hardman Reis*, Compensation for Environmental Damages under International Law, 2011, 97 f.

115 Vgl zur Kritik *Choski* (Fn 111) 524 f mwN. Zu den Haftungskategorien *Schmalenbach*, 7. Abschn Rn 47 ff.

116 Basel Convention, Terms of Reference for the Mechanism for Promoting Implementation and Compliance, Decision VI/12, UN Doc UNEP/CHW.6/40 (2003) 45; näher dazu *Shibata*, Ensuring Compliance with the Basel Convention – its Unique Features, in Beyerlin/Stoll/Wolfrum (Hrsg), Ensuring Compliance with Multilateral Environmental Agreements, 2006, 69 ff. Zum Ganzen auch *Schmalenbach*, 8. Abschn Rn 7 ff.

117 Exemplarisch die Darstellung eines verstörenden Vorfalls aus dem Jahr 2006 bei *Eze*, The Probo Koala Incident in Abijan, Côte d'Ivoire: A Critique of the Basel Convention Compliance Mechanism, in Gerardu u a (Hrsg), Proceedings of the 8th International Conference on Environmental Compliance and Enforcement, 2008, 351 ff und bei *Cox* (Fn 8) 273 ff, die beide als Konsequenz u a Überwachungsbefugnisse des Sekretariats des Basler Übereinkommens fordern.

118 *Birnie/Boyle/Redgwell*, International Law and the Environment, 484 f mwN.

119 Bsp liefert der Bericht von *Daniel*, Transboundary Movements of Hazardous Waste, YIEL 18 (2007) 258 (259 f und 263).

der Staatengemeinschaft bis heute an Institutionen, die zu einer solchen umfassenden Überwachung global zuständig und gewillt wären;[120] insbes dem Sekretariat fehlt es hierzu gleichermaßen an Kompetenzen und Ressourcen. Von Beginn an wurden daher die Effektivität und Steuerungskraft des Basler Übereinkommens in Frage gestellt und kritisiert.[121] Tatsächlich sind der Erfolg des Übereinkommens und der Umfang der konventionswidrigen illegalen Verbringungen nur schwer zu quantifizieren.[122] Trotz des Verbesserungsbedarfs bei der Überwachung ist jedoch kaum zu bestreiten, dass sich das Regime des Basler Übereinkommens zumindest normativ – gerade im Vergleich zum Gefahrstoffrecht – bereits im ersten Jahrzehnt seines Bestehens zu einem durchaus stimmigen, mit Ausnahme der Haftung (o Rn 37) die meisten Problembereiche aufgreifenden System entwickelt hat.[123] Obwohl die immer wieder nachweisbaren Abfallverbringungen auf ernstzunehmende Vollzugsdefizite deuten, belegen bereits der erhebliche Vollzugsaufwand im Rahmen der EU und die wiederholten Rückholungsaktionen – trotz aller Lücken und Vollzugsdefizite – auch erhebliche Steuerungseffekte des Übereinkommens.[124] Insgesamt darf das Basler Übereinkommen daher wohl zu den *erfolgreicheren Instrumenten* des Umweltvölkerrechts gezählt werden.

2. Bilaterale und regionale Zusatzabkommen zum Basler Übereinkommen

39 Nach Art 11 Abs 1 Satz 1 des Basler Übereinkommens können dessen Vertragsparteien untereinander bilaterale, mehrseitige und *regionale Übereinkünfte* über die grenzüberschreitende Abfallverbringung schließen, sofern diese nicht von den Grundsätzen der umweltgerechten Behandlung gefährlicher Abfälle und anderer Abfälle abweichen. Auf dieser Grundlage sind zahlreiche regionale Ergänzungen des globalen Basler Regimes entstanden.[125] Die wohl bedeutendste, vielleicht allerdings zT vor allem symbolisch weiterreichende Weiterentwicklung des Basler Regimes liefert das *Bamako Übereinkommen über das Verbot des Imports gefährlicher Abfälle nach Afrika und die Kontrolle der grenzüberschreitenden Verbringung und Behandlung gefährlicher Abfälle innerhalb Afrikas*, das 1991 von den Staaten der damaligen Organisation für Afrikanische Einheit beschlossen wurde und 1998 in Kraft trat.

40 Das Bamako Übereinkommen war Ausdruck der Unzufriedenheit der afrikanischen Staaten mit dem Basler Übereinkommen[126] und versucht, Lücken des Basler Regimes zu schließen.[127] Dies gilt bereits für den deutlich erweiterten Anwendungsbereich des Bamako Übereinkommens, der sich über den des Basler Übereinkommens (o Rn 26 und 34) hinaus generell auch auf radioaktive Abfälle und bestimmte Produkte erstreckt.[128] In seinen *Grundstrukturen* ist das Übereinkommen freilich teilweise bis in den Wortlaut mit dem Basler Übereinkommen identisch. Dies gilt namentlich für die Anforderungen an die grenzüberschreitende Verbringung und Behandlung ge-

---

120 Vgl *Ross* (Fn 3) 522.
121 Vgl etwa *Cusack* (Fn 4) 423; ähnlich *Proelß* (Fn 22) Rn 161.
122 Vgl bereits *Kummer*, Management, xxv und vvvii.
123 So zu Recht *Kummer*, The Basel Convention: Ten Years on, RECIEL 7 (1998) 227 (235).
124 So bereits die Einschätzung bei *Hackett* (Fn 111) 322f.
125 Vgl zum Stand im Jahr 1999 *Kummer*, Management, xxxv, zu ausgewählten Verträgen ebd 99ff.
126 *Eguh*, The Bamako Convention and the First Meeting of the Parties, RECIEL 7 (1998) 256; *Kummer*, Management, 99f.
127 Vgl zu diesem Aspekt bes *Cox* (Fn 8) 278 und *Eze*, The Bamako Convention on the Ban of the Import into Africa and the Control of the Transboundary Movement and Management of Hazardous Wastes within Africa: A Milestone in Environmental Protection?, Afr J Int'l & Comp L 15 (2007) 208 (216ff).
128 *Birnie/Boyle/Redgwell*, International Law and the Environment, 477; *Eguh* (Fn 126) 257; *Kummer*, Management, 101; *Ouguergouz*, La convention de Bamako sur l'interdiction d'importer en Afrique des dechets dangereux et sur le contrôle des mouvements transfrontaliers et la question des déchets dangereux produits en Afrique, AFDI 38 (1992) 871 (875).

fährlicher Abfälle innerhalb Afrikas, die in Art 6 in starker Anlehnung an den Wortlaut des Basler Übereinkommens normiert werden. Auch die Befugnisse des Sekretariats gehen nicht über die des Basler Übereinkommens hinaus.[129] Das entscheidende Merkmal des Übereinkommens ist jedoch das *generelle Verbot jeglicher Einfuhr* gefährlicher Abfälle nach Afrika[130] – ein Verbot, das die afrikanischen Staaten prinzipiell zwar auch im Rahmen des Basler Übereinkommens auf der Grundlage des dort in Art 4 Abs 1 normierten Rechts zum Verbot der Einfuhr gefährlicher oder anderer Abfälle hätten aussprechen können (näher bereits Rn 26), das allerdings durch den erweiterten Anwendungsbereich über das Basler Regime hinausgeht. Angesichts des kategorischen Ansatzes des Bamako Übereinkommens können freilich die zahlreichen seit Inkrafttreten des Vertrags nachgewiesenen Müllimporte nach Afrika auch für dieses Regime nur als Ausdruck grundlegender Vollzugsdefizite verstanden werden.

41 Einen ähnlichen Ansatz verfolgt bereits in seinem Titel auch das 1989 unterzeichnete *Waigani Übereinkommen über das Verbot des Imports gefährlicher Abfälle in die Region des Süd-Pazifiks*, das sich – abgesehen von einer Ausweitung des Anwendungsbereichs wie im Bamako Übereinkommen und dem *generellen Einfuhrverbot* – ebenfalls stark an die Regelungen des Basler Übereinkommens anlehnt.[131] Auch das 1996 im Rahmen des damaligen Übereinkommens zum Schutz des Mittelmeers vor Verschmutzung[132] beschlossene *Izmir Protokoll über die Bekämpfung der Verschmutzung des Mittelmeers durch den Transport und die Entsorgung gefährlicher Abfälle*[133] ist dem Basler Übereinkommen in weiten Teilen nachgebildet, setzt jedoch eigene Akzente, insbes durch die in Art 9 vorgeschriebenen Sanktionen bei illegalen Verbringungen, die Einbeziehung der Öffentlichkeit nach Art 12 und die Aufklärung von Vertragsverstößen nach Art 13. Mit derzeit nur sechs Vertragsparteien[134] – die allerdings nach Art 17 Abs 6 für das Inkrafttreten ausreichten – spielt das Instrument freilich eine insgesamt untergeordnete Rolle.

42 Ein praktisch ungleich wichtigeres ergänzendes Abkommen iSd Art 11 Abs 1 Satz 1 des Basler Übereinkommens war demgegenüber das zwischen einerseits der Europäischen Gemeinschaft und ihren Mitgliedstaaten und andererseits den Mitgliedern der Gruppe der Staaten in Afrika, im Karibischen Raum und im Pazifischen Ozean – den sog *AKP-Staaten* – geschlossene *Lomé IV-Abkommen*, das ein Verbot normierte, gefährliche Abfälle in die AKP-Staaten auszuführen.[135] Das nach dem Auslaufen des früheren Vertrags an dessen Stelle getretene *Cotonou Abkommen* zwischen der Union und den AKP-Staaten[136] enthält bemerkenswerterweise keine entsprechenden Regelungen mehr, sondern sieht in Art 32 Abs 1 lit d nur noch vor, im Rahmen der Zusammenarbeit im Umweltschutz auch „die mit der Beförderung und Entsorgung gefährlicher Abfälle zusammenhängenden Fragen zu berücksichtigen". Allerdings sind die Verbote des früheren Lomé IV-Abkommens im Wesentlichen weiterhin in der neuen AbfallverbringungsVO der Union umgesetzt (vgl Rn 44 und 47), so dass die abfallbezogenen Inhalte des Lomé IV-Abkom-

---

129 *Olowu* (Fn 9) 71.

130 So die allg Einschätzung u a bei *Beyerlin/Marauhn*, International Environmental Law, 219 und *Eze* (Fn 127) 217, der auch von einer „message to the world" (229) spricht, die durch den Import formuliert worden sei.

131 So die Einschätzung von *Olowu* (Fn 9) 71f; vgl dazu im Einzelnen *van Hoogstraten/Lawrence*, Protecting the South Pacific from Hazardous and Nuclear Waste Dumping: The Waigani Convention, RECIEL 7 (1998) 268ff mit der Charakterisierung des Vertrags als eines „Basel Consist Approach" (270); *Sands/Peel*, Principles, 572f.

132 Übereinkommen zum Schutz des Mittelmeers vor Verschmutzung (ABl EG 1977, Nr L 240/3).

133 Dazu *Grosz*, Waste Trade, 162f; speziell zur Frage der Durchfahrtsrechte von Schiffen mit Gefahrgut im Rahmen des Protokolls *Scovazzi*, New Ideas as Regards the Passage of Ships Carrying Hazardous Wastes: The 1996 Mediterranean Protocol, RECIEL 7 (1998) 264ff.

134 Vgl die Angaben im Internet unter <http://ban.org/country_status/country_status_chart.html>.

135 Näher dazu *Kummer*, Management, 107ff; *Rublack*, Transfer, 49, jeweils mwN; im Rückblick auch *Sands/Peel*, Principles, 572.

136 Partnerschaftsabkommen 2000/483/EG zwischen den Mitgliedern der Gruppe der Staaten in Afrika, im Karibischen Raum und im Pazifischen Ozean einerseits und der Europäischen Gemeinschaft und ihren Mitgliedstaaten andererseits v 23.6.2000 (ABl EG 2000, Nr L 317/3).

mens bis heute ihre Spuren im geltenden Recht hinterlassen. Schließlich kann auch der OECD-Beschluss v 30.3.1992 zur grenzüberschreitenden Verbringung von Abfällen zwischen OECD-Staaten (dazu Rn 17) im funktionalen Sinne als regionale Konkretisierung des Basler Regimes verstanden werden.

43 All diese regionalen Überlagerungen und Ergänzungen führen freilich dazu, dass die Vorgaben des Basler Übereinkommens in vielfältiger Weise differenziert und modifiziert werden, sodass eine insgesamt ausgesprochen *komplizierte Rechtslage* entstanden ist. Im Vollzug versuchen die Organe des Basler Übereinkommens und der regionalen Regime durch eine möglichst pragmatische Handhabung der einzelnen Konventionen zu koordinieren.[137] Dennoch schafft die Relativität der jeweiligen Rechtspflichten im Verhältnis zu einzelnen Staatengruppen[138] im Ergebnis – wie sich am Beispiel des Rechts der EU zeigt – einen teilweise bereits überkomplexen Umsetzungsbedarf.

3. Europäisches Umsetzungsrecht

a) Die Abfallverbringungsverordnung

44 Die Rechtssetzung der damaligen Europäischen Gemeinschaft zur Abfallverbringung – seinerzeit noch beschränkt auf Verbringungen innerhalb der Gemeinschaft – geht in die frühen 1980er Jahre zurück, als unter dem Eindruck der Seveso-Unfälle (o Rn 2) erste Richtlinien erlassen wurden.[139] Seit 1994 regelte dann die frühere EG-Abfallverbringungsverordnung Nr 259/93/EWG[140] in Umsetzung der Vorgaben insbes des Basler Übereinkommens die innergemeinschaftliche „Verbringung“ von Abfällen zwischen Mitgliedstaaten sowie die Ein- und Ausfuhr aus und in Drittstaaten und verbot in ihrem Art 18 zur Umsetzung des Lomé IV-Abkommens (o Rn 42) jede Ausfuhr von Abfällen in AKP-Staaten.[141] 2007 trat an ihre Stelle die seitdem mehrfach geänderte aktuelle AbfallverbringungsVO.[142] Diese geltende AbfallverbringungsVO dient nicht nur der Umsetzung des Basler Übereinkommens, sondern auch des OECD-Beschlusses v 30.3.1992 zur grenzüberschreitenden Verbringung von Abfällen zwischen OECD-Staaten (dazu Rn 17), der nach Art 2 Nr 17 im Rahmen der Verordnung schlicht als „OECD-Beschluss“ bezeichnet wird. Wie bereits in der früheren Abfallverbringungsverordnung wird dabei einerseits zwischen innerunionalen Verbringungen und Abfallströmen aus oder in Drittländer unterschieden. Dabei ist jedoch weiter zu differenzieren zwischen 1. der in Titel II geregelten Verbringung von Abfällen innerhalb der Union, 2. der Verbringung innerhalb einzelner Mitgliedstaaten nach Titel III, 3. dem Export aus der Union nach Titel IV, 4. dem Import in die Union nach Titel V sowie 5. der Durchfuhr nach Titel VI. Für diese *Fallgruppen* wird zudem teilweise in den Anhängen der Verordnung jeweils zwischen grünen und gelben Abfalllisten unterschieden, sodass insgesamt ein hochkomplexes und daher wohl nicht leicht zu vollziehendes System an Vorgaben zu beachten ist.

---

137 Vgl bereits UNEP/Secretariat of the Basel Convention/Interim Secretariat of the Rotterdam Convention/Interim Secretariat of the Stockholm Convention, The Hazardous Chemicals and Wastes Conventions, 2003, 4, wo eine gemeinsame Strategie des „Clustering the Conventions“ vorgestellt wird; vgl dazu weiter *Kummer Peiry* (Fn 105) 648 f.

138 Vgl dazu allg *Graf Vitzthum*, Begriff, Geschichte und Rechtsquellen des Völkerrechts, in: ders/Proelß (Fn 22) 1. Abschn Rn 125.

139 Näher *Krämer*, Die Europäische Union und der Export von Abfällen in die Dritte Welt, KJ 1998, 345 (346) mwN.

140 Verordnung (EWG) Nr 259/93 des Rates v 1.2.1993 zur Überwachung und Kontrolle der Verbringung von Abfällen in der, in die und aus der Europäischen Gemeinschaft (ABl EG 1993, Nr L 30/1), mittlerweile aufgehoben; näher zu dieser etwa *Krieger* (Fn 54) § 74 Rn 20 ff.

141 Vgl zu diesen völkerrechtlichen Hintergründen der früheren Verordnung *Engels* (Fn 54) 80 ff.

142 Näher dazu *Dieckmann/Reese*, Kreislaufwirtschafts- und Abfallrecht, in Koch (Fn 45) § 6 Rn 123 ff; *Epiney*, Umweltrecht EU, Kap 9 Rn 140 ff; *Franßen* (Fn 85) § 14 Rn 14 ff; *Meßerschmidt*, Umweltrecht, § 18 Rn 188 ff.

b) Verbringungen innerhalb der Union

45 Im Rahmen dieser Fallgruppen werden zunächst Verbringungen *innerhalb einzelner Mitgliedstaaten* ohne Binnenmarktbezug weitgehend der Rechtssetzung der Staaten selbst überlassen; die Mitgliedstaaten legen für entsprechende Vorgänge nach Art 33 Abs 1 lediglich „eine geeignete Regelung für die Überwachung und Kontrolle der Verbringung von Abfällen ausschließlich innerhalb ihres Zuständigkeitsgebiets fest." Diese über die Vorgaben des Völkerrechts hinausgehende Regelung verlangt eine gewisse „Kohärenz" des nationalen Rechts mit den Grundstrukturen der Verordnung.[143]

46 Die *zwischenstaatliche Abfallverbringung innerhalb der Union* hingegen wird detailliert ausgestaltet und unterliegt nach Art 3 einem durch spezielle Begleitformulare detailliert ausgestalteten Notifizierungsverfahren, sofern die Abfälle zur Beseitigung bestimmt sind oder im Falle zur Verwertung bestimmter Abfälle in den in Art 3 Abs 1 lit b erwähnten Anhängen aufgeführt sind. Das insoweit einschlägige Verfahren der vorherigen schriftlichen Notifizierung und Zustimmung ist in den Art 4ff geregelt.[144] Grundvoraussetzung jeder innerunionalen Verbringung ist insofern nach Art 5 Abs 1 stets die Vorlage eines *Vertrags* zwischen dem Notifizierenden und dem Empfänger über die *ordnungsgemäße Verwertung oder Beseitigung* der notifizierten Abfälle. Gemäß Art 9 Abs 1 entscheiden die zuständigen Behörden am Bestimmungsort und am Versandort innerhalb von 30 Tagen über die Zustimmung mit oder ohne Auflagen oder ggf über die Erhebung von Einwänden, wobei die Importstaaten keineswegs frei entscheiden, sondern die zulässigen Gründe für Einwände in den Art 10 bis 12 vorgegeben sind. Durch die Regelungen der Art 22f wird der Notifizierende ggf zur Rücknahme auf eigene Kosten verpflichtet, wenn eine Verbringung nicht wie vorgesehen abgeschlossen werden kann. Rücknahmepflichten gelten nach Art 24 auch bei illegalen Verbringungen.

c) Verbringungen in oder aus Drittstaaten

47 Nochmals komplexer ist das Regelungssystem für Verbringungen in oder aus Drittstaaten, wobei der Verkehr mit den wenigen verbliebenen *EFTA-Staaten* (Island, Liechtenstein, Norwegen und die Schweiz) eine Sonderbehandlung erfährt: Bei Abfallexporten aus der Union ist zunächst erneut zwischen Abfällen zur Verwertung und Abfällen zur Beseitigung zu unterscheiden.[145] Dabei gilt nach Art 34 Abs 1 und 2 ein generelles Verbot jeglicher Ausfuhr von zur Beseitigung bestimmten Abfällen in Staaten, die nicht EFTA-Staaten und zugleich Vertragsparteien des Basler Übereinkommens sind.[146] Damit sind insbes auch Beseitigungsexporte in die AKP-Staaten (vgl o Rn 42) grundsätzlich weiterhin untersagt. Bei Abfällen zur Verwertung hingegen ist zu entscheiden, ob der *OECD-Beschluss* (o Rn 17) für den Importstaat gilt oder nicht gilt. Im ersten Fall, also bei einem Export in OECD-Staaten, gilt nach Art 38 mit gewissen Modifikationen ein *ähnliches Verfahren* wie bei Verbringungen innerhalb der Union.[147] Exporte zur Verwertung bestimmter Abfälle in nicht OECD-Staaten sind hingegen nach Art 36 erheblichen Beschränkungen unterworfen und unterliegen nach Art 37 einem gesonderten Notifizierungsverfahren. Im Falle von Differenzen zwischen den zuständigen Behörden am Versandort und am Bestimmungsort über die Einordnung der verbrachten Stoffe werden diese nach Art 28 als Abfälle behandelt und im Zweifel als in Anhang IV aufgeführte Abfälle angesehen.

143 Näher *Oexle*, in Kommentar AbfallverbringungsVO, Art 33 Rn 9ff.

144 Vgl dazu im Einzelnen *Breuer*, in AbfallverbringungsVO, Art 4 Rn 1ff; *Franßen* (Fn 85) § 14 Rn 18ff; *Schroeder* (Fn 54) Art 4 EG-Abfallverbringungs-VO (2015) Rn 1ff.

145 Dabei gelten unionale Begrifflichkeiten, vgl *Hagmann*, in Kommentar AbfallverbringungsVO, Art 34 Rn 10 mwN.

146 Dazu und zu weiteren Verboten – u a der Ausfuhr in die Antarktis – *Schroeder* (Fn 54) Art 40 EG-Abfallverbringungs-VO (2015) Rn 4.

147 So zusammenfassend *Hagmann*, in Kommentar AbfallverbringungsVO, Art 38 Rn 9.

48 *Importe* von Abfällen in die Union sind im Falle von zur Beseitigung bestimmten Abfällen nach Art 41 Abs 1 grundsätzlich nur aus Staaten erlaubt, die *Vertragsparteien des Basler Übereinkommens* oder bilateraler oder multilateraler Übereinkünfte gemäß Art 11 des Basler Übereinkommens (o Rn 39ff) sind. In diesem Fall gelten die Verfahrensvorschriften für Einfuhren nach Art 42.[148] Bei zur Verwertung bestimmten Abfällen besteht nach Art 43 grundsätzlich ein Einfuhrverbot, von dem jedoch erneut jene Staaten ausgenommen sind, für die der OECD-Beschluss gilt oder die Vertragsparteien des Basler Übereinkommens oder entsprechender Übereinkünfte sind. Ausnahmen bestehen zudem in Krisen- und Kriegssituationen.

d) Das weitere Abfallrecht der Union

49 Das Recht der Abfallverbringung ist nur ein regelungstechnischer Teilausschnitt des geltenden Abfallrechts der Union, dessen Kernstück die neue *AbfallrahmenRL* bildet.[149] Die *AbfallrahmenRL* zielt nach ihrem Art 1 darauf ab, die schädlichen Auswirkungen der Erzeugung und Bewirtschaftung von Abfällen zu vermeiden und zu verringern, die Gesamtauswirkungen der Ressourcennutzung zu reduzieren und die Effizienz der Ressourcennutzung zu verbessern. Maßgebliche Weichen hierfür stellen die Begriffsbestimmungen in Art 3 Nr 1 und 2, wo „Abfall" als Stoff oder Gegenstand definiert wird, dessen sich sein Besitzer entledigen will oder muss, ein „gefährlicher Abfall" sich hingegen durch die in Anhang III aufgeführten gefährlichen Eigenschaften bestimmt.[150] In einigen seiner Grundparameter dient auch dieser Rechtsakt der Umsetzung der programmatischen „allgemeinen Verpflichtungen" aus Art 4 des Basler Übereinkommens (zu diesen o Rn 26). So entsprechen die in Art 16 der AbfallrahmenRL normierten Grundsätze der „Entsorgungsautarkie" und der „Nähe" dem Ziel in Art 4 Abs 2 des Basler Übereinkommens, dass die Abfallerzeugung auf ein Mindestmaß beschränkt wird und im Inland geeignete Entsorgungsanlagen und Prozesse für eine umweltgerechte Behandlung zur Verfügung stehen.[151] Die Verpackung und Kennzeichnung gefährlicher Abfälle sollen sich gemäß Art 19 Abs 1 u a auch nach „den geltenden internationalen und gemeinschaftlichen Standards" richten. In ihren Details allerdings geht die neue AbfallrahmenRL weit über die Vorgaben des Völkerrechts hinaus. Dies gilt namentlich für eines ihrer Kernelemente, die neue *Abfallhierarchie* nach Art 4 Abs 1, die der Gesetzgebung im Bereich der Abfallvermeidung und -bewirtschaftung als Prioritätenfolge zugrunde zu legen ist[152] und die in ihren Grundansätzen auch modellhaft für das entsprechende Völkerrecht werden könnte (vgl o Rn 35).

III. Internationales Gefahrstoffrecht

50 Im Bereich des *Abfallrechts* findet sich mit dem Basler Übereinkommen ein instrumentell *integriertes* völkerrechtliches *Regime*, das sowohl verfahrensrechtliche Anforderungen an die Verbringung von Abfällen als auch – wenn auch ursprünglich vor allem in Form konkretisierungs-

148 Näher *Hagmann*, in Kommentar AbfallverbringungsVO, Art 42 Rn 5ff.
149 Dazu statt vieler *Epiney*, Umweltrecht EU, Kap 9 Rn 90ff; *Franßen* (Fn 85) § 14 Rn 3ff; *Meßerschmidt*, Umweltrecht, § 18 Rn 11ff.
150 Dazu *Franßen* (Fn 85) § 14 Rn 8ff; *Meßerschmidt*, Umweltrecht, § 18 Rn 14ff; vgl auch *Schink*, Der Abfallbegriff im Kreislaufwirtschaftsgesetz, UPR 2012, 201ff.
151 Vgl dazu *Meßerschmidt*, Umweltrecht, § 18 Rn 76.
152 Näher statt vieler *Frenz*, Die neue Abfallhierarchie, UPR 2012, 210ff sowie nunmehr umfassend *Hahn*, Die Abfallhierarchie der europäischen Abfallrahmenrichtlinie und ihre Umsetzung im deutschen Kreislaufwirtschaftsgesetz, 2017.

bedürftiger Grundsätze – materielle Vorgaben für eine nachhaltige und ortsnah ausgerichtete Abfallwirtschaft aufstellt (vgl bes o Rn 26ff). Vergleichbare Regelungsstrategien werden im internationalen Gefahrstoffrecht demgegenüber im Rahmen mehrerer *eigenständiger Instrumente* verwirklicht.[153] Im Zentrum der entsprechenden Verträge steht der verfahrensrechtliche Ansatz des Rotterdamer Übereinkommens über das PIC-Verfahren für bestimmte gefährliche Chemikalien aus dem Jahr 1998 (dazu nachfolgend Rn 51ff), der instrumentell durch den materiellrechtlichen Ansatz des drei Jahre später geschlossenen Stockholmer Übereinkommens über persistente organische Schadstoffe (dem POPs-Übereinkommen) ergänzt (dazu nachfolgend Rn 63ff) und durch weitere Instrumente zum Transport gefährlicher Abfälle und Stoffe flankiert wird (dazu nachfolgend Rn 72 f).

1. Das Rotterdamer Übereinkommen über das Verfahren der vorherigen Zustimmung

a) Die Entstehung des Rotterdamer Übereinkommens

51 Das *Schädigungspotential* der Verbreitung von *Gefahrstoffen* rückte im Vergleich zur Abfallproblematik erst *verspätet* in das Bewusstsein der Weltöffentlichkeit. Viele der mittlerweile reglementierten Gefahrstoffe hatten und haben eine wichtige Funktion als Wirtschaftsgut und werden daher im Welthandel global verbreitet. So wurde die Weiterentwicklung eines der mittlerweile international am strengsten reglementierten Stoffe – des Insektizids DDT (vgl dazu nachfolgend Rn 66) – im Jahr 1948 wegen seiner Erfolge im Kampf gegen Malaria zunächst durch den Nobelpreis für Medizin gewürdigt. Erst mit nahezu einem Jahrzehnt Verspätung setzte daher die Ausarbeitung globaler internationaler Vereinbarungen zum Gefahrstoffrecht ein, die noch heute gegenüber dem Regelungsniveau des nationalen Rechts und des Unionsrechts in vieler Hinsicht „unvollkommen" wirkt.[154]

52 Weichenstellende Anstöße für das Rotterdamer Übereinkommen lieferten insbes UNEP und die OECD mit ihren *Empfehlungen* zur Einhaltung eines PIC-Verfahrens nach dem Vorbild des Basler Übereinkommens (vgl dazu o Rn 7 sowie 17 f).[155] Parallel zu diesen prozeduralen Vorstößen bemühte sich UNEP um die Erarbeitung einer Liste jener Chemikalien, die dem PIC-Erfordernis unterworfen werden sollten.[156] Auf der Grundlage dieser Empfehlungen entwickelte sich sukzessive ein internationaler umweltpolitischer Konsens, dass jedenfalls bei Stoffen mit einem besonders hohen Gefährdungspotential mindestens die Abgabe einer Ausfuhrnotifikation des Exportstaats bzw sogar die Durchführung eines vollständigen PIC-Verfahrens angemessen sei.[157] Dieser Konsens materialisierte sich schließlich 1998 im Abschluss des durch UNEP vorbereiteten Rotterdamer Übereinkommens, das zwar den bis dahin erreichten *Soft Law-Konsens* positivierte, zugleich jedoch durch die Beschränkung auf das prozedurale PIC-Erfordernis und dessen eher engen Anwendungsbereich hinter vielen umweltpolitischen Erwartungen zurückblieb.[158]

---

153 *Kummer* (Fn 105), 637 spricht von insgesamt etwa 50 völkerrechtlichen Instrumenten.

154 So die Einschätzung bei *Rehbinder* (Fn 67) Rn 255.

155 Dazu und zur Entstehungsgeschichte *Kummer*, Prior Informed Consent for Chemicals in International Trade: The 1998 Rotterdam Convention, RECIEL 8 (1999) 323ff.

156 Dazu *Pallemaerts*, Toxics, 516ff.

157 Umfassend dazu *Pallemaerts*, Toxics, 441ff und 511ff, der die beiden Phasen eines „Focus on Export Notifications" und eines nachfolgenden „Consensus on Prior Informed Consent" unterscheidet; vgl weiter *Gündling* (Fn 29) 65ff.

158 Eingehend zu den problematischen Punkten und der Verhandlungsgeschichte *Pallemaerts*, Toxics, 551ff mwN; tabellarisch listet die Kritikpunkte (u a das Fehlen eines Verbots des Handels mit Nicht-Vertragsstaaten) *McDorman*, The Rotterdam Convention on the Prior Informed Consent Procedure for Certain Hazardous Chemicals and Pesticides in International Trade: Some Legal Notes, RECIEL 13 (2004) 187 (188).

b) Inhalte des Rotterdamer Übereinkommens

53 Das Rotterdamer Übereinkommen dient nach seinem Art 1 dem Schutz von (menschlicher) Gesundheit und Umwelt vor potenziellem Schaden durch den internationalen *Handel mit gefährlichen Chemikalien*, indem der Informationsaustausch über die Merkmale dieser Chemikalien erleichtert und ein nationaler Entscheidungsprozess über ihre Ein- und Ausfuhr und die Weiterleitung dieser Entscheidungen an die Vertragsparteien institutionalisiert werden. Im Zentrum des Vertrags steht also ein völkerrechtliches *Informationssystem*. Der erwähnte Entscheidungsprozess gilt nach Art 3 Abs 1 „für verbotene oder strengen Beschränkungen unterliegende Chemikalien" sowie für „besonders gefährliche Pestizidformulierungen".[159] Die nähere Bestimmung dieses Anwendungsbereichs bildet ein Grundproblem des gesamten Übereinkommens.

54 Dem regelungstechnischen Kernstück des Rotterdamer Übereinkommens, dem PIC-Verfahren der vorherigen Zustimmung, unterliegen nämlich vor allem – aber nicht nur (vgl Rn 56) – die in Anlage III aufgenommenen Stoffe. Die vorgelagerte Aufnahme in Anlage III wiederum – die zunächst nur 22 Pestizide und fünf Chemikalien umfasste, mittlerweile aber auf 47 Stoffe erweitert wurde – bestimmt sich nach dem in Art 5 normierten Verfahren für verbotene oder strengen Beschränkungen unterliegende Chemikalien.[160] Demnach notifiziert jede Vertragspartei, die eine unmittelbar geltende Rechtsvorschrift zu einer Chemikalie erlassen hat, diese dem Sekretariat unter Übermittlung sämtlicher nach Anlage I erforderlichen Informationen. Sobald das Sekretariat aus zwei PIC-Regionen mindestens je eine Notifikation zu einer bestimmten Chemikalie erhalten hat, leitet es diese Dokumente gem Art 5 Abs 4 an einen wissenschaftlich besetzten *Chemikalienprüfungsausschuss* weiter (vgl zu diesem nachfolgend Rn 57). Dieses Gremium überprüft die vorgelegten Informationen und übermittelt der Vertragsstaatenkonferenz in Übereinstimmung mit den in Anlage II niedergelegten Kriterien *Empfehlungen* zur Aufnahme des Stoffs in Anhang III. Für „sehr gefährliche Pflanzenschutz- und Schädlingsbekämpfungsmittel" kann gemäß Art 6 der Aufnahmevorschlag auch durch einzelne Entwicklungsländer vorgelegt werden.[161] Nach Art 7 Abs 3 Satz 2 entscheidet auf Grundlage dieser Empfehlungen schließlich die Konferenz der Vertragsparteien darüber, ob die Chemikalie dem Verfahren der vorherigen Zustimmung nach Inkenntnissetzung unterworfen werden soll oder nicht; im Falle einer positiven Entscheidung nimmt sie die Chemikalie in Anlage III auf. Damit setzt die Erweiterung des Anhangs trotz aller Bemühungen um eine wissenschaftliche Objektivierung letztlich doch den *politischen Konsens* aller beteiligten Staaten voraus, selbst wenn entsprechende Beschlüsse dann ohne weitere Ratifikationsprozesse wirksam werden.[162] Ohne förmliche Aufnahme von Chemikalien in Anhang III wird keinem Staat ein Recht auf jene Informationen zuerkannt, die zur Verhängung entsprechender Verbote faktisch erforderlich sind (vgl o Rn 9).[163] Die für das Basler Übereinkommen prägende „Anerkennung des souveränen Rechts jedes Staats", die Einfuhr von Abfällen in sein Hoheitsgebiet zu verbieten, wird im Rotterdamer Übereinkommen nicht einmal erwähnt. Dies ist in der Tat eine durchaus restriktive Ausgestaltung, die eher gegen das Bestehen weiterreichender gewohnheitsrechtlicher Standards zur Durchführung einer PIC-Prozedur durch den Exportstaat sprechen dürfte (vgl o Rn 7 ff).

55 Für die so in Anlage III aufgenommenen Chemikalien normieren Art 10 Verpflichtungen im Hinblick auf Einfuhren und Art 11 im Hinblick auf die Ausfuhr. Diese Regelungen institutionalisieren ein – gegenüber dem Basler Vorbild (o Rn 28) freilich stärker auf das Sekretariat ausgerichtetes – *PIC-Verfahren der vorherigen Zustimmung*, das nur zwischen Vertragsparteien zur

---

159 Diese Definitionen entstanden als Kompromiss zwischen den divergierenden Standpunkten insbes der EU und den USA, vgl im Einzelnen *Pallemaerts*, Toxics, 572 ff.

160 Näher dazu *McDorman* (Fn 158) 191 ff.

161 Näher *Kummer* (Fn 155) 32 f.

162 Näher und krit dazu *Pallemaerts*, Toxics, 574 ff.

163 *Birnie/Boyle/Redgwell*, International Law and the Environment, 447 f.

Anwendung kommt:[164] Nach Art 10 Abs 1 erlässt jede Vertragspartei geeignete Rechts- oder Verwaltungsvorschriften, um eine frühzeitige Entscheidung über die Einfuhr von in Anlage III aufgenommenen Chemikalien zu gewährleisten. Grundsätzlich spätestens neun Monate nach Aufnahme einer Chemikalie in die Anlage III soll jede Vertragspartei auf Grundlage ihrer nationalen Vorschriften nach Art 10 Abs 4 der Einfuhr zuzustimmen, die Einfuhr verbieten oder ihr vorbehaltlich bestimmter Voraussetzungen zustimmen. In den letztgenannten Fällen ist gemäß Art 11 die Ausfuhr in einen solchen Staat untersagt bzw den entsprechenden Beschränkungen unterworfen. Zugleich muss der entsprechende Staat jedoch nach Art 10 Abs 9 die Herstellung der Chemikalie *auch im eigenen Land* und ihre Einfuhr aus jeder anderen Quelle verbieten oder es denselben Bedingungen unterwerfen; diese Anforderungen gewährleisten nicht zuletzt auch eine Kompatibilität mit dem WTO-Recht, namentlich mit dem Diskriminierungsverbot und der Inländergleichbehandlung. An die Stelle eines jeweils konkreten bilateralen PIC-Verfahrens, wie es das Basler Übereinkommen vorsieht (o Rn 28), tritt in diesem Modell ein durch das Sekretariat koordinierter Entscheidungsprozess. Die starke *Einbindung des Sekretariats* in diese Ausprägung des PIC-Verfahrens und insbes dessen Überprüfung der vorgelegten Informationen entspricht vor allem dem Bedürfnis jener Importstaaten, die über keine ausreichende Expertise verfügen, um das Gefahrenpotential jedes Stoffes im Einzelfall zu beurteilen.[165]

56 Über die Reglementierung der in Anhang III gelisteten Stoffe hinaus fordert Art 12 Abs 1 auch dann eine Ausfuhrnotifikation, wenn eine *vom Exportstaat verbotene* oder strengen Beschränkungen unterworfene Chemikalie aus dessen Hoheitsgebiet ausgeführt wird. Nach dem Grundgedanken dieser Norm soll sich der Exportstaat gleichsam an seinen eigenen Standards messen lassen. In diesem Fall notifiziert diese Partei der einführenden Vertragspartei die Ausfuhr unter Beifügung der in Anlage V aufgeführten Informationen. Nach Sinn und Zweck der Bestimmung ist über die Abgabe dieser *Ausfuhrnotifikation* hinaus keine Zustimmung des Importstaats erforderlich, wohl aber ein Einfuhrverbot möglich.[166] Nach Art 12 Abs 2 Satz 3 kann indes die zuständige Behörde der einführenden Vertragspartei auf die Ausfuhrnotifikation verzichten.

c) Institutionelle Kennzeichen des Rotterdamer Übereinkommens

57 Politisches *Hauptorgan* des Rotterdamer Übereinkommens ist die durch Art 18 eingesetzte *Konferenz der Vertragsparteien.* Sie setzte nach Art 18 Abs 6 auf ihrer ersten Tagung „ein als *Chemikalienprüfungsausschuss* zu bezeichnendes Nebenorgan ein", das insbes für die Erarbeitung der Aufnahmevorschläge nach Art 5 zuständig ist (vgl soeben Rn 54). Ähnlich wie das *Intergovernmental Panel on Climate Change (IPCC)*, das im Rahmen der UN-Klimarahmenkonvention tragende wissenschaftliche Funktionen als faktisches Nebenorgan des völkerrechtlichen Klimaregimes erfüllt, soll auch der Chemikalienprüfungsausschuss durch ein verselbständigtes möglichst *objektives „fact-finding"* die Tatsachengrundlage der nachfolgenden politischen Entscheidungen verbessern.[167] Trotz dieses Anspruchs auf wissenschaftliche Unabhängigkeit wird bereits die Frage der Mitgliedschaft in diesem Ausschuss – wie u a Art 18 Abs 6 lit b deutlich macht – unweigerlich auch von politischen Erwägungen bestimmt.[168] Die Erfüllung der laufen-

---

164 Zum Folgenden *McDorman* (Fn 158) 188 ff; *Langlet*, Hazardous Trade, 128 ff; *Kummer* (Fn 155) 329 charakterisiert dieses Verfahren als „immensely cumbersome and complicated".

165 *Krueger* (Fn 38) 134; vgl auch Secretariat of the Rotterdam Convention, Guide on the Development of National Laws to Implement the Rotterdam Convention, 2004, 54.

166 *Kummer* (Fn 155) 328.

167 Näher zu diesen Aufgaben am Bsp des IPPC *Bolle*, Das Intergovernmental Panel on Climate Change (IPCC), 2011, 108 ff. S a *Stoll/Krüger*, 9. Abschn Rn 53.

168 Vertiefend zu diesem Problem im gesamten Gefahrstoffbereich *Kohler*, Science, PIC and POPs: Negotiating the Membership of Chemical Review Committees under the Stockholm and Rotterdam Conventions, RECIEL 15 (2006) 293 ff.

den Aufgaben ist Aufgabe des Sekretariats, dessen Aufgaben gemäß Art 19 Abs 3 durch den UNEP-Exekutivdirektor wahrgenommen werden.

d) Europäisches Umsetzungsrecht

58 Der europäischen Umsetzung des Rotterdamer Übereinkommens dient nach ihrem Art 1 Abs 1 lit a die durch Parlament und Rat erlassene Verordnung (EG) Nr 689/2008 über die Aus- und Einfuhr gefährlicher Chemikalien, die *EG-Aus- und EinfuhrVO*,[169] die an die Stelle einer früheren, durch den EuGH aus Verfahrensgründen aufgehobenen[170] Verordnung (EG) Nr 304/2003[171] trat und zulässigerweise auf die Umweltkompetenz der Gemeinschaft gestützt wurde.[172] Dabei wird *innerhalb des europäischen Binnenmarkts* mit Rücksicht auf das vor allem durch das REACH-Regime geschaffene Chemikalienrecht (dazu Rn 62) auf das Verfahren der Ausfuhrnotifikation *verzichtet*.[173] Zugleich soll – so Erwägungsgrund 5 – für die Kontakte mit dem Sekretariat und anderen Vertragsparteien des Rotterdamer Übereinkommens sowie mit Drittstaaten eine einzige Kontaktstelle – nämlich die Kommission – zuständig sein.

59 Inhaltlich finden sich hingegen einige wichtige *Verschärfungen* und *Ergänzungen* der völkerrechtlichen Vorgaben:[174] Bereits in den Definitionen von „Pestiziden" und „Industriechemikalien" in Art 3 Nr 4 und 5 geht die Verordnung deutlich über die Vorgaben des Übereinkommens hinaus.[175] Vor allem wird jedoch eine Reihe von Stoffen, die völkerrechtlich (noch) nicht dem PIC-Verfahren unterworfen sind, dem Erfordernis einer vergleichbaren Ausfuhrnotifikation unterworfen. Gemäß Art 6 Abs 1 und 2 werden die unter die Verordnung fallenden Chemikalien in Anhang I jeweils einem von drei Teilen zugeordnet: Die in Teil 1 des Anhang I gelisteten Chemikalien unterliegen der Ausfuhrnotifikation des Art 7. Dasselbe gilt für die in Teil 2 gelisteten Chemikalien, die zusätzlich aus europäischer Sicht „Kandidaten" für die PIC-Notifikation nach Art 10 sind – hier zeigt sich besonders deutlich der Wille der Union zur Mitgestaltung der völkerrechtlichen Entscheidungsprozesse (vgl o Rn 21). Lediglich die in Teil 3 genannten Chemikalien schließlich unterliegen auch völkerrechtlich dem PIC-Verfahren nach dem Rotterdamer Übereinkommen – und zwar auch gegenüber Drittstaaten. Insoweit haben die Regelungen über die Ausfuhrnotifikation lediglich ergänzenden Charakter.

60 Für die Durchführung dieser genuin unionsrechtlichen Ausfuhrnotifikation normiert Art 7 detaillierte Anforderungen: Bei erstmaliger Ausfuhr einer Chemikalie muss der Exporteur spätestens 30 Tage vor der Ausfuhr die nationale Behörde *unterrichten*, welche die Einhaltung der formalen Anforderungen des Anhang III überprüft und anschließend die *Notifikation* unverzüglich an die Kommission weiterleitet. Diese hat sicherzustellen, dass die zuständigen Behörden des Importstaates spätestens 15 Tage vor der ersten beabsichtigten Ausfuhr entsprechend unterrichtet werden.

61 Der *Vollzug der Verordnung* erfolgt nach Art 5 *arbeitsteilig* durch die Kommission als internationaler Kontaktstelle und durch die Mitgliedstaaten, die hierfür nationale Behörden bezeichnen. Die entsprechenden Vorgaben – so die unionsrechtliche Pflicht der zuständigen Behörde am Versandort, im Falle eines Verstoßes gegen die Notifizierungspflicht für die Rücknahme,

---

169 Dazu *Langlet*, Hazardous Trade, 133 ff.
170 Vgl EuGH, Rs C-178/03, Slg 2006, I-107.
171 Näher zu dieser mit auf die nunmehr geltende Verordnung übertragbaren Erläuterungen *Fluck*, Die Ein- und Ausfuhr gefährlicher Chemikalien nach dem Rotterdamer Übereinkommen und der Verordnung (EG) Nr 304/2003, StoffR 2005, 13 ff; *Kowalski*, Die Ausfuhr und Einfuhr bestimmter gefährlicher Chemikalien nach der Export-/Import-Verordnung, StoffR 2004, 72 ff;
172 Zur Rechtmäßigkeit dieser Verordnung EuGH, Rs C-411/06, Slg 2009, I-7585.
173 Vgl *Fluck* (Fn 171) 17.
174 Näher zum Folgenden *Meßerschmidt*, Umweltrecht, § 19 Rn 220 ff.
175 Näher *Kowalski* (Fn 171) 73.

Verwertung oder Beseitigung der betreffenden Abfälle zu sorgen – sind ggf auch durch die nationalen Gerichte unmittelbar durchsetzbar.[176] Für diese Durchsetzung setzt die Union zugleich auf ihr allg *Konzept der informierten Öffentlichkeit* und die Durchsetzung des Umweltrechts durch *Umweltverbände* (vgl auch bereits Rn 23).[177] Insbes wird nach Art 7 Abs 3 UAbs 3 jede Ausfuhrnotifikation in eine Datenbank der Kommission eingetragen und der Öffentlichkeit eine Liste der betreffenden Chemikalien zugänglich gemacht.

e) Der Kontext des REACH-Regimes der Union

62 In einem weiteren Sinne dient der Umsetzung des Rotterdamer Übereinkommens wie auch des Stockholmer Übereinkommens auch das allg Chemikalienrecht der Union. Neben zahlreichen Rechtsakten im Bereich des *besonderen Stoffrechts* – u a zu Pflanzenschutzmitteln, Düngemitteln bis hin zu Kosmetika[178] – bildet dessen Kernstück die *REACH-VO*, die freilich in ihrem Ansatz über die völkerrechtlichen Vorgaben weit hinausgeht und auf eine umfassende Risikoregulierung des Gefahrstoffrechts auf der Grundlage einer kontrollierten Eigenverantwortung der Stofferzeuger und -importeure abzielt.[179] Dabei liegt ein Schwerpunkt des REACH-Regimes auf einer umfassenden „Generierung von Risikodaten",[180] die durch Art 5 zu einer Marktzutrittsbedingung erklärt wird und im Rahmen eines Registrierungsverfahrens erfolgt.[181] Diese Daten werden ihrerseits unweigerlich auf die völkerrechtliche Reglementierung der entsprechenden Stoffe zurückwirken (o Rn 21). Im Falle unannehmbarer Risiken können auf Grundlage der Art 67 ff ggf auch *Beschränkungen und Verbote* erfolgen.[182] Damit erstreckt sich die REACH-VO allerdings bereits über den Ansatz des Rotterdamer PIC-Übereinkommens hinaus in den Bereich der völkerrechtlichen Vorgaben des POPs-Übereinkommens.

2. Das Stockholmer Übereinkommen über persistente organische Schadstoffe

a) Die Entstehung des Stockholmer Übereinkommens

63 Angesichts der instrumentellen Grenzen einer umweltpolitischen Bewältigung der Gefahrstoffproblematik durch die PIC-Prozedur bedarf ein problemgerechtes Regelungsmodell über den verfahrensrechtlichen Ansatz des Rotterdamer Übereinkommens hinaus weiterer Elemente der *Wissensgenerierung* und – auf dieser Grundlage – der Möglichkeit, die Herstellung, Verwendung und Verbreitung bestimmter Stoffe zu *beschränken*, zu reglementieren und gegebenenfalls sogar zu verbieten (o Rn 12). Dies ist der Ansatz des 2004 in Kraft getretenen Stockholmer Übereinkommens über persistente organische Schadstoffe – des sog POPs-Übereinkommens –, das sich auf jene Stoffe konzentriert, bei denen das Bedürfnis nach internationalen materiellen Vorgaben am handgreiflichsten ist. Wie der Erwägungsgrund 2 der POP-VO plastisch ausführt, werden

---

176 Illustrativ VGH Mannheim, VBlBW 2011, 313.

177 Vgl dazu nur *Schwerdtfeger*, Der deutsche Verwaltungsrechtsschutz unter dem Einfluss der Aarhus-Konvention, 2010, 5 ff; allg *Masing* Die Mobilisierung des Bürgers für die Durchsetzung des Rechts, 1997.

178 Umfassend dazu *Rengeling*, Europäisches Stoffrecht, 2009, 53 ff; vgl daneben zu den aktuellen Vorgaben im Bereich der Pflanzenschutzmittel *Garçon*, Neues europäisches Pflanzenschutzrecht, in Hendler (Hrsg), Perspektiven des Stoffrechts, 2011, 131 ff; zum Biozidrecht *Proelß*, Reformbestrebungen im Europäischen Recht der Biozid-Produkte, ebd 147 ff.

179 Vgl dazu die Darstellungen bei *Epiney*, Umweltrecht EU, Kap 8 Rn 6 ff; *Führ* (Fn 74) Kap 1 Rn 65 ff; *Meßerschmidt*, Umweltrecht, § 19 Rn 12 ff; *Pache* (Fn 45) Rn 27 ff; *Rengeling* (Fn 178) 38 ff; zusammenfassend *Hofmann*, Hazardous Substances and Waste, Other than Nuclear, YIEL 17 (2006) 349 ff.

180 *Rehbinder* (Fn 67) § 11 Rn 2.

181 Näher *Führ* (Fn 74), Kap 8 Rn 50 ff; *Hansen/Blainey*, Registration: The Cornerstone of REACH, RECIEL 17 (2008), 107 (113 ff); *Meßerschmidt*, Umweltrecht, § 19 Rn 46 ff.

182 Auch dazu *Meßerschmidt*, Umweltrecht, § 19 Rn 113 ff.

diese POPs-Stoffe „[...] weit von ihrem Ursprungsort über internationale Grenzen hinweg transportiert, verbleiben in der Umwelt, reichern sich über die Nahrungsmittelkette an und begründen ein Risiko für die menschliche Gesundheit und die Umwelt."

64 Die seit 1995 laufenden Verhandlungen über diesen Vertrag waren von erheblichen *Spannungen* zwischen der EU einerseits und einer u a aus den USA, Japan und Australien bestehenden Gruppe von Industriestaaten andererseits bestimmt, in deren Zentrum die Frage stand, ob die Erzeugung und Verbreitung der zwölf von Beginn an durch das Vorhaben erfassten Stoffe (das sog *dirty dozen*) vollständig verboten oder nur eingeschränkt werden sollten.[183] Deutlich zeigte sich hier der eingangs erwähnte umweltpolitische Grundkonflikt zwischen der Forderung nach einem vorsorgeorientierten Verbotsansatz einerseits und den wirtschaftspolitischen Einwänden gegen die weitreichenden Folgen solcher Verbote (vgl bereits Rn 4). Im Ergebnis werden die Produktion, Verwendung und Freisetzung persistenter organischer Schadstoffe zwar erheblichen Einschränkung unterworfen,[184] zugleich bleibt jedoch der Anwendungsbereich des Regimes vorläufig stark begrenzt. Eine große Schwäche des Regimes ist zudem ein weiteres Mal die Nichtbeteiligung der USA, die das Übereinkommen nicht ratifiziert haben.[185]

b) Inhalte des Stockholmer Übereinkommens

65 Das Stockholmer Übereinkommen über persistente organische Schadstoffe reglementiert eine bestimmte Gruppe von Schadstoffen – die sog POPs –, die auf Grund ihrer Fähigkeit zur weiträumigen Verbreitung und der Anreicherung im Körper vom Menschen, Tieren und Pflanzen eine *besondere Bedrohung der Umwelt* darstellen. Diese organischen Chemikalien werden teilweise *zielgerichtet* hergestellt, entstehen jedoch – etwa im Fall der Dioxine – teilweise auch *unbeabsichtigt* im Rahmen von Verbrennungen; insoweit unterliegen sie dem im Rahmen des Übereinkommens über weiträumige grenzüberschreitende Luftverunreinigung erarbeiteten Århus-Protokoll (vgl dazu o Rn 22). Das POPs-Übereinkommen bildet demgegenüber ein globales allg Regime mit dem in Art 1 formulierten Ziel, die menschliche Gesundheit und die Umwelt vor persistenten organischen Schadstoffen zu schützen.

66 Anders als im Rahmen des Rotterdamer Übereinkommens über das Verfahren der vorherigen Zustimmung stehen im Zentrum des POPs-Übereinkommens spezifische *materielle Verbote* für jeden einzelnen der wenigen erfassten Stoffe: Im Hinblick auf die neun in Anlage A aufgenommenen Chemikalien verpflichtet Art 3 Abs 1 lit a zur *Einstellung* der Produktion, Verwendung, Einfuhr und Ausfuhr, bezüglich der in Anlage B aufgenommenen Chemikalien Art 3 Abs 1 lit a grundsätzlich nur zur „Beschränkung" der Produktion und Verwendung. Daneben existiert mit Anlage C eine dritte Liste mit Stoffen, die nach Art 5 lediglich einer Produktionsverringerungspflicht unterliegen. Freilich gelten die entsprechenden Pflichten zur Einstellung oder Beschränkung der Produktion und Verwendung nicht durchgängig und sofort, sondern nach Maßgabe der teilweise weitreichenden *Ausnahmeregelungen* nach den Anlagen A und B. Nach diesen Maßstäben gilt bspw für den Einsatz als Termitenvernichtungsmittel weiterhin eine Ausnahme vom Verbot des Anlage A-Stoffs Heptachlor, während nach Anlage B die „Bekämpfung von Krankheitsüberträgern" weiterhin ein „akzeptabler Zweck" für den Einsatz von DDT bleibt, ein totales Verbot also gerade nicht verhängt wird. Hinzu treten derzeitig noch *länderspezifische Ausnahmeregelungen* nach Art 4 Abs 3, die indes nach Art 4 Abs 4 und 7 spätestens 10 Jahre nach

---

183 Eingehend zu den Verhandlungsprozessen und dem Entstehungshintergrund der einzelnen Vorschriften *Bilcke*, The Stockholm Convention on Persistent Organic Pollutants, RECIEL 11 (2002) 328 ff.

184 Dazu *Hagen/Walls*, The Stockholm Convention on Persistent Organic Pollutants, Natural Resources & Environment 19 (2005) 49 ff.

185 Vgl dazu *Hagen/Walls* (Fn 184) 51 f.

Inkrafttreten des Übereinkommens – also 2014 – *ausgelaufen* sind.[186] Auch grenzüberschreitende *Verbringungen* sind nur noch zum Zweck einer umweltgerechten Entsorgung nach Art 6 Absatz 1 lit d oder nach Maßgabe der „spezifischen Ausnahmeregelung" nach Anlage A oder eines „akzeptablen Zwecks" nach Anlage B zulässig.[187] Die Kompatibilität dieser wirtschaftlich zT durchaus einschneidenden Vorgaben mit jenen des WTO-Systems ist angesichts der weitreichenden ökologischen Auswirkungen der reglementierten POPs im Ergebnis wohl zu bejahen.[188]

67 Zahlreiche POPs entstehen freilich als Nebenprodukte insbes von Verbrennungsprozessen (o Rn 65). Für ein vollständiges Verbot dieser *Freisetzung* von POPs fanden sich im Verhandlungsprozess des Übereinkommens allerdings bislang angesichts verbreiteter Zweifel an ihrer Realisierbarkeit keine ausreichenden Mehrheiten.[189] Art 5 normiert jedoch als Mindeststandard eine Reihe von Maßnahmen zur Verringerung oder Verhinderung von Freisetzungen unerwünschter Nebenprodukte. Dazu zählt u a auch die „Förderung" der Anwendung der besten verfügbaren Techniken und besten Umweltschutzpraktiken für bestehende Quellen und die „Anordnung" der Anwendung der *besten verfügbaren Techniken* (BATs) für neue Quellen (vgl zu dieser Regelungstechnik bereits Rn 15).[190] In nuce normiert das Übereinkommen somit – und dies ist regelungstechnisch wohl alternativlos – *anlagenrechtliche Anforderungen* an den Umgang mit POPs, die zwischen Alt- und Neuanlagen differenzieren. Im Zuge weiterer Beratungen wird seitdem versucht, diese Standards durch informale Empfehlungen und Erhebungen zu konkretisieren.[191] In dem Rechtsstreit vor dem IGH um die vorgebliche Völkerrechtswidrigkeit der neu genehmigten *Zellstofffabrik* am Fluss Uruguay berief sich Argentinien vergebens auf eine Verletzung dieser Standards; nach der Überzeugung des Gerichts brachte Uruguay indes durch die Anwendung der weltweit üblichen Methoden die „besten verfügbaren Techniken" zur Anwendung.[192] Das Gericht legte damit eher behutsame Maßstäbe an die Ermittlung der „besten verfügbaren Techniken" an, bestätigte aber zugleich die prinzipielle Überprüfbarkeit und damit das beachtliche Steuerungspotential der Verpflichtung zur Anwendung von BATs.

68 Eine – ähnlich wie bereits im Rotterdamer Übereinkommen (vgl Rn 54) – hochumstrittene und für das gesamte Übereinkommen weichenstellende Regelung bildet Art 8 über die *„Aufnahme von Chemikalien* in die Anlagen A, B und C". Diese Vorschrift normiert ein kompliziertes neunstufiges Verfahren, in dem ausgehend von einem Aufnahmevorschlag einer Vertragspartei über die Prüfung durch das Sekretariat und einen „Überprüfungsausschuss für persistente organische Schadstoffe" anhand der in Anlage D aufgeführten Prüfkriterien am Ende die Konferenz der Vertragsparteien „in vorsorgender Weise unter angemessener Berücksichtigung der Empfehlungen des Ausschusses einschließlich etwaiger wissenschaftlicher Unsicherheiten" beschließt, ob die entsprechende Chemikalie und entsprechende Kontrollmaßnahmen in die Anlagen A, B und/oder C aufzunehmen sind.[193] Trotz aller Versuche einer Objektivierung der Entscheidungsfindung durch Verweis auf das Vorsorgeprinzip (vgl bereits o Rn 14) steht so die Aufnahme neu-

---

186 Näher *Birnie/Boyle/Redgwell*, International Law and the Environment, 449.

187 Näher *Wiser/Orellana*, Specific Trade Obligations in the Stockholm Convention on Persistent Organic Pollutants, Bridges Review 8 (2004) 9.

188 Vgl dazu eingehend *Batchelder*, An Analysis of Potential Conflicts between the Stockholm Convention and its Parties' WTO Obligations, Michigan JIL 28 (2006/07) 157 ff und zusammenfassend *Birnie/Boyle/Redgwell*, International Law and the Environment, 450; *Stoll/Jürging*, 6. Abschn Rn 42.

189 Auch dazu *Birnie/Boyle/Redgwell*, International Law and the Environment, 449 f.

190 Vgl zu dieser im Konventionstext stark relativierten Pflicht *Bilcke* (Fn 183) 335.

191 Näher UNEP, Overview and Summary of Outcomes from the Regional Consultations on the Draft Guidelines on Best Available Techniques (BAT) and Best Environmental Practices (BEP) relevant to Article 5 and Annex C of the Stockholm Convention on Persistent Organic Pollutants (POPs), 2005.

192 *Pulp Mills*, 43 und 88; vgl dazu auch *McIntyre*, The World Court's Ongoing Contribution to International Water Law: The Pulp Mills Case between Argentina and Uruguay, Water Alternatives 4 (2011) 124 (134 f) sowie *Sohnle*, L'Arrêt des Usines de Pâte à Papier de la CJF du 20 Avril 2010, RJE 2010, 605 (616). S a *Proelß*, 3. Abschn Rn 10 ff.

193 Näher *Bilcke* (Fn 183) 337 ff.

er Stoffe am Ende – ähnlich wie im Rotterdamer Übereinkommen – gleichwohl erneut unter dem Vorbehalt einer Konsensbildung der Vertragsstaaten, die angesichts der weitreichenden Implikationen nicht frei von politischen Elementen bleibt.[194] Daher ist gegenüber der vielfach geforderten Ausweitung des Katalogs der Anlagen angesichts der Schwierigkeiten einer Eliminierung der entsprechenden Stoffe erheblicher Widerstand zu erwarten.[195] Gleichwohl gelang es 2009, 2011, 2015 und 2017, die Kataloge um derzeit 18 weitere zu eliminierende oder zu beschränkende Stoffe zu erweitern.[196]

c) Institutionelle Kennzeichen des Stockholmer Übereinkommens

69 *Hauptorgan* auch des Stockholmer Übereinkommens ist die durch Art 19 begründete *Konferenz der Vertragsparteien*, die ggf auch weitere *Nebenorgane* einsetzen kann. Wichtig ist dabei namentlich das in Art 19 Abs 6 als „*Überprüfungsausschuss* für persistente organische Schadstoffe" bezeichnete Nebenorgan,[197] dessen Funktion und Stellung der des Chemikalienprüfungsausschusses im Rotterdamer Übereinkommen (o Rn 57) entsprechen, und das seine Empfehlungen (soeben Rn 68) „als letztes Mittel" mit Zweidrittelmehrheit aussprechen kann. Änderungen des Übereinkommens können gemäß Art 21 Abs 3 mit Dreiviertelmehrheit beschlossen werden, bedürfen jedoch der umfassenden Ratifikation, während die Schaffung oder Änderung von Anlagen nach Art 22 in bestimmten Fällen nur einem Opting-Out unterliegt (vgl auch Rn 32). Eine zentrale Rolle für die laufenden Aufgaben spielt – wie im Rotterdamer Übereinkommen – das Sekretariat, dessen Aufgaben gemäß Art 20 Abs 3 durch den UNEP-Exekutivdirektor wahrgenommen werden. Das *Sekretariat* organisiert das Verfahren der Aufnahme von Chemikalien gemäß Art 8 (o Rn 68), sammelt und bezieht im Rahmen der Berichterstattung nach Art 15 Abs 2 statistische Daten von den Mitgliedstaaten zu ihren Produktions-, Einfuhr- und Ausfuhrmengen der Anlage A und B-Chemikalien und fungiert nach Art 19 Abs 4 zwischen den Vertragsparteien und im Verhältnis zu anderen zwischenstaatlichen und nichtstaatlichen Organisationen als Vermittlungsstelle für Informationen über POPs.

d) Europäisches Umsetzungsrecht

70 Zur Umsetzung dieser Vorgaben erließen Parlament und Rat am 29.4.2004 die Verordnung (EG) Nr 850/2004 über persistente organische Schadstoffe, die sog *POP-VO*.[198] Sie dient ausweislich ihrer Erwägungsgründe 3 und 5 nicht nur der Umsetzung des Stockholmer Übereinkommens, sondern auch des *Århus-Protokolls* zum Übereinkommen über weiträumige grenzüberschreitende Luftverunreinigung v 1979 über persistente organische Schadstoffe (o Rn 22), und geht zugleich in einigen Punkten über die korrespondierenden völkerrechtlichen Vorgaben hinaus.[199] Nach den Grundregeln in Art 3 der POP-VO, die auf Art 3 des Übereinkommens zurückgehen (o Rn 65), sind die Herstellung, das Inverkehrbringen und die Verwendung der in Anhang I aufgelisteten Stoffe – auch in Zubereitungen oder als Bestandteile von Artikeln – verboten. Die Herstellung, das Inverkehrbringen und die Verwendung von in Anhang II aufgelisteten Stoffen hin-

---

194 Eingehend dazu die Londoner Dissertation v *Templeton*, Framing Elite Policy Discourse: Science and the Stockholm Convention on Persistent Organic Pollutants, 2011.
195 *Wirth*, Hazardous Substances and Activities, 404; vgl weiter die Darstellung bei *Yoder*, Lessons from Stockholm: Evaluating the Global Convention on Persistent Organic Pollutants, Indiana JGLS 10 (2002) 113 (137 ff).
196 Vgl dazu im Schrifttum *Pache* (Fn 45) Rn 26 sowie die Angaben und Nachweise im Internet unter <http://chm.pops.int/TheConvention/ThePOPs/TheNewPOPs/tabid/2511/Default.aspx>.
197 Vgl zu dessen Stellung auch den Beitrag von *Kohler* (Fn 168).
198 Näher zu diesem Rechtsakt *Meßerschmidt*, Umweltrecht, § 19 Rn 233 ff.
199 Näher *Wilke*, Auswirkungen der EU-Verordnung über persistente organische Schadstoffe auf das Abfallrecht, StoffR 2007, 168 ff.

gegen sind gemäß den in jenem Anhang festgelegten Bedingungen beschränkt.[200] Art 6 enthält Vorgaben zur Verringerung, Minimierung und Einstellung von Freisetzungen und verdeutlicht einmal mehr den rechtspolitisch bedauernswerten Verzicht des europäischen Gesetzgebers auf konkrete Emissions- und Technikstandards, da die Mitgliedstaaten in eher programmatischer Weise lediglich zur Erstellung eines Aktionsplans mit „Maßnahmen zur Ermittlung und Beschreibung der gesamten Freisetzungen sowie zu ihrer Minimierung mit dem Ziel der möglichst baldigen Einstellung" verpflichtet werden.[201]

71 Besonders hervorzuheben sind zudem die Regelungen in Art 7 zur *Abfallbewirtschaftung*, in denen die Entsorgung von Abfällen, die persistente organische Schadstoffe enthalten, erheblichen Beschränkungen unterworfen wird; diese Vorschriften sind beispielhafte *Überschneidungsbereiche* von Stoff- und Abfallrecht (vgl bereits Rn 24). Vorbehaltlich zweier Ausnahmetatbestände müssen solche Abfälle grundsätzlich so verwertet oder beseitigt werden, dass die enthaltenen Schadstoffe zerstört oder unumkehrbar umgewandelt werden. Eine Verbrennung oder Deponierung kommt nach diesen Maßstäben nur unter engen Voraussetzungen in Betracht.[202] Für zulässige Verbrennungen gelten zudem die Vorgaben der IndustrieemissionsRL, insbes die zentrale Betreiberpflicht nach Art 11, durch den Einsatz der nunmehr europäisch zu harmonisierenden *besten verfügbaren Techniken* (vgl o Rn 15 und 67) alle geeigneten Vorsorgemaßnahmen gegen Umweltverschmutzungen zu treffen („BAT-Standard").[203] Weitere medial-umweltrechtliche Konsequenzen zog die Union zudem im Bereich des Wasserrechts in ihrer *UmweltqualitätsnormenRL*,[204] einer Tochterrichtlinie der Wasserrahmenrichtlinie, die für bestimmte „prioritäre Stoffe" bzw „prioritär gefährliche Stoffe" Beschränkung und Phasing-Out-Ziele normiert.[205]

IV. Instrumente zum Transport gefährlicher Abfälle und Stoffe

1. Völkerrechtliche Vorgaben

72 Das Recht des Transports gefährlicher Abfälle und Stoffe ist völkerrechtlich nur in Ausschnitten geregelt und *wenig systematisiert*.[206] Für eine Reihe spezieller Produkte – namentlich für Pestizide – findet bereits seit langem eine Harmonisierung der Anforderungen an die Verpackung und Kennzeichnung im Wege unverbindlicher Empfehlungen statt,[207] vor allem durch Standards der FAO und anderer UNO-Institutionen, die bisweilen unmittelbar im europäischen und im nationalen Recht rezipiert werden (vgl bereits die Ausführungen o Rn 18 und 49). Auf der Ebene des Völkervertragsrechts hingegen differenzieren die maßgeblichen Vorgaben meist nach unter-

---

200 Vgl zur Rechtmäßigkeit des Modells auch EuG, Urteil v 09.09.2011, Rs T-475/07.
201 Allg zu diesem Ansatz *Durner/Ludwig*, Paradigmenwechsel in der europäischen Umweltrechtsetzung?, NuR 2008, 457 ff.
202 *Wilke* (Fn 199) 170 ff.
203 Näher dazu und zur unionsweiten Vereinheitlichung der BAT-Standards im sog Sevilla-Prozess *Diehl*, Stärkung des europäischen Konzepts der „besten verfügbaren Techniken" durch die Richtlinie über Industrieemissionen?, ZUR 2011, 59 ff; *Jarass*, Das neue Recht der Industrieanlagen, NVwZ 2013, 169 ff.
204 Näher dazu *Ginzky*, Die Pflicht zur Minderung von Schadstoffeinträgen in Oberflächengewässer, ZUR 2009, 242 (247 ff) sowie vertiefend *Albrecht*, Umweltqualitätsziele im Gewässerschutzrecht, 2007 (beide noch zum Entwurf). Zu den 2013 erfolgten Verschärfungen *Haneklaus*, Die neuen Umweltqualitätsnormen für prioritäre Stoffe in Oberflächengewässern nach der Richtlinie 2013/39/EU vom 12. August 2013, W+B 2014, 130 ff.
205 Vgl hierzu und zur (2016 neu gefassten) deutschen Umsetzung *Dörr*, in Landmann/Rohmer (Fn 54) Vorb OgewV (2012) Rn 14 ff.
206 Vgl zum hier nicht vertieften und durch gänzlich eigenständige Instrumente erfassten Transport und zur Lagerung von Atommüll bereits die Ausführungen und Belege o in und bei Fn 63.
207 Näher *Pallemaerts*, Toxics, 420.

schiedlichen *Transportwegen.*[208] So enthält das *Europäische Übereinkommen über die internationale Beförderung von gefährlichen Gütern auf Binnenwasserstraßen* für diesen besonders anfälligen Transportweg spezielle Beförderungsverbote sowie Beförderungsbedingungen für den Transport gefährlicher Güter, namentlich Vorgaben für die Klassifizierung, Verpackung und Kennzeichnung gefährlicher Güter, die erforderliche Dokumentation und den Umgang während der Beförderung. Wie sich aus dem Vorbehalt des Art 6 ergibt, wonach die Vertragsparteien das Recht behalten, den Eingang von gefährlichen Gütern in ihr Hoheitsgebiet „aus Gründen, die nicht die Sicherheit während der Fahrt betreffen, zu regeln oder zu verbieten", ist der Bereich der Sicherheit der internationalen Beförderung von gefährlichen Gütern auf Binnenwasserstraßen damit grundsätzlich abschließend durchnormiert. Global gültige Standards für den Transport von *Chemikalien auf See* enthalten die Anhänge des MARPOL-Übereinkommens zur Verhütung der Meeresverschmutzung durch Schiffe (vgl o Rn 22).

2. Unionsrechtliche Umsetzung

73 Im Hinblick auf diese verstreuten völkerrechtlichen Vorgaben erbringt das umsetzende Unionsrecht eine begrüßenswerte *Systematisierungsleistung*: Zwar klammert die REACH-VO in ihrem Art 2 Abs 1 lit d den Bereich der Beförderung gefährlicher Güter aus ihrem Anwendungsbereich aus und überlässt diesen nationalen Regelungen – in Deutschland dem Gesetz über die Beförderung gefährlicher Güter.[209] Allerdings finden sich punktuelle transportbezogene Vorgaben in der VO (EG) Nr 1272/200, die wiederum auf Empfehlungen der Vereinten Nationen zurückgeht (vgl bereits o Rn 18).[210] Vor allem jedoch greifen im Übrigen als Auffangtatbestand die Vorgaben der RL 2008/68/EG,[211] die – wie ihr Erwägungsgrund 3 erläutert – in Vereinheitlichung älterer Regelungen gemeinsame Vorgaben für alle Aspekte der Beförderung gefährlicher Güter zu Lande und auf Binnenwasserstraßen aufstellt. Dabei werden nach den Erläuterungen der Erwägungsgründe 4 und 5 völkerrechtliche Vorgaben für die Transportwege Straße, Binnenwasserstraße und Eisenbahn gebündelt umgesetzt und harmonisiert. Auffallend ist zwar das Fehlen einer Definition des übergreifenden Schlüsselbegriffs „gefährliche Güter". Gleichwohl verdeutlichen diese Rechtsakte, wie die eher verstreuten Vorgaben des einschlägigen Völkerrechts durch Unionsgesetzgebung harmonisiert und effektiviert werden können.

---

208 Vgl namentlich: Ordnung über die internationale Eisenbahnbeförderung gefährlicher Güter (RID) idF v 16.5.2008 (BGBl 2008 II, 475); ADR, und weiter den Überblick bei *Meßerschmidt*, Umweltrecht, § 19 Rn 254. Eine umfassende Darstellung dieses Regimes findet sich bei *Delbrück*, Die internationale Verkehrsordnung. Grenzüberschreitender Verkehr zu Lande, auf Binnenwasserstraßen und in der Luft, 2015.

209 Gesetz über die Beförderung gefährlicher Güter (Gefahrgutbeförderungsgesetz – GGBefG) v 6.8.1975 idF der Bekanntmachung v 7.7.2009 (BGBl 2009 I, 1774, 3975); näher dazu *Rehbinder* (Fn 67) Rn 250 ff.

210 Vgl zu den Transportaspekten etwa *Wahl* (Fn 62) 251 f.

211 Vgl dazu *Boeing/Kotthaus/Maxian Rusche*, in Grabitz/Hilf/Nettesheim (Hrsg), Das Recht der Europäischen Union, Kommentar, Art 91 AEUV (2012) Rn 48.

Sachverzeichnis

römische Zahlen = Abschnitte, arabische Zahlen = Randnummern